續天台宗全書（第Ⅱ期第十配本）論草3　義科　盧　談　摩訶止観　解題

義科　盧　談　摩訶止観

Gika-Rodan-Makashikan.

〈編　者〉明記なし（部分的に竪者・講師・題者の明記がある）。
〈異　名〉盧談。盧山寺御談（写本表紙）。
〈成　立〉正和三年（一三一四）～貞治六年（一三六七）頃。
〈底　本〉主に㋑叡山文庫真如蔵本。
〈対校本〉㋺～㋕の十三種類。
　（詳細は巻頭の「底本・対校本表」を参照）
〈校訂者〉清原恵光

本書は、『盧談』二十義科のうち、『摩訶止観』所依の五義科（五十五論目）を翻刻した。

本書の刊行によって『義科　盧談』論草1・2・3（法華玄義・法華文句（他）・摩訶止観）の三冊が完結した。これにより盧山寺流の諸人師による論義上の問題点や注目点が明らかとなった。本書の刊行により、天台論義の義科書の主要な典籍が揃いつつあり、他の義科書との比較検討が容易となり、日本天台における論義研究が一層進むことを願うものである。

この『義科　盧談』三冊の底本には、叡山文庫真如蔵本を用いた。この書写本の本文は必ずしも善本ではない。独特のくずし字に加えてなお誤字・誤写・脱字などが屡々あるけれども、諸本全体を通して最も揃っていることを重視し、本全書では底本とした。しかしながら時には対校本の本文が正しい場合もあり、対校注記や校訂注記は煩を恐れず明記してある。

また本書では、その扱う義科の内容から、現在翻刻活字本となっていない文献の引用が多々見受けられた。そこで本書では特に安然『斟定草木成仏私記』（叡山文庫慈眼堂蔵、刊年不明木版一冊本）と良源『被接義私記』（叡山文庫真如蔵、刊年不明木版一冊本）の二書目については、参照注記としてその丁数を出来るだけ明示することにした。

なお『義科　盧談』は、本全書の使用本以外にも多数残存しているようである。今後の更なる調査・研究を期したい。

『盧談』の概要については、『義科 盧談 法華玄義』および『義科 盧談 法華文句・維摩疏・涅槃疏・観経疏』の解題も合わせて参照されたい。また盧山寺流については、『續天台宗全書』円戒2（菩薩戒疏註釈・戒論義）の解題および『正續天台宗全書目録解題』を参照されたい。

本書の刊行により『義科　盧談』は完結したが、盧山寺流の重要書である三大部『盧談』については、『天台宗全書』において『玄義本書聞書』のみが活字化されている現状である。『玄義述聞』や、『摩訶止観』および『法華文句』の「見聞」「述聞」等は、未だ活字化されていない。今後の翻刻出版を待ちたい。

今解題は、本書所収の五義科・十九書目の一々について、内容の簡略な説明を行うものとする。

（藤平寛田）

M　六即義（五題）

1　六即義私抄

本書は、内題に「六即義私抄」とあり、『摩訶止観』所依の五義科中、六即義に関する諸論目を集記したものである。

本書の成立は、十一題末尾の奥書によれば、貞和元年（一三四五）に行われた天台大師講において聴聞した内容を筆者承禅が記録したものである。原典目次には、前半に十一題、後半に五題、計十六題の論目が見えるが、前の十一題と後の五題では内容が異なる。前者は重難・重答の構成で、後者は「御難云」の問と「御義云」の答からなっており、御精の重に相当するものと考えられる。

(1) 一念心即如来蔵理事

この論目は、『摩訶止観』でいう「一念心即如来蔵理」（天止一、三七二）の文について、この一念とは、元初の一念か、または根塵相対の一念かが設問され、答えとして、この一念とは元初の一念であるとする。これについて、重難では、その義勢不明なりとし、根塵相対の一念であると難じる。これに対し重答では、念々に起こる心の体が法性縁起ならば、根塵相対の一念即ち元初の一念であると論じ、故に難の意も相違なしとするも、止観一部の真意は元初の一念にあると決定する。

(2) 如来蔵染法事

この論目は、如来蔵の理に染浄の法を具すかが問題とされ、具すべきことと答えている。重難では、無明の迷いは法性の理に背くものだが、いかなる道理において如来蔵の理に具すというのかと難じる。これに対して、重答では、この義は法華に明かされる法門であるといい、実相即ち十界三千と開くことが如来蔵の理に染浄の法を具す相であると明かしている。なお⑿が対応する。

(3) 分真即外功用事

この論目は、分真即についてが問題とされる。ただ重難に対する答えは見当たらない。難では、分真即の外功用に斉限ありとする道理は明らかでないといい、初住に一分の中道を証し、中道の理とは法界の理であるが故に、功用は法界に遍ずと論じている。なお、斉限ありとする相伝には、本迹相対するにおいて迹門に斉限ありとする説があるという記述もみられる。

(4)六根浄所縁事

この論目は、六根浄の人が三千世界の外界を縁ずるかが問題とされ、縁ずるべきと答える。これに対し重難では、先徳の義に両義あるため測り難しとするも、法華の文は明らかに三千界に限ると難じる。対する重答では、相似即六根浄の人は実相を修して、中道が相似に顕れる故に三千世界に限らず他界に亘ると答えている。

この論目では、楞厳院先徳の未再治本『六即義私記』と都率先徳の再治本との内容の相異が問題の一端となっている。この未再治・再治両『六即義私記』については、注意が必要である。

(5)判接五品事

この論目は、五品位において六根清浄を摂すとはどの経の説に依るかという設問で、これに答えて、『普賢観経』に依るとする。重難では、この経にはただ六根清浄を明かすのみであると難じられる。これを受け重答では、経文および伝教大師の釈義により判接五品を『普賢観経』に依るものと判じる。

(6)為初心是為後心是事

この論目は、「初心」や「発心」と六即が問題とされる。初重は答えを欠き、重難重答も見えない。「示云」以下に、これに関する聞書があるのみとなっている。(15)が対応する。

(7)便能成就第三地観事

この論目は、第三地観を無生忍とすることについて、首楞厳定は別円の法門であるのに、通教に約すとはどういう理由かという難に対し、本経の説は十地仏果の義を明かす故に通教の意であるとし、無生忍をもって第三地観とすると答える。(13)が対応する。

(8)六根浄所説名経耶

この論目は、六根浄の人の所説は経と名づくとするのかが問われ、名づけずとする答申を受けて、外道の人の説さえも経というならば、相似即の人の説も経というべきであろうと難ずる。重答は、相似位の人は未証理の位であるから経とは名づけないとしている。

(9)妙覚位現八相耶

この論目は、妙覚位に八相を現ずるかが問われる。重難は、妙覚の位に八相を現ずという事に対して、八相は因分に約するものかと問い、八相は等覚の位に属すも、妙覚には不変の八相という義があると答える。

⑽妙覚位有利他功徳増進義耶

この論目は、妙覚における利他の功徳増進の義について、一仏の上に論じる時、日に化他が増せば利他の功徳は増進するという難に対し、重答では、この事は妙覚の悟りの様によるとしている。

⑾六輪中取妙覚耶

この論目は、『瓔珞経』所説の六輪中に妙覚を取るかということが問われ、重難は、妙楽の釈義に妙覚を除くことを随分転用と会通するのはなぜかと問う。これに対し講答は、随義転用の意にて妙覚には摧伏等の義がないという会通であると答える。

⑿如来蔵染法事・⒀便能成就第三地観事・⒁五品退不退事・⒂為初心是為後心是事・⒃草木成仏事は、これまでの十一題とは性格を異にしている。「御難云」と問いが始まるのに対して、「御義云」と答えていることから、これらは御精の重に相当するものと考えられる。なお、⒁五品退不退事と⒃草木成仏事は、前の十一題には見られない論題となっており、また⒃については答の部分も欠けているので、注意が必要である。

（大久保良詮）

2 六即義聞書　草木成仏

本書は、内題に「六即義聞書」とあり、草木成仏について記した書である。題下に貞治三年（一三六四）八月十七日始之とあり、奥書に九月七日終功畢とあるが、これにより№1『六即義私抄』の二十年程後に成立したものであることが窺われる。おそらく前書の草木成仏事では答えが欠けていたために本書が付されたのではなかろうか。

本論の構成は三重の問答となっており、初重は文意・二重は立宗・三重は重難重答である。第三重は難問・答申合わせて各十九段の内容となっているが、答の⑶と⑷・⑺と⑻はそれぞれ順番が入れ違っている。この点については、目次を新たに作成したので参照して頂きたい。

本書における草木成仏義は誠に詳細であり、草木成仏義を研究する上で重要な文献である。例えば、初めの三種断惑の事の冒頭に「敵対断。薫除断具に前の如し。」とある。『止観輔行』の十義や『金錍論』は主題としてもちろんのこと、五大院『斟定記』が多く援用されている点も注意する必要がある。また『円頓止観』の遺文も見られる。なお⒇では、「物語云」として草木成仏に関する説話が付記されている。

（大久保良詮）

3 六即義聞書　一生入妙覚

本書も前書と同じく「六即義聞書」とあるが、こちらは一生入妙覚を論目としている。題下に貞治四年(一三六五)四月十一日始之とあり、奥書に貞治四年(一三六五)十月四日終功畢とあり、前書の翌年に行われたものであることが知られる。前書同様、廬山寺流の学匠、顕幸・志玉によるものであり、またその構成は同じく三重であるが、本書では第三重が御精の重となっている。算題に関する難問二六段・答申二三段からなり、新作した目次によると、(1)~(11)の問答は番号順に対応しているが、問(8)に対応する答えが見えず、その結果、以下問(9)では答(8)が該当するように一番ずつずれて対応する形となる。また、答えによっては複数の問に回答する段もあり、少々複雑な構造になっているため注意されたい。また『阿弥陀坊抄』など先行する論義書が参照され、精難を設ける注意点が示されている。特に二重の答えに椙生流・恵光院相伝・竹林院義など諸流の義が示されており、また承教・聖宗・澄禅・憲実などの諸師名が見られる。

（大久保良詮）

4 六即義　元品能治事

本書は、題下に観応元[年](一三五〇)四[月]二[日]とあり、これが成立年と見られる。重難・重答の一重であるが、その後に「尋云」として付問答が続いている。元品の無明は等覚智断か妙覚智断かということについて、重答では、断惑に三重ある中、第三の涅槃断こそ円家の断惑であると定め妙覚智断をとる。

（大久保良詮）

5 六即義　元品能治事

本書は、題下に貞治四年(一三六五)二月十四日とあり、これが成立年と見られる。本論もまた「元品能治」に関するものであるが、前書とは異なり、この算題についての聞書である。三種断惑事・法華勘文事・算題事の三事からなり、これらは前書において論じられたことを補足する内容となっている。なお『阿弥陀坊抄』や先師精義草・竹林相伝などが見られる。

（大久保良詮）

N 四種三昧義（四題）

6 四種三昧義案立　弥陀報応

本書は、弥陀報応についての論義草稿で、五重までの問答、及び四重の精問精答で構成される、大部の類聚書である。

成立年時は、精義第四重の精答の直後に、「永享九年(一四三七)六月十七日亥剋書レ之而已」とあり、その後に後書とも言える文章が続き、底本である叡山文庫真如蔵本奥書には「永享十一年(一四三九)八月三日」と記されている。成立年時からすれば『廬談』文献より後世のものとなるが、その識語冒頭には、「右此案立類聚次第者。問答重。重師筆也。精義第一。廬山寺明道上人筆也。次第二精。重師筆也。第三精。横川禅定坊盛憲法印筆也。第四重精義得略重。随身集第六中書載」とあり、精義第一は、廬山寺明道上人の筆とある。明道は明導照源(一二九八～一三六八)のことで、この精義第一は『義科 廬談 法華文句他』所収の「No.22九品往生義案立 弥陀報応事」(延文元年〈一三五六〉談)と相似している。ただ『九品往生義案立』で文末に欠文があったところが本書によってわずかに補えるのであり、この精義第一の記事により『義科 廬談 摩訶止観』に収載した。

なお叡山天海蔵本では、識語に「延海生年五十六」と記されており、延海が本書の類聚者とも考えられる。また、識語冒頭に記されている『随身集』(叡山天海蔵本では『随身抄』と表記)も延海の類聚書であろうか。ただ叡山天海蔵本には、「私云。此抄政海法印筆記也」と記されており注意を要する。因みに『義科 廬談 法華玄義』「No.10教相義 権乗下種」にも「懐中随身抄第四下書レ之。引可レ見レ之」とあり『随身抄』が見られる。

そして第三重精の筆者である禅定坊盛憲については、『応永三年山門大講堂供養記』(『続群書類従』二七下巻、五〇八下)及び『天台座主記』(第一編、三九八)にその名が存し、応永三年(一三九六)九月二十日に大講堂落慶供養に参会したとある。

内容については、弥陀報応について、つまり西方極楽の阿弥陀仏は報身か応身かの設問であり、本書では応身応土説を取り、それに立脚して論義がなされる。経軌祖釈はもちろんのこと、浄影寺慧遠や、中国浄土教の道綽、善導、懐感及び迦才などの名も見られる。そもそも天台一家の本意は、心外に一法も論じないという立場であり、『無量寿経憂婆提舎』(『往生論』)の文言や阿弥陀仏の相好、四種三昧の本尊、浄土の本質は凡聖同居土であるということなどを、文献主義に基づき極めて詳細に論じている。また、常行堂の本尊阿弥陀仏を巡り、慈覚大師が唐からの帰朝時に海上で感得し常行堂に安置したとされる、五智宝冠を戴く阿弥陀仏についての記載がある。阿弥陀仏と五智宝冠との関連については『阿娑縛抄』(仏全36、四一五)などに見いだすことが出来、本書では常行堂の阿弥陀仏と胎金両部の大日如来との配立について、問答となっている箇所もある(精義第三重)。また、弥陀報応論については異解もあり、例えば精義第一では、御廟大師と楞厳先徳の師資の釈義が取り上げられている。なお、宝地房証真『玄義私記』では「弥陀仏広大之身。或応或報。亦可二不定一」(天玄四、九三)と判じて詳細に論じられており、参考とすべきところである。

本書後書部分には「於二十善坊一首尾四十日調レ之畢。随分案立也。不レ可レ出二室内一。附弟外不レ可レ及二他見一相構相構不レ可レ処二聊爾一。皆皆深奥義勢也。可レ秘可レ秘」とあり、本書の成立事情を説明している。また口伝的要素も皆無とは言えないが、全体としては、先学により穏健精細な学風を伝える文献である。

（一色皓湛）

7 四種三昧義精髄抄　弥陀報応事

本書は、精難精答の連続で構成されるが、答の缺文も数カ所見受けられる。本書の成立は、題下に「貞和二年（一三四六）十一月六日注レ之」とあるが、奥書は無く、筆記者等も未記載である。なお盧山流学匠の明導照源、実導仁空（一三〇九～一三八八）や、臨空、志玉、顕幸といった名は本書では見当たらない。

本書の内容は、冒頭に「弥陀報応事　問答如二案立一」とあり、初重二重については常用の案立によって省略されている。精義において「所詮。何往生論文極難不退也」と記されていることから、その点も論点の一つである、前題目No.6『四種三昧義案立』との関連をひとまずは想定出来る。ただ本書は、本仏の弥陀、法身・報身・応身の三身弥陀の相など、大概、阿弥陀仏の通仏身論について説明している感が強い。たとえば四種三昧の本尊について、「尋云。四種三昧本尊如何。答。問答如二別紙一。当流習通修本尊弥陀一仏習也。其一仏云報仏也。大和庄法印（俊範）抄云…」とあり、四種三昧行者所期仏果の阿弥陀仏については報身を取る文が見られる。所期仏果としての弥陀報仏については、前題目の精義第二重答にも同様の記述があるが、同時に行者所観の境として応身の弥陀を説いている。しかし本書にはその点の説明は無い。

更に本書の特徴として、恵心流俊範（一一八七～一二五九―）、能運、心聡、第一一九及び一三二世天台座主慈厳（一二九八～一三五九）などの説が取り入れられ、また「口伝云」、「秘文云」とか「甚深秘伝在レ之」といった語句が存し、口伝的影響が多分に見受けられることが挙げられる。

そもそも本書は、叡山文庫真如蔵『盧談』合綴本の一部であり、『盧談四題』の一題目である。『盧談四題』は始めに「No.5六即義　元品能治・三種断惑事」、次に本書、そして「No.13三身義　自受用智有無為事（『義科　盧談　法華文句他』所収）」、最後に「No.13三観義　三観義案立・三惑同断」の四題目で一書目を形成している。この内、「元品能治」及び「三惑同断」には対校本があるが本書には無い。本書は、『義科　盧談』の他と比較して、口伝的色彩が濃いなど些か異色の感を否めない。混入の可能性も排除出来ないが、本書の位置について慎重に検討する必要があるだろう。

（一色皓湛）

8 四種三昧義　二界増減

本書は、冒頭に「廬談文和三（一三五四）十一（月）十五（日）相伝」とあり、底本奥書には「永享四年（一四三二）霜月十八日　臨空」と記されている。「問答如レ常」として常用の問答を省略し、「生界仏界無量無辺故無二増減一事」から始まる精難十一、精答十一で構成され、それぞれが完全に対応する。本書問答の事書については、新作の目次が本書冒頭にあるので参照されたい。

なお精答⑽には、「康永三年（一三四四）六月会　川暹栄所立廬師扶作　私注　尊勝院法印慈能精」とあり、山家六月会の論草記録の可能性がある。衆生界量及び仏界量の増減についての題目で、答文直前に「生仏二界不増不減一大聖教難義也」としながらも、事理ともに二界不増不減の立場を取る。二界増減は、『摩訶止観』巻二の常坐三昧を説明している箇所にある「衆生界量如二諸仏界量一」（天止一、四一八）を所依の文としている。精答⑸ではこの文について「今此文。常坐三昧意止観也。文本意迷悟平等。生仏一如義也。強非レ釈二界不増不減一。而自二本経一説二二界不増不減一論二其道理一事。自是生仏一如義門也」と説明している。なお、宝地房証真『止観私記』（同、四一九～四二二）では詳細に注釈しており、『台宗二百題』では宗要に位置づけられている。

（一色皓湛）

9 廬談 四種三昧義　二界増減

本書は、重難・重答の一重であり、底本に奥書は無く、また成立年時に関わる識語等も見当たらない。事理それぞれの二界増減について論じており、前題目と合わせ見る必要がある。

叡山文庫真如蔵『廬談』合綴本の一部であり、『廬談五題』中の一題目である。『廬談五題』は①「No.5教相義 権乗下種」、②「No.19二諦義 俗諦常住」、③本書、④「No.24十妙義 本実成時有四教機」、⑤「No.19仏土義 仏土義猪熊聞書」で構成される。この内、①②④は『義科 廬談 法華玄義』、⑤は『義科 廬談 法華文句他』所収である。

（一色皓湛）

○ 三観義（四題）

10 三観義案立　三惑同時異時事

本書は、題下に延文二年（一三五七）六月会の安居院良憲の所立、廬山寺御案立とあり、御案立は明導照源のものかと思われる。その内容は、「三惑同時異時」につき、始め「何名二円頓観一耶」より二、三、第四重難を経て拡大していき、第四重答に対して、御精が項目ごとになされていき、その答に対して又重難が項目ごとに出されて、その答にまた第三重の精があり、またこれに答える形で「三惑同時異時」について、天台大師・六祖湛然等の所説を中心に極めて真摯かつ精細に難・精・精答が展開される論義書である。

注目される点は、『大乗止観法門』の引用がある処で、南岳撰の真偽を扱う事と、その引用の箇所が元初一念の説明と「元初」について、『大乗止観法門』の「一念創始発修之時云云」を用いている事で、『仁王経』の「初一念」等が常であることからすると特徴的なもののように思われる。全体的には広く祖師先徳の学説を尊重する論義の書といえる。

なおNo.13「浄盛案立」も同様の内容であり、相互に参照されたい。

(弘海高顕)

11 三観義　三惑同時異時事・得略

本書は、題下に貞治五年(一三六六)十一月十五日、西塔の瑠璃堂において、題者極楽房顕幸、竪者維清、一ノ問宗恵の役にて行われた論義の草稿を、後に応永八年(一四〇一)三月八日に明空が書写したもので、精問六、精答八、得略の精が七、精答が六で成っている。初めに「常住院抄云」とあるから盧山寺流からすれば、常住房房雲すなわち明導照源の事と思われるし、「仏眼院抄書載」とする処からは、仏眼院隆澄の系統と、西塔の竪者、瑠璃堂での論義、常住房の系譜が永心(一一六九～一一八一一)等西塔系である事、そして、西塔義は恵心檀那両流双修の傾向にある事も考慮の上、盧山寺流の書を扱う必要があると思われる。

第一問の中で、宝幢院(蓮実坊勝範)の相伝をあげ、仏眼院の相伝もこの義辺である上で精問が始まり、住前初住等での断惑について精問精答が精細にして真摯になされており、「住前住上共断云事」の中で竹林房の義、安居院代々の義、仏眼院、檀那流の諸師、西塔義等諸流諸師を扱い広く諸説を紹介しており、得略の精問精答も極めて正統なもので口伝主義の色彩は無いように思えるが、「円家断惑不断惑」の中で「迷真初云ニ元初一念ノ。断惑終ヲ云ニ元品無明ノ。始終雖レ異其体一也」といい、又「涅槃断ト者無ニ一法トシテ可レ断也」といい、これは純一に竹林坊の習伝で「殊所ニ秘蔵ニ」とあり、又「止観一部同時断」の中では杉生流の止観大旨の一箇決『伝法偈』の文等を引く事よりすれば、真摯な論義の中にも口伝的影響をぬぐいきれないものがある。

(弘海高顕)

12 三観義聞書

本書は、延文元年(一三五六)の天台大師講の論草記録で、初日の十一月二十四日より十二月一日までの八日間に亘るもので、初日問者澄空恵達、講師は理照で、一別教中道有双照用の難より、答の「有二双照用一」より御難が始まり、東谷義・北谷義は祖師上人弘通のものと同様とし、末師行満の『涅槃疏私記』等を用いての御難があり、御義の中では、兜率覚超の「有双照ノ用」は盧山寺相伝の義と合う事より始まり、十一月二十五日は、講師恵命、問者龍象坊増海、二十六日講師永仙、問者理照、二十七日講師円俊、問者澄空恵達、二十八日講師明空志玉、問者賢瑜、二十九日講師恵證(澄)、問者恵並、三十日講師恵命、問者明空志玉、十二月一日結日講師理照、問者恵證(澄)の諸役によって行われた。一～十三の論目についての論草であるが、精緻な内容を真摯に行っている。

　盧山寺の系譜が恵心檀那両流、西塔義等相承の背景がある事は、東谷・北谷の義も示しながら、御難、御義になっている処の他に、第十三の御難に「一心三観ト云(一心者)妄心、真心歟」と趙宋天台の山家山外の論争の事をも扱い、その終りには「可レ明二凡夫一念一勿論ノ事也」とするは極めて興味深い。盧山寺の人師は、明導『十不二門聞書鈔』等に見られるように、趙宋天台を始め、広く内外の諸師の説も引いて論義する事も特徴の一つである。

(弘海高顕)

13 三観義案立　三惑同断

　本書は、巻頭に「賜浄盛案立」とあるから、浄盛という人の手になるものか。本書の始めに「何名二円頓観一耶」より第四重難に至り、その答があり、又御精が始まる数行までは、No.10『三観義案立』と同じであり、その後は内容においては同様の事を扱う。この事は、本書の巻末に「此御案立当初奉レ対二先師一令二口筆一了。此写本散散ニシテ不レ足二指南一。追可レ遂二交合一矣 明空」とあるから、「追可レ遂二交合一」という処から、No.10の再治本もしくは、その途中のものと思われる。しかしながら内容的には「三惑同時断異時断」を中心に精・答があり、六祖荊溪の『涅槃疏』の説を用いる場合も、末師行満の説を扱い又それを破する処等、No.10の内容と異なる解釈を加えている。それでも、全体としては、盧山寺風の精緻な態度は保たれており、諸師の学説を広く用いて論義を行っている。

(弘海高顕)

P　被接義(五題)

14 被接義聞抄

　本書は、撰者・成立共に明記なく不明であるが、「別教仏尽法界品無明耶」の末に「私云」の部分に明空と注があり、これを尊重すれば、明空志玉がかかわる文献と思われる。本書は上下二巻で、被接義について、十九の項目より成っている。

本書の大概は、『摩訶止観』の「何以別接通」や「仍須修観破無明能八相作仏」の解釈が中心で、『止観輔行伝弘決』や安然の『私記』御廟大師の『被接義私記』等を扱っての問答で、盧山寺系の文献と関係の深い『阿弥陀房抄』や『了因抄』北谷の義、顕真座主の己證、水落法印の伝等も理解の上での問答である。

『阿弥陀房抄』系には被接義にかかわる文献が多い事から今後の研究の必要が生じるが、本書は被接義を扱う文献としては大部でありそれだけ詳細に論義がされている。中でも一生破無明は、その中心とも云うべきもので、その落居とみるべきを示せば、「止観別接通は円頓行者の妙解なる故」とし、「一代の説を悉く妙解する程此の中には爾前の法門をも解し、法華の法門をも解すなり」と円頓行者の妙解による「一生破無明」を示している。

(弘海高顕)

15 被接義聞書　本教惑尽不尽事

本書は、貞治三年(一三六四)九月十四日より始められたもので明空志玉と顕幸がかかわり、臨空が書写したもので、「貞治四年三月十日終功畢」とあるから半年以上かけて製作にかかったものか。

内容は、本教惑尽不尽の副題があり、『摩訶止観』の別接通について、「初空仮二観破真俗上惑尽。方聞中道」よりの題で、本教惑尽不尽を中心として種々なる観点より細かな問答が難問十七、答申十七よりなっている。『摩訶止観』及び『止観輔行伝弘決』の引用が中心で、本朝の文献では御廟大師の『被接義私記』があり、その中に、安然の「私記」、金龍寺先徳、摂州先徳(千観)の私記についても触れられている。

人名では、龍禅院座主顕真より、仁快—中山僧正雲快の系統や聖覚(竹林院)—信承等の系統の名も見える。

この問答の大概は、被接義の上中二根と下根の扱いで、本教惑尽不尽と一生破無明の事を中心に東西両塔の義及び当流盧山寺流の系統では、聖覚法印の系統を習う事を示し、別接通も『摩訶止観』の「唯得以別接通矣」は、「今約証道実義時。立一別接而顕円接。是即約証道故。但約観故云意也」といい、これは秘中の秘とし、又、『摩訶止観』の「初空仮二観破真俗上惑尽。方聞中道。仍須修観破無明」の事も「聞中」の事を「即空見不空理。以之名聞中位」といい、この義は竹林坊の相伝ではなく恵光坊の随分の秘曲ともいい、西塔義は当通の真諦に不含、東塔の義は理に含むと、諸流の義を扱いながら、上中下根の三根については、別接通の中上の二根はもとより下根の凡夫の正機の姿勢が見られる。この事は本書と同一視されるNo.16『被接義聞書』一生破無明においてより明確に示される。

（弘海高顕）

16 被接義聞書 一生破無明

本書は、被接義の中心とも云うべき題目一生破無明について の文献。明空志玉と快雲・顕幸がかかわったもので、貞治四年（一三六五）三月二十四日より四月四日までの論義で、二十一の精難と答申より成っている。No.15『被接義聞書』が「本教惑尽不尽」で本書が続く重要な題目「一生破無明」である。前のNo.15の被接義の問題では、上中下根の機の中上根より下根の機の正機を示唆し、それを本書ではより明確に示すが、その前に一生破無明の題については、源信と四明知礼の『答日本国師二十七問』における二十七問の決答の中、第二十一の疑問で源信の「近代疑者云。且別教人。尚無肉身登十地者。云何従劣教來。便能超登耶」という問に、知礼が「仍修中観。深伏無明。必合経生歴於多劫。未知。何処定云即身応現」（仏全32、四二八下）と答えたことを、知礼の決は源信を詰難するもので、そうであるならば本朝の恥辱と感情的な面をのぞかせ、『摩訶止観』の文は別接通とはいっても実には円接通の人の事で、源信の問もそこにあり、知礼の決は明確な一生破無明の事の答ではないとする。

この事は『宗要白光』『台宗二百題』でも取り上げられており、『盧談』の系統では本書を含めたものや『枕月集』等からも、別行され編集された「別接通一生破無明唐決評」なる文献があるほどで、知礼の決答に対しての本書の答申には、「仍下根摂者為本。専可約一生破無明」といい、『止観輔行伝弘決』の「従下根来多至初地」を用いて「心在斯」と知礼の「未知何処定云即身。未尽本文心故也」と批判を加える。

また本書の末には、「分段生身上不用経成正覚…中略…一生破無明者凡夫一生破無明作仏云也」とあり、「別接通一生破無明意在斯也」と凡夫の一生破無明をもって落居とする。この背景には、盧山寺系の文献でも恵檀両流の観心主義、口伝法門の思想を考えないわけにはいかない。

（弘海高顕）

17 天台大師講聞書

本書は、延文二年（一三五七）十一月二十四日より二日間の論義文献。

初日は講師仙円、問者恵導の役で、「当通含中」と「別教仏尽法界品無明歟不事」。二日目が講師永仙、問者増海の役で、「本教惑尽事」の論義である。

まず『摩訶止観』の「通教真諦発二眼二智」（天止二、二九九）

より『止観輔行伝弘決』の「通教中云真諦共発二眼二智者。含中故也」(同前)とある事により「当通含中」となる論義。これは、御廟大師の『被接義私記』にも用いられ、被接義の重要な題目で、ここでは、前唐院の釈および御廟大師『被接義私記』に順ずる。次の「別教仏尽法界品無明歟不事」は、前唐院の「別妙覚断四十二品」を中心に論じ、円教跨節意で落居する。

二日目の「本教惑尽事」では、中上二根と下根の機との問題で、本書では強い主張も少なく、中道正観にての尽、空仮二観による断等、東谷・北谷の義も示されるが、本書の末には御廟大師の説「可聞口決」ともある。

本書には奥書、対校本もない事から、続きの部分が欠落しているかとも思われる。

(弘海高顕)

18 被接義　十一題　天台大師講問者

本書は、貞和三年(一三四七)の廬山寺における天台大師講の論義文献。十一月一日より七日間に亘って行われたもの。講師・問者に名の見える者は、承祥・永仙・快運・叡澄・澄空恵達・増海である。

内容の一部を示せば、第一日の七の難問中「大経被接」の事の中「一生実相二生法界」につき、『止観輔行伝弘決』の「十千菩薩得一生実相。五千菩薩得二生法界」(天止二、二八二)を引用して、大経は爾前・法華を取り合わせたる説教であり、四教倶に常住である事、常住とは法華一実の体とし、今の一生実相等と云う事が被接とし、「私云」の中で爾前迹門の諸益が本門の意の顕れで、権実大小の益は当体不動と落居するのである。

また二日目の中、「法界品の無明」について、法界品の無明と云う名目が経論・一家の釈に無い事の難に、「一切の煩悩を束ねて法界品と云う」とし、また開会という事を用いて、凡聖一如の智が相即融通の至極・開会で、凡夫の上に直ちに仏の知見を開する意に取り、その時別教の凡位が円の聖位となるとし、慈覚大師の御釈をもって、名別義円と会通する事を落居とする。また「本教惑尽不尽」の中で、空仮観を用いるか、中道観を用いるか等では、竹林房抄・信承法印・聖覚法印の義、当流の義、龍禅院顕真座主の十三帖・十九帖等の事を引きながら、両流始終一義にして相違なしと落居し、それは御廟大師『被接義私記』の第三の伝の意とする。全体的に廬山寺流の取り組みの良く表れた文献である。

(弘海高顕)

Q　名別義通義(一題)

19 名別義通義案立

本書は、「名別義通義」に関する論義書である。

本書の成立は、題下と奥付には貞治三年(一三六四)の年号があり、また、編者に顕幸等の名が見える。問答は、初重の文意からはじまり、次に御精の重が展開する形となっている。

御精の重は、精問二十四・答申二十五からなるが、各総数を見て推察されるように、精問と答申が一対応ではなく、かつ順序通りになっておらず、答申では問⑴・⑶・⑽が二段に分けて回答されており、また、答⒆は問⒁と⒃に対する答申となっている等、かなり複雑な構成となっている。

内容は、文意でも論じられるように、名別義通の証文として挙げられる『大品般若経』の「十地菩薩為如仏」の文を中心に議論が進められる。この文が如何に名別義通の証文となるのか、その道理と根拠が仔細に渡り論及されている。その他、共地・単菩薩の名別義通について、『楞伽経』の証文に関するもの、名別義通と被接について、仏地辺菩薩の事に関して、『玄義』・『止観』の文の不同について、唐土の料簡に関する事、当算題に関する口決、如字の読みについて、この法門を受ける機根等が各論されている。

付記には、口伝や相承に関する記述も多く見られる。なお、本書末尾に「雑雑」と題し、名別義通義に関わる雑事についていくつかの料簡が追記されている。

(大久保良詮)

編纂だより

天台宗典編纂所

第二期『續天台宗全書』全十巻は、本巻をもって最終巻となり、平成二十九年度より第三期『續天台宗全書』全十巻の刊行が決定しました。祖師先徳鑽仰大法会の慶事に際し、先徳諸師の貴重書を後世に残すべく出版刊行に努力し邁進いたします。

第Ⅲ期『續天台宗全書』全十巻　刊行予定書目

《顯教部》『法華文句伊賀抄』・『止觀外典要勘抄』(他)
《密教部》『師説集』・『息心抄』・『船中抄』(他)
《論草部》『肝要口決抄』(他)
《口決部》『法華五部書』・『天台宗祕決要集』
『天台法門名決集』・『九帖抄』・『無縫目』
『類聚切紙口傳鈔』(他)
《法儀部》『常行堂聲明譜』・『法則集』(諸本)
《史傳部》『一乘僧略傳』・『寛永寺子院歴代年譜』
『寛永寺子院歴代主僧記』・『近世台宗高僧傳』
『近世天台僧寶傳略』(他)

＊都合により書目変更があり得ますので、ご承知下さい。

天台宗典編纂所 編

續天台宗全書

論草3

義科 廬談・摩訶止観

春秋社

續天台宗全書　論草3　目次

380

『續天台宗全書』編纂趣旨

1　天台宗全書刊行の目的は、天台宗の教学・歴史を学ぶに必要な典籍を網羅し、出来得る限り研究の便に供するにある。けれども、天台宗開創以来一二〇〇年に亙って伝えて来た諸寺の宝庫に所蔵されている書籍は極めて多く、『續天台宗全書』数百巻の刊行を必要とするほどであり、これに中国天台さらに経典の注釈書を加えると、なお多くの刊行が必要となろう。このような大規模な出版計画は、短期間に完成し難い。今回の刊行は前『天台宗全書』（昭和十年～十二年発刊）に続くものとして計画したものであり、一応第1期十五冊・第2期十冊合わせて二十五冊とした。第2期完成後は、第3期第4期と継続する予定である。

2　編纂の基本方針は、入手された中で最も重要と思われる書籍の刊行を主とし、貴重珍稀な写本と重要希少な木版刊本を選択したが、すでに刊本が流布する書であっても重要と認められる書については採択した書もわずかながらある。編纂上、諸典籍を顕教部・密教部・論草部・口決部・円戒部・法儀部・神道部（山王神道）・史伝部・寺誌部・修験部・悉曇部・雑録文芸部の十二に分けた。刊行順序は、出来るだけ成立の古い書籍から出版するのが望ましいが、その順序に従えなかったものもある。

3　明治以来、活版印刷によって流布した書籍については、天台宗の根本経疏であっても重複を避けて選択採用しなかった書籍が多い。すなわち、前『天台宗全書』はもちろん、『大日本校訂縮刻大蔵経』（縮蔵）、『大日本校訂訓点大蔵経』（卍蔵）、『大日本続蔵経』（続蔵）、『大正新修大蔵経』（大正蔵）、『大日本仏教全書』（仏全）、『日本大蔵経』（日蔵）、『伝教大師全集』『智証大師全集』『恵心僧都全集』『慈眼大師全集』『群書類従』『続群書類従』等の中に収められる書籍は、原則として省略し採用しなかった。

4　書籍の翻刻には、厳密なる校訂のもとに確定本が作られる必要がある。異本の対校には出来る限り努めて訂正注記した。

凡　例

1　使用文字

翻刻に当たり、原則としてすべて正字に統一した。しかし正字であっても、さして用いられない文字の場合は、通用の旧字体を用い、また別体字は生かして用いた。固有名詞は俗字・異体字でも使用した場合がある。

返り点・送り仮名は原典を尊重しながら表記統一を行い、句点「。」と中点「・」のみを適宜に付した。

傍注は、原則的に右側の行間に記した。

〔表記例〕

岳嶽天台五臺山。辯辨辨［凡例2c　辨總㋑ナシ］總綜燈灯。以テレ邑ヲ［凡例2c　「㋑子孫因］爲レ氏。

「潁［凡例3b　（穎カ）］川ハ郡ノ名。」［凡例2b　「」㋺ナシ］〔［凡例2b　㋺㋩］在リ二豫州［凡例3a　豫州㋺許州ノ西］ニ一秦ノ所レ置ナリ也［凡例4b　㋩朱有潁河］〕

「謂フ二照了ノ分明ナル體達ノ無礙ナルヲ一。」［凡例3a　「」㋑照了分明。取二譬ヲ於日一體達無礙］法華ト花儼［凡例3b　（ママ）］經。

冣［凡例1］澄筆跡名蹟［凡例4a　イ大師傳也］示迹也

〔 〕および「 は対校本の挿入

（ ）は参考注記（本文中では対校注記）

「 」『 』は範囲指示

2　脱字・加文の注記（表記例参照）

2ａ　脱字・脱文、加字・加文の場合の挿入・注記。

対校本は㋑・㋺・㋩等を用いて表示し、各書目末にその対校本の所蔵処と種類を明記した。

2ｂ　底本に長脱文ある場合は、〔 〕を用いて本文中に対校本加入文を加入して㋑・㋺・㋩等で出典の対校本を表示した。対校本に長脱文ある場合は、脱文相当を「 」で囲み、対校注を［ナシ］で表わした。（例）「」㋺［ナシ］

2ｃ　対校本加入字の傍注は、「㋑㋺㋩□□□などとした（原則的に短文）。対校本脱字の傍注は、本文の横に相当脱字を小文字で指示し、［ナシ］で表わした。（例）辨總㋑［ナシ］

3　校異文字の注記（表記例参照）

3ａ　置き換え字・文（文字が対校本で異なる）の場合の傍注。3文字までは、本文の横に相当文字を小文字で指示し、続けて傍注した。（例）傳㋺傅

4文字以上の場合は、相当文を「 」で囲み、傍注した。

（例）「」㋑□□□□□

3ｂ　（ママ）（□カ）は、異読文字の校訂者注。

4　原典注の表記（表記例参照）

4ａ　原典に記されている傍注等の表記。底本および対校本に元来ある短文傍注は、あるままに印刷してあり、○のないイが付されている場合がある。

4ｂ　［朱］は朱書き、［押］は付紙、［裏］は裏書、［頭］は頭注を示し、長文注記の場合は2字下げて本文同様に印刷した。朱書は［朱書］、付紙は［押紙］、裏書は［裏書］、頭注は［頭註］

義科『盧談』總目錄

（22義科中20義科）

典據 **法華玄義**（智顗撰）

		(論目數)	
A	教相義	*3*	玄第 1
B	十如是義	*4*	玄第 2
C	十二因緣義	*1*	玄第 2
D	二諦義	*5*	玄第 2
E	眷屬妙義	*1*	玄第 7
F	十妙義	*1*	玄第 7
G	五味義	*1*	玄第 10

典據 **法華文句**（智顗撰）

H	三周義	*3*	文第 4
★I	一乘義	*1*	文第 4
J	卽身成佛義	*2*	文第 8
K	三身義	*14*	文第 9
L	屬累義	*1*	文第 10

典據 **摩訶止觀**（智顗撰）

		(論目數)	
M	六卽義	*18*	止第 1
N	四種三昧義	*2*	止第 2
O	三觀義	*15*	止第 3
P	被接義	*19*	止第 3
Q	名別義通義	*1*	止第 6

典據 **維摩經疏**（智顗撰）

R	佛土義	*6*	名疏 1

典據 **大本四教義**（智顗撰）

缺 ★S	（七聖義なし）		四教 6
缺 ★T	（菩薩義なし）		四教 7

典據 **涅槃經疏**（灌頂撰）

★U	佛性義	*1*	涅疏 11

典據 **觀無量壽經疏**（智顗撰）

★V	九品往生義	*2*	

★W	雜雜	*15*	〈鈔出雜集〉

＊　義科『盧談』は、總卷數・順序などが本來決定されている書籍ではない。この總目錄は、收集し得たものを整理し作成したものである。種々の『盧談』目錄も、玄義・文句・止觀等の順序、義科の順序、義科の有無に不同があり、『盧談』の册數・論目總數も一定ではない。

義科『盧談』中に誤入された『盧談』以外の論議書は除外した。

＊　★は、『十六義科目錄』（千觀內供）にないもの。

底本・對校本一覽

記號	所藏處名	總册數	最新書寫年號
㋑＝底　本	叡山文庫眞如藏『廬談』	35册	寛文七年(1667)書寫本
㋺＝對校本	叡山文庫雙嚴院『廬談』	39册	寛永十六年(1639)書寫本
㋩＝對校本	叡山文庫明德院『廬談』	25册	天和二年(1682)書寫本
㋥＝對校本	大谷大學圖書館『廬談』	24册	寛永十六年(1639)書寫本
㋭＝對校本	叡山文庫生源寺『廬談』	17册	延寶五年(1677)書寫本
㋬＝對校本	西教寺正教藏『廬談』	13册	明暦二年(1656)書寫本
㋣＝對校本	日光天海藏『廬談』	26册	寛永十六年(1639)書寫本
㋠＝對校本	叡山天海藏『廬談』	3册	永正六年(1509)書寫本
㋷＝對校本	叡山文庫眞如藏『廬談』	＝	㋑重複別本
㋦＝對校本	叡山文庫雙嚴院『廬談』	＝	㋺重複別本
㋸＝對校本	叡山文庫明德院『廬談』	＝	㋩重複別本
㋾＝對校本	西教寺正教藏『廬談』	＝	㋬重複別本
㋻＝對校本	日光天海藏『廬談』	＝	㋣重複別本
㋕＝對校本	日光天海藏『廬談』	＝	㋣重複別本

引用文註　略號

(天玄)一〜五　…………『天台大師全集』法華玄義一〜五
　　共通、舊版『佛教大系』法華玄義
(天文)一〜五　…………『天台大師全集』法華文句一〜五
(天止)一〜五　…………『天台大師全集』摩訶止觀一〜五
　　共通、舊版『佛教大系』摩訶止觀
(卍續)　…………『大日本續藏經』
(大正藏)　…………『大正新脩大藏經』
(傳全)一〜五　…………新版『傳教大師全集』一〜五
(佛全)　…………舊版『大日本佛教全書』
(天全)　…………『天台宗全書』
(續天全)　…………『續天台宗全書』

對校本表　義科『廬談』摩訶止觀

		(底本)	(對校本)	(重複對校本)	(使用本數)
		[イ]	[ロ][ハ][ニ][ホ][ヘ][ト][チ]	[リ][ヌ][ル][ヲ][ワ][カ]	
M	**六卽義**　5（摩訶止觀一）				
1	六卽義私抄	[イ]	[ロ]・[ニ][ホ]・[ト][チ]	・・・・・・	6本
2	六卽義聞書　草木成佛	[イ]	[ロ][ハ]・・・・・	・・・・・・	3本
3	六卽義聞書　一生入妙覺	[イ]	[ロ]・[ニ]・[ヘ][ト]・	・・・・・・	5本
4	六　卽　義　元品能治事	[イ]	[ロ][ハ]・・・・・	[リ]・・・・・	4本
5	六　卽　義　元品能治事	[イ]	[ロ]・・・・・・	・・・・・・	2本
N	**四種三昧義**　4（摩訶止觀二）				
6	四種三昧義案立　彌陀報應	[イ]	・・・・・・[チ]	・・・・・・	2本
7	四種三昧義精髓抄　彌陀報應事	[イ]	・・・・・・・	・・・・・・	1本
8	四　種　三　昧　義　二界增減	[イ]	[ロ]・[ニ][ホ]・[ト]・	・・・・・・	5本
9	四　種　三　昧　義　二界增減	[イ]	・・・・[ヘ]・・	・・・・・・	2本
O	**三觀義**　4（摩訶止觀三）				
10	三觀義案立　三惑同時異時事	[イ]	・・[ニ][ホ]・[ト]・	・・・・[ワ]・	5本
11	三觀義　三惑同時異時事・得略	[イ]	・・・・・・・	・・・・・・	1本
12	三觀義聞書	[イ]	・・・[ホ][ヘ]・・	・・・[ヲ]・・	4本
13	三觀義案立　三惑同斷	[イ]	[ロ][ハ]・・・・・	・・・・・・	3本
P	**被接義**　5（摩訶止觀三）				
14	被接義聞抄	[イ]	・・・・・・・	・・・・・・	1本
15	被接義聞書　本敎惑盡不盡事	[イ]	[ロ]・[ニ][ホ]・・・	・・・・・・	4本
16	被接義聞書　一生破無明	[イ]	[ロ][ハ][ニ]・・・・	・・・・・・	4本
17	天台大師講聞書	・	[ロ]・・・・・・	・・・・・・	1本
18	天台大師講　被接義　十一題	・	[ロ]・・・・・・	・・・・・・	1本
Q	**名別義通義**　1（摩訶止觀六）				
19	名別義通義案立　名別義通證據事	[イ]	[ロ]・[ニ]・・[ト]・	・・・・・・	4本

義科　盧談　摩訶止觀（五義科）

M　盧（盧ホ蘆）談　六卽義〔ホ二校。十六題。別本。乾・坤〕（イニ扉書）〔ト五題〕（ロ表題）「草木成佛」

1　六卽義私抄　目次

＊使用本は底ロニホトチ本の六本。チ本は(1)～(11)。ト本は(12)～(16)。ロ本は(16)のみ對校。

＊(12)～(16)の目次は原本では後出35頁上段。

１ 六卽義私抄

(1)〔一念心卽如來藏理事〕

問。摩訶止觀中云二一念心卽如來藏理一（天止一、三七二）。爾所レ云（云㋠之）一念者。元初ノ一念歟。將根塵相對ノ一念歟

答。任二先德一義一元初一念

重難云。圓頓行者ノ所觀ノ境。指二元初一念一歟。觀二根塵相對ノ一念一歟事。一宗ノ肝要不レ可レ過レ之。故知可レ有二落居一法門也。就レ其觀二元初一念一（一念㋠[ナシ]）云義勢不レ明。先ツ圓頓行者ノ觀門トハ（天止一、九五。止觀）。初緣實相造境卽中無不眞實ト定カ故ニ。造ハ至ノ義ナレハ此一念ノ心カ何ノ境テモ有レ（有㊁㋭㋠ア）。至レハ卽中道法界ト成也。去（去㋭㋠サ）レハ繫緣法界一念法界（同、九六）。一色一香無非中道ナルカ故。繫二緣ヲ法界一二一念ヲ法界一時。一色一香悉中道ト達也。故根塵相對ノ一念カ則三諦卽是ノ謂ナル條ハ勿論ナルヲ不レ觀シテ。遠尋二無始一念ヲ一爲二所觀ノ境一ト覽事。眞實誠シカラヌ覺也。凡住前ニテ起二無明ヲ一歟ハ一歟（歟㊁㋭㋠箇）ノ重事有二沙汰一事ソカシ。然底下ノ凡夫カ起テ二無始ノ無明ヲ一。以レ之今爲二觀境一ト事。太可レトモ有不レ覺也。故ニ根塵相對ノ一念ノ終日ニ現前スルヲ定二所觀ノ境一事者道理必然ナルニ。是ヲハ閣テ不二現前一尋テ二無始ノ無明ヲ一觀スト云義太不レ明」但。道理ト聞ル趣ハ。元初ノ一念カ流來生死ノ根元ナレハト云計也。只根本ナレハト云約束計ニテハ。別シテ閣テ二念念所起ノ心ヲ一取ル二元初ノ一念ヲ一故ハ不レ可レ成也。依レ之。止觀一部ノ配立ハ約二一切心ノ一念ニ一見タリ。先ツ止（止㊁㋭正）觀ノ章ニ開二十乘十境ヲ一時。觀不思議境ノ初ニ觀二陰入境一故ヲハ。依（㋑教歟）性（性㊁㋭經）現前ノ兩義ニ依テ五陰三科ノ法門ヲ明ス時。陰入一境常自現前（止（止㋠[ナシ]））（天止三、一四二）。若發不發恆得爲觀。餘「（㋭之）九境發可爲觀。不發何所觀ト釋シテ。第一ニ觀二陰入境ヲ一意ハ常自現前ノ義門ニテ。若發不發恆得爲觀スル故ニト定メ。餘ノ九境ハ發ノ境ナルカ故發スレハ觀レ之。是則以レ發現前ノ義トスル也。故陰入境ノ意ハ者。常自現前ノ故。鎭觀スル意ト定ルカ故。是ハ根塵相對ノ一切心ノ一念ヲ所觀ト定ト聞タリ。然ニ閣二常自現前ノ心一。不二現前一觀二元初一念一云者。先ツ背二止觀ノ大綱ニ一也。去（去㋭㋠サ）レハ行人受身誰不陰入（天止三、一三一。止觀）。重擔現前是故初觀。後發異相別爲（爲㋠而）次耳ト釋シテ。行人ケニモ受レ身程ニテ陰入ノ不二重擔現前一者不レ可（㋠爲）レ有。故以二現前スル陰入一爲二觀境一云ヘリ。是則止觀意カ以二異

二

熟無記ノ體ヲ爲ニ觀境ト故。五陰ハ異熟無記ノ體也。是ハ常自現前ノ法體ナルカ故。以レ之爲ニ所觀ノ境ト定タリ。イツカ以ニ元初ノ一念ヲ爲ニ觀境ト。閣ニ五陰ノ常自現前ノ體ヲ釋ル耶。凡初メ觀レ色ヲ一切悉ク趣レ色ニ。乃至觀レハ心一切趣レカ心ニ故。此趣不レ過被レ云。故一塵一法ニテモアレ。起ル處ニ則中道法界ノ觀門ハ可レ成。閣レ其ヲハ可レ尋ニ元初一念ヲ云者。還圓頓行者ノ觀門カ淺近ニ成也

次。正入ニ正觀章ニ未レ開ニ思議不思議境ヲ已前ニ。先ツ定ニ觀境ヲ時ニ。（天止三、二二二～七。止觀）若欲觀察須伐其根。如炙病得穴。今當去丈就尺去尺就寸。置色等四陰但觀色陰。色陰者心是也。觀心具十法門ト釋ル。盡理シテ觀ニ第六識ヲ見タルヲ講答ニハ伐其根ト云カ。根本トハ第八識ノ事ソト成歟。誠ニ以ニ第八識ヲ名ニ根本ト事ノ有ラン事ヲハ不レ可レ遮レ之。去レハ釋義ハ皆依レ處ニ向フ門カ有也。然今釋ハ三科ノ法門ノ中ニテ去ニテ十二入十八界ヲ。付ニハ五陰ニ去レ丈就レ尺ニ「譬ヘ。捨ニ前ノ四陰ヲ付ニ第五ノ識陰ニ。去レ尺就レ寸ニ」類ル也。故三科相望シ五陰相對シテ論ル本末ナルカ故其根ト被レ云。體者指ニ第五識陰ヲ也。去レハ去尺就寸。置色等四陰但觀識陰ト「云フ識陰ヲ指テコソ。上ニハ須伐其根トハ釋シツレ。其ノ但觀識陰ノ」體ハ。置色等四陰ト云ニ望テ識陰ト云ヘルハ。第五ノ識陰ノ條不レ可レ疑レ之ヲ。全六識八識相望シテ。以ニ第八識ヲ其根ト云フ釋ニハ非ス。凡五陰ト分別時。經教論家幷一家釋義マテ。悉第五ノ識陰ニハ第六識マテヲ攝シテ。收ニ第八識ヲ義門無レ之。故五陰三科ノ配立ノ時。識陰ト云ヘルハ六識マテヲ攝シテ不レ可レ入ニ八識ヲ段ハ必然ナル上ニ。今釋義ハ異熟無記ノ法體ノ上ニ。論シテ常自現前ノ謂ヲ以テ論ニ陰入境ヲ故。此中ノ識陰トハ常自現前ノ體ナレハ第六識マテニ可レ謂也。爭カ不ニ現前ノ取ニ元初一念ヲ攝レ之義門可レ有耶。就レ中本書テハ。猶モ但觀識陰ト云内ニ攝ニ第八識ヲモヤ覽ト不審ナルヘキヲ。妙樂大師問答時。問。一七十五（天止三、二二三）五識五意識及第六識。幷能生於受想等三心。何等識心及所生三心。是今觀境ト問セリ。先ツ問ノ家ヨリ第八識ノ面影ハ曾以不レ見。是卽本書ニハ但觀識陰トテ。以ニ第五ノ識陰ヲ須伐其根ト定ツル。其識陰ノ中ニハ。五識幷五意識及第六識マテヲ攝カ故。妙樂者擧レ之ヲ。此中ニハ何カ正シト今ノ所觀ノ境ト成耶ト問也。故本書ニ其根ト云ツル識陰ノ體者。至極第六識マテヲ攝シテ。曾不レ

出ニ六識ノ方至ニ聞タリ。答ルレ之時。答。五識五意識定是今境。(天止三、二二三。弘決)未屬煩惱在無記故。於第六中取能招報者。仍須發得乃屬煩惱境。餘之分別方屬今境ト釋リ。既以ニ五識五意識ヲ定メテ爲ニ今境ノ道理ヲハ。在無記故トテ異熟無記ノ常自故ト定テ。第六識ノ中ニモ招報ノ方ハ猶發得ノ義門ナレハ屬ニ煩惱境ニ。餘ノ分別トハ第六識ニモ異熟無記ノ邊ヲハ取テ爲ニ今ノ境ニ釋リ。故本書ニ但觀識陰ト云ヘルハ。更ニ不レ出ニ六識ノ外ニ聞タリ。若夫如ニ義勢ノ攝ニ第八識ヲ者。是程盡理ノ釋義ヲ作ル時。仍不ニ釋シ出ニ耶。凡妙樂釋ハ。去丈就尺去尺就寸ノ處ヲハ。華他治病。湯不過(同、二二二。弘決)一種兩種。炙不過一穴兩穴ト釋ル已來。於ニ五陰三科ノ中ニ分別事分明也

次。所依ノ文ハ釋シテ理卽是ノ菩提ヲ。一念心卽如來藏理ト等云ヘル一念者。元初ノ一念ヤ覽。一切心ノ一念ヤ覽不審ナルヲ。既如上說ト云テ讓ニ上ノ四諦四弘ノ釋ニ故ニ。宜任ニ上ノ釋ニ今ノ一(天止一、三二四。止觀)念ノ體ヲハ可ニ治定ス也。然ニ無作四弘ノ處ニテ。根塵相對一念心起卽空卽假卽中者。若根若塵幷是法界。幷是畢竟空。幷是如來藏。幷是中道ト釋シテ。先ツ根塵相對ノ一念ト定タリ。

妙樂大師受レ之。(弘一。三十七丁)一念心起與前不別。(同。弘決)能觀之智與前永異。卽此一念則是三諦。不復更論迷解之本。若根若塵幷是法界。法界只是三諦異名ト消リ。釋ノ意者。一念心起與前不別ナレハ。一念ノ體ハ與ニ前三教ニ不レ別釋シ。能觀ノ智コソ永ク前三教トハ別ナレト釋カ故ニ。圓教ノ意テ一念ト云者。六識歟八識歟ハ今ノ疑ナレ。前三教ニテ沙汰スル一念ノ根塵相對スルハ。第六識ノ條ハ勿論ニシテ非ニ元初一念ニ段必然ナリ。指レ之ヲ一念心起與前不別ト云カ故。圓教ニ論ル一念ノ體ト云モ。前三教ニ同ク第六識ト被レ得タリ。其ヲ今理卽是ノ下ニテ一念心卽如來藏理ト云テ。此一念ヲハ如上說ト云テ指ニ四諦四弘ノ釋ヲ故。同ク第六識ノ段勿論也。然ニ會通ノ趣ハ。根塵相對ノ方ヲハ不レ同セ。只圓教ノ法門カ同レハ。其ノ義門許ヲ如上說ト云ソト會ル。サル會釋可レトモ有不レ覺(天止一、三九〇。止觀)也。凡四諦四弘六卽ハ。展轉深細方乃顯是ナルカ故ニ。四諦四弘ノ體カ則至ニ六卽顯是ニ顯ルルカ故。更可ニ一徹ノ法門也。然ニ四諦四弘ノ處ニテハ根塵相對ノ一念ナルニ。六卽顯是ノ處ニテ疑レ之。約ニ元初一念ニ覽道理不レ可レ有故。釋義ハ前後一徹ニ約ニ根塵相對ノ一念ニ見タリ。就中凡夫起ニ元初ノ一念ニ事モ不

審ナル上。一處釋義カ。(天文三、一一九四下)記五　舒心修觀莫不第六王數爲發觀始。漸使觀境圓融不二。「其如麁惑」尚未落。故皆何屬第六王數乃至未淨六根以來。未離王數。此是見思之家王數也ト釋リ。既初心ノ修觀ハ以第六識ヲ爲發觀ノ始ト定メテ。觀境何ニ雖圓融スト。必以第六識ヲ爲所觀ト釋リ。既圓頓行者ノ觀門トハ見思ノ識ニ約シテ論觀境ヲ聞タリ

次。四種三昧ノ意。隨自意三昧ノ時者。互ニ善惡無記ノ三性。未念。欲念。念。念卽。四運推是ノ觀ヲ作ス。對貪心瞋心ニ成觀。專根塵相對ノ心ヲ爲所觀ト聞タリ。四種三昧ハ定ニ觀境ニ故所觀ノ境ハ正觀ト可同。一念三千コソ正觀ニテ始テ顯ルレ。論ニ觀境ニ事者。前六重ニモ可同ニ正觀ニ。故本論ニ一切心ノ一念ト云フ事分明也

但。講答ノ潤色ニハ。(天止一、一六二。止觀)無量劫來癡惑所覆。不知無明卽是明。今開覺之故言大意ノ釋歟。然不可有子細事者。止觀ノ大綱カ無明卽法性ニテ。迷悟ノ不二ヲ顯ス事ヲハ不足論勿論ソカシ。去レトモ別シテ行者ノ所觀ノ境ヲ定論ル元初一念ニヤ。約根塵相對ノ一念ニ沙汰ル時。常自現前ノ道理ニテ。觀ニ一切心一念ヲ云者。尤便リ有ル事也

次。觀不思議境ノ(天止三、二七一。止觀)芥爾有心卽具三千ノ釋。潤色ト聞ル歟。先ツ妙樂ノ消釋ヲハ閣テ。本書ノ面ニテ介爾有心卽具三千ト云ヘルハ。介爾闚闚ノ心ト云事コサメレ。何トテ是カ元初一念トハ可被云耶。妙樂。(同。弘決)言介爾者謂刹那心。無間相續未曾斷絕。纔一刹那三千具足ト云ヘルハ。介爾ニモ一念カ起ル程ナレハ三千カ具足ト云カ故。殊ニ一切心ノ一念ノ體ヲ釋ト聞タリ。イカニ微細ノ一念ナレトモ。起ル程ナレハ具三千ヲ釋成也。無間相續ト云ヘルハ。根塵相對ノ一念カ微細ナルモ起ト云ヘハ。念念所起ノ心ニ具レハ三千相續ト云也。若依此ニ元初一念ト云者。サテハ一切心ノ一念者。無間相續スル義門ハ不可有歟。又具三千義ハ不可有歟

抑。此題ノ次可開事者。圓頓行者ノ所觀ハ觀ル眞心ヲ歟。觀妄心ヲ歟。宋地人師存異義。孤山淨覺ハ觀眞心ニ成シ。四明ノ智禮ハ觀妄心ヲ云ヘリ。然ニ今一念ト者六識歟八識歟ト論ル意者。所觀ハ妄心ト取定メテ此論義ハ起ル事ヤ覽。尤可有沙汰事也

次。講答ノ道理ト聞ル趣ハ。一切心ノ一念ヲ觀ストス云義ノ定ナラハ。五

陰三科ノ法門ヲ共可觀。去レトモ去丈就尺去尺就寸云テ。除ク法體カ出來セハ。又除六識取八識事有何失耶。既ニトテモ除ク物タニ有スト云樣ニ聞。誠一往ハ神妙ニ被云也。但太未盡ナリ。其故ハ。釋義カ自元付常自現前ノ境分別シテ辨本末ヲ故。於此中以第六識可為其根難也。不現前可取第八識云事者。釋義ニ不沙汰事ナルカ故。爰ニハ不相叶義勢也

答。觀元初一念云事者。先德釋義委悉也。其趣者。於一切諸法有惣別。別ト者。十界十如ノ彼彼諸法ノ各別ナル謂也。付惣辨事理ヲ。事ノ惣トハ無明ノ一念ニ攝一切法。理ノ惣トハ法性一念攝諸法。是則。惣在一念別分色心ノ釋ヲ(天玄四、三四二。釋籤)被テ合。惣在一念ニ辨事理ヲ也。既知別已攝別入惣。(同前)一切諸法無非心性。一性無性三千宛然ナルカ故ニ。攝別入惣云ヘルハ。歸無明ノ一念攝諸法ヲ。此無明ノ一念カ則自法性縁起スル意ヲ顯也。故圓頓行者ノ觀門トハ。無始元初一念ニ攝諸法處ヲ觀スレハ。此無明ノ體ハ則法性縁起ト顯ルルカ故。先ツ以元初一念為所觀條勿論也。凡圓教ノ觀門ト云者。不シテ向ハ法界ノ體ニ一法ヲ取分テ觀ル樣ニハ非ス。若爾者。圓頓行者ノ觀門トハ不可云フ。故法界ノ全體ニ向フトタニ云者。自非元初一念不可叶。其故者既ニ事惣ニテ無明ノ一念ニ攝諸法ヲ故也。仍向法界ノ全體觀門ソト云ヘハ。必觀元初一念條勿論也。故諸法ノ根本ナレハ觀スト云義ニモ。其詞ハ不可相違處アリ。難勢ニハ。一色一香無非中道ナレハ。根塵相對ノ一念ヲ可觀難ニハ來ル歟。去レハコソ觀元初一念義ハ成スレ。其故ハ者繫縁法界一念法界ニテ觀法界ヲ云ヘハ。其ノ體コソ元初ノ一念ナレ。既ニ事相ト云カ故ニ。法界ト觀スルテアレハ〔法界ノ體也。故向法界ト。觀門ハ專約無始中道ト達カ故。中道トハ法界ノ體也。故向法界ト觀門ハ〕元初ノ一念ト云事ハ成也。一色一香中道ト達ルカ故。中道トハ法界ノ體也。故向法界ト觀門ハ。專約無始一念ニ段勿論也。依之。止觀一部ノ配立悉約元初一念也。其故者思議不思議ノ境ヲ不開已前。先ツ定觀境時華嚴經ノ文ヲ引テ。(天止三、二四〇。止觀)心如工畫師造種種五陰。界內界外一切世間中莫不從心造ト釋リ。是既界內界外ノ一切世間ヲ(天止三、二二二。止觀)自心造スト云カ故。元初一念第八識ノ條勿論也。故若欲觀

察須伐其根等ノ釋。指二元初一念一云二其根一條勿論事者。既ニ界内界外ヲ生ストモ云テ。下ニ須伐其根ト云カ故。指二第八識一云二其根一ト事分明也。釋義ノ起盡不レ可レ疑レ之ヲ。就レ中觀不思議境ノ下ニテ。引二華嚴經ノ心如工畫師造種種五陰文一釋成カ故。一念三千ノ觀門ハ專約二第八識一見タリ（「(チ)歟）。其故ハ一處釋中ニ此文ヲ釋トシテ。繪師ノ手ヲハ約二無明一釋リ。是則書二種種ノ形一ヲ事者。界内界外ヲ造出ル義門ナルカ故。自二無明一念一生二界内界外一云ヘル第八識條必然也。仍指二此ノ心一ヲ須伐其根トモ釋シテ。但觀識陰トモ云カ故。元初一念ト云事分明也（天止三、二七一。止觀）

次。入二不思議境一ニ辨二三種妙境一時ニハ。性德ノ下ニテ。若無心而已。介爾有心卽具三千ト釋ル。是約二第八識一聞タリ。凡事相ニモ根塵相對ノ一念トハ。終日歷緣對境カ故ニ移了體也。故自二無始一不二斷絕一ナムト不レ可レ云フ。然ニ既ニ。無間相續未曾斷絕ト釋カ故（天止三、二七一。弘決）（起信）。非二一切心ノ一念一ニ聞タリ。就レ中自二論家說一事起テ。以二第八識一ヲ云二無間相續一トモ也。其故以二第八識一云二無沒識一事者。無二間斷一義門ニテ不二斷絕一意ナリ。仍一處釋義カ。以二第八識一ヲ云二無沒識一故。今無間相續未曾斷絕ト釋ル。約二元初一念一具二三千一義ヲ釋成ト聞タリ

次。付二修德ノ妙境一。心起必詑（託カ）緣。若心具三千法。若（爲カ）緣具三（爲カ）千法ト問ヲ（天止三、二九二。止觀取意）。答トシテ引二梨耶法性ノ依持一釋成リ。意者。梨耶ニモ具二三千一。法性ニモ具二三千一云意ナリ。夫カ墮二自他共離ノ四性一ニ失ト成テ被トモレ破。離レテ二四性一後ニハ無明ニモ具二三千一。法性備二三千一故。專約二元初一念一具二三千一得タリ。去レハ（去(ホ)(チ)サ）若隨二便宜一者。應レ言下無明法テ法性ニ生中一切法上（天止三、三一〇～一一。止觀）。如二眠法一法レテ心ニ則（心則カ）有二一切ノ夢事一。釋シテ二無明法性一生ストハ（「(ホ)(チ)矣）一切法一云者。於二第八識一ニ具二三千一義門也。仍合スルレ譬時。眠法法レ夢如レ有二一切夢事一釋リ（同前。取意）

次。起慈悲心ノ下ニテ。本書ニ。一苦一切苦ト云ヲ（天止三、三三三。止觀）。妙樂大師ハ牒スニ先ノ妙境一ヲ。故云二一苦一切苦ト云テ。不明妙境一念三千。如何可識一攝一切。三千不出一念無明。是故唯有苦因苦果ト釋リ（同前。弘決）。觀不思議ノ妙境ヲハ。三千不出一念無明ト云カ故。約二無明一論二三千一ヲ聞タリ（天止三、三三七～三四〇。止觀）

次。巧安止觀ノ意者。無明癡惑本是法性。以癡迷故法性變作無明。起諸顛倒善不善等。如寒來結水變作堅氷○今當

體諸顚倒卽是法性。不一（一[チ]可）不異ト釋リ。是則巧安止觀ノ意者。
上ノ觀不思議境ノ體ヲ重テ擧テ。能安ノ止觀ノ樣釋成ス（成[二][ホ][チ]出）。能安ノ
止觀トハ。所安ノ境ヲ定（定[ホ]取）（[ホ]定イ）テ能安ノ義ハ成ルカ故。所安ノ境ヲ云時ニ。無
明癡惑本是法性等釋カ故。所觀ノ境ハ約ニ無明一聞タリ。仍所
安ノ境ハ。上ノ觀不思議境ヲ擧ナレハ。其ヲハ約ニ無明一釋カ故。不思
議ノ妙境トハ約ニ無明一聞タリ
次。破法遍ノ下ニテ釋ニ出惣明一心。歷餘一心ノ義一時。惣者（止（止[チ][ナシ]））（天止四、一二二六）
（[三]六之三。四十七丁）只約無明一念心。此心具三諦等（同、一二二六～七）釋シテ。約ニ無明一念一處ヲ
惣明一心ト釋リ。仍一念ノ無明與ニ法性一合シテ。卽有ニ一切百
千ノ夢事一矣（矣[ホ][ナシ]）云ヘル三一念ノ無明ト法性ト合シテ有ニ百千ノ夢一事ハ。
元初一念ノ底ニ攝ニ諸法一。此一念カ諸法ノ源ナレハ。有ニ一切百
千ノ夢一事也。是カ則法性緣起ノ體ナレハ法性合ストハ釋也。妙樂
受レ之（受[二][ホ][チ]承）。先釋惣門（天止四、一二二六）。對下貪等一一相（相[ホ]惣）別。故名爲惣ト釋カ故。
歷餘一心ノ貪等ノ一念ニ（念[二][ホ][チ]心）對レハ。異ニシテ無明一念一攝ヲ諸法一爲ニ
所觀一處ヲ惣明一心トハ釋也。歷餘一心トハ。若惣無明心未必（[三]止六之三ノ五十二丁）（天止四、一二三八）
是宜。單（單[二]更）（更歟）歷餘心或欲心瞋心慢心。此等心起卽空卽假卽
中。還如惣中所說ト釋リ。此意者。前（前[ホ][チ]別）惣明一念ニ則爲ニ不レ達

機ノ。直對ニ貪心（心[ホ][ナシ]）等ノ起ルニ成レ觀見タリ。然（然[ホ]而）（[ホ]然イ）ニ別シテ取ニ貪等ノ一
心一樣ニ雖レ見。還如惣中所說ト釋シテ。還ニ惣明一心ノ處一釋
意者。觀ニ無明一念一云意ヲ顯ス。依レ之。妙樂大師ハ（天止四、一二三八）。以別望
惣故名爲餘。不出無明故云一心ト釋シテ。歷餘一心ノ餘ノ
義ニハ入レ魂ヲ。以別望惣故名爲餘トハ。惣中ノ一一ノ法ヲ一ッ取
樣ニ雖レ聞。不出無明故云（云[ホ][ナシ]）一心ト云テ。一心ト云處ヲ還テ無明ニ
釋リ。故非ニ惣明一心ニ限一ニ。歷餘一心ト云モ約ニ無明一念一
釋リ。仍先德者。此十六字尤指ニ元初一念ヲ誠證ト被レ釋タ
リ。是則對ニ貪等ノ一心一ニ云處カ。則法界ノ體ヲ觀スルト云ヘハ。還テ
事ノ惣ト被レ云テ觀ニ無明ノ一念一意ニ相當也。上來。釋義悉先
德ノ引用文ニシテ。止觀一部觀ニ元初一念一聞タリ。付レ其第六
識ト釋ル處處ノ釋義コソ難レ思。但夫ハ可レ依ニ元初一念ノ樣一ニ。
然ニ五大院ノ先德。引ニ瓔珞經ノ說一釋ルニ無始ノ義一時者。始無（使カ）（大正藏七五、三七六上。教時義）
法起名爲（名爲[ホ]故名）無始ト釋カ故。昔サル一念カ起テ有シ樣ニハ無始ヲハ不レ
可レ得レ意。初テ無カル法ノ起ト者。自ニ法性膚一起ル一念ヲ則無
始元初ノ一念トハ云也。故念念所起ノ心ノ體カ則法性緣起ノ
心ナレハ。根塵相對ノ一念カ則元初一念ト被レ云也。故處處釋

義更ニ不レ可レ有ニ相違一。凡觀ニ元初一念一云要者。無明無住處。法性無住處ノ謂ニテ。無明ノ起ル源ヲ尋ヌレハ必自ニ法性一起カ故。無明法性ノ一際ナル謂ヲ觀ヲ約ニ元初一念一成也。故根塵相對ノ一念モ自ニ法性一緣起スルナレハ。鎭元初一念ト被レ云（也歟（也歟ニホチ本））段（段チ修）勿論也。此義ヲ成セハ難ノ可レ來樣樣（樣樣ニホ樣也）。サテハ觀ニ一切心一念一云ヘカシ。終ニ同事ナラハ何ソ別（別ホ教）取ニ元初一念一耶ト云疑可レ有歟（歟チ也）。爰（爰ホチココ）ニハ大意ノ章ノ釋義ヲ可レ合ス。（天止一、一六二。止觀）無量劫來癡惑所覆。不知無明卽是（是ニ本）明。今開覺之故言大意。旣知無明卽是明不復流（流チ本）動。故名爲止。朗然大淨（淨ホ靜）。呼之爲觀ナルカ故。無明法性ノ一際ナル處カ止觀本意ナル事ヲハ。約ニ元初一念一可レ顯故也。此義ノ前ニハ。（天文三、一一九四下。文句記）創心修觀莫不知（知ニ以チ已）（「之カ）（以カ）第六王數ノ釋義符合リ。旣爲發（同前）觀始ト云カ故。始アレハ必可レ有レ終。故發觀ノ始ト以ニ第六識一ヲ定メハ。必以ニ第八識一ヲ可レ爲ニ所觀一ト云事ハ自顯タリ。其上何（何ニ仍）屬（同前）第六王數ト釋シテ。不レ出ニ第六識一ヲ釋取本意者。六識ノ處カ則第八識ナル謂ヲ顯トシテ堅約ニ六識ノ方（方ホ勞）知一釋取也

次。所依文ハ如ニ今得意一。前ニハ上ノ根塵相對ノ一念ノ心ト。六卽顯是ノ元初一念ト不レ可レ背上者。如ニ今（今ニ上）說一釋モ謂アリ。但。

常ノ了簡ニハ。所依ノ文ノ如上說ト云（「ホ云）ヘルハ。上ニ藏通相對時者。同ク界內ノ因緣生カ故。一念心起ノ體可レ同。サレハ通教ノ下ニテハ別シテ不レ釋。是則同ニ上ノ三藏一故也。仍別圓二教ノ意モ。（天止一、三一三。止觀）別教既明ニ界外一故。迷解之本ト釋シテ。界內界外迷解ノ本ト成ル一念ノ體ハ。第八識ノ無明一念ノ條必然也。以ニ第六識一云ニ界外之本一ト義門不レ可レ背（背ニホ有）故也。夫ヲ至ニ圓教一。（ニ弘一ノ三ノ十六丁）（天止一、三三四）一念心起與別（別ニホ前）不別ト同ニ上ノ別教一釋カ故。同ク約ニ無明一念一條（條チ修）ハ勿論也。（ニ弘一ノ三ノ）能觀之智與別（別ニホ前）永異トテ能觀コソ別ナレ。其相ヲハ。（同前）卽此一念卽是三諦。不復更論迷解之本ト釋シテ。（同前）（觀カ）異ニ別教ノ次第一意ヲ釋リ。仍所觀ノ一念ヲハ與別（別ニ前）不別ト定カ故。別教ニテ既約ニ無明一念一上者同レ之ニ。圓教又無明ヲ指テ一念ト云事必然也。（同前）夫ヲ至ニ六卽顯是ノ菩提心（心チ本）一ニ。（天止一、三七一。止觀）一念心卽如來藏理等云テ。如上說ト云カ故。今ノ一念心卽ノ一念モ。同ニ上ノ四弘ノ釋ニ約ニ無明一念一云事分明也 示云。此義ハ本光（光ニ覺）上人ノ了簡也。其謂尤有也

次。觀ニ眞心一歟。觀ニ妄心一歟（歟ニホチ耶）事。宋地人師釋義イカニモ所レ背可レ有也。知禮ノ義ハ。圓頓行者ノ意者イカニモ轉レ迷成レ悟樣ニ向カ故ニ。思議境ヲ所觀トシテ以ニ不思議境一ヲ爲ニ能

觀ト辨ニ兩重ノ能所一ヲ。此約束ハ（束㋠第）三教權門ノ情（情㋭㋠樣　㋭イ無）分齊ニシテ非ニ眞實ノ宗義一ニハ。今ノ經ノ於ニ佛果內證一開ク宗ノ前ニハ此義門不レ可レ有（有㋠背）。サテハ孤山觀ニ眞心一ヲ云義カ可レ然歟ト覺ル樣ナレトモ。夫モ又大ニ可レ（可㋭所　㋭可イ）背ニ道理一ニ也。其故ハ（「㋭㋠者）智（智㋭㋠知）禮モ破ニ淨覺一ヲ時ハ。離邊中道雲外ノ月ノ如ト破カ故。迷悟ヲ二ツ置テ。妄心ノ方ヲハ不レ起。向ニ眞心ニ存カ故。眞實非ニ宗旨一ニハ權門ノ意ナルヘシ。是分齊ニテ觀ニ眞心一ヲ不レ可レ申ス。約束ハイカニモ觀ニ眞心一ヲ可レ申也（也㋭歟）。去（去㋭㋠サ）レトモ孤山ノ義ニハ可レ異也（也㋭歟）。サテハ今ノ論義カ六識歟八識歟ノ疑ハ。妄心ノ定ニテコソ立破ハ。觀ニ眞心一ヲ云定ナラハ何事ヲ論ソ耶ト覺タリ。但常ノ分ナラハ今者思議境ノ分齊ニテ觀ニ妄心一ヲ。定テ六識歟八識歟トハ疑也可レ申。但不思議境ノ意ニテハ。觀ニ八識無明一ヲ云（云㋠之）處カ則觀ニ法性一ヲ義門ニテ可レ有也。元初一念ヲ觀スト云ヘハトテ。只無明計ヲ觀ル樣ニハ非ス。無明無住處カ則法性無住處ノ謂レニテ。無明法性ノ一際ナル處ヲ觀カ。元初一念ヲ觀ル義門ナレハ。眞心ヲ觀スト云義ニ可レ向。サテ思議境ノ中ニ觀ニ元初一念一ヲ云意ハ。思議ノ底ニ顯ニ不思議一ヲ意ナルヘシ

畢（畢㊁㋭㋠ナシ）

---

(2)〔如來藏染法事〕

問。如來藏理具ニ染淨法一ヲ耶

答。可レ具（具㋠ナシ）

重難云。如來藏理具ニ染淨諸法一ヲ云事。大旨雖レ聞猶其相難レ思。先ツ如來藏理トハ何ナル物ト其法體ヲ被レ定。此上ニ可レ具ニ染淨ノ法一ヲ樣（樣㋭抔　㋭樣イ）カ可レ聞。如來藏理ノ體カ定テ後モ。一重尚（尚㋭㋠猶）具ニ染法一ヲ相カ可レ被レ成也。就レ其先ツ如來藏理トハ。自性清淨トモ名ケ。眞善妙有（㋭道イ　有㋠道）トモ稱ス。然ニ具ニ迷ノ法一ヲ云者。何トテ自性清淨可レ云耶。又眞善妙有（有㋠道）ノ名言モ空ク設タルニ成也。故如來藏理ノ體ヲ被レ定。カカル程ニ（云耶㋭被申ヤ㋠云ヤ）具ニ染法一ヲ云樣（云樣㋭抔　㋭樣イ）カ可レ聞也。就中迷トハ何ナル物ソト云ヘハ。迷ニ一法性理一ニ處ヨリ無明ノ迷ハ起也。既依レ背ニ法性理一ニ起シ（「㋭㋠也）。迷ノ體カ還テ備ニ理底一ニトハ（如レ本ノ（如本㋭㋠ナシ））可レ有耶。サテハ地體背テ法性一ニ（㊂性）起ル迷ニハ可レ非ル。其故者。背ニ眞如妙理一ニ體ナラハ。其理內ニハ不レ可レ具。順ニ法性一ニ物ナレハコソ居スラメ理內ニハ。若夫迷トハ違レ理體ソト計（計㋭申　㋭計イ）ハ。如來藏理內具ニ染法一ヲ義ハ不レ可レ成故。無明ノ迷ハ背ニ法性理一ニ物ナレトモ。イカナル道理カ有程ニ。如來藏理ニ具レ之云樣カ分明ニ可レ聞也。依レ之。辨ニ順流十心一ヲ

時者。初由一念無始無明。乃至成就一闡提罪ト釋シテ。(弘四(大正一二、五八二))最初一念ノ無明ハ背ニ法性理ニ起ヨリ以來順ニ生死迷ニ故。元初一念ヲ爲レ源。乃至成ニ就凡夫闡提ノ罪ト云也。既順流ノ名言ハ約ニ順生死ニ也。若夫居ニ法性ノ膚ニ者。更順流ノ義不レ成シテ。還以レ迷ヲ可レ稱ニ逆流ト歟。サレハ論家ノ説カ分明ナリ。起信論ニ明ニ心眞如門ヲ時。心眞如者。卽是一法界大惣相法門體。所謂心性「不生不滅。一切諸法唯依妄念而有差別。若離心念則無」一切境界之相ト釋リ。(大正藏三二、五七六上)論判意者。眞如ノ體ヲハ卽是一法界大惣相法門不生不滅ト定テ。一法界ノ理上ニ一切諸法ノ差別スル事ヲハ。唯依妄念而有差別ト云ヘリ。若爾背ニ一法界ノ理ニ依ニ妄念ニ所レ起染法ノ體ヲハ。爭還テ攝ニ眞如理ニ可レ云耶。去レハ眞如體ヲハ。若離心念則無一切境界之相トテ。別ノ妄念ノ體ヨリ差別スル一切觀察ノ相ノ離處ヲコソ眞如トハ稱スレ。若離心念ト者。指ニ離妄念ノ體ニ。無ニ一切境界之相ニ者。依ニ妄念ニ所レ起諸法ヲ離ト云也。若爾者。何トテ無ニ一切境界之相ニ云理內ニ。(大正藏三二、五七七下)備ニ生死染法ニ云道理ハ可レ有耶。加之。以不達一法界故心不相應忽然念起名爲無明ト判シテ。依レ迷ニ一法界ノ理ニ起ニ無明ニ定タリ。然ニ背レ理起シ無明カ備ニ理內ニ云道理ハ何ナル故トモ不レ覺也。凡佛法ノ大綱ハ轉迷開悟ノ義門也。依レ迷ニ法性理ニ流ニ轉生死ニ。還滅ノ日ハ斷ニ彼迷ヲ顯レ悟沙汰也。然ハ法性眞如ノ妙理ニ備ニ迷法ヲ云者。何トテ背ニ此理ニ流轉スル義ハ可レ有耶。還滅ト云モ迷レ理物ナレハ斷レ之證レ理也。夫カ理內具迷云者順レ理體ナルカ故。何ニトシテ斷惑スル道理ハ可レ成耶。依レ之起信論ニ明ニ眞如薰習ヲ時ハ。以眞如法常薰習故。妄心則滅法身顯現ト云ヘリ。(大正藏三二、五七九上)是則眞如カ緣起スレハ妄心滅シテ法身現スト云者。眞如ハ自レ元順善故薰習スレハ妄心ハ滅ト被レ云也。若夫眞如理具ニ染淨法ヲ云者。薰習ノ時モ淨法計ハヨモ不ニ緣起セ。迷モ定テ薰習スヘキカ故。依ニ迷ノ薰習ニ還テ妄心ノ滅ル道理ハ不レ可レ有ル。爰知ヌ。眞如體限ニ善法ニ故。眞如タニ薰スレハ惡法ハ滅ト被レ云也。其上論文ニハ明ニ對治邪執門ヲ時。唯有過恆河沙等諸淨功德ト云ヘリ。(大正藏三二、五八〇上)是則如來藏理ニ具ニ生死染法ヲ執ヲ破トシテ。唯有ニ淨功德ノミ云ヘリ。若夫如來藏理ニ具ニ染法ヲ者。能コソ執タレ何可レ破耶。仍一論前後悉不レ具ニ生死ノ妄法ヲ聞タリ次。佛法ノ大綱ハ此事ナルヘキカ故。能能可レ被ニ治定一事者。眞如ハ諸佛ノ所證ノ體也。佛ノ開レ悟ヲ依レ悟ニ此〔此ホナシ〕眞如理一也。然ニ窮源盡性妙智存トレ取〔取ホ説〕テ能照ノ智ト被レ會〔會ホ言〕。文者偏ニ智ハ限ニ清淨一聞故。此妙智ニ被レ照妙境ノ體ヲ推スレハ。必可レ限ニ清淨ノ理一也。縦ヘハ如來藏理具スルニテモアレ染〔チ法〕法〔法チ淨〕ニ難レ思事者。其定ナラハ諸佛所證ノ眞如理ニ具ニ生死妄法一故。一定トシテ可レ緣ニ起生死報ヲ一故。自ニ佛果一還作衆生ノ義カ可ヲハ有何トカ可レ云耶。若夫眞如理雖レ具ニ生死ノ迷ノ性ヲハ。不レ具ニ修德ニ可レ顯相ヲハ可レ云歟。サテハ難義ナル事ハ。〔「ニホチ者〕相性ハ必ス一雙ノ法體ナルカ故。〔「ニホチ者〕只性計〔計ホチ許〕リヲ具シテ不トレ具レ相ヲ云事不レ可レ有。是則相ニ顯ルル時。此相ノ性ハ成シ性トハ〔「チ也〕相ニ可レ顯故ニ。眞如ノ理內ニ迷ノ相ヲ可レ具云〔云ホ〕條〔之チ也〕勿論也。若夫無レ相云者。性計〔計ホチ許〕ハ何ノ性ニテ可レ具耶。故ニ迷ノ性タニ具スト云者。此性カ必相ニ可ニ緣起一條必然〔必然チ勿論也〕ナレハ。佛果所證ノ眞如カ薰習シテ。自ニ佛果〔果チナシ〕一還作衆生ノ義カ可レ有也。若又〔又ホ夫〕於ニ眞如一具ニ迷ノ性相一故。生死ニ緣起スル義門ハ雖レ有ト。佛果所證ノ眞如許ニハ無ニ此義門一可レ被レ成歟。若爾者。佛ノ所證ノ境カ所レ不レ及可レ有〔可有チナシ〕也。其故〔「ホチ者〕ハ於ニ眞如一辨ニ兩種一。佛ノ

所證ニ非ル理カ可レ有故。佛果ノ內證ニ漏〔漏チ滿〕ルル眞如理有者。佛果所證カ不レ遍處可レ有也。若夫眞如ハ無レ隔一眞如ノ體ト云者。「具ニ染法〔法チ淨〕ノ性相一故。〔（「」ホ重複記載後出＊）〕定メテ自ニ佛果一還作衆生ノ失可レ有也。」但〔「ホ但道（前出＊）〕。道理ト聞事ニ者〔者チナシ〕。眞如理不レ具ニ染淨法一云者。此中但理不具諸法ノ義門ニテ。可ト同ニ別教中道一被レ成歟〔ホ方歟〕。誠ニ一往雖レ可レ然〔然ホ爾〕。難者ノ自ハ家不レ知。不レ具ニ諸法一理體カ勝タル覽〔覽ホラン〕ト覺也。ケニモ如來藏理ニ必可レ具ニ染淨法一道理カ聞テ。カカル義カ有程ニ不レ具ニ染法一云者。不レ可レ叶樣カ聞タラハ義勢モ可ニ落居一。只同ニ別教中道一者。可トレ具ニ染法一云許テハ不レ可レ成

次。三千法門不レ可ニ闕〔闕ホ缺〕減一云〔云チ之〕道理不レ明。自レ元今ノ疑ハ一念三千ノ源ヲ爲レ成題ナルカ故。如來藏理具ニ染法一樣カ聞タラハ。三千ノ法門ハ可ニ落居一ス。其樣〔樣ホ抔〕カ不レ聞者。三千ノ配立不レ可レ成故。三千ノ法門不ニ闕〔闕ホ缺〕減一故ヲ以テハ今ノ道理トハ不レ可レ成。〔「チ也〕而此三千正是中理。不當有無ト釋シ（大正藏四六、七八五中。金錍論）。不レ當ニ有無一云カ〔（性カ）〕則具ニ染淨法一義門トモ不レ聞上者。證據ニ難ニ取〔取ニホチ被〕備一。抑。一切每ニ法門一有ニ沙汰一事ナレトモ。殊此算ノ肝要ト可レ成。

觀音玄ノ（大正藏三四、八八二下。取意）。闡提斷修善。但有性善在。如來斷修惡。但有性惡在ノ文ヲハ。妙樂大師。性德ノ妙境ノ下引用シテ。就ニ此一意ニ（天止三、二七一）（就㊁點）衆滯自消（銷カ）ト釋リ。此釋ノ意ヵ難レ思事者。如來不レ斷ニ性惡ニ闡提不レ斷ニ性善ニ云フ意趣何事ソ耶。性德修德ノ法門ハサシモ一體ニシテ。在性則全修成性。起修則全性成修（天玄四、三四六。釋籤）トコソ釋ルニ。何ナレハ今者性德（性德㊁修性）ヵクイチカヒテ（イ㊅㊈ヒ）。性惡ヲ不レ斷修惡許斷ト云耶。修ノ惡ヲ斷者。性惡ヲモ可レ斷。性惡ヲ不レ斷セ不レ可レ斷ニ修惡ヲモ也。サテコソ修性配立可ニ相順ニ處ニ今釋太不レ明。凡一家ノ意トシテハ。一塵テモアレ自ニ性德ニ不ニ緣起ニ法體ハ不レ可レ有故。若性德ニ不レ斷云者。修德ニモ不レ可レ斷。修ニ斷ハ性ニモ不レ可レ斷也。但釋義問答シテ。性德但是善惡法門。故不可（天止三、二七二。弘決）（「此一字フシン」（「」㊁㊅㊈㊇）不㊁㊇）斷ト云テ。善惡ノ法門ト云印途ハ成タレトモ。性惡トテ不レ可レ斷道（有㊈道）理ハ未（未㊈不）レ聞。就中南岳大師釋ニハ。善ハ有ニ相資ノ功能ニ故至ニ佛果菩提（提㊅薩）ニ惡ニハ有ニ滅離ノ因（因㊁㊅用）ニ故等覺後心ニ斷シ終ト釋リ。然ニ性德ノ惡ナレハトテ無（無㊈不）ニ滅離用ニ覽事。何（何㊁㊅㊈イカ）ナル道理トモ不レ覺也

抑。修ノ惡ヲハ實ニ斷歟。又不レ斷歟如何

答。如來藏理具ニ染淨法ニ云事者。理齊（齊㊅在）（在カ）絕言ノ道理也。先ッ今經ノ法門ニテ。爾前ノ四教三觀ニハ不レ可レ明ス。其故ハ妙法蓮華ト題セシ以來。三周五段ノ說相。本迹二門ノ配立。併明ニ此法門ニ也。略開三ノ時。唯佛與佛乃能究盡諸法實相。所謂（大正藏九、五下）諸法ト云テ。開ニ佛ノ內證ニ時。所證ノ境トハ實相也。其ノ實相ハ所謂諸法如是相等云ヵ故。十界十如ノ法門ナレハ。是コソ於ニ如來藏理ニ具ニ染淨法ニ義門ナレ。依レ之。實相必諸法。諸法必十如。十如必十界。十界必身土ト云ヵ故（大正藏四六、七八五下。金錍論）。實相ト云ヘハ必諸法ト顯レ。其ノ諸法トハ十界十如ナルヵ故。實相ト被レ云佛ノ所證ノ體ヲ十界三千ト開コソ。至極如來藏ノ妙理ニ具ニ染淨法ニ相ナレ。是則（「㊈是則）三千ノ妙法ハ。迷悟ノ始終染淨ノ諸法也。此ハ則實相ノ體ヲ三千ト開ナレハ。法性理底ニ可レ具ニ三千ニヲ條ヵ必然ナル上ハ。其三千ヵ迷悟染淨ノ法ナルヵ故。是コソ眞如妙理具ニ染淨ノ法ニ法門ト被レ云。凡諸法實相所謂諸法ト者。隨緣不變ノ兩種眞如ノ義也。諸法實相トハ。萬法是眞如由不變故ノ義門（大正藏四六、七八二下。金錍論）。所謂諸法者。十如ノ因果ハ。眞如是萬法由隨緣故ノ義也（同前）。於ニ此文ニ隨緣不變ノ兩種ノ眞如ヲ可レ成也。夫眞如妙理有ニ兩種義ニ云者。只眞如ト云物ニ付テ。カカル兩義ヵ有ト云樣（樣㊅抔）ニハ

非ス。眞如ト云名ハ出來シツ。其相ヲハ何ト意得ムソト覺ユレハ。約ニ隨
縁不變ノ兩種ニ時眞如ノ相ハ成也。此兩種眞如コソ如來藏理
具ニ染淨ノ諸法一姿テハ有レ。ケニモ如來藏理カ非ニ實相一云義カ
有ラン時者不レ知。實相カ則如來藏ノ理ナル義タニ成ハ。實相カ必諸（顯㋠故）
法ト顯。其諸法トハ十界三千ノ法體故。至極如來理具ニ染法一（〻㋥㋭藏）
義ハ極成リ。依レ之。是法住法位世間相常住ト云テ。是法トハ十（大正藏九、九中）
界十如ノ法體也。此カ住法位云ヘルハ悉居ニ如來藏理一體也。
去レハ。諸佛兩足尊。知法常無性。佛種從縁起。是故說一（去㋭㋠サ）（同前）
乘ト云ヘル。佛種從縁起ヲハ中道無性則是佛種ト釋リ。此下ニテコソ（天文二、九七九上。文句）（〻者カ）
辨ニ染淨縁起一釋義ハ出來スレ。故ニ迷悟ノ源。悉自ニ佛種一縁
起ストヘル云。如來藏理內具ニ染淨法一義門也
次。如來藏ノ樣カ可レ聞。夫ハ大乘止觀委悉釋リ。如來藏ノ辨レ
名時分ニ別三義一。一者能藏。二者所藏。三者能生ノ義トテ。
付ニ能藏一分ニ別二種一時。一者如來果德法身。二者衆生性（果㋭功）（大正藏四六、六四四中。大乘止觀）
德淨心。並能包含染淨二性。及染淨二事無所妨礙。故言（包㋭㋠苞）
能藏名藏。藏體平等名之爲如。平等縁起目之爲來。此即（㊁所歟）
是能藏名如來藏ト釋リ。既ニ一者如來果德ノ法身ヲ云ニ如來

藏一。二者攝衆生淨心并染淨二性。及染淨性二事無ニ妨（攝㋣カ）（ママ）
礙一處ヲ釋成ト見タリ。就中染淨ノ二性及染淨二事ヲ攝ト云カ
故。不レ限レ性相マテモ具條分明也。如トハ此條淨法カ平等ノ義
門。來トハ自ニ平等ノ源一縁ニ起ル染淨ノ諸法一義門也。次所藏（大正藏四六、六四四中。大乘止觀）（〻此カ）
義ヲハ。第二所藏名藏者。即眞心而爲ニ無明縠ノ藏一所覆（カヒコ）
藏。故名爲所藏也。藏體無異無相名之爲如。體備染淨二
用目之爲來。故言所藏名藏也ト釋リ。如來藏ヲ稱ニ所藏一事
者。爲ニ無明縠一被レ裹義門也。是既體備ニ染淨二用一釋リ。（同前）
能生ヲ名レ藏義ヲハ。能生名藏者。如女胎藏能生於子。此心（〻㋠能）（〻㋠於子）
亦爾。體具染淨二性之用。故依於染淨二種薰力。能生世（之㋭性）
閒出世閒法也。是故經云。如來藏者。是善不善因。又復經（復㋭㋣）
言。心性是一。云何能生種種果報。又復經言。諸佛正遍知（〻故カ）（復㋭從）
海從心相而生也。染淨平等名之爲如。能生染淨目之爲（想カ）
來。故言能生名如來藏ト釋リ。能生義トハ女ノ自ニ胎藏一如レ
生レ子ヲ。如來藏理內具ニ染淨二性之用一故。染淨ノ二種ト縁
起シテ生ニ世閒出世ノ諸法一也。故釋義委悉ニシテ付ニ如來藏ノ
名一具ニ染法一義ヲハ釋成リ

次。如來藏理ニハ迷ノ性計ヲ具シテ。相ヲハ不レ可レ具歟ト覺ル處ヲハ。大乘止觀ニ釋シテ具相ヲ判リ。凡其謂カ尤甚深ナル事者。一塵一法モ悉ク依正二報カ如來藏理底ニ被レ具云時。我等カ凡夫ノ迷ノ一念モ。悉法性源ニ居ル道理ハ顯ルル。故不レ限ニ迷ノ性ニ相ヲ具ト可レ申。其ノ具相ヲハ大乘止觀ニ問答シテ。性ヲハ同時ニ具ス。相ヲハ或ハ同時或ハ前後シテ具ト云也。同時具ト者。一切衆生ノ迷ノ凡夫カ悉備ニ如來藏底ノ義門也。異時ニ具ストハ或六道生死ニ沈ミ。或轉迷開悟シテ一切衆生ノ昇沈カ不定ナル處ヲ異時具ト云也。此ハ約ニ教門ニ分別也。約ニ觀心ニ者。縱亦不可。橫亦不可。只心是一切法。一切法是心ノ謂ナルヘシ（天止三、二九〇。止觀）

次。迷トハ正違理也。若爾者。爭具ニ理底ニ耶ト云不審者。我等カ迷悟上ニ起ニ一異定相ノ分別ニ時ニ。眞如ハ悟リ。無明ハ迷ナルカ故ニ。悟ノ理內ニ不レ可レ具レ迷ヲ思付タル也。是レ則一異ノ隔情ヲ執ル時ノ事也。中道無性ノ體トハ不レ當ニ迷悟ノ一法ニ云意者。至極迷悟ノ不思議ナル義門ナレハ。迷悟ノ不思議トハ無明法性ノ一際ナル意ナレハ。必法性ノ膚ニ可レ具ニ無明妄染ノ法ニ也。凡中道ノ體トハ必迷悟染淨ノ法ノ備ル時ニ成也。而此三千正是中理。不當有無ト釋ルカ故（大正藏四六、七八五中。金錍論）。中道トハ違順ノ法ヲ離タル上ニ。還備ニ逆順ノ法ニ時。中道ノ體ハ成也。若限ニ善法ニ備云者。中道ノ理カ既留ニ一法ニ義門ニ可レ成。故還テ中道ノ理ト云カ。既堕ニ一邊ニ失可レ有ル。離ニ有無見ニ云處ハ不レ留ニ一法ニ處ナレハ。必還テ可レ具ニ迷悟ノ法ニ條勿論也

次。修ノ惑ヲ斷シ不レ斷事。古來雖ニ立義不同ニ不レ斷可レ申。山王院釋幷唐決等分明也。故サラ不レ斷云テ。如來藏理具ニ染法ニ義ハ可ニ落居ニ。若斷云者。一定此算モ不レ極處可レ有也。就レ其觀音玄釋。斷ト釋定ル事者。何ト可レ有耶覺タリ。但尤可レ有ニ子細ニ。其故ハ斷ニ修惡ヲ云テ又可レ顯處有。其趣ハ不レ斷ニ性德ノ惑ヲ意ヲ。修ノ惑ヲ斷ト云テ可レ顯子細アリ。其故ハ不レ斷ニ性惡ニ云意ハ。迷悟カ至極不思議ニシテ不生不滅ノ體ト被レ云義門ヲ不レ斷云テ顯ス。此ノ迷悟一際シテ不思議ナル處ヲハ。修德ニ轉迷開悟スト云約束ノ時顯スカ故。斷ストニ修惡ニ云テ態ト顯スヘキ本意在レ之故。釋ハ別シテ顯本意ノ在レ之。去レハトテ則斷ニ修ノ惑ニ不レ可レ云フ。凡者教道云斷。證道不斷ナレハ。約ニ教道邊ニ云レ斷。約ニ證道ノ義ニ不レ斷。故約ニ教門ニ可レ會也。如レ

此了〔㋭㋠料〕簡スレハ起信論ノ說非レ難キニ歟
示云。不レ斷ニ修惡一云義。故本光上人殊被ニ執存一法門也。
先師僧正專立ニ申此趣一也　畢〔畢㊁㋭㋠ナシ〕

(3)〔分眞卽外功用事〕

問〔「㋭三〕。分眞卽外功用有ニ齊限一耶

答〔可レ有〕〔㋭〕

重難云。分眞卽ノ外功用可レ有ニ齊限一云道理趣不レ明。都率先德有ニ齊限一被レ述趣ハ。內證法身ニモ有ニ齊限一故ソト被レ成リ。是ハ誠內證外用相應ノ道理モ可レ然覺ユ。然今者。內證者〔者㋭ナシ〕遍トモニ法界一ニ。外用計不レ遍被レ成故。忽先德ノ義ノ約束ニモ背ケリ。就レ其今ノ疑ノ本意者〔者㋭ナシ〕。橫ニ功用カ法界ニ不レ至處カ可レ有歟。又悉〔悉㋠迷〕至歟ノ不審ナレハ。無ニ齊限一難ル意者。法界ニ功用カ不レ至處無ト存ス。然ヲ聞趣ハ限ニ百界等一ニ。此外ヲ不レ出樣ニハ非ス。法界ニ功用者〔者㋭ナシ〕遍スレトモ。付〔付㋭就〕レ其ニ猶〔猶㋭尚〕化導〔導㋠道〕等カ不レ周故ニ。有ニ齊限一云ソト被レ成歟。此分ナラハ地體疑ノ意趣ハ。功用不レ遍處不レ可レ有疑ヲ。其ヲハ被レ許故。サテハ無ニ〔無㋭ナシ〕齊限一義ニ〔「㋭無〕落居也。

故不レ足ニ疑ノ限一歟。又ノ道理トテハ因果各別ナルカ故。果位ノ功用コソ無〔無㊁㋠ナシ〕齊限ハ無シ〔無㋭ナシ㋠無也〕。因分ニハ有ニ齊限一被レ成歟。此分ナラハ問者モ可レ許。自レ元因果相望セン時。因位功用カ不レ及ニ果位ノ功德一事者〔者㋭ナシ〕。不レ能ニ左右一上者。此分ニテ有ニ齊限一云者。問者モ可ニ同申一。サテハ立敵ノ鉾楯モトコノ程ヲ「論スヘキトモ」〔「」㋭可論　キ㊁㋠シ〕不レ覺也。此等ハ義勢ノ入門共也。其約束可レ有事也。大方還ニ大綱ノ道理一者。初住證ニ一分中道一時。此中道ノ理トハ法界ノ理ナルカ故。顯ニ此理一時則施ニス功用一。專可レ遍ニ法界一ニ也。本爲法身迹爲八相ノ約束（天玄四、四六五。釋籤）。本迹ノ大綱勿論也。外ニ示ニ八相一事者。依ニルソト何ナル故ニ云者。依レ證ニ中道理一也。此理ヲハヨモ不レトハ遍ニ法界ニ不レ成セ。約レ豎時有ニ明昧〔昧㋭晦〕ノ不同一事ヲハ置ク。橫不レ遍ニ法界一云事者〔者㋭ナシ〕不レ可レ有。旣中道ノ理ト云カ故。理カトコマテ遍シテトコマテハ不レ遍道理不レ可レ有。故內證理遍ニ法界一事ハ立敵共許ス。若爾者〔者㊁㋭㋠ナシ〕。法界ノ理カ則事ニ顯タル外功用計カ有ニ齊限一道理ハ更以不レ可レ有。去〔去㋭㋠サ〕レハ十四十五ノ月ノ顯ス。十四夜ノ月モ同照ニ四天下一ヲ。十五ノ月モ同照ニス四天下一ヲ。イツカ十四夜ノ月ナレハトテ不照天下有トハ云耶。夫カ只有ニ明昧〔昧㋭晦㋠昧〕ノ不同一

計。十四夜ノ月ハ猶闇ト共ニ。十五ノ月者明獨有コソ不同ナレ。不
照ノ處有トハ不レ云也。如レ其分眞卽ノ外用ト云モ遍ニ法界ニ體ハ
同ケレトモ。除ニ一品無明一被レ覆ニ元品ノ迷一處コソ不レ及ニ妙覺ノ
悟一處ナレ。是カ只竪ニ論ニ明晦一義門計也。橫遍ニ法界一義門
者。更以所レ隔不レ可レ有也。大方圓敎ノ自證化他ノ義門トハ。
自證ノ外ニ不レ可レ論ニ化他一。自證ノ體カ則化他ノ義門ナレハ。內
證顯ニ法界ノ理一故。自證ハ不レ隔ニ法界一。其自證ノ體カ則抑テ
化他ノ功用ト被レ云時。イカナレハ猶有ニ不同一カ。自證ハ遍レトモ
法界ニ。化他功用計カ有ニ齊限一ト被レ云耶。所詮自證ノ外不レ
論ニ外用一時者。內證トハ中道ノ理ヲ證カ故。法界ノ理ノ顯ルル內
證ノ體コソ則化他テハアレ。故內證カ遍ニ法界一者。化他モ可レ同
處ニ。何ナレハ內證ト被レ云方ハ遍スレトモ。化他ト被レ云邊ハ有ニ
齊限一可レ被レ云耶。去レハ（天玄四、三五五。釋籤）隨機利他自乃憑本。本謂一性具
足自他。方至果位自卽益他。如理性三德三諦三千。自行
唯在空中。利他三千赴物ト釋リ。本謂一性「具足自他方至
果位」自卽益他ナレハ。自他ハ只一性ノ處ニ具足シテ一體カ故ニ。
至ニ果位ニ自卽益他ソト云ヘリ。此果位トハ指ニ初住已上一故自

證ノ開處カ則益レ他義門ナレハ。自證カ既法界ノ理ト顯レハ。此自
證ヲ押ヘテ化他ト向時。外功用齊限ヲ不レ可レ論條勿論也。凡
法界量ノ無明トハ有ニ沙汰一事ナレトモ。初住位斷ニ法界量ノ無明一
云ヘハ。法界ノ迷ヲ「一分斷ス。依レ盡ニ法界ノ迷ヲ一」所顯理ナレハ。
還テ法界ノ悟カ一分顯レシ也。此內證カ則法界ノ悟ナル時。外功
用ニ不レシテ遍有ニ齊限一更ニ以不レ可レ被レ云
次。道理ト聞趣ハ。功用ノ不レ至處ハ不レ可レ有。去レトモ初住菩
薩不レ化ニ二住菩薩一故。付ニ所化一化導ノ不レ遍故。可レ有ニ
齊限一被レ成歟。此條不レ可レ然事者。初住菩薩不レ化ニ二住
以上菩薩一云事モ難ニ一定一。法身說法尙令ミ等覺斷ニ最後
品一。況初住耶ト云カ故。初住菩薩化ニ等覺菩薩一令レ斷ニ元
品ノ無明一。令レ叶ニ妙覺ニ一定タリ。故マシテ化ニ二住已上菩薩一
事勿論カ故。不レ化故有ニ衆生一。故有ニ齊限一云義モ不レ可レ
成。付ニ所化衆生一不レ化有カ故。有ニ齊限一云義ノ趣ニ付テハ。
功用ハ遍レトモ法界ニ。トコマテヲ化シテイカ程カラ不レシテ被レ化。方
至ヲハ可レ打ヤ覽。凡諸佛菩薩ノ利益ト者。法報遍故應體亦（天文五、二三四四下。文句記）
遍。機自在無應法恆爾ナルカ故。機緣ハ雖ニ在無ト應法ハ恆在

也ト定カ故。縦化導ニ漏衆生雖レ有應用ハ恆ニ遍ト云也。夫カ分眞卽功用ナレハトテ。イカ程漏機カ有レハ。應法恆爾ノ道理モ無シテ有ニ齊限一可レ被レ成ヤ覽（ヤ⊕哉）

次。論其實處不可思議。依於教門橫則百佛世界等ノ文ヲハ。（天玄三、四八七。玄義）教門ト云ハ更非ニ教門事一ニハ。圓教法門ナレトモ事理相望シテ以レ事名ニ教門一釋ト會不レ可レ然。先ツ何レノ處ニカ以ニ圓教法門一白地ニモ云ニ教門一耶。故此釋ハ無レ諍約ニ教門意一時者。付ニ百佛世界等ニ論ニ齊限一。約ニ圓教一時者。論其實處不可思議ニシテ無ニ齊限一釋リ。凡依於教門橫則百佛世界等釋ルモ。只約ニ教門一云ニ百佛世界ト云樣ニハ非ス。其故ハ隨分ノ義ナレトモ。初住所見ヲ約ニ百佛世界一何ノ故ソト覺タリ。二百世界トモ何トモ云ヘカシ。何必約ニ百佛世界一耶ト覺ヲハ。末師釋シテ。百佛世界トハ具ニ百界一義ト云ヘリ。是則百佛世界ト云ケルハ一念三千ノ意ニシテ。（天止三、二七〇。弘決）當知身土一念三千。故成道時稱此本理。一心一念遍於法界ノ意ト得タリ。故今百佛世界等云ヘルハ實約ニ教門一ニ。還顯ニ實義一無ニ齊限一義ヲ顯カ故。依ニ此釋一有ニ齊限一云義ヲハ不レ可レ成

次。論其實處不可思議ト云ヲハ約ニ内證一云會釋不レ可レ然。（天文一、三三七下。文句）餘處釋ニ。初住能分身百世界作佛。論其實處無量無邊ト云ヲ。末師。（卍續四五、三四丁右上。輔正記）初住分證三德名實處。三德體遍故言無量無邊也ト釋ル定ニテ。今文ヲ意得合ストモ無ニ子細一事者。圓教法門トテ自證テモ其體者三德祕藏ノ妙理也。故論其實處ト云テ約ニ三德一者。化他ノ功用ノ無ニ齊限一處カ。則三德祕藏ノ内證ノ體ト釋ト可ニ意得一。故以ニ餘處釋一合テ意得時無ニ相違一

次。聞趣ハ今釋辨ニ圓ノ最實位一時。（玄五）立ニ十ノ文段一ヲ中定ニ位ノ功用一釋ノ下ニテ。（天玄三、四八七。玄義）若豎功未深橫用不廣。豎功若深橫用必廣ト釋シテ。豎功カ不レ深橫用不レ廣等釋。實義ノ釋也ト成ル。一往雖レ聞無ニ子細一事者。（同前）依於教門橫則百佛世界等釋ル。本意者。如レ前寄ニ教門一顯ニ實義ヲ意ナレハ。面ニ百佛世界等云處ハ教門ナレトモ。底ハ遍ニ三千一意ナレハ。約ニ教門一次第經ニ位位一タタミアケテ。乃至恆沙世界トミツルハ此意ナリ。此ノ教門ト成ル面ヲ成セントスル時。豎ニ次第シテ豎功未深橫用不廣。豎功若深橫用必廣ト釋カ故。本意ハ豎ニ經ニ位ノ淺深一ニ。百佛世界乃至恆沙世界ニ遍ル意ヲ顯ント向釋義也。故約ニ教門一顯ニ實義一。實

義ヲ成料ノ釋ナルカ故。最實位ノ釋ノ本意モ殊可レ顯覺タリ次。初後相在ノ位位ノ功德ヲ互具カ故。初住位モ具二後後位功用一時者。可レ遍二法界一云難ノ來ヲハ。夫ハ平等ノ一邊也今差別ノ日（日[チ]白）辨二因果一時ハ不レ可レ爾（爾[ホ][チ]然）會歟。是ニハ圓教ノ次位ト云樣カ可レ聞ケンモ。六卽顯是ノ菩提心ノ義カ。理卽不レ通（通[チ]退）二究竟一。究竟ハ不レ通（通[チ]退）二理卽一樣ニシテ。位位各別ニ可レ有事ヤラン（ヤラン[ホ]哉覽）。若事相差別ノ日モ。初住モ不レ遍二四十二位一。乃至二住不レ遍二四十二位一者。圓位カ不レ可レ成子細アラハ。其時ハ（「[ホ]者）何ト可レ有耶。猶モ功用有二齊限一可レ被レ成歟。又無ト可レ被レ成歟如何

（答。缺文）

重示云。無二齊限一申義ノ趣ハ。初住ニ證ル中道トハ法界ノ理也。中道ノ理カ不レ遍處不レ可レ有。故顯二法界ノ悟一時。外功用計カ不レ遍處不レ可レ有。凡初住以（以[ホ][チ]已）上ノ悟トハ。事理ノ一ニ成ル意也。事理（「[ホ]不成）少モ相隔程ヲハ。住前未（未[チ]夫）證ノ凡位ト被レ云也。初住證位トハ中道法界ノ理ノ顯ルル意者。只事理ノ一ニ成極タル義門也。事理タニ一ニ成レハ。化他トハ內證ノ理カ則如レ理事ニ顯タル義門ナルカ故。理遍二法界一者（者[チ]也）。事ノ功用又可レ遍二法界一條必然也

又示云。上來難勢無二齊限一也。隨分ノ義勢也。今有二齊限一講答ニ付テ雖レ似レ加二假難一ヲ。悉義勢ノ落居ト可レ存レ之。北谷相承之趣無二齊限一申ス粗此趣也

又（又[チ]夫）示云。有二齊限一云隨分一義。又相傳之子細アリ。本迹二門相對シテ。迹門ノ分眞卽（眞卽[ホ]身）外功用不レ遍二法界一云義在（在[ホ]有）レ之

畢（畢[二][ホ][チ][ナシ]）

(4)〔六根淨所緣事〕

問（「[ホ]四）。六根淨人緣二三千界外境一耶

答。可レ緣レ之

重難云。六根淨人緣二三千界外一云事。極テ難レ思也。楞嚴先德未再治ノ私記ニハ。三千界ノ外ヲ緣シ（「[チ]也）不レ緣被レ述二兩義一。都率先德再源削（治歟（治歟[二][チ][ナシ][ホ]添歟））ノ時者。限二三千界一義ヲ被レ述タリ。仍楞嚴先德御義ハ。不レ緣二三千界ノ外一云定ニ古來申傳タリ。付レ其（其[ホ][チ]之）還テ二大綱ノ道理一。六根淨人所緣ノ境ノ通局極テ難レ測事ナルカ故。須（須[チ]深）レ任二大聖ノ金（金[チ]餘）言一ニ也。夫カ今經ニハ經二六根章一ニ悉置二三千界ノ詞一故。經文ハ無レ疑不レ至二三千界ノ外一ニ聞タリ。就中六根淨ハ今經ノ勝用ニシテ。爾前ニ分絕カ故非レ可レ勘二餘ノ經

論一。偏可レ任二今經說一處。經文ハ分明ニ限二三千界一定タリ
但。聞趣者。三千界ノ內外ト云カ故。外ト者則大千ノ外ノ事ソト
聞太未盡也。〔未盡㋠不審〕其故ハ〔「㋭㋠者〕內外ノ分別ハ〔「㋭㋠者〕相望極テ不定カ故。以二依
報一云レ外。以二正報一云レ內意有レハ〔有㋭㋠ア〕。於二三千界之中〔之㋭㋣〕一依正
相對シテ論二內外一也。必モ今云レ外ト。則三千界ノ外ノ事トハ不レ
可二意得一〔意得㋭得意〕。是則始テ非レ疑ニ〔「㋠也〕。耳根章ニテ三千大千世界中內外
所有等云ヘリ。旣於二三千界ノ中一云二內外ト一故。准二據之一時ニ
前後ニ內外ト云ヘハ。悉一同ニシテ於二三千界ノ中一分二別內外一
也。縱ヘハ餘ノ章ニハ中ノ一字カ無計ナレトモ。准知スルニ只於二大千
界ノ中一分二別內外一也（大正藏九、四八上）
次。十方世界中禽獸鳴相呼ト云ヘル。十方ト云カ故則至二三千
界外一云事太不レ明。於二三千界之中一十方トハ不レ可レ被レ云
事歟。何條去ル〔去㋭㋠サ〕事可レ有耶
次。意根ノ章ニ。十方無數佛。百福莊嚴相ト云ヘルヲハ（大正藏九、五〇中）先德被レ
述二會通一。是則約二觀心一時事也。其故者。釋ニトシテ深心觀成
人ヲ一。唯圓卽觀一念三千三諦具足。是則一身一切身。一心（記（天文五、二四二四下。取意））
一切心。一土一切土一念俱觀。若身心土若空假中。更無

前後。故觀成時則見一心一切心。一身一切身。一土一切
土。十方諸佛身中現故。故〔故㋭㋣〕於自心常寂光中。遍見十方一
切身土ト云カ故。約二觀心一時不レ可レ隔二方便實報一故。遍見
十方一切身土ノ故ニ。見二十方諸佛一ヲ事不レ可レ有レ疑。此ハ
不レ約二觀心一不レ可レ被レ云事者。實深心觀成ノ人ナルカ故約ニ
觀心一也。今ノ疑ノ意趣者。還レ事ニ正ク所緣ノ境ノ通局ヲ定ン時
者限二三千界一ニ歟。至二三千界ノ外一歟ノ〔歟㋭㋠上〕疑ナルカ故。更〔更㋭實〕不レ可レ
例二觀心ノ義門一ニハ。凡中道ノ理ノ無ニモレ隔。或約二觀門一云者。
更不レ可レ限二相似卽一ニハ。自二名字卽位一見二實報寂光一意
可レ有。サレハ於二名字位一下二圓乘ノ種子一時者。本結大緣（天文三、一三五九下。文句記）
寂光爲土ト釋シテ約二寂光土一釋リ。故夫ハ別段ノ義門ナルヘシ。若
夫約二觀心一故至二三千界ノ外一云定ナラハ。遍見十方一切身
土ノ釋ノ定ニテ。相似卽人見二方便實報一歟ト云論義コソ可ケレ有。
其コソ猶重事ナルヘキカ故尤可レ疑。故緣二三千界ノ外境一云題。片カタ
ハシヲ疑マテ太無用ノ題目ナルヘシ。夫カ見二方便實報一歟ト云疑モ
無キ上ハ。不レ依二觀心ノ義門一ニ事歟ト覺タリ
次。意根ニ十方無數佛百福莊嚴相等云カ故。六根互融ノ

意ナレハ。餘ノ根ニモ可レ具ニ此ノ意根一故。則於ニ六根一悉至ニ三千界ノ外一義門ト成又不レ可レ然。其故ハ約ニ觀門一時者。實報寂光ヲモ可レ緣條勿論カ故。夫ハ非ニ今論ノ限一ニ。故觀門ニ被レ具諸根カ至ニ三千界ノ外一者。觀心ノ故ニ緣スルニテコソアレ。イツカ事ニ緣ル義門ト成耶。故若此義ノ趣ナラハ。實不レ緣ニ三千界ノ外一云義落居也

次。經文ニ約ニ三千界一處ヲハ。擧ニ一世界一准ニ知他界一云會（「チ也）釋不レ可レ然。凡此題ハ指シ當テ立破カ無樣ナリ。然ニ眞實ノ難トハ此ノ程カ成也。其故者。相似ノ六根淨トハ今經ノ仲（沖カ）微ナルニ。若夫所緣ノ境至ニ三千界ノ外一者尤擧レ之ヲ。彌可レ顯ニ圓（圓ホ法華）經ノ妙用一ヲ。何トテ限ニ三千界一云テ。至ニ他界ニ事ヲハ徒イタツラニ塞ケルソ（ホ圓イ）耶。什公ノ文體ノ巧ナトハ。定メテ可レ顯ニ經ノ仲（沖カ）微一ヲ意ヲコソ存スラメ（徒ホ說）。然ニ徒（徒ホ說）ニ略レ之沒ニ勝用一覽道理カ太難レ思也。只此難カ始終トヲリテ難勢モ可レ成。此題ノ肝要併在ニ此難ニ一也。凡經文カ勿論ナル歟。再案ニ道理一時キ（天止二、二三四。弘決）。佛肉眼見法界麁色トハ。佛ノ肉眼ナレハコソ見ニ法界ノ麁色一定タレ。住前相似ノ凡夫カ既「云ハルル凡位」（「」ホ凡位ト云ハルル）程ニテハ。於ニ所見一者有ニ齊限一條勿論也。然ヲ中道理カ顯ルレハト

成歟。暫閣ニク中道ノ理ノ邊一ヲハ。凡夫ト被レ云方ニテハ限ニ三千界ニ一云テ。道理ニ叶事モヤ有ランス覽。夫ヲ圓教（教ニチ經）ノ功用ニ依ト成歟。サレハコソ限ニ三千界一ニハ。其故ハ（「ニホチ者）以ニ凡夫ノ肉眼一ヲ雖レ非レ可ニ盡ス一世界ノ中一ヲ。依ニ今經ノ功用一ニ緣ニ三千界一被レ云也

第四

次。還ニ釋義一者。淨名疏問答極テ（「ニホチ釋）難キ事也。其ノ故者。梵天（大正藏三八、六二七中。維摩略疏）見大（「眼カ）千界（界ナシカ）。與法華肉眼何異ト問ハ。先ツ自ニ問意一六根淨所（王カ」）見ハ限ニ三千界一定テ。サテハ梵天ノ所見ト同クハ何有レ異（何有ニホチ有何）耶ト問ス。若夫至ニ三千界ノ外一者。何トテ同ニ梵天ニ一可レ問耶（歟ホ上）。答レ之時。答大（同前）論明。報生天眼在肉眼歟（「肉眼カ）。天眼開闢見色故見大千ト者。梵天（天チナシ）ハ於ニ妄見上ニ一天眼カ開故見ニ大千一定メ。若法（同前）華經カ（「カカ）肉眼能見大千一切法者。三藏二乘天眼惠眼所見事（照イ（照イホチナシ））理尚不能及。何況梵王而可置（置チ並）耶ト釋ルハ（並カ）。相似人依ニ法華經（眼ホチ照）功用一見ニ大千ノ一切法一。三藏二乘ハ雖レ見ニ大千事一偏眞ノ惠眼ナルカ故。所見ノ事理不レ及ニ相似ノ人ノ所見一。故況梵王可置（置チ並）耶ト況ヤ（說カ歟（說カ歟ニホチナシ））故二乘梵王ト同ク相似卽人雖レ見ニ三千界ノ事一ヲ。梵王ハ依ニ妄見一見レ之。二乘ハ依ニ偏眞ノ惠眼一見レ之。故異ニ相似人一見リ。證ニ其義一時。引ニ學大乘者雖有肉眼名爲佛（大正藏十二、六三八上。同三八、四四上）

眼ノ文。幷具煩惱性能知如來祕密藏ノ文（大正藏三八、六二七中。維摩略疏）（「之カ）證セリ。去レハ（去㋭㋠サ（同前））與圓（敎カ」）
肉眼有齊有劣ト釋シテ。二乘梵王等ト相似人齊ト被云方者。
同緣三千界義門也。二乘等ハ劣也ト被云方者。依偏（二乘）
眞ノ見（二乘㋠ナシ）依妄見義也（梵王（梵王㋠ナシ）「㋭㋠門）。相似人勝ト被云邊ハ。雖有肉眼（㋠二乘」）。
名爲佛眼ニテ見中道被云邊也（「㋠梵王）。是則同於三千界ノ中
辨勝劣分別齊等也。若夫緣三千界ノ外者。自初只
約廣狹可論勝劣ノ異ヲモ。何ソ煩ク於一世界ノ中可
辨異ヲ耶。故知ヌ。所緣ハ（「㋭者）共限大千聞タリ
次。今經肉眼（疏十（天文五、二四七八上））。能見大千內外釋。前後起盡。外トハ指三千
界ノ外云事（論カ）。一往雖聞無子細事者。先ツハ大千ノ內外トハ
指經文故。經カ（㋭事歟）既於三千界中分別レハ內外ヲ。見外ト
云モ於大千中分別ト可意得。其上此釋ハ上ニ。梵王報得（同前）
天眼。在己界遍見大千。大千（大㋠ナシ）外有風輪與眼作障不能見
外。若在他界則不遍見大千。非所統（統㋭依）故ト者。梵天ノ天眼ハ
在己界ニ見大千界ヲ（界㋠ナシ）。在他界ニ不見之。被隔風輪
故ト云モ。小羅漢見小千（同前）。大羅漢見大千。辟支佛見百佛世
界。不以風輪爲礙。亦無己他界隔ト。二乘ハ無己他界ノ隔

釋シテ。次ニ今經論眼（同前）。能見大千內外トハ。相似卽人ハ在己
界見大千界ヲ。在他界見大千界。故無己他界隔。ト
コテモ見大千界ヲ處ヲ內外トハ云也。是卽（卽㋭㋠則）梵王報得ノ天眼。
己他界ノ隔有ルニ望メテ。六根淨人無（無㋠ナシ）己他界ノ別於何處
三千界ノ事ヲ見ル處ヲ見大千ノ內外云也
次。四念處ノ釋（大正藏四六、五七六下）。見不可說（說㋭得）不可說（說㋭得）。不可思議不可思議ノ世
界云ヘル。譬ニ事ヨキ釋カ故。是ハ只約理約觀心釋リ。就中
結之時者。有眞有似ト云カ故（「㋠也）。暫約眞位ノ邊ニ釋ト可心（心㋭㋠意）
得歟（歟㋠也）
抑。攝州先德（千觀）。至三千界ノ外云義趣ハ。三千界ノ外カ少キ故
緣釋リ。然ニ今義ノ趣ハ。大旨緣無數世界云樣ニ聞故違先
德釋ニ也。仍何ナル別段ノ了簡耶。難思之
答。緣三千界ノ外云事者。相似卽トハ分眞卽ノ影テ有カ故。
眞位ノ中道カ相似ニハ顯ルル也。故所緣ノ境限三千界ニ不至
其外不可被云。若限三千界云者。住上ノ中道カ相
似ニ顯ルト不可云フ。一分モ理カ顯ルル程テ。所緣ノ境カ是限（㋭定歟）一
千界不可被云。依之。大羅漢天眼照大千（疏十（天文五、二六二五下））。支佛照百

佛世界。菩薩照恒沙世界ト釋ルハ。支佛ノ所見ハ別ノ疑ナレトモ。今釋ハ照ニ百佛世界ヲ定メ。菩薩トハ別教十行出假ノ菩薩ヲ指テ照ニ恒沙界ヲ云テ。此ヲハ猶皆緣境狹發通亦偏ト斥フ。所緣ノ境尚狹也ト云テ。若緣實相修者。一發一切發。相似神通已如上說。況眞神通而非普耶ト釋カ故。相似卽人ハ緣ニ實相ヲ故。超テ菩薩ノ恒沙世界ニ一發一切發スト云ヘルハ所緣ノ境遍法界聞タリ。是ハ分眞卽ト不レ可レ被レ云事者。相似神通已如上說ト釋シテ。指ニ上ノ法師功德品ヲ故約ニ相似神通ニ也。分眞卽ヲハ況眞神通而非普耶ト說カ故別シテ成也。仍六根淨所緣ハ超ニ前三教ノ偏眞偏假ノ所見ヲ。依ニ實相ヲ修ニ遍ニ法界ヲ聞タリ。實ニ不レ及ニ證位ニ處ハ可レ有。然トモ中道實相ノ分ニ顯ルルカ故ト成リテ。可レ遍ニ法界ニ段勿論也。加之。梵王所見雖遍大千。至邊乃爲風輪所隔。六根淨者則不如是ト釋リ。記十（天文五、二四七八下）梵王所見雖遍大千ニハ被レ隔ニ風輪ニ不レ至ニ他界ニ云テ。六根淨者則不如是ト云テ。異梵王相似人トハ不レ被レ隔ニ風輪ニ至ニ他界ニ聞タリ。釋義ノ證據ハ不レ可レ過ニ此等ニハ。凡梵王不レ見ニ他界ヲ云意者。因緣所生ノ事法ノ上ニ。以ニ妄見ヲ見レ之者。事ニモ實可レ有ニ齊限ヲ。通領ニ三千界ヲ云意此義門也。相似卽人ハ具ニ佛照（眼カ）ヲ故見レ理云者。不レ限ニ一大三千界ニハ互ニ他界ニ意可レ有ル

次。淨名疏問答ノ釋ハ。凡經文カ約ニ三千界ニ云フ意カ。眞實可レ有ニ子細ヲ覺カ故。釋文約ニ三千界ヲ可レ有ニ子細。但シ先ツ無ニ子細ノ事者。梵王ノ天眼見ニ大千界ヲ。與ニ法華ノ肉眼ヲ有ニ何異ヲ耶ト問意者。自レ元同シ所見ノ分齊ヲ擧テ可レ問ニ其ノ異ヲ事也。若夫相似卽人ハ見ニ他界ヲ云テハ。何トテ相ニ對シテ梵王ニ可レ問レ異ヲハ耶。各別ナル事ヲハ相對シテ非レ可レ疑也。故意者。六根淨人モ緣ニ三千界ヲ時ノ事ニテ梵王ト相對シテ問レ之也。仍答ノ義同レ問ニ約ニ三千界ニ釋ルヲ耶。凡此等ノ意次第ニ取入テミレハ。相似人具ニ佛眼ヲ故。雖有肉眼名爲佛眼等ノ道理ニテ。所見ハ雖レ同ニ三千界ニトハ。勝ニ二乘梵王等ニ意タニ顯ルレハ。所緣ノ境モ還テ必勝ニ二乘等ニ至ニ他界ニ云意カ成也

次。經文約ニ三千界ニ事者。尤可レ有ニ子細。故經ヲハ態ト限ニ三千界ニ說ク定ニ取置テ其本意ヲ可レ申也。楞嚴先德。限ニ三千界ニ云御釋可レ同。攝州先德。至レ外云義ノ趣モ三千界ノ外カ少キ故ニ緣ソト被レ示。大旨ハ不レ至ニ三千界ノ外ニ云義ニ成

也。故兩先德ノ意趣ハ可レ同。是則自ニ經文一其意タニ開ケハ。先德義勢モ可ニ落居一也　畢

(5)〔判攝五品事〕

問。大師有時以ニ五品一攝ニ六根一者。依ニ何經說一耶

答。依ニ普賢觀經一也

重難云。判攝五品事。「依ニ普賢觀經一云ニ付テ。今ノ疑者彼經ニ」不レ見云論義也。就レ其ニ證據ト聞事ニハ。所結法華中ニ明ニ五品六根ヲ一故。能結ノ普賢經ニモ可レ同處。但明ニ六根淨計一故。於ニ此中一定テ可レ攝ニ五品一云義勢也。此條未盡ナル事者。次位ノ廣略極テ不定事故。不レ知所結經ニハ廣明トモニ五品六根ヲ一。能結經ニハ略シテ但說ニ六根計一リモヤ覽ト覺也。就中今經ニハ付ニ本迹二門一ニ。迹門ニハ明ニ開示悟入位ヲ一。此ニハ住前幷等覺妙覺ヲ收不レ收者。別沙汰有事ナレトモ。何樣明テ住行向地ノ次位一。大旨ハ盡ニ圓ノ位一也。本門ニハ明テニ四十二位ノ增道損生一盡ニ位ノ始終一也。然ニ普賢經ニハ但明ニ六根淨計一故。所結經ニ所ノレ明ス位ニ略ル事者。不レ限ニ五品ノ位一ニハ也。若夫不レ見位ヲハ攝ニ六根中一云者。本迹二門ノ次位ヲモ悉攝シテニ六根淨中一ニ判ニ攝ト彼等ノ位一ヲ可レ云歟如何。故所結ノ經ニ所レ明次位ヲ多略ル上者。五品位ヲモ略ヤスラン定テ可レ有存シテ攝ニ六根中一云義勢不レ明

次。聞趣ハ淨ニ眼根一畢テ見ニトモ十方諸佛ヲ。不レ及ニ釋迦分身及多寶佛一。故立ニ受持讀誦行一云カ故。六根淸淨上ニ立ニ讀誦行一。以ニ五品一攝ニ六根一義門也。就中既重依レ立ニ讀誦行一得ニ六根淨證一云カ故。以ニ五品因一得ニ六根果一義門ニ當カ故。是コソ判攝ノ義ナレト云歟。此條又難レ思事ハ。讀誦行自レ元通ニ淺深位一ニ故。十信ハ長遠ナレハ。於ニ其中一十信ノ初心ニハ淨ニ眼根一雖レ見ニ諸佛一。初心ナレハ猶依レ不レ見ニ釋迦分身幷多寶佛一ヲ。立ニ讀誦行一ヲ爲レ因得ニ六根證一事何無レ之耶。讀誦行カ限ニ五品一物ナラハヤ。セメテハサモ可キレ被レ云。於ニ等覺ノ位一修レ之行ナル上者。經ニ十信ノ始終一。後心ニモ修云事道理分明ナルヲ。是則判攝五品ノ證トハ何トテ可ソレ被レ云耶。若夫依レ立ニ讀誦行一。判攝五品ト者。地涌菩薩。欲得是眞大法受持讀誦ト云ヘルモ（大正藏九、五一下）。以ニ五品一判ニ攝ト等覺ニ可レ存歟如何

次。不斷煩惱不離五欲。（大正藏九、三八九下。普賢觀經）得淨諸根文證據ト成難レ思。凡此文ヲハ釋義判屬（屬ホ攝）不定ニシテ。或屬ニ住上一見ルカ故。必六根淨ノ事モ不レ可レ定。就中此文ノ意者。顯ニトシテ煩惱卽菩提ノ義ヲ不斷煩惱不離五欲得淨諸根ト云也。必モ事ニ得レテ意。不斷煩惱不離五欲ハ五品。得淨諸根ハ六根淨トハ不レ可レ存。是則大經ノ具煩惱性能知如來祕密之藏ノ文ト同也。然（然ホ而）ニ其文ヲハ釋義不定ニシテ。約ニ五品ニモ屬ニ初住一。雖レ然涅槃疏ノ釋ハ約ニ六根淨一釋リ。故具煩惱性云ヒ。不斷煩惱不離（離五チナシ）五欲ト云ヘル義門同ケレトモ。イツカ具煩惱性文ヲハ判攝ノ五品ノ證據トハ云耶。是則顯ニ煩惱卽菩提ノ義門一也。故不斷煩惱ノ文モ同レ之ニ。顯ニ煩惱卽菩提ノ邊一可ニ意得一。但（フ「ホ耶）。不離五欲ト云カ故。不レ離ニ界內煩惱一聞カ故。五品ノ事ト會未盡也。華雲香雲ヲハ約ニ界外五欲ニ釋リ。五欲ノ名義通ニ界外一上者。不レ斷ニ界外五欲一處ヲ不離五欲ト云ナルヘシ

次。五品六根ヲ合說ストモ雖レ成。又各別ニ說（說ホ證）ト釋リ。其故ハ三大（阿難。迦葉。彌勒）士ノ對ニシテ如來ニ。滅後ノ衆生淨ニ六根ヲ事ヲ問ル時。佛ノ答ニ。樂（大正藏九、三八九下。普賢觀經）得六根淸淨者。當學是觀。此觀功德除諸障礙見敷（敷ニ上）妙色。

不入三昧但誦持（持ホ對）故。專心修習。心心相次。不離大乘。一日至三七日。得見普賢ト答リ。是則問ニハ問ニ六根淨修因一。答ニハ樂得六根淨者ト云テ。樂ニ六根淨一者ハ當レ學ニ此觀一ヲ云テ。其修因ノ樣ヲハ不入三昧但受（受ニ誦）持故ト云カ故。五品ノ修行ト聞タリ。依ニ此ノ修行一得レ見ニ普賢一云（云ホナシ）コソ相似ノ證ナレ。故五品六根各別ニ說（說ホ證）テ。依ニ五品ノ修因一（ホニ）得ニ相似ノ果一ヲ見タルカ故。分明ニ別位ト聞タリ

次。判攝五品ノ樣難レ思。攝レ位攝レ行學者ノ異義也。攝レ位云義ハ。其位ニ修ル行ハ必可レ被レ攝故。攝レ行ヲモ義ニ成也。攝レ行（ホ今）云義ハ。行計ヲ取放テ攝ト云カ故。兩義入門此意也。付レ其攝レ行（ホ今）云義不審ナル事者。立ニ讀誦等ノ行一處カ則判攝ノ五品ノ義ナラハ。讀誦行ハ亙ニ深位一故。十地等覺マテモ如ニ地涌菩薩一修カ故。サテハ（「チハ）以ニ五品一攝ニ十地等覺ニ可レ云歟。故行計ヲ攝ト云者。不レ可レ限ニ六根一故。別（ホ今）シテ以ニ五品一攝ニ六根一判攝五品ノ義トハ不レ可レ成。攝レ位云者。難レ思事ハ。內凡外凡事異ナルニ。以ニ五品ノ外凡一ヲ攝ニ相似內凡一覽事モ太難レ思也（也チナシ）

抑。判攝五品トハ何ナル事耶。只位カ不二也ト云意歟。其分ナラハ

六故簡監(濫カ)。即故初後不二ナレハ。不レ限二五品六根ノ際一ニ。六即ノ位モ何ノ位モ可レ即故。別シテ判攝五品トテ事事シキ樣マテ可レトモ有不レ覺也。殊ニ住前住上ノ凡聖ノ即ル義邊ナムトテ可レ顯故。相似即ト分眞即ト不二ナトモ判攝ストモ可レ云也。故位カ不二ナト云意ナラハ。不レ可レ限二五品六根ノ際一ニハ。先德ハ果ニ攝レ向ヲ意ト被レ釋。誠ニ深旨モ有ラント雖レ被二仰信一。サテハ何ノ位テモ攝レヨカシ因ヲ住上ニ攝ニテ相似一顯セカシ。何必五品六根ノ閒ニテ可レ成二此道理一耶ト覺タリ。子細同前也

次。付二釋義ノ相違一ニ。一處ノ釋ニハ。分一品爲兩心。(天文五、二四三三上。文句)五品即十信心トテ。五品ノ始終ヲ相配十信ノ始終也。止七(天止四、三九六)一處釋ニハ。即心(心㋥㋠以)五品爲十信五心ト云カ故。以二五品ヲ一十信中ノ五信ニ對ト云ヘリ。山家大師釋ニハ。守㋭護章上㋠之ノ中(傳全二、二七四)影略攝在初信位トテ。但攝二初信計一(之㋭云)云カ故。三ノ釋カ不同也。是ハ以二五品一攝二六根一之時。其樣カ一片ニ難レ定故トモイヒカウモ(イ㋭云)云テ見ル樣ニ可レ有歟。又各可レ顯子細カ有歟如何

次。若以(爾カ)五品之位在十信前。止七(天止四、三九六)若依普賢觀即以五品爲十信五心ト釋シテ。擧二兩義一畢テ。(同前)但佛意難知赴機異說ト釋ル赴機ノ說トハ何トカ可二意得一耶。然(不㋠[ナシ])ヲ正直捨權ノ說ナレハ。判攝ノ五品ノ義ヲ屬二教門赴機說一事不レ可レ有被レ成者。夫ハ違レ釋ニ也。既赴機爲說ト云カ故也(同前)

次。借此開解何身苦(勞カ)淨(諍カ)ト釋ハ。借レ此開レ解者何事耶(耶㋭[ナシ])。借ト云モ何ヲ借ニテ可レ有ヤラン(ン㋭ム)。開解云者。判攝五品ノ處ニテ何ナル法門ヲ解ル義カ可レ有ソ(「㋠ソ)耶。旁難レ思也

次。判攝五品。若有(有㋠[ナシ])二子細一法門ナラハ。法華中ヨリ何不レ立レ之耶。然ニ所結ノ經ニハ五品六根ト各別シテ說ヲ。能結經ニテ合說ルハ。付二能結ノ經一判攝五品ト云事カ可レ顯子細カ有歟如何

答。此事極テ幽玄ナレトモ。先ツ依二普賢經一云事者。山家大師。若依普賢菩薩行法經。影略攝在初信位。(傳全二、二七四。守護章)若依妙法蓮華經。六根清淨(清[ナシ]カ)前立五品ト云故。依二今經一六根前置二五品一ヲ。依二普賢經一以二五品一判二攝六根一定タリ。凡一代經中能結經トハ具二次位一事也。梵網經ニ明二菩薩位一。仁王瓔珞明レ佛。以來其意分明ナレハ。今經ノ能結ニテ普賢經ニ可レ具二次位一時。除二五品一道理不レ可レ有。故必可レ說レ之條勿論ナル上ニ(「㋠也)。別不レ立レ之故攝二六根內一ト被レ云也。就レ其可レ依二一經ノ大

綱一ニ。然ニ三大士ノ請問トハ。如來滅後。云何衆生起菩提心。（大正藏九、三八九下。普賢觀經）修行大乘方等經典。正念思惟一實境界。云何不失無上菩提之心。云何復當不斷煩惱不離五欲。得淨諸根滅除諸罪。父母所生淸淨常眼。不斷五欲而能得見諸障外事ト問リ。此問ハ發心開悟ノ始終ヲ問ト聞リ。初云何衆生起菩提心トハ名字ノ發心ト聞カ故。次ノ不斷煩惱不離五欲得淨諸根ノ問ハ相ニ當五品六根故トシテ問一。觀行相似ヲ一ニシテ問カ故。此文尤判攝ノ五品ノ證據ナルヘシ。佛答ニ此門一時。（同前）如來昔於耆闍崛山及餘住處。已廣分別一實之道。今於此處。爲未來世諸衆生等。欲行大乘無上法者。欲學普賢行。普賢行者。我今當說其所念（憶カ）法。若見普賢及不見者。除却罪數。今爲汝等當廣分別トヘリ。是則滅後衆生開悟廣說ニ六根淨一顯也。耆闍崛山トハ指ニ法華經一。餘住處トハ對ニ法華一餘經ノ說處ヲ非レ可レ指。是則以ニ法華眼一見レハ。一代カ悉今法華經ナルカ故指ニ一代說處一也。是則法華幷於ニ一代一分別一實之道畢テ。其一實之道カ極リヌルヲ重今再述テ。顯ニ未來衆生開悟一時廣述ニ六根淨一ヲ云也。仍判攝ノ五品ト云事モココノ程ニテ可レ開也。大綱ハ自ニ是等一可レ披也

付レ其。能結所結ノ旨其謂アリ。所結ノ經旨ヲ再述カ能結ノ經テハ有カ故。於ニ法華一五品六根ヲ說ケハ。普賢經モ可レ同。故六根淨中ニ可レ攝ニ五品一云事勿論也

但。明ニ六根因一時。不入三昧但受持（誦カ）故等說事堅歟。但此文ヲハ實六根ノ因ヲ各別ニ五品ト說ント可レ申。是則判攝五品トハ。依ニ五品ノ因一得ニ六根果一ルヲ各別ノ位ナルヲ一位ニ攝ルカ判攝ノ五品ノ法門ナレハ。此文ヲハ實各別ニ說文ソト得テ。其各別ニ論セシヲ今攝ニ六根內一明ニ判攝一可レ存也。仍於ニ此文一說ニ各別一文ト可レ會。猶六根ノ內ノ事ナムトハ不レ可レ會。去レハ淨ニ眼根一畢テ後。依レ不レ見ニ釋迦ノ分身及多寶佛一ヲ。重立ニ讀誦等行一後猶證云ヘルハ。イツモ五品ハ因。六根ハ果ト被レ云故。判攝位ニ於テ依ニ觀行因一得ニ相似ノ果一說也。故前ノ文カ五品六根ヲ各別シテ因果ト分別シツルヲ取テ。攝ニ六根ノ一位ニ云事分明也。顯ニ此意一時。尤五品六根ヲ因果ト定テ。先ツ各別ニ可ニ說置一條勿論也。前後文相合テ可ニ了簡一伏也

次。本迹二門次位ニ略事コソ普賢經ニハ多シ。夫ハ又判攝ノ義

門ナルヘキ歟ト云難來歟。實ニモ夫ハ判攝五品ト云義勢タニ披ナハ不レ知。開示悟入ヲモ四十二位ノ增（增㋭坊）道損生ヲモ。自レ是（是㋭㋠元）可レ顯申モヤ有ランスラン。夫ハ可レ依ニ判攝五品ノ樣一ニ也

次。攝位歟。攝行歟ノ事。竹林坊（坊㊁㋭房）ニ攝レ行申也。其樣ハ無ニ左右一難（難㊁トモ）披テ攝行之義タニ落居セハ。攝レ位義門自レ是（是㋭元）可レ顯。先約束攝レ行可レ申。自レ初位行共攝ストハ不レ可レ云フ

次。釋義ノ不同各存ニ意趣一。分一品爲兩心釋ハ（天文五、二四三三上。文句）。以ニ五品一攝ニ六根一意ハ。五品六根カ一ニ成意ナレハ。全一體ト顯ス時。以ニ五品一分ニ兩心ヲ一對ニ十信ノ始終一ニ。卽以五品爲十信五心（天止四、三九六。止觀）（五㋭十）（㋭五心イ）トハ判攝上ニ。五品ハ因。六根ヲ果ト向意ヲ顯トシテ。初ノ五心ニ對シテ不レ對ニ後五心一ニ此意ナリ（「㋭也）。經文於ニ六根內一尙（尙㋭㋠猶）五品ヲ爲レ因ト意此義勢也。山家大師釋。又以ニ五品一爲レ因意ヲ顯スカ故。暫同ニ爲十信五心ノ釋一ニ也　畢（畢㊁㋭㋠㊦）

（「㋭六）(6)〔爲初心是爲後心是事〕

問。摩訶止觀中云ニ爲初心是爲後心是（天止一、三六四）一ト。爾者（者㊁㋭㋠㊦）。所レ云初心者。名字卽歟　答（缺文）

示云。爲初心是爲後心是ノ文。先德異義ニシテ。攝州ノ先德（千觀）ハ。理卽究竟相對ストモ釋シ（「㋠也）。楞嚴先德ハ。名字究竟相望ストモ釋リ。各定可レ有ニ深意一歟。始終其意可レ同條勿論也。就レ其以ニ名字卽一云ニ初心一事者。大段ノ釋義ノ大綱也。其故ハ今付ニ發大心ノ章一ニ四諦四弘六卽ト立テテ。辨ニ圓頓行者ノ菩提心ノ樣一ヲ時。四諦ノ上ニ起ニ四弘一意ハ。於境起解ノ意ニテ（天止一、三三九〇。弘決）。於ニ四諦ノ境ノ上ニ發ニ四弘菩提心一ヲ也。然ニ四諦通ニ大小乘一ニ。四弘ハ亙ニ三權一共通ニ四教一故。立ニ今六卽顯是ノ菩提心一ヲ時。限ニ純圓一實ノ教一也。展轉深細方乃顯是（天止一、三九〇。止觀）ト釋此意也。仍四諦ヲ爲レ境ト。此上ニ發ニ四弘ノ菩提心一處ニテ至極菩提心ノ義門ハ極タルヲ。至ニ六卽顯是一ニ爲初心是爲後心是云意ハ（「㋭㋠者）。前四諦四弘ノ發心ハ。爲初心是歟後心是歟ト問テ成レ之時。離ニ初後一非ニ顯是一向カ故（㋭問歟）。今初心トハ名字ナルヘシ。旣四諦四弘ノ處ニテ。圓教ノ菩提心ノ修德ノ發心ノ樣ハ盡タルヲ。其菩提心ノ體ハ初心是歟後心ノ是歟ト云テ。於レ此（此㋭是）顯是スルカ六卽顯是ノ意ナレハ。初心ト云者。前ノ四諦四弘ノ修德ノ菩提（提㋭薩）心ノ相ヲ問シテ。初心歟後心歟ト云カ故。指ニ修德發心一云者。名字卽ナルヘシ。於レ此

不レ可レ顯（顯㊁㋭㋠指）二理性一云事者。既四諦四弘ノ菩提心カ。圓教ノ修徳ノ菩提心ナリ（㋭也）。於境起解ト被レ云處ハ修徳ノ發心ナリ（㋭也）。彼菩提心ノ體ヲ初心歟後心歟ト云テ。顯是カ故今初心ノ體可二修徳一ナル。全不レ可レ指二性徳一ヲハ。文ノ起盡不レ可レ過二此趣一。就中大綱ノ道理カ發心トハ可二修徳一ナル聞歟（歟㊁上）。所説一實菩提ト云ヒ。知一切法皆是佛法ト云カ發心ノ體ナルカ故。於二性徳ノ理一者。此等ノ義不レ可レ有（有㋭過）。故約二名字卽一論二六卽顯是ノ菩提心一。（天止一、三六七）故初心ト云ヘル名字ノ條必然也。依レ之。妙樂釋分明事者。理性尚乃得名菩提及以止觀。況復名字乃至究竟。今明發心在名字位ト釋リ。釋義ノ意趣ハ。理性タニ猶名二菩提止觀一ト。況ヤ名字究竟ヲ耶（耶㋭㋠ヤ）ト況出ル意者。況ル名字究竟カ今ノ用トハ成也。其故者。理性タニ菩提止觀ノ義門ナルニ。マシテ無二名字ニ此義一耶ト況ル本意ハ。取二名字一今用ノ向也。因レ之ニ今明發心在名字位ト云カ故。文相ノ本意ハ。無レ疑約二名字一ニ聞タリ。就中今ノ釋テハ猶モ於二理卽一論ヤラムト覺處ニ搜要記釋分明リ。其故ハ彼ニハ。（卍續二-四、一二五丁左下）理性尚名菩提止觀況初後智ト云カ故。理性尚名菩提止觀マテハ。弘決ノ。（天止一、三六七）理性（理㋭㋠尚）尚乃得名菩提及以止觀ト不レ違二文言一

釋リ。サテ弘決ニハ況復名字乃至究竟ト云ツルヲ。要記ニハ況初後智ト釋カ故。指二名字究竟一云二初後一。故爲二初心是一云ツル初心ハ名字ト聞タリ。此外法華大意（止觀カ）ノ釋カ。已發圓心未知圓心。爲初心是等釋リ。（大正藏四六、四五九下）是ハ已發圓心ト云カ故。發二圓ノ菩提心一ヲ聞リ。發トモ二圓心一ヲ此圓心ヲ不レ知シテ。初心歟後心歟ト云意（云意㋭云へ）者。名字卽發心ノ上ニ。此發心ノ體ヲ爲二初心一釋ト聞リ。今釋ハ其意相叶ヘリ。就レ其理卽ト云事ノ出來何ト可レ有耶ト覺タリ。但不レ可レ有二子細一事者。地體名字ノ發心トハ。理性ノ體カ名字ノ發心ノ體ナレハ。名字發心ノ時釋ニ出理卽一其謂有。サレハ妙樂釋。（天止一、三六七～八）此名依理斯（斯㋠期）（期カ）心果頭。果頭之理初後無殊（殊㋠珠）。約事差分（分㋭㋠別）六位階降（降㋭際）。名六名卽不卽不離。思之可知ト釋リ。是則。此名トハ指二上ノ今明發心在名字位ノ名字卽一ヲ也（㋭云）。上ニ今發心ハ在二名字位一ニ定（定㋭具）ツル。其ノ名字ノ發心ノ體ヲ定時。依レ理期二果頭一果頭ト理トカ無レ別云故。今名字卽發心ノ體トハ。理卽究竟ノ始終理一ヲ發心ト沙汰カ故。殊ニ名字ノ菩提心ヲ沙汰ル同釋ニ出理卽事一者道理分明也（也㊁㋭㋠ナシ）。次。初卽是理。弘（天止一、三六四）後卽究竟（究竟㋠ナシ）ノ（㊁矣）。弘（同前）幷若（若㊁爲）約理具名爲（爲㋭字）（㋭爲イ）顯是。約（㊁爲）究竟

方名顯是等釋者。先德被二了簡一時者。名字ノ菩提心トハ。佛性ノ體ヲ發心スレハ。於二名字一理具ノ佛性ヲ指ト云ヘリ。是風情文雖ㇾ多二同可ㇾ會ㇾ之。但。攝州先德。約二理卽一釋モ。其程ノ誤ニハヨモ非シ。惠心先德釋中ニモ攝州義ヲ被ㇾ移事ノミ多カ故。偏非ㇾ可ㇾ捨ㇾ之。就中釋義粗約二理卽一見リ。非初不離初。(天止一、三六七。止觀)非後不離後ノ文ヲハ。妙樂大師。理不能發名爲非理。發必依理名不離理ト釋シテ。(同、三六八。弘決)理ノ不發云方ヲ非ㇾ初云處ニ合テ。理不ㇾ能ㇾ發名爲非理ト釋シ。發心ハ必依ㇾ理處ヲ以不ㇾ離ㇾ初處ヲ消カ故。初心ト云ヲ約二理性一釋リ。初則是理等釋。先德雖ㇾ有二了簡一猶不ㇾ明。既名字卽トハ聞歟。所說一實菩提ニテ修德ノ義門ナルヲハ。何トテ云二理性一耶ト覺タリ。凡楞嚴先德釋ニモ。爲二初心是一爲二後心是一云者。爲二發心是一爲二六卽是一耶ト問スルヲハ。二共有二何失一耶ト釋シテ重重釋成カ故。約二發心是一時者。縱雖二名字ト約二所發邊一ニモ。又約テ二行者經歷次位一ニモ。明二六卽是一時ハ不ㇾ可ㇾ問二理卽一ヲ。具可ㇾ擧二始終一之條勿論也。凡ハ實自二名字一論ㇾ初者。立二五卽一ヲテヨカシ。何擧二理卽一可ㇾ云二六卽一耶ト覺タリ。但。是ニハ可ㇾ有二子細一也。其

趣ハ常ノ人不ㇾ申事ナレトモ。此邊ノ法門ニハ名字卽カ顯テ理卽ハ成ト申也。常ノ人ノ義ニハ。理卽トハ稟教修習ノ義モ無テ。雖ㇾ具二三諦理一ヲ不ㇾ知ㇾ之如二木石一樣ニ思ヒ。名字卽トハ三諦卽是ノ謂ヲ聞テ。初テ圓ノ菩提心ヲ發ル樣ニ存ス。誠一往ハ可ㇾ然。釋義モサコソ釋シタレ。但實ニハ左樣ニハ不ㇾ可ㇾ有也。其故ハ圓敎ノ菩提心ヲ可ㇾ明ラム。然ニ。非初不離初。非後不離後ト云意者。(天止一、三六七。止觀)非ㇾ初非ㇾ後云者。非二性德一ニモ非二修德一ニモ體也。是則本理ノ一念三千ノ法體ナルヘシ。此本理一念三千ノ體コソ則名字發心ナレ。若夫圓敎ノ發心ト云カ。本不ㇾ發體カ今名字卽位ニテ初メテ聞二其謂一ヲ。初テ發ト云テ。少モ添ㇾ色加ㇾ力樣ナラハ。全圓心菩提心ノ義テハ可ㇾ非ル。只本理一念三千ノ體カ則菩提心ノ義ナレハ。名字卽ノ發心ト云カ則理卽全體ナル故。依二名字卽ノ成一理卽ノ立トハ此意ナリ。(天止一、三六七。弘決)去レハ今釋。今明發心在名字位ト釋シテ。名字ノ發心ノ體ヲ成トシテハ。(同、三六七～八)此名依理期二果頭一。果頭之理初後無殊トハ。名字卽發心トハ依ㇾ理期果頭。果頭ト理ト無ㇾ別發菩提心ノ體ナリ。此初後無殊ト云フ非ㇾ初不離初。非ㇾ後非離後ノ法體ニテ。本理ノ一念三千ノ始終理一ノ理卽ノ體ナレ。此ノ理性全體カ今ノ名

字ノ發心ノ體也。去(去ホチサ)レハ釋義カ若(若㊁爲)約理具トモ初卽是理トモ釋(同、三六四。弘決)此意
也
所詮ハ。圓頓行者ノ發心ト云カ。初テ發心スト云樣ニハ非ス。本理三
千ノ體ナレハ。理卽初後不二ナル全體カ今名字發心ト被レ云也。
此ヲコソ義開六卽名智淺深トハ釋レ。(天玄四、三四八。釋籤)是則(「チ也)義開六卽名智淺
深トテ。約ニ智淺深一云者。修德ニ約ト聞タリ。此修德ノ六卽ノ中ニ。
何トテ立ニ性德ノ理卽一耶ト覺ユル處ハ。今ノ意ニテ可レ成レ之(之チ也)。不レ爾(爾ホチ然)
者不レ可レ被ニ意得(意得ホ得意)一也。如レ此了簡時。兩(兩ホナシ)先德御義モ一ニ可レ
成。約ニ名字所具佛性一被レ會此謂ナルヘシ。理卽名字ノ閒事。
今了簡隨分祕事ト被レ示了
畢(畢㊁ホチナシ)

(7)〔便能成就第三地觀事〕

問(「ホ七)。弘決中引ニ首楞嚴經說一。便能成ニ就(成就ホ就チナシ)第三地觀一ト云ヘリ。
所レ云第三地觀者。順忍無生忍ノ中何耶
答。指ニ無生忍一
重難云。釋義ニハ本經ノ初自レ起ニ愛樂ノ心一以來。成就六波
羅蜜ト云迄(迄ホチマテ)ヲ如レ經引用スルニ。今限ニ通達方便計一略シテ不レ
引レ之用ハ何事耶。會釋雖レ聞除テ攝ニ六波羅蜜一用難レ思
次。經ニハ住(「柔カ)第三順忍ト云(大正藏十五、六三四上。首楞嚴經)テ順忍トコソ說ク。今ハ第三地觀ト釋難レ
思。經ニハ順忍トコソ云タル。イツカ云ニ無生忍一耶。故違レ經處難レ
思。凡經ニハ第三順忍ト說キ。釋ニハ第三地觀ト釋シテ。文言混亂ル
樣ニ釋事モ難レ思
次。首楞嚴定ハ別圓法門ナルニ。約ニ通教一事又不レ明
次。第三順忍ト云ヘル還レ經難レ思。五忍配立ノ時。以ニ順忍一
置(置チ並)ニ第三一ニハ也。五忍ノ義門ハ別圓ノ意也。今者通教ナルニ。何トテ
用ニ五忍配立ノ義一ヲハ耶。通教テハ可レ約ニ三忍一也。但。聞趣ハ。
四善根中以ニ忍位一ヲ云ニ第三順忍一歟ト會不レ明。何ノ處釋
義ニカ以ニ忍位一云ニ第二ノ順忍一耶。無ニ證據一者難レ取レ信
次。當知的漸漸中仍似通教位也ト釋ル(天止一、三七八。弘決)事如何。別圓中ニハ漸
漸ノ義ハ不レ可レ有歟。以レ之爲レ所ヨ以屬ニ通教一意如何
答。本經ノ說ハ通教ト見タリ。先ツ明ニ十地佛果ノ義一故。通家ノ
意也。就中順忍後得ニ無生一證。至ニ十地一八相作佛スト見カ
故。通教ノ法門條無ニ子細一。地(「チ也)體カ自レ元通教ノ意ナレハ。無生
忍ヲ以テ爲ニ第三地觀一ト事。釋義有ニ其道理一。粗別圓事ノ

見ユルハ。自レ元含容ノ說ナレハ交云事無レ疑。大途カ通敎ノ法門ナレハ釋義約レ之引用也

畢〔畢㊁㋭㋠ナシ〕

(8)〔六根淨所說名經耶〕

〔㋭八〕問。六根淨人所說ヲ名レ經耶

答。不レ可レ名

重難云。六根淨人說ヲ不レ可レ名レ經云道理不レ明。既天仙化人ノ說ヲモ名レ經ト上者。何不レ名レ經ト耶。震旦ノ風ニハ莊老ノ敎〔敎㋭經〕ヲモ名レ經上ハ。相似人ノ說ヲモ云レ經トヘカシ。名タラハ何程ノ失カ可レ有耶。但。以二轉法輪一名レ經事未盡也。必以二轉法輪一可レ名レ經道理ハ何事耶。縱雖レ非二轉法輪一ニ。名レ經者可レ有二何失一耶。若此定ナラハ分眞卽ノ位ニモ。不レ觀〔觀㊁現〕二佛身一時ノ說ヲハ不レ可レ云レ經ト歟如何。就中別ノ題ナレトモ。相似卽ノ人現二神通八相ヲ一上ハ。〔㊁㋭㋠者〕此時ノ說ヲ以テ何不レ名レ經ト耶。天仙等ノ(天文一、一〇九下。文句記)說ヲハ。下四印。定(卽カ)皆名佛說ノ故。名レ經ト云事必不レ可二一定一也

次。今釋。(天止一、三八〇。弘決)皆是先佛經中所說。而不得云所說名經トハ釋トシテ。先佛ノ所說ソト云道理ヲ付テ不レ名レ經ト釋ル本意何事ソ耶

答。古キ了簡〔了㊁㋭㋠料〕趣ニ有二殊勝子細一。其故ハ經トハ常ト云事。常ノ述レ理義門カ故。佛說ヲ名レ經ト事ハ。述レ理體カ故也。以二轉法輪一稱レ性〔性㊁經〕義此意也。然相似人ハ未レ證レ理位ナレハ。所說悉先佛所說ヲ述計ニテ自說ヲハ不レ名レ經ト也

次。釋義者。相似ノ所說ヲハ皆先佛所說ナレハ不レ名レ經トテ云。還歎二相似位一意可レ有ル。是則悉先佛ノ說ニテ非二自〔自㋭圓〕〔㋭自イ〕ノ所說一云ヘハ。還歎二六根淨人一意カ可レ顯故。而不得云所說名經ト釋シテ斥フ樣ナルカ。顯二本意一子細可レ有ル也

畢〔畢㊁㋭㋠ナシ〕

(9)〔妙覺位現八相耶〕

〔㋭九〕問。妙覺位現ニ八相一耶

答。可レ現〔㋭也〕

難云。聞趣ハ可レ現二八相一ヲハ。但。釋義ハ(四十二字)八相義門約二因分一故ト會歟。內證外用ハ者互ニ因果一物ナルニ。何トテ八相ノ外用カ被レ屬二等覺一覽道理何事耶

答。此釋者。等覺妙覺ノ樣ヲ眞實成也。地體妙覺ノ悟トハ。

初メテ不㆑得悟ヲ得ル樣ニハ非ス。妙覺悟ト云ヘハ。始終不變ノ體ナルカ故常住妙身ト云也。轉迷開悟シテ方便修行スト被㆑云方ヲハ因分ノ法門ト云カ故ニ。八相ノ化儀ハ專轉迷開悟シテ元不㆑得悟ヲ今得ト向カ故。以㆑之屬㆓等覺ノ位㆒也。方便化衆生(天玄三、四〇七。私記參照)權現出沒功成果熟(就カ)ト釋。此意也。凡四十二字門意カ。今初發心唯期(同前)等覺トテ。期トハ佛果㆒不㆑シテ云期㆓等覺㆒云意ハ。始(本カ)終修顯ト向テ得ル方ヲハ屬㆓等覺㆒定カ故。以㆓八相化儀㆒屬㆓等覺㆒也。サテハ妙覺ニハ無㆓八相義㆒成歟ト雖㆑覺ト。又自㆓妙覺ノ方㆒見レハ。始終不變ノ八相ト可㆑被㆑云故。其義ナラハ可㆑約㆓妙覺㆒也

畢(畢[二][ホ][チ][ナシ])

(10)〔妙覺位有利他功德增進義耶〕

「[ホ]十
問。於㆓妙覺位㆒有㆓利他ノ功德增進ノ義㆒耶

答。不㆑可㆑有ル

難云。今論義非㆓多佛相望㆒ニハ。一佛ノ上ニテ論時ニ。昨日ハ不㆑化㆓衆生㆒ヲ。今日ハ化ト云ヘハ利他ノ功德カ增進也。如㆑此三世相望シテ終日利㆓衆生㆒者。鎭化他ノ功德ハ增條勿論也。又久近ノ佛相對シテ。分身ニ有㆓多少(少[チ]小)㆒耶トハ別ノ疑ナレトモ。久成佛ハ所化ノ衆生多故。利他功德モ勝レ。新成ノ佛ハ所化ノ衆生可㆑少故。利他功德可㆑少條勿論ナレハ(「[チ]也)。多佛相望ノ時モ可㆑有㆓利生ノ功德增進ノ義門㆒。凡於㆓一佛ノ上㆒ニ無㆓增進㆒云者。多佛相望シテモ可㆑無㆓增進ノ義㆒。多佛相望シテ論㆓多少㆒者。於㆓一佛ノ上㆒可㆑有故。始終此題ト一具ニ可㆑聞也

答。此事ハ可㆑依㆓妙覺悟ノ樣㆒ニ。大旨不現涅槃(天玄三、四〇九。私記參照)。不生王宮湛若虛空ト釋シテ。釋㆓妙覺樣㆒意ト可㆑同。妙覺悟ノ姿タニ聞者。此題可㆓落居㆒ス

畢(畢[二][ホ][チ][ナシ])

(11)〔六輪中取妙覺耶〕

「[ホ]十一
問。瓔珞經所說六輪中取㆓妙覺㆒耶

答。任㆓本經說㆒者取㆑之(之[チ][ナシ])也

難云。妙樂釋義カ除㆓妙覺㆒事者隨分(分[二][ホ][チ]義)轉用ト會ルハ。隨義轉用シテノ用ハ何事耶。殊ニ經文ハ展惑(惑[ホ][ナシ])摧伏ノ義トモ不㆑見ヲ。今約㆓去(去[ホ]其[チ]者)([ホ]去イ)義㆒ニ引成テノ用太不㆑得㆑意。妙覺無㆓斷惑ノ義門㆒云(云[チ][ナシ])者。問者不審ハ別ノ題ニ成レトモ。若妙覺智斷ノ義ノ前ニハ何トカ可㆓意得㆒耶。無所作ノ義ハ別ノ事也。縱雖㆓無所作ト㆒斷惑スル義門ヲ存ス。

爭無二摧伏ノ義一耶。殊ニ所依文ニハ。因[因㋭㋠自]相似觀力入銅輪位。(天止一、三八一。止觀)
初破無明トニ云カ故。入位斷惑ト云者。妙覺智斷必然ナリ[㋭也]。承二
此文一引二六輪一時。專可レ約二妙覺一也
次。以二水精輪一約二妙覺一。以二摩尼輪[輪㋭論]一約二妙覺一。兩義ハ內外
明徹ノ意ナレハ。對二水精輪一約二スレハ輪[㋭輪イ]勝劣[㋭㋠者]。摩尼勝カ故對二妙
覺一云歟。就レ其內外明徹ノ義門カ被レ對二妙覺一道理ハ何事
耶。又先德ノ不審ニハ。摩尼ニハ無二內外明徹ノ義一ハ歟ト被レタリ疑。
此又[又㋭文]如何
答。妙覺智斷ニ可レ約云事者。其體不審ナラハ別ノ疑ト可レ成。
先ツハ隨義轉用ノ意ニテ。妙覺ニハ無二摧伏等義一云會通ニハ不レ
可レ過也
畢[畢㋥㋭㋠ナシ]

(底本・對校㋺㋣本奧書なし)

(對校㋥㋭㋠奧書)
[㋠書本云]貞和元年(一三四五)十二月二十六日酉ノ一於二廬山寺一終書功畢。是則
去月大師講之時。被レ遂二[㋭治イ]行當科一閒聽聞趣雖レ記レ之。楚忽
之閒筆跡彌以散散。仍依レ難レ備二後見一再染筆者也。是併
雖二一句一言一不レ交二他人之義一。偏所レ記嚴師之貴言也。更
不レ可レ出二惡外[㋭窓歟]一而已
求法沙門承禪 二十八歲 十一夏

(對校㋥本追記奧書)
于時寬永八年(一六三一)十月二十日書寫畢　墨付四十四
筆者南樂坊覺賢（花押）

(對校㋭本追記奧書)
于時寬永十八年(一六四一)辛巳五月二十七日。令二書寫一畢
于時寬文十二年(一六七二)六月二日。遂二書寫功一畢　墨付五十丁
寶幢院東谷。智光院。釋快磐
眞二十四。俗三十七歲

〔六卽義〕〔盧談五題〕　＊⑿～⒃の目次は原本ではこの位置。＊對校㋠本以下なし

⑿ 如來藏染法事

御難云。如來藏理內ニ可レ具ニ染淨ノ諸法一云事。佛法ノ大綱。一家ノ深旨此事也。凡ソ此題目ニ自レ舊法性理內ニ具ニ染淨ノ諸法一事ハ勿論ナル故ニ。差テ鮮ナル立破モ無キ樣ニ思付タリ。付レ之先ッ如來藏理內ニ具ルニ染淨ノ諸法一。此ノ如來藏ノ理トハ何ナル物ヤラン。又具ニ染淨ノ諸法一相貌大ニ覺束無キ也。ココノ程ヵ講答モ委細ニ可レ聞也。其ヵ大乘止觀ニ此事ヲハ重重釋ルカ。披又時猶易レ迷故。立破共ニ暗ニ難レ備無レ之也。先大乘止觀一部ハ。止觀ノ依止。止觀境界。止觀ノ體狀。止觀ノ斷德。止觀ノ作用トテ五番ニ分別也。其中ノ止觀ノ依止ニ付テ三ノ文段ヲ立也。先ッ初ニ何所依止ト云時ハ。以ニ一心一爲ニ止觀ノ依止一ト也。世人ノ擧趾動足悉不レ依レ地云事無キ樣ニ。止觀修行ノ依止ル處ハ一心ノ體ト釋セリ。於ニ此ノ章ノ內ニ出ニ六名一。次釋ニ名義一。次釋ニ體狀一也。依止トハ一心法ト定テ。此ノ一心法ノ異名ヲ出スニ。或云ニ自性清淨一ト。「或眞如。或法性。」或佛性。或如來藏ト云テ出ニ衆名一也。以レ之可レ知ニ大綱一ヲ。一心法體ヲ第一ニハ自性清淨ト名テ。其ノ自性清淨ノ異名ヲ申ニ。或眞如。或如來藏ト申ス故ニ。自性清淨ノ心ニ被レ對テ如來藏ノ理ト云フ。此ノ如來藏ニハ何トテ可レ具ニ染法一耶。具ニセハ染法一何トテ自性清淨ノ異名トハ可レ申耶。大方大乘止觀ハ起信論ヲ釋ス。付ニ此ノ論一ニ。依（大正藏三二、五七六上）一心法有二種門。一者眞如門。二者心生滅門トテ。一心法ヲ立テ此上心眞如門。心生滅門ノ二義ヲ立タリ。其ノ心眞如門ヲ申トシテ。心眞如者。卽是一法界大惣法門體。所謂心性不生不滅。一切諸法唯依妄念而有差別。若離心念無一切境界之相。是故一切法從本以來。離言說相離名字相離心緣相。畢竟平等無有變異不可破壞。唯是一心故名眞如ト釋也。此心眞如門コソ。大乘止觀ニ述ル止觀ノ依止ノ一心法ニ當ル也。此心眞如門ヲ申ニ。唯依妄念而有差別ル故。一切ノ諸法ノ差別ノ起ハ。依ニ妄念ニ諸法ノ差別ハ起也。從本以來。離言說相離名字相離心緣相。畢竟平等無有變異不可破壞。唯是一心故名眞如ト申サル。唯是一心ノ位ニ具ニ染法一事ナラハ。何トテ離ニ一切ノ法一ヲ可レ云耶。サレハ大乘止觀ニ自性清淨心ヲ釋ル時ニハ。無始以來離無明ノ體性也。無明ノ體相ヵ本無ナル

故ニ。一心ノ法體ト不ニ相應一名ニ自性清淨ノ心一申故ニ。若理內ニ妄染ノ法カ幷ハハ相應ト可レ云フ。不ニ相應一者何トテ雙テハ可レ居耶。以レ之意得レハ。如來藏理內ニハ具ト不レ覺也。起信論ニ（大正藏三二、五八〇上）初釋ニ法體一。次釋シテニ對治邪執一。其ノ上ニ。以如來藏從本以來（已カ）唯有過恆沙等諸淨功德ト釋シテ。正ク如來藏ノ理內ニハ淨功德ノミ有ト釋リ。是ハ只大樣ニ釋亂ニ非ス。諸ノ修多羅中ニ。於ニ如來藏理內ニ有ト生死ノ染法一說ヲ聞テ。起レ執ヲ爲レ對ニ治此ノ執一立ニ一箇ノ文段一時。有ニ淨功德一釋セリ。下ニ（同前）過恆沙等煩惱染法。唯是妄有性自本無。從無始世來未曾與如來藏相應故ト釋リ。煩惱染法ハ妄有ノ體ナレハ本無ト釋セリ。釋ニ如來藏ノ體一時ハ。有ニ淨功德一云テ。遮ニ昔染法一時ハ。唯是妄有性自本無ト釋リ。從無始世來未曾與如來藏相應故トテ。從本已來如來藏理ト不ニ相應一釋シ。煩惱ハ性自本無ノ故ニ。本無ノ法ナレハ理ニ不ニ相應一釋ル故ニ。如來藏ノ理內ニ不レ具故ヲハ。付ニ道理一定判ル故ニ。此論判ノ始中終ノ如來藏ノ理內ニ不レ具ニ染法一見タリ。此ノ論コソ一家ノ依憑ナレ。眞如緣起ノ法門自ニ此論一起ル物ナルカ。盡ニ道理一如來藏理內ニ不レ具ニ染法一云ヲ乍レ見。可レ具云約束ハトコノ程ヨリ起耶。大不審也

次。如來藏理內ニ染淨ノ何トテ有ソ耶。染淨ノ法ハ如ニ水火一ノ。水火ハ幷テ不レ住。明闇ハ不ニ幷起一物。水火ハ不ニ交リ住一。明闇ハ不レ幷故ニコソ。依レ悟リニ得ニ清淨ノ心一。依レ迷ニ得ニ染淨ノ心一ヲ。迷悟二法カ如來藏ノ理ニ幷テ居トハ。何ト幷耶ト覺タリ。其ヲ善惡ハ一如也ト聞歟。一如ナラハ清淨ノ法也。清淨ノ法トハ平等ト云事テコソ有ラメ。染淨平等コソ清淨ノ平等ノ法テハ有レ。清淨（染カ）二法カ平等ナル外ニ。清淨ノ平等トハ何カ可レ有耶。其カ如ルニ水火一物カ幷テ同時ニ居トハ何ト幷耶。付レ其如來藏理ニ具ル迷法ノ體ハ。虛無ノ法歟。眞實ノ法歟。虛無ナラハ何トテ如來藏ノ理內ニハ可レ有ソ耶。付ニ如來藏一辨ルニ空如來藏不空如來藏。其ノ不空如來藏コソ今ノ如來藏ニハ有ラメ。不空如來藏トハ中道ノ妙道也。妙道ノ中ニハ本無虛妄ノ法ハ何トテ可レ有耶。若非虛妄ノ法者。染汚ノ法カ眞實ナラハ迷ニテハ不レ可レ有。仍如來藏ノ理內ニ具ル染法ノ樣カ不審也。虛妄都無ノ法ナラハ。不空如來藏ノ理ニ不レ可レ有。眞實ナラハ染汚ノ名カ難レ立也。其ヲ諸法ハ待對ノ謂カ有ル故ニ。惡カ有ハ善モ有リ。善カ有ハ惡モ有ト云樣ニ聞歟。相對ノ法ハ必事法ノ修起ノ中ニ有

也。眞實ノ一法ノ中ニテハ何ヲ相對〔對ホ待〕セムソナル故ニ。待對ノ法ト云事不レ可レ有。其定ナラハ彌如來藏ノ理內ニ不レ可レ有ニ染法一云フ難カ猶立ル也。一法ノ中ニテハ何トテ待對ノ法ハ可レ有耶ト覺タリ。迷ノ法歟。眞實ノ法歟ト云不審

次ニハ可斷ノ法歟。不可斷ノ法歟。可斷ノ法ナラハ居レ性不レ可レ云フ。性トハ不改ノ義ル故ニ居ハ性ニ不レ可レ斷。若可斷ノ法ト云者。不改ノ法トハ不レ可レ云フ。若非ニ可斷ノ法一者。何トテ迷トハ可レ申耶。而ヲ性德但〔但ト只〕是善惡法門故不可斷ニテ。（天止三、二七二。弘決）性德ノ法門ノ故不レ可レ斷物ト聞歟。誠ニ觀音玄ノ釋義ヲハ。六祖釋ニ性德ノ一念三千一時引テ。（同、二七一）點此一意衆滯自消〔消ト證〕ト釋レハ。（鉛カ）可ニ謂而信〔二仰ナ歟〕一事歟（同前）覺タリ。釋義幸問答シテ。（同、二七二）性德善惡何以不斷ト云ヲ。但是善惡法門故不可斷ト云故。講答ノ潤色トハ聞タリ。但。惡法ナラハ可斷テコソ有レト覺ル不審ハ。權教ノ意テ難レ申也ト覺タレトモ。實教ノ意ニテモ背ヲ體ニ惡法ト申サハ可斷ノ法也。不ハ背レ體ニ惡法トハ不レ可レ申。其ヲ惡法門ト云名一ツ付タレトモ。惡法ヲ斷マシキ道理ハ不レ付也。法門也トモ被レ斷法モ有ヘシ。不レ被レ斷法モ有ヘシ〔有ヘシホト可有〕。法門ト申セハトテ。頓〔頓ホトヤカ〕テ不レ可レ斷道理ニ成事不審也。所詮。

染汚ノ法ニテハ有コサメレ〔レトナシ〕。染汚ノ法カ如來藏ノ理ニ幷居樣カアサアサト聞タキ也〔也トナシ〕。自性清淨トハ。一切ノ諸法ヲ離タル名也。妄染ノ法カ理內ニアラハ。自性清淨ノ離ル諸法一體テハ不レ可レ有。是カ一重約束有タキ也

次。大乘止觀ニ染業ハ違ニ心性一故有ニ滅離ノ用一。淨業ハ順ニ心性一故有ニ相資ノ能一釋リ。此下ニ重重ノ問答往覆〔覆ホ復〕セリ。染淨ノ二法ハ性德ニ居テ。此上ニ事相ノ善惡ノ法ヲ修起也。惡法ハ自ニ性德ノ惡一修起シ〔レホト也〕。善法ハ自ニ性德ノ善一修起スト一雙ノ作也。付レ其性德ノ善惡カ不レ被〔被ト可〕レ斷物ナラハ。修德ノ善惡何トテ斷耶〔耶ホトナシ〕ト覺ヲ。事ノ淨法ハ順レ理故有ニ相資ノ能一不レ被レ斷セ。究竟スレハ至ニ轉〔轉トナシ〕依ノ妙果一ニ。是ハ淨法ヲ圓滿スル體ニテ相資ノ用ト被レ云也。違ノ法ハ背ニ道理一相違ル故。相違ノ法ハ久ハ無キ〔レト之〕故有ニ滅離ノ用一判セリ。是ヲ問難スルカ。問ハ順ニ凡情一ニ故見ヤスキ也。答ハ佛果內證故ニ。六識ノ上ニハ不ニ落居一當レトモ眼ニ迷レ意ニ也。如來藏理ニ有ニ染〔レト內〕淨ノ二法一。修德ノ善惡ノ本ト成也。其カ自ニ性德ノ淨法一緣起ル故。事淨ヲ順ト申サハ。其定ニ修德ノ惡モ自ニ性德ノ惡一緣起ル故。順レルヲハ理何トテ違ノ法トハ可レ云耶。淨法ハ自レ理起故有ニ相資ノ

用一イハハ。惡法モ自ニ性德一起ル故ニ。順レ理物ナレハ相資ノ用有レ。何レハ淨法ノ緣起ハ順トイハレ。惡法ノ緣起ハ違ノ法トハ申耶。其ヲ若事ノ惡法與ニ性ノ惡法一相順スレトモ。事染ハ性淨ト相違ル故ニ可レ云ニ違ノ法一トイハハ。以レ之追テ見レハ。事淨モ性淨トハ相順スレトモ。事淨ハ性染ニ相違ル時ニ。其ヲモ可レ云ニ違ノ法一ト。サテハ至ニ佛果菩提一時。違ニ性惡一方テ事淨ノ至ル事カ可レ有歟ト問ハ。順性故ニ相資ノ用有ル。事染モ可レ同ル。背レ性故ニ滅離ノ能有ハ。事淨モ可レ同云者釋義ノ心也。答ノ趣重重ニ成セリ。委可レ聞也

次。一念三千ノ法門事。三千ノ諸法ト分別ル故ニ。法性理內ニ具ニ三千ノ法一上ハ。如來藏理ニ有ニ染淨ノ二法一證據ト聞歟。但。依レ具ニ染淨ノ法一三千ノ法カ可レ有ナラハ。何トテ理內ニ三千ノ法ヲハ具足耶ト云フ不審カ有ヘキ故。彌被レ添レ疑也。凡一家學者ハ三千ノ法可ニ具足一云事ハ信モセヨ。他宗ノ人ハ不レ可レ許故ニ。三千ノ法カ理ハヤカテ「如來藏理內ニ有ニ染淨ノ法一證據ニモ被レ備事未盡也。其上教中」斷レ惡見タリ。斷諸法中惡等ノ文ヲハ。斷ニ修惡一申ソト被レ會歟。其カ斷ニトモ修惡一修ニ具ニ三千一事具ノ三千ト云事ハ有コサメレ。以レ之准據シテ性德ヲ追テ見レハ。其モ惡法ト云方ハ斷モヤスラフト准據有故。三千ノ法ニハ不レ可レ依事ト覺タリ

次。唯有過恆沙等諸淨功德（大正藏三二、五八〇上。起信論）ノ文ヲハ。過恆沙等ノ中ニ有ニ染法一會釋。或又對治邪執門ナレハ。染法ハ有レトモ爲レ治ニ邪執一隱シテニ染法ノ名一ヲ。諸淨功德ト申會釋有レ之。誠ニ一旦ハ聞タレトモ盡レ詞。唯有過恆沙等諸淨功德（同前）ト云也

次ニ付レ故。煩惱染法。唯是妄有性自本無。從無始世來未曾與如來藏相應故トテ。如來藏ハ不ニ相應一故ヲ出テ盡レ理故ニ。此中ニ淨法アレトモ諸淨功德ト申タリトモ不レ覺也。所詮。如來藏理內ニ善惡無妨礙幷居樣。次如來藏惡法ノ姿。次自ニ性德ノ惡法一緣起スレトモ迷法ト被レ申樣。是等不審也。自ニ眞實ノ法「體一緣起ル事ノ煩惱惡法ナラハ。性德ニテ不レ被レ斷樣ニ。修德ニテモ不レ」可レ斷也。何ナレハ性德ヲハ不斷ト申シ。修德ニテハ可斷ト申耶。此程猶難レ思也

御義云。法門ノ遙遠ニ。佛法ノ冥邈ナトハ只此事也。付レ之。如來藏理ト名ル物樣ニ可レ依ル。如來藏理ニハ染淨ノ法ハ。可レ

被レ收メ物歟。「不レ可レ被レ收物歟。」（「」ホナシ）何ナル物ヤラム（ムトン）。其カ所依ノ文ニハ。一念心卽如來藏理。如故卽空。藏故卽假。理故卽中。三智一心中具不可思議。三諦一諦非三非一。一色一香具一切法。一切法亦如是（天止一、三七一。止觀）（ヿ如上說カ）（心カ）（ヿ復カ）ト判シテ。如來藏トハ一心三觀ノ體ト釋セリ。如來藏理ヲハ先一心三觀ト定メ。三諦一諦非三非一ノ法體ヲ如來藏ト名タリ。一念三千互リ三諦ニ不レ互事。別而有レトモ二沙汰一。心性不動假立中名。亡泯三千假立空稱。雖亡而存假立假號（天止三、二四三。弘決）ノ釋ハ互ニ三諦ニ定タリ。其ヲ具卽是假假卽空中ノ釋ノ定テハ專假諦ノ上ニ論シテ。雖亡而存假立假號ニテ。三千ノ諸法ヲハ分別也。如來藏ハ三諦也。此上ニ不レハ具ニ三千ヲ一妙假トハ不レ可レ云也。其三千法ハ自ニ方便品十如實相一起テ。實相必諸法。諸法必十如。十如必十界。十界必身土ナレハ（大正藏四六、七八五下。金錍論）。實相トテ實ノ相ト云ヘハ必十如也。十如ハ互ニ三千一故明ニ十界十如ノ法門一。是コソ如來藏理ニ具ニ染淨ノ諸法ヲ形ナレ。此外ニハ何カ有ソト覺タリ。依レ之。大乘止觀（ホ上十丁）ニ如來藏ヲ釋ニ。能藏所藏能生（大正藏四六、六四四中。取意）トテ三重ニ分別リ。是ハ所何依止ノ下テ列（烈ト別門）（列カ）ニ名義ヲ。如來藏ノ體ヲ約ニ三義ニ也。能藏トハ果地ノ法如來身。衆生ノ淨心ノ體ヲ藏トシテ。

此ニ含（含ト合）ヲ染淨ノ諸法ヲ藏ノ義ト釋シ。如トハ（ヿホト也）染淨諸法ノ平等一如ノ義也。如名不異ノ意ヲ約ニ如義一也。染淨平等ノ上ニ染淨宛然ナルヲ來ト釋セリ。所藏モ染淨ヲ收ヲ云レ藏。平等ヲ如ト云ヒ（云ト三）（ヿ三ホ也）。自ニ平等一緣起ヲ云レ來ト也。約ニ能生一時モ。如下女人ノ自ニ胎藏一生ヒ子シテ。自ニ如來藏一染淨諸法ノ緣起ノ形ヲ〔（ホト）含ヲ云レ藏ト。正自ニ如來藏理一緣起ノ形ヲ〕云レ來ト。染淨平等ヲ云レ如ト也。三重釋不同ナレトモ。染淨平等ヲ約レ如。緣起ノ姿ヲ云レ來ト（云來ホト來云）也。若染淨ノ諸法カ無ハ。如ノ平等ノ義モ不レ可レ有。來ノ緣起ノ義モ不レ可レ有。藏ノ義勿論ナル故。如來藏ト申セハ可レ具（具ホ有）（ホ具）ニ染淨諸法ニ云事。名義ヲ釋時聞タリ

次。釋ニ體狀一也。止觀依止ノ下ニ能詮ノ名ヲ釋シ。次ニ（ヿホト也）被ニ名ニ呼一所詮ノ體ヲ釋時。約ニ離相一自性淸淨ノ體ヲ顯也。約ニ離相一相（相ト之）時。非ニ有相一非ニ無相一。非ニ非有相一非ニ非無相一（大正藏四六、六四四下。大乘止觀）（非無相ホナシ）。非ニ（ヿ三ホト非）（云カ）亦有相一非ニ亦無相一。非ニ去來今一。乃至。非レ常非レ斷。非レ明非レ闇。非レ一非レ異。一切四句法惣說（ヿ等カ）ト釋シテ。一一ニ非ニ法體一也。一一ニ非法體意ハ一一ニ取ニ其法一也。非トハ各各ニ絕ニ此法一程ニ。離テハ法體一無ニ絕ノ體一モ也。人ノ打思ハ非ニ有相一

非二無相一相計ヲ絶ト思也。其カ非二非有相一非二非無相一相ヲ絶シ。相ヲ不二離相一申時染淨宛然ナル故。離相トハ離二一切法一歟ト覺カ。離ル處ニ染淨ノ法ノ宛然ナル程ニ。離相ノ時具二染淨ノ法一道理ハ成也。其ヲ水火ノ法ハ一處ニ何トテ幷耶ト覺ルハ凡情テ疑也。絶ノ處テハ何モナキ樣ニ非。法體ノ有ノママニアル處ニ絶ノ體ハ成也。絶ニトハ諸ノ四句ヲ此事也。離相處ニ自性清淨ノ染淨平等ノ義ハ成セリ。淨計ニテハ如來藏ノ義カ不レ可レ立。論ニ離相一絶二諸ノ四句一處テ染淨諸法ハ具也。次。約二一異一明二法性一申ハ。前ノ淨心與二妄心一非レ一非レ異處ヲ法性ト云物ニテ顯也

次。約二如來藏一顯二眞如一釋シテ。空如來藏。不空如來藏ヲ分別シテ顯二眞如一也。眞如ハ眞實ノ謂也。一心ノ體ハ眞如全體也。眞如ノ全體ニ返ル時。生滅ノ二法カ一心法ノ惣體ニ歸カ。ヤカテ如來藏ノ道理ノ成也。空如來藏ハ不變眞如。不空如來藏ハ隨緣眞如也。然モ以二空如來藏不空如來藏一顯二一心ノ本源一時。自性清淨ノ心ノ體ハ成也。是等テ如來藏ノ理內ニ具二染淨ノ二法一形ハ可レ顯也。一家釋ニハ章安ノ十六番ノ問答ノ中ニ。(天止三、一九七)念性離。緣性亦離。若無緣無念亦無數。云何具十法界耶ト問ス。能緣所緣ヲ絶シテ緣念共ニ離セハ又不レ可レ有レ數故。十界ヲ不レ可レ具問ス云何。妙樂ノ文ノ意ヲ消セリ。若離心念則無一切境界之相ト云テ。(大正藏三二、五七六上。起信論)離ニ名字言說一物ト申タルト。念性離乃至云何具十法界耶ト問トハ同事也。此ヲ答ニ。不可思議。無相而相。觀智宛然トハ(天止三、一九七。止觀)絶ス緣念一ヲ。何トテ具ニ十界一耶ト問ヲ。不可思議トハ惣シテ答也。問ニ能緣所緣ヲ絶ニ。十法界ハトコニ具耶ト問意ハ。思議ノ心テ問ス。不思議ノ意ナラハ不レ可レ有ニ法門一故。先惣シテ不可思議ト答也。無相而相トハ。十法界ハ何トテ出ト問ヲ答也。無相ナレハコソ有レ相ハ云也。我等心ノ昨日ソ今日ソト思フ一異定相ノ心地ニテハ。サル三千ノ法ハ不レ可レ有。無相ナレハ相ハアレト云意ハ。無相而相ノ故ニ三千ノ法ハ具足スレハト釋ル也。觀智宛然トハ。念性離。緣性亦離。若無心無念トテ。絶ニ能緣所緣一之處ヲ答也。正ク絶ニ緣念一處ニ歸テ可レ有ニ緣念一也。是ヲ妙樂ハ。(天止三、一九八)點空論界界無界相ト釋シテ。界ニ無ニ界相一處カ三千ノ妙法ソト被レ云也。絶ニ能所一申セハ歸テ能所宛然ナル物也。雖曰能所(同前)釋ル此事也。此定ナレハ如來藏理內ニ三千ノ法體カ成シ。三千ノ妙法ナレハ具ニ染淨ノ諸法ニ也

次。如來藏ノ染法ハ都無歟。非都無歟。非都無者。迷ト不可云不審也。其カ性德ノ内ノ染法ハ。眞實歟(歟㊦也)虛妄歟ノ事ハ。十界性眞實ノ題(「㊦之)ニ可聞故。今盡キ非ス可亙(亙㊦宣)餘ノ題ニ也。但。此題(題㊁㊭疑)ハ自思議起故非虛妄ニ云者(者㊦㊈)。ハタトシテ眞實ニ有ト思不審ナレハ。此分テハイツモ不可開(開㊦關)也。一重背體ニ虛妄ニ有テ。此虛妄ノ處(處㊭所)マテ眞如ノ體ノ遍テ隔事無也。迷隔ツル處マテ迷法性也。何ル迷モ法性ノ背事無。大虛ハ歎(歎㊭㊦欲)遁。遠トモ遠トモ大虛ヲ遁事無。イカニ背法性ニ。其ノ背處マテ法性テ可有故。是カ如來藏理内ニ有染淨ノ二法義也(天止三、二七二。弘決)

次。性德但是善惡法門。故不可斷ノ釋。謂ル善惡ノ法門ト云時ハ斷マシキ也。眞言ニモ若除トイハハ病者卽是損減ナムト阿字門ニ申意ニ似タリ。法門トハ一一ノ諸法ノ圓融無礙ヲ申也。能通ノ義ヲ「門ト申故ニ。彼彼ノ諸法ノ無礙ナルカ法門也。理ノ不可思議ヲ」(「」㊦㊈)性德但是善惡法門。故不可斷ト申也。仍善惡ノ法門ナレハ斷スマシキ道理也。凡而(而㊦答)此三千性是中理。不當有無(大正藏四六、七八五中。金錍論)有無ト爾(㊁自敷法敷)テ。三千ノ源ハ中道也。不當有無處ニ有無ハ宛然也。重釋ニ。何以故。約實相故(同、七八五下)(俱カ)(故實相㊭㊈)。實相法爾具足諸法。法本爾(諸法法カ)性本無性(生カ)トテ。實相ノ相ノ字カ無ハ不可有諸法。相ノ字タニ有ハ實相ト云程テハ自諸法也。一法ヲ不シテ起タタ諸法ナルカ實相也。若諸法カ性本無生ノ謂ニ非ハ。一法カ諸法ニテハ不可ス有。一切カ諸法ナレハ任運ト性本無生也。此意テ申セハ。何ナル中惡キ法モ一法ノ上(上㊦㊈)ニ不ハ具不可叶故。如來藏理内具染淨ノ二法也

次。起信論モ此定ナレハ被意得(意得㊭㊦得意)也。若離心念則無一切境界之相(大正藏三二、五七六上)ト者。離ハコソ染淨ノ諸法ハ具スレト可云也(也㊦歟)。下ノ對治邪執ハ自性清淨ノ心ヲ顯也。自性清淨(清㊁㊭㊈)ナレハ可具(具㊦有)染淨ノ二法也

次。依性德ノ惡法ニ修德ノ惡法緣起セハ理ニ順也。何カ違理耶。不違理何トテ有滅離ノ用有ト相資ノ能可云申(申㊦耶)難ハ堅(堅㊦堅)也。釋ノ詞ハ此定ニ問セリ。釋ノ答(答㊦立)ヲ可意得也。一重ハ性染ハ爲事染成本ト。性淨ハ爲事淨成ト本ト云テ。一心ノ體ヲ云ヘハ染淨平等也。分テ緣起ヲ申セハ。自平等ノ内修惡ハ自性惡生シ。修善ハ自性善生也(「㊦也)。緣起ノ方テ申セハ。此定ナレトモ正約理體ニ時ハ善惡平等也。順ノ法ハ如理悟ル物(物㊦モノ)ナレハ。理體ハ染淨平等也。順平等物ナル故有相資用也。背染淨平等ニ法ヲ違ノ法ト云也。事染事淨トハ此定也リ。違ノ法ハ背染

浄平等ニ故。有ニ滅離ノ能法一被レ云也。分テ申セハ染浄不二ノ上ニ悪法ノ起トハ。自ニ善悪不二ノ中一悪法ノ方テ起テハ悪トイハレ。善悪平等ノ内ヨリ善法ノ方テ起ハ事善ト被レ云也

次。性徳悪法ハ不レ可レ断物也。諸法カ一心ナレハ。トコノ程ヲ断ソト覚也。其定ナラハ修徳ノ染浄モ不レ可レ断歟ト云フ不審有歟。サレハ修徳ノ悪法モ不レ断云義モ有也。常ニ断ニ修悪一歟ト云疑ニ付テ随分申義ニ思フ義勢ハ。不レ断云一義ヲ存也。但サノミ断スマシト申テモ「背ニ経教釈義一処有ヘキ也。故難ニ治定一シ也。又修悪ヲ断ト申テモ」修性ハ一如也。性ニ不ハレ断セ修モ不レ可レ断云不審カ残也。其カ修起ノ法ハシルシトハ。各各ニ法カ別別ニ成テ。此ハ善。此ハ悪。此ハ生界。此ハ仏界トテ。アサアサト出タルカ「修起ノ法也。」修起ノ法ナレハ善悪カ各別ニ居テ。然モ悪法ハ虚妄ノ故ニ被レ断也。何モ無様テハ円教ノ断トハ不レ可レ云フ。其ノ法ノ不可得ヲ云レ断ト故ニ。事法トタニ定レハ。悪ハ滅スト云テ性ニ不断ヲ事修断ト云也。理内テ常住ナル物カ。事法ノ上ニ善法ト成テ始終ノ不変也。然モ理内ノ染浄平等ノ謂カ。事法ノ上ニ転迷開悟ト顕也。此転迷開悟ノ事法ノ上ニ。断而不断ノ意カ可レ有也。修起ノ事法ノ上ニ断而不レ断片ツリニ無テ始終可レ有也

後日仰云。仏法ノ根源ハ眞実此事也。実ニモ文字ノ法師ノ分テハ不レ可ニ落居一。付レ之。如来蔵理内ニ染浄ノ法ノ并居ル形ハ何ト可レ有耶。水火ノ法ノ并様不審也。其ヲ大乗止観ニ明体状時。自性清浄ノ様ヲ寄ニ離相一明ニ釈リ。非ニ有相一非ニ無相一等云テ絶ニ諸ノ四句一時聞タリ。其故ハ常ニ絶ト思ハ何モナキ様ナルヲ絶ト思ハ。非ニ実ノ絶一ニハ也。我等カ心地ノ分斉ヲ探レハ。何テモアレ物ニ不レ当事ハ無シ。其ヲ絶ニ諸相一畢有云云反テ染浄ノ諸法ノ宛然トシテ具足ル條ハ此ニテ顕タリ。是ヲ寄離相顕自性清浄ノ体也。以ニ言説一自性清浄ノ体ヲ不レ可レ述。以レ相不レ可レ顕。サテハ只非レ可レ闇故寄レ所レ離顕レ義時絶ニ諸句一也。仍離ノ一字ニ具ニ染浄ノ法一様ハ聞タリ

次。約ニ非一非異一顕ニ法性一云ヘリ。此ニテ三世ノ諸仏ノ内証ト。我等カ一念ト毫釐モ不レ違処カ有ヲ法性トハ云也。迷ハ本ノ迷テ居テ少モ不レ違シテ。然モ法性ノ体也。法性ト云物ノ体ハ。迷ノ有ノママナル処カヤカテ法性ナル謂有也。此テ染浄ノ法ヲ具足ル謂ハ成リ

次。修性ヲ了簡スルニ付テ有ニ重重ノ問答一。其ニ修悪ハ自ニ性悪一

起故ニ順ノ法也。何云ニ違ノ法一ト耶ト問ヲ。答時。自ニ性惡一起ハ修惡モ順ト可レ云フ。サレトモ背ニ性ノ善一故違法ト云ソト答ヲ。重修惡ハ自ニ性惡一起レハ順ナレトモ。背ニ性善ニ方ヲ違法ト云者。修善モ自ニ性善一起ル方テハ順ナレトモ。背ニ性惡一方テハ違法ナルヘシ。若爾至ニ佛果菩提一人モ。背ニ性惡一方ニテ修善ヲハ斷ヘキ歟ト問ヲ。答ル時ニ。我ハサモイハヌ事ヲ取置テ難ル不レ可レ然反詰セリ。上來ハ如ニ難勢一取置テ釋ツルニ。今ハサモ不レ釋云ヘル事太不審也。宋地人師クレクレ一部ヲ釋タレトモ。此事ヲハ不レ釋故ニ旨趣太闇キ事也

⒀便能成就第三地觀事

御難云。以ニ射的譬一屬ニ通教一地場カ不審也。本書ニハ相似卽ヲ釋トシテ。以ニ其逾觀逾明。逾止逾寂。如ニ勤レ射ヲ隣レ的。（天止一、三八〇。止觀）名ニ相似觀惠一釋ル。勤レ射如レ隣レ的云文ヲ。六祖大師承テ引ニ首楞嚴經ノ射的ノ譬一也。本書ハ別教トモ通教トモ不レ定處ヲ。約ニ通教一消事先不審也。首楞嚴定通教ニ亙ト云釋ヲハ勘ル事ナレトモ。一處釋ハ限ニ別圓一定ル故。披レ文時ハ別圓ノ定ニ可レ消。約ニ通教一事太難レ思。先德擧ニ六箇ノ疑問一屬ニ通教一事ヲ疑也。今釋。當知的漸漸中仍似通教位也ト云テ。（天止一、三七八。弘決）漸漸ノ義カ當ニ通教一云者。何ト可ニ意得一耶。惣而論ニレハ漸漸ノ義一可レ亙ニ前三教一。「別而申セハ別教ノ意ナルヲ。以ニ漸漸ノ義一爲レ故ト當ニハ通教ニ」何ト得テ釋耶。先德擧ニ六箇條ノ疑一時。一ハ修慈悲云者。慈悲ハ出假ノ形ル故。通教ノ意テハ八地已上也。何云ニ第三地一ト耶。次。成ニ就シ六波羅蜜一ヲ通ニ達方便一畢テ。叶ニ第三順忍一後叶ニ無生忍一申カ。第三順忍ハ五忍ノ配立ノ意也。通教ハ三忍ノ廢立ナル故ニ。第三ハ無生也。第三順忍ハ別圓意ナレハ不レ當ニ通教ニ也。次ニ。以ニ八地一云ニ菩薩一事難レ思。第六ニハ首楞嚴不レ可レ明ニ通教一疑也。付レ之第三地觀ト申カ經文ニハ不レ見也。其ヲ隨義轉用ト云事ハ。如レ此事ニ常ノ會釋ナレトモ。隨義轉用ト申モ一向ニ背ニテハ本經ノ說ニ引テノ意趣モ不審也。何トテ引ニナカラ本經說一背ニテ本說ニ引ソト覺故ニ。此ニ別而カク不レ云者不レ可レ叶。有ハ子細一隨義轉用トモ可レ云フ。本書ニ。如ニ勤レ射隣レ的云フ（天止一、三八〇。止觀）通教ノ意ニ不レ約者不レ可レ叶事カ無ハ。恣ニ通教ト隨義轉用シテノ用ハ何耶ト覺タリ。大方六卽階級ヲ釋故。本說ハ淺近也トモ引テ圓教ノ意ニ消タキヲ幸ニ引ニ首楞嚴經ノ

說レ故。是楞嚴定ハ圓教ノ意テ可レ有。通教ト得タル樣覺束無キ也。通教ト釋タル上ニ。付ニ其故一道理又不審也。次。初射ニ大准一乃至射ニ一毛一分別ヲハ。六卽ノ階級ニハ何ト可レ合耶。先德（天止一、三七七。弘決取意）釋有レ之如何

御義云。先德通教ト被レ說趣ハ。約ニ十地一故非ニ三藏教一第三地觀トハ自ニ妙樂釋一起也。經文ハ得ト無生一云テ。八地乃至十地ト申故。十地ト施設ル故ニ非ニ三藏教一ニハ。サテハ別圓ト意得ヘキヲ。別圓ハ自ニ初地初住一得ニ無生一可レ云。已自ニ第三地ニ得ニ無生一云事不レ可レ有。又第八地ニ至テ菩薩トモ不レ可レ申。故ニ別圓テモ不ニ相應一。又三藏教ニモ不レ當故。通教ニ不ハ約不レ可レ叶也。仍經文ハ順ニ通教一也。第三地以前ニ或修ニ慈悲一或學ニ五神通一云ヘル淺近ノ義相ナル故別圓ノ法門ニハ非ス。然モ十地ノ廢立ニテ非ル別圓一物ハ。通教テ無テハ何ソト覺也

次。第三地觀ト云カ不審也。其ヲ先德ハ經文ニ第三順忍ト者。五忍ノ廢立ノ意テ云也。其ヲ通教ニテ第二地觀トハ。經文ノ第三順忍ヲハ不レ消也。學ニ慈悲一修ニ五神通一云ヘルカ淺近ノ故ニ。分齊カ伏忍等ナレハ內外凡ニ當ト聞ル故ニ。當ニ無生忍一處ヲ第三地觀ト釋リ。經文ハ無生トハ何レノ地トハ不レ見トモ。上ノ修ニ慈悲等一處カ內外凡ナレハ。得ニ無生忍一申ハ第三地ニ當カ故。通教ト意得置タル上ニ第三觀ト釋也。惣シテハ第七ニ學般若波羅蜜云以來無生忍ハ第十ナルヲ。便能成就第三地觀ト申定ニテハ。六波羅蜜ヲ超テ得ニ無生忍一事カ不審ナレトモ。般若波羅蜜ハ所成法體乃至第三順忍モ所成法也。所成ノ法ノ終ニ無生忍ト云者。自當ニ第三地觀ニ也

次。通教ノ定ニ釋タカテノ（ママ）用ハ何事耶。是ハ有ル剩ヘ不審ル故。向ニ此邊ニ不ニトモ申義一可レ有也。就中釋義カ。（天止一、三七八。弘決）今ハ借ニ彼喩一不レ用ニ其法一釋シテ。借ニ喩計一釋セリ。是故圓人卽觀頓理。如初射的。中ルコト自ラ親疎。射者無二ト釋ス。（同、九五。止觀）圓人ハ。初緣實相造境卽中ノ意ナレハ。自ニ初心一得ニ極果菩提一故射ニ的ヲ當也。權教意射ニ大准一以來一毛ヲ射ハ。漸漸ニ初緣ニ淺近ノ法一。後緣ニ深微ノ法一事ハ。不レ叶ニ圓教法門一故不レ取レ法判セリ。圓教ノ意ハ。中自親疎射者無二トテ射者有ニ親疎一者。六卽位ノ階級ヲ分別ル故ニ。或當ニ分眞一或當ニ究竟卽ニ事ハ似ニ漸次一ニ。射者ハイツモ同シ。一矢ヲ射ル故。六故簡監（鑑カ）。卽故初後不二ノ意

也。此上ニモ今ハ寄淺近顯旨ヲ。淺近ニ寄ル處ヲ通教ト定テ。漸次ノ體トスル事ハ何事ソト云ニハ義カ可有也。只含容ノ說ナレハ互トモ權實申ヘケレトモ。先德釋モ似通教ニ申故。サハト通教トハ不見也。先德ハ以通別意ヲ消セムト此文ヲ向也。去レトモ先付現文遮別圓約通教事ハ。先德釋ノ趣也

次。射大准觀行卽當リ。射ハ少(小カ)准隣的故約相似卽也。當ハ的斷惑理ノ義ル故ニ。初住配當ナリ

⒁　五品退不退事

御難云。觀行五品ノ退不退ハ。先德存異端後學猶不可決也。五品不退ト申ハ寺門義。退失トハ山門相承ト申定ル樣ナレトモ。杉生流ニハ不退義ヲ好テ申モ。其外モ不退ノ義ヲ執ル輩モ有故。難一決法門也。去レトモ退失ト云者。殆消シ圓教功用忘法門ノ大綱也。是程强テ觀行五品ノ位ヲ退ト申ノ用ハ何事耶。イカ程モ褒美シテ不退ト申タキヲ。不退ト見タル文ヲ廻シ盡詞退失ト申立ノ所表ハ何事ソト大綱カ不審也

就中六卽位ハ。此六卽義起自一家。深符圓旨永無衆過矣(天止一、三七〇。弘決)故自一家始テ依此法華經立六卽位。故非純圓一實者。六卽階級ヲハ不可明。其中ニ他經ニ永分絕ルハ觀行卽也。名目ヲ相似トモ分眞トモ云事ハ無ケレトモ。相似卽ハ十信ノ位。分眞卽ハ住行向地ヲ收メ。究竟卽ハ妙覺ノ位ナル故ニ。自相似卽以上ハ別教ノ五十二位ト同事也。只十信ノ前ニ立位事カ始ル故ニ。立ヲハ觀行卽ヲ他師競テ大師ノ胸臆ソト申事ル故ニ。觀行卽ノ位ハ自今經起テ。他經ニモ不明他經モ不立。唯大師ノ觀解ヨリ起故ニ。イカ程モ不退ト申タキヲ。外凡ハ退スレハ觀行卽モ退スラメト云道理計ニテ。是程退失スト申ノ用ハ何事ソト覺タリ

大方。名字卽ノ退タニ尚不意得事ソカシ。菩薩於生死最初發心時。一向求菩提堅固不可動。彼一念功德深廣無崖際。(天止一、一一五。止觀)如來分別說窮劫不能盡ト經ニ說ヲ。華嚴大師ハ。初發心住ト得タルヲ。一家ハ引下テ名字卽ノ位ヲ證也。堅固不可動ト云ヲハ。妙樂大師。理極事遍不爲所動。(同。弘決)謂不退爲不動也トテ。不退ノ位ニ非ト痛ミ釋セリ。於生死中最初發心スルヲ一向不退トハ何トテ申耶ト覺ヲ。他師ハ偏ニ初住ト釋ヲ遮シテ非謂不退爲不動也ト申セトモ。功能ヲ論スレハ如來ノ說窮劫不能盡ト「申サルル」名字卽ノ還ルタニ難思事ソカシ。サレハ釋義モ名字卽ノ得益ヲハ得タル子

細ヵ有故。此位ノ退失猶不審事也。其ヲハ如下蟲食レ木ヲ偶(タマタマ)（天止一、三七六。止觀）得レ成レ字是蟲不レ知中是字非字上申サレテ。此上ニ心觀明了（同前）理惠相應。所言（行カ）如所行（言カ）。所行（言カ）如所言（行カ）トテ。理惠相應ノ位ニ至テ有ル者ヵ退ラウ事太難レ思也。知一切法皆是佛法ノ解了ヵ立テ。（天止一、三七四。止觀）名字卽ニテ一切法ヲ佛法ト信知ルハ。只信知ル計テ有ヲ。心觀明了理惠相應ノ位ニ成ヵ何トテ退ソト覺也。其ヲハ入觀ノ時テコソアレ。出觀ノ時ハ逢ニ違緣一退ト聞歟。於ニ觀行卽ニ入觀出觀ノ不同ノ有ン事モ不審也。其心念念悉與諸波羅蜜相應テ。（天玄三、三七一。玄義）其ノ心ヵ念念ニ波羅蜜ト相應セハ。入觀出觀ノ不同可レ有不レ聞也。今ハ入觀ノ時今ハ出觀ノ時ナル故。逢ニ違緣一被ニ妨轉一底下ノ凡夫ノ樣ニ至ニ觀行卽一人ノ可レ成歟。不ルレ實事也

去レハ心起三毒卽名衆生。此心起時卽空卽假卽中。隨心起念止觀具足。觀名佛知。止名佛見。於念念中止觀具足。是則「衆生開佛知見ニ。任運ト念念ヵ止觀」體ニテ。觀名佛知止名佛見ト申サレテ。（天止四、一二九。止觀）（現前。卽是カ）開ニ佛知見一者ヵコソコソト逢ニ違緣一退失セラレテ本ノ凡夫ニ成事ヵ。覺束無也。縱ヘハ以レ義入觀出觀ノ不同ヵ有モセヨ。出觀ノ時退失ト不レ覺也。何況入觀出觀ノ不同ヲハ釋義辨事無レ之。況入觀出觀ノ不同ヵ無ハ。依レ何退ソト覺也。其ヲ羅漢モ逢ニ違緣一退ル事有ハト聞歟。魔界ノ甚キ佛法ノ違緣ナルヘキ。尙佛界ナルニ其外ノ違緣ヵ有テ。至ニ觀行卽ニ開ニ佛知見一人ノ退事ヵ。大ニ實事トモ不レ覺也

但。於ニ教門一權實ノ不同アレトモ。內外凡等ヲ立ル法門ノ面影ハ不レ替物ル故ニ。外凡ハ退位。內凡ハ不退ト定レハ。外凡退位ナラハ圓教ノ五品ハ外凡ト申セハ。其外凡コソ甚深ナレトモ。外凡ノ振舞ヲセム時ハ。退セテハ何ト可レ有耶ト聞也。是ハ被レ准ニ望餘教ニ有ヵ。准ハ餘教ニ不レ可ニ退失一覺也。其故ハ三藏教意。內外凡ヲ分別ル約束ハ有レトモ。伏ニ見思一位ハ不退也。入ニ內凡一ニ（大正藏二九、一二〇中。俱舍論）煗法ノ位ヲハ。而無久流轉トテ。退レトモ至ニ煗善根ニ人ノ功能ニテ不ニ久流轉一也。至ニ忍位一者ハ永不ニ退失一也。是ハ不レトモ至ニ斷惑ノ位一ニ。伏ニ見思一功用テ不レ墮ニ惡趣一也。何況菩薩ハ不動種性ノ故自ニ初心一不退ト申スニ。圓教ノ五品ヵ三藏菩薩ノ不動種性ヨリ猶劣テ退失シ。マシテ三乘望レハ鈍根ノ聲聞タニ至ニ忍善根一不退ナル事ハ。依レ伏ニ見思一物ヵ。圓教ノ五品已能圓伏五住テ。（天止四、四〇〇。弘決）伏ニ五住煩惱一者ヵ。伏カニ五住一罪科ニ成テ退失スラン事ヵ。

何ナル故トモ不レ覺也。只五品ハ外凡ナレハ押テ可レ退云事ハ。太「オ無覺束ホツカナキ」也

但。三周聲聞ハ。退大ノ者ト見タルヲ或五品初未入相似トテ。(天文四、一八〇〇下。文句記)不入相似故名字觀行ノ者ト見タリ。一經ハ爲ニ三周聲聞一也。大通結緣ノ者ハ。重醉都不覺知トテ。(同前。文句)以無明重故然復消覺ト被レ申(還復迷失カ)者ハ。五品ノ位ノ人ル故ニ可レ退聞タリ。仍一經ノシツライ(位カ)觀行卽退失證據ソト被レ出也。但。准理退者多在五品以前。爲對不(天文三、一三八八下。文句記)退位。且以五品爲退位耳ト釋リ。此文ハ殊更五品不退ノ證據ト見タリ。名字五品共ニ退歟ト覺ヲ痛テ。准理退者五品以前トテ。准ニ道理一者多在ニ五品之前一申故ニ在ニ名字卽一ニ也。多ト云故少分ハ在ト觀行卽一云了簡ノ有歟。皆多義同トテ。皆ト多トハ同事ト云事モ有也。其上。人師作レ釋習ハ。五品ノ位ト申ヲ違ニ五品ノ前ニ時恐慮ノ詞ナト申テ。爲レ違ニ五品以前ニ置ニ多ノ言ヲ也。去レハトテ少分ハ五品ノ位ト難レ定也。釋義ニ此定ニ見ル事ハ准レ理爲レ對ニ不退位ニ。且以ニ五品一爲レ退釋ル故。不退ノ五品ヲハ何トテ爲ニ退位ト耶ト不審ナルヲ。退不退ノ位ヲ准ニ諸教ニ作レハ。五品ハ退位ナル故ニ。是カ退位ル事ヲイハム料ニ且爲レ退申樣ニ。五品ハフツト不退釋シ切也。以レ之見レハ前釋ヲ。多トハ恐慮ノ詞ヲ置ト見タリ。其上多ト云ヘハ甚深ニ義ヲ料簡事モ有也

就中。三周聲聞ハ大通結緣ノ者ナルカ。五道六道ニ流轉ル事ハ何ル事耶。三千塵點ノ閒無レ力流轉シケル歟。其カ本是一萬二千菩薩迄爲萬二千聲聞ノ申意ハ。一經ノ始中終皆權者也。マシテ三周聲聞ノ起ニ一化一程ノ者ノ皆權者テコソ有ラメ。權者ナレト「モ退ト示テ。實ニハ不レ退モヤ有テ。其ヲハ若『實行不疾權行』徒(天文四、二〇〇四上。文句記)引ナレハ。『實行カ退レハ權者モ退ト申會釋可レ有歟。其ハ可レ意也。權者ハ退シ。實者ハ不レ退作事モヤ有ラム。以レ之申セハ。五品ハ退シ不レ退意カ有故ニ多在トモヤ申ラム。道理カ不退ナラハ事モヤ不退ナルヘシ。道理ノ外ニ何カ別ニ有テ退スル義ハ可レ有耶。凡五品ノ位ニ有レハコソ樣。大師ハ居ニ此位一凡夫ノ教主ト成ルラメ。居ニ五品ノ位ニ可レ弘ニ圓教一事コサメレ。本地藥王菩薩ナレハ可カ居ニ何ノ位一モ。(天玄三、四八四。玄義)居ニ五品位一事ハ自ニ今經一起ル。故ニ大師居ニ此位一也。具煩惱性能知如來祕密之藏テ。具ニ煩惱性一知ニ如來ノ祕藏一。是カ初依ノ位ト申サルル位カ退事ハ。何ル故ソト覺也

次。四信ハ不退。五品ハ退。或十信五品共ニ退シ。或四信五品

共不退ト申異義不同也。是等ハ可レ讓二判攝五品ノ題一也

御義云。五品悉退歟。又五品ノ中ニ有二退不退一歟。異端カ不同也。付レ之。第五品不退。前四品ハ退ト云ヒ。或初品退。第二品已上ハ不退ト云義ハ有事也。先以初品中權實理卽。（弘二（天止一、四九一））第五品中事理和融ト釋リ。入觀出觀ノ不同ト云モココノ程ヨリ出ル事也。事理和融ノ位ハ。其心念念悉與諸波羅蜜相應テ。（天玄三、三七一。玄義）事理全分和融ル故ニ。事理カ全一心ニ成レハ事理外ニ無レ法故ニ。トコノ程テ退失センソト覺故ニ。事理相應ノ時ハ不レ可二退失一也。事理不二和融一時ハ。初緣實相造境卽中ト觀ル前ニハ。處トシテ不二中道一位ニ成ハ何ト退失ハ可レ有耶ト覺ヲ。事理不二和融一此ハ事此ハ理ト申時ハ。實ニモ入觀出觀ノ不同トモ申サレテ。閣ニ觀門一時ハ此ハ事此ハ理ト云時カ可レ有。イツモ造境卽中ノ觀門テ有ヘケレトモ。事理未ニ和融一時ニハ。トリツイテ逢ニ違緣一可ニ退失一也。煩惱卽菩提ト申モ。向ニ觀門一時ハ。菩提ノ外ニ雖レ不レ可レ有ニ煩惱一。未斷惑ノ位ニハ煩惱カ殘居也。生死卽涅槃ノ觀レトモ。生死ノ果縛カ「殘テ本ノ我身ニ成ル時カアラハ。此等ヲ」退失ト可レ云也。煩惱カ殘リ苦道ノ身カ殘ル時ハ。觀門ト事相ト替時可レ有故。事理不ニ相應一退失トモ可レ云也。惣相ハ實ニ退シテノクト云樣ニ意得テハ。法門ニイキツカヌ處カ有ヘシ。退失ト申義ノ意趣ヲ再尋テ可レ顯レ意也。サテハ退ト申カ殊更甚深ニ。不退ト申ハ不レ叶處カ可レ有也

(15)　爲初心是爲後心是事（天止一、三六四。止觀）

御難云。此事ニハ先德ノ異端有故ニ有ニ子細一歟ト覺タリ。攝州ハ初心ハ理卽。後心ハ究竟卽也。初卽理卽。後卽究竟ノ釋ヲ爲ニ（天止一、三六四。弘決）依憑一釋リ。楞嚴先德ハ。初ハ初心後心ハ名字究竟ト了簡シ。次ニ可レ約ニ理卽究竟ニ云テ。然モ理卽ト云ヒ名字ト云カ不ニ鉾楯一樣ニ見タリ。都率先德ハ再ニ治此私記一時削ニ一義。但以ニ名字究竟一爲ニ初心後心一釋リ。是等ノ先德ノ異義ノ有事カ不審也。何トテ攝州ハ理卽ト得。楞嚴先德ハ述ニ兩義。都率ハ一義ヲ削ヤラム

次ニ。今文ノ起ハ。四諦四弘六卽ト分別シテ。（天止一、三九〇。止觀）圓頓行者ノ菩提心ヲ論ニ付テ。四諦四弘六卽トハ。展轉深細方乃顯是ノ意テ。四諦ハ通ニ四教一故至テ麁也。四弘ハ限ニ大乘一故深細也。去レトモ帶スニ權教一。六卽カハタト懸離テ圓實ノ菩提心ノ外ニ不レ可レ有

故ニ今ノ本文ト成也。其カ六卽顯是者ト云テ。爲初心是爲後心是ト問故。六卽ヲ牒シテ此六卽ノ上ニ爲ニ初心是一爲ニ後心是一問。理卽與ニ究竟卽一初後ト云事分明也。仍只披ニ本書文一理卽ト見タリ。去レハ六祖釋ニ此文一ヲ。初卽是理後卽究竟ト釋ル故ニ顯也。此下ニ。爲約理之方名顯是。爲約究竟方名顯是トテ。（天止一、三六四）約ニ理卽一論ニ顯是一歟。約ニ究竟一論レ是歟トハ。前ノ初卽是理後卽究竟ノ文ニ懸合テ釋ル故。初後トハ理卽究竟ト見タリ。去レハ初明六卽所以。故先問云。（同前）爲初心是爲後心是ト釋シテ六卽ノ所以一時。爲初心是爲後心是ト釋ル故ニ。六卽ノ所以トハ理卽究竟テコソ有ラメ。若如ニ講答一菩提心ノ事ナラハ。只名字卽ノ用ニテ可レ有故ニ。六卽ノ所以ヲ問タルテハ不レ可レ有也。但。名字卽ト云義ノ前ニハ。初卽是理トハ名字卽ノ上ノ理具ノ佛性ソト會歟。付ニ六卽一ニ初卽是理ト申カ。閣ニ理卽ヲ指ニ名字ノ理具ノ佛性一云事モ。餘ニサル事ハ何トテ可レ有耶ト覺タリ

次。向ニ今ノ題一ニ非ニ用須一ニ。攝州先德ノ了簡也

次ニ。聞タキ事ハ。六卽顯是者ト云テ。（天止一、三六七。弘決參照）爲初心是爲後心是ト申ス。此ノ問ハ何トテ起ソナレハ。引ニ大論燋炷品ノ文一也。須菩提ハ何トテ起ニソナレハ此問一。上ニ依レ說ニ諸法ノ不增不減一。諸法カ不增不減ナラハ依レ何得ニ菩提一耶。若諸法カ不增不減ナラハ。自レ凡移レ聖自ニ菩薩一至ニ佛果一道理不レ可レ有。自レ凡至レ聖從ニ菩薩一趣ハ佛果ニ增減シタテ有也。故ニ聞ニ諸法ノ不增不減一。何トテ至ニ菩提一事ハ有耶ト問ス。就中諸法カ不增者。何トテ功德ハ增シ。不減者。何トテ滅ニ煩惱一事ハ可レ有耶。故ニ不增不減ト得ト菩提ヲ參差ル故ニ問也。是ヲ以ニ深因緣一答トテ。（天止一、三六七。止觀）非レ初不レ離レ初。非レ後不レ離レ後。如燋炷云者。佛ハ何ト答耶。先德ノ疑問ハ。此問ヲ答テ無ト云ヘリ。諸法ノ實不增不減ナラハ。何トテ至ニ菩提一事ハ有耶。至ニ菩提一者增減カ可レ有問ヲハ。答時ニハ。不增不減ナレトモ。至ニ菩提一樣ヲ可レ說有テニ。以ニ深因緣一答トテ。燋炷ノ今モユルハ非レ初。然モモユル初カ有故ニ不レ離レ初。モエハテヌ故非レ終。然モ可レ有レ終也。是ハ一法ノ上ニ有ニ始終一樣ナル故ニ。有ニ增減一義ヲ答也。諸法ノ有ニ增減一樣ヲ答タルハ。何トテ前ノ問ヲ答タテハ可レ有耶。問ハ法性ノ不增不減ヲ問ヲ。答ハ事ノ增減ノ樣ヲ答故ニ。トコカ答タテハ有ソト被レ疑タリ。付レ之被レ答タリ。今文ハ。明ニ六卽ノ所以ヲ文ナレハ。其カ聞タラハ今ノ要須ナルヘキ也

御義云。先德異端區故。是レ此非レ彼事。後學トシテ難レ有也。去(去ホトサ)レトモ楞嚴先德述ニ兩義一承ニ其命一。都率先德再正レ文時。削ニ一義一成ニ一義一也。其時初心ト者。名字卽ト云(云ト者)故。先仰(仰ト師)而可レ信也。付レ文一端ワツト(ワホトフ)可レ聞事ハ。初卽是理後卽究竟ト申故ニ。六卽顯是ノ中ニ。初ト者指ニ理卽一歟トモ覺タレトモ。先德重重問答シテ。理卽ト申ハ有レ失。名字卽ハサモ可レ有ト釋ヲ。若指ニ理卽一者有ニ何失一耶ト問リ。答時ハ勘ニ文前ノ理卽ト見(見ト釋)タル文ヲ以出ニ名字卽ノ證據一也。其ハ「今發心爲約理具名爲顯是。爲約究竟」(天止一、三六四。弘決)方名顯是ト問ル故ニ。今ノ發心ハ約ニ理具一爲ニ顯是一トヤ。以ニ究竟一爲ニ顯是一耶ト問ル故ニ。今發心ト牒シテ發心上ノ初後ヲ問ル程ニ。發心ノ上ノ初トハ不レ指ニ名字卽一何テ有ソト先德ハ釋リ。故正キ初後ト者。發心ノ上ノ初後ト聞タリ。以レ之一段ノ文先(先ホ前)後(後ト德)ヲ見レハ。發大心ニ付テ四諦四弘六卽ノ始終ヲ烈(列カ)テ。(天止一、三九〇。止觀)四諦四弘六卽トハ於ニ菩提心一ニ。展轉深細方乃顯是ル故ニ。六卽顯是ト者(者ニ左ト是)。顯ニ菩提心體一也。付ニ菩提心一ニ問ニシテ初後。今發心者爲約理具名爲顯是ト云カ(同、三六四。弘決)。不レ指ニ名字一者有レ失得ラレタリ。都率先德ハ不ニ思寄一樣ニ釋セリ

六卽顯是者トハ。付ニ菩提心一ニ顯是ヲ顯シ。爲初心是爲後心是トハ。付ニ六卽一顯レ是也。サテハ表章ト釋義ト替歟ト覺レトモ。初ニ六卽顯是者トハ顯ニ菩提心ノ是一。是(是ト左)者文カ下タテ以レ何爲レ是(是ト元)ト耶ト申セハ。簡非顯是ノ意カ。簡非トハ背ニ菩提心一ニ體也。顯是トハ取ル處ノ菩提心ヲ是ト申故ニ(「ト也)。是ハ付ニ菩提心一ニ顯也。此ノ菩提心ノ是ヲ顯ス事ハ。寄ニ六卽一ニ欲(欲ホ置ト號)(ホ欲イ)ニ顯是一ト故ニ。爲初心是爲後心是トハ。自ニ六卽ノ方一爲レ顯ニ菩提心一也。然モ爲初心是ノ初心ハ者(者ホ去)テ名字卽一爲ニ初心一也。今明發心在名字位ノ釋ヲ思ハヘテ得タリ。名字卽カ發心ノ正位ル故ニ。爲初心是カ問菩提心申セハ。此文ハ頓(頓ホトヤカ)テ以ニ名字位一爲初心是ト云ソト得タリ。付レ之。初卽是理ト申ハ何ト意得ソト覺ヲ。理具ハ名字卽ノ理具也。名字卽(卽ト左)ノ位ノ理具トハ非ニ別ノ物一ニ。其カ頓(頓ホトヤカ)テ理卽也。名字卽ノ上ノ發心トハ。理ニ具ル處ヲ顯ヲ名字ノ顯是ト申故。自ニ名字卽ノ方一取ル理卽ナレハ名字卽ノ理具ト得レタリ。後卽究竟トハ此定ナレハ付ニ菩提(ニ上所)心ニ簡非簡是(簡ニホト顯)ル故ニ。於ニ名字卽一ニ論ニ始終一時初聞歟。說一實菩提ハ名字ノ發心也。其(其ト是)ノ一實菩提トハ理卽也聞歟(ニ上ホ卽歟)。所說ノ體ハ名字ノ理具ノ體故道(道ニ此ノ)理具ヲ爲レ是ト云云(云云ニ歟)又名字卽ノ所具ノ

究竟理爲顯是歟問也。只ノヒテ初後論非。名字上簡始終非事問故。於名字上明始終者。初名字卽也

次。「非初云者。」理無發事事發。理無所發故非初者。理不發義顯也。不離初云者。發心依理故不離初也。此定發心依理故不離初云者。指名字卽有依理發心不離初故。其理名字上理也。非終者。發心名字卽發心故非終云。然緣妙覺菩提發心故。不離終申。名字卽發心條勿論也。妙樂此定釋

次。須菩提問約法性以不增不減自凡至聖事問也。其可有增減樣答故。問答參差事先德問。答時。所責實爾也。釋時。以理問以事答也。事理如水波不可小異也釋。眞實佛法事理如水波不相離。サル程事增減理不增不減。理不增減事增減故。增減處頓不增減也。實未發心今始發心。未作佛當來作佛。從事約歟覺。事增減理不增減故。自凡移聖當來期果事實不增減意也。佛以深因緣說此事也

次。實千觀釋理卽云。楞嚴先德述兩義。都率先德名字卽云三義別。始終一事也。惠心先德以名字卽名初心。然理卽云無失釋此事也。六卽位修德ナルヘキヲ。無聞非法德位交立理卽不審也。其理卽名字無隔名字發心ハタラカサテ理體居外。名字發心無樣落居。名字卽菩提無。其則理卽菩提意可有也。先德名字菩提心云。此上名字所具理申意可有也。六卽一卽習付。理卽習云。觀行卽習義勢有。好以理卽習六卽申義定。先德釋意可叶也

⒃草木成佛事（對校回本はこの論目のみ）

御難云。草木成佛一家終窮極說。諸宗諍論法門也。本朝承和初。德圓和尚。遺唐三十五箇條中。以之爲其專一。其以來〔代代〕及數度問答。唐決互度度。上古先德異端不同。近代先德又不一決也。發心修行成等

正覺ノ有無。於ニモ一家ノ學者ニ存ニ異端一。諸宗忿（忿㋭悉）諍又不レ及レ申事也。文義廣博。旨（旨㋣皆）趣冥邈ル故ニ。何ト可ニ落居一不レ覺也。付レ其平等差別ノ法門ハ。常平等ノ故不レ出ニ法界一。常差別ノ故ニ不レ礙シテ取捨一。平等差別ハ一法ノ上ニ論ス。平等モ不レ離ニ差別一。差別（差別㋣云）モ不レ離ニ平等一之條ハ勿論也。去（去㋭㋣サ）レトモ平等法界ノ前ニ論スル法門モ可レ有。事相差別ノ前ニ落居ル法門モ可レ有。是ハ立破ノ相貌。法門ノ落居スヘキ形（㊁相歟）故。ココノ程ハ大ニ混亂スマシキ也。入理悟於平等法界無復人草之殊テ入ニ平等法界一ニ。（卍續二-四、十五丁右上。禪門章）（「者カ）不レ見ニ人草之異一時ハ。草木發心修行ノ義有耶ト云疑ハ不レ可レ有。トコノ（ト㋺ド㋣ナシ）程ヲ非情ト云ヒ。有情ト可レ申處（處㋭所）ナケレハ。不レ見ニ人草ノ（「㋭之）異一時ハ。殆此疑ハ可レ止ム。其ヲ平等法界ノ上ニ强テ論ニ諸法ノ差別一也。去（去㋭㋣サ）レハ。已證遮那一體不二。良由無始一念三千。（天玄四、三五三。釋籤）謂（以カ）三千中生陰二千爲正國土一千屬依。依正既居一心。（心㋣止）一心既（豈カ）分能所。雖無能所依正宛然トテ。依正不二ヲ談ル日。依正一心（心㋣止）ノ上ニ（㋭如イ）雖無能所依正宛然ト申ス故ニ。諸宗コソ諸法ノ差別ヲ談（談㋣論）スレトモ。實ニハ差別ノ所以ヲ不レ論。一家獨平等法界ノ理ヲ談スル上ニ。諸法ノ一一ヲ不レ亂事ナレ。是ハ諸宗ニ分

絶故ニ。殊ニ平等法界ノ上ニ諸法ヲ秋毫モ不レ亂事也。サル程（サル㋺㋭㋣去）ニ依正不二ノ故ニ。正報成佛スルカ依報成佛ト申セハ殆不レ可レ及レ疑ニ。サテハ上古ノ先德ノ遺唐。トコノ（ト㋺ド）（㋭此ノイ）程（程㋭ホト）ヲ疑レケルヤラン。眞如海內絶ニ生佛假名一ヲ。平等性中ニ離（離㋣無）テ自他形相一。不見自他形相依正ヲ泯タル上ハ。實（㋭更イ）ニ因果ノ不同モ不レ可レ有。情非情ノ別モ不レ可レ有。色心一體。因果一如。依正不二ハ一雙ノ法ナル故ニ。依正ノ別ナルカ全分一法ニ成ラハ。因果ノ不同モ不レ可レ有故。成不成ノ異モ不レ可レ有。扨（扨㋺㋭㋣サテ）ハ發心修行スル歟ト云疑モ不レ可レ立ツ。依正ノ不同ハ無テ。因果ノ相貌カ有ト可レ被レ許歟。依正ノ不同モ無。因果ノ別モ無ト可レ被レ成歟（歟㋣也）。若爾發心修行スル歟ト云疑ハ。トコノ（ト㋺ド）程ニ可レ起耶

次。所依本文ノ起モ。始中終ハ圓頓行者ノ發心ヲ申ニ。簡非顯是シテ付ニ簡非一於（於㋺㋭㋣出）ニ十非心一ヲ外ニ約ニ方言（言㋣塵）一。簡非ル時。矣栗（矣栗㋣生葉）駄汗栗（栗㋣葉）駄ノ心ヲ積聚草木心トテ簡レテ之。專在慮知心（天止一、一八五。止觀）ト釋ス。正キ發心ニ被ルル簡ニ矣栗（栗㋣桑）駄汗栗駄ノ心一故ニ。若草木發心修行セハ。何トテ矣栗（栗㋣桑）駄汗栗（栗㋣桑）駄ノ心ヲ可レ簡耶（耶㋭云云）。其ヲ妙樂付ニ一故一ヲ釋トシテ。（同。弘決）凡厥有情皆悉堪發トテ。於ニ有情（㋭耶イ）一ニ論ニ發心得道一故ニ堪レト發ニ

表シテ。以（同前）諸衆生無始橫計。指此橫計卽可發故ト云。一切衆生ハ無始ノ橫計ノ有上ニ。此橫計ヲ發ル時發心トハ申也。發大心ノ發心トハ。橫計ヲ發ヲ名ニ發心ト見タリ（見ト釋）。本末釋（釋ト之）。發心修行ハ限ニ有情ニ見タルヲ（見ト釋）。其ヲハ且約ニ有情ニ被レ成歟（歟ト也）。講答趣ハ。佛知佛見ノ內證ヲ談故ニ。內證トハ法體ノ有ノ儘ナル（儘ト ママ）處ソト（處ホ所）聞ル故ニ。甚深ナルカ止觀ニ出ニ簡非ノ體ヲ。烈ニ（ホ列イ）（列カ）始中終ヲ時。約ニ有情ニ非情草木發心スレトモ。就ニ有情ニ申タラハ法體ノ有ノ「ママナル處ヲハ」（「」ホ儘ナル所ヲハ）。サテ（サテハ）ハ不レ談也。（ト之）迷情ニコソ（情ト悟）情非情ヲハ隔ツレ。サル（サロ去）時ニ（時ト程）約ニ迷情ニ不レ述ニ己心所行ノ法門ニ故ニ。大綱義勢ト。今釋ノ了簡トカ相違也。本來情非情一體ニシテ不レ見レ（見ト釋）異定テハ。此論義ハ可レ止。サノミヨモ情非情別ハ無トモ成シハテラレシ。若置ニ（ホ還イ）情非情ニ論セハ始終ヲ。有情ハ起ニ元初ノ（元ト之）一念ヲ迷ニ出本覺ノ城ヲ以來。至ニ三細六麁ニ。自ニ界外ニ來ル界內ニ。是ヲ無始ノ橫計トモイハレ。流轉ノ凡夫トモ云也。此ノ橫計ヲ止ヲ還滅ト名テ。成等正覺ヲ歸ニ本覺ニ云也。非情成佛セハ如ニ有情ノ先於ニ寂光城ニ起ニ元初ノ一念ヲ。自ニ界外ニ來ニ界內ニ三界六道ニ流轉シテ迷ヲ起ヲ此指橫計トモ申テ。初テ發心スル樣ニ可レ有歟。サハ無テ不ニトモ流轉セ還滅

許カ可レ有歟。無ハ流轉ニ何カ還滅センソ（ソロゾ）。若流轉シテ三細六麁ト（トロド）次第ニ迷來ラハ只有情カトコカ非情トハ可レ被レ申耶。流轉セハ有情也。不ハ流轉セ何ヲ發心センソト覺故ニ。發心修行義カ太不審也。常疑ニモ草木成佛ストト云ニ付テハ如ニ有情ノ流轉還滅ノ非情モ流轉還滅ル歟ト尋事ル故。此ノ程カ（「ホ無 無ホ之）覺束無キ也

惣シテ有情非情ノアハヒヲ可ニ意得ニ（意得ホ得意）也。依報正報トハ。正報ノ有情カ迷來テ自ニ界外ニ來ニ界內ニ。三界六道ニ流轉シテ。依ニ業（業ト滅）因ニ感果ル時。如ニ影隨レ形ニ依ニ正報ニ成ニ依報ヲ也。去レハ（去ホトサ）依（依ト何）報ハ共業（業ト滅）所感トテ。一業（業ト滅）因ノ者カ共シテ世界ノ國土ヲ造立也。先德釋ニハ。依報ハ隨ニ正報ニ。「依ニ正報ニ」（「」ホ隨イナシ）出（出ロホ於）（〔三來）故名ニ（ホ居イ）（名ホ之）依報ト云ヘリ。一切ニ依報獨立テ流轉還滅ル事ハナシ。形ハ正レハ影モ全影ノ正シテ形ノ曲（曲ト由）事ハナシ。正報カ起ニ善心ヲ修行レハ得ニ人天清昇ノ（シトレ）果報ヲ時ハ。隨ニ正報ノ正キニ依報モ成ニ人天ヲ。正報カ方便實（實ト果）報ノ果ヲ修スレハ。依報モ成ニ方便實報ノ土ヲ也。依報ハ隨ニ正報ニ故。正報還滅スレハ形正キ故ニ。依報モ正キ成也。正報カ地獄餓鬼ノ業ヲ作レハ。依報モ成ニ地獄餓鬼ニ也。影ハ西（西ト初）ヘ向テ形ノ（形ト之）東ニ行事無キ故ニ。正報ノ發心修行スル外ニ（外ト故）。依報ノ發心修行ル事不レ

可レ有故。依報別而發心修行事難レ思也。凡一家意。依正色心混ニ一如ニ事ハ不レ及ニ左右ニ。其ヲハ不レ諍也。サモ如ニ有情ノ非情發心スル歟ト云者。有情ノ成佛ニ長クラヘシテ。非情モ成佛スル歟ト疑也。去ニ〔去㋺㋭㋣サル〕付ハ依報非情草木ヲハ「許歟。〔「」㋣㊁〕若許サハ非情ハ何トテ可ニ發心ニ耶。又其非情カ成ニ有情ニト」發心セハ。有情ノ成佛也。一重非情カ有情ニ成ルハ不可思議ナレトモ。今發心ハ有情ノ得分也。其ヲ〔云㋺㋣之〕講答ハ實ニ情非情不レ隔。以ニ有情成佛ニ爲ニ非情成佛ニ云様ニ聞歟。此定ニ有情成佛コソ卽非情ノ成佛ソト云者。何トテ非情ハ可ニ成佛ニ耶ト申ス疑ハ可レ止也。平等法界ニ被レ寄故疑端モ不レ可レ有。其カ若門必〔必㋣心〕別ル故ニ。非情成佛ヲ許ス方モ有ハ。其邊テ非情ハ何ル心テ〔心㋣㊁〕發心耶。九識歟六識歟。有情ノ發心モ六識九識有ニトモ沙汰ニ。六識ヲ取ノケテ〔ノ㋣㊁〕九識計テ發心スル事無レ之。卽ニ六識ニ九識ヲ爲レ面ト歟テ有ヲ。非情モ有レソトテ心。草木無心ノ言ハ生ニ小宗ニ〔宗㋺字㋣乘〕云意テ。非情草木ノ有トハ心。九識中ニハ何心耶。〔心㋣㊁〕八識以下ハ不レ可レ有。九識ト云ハハ其ヲハ可ニ領狀シツ〔「㋣云ッ〕ニ中道ノ理ヲ九識ト申故。理ノ發心ニテ可レ有也。若八識以下ナラハ眼耳鼻等可レ有。イツカ草木ニ眼識耳識等ノ有耶。仍

草木ニ爭可レ有ニ六識ニ耶。九識テ發心スト云者〔者㋣ハハ〕。理ノ發心ノ故ニ可ニ領狀ニ也。去ル〔去㋺㋭㋣サ〕時ニ草木發心ストハ。トコノ〔ト㋺ド〕心テ發心ルソ耶。五大院先德。發心修行ノ義ヲ許ス時。何ノ心テ發心スト云事釋ル子細在レ之。九識ノ發心ナラハ無ニ六識ニモ心ニテ「無六識ニテ〔「」㋭㊁〕」發心スル〔（天玄四、三五三。釋籤）〕歟。去ル〔去㋺㋭㋣サ〕事有ラントモ不レ覺也。雖無能所依正宛然ナル。非情ハ何ル心ニテ發心スト約束カ一ツ〔一㋺㊂㋭㋣十〕可レ有也〔「㋭云云〕

次。輔行一義〔（十カ）〕。金錍ノ一論。トコノ〔ト㋺ド〕程カ正ク〔正㋣㊁〕發心修行スル文ヤランン。根源ハ造境卽中無不眞實。繫緣法界一念法界。一色一香無非中道ノ處ヨリ出タリ。〔（天止一、九五～六。止觀）〕世人咸以謂〔（謂以カ）〕爲無情。〔（同、九六。弘決）〕然亦共許色香中道。無情佛性惑耳驚心。今且以十義評之トテ。中道ハ遍ト許テ佛性ニ驚〔「㋺無情〕ト期〔期㋺釋〕ナレタリ。〔如本（如本㋺㊁㋭本ノママ）〕付レ之以ニ十義ニ非情佛性ヲ成タルカ。〔（同前）〕三身相卽無暫離時。既許法身遍一切處。報應未嘗〔嘗㋣常〕離於法身。況〔況㋣恐〕法身處〔處㋭所〕二身常在。故知三身遍於諸法〔諸法㊁法界〕。何獨法身。法身若遍尚具三身。何獨法身ト釋ハ。法身ノ遍シ二一切處ニ三身相卽レハ。法身處〔處㋭所〕ニ報應モ有ラントリ釋也〔「㋣也〕
抑。法身若遍尚具三身。何獨法身トテ。何獨法身ヲ二重ニ置〔㋭並イ〕事ハ。トコノ〔ト㋺ド〕程ヲ何ト號〔號㋺可㋭欲㋣覺〕顯耶ト云不審モ有事也。大段ハ法身ノ

遍ルニ寄テ中道法身遍レハ三身相卽スト申故ニ。三身相卽ヲハ不レ許事ナレハ不レ能レ論ニ也

次。從事卽分情與非情。從理卽無情非情別トハ（天止一、九六。弘決）。理ニハ情非情ノ別無ト申ハ。法身若遍ノ約束ハ自レ此起故。情非情ノ方ヲ不レ見也。約レ事ニ情非情カ各別也ト申故ニ。事ノ方ニテハ發心修行セスト見リ。從迷情故分於依正。從理智故依卽是正（同前）。如常寂光卽法身土。身土相稱何隔無情トハ。從ニ迷情一時ハ有ニ依正別一釋ル故ニ。事ニ情非情具ニ佛性一歟ト覺ヲ。從理智故依卽是正ト釋故ニ。依正各別シテ發心修行センスルニ非スト見タリ。依卽是正ノ樣ヲ如常寂光卽法身土ト釋シテ（同前）。如ニ常寂光ノ身土一申故ニ。寂光ノ依正ハ法身寂光ノ理カ一ナトコソ申セ。何事ニ草木發心修行ストス云文ハ無也。眞故體一俗分有無。而二不二思之可知ノ釋モ。眞諦故ハ體一也。其體一ハ佛性也。俗諦ニ分ニ有無ト釋程ニ。破ニ他師一釋義カ承伏シテ。俗諦ニハ有ニ情非情ノ別一定判セリ。十義始中終違文ハアレトモ。證據ノナキコサメレ

次。金錍一論ヲ講答ノ潤色ニ被レ備歟。先ハ破ニ他師一故ニ。別シテ非情草木ノ發心修行ヲ明歟ト覺ルカ。一論ノ始終全發心修行ノ形ヲモ不レ出。發心修行ストモ不レ見也。他人引ニ大論一在ニ有情一名ニ佛性。約ニ非情一不レ云ニ佛性一トテ。他師意ハ此事ヲ執ル故。非情ニ有ニ佛性一事ヲ申立ルカ一論意故ニ。天生佛性猶如虛空。非内非外ニテ（大正藏四六、七八一中。金錍論）。佛性ハ遍ニ一切處一不レ止ニ胸中一ニ木ニモ草ニモ具也。其ヲ衆生佛性ト云カ故。離ニ衆生一別ニ非情ニ有トハ不レ覺。猶如虛空トハ申セトモ。佛性ヲ官領スル者ハ衆生ル故ニ。非情ノ佛性トテ雙ニ有情ニ有トハ不レ覺也。下ノ三十六ノ問答ニ。非情佛性ノ樣ヲ野客領解シテノク時ハ。仁所立義灼然矣僕於昔所聞。所聞之。乃謂一草一木一礫一塵。各一佛性各一因果具足緣了。若其然者僕實不忍。何者草木有生有滅。塵礫隨劫有無。豈唯不能修因得果。亦乃佛性有生有滅。世皆謂此以爲無情。故曰無情不應有性。僕乃誤以世所傳習難仁至理失之甚矣（大正藏四六、七八四中）一草一木ノ各各草木ノ上ニ一一ニ有ニ佛性一聞シ故ニ。カカル事ハ不レ可レ有程ニ。我不忍云テ。草木ハ隨時ニ生滅シテ樣樣時モ有。生ル時モ有。一草一木カ有情ノ自ニ無始一相續シテ。法性ヨリ迷出テ今開覺ル樣テハ無キ故。サル事ハ爭

可レ有耶ト不審セシカハ。僕カ（僕[ト]漢）昔隨レ師成ルコト（成ルコト[ロ][ホ]ワルク[ニ]義ルコト[ト]ワルイ）傳テ。仁ノ所立ヲ疑ケリトテ。正在佛性樣ヲ領解ル時ハ。（「[ト]也）一一有情心遍性遍。（大正藏四六、七八四中～下。金錍論）心具性具猶如虛空。彼彼無礙彼彼各遍。身土因果無所增減トテ。一一有情ト標シテ。一一ノ有情カ心カ遍シ性モ遍シテ如ニ虛空一。有情ノ佛性カ遍ニ法界一故ニ。身土不ニ增減一釋セリ。全有情佛性ノ外ニ非情佛性別ニ遍トハ不レ見。一草一木ニ具ニ佛性一事ハ昔ノ誤トセリ。付ニ有情一各各ノ流轉還滅スル事ハ不レ可レ疑。（「[ト]也）三世ノ佛モ前後ル故ニ。各一一ノ道理カ可レ有。非情ハ誤テ各各ノ因果ノ有トハ思ケルト申故ニ。別シテ非情成佛ハ一論ニ不レ見也。其カ學者始テ非ニ了簡一ニ。（「[ト]云）五大院コソ草木成佛ノ義ヲハ立ラレタレ。其カ此釋ヲハ菩提心義ニ諸宗ヲ分別ル時。天台ハ義ヲ述レトモ無ニ發心修行ノ文一斥ラハレテ。眞言ニ有。天台ニハ無ト云故ニ。（一[ロ][ニ][ホ][ト]十）輔行一義。金錍一論ヲハ。草木成佛ノ證據ニハ不レ可レ出也。金錍論ハ悉非情佛性ノ義ヲハ述ルテ有トモ。物ニハ可レ有ニ要須一也。其カ重重ノ問ヲ擧テ答ヲモ明シテ後。此始中終ヲ領解ル時。擧ニ昔ノ非一明ニ今ノ領解一可ニ有情一。心遍性遍。（同前）心具性具猶如虛空ト。野客ハ領解シ被モニ印可一此文ル故。是等ハ草木不ニ發心修行一見タリ。實ニモ此文カ發心修行ト見ラハ潤色ナルヘシ。其カ全發心修行ストハ不レ見也

次。非情草木ノ發心修行スル形ハ何ト有耶。只有情ノ發心コソ非（「[ト]也）情ノ發心修行ヨト申サハ少亂シキ也（少[ホ]可）（[ホ]少亂シキ也イ）。仍難ニ共許シ申一。五大院ハ以ニ有情發心修行ヲ一非情ノ發心修行ヨト云事ヲハ。所非ノ中ニ於テ（於[ロ][ホ][ト]出）草木獨發心ストル成故ニ。有情ノ外ニ非情ノ發心修行カ成也。若有情ノ發心修行ノ外ニ有ハ。其形ヲ可レ被レ作也（「[ホ]云云）

次。楞嚴先德ハ。古德ハ非情成佛ヲ許ト云ヘリ。古德トハ貞觀ノ法華會ノ諸ノ諍論ノ事也。其ニ前唐院ノ大師成ニ發心修行義一。幷五大院斟定シテ草木成佛ヲ立ル。此等ヲ古德也。其ヲ（其[ト]カ）（[ロ]ト云）惠心先德ハ。近代不レ許ニ此義一云ヘリ。近代トハ慈惠大師御事歟（歟[ロ][ト]也）。大師ハ誰ニ（誰[ト]附）相傳シテ。前唐院。五大院ノ發心修行スト立ヲハ。何トテ大師ハ不ニ發心一等被レ述レ義耶。（「[ト]云）都率先德再治ノ時。不ニ發心修行一之大綱ハ。經教ノ中ニ非情ノ發心修行スルト云事無レ之。恆沙ノ佛出世スレトモ。草木ノ發心修行シテ成道スル事無レ之。無量ノ菩薩ノ中ニモ。非情ノ發心修行シタル菩薩モ不レ見故ト述タルカ。（「[ト]云）是程ニ（程[ホ]ホト）無キ事ヲハ。何トテ古德ハ許ニ此義一耶

[ト]〔已上畢ヌ〕

[ロ]〔墨付三十一丁〕

（底本、對校㋺㋣本奧書なし）

（對校㋥本奧書）

寛永十二（一六三五）年二月八日書寫畢　墨付三十七

（對校㋭本奧書）

于時寛永十九（一六四二）年五月吉日書寫畢

于時寛文十二（一六七二）子年五月十七日。西塔北尾以㆓松壽院本㆒書寫畢。以㆓二尊院㆒校合訖

西塔東谷。智光院。釋快磐　終

（底本裏表紙見返し）

天台智者大師加護所

（底　本）叡山文庫眞如藏『廬談』三十五册の內

（對校本）㋺＝叡山文庫雙嚴院藏『廬談』三十九册の內、草木成佛事のみ一册

㋥＝大谷大學圖書館藏『廬談』二十四册の內、二册

㋭＝叡山文庫生源寺藏『廬談』十七册の內、乾・坤合綴本

㋣＝日光天海藏『廬談』二十六册の內、五題のみ一册

㋠＝叡山天海藏『廬談』三册の內、十一題のみ一册

六卽義私抄

2 六即義聞書　草木成佛　目　次

問答如㆑常

（難問十九）

(1) 難云。草木成佛法門一家重事。諸宗諍論也…（是一）

(2) 見分相分云事名目出來事。法相心云出事也…（是二）

(3) 次約㆓有情㆒論㆑之有㆓流轉還滅心㆒…（是三）

(4) 次草木具㆓慮知心㆒故有㆓發心修行義㆒申歟（是四）

(5) 次草木可㆑具㆓三身三德㆒申輔行十義文…（是五）

(6) 所詮如㆓立申㆒。非情草木自㆑元有心故。具㆓三身萬德㆒有㆓發心修行義㆒立申歟（是六）

(7) 又如㆓所立㆒金錍論文所㆑備㆓始終依憑㆒也（是七）

(8) 次涅槃經佛性者所謂牆壁瓦石無情之物等文。料簡申趣大概如㆑舊。金錍論會通粗如㆓立申㆒…（是八）

(9) 次輔行十義。此算眼目也（是九）

(10) 次非情互轉事。約㆓佛法大綱㆒付㆓釋義起盡㆒委可㆓料簡申㆒…（是十）

(11) 仰算題付。發心修行有無如何可㆓意得㆒也…（是十一）

(12) 次中陰經。一佛成佛觀見法界。草木國土悉皆成佛文。寶積經。一切草木叢樹林無心。可作如來身相具足說。自㆓最初㆒備㆓所立誠證㆒歟…（是十二）

(13) 抑非情草木發心修行成佛得道者。草木自發心修行云歟（是十三）

(14) 次發心修行何發心修行。發㆓何心㆒修㆓何行㆒耶（是十四）

(15) 抑草木成佛者。諸宗中僅雖㆑論㆓其義分㆒終無㆑論㆓其實義㆒（是十五）

(16) 次草木成佛義通㆓法華以前㆒耶（是十六）

(17) 次草木成佛義。法華經明㆑之耶（是十七）

(18) 次日本承和年中叡山第二座主澄大和上。作㆓三十條疑問㆒遙送㆓大唐㆒…（是十八）

(19) 抑古先德各許㆓非情草木發心修行義㆒。所謂慈覺。五大院等是也（是十九）

（答申十九）

(1) 答。自㆑元所㆓立申㆒草木成佛法門者…（是一。三箇條難㆑一箇條也）

(2) 次至下一切法趣色是趣不過故。草木可二發心修行一云事不レ可レ然。是只從二理性一邊一故云御難上者…(是二)

(3) 次至下於二草木一具二慮知心一耶云上者…(是三。難中第四)

(4) 次至下於二草木一可レ有二流轉還滅義一耶云上者…(是四。難中第三)

(5) 次至下非情草木具二足三身三德一事成佛歟云御尋上者…(是五)

(6) 次至二專在慮知心等文一者…(是六)

(7) 次至二非佛性者所謂牆壁瓦石無情之物等經文一者…(是七。難中第八)

(8) 次至二金錍論文一。先可レ依二彼論大旨一也…(是八。難中第七)

(9) 次至二輔行十義一。文段重疊御難往色。具所レ難二會申一也(是九)

(10) 次至二大經并章安釋一者…(是十)

(11) 次至二本文料簡一。就二一色一香具一切法算一。多先德。草木成佛不成佛義被レ立…(是十一)

(12) 次至二中陰經并寶積經說一…(是十二)

(13) 次至二自依心他依心等義一。先德釋二此事一…(是十三)

(14) 次至二草木發心修行相貌一。先草木佛性有無可二決擇一也(是十四)

(15) 次至二草木成佛大意一一家玄旨也(是十五)

(16) 次至下他經明二草木成佛一耶云御尋上者…(是十六)

(17) 次至下今經明二草木成佛一耶云上者…(是十七)

(18) 次至二度度唐決文一…(是十八)

(19) 次非情草木約レ事發心作佛耶否事(是十九)

(20) 物語云。天曆御時。於二宮中最勝講座一…

(以上目次新作)

六卽義　草木成佛「一生妙覺」「〔回〕〔八〕〔ナ〕」　盧談（以上表紙）

2　六卽義聞書　（一三六四）貞治三年甲辰八月十七日始レ之　盧談

（回扉見返。八卷末）「秀句ノ二ノ四十二丁ニ引」（〔〕八ナ）

佛性論。三因者。應得因・加行因・圓滿因（傳全三、一六七）於ニ應得因ニ又有ニ三義一。一住自性 終日住自性故 二行得性 亦名ニ引出性一 眞如理必可ニ修起（起八顯）一故 三至得性 眞如必可レ至ニ果滿（滿八海）一故

「〔〕八ナ」「龍一 斟 酌也。益也。取也。行也 〔玉〕計也」

（天止一、三七一）文云。一色一香具ニスト一切法ヲ 矣 心何

文意者云ニトシテ理卽是ノ菩提ヲ提〔回〕薩一「〔〕八云」〇云也

爾者。非情草木事ニ發心修行シテ成佛スト可レ云耶

具ニ佛性ヲ一故ニ有リニ事ニ發心修行成等正覺スル義一耶「回示云。可レ宜也」

答。非情草木發心成佛ノ有無古來古來〔回〕上古ノ異義不同也。末學受レテ膚ニ雖モレ難トニ定申一。且任セハニ先德一義ニ可レ有ニ事ニ發心修行シ成等正覺スル義一也可ニ立申一

問答　如レ常

（難問十九）

(1)難云。難云〔回〕〔ナ〕草木成佛ノ法門ハ一家ノ重事。諸宗ノ諍論也。先德ノ釋義區相分レテ後學相承不ニ一准一ナラ。今約シテレ事ニ發心修行成等正覺スル義可レ有レ之立申ス。誠ニ是レ先德ノ一ノ傳ヘ也。仰而雖レ可レ信トスレ之。就ニ現量ニ一難レ思。還ニ道理ニ一易レ迷ヒ。就テニ經論釋義ノ證據ニ重重ノ所立猶ヲ更ニ不レ詳ナラ。平等法界ノ前ニハ誠ニ雖モレ不レ辨トニ人草ノ異ヲ一。而二差別ノ時鎭ニ非スレ不ルニレ論セニ依正ノ別ヲ一。具サニ案ルニ所立ノ始終ヲ一。文義甚タ繁ケク道理甚タ廣シト云ヘトモ。尋ルニ其大旨ヲ只是色心不二。依正一體ノ義耳ノミ。雖レ盡スト若干ソコハクノ言ヲ一未タレ通セニ一ノ難ヲ一也。理性平等ノ中カニ不レ辨ニ色心異ヲモ一。不レ論ニ事理ノ別ヲ一時ハ。非情草木事ニ有ニ發心修行ノ義一耶也〔回〕耶ト可レ尋ヌ也

今此ノ算題ノ心心〔回〕〔ナ〕ハ。於テニ無差別ノ中ニ強テ論シニ差別ヲ一強ニ辨ムニ依正ヲ一時キ。如クニ有情ノ發心修行シ成佛得道スルカ一。非情草木モ又發心成佛成佛〔回〕修行スルト歟所ニ尋ネ疑フ一也。惣而不レ辨トニ依正發心ヲ一云ヘ。爲レニカ

誰別ニ可レ疑二草木ノ發心修行ヲ一耶。算題ノ起リハ約スニ而二差別ノ門ニ一。所立ノ趣ハ只是不二平等ノ心也

問答乖角シテ立敵參着セリ。(着回八差)禪祖ノ碑ヒ文ニ書キ二律文ヲ一。縣クエンノ額ヲ牓ハウスルカレ州ニ如シ。凡ソ辨フル二三種ノ世閒ヲ一時キ。五陰世閒衆生世閒ハ是正報也。國土世閒ハ是依報也。其ノ依報ト者。正報ノ有情ノ業力ノ所感也。故ニ有情ノ發心成佛スル時キ。依報ノ國土轉シテ成スルニ一此佛ノ淨土ヲ一也。欲得淨土當淨其心。隨其心淨則(則八別)佛土淨矣(淨名經上(大正藏十四、五三八下))(回獨」)卽チ此ノ心也。而ニ正報ノ有情ノ外ニ非情草木等ノ發心修行ストニ云者。正報ノ有情成佛スル時キ。依報國土不ニ闕減一「是ハ小書也。於二依報一有二共業所感一有二別業所感一皆有ッ」(「」回无)又非情草木發心成佛ノ時キ可キレ住スニ一何ナル國土ニカ一耶(「コノ聞タ虫(虫八ムシ)クイ」(「」回耶))(「回仍正報)。有情ノ外ニ依報ノ國土別ニ有トニ成佛スル義一云者。色心二法忽ニ混亂シ。依正二報又所レ難ニ分別シ一也

(回)〔於テニ依報ニ有ニ共業所感一有ニ別業所感一。皆同ク是第八識ノ相分也。〕依報國土山河大地共ニ是八識羅耶ノ所變也。正報ノ有情依(依回流)轉テン生死ノ時ハ成リニ苦樂昇沈ノ依報トー。發心成佛ノ時ハ可レ成スニ功德莊嚴ノ佛土ヲ一也。是卽チ正報迷フ時キ依報又迷ヒ。正報成佛スレハ依報又成ス。譬シ如ニ身曲レハ影曲リ。形(形回身)直セハ影直キカ一。若如ク二所立ノ一正報ノ外ニ別ニ論セハニ依報ノ成佛ヲ一。正報ハ雖ニ成佛スト一依報ハ獨リ依(依回流)轉シ。依報ハ雖ニ成佛スト一正報ハ猶ヲ在ニ生死ニ一可レ云歟。若爾者。形直シテ影曲リ。身曲テ影正タダシト可レ云歟。寧カ可レ有ニ此理一也(也回耶)。若又平等法界ノ故ニ能居ノ身成佛スレハ所居ノ土又成佛スル歟。是又前ノ大綱ノ難ニ墮シ畢(畢回了)ヌ。若シ寄セハ二平等一如ノ心ニ一。今更ニ非スレ所レ難ラルニ此ノ算(此算回是一)ニ一

(2)「回此算 見分相分ナトト云事ノ名目出來スル事ハ。法相ノ心ニテ云ヒ出シタル「此ヨリ別ニ行ニ申書也」(「」回无)事也。法相ニハ四分三性ノ法門モントト云事有リ。四分ト者。見分・相分・「回證分・自證分也。此ノ四分ノ義ハ。一切ノ心心所ノ境ヲ證(證回緣)スルニ付テ必ス可キレ具ニ足ス之ヲ一也。相分ト者。心業ノ中ニ於テ取リニ所證(證回緣)境ヲ一也。「回長短方圓青黃ワウ赤白等也(唯識論)心起必託內境生「示云。相分也」(「」回无)死(死回故)ノ故ニ。心法現起スル時ハ必ス作スニ其ノ行相ヲ一也。是ハヨソナル境ノココニテ緣スル計リニテ有「回コソレトモ覺ヘタレトモ。尋ルニニ其實義ヲ一第八識ノ所變ニテ。色色樣樣色形チ海山ニテ有ル也。夢ノ內ニテ樣樣ノ事ヲ見イタルハ外境ハ一ツモ無シ。只一ツ眠心成リニ海山トモ一成ルニ怨敵トモ一也。八識ノ相分又如レ此。サ(サ八ナ)レハ今難スルニ。依報國土ト者。八識ノ相分也ト者此事ヲ云也。見分ト者。此相分ヲ了別スル能見ノ體是ト

也。見者。照如〔如曰義〕。此心境能所上自證分云事建立
也。此三分不同集量論。能量所量〔所量曰ナシ〕量果別故〔故曰微〕〔矣〕能量
云者見分也。所量者相分也。量果者自證分也。竹量
絹寸法量如。能量竹量也。卽是見分也。絹所量
也。相分是也。量之知丈尺〔寸曰丈〕人是量果也。自證者是
也。如此量寸尺事。此絹何程有爲知之〔曰〕「量
得之。」是量果體也。此證分重識知證自證
分有也。是唯識法門也。非今要。然而相分云名
目云出其始終知爲也
又如立申〔歟曰也〕。若依報爲本時。草木國土可發心成
佛申歟。依報爲本者。一色一香具一切法心也。凡
一家心談諸法實相事。但擧一法卽是萬法全體
也。一切法趣色。一切法趣香。此趣不過等云心也。
是約理性融通論實相法界義也。而今所論草
木等事相發心修行耶云事也。一切法趣色。此趣
不過者。偏是理性所談也。事理義門事殊故。以
彼不可會之。又色香具萬法等云心。色香當

體自本是可理性三身。今日發心修行斷惑證理
不可云。故所立義勢又是非算題意趣是二
(3)次約有情論之有流轉還〔「曰滅〕心。彼流轉門者。初〔決四〕
〔(天止二、五八二)〕由一念無始無明。乃至成就一闡提罪〔矣〕初自起
元初一念生死流來自細至麁也。〔「此事何經論論之耶。何釋義辨此事耶。若」(「」曰後出＊)〕逆流〔流曰緣〕十心者
〔決四〕〔(同前)〕故先翻破一闡提罪乃至方達無明性空〔矣〕是
卽自麁趣細變破界內外生死也。此逆流〔流曰緣〕十心
始終約所論發心修行成佛得道也。非情草木發心
作佛云事。若准望之可云歟〔歟曰也〕。若爾。一草一木有
情外別起元初一念。次第流轉乃至凡夫一闡
提罪等可起歟。若爾。具足五住二死生死煩惱
可云歟。有情流轉外別論非情流轉。乃至可辨
煩惱業苦始終歟〔(曰前出＊」)〕。此〔此曰ナシ〕辨四住五住云者。可辨五識
六識歟。若爾。只是內有情歟〔歟曰也〕。以何外非情可
云耶。若論還滅門時。又變破一闡提罪可體達
無明性空歟。有情外別論非情發心修行〔矣〕如〔矣曰又〕
此斷惑證理義可有也。若又破闡提斷無明始終

不レ論セ。別ニ可レ論ニ發心修行ノ義ヲ一歟

凡ソ發心ト者。以ニ諸衆生無始横計（決一（天止一、一八五））。指ニ此横計一卽可レ發
故トト云カ如シ。論ニ無始ノ横計ヲ一辨スルニ長劫ノ流轉ヲ一上ヘニ。翻ヒルカヘシテニ此（此㊂彼）横（翻㊂飜）
計ヲ一猒フヲ二彼生死ヲ一名クルニ發心ト一也。草木若無クハニ流轉（流轉㊂慮知）生死ノ義一。
以レ何ヲ發心シ。爲レ何ニカノ可ニ修行ス一耶。若如クニ有情ノ起ニ煩惱
業苦ノ三道ヲ一流轉スト界內界外ノ生死ニ云者。只是可シ二正報ノ
有情ナル一。以カレ何ヲ可レ云ニ非情草木ト一耶。此ノ非情草木發心修
行ノ時。依テニ何處ニ一發心修行シ。此非情草木成佛得道ノ時。
於ニ何ナル國土ニ一可レ座（座㊂坐）スニ菩提樹下ニ一耶。都テ難クレ辨ヘニ斷惑證理ノ
義モ一。依正二報ノ形チ所レ亂ル也。先ツ如ニ有情ノ流轉還滅シテ
可レ論ニ發心作佛ヲ一歟。雖レ非ニ流轉還滅ニハ一。於ハ草木ニ一別ニ發
心修行ノ樣ヲ可レ論ス子細有レ之歟。此ノ事分明ニ可ニ立申一　是
三

(4) 次草木ニ具カニ慮知心ヲ一故ニ有トニ發心修行ノ義一申ス歟（歟㊇事）。是ハ正
報ノ有情ノ慮知心ノ外ニ。依報ノ草木又有トニ慮知心一云歟。若
爾ハ。自ニ最初一念ノ無明ノ心。乃至流轉五識六識俱備トレ之
可レ云歟。若爾ハ。違シニ現量ニ背クニ聖教ニ一。違ニ現量ニ者。何ノ處ノ
山川草木ニカ備タルニ五識六識ヲ一。若シ備ヘハニ五識六識ヲ一是レ有
情ニシテ非ニ非情ニ一。是正報ニシテ非ニ依報ニ一。違ストニ其ノ現量ニ者是
也。次ニ何ノ處ノ經論釋義ニカ。非情草木ノ中ニ有トニ五識六識ノ
分別一云也（也㊂耶）。若シ一代ノ諸經ノ中ニ不ハレ得ニ其明證（證㊂據）ヲ一學者專輒
耶。若シ寄テニ法界唯心ノ道理ニ一。正報ノ有情ノ慮知心卽チ是レ非
情草木ノ心也ト云者。又是現量（現量㊂理情）平等ノ約束也。非ニ而二差
別ノ門ニハ一。論ニ草木ノ有心ヲ事。正ク唯心理（┌㊂道）ト云者。只是卽シテニ有
情ノ心ニ一論ニ非情ノ心ヲ而已ノミナリ。若爾ハ。發心修行又以テニ有情ノ
發心修行ヲ一可レ云ニ草木ノ發心修行ト一歟。若如レ此云者。又上
來言語ヲ責（責㊂費）テ更ニ無キニ所表一者也。草木ニ有トレ心者。卽チ是レ有
情ノ心也ト云者。發心修行又可トレ指スニ有情ノ發心修行ヲ一云事。
置而不レ可レ論レ之ス　是四

(5) 次ニ草木可レ具スニ三身三德ヲ一申ス輔行ノ十義ノ文（天止一、九六。弘決）。別ニ雖トモレ
可レ有ニ料簡一。三身相卽無繫（繫㊂㊇暫）離時等ノ文。皆是約スルニ理性ノ
遍ニ一也。各各ノ有情ニ如クレ具カニ三身如來ノ性ヲ一。各各ノ草木ニ具トニ
三身如來ヲ一云フニハ非ル歟。圓教ノ心。三身如來ハ卽チ法界ニ周
遍ルカ故ニ。只是一箇ノ三身ノ遍法界ノ體ニシテ。此中ニ攝ニ屬情非

情也。正其三身體性云者。於有情可論因果始(「曰其)終也。於非情草木只約所攝法界計也。於有情論其因果始終故有發心修行義。於非情草木只約理性周遍故。別不可論發心修行因果。故若約有情於流轉三道論三身三德義。若約非情時雖論三身周遍。別非情草木上論煩惱業苦三道。不可辨三身三德因果。爰以。淨名疏中(大正藏三八、六二九上)(曰大經二十九)引一經說。若尼犍陀樹能修戒定智惠。我亦權(授歟)(權曰授)三菩提記。以其無心不與權(授歟)(權曰授)記矣既以其無心不與權(權曰授)記云。於無情法佛不與記莂。約事不八相作(卍續二八、四〇四丁右上。維摩疏記)佛云事。經文釋義始終分明也。但妙樂會此釋。故亦且從教權(教權曰權教)以說矣如六祖解釋。實教心於依報可與記莂被得。即次上解釋。依尚可記正何(同前)所論矣而道暹師釋之。記云。依正(正曰尚可)記者。只是一成(卍續九二、十一丁左下。維摩疏記鈔)一切成也矣只是約理性融通也。或言道場以虛空(玄七(天玄四、四〇九～一〇))爲座。一成一切成。毘盧遮那遍一切處。舍那釋迦亦(曰成」)遍一切處矣如依尚可記文。尚是一成一切成心

故。事相權(權曰授)記作佛非聞。終是成所立違文。

如何可立甲耶　是五

(同十八日)

(6)所詮。如立申非情草木自元有心故。具三身萬德有發心修行義立申歟。違經論常途說。所背天台一家所判也。摩訶止觀中釋發大心相時。初(曰第一)(天止一、一八四。取意)論方言中。擧汗栗駄・矣栗駄・質多三心。汗栗駄(梵(梵八下))心者。是草木(曰)〔心也〕。矣栗駄(漢)其積聚精要心也。質多(梵)心(漢(漢曰下))云(云曰下)者。慮知分別心也。今所云菩提心云者(云者曰下)。即是指質多心也。即云簡非顯是相。今簡非者。簡積聚(同、一八五)草木等心專在慮知「心也矣即是簡積聚草木等(「」曰下)心。簡非義是也。專在慮知」心者專是第六識也。顯(云曰下)是體是也。故積聚草木心云者。正是簡非境也。非情草木自有發心修行義云者。寧不背今所判耶。六祖大師消今此一段文。凡厥有情皆悉堪(同。弘決)發。是故但簡積聚草木。二雖名心無此發(「曰即)故。以諸衆生無始橫計。指此橫計可發故矣妙樂大師會本書文時。再窮其心盡其義。凡厥有

情皆悉堪發ト云カ故ニ。發菩提心ノ義ハ但シ可レ限ニ有情ニ定タリ。是故但簡積聚草木ト云カ故ニ。永ク於テハ非情草木ニ不レ（天止一、一八五。弘決）可レ有ニ發心ノ義一釋成セリ。重テ釋トシテニ其故一ヲ。以諸衆生無始横計。指此横計卽可發故矣凡ソ發ト者拂ニ其ノ能覆一ヲ義也。諸ノ有情ハ必ス離ルカニ無始ノ横計一ヲ故ニ。翻シテニ此ノ横計一ヲ顯ニ本有菩提心一ヲ名ルニ菩提心ト也。是卽チ摩訶止觀ノ中（〔㊁大）ノ發心ノ義是也。就テレ云ニ有ニ發心修行ノ義一難シ來レル也（也㊅之㊁丸）明文也。雖レ有ト種種ノ會通一更ニ以テ所レ不レ隱（隱㊁㊅演）也

又至ニ正（正㊁止）觀ノ章ニ釋トシテニ性德ノ妙境一ヲ。（止五）若無レ心而已。介爾有レ心卽具ニ三千一ヲ矣（〔㊁高祖天台）（天止三、二七一）

示云。此文ハ常ニ不レ出レ難レ之。杉生ノ人ナト聞（聞㊁用）テレ之可レ歎也。然而斟定記五大院勘文通（通㊁也）尤可レ出レ難レ之（同。弘決）六祖大師。但異無心三千具足矣一念三千ノ法門。大師己心所行ノ觀門也。若無心而已ト云テ簡ニ其ノ無心一ヲ。於テニ非情草木ニ不トレ用ニ三千ノ妙觀一云事誠明シ矣。前ノ發大心ノ中ニハ簡テニ積聚草木ヲ一爲シニ簡非ノ境一ト。今此ノ妙行ノ重（重㊁中）ニハ簡テニ無心ノ類一ヲ不トレ成セニ一念三千ノ觀行一ヲ釋（釋㊅見）リ。於テニ草木無心ノ類ニ無カニ發心修行ノ義一云事誠ニ以テ分明也 是六

(7)又如ニ所立一ノ。金錍論ノ文所レ備ニ始終ノ依望（望㊁憑）ニ也。（大正藏四六、七八四中）而ヲ見ルニ彼文一ヲ。擧テニ野客カ初迷ノ見一ヲ云。僕初メニ聞テレ之。乃チ謂ヘリキ下一草一木一礫一塵各ノ一佛性アリ各一因果アテ具ニ足スト緣了一ヲ上。若シ其然ラ者。僕實ニ不忍ナリ。何トナラハ者。草木有レ生（生㊅情）有レ成（成㊁滅）。塵礫隨テレ劫ニ有無ナリ。（滅カ）豈唯不レ能ハニ修因感果一ルコト。（得カ）亦タ乃チ佛性有レ生有レ感（感㊁滅）（生カ）。世皆謂フレ此ヲ以テ爲ニ無情一ト（〔無情カ）。故ニ曰フレ不レ應レ有レ性。僕乃チ誤テ以ニ世ノ所ヲ傳ニ習スル一難スニ仁ノ至理一ヲ失之甚カナ矣（〔㊁矣）。明曠（卍續二ー五、二四三丁左上。金錍論私記）釋シテ云。昔ハ謂ヘリ下一一別別ニ修因モ別別得果モ說法度人スト上（別別㊇カ）不レ曉ニ唯心一ヲ心外ニ無シレ法。法體融妙ナルヲ名テ爲レ佛ト。故云フニ誤以等一ラ矣所以。僕カ初迷ノ見ヲ云フ時キ。於テニ一一ノ草木ニ各各ニ備ハニ佛性一ヲ。別別ニ具シテニ因果一ヲ可トニ修因得果一ス云フ。若シ如レ此ノ云者。僕卽不忍ナリ云リ。今如ニ所立一ノ一一ノミ草木可キレ有ニ自發心修行ノ義一云歟。若爾ハ。正ク僕カ初迷ノ見ナラク耳（有㊅塵）重テ其難ヲ云時ハ。草木ニ有レ生有レ滅塵礫隨テレ劫ニ有無アリ云リ。所以ニ春ノ草既ニ乾カレテ秋葉斯ニ落チヌ。生滅有テレ時ニ有無（〔㊅生）定ルコト無シ。何レノ時キ修シレ因ヲ可キレ感スレ果ヲ耶。自發心修行スト云

者。此難更ニ不レ可レ遁ル。所詮今夜ノ立者カ所立ト。金錍ノ野客カ初迷ト。其ノ不同ヲ可ニ辨ヘ申ス一也。若シ不ハレ辨ニ此不同一ヲ。寧可シレ執スニ彼ノ初迷一ヲ耶

次野客カ正キ領解ヲ述シテ云ク。只是一一有情心遍性遍。心具性具猶如ニ虚空一。彼彼無礙彼彼各遍。身土因果無レ所ニ増減一。故法華云世間相常住。世間之言凡聖因果依正攝盡 矣（㊀二十八丁メ）（㊀亦ㄙ（大正藏四六、七八四中～下））

如ハニ今此ノ文一ノ。只是一一有情心遍性遍ト云カ故ニ。只是於テニ有情ノ心性ニ備ニ三佛性ヲ具カニ十法界一ヲ故ニ。其體如ニ虚空ノ彼彼無レ礙クルコト彼彼各各遍セリ。即是一心一念ノ中ニ備フニ三千三諦ヲ故ニ。結スルレ之時キ。凡聖因果依正攝屬（屬㊀盡）ト釋ル也。只是正報ノ有情ノ一念ノ心性於テ具ニ三千ノ法數ヲ也。約テレ之論スニ依正因果ヲ。全ク正報ノ因果ノ外ニ於テ非情草木ニ別ニ有トハニ發心修行一不レ云ハ。若シ於テ正報ノ外ニ論ニ一草一木一ヲ。正ク是レ野客カ初迷ノ見ナラク耳ノミ（「㊀非） 是七

(8) 次涅槃經ノ佛性者所謂牆壁瓦石無情之物等ノ文（大正藏十二、八二八中）。料簡シ申趣キ大概如シレ舊カ。金錍論ノ會通粗如シニ立申一カ。但シ（㊀問云イ）。爲非涅槃説爲涅槃。非涅槃者。謂唐土（唐土㊁カ）（土㊀本）コト有爲煩惱。爲非如來説（㊀六丁メ（大正藏四六、七八一中））爲如來。非如來者謂闡提二乘。爲非佛性説爲佛性。非佛性者。謂牆壁瓦石。今問（問㊅日）若瓦石永非。二乘煩惱亦永非耶 矣（同前） 牆壁瓦石 矣 六祖大師。有爲煩惱永ク非ニ涅槃一ニ。闡提二乘永ク非ニ如來ニ耶ト責メ給ヘリ。然而約スレハニ其ノ當體ニ。所ロレ斥（斥㊀行）フ自ラ相叶ヘリ。涅槃ト者果德ノ名也。全ク非スニ有爲煩惱ニ。如來ト者已成ノ覺果也。當體是レ非スニ二乘闡提ニ。佛性ハ又正報ノ有情ノ眞如ノ理性也。不レ可レ云（云㊀乞）レ闕ルニ非情等ノ當體ニハ。於テハニ有爲煩惱ノ中ニ論シニ涅槃ノ性ヲ。於ニ闡提二乘ニ論ルニ如來功德ヲ事。皆是レ可レ約スニ理性ノ周遍ニ也。於テニ牆壁瓦石ニ論ルニ佛性ヲ事。又是約ルニ眞如佛性ノ周遍ノ義ニ也。如（如㊀若）瓦石永非ト云ヘル永非ノ字可シレ思。於ハニ當體ニ非ニ佛性ニ被タリレ得。如シニ彼ノ二乘闡提ノ非カニ如來ニ。次下ニ釋シテ云。故此文後便即結云（㊀六丁メ（大正藏四六、七八一中～下））。一切世間。無ニ非虚空對ニ於虚空。佛意以ニ瓦石等ニ。以爲ニ所對。故云レ對ニ於虚空。是則一切無レ非ニ如來等ニ 矣

於テニ一切世間ノ中ニ以テニ虚空ヲ無シレ對コト非ニ虚空ニ。但シ一箇ノ虚空而已ナリノミ。佛性モ又如シレ此。故ニ一佛性ノ周遍ノ中ニ攝ニ屬（屬㊀盡）スル草木等ヲ計也。彼（彼㊀此）ノ佛性ノ本ハ專ラ有情爲テレ基普ク攝スルニ一切ヲ

也。如シレ云カ二一切衆生悉皆有心一（大經㋺二十七（大正藏十二、五二四下。取意））。凡有心者悉皆當得阿耨菩（多羅三藐三カ」）提一ト。佛性ト者。專ラ有情ノ願（願㋺類）ニ約シ。凡有心者悉皆當得阿耨（「多羅三藐三カ）菩提ト云カ故ニ。於テ二正報ノ有情ニ一論スル二當得菩提ノ義ヲ一事ハ。正ニ是非スニ如來ノ誠諦ニ一耶

十九日

又山家大師。法華ノ秀句中云。問若有ニ理性一。卽有ニ行性一。（傳全三、一六七～八）草木無情有ルニ理性一故。應カレ有ニ行性一。答曰。草木無情ニ無レ有コトニ理性一。故涅槃經云。非佛性者。所謂（所㋥カ）牆壁瓦石（礫カ）無情之物。問若草木無ニ理性一。眞如卽不レ遍。答曰。草木唯心是（量カ）。心外一向無。故無レ有ニ理性一非ミ是心外有ニ眞如一（「有カ）何不（所カ）レ遍。又攝論云。由ニ內外一得レ成。是內有ニ薰習一。薰習者則有ニ行性一。外無ニ薰習一。故無ニ行性一。復次眞如無ニ內外一。不レ離ニ於內外一。在レ內名ニ佛性一。在レ外不レ名ニ佛性一矣今此ノ解釋ノ始終甚タ是レ委悉也。誠ニ可キレ留レ心ヲ者歟。今ノ解釋ノ次キ。前ノ文ニ佛性論ノ中ノ三周（周㋺因）三種ノ佛性ヲ引テ畢（畢㋺了）テ。若具スレハニ理性ヲ一必應シトレ有ルニ行性一釋シ畢（畢㋺了）テ。破ニ法相ノ所立ヲ一畢（畢㋺了）ル。爾シテ重テ起スレ問ヲ時キ。若有理性。卽有行性。草木無情有理性故。應有行性ト問難スル也。草木モ有ニ理性一事ハ自他許スレ之。若爾ハ。草木ニ有カニ理性一故ニ又可レ有ニ行性一問難スル也。問ノ意ハ。草木ハ定テ不レ可ニ發心修行スル事ヲ一定テ設ニ今此ノ並難ヲ一也。答ルニ此難ヲ一時ハ。草木無情無有理性矣今所ノレ云無有理性ト者。於（於㋺指）テニ佛性ヲ一理性ト云也。草木ハ無カニ佛性一故ニ無有理性等云也。故ニ引テニ涅槃經ヲ一。非佛性者所謂牆壁瓦石無情者（者㋺之）物ト云テ。證ルニ草木無コトヲニ佛性一也。以レ之云フニレ之ヲ。金錍論中ニ惣而論ルニ佛性ノ遍ヲ一時ハ。非情草木又雖レ屬ストニ虛空佛性一ニ。正ク約シテニ草木ノ當體ニ一云ヘハレ之不レ可レ備フニ佛性ヲ一聞タリ。今ノ問答分明也

又引ニ攝論ノ文ヲ一顯スニ兩重ノ義門ヲ一。眞如在ルニ內ノ有情ニ一時ハ有リニ薰習ノ義一。〔㋺薰習ノ故ニ名クニ行佛性一ト。眞如在ルニ外ノ無情ニ一時ハ無シレ有コトニ薰習ノ義一。〕無カニ薰習一故又無ニ行性一也。是ハ於テニ非情草木ノ中ニ一雖レ許ストニ理性ノ義ヲ一。無クニ薰習ノ義一故ニ不トレ備ニ行性ヲ一云也。於テニ眞如薰習ニ一有リニ體薰習・用薰習一。（起信論（大正藏三二、五七八中。取意））體薰習ト者。眞如ノ自（自㋩卽）體薰習增長シテ猒生死苦欣求涅槃ノ心在トレ之也。是卽專ラ可レ有ニ正報ノ有情ニ一也。非情草木寧猒ニ生死ヲ一可レ求ニ涅槃ヲ一耶。用薰習ト者。衆生ノ外緣ノ力也。所謂ル諸佛菩薩ノ

大悲方便等是也。惣而云之。內因外緣相備有薰習增長義也。其內外因緣論事。專備五識六識正可論此義也。於草木設雖備理性義。依何可（可㊐所）論其內外因緣耶。攝論中無薰習故無行性云心在斯。

攝論次下（次下㊐薰習）。復次眞如無內外等者眞如法性。本非內非外又無離內外。如虛空非內非外然不離內外。其在內時名佛性。其在外時不名佛性。秀句初問答。草木無情無有理性者。心又在斯歟。相合經論釋義始終得意。大經非佛性者所謂牆壁瓦石云。外器非情中不可具佛情（情㊐性）云事。可圓頓實義被得。加之。智度論中（云カ）眞如在無情（大正藏四六、七八三上。金錍論）但（中カ」）名法情（情㊐性）。在有情內方名佛性 矣 一眞如理雖遍情無情。若有有情時。發心作佛（作㊐非）故（「㊐之）於（於㊐指）此眞如名佛性。若有非情時無發心作佛（「㊐修行）義故。但稱法性不見（見㊐名）佛性。佛性是能覺義也。無發心作佛義不可立佛性名。所以於非情草木但（但㊇㊁）立法性名也。若不爾云者。此眞如在無情時但稱法性。有有情時正名佛性。更有何故可云耶 是八

(9) 次輔行十義。此算眼目也。宜料簡文義始終。且案十義大體。只是中道實相理一切周遍而已。非情草木體發心修行可成等正覺云事。未見一文不伺一句。於此算所依文事。只以（決）十義文爲依憑也。如所立論發心作佛義。須於今文可盡精綵也。先十義中於依何文可論發心修行義耶

一者約身。（天止一、九六。弘決）言佛性者應具三身。不可獨云有應身性（「㊐）。若具三身法身許遍。何隔無情 矣 是惣而論於佛性有三身。其中法身不攝（攝㊐撰）情非情。法身理如（如㊐若）遍非情。草木有佛性釋也。是於三佛性中但法身遍草木云。但是理佛性而已。於發心修行更以非可云

二者從體。（同前）三身相卽無暫離時。既許法身遍一切處（「㊐）。報應未嘗離於法身。況法身處二身常在。

故ニ知ヌ三身遍ニ於諸法ニ何ソ獨法身ノミナラン。法身若遍尙具セハ三身ヲ何ソ獨法身ニ矣約シテ此ノ第二ノ從體ノ文ニ推スルニ其心ヲ。又發心修行ノ義。ヲモカケモ更ニ不レ見ヘ。文ノ心ハ第一ノ約身ニテ法身ノ理可キレ遍ス非情ニ事ヲ定メ畢ヌ（畢㊀了）。第二ノ從體ニテハ法身ノ一切處ニ遍ル事ヲ定メ畢ヌ（畢㊀了）。從リ法身一（㊀此）クリイリテ見レハ。圓教ノ三身ハ相卽圓融シテ暫モ不レ離。法身ノ理遍ト草木ニ云者。報應又暫モ不レ離レ法身ヲ。如レ此云ヘハ三身如來ノ性徳ニ可レ有ル非情草木ニ云也。又（㊀是）寄テ三身相卽ニ論ル佛性遍ヲ也。但シ理性ノ周遍ニシテ全ク非ニ事相ノ緣起ニハ。纔ニ理性ノ三身ハ遍ニ草木ニ云計也。發心修行ノ義ハ尙ヲ非ルヲ其所論ニ耶。此釋ノ始終ニ聊不レ得レ意處ノ有ル也。況法身處二身常在。故知チ三身遍於諸法何獨法身ト云ヒ畢テ（畢㊀了）。重テ法身若遍尙空（空㊀具）三身何獨法身矣何獨法身ノ句兩度相續セリ。上ニモ故知三身遍於諸法何獨法身ト經（經㊀結）成ナリ。云（云㊀下）ニモ法身若遍尙具三身何獨法身矣其ノ言雖ニ重疊スト其ノ義敢テ同シ。兩重ノ何獨法身如何カ可ニ分別一耶（㊀之）。又第一約身ト云ン。第二ノ從體ト云ヘル。共ニ於三身門ニ論ル佛性遍不遍ヲ也。何ナル義ヲ約身ト云ヒ。何ナル意ヲ從體ト云耶

（天止一、九六）三約ニ事理ニ。從ヘハレ事則分ツ情與無情トヲ。從ヘハレ理ニ則無シ情非情ノ別矣（㊀。）今此一條ハ更ニ所立ノ違文ト可レ云也。所以者何ナラハ。約レ事ニ時情非情各別ナル事ヲ許シ畢（畢㊀了）。若約ル理ニ時ハ更ニ不レ辨ヘ情無（非㊀無）情ノ別ヲ故ニ。約シテレ事ニ分別ン時ハ於ニ非情草木ニ（同前）猶ヲ不レ可レ具ニ佛性ヲ。況ヤ於ニ發心修行ニ耶。從事則分情與（同前）無情ト云フカ故ニ。於テ無情ノ法ヲ猶不レ可レ具ス佛性ヲ被レ得タリ。從理則無情非情別。是ノ故ニ情ニ具無情モ亦然ナリト云カ故ニ。不ル辨ヘ情非情ノ別ヲ日情ニ具ト佛性ヲ云ヘル。無情モ又具ト佛性ヲ云歟。此ハ不レ見ニ情非情ノ別ヲ時ノ事也。若辨ニ情非情ヲ日ハ。於ニ非情ニ猶ヲ不レ具セ佛性ヲ被レ得タリ。今此ノ草木成佛ノ義ハ。自ニ算ノ題ニ非情草木具カ佛性ヲ故ニ。發心修行シ成等正覺ル歟ト所レ尋ル也。約レ事ニ時ハ無（㊀情）情各別ノ故ニ。猶ヲ具スト佛性ヲ云ヒ難シ。況ヤ於ニ發心修行ニ耶。從理卽無情非情別。是故情具無情亦然ト云文ニ向テ。事ニ可ニ發心修行スト云事。道理寧可レ然耶。就中。於ニ十義ノ中ニ幸ニ有リ事理ノ分別。卽チ今ノ一文是レ也。其ノ非情佛性ノ義ハ。不ル辨ヘ情非情ヲ時キ。於テ不二門ノ中ニ約シテ理性ニ所レ論ル也。於レ事ニ無ト發心修行ノ義一云

事。其義既決定畢（畢曰了）。豈是非所立違文耶

（天止一、九六）四者約土。從情（「曰迷）故分於依正。從理智故依卽「曰○是正。如常寂光卽法身土。身土相稱。何隔無情。此文心。依正分別且約迷情。如（如曰若）從理智時依卽是正故佛性理不隔無情云云第三第四門。其心宛同。依正分別時於依報國土不可具佛性。依正不二時眞如法性理不隔無情云。是又問難家誠證也。於依正不二談自元（元曰本）非不（不曰穴所）諍。依正各別日。如正報發心修行。依報發心修行歟所尋疑也（也曰歟）。於法身寂光。離身無土離土無身也。名疏一（大正藏三八、五六五上）曰〔既不辨依正別。偏是約法身理性。於此段更非可疑。〕既約法身寂光故。約修行無發心修行云事既以決定畢（畢曰了）。頗不「定會通」（「」曰可有相違）者也（也曰歟）

（天止一、九六）五約教證「曰○。教道說有情與非情。證道說故不可分二矣。是又諸佛菩薩內證寄依正不二義而已。其義不異前前門。依正亡泯上論佛性遍也

（天止一、九六）六約眞俗「曰○。眞故體一俗分有無。二而不二思之可知矣。不發心修行云家。今以此文甚所爲指南也。眞故體一俗分有無云故。眞諦法界中不見佛性差別時。誠是佛性中道一理而已也。於之更不辨情非情不同。別非情草木發心修行耶不可尋。俗分有無時情非情更各別也。此時不具佛性云事。解釋非所定耶。三約事理云。六約眞俗云義門分別大旨雖同之。於眞俗中其義尙炳然也。所謂眞故體一俗分有無云畢（畢曰了）。二而不二思之可知云故。二而不二故具佛性。不二而二故不具佛性被得。故不二門時備佛性事。置而所不論也。而二門時猶不可具佛性。可云發心修行耶。强具佛性事論云。發心修行定約事所論也。於非情草木更是分絕。既是釋義所定也。强有發心修行義云者。非壞俗分有無釋耶

（天止一、九六）七約攝屬「曰○。一切萬法攝屬於心。心外無餘。豈

復甄隔。但云有情心體皆遍。豈隔草木獨稱無情矣。是有情心遍一切處故。於此心中攝非情草木云也。七約攝屬云心是也。心者有情心故。但云有情心體皆遍云也。所以正報心遍一切中攝非情草木也。非情草木獨具佛性發心修行云非

(天止一、九六)

(「㊀○)八者因果。從因從迷執異成隔。從果從悟佛性恆同矣。是從迷情故分於依正云如。約果約悟佛性隔異不見云故。是又約不二理性云事分明也

(同前)

(「㊀○)九者隨宜。四句分別隨順悉檀。說益不同且分二別(ママ)。辨情非情不同事悉檀赴緣而已。論其意(意㊀實)時。情非情猶一眞如一佛性也云也。是又約平等一如義門也

(同前)

(「㊀○)十者隨教。三教云無。圓說遍有矣。三教約事約俗故不論草木佛性。圓教約理約眞故無情非情別云也。其心分別事雖涉十義。再詳其義誠是一徹也。惣而言之。二而常(常㊀差)別時辨情非情別猶難許佛性。況於發心修行耶。平等一如時全無有依正別。眞如佛性遍一切處。無簡情非情別。故存十義大旨。於非情草木無發心修行義云事。全不可及異端。於此十義文(「㊀何文)何句非情草木發心修行云耶。若於十義(「㊀此)中無發心修行義云者。所立義勢永成無其據。如何可料簡申耶 是九

⑽次非情互轉事。約佛法大綱。付釋義起盡委可料簡申。大經(㊀三十涅槃十四 ㊀第十五)中。〔(㊀)善男子。菩薩摩訶薩〕修行如(大正藏十二、六九六下)是大涅槃者。觀土爲金觀金爲土○(㊀八丁)觀實衆生爲非衆生。觀非衆生爲實衆生。悉隨意成無有虛妄矣(疏八)章安大師釋此文。解此有二。(大正藏三八、一三九中。涅槃疏)一者(者㊀實)能轉境。二但能令見。若轉金爲土則可實轉。若令衆生爲非衆生但能金(金㊀令)見。一師云。經云能成。云何二解。菩薩非但能轉金土。亦轉(〔成カ〕)衆生成非衆生。非衆生者卽是草木。轉非衆生成於衆生。若言衆生本來虛妄無所有者。當

知衆生有ニ非衆生一。若言下諸法有ニ安樂性一。即非衆生上亦是衆生。情與ニ無情一有情無性（性カ）准レ此可レ知。私問。若（若ハ答）衆生與ニ（生ハ乞）非衆生一實更互轉。情作ニ無情一無情作レ情是義難レ信。（「曰云）若不ニ實轉一者（者乞カ）聖力（力曰身）徒施。惣而言レ之只是諸佛菩薩。自既依正。不二而二。二而不二。能令ニ衆生亦復如レ是。此則永轉。若暫轉者。不レ無ニ斯義一。亦令ニ轉者不ニ自覺知一。況復慈即如來如來即慈。慈即佛性佛性即諸法。敬請後德思レ之思レ之矣今此師資ノ釋義文盡シ義盡セリ。功勞シテニ句句ノ始終ヲ一可レ成ニ所立ノ大綱ヲ一也。就テニ今此經文一初ニ作ニ二解ヲ一事ハ。一家所破ナレハ置レ之。付レ云ニ情非情實ニ互轉スト一。釋義ノ始終ハ何ニト「シツラヒタル事ゾ。能能可レ留レ意ヲ也。其ノ可ニ互轉ス一道理ヲ云トシテ。（大正藏三八、一三九中。涅槃疏）若言ニ衆生〔本來〕（曰）虛妄無ニ所有一者。當レ知衆生有ニ非衆生一矣彼ノ實ノ衆生ノ體本來虛妄ニシテ更無シニ所有一。是ハ衆生ノ體實ニ非衆生ノ義也。轉シテニ實ノ衆生ヲ成ニ非衆生ト一義ヲ云也。若言下（同前）諸法有ニ安樂性一。即非衆生上亦是衆生矣是ハ於ニ一切ノ諸法ニ有リニ安樂性一。安樂性ト者。大般涅槃ノ理是也。涅槃ハ即佛性也。是ハ非衆生ノ中ノ衆生ノ性也。即チ轉シテニ非衆生ヲ成ニ衆生ト一義也。故ニ所レ云互轉ト者。情約テ（約曰初）成ニ非情ト一。非情易テ（易曰初）成レ情ニ情ト非ス。只是於ニ情非情ノ中一ニ各具ニ眞如法性ノ理ヲ一而已ナリ。情ノ中ノ非情ハ指ニ衆生ノ性不可得ナルヲ一。是即約ニ理性一也。無情ノ中ノ情ト者。又是レ中道法性ノ意也。指レ之ヲ成ニ互轉ノ義ヲ一。故ニ非情草木易テ（易曰初）發心修行シ。正報有情易テ（易曰初）非レ成ニ土地草木ト一。故ニ情非情互轉ト者。只是理性也ト云事解釋分明也。雖トモレ云ニ實能轉境ト一。非レ云ニ衆生還テ（「曰非）成ニ實ノ衆生ト一耶

次ニ付テニ六祖私解釋一ニ設タリニ兩端ノ問ヲ一。（大正藏三八、一三九中。涅槃疏）若衆生與ニ非衆生一實更互轉。情作ニ無情一無情作レ情是義難レ信。若不ニ實轉一者（者曰乞）聖力徒施矣此ノ兩端ノ問ヲハ意（意曰立）者會セハレ之。如（如曰云）何カ可レ中耶。實ノ衆生轉シテ成リニ非衆生ト一。非衆生轉シテ成ニ實衆生ト一云者。誠ニ是レ難レ信シ。實ノ衆生ノ轉シテ事ニ作ラハニ非衆生ト一。則是レ衆生ニ有ニ終盡一。又可レ有ニ生死ノ易際一（易際曰初際ハ易證）。非衆生轉シテ作ニ實ノ衆生一衆生（衆生曰云者是）又生死ノ易（易曰初）際也。則是レ始起ノ有情也。寧異ニ化他（化他曰他地）部ノ所計ニ耶。先德引ニ密嚴經ノ文一云。（五大院斟定記（斟定草木成佛私記、二三丁左＊以下註記では斟定記と表記））涅槃若滅壞衆生有ニ終盡一。衆生若有（有ハ乞）レ終是亦有ニ易（易曰初）際一。應シレ有ル下非ニ生ノ法一句（句曰而）始テ（大正藏七五、三七六中。教時義參照）

作中衆生上矣是於衆生實無終盡。非生法還不作衆生事成也。六祖一邊問。誠是爲難。若不實轉者聖力徒施云是又難思。是經文。(大正藏十二、六九六下)菩薩摩訶薩修行如是大涅槃者。觀土爲金觀金爲土。觀實衆生爲非衆生云故。雖不實轉境而觀轉之云者。(大正藏三八、一三九中。涅槃疏)似聖力徒施。故成兩端問也。以下文。惣而言之。只是諸佛菩薩。自既依正。不二而二。二而不二。能令衆生亦復如是。此則永轉矣今此解釋意。諸佛菩薩依正不二而二二而不二也。依正云不二故。以依云正非情轉成有情。以正云依有情轉成非情也。不二理既畢竟故云。此則永轉也。以之云之。情非情互轉者。約不二平等理云事在文顯著也。於理分明也。章安釋義寄理性釋互轉義。六祖再寄二而不二理釋永轉義。乍披此文約事非情轉成有情。有發心修行義云者。是非失師資解釋本意也。況復行滿御釋本書此則永轉(卍續五七、四四九丁左上。涅槃疏私記)義。此則永轉者。永則不永。何者若佛菩薩依正二而不二名之爲永。衆生虛妄卽是不永矣行滿師釋意。諸佛菩薩證依正不二理邊則是永轉義也。二而不二名之爲永云意是也。而又衆生虛妄依正各別計之邊則是不永義也。衆生虛妄者。當不二而二義也。若如此意得。約理性邊云永轉。約事相邊云不永。事不可發心修行云事分明也。又道暹(卍續五八、九七丁右下。涅槃疏私記)師。能令衆生至是者。思緣衆生本來依正。不二而二二而不而同一妄(菩提カ)無差別故可令轉矣永轉者。偏是(大正藏三八、一三九中)不二平等意也云事。其意誠分明也。本意。若暫轉者。不無斯義。亦念轉者不自覺知矣若暫轉者者。是一時轉變故是可約事聞。亦令轉者不自覺知者。亦令轉者者約永轉邊。尙是約理也。不自覺知者。理邊陰轉之。事邊尙顯不轉義也。是以(卍續五八、九七丁右下。涅槃疏私記)道暹師。不自覺知者實轉。衆生爲非衆生。而復衆生宛然不改轉。非情爲有情。亦等矣實衆生轉成非衆生時。其時實衆生非都滅。終日雖成非衆生。本來衆生終無改轉。歸事時情非情更不改轉云

事。此等ノ所判誠ニ以テ分明也　是十

⑾抑。算ノ題ニ付テ。發心修行ノ有無如何カ可ニ意得一也。是ハ云ニ（天止一、三七一。止觀）トシテ理卽是菩提ヲ。一念ノ心卽如來藏理ナリ。妙（妙㊁如）ノ故卽空。藏ノ故ニ卽假。理ノ故ニ卽中ナリ。三智一心ノ中ニ具ナリ不可思議ナリ。（「〇カ）一色一香具ニ一切法一矣　一念心卽如來藏理ト云ヘル一念ノ體ハ。無作ノ四弘ノ初ニ云ル根塵相對一念心起ノ體是也。故ニ文ノ終リニ三智一心ノ中ニ具セリ不可思議ナリ。如ニ上說一矣　六祖ノ大師ノ。（同。弘決）一切衆生具シテ如來藏ヲ。三諦無シ缺カクルコト。如ニ上テ圓敎ノ四諦四弘（弘㊁佛）ノ中ニ說カ矣　故ニ根塵相對ノ一念ト者。正ク指ス正報有情ノ一念ヲ也。此ノ一心ノ具法ヲ云中ニ。廣ク明カニ不思議ノ理ヲ故ニ。三諦一諦非三非一ナリ。一色一香具セリ一切法ヲ矣云ヘル（矣㊁云）。是尚ヲ心法所具ノ色ノ上ニ還而具ト一切法ヲ云ナルヘシ。況ヤ復タ色法ノ中ニ雖レ具ニ一切ノ法ヲ。何ヲ以テカ可レ論ニ發心修行ノ義ヲ耶。故ニ至ニ算題ニ猶是レ不ニ發心修行セ一云フ證據ニハ可シ備フ。都ヘテ（都㊁敢）非ニ發心修行ノ文ニハ。惣而就ニ六卽義ノ本文ニ。草木成佛ノ義ヲ一月（一月㊁可＊）得レ意樣有リ之耶。惣而就テ本文ノ大綱ニ可レ加ニ料簡一ヲ　是十一

⑿次ニ中陰經ノ。（同二十日う（う㊁于㊅卯）時時正）一佛成佛觀見法界。草木國土悉皆成佛ノ文。寶積經ノ。（大正藏十一、一五〇上）一切草木叢樹（叢樹㊁聚）林無心。可作如來身相具足ノ說。下（下㊁自）ニ最初ニ備ニ所立ノ誠證ニ歟。重重ノ難勢又事舊畢（畢㊁耶）。只是約ニ佛菩薩ノ觀見ニ也。全ク草木自ミ非ニ發心修行スルニ。若下（下㊁自）發心修行シテ成佛得道ト云者。一佛成佛（佛㊅道）觀見法界ト不レ可レ云。寶積經ノ意又如レ此。只是レ約ニ諸佛ノ知見ニ約ニ菩薩ノ神力ニ也。全ク非ニ非情草木下（下㊁自）發心作佛スルニ。又如レ云カ大經ノ菩薩摩訶薩修行如是大涅槃者。觀本爲金觀金爲土（本㊁土）等ノ。只是約シテ佛菩薩ノ知見ニ雖レ許ト其轉變ノ義ヲ。或是眞如ノ理性。或是佛菩薩ノ神力ラクノミ耳　是十二

⒀抑。非情草木發心修行シ成佛得道スト者。草木自發心修行スト云歟。若又正報ノ有情成佛ノ時。依報ノ國土隨テ成佛スル歟。是（是㊁若）則當レリ他依心ノ成佛ニ。若又自他（自㊅下）相合シテ有ニ發心作佛ノ義（菩提心義二）一云歟。離レ下（下㊁自）他ヲ畢テ成佛スト云歟。此下（下㊁自）依心（「㊁他依心）ノ義。先德一兩處ニ被タリレ設ケ立破ヲ。（大正藏七五、四八五上。取意）於テ天台宗ノ中ニ下（下㊁自）レ元非レ有ニ此立破ニ。昔宮中ニシテ會アツメテニ諸宗ヲ相ニ諍草木成佛ノ事ヲ。於テ此席ニ有ニ此難一。從レ爾シ以降コノカタ論ニ此事ヲ時キ多ク用ニ此詞ヲ云　凡ソ

〔自㊇下〕辨ニ自他能所一ノ事ヲハ。尚是權門ノ義ニ屬ス。於ニ圓實ノ談一ニ者不レ
可レ論ニ〔下㊐自〕下他共離一ヲ。先德一途ノ料簡如レ此。然而離ニ〔下㊐自〕下他一ヲ
畢テ〔下㊐自〕下他尚宛然也。若爾者。草木ノ〔下㊐自〕下依心ト者其ノ〔義㊇草木〕義如何。
草木ハ〔下㊐自〕下レ元無心也。無心ノ法〔下㊐自〕下發心ストト可レ云〔也㊐耶〕也。於ニ他依
〔心㊇正〕心一ニ者一往可レ然ル。牽レテニ他ノ發心一ニ可レ許カニ成佛ノ義一ヲ故ニ。共
依心ヲ尚不レ可レ爾。許スニ〔下㊐自〕下依心一ヲ上ハ可レ論スニ其共一ヲ故也。難レ
離ニ依心一ヲ事其義又同シ。於ニ此事一ニ者。先德往往トシテ立レ理ヲ
引證タマヘリ。一一ニ可レ勘ニ申之一
所詮。〔下㊐自〕下依心ノ成佛ノ者。非情草木ニ自レ元有レ心云歟。自レ
元無レ心云歟。若云ニ有心一ト者。所レ云心ト者。八識九識ノ中ニ
可レ云ニ何レノ識一ト耶。又草木實ニ有レ心〔其㊐云者〕其一切皆ナ有情ノ正
報ニシテ。終ニ無ニ依報ノ非情一可キレ云歟。若爾者。圓ノ意ハ依正
二報ノ中ニ闕ニ減ストノ依報一ヲ可レ云歟。金錍論ノ中ニ。（大正藏四六、七八二下）木石無レ心
之語ハ生ニ〔于㊐乎〕于小宗一ニ云フ。此釋ノ賾ヲギロ。大乘ノ意ハ一切唯心ニシテ
無ニ無心ノ法一云歟。此〔是㊐定悉〕是テハ。皆能居ノ正報ニシテ無ニ依報一可レ
云〔歟㊐耶〕歟。將〔又㊇亦〕又分ニ別シテ依正ヲ一乍レ云ニ草木土田一トハ而モ有レ心云
歟。若爾者。乍レ云ニ衆生ノ依報一ト。爭カ可キレ有ニ慮知分別ノ心一

〔也㊐耶〕也。其ノ心ト者。備ニ五識六識一ヲ歟。爾者只正報也。依報ノ〔名㊐者〕名
可キレ在ニ何クニカ一耶。非情草木有レ心ト者。指ソトニ何レノ心一ヲ云事。先
德皓ニ被レ指タル處ノアル也。勘ヘ申シタラハ明ニ立テ申セ。付レ其ニ加レ
難ヲモ可キレ聞レ義ヲ〔云㊐ホ〕云也 是十三

⒁次ニ發心修行ストハ何ニト發心修行ヲスルソ。發シニ何ナル心一ヲ修ニ何ナル
行一ヲ〔耶㊐也〕耶。過現當ノ中ニ何ナル草木〔叢㊐聚〕叢林カ發心修行セシ。何ナル紫蘭
黃菊カ成佛得道シタル經ニ見タル歟。釋ニ勘タル歟。後學若シ暗ニ料
簡セハ。未レ〔定㊐㊇足〕定ニ指南一スルニ。立ルニ發心修行ノ義一ヲ先德ノ御釋ノ中ニモ
發心修行ノ相貌ヲハ未タレ被レ述。但シ先德ノ釋ハ具サニコソ被レ述タルラ
メ。然而炳文ノ面ニハ草木ノ發心修行如シレ此被レ出タル事ハ未レ
見ヘ。有情〔「㊐發心〕修行。經論釋義顯密〔「㊐教〕教一一ニ分明也。非スシテニ有
情ノ發心修行ニ非情ノ發心修行如トレ此云事ハ經論ニモ未レ見ヘ。
釋義ニモ分絕タル歟。別ニ〔下㊐自〕下ラ可ニ發心修行一ス申義ノ意ナラハ。先檢テニ
誠文ヲ一爲ニ依憑一ト。次ニ其ノ道理ヲ可キニ極成一ス也 是十四
⒂抑。草木成佛ト者。諸宗ノ中ニ僅ニ雖レ論ニ其義分一ヲ。終無シレ
論ニコト其實義一ヲ。天台獨リ盡シニ其意一ヲ〔眞㊇去〕眞言重テ具ニセリ其義一ヲ。且ク
付テニ天台宗ニ草木成佛ノ法門ト者。何ナル法門ヲ爲シテレ源ト被タルニ建

立セ事ソ。心ニ何ナル義ヲ爲スルソ其ノ究竟ト耶。此ノ法門ノ地盤。此法門ノ落居。誠ニ是可レ云ニ妙カ中ノ妙ト。正ク付ニ草木成佛ノ所詮ニ。誠ニ如レ此ト覺ル樣ニ立申セ。一家ノ法門ノ大段ノ中ニ。依ニ何事ニ此事ヲ被ニタリト建立一セ。慥ニ見ル樣ノ有ルヲ勘ニ申セ之ヲ。勘タラハ其元ヲ被レ立ニ草木成佛ト樣ノ下地カラ可レ被ニ意得一也　是十五

⒃次ニ草木成佛ノ義ハ通ニ法華以前ニ耶。若云レ通ト者。凡ソ草木成佛ト者一家天台ノ沖微也。既ニ是圓宗ノ極說也。寧可レ通ス他經ニ耶。若云レ不ト通ニ他經ニ云者。立者自ニ最初一立申ス中陰寶積等ノ說。是非ニ他經ノ誠文ニ耶。輔行ノ十義ノ末ニ引ケリニ淨名經兩處ノ文ヲ。又安惠和尚・安然和尚多ク檢ニ他經文ヲ被レ成ニ草木成佛ノ義ヲ。若云レ不レ通ニ他經ニ者。似タリレ忘ルニ其源ヲ。寧非レ背クレ文ニ耶。若云レ不レ通ニ他經ニ者。有テニ何ナル難義カ不レ明ト之ヲ云フ起盡ヲ可レ申ス也　是十六

⒄次ニ草木成佛ノ義。法華經ニ明レ之耶。如ニ所立ノ始終ノ者一家ノ沖微。圓融ノ極說ト申歟。若爾者。於ニ法華經ノ中ニ正ク可レ檢ニ誠文ヲ也。先於ニ記少久成ニ者。一概ニ可レ被トシ意ニ得今ニ不レ覺ヘ。サレハ本迹ノ大段ニ難シ符合ニ。又一部二十八品中ニ。何レノ處ニ草木成佛ヲ云ヒタリトモ不レ覺。於ニ此事ニ者。師資習ヒ傳ル事ノ有リシ哉覽。合セテ大段ノ義勢ニ指テレ掌ヲ可キニ意得ニ子細有ル之歟。此算ノ詮要專ラ在ニ此事ニ。慥可ニ勘申ス　是十七

⒅次ニ日本承和年中ニ叡山ノ第二座主澄大和上（寂光大師）。作クテ二三十條ノ疑問ヲ遙ニ送ニ大唐ニ。（尅定記載レ之（十七丁左以下。取意））其ノ中第二十ノ問ハ。非情草木ノ發心修行ノ義也。大唐ノ開成年中。天台山ノ佛隴禪林寺ノ廣修和尚決ス此問ヲ。（卍續二ー五、四〇五丁右上～。）（釋疑各本參照）同キ開成ノ歲ニ又有ニ天台ノ座主維蠲和上重テ答フ前問ヲ。又日本ノ承和年中。傳燈大德德圓和上入レ添ソフ修禪ノ雜問ノ中ニ。其ノ第九問云。爲ム非情自獨リ發心成佛スヤ云云（尅定記、十二丁左。取意）大唐ノ廣修和尚答フ此問ヲ。又日本國同年ノ中ニ。（同、十三丁右。取意）光定和上作ル六條ノ問ヲ。其第五ノ問ノ中ニ。卽身成佛及ヒ草木成佛ヲ問ス。巨唐會昌五年。上都右街醴泉寺ノ宗穎和上〔答レ之ヲ。安然和尚〕各擧テ彼ノ所決ノ文ヲ設タリ尅定ノ釋ヲ。一一ノ尅定ノ趣キ顯ス草木成佛ノ大體ヲ者。具出テ彼釋義ヲ可シレ加フ委細ノ料〔簡ヲ〕　是十八

⒆抑。古ノ先德ハ各許ス非情草木ノ發心修行ノ義ヲ。所謂ル慈

覺・五大院等是レ也。中古ノ先德ハ擧（コソテ）不レ存セ二發心修行ノ義ヲ一。惠心・都率等是レ也。中古ノ先德非スレ不ニレ辨ニ上古料簡ヲ一。而モ改テ無レ許コト二發心修行ノ義ヲ一。如ニ今ノ所立ノ一者。文（文㊂又）還テ改ニ中古先德ノ義ヲ一。是レ以ニ何ナル相承ヲ一取ニ捨スルヲ先德義ヲ一耶。就中。北谷ノ相承ハ無ニ發心修行ノ義一習ヒ來ルコサメレ。テ○何ニトテ發心修行ストハ申ソ。定テ不ニト發心修行セ一云意ヲモ傳ヘタルテ○又改テ（㊂ラム）ニ此義ヲ一發心修行スト申モ有ニ深キ意趣一歟。兩邊ノ義勢ヲ分明ニ立申テ。其ノ上ニ一決ノ料簡ヲモ可ニ申定一ム　是十九

（答申十九）　同二十二日　元㊂本

(1)答。自レ元所ニ立申一草木成佛ノ法門者。一家天台ノ眼目也。非ニ短才之所一レ測ル。（測㊇例）非ニ淺智之所一レ窺フ。然而圓融實敎ノ意ハ。色心互ニ具足シテ依正同ク融通セリ。一色一香無レ非トイフコト中道ニ。一草一木無レ非ニコト心性ニ。一一ノ塵心ハ（身カ）即一切心也。（天玄四、三五三）（㊇籤六）一一ノ塵利ハ即チ一切利也。（身カ）廣狹勝劣難ク思議シ一スルコト。（籤六（籤六㊇㊁））淨穢ノ方所無ニ窮盡一クルコト矣　三千妙法即空假中也。何物カ寧非ンニ心性ニ。草木豈可ンレ越ニ心性ヲ耶。（菩提心義二（大正藏七五、四八五上。取意））於ニ諸宗中ニ尚非レ無ニ草木成

佛之義分一。所謂ル法相ノ意ハ。若約ニ攝相歸性門ノ意ニ者。萬法即チ如ナリ。實（實㊂衆）生皆弘ナリ。（弘㊂佛）可（可㊂若）約セハニ性相別論門ノ意ニ萬法非レ如ニ。又有ニ情非情之別一。三論ノ意ハ。若約スレハニ理外ニ時ハ。說テニ有情ノ發心作佛ヲ一不レ許サニ非情ノ發心作佛ヲ一。若約レハニ理內ニ。說クニ衆生ノ發心作佛ヲ一。即チ是レ草木ノ發心成佛也。若依レハニ華嚴ノ意ニ一。一切諸（諸㊇㊁）佛成等正覺之時。能得一切衆生等身　矣　彼ノ跡（跡㊂疏）中ニ釋シテ云。云レ等者（者㊂㊁）遍也。佛名ニ智正覺世間一。智正覺世間成等正覺時。能同ニ衆生世間國土世間ニ一三種世間（已上菩提心義二）圓融佛（成カ）　矣　是以三論法相ノ大旨ハ。若偏ニ約レハニ眞如法性ニ於ニ非情草木ニ同具シニ眞如ノ性ヲ共ニ論スニ成佛之義ヲ一。若依レハニ華嚴經ノ意ニ一。一切諸佛成等正覺ノ時キ同スルカニ衆生世間ニ一故ニ。一切衆生同ク成佛。同スルカニ國土世間ニ一故ニ。一切ノ國土同ク成佛ス。論シニ十身ノ舍那ヲ明スニ六相圓融ヲ一。三種ノ世間圓融成佛　矣　是ハ諸佛世尊成等正覺之時。從（從㊂㊇彼）衆生國土又同スニ佛身ニ一。是成スレトモニ能同ノ佛ヲ一非スニ國土自發心作佛スルニ一。諸宗ノ所談以テ如シレ此ノ。一家ノ所立ハ更ニ不レ可レ混スレ之ニ。爲ニレ不カレ亂セ二此等ノ諸宗ニ。六祖大師ハ新ニ立テニ輔行ノ十義ヲ一所レ撰タマフ二金錍一論ヲ一也。

非情草木唯備眞如理性。約事不發心作佛云者。與三論法相所談更有何不同。彼大乘法相意。若約唯識性依正二報何物非眞如全體。大乘三論意。若論理內成佛時情非情更無所隔。若約理外時。不論事發心作佛而已。破此等諸宗已。獨立天台一家宗旨。寧又可混諸宗所談耶。彼十義初文。下山家教門所明中道唯有二義。一離斷常屬前二教。二者佛性屬後二教。離斷常中不明佛性藏通二教意也。中道卽佛性別圓二教意也。於佛性中教分權實。故有卽離。今從卽義故云色香無非中道付明中道佛性有卽離二義。別教意隔歷不融故。理性卽雖遍一切。事相尙生佛依正永是各別也。圓教意。事理全一如色香更無隔。同是佛性也。共不出中道。此色香等世人成謂以爲無情。然亦共許色香中道。無情佛性惑耳驚心三論華嚴等意。雖許色香中道旨尙迷無情佛性義。此是六

祖大師所傷歎也。一家學者不指南耶。問難家。非情草木具佛性事許也不許歟。若云不許之者。只是無情佛性惑耳驚心義耳。尤許具中道法性理可與眞如佛性名耶。若云許佛性義者。發心修行義何可疑之耶。雖具佛性無發心修行義。無修顯得體義云者。是又可墮法相等情計也。定性二乘無性有情同許有佛性之理。然而不具足行佛性故終無成佛義也。六祖大師太破之。山家大師再傷之。彼釋云。汝言但有理性無行性者。此義不然。何以故。夫行性者。是理性業具理佛性卽有行何性。具行佛性故發心修行也。非情草木唯具理佛性不具行佛性云者。豈不墮山家所破耶。若理性卽行性是正報也。理性卽非行性是非情也云者。眞如有不等過。理豈可然也。如御難者。平等法界之前無論依正之別。而二差別之時云也。心永別故。於非情草木無發心修行義云云是只理性周遍。事相尙隔異。非圓融實敎意

耶。凡平等差別者。一法上所論也。差別者元顯平等旨。平等者還成差別義也。性相自元一體一異更不可隔。平等法界中不隔非情草(「曰云)木。而差別時依報國土永無成佛義者。尙是似世情所執見。又非權教權門說耶　一

次於一切世間辨三種。五陰世間・衆生世間・國土世間是也。而國土世間必有情業增上力教(教曰故)。成其能(能曰依)報國土。故有情成佛時國土隨之。離有情成佛別不可有國土世間發心修行云御難。誠以爲固。然而今此一御難(斟定記)。五大院矯立義中第一問答是也。(三六丁右。)此一義斟定(曰先德」曰タムル直義也)分別多義門見。其初文云。金錍論第九問云。無情敗壞故無性者。陰亦敗壞性亦然耶。(取意)(曰二十三丁)(大正藏四六、七八四上參照)「タムル直(直〇五)義也」(「」曰㐫)明曠答云。(曠云。情陰時(時曰性)常)情性恆常迷謂敗壞。常在靈山所(所曰可)以爲證。(卍續二五、二四一丁左上。金錍論私記參照)華嚴云。諸佛菩薩行願力故世界得成。今准論文情性恆常不隨他生。故作例云。汝(汝曰如)執無情獨自有情。情性常故如靈山等。若爾何故得言隨正成依。正去依盡矣是其一也。此釋意。非情草木敗壞故屬無情。名無性(性曰情)五陰又等(等曰爾)也。同是敗壞故又云無情可云無性者(者曰㐫)歟。而雖情陰性常迷謂敗壞。常在靈山身立(立曰士一)如也。以草木敗壞屬非情。靈山是常住故可名有情也。(「曰云)(斟定記、三六丁右〜左)而依正同常住故。正去依盡不可云。又云。有情死時所居國土未必滅盡。住劫造業住劫受生未必造依。又諸聖者願力未盡世界忽壞。故知(知曰尤)依報成壞未必隨正。故作例云。住劫依報隨人(人〇門)可成壞耶。(可㐫カ)許隨身故如影。何故必言依正相隨如身影耶矣是其二義也。此釋意。依報必依衆生造業故生滅必一概也。如影隨形云故。破之時。住劫衆生造業生有時未必造依報。此有情死時所居國土未必滅盡。故依正報有情生滅依報國土隨滅事無故非如影隨形。(同、三六丁左)又云。若依報必隨正報故。無別心者。依報有情可云(云曰㐫)無別心。而今依報有已(已〇上)有別心。依報草木蓋許別心。故作例云。萬姓(姓曰性)萬民皆可無心。王(百カ)依報故如草木等。國土草木皆可有心。王(王曰已)依報故如百

性等一矣是其ノ第三ノ義也。上ノ難中ニ。國土世間ハ是依報ナルカ故ニ。定テ是レ可ニ不審一云テ。而ヲ百姓萬民ハ王者ノ依報ニ也。王者必ス依ニ萬民ニ。王者ハ還而萬民ノ依報也。萬民ハ必ス從フ王者ニ故也。雖ニ互ニ成ト依正ト各遮テ色心ヲ。若以テ云フヲ依報ト屬セハ無情ニ。萬民モ又可ニ無情ナル。雖ニ依報ナリト許ニ有情ノ義ヲ云者。草木又可ニ有情ナル。又云。國土世間本無ニ別體一（斟定記、三七丁右）故ニ不レ許ニ自成佛一者。亦最生世間本無ニ別體一故。亦妙體成レ佛。故ニ作例云。一切衆生皆不ニ成佛一無ニ別體一故如ニ國土不成佛一矣是第五ノ難也。此ノ文ノ意ハ。國土世間ハ離テニ正報ノ身ヲ無ニ其ノ別體一。故ニ不レ許ニ自ラ成佛ヲ一云者。正報ノ衆生ハ又離テニ國土世間一無ニ其ノ別體一故ニ。還テ不レ可レ許ニ成佛ヲ。故作例云。一切衆生皆不ニ成佛一如ニ國土世間ノ不成佛ナルカ一云 此例難誠ニ決定セリ。依正二報ハ暫モ不ニ相離一云也心二報誠ニ是レ一體也。依報ハ不レ離レ正報ヲ故ニ依報獨リ不トニ成佛セ一云者。又不レ離ニ依報ヲ一正報獨リ發心修行スト不レ可レ云。如シ云カ彼ノ依正不二門ヲ。依正不二門ト者。已證コトハ遮那一體不二一ヲ。良ニ由ナリ無始ノ一念三千一ニ。以テナリ三千ノ中ノ（籤六（天玄四、三五三））

生陰ノ二千ヲ爲レ正ト。國土ノ一千ヲ屬スルヲレ依ニ。依正既居セリ一心一ニ。一心豈分シャ能所一ヲ矣云ニ依正不二ノ大旨ヲ一時ハ云フニ已證遮那一體不二ト。遮那ノ依正ハ誠ニ是レ一體不二也。其ノ不二ノ義ヲ云トシテ。良由無始一念三千矣無始ノ一念三千ハ是レ三千ノ妙法也。三千卽チ一心ノ正體也。三千具足シテ論ス發心作佛ヲ。國土世間獨リ無ト發心作佛ノ義一可レ云耶。依正不二テ色心泯合セリ。寧以ニ依報ノ國土ヲ非ニ佛性一無キ作佛ノ義一可レ云耶。若如レ此得レハ意。依報ハ隨ニ正報一故ニ無ト發心作佛ノ義一云事。道理更ニ不レ可レ爾。五大院ノ先德。分ニ別シテ數箇ノ義門ヲ一發心作佛ノ意ヲ斟定シタマヘリ 二（同二十三日）

次至下正報ノ國土ハ是レ唯識ノ所變ナルカ故ニ。離テ能變ノ識ヲ所變ノ色獨リ不レ可ニ發心作佛スト云上ニ者。眞如不變八識能變ハ唯識宗ノ所談也。彼宗ノ意ハ。草木等ハ是第八識ノ相ノ分也。八識變シテ雖レ成ト諸法ト。變シ已テ後チ卽是非レ心ニ。依正二報永ク各別也。若シ約シテニ一一家ノ正意ニ云レハ之。心如シ工ナル畫（決五（天止三、二四〇）エ）師ノ造ルカ種種五陰ヲ。一切世間ノ中ニ。無ニ法トシテ而變トイフコト造テ。如ク心ノ佛モ亦爾リ。如ク佛ノ衆生モ然ナリ。四弘及衆生ノ是

三無差別矣從心生一切法「已一切法」還成一心也。如云只心是一切法。一切法是心矣一切法寧可出一法耶。止五(天止三、二九〇)依報國土正是一心當體。發心修行有佛所疑「三　已上是一」已上三箇條難一箇條也。第一

(2)次至一切法趣色是趣不過故。草木可發心修行云事不可然。是只從理性一邊故云御難者。五大院先德引大師圓念處文云。四念處第四(大正藏四六、五七八下)若圓證者。亦得唯色唯聲唯香唯味唯觸唯識。若合論。一一法皆具足法界諸法等故。般若等。內照既等外化亦等○當知〔若色若識皆是唯識。〕若色若〔識〕皆是唯色云云今雖說色心兩名其實只一念云云今尋文意。(勘定記、二二丁右～左)法界諸法若作圓說唯色唯聲唯香唯味唯觸唯識。作例云。草木有心若色若識皆唯識故。衆生無心若色若識皆色故。而今何故所答中云。衆生自有心草木獨無心矣草木若有心云者。發心修行義無之也。但此等義門唯約理性不論事相云至。所立大綱既以事舊畢。決五(天止三、二九二)又此理具變爲修具。一一修具無非理具矣理決具一切故。

事又具一切也。乍許理性具一切法。事相不具之云者非一家事理。若是迷情中理。若是權教事理耳是

(3)次至於草木具慮知心耶云者。隨緣不變之談金錍論(大正藏四六、七八二下)出自大教。木石無心之語生于小宗矣大乘圓宗意。草木有心云。若許色心義何不備慮心。五大院先德釋云。勘定記(十七丁右～左)日本延曆末年根本大師入唐之日問云。唯識與唯心同異淺深如何。大唐貞元年中。台州龍興寺極樂淨土院天台座主道邃和尚答云。唯心與唯識其義不同。唯識未泯境故。唯心心境不二故。唯識者亦狹亦淺。所以者何。存境故。唯心者亦廣亦深。何以故。不存境故矣又引金錍論云。勘定記(二〇丁右～左)問云。觀心心卽境耶。能所得名同異如何。觀心一耶多耶。一多心境同異如何。一念妙心三千所具爲境。三千能了名觀。觀境唯心。心無能所。能所唯性境觀何殊。故宗意云心卽全體之色。色卽全體之心。非謂有情之心離色。故云心不二。故今釋云。唯心境不二不存境也。而今所答中云。有情以心觀之

使彼草木有心。非謂草木自獨有心。乃同唯識存境之義。全背唯心泯境之說矣。是色是心者。觀境未是。心全體是色。色全體是心也。非情草木豈無心念耶 是三難中第四

(4)次至於草木可有流轉還滅義耶云者。既論有心義。流轉還滅義何以爲固。只可窮有心無心義也。不可疑流轉還滅義。於三種世間五陰世間衆生兩種於論十界差別。於國土世間又有十界差降。同非論流轉還滅之義耶。金錍論中。又云（大正藏四六、七八二中）遍者。以由煩惱心性體遍。佛性遍。故知。不識佛性遍者。良由不知煩惱性遍故。唯心之言豈唯眞心矣。既云煩惱心遍一切。草木寧無煩惱心耶 是四難中第三

(5)次至非情草木具足三身三德事成佛歟云御尋者。先德斟定此事（斟定記（三丁右））引十義中約身約體文畢。今准此文。無情草木既具三身。三身卽有自覺覺他覺滿之義矣。具三身三德可成自覺覺他云事。誠以（義例（大正藏四六、四五一下參照））分明也。加之同先德引六祖一處解釋云。問。外無情（斟定記、二丁左～二丁右）色不與心俱。如何復能具足三德。而云三德遍一切處。答。何但外色不與心俱。內心亦如草木瓦礫。若論具德。不獨內心。由心變故謂內心外也。心非內外故。色心無內外〔而內而外〕。隨其心淨則佛土淨。墮佛土淨則智惠淨。色心淨故諸法淨。諸法淨故色心淨。何得獨云外色非心。是故破法遍中心識例識。第七卷末若心若色無非大車矣。於非情草木可具三身三德性云事。六祖所判。先德引用既以如此。今解釋意。彼外色不云心俱故不可具三身性云者。內身又不俱與心如云是身無知如草木瓦礫（淨名經）。若依不二色心者。寧又可夢外色耶。非情草木色可具三身三德云事分明也。又六祖解釋云（「金錍論」十丁）。此子不知敎之權實。故涅槃中佛性之言。不唯一種。如迦葉品下文云（大正藏四六、七八二上）。佛性者。所謂十力無畏不共大悲三念三十二相八十種好。子何不引此文。令一切衆生亦無。何獨瓦石矣。三十二相八十種好以之名佛性。此佛性寧不慮草木耶。次至淨名疏文者。本末始終分明也。專所可備所立

潤色也。淨名經文破彌勒授記。若以如生得授記者如無有生。若佛如滅得授記者如無有滅。一切衆生皆如也。一切法亦如也（大正藏十四、五四二中）矣經文意。如理通情非情。以如理授彌勒記云者。以如理可授草木記並難也。是非情草木不可成佛事決定。彌勒記莂並難也。解釋此事受釋時。何者無情之法佛不授（受カ）記。故大經云。若尼拘陀樹能修戒定惠。我亦授記菩提記。以其無心不與授記。故以爲並異有情也（名疏六。小卷十七（大正藏三八、六三九上））矣本書文且如御難。草木無心故不與授記云也。六祖大師釋此文（卍續二八、四〇三丁左下～四丁右上。維摩疏記）。況復此中且從破記（說カ）。若從立義無非授記。一切諸法得記何爽。依尚可記正何所論。淨名今且寄衍權教以不記法而難於記。純依圓教何何所難耶。故圓教中在果既其依正不二事理不二。理既圓具記亦何疑。果有因無無常（況カ）果耳。故大涅槃下引證者。大旨亦然。故亦且從權教以說矣六祖解釋意。非情草木無心故不可授記者。衍門中權教意寄云也。淨名今且寄衍權教心不

記法而難於記矣云意是也。若約圓教意者。草木尚可與記別。故純依圓教何所難耶。於圓教中在果既其依正不二事理不二。理既圓具記亦何疑釋也。於法性中有非情成佛義。故於事相中又可授記莂云也。理既圓具記亦何疑云意在此也。大經文。尼拘陀樹能修戒定智惠。我亦授三菩提記。以其無心不與授記云卽受釋時。大涅槃下引證者。大旨亦然。故亦且從權教心說矣尼拘陀樹不授記莂者。且從權教意會故。若實教意於尼拘陀樹可授記莂云事。六祖解釋戒分明也。末師。一成一切成也者。是又所立潤色也。理遍故事又隨遍。是則一成一切成意也。唯是理遍非事遍者。可云一切成耶。五大院先德釋此事（斟定記（三七丁左～八丁右））。昔故叡山第四座主安惠大和尚披經問。草木有心得記作佛耶不。余答申云。爾也。和上瞻經難云。若爾違此經文云。若尼拘陀樹有心者。我當與授阿耨多羅三藐三菩提記。以其無心故我不與阿耨多羅三藐三菩提記。余答云。天台意

云。一切唯心心外無法。故草木等亦可有心。而今經云。樹無心者。若是帶權門意歟。若捨權門約顯實門可云尼犍陀樹有心之故我授記。答曰。齧蝨 云云 矣樹無心故不授記莂者。無事心故不授事記莂云也。是帶權意也。反之色心故授記莂者。草木有事心故可云事記莂云也。安然和尚親所料簡也。安惠和尚印定之云齧蝨。又尼犍陀樹不與記莂者。權教意也云事。六祖大師所料簡(斟定記、三八丁右)也。則故亦且從權教心說 矣 五大院(卍續二八、四〇四丁右上)。若捨權門約顯實門 矣 隔海其意同誡在於斯歟 是五

(6)次至專在慮知心等文者。先德引人師釋云。汗栗(斟定記二八丁右)馱是堅實中心。今准此義。草木中堅實之處名汗栗馱。多物積聚精要之處名矣栗馱。心名雖同何論發義 矣 心草木堅實義名汗栗馱心。以積聚中精要義名矣栗馱心。心名誡雖同爭可論發義耶。二雖名心無此發故云意在斯。惣而今本末解釋意。(天止一、一八五)(決一)

且寄權教意簡無心境界。更取有心義分也。於其有心中可攝草木國土。發心作佛義何有所疑。例如云以前尼犍陀樹文故亦且從權教以說。

次至正觀章文士。如云如一微塵中具大十方分云。(天止三、二〇六)介爾有心三千具足云也。(同、二七一。止觀)若無心而已者。爲說於介爾心也。情非情相對。非情草木中不具三千云非。何況六祖大師。言介爾者謂剎那心。(天止三、二七一)(決五)無間相續未曾斷絕。纔一剎那三千具足 矣「所云介」爾心者。先德料簡忍心屬第八識。第八識廣亙情非情云事。權宗猶所許之也。何況於圓門也 是六

今此料簡尤叶釋義者歟。或又若無心而已者。如云第一義中一法不可得云。止五(天止三、三〇二)介爾有心者。如云世諦一心尚具無量法。止五(同前)於一法不可得中還可論一念三千。草木寧不論三千耶。此義文深可思。

(7)同二十五日次至テハ二非佛性者所謂牆壁瓦石無情之物等ノ經文一ニ者。重重ノ御難誡ニ爲レ固ト。所立ノ趣キ具ニ又如レ前。六祖大師。金錍論〔曰六丁〕(大正藏四六、七八一中)今問。若瓦石永非。二乘煩惱亦永非耶。故知。經文寄(寄曰奇)ニ方便教一說ニ三對治。暫說ニ三有一。以斥ニ三〔(曰)非一矣 解釋ノ始終誡ニ不レ可レ過ク二此料簡一ニ。二乘若非ニス永〕非一ニ者。瓦石又非ニ永非一ニ云事准例誡炳然也。五大院先德釋ニ此事一云。涅槃(斟定記、三七丁左)亦云。非ニ如來一者二乘一闡提。非ニ涅槃一者煩惱生死。非ニ佛性一者(者(八)其)牆壁瓦石。(礫カ)荊(荊曰剋)溪例云。牆壁永非ナラハ二乘永非ナルヘシ。(今ナシカ)今更作例云。牆壁不ニ自發心一者。二乘亦不ニ自發心一。共非攝故矣 今此ノ釋義要中之要之(之曰也)誡ニ是(是曰足)レリ二仰信一ニ。六祖大師ノ永非ノ難ノ上ニ。先德重テ加ヘタマヘリ二例難ヲ一。牆壁若シ唯理ナルカ故ニ不ニ自發心作佛セ一云者。二乘又唯理ノ故ニ不ニ自發心作佛セ一。瓦礫二乘同是モ非攝ナルカ故ニ。二乘既ニ有リ二自發心作佛ノ義一。草木ト可ト二自發心修行ス一云事。道理決定シ畢ヌ。仍テ以ニ今此ノ大經ノ文ヲ一可レ備ニ草木自發心修行スル誡證一ニ也。但シ。〔曰〇約スレハ二其ノ當體ニ闡提是非ニ如來一。煩惱又非ニ涅槃一ニ。草木又非ト二佛性一ニ云難ニ至テハ。闡提二乘ハ雖レ非ニ現ニ如來一ニ。具ニ理性ヲ一故ニ終ニハ可ニ作佛ス一事ヲ許ス。草木又具ニ理性一故ニ終ニ可ニ發心作佛ス一也。瓦礫永非ナラハ二乘煩惱又永非也ト云ヘル意在レ斯ニ。今非ニ佛性一ニ者。且約ルニ權門一ニ云也。是以山家大師御釋ノ中ニ。守護(護曰ナシ)章下之上〔曰十一丁メ〕(傳全二、五二四〜五)未レ解ニ三非一故ニ。非ニ如來一。非ニ涅槃一。非ニ佛性一。此三非者。非ニ永非一故。約レ住(住曰位)非故。若言ニ牆故土(故土曰壁)瓦礫非情之物永非ニ佛性一者。卽爲ニ心外有ニ色等法一。深違ニ唯心大乘理教一。若言下有情邊眞如。同有ニ覺智性一。故皆名中佛性上者。眞如遍故。覺智之性。無性可レ遍。其畢竟無性。豈非有情ナランヤ。又皆名佛性言。不レ簡ニ無種姓(性カ)有情邊眞如一。對ニ非情邊一(〔者カ)故。麁食會釋。自害尤深矣 盡理再往ノ解釋文理盡セリ。不レ可レ加ニ私言一ヲ。此ノ釋可シレ思。可レ成ス二一家ノ大綱ヲ一也。約位之非ト者。草木ノ面テノ非情ニテ有ル處ヲ云也。他宗ノ五性各別ヲ。一家ハ名ニ約位ノ五性一也。法相ノ意ニテハ。法爾ノ五性ト云テ第八識ノ底ヨリ五性各別ニテ有ルヲ。一家ノ意ハ。籤六(天玄四、三六〇)無始薰習或實或權矣 道理ニテ隨ニ權實所意(意曰薫)一ニ。五性ノ當體各別ナルヲ約位ノ五性トハ云也。今以テニ三非ヲ一約位ノ非カ故ト釋タマフハ此意ナルヘシ。次ニ一家ノ大綱ト者。境智冥合ノ法門ニテ有ル也。若言有情邊

眞如。同有覺智性。故皆名佛性者。但大乘法性即是眞寂智性。不同二乘偏眞之理云如。今經實相眞如者。遍一切無處非眞如。サレハ許眞如遍必智可遍也。境智各別眞如小乘意也。故不同二乘偏眞之理云也。眞如ヲノレナリト遍覺智故。在有情時名佛性也。眞如如此遍覺智故。草木瓦礫上具足眞如。又可遍覺智也。非情佛性義顯即此畢。山家今釋乘次破無性有情佛性。法相人爲破草木成佛義。有情邊眞如同有覺智性故皆名佛性。非情邊眞如無覺智性故不名佛性釋也。付之山家設能破釋時。サテハ有情邊眞如定有覺智性コサナレ。若爾。無性有情眞如同可有覺智性故。必具佛性可成佛破給也。覺智之性無性可遍。其畢竟無性豈非有情。此意也。此釋此算大事可思合也

次至法華秀句草木無情無有理性等問答。五大院先德會此事。又秀句中卷。爲出古今佛性之諍具引新舊諍論之文。如今所引草木無理性。由內外得成等問答者。此是靈潤法師一卷章內之文。非今大師問答之文。所以秀句中卷古古佛性諍出爲。多引新舊諸師諍論文。今此問答重重是靈潤法師一卷章文也。山家大師問言非。於秀句現文雖不載靈潤法師名字。今問答始終自載彼章文。仍先德如此釋シタマヘリ。實非山家御釋云事。前出中守護章文其義分明顯也。所謂此三非者。非永非故。約位非故云。草木實有佛性云故也。加之。若言牆壁瓦礫非情之物永非佛性者。即爲心外有色等法矣今此御釋心。於非情草木上正備佛性理所判也。寧可屬心外法耶

次至引智論眞如在無情中但名法性在有情內方名佛性等文者。先德引金錍論文畢。余曰。親曾委讀細檢論文都無此說。或恐謬引章疏之言。世共傳之。今准此文。無情法性文非大論文。非今家之意。無情有情之義正所立矣約六祖本意。一切諸法皆無非

一佛性。於草木不具佛性理云者。一家大旨悉壞。六祖所立併可失也。既云無情佛性惑耳驚心。寧非此類耶。何況德靈潤問答中。草木無有理性矣。若以此文爲定量。於非情草木又不具理性可云耶

次至云草木不具足行佛性。先德引義例釋重重所被釋成也。(「」斟定記、二三丁右。取意)「問今現見色青黃赤白。如何卽是眞如法界。(大正藏四六、四五一下參照)矣 今問意。於外無情色具三德祕藏理義釋畢。引摩訶止觀第七若心可色無非大車文。仍問之時。青黃等外色正是現見所對也。眞如法界全非六情所對。故作此問也。答之言青等者執情所見。言法界者從理而說。何得將情心難於理。今所觀者違情觀理。不可更令違理順情。(已上義例文) 今尋文意。青等當體卽三德。是草木有理性之義。若色若心無非大車云。是草木有行性之義。而今何故所答中云。草木無有理行二性」矣 今文始終顯草木成佛義。其心誠分明也。於非情草木備眞如法性理事。自他更不可諍。一家意。眞如法性者。卽是中道法性理也。佛性必可約起。故可備行佛性義也。故青等當體卽三德。是草木有理性之義矣 青等當體卽三德名草木理性故。理性卽三德也。三德卽三佛性也。若色若心無作大車者。大車是十乘體也。乘是行也。故若色若心無非大車文引。草木有行性之義矣(傳全三、一六七) 其義誠分明也。加之。(㊐本四十三丁メ) 山家大師引佛性論文。佛性論。有三因三種佛性。三因者。一應得因。二加行因。三圓滿因。應得因者。二空所顯眞如。由此空故應得菩提心及加行等乃至道後法身。加行因者。謂菩提心。圓滿因者。卽是加行。依彼論文。眞如既是應得因。故但有理性有行性。三種佛性者。應得因中。具有三種性。一住自性性。二行得性。三至得性。依前經論唯理行二性。雖復義別不得定異。但。理性卽有行性。是故定執無行〔性〕者。卽是邪執。非正義也矣 佛性論文。其義誠分明也。所謂於二空所顯眞如立應得因名。於應得因又有三義。

此理終日ニ住ニ自性一カ故ニ名ニ住自性一ト。（名曰元）行得性ト者。又ハ名ク引出性一ト。眞如ノ理ハ必ス修起シテ可レ至ニ佛果菩提一ニ。故ニ約シテ縁起ノ道理ニ名ニ引出性一ト也。至得性ト者。此ノ眞如必ス可レ至ニ果滿一故也。若如レ此得レ意。有レハ理性一定テ有リ行性一。雖レ有ニ理性一無ニ行性一者。是レ偏眞ノ理也。非ス中道佛性ノ義ニハ。若シ許ハ有ト行性一。發心修行ノ義以カ何ナル道理ヲ可レ遮レ之耶。若無ト行性一云者。背キ山家ノ御釋ニ違ス先德御義一ニ。縦ヒ先德ノ御義ヲハ閣クト云是。（是曰ヘトモ）山家御釋ヲハ爭カ不レ依ニ憑セ之ヲ」次ニ至ハ起信論ノ文ニ。（「曰加）就ニ他ノ篇目ニ可ニ料簡一ヲ。且ク約セハ其ノ大旨ニ。眞如ハ必ス有ニ薫習ノ義一。或ハ薫習シ或ハ不ト薫習セ云者。於テ眞如ニ有ニ不齊ノ失。如ニ御難ノ有情ノ眞如ニハ有ニ薫習ノ義。非情ノ眞如ニハ無ニ薫習ノ義一可レ云歟。若爾ハ。於ニ眞如ニ有ニ兩理ノ別。其義寧可レ然ル也。何ニ況ヤ草木ニ有ニ行佛性ノ義一〔（曰）云者。卽チ有ニ薫習増長ノ義。若無クハ薫習ノ義一不レ可レ立ニ行佛性ノ義ヲ。〕仍テ法相等ノ心。定性ノ二乘無性有情。事ニ不ニ發心成佛セ云フ時ハ。無ト行佛性一云也。乍レ備ヘ行佛性ヲ不ト發心成佛一云者。非ス法相心ニ非ニ天台ノ心ニ。是レ可レ

屬ニ何レ宗旨一ニカ耶。是七難中第八

(8)（曰九月一日）次ニ至ニ金錍論ノ文ニ。先ツ可レ依ニ彼論大旨一ニ也。論ノ初ノ文（曰十）云。（四丁）（大正藏四六、七八二下）若分ニ大小一。則隨緣不變之說出レ自ニ大教一。（〇八右）木石無心之語生ニ乎小宗一〇故子應レ知。萬法是眞如。由ニ不變一故。眞如是萬法。由ニ隨緣一故。子信ニ無情無佛性（佛曰何）一者。是（是曰豈）非ニ萬法無ニ眞如一耶。故萬法之稱寧隔ニ於纖塵一。眞如之體何草（草曰專）ニ於彼我一。是則無レ有ニ無波之水一。未レ有ニ不濕之波一矣。木石無心之語既ニ是レ出タリ小宗一ニ。於テ木石ニ無ト佛性一云者。寧非ニ小乘（乘曰宗）心ニ耶。雖レ有ト佛性一不ニ發心修行セ云者。豈可レ通（通曰遁）ル權教ノ談ヲ耶。眞如是萬法由隨緣故ト云カ故ニ。眞如ノ妙理無シ不レトイフコト生セ萬法ヲ。萬法是眞如ト云カ故ニ。一切ノ諸法同ク可レ歸ス眞如ノ本諗（諗曰際）ニ耶（耶曰八也）。於テ無情草木ニ無ト佛性一云者。誠ニ成ス萬法ニ無ニ眞如一。萬法ノ證（證曰語）ハ不レ可レ隔ニ一塵ヲモ。眞如ノ體ハ不レ可レ辨フ彼我ヲ。眞如ハ居シテ有情ニ不レ遍ニ非情ニ云者。眞如忽ニ非レ專ニスルニ彼我ヲ耶。眞如ハ必ス諸法ヲ可カ緣起ス故ニ。草木ニ有ト眞如一許サハ。此ノ眞如定テ可レ通（通曰大）キ遍ス諸法ニ也。如シ佛性論ノ應得因ノ。若シ許シテ眞如ノ義ヲ無ニ發心作佛ノ義一云者。

不レ可レ云ニ眞如是萬法一ト。又無レ波水可レ有ル也。草木國土若シ不ニハ發心作佛一セ不レ濕波有ト可レ云也。若任ニハ一家ノ大旨ニ。有情ノ成佛ト者元由レ具スルニ三因佛性一ヲ。草木許レ具ストニ三因佛性一ヲ。豈可レシ遮サヘキル發心修行一ヲ耶。有情ノ三因ハ修起シテ成ニト發心作佛ノ義一ヲ。非情ノ三因佛性何ゾ不レ許サ發心作佛ノ義一ヲ。〔一許㊇乞〕若シ一ツハ許シ一ツハ不レ許サ。佛性眞如ノ體卽チ成レ專ニスルニ彼我一ヲ。情非情同ク具ニ足スト三因佛性一ヲ云者。依正同ク可シニ發心作佛スト云事。更ニ有ニ何ノ所レ疑。是卽法華ノ實說。佛性ノ極理ナルヘシ。爰以。今論ノ中ニ。〔曰十丁メ〕若頓教實說。本有三種三理元遍。達レ性成レ修。修三亦遍矣〔修三㊇成修〕（大正藏四六、七八二上。金錍論）非情草木具ニ三因佛性一ヲ故ニ可ニ發心作佛スト云事。文盡シ理盡セリ。本有ノ三種ト者三因。佛性ト者無始本有ノ理也。故ニ遍シテ一切ニ無シ有ルコト增減一。三理元遍ト云ル其ノ心如レ斯ノ。本有ノ三因遍カ一切ニ故ニ。情非情無シ所レ捨フ〔捨曰撰〕。故ニ三理元遍ト云也。陳羅〔陳羅曰達性〕成修ト〔曰〕〔者。此本有ノ三因必ス可ニ修成顯得一ス故ニ達成修ト云也。〕〔示云。常不レ云（云曰言）也。肝要也〕若不レ論ニ修起一ニ不レ可レ立ニ性具〔具曰名〕一ヲ。若シ非ニ性具一ニ不レ可レ立ニ修具〔具曰名〕一ヲ。修三亦〔亦曰六〕遍ト〔遍曰乞〕者。性德ノ三因遍ニ依正ニ事ハ。立敵不レ可レ許フ〔許曰諍〕。若シ許ニト

性遍一ヲ云者。修モ又可レ遍ス故ニ修三亦遍ト云也。亦言可レシ思フ。修得ノ三因又遍ニ非情草木一ニ云也。於ニ非情草木一ニ無ト發心修行ノ義一云者。修三亦遍ノ釋既ニ是レ成レヌ空キニ。如ハ此等ノ解釋一ノ。非情草木ノ體具カ佛性一ヲ故ニ可ニ發心作佛一云事。文理極成シ畢ヌ。是卽チ金錍論ノ大旨也（大正藏四六、七八四中。金錍論）

但。至ハ一草一木一礫一塵。各一佛性各一因果等云ニ者。先德ノ解釋ノ中ニ斟ニ定スルニ〔斟定記〕有人ノ問答一ヲ有ニ十箇ノ文一。其第十〔十㊇一〕ノ釋ニ云ク。（ㄷ斟定記、二八丁左～九丁左。取意）又上文所引金錍論次文〔曰二十八丁〕云。「余曰。〔「曰之〕子何因猶存ニ〔六祖曰亦粗〕無情之名一ヲ。客云。僕乃重述ニ初迷見一。今六祖知ニ仁所立理一。只是一一有情心遍性遍。心具性具。猶如ニ虛空一。彼彼無ク尋リ〔尋曰礙〕彼彼各遍。身土因果無レ所ニ增減。故法華云。世間相常住。世間之言凡聖ノ因果依正攝盡ニ。（ㄱ云云カ）今尋ニ文意一。一一草木悉名ニ一一有情一不レ許ニ猶〔獨イ〕存ニ無情之名。〔言曰無〕故知。論上文ノ意ハ。僕初所レ思若言ニ一一草木各一佛性一者。如レ此草木世謂ニ無心一現見ニ草木一〔此曰法〕○〔○曰乞〕各行ニ別因一得レ果度レ人〔度曰渡〕。（卍續二ノ五、二四三丁左上。金錍論私記參照）不レ曉ニ唯心之義一。一一有情此體本具。此乃但許ニ一切世間生佛木石唯一心。故只是一一有情皆具ニ〔具㊇名〕唯心一之旨。不レ許ニ

無心之物行因佛果(得カ)之義一。若不レ爾者。涅槃疏中。若無(無㋺言)三諸法有二安立(立㋺樂)性一。(「㋺只)是非衆生亦是衆生。諸佛聖力。此則永轉之文。如何會レ之」矣 解釋ノ起盡重重秀(秀㋺委)悉之與(之與㋺也。旨)趣誠ニ分明也。所以ニ。(斟定記、二八丁左～九丁右)一一有情心遍性遍。心具性具猶如二虛空一矣 所レノ云一一有情ト者。指ス二一一ノ草木ヲ一也。一切世間悉ク是レ一佛性ノ體ナルカ故ニ。佛性ハ卽チ有情也。都テ無シレ許コト二無情ノ名ヲ一。故ニ以テ二一一ノ草木ヲ一名ク二一一ノ有情ト一。而モ心遍性遍心具性具ノ故ニ。非情草木ノ上ヘニ心遍シ性遍シテ同ク如シ二虛空ノ一。彼(「㋺更)彼無礙ニシテ備ヘ二因果ノ始終ヲ一。草木國土發心修行ノ義更ニ不レ可レ疑レ之ヲ。先德。(同、二九丁右)一一草木悉名一一有情。不許猶存無情之名ト云ヘル此ノ意(意㋺心)也。而ヲ御難ノ趣キハ。野客カ初述(述㋺迷)ノ邊ヲ云トシテ。(大正藏四六、七八四中)一草一木一礫一塵。各一佛性各一因果具ニ足緣了一。若其然者僕實不レ忍矣 一草一木ノ發心修行ハ昔(昔謂㋺野客謀)ノ謂リ也立申ス與(與㋺旨)。又定(定㋺是)於テ二而二差別ノ門ニ一非情ノ草木可ニシト發心修行スト一云カ故ニ。野客カ初迷(述㋺迷)ノ見ト更ニ無シト二其不同一令レ難タマフ歟。先德。卽チ擧テ二野客初迷ノ見ヲ一畢(畢㋺了)テ明曠ノ釋ヲ載ノセタリ。昔謂一草一木各行ニ別因一得レ果度レ人。不レ曉二唯心之義一。(斟定記、二九丁右～左。取意)一一有情法體本具 已上。明曠釋意 此乃俱(俱㋺但)許二一切世閒生佛木石唯一心一。故(故㋺緣)只是一一有情皆具二唯心一之旨。不レ許二無心之物行因果(果㋺ナシ)得果之義一。若不レ爾者。涅槃疏中。若言三諸法有二眞如(眞如㋺安樂)性一。是非衆生亦是衆生。諸佛聖力此則永轉之「(「」㋺又如)文。如何」會レ之矣(以上斟定記) 先德ノ會通ノ意ハ。一一草木各行別因得果度人ト者。野客カ初迷ノ見。卽チ是レ指ニ凡情ノ所見ヲ一也。凡夫ノ所見ノ上ヘニ草木別別ニ。或ハ發心修行シ。或ハ說法度人スト妄計スルカ故ニ。僕實不レ忍ニ云也。今所レノ云草木成佛ト者。其ノ義遙ニ不レ然ラ(大正藏四六、四五一下。止觀義例)六祖大師。言ニ靑等一者執情所見。言ニ法界一者從レ理而說。何得三將レ情以難二於理一。今所觀者違レ情觀レ理。不レ可三更令二違レ理順(順㋺准)レ情矣 野客カ所レノ云。(大正藏四六、七八四中)一草一木一礫一塵ト等者。言靑等者執情所見ト云ヘル意也。執情所見ノ草木全ク不レ可レ云ニ發心作佛一スト。今草木國土發心成佛スト者。約ニ法界唯心ノ義一ニ也。故ニ先德ハ。(斟定記、二九丁右～左)此但許一切世閒牆(生佛カ)故者(故者㋺壁)木石唯一心故矣 無心ノ法非レ云ニ行因得果(「㋺諸)(「㋺乃)一スト。所以ニ一一ノ草木發心作佛スト者。一一ノ有情ノ發心作佛也。野客カ昔ノ所見ハ。一草一木無心ノ法ニシテ發心修行スト云故ニ。全ク成ニ初迷ノ見一ヲ也。若如レ此得ハレ意。所二立申一スル草木成佛ト者。心ハ一一ノ有情ノ發心作佛也。成カ二唯心ノ道理一ヲ故ニ。野客カ初迷ノ見ト者。心外ニ所レ存スル非情草木也。豈可レシ及フ二等日ノ論一ニ耶（大正藏四六、七八四中）

次ニ草木ニ有レ生有レ滅。塵礫隨テレ劫ニ有無ト等者。妄情ノ所見ヲ出ストス云事。此ノ文ノ中ニ顯タル者也。若非ハ二妄情一ニ。草木有生（同前）有滅ト矣（矣㋺云）塵礫隨劫有無ト可レ云耶（「矣カ）。先德引二金錍論文ヲ一云（㪍定記（三六丁右）㋺二十三丁　云㋺[ナシ]）。

第九問云。無情敗種故無性者。陰亦敗壞性亦然耶。明曠答云。情性恆常悉（悉㋺迷）謂二敗壞一。常在二靈山一可二以爲一レ證矣（卍續二一五、二四一丁左上。金錍論私記參照）非情草木無常敗壞スト者。是レ迷情ノ所見也。若約スレハ二佛ノ知見一ニ常在靈山ノ故ニ。草木寧生滅シ塵礫又有無ナラン耶。若如レ此得ハレ意。金錍ノ一論正ク草木國土發心作佛ノ明證也

次ニ野客カ正キ領解ノ初ニ（㋺二十八丁メ）。一一ノ有情心遍性遍。心具性具ト（大正藏四六、七八四中。金錍論）云カ故ニ。所ノレ云一一ノ有情ト者。依正相對スル中ノ正報ノ有情ヲ指スト令ルコトレ難歟。而ヲ先德ノ御釋ノ意不レ然（㪍定記、二九丁右）。指テ二一一ノ草木一ヲ一一ノ有情ト云也。是以。今尋文意。一一草木悉名一一有情矣前ニハ所二勘申一也。而ニ還テ二六祖ノ釋義一ニ。一一有情心遍性遍ト者。如二御難ノ指ニトヤ正報ノ有情一ヲ見タル。如クニ先德ノ御釋ノ指トヤ二一一ノ草木一ヲ見タル。宜クレ任二論文ノ起盡一ニ也。而ヲ見ルニ論ノ上ノ文一ヲ。野客カ初迷（迷㋺[ナシ]）キ見ノ中ニ。世皆謂レ此以爲二無情一。故曰（㋺二十七丁メ）（大正藏四六、七八四中）。無情不レ應レ有レ性（性㋺情）矣六祖難トシテ二此言一ヲ。余曰。子何因猶存（「㋺六）（同前）無情之名矣釋ノ心ハ（心㋺[ナシ]㋩曰）野客心四十ノ問ノ大體ヲ領解シ畢（畢㋺了）テ。曰來ノ設（設㋺誤）キ懺謝スル中カニ。猶ヲ㋺［有リ二無情ノ言一。責ル之ヲ時キ。何ニ因テカ猶存スルト二無情ノ名一ヲ云也。］心ハ皆ナ此度（此度㋺法界）唯心也。何レノ處カ有テ二心外ノ法一立二無情ノ名一ヲ耶ト難詰スル也。受二此難ヲ一畢（畢㋺了）テ野客ノ云（㋺二十八丁）（大正藏四六、七八四中～下）。僕乃（乃僕カ）重述二初迷之見一。今亦粗知二仁所立ノ理一。只是一一有情心遍非（非㋺性）遍。心具性具猶如二虛空一矣受二六祖ノ難一ヲ會スルレ之時キ。稱二非情ノ名一ヲ事ハ（「㋩云）。乃重テ擧クル二初迷ノ見一ヲ而已ナリ。今ハ實ニ知ルカ二仁ノ所立ノ理一ヲ云ヒ畢（畢㋺了）テ。其領解ノ體ヲ述スル時キ。只是一一有情心遍性遍等云カ故ニ。初迷ノ見ノ中ノ非情ノ名字ヲ削テ所レ立ルニ有情ノ稱一ヲ也（「㋺之）。若爾ハ。指テ二一一草木一ヲ一一ノ有情ト（大正藏四六、七八四下）稱スル事。釋義非レ指スニレ掌ヲ。彼彼無礙彼彼各遍。身土因果無レ所二増減一矣約シテ二正報ノ身一ニ約スルニ二依報ノ國土一ニ。因果無ク二増減一彼彼互ニ周遍セリ。草木國土ノ發心修行。明文文（文文㋺文）更ニ在レキ斯ニ

次引法華經文。世間相常住。世間之言凡聖因果依正（大正藏四六、七八四下）攝盡矣〔既引世間相常住文。偏約理性成佛不可云。世間之言。凡聖因果。依正攝盡矣〕於隨緣眞如上諸法依正因果悉具足云非耶。草木成佛誠證。偏在此文歟　是八難中第七

同一日
(9)次至輔行十義。文段重疊御難往色。具所難會申也。且此文起矣本書云圓頓止觀相。（天止一、九六）一色一香無非中道矣六祖消此文。中道即法界。（同。弘決）法界即止觀。止觀不二境智冥一乘此解釋便論非情佛性義時。十義文自來。先論其大綱時。藏通兩教雖有中道名。但是離斷常義。別圓兩教正明中道。以此中道即名佛性中也。然明此中道佛性有即離二邊。別教隔歷不融故。空假外論中。故空假尚非中。草木寧中道耶。圓教意。明不思議理故。非情草木當體即是中道佛性也。今從即義故云色香無非中道即此心也。世人意。雖許色香中道義。無情佛性義不許

故。六祖大師破之。然亦共許色香中道。（同前）無情佛性惑耳驚心矣故一家心中道即佛性也。中道外別非有佛性體。若論佛性即有發心修行義。其義更不可疑。十義大旨且如斯

（同前）一者約身。言佛性者應具三身。不可獨云有應身性矣等者。他人意雖許色香中道義不論無情佛性義。是破澄觀師也。第一約身者。縦許他人義破之也。所以就佛性可具三身。若許佛性三身。他人法身理遍一切事不遮。若爾草木既具法身理。佛性何隔無情破也。法身理具草木云者。法身佛性名異體內故法身許遍。何隔無情破也

（同前）二者從體三身相即無暫時者。法身遍一切處事自他共許之。報應自本不離法身。法身若遍草木許。報應又遍草木可云也。法身遍一切處。報應不遍云者。三身既相離。可非圓教三身。況法身處二身常在者。法身云處二身必常在。三身若

遍スト二諸法一ニ云者。何ソ獨リ在ト二法身ノ性一ニ云ム。三身若シ遍ト二非情草木一ニ云者。非情佛性ノ義彌明ナリ

次ニ至ハ二約身體（「㊀約）ノ不同一ニ。約身ト者。三身各別ニ論スル時キ。法身獨リ遍スト二草木一ニ云ヘトモ法身ハ卽チ佛性也。何ソ非情ニ無ト二佛性一云ント破ル也。三身各論ノ邊ヲ約身ト云也。約體ト者。三身相卽無暫離時ト云テ。三身體性ノ且ラクモ不ニ相離一セ。如シレ云カ二一時ニ（天止二、二二〇。止觀）論レカ三ヲ三カ中ニ論レ一ヲ矣　約スル二其許（許㊀體）一ニ時キ。三身全ク不レ可ニ相離一スト云也

次ニ何獨法身ノ言兩重ナル事。學者所ニ煩ヒ來一ル也。但シ。況法（天止一、九六。弘決）身處二身常在。故知三身遍於諸法何獨法身ト者。法身ヲ爲レハ本ト二身必具足スル故ニ。三身定メテ可シレ遍ニ草木一ニ。故ニ故知三身遍於諸法何獨法身ト云也。法身ノ理如レ此遍ト二諸法一ニ云者。所遍ノ處ノ報應二身又成テレ本ト可レ遍ニ諸法一ニ。報身遍カ二諸法一ニ故ニ法應在リ二此ノ中一ニ。應身遍カ二諸法一ニ故ニ法報又遍ニ諸法一ニ可レ云也。隨ニ法身一ニ非レ論ニ一ノミ三身ノ遍ヲ。隨ニ報應一ニ三身又可レ遍ニ諸法一ニ意ヲ。法身若遍尙具三身何獨法身ト釋スル（天止五）也。若（若㊀如）レ云ニ金錍論ニ故不變處無非三千ト（大正藏四六、七八五中）。如レ云カ二弘決ニ彼（不㊀所）三千互ニ遍スルコト亦爾リ矣（天止三、二〇七）互ニ成リ二能具一ト互ニ成ニ所具一ト意是レ也

次ニ約身體（「㊀約）ノ兩門。只約シテ二理性ノ三身一ニ不トレ可レ約ニ修得三身一ニ云フ御難ニ至テ者。所レ背ク二六祖ノ釋義ノ意趣一ニ也。第一ノ約身ハ但シ約シ二法身ノ理一ニ。第二ノ約體ハ廣ク約ス二三身一ニ。雖レ具二足スト報應二身ノ性一ヲ。必ス可レ論ス二修顯得體ノ義一ヲ也。若不レ然云者。第一ノ約身ノ外ニ立テテ二第二ノ從體（從㊅得）一ヲ更有ン二何ノ所表一カ。金錍論（㊀十丁メ）ノ中ニ。依ルニ二大經文ニ他師許シテ二正因ノ遍一ヲ不レ許ニ緣了ノ遍一ヲ。六祖破ル之ヲ時キ。若頓教實說本有ニ三種一ニ。三理元遍。（大正藏四六、七八二上）達レ性成レ修。修三亦遍　矣　理性若シ遍スト之（之㊀云）此ノ性ハ必ス可カレ成レ修ヲ故ニ達性成修ト云フ。由テレ性ニ成レハ修ヲ如ク二性遍一カ修ニ又可レ遍故修三亦遍ト云也。如レ此ノ釋云（云㊀了）テ。次ニ引ニ大經ノ文一ヲ云。如ニ迦葉品（㊀十丁メ）下文云一（大正藏四六、七八二上）（「言カ）。佛性者。所謂十力無畏不共大悲三（不㊅有）念三十二相八十種好。子何不レ引ニ此文一。令ニ一切衆生亦無一。何獨瓦石　矣　引ク二此文ヲ意ハ。佛性ト者。十力無畏乃至三十二相等云リ。此ハ標ニ極果ノ功德一ヲ也。若シ約ハ二極果ノ當體一ニ一切衆生亦無シト可レ云。何ソ獨リ瓦石ニ無トレ之云ン。若約ハ二當

得ニ瓦石ニモ又可レ得レ之。何只有情ナラント破ル也。又同下文云。(「回〇)
世何但云ニ十方諸佛同一法身無畏等一。而不レ云ニ生佛一亦 (回十一丁メ(同前)) ((「カカ))
同ニ法身力無畏一耶。使ニ一塵一心無レ非ニ三身三德之性 (回等」) ((耶回ナシカ))
種一耶矣於ニ一塵一心一備ニ三身三德ノ種一ヲ。依正同ク三身三 ((也カ))
德ノ種ヲ可レ發ト云事。釋義ノ定判分明也。種ト者生ノ義義也。(義義回八義)
一塵一法ノ上ヘニ成ト二三身種一ヲ云者。發心修行ノ義更ニ不レ可レ
疑フ。六祖餘處ノ解釋ニハ。有ニ生性一故ニ故名爲レ種ト。生スル時 (藥草喩品記) ((天文四、一五七九上)) (故回云)
此ノ種純ラ變シテ爲ルレ修。修性一如ナリ無ニ復別體一矣有生性故
故名爲種ト云カ故ニ。種ト者必ス有ニリ生ノ義一。如ニ世間種子一ノ。(故回云)
若シ不ハレ發ニセ生芽莖一ヲ爲ニカレ誰カ可レ立ニ種ノ名一ヲ耶。一塵一心
無レ非ニ三身三德之性種一矣有ニト發心修行ノ義一云事。誰カ
更ニ可レ疑レ之ヲ耶。如ニ御難ノ破レ許ニ理性ノ三身一ヲ。修行ノ兩 (破回雖) (行回得)
身不レ可レ具レ之ヲ云云 若爾者。不レ背ニ上來ノ解釋一ニ耶 (者回ナシ)
次ニ第三ノ事理ノ分別御難誠ニ爲レ固カタシト。但シ。就ニ事理ノ名
言ニ一。或ハ有リニ迷悟相對ノ事理一。或有ニ迷中ノ事理。悟中ノ事 ((天止一、九六。弘決))
理一。今所レ云。從事則分情與無情。從理則無情非情別ト者。
指ニ何レノ事理一ヲ耶。可キレ依ニ其ノ約束一ニ也。今所ニ立申一ス。是レ迷

悟相對ノ事理也。如レ云ニ衆生但事諸佛證理一ト。從事則分情 (金錍論) ((大正藏四六、七八四下))
與無情ト者。是レ約ニ迷悟ノ事一ニ也。從理則無情非情別者。(悟回情)
是ハ約ニ諸佛證理ノ義一ニ也。故ニ此ノ文ハ所ニ立申一ス潤色也。今 (義回文)
非情草木發心修行ノ義ヲ立申ス。約ニ佛知佛見ノ實義一ニ也。
約ニ衆生ノ迷倒一ニ時キ。非情草木非レ云ニハ發心作佛一スト (迷倒回悉例)
何況今ノ文ハ背ニケリ御難始終一ニモ。所以者何ナラハ。如ニ御難ノ於ニ (示云。非常ノ難)
非情草木一ニ眞如佛性ノ義ヲハ被レ許レ之歟。只不レ可レ有ニ發心
修行ノ義一令レ難タマフ大綱ノ旨趣也。而ヲ今ノ解釋ハ。從事則
分情與無情ト云テ。事ニハ分ニツト情無情一ヲ云ヒ。從理則無情非情
別ト云テ。約レハ理ニ無ニ情非情別一ト云ヒ畢テ。是故情具無情亦 (畢回了)
然ト云カ故ニ。理性ノ日ハ有情ニモ具シ佛性一ヲ。非情ニモ具ト佛性一ヲ云
也。若シ約シテレ事ニ分ンニ情非情一ヲ時ハ。有情ニモ具シ佛性一ヲ。非情ニハ
不レ具ト佛性一ヲ被レタリ得。若爾者。背ニ御難ノ大旨一ニ了ヌ。故ニ難レ (者回ナシ)
被レ備ヘ御難潤色一ニハ。今所ノレ云三約事理ト者。所レ云事ハ迷
情ノ事也ト云事。釋義ノ起盡分明也。所以者何ナラハ。第三ハ ((天止一、九六。弘決))
約シテ事理一ニ。第四ハ約シテレ土ニ。彼約土ノ中ニ。從ニ迷情一故分ニ於
依正一。從ニ理智一故依卽是正矣十義ノ始終ハ約鉤鎖相交テ前 (約回ナシ)

後不レ可レ背ク。第四ノ約土ノ中ニ。從ルニ迷情一ニ時ハ分ニ依正一ヲ。從フニ理智一ニ時ハ依正不二ナリト云テ。第三第四ノ義相望ノ見ルニ云(曰之)ヘル。從事則分情與無情ト者。從迷情故分於依正ノ心也。分ツニ情無情一ヲ事ハ約トニ迷情ノ事ニト云事分明也。從理則無情非情別ト者。從理智故依卽是正意也。若約ニ理智一ニ時ハ。無ニ情非情ノ別一云事。誠ニ是炳然也

次ニ四者約土。(天止一、九六。弘決)從迷情故ト等者。所立粗前ニ顯レ耶(耶曰了)。分ニ別依正一ヲ事ハ既ニ是迷情ノ分別也。自レ本迷情ノ前ノ依報國土發心作佛ストハ不ニ立申一。(同前)從理智故依卽是正ノ故ニ。發心作佛スト所ニ立申一也。寧非ニ所立ノ誠證一ニ耶。但シ。(同前)如常寂光卽法身土。身土相稱何隔無情ト者。惣而指ニ寂光ノ能所一以(以曰ナシ)如常寂光卽法身土ト云也。但シ捨テ(捨曰撰)法身ノ能居ノ邊ヲ身土相稱ト云ントニハ非ス。法身ト云フ言ノ中カニハ。法身自受用ヲ合說スル也。如シニ淨名疏ノ廢立一ノ。(示云。非ニ常(曰料)簡ニ)就中今解釋。其起盡分明也。所以者何ナレハ。上ノ句テ(「曰ハ故)從理智依卽是正ト云テ。從ルニ理智一ニ日ハ依正不二ナリト云テ。例ニ釋スル之一時キ。如常寂光卽法身土。身土相稱何隔無情ト釋スル故ニ。所レ云從理智故ト者。智ト(智ハ知)者指シニ自受用一ヲ。理ト者指ニ寂光一ヲ可レ云也(也曰之)。如レ此云ヒ畢テ(畢曰了)。如常寂光卽法身土ト云カ故ニ。身ハ專ラ約レ智ニ。土ハ正ク可レ約レ理ニ也。境智不二ナルヲ以テ身土相稱何隔無情ト者(者曰云)。專ラ所レ相ニ叶十義ノ始終一ニ也。若如レ此不レ云。上ノ句。從理智故依卽是正ト云テ。下ノ釋ニ例ニ釋トキ(「曰時)之一。只理身ト理土トノミ相應スト云者。能例所例寧不ニ相違一セ耶

次五約教證等者。自レ本所立ノ潤色也。不レ可レ及フニ私ノ會通一ニ。教證二道ト者。權實兩宗ノ意也。教道說有情與非情ト云カ故。三教ノ教道ノ中ニ辨ヘニ情無情ノ別一ヲ。圓教ノ證道ノ中ニ不レ可レ分ニ依正一ヲ。證道ノ實義ノ前ニハ。依正不二ニシテ依正同ク可シトニ發心作佛ス一聞タリ

次ニ六約眞俗。(同前)眞故體一俗分有無ト者。事理眞俗ト者。隨ヘテニ義門一ニ雖レ立ニ名言一ヲ。其義全ク可レ同カルニ第三ノ約事理一ニ。文ニ(文曰更)就テ料簡前キニ顯レ畢ヌ(畢曰了)。今所ノレ云眞俗准望シテ可シレ知ヌ。俗諦ト者約ニ迷情一ニ。眞諦ト者約スルニ覺悟ノ知見一ニ也。若如レ此云者。全ク如ニ先立申一スカ。抑。又眞故體一俗分有無ト者。約ニ俗諦一ニ時ハ。有情ニモ有ニ佛性一。非情ニハ無トニ佛性一云歟。若如(如曰ナシ)然云者。

背ニ算題ノ大旨ニ畢(畢[曰]了)。算題ニ具ニ佛性ヲ事ハ許シ畢テ(畢[曰]了)。疑フ發心修行ノ義ニ也。若約レ事ニ時キ於テ非情ニ不レ具ニ佛性ヲ云者。先ツ可レ決ニ擇ス佛性ノ有無ヲ。不レ可レ疑ニ發心修行ノ有無ヲハ。若又。眞故體一俗分眞(眞[曰]有)無ト者。眞諦ニハ不レ辨ニ情非情ヲ。俗諦ニハ可レ分ニ情非情ヲ云フ文歟。若爾ハ。正ク可レ成ス御難ヲ樣如何

示云。此料簡非ニ常料簡ニハ。具ニ不ハ申披ニ可レ有ニ見聞嘲リ。非ス常途ニ故ニ。但シ。有情〔心〕(「[曰]云 [曰])體皆遍スト云ヘルヲハ。正報ノ有情ノ定ニテ料簡スル也。可(可[曰]宜)レ思レ之

次ニ七約攝屬。（天止一、九六。弘決）一切萬法攝屬於心。心外無餘ト云フ。非ハ所立誠證ニ如何。心外ニ不カレ得(得[曰]取)レ境ヲ故ニ皆是有心ノ境界也。同ク有ニ眞如佛性ニ。同ク發心修行スト可レ云也。御難ノ趣キハ。正報ノ有情ノ心ヲ爲レ本ト。此心遍カ法界ニ故ニ。草木又在ニ此ノ心ノ中ニ云歟。解釋ハ不レ然。一切萬法攝屬於心ト云カ故ニ。情非情同ク居シテ一身一念ニ。心外ニ無レ法云也。如ニ彼遂(遂[曰]邃)和尚ノ決ニノ。唯識ハ狹ク淺シ未レ泯レ境ヲ故ニ。唯心ハ廣ク深シ泯ル境ヲ故云リ。泯レ境ヲ者。一心ノ外ニ更ニ不レ見ニ餘法ヲ心也。今所ノ云心外無餘豈復甄隔ト云ヘル。寧非ニ此義ニ耶。但云有情心體皆遍ト者。情非情ノ中ノ正報ノ有情ノ心遍カ故ニ。攝スト依報ノ草木ヲ云ニハ非ス。有情心體皆遍ト者。一一有情心遍性遍。心具性具ト云カ如シ。指シ一一ノ草木ヲ一一有情ト云也。今ノ解釋又爾カ也。三ノ文([曰]上歟)ニ一切萬法攝屬於心。心外無餘ト釋シテ顯ニ唯心ノ義ヲ了ヌ。次句ニ但云有情心體皆遍ト者。依正二報ヲ惣而有情ノ心外(外[曰]體)皆遍スト云也。故ニ依正同ク有情ノ心體也。豈隔ニテテ草木ヲ獨リ稱ン無情ト耶ト云也

（同前）八者因果ト等者。會通悉ク如レ前ノ。所立ノ誠證可レ有ニ此ノ文ニ也。從因從迷執異情(情[曰]成)隔ト者。約ニ迷情ニ執カ依正ノ異ヲ故ニ辨ニ佛性ノ有無ヲ。若シ約レハ悟ニ佛性恆同シト云フ。約ニ佛果ノ知見ニ論ニ草木成佛ノ義ヲ所立ノ大旨。專ラ可レ任ス此ノ文ニ也

（同前）九者隨宜四句(四句[曰]无)ト等者。依正ハ本ト雖レ處ト一心ニ。或ハ云ヒ有情ト。或ハ云フ無情ト。或ハ有性(性[曰]情)或ハ無性皆ナ約(約[八]俱)シテ世界ニ分別ス。或ハ爲レ生ニシカ物ノ善ヲ分別ス。或ハ爲ニ斷ンカレ疑ヲ分別ス。是レ實ニ只一法也ト云也。是又所立ノ誠證也

（同前）十者隨教。三教云無圓說遍有ト云ヘリ。於ニ草木ニ或ハ不レト具ニ

佛性ヲ一云ヒ。或ハ不二發心修行セ一ト者。卽是レ前三教ノ心也。故ニ三教云無ト云フ。圓教ノ心ハ具シ二佛性ヲ一發心作佛スト云フ。圓說遍有ト者是也。草木不ニ發心修行セ一ト云ル。卽是前三教ノ意也。寧以テ二三教云無ヲ一可レ疑二圓說ノ遍有ヲ一耶

「㊁〇如レ此十義ヲ釋シ了テ引二淨名經ヲ一。衆生如ナルカ故一切法如ナリト。㊁決（天止一、九六）如シ無二クハ佛性一理小教權矣一切法如ト者。如來ノ誠諦也。〔㊁如シ無キハ二佛性一理小教權也。如卽佛性ナルハ圓頓一實ノ心也。〕若論セハ二無情ヲ一何ソ獨リ外ノ色ト者。決（同前）何若シ以テ二色法ノ邊ヲ一但名ケハ二無情ト一。何㊁㊆何只依報國土ノ外色ノミナラム。圓ノ邊モ又如レ此。色イ 故ニ淨名經ニハ。決云（云㊁引）是身ハ無レ知コト如シ二草木瓦礫一矣（天止一、九七）以二外色ヲ一屬二無情ニ一。圓邊㊁色 內色モ又可二無無情ナル一。無無㊁㊅無 若爾ハ。有情ノ五陰モ發心作佛スト不レ可レ云。若シ惣而有情ト云者。何ソ獨リ正報衆生ノミナラン。一切唯心也。心外ニ不レ取カレ法ヲ故ニ。第七ノ攝屬於心ノ中ニ。但云有情心體皆遍ト云ヒ。決（同前）若論有情何獨衆生一切唯心トニ云ル。上下文相尤モ相叶ヘリ。是則一塵ニ具二足シ一切衆生ノ佛性ヲ一。亦具セリ二十方ノ諸佛ノ佛性ヲ一云ヘリ。於二一塵ノ中ニ一備ニト法界ノ一切ノ佛性ヲ一云事。解釋ノ明文既ニ在レ眼ニ。明㊅㊆ 道理ノ大綱非レ指レ掌ヲ「耶」云云「」㊁耶㊅云云　是九

⑽次ニ至二大經幷ニ章等ノ釋ニ一者。「同三日」（「」㊅㊆）等㊁安 第八 彼疏文云。解レ此有レ二。一實能轉レ境。二但能令レ見。若轉レ金爲レ土。則可二實轉一。若令三衆生爲二非衆生一。但能令レ見。一師云。經云能成。云何二解。（大正藏三八、一三九中。涅槃疏）菩薩非三但能轉二金土一。亦轉二衆生一成二非衆生一。（「成カ）成㊁㊆ 成非衆生者卽是草木。轉二非衆生一成二於衆生一。若言三衆生本來虛妄無二所有一者。當レ知衆生有二非衆生一。若言下諸法有二若樂性一。若㊁安 卽非衆生上。亦是衆生。「㊁與 情與二無情一。有性無性。准レ此可レ知。私問。若衆生與二非衆生一。「㊁云 實更互轉。情作二無情一無情作レ情。作㊁非 是義難レ信。若〔不ニ〕實轉一。㊁ 聖力徒施。徒㊅得 惣而言レ之。只是諸佛菩薩。自既依正。不二而二。二而不二。能令三衆生亦復如レ是。此則永轉。若暫轉者。無レ不二斯義一。無不㊁不無 亦令三轉者不二自覺知一。況復慈卽如來。如來卽慈。慈卽佛性。佛性卽諸法。敬清後德。清㊁請 ㊁私云。若非三千。在用ノ心歟 思レ之思レ之矣今ノ解釋ノ始終。御難旨趣。甚以テ委悉也。但。至二御難ノ起盡ニ一。還テ成スル二所立ヲ一耳。ナラクノミ 他人ノ意ハ。若轉金爲土則可實轉。若令衆生爲非衆生但能令見トテ。「㊁云 金等互ニ相ヒ轉スル事ハ。等㊁土 約レ事ニ其ノ境正ク互

轉也。情非情相轉事。但轉其所見不轉實體。(大正藏三八、一三九中)一師云。經云能成。云何二解矣末師。(卍續五八、九七丁右下。涅槃疏私記)一師云者。卽是大師之解矣所以一家天台心。如金土實轉境。情非情同約事可轉其體釋成也。文大綱先有之。釋其互轉相。(大正藏三八、一三九中)亦轉衆生成非衆生。非衆生者卽是草木。轉非衆生成於衆生矣是先情非情互轉相釋成也。(同前)若言衆生本來虛妄無所有者。當知衆生有非衆生云者。衆生轉成非衆生相釋成也。(同前)若言諸法有〔安樂性。卽非衆生亦是衆生矣是非衆生〕可成有情相釋成也。御難趣又如此。而御難但理性轉非事相轉令難也。一家意全不然。契此理故有難思用云如。理性深互相卽故。事相又可有互轉義也。理性有互轉義。事相不相轉云者。事理既參差。非事理不二事可云也。故上文。亦(大正藏三八、一三九中)今轉衆生成非衆生等云。約事釋互轉義。其互轉道理本可依理性故。若言衆生本來虛妄等者。有情成非衆生心釋

也。若言諸法有若樂性者。非衆生轉成衆生心釋也。於事相相轉事。必依理性心釋也。如御難但約理性。上所云令轉衆生成非衆生。但約理可云歟。若云爾者。(大正藏十二、六九六下。南本涅槃經)觀土爲金觀金爲土云。但約理性可云歟。金土互轉事。是約事云者。情非情互轉其義全可同。(大正藏三八、一三九中)經云能成。云何二解矣金土互轉約實轉。情非情互轉非實轉云。大師破之時。云何二解釋也。若金土轉變情非情轉不同云者。豈非一家所破耶

次私問若衆生云下。荊溪大師所判也。一一御難所難會申也。但。約其大旨不可過前會通。末師消釋又委悉也。顯御難旨。彼釋云。(卍續五八、九七丁右下)但能令見者。他云非究竟轉。但令暫時見轉。如此說者違今經文。不可依用。一師云者。卽是大師之解。當知衆生有非衆生者。衆爲衆生依正不二。故得互轉。皆是實轉。此爲定說矣是卽以六祖下釋意消章安上解也。良由衆生依正不二者。自既依不二而二等心也。上

文衆生本來虛妄無所有云。若言諸法有安樂性者。即是情非情不二心也。情非情不二故成互轉義也。例如生佛不二故轉凡成聖。（天止三、二四〇。弘決）竝由理具方有事用云此心也。道暹次下釋。能令衆生至是者。只（卍續五八、九七丁右下）緣衆生本來依正。不二而二。而二不二。同一異三無差別。（菩提カ）故可令轉矣依正二報誠同一異體也。既是一性也。故成互轉義也。生佛平等故轉凡成聖。依正不二故。轉依可成正也。故同一異三無差別故（菩提カ）可令轉釋也。道暹次下釋。然外道尚能變身爲石（卍續五八、九七丁右下）至於劫盡。況證眞實涅槃而不永轉耶矣如御難者。依正不二而二○此則永轉等者。只是理性不二邊名永轉。更非事相轉。末師解釋。外道尚能變力爲石矣況證眞實涅槃而不永轉矣正是論事相轉也。外道變身爲石者。數論外道爲石如。陣那菩（陳カ）薩七反書破文此石即折見。外道得事禪神通如此。況諸佛菩薩得眞實涅槃。寧不論事轉耶。相例如此。全非可疑。御難甚雖往往。以此

要云之。情非情互轉者。只是理性一如邊非事相轉變云若爾。本末解釋背云事。具如前料簡申

次妙樂大師兩向問難至。情「作無情無情」作情是（大正藏三八、一三九中。涅槃疏）義難信等者。聖寄凡情事設微難（徵カ）也。若不實轉者聖力徒施者。六祖餘處解釋中。聖人變化所造。亦令衆（天止三、二四〇）生變心所見。竝由理具方有事用云。諸佛神力必依理內所具也。故聖力不徒施。雖非實轉菩薩若示轉變聖力徒可施也。（同前）此兩樣難立云會之時。惣而言之。只是諸佛菩薩。自既依正。不二而二而不二等釋也。是即諸佛菩薩轉實衆生成非衆生。轉非衆生成實衆生。深依依正不二理有此難思用云也。竝由理具方有事用云。即此義釋成也。若如此得意。前兩樣難自被拂之了。所以雖轉衆生成非衆生衆生更不減。非衆生轉雖成衆生非令衆生而始起。而互轉變事不遮。所以無有聖力徒施難。末師釋本書亦令轉

者不自覺知ノ文ヲ（卍續五八、九七丁右下）。不自覺知者。實轉ニ衆生一爲ニ非衆生一。而復衆生宛然不ニ改轉一非情爲ニ有情一亦等（等曰爾）矣解釋ノ意ハ。轉シテニ衆生ヲ一雖レ成ニ非衆生ト一本來ノ衆生宛然也。是卽チ轉而不轉。不轉而轉ノ心也。淨名經中ニ（中卷不思議品）。住ニ不可思議解脫一菩（大正藏十四、五四六下）薩。斷ニ取三千大千世界一。如ニ陶家輪一著ニ右掌中一。擲ニ過恆沙世界之外一。其中衆生不レ覺ニ不レ知ニ己之所ヒ往○而此世界本相如レ故矣不思議解脫ノ菩薩斷タチ取トテ三千界ヲ一擲ナクルニ恆沙世界一ニ事。是レ實ニシテ不レ虛カラ。此ノ中ノ衆生不覺ノ不知也。是又實ニシテ不レ虛カラ。而モ論スルニ其道理ヲ一時キ。而此世界本相如故矣如ト者不思議（┌曰約）ノ理也。末師。實轉衆生爲非衆生。而復衆生宛然不改ト云ヘル卽チ此心也。五大院ノ先德釋トシテニ此事ヲ一引ニ義例ノ文ヲ一（斷定記二七丁右～左）事モ如シレ前ノ。今尋ニ又（又曰文）意一。變作（化カ）所作並由ニ理具一。是故轉ニ非衆生一爲ニ（┌曰以）衆生。轉ニ衆生一而非衆生。莫レ不ニ（┌曰爲）皆咸由レ有ニ理非（非曰性）一致中事用上也。彼唯識等尚云（大正藏三一、五八下。成唯識論參照）。所化共者。同時（時カ）同處（處カ）諸佛各變爲レ身爲レ土。況圓意何（┌曰今）必待ニ有情作觀之時一。而始作ニ心遍之處一矣依ニ眞如ノ理ノ遍一ニ論スルニ事相ノ緣起ヲ一（┌曰事）。六祖ノ所顯（顯曰判）具（判敷）ニ以テ如レ此。事ノ變ハ卽理ノ變ナルカ故ニ。轉而不轉。不轉而轉シテ（┌曰義）極成シ了ヌ。非衆生轉シテ成ニ有情ト一時キ。有情始起スト云ヒ。有情轉シテ成ニ非衆生ト一時キ。有情モ可ニ斷滅スト一云事。只是世間妄情ノ所見也。不レ可ニ背（背曰乞）闕カル三諸佛聖人ノ知見ニ一ハ

次ニ行滿ノ師。此則永轉者（卍續五七、四四九丁左上。涅槃疏私記）。永則不永。何者若佛菩薩依正二而不二具（具曰名）レ之爲レ永。衆生虛妄卽是不永矣轉シテニ實ノ衆生ヲ一成ニ非衆生ト一。轉シテニ非衆生ヲ一成スニ衆生ト一。是レ眞實ノ轉ニシテ敢テ非ニ虛妄ニ一。理ニ有カニ轉變ノ義一故ニ。事モ又如シレ此。是ヲ永轉ト云也。如レ此轉變スト云ヘトモ衆生而（而曰尚）宛然也。故ニ永則不永ト云也

道暹師ハ。本書ノ不見（見曰自）覺知ノ文ヲ受テ（卍續五八、九七丁右下）。實轉ニ衆生一爲ニ非衆生。而復衆生宛然不レ改矣行滿ノ師ハ受ニ此則永轉ノ文ヲ一永（永八乞）則不永ト云ヘリ。消釋ノ義（義曰處）雖レ異ナリト兩師ノ心終ヒニ一概也。御難ノ始終大概雖レ無レ所レ背ク。若約シテレ事ニ無ニ互轉ノ義一其（其曰）背ニ本末ノ始終ニ了ヌ。具ニ如ニ前ニ立申スニ是十（云者）

⑾次ニ至テハ本文ノ料簡ニ一。就テニ一色一香具一切法ノ算ニ一。多ノ先德。草木ノ成佛不成佛ノ義ヲ被レ立。誠ニ依ニ此文ニ可レ成スニ

始終義勢也。輔行義起自一色一香無非中道文。非情成佛義誠可依一色一香具一切法文也。一念心即如來藏理云一念心體分別情非情中。是有情一念也不可定。惣而指法界唯心體一念一心即可云也。三智一心中具不可思議。如上所説者。惣而論三諦一諦非三非一義事。如上云也。必指今一念心上所云有情心指云非。故六祖大師(天止一、三七一)。三諦無缺。如上圓教四諦四弘中説矣別而以一念心非云如上所説。例上十義文。一色一香無非中道者。止觀不二境智冥一心也　是十一

草木成佛者。境智冥合法門也。此事深可祕之。更不可口外。證據如先料簡。釋圓頓止觀中(天止一、九六)。一色一香無非中道矣　六祖大師(同前)。一色一香無非中道者。中道即法界。法界即止觀。止觀不二。境智冥一　矣　色香中道心以境智冥合義釋云。乘此義建立十義始終也。今本文中云理即是菩提心(天止一、三七一)。一色一香具一切法。一切心亦復如是　矣　釋圓頓止觀文。釋理即是菩提文。其心全同。圓頓理此理定智也。但大乘法性即是眞寂智性云如(名疏一(大正藏三八、五六五上))。此事深可思。難勢始終。有情心爲本有情心具一切法故。於心所具色法還而具心法　云云　本文心不然(天止一、三七一)。一色一香具一切法。一切心亦復如是　矣　是色具一切法畢。例此色心法又具一切法云也。以之可爲草木成佛明證。先師僧正祕藏文也。付本文大綱成草木成佛義可意得。深可習。

⑿次至中陰經并寶積經説。草木成佛義。專以此等經文所爲指南也。佛語誠諦不可空。後學正不仰信。但。至一佛成佛觀見法界云故。只是諸佛菩薩觀見。草木實非發心修行云御難。佛觀見故非實事云事如何。所立大綱約佛觀見故。專可眞實義所立申也。佛知佛見境界。是虛妄非眞實可云耶。就中見文始終。一佛成佛觀見法界。草木國土悉皆成佛。身長丈六光明遍照悉能説

法。其佛皆具（具㊐㊇名）妙覺如來矣身長丈六ト云ヒ。悉能說法ト云ヘル事相ノ成佛ナリト云事。文言非ニ分明ナルニ耶。草木成佛ノ證據正ク可レ在（在㊐有）ニ此ノ文ニ也。如ニ御難ノ約スレハ佛ノ觀見ニ皆屬シ虛妄ニ。非ニ眞實ニ可レ云歟。若爾ハ佛藏經ノ中ニ。佛見下一切衆生心中皆有ニ如來一結跏趺座（座㊐坐）上。身長丈六放光說法矣解釋（決五引レ之（天止三、二〇四））引レテ之ヲ爲ニ一念三千ノ證據ト。此經文（文㊇ナシ）又觀見ノ故ニ非ニ眞實ニ可レ云歟。若爾ハ。一切衆生又不ニ發心作佛ト可レ云歟。二經ノ文ハ文相宛同シ。思（思㊐只）能具ノ法體ノ約スルト一切衆生ニ約ニ草木國土ニ依正ノ不同計リ也。論スレハ其所具ヲ。身長丈六放光說法ト云ヒ。身長丈六光明說法ト云ル文言自ラ以テ符合セリ。而ヲ同是レ陰（陰㊐雖）ニ觀見ナリト。約ニ有情ニ觀見ハ眞實ニシテ不レ虛ラ。約ニ非情ニ觀見ハ虛妄ニシテ非レ實ニ可レ云歟。若爾ハ。惣而如來ノ觀見ノ故ニ非ニ實ノ成佛ニ云テ御難ノ趣キハ令ニ相違セ耶。故ニ約ニ如來ノ觀見ニ故ニ。還而可ト成ニ實義ヲ云事ハ。文義既ニ極成シ畢（畢㊐了）ヌ。誰カ更ニ可レ諍フ耶（耶㊐也）。金錍論ノ中ニ（㊐二十九丁（大正藏四六、七八四下））。惣而領スル四十六ノ問ヲ中ニ。身心依正。自他互融互入齊等ト釋シ畢（畢㊐了）テ（㊐同丁（同前））。果上以ニ佛眼佛智ヲ觀レ之。則（則㊇ナシ）唯佛無レ生。因中若實惠實眼冥符（㊐亦イ）。衆生外無レ佛。衆生以ニ我執ヲ取レ之。卽無レ佛唯生矣如レ此釋シ云（云㊐了）テ（㊐三十丁（同前））。一（㊐法界）佛成道無レ非ニ此佛之依正ニ。一佛既爾諸佛咸然。衆生自於（於㊇出）ニ佛依正中ニ。而生ニ殊見ヲ苦樂昇沈。一一皆計爲ニ己（我（我㊐㊇ナシ））身土ニ。淨穢宛然咸（咸㊐成）壞斯在矣今ノ解釋ノ始終ハ。佛眼佛智ノ故ニ照スハ依正不二ノ義ヲ。是レ眞實ノ義也。以テ衆生妄計ヲ生ニ殊見ヲ（我歟（我歟㊐㊇ナシ））。正ク是レ虛妄ノ義也ト如ニ御難ニ。衆生ノ見ヲ爲シテ眞實ト。諸佛ノ見ハ非ニ眞實ニ云ム事。恐ハ道理ニ反倒（倒㊇例）シテ解釋ニ所ニ違害スル也

次ニ至ハ寶積經ノ文ニ。先德（斟定記）引ニ用シテ之ヲ爲セリ一箇ノ問答ト（二六丁左～七丁右。取意）。大寶積經ノ二十七。法界體性（性㊐ナシ）無分別會之（之㊐云）（云歟（大正藏十一、一五〇上～中參照））。文殊以ニ神力ノ故（令カ）及ニ魔波旬ノ爲ニ本（本㊐如）來身ノ。身相具足座（座㊐坐）ニ師子座ニ說ニ法界體ヲ。文殊師利言。大德舍利弗。一切草木樹林無心。可下作ニ如來ノ身相具足悉能說法上。我亦能（能㊇ナシ）令下大德舍利弗作ニ如來身ノ身相具足說法上。卽亦變レ之作ニ如來身ノ身相具足。說ニ法界體ヲ還攝ニ神力ヲ。身複（復カ）本相矣此ノ文亦草木成佛ノ明證也。先德引レテ之爲シ明據ト。後學仰爲ニ誠證ヲ。文殊ノ神力初ニハ變シテ波旬ヲ成シ如來ノ身ヲ。身相具足說法教化ニハ。文殊師利

述其心告大德舍利弗。一切草木樹林無心可作如來身相具足矣。波旬成佛是顯其實義。草木成佛豈非眞實耶。文殊師利重欲顯此義。我亦能令大德舍利弗作如來身身相具足矣。二乘成佛義。約爾前莚雖文殊神力一時變說遠是顯法華心。是實中實也。緣非顯如來內證耶。草木樹林成佛若非實義。身子成佛又非實義。身子成佛若是非虛妄。一切草木又以可同。經文始終波旬及草木成佛。舍利弗成佛一文始終也。一義鉤鎖也。以一云實。以一不可云虛。何況先德次下引義例文。已前如立申。止觀義例立。聖人變化所造。亦令衆生變以所見。並由理具方有事用矣（摂定記、二七丁右）（天止三、二四〇。弘決參照）先德重述此心時。令尋文意。變化所作並由現具。是故轉非衆生以爲衆生。轉衆生而爲非衆生。莫不皆咸由有理性致事用也矣（「摂定記」二七丁右）。聖人變化所造。必依理性所具也。不依理性但論變化小乘義。權大乘心也。今論實相神通獨圓家沖微耳。如御難

文殊神力故非實成佛云者。恐混法相所立。既依理具所顯也。成佛更不空。身子成佛正可表華光如來。草木成佛寧可成一旦變化耶

是十二

⒀次至自依心他依心等義。先德釋此事（摂定記（一丁右））。自依心他依正者。是別教義。約此義時乃有能所。今圓教意。草木卽心都無能所。心外無性故色心不二。故草木成佛也矣所以自依心他依心分別能所各別日事也。

若亡能所自他云者。寧可尋自依心他依心耶。但若亡自他云悉檀赴緣云者。自他共離各可有其心也。所以。一切有情又以眞如爲成佛因故。器世界又以眞如爲成佛因。是自依心故自發心成佛也（菩提心義第二（㊀末ノ二丁メ））（大正藏七五、四八四下。菩提心義抄）。二正報有情成佛時依報國土又隨而成佛。如云金錍論。一佛成佛之時一切無非此佛依正。中陰寶積兩經同此心。是他依心故發心成佛義也。三涅槃經云。菩薩觀非衆生爲實衆生矣（同前）。章安釋（天台疏カ）云。一切法中有可樂性名爲衆生。若有衆生未見

佛性ノ名ニ非衆生ニ。若草木中觀ニ其佛性一以爲ニ衆生一。若佛菩薩轉ニ草木等一亦成ニ佛身一。此則永轉矣(大正藏七五、四八四下)又弘決釋ニ心造十界一中云。造有ニ二種一。一一念本具ニ此理一故以レ具名レ造。二聖人變化所造。依レ有レ理有ニ此事用一矣〔「曰性〕是草木中亦有ニ淨心薰習之力諸佛力一故。亦轉成佛故。是共依レ心故〔共曰故〕〔曰且〕亦發心成佛矣草木ノ中カニ自レ本有リニ佛性一。佛菩薩觀テニ此理ヲ一〔義曰文〕轉シテニ草木ヲ一成スニ佛身ト一。是卽チ自他共シテ作佛スル義也。又草木有リニ淨心薰習ノ力一。諸佛ニ有ニ神力自在ノ力一。故ニ可ニ草木成佛ス一。是共依正〔正曰心〕ノ成佛ノ意也(同前)。四涅槃經云。佛性非レ內非レ外。亦非ニ中間一。一切處有。猶如ニ虛空一〔「故カ〕非ニ內有情獨有ニ佛〔「八矣〕性一非ニ外草木獨有ニ佛性一。亦非ニ內外今時獨有ニ佛性一〇(同、四八五上)皆是非ニ自佛性一。非ニ他佛性一。非ニ共佛性一。故亦非ニ自發心一。〔今曰合〕非ニ他發心一。非ニ共發心一。唯一佛性發心成佛云云〔云云八矣〕是則チ離依心ノ發心ノ義〔「曰也〕

〔曰私〕已上菩提心義第二

次ニ自依心ノ成佛ト者。自レ元具スルレ心ヲ歟不レ具セ歟トフ御尋ニ至テハ。以テニ眞如薰習ノ義ヲ一名クニ自依心ト一。可トニ本來具足ナル一云事。置而不レ可レ論スレ之ヲ。悉ク具レトレ心ヲ云者。皆ナ能居ニシテ不レ可レ有ルニ所居一云ニ至テハ。如シニ五大院ノ御釋ノ一。譬フニ之ヲ帝者ティ萬姓セイニ。帝者ハ是レ正報也。萬姓ハ是レ依報也。萬姓ハ是レ雖モニ依報ナリト一。寧ムニ無ニ其心一耶。先德釋云。「斟定記」(一八七)(三六丁左)作例云。萬姓萬民(百カ)皆無レ心王依報故ニ如ニ草木土〔土曰等〕一。國土ノ草木皆可レ有レ心王ノ依報故如ニ百姓〔姓曰性〕等一矣若爾ハ。設ヒ雖ニ依報國土ナリト一具スレト心ヲ云ム事有ニ何ノ失カ一

次ニ依正二報悉ク成佛セハ。此ノ成佛ノ時可トニ無佛ノ國土一云ニ至テハ義勢如シレ前。況ヤ復タ法華ノ心皆成佛道ノ時。終ヒニ無トニ所〔「曰之〕化衆生一可レ云歟。准例宛カ等シキヲ耶。章安大師。亦令轉者(大正藏三八、一三九中。涅槃疏)不自覺知矣末師。不自覺知者。實轉ニ衆生ニ爲ニ非衆生一。〔遲〕(卍續五八、九七丁右下。涅槃疏私記)而復衆生宛然不ニ改轉一。非情爲ニ有情一亦等〔等曰爾〕矣草木終日ニ發心作佛ストヘトモ云。草木終日ニ宛然也。若爾ハ草木成佛ノ時。依報無トハ不レ可レ疑尚是情見ノ分別也。全ク不レ可レ闕カルニ佛眼所見ニハ一

次ニ至テハニ草木有心ト云者。〔云曰乙〕八識九識ノ中ニハ何ソヤト〔「曰耶〕云ニ。五大院ノ一卷ノ書ノ中ニハ。只談シテニ唯心ノ旨ヲ一不レ云ハニ八識九識等ノ差別ヲ一。情非情同ク一心ニシテ無レ所レ隔ツルニ發心修行一。眞言教ヲ〔菩提心義二〕

（㊀ノ末ノ十二丁メ）述スル書ノ中ニ有ニ兩重ノ問答一。彼文ニ云。問。有情具ニ九識一故第六意識分ニ別善惡一發ニ菩提心一。今色塵等現（現㊀既）缺ニ八識一。已無ニ意識一。何以發心。答。有情第九淨心變成ニ八識一。八識能（大正藏七五、四八七下）現ニ七識一故。亦非情第九淨心變成ニ八識一。八識亦現ニ七識一。已有ニ第六一。何不ニ發心一。問。若爾。今現（現㊀理）所有草木色塵有ニ七八（七㊇㊈）（八七カ）識一耶（㊀否）。答。色塵當體爲ニ第九識一（㊀第九識）。中有ニ八七性一非ニ草木等現有ニ七八一矣今此ノ解釋ハ尚ヲ寄テ思議ニ顯スニ不思議一ヲ。所以ニ依テ現缺八識已無意識ノ問ニ依正色心ヲ分別スル時キ。於テ一心法ノ中ニ辨ト依正ヲ云ヘルモ（報カ）。於ハ正法ニ約ニ其現量一ニ有リ六七八九ノ不同一。既ニ論スル修起（起㊇化）ヲ處也。第八識ヲ在リ第九ノ淨誠（誠㊀識）一ニ。六七八諸識具ニ備フ修性（㊀性）一。定メテ一如ナルカ故ニ依レ性ニ起ス修ヲ。故ニ發心作佛ト云也。況ヤ復タ有情ノ發心修行又九識ノ發心也。如レ云カ下山王院ノ大師。（授決集上）（大正藏七四、二八八中）今我凡位所發圓心。於ニ九識中一且名ニ第九佛性心一。卽於ニ凡位一能見ニ聖體一。是大乘ノ因ナリ。六位究竟セリ上矣（同、二八八上）或又引テ禪門章ノ釋ヲ。又緣ニ中道一發ニ菩提心一者。此心亦名ニ中實理心第一義空菴摩羅識佛性如如實際實相無住無生等一。種種異名矣正報ノ發心既ニ以ニ九識ヲ發心スル。草木ノ發心依ニ九識ニ不レ云耶　是十三

⒁ 次ニ至ハ草木ノ發心修行ノ相貌ニ。先ッ草木ノ佛性ノ有無ヲ可キ決擇ス也。若シ許ハ具ト佛性ヲ。定テ可レ有ニ發心修行ノ義一。但シ許テ性具ヲ無ニ發心修行ノ義一云ハハ（㊀者）。問難ノ意非レ別ニ非レ圓ニ可レ云也。若シ別教ナラハ不レ可レ許ス性具ヲ。若シ圓教ナラハ不レ可レ遮ニ修具ヲ。若シ不レ遮ト修具ヲ云者。一一ノ修行皆ナ如シ正報ノ。六度萬行卽是レ也。何ソ別ニ可キ疑フ非情草木ノ發心修行ヲ云事（云事㊀耶）。彼ノ發心修行ヲ勞苦ト者。只野客カ初迷ノ見。一草一木一礫一塵各一因果各一佛性ノ義也。此ハ是野客カ昔ノ謬見也。何ソ再ヒ擧テ之ヲ可レ備ニ問難ノ端ニ耶。一一有情心遍性遍。心具性具猶如虛空。身土因果無所增減ト云者（菩提心義二）。草木（大正藏七五、四八八中）國土ノ發心修行對シテ誰ニ可レ生レ疑ヲ耶。先德ノ御釋ノ中ニ。當今行者或用ニ有情一佛（佛㊀作）ニ善法事一。或用ニ非情一佛（佛㊀作）ニ善法具一。並得ニ善法薰習之緣一。故知佛法承事場（㊀壇）界地燒闕空（闕空㊀闕達）（闕塗カ）華爲ニ善法薰一得ニ佛種起一。皆是未來發心之人矣（菩提カ）眞言教ノ心。香華燈塗是ヲ名ニ內四供養一ト。華菩薩ノ三摩地。香菩薩ノ三摩地。

一一是道場莊嚴菩薩供養也。草木成佛發心修行義。誠以明也 是十四

(15) 次至草木成佛大意一家玄旨也。法門大綱誠可在此事也。然而只仰而取信心。更非研精所及。輔行十義。金錍一論。所依文始修。定顯其深意者歟。又六祖大師 籤六 (天玄四、三五三) 依正不二門者。已證遮那一體不二。衆由無始一念三千。以三千中生陰二千爲正。國土一千屬依。今既居一心。一心既分能所。雖無能所依正宛然 矣 又云。(同、三五三～四) 若非三千空假中安能成茲自在用。如是方知生佛等彼此事理互相收 矣 草木成佛大旨可在此事〔是十五〕

何法門爲源。以何法門爲究竟。誠可留意。精義時ウチヤリタル尋ナトノ様無。思入可尋聞也。何法門爲源者。以境智冥合法門爲源也。以何法門爲究竟者。我等成佛體也。以境智不二爲卽身成佛至極也。能能可思之。更不可忽。十義始終。所依本文卽此事也。前如示之

(16) 次至他經明草木成佛耶云御尋者。如一邊御難。草木成佛是一家中微。終窮極說也。他經中所分絕也。既是云一家中微。偏可依法華極說也。但中陰寶積等說至者。只引其現文許也。是則法華心顯畢後。還而引諸經文也。如云下文顯已通得引用。(天文一、五六上) 又證一心三觀如引淨名大品文。一心三觀寧通他經可云耶。獨可有法華說云事。可云理在絕言也 是十六

此事竹林院爲一箇習也。涌出品疏云。若識理同千車共轍。佛惠則無殊也 (天文五、二一七九下) 矣 是華嚴法華相對十異判畢。還而依法華心。初後佛惠圓頓義齊旨成也。等者。法華心等云也。無左右華嚴法華同云非。六祖大師受釋本書文時。若識理同等者。(天文五、二一七九下) 問一切諸經乃至草木理無別。何獨法華。答教之同異具如玄文。雖一切理同說在今教。今所歎者歎能詮教。故諸教中無 矣

此尋以出今〔釋〕爲相傳也。自法華經見之。一代皆同也。說顯此旨法華也。又說顯法華識（識曰了）還而說置諸經文見。還而此事有符合也。卽如草木成佛。爾前或只約諸佛觀見。但約理性心也。或又諸佛菩薩神變也。更非其實義。約爾前當分其義皆如此。若約法華意。還而可成眞實也。如云契法華故有難思（曰決五（大正三、二〇一）法華曰此理）用。其義前顯畢（畢曰了）

⑰次至今經明草木成佛耶云者。法華仲微（沖カ）云事。所立既事薰畢（薰畢曰舊了）。他經既不明之。寧非法華正說耶。但至經文不見云。金錍論（論曰𥫗）中野客領解云（大正藏四六、七八四中～下）。一一有情心遍性遍。心具性具猶如〔虛空〕（曰）。彼彼無礫彼彼各遍。身土因果無不（不曰所）增減。於（於曰故）法華云世閒相常住。世閒之言凡聖因果依正攝盡矣所云世閒相常住者。卽是眞如隨緣理也。草木成佛義。源依隨緣眞如說。今以此文爲指南。誠足（足八是）可信。又四十六（金錍論）法（法曰問）中。（大正藏四六、七八四上）第九問云無情敗壞故無性者。陰亦敗壞性亦然耶矣

明曠釋云（卍續二一五、二四一丁左上。金錍論私記）。情陰非常迷謂敗壞。我土不毀（毀曰敗）常在寶（寶曰靈）山身土一如可心（心曰以）爲證（性カ）矣以我等（等曰土）不毀常在寶（寶曰靈）山爲草木成佛證據。所以本退（退曰迹）兩文誠證在此。先德引所爲指南也。誠足仰信。或先德可尋之（〔曰私云）又以藥草喩品文爲草木成佛證據。三草二木是爲五乘七方便。約譬喩所論如來迹成也。然而法譬一概也。法華眞言心。以一一譬喩屬一一法說。誠可草木成佛誠證　是十七

就此尋。北谷深習有之。筆墨不可記。且涌出品文爲誠證事如先。雖一切理同（天文五、二一七九下）說在今教矣於今經論草木成佛義事。誠證誠在此。此外皓依今經文成始終證據子細在（在曰有）之

⑱次至度度唐決文。其文甚廣博也。更不可載盡。且。日本承和年中。叡山第二座主澄大和上（㪚定記（曰載之）（六丁左～。取意））。作三十條問送度大唐。其第四（四曰二十）問卽草木成佛（佛曰𥫗）不成義也。彼問中。摩訶止觀造境卽中乃至一色一香無非中道文。及輔行十義初文。及約（約曰從）身約體文引畢。

性遍(諸㊀說)諸法者。何故在テハ二有情身一ニ有リ二知(知㊀智)覺ノ義一。在テハ二非情ノ中一ニ無ラン二知覺ノ義一。又如二有情發心修行成佛一無情亦應二發修成覺一。何故不レ等(等㊀爾)。又如下殺二害有情一得上レ罪。伐二非情等一亦應レ得レ重。何故不レ等(等㊀爾)。此義如何 已上日本問 大唐開成年中。天台山佛隴禪林寺ノ廣修和上。決シテ二此問一ヲ云 文廣可レ檢レ之 今疑テ有情有二發修成佛ノ義一無情ハ無ト者不レ等(等㊀爾)。無〔情〕(㊀)亦發修成佛ス。何者隨二是有情一故一成一切成。何嘗カツテ簡二無情一。亦言下無情不二發修一不中成佛上。有情亦不二發修一亦不二成佛一。何以故。俱不二發修一故○此有情無情俱發俱成。故云二一發一切發。一成一切成一。更何疑二於無情不一レ發耶。更何疑二殺不レ得レ罪何輕何重一也 具可レ勘レ之 先德斟二定シテ此文一ヲ云。和上所答(答㊀節)何ソ及テ言下フコトアラン雖レ違二〔迷〕(㊀)情一只可中シト仰信上。所決中二(「因カ)答之義與二荊溪論一順違難(難㊀種)レ處コトハリ。何者金錍論云ク。余(余㊀今)曰。子何猶存二無情之名一。客曰。重述二初迷之見一。余亦粗知仁所立現(現㊀理)。只是一一有情心性(「㊀遍)遍具二因果一無レ減。涅槃疏云。轉二非衆生一以爲二衆生一。諸佛神力此則永轉。若爾何必只隨二有情一成。故內色外色同レ之二得レ成ヲ。金錍論

亦云。若言三衆生有二此因果性一者。何不レ沾二於瓦石一耶。一塵一心無レ非二三身三德性種一。若爾何必不レ覓二一樹一石成佛諸(諸㊀說)法一矣 今マ斟定ノ意深ク可レ思。大唐開成シヤウ決雖レ許二非情草木ノ發心修行一ヲ。有情ノ發心修行ノ時キ。一發一切發ノ故ニ非情又然也 云云 然モ斟二定スル之一ヲ時キ。何必不覓一樹一石成佛說法トカ云故ニ。有情ノ成佛ノ發心修行ノ外ニ別ニ許二ト非情草木ノ發心修行一ヲ見タリ

(「㊀○)又同開成年中。天台座主維蠲和上答テ二前ノ問一ヲ云。大師要決 (斟定記十丁右～十二丁左。取意) 者一心三觀也。一念心起トモ(「無起カ)起相。徹底唯空。三際宛(宛㊀寂)然者(者㊀了)不可得○圓人卽念無念耳。若謂二能覺知識別一者。是心莫レ非二心性一。心性者三觀中所レ明是也。三觀明時不レ見三有情無情〔佛〕(㊀)與二衆生一。在二我觀內一在二我觀外一在二我觀中一 已上本文 先德(本㊀決)斟定シテ云ク。和上現(現㊀理)觀更何及ノ言。現(現㊀理)見二能觀之文(文㊀矣)一可レ知二所觀之境一。但日(日㊀自)本國(國㊀問)本意不レ問二情與無情一在二觀外一云(云㊀之)義。但疑二草木自獨發修成否之義一。而和上答不レ當二此問一。是故雖レ殊二有情內(內㊀圓)觀之趣(解カ)一。而未レ能レ決下無情草木亦如二有情一發心修行如レ是觀否之疑上而已 已上

今此ノ一番ノ𣂑定。又留㆑テ心ヲ可㆑思フ。維蠲ノ決答ノ心ハ。只論㆓ス現觀ノ不思議㆒ヲ。草木自ラ發心修行ス耶否ヤノ事ヲ不㆑云ハ。此ノ故ニ所㆑被㆓ル𣂑定㆒セ也。就㆓テ此ノ𣂑定㆒ニ多クキモツクヘ〔キ〕也。一ニハ日本國ノ決問ノ大旨。草木ノ現具ヲハ更ニ不㆑疑ハ。獨リ事ニ發心修行ス耶否ノ事ヲ問也。是一ノ魂也。二ニハ先德ノ被㆑非セ處。日本ノ問ハ問㆓草木事ノ成佛㆒ヲ。唐決ハ答㆓フ有情ノ理觀㆒ヲ故ニ問答相違シ畢ヌ。其ノ上ヘ約㆑シテ理ニ答ルヲ斥フ故ニ。日本國ノ意趣ハ以㆓事ノ成佛㆒ヲ爲㆓所詮㆒ト聞タリ。

「日本承和年中。傳燈大德德白和上。作㆓十條問㆒入㆓添修（〔〕𣂑定記十二丁左～三丁左。取意）禪雜問之中㆒。其ノ第九問云。非情草木成佛者。爲㆘隨㆓有情成㆒故非情亦成㆖。爲㆓非情自獨發心成佛㆒。若言㆘以㆑色攝㆑心故草木成佛㆖者。乃同㆓法相之義㆒。若言㆘攝㆑相歸㆑性故草木成佛㆖者。亦同㆓三論之義㆒。云何。廣修和上答云。第九非情草木自成佛說法疑答。如㆓三十條中問㆒具敍意 已上決

問

又同年中內供大德覺定和上。作㆓六條問㆒送㆓大唐國㆒。其第五問中云。卽身成佛及草木成佛。若有㆓經論誠文㆒請示㆓其文㆒。夫立㆑義者有㆓誠文㆒則可㆑信。無㆑文則不㆑可㆑信也。巨唐會昌五年。上都右街醴泉寺宗穎和上答。立㆑義有㆑據則可㆑信。無㆑憑則不㆑可㆑信者。荊溪笑曰。愚者守㆑文智者尋㆑義。草木成佛有㆓誠文㆒否者。毘陵所㆑製金錍論談㆓斯義㆒。請往尋㆑之 已上決文 今𣂑定云。兩和上所答。尚未㆑能㆑決㆓無心草木自發心耶否耶之疑㆒ 已上𣂑定」云云

和漢支殊問決ノ始終。先德ノ𣂑定ノ所判。大概如㆑此ノ。或ハ寄㆓テ有情ノ成佛㆒ニ論㆓コトヲ非情ノ成佛㆒ヲ斥ヒ。或ハ於㆓テ理現ノ中㆒ニ情非情一如ト云事ヲ𣂑定スト見タリ。先德載㆓ル度度ノ唐決㆒ヲ意ハ。終ニ草木ニ自ラ發心作佛スル事ヲ成カ爲也。所立ノ誠證專ラ可㆑キ在ル㆓今此ノ𣂑定㆒ニ也〔是十八〕

⒆ 次非情草木約㆑シテ事ニ發心作佛ス耶否ノ事。有㆓先德今古ノ異端㆒。末學蘭菊ノ相承有リ事不㆑得㆑止ムコト任㆓タル一傳㆒ニ計リ也。

天台宗疑決 山家大師ハ對㆓シテ道邃和上㆒ニ有㆓リ十箇ノ問答㆒。其ノ第四問云。（傳全五、四四）造境卽中者。造字訓㆑未解也。座主答曰。造謂詣。詣㆓於理㆒。故卽中也。圓人觀㆓一念㆒。因緣生心卽具㆓十法界㆒。十法界互具十界百界卽三千性相。二千正報。一千依報。三千

只一念心悉皆具足。情與無情本來不二。若言二者。則心外更有法。若別有心。則不成圓觀。此一念依正義二。三觀觀之益是法界。如來藏。法性卽佛性不異也。故華嚴塵說法剎說法。國土說法。衆生說說法也矣第九問云。問云。唯識識與一心同異如何。座主答曰。唯識與一心其義不同。唯識者夫泯境故。唯心心境不二故矣第十問云。唯識與唯心廣狹淺深如何。座主答曰。唯識者亦狹亦淺。「所以者何。存境」故。唯心者亦廣亦深。何以故。不存境故矣兩箇問答意可思。上問答中情與無情本來無二云云發心修行尚難思。雖然終文引引華嚴經。塵說法剎說法。國土說法。衆生說法矣衆生說法並國土說法云。草木國土於事說法作佛聞。何況第九十文。不泯境淺狹。泯境畢深廣。既心外不論境。非情草木發心作佛義分明也。先德引同文論草木成佛見。加之。一處御釋中他師引大經三非文。一切有情。同名佛性。此有情邊眞如。同有覺智性。故皆名佛性。非情遍眞如。無覺智性。故非名佛性矣大師破之云。此亦不爾。未解三非。如來非涅槃非佛性。此三非者。非永非故。約位非故。若言牆壁瓦礫非情之非物永非佛性者。卽爲心外有色等法。源違唯心大乘理教。若言有情遍眞如同有覺智性故皆名佛性者。眞如遍故。覺智之性無性可遍矣彼第九第十問答意。今牆壁瓦礫佛性其義尤相叶。既於非情草木有覺智性許。發心作佛義不可疑。根本大師。草木成佛義如此。承和三箇度唐決。同以事發心作佛爲意。送疑於千重之波入決於萬里之雲。日本高德意存發心修行義見

（〔ト〕中カ）（義㊂不）（㊂蓋イ）（益㊂並）（說說㊂說）（「示云。國土法境也」（〔ト〕㊂[ナシ]））（傳全五、四六）（識識㊂識）（夫㊂未）（同前）（〔ト〕㊅重複記載）（〔ト〕㊂事）（同、四四。天台宗未決）（引引㊂㊅引）（說法[ナシ]カ）（〔ト〕㊂第）（同㊂此）（守㊅護章）（傳全二、五二四）（下之上）（邊カ）（同、五二四～五）（〔ト〕㊂故非）（非㊂[ナシ]）（源違㊂深違㊅源遠）（邊カ）

斟定記

日本貞觀初年。有人立義云。無心草木自發心成佛也。爰有人云。隨有情成無情亦成。依正不二故。而今立云。無心自成法義不爾。由此一條未判。慈覺大師判云。所立有理因入得題畢矣或人所立。非情草木自獨發心作佛云。又或人云。隨有情成佛故無情又成佛。無情法自獨成佛無有此處。仍處未判。

（十三丁左～四丁右。取意）（法㊂此）（畢㊂已了）（情㊅性）

慈覺大師重テ判レ之云ク。自ラ獨リ發心作佛ストニ所立有レ理故ニ正ク入ニ得題一畢ヌ(畢㊂了)。覺大師ノ御本意。正ク成タマフ二發心作佛ノ義ヲ一事。誠ニ決定ノ理盡セリ。傳教慈覺ノ所判既ニ如レ此。五大院ノ先德引レ之爲ニ指南トレ被レ勘ニ定セ(勘㊂斟)發心修行ノ義ヲ一。(授決集下)(無情成佛決)後學ノ明鏡在レ斯ニ歟。加之。山王院ノ大師被レ設ニ一箇ノ決ヲ一(大正藏七四、三〇八中)(「者カ)。卽チ引ニ天台大師御釋ヲ一(禪門章)云。入レ理悟ニ於平等法界一(同、三〇八下)無ニ復人草(皆㊂界)之殊一矣(同前)又引ニ法華ノ文ヲ一云。世閒相常住諸法皆實相。(「㊂文)又云。若三乘教行人及凡夫等未レ離ニ文字性一。見ニ情無情其體各別一。若一乘教行人。本來無ニ此見一。先知ニ同一體性一(名㊂見)矣又引ニ大日經ノ文ヲ一(云㊂ヲ)云(同前)。阿字第一命遍ニ於情非情一(及カ)。名諸大乘誠證非レ一矣故ニ傳教・慈覺・智證・安然・圓澄・德圓・光定等皆悉ク立ニ草木ノ發心修行ノ義ヲ一見タリ。爾ヲ兜率先德(六卽義再祕(祕㊂治)私記)惠心先德(先德㊂末再治私記同之)云。古德相傳云(佛全32、一九六上～下)。天台意許ニ非情草木成佛ノ義一。近代學者不レ許ニ此義一。問。古德依レ何立ニ此義一。末學依レ何不レ許之。答。古德意難レ知。然相傳云○近代學者云。諸經論中未ニ曾謂(說カ)ニ草木修因得果一釋案(又カ)ニ因果理一甚不可也矣古今先德其ノ義鉾楯。末學更非レ可ニ取捨ス一。所ニ立申ス一只一流ノ相承ヲ存申ス計リ也。更非レ論スルニ信不信コトヲ一。再ヒ案ルニ其心ヲ一。古今各擧テニ一邊ヲ一。砧槌(チンツイ)相擊顯スニ淳朴自精ナルコトヲ一(ミ(ミ㊂ヲ))耳。經(經㊂終)ニ非ハ二鉾楯ニ誰カ辨ンニ取捨ヲ一耳　是十九

⒇物語云。天曆御時。於ニ宮中最勝講座ニ慈惠大師立ニ草木成佛義一云云南都學生等難云。是妄語也。草木爭可ニ發心修行一耶。南殿ノ梅何カハ成佛ストヲ見タルト云云主上仰云。草木成佛ノ義。云何可レ取レ信ヲ耶ト云云爰大師心中祈念云。草木成佛ハ天台智者ノ所立也。此事若實ナラハ令レ見ニ其證ヲ一給ヘト。天台一山ノ住持ノ三寶ニ令レ申給ハ。于時自ニ南殿梅花中ニ放ニ金色ノ光一。大師歡喜云。僧見コト有ヤ否ヤ。南都僧云。無ニ所見一云云大師云。唯獨自明了(明㊇ヲ)餘人所レ不レ見云云汝不レ信ニ成佛一故不レ見ニ此事一(㊂云云」)也。于(于㊂其)時奉行辨正見ニ其光ヲ一。奏云(云㊂之)。草木發心修行勝論云云(「㊂畢)

又記云(「㊂○)。天曆御時。於ニ大內一自筆御經供養時被レ修ニ八講一。天台ニハ慈惠大師・黑谷僧都。南都ニハ義昭(昭㊂照)・法藏等也。其座草木成佛論出來ス。慈惠大師ハ薯蕷(ヤマノイモ)ノ成レ鯢(ウナキ)ニ云云翌日義昭(昭㊂照)カ乘牛死トテ讀レ歌云

草モ木モ聞ツレハレ成ルトレ佛ニ。有ルレ心身ハ憑㋺タノミ有ナリ云云

佛眼院抄載レ之　粟田口傳云云

「墨付六十五丁」（「」㋺ナシ）

（㋩御本）貞治三年（一三六四）甲辰九月七日終功（功㋺ナシ）畢

同學快運已講　仙圓　志玉

法印權大僧都顯幸

（對校㋩本追記奥書）右此一册本行坊豪榮僧都企二書寫一。山門南谷淨敎坊實俊之

御本致二借用一書レ之

慶安四年（一六五一）辛卯正月十二日未刻寫滿之

末半丁乘琳房良慶助筆

（底　本）叡山文庫眞如藏『盧談』三十五册の內、No.3『六郎義聞書』

一生入妙覺と合綴本

（對校本）㋺＝叡山文庫雙嚴院藏『盧談』三十九册の內

㋩＝叡山文庫明德院藏『盧談』二十五册の內

六郎義　草木成佛

3 六卽義聞書　一生入妙覺　目次

二重問答

（精難二十六）

(1) 精云。一生入妙覺有無。佛法大事誠可レ有二此一條一…（是一）

(2) 如二問者難一。自レ迷移レ悟事誠難。自レ悟進レ悟事可レ輒…（是二）

(3) 況復餘敎心。斷二煩惱一至二菩提一故。送二劫數一事甚遠。圓敎心。卽二煩惱生死一談二菩提涅槃一…（是三）

(4) 但。於二等覺位一入重玄門故。經二千萬億劫一有二倒修凡事義一故。不レ可レ有二一生入妙覺義一申歟…（是四）

(5) 次至下元品無明有二無量品數一故。可レ斷レ之事至難。仍不レ可レ有二一生入妙覺義一云道理上者…（是五）

(6) 次至下妙覺極位自覺覺他覺行窮滿故。覺他圓滿義輒難レ成故。一生不レ可レ入二妙覺位一云道理上者…（是六）

(7) 次至二大乘深妙是於學劫亦多云故。妙覺佛果學劫隨而可レ久云一者…（是七）

(8) 所詮一生入妙覺義難レ測申大綱。何故有難レ測可レ申耶…（是八）

(9) 爰以。瓔珞經中…（是九）

(10) 仁王經云…（是十）

(11) 覺意三昧云…（是十一）

(12) 山王院大師。圓敎菩薩不レ同二前三一…（是十二）

(13) 前唐院大師釋二燈菩薩一。獲一切佛眼者。約二毘盧遮那眞實佛眼一也…（是十三）

(14) 加之。眞言敎中誠證甚多。大日經第一云…（是十四）

(15) 山王院大師在二一卷書一。名二大日經疏抄一。彼書中被レ載二今經文幷疏文一…（是十五）

(16) 五大院云。問。若眞言門行人以レ覺二自心一故卽生得レ入二分證佛位一者…（是十六）

(17) 又兜率先德一書云。問。菩提心論云。父母所生身卽證大覺果…（是十七）

(18) 加之。安惠和尚證二卽身成佛義一。於二經論中一引二勘二十五文一…（是十八）

(19) 次先德所引出二義決文一。彼具文云…（是十九）

(20)凡金剛頂經心。正是一生入妙覺義相也…(是二十)

(21)凡金剛界明二報佛現證菩提內眷屬一。三十七尊行位是也…(是二十一)

(22)山王院或處釋云。今推二等覺已前一猶未レ出レ胎在二羅穀中一…(是二十二)

(23)次至レ云下法華本迹中不レ論二妙覺益一。況一生內入二妙覺位一不レ說上者…(是二十三)

(24)六祖一處解釋中。若敎仍權但至二初住一。縱至二極果一其敎亦權…(是二十四)

(25)抑。別當大師。承和年中設二六箇疑一送二萬里波一。唐宗穎和尚深歎二來問一稍設二次答一…(是二十五)

(26)所詮。不レ可レ有二一生入妙覺義一申一邊。只經論章疏無二慥文一云計歟…(是二十六)

(答申二十三)

(1)答。自レ本所二立申一。一生入妙覺有無。文義浩博難レ辨。道理幽遠易レ迷…(是一)

(2)次至下從レ迷至レ悟事難。從レ悟至レ悟事可レ輒故。可レ有二一生入妙覺義一云御難上…(是二)

(3)次至下餘敎煩惱菩提各別故。送二塵劫修行一。今經生死涅槃一際故可レ成二頓極證一云上…(是三)

(4)次至下圓敎入重玄門不レ可レ經二事相劫數一云御難上…(是四)

(5)次元品無明有二無量品數一故。一生入妙覺義不レ可レ有レ之云事。道理猶如レ前…(是五)

(6)次妙覺極位自覺覺他覺行窮滿故。覺他圓滿義輒難レ成故。一生內不レ可レ入二妙覺位一云事。道理猶如レ前…(是六)

(7)次至下大乘深妙是故學劫亦多文。但可レ約二權敎一云御難上者…(是七)

(8)次至二瓔珞經說一者。具如二前立申一…(是八。難第九)

(9)次至二仁王經。十億菩薩登金剛頂等說一者。是又如二瓔珞經說一…(是九。難第十)

(10)次至二覺意三昧文一者。如上法門一生可得云…(是十。難十一)

(11)次至二覺大師御釋幷山王院所判一者。於二難レ測中一只論二其一邊一也…(是十一。難十二・十三)

(12) 次至二大日經幷義釋文一者。逮見無盡莊嚴加持境界云…(是十二。難十四)

(13) 次山王院疏抄文。誠以爲レ難…(是十三。難十五)

(14) 次至二都率五大院御釋一者。會通皆同レ前…(是十四。難十六・十七)

(15) 次愍喩辨惑章中。證二卽身成佛義一。於二經論中一引二勘二十五文一。皆是分證成道證據也…(是十五。難十八)

(16) 次先德所引義決文…(是十六。難十九)

(17) 次至レ云二金剛頂經意。一生入妙覺義相也一者…(是十七。難二十)

(18) 次胎藏界八葉九尊行位。五點三句法門。皆一生入妙覺義也云御難至…(是十八。難二十一)

(19) 次山王院大師。或不了者。執初發心住位爲一生所期之果。幾何訛謬乎等釋事…(是十九。難二十二)

(20) 次至下法華本迹二門同可レ明二妙覺益一云御精上者…(是二十。難二十三)

(21) 次至二若教仍權但至初住。縱至極果其教亦權。豈必八六等方至極果耶。則與一生入地生身得忍爲妨釋一者…(是二十一。難二十四)

(22) 次別當大師。承和年中六箇問。宗穎和尙決レ之時。誠許二一生入妙覺義一見…(是二十二。難二十五)

(23) 次一生入妙覺義難レ測立申大綱至者…(是二十三。難二十六)

(以上目次新作)

〔六即義〕一生入妙覺　盧山（口題簽）

3　六即義聞書

（一三六五）
貞治四年乙巳四月十一日始之　盧談

何名究竟即菩提耶（天止一、三八四。止觀）

答。文云。等覺一轉入于妙覺。智光圓滿不復可增名菩提果。至故名究竟菩提矣 是其究竟即菩提相也

阿彌陀坊抄二八。答下不出文。就祖師上人抄所出此文也。猶古抄等可勘之。但至于不復可增可知之歟。爾者證妙覺菩提必經多劫修行歟。將有一生内證之耶

答。證妙覺菩提時節。更以難測。一生入妙覺有無。任一傳縱容心可立申。此事通漫義勢。有無難測云云 但。相生流二八。一邊可有一生入妙覺義云云 又就檀那流。惠光院相傳可有一生入妙覺義云云 承教聖宗隨祖師澄禪法印雖聽覺。大堂（堅カ）立義時有一生入妙覺義云云 是依惠光院義立歟。竹林院難測云云 故菩提院法印。專隨憲實法印受業畢。彼法印入滅後隨宗嚴法印重稟竹林院義畢。此師專以眞言爲宗旨天台兼學畢。相承大旨難測旨述云。己證可有一生入妙覺一義云云 誠雖竹林院義勢。約法門大旨有一生入妙覺義可云歟

（精難二十六）　同十二日「問答如常」（一）

(1)精云。一生入妙覺有無。佛法大事誠可有此一條。難測申尤似有其謂。但。眞言止觀法門。皆所談唯佛與佛内證也。故就極佛内證辨其功德法門事幾許。限一生入妙覺一事寄事於聖境難測申所立大旨先所難辨也。就其所立始終依無一定。問者難勢又以兩端也。然而縱容問答往復有煩。先就所立一邊可搜義勢旨趣也。且無一生入妙覺義立申就。凡圓融實教

心ハ。以二頓極頓足一（足㊀束㊦速）爲レ宗ト。圓ト者。圓融圓滿ノ義ニ名ク。頓ヲハ名二頓極頓速一。又圓ト者全也。卽チ圓全ニシテ無レ缺クルコト。（決心（心㊁四）（天止一、七八。弘決取意））體非ス二漸成一。故ニ名テ爲レ頓ト。其ノ圓融圓滿ト者。十界三千ノ妙法卽シテ二一心ニ一微妙ナルカ故ニ。其ノ頓極頓速ト者。六卽七位ノ功德居シテ二一念ニ一清淨ナルカ故也。所以ニ生佛一如ナルヲ稱ス二圓融ト一。又タ生佛一如ノ故ニ成スル二頓極ノ義ヲ一也。本來圓滿シテ一法モ無シレ闕ルコト。生佛自レ本一際サイナルカ故ニ。體非ス二漸成ニ一。以テレ之ヲ名ルレ頓ト也。卽身成佛義ノ本文ニ引テ二胎經ヲ一云。（疏八）（天文四、二〇四上）法性如ニ大海一。不レ說レ有ト二是非一。凡夫賢聖人。平等シテ無二高下一。唯在リ二心垢滅スルニ一。取ルコトレ證如レ反レ掌矣　凡夫賢聖ノ人平等ニシテ無シト二高下一者。是レ圓融圓滿ノ意也。唯在心垢滅。取證如反掌ト者。顯ス二頓極頓速ノ義ヲ一也。文ノ初メニ法性如大海等云テ。顯シ二圓融不思議ノ心一畢テ。以テ二其ノ圓融ノ道理ヲ一成スルヲ二速疾義ヲ一取證如反掌ト結成スル也。今引テ二此文ヲ一證ス二卽身成佛ノ義ヲ一。誠ニ是レ可シ二甚妙ノ法門ナル一。記七（天文四、一七〇一下）

サレハ應レ知權敎ハ一向ニ說クレ長ト云テ。前三敎ノ心ハ皆ナ談ス二長遠ノ旨ヲ一。是ハ生佛ノ路永ク各別ナルカ故也。離レテ二凡地ヲ一至ル二聖境ニ一（至㊁㊀）動經劫數ノ義。其ノ理誠ニ決定セリ。是ハ生佛相ヒ隔ツル修行ノ劫數定メテ可ニ長遠ナル一。圓敎ノ心ハ。（記七（同前））若依レハ二實道ニ一（道㊀相）定メテ短ナルヲ爲レ正ト矣　故ニ以テ二速疾頓成ヲ一爲スレ基ト ナリト。此ハ何ナル故ソ。生佛自レ本一際ニシテ無カレ有ルコト二毫釐リノ異一故ニ。於テ二修行ニ一不レ可レ隔ツ二剎那ヲ一。圓頓速疾ト云ヲ只敎法ノ功能ナリト抑而信スルハ（信㊦㊁）甚タ未盡ノ事也。權敎ヲ長遠ト云ヒ。實敎ヲ速疾也ト云フハ。各各可キレ有ル二其ノ故一也。（故㊀界）權敎ハ（敎㊁㊀）生佛各別ノ故ニ送リ二長遠ノ修行ヲ一。圓敎ハ生佛一際ノ故ニ論スル二速疾頓成ヲ一也。此ノ（此㊁㊀）道理ヲハ立者ハ許ス歟。不レ許サ歟。先ツ爰ヲ可キ二落シ伏ス一也。但シ此ノ道理ヲハ不トハレ然ラヨモ不シレ申サ。立敵無キレ諍ヒ條勿論也。然ラハ生佛不二ノ故ニ談スハ二頓極頓速ノ旨ヲ一。一生ノ內チニ證セハ二妙覺ノ菩提ヲ一。事更ニ有ムレ所ロカ二何ノ押ル一。生佛迷悟一如平等ト者。佛ト者先ツ可シレ約ス二極佛ニ一。凡夫ト者卽チ底下ノ凡夫也。阿鼻ノ依正ハ全處ニ極聖之自心ニ一。（金錍論（大正藏四六、七八一上））毘盧ノ身土ハ「不レ逾ヘ二凡下之一念ヲ一。（「」㊀㊁㊀）（下凡カ）毘盧ノ身土不レ指ムニ極佛ヲ一耶。阿鼻ノ依正」正ク指ス二底下ノ類ヲ一也。如ク レ此凡聖一如ノ故ニ取コトレ證ヲ反スレ掌ヲ。（「㊀如）是レ非ス二一生入妙覺ノ義ニ一耶。破フテ二此ノ道理ヲ一無シト二一生入妙覺ノ義一申スハ。甚タ可キレ固ル事也

而圓頓速疾者。約分證不約究竟立申歟。如此經論見歟。釋義定歟。又道理分明歟。且就道理可明所立也。圓頓速疾云限分證不通究竟道理何可申。如前難。圓頓速疾者。無道理只速疾也非可云。生佛迷悟一際故速疾也云事。既在如來誠諦。又大師釋義明也。道理又所指掌也。生佛平等故速疾云者。其速疾道理。底下凡夫究竟佛相對可論速疾也。生佛平等故速疾云。除究竟佛分證位速疾也何可申。若如所立。生佛平等義分證位平等。究竟佛隔歷可云歟。若又生佛平等云。分證究竟倶平等有。速疾云方限分證可云歟。若爾者。生佛平等爲道理成速疾義事既以壞畢。爰程自道理底可披申也。常事有。此算要只可有此篇目也　是一

(2)一。如問者難。自迷移悟事誠難。自悟進悟事可輒。故瓔珞經論地上功德時。心心寂滅。自然流入薩婆若海矣（大正藏二四、一〇一五中）自住前進住上事雖可難。猶談速疾頓成旨。自悟移悟事甚易。既自然流入云。去住自在釋。一生內至究竟果證事有何煩。攝論中。如竹破初節。餘節能破。「得初地眞智。諸地悉當成矣（大正藏三一、四二四下）若至初地畢餘地隨成。」一生內至妙覺事。誰正可妨之。何況今經序品中。文殊師利云昔放光瑞。又見諸如來。自然成佛道。身色如金山。端嚴甚微妙矣（大正藏九、四下）所云自然成佛道者。解釋約極佛報身見。（疏三（天文二、五六〇上参照））地住已上增進任運自然事如此。至妙覺菩提事寧非速疾耶　是二

(3)一。況復餘教心。斷煩惱至菩提故。送劫數事甚遠。圓教心。卽煩惱生死談菩提涅槃。觀門成就顯易。修行時節可輒。本觀理是。不觀染除。染體自虛。本虛名滅矣（天文一、一九六下。文句記）煩惱卽菩提旨。不可隔元品無明。生死卽涅槃義。不可遮等覺一生。若爾。有何道理可妨一生入妙覺義耶　是三

(4)一。但シ。於テ二等覺ノ位ニ一入重玄門スルカ故ニ。經テ二千萬億劫ヲ一（千萬億㋩多）有カ二倒修凡事ノ義一故ニ。不レト可レ有ル二一生入妙覺ノ義一申（申㋩云）歟。如ク二此ノ義一經テ二多塵劫ヲ一可レシ成ス二妙覺ノ菩提ヲ一。故ニ雖トモ二圓教ノ心ナリト一以テ二長遠ヲ一爲（「㋣何）レ宗ト可レ云歟。若爾ハ。圓頓ノ名既ニ非ス二空ク施スニ一耶。況ヤ圓教ノ入重玄門。等覺ノ位ニ限リ不レ限有リ二學者ノ異端一。輒ク不レ可ニ決定一ス。縱又雖トモ下約スト二等覺ノ位ニ一。如ク二別教ノ約シテ二事相ニ一經トハ二百千萬億劫ヲ一不レ可レ云。爰以テ。六祖ノ大師（天玄二、四〇五）籤三 觀ニ達シテ無始ノ無明ノ源底ヲ一邊際智滿ルヲ名爲スト二等覺ト一。卽成テ二圓門ヲ一遍ク應ルヲ二法界ニ一名ニ入重玄ト一。不レ同セ二別教ノ教道ノ重玄ニハ。居ルニ二妙覺ノ邊ニ一名ニ邊際智滿ト一矣 如ハ二今ノ解見（見㋺㊁㋬㋣釋）一ノ。於テ二等覺ノ位ニ一雖レトモ論スト二重玄門ヲ一。還而（而㋩㋤）是レ可キ成ス二速疾ノ義ヲ一也。所以者何ナレハ。遍應（應㋺於）法界名入重玄。不同別教教道重玄ト釋カ（卍續四五、一五〇丁右下。輔正記）故也。別教ノ入重玄門ハ。誡ニ是レ經テ二百千萬億劫ヲ一可レシ論ス二修集藥法廣逗衆病ノ義ヲ一。圓教ノ入重玄門ハ。異ニナリト彼ノ別教ノ教道ノ重玄ニ一云フ。若夫如ク二所立ノ一約シテレ事ニ經ト二百千萬億劫ヲ一云者。同シト二別教ノ入重玄門ニ一云ヘシ。以カレ何ヲ異ナリト云ム耶。以テレ之云ニレ之ヲ。遍應（應㋺於）法界ノ重玄ト者。正ク是レ一念速疾ノ義也ト聞タリ。寧以テ二圓教ノ入重玄門ノ義ヲ一可レム成ス二長遠ノ義ヲ一耶 是四

(5)一。次至テ下元品ノ無明ニ「同十三日」（「」㋩㋤）有カ二無量ノ所（所㋩㋣品）數一故ニ。可キレ斷ス之ヲ事至テ難シ。仍テ不レト可レ有ル二一生入妙覺ノ義一云フ道理上ニ者。一往玄五（天玄三、四二二）大ニ分テ爲ス二四十二品ト一。然甚（甚㋺㊁㋬㋣其）品數無量無邊矣 惣而論スレハ之ヲ。無明ノ品數雖モ二無量無邊ナリト一大ニ分シテ之ヲ成スル二四十二品ヲ一也。若爾ハ。妙覺ノ一品替テ二餘位ノ無明ニ一可ト成ス二無量ノ品數ヲ一云事。背キ二釋義ノ約束ニ一ハ畢ヌ。縱ヒ又於（於㋩㋤）テ二元品ノ無明ニ一（㋩以「）別（別㋩前）ニ雖モ有ト二無量ノ品數一。佛智ノ所レ斷スル何ソ又タ無ム二速疾超斷ノ義一耶。都テ論レハ之ヲ。以テ二無明ヲ一名ク二難斷ノ惑ト一。因果ノ無明倶ニ可シ二難斷一ナル。圓頓ノ觀門不可思議ナルカ故ニ。金剛ノ斧（ヲノ）能（能㋩㋤）ク碎キ。無翳（エイ）ノ日能ク照ス。不レス斷セ二何ナル惑ヲカ一智（「㋺㋣何）ヲカ不レム發セ。縱ヒ雖トモ二難斷ノ惑カクスナリト。縱ヒ雖モ二難顯ノ理ナリト一。於テ二一時一念ニ一速カニ難（難㋣斷）シレ之ヲ證スレ之ヲ事。非ス二圓頓不思議智斷ニ一耶。是ヲ寄セ二多品ニ一是ヲ讓テ二難斷ニ一。一生ニ不レト入ラ二妙覺ニ一云者。只是レ權教ノ智斷也。非ルヲ二實教ノ所談ニハ一耶

次ニ元品ノ無明別（別㋩前）ニ可シト二難斷ナル一者。經論釋義ノ中ニ其ノ心見タル歟。道理ハ又有ルヲ二何ナル故一耶。只覆ヒタル二佛果ノ智ヲ一煩惱ナレハ難シトレ

斷可云歟。是別起盡不覺。障佛果煩惱頓可被斷事有。佛果智自本名頓極頓速。斷法界無明事速疾佛智速疾有。大覺世尊積劫行滿義釋時。三惑頓盡。大夜斯曉云（天止一、三三）佛智體名頓覺也。頓覺名對誰耶。是元品微炎頓斷故也。仍障佛智無明。一生不斷之云事非圓極談也

次華嚴經中。因位智惠喻爪上土。佛果智惠喻十方土田。障之無明故。四十一品無明束如爪上土。佛果能障如十方土田。故元品無明可難斷云道理至者。自古難此事。所云因果相對者。約權實二教也。因位智斷如爪上土者。是約別教智斷也。「果位智斷」如十方土田者。是約圓教智斷也。誠可有此意也。縱又於圓實所談。因位喻爪上土。佛果喻十方土田云。速疾可斷之云事。道理猶如前。以十方土田智斷十方土田惑。寧非速疾。以法界量智斷法界品無明事。誠是可妙覺極地智斷。仍元品無明無量無邊故。一生不斷之云事道理更不可成　是五

(6)一。次至妙覺極位自覺覺他覺行窮滿故。覺他圓滿義輒難成故。一生不可入妙覺位云道理者。度盡法界衆生事。縱雖至妙覺位更不可論此義。法界漫漫衆生自本無窮盡故。若度一段機緣。縱雖至妙覺位寧不論覺他圓滿義耶。如釋尊今日成道。漫漫衆生終無窮盡。節節利益寧不滿本懷耶。何況權教權門中送長時長劫事。只在出假利生義也。所謂如云動喻塵劫云動經劫數。圓教心又論佛果長遠時。寄事於大悲利物偏是可權門心。是不招權實相亂失耶。爰以。山家大師論今經化導勝時。能化所化俱無歷劫。妙法經力即身成佛矣（法華秀句）（傳全三、二六六。）能化自證行速疾化他行又速疾也。如所立。自證偏談速疾。化他定長遠可云歟。若爾。自證行權實不同也。化

他行ハ權實全同シテ可レ云歟。道理寧可ムレ然ル耶。何ニ況ヤ圓教ノ心ハ自證化他全テ無レ所レ隔ル。化他ノ行ハ必ス長遠ニシテ「權實不レ異ナラ」云者。自證ノ行モ又長遠ニシテ」權實可レ等カル。所以者何ナラハ。自證化他不レ可レ隔ツ故也。山家ノ大師ハ正ク。能化所化倶無ニ歴劫一。妙法經力卽身成佛矣（傳全三、秀句下）能化所化速疾ナル事ハ妙經ノ功力ナリト云フ。若シ如ナラハ所立ノ。妙經ノ功力但シ限テ自證ニ不レ亙ラ化他ニ可レ云歟。若又倶ニ無歴劫ノ義ハ。限テ分證ニ不レ亙ニ果位ニ云者。妙經ノ功力ハ但シ分證ニシテ不レ及ニ果位ニハ可レ云歟。道理寧可ムレ然ル耶　是六

(7) 一。次ニ至テ大乘深妙是於學劫亦多ト云カ故ニ（大正藏三八、七〇八上。維摩略疏）。妙覺ノ佛果學劫隨而可シト久カル云フ者。道理又不レ可レ然ル。所以ニ學劫亦多ト者。專ラ可シ權教ノ心ナル。不レ可レ及ニ圓教ノ心ニハ。所ノレ云學劫亦多ノ文ハ解釋引テ判セリ。大論ノ文ヲ。彼ノ釋ニハ（大正藏三八、七〇八上）。若案迦旃延所解三藏中。段三僧祇集學佛法。百劫種相佛道現前。此是三藏小乘淺近之法。修學研行劫數爲少。若案釋論彈於此義。佛法無量豈是三祇所學能遍。乃經無量億阿僧祇集塵沙佛法諸深法門。乃可圓滿大乘深妙。是故學劫亦多矣　故ニ大論ノ心ハ。小衍相對シテ破ル小乘ノ三祇ノ劫數ヲ也。所謂ル小衍相對ト者。或ハ藏通相對シ。或ハ以テ別ノ大乘ヲ破ル小乘ヲ也。今所ノレ云。乃經無量億阿僧祇集塵沙佛法ト者。專ラ以テ別教ノ大乘ヲ破スト小乘ノ三祇ヲ可キレ得レ意。況ヤ大乘深妙是故學劫亦多ノ文中ニ攝スト圓教ヲ云者。分證ノ果又可キレ云學劫亦多ト也。所以者何ナラハ。別教ノ心學劫亦多ト者。地前地上相對スル也。望メテレ之ニ云者。以テ圓ノ住前ヲ住上ニ可ニ相對ス也。故ニ圓教ノ住前ノ修行モ無量劫ナリト可レ云歟。而ヲ如ク所立ノ分證ノ果ハ速疾ナルカ故ニ不レ可レ關カル圓教ノ住前ニハ。故ニ學劫亦多ノ義ハ。但シ對スト妙覺ノ極果ニ可レ云歟。寧可ムレ叶フ本論ノ文ニ耶。又可ムレ叶フ解釋ノ引用ニ耶。縱又學劫亦多ノ文ノ中ニ雖トモレ攝ストニ圓教ヲ。以テ多劫ノ行ヲ一念ニ屬スト可レ云也。圓教ノ心長短自レ本不カ妨礙セ故也。若爾ハ。以テ學劫亦多ノ道理ヲ無シト一生入妙覺ノ義申ス其義終ヒニ不レ可レ成ス　是七

(8) 一。所詮一生入妙覺ノ義難シトレ測申ス大綱ハ。何ナル故ヘ有テ難シトレ測可ソレ申耶。只佛果ノ法門ナレハ難シトレ測申スニテハヨモアラシ。爾ハ此ノ算ニハヤハ限ルヘキ。惣而云ハハレ之ヲ。法華ノ法門ト者。皆

是レ唯佛ノ境界果分ノ法門也。何事カ凡情ニテ可キ二分別一スル事ノ有ル耶（耶㋣乎）。可キニテレ畏ル二凡情ヲ一有ラハ。一切ノ法門一言モ不レ可レ述フレ之ヲ（之㋩乎）。別而約ルニ二佛果ノ法門一ニ故ニ。一生入妙覺ノ法門難レシト測リ云者。元品ノ能治ニ報佛ノ所居。報身ノ智惠ノ有爲無爲等向ヘテ二佛果ノ極智ニ一沙汰シタル事ノ。其ノ篇目幾許ソ耶。限テ二一生入妙覺ニ一獨リ難レシト測申スニ有リトモ二何ムノ理一覺ヘヌ也。爾ニ（爾㋥㋣而）權スルニ（權㋺㋩㋣推）二所立ノ大旨ヲ一。一生入妙覺ノ道理ハ分明也。卽身ニ入ニト二妙覺ニ一云ツヘシ。至ハ二證據一ニ。經（經㋺㋩乎）論釋義未タスニ二分明一ナラ。是祕ノ大事ヲ後學暗ラニ不レカ可レ計ラフ故ニ難レト測申スル歟。此ノ分カ難ニテレ測有ラハ無下ノ事ト覺ル也。六祖ノ大師ノ所判ニハ（記三）（天文一、三九二上）。有リレ文有ラハレ義常ノ人用ルレ之。無シテレ文有ラハレ義智人用ルレ之矣 有文有義ハ誠ニ是レ常途ノ所用ナレハ置而（置㋺㋩還）不レ論セ。無文有義智人用レ之云云 一生入妙覺ノ道理必然ナラハ既ニ得タリ二其ノ義ヲ一。經文釋義證據不レト慥ナラ者。是無キ二其ノ文一也。無文有義ハ智人ノ所レ用ル也。見ハレ賢ヲ思フレ齊シカラムコトヲ。何ソ智人ノ所用ヲ可キレ拋ナケウツ耶耶（耶耶㋺㋥㋩㋣耶）。有テレ文無ヲハレ義暗者用ルレ之（之㋩也）（㋣矣」）云云 一生入妙覺ノ義無シト云フ文ヲ執スルハ。是レ有文ノ心也。捨ルハ二一生入妙覺ノ義ヲ一卽是レ成ヌレ失ヘルニレ義ヲ。叶ヘリ二有文無義ノ心一ニ。何ソ可キレ伴トモナウ（伴㋣伸）二暗者ノ所用一ニ耶。一生入妙覺ノ事義ハ雖レ有トレ無キレ文故ニ難シトレ測云者。好テ同スル二暗者ニ一也。圓頓ノ學者寧可ムレ然耶。抑。又無シト二一生入妙覺ノ證據一者。誰人ノ所レ云耶　是八

私云。第二十三ノ答ニ聞レ之閒。今難ノ會通無レ之

(9) 一。爰以（同十四日）。瓔珞經ノ中ニ（㊂本業瓔珞「第八」（ニ」㋺㋩㋣乎））（「示云。大瓔珞經十卷也」（ニ」㋩㋣乎））。敬首菩薩白佛言（大正藏二四、一〇二〇中）（「〇カ）。世尊。佛已說（「上カ）若因若果若賢若聖一切功德藏。今此大衆有十四億那由他人。誰能不起此座（坐カ）受學修道。從始至終（終㋩極）一一具行次第。入菩薩位佛（者カ）。答云。佛子（子㋺㋩果）。若一切衆生初入三寶海以僧爲本（信カ）。住在佛家（家㋺界）以戒爲首（本カ）等云テ。具サニ列ネ十信十住乃至十地ヲ一畢テ（同、一〇二二下～一二上）。佛子（子㋺㋩果）。復從下地以一照智（是カ）。了一切業因業子（〇カ」）（「菩薩カ）（子㋥㋩㋣果）。自然（「〇カ）流入妙覺海地。佛子。住是妙覺地中。我說次第六入法門〇（此座カ）我今日時有十四億人。不起本座入此六入法門矣（離カ） 敬首菩薩ハ若因若果若賢若聖一切功德〇（〇㋩㋣乎）誰能不起此座受學修道ト問シ。佛ハ初發心已來住行向地及ヒ妙覺ヲ列ネ畢テ。不起本座入此法門矣 初發菩提心已來乃至妙覺海地不シテレ起タタ二今日ノ席ヲ一從リレ初メ至マテレ終リニ具足成就スト見タリ。一生入妙覺ノ明メイ文正ク非ス二此ノ文ニ一耶　是九

瓔珞經ノ第八受學品ノ文也。此ノ文ハ佛頂坊祕藏ノ勘文云云（三本業瓔珞受學第七也）
決第一ニハ。具如瓔珞下卷矣ト云（天止一、一一八）（「三下云）追而可レ勘レ之ヲ

⑽一。仁王經云。十億菩薩登ニ金剛頂一現成ニ正覺一矣（回三へ下新　回三下卷受持品（大正藏八、八三三中））舊經ニハ。十恆（恆河沙カ）菩薩現身成佛矣（同、八四一上）既ニ云カニ現身成佛トー故ニ卽身ノ頓證不レ可レ疑フ。又登金剛頂ト云カ故ニ。登ルニ究竟ニ事誠ニ是レ分明也。一生入妙覺ノ義既以テ分明也　是十

⑾一。覺意三昧（天台）云。是眞初住入理賢人。名（名へ各）下處ニ在聖胎一得中無生忍上。亦復悉知ニ上地法門一。於ニ一心中一具ニ足萬行一。不レ可ニ說盡一（「無量功德カ）。其餘九住及十行。十（十へ内）金剛十地等覺妙覺。是諸佛境界。是菩提（提回へ薩）所レ知。豈是凡識之所ニ能量一。是則略說ニ修行覺意三昧一。最初境界。是中行者。當下善取ニ其（其へ者）意一勤而行ヒ之。如上法門一生可レ得也（「矣カ）矣（矣内カ）上ノ文ニ住行向地等覺妙覺ヲ列ネ畢テ。下文ニ結ニ成スル之ヲ一時キ。如上法門一生可得　矣（大正藏四六、六二七中）
一生入妙覺ノ證據寧可ムレ如シレ之ニ耶
加之。天台發願文云（卍續二一四、五七丁左下）。理卽名字觀行相似分眞究竟。圓伊（大回へ内）三點不レ縱不レ橫。正法大城金剛寶藏一切佛法自行化他一生有（有回へ下可）レ辨　矣　今ノ文難レ測ト云義ノ時キ。是レ大師ノ發願ノ文ナルカ故ニ。縱容ノ義ニシテ非ニ決定ノ證ニト云云　此ノ料簡甚タ不レ可レ然ル。大師ノ發願寧空ク設ケタマハン耶。一生究竟ノ道理決定ノ故ニ。大師緣シテニ正境一發願シタマヘル也。全ク虛妄ノ願ト不レ可レ云。何ニ況ヤ覺意三昧ノ文。擧ケニ住行向地等妙二覺ヲ一畢テ一生可得ト結成シタマヘリ。此レノ今（此今回へ下今此）發願ノ文。理卽名字乃至究竟ヲ列ネ畢テ一生有（有回へ下可）辨ト誓願シタマヘリ。兩處ノ釋義實ニ如シニ符契ノ一。誰カ不ムレ生セニ決定ノ信心ヲ一耶　是十一

⑿一。山王院ノ大師（論記）。圓教菩薩不レ同ニ前三ニ。緣ニ無作ニ（諦修無作カ」）觀。遍ニ一切處ニ造レ境卽中。六卽智斷一生究竟。虛空爲レ座成ニ無上覺一矣（佛全25、七上）師資ノ發願重テレ代ヲ志シ同シ。和漢ノ釋義隔テレ海ヲ旨一ツナル者歟　是十二

⒀一。前唐院ノ大師（金剛頂經疏第七）釋シテニ燈（顯カ）菩薩ヲ一。獲一切佛眼者。約ニ毘盧遮那眞實佛眼一也。若依ニ界教一修行者。久久經ニ三大無數劫一。然後證得。若依ニ祕教一修行者。不レ歷ニ劫數一。現生證得。於レ此應レ有ニ似分究竟一。若似佛眼。凡位得レ之。若分佛眼。約ニ十住地等一。若究竟者。是毘盧遮那三身普光地也　矣（大正藏六一、一〇二下）
彼ノ別教ノ修行ハ久久ニシテ送ルトニ三大無數劫ヲ一云ヒ畢テ。祕密ノ修

行ハ更ニ不レ經ニ劫數一ヲ。現生ノ閒タニ相似分眞究竟ノ證得有リト云リ。一生ノ閒タニ可ニシト六卽究竟スト云事ハ。天台大師設ケニ解釋一ヲ致スニ發誓一ヲ。〔「㋺㋬者㋣證〕覺大師智大師解釋ノ文言雖レトモ異ナリト。〔「㋺㋬也〕一生ニ六卽ヲ究ムル事。其ノ心全ク同キヲ耶 是十三

⑭一。加之。眞言教ノ中ニ誠證甚タ多シ。大日經第一云。所謂〔初㋬㋟〕初發心ヨリ乃至十地マテニ次第ニ此ノ生ニシテ滿足矣（大正藏十八、一中）無畏三藏釋ニ此文一ヲ云。〔「大日經疏　山王院大日經疏抄引レ之」（「」㋬㋟）〕餘乘菩薩。志ニ求無上菩提一。種種勤苦不レ惜ニ身命一。經ニ無數阿僧祇劫一。或有ニ成佛一或不レ成者。（「佛カ）今此眞言門菩薩。若（「能カ）不レ虧ニ法則一方便修行。乃至於ニ此生中一逮ニ見無盡莊嚴加持境界一。非ニ但現前而已一。若欲下超ニ昇佛地一卽同中大日如來上亦可レ致也矣（續天全密教1、十五下）逮見無盡莊嚴加持境界ト者。是レ指ニス分證ノ位一ヲ也。若欲超昇佛地ト者。是レ表ニル佛果ノ如來一ヲ也。一生入妙覺ノ文。誠ニ在ルレ斯ニ歟 是十四

⑮一。山王院ノ大師在リニ一卷ノ書一。名クニ大日經ノ疏抄一ト。（八六二）彼書ノ中ニ被レタリ載セニ今ノ〔經㋬㋟〕經文幷ニ疏ノ文一ヲ。卽チ被ルレ注セニ貞觀五年六月ノ叡山ノ法華會ノ問答一ヲ文云。（佛全26、六七八下）今〔今㋺㋬㋟〕止觀諸僧抑ヲク云。言ニ超昇佛地一〔者㋬㋟〕者。入ニ圓教ノ初發心位一。無下一生成ニ究竟佛一之理上。仁

和上答云。已言ニ十地滿足一。「是約ニ圓教十地一。言ニ佛地一者究竟之位也。」（「」（天文四、一九九八上。文句私記參照））止觀僧者云。〔者㊁㋣亦〕諸教中有下一生入ニ初住一之義上。〔「㋬義〕未レ有レ入ニ究竟之位一。和上云。已言ニ十地滿足一。」是其明文。諸教不レ擧レ之者。偏說ニ入住之義一不レ說ニ超昇之義一也。圓人已有ニ一生超登十地之義一。何故不レ言レ然 諸僧信伏了。（了㋟カ）六月十一日決ニ此ノ義一也 矣（八六二）貞觀五年六月ニ於テニ會中一ニ忽ニ有リニ諍論一。有リニ止觀諸僧一名クニ一類ノ執者一ト。其ノ諍論ノ篇目分段捨不捨及ヒ一生入妙覺等也。於テニ會中一ニ諍論未タレスレ休キウセ。衆〔僧㋺㋬㋟〕僧相ヒ引テ至ルニ大師ノ禪房一ニ。彼ノ時ノ問答ノ始終。山王院ノ大師被ルレ記セレ之ヲ。今又疏抄ニ被レタリ錄セレ之ヲ。可トレ有ルニ一生入妙覺ノ義一云事。大會ノ諍論互ニ不レ休ヤマ。覺大師追而決シテニ判之一ヲ被レタリ引ニ用セ大日經及ヒ無畏ノ義釋一ヲ。（「證カ）又被ルレ載セニ其ノ道理一ヲ。覺大師ハ引テニ文證一ヲ破スニ一類ノ執者一ヲ。智大師ハ載テニ簡牘カントク一ニ〔「示云。書籍也」（「」㋬㋟）〕貽ニ萬代ノ軌範一ニ。一生入妙覺ノ義既ニ以テ所レ令ルニ決定一也。誠難レ被レ改メ者歟 是十五

⑯〔同十五日〕一。五大院云。〔菩提心義三〕問。（大正藏七五、四九八下）若眞言門行人以レ覺ニ自心一故卽〔生㋬㋟〕生得レ入ニ分證佛位一者。亦應卽生可レ至ニ究竟妙覺一耶。答。義釋云。如三（「餘乘カ）菩薩志ニ求無上菩〔上㋬㋟　提㋬薩〕提一 ○ 若號〔號㊁㋣欲〕下超ニ昇佛地一卽

同中大日如來上亦可レ致也矣今此ノ大日經幷ニ義釋ノ文。慈覺大師決ニ當時ノ諍論ヲ生ニ未來ノ眼目ヲ。智證大師再記シテ之ヲ爲ニ萬代ノ龜鑑ト。五大院ノ先德重テ分ニ別シテ分證究竟ノ證人ヲ答ニ此ノ問ヲ時キ。引テ義釋ノ今文ヲ卽生ニ可レ證ス究竟ノ妙覺ヲ定メタマヘリ。兩大師既ニ設ケタマヘリ決判ノ釋ヲ。五大院重テ辨ヘタマヘリ分極ノ證ヲ。不ハ仰ニ此等ノ誠證ヲ又可レ尋ヌ何ノ文ヲカ耶

是十六

⒄一。又兜率先德一書云。問。菩提心論云。父母所生身卽證大覺位。又云。唯眞言法中卽身成佛故。是說三摩地云。（大正藏七五、七九七中～下。五相成身私記）不捨分段入ニ妙覺ニ歟。答。然也。問。以何知。答。案ニ彼論意ヲ義必然也。又大日經云。初發心乃至十地。次第此生滿足○亦可致也○又如ニ義決云ニ卽於ニ此生ニ得ニ如來地ヲ矣

如ハ今ノ先德ノ釋義ノ。菩提心論ノ速證大覺位ノ文及ヒ卽身成佛故ノ說ヲ以テ成シタマヘリ一生入妙覺ノ義ヲ。爲メニ證ンカ此ノ義ヲ所ノ前キニ出ス大日經及義釋ノ文ヲ引キ判シタマヘリ。「前唐院ノ御釋ハ」貞觀五年（八六三）ノ六月會也。於テ當堂ノ當會ニ決ニ定シタマフ一生入妙覺ノ義ヲ。山王院及ヒ禪定ノ先德ハ。爲メニ決ニ了センカ眞言門ノ義ヲ

各製シテ一書ヲ授ケタマヘリ來葉ニ。大日如來ノ所說。無畏三藏ノ消釋。慈覺智證ノ定判。安然兜率ノ引用也。一生入妙覺ノ義無シト文ニ可ム云耶　是十七

⒅一。加之。安惠和尚證トシテ卽身成佛ノ義ヲ。於テ經論ノ中ニ引キ勘ヘタマヘリ二十五ノ文ヲ。其ノ第十六ノ文ニ。前キニ所ノ出ス大日經ノ文是レ也。第二十三ノ文ハ。菩提心論ノ。唯眞言法中卽身成佛故。是說ニ三摩地法。於ニ諸教中ニ闕而不レ書矣文也。（大正藏三二、五七二下）第二十四ノ文ハ。同論。若人求ニ佛惠ヲ通ニ達菩提心ヲ。父母所生身速證大覺位ノ文也。（同、五七三上～中參照）第二十五ノ文ハ。同論。又有ニ衆生ニ發ニ大乘心ヲ行ニ菩薩道ヲ○復修ニ瑜伽勝上法ヲ。人能從レ凡入ニ佛位ニ者。亦超ニ十地菩薩境界ヲ矣（同、五七四下參照）論文既云ニ從凡入佛「位超十地菩薩」境界ヲ。明知。修ニ三摩地ヲ力入ニ佛位ニ。故超ニ於十地境界ヲ。卽身成佛也矣（傳全三、三八二）引テ菩提心論ノ三文ヲ證シタマヘリ一生入妙覺ノ義ヲ。第二十三ノ卽身成佛故ノ說。第二十四ノ速證大覺位ノ文未タ辨ヘ分證究竟ヲ。故ニ可シト分證ノ成佛ナル云フ料簡在ル之歟。而ヲ先ツ一論ノ大綱ヲ明メテ。次ニ可キ定ム句句ノ文義ヲ也。唯眞言法中卽身成佛故等者。論ノ初ニ

今此瑜伽宗義異諸教相云論卽身成佛義也。父母所生身速證大覺位者。一論文終歎菩提心文也。故論初表卽身成佛義。論終結卽身成佛位也。仍一論正宗卽身成佛義。分證爲本歟。宜可勘論文始終也。而論明三摩地菩提心（大正藏三二、五七三上～中）。其中勝義菩提心中。復修瑜伽勝上法人。能從凡入佛位者。亦超十地菩薩境界矣。十地菩提者。是所超也。能超寧非妙覺位耶。所以十地菩薩境界者指分證也。超分證入佛位者。非究竟佛果如何只超十地至佛果不可云歟。既從凡入佛位云故。從凡夫地直入妙覺海見（傳全三、三八二）。安惠和尙引今此文畢。論文既云從凡入佛「位超十地菩薩」境界。明知。修三摩地力入佛位。故超於十地境界卽身成佛也矣以超十地菩薩境界爲文。起盡成卽身成佛義。非一生入妙覺義如何。論三摩地菩提心下（大正藏三二、五七四下）。從凡入佛位者。卽此三摩地者。能達諸佛自性。悟諸佛法身。證法界體性智。成大毘盧遮那佛。自性身・受用身・變化身・等流身 ○ 故大毘盧遮那經云。悉地從心生。如金剛頂瑜伽經說。一切義成就菩薩。初坐金剛座。取證無上道矣從凡入佛位云佛位體釋時。成大毘盧遮那佛。自性身・受用身等云引金剛頂經說。一切義成就菩薩。初坐金剛座。取證無上道等云。是皆妙覺究竟成道也。豈分證成道可云耶。如此又述成畢歎其功用時。若人求佛惠。通達菩提心。父母所生身。速證大覺位矣（大正藏三二、五七四下）速證大覺位文指究竟大覺云事。既如得明鏡。誰正可生疑惑耶　是十八

(19)一。次先德所引出義決文。彼具文云。三垢所纏實難除斷。佛智菩提一念相應卽便滅盡。廣讚菩提心。如華嚴等。彼經所說直入直修直滿直證。卽於此生得如來地矣（大正藏七五、七九七中）直滿直證等云。卽於此生得如來地云。一生入妙覺義。誠是明　是十九

(20)一。凡金剛頂經心。正是一生入妙覺義相也。所謂今此宗心。削地位漸階立等妙頓旨。卽是

削テ二三賢十地ノ階位ヲ一等妙二覺ノ頓證ヲ論ル也。所謂五相成（相〈〉乙）身ノ始終ト者。一切義成就菩薩ノ頓證也。彼ノ經ノ文ニ。第一時（時〈曰〉〈〉備）ニ（第一〈曰〉〈乙〉）（大正藏十八、二〇七下）一切義成就菩薩摩訶薩。由テ二一切如來驚（警カ）覺シタマフニ一。卽從ニ阿婆頗娜伽三摩地ニ起テ禮ニ一切如來ヲ一矣　阿婆頗娜伽三摩地ト者。五相成身（成〈〉乙）ノ初ノ無識心三摩地是レ也（也〈〉乙）。五相成身終テ後チ明ス二五方ノ五智ヲ一。（大正藏十八、二〇八中）次ニ。爾時（時〈曰〉〈〉況）世尊毘盧遮那如來。不久現證等覺一切如來普賢心ヲ一矣　慈覺大師釋シテ二不久ノ現證ヲ一（金剛頂經疏三）云。雖レ云ニ不レ久現證ト一。而成佛以來甚大久遠。所ミ以不レ（大正藏六一、三九中）（「所カ」）說二經劫數ヲ一者。於レ經各有ニ傍正義一故。彼法華正破ニ近成執ヲ一故廣說ニ塵劫事ヲ一。今此經正顯ニ頓證之相ヲ一矣　金剛頂經ノ大意。以テ二一生入妙覺ヲ一爲スル二宗旨ト一事誠ニ明カ也。彼ノ菩提心論ノ中ニ。從凡入佛位（位〈曰〉〈〉乙）ノ相ヲ云トシテ。如ニ金剛頂瑜伽經說ノ一。（大正藏三二、五七四下）一切義成就菩薩。初坐（坐〈〉座）ニ金剛座ニ一。取ミ證無上道ヲ一矣　云ル心在リ斯ニ。父母所生身。速證大覺位ト云ヘリ。凡夫ノ一生ノ內ニ非ス云レ證スト二妙覺ノ位ヲ一耶　是二十

同十七日

(21)　一。凡ソ金剛界ハ明ス二報佛ノ現證菩提ノ內眷屬ヲ一。三十七尊ノ行位是也。彼ノ報佛ノ菩提ト者。卽チ是五相成身ノ次第也。故ニ金剛界ノ大意。以テ二一生入妙覺ヲ一爲スル二梗概ト一也。其旨如シ二前キニ立テ申カ一。胎藏界ト者。約シテ二本有ノ心蓮ニ一明ス二八葉九（示云。加ニ方便具足ッ「是中臺也」（「」〈〉乙））尊ノ行位ヲ一。彼ノ九尊ノ行位ト者。發修證入ノ五點也。五點ハ又第一三句ノ大宗是也。無畏ノ義釋ノ中ニ釋トシテ二住心品ノ首題ヲ一。此ノ（續天全密教1、三下～四上）品ニ統テ論ス二經ノ之大意ヲ一。所謂衆生ノ自心卽是一切智智ナリ。如レク實了知ルヲ名テ爲ス二一切智者ト一。是ノ故ニ此ノ教ノ諸ノ菩薩ハ。直ニ以テ二眞語（語〈曰〉〈〉言）ヲ一爲シテレ門ト。自心ニ〇（〇〈曰〉〈二〉〈〉〈卜〉發）菩提ヲ卽シテレ心ニ具シ二萬行ヲ一。見ニ心ノ正等覺ヲ一。證シ二心ノ大涅槃ヲ一。發ミ（起カ）趣シ心ノ方便ヲ一。嚴ニ淨ス心ノ佛國ヲ一。從レ因至マテニレ果ニ。皆以テ二無所住ヲ一而住ス二其ノ心ニ一。故ニ曰ニ入眞言門入（入〈〉乙カ）住心品ト一也矣　於テ二行者一念ノ心地ニ一論ス二發修證入ノ始終ヲ一。只在リミ覺ミ了スルニ二本有ノ心性ヲ一全ク不ス経ミ歷セ劫數ヲ一。豈非ス二一生入妙覺ノ義ニ一耶（第五）爰以。同キ義釋中ニ。（續天全密教1、一七〇下）若行人初發スレ心ヲ時ニ能如レ是正ク觀スル心性ヲ一者ヲ。亦卽名テ爲ス二入如來定（定〈曰〉〈〉宣）ト一。是（是〈卜〉豈）煩シク漸ク超ヘテニ四處ヲ一。方サニ至ムニ究竟ニ一乎（「矣カ」）。初發心ノ時キ不レ經ニ發修證入ノ次第ヘヲ一直ニ至ルニ方便究竟ノ位ニ一。（續天全密教1、一六七下）一生入妙覺ノ義豈ニ過ムニ此ノ文ニ一耶。同キ義釋云。而諸衆生。有ニ漸入者一有ニ（有〈〉乙）超昇者一有ニ頓入者一矣

山王院大師。或書中釋今此義釋文。(大正藏七七、二五〇中～下。案立參照)從三乘教次第歷劫後廻入此淨菩提心名爲漸入。初心入此眞言門發淨菩提心。普賢行人名超昇者。初發心時因根方便一時圓滿住於佛位名頓入者矣今此解釋心。於眞言行人有三類不同。初漸入者。三乘及經塵劫入祕教淨菩提心也。過顯教歷劫入眞言淨菩提心故漸入云也。超昇者。不經彼三僧祇等劫數直入眞言門發淨菩提心。名此超昇者。一念間超顯教歷劫直住眞言菩提故超昇云也。卽是超顯教直令住眞言也。此淨菩提心者初地淨菩提心也。分證位是也。次頓入者。因根究竟一時圓滿人也。其究竟者。中臺毘盧妙覺極地也。第一義釋云。方便爲究竟者。謂萬行圓極無可復增○卽醍醐妙果三密之源也(續天全密教1、二三下)矣彼醍醐妙果初發心一時圓滿云。一生入妙覺義其心如此。故大悲胎藏體又有一生入妙覺云事。「大日經心目」(佛全26、六五二下～三上)其義分明也　是二十一

(22)一。山王院或處釋云。今推等覺已前猶未出胎在羅縠中。此約發心修行之邊判在金剛已前。非是阿字實體之位。或不了者。執初發心住位爲一生所期之果。幾何訛謬耶。學祕教者能留其心可望此生出無明之縠網遊究竟之大空耳矣　如山王院釋義。一生所期以初住爲若干訛謬。何强可執其訛謬耶　是二十二

(23)一。次至云法華本迹中不論妙覺益。況一生內入妙覺位不說者。是又不可及私了簡。「卽身成佛義私記」五大院和尚釋云。問。四十一位皆已超登。(佛全24、一九五下)現身之中入妙覺耶。答。既云初聞法說或唯初住或二三四乃至十地。三周加功。四節增進。或至一生。良由此也文　或至一生之言且是等覺。良由此也之詞意寧隔妙覺。又淨名疏云。能化菩薩因圓果滿。卽居妙覺。所化衆生修因成果。同栖寂光文　寂光之名雖亙分極同栖之言偏語究竟。仁王云。十千菩薩入妙覺三昧。十億菩薩登金剛頂。卽其例也。問。現身入究竟寂光。若有證文耶。答。新仁王云。十億菩薩登金剛頂。現成正覺。舊經云。十恆

菩薩現身成佛。既云現身。與即身同。既云登頂。知是究竟。是即現身成究竟即此佛如來也矣解釋問意。分別分證究竟正現身入妙覺位問也。答之時。三周加功四節增進等釋引畢。一生之言是且雖等覺良由此也言。寧隔妙覺耶云。增道損生益位隣大覺故一生言且在等覺云也。良由此也者。意在「即身成佛」。」即身成佛義寧隔妙覺耶云也。加之。安然和尚或處釋云（「普通廣釋上」）。大圓覺云。一切衆生本來成佛。是理即佛。梵網云（大正藏七四、七六五中）。衆生受佛戒即入諸佛位。是即身入名字。名字佛位。是下下根。仁王云。受持讀誦即名爲佛。是即身入觀行佛位。是下中根○法華云。須臾聞之即得究竟阿耨菩提。是即身入妙覺佛位。是上上根以須臾聞之即得究竟文爲即身入妙覺誠證。寧於法華無一生入妙覺文可云耶

今此五大院釋義。或引法華文證一生入妙覺義。或淨名及新舊仁王經引證此義見。他經雖有其文其心不可說。於法華說一生入妙覺義。是其源故引他經又證此義也。於法華若得其源就他經可尋其流耶

次本門壽量增道損生說。專可論一生入妙覺義也。故分別品疏云（天文五、二四〇〇下）。或可一人一時有八番增損。或可一世。或可八世。或無量世。或可一念。或可八念。或無量念。或可衆多微塵數人亦如是矣若一時一念中有八番增損云者。豈無一生入妙覺義耶。但約終八生增損事。且寄後位八生也。具論之超四十二位可云也。爰以六祖大師記（天文五、二四〇一上）。言八番者。且寄從八生說之。以破古計。具足應從無生已去言世及念等。以跨多位及以八位不可即云四十二念等。故寄後位談（譚カ）之矣故具論之。雖可云四十二念。寄從後位八念及八世等云也。但不可即云四十二念云故。但超四地已後可云。超四十二位不可云。故此文還而一生不可入妙覺云誠證也云所

立至。背兩朝先德意趣畢。所以者何。楞嚴先德遺唐疑問云。(大正藏四六、八八六下)父母所生身卽證妙覺果耶。(卽㐧カ)(果㐧カ)若許證者。(惠心全集二、一三九。考異參照)(者曰ヘ㐧)經以龍女爲速疾證。而宗師判爲初住八相。(大カ)(旣カ)若有速證妙覺理者。(疾證理カ)何因不許龍女妙覺耶。(故カ)(「不是證カ)況復起信論和會諸經長短兩說。(論㐧カ)(會ヘ向)唯三僧祇以爲正理。(「以カ)(以㐧カ)(證カ)天台不可背馬鳴說耶。(違カ)(也カ)若不許者。既有八番增損。(僧㐧カ)(「一念カ)何不許四十二番耶。(「一生カ)(「之カ)圓頓速疾道。豈必經劫數耶。(爾許劫カ)先德釋心。先問一生入妙覺義畢。若許之云者。以龍女初住八相及起信三祇劫數疑之。(祇ヘ企)若不許云者。既有八番增損。何不許四十二番耶。故先德問意。以八番增損爲一生入妙覺證也。知禮決。(大正藏四六、八八七上。教行錄取意)疏文既有一念八番。金光明中復有生身十地。以驗卽身妙覺。(「此カ)(「證カ)非一向無。(修カ)○故今家凡判八相。(凡ヘ取)只今各在無生位中。故龍女行證之文。以南方成佛之相。難可的判高下。蓋發心畢竟二不別故。餘文或云初住乃於其初。(惠心全集二、一三九。考異參照)(其曰ヘ㐧)今記中唯云既得無生。則稍通於後矣○(○曰ヘ卜云云曰㐧)知禮決心。一念八番文。超登十地說以爲卽身妙覺證見。如

一邊所立。以此本末文爲一生入妙覺違文。寧不背和漢兩朝本意耶。但不可卽云四十二念等者。六祖釋義具此事云事。先經文八番增損云事。且寄從八生說之云也。具足應從無生已去言世及念等「云從無生已來可云世及念等」(「」曰重複記載)者。是可云四十二念釋也。(天文五、二四〇一上。文句記)以跨多位及以八位不可卽云四十二念者。(八曰ヘ入)經文既說八位增損故。具足無生已去乃至雖可約妙覺。不可云四十二念云也。約其八位世及念等云事。且寄後位談之云也。寄後位云寄字深可見之。(見曰ヘ思)雖可四十二位。且論後位八生故。(故ヘ㐧)故寄後位云也。若實限八生何寄之可云耶。(卜記)此故次下文。(記(記ヘ卜㐧)(天文五、二四〇一上。文句記)文中一往雖從地判。然超越人增損無定。故云八世等。(文ヘ記卜㐧)具足應如文中屬對。雖可約四十二位。(雖ヘ㐧)八世八念等云事是一往寄後位故。文中一往雖從地判云也。然超越人增損無定者。或可一世。或可八世。或無量世等云故。增損無定釋也。具足應如文中

屬對ト者。若シ具足シテ云者。初メ自ニ無生一終可レカ至ル等妙ニ故ニ。具足應如等云也 是二十三

㉔一。六祖一處解釋ノ中ニ。記七(天文四、一七四六上) 若數(教歟)(數㊀教)仍權ナラハ但至リ初住ニ。縱至ルトモ極果ニ其教亦權ナリ。豈必八六等ニ方ニ至ラム極果ニ耶。則與タメニ一生入地生身得忍ノ爲スル妨ト 矣 一生入妙覺ノ誠證。正ク可キレ有ル此ノ文一也。所以者何ナラハ。四果支佛經テ八六四二萬十千劫ヲ至ルト菩提心處ニ說ケル文。其ノ菩提心處ノ說。但シ雖トモ至ト初住ニ。縱ヒ雖トモ至ト極果ニ。其ノ教定テ可シ權ナル。豈ニ經テ八六四二萬等ノ劫數ヲ正ニ可ムレ至ル圓實ノ妙覺ニ耶 云云 文ノ大旨先ツ速疾ニ可シトレ至ル妙覺ニ云事ハ決定シ畢ヌ。故ニ經(へ)テ八萬劫ヲ可シトレ至ル妙覺ニ云事ヲモ遮スル也。豈必八六等方(方㊀亡)至ニ極果ニ耶ト釋ル故也。出ス其ノ違文ヲ時キ。則與一生入地生身得忍爲妨 云云 一生ニ入ト十地ニ云者。一生ニ可キレ入ル妙覺ニ道理必然ナルカ故ニ。則與一生入地生身得忍爲妨等釋ル也。文勢鈎(鉤カ)鎖一生入妙覺ノ義非スレ指スニ掌ヲ耶。仍テ古來引テ此ノ文ヲ爲スル一生入妙覺ノ誠證ト也。然ルヲ尚ヲ一生入地トコソ云ヒタレ。一生入妙覺トハ不トレ云云フ難勢有ルレ之歟。甚タ所レ失ナフ文ノ起盡ヲ也

所以者何ナラハ上ニ。(天文四、一七四六上。文句記) 但至初住。縱至極果其教亦權ト云テ。經テ劫數ヲ至ト妙覺ノ極果ニ云者。是レ權教ノ說也ト釋シ畢ル。圓教ノ心。妙覺ノ位速疾ナリト云ニ非ス耶。即經ニ劫數ヲ耶ト釋ル也。(㊦事ニ付ヒテ豈必八六等方至ニ極果ニ」) 爾シテ後チ則與一生入地生身得忍爲妨ト云フ。經テ多劫ヲ至ト妙覺ニ云者。一生入地ノ義ト相違スト釋成セリ。一生ニ入ラハ十地ニ一生ニ可シトレ入ニ妙覺ニ定テ設ル此ノ難ヲ也。若シ如クニ所立ノ。至ル十地ニ事ハ一生ニ雖トモ得ルトレ之ヲ。至ル妙覺ニ事ハ經ト多劫ヲ云者。上ニ。(天文四、一七四六上。文句記) 豈必八六等方至極果耶ト云テ。至ル妙覺ニ事若シ經トレ劫ヲ云者。與ト一生入地ニ作ストレ妨(爲㊀亡)ヲ 云云 若シ即生ニ至リ十地ニ多劫ニ至ト妙覺ニ云者。以カレ何ヲ一生入地爲妨ト云ム耶。即チ非トレ妨ニ可キレ云也(也㊀歟)。貞觀五年(八六三)六月會。大師一生入妙覺ノ義ヲ決定シタマヘル。正ク此文ノ意ニ叶ヘル也。所以ニ。一生入妙覺ノ文ノ料簡ト云時ハ。義釋ノ第一。(續天全密教1、十五下) 若欲超昇佛地ノ文ヲ引タマヘリ。其ノ道理ヲ顯ス時キハ。圓(佛全26、六七八下。大日經疏抄) 人已有ニ一生超登十地之義一。何故不レ言レ然 矣 以テ圓頓速疾ノ道理ヲ既ニ至ル因位ノ極際ニ。其ノ速疾ノ道理。寧可ムレ隔ニ妙覺ヲ耶。仍テ妙樂ノ釋義。前唐院ノ御釋相ヒ合セテ得ニ意ニ之ヲ宛以如シ符契ノ。伊豆先德云。一生入妙覺ノ義一兩處(「㊀地)ノ證在リ

之。所謂大師發願文并記釋在之。最極究竟文也云云記釋者指今文也 是二十四

⑵⑸ 一。抑。別當大師。承和年中設六箇疑送萬里波。唐宗穎和尚深歎來問稍設次答。（卍續二ノ五、四二四丁左上。天台宗未決）其第五問。於凡夫卽身得入分眞究竟位否。若言不入分眞究竟位者。卽身成佛則有說無實。又卽身成佛及草木成佛。若有經論誠文。請示其文。夫立義者有誠文則可信。無文則不可信也 矣 光定疑問意。分證究竟卽身成佛定畢。但尋經論誠文。宗穎和尚決云。（同、四二四丁左上～左下）於凡夫卽身入分眞究竟位否者。此義已如上十界高廣中答。然久遠成佛不出今之一念。三世利物何曾異時自心具足百界三千。有佛無佛性相常住。但以無明所覆累劫不見。若返迷還源之時。廻心卽佛三身四德具足無減。以此觀之。分眞究竟在凡一念。若論修德隨惑厚薄見理明晦。仍有地位之階降。若根利障薄者一生可獲。鈍根障重者二生乃至多生得到聖位。不合定判矣。且如相似後心入銅輪者。入變易後無隔生義。豈非卽身入究竟耶。立義有據卽可信。無憑則不可信者。荊溪咲曰。愚者執文。智者尋義 矣 一生入妙覺義。文盡義盡。兩朝志契萬里道同。若爾。卽身入妙覺義。其義既決定畢。後世爭可求異端耶 是二十五

⑵⑹ 一。同十八日 所詮。不可有一生入妙覺義申一邊。只經論章疏無慥文云計歟。又就道理一生內不可入妙覺決定道理在之歟。少少道理端端聞哉覽。就其又加難畢。然而此度不可入妙覺慥道理分明可申

又前難哉覽。圓教果地法門一劫難測事有。皆決定存一義事有。限此題難測申起盡程。此一條就此算要中要也慥可立申。文理條條任憶念雖尋難之。今所疑正是可精要。具可申披。此事長保元年於內論義砌此題出來。檢校座日深平深清照嚴救等無止事人人也。答者難測由申精談人人。此事終不

定可止事歟。爲後代就有無兩義一邊定申被責。拭舌所存趣申定氣色也。惠心僧都。障子内被聽聞。見當座形勢甚不堪。障子引開一生妙覺義難測事也。爭一邊可申耶被仰。論匠檢校卷舌止。自其已來此算常兩樣答之云云難測云義勢源依此歟。然慈覺・智證・光定・安惠・五大院先德。兩度唐決「盡理盡文」再三重疊。大師先德可云一問義。楞嚴先德御義誠雖可仰。除此一箇先德列聖所述簡牘未朽。或誡後毘。或贈末學。何捨數輩先德說可隨一人暫時化儀耶。何況兜率先德御廟大師遺弟。惠心先德同業也。後隨惠心重請益之終卽付法相承人也。而都率先德正被述一生入妙覺義。一書中問答精美盡見。彼書奥書云。（大正藏七五、七九八下）此觀門者。甚深之中甚深。祕密之中祕密。是便苦海之船筏。長夜燈燭。往生之淨業。成佛之直道者也。學祕敎者知甘露門此之謂歟。幸哉。此身今値此教。若適得紫金之妙體須先禮黃壤之朽骨矣云。蓮實房和尚手自書寫之。卽注批文云。願以此功德普及於一切。五相觀念力同證大覺位云云惠心先德已來師資相承被述一生入妙覺義。長保元年（九九九）内論義儀式。猶是一時一會方便歟。以之爲定量事。甚可謂未盡。是二十六

此算落居。圓頓速疾道理有也。一邊所立意。圓頓速疾者。只以初住分證爲至極。對妙覺非論速疾義云云

精義大綱具如前。圓頓速疾者。凡夫初心。妙覺後心相對所論之。所以。釋圓頓止觀名。雖言初後無二無別。是名圓頓止觀矣（天止一、一一四）此初後者。初指理卽終約妙覺也。而又見圓頓義時。圓（同、七八。取意）謂圓融圓滿。頓謂頓極頓足云。指初後不二名頓極頓速故。凡夫初心。妙覺後心相對所論之也。大綱道理云。解釋定判云。在文在理不可諍。此一段取可精義。イカニ博覽英才立者云。

難勢更ニ不レ可レ遁ル。此ノ一箇條ヲサシツメテ可レ判シ得ス略ヲ次ニハ難レ測ト申スハ何ナル處カ難レ測耶。正ク難レ測道理ヲ申セト可レキ責ム也。此兩條可レ爲シ得略ノ所詮ト。都テ何レノ算ニモ取ツメヘキ處不レ可レ過ク一兩條ニ。毎レ算ニ可キ勝負ス處ハ不レ可レ亙ル多途ニ。文理ノ間タ兩三ヲ取リツメテ。トチヘモハタラカヌ樣ニ可キ精義ス也

(答申二十三)

「同十九日」(「」〈へ〉ナシ)

(1)答。自レ本所ニ立申ス。一生入妙覺ノ有無。文義浩博カウハクニシテ難ク辨ヘ。道理幽遠ニシテ易シ迷ヒ。但シ。一生ノ内チニ可ト至ル妙覺ノ極位ニ云事。卽チ是レ所立ノ一邊也。更ニ非ス可キ遮申ス。而ヲ難シト至リ妙覺ニ云フ一邊ノ文理。又不レ可レ過ク前ノ所立ニ凡ソ圓頓速疾ト者。只有レ至ルニ初住ノ薩雲ニ。惣而案スルニ(案〈へ〉惣)前三教ノ長遠ノ位ヲ。三藏教ノ意立ル三僧祇耶ノ行ヲ事。正ク在リ化他ノ位ニ。通教ノ意逕ル動逾(逾㊀〈へ〉喩)塵劫ノ行ヲ(大正藏三九、八〇中。金光明文句)。是又出假ノ位也。別教ノ心。一行動經無量阿僧祇劫矣同ク是レ從空出假ノ位也。以テ十行ノ位ヲ名カ正出假ノ位ト故ニ。逕ル多塵劫海ノ修行ヲ事

但シ地前ノ所行也。於ハ地上ニ長短ノ劫數猶ヲ在リ意樂ニ(「㊁㊂〈ト〉菩薩)。必シモ不レ可レ云フ一行動經等ニ。圓頓速疾ノ道理可レ反ホンス別教ノ長遠ニ故ニ。頓極頓速ノ義又可キ有ル住前ノ行行ニ也。道理誠ニ所レ指ス掌ヲ也。依レ之見ルニ摩訶止觀ノ第六(第六〈へ〉ナシ)文ヲ(天止三、六六〇～五)。圓人根最利。復是レ實說。復無シ品秩ニ。此レ則最能ク超コユ。瓔珞明カセリ頓悟如來ヲ。法華一刹那アヒタ頃便成ナレリ正覺ヲ。從カハ此義ニ則有リ超。慈悲誓願重大此レ則不ム超コエ。淨名云。雖レ成ト佛道ヲ度ス衆生ヲ而モ行ス菩薩道ヲ。此レ則亦超(亦超〈へ〉ナシ)コエ亦不レ超コエ。實相理則無レ超無ニ不(不㊀)超。○(○〈へ〉ナシ)隨カヘハ機ニ則遍ク動ス。任マカスレハ理ニ則常寂矣 六祖ノ大師釋シテ此文ヲ云ク。此ココニ言レ超者。以レ圓望ム別故ウ得超名ヲ。故引ニ瓔珞ヲ證ス超不超ヲ(同。弘決) ○(○㊁〈へ〉ナシ)故知ヌ彼經唯有リ頓覺ノミ。玄文第五(五〈へ〉ナシ)判シテ爲ス(爲〈へ〉ナシ)初住ニ。龍女亦タ爾。並ニ名ク頓覺ト。言ニ無垢(垢〈へ〉超)ト者。且ク約シテ六卽ニ以明ス無垢ヲ。淨名者。雖成佛道明ス初住超ヲ。行ニ菩薩道ヲ此卽チ不超。實相理ヨリ下卽チ第四句 矣(天止三、六六〇)本書ノ文ニ。圓人根最利。復是實說。復無ニ品秩ニ。此則最能超 矣 超斷ノ至極可レ有ル此ノ文ニ。此則最能超ト云フ故也(同。弘決)。而モ別圓相對シテ論ス超次ヲ。六祖ノ大師。以圓望別故得超名ト

云意在斯。而別教長遠位在地前。圓頓速疾又可有住前云事分明也。爰以次下句。(同。止觀)瓔珞明頓悟如來。法華一刹那頃便成正覺。從此義則有超矣圓頓教中尤速疾證論時。知法華瓔珞二文。此二經正可約初住分證云事解釋所定也。學者又不及異端。所以消今文六祖解釋。(天止三、六六〇～一)具引瓔珞經本說。佛言。我昔法會有一億八千無垢大士。即於法會達法性源頓覺無二。一切諸法皆一合相。各於十方說此瓔珞。大衆皆見一億八千頓覺如來。故知彼經唯有頓覺。(「玄五云。瓔珞云。頓悟世尊。即此初住知(智カ)爲醍醐也矣」(一)天玄三、五四九)玄文第五判爲初住。龍女亦爾。並名頓覺矣瓔珞經本說。一億八千頓覺如來云。故分極難測。然而妙樂今釋。以云一億八千頓覺如來。故知。彼經唯有頓覺。玄文第五判爲初住。劫(斯カ)故。瓔珞頓悟如來定爲分證也。法華刹那頃便成正覺云。又難測。而龍女亦爾。並名頓覺云故。法華瓔珞同在分證位云事。定判既灼然也。六祖解釋非私。正指天台判釋。天台所判又正依經文也。頓悟義若互分證究竟。大師釋義何(非カ)以頓悟如來可定初住分證智耶。以之云之。圓頓速疾者。正在分證云事。仰而可信之也。所以圓人根最利云。此則最能超云。其最上利智圓頓速疾本出時。瓔珞頓悟。法華龍女出。「故頓極頓足只限分證云事。以本末解釋可爲指南也」

次引淨名經雖成佛道等文釋亦超亦不超義。(天止三、六六一)六祖大師。雖成佛道明初住超。行菩薩道此即不超矣其亦超義約初住。亦不超義在菩薩道。故解釋始終皆以初住成速疾義。長遠義可有住前也

五月三日

就中。御精所來胎經文。即身成佛本文引之。胎經云。(疏八)(天文四、二〇〇四上)魔梵釋女皆不捨身不受身。悉於現身得成佛。故偈言。法性如大海。不說有是非。凡夫賢聖人。平等無高下。唯在心垢滅。取證如反掌矣即身成佛明文誠以在斯歟。而引今此文事。爲證龍女速成也。彼龍女成道初住分證位也。

即チ釋家ノ所レ定ル學者ノ不レ仰ク也。若爾ハ。爲メニレ證カニ初住分證ノ悟ヲ引リニ魔梵釋女ノ成道ヲ一。同ク分證ノ成道也ト云事。誠ニ不レ可レ諍フレ之ヲ。唯在心垢滅取證如反掌ト云ル。約シテニ初住ニ一論スルニ頓證ヲ事。引證ノ心尤モ分明也。故ニ凡夫賢聖人平等無高下ト云ル。依テニ生佛不二ノ道理ニ一論スルニ頓證ノ義ヲ一事。專ラ可トレ有ニ初住ノ位ニ被タリレ得

但シ。至ハテ下以テニ生佛平等ノ道理ヲ一論サハ上即身頓證ノ義ヲ。正ク可シトレ約スニ一生入妙覺ニ云フ御難上ニ。此ノ義誠ニ幽遠冥邈ハク也。其ノ意甚タ所レ難レ辨ヘ也。但所ニ立申一頓極頓證ト云事。專ラ可レ約ニ分證ノ位ニ一也。妙覺ノ極位ニハ不レ可レ約ス。上來立申ス旨趣。即チ可レ在ルニ此ノ心ニ一。所以者何ハ。龍女ノ成道ハ是レ法華ノ化導勝ニシテ正ニ一代ニ超絶セリ。山家ノ大師論スニ法華ノ十勝ヲ中ニ其ノ第八ハ。即身成佛化導勝ト云リ。(傳全三、二六〇)正ク是レ以テニ龍女ノ成道ヲ成スニ一章ノ奇模(規カ)ヲ一。即チ引テニ經文ヲ一云ク。智積問ニ文殊師梨ニ一言。此經甚深微妙。諸經中寶。世所ニ希有一。頗有下衆生勤加精進修ニ行此經一。速得ト佛不矣(傳全三、二六一。大正藏九、三五中參照)一代ノ化導勝ト云事。修多羅ノ明文誠ニ炳焉也。依レ之山家ノ大師。明知法華力用。諸經中寶。世所希有矣(傳全三、二六一)顯スニ此章ノ大意ヲ一也。若爾ハ。爲シテニ一代ノ化導勝ト顯スニ「此經ノ頓極頓證ヲ一時キ。正ク是レ初住ノ分證也。不レ可レ互ニ妙覺ノ頓證ニ云」事。明文可レ有レ之ニ也。龍女ノ成道分證ナリヤ否ヤ雖トモニ各別ノ題ナリト一。學者通漫(慢カ)ノ義皆ナ有リニ分證ニ一。就中前ニ出申ス摩訶止觀ノ第六ノ本末。瓔珞明ニ頓悟如來ヲ一。法華一刹那頃便成ニ正覺ヲ一。(天止三、六六〇)從ニ此義一則有レ超矣六祖大師。故知彼經唯有ニ頓覺ヲ一。玄文第五判爲ニ初住ニ一矣(同、六六一。弘決)云テ法華瓔珞ノ頓證同ク是レ分證也ト定タリ。頓極頓證ノ義若シ亙トニ妙覺ニ云者。以テニ此等ノ經文ヲ一寧ロ分證ト可レ定ム耶。何況ヤ一代ノ諸說ノ中ニ論スルニ最上利根ヲ一事。誰人カ正ニ勝ルトニ龍女ニ可レ云耶。龍女定テ是レ分證也。頓證ノ義又可トレ超ユニ分眞ヲ一云事。現文既ニ分明也。道理又不レ可レ諍フ

難勢ノ心。圓頓速疾ト者。在リニ迷悟不二ノ道理ニ一。迷悟不二ト者。迷ハ即チ底下ノ凡夫。悟ハ即チ妙覺ノ如來也。此ノ生佛ヲ合セテ可カレ論スニ速疾ノ頓證ノ義ヲ一故ニ。頓證ノ至極ハ正ク可レ有ルニ一生入妙覺一云云會スルニ此ノ難ヲ。頓極頓證ト者。可トレ有ルニ初住ノ分證ニ一云事。處處ノ解釋可シレ云フニ證據分明ナリト一。但シ。其ノ道理未タルニ分

明歟。古抄等料簡。大略不過此等。然而頓證至極可限分證云事道理未詳。尤可苦勞事也。而大原願蓮上人義一義心云。頓極頓證道理。定可在分證。迷悟不二始終理一道理可底下凡夫極智如來證顯之事。可有分證位。所以者何。不超凡夫當體極果如來者。卽分證位也。若至極位畢。既迷位超出畢。迷卽悟不可云。故迷悟不二云。速疾頓證云事。專可約分證也。如此云事。解釋中慥有其證據也。所以。釋開示悟入四位。疏四經(天文二、八六五上～六上)云爲令衆生開佛知見。不論佛果自知自見。若偏語佛果卽失衆生。若語衆生則見佛知見。故不可偏取。三教行人。雖是衆生。未有佛眼佛智故。不能知見實相。圓教四位亦是衆生。又分得佛眼佛智。則衆生義成。知見義亦成。故寄此四位以釋理一矣。今解釋分明也。能可穿鑿。經文。爲令衆生開佛知見云故。偏不可約極佛悟。若爾。失爲令衆生心。但不可約衆生。可失佛眼佛智義故也。解釋。故不可偏(天文二、八六五上)取矣。其義誠分明也。三教行人在凡位時。是雖衆生未開佛眼佛智。圓教分證四位又是衆生也。又是佛眼佛智得。解釋結之。(同、八六五下)則衆生義成。知見義亦成矣。六祖大師釋此文時。約教判意者。古今諸師釋佛知見。(同、八六五下。弘決)約爲衆生。其理不顯。自非今見委出妙境衆生心佛一體無差。豈知衆生有佛知見。故約教判其理宛然矣。生平等義。頓極頓證證可有分證位云事。本末解釋其心分明也。如此頓極頓證道理可有分證云事。諸抄物中未云之。仍所立中述此趣。定可有人嘲。然而事端一言可述之也。所謂。不超凡夫位開佛果悟云事。正可有分證位。若顯出極地如來不出衆生迷位不可云。大綱如此可宣說之。

同四日

何況於妙覺極地位。本迹二門說相皆可經久遠劫數見。所謂方便品中。盡行諸佛無量道法(大正藏九、五中)

矣經無量無數劫成佛果菩提云非耶。況復三千塵點劫數。算數譬喩非所及。大通昔居初住分證。三千塵點後今日始成妙覺菩提。敎主釋尊成道。迹門一段化儀其旨如此。於本門壽量。（大正藏九、四二下）我本行菩薩道所成壽命。今猶未盡矣偈頌文。（同、四三下）壽命無數劫。久修業所得矣屬累三摩付屬。我於無量百千萬億阿僧祇劫。修習是難得阿耨多羅三藐三菩提法。今以付屬汝等矣（同、五二下）敎主釋尊卽三度述付屬言。涌出菩薩又三度奉世尊敕。先神力品中。出廣長舌上至梵世。放無量光普及十方。慇懃誠諦所表如此。凡說頓極頓證義事。其說漸雖出他經。其心獨可在今經。而於妙覺極地成道可經無量無數劫云事。本迹二門所說既以如此。誰人正超釋尊成道速成頓證義可云耶。其說正依何文可云。其人正出何類可云耶。計知。分證位誠雖頓極頓證義。妙覺位正可送無量無數劫數云事。若爾。不可有一生入妙覺義云事。專所任經文釋義大旨也　是一

(2)　一。次至從迷至悟事難。從悟至悟事可輒故。可有一生入妙覺義云御難。於諸法門皆可顯處有。偏非可守一偶（ママ）。自凡至聖事難。自聖至聖事易云事。誠可有之。接論如竹破初節等云如。（大正藏三一、四二四下）又自等覺至妙覺事甚堅可云。百千萬億劫倒修凡事義。豈至極位事難非耶。何況自迷至悟事難云者。斷元品微炎證究竟妙覺事。豈非難中難耶。於分證位殘惑尚在故。迷與迷相續義在之。斷元品無明證究竟大覺時。斷無始無明極本地內證。自迷極悟事豈不難耶。自然成佛道說。經文未云妙覺位。縱又雖約妙覺位。不云一生得證。旁非一生入妙覺證據耶。自然成佛道言。若約證理邊一切皆可云自然成佛道。全卽身證妙覺證據非耶　是二

(3)　一。次至餘敎煩惱菩提各別故送塵劫修行。今

經ハ生死涅槃一際ノ故ニ可レ成ス頓極ノ證ヲ云フ上ニ。御難ノ趣キ尚ヲ同シ前ノ重ニ。不立ノ旨又如シ前キニ立申カ（所歟）。煩惱卽菩提。生死卽涅槃ノ故ニ可シト速疾頓成ナル云事（不㋺㋥㋬㋣所）。誠ニ是レ可レ然。卽チ可シ分證ノ成道ナル。於ハ妙覺ノ位ニ盡シテ迷ノ邊ヲ至ル悟ノ源ニ。誠ニ難カ中ノ難ナルヘシ。不レ可レ云ニ一生ノ所期ト（是三）

⑷一。次ニ（次㋬[ナシ]）至ハ下圓教ノ入重玄門不トレ可レ經ニ事相ノ劫數ヲ云フ御難上ニ。縱ヒ雖トモ圓融ノ至極ノ御門ナリト（御㋺㋥㋬㋣法）。寧不レ論セ事理ノ差別ヲ耶。入重玄門ノ義。但シ約シテ理性ニ闕ストハ事相ノ劫數ヲ不レ可レ云。爰以テ。淨名經ノ中ニ歎トシテ同聞ノ菩薩ノ德ヲ。無ニ復餘習（大正藏十四、五三七上）矣解釋受テレ之ニ。無復餘習者。圓教始從ニ初住（從㋬終）終至ニ法雲。凡事ニ。見レ理分明習氣微薄。事等ニ微烟故名ニ無復餘習。圓斷ニ諸見猶有ニ習在。等覺入ニ重玄門千萬億劫重修ニ凡事（名疏一（大正藏三八、五五八中））矣今ノ解釋ハ正ク釋スル圓教ノ始終ノ位ヲ中カ。於テ等覺ノ位ニ論トニ入重玄門ヲ見タリ。既ニ千萬億劫重修凡事ト云フ。是豈於テ等覺無垢ノ位ニ經トニ千萬億劫ヲ云フニ非ス耶（名疏一（同、五七八下））。加之。彼經ノ集シツ衆法ホツ寶ノ文ヲ釋トシテ。明丁諸菩薩化劫（功カ）雖レ大。未レ證ニ極果。猶須丙進修乙化他之法甲（化㋺㋬他）。卽是等覺。千萬億劫入ニ重玄門修ニ化他行。重玄門者地持云。入住起力禪。捨復入力禪。入者（起カ）從ニ凡心入ニ一切法門乃至上地。起力者從ニ等覺地超入ニ一切法門。住者隨住ニ一法門卽住ニ一切法門。捨復入力者百千萬億劫重修也。故法華彌勒歎ニ下方菩薩云ニ善入出住無量百千三昧等矣云リ。是又於テ圓教ノ等覺ノ位ニ百千萬億劫重修凡事ノ義ヲ論スル也。既ニ引ケリ涌出ノ菩薩（ㄱ億カ）ヲ。非レ指スニ本地ノ內證ヲ耶。於テ本門壽量ノ中カニ百千萬劫重修凡事ノ義ヲ論ス。豈非ストニ事相ノ劫數ニ可ムレ云フ耶。於テ壽量ノ中カニ明ス無量百千ノ劫數ノ事ヲ。但シ是レ理性ニシテ全ク非ストニ事相ニ云者。釋尊塵點劫ノ壽命。又非ストニ事相ノ遠壽ニ可レ云歟

同六日

涌出品ノ中。善入ニ出住三無量百千萬億三昧（大正藏九、四一下）矣大師釋トシテ此ノ文ヲ。約スト入重玄門倒修凡事ニ見タリ。末師。等覺證レ極。玄理究竟名爲ニ一玄。徒ニ（徒㋺㋥㋩㋬從）等覺位却（却㋺劫）漸次向ニ於下位。次第修ニ集藥法廣逗ニ衆病。又名ニ二玄。號（號㋥㋣欲）レ受ニ妙覺佛識（識㋣職）。理非ニ容易令ニ觀智深細。故須ニ却（却㋺劫）入倒修ニ於凡事（於㋬[ナシ]）矣（遲記（遲記㋺㋬[ナシ]）（卍續四五、一五〇丁右下～左上））若約シテ隔歷不融ニ從ニ初地至リ等覺ニ。從ニ等覺趣キ下地ニ。

乃至倒修スルハ二凡事ヲ一別教ノ心也。若シ於テ二法界ノ中ニ一經ヘ二一一ノ次位ヲ一。迯テ二一一ノ劫數ヲ一入ルハ二重玄門ニ一圓教ノ心也。名疏ノ中ニ。圓斷諸見猶有習在等覺入重玄門ト者。正ク約シテ二圓位ニ一迯ル二劫數ヲ一明文也
(大正藏三八、五七八中)　迯㋺㋬[ナシ]

玄文中ニ。開シテ二麁ノ眼ヲ一明ス二妙ノ眼ヲ一文ニ云。決シテ二法眼ヲ一入ルトレ妙ニ者。邊際智滿スル是也 矣 六祖ノ大師釋トシテ二此ノ文ヲ一。決ニ法眼ノ中ニ云ニ邊際智滿ノ者ハ。決ルナリ二別ノ地前ノ法眼ヲ一。來ニ至シテスレハ二等覺ニ一入ル二重玄門ノ不思議ノ眼ニ一。故下ノ第五卷ニ釋ニ圓位ノ中ニ一云ヘリ下觀ニ達シテ無始ノ無明源底ヲ一邊際智滿ルヲ名爲ストス中等覺ト上。卽成テ二圓門ヲ一遍ク應ルヲ二法界ニ一名ニ入重玄ト一。不レ同セ二別教ノ教道ノ重玄ニ一ハ。居ルヲ二妙覺ノ邊ニ一名ニ邊際智滿ト一 矣 入重玄門ノ義。諸位ニ互リ不レ互ラ。學者誠ニ有リ二異端一。然而所ハ二立申ス一。縦ヒ圓教ノ意ナリトモ專ラ可レ互ル二等覺ノ位ニ一也。以テ二今本末ノ解釋ヲ一所レ令ル二指南セ一也。所開ハ卽チ地前ノ法眼。所入ハ卽チ圓ノ等覺也。六祖ノ大師引テ二位妙ノ釋ヲ一。釋ニ二圓位ノ一中云。觀ニ達無始無明源底一。邊際智滿名爲ニ等覺一 矣 可レ約スト二等覺ノ一位ニ一云事解釋ノ所レ定ル。但シ。遍應法界名入重玄トカ故ニ。不レ可レ經ニ歷ス劫數ヲ一云フ御難ニ至テハ。圓教ノ心。事理同ヲ存シ修性等ク成ス。但シ理ノミニシテ闕ストハレ事ヲ不レ可レ云。名疏ノ中ニ正ク圓教ノ等覺ヲ云トシテ。入ニ重玄門ニ一千萬億劫重修ニ凡事ニ一 矣 彼此ノ兩釋相望スルニ。今所ノレ云遍應法界ノ義。不トハレ經ニ劫數ヲ一不レ可レ云。就中今經ノ中ニ。壽命無數劫。久修業所得トヒ。我於無量百千萬億阿僧祇劫ト云リ。於テ二等覺ノ位ニ一可ト經ニ劫數ヲ一云事分明也。所謂ル指ト二入重玄門ヲ一可レ云也。終日ニ雖レ經ト二劫數ヲ一。終日ニ不レ出テ二法界ヲ一。凡ソ圓教ノ心。於テ二法界ノ外ニ一豈有ム所レ論スル耶。故ニ以テ二遍應法界ノ言ヲ一不トハレ經ニ劫數ヲ一不レ可レ云。不同別教教道重玄ト者。圓教ノ入重玄門ハ。於テ二法界實相ノ中ニ一所ノレ論スル百千萬億劫ノ事也。不ルレ可レ同ニ別教ノ隔歷ニ一條。其ノ義誠ニ分明也 是四

(天玄二、四〇五)　第三(第二㋬[ナシ])
(同。釋籤)
(天玄二、四〇五)　釋㋺㋬[ナシ]
(㊦也」)
(大正藏三八、五七八中)　應㋺於　就㊦付
(大正藏九、四三下)　(同、五二下)　祇㋬企
四㋬二十

(5) 次ニ元品無明ニ有ニ無量品數一故ニ。一生入妙覺ノ義不レ可レ有レ之云事。道理猶如レ前。一往大分爲四十二品ト者。齊シメテ二因果ノ品數ヲ一且分ニ四十二品ヲ一也。再論レ之時。妙覺分ノ無明違ニ餘位ニ一事。更非レ所レ遮耶。惣而論スレハ之。無明難斷之義。誠可レ互ニ因果ニ一。別而言ハハレ之ヲ。妙覺分ノ無明

「六月十九日」(一」㋬[ナシ])　之㋬[ナシ]

可二難中之難一道理分明也。上證據又炳然者也。至テハ二甚
正キ難斷ノ道理一ニ。所立ノ大概前ニ顯畢
又深可レ有二其意一也。凡ソ案スルニ二大綱ノ道理一ヲ。以テ二因位ノ智
惠一ヲ二爪上ノ土田一ニ。以テ二果位ノ智惠一ヲ譬ニ二十方ノ土田一ニ。能障ノ煩
惱全可シレ齊カルレ之ニ。仍以テ二元品ノ無明一ヲ名ニ二法界品ノ無明一ト。寧
非ニ二難斷ノ至極一ニ耶。起信論中ニ。麁中之細及細中之麁菩薩（大正藏三二、五七七下）
境界。細中之細是佛境界矣等覺已還ノ無明ハ。尚是細中
之麁ノ煩惱ナルヘシ。於テハ二佛果所斷ノ煩惱一細中之細ノ無明也。
寧非二難斷一耶

凡ソ立二無明難斷ノ稱一事。雖レ可レ亙二分極ノ所斷一ニ論ハ二其ノ根
源一ヲ。正ク可二妙覺所斷ノ煩惱ナル一云事。「誰將レ降二之耶。但（「」卜重複記載）
立二頓覺ノ稱ヲ一事。專ラ」可ト約二極果位一云事。尚難レ一二定
之一。如レ云二故知彼經唯有頓覺。玄文第五判爲初住ト矣（決六（天止三、六六一））
以二諸經ノ頓悟ノ如來一皆約二初住分證一見タリ。故ニ以テ二妙覺ノ
位一ヲ必ス可レ名二頓悟ト一云事ハ。更以テ不レ可二決定ス一。縱經論釋
義ノ中ニ雖トモレ有二其ノ證一。專可レ存二會通一ヲ也。如云圓人初心（涅槃疏（卍續五八、一〇七））（「○カ）（始終カ）
常觀涅槃行道無有改。觀○縱經多生。以觀不改。名現得（丁右上。涅槃疏私記）

果矣故ニ以二意觀不改ノ義一可レ有レ立二頓證ノ名義一也。雖レ
然經二歷ンコトヲ多生一ヲ不レ可レ遮ス

次ニ華嚴經ノ說。因位ノ智惠ヲ譬二爪上ノ土一ニ。佛果ノ智惠ヲ譬ルニ
十方ノ土田一ニ事。可レ約二權實相對一ニ云ニ至テ者。既ニ譬二因位ノ
智惠一ニ類二果位ノ智惠一ニ。寧非二一教ノ始終一ニ耶。縱ヒ雖レ有ト下
對二權實一ニ意上。直對二圓教ノ因果一ニ畢テ。以レ在二因位一ニ附シ二權
教一ニ。以テ二果位一ヲ可レ約二圓教一ニ也。都テ非ニトハ二一教ノ始終一ニ不レ
可レ云　是五

(6) 次ニ妙覺極位ハ自覺覺他覺行窮滿ノ故ニ。覺他圓滿ノ義
輒ク難レ成シ故ニ。一生ノ內ニ不レ可レ入二妙覺ノ位一ニ云事。道理
猶如レ前。法界漫漫ノ衆生度而不レ可レ盡ス。大悲節節ノ利益
他而不レ可レ極。以二其ノ窮滿ノ位一ヲ稱二妙覺如來一ト。寧可二容
易一耶。但シ。至下若度ハ二一段ノ機緣一可レ有二覺他圓滿ノ義一
云上者。凡ソ度二一段ノ機緣一ヲ者。專ラ可レ約二番番ノ成道一ニ也。
若約ハ二實修實證ノ化儀一。必ス經二無數劫一ヲ「可レ云也」。壽命無（壽量品（大正藏九、四三下））
數劫久修業所得ト云ヒ。我於無量百千萬億阿僧祇劫。修習（同、五二下）
是難得阿耨○菩提ト云ヘル此意也。雖二法界ノ衆生實ニ不トレ

可レ盡ク。以ニ無量僧祇劫ノ調熟ヲ成ニ久遠實成ノ內證ヲ可レ云也。故ニ妙覺究竟ノ成道ハ。實ニ迭ニ無數劫ノ修行ヲ之義可レ有也。若如レ此不レ得レ意者。壽量品ノ文。屬累品ノ說。如何可レ得レ意レ之ヲ耶

次ニ依テ所化衆生ニ速ニ不レ入ニ佛地ニ者。大般若經中云（三百六十三）（大正藏六、八七一下）。菩薩摩訶薩修ニ如來道ニ得ニ圓滿位ニ（已カ）。是權實際不ニ作證ニ耶（是權㊁㊦豈於）（作㊇治）。佛言善現（「㊇佛）。諸菩薩摩訶薩（菩薩㊁佛）若未レ圓ニ滿嚴ニ淨佛土ニ成ニ就有情ニ（熟カ）修ニ諸大願。猶於ニ實際ニ未レ應ニ作證ニ。若已圓ニ滿嚴ニ淨佛土ニ成ニ就（熟カ）有情ニ修ニ諸大願上於ニ實際ニ乃應ニ作證ニ（「㊦其）矣　又大論八十三云（大正藏二五、六四一中）。若下菩薩（如カ）雖レ行ニ空不レ證ニ實際ニ。雖レ行ニ福（雖㊇修㊦㊁）德ニ亦復不レ著（止故カ）。待衆生。如丙估客大將雖下乘ニ快馬ニ能到（「疾カ）所レ至猶待乙衆人甲（「者カ）。菩薩亦如レ是乘ニ智惠快馬ニ雖ニ能疾入ニ涅槃ニ。亦待ニ衆生ニ故不レ入矣　今此經論ノ意ハ。若約ニ菩薩ノ因行ニ者。速ニ雖レ可レ成ニ菩提ヲ。所化ノ衆生難度ノ故ニ自ラ（ヲ）可レ迭ニ劫數ヲ聞タリ（ママ）。全非ニ學者ノ私ノ了簡ニ耶。但シ能化所化俱無歷劫ノ文。誠以爲レ固（固㊁㊇因）。然而今此文ハ釋ニ龍女ノ成道ヲ故ニ。誠（誠㊀殊）尚是約ニ分證ノ化儀ニ可レ得レ意也　是六

山家ノ御釋太以爲レ固（「已下小書（書㊇事）」（「」㊂㊦㊁））。能化所化俱無ニ歷劫ニ。妙法經力（傳全三、二六六。法華秀句）卽身成佛矣　會釋ハ誠ニ雖レ約ニ因位ノ成道ニ。能化所化俱無歷劫ノ義。何ッ必可レ約ニ分證ニ耶。尤難キ會通ニ事也。然而今此ノ約束ノ意ハ。速疾頓成ト云ヲハ。皆因位ノ儀式ト可レ得レ意也。妙覺ノ成道ハ必ス經ニ久遠劫ヲ可レ云也。所謂。調ヘ三世ノ機緣ヲ已テ。可レ顯ス遍應法界ノ成道ヲ故也。佛眼院等ノ義。同ク頓極頓證ハ雖トモ云ト可レ約ス分證ニ。妙覺極果ノ成道ハ必ス可レ經ニ無數劫ヲ云事。詳ナル道理慥ニ不レ聞レ之。願蓮上人ノ法門（答第一）。此ノ一段ヲ爲テ秀句ト中立ル子細有レ之。大概ノ趣ハ如ニ前ノ所立ノ。一一ニ意得伏テ可ニ了簡ス事也

(7)（二十一日）次ニ至下大乘深妙是故學劫亦多ノ文（大論（大論㊦㊁）（大正藏三八、七〇八上。維摩略疏））。但シ可レ約ニ權教ニ云御難上ニ者。御難一往雖レ可レ然。大乘深妙ノ文。寧不レ含ニ圓教ノ意ヲ耶。大論ノ本說小衍相對スト云事。一往又雖レ可レ然。大乘ノ義門豈只以レ通對レ小而已ナラム耶（「㊁㊦也）。於ニ大乘ノ中ニ可レ攝ニ別及圓ヲ。次ニ學劫亦多ト者。可レ約ニ別教ノ地前ニ云事不レ可レ然。一行動經無量阿僧祇劫ト云ヘル。專雖レ可レ約ニ出

假利生ノ位ニ。一一位中多倶胝劫ト云ヘル。豈不レ約ニ地上ノ諸位ニ耶。況又於ニ等覺ノ位ニ（等〈大）無量億劫倒修凡事ト云ル。是又於ニ因位ノ極際ニ可レ送ト二多塵劫海ヲ一見タリ。學劫亦多ノ文。寧不レ收ニ此等ノ説ヲ一耶

次ニ圓教意。長短同ク雖レ在ト二一念ニ一。約レ事ニ經ルコトヲ劫數ヲ一不レ可レ妨。故ニ於テ二妙覺ノ位ニ一必ス歴ト二無量僧祇（祇〈企）劫ヲ一云意可レ有也（也回卜之）是七

(8) 次ニ至ニ瓔珞經ノ説ニ一者。具ニ如ニ前ニ立申ス。別ニ不レ可レ費ニ其ノ言ヲ一。（同（同〈坴）十月一日）就中。下卷ノ經ニ。我レ昔シ會ニ有ニ一億八千無垢大士。卽坐（坐〈座）達ニ法性源（原カ）ニ。頓覺ニ無二一切法一合相ニ 矣（大正藏二四、一〇一八下）妙覺成佛ノ義。更不レ可レ過ニ此文ニ。而ヲ六祖大師。玄文第五判爲初住。龍女亦爾。並名頓覺ト釋カ故ニ。（天止三、六六一。弘決）以ニ頓覺ノ言ヲ一定テ屬スニ（「回〈無）分證ニ。千萬ノ文以ニ此釋ヲ一既ニ被レ會耶。此ノ經ノ受學品ノ中ニ。有ニ十四億那由他人一。誰能不レ起ニ此座（坐カ）ヲ一受學修道。（大正藏二四、一〇二〇中）從レ始至レ終一一具行次第。入菩薩位ト問セリ。釋迦牟尼佛從ニ頂髻ヨリ放ニ光明ヲ一。説キニ三觀法界諸佛自性清淨ノ道ヲ一明スニ六入次第ノ道ヲ一。此次ニ廣明ニ戒法ヲ一乃至明ニ四十二賢聖ノ法ヲ一。至テニ文ノ末ニ一。我今此座有ニ十四億人ニ一。不レ離ニ本座ヲ一入ニ此六入法門ニ 矣（大正藏二四、一〇二二上）上ニ廣ク列ニ賢聖ノ地位ヲ文ノ終ニ明ニ所行ノ法門ヲ一。故ニ不レ離ニ本座ヲ一入此六入法門ト云也。必シモ一生ニ至ルト二等覺ノ位ニ一不レ云。縱又雖レ有ニ頓悟ノ意一。上ノ一億八千ノ頓覺ノ如來ニ不レ可レ過ク。以ニ此經ノ頓覺ノ説ヲ一既ニ屬ニ分證ノ成道ニ一。故ニ於ニ瓔珞經ノ説ニ一者。正ク可レ爲ニ所立誠證ト一。諸經ノ文（文卜坴）縱ヒ雖レ明ニ頓悟ノ義ヲ一皆以ニ此經ノ意ヲ一惣而可レ成ニ會通ヲ一也 是八。

難第九

（「已下小書」（〔〕二〈卜坴）「〈難第九）頓悟ト云ヘル必ス可レ約ニ分證ノ位ニ一云事。具ニ如ニ前ニ云レ之（云回〈坴）。不レ改ニ凡位ヲ一卽チ成ト二聖位ニ一云ヘハ分證ニテ有ル也。妙覺ト者。始終不變常住妙身ノ故ニ。始テ（始回坴〈成）成ニ頓悟ヲ一ナントハ不レ向也。常ノ義勢ハ更ニ如ハレ此不レ云也。頓悟ト云フハ定テ初住ニテ。經ト二無數劫ヲ一云方妙覺ノ佛也ト「（「」卜坴）云ハハ太可ニ無念ナル一也。然而一流ノ相承ノ義ハ」。頓覺ト云方ヲハ「イクタヒ（「」卜幾度）」モ屬ニ分證ニ一也。故知彼經唯有ニ頓覺ノ文ニ一。尤叶ニ此義ノ意ニ一也。此ノ義ノ意ヲハ能ク「不ニシテハ意得伏セ（「」卜不伏意得）」不レ可レ開。ツネサマノ義勢ノトホ（トホ卜通）リニテハ無キレ覺カ事ニテ可レ有也

(9)次ニ至ニ仁王經ノ(大正藏八、八三三中)。十億菩薩登金剛頂等說一者。是又如ニ瓔珞經說ノ。更不レ可レ致ニ別ノ會通ヲ一 是九。難第十

(10)次ニ至ニ覺意三昧ノ文ニ者。如上法門一生可得ト云ヘル(大正藏四六、六二七中)只タタ是容有ノ義也。既ニ一生ノ内ニ至ニ妙覺ノ位ニ不レ云。就中(就[ト]付)。是則(同前)略說修行覺意三昧。最初境界等云テ(同前)。行者。當善取其意勤而行之。如上法門一生可得也ト云ヘル。以テニ最初境界ヲ云フニ一生可得一歟。一一ノ位一生ニ得レ之ト云ヲ云ニハ非ルヘシ

次ニ天台ノ發願ノ文。尚如ニ前ニ會申一。只是約ニ容有一論スルニ其ノ弘誓ヲ歟(歟[三][ト]也)。既ニ一生ノ内ニ非レ可スレ辨スレ之ヲ。如キレ云カニ衆生無邊誓願度トノ。非ルレ度シニ盡スニ一切衆生ヲ一耶。大師ノ今ノ御發願其ノ意誠ニ同シ。强ニ非レ可ニ苦勞一耶 是十。難十一

(11)次ニ至ニ覺大師御釋幷ニ山王院所判ニ者(同二日(同二日[ロ][ヘ][ナ]))。於テニ難レ測中ニ只論ニ其一邊一也。必モ不レ可レ爲ニ決定ト歟 是十一。難十二・十三

(12)次ニ至ニ大日經幷ニ義釋ノ文一者。逮見無盡莊嚴加持境界ト云ヘル(義釋(續天全密教1、十五下))。分證ノ位ト云事難レ定者歟。若シ約セニ住前未證ノ位ニ者(者[ヘ][ナ])。超昇佛地ノ文約ニ分證ノ佛果ニ歟。逮見無盡莊嚴加持境界若シ分證ノ位ナラハ。超昇佛地ノ文ハ約ニ外用ノ成道ニ歟。逮見無盡ト云ヘル。專約ニ自證ノ功德ニ故也 是十二。難十四

(13)次ニ山王院疏抄ノ文。誠以爲レ難ト。但シ貞觀五年六月會ニ(八六三)有リニ止觀ノ諸僧一。名クニ一類ノ執者一。定テ無トニ一生入妙覺ノ義一云カ故ニ。爲ニ伏センカ此ノ執ヲ覺大師引テニ義釋ノ文幷宗師ノ釋ヲ一(玄三)。所レ被レ成ニ一生入妙覺ノ義ヲ也。是只破カニ一類ノ執情ヲ一故ニ非ルレ述スルニ決定ノ義ヲ歟。此文又非レ固 是十三。難十五

(14)次ニ至ニ都率五大院ノ御釋ニ者。會通皆同レ前。唯眞言法中(菩提心論(大正藏三二、五七二下))。卽身成佛故。是取三摩地法ト云ヘル(取[ロ][ヘ][ト]說)(法[ナ]カ)。卽身成佛ノ言通惣スルカ故ニ(故說カ)。必モ不レ可レ云ニ妙覺ノ位トー。父母所生身速證大覺(同、五七四下)位ト者。大覺位ノ言寧不レ亙ニ分證ニ耶。無畏ノ義釋ノ中釋ニ除(釋[ヘ][ナ])蓋障三昧ノ中ニ(續天全密教1、三一下)。若得ニ此三昧一者ハ。卽與ニ諸佛菩薩一同等ニ(菩薩[ト][ナ])住ト。當レ知。行人則是ノ位同ニイフコトヲ大覺ニ也(人[ヘ][ナ])。以ノニ其自覺スルヲレ心ヲ故ニ便得ニ佛ノ名ヲ一。然モ非スニ究竟妙覺ノ大牟尼ノ位ニ(矣)故ニ速證大覺位ノ文。約ストニ分證ニ可レ云耶。加之。菩薩戒經中。衆生受ニ佛戒一(大正藏二四、一〇〇四上)。卽入ニ諸佛位一。位同ニ大覺一已。眞是諸佛子矣位同大覺ノ文同シニ無畏ノ義釋ニ。以レ之思レ之。菩提心論ノ文尤可ニ准例ス一歟。都率先德引レ之ヲ爲ニ一生入妙覺ノ證

據。誠雖似難會。此先德傳法於楞嚴先德。都率寧不存難測之旨耶。故彼成身記文難測中一義述可得意 是十四。難十六・十七

⒂次慇喩辨惑章中。證即身成佛義。於經論中引勘二十五文。皆是分證成道證據也。所謂。法華龍女頓成。胎經現身得成。華嚴經便成正覺等文是也。其中第十六文。乃至第二十五文。雖彼備御難潤色。同可屬分證成道也。但。勝義菩提心中。從凡入佛位者。亦超十地菩薩境界矣（大正藏三二、五七三中） 十地菩薩者。是所超故。能超定可妙覺位云御難至。所云十地菩薩境界者。若是指顯教十地歟。以密教十地不可云所超。祕經中標內證自性功德畢。超過十地身語心金剛各於五智光明峯杵。出現五億俱胝微細金剛遍滿虛空法界。諸地菩薩無有能見。俱不覺知矣（大正藏十八、二五四上～五中） 覺大師金剛頂疏中第一。所言諸地菩薩俱不覺知者。是約顯教諸地菩薩。若約祕密根性。凡夫具縛尚得聞知。何況祕教諸地菩薩矣（大正藏六一、十五中） 以之案之。亦超十地菩薩境界者。如祕經超過十地文。誠可約顯教十地云事。所任覺大師御釋也。若如此得意。縱雖眞言教凡位不云超顯教十地耶。諸文皆被會畢 是十五。難十八

⒃次先德所引義決文。直入直修直滿直證等矣（續天全密教2、一四〇下） 是又不辨分證究竟。得如來地言何强限妙覺極位可云耶 是十六。難十九

⒄次至云金剛頂經意。一生入妙覺義相也者。雖顯密致一法門廢立必不一概。以彼不可難之歟。五相成身者。一切眞言行者所修也。一一皆一生內極妙覺位可云耶。「所以一切義成就菩薩者。即是薩縛悉達也。」釋尊無量僧祇劫本因依證塵點五百本果。一生入妙覺本難云耶。或明塵點劫數。或示不久現證。各有所顯同述實義也。至金疏文者。彼疏具文云。雖云不久現證。而成佛以來甚大久遠。所以不說所經劫數者。於經各有傍正義故。彼法華正破近成執故廣說塵劫事。今此經正

顯二頓證之相一。是故廣演二此現證相一。略說二彼久成事一。雖レ有二傍正一。二佛不レ異。是故大唐大興善寺阿闍梨云。彼法華久遠成佛。只是此經毘盧遮那佛。不レ可二異解一。又彼經爲レ破二三乘近情一。偏演二說遠事一。今此經爲レ破二顯教歷劫一。廣示二不久現證一。各有二所以一。不レ可二苟執一也 矣 或ハ云二不久ノ現證一ト。或云二塵點ノ遠事一ト。其義互ニ不二相隔一ト云ッ。覺大師ノ御釋。大興善寺ノ所判誠是分明也。若執シテ二一生入妙覺ノ義ヲ一不レ許スハ二塵點劫ノ成道ヲ一。是非二苟ク執一耶。解釋ノ次上ニ。金剛頂經疏三（大正藏六一、三九中）私謂。不久現證等覺等者。如レ次卽是毘盧遮那如來積功累德所感五智也。言二不久一者。顯二今頓成一也。毘盧遮那如來。豈始今日成。但以二隨機一且示二不久現證一耳 矣 如二今此ノ解釋一者。積功累德ハ是眞實ノ功德也。不久ノ現證ハ尚可二隨機ノ所現ナル一見タリ。經論ノ所說。先德ノ了簡。以テ二今此ノ御釋ヲ一所レ可レ令二指南一也。縱ヒ雖レ明二卽身頓證ノ旨一。尚不レ可レ妨二累劫ノ修行ヲ一。故ニ御難ニ所ノ來ル往往ノ證據。被レ會二今此ノ文一畢 是十七。難二十

(18) 次ニ胎藏界八葉九尊ノ行位。五點三句ノ法門。皆一生入妙覺ノ義也ト云ッ御難ニ至テハ。所立ノ大旨顯畢。再非レ可レ述レ之ヲ。此品統二論經之大意一。所謂衆生自心卽是一切智智 乃至 從レ因至レ果。皆以二無所住一而住二其心一等 矣（續天全密教1、三下～四上）者。縱雖レ歷二無量百千劫一。可レ超二行者一念ノ心地一耶。以レ云レ備二行者ノ自心一ニ。不レトハ經二劫數ヲ一不レ可レ云。義釋ノ今文卽チ如レ此可レ得レ意也。自心發二菩提一。卽心具二萬行一。見二心正等覺一。證二心大涅槃一。發二起心方便一。嚴二淨心佛國一。從レ因至レ果。皆以二無所住一而住二其心一 矣（同前）於テ二己心一ニ修二萬行一ヲ。萬行寧不レ經二塵點ノ劫數ヲ一耶。嚴淨心佛國ト云ヒ。淨佛國土成就衆生ト云ヘル。豈只刹那ノ事ナラン耶。從因至果。皆以無所住而住其心ト云カ故ニ。修テ二無量ノ因ヲ一雖レ證スト二長遠ノ果ヲ一。皆無所住ニシテ住スト心ニ云也。故ニ今此ノ文ハ。事相ノ一念ヲ爲シテレ本ト須與ノ頃ニ極ト二菩提ヲ一云ニハ非ル也。全非二難勢之意ニハ一。初發心時能如是正觀心性ト云ヒ。（續天全密教1、一七〇下）豈煩漸超四處方至究竟乎ト云ヘル。（同前）皆斥フ二隔歷長遠ノ邊ヲ一也。長短相卽ノ上ニ經ル二劫數ヲ一事ヲ不レ可レ遮（續天全密教1、一六七下）

次ニ有漸入者有超昇者有頓入者 矣 山王院大師。次頓入ト

者。因根究竟一時圓滿矣是ハ分三別スル三類ノ義門一ヲ時キ如レ此釋成スル也。所謂ル漸入ノ者ト者。於二三業(三(ト)ナシ)ノ位一ニ經二塵劫一ヲ已テ爲三祕教ノ淨菩提心一人是也。超昇ト者。不レ經二彼ノ三(三(ト)ナシ)僧祇(祇(ヘ)企)耶ノ劫數一ヲ。直ニ入テ二眞言門一ニ住二淨菩提心一ニ也(也(ヘ)ナシ)。超カ二顯教ノ歷劫一故ニ云二超昇一ト也。簡三異シテ此ノ二類一ニ釋二頓入ノ義一ヲ故ニ。因根究竟一時圓滿ト云フ。若約二眞言教ノ大旨一ニ云ハハレ之ヲ。一切ノ眞言ノ行者。因根究竟一時圓滿ト可レ云也。必モ非ス二一生入妙覺ノ義一ニハ 是十八。難二十一(佛全26、六五二下。大日經心目)

⑲次ニ山王院大師。或不了者。執初發心住位爲一生所期(同、三四六上。授決集)之果。第(幾カ)何訛謬耶(乎カ)等釋スル事ハ。彼大師ノ御釋ノ意。六六三十六。始中終平等矣六卽互ニ具シテ非ス二縱横並別一ニ。不了ノ者限テ期二初發心住一ヲ。誠是可二訛謬一ナル。名字觀行自レ元備二究竟ノ佛果一ヲ。何ソ只初住ノ菩提而已ノミナラン。能破ノ意如レ此。如二御精一。事相ニ至トニ究竟卽一ニ云ニ非ルヲ耶 是十九。難二十二(二十二(ヘ)十九。二十)

⑳次ニ(同三日)至下法華ノ本迹二門同ク可レ明トニ妙覺ノ益一ヲ云御精上ニ者。且ク五大院先德ノ了(了(ト)料)簡ニ付テ。彼先德ノ意趣ハ。專ラ被レ存二一生入妙覺ノ義一ヲ。是則難レ測中ニ標二スル其ノ一邊一ヲ也。以テ二此ノ釋義一ヲ非レス可キニ定量一ス。以テ二彼ノ引證ノ諸文一ヲ可レシ知ル。一生入妙覺ノ義ハ天台妙樂ノ御釋ノ中ニ更無ト二其ノ明證一云事。四十一(佛全24、一九五下。卽身成佛義私記)位皆已超登。現身之中入二妙覺一耶ト問シテ。答レ之(之(ロ)(ヘ)云云)。既云下初聞二法說一或唯初住。或二三四乃至十地。三節加レ功(周カ)ク。四節增進。或至二一生一良由ヒ此也文記 或至一生之言且是等覺。良由此也之詞(也ナシカ)意寧隔二妙覺一 矣 證スル二一生入妙覺ノ義一ヲ本說(於カ)在レル此ニ歟。或至一生之言且(且(ヘ)只)是等覺也ト者。就テ二四節ノ增進一ニ。迹門ノ三節ハ定テ是レ分證也。本門ノ一節ハ遙ニ雖レ記スト二妙覺一ヲ。終只至ル二一生在ノ益一ニ。一生ト者。則是等覺ノ位也。故ニ本門ノ得益又至ル二因位ノ極際一ニ也。故ニ一生ノ言ハ在ト二等覺一ニ云也。良由此也之詞意寧隔スヤ二妙覺一ヲ云ヘル。其ノ意更ニ不レ詳ナラ。如ク二御難ノ者。良由此也ト言意在カ二卽身成佛一ニ故ニ。卽身成佛ノ義寧隔二妙覺一ヲ耶 云云 六祖ノ今ノ解釋。强ニ卽身成佛ノ義也(也(ニ)(ト)ナシ)ト不二意得(意得(ロ)(ヘ)得意)一者歟。本書ノ文ニ。疏四(天文二、七九三上)如シ二聽レ法ヲ人ノ重テ聞クハ勝タルカレ前キヨリ 矣 六祖大師消シテ二此ノ文一ヲ。若再ヒ聞テ無クハレ益初モ亦徒(同。文句記)聞ナラム。四節ニ加功シテ理應ニ增進一ス。或至ルコト二一生一ニ良ニ由レリレ此ニ也 矣 是ハ四節ニ增進シテ倍マスマス明カニ倍深シ。故ニ展轉增進(進(ロ)(ヘ)ナシ)シテ

其ノ益深キ事ヲ顯ス也。或至一生良由此也ト云ヘルハ。其ノ四節ノ功厚キ事ヲ嘆スル也。必モ至トハ二妙覺一ノ益ニ難レ得レ意者歟。但シ。文ノ大旨顯カ二卽身頓證ノ義ヲ一故ニ。約シテレ之意寧隔ニ妙覺一耶ト釋成スル歟。是レ誠ニ約スル二其ノ義分一ニ也。正ク非ルレ云ハ二得トニ妙覺ノ益ヲ一歟

次ニ淨名疏文。能化菩薩因圓果滿。卽居ニ妙覺一。所化衆生修レ因感レ果。同栖ニ寂光一矣（佛全24、一九五下。卽身成佛義私記）「已上五大院釋」（㊀㊇㊦）寂光之名雖レ亙ニ分極一同栖之言編（㊁㊇㊦偏）語ニ究竟一矣（疏文カ）（之㊇㊦）文ノ意ハ。能化ノ菩薩因圓果滿シテ居ストニ妙覺ニ者。妙覺究竟ノ成道文言分明也。所化衆生修因感果。同栖寂光矣 其寂光ノ言ハ。誠ニ雖レ可レ亙ルニ分極一ニ。同栖ノ言ハ誠ニ可シレ在ルニ究竟一ニ。所以者何ハ。能化ノ因圓果滿卽居妙覺ト云ヘルニ對シテ。所化ニ同ク修因感果シテ栖トニ寂光ニ一云故ニ。同栖ノ語同スルカニ能化ニ故ニ偏語究竟ト釋スル歟。但シ。分極（分極㊦）雖レ異ナリト同ク在カニ寂光ニ故ニ。同栖寂光ト云ニモ有ル覽。或又所化衆生修因感果同栖寂光ト云カ故ニ。其ノ因圓果滿ノ義。何ヲ以テカ在トニ一生ニ可レ定耶。是又一往。一生妙覺ノ義ヲ證スル計也

次ニ安然和尚。引テニ「（㊂㊇㊦入）須臾聞之卽得究竟阿耨菩提ノ文ヲ一（大正藏九、三一上。法師品）。卽身ニ入ル二究竟ノ妙覺ニ一事ヲ證シタマヘリ。是又非ニ定證ニ歟。且ク卽得究竟ノ言ニ約シテ。卽身ニ至ル二究竟ニ一證據ト云歟。一家處處ノ釋。引テニ此ノ文ヲ一證トニ分證ノ菩提ヲ一見タリ。故ニ引テニ此ノ文ヲ一不レ可レ爲ニ定證ト一

次ニ至ニ本門壽量ノ增道損生ノ說ニ一者。尙是卽身ニ不ルレ至ラ二妙覺ノ位ニ一可ニ證據ナル一。解釋ノ中ニ云トシテ本門壽量ノ得益ヲ。發ニ衆生之權巧ヲ一顯スニ本地之幽微ヲ一。故ニ增道損生位ヒ隣チカシニ大覺ニ一。（玄一（天玄一、五一～六））（聖カ）一期ノ化道（導カ）事理俱ニ圓ナリ矣 位隣ニ大覺ニ一者。是指スニ餘有一生在（在㊇㊦）ノ益ヲ也。增道損生ノ益位唯在ニ等覺ニ一。以レ之ヲ爲ニ本門壽量ノ規模ト一。結トシテレ之ヲ。一期ノ化導事理俱圓矣 此中ニ若シ有ラハニ妙覺ノ益一。寧不レ擧レ之ヲ耶。以テニ等覺ノ位ヲ爲ニ至極ト一。全ク不トレ可レ有ニ妙覺ノ益一聞タリ。迹門開三ノ得益ハ可トレ限ルニ分證ニ一云事。立敵不レ諍歟。本門ハ得トニ妙覺ノ益ヲ一云ヘル。尙是當得菩薩（薩㊂㊇㊦提）ニシテ法華ノ現益ハ位隣ニ大覺ニ而已ノミナリ。只是至カニ等覺ノ位ニ一故ニ。又是分證ノ益也。於ニ法華ノ得益ニ者。本迹ノ所說同ク限ルニ分證ニ。顯スニ一代ノ終極ヲ法華ノ正文尙如シレ此（天文五、二四〇〇下。文句）。況於テヲ二他經ノ所說ニ耶。但シ。或可ミ一人一時有ニ八番增損一。或可ニ一世一。

或可（可ナシカ）二八世一。或無量世。或可二一念一。或可二八念一。或無量念等ノ解釋ニ至テ者。八番ノ増損ト者。始メ自リ二八生當得一終至ル二一生當得一二。以テレ之ヲ云二八番ノ増損一ト也。一生當得ハ是等覺ノ位也。故ニ一時有八番増損ト者。終至ル二等覺一二也

全ク以テレ至ルヲ二妙覺ノ位一ニ不レ云二八番増損一トハ。或可一世。或可八世。或可一念。或可八念ト云ヘル。皆以テ二等覺一ヲ爲二至極一ト也。以テ二此ノ文一ヲ不レ可レ爲二一生入妙覺ノ證據一ト。六祖大師ハ。言二八番一者。（同、二四〇一上。文句記）且寄三從八生一説レ之。以破二古計一。具足應下從二無生一已去。言二世及念等一。以跨中多位及以八位上（八ロヘ入）。不レ可三卽云二四十二念等一。故寄二後位一談（譚カ）レ之矣等者。云フニ其超越ノ位ヲ。但シ。約スル二八番ノ増損一ニ事ハ。且ハ寄セテ二後位一ニ談スト（故ロ）レ之ヲ云也。所謂ル自二四地（四ヘ心）一至二等覺一ニ是ヲ八番ト云フ故ニ。故寄（ヘトナシ）二後位一等云也。具ニ云者。始從二無生一終至二一生一トニ可レヲ云。具足應從無生已去言世及念等ト者此意也。不可卽云四十二念等ト者。是可シ二言惣一ナル。正ク言ハハレ之ヲ。四十一念ト可レ云也。故ニ今ノ本末ノ解釋ハ。全ク非ス二一生入妙覺ノ證據一ニ。故ニ五大院ノ先德。於テ二法華ノ文一ニ一生入妙覺ノ義ヲ雖レトモ被二料

簡一。不レ引キタマハ二今此ノ八番増益ノ説一ヲハ。但。楞嚴先德唐決ノ文中ニ。（大正藏四六、八八六下。教行錄）父母所生身卽證妙覺果（果ナシカ）耶ト問シテ。擧タマヘリ二兩方ノ疑一ヲ。其ノ一邊ノ文ニ。（同前）若不レ許者。既有二八（「一念カ」）番増損一。何不レ許二四十二番一耶。圓頓速疾（速ヘナシ）道。豈必經二劫（「一生カ」）（「之カ」）（爾數一耶矣（許劫カ）是ヲ以テ二八番ノ増損一ヲ例スルナリ二妙覺ノ超入一ヲ。指テ二八番ノ増損一ヲ直ニ非レ爲スニハ二一生入妙覺ノ證據一ト。是以知（知ロヘ智）禮師決トシテレ（此カ」）之。（同、八八七上）疏文（文ナシカ）既有二一念八番一。金光明中復有二生身十地一。以驗卽身妙覺（「證カ」）。非二一廻（廻ニト向）無一矣 以テ二一生十地一ヲ例ス二一生入妙覺一ニ。八番ノ増損准例若同シレ之ニ。而ヲ上來所二立申一。一生ニ極ル二分證ノ位（位ヘナシ）一ヲ事ハ。自レ元所レ不二諍申一也。限テ二妙覺ノ一位一ニ卽身ニ不レ可二究竟スル所二立申一也。文理前ニ顯畢。故ニ一生ニ叶フ二分證一ニ。以テ卽身ニ可レト證二究竟一ヲ者。其ノ例證尚可シ二不齊一ナル。上來ノ所論在カ二妙覺ノ一位一ニ故也　是二十。難二十三

(21)　次ニ至二若教仍權但至初住。縱至極果其教亦權。豈必八六等方至極果耶。則與一生入地生身得忍爲妨（「ト矣）ノ釋一ニ者。（同四日）（天文四、一七四六上。文句記）一生入妙覺ノ證據殆難キ二決定一者歟。如ク二御難ノ一者。文ノ大旨先ツ速疾ニ至ト二妙覺一ニ云事ヲ決定シ畢ルカ故ニ。經テ二八萬劫等一ヲ可レキ

至ル二妙覺一事ヲ遮スル也ト云。（云㊁㊦云云）此事釋義ノ意趣誠ニ難レ測。速疾ニ可レ至ル二妙覺一云事決定シ畢テ。迹ニ（廢歟）（迹㊁㊀廢）八六等ノ劫數ヲ云事更ニ所レ不ル見也。（所不見㊀不見處）大經ノ意。明トシテ二五果ノ廻心ヲ一可レ經ト二八六等ノ劫數ヲ一見タリ。本書ニ引ケリ二大經ノ三文ヲ一。所謂。一ニハ至菩提。三至大涅槃門也。（天文四、一七四六上。文句）六祖大師釋トシテ二此文ヲ一。若至ルハ二菩提心ニ一。（記七（同前））（提㊀薩「㊁㊦心）必至レハナリ二菩提涅槃ニ一。（二至菩提）（提㊀薩）初ノ一ハ是レ因。後ノ二ハ是果ナリ。果ノ中ニ既是レ智斷二德ナリ。故初發心ノ菩薩ニハ（薩㊀㊦提）可レ指ニ初住ノ分得ノ智（得㊀證）斷ヲ一。然經ノ三ノ文ニ皆云ヘリ二八六四二ト一。豈可ケム三因果同ク經ニ爾ソコ許フノ時ヲ一耶。此ハ且ク一往ナリ。故菩提涅槃。並ニ通ス二因果ニ一矣。（心㊁㊦至）經ノ三文ノ中ニ至菩提心ト者約スレ因ニ。後ノ至菩提心大涅槃門等者是約スレ果ニ。雖レ然ト以テ二此ノ因果ヲ一定テ不レ可レ云ニ分證究竟ト一。於テ二分證ノ位ニ一可カレ論ス二智斷二德ヲ一故ニ。今此三文ハ專ラ在ト二初住分得ノ智斷ニ一云也。可至初住分得智斷ノ釋ノ意是（指カ）也。而ニ經ニ八六四二ノ劫數ヲ一者。是可シ二權敎ノ意ナル一。故ニ下（記七）文ニハ。（同、一七四九下）驗知。八六等イハ其ノ敎是レ權ナリ矣。（萬カ）トラ五果廻心ノ人定テ經ト二八六四二ヲ一者。是可シ二權敎ノ意ナル一。如レ此經ル二劫數ヲ一事。必可レ約ス二權敎ニ一云事ヲ釋シ顯ス時キ。（天文四、一七四六上）若敎仍權但至初住。縱至

（極カ）權果其敎亦權。豈八六等方至極果耶。（「必カ）則與一生入地生身得忍爲妨ト釋スル也。如レ此劫數ヲ定テ。若ハ至リ二初住ニ一若ハ至ルトモ二（至初住㊀初住至）極果ニ一。其ノ敎尚是レ權也ト釋スル也。其ノ故ハ長短隔歴スル上ニ定テ經ト二劫數ヲ一云事。是レ敎門ノ權說ナルカ故也。豈必八六等方至極果耶ト釋スル意在リレ此ニ。則與一生入地生身得忍爲妨ト者。還而對シテ二但至初住ノ句ニ一云ンニ有ニ何ノ相違カ一。縱ヒ對シテ二方至極果耶ノ句ニ一則與一生入地生身得忍爲妨ト釋ストモ云。（「㊁㊦妙）又不レ可レ有レ失。（有㊀㊦）分極ヲ不レ簡且ク擧テ二速疾ノ邊ヲ一。八六等ノ劫數定權敎ナル事ヲ顯ントスル號也。（號㊁㊦欲）其ノ故ハ四果支佛等ヲ八六四二萬ニ相對スル事ハ。長短各別ノ上ニ更ニ分ミ別スル劫數ノ長短ヲ一也。故ニ簡テ二此意ヲ一（意㊦㊦）縱至極果其敎亦權ト云ナルヘシ。圓敎ノ意。於テハ二妙覺ノ位ニ一經ト二塵劫ヲ一者。長短不二ノ上ニ强テ論スル二其ノ劫數ヲ一故也。若不レ然云者。釋尊ノ我於無量阿僧企劫。（企㊦祇）豈是レ可レ云ニ權敎ト一耶。圓敎ノ意ハ長短不二ナル上ニ論スル二妙覺ノ菩提ヲ一事ハ。必可レ送ト二塵點ノ劫數ヲ一云事。法華ノ誠諦分明ナルカ故也（「」㊦㊦）「是二十一。難二十四」

(22) 次ニ別當大師。承和年中ノ六箇ノ問。（「㊦句）宗穎和尚決レ之時。

誠許一生入妙覺義見。但此決意再可斟定之者歟。所以者何。答之中。然久遠成佛不出今（卍續二ノ五、四二四丁左下）之一念。三世利物何曾異時。自心具足百界三千具足（具足㊁卜ナシ）有佛無佛性相常住（「然カ）矣是只明理具三千而已。難云一生入妙覺道理歟。正其一生内入妙覺義釋。（同前）且如（如㊀ナシ）相似後心入銅輪者。入變易後無隔生義。豈非即身入究竟耶（乎カ）云。如今解釋者。一切圓人皆一生入妙覺人也。寧可論難之耶（耶㊁ナシ）。往往立敵皆以成空。殆非費言塵耶。所以者何。入銅輪位人皆自相似後心入分證位也。此人入變易土畢又無隔生義。以之一生入妙覺云。一切圓人悉不云一生入妙覺耶。故殆非立敵之限。以之成一生入妙覺義者。更不可爲異論（論㊀端）。文理往覆更非無所表耶。今所論者如云超登十地。凡夫一念中至妙覺極地耶否云事也。入初住畢後無隔生云義寄。一生不入妙覺云義意。又入初住畢後有隔生義可云耶。然彼決云。立義（卍續二ノ五、四二四丁左下）有據則可信。無憑則不可信者。荊溪咲曰。愚者執（守カ）文。智者尋義云云故和漢兩朝所定。無一生入妙覺文云事既令決定畢。成其道理唐決意太髣髴故。全不可云所立違文（文㊀ナシ）。是二十二。難二十五

㉓次一生入妙覺義難測立申大（大㊀ナシ）綱至者。圓頓速疾義可通分極故。於道理者且似可有一生入妙覺義。然經論章疏中未見誠文。天台一家所判又無明據。故難測申大旨在斯。而御精中。經論中多被出其説（「卜光）。天台妙樂釋粗有依憑歟。然而御精所來唐決定問。送萬里浪唯問誠文。宗穎決傳兩朝風偏貴其義。爰知。於一生入妙覺者。經教中全無誠文云事（云㊂ヘナシ）。可知大旨事如此。何況再案道理。圓頓速疾道理專約分證位。於妙覺菩提者。可經無量僧企（企㊀祇）劫云云（云云㊂㊁ヘ卜云）事。法華誠文故也。又於等覺位。百千萬億劫入重玄門倒修凡事義有。是又一生證入不可云。教主釋尊成菩提時送無數劫。本迹二門共誠説皆如是。若定存一生

入妙覺ノ義一ヲ。釋尊送二リタマフ無量無數劫一ヲ事ハ。是レ鈍者ノ一類ト可レ云歟。若然者（然[ヘ][ト]爾）。經論ノ中ニ釋尊ノ因行ヲ云時ノ利鈍兩機ノ中ニ非二最上利根一ニ耶。又龍女ノ成佛ハ一代ノ化導勝也。顯二ス法華ノ勝用一ヲ時キ。以レ得二ルヲ分證ノ菩提一ヲ爲二速疾頓成ノ勝用一ト。有二テカ何ナル利人一勝二ト龍女ノ速成一ニ可レ云耶。以レ之ヲ云ニレ之（云之[ロ]）（[ヘ][チ]）。一生入妙覺ノ義誠ニ難レ測可レ云也（也[ヘ]耶）。但。本朝ノ大師先德委ク被レ成セ二一生入妙覺ノ義一ヲ。誠以爲レ固ト。然而尚是難レ測中ノ一邊ヲ被レ成セ歟。且爲レ顯二ンカ速疾頓成ノ功用一ヲ被レ成セ二一生入妙覺ノ義一ヲ歟。楞嚴ノ先德。豈此等ノ諸說ヲ不レ被二ムレ聞知一セ耶。於二勸學ノ席一ニ述二テ其ノ精要一ヲ。誡二メ學者一ヲ示二ス後葉一ニ。誰カ將ニ背クレ之ヲ耶。故ニ長保已來ノ學者多ク述二フ此義一ヲ。頗似レタリ無二キニ異論一。尚雖レ不レ盡二サ深旨一ヲ。所立ノ大概在レリ斯ニ　是二十三。難二十六

本云　貞治四年（一三六五）乙巳十月四日終功畢ル（畢[ニ]了）
「同學扶運僧都（「」[ヘ][チ]　扶[ニ][ト]快）　志玉
法印權大僧都顯幸　一校畢」（一校畢[ロ][ニ][ト][チ]）

（對校[ロ]本追記奥書）
（虫損）　玄秀

（對校[ニ]本追記奥書）（一六三一）
于時寬永八年閏十月十八日書寫畢　覺賢（花押）

（對校[ヘ]本追記奥書）
寬永二十一（一六四四）八月日
江州栗太郡芦浦觀音寺　法印舜興藏

（對校[ト]本追記奥書）
予昔在二盧山修練之講席一。預二聞御抄之名一。久成二戀慕之思一。今訪二睿岳實藏之門下一。忽入二自身之手一。歡喜雨レ涙。渴仰徹レ骨。偏再二興報恩講一。欲レ謝二列祖無限之慈德一。後生知レ之。唯須二十念心一。南無阿彌陀佛
永享四年（一四三二）極月二十三日　臨空

寛永十五年(一六三八)六月吉日　　　溪廣院寫之

進上

山門三院執行探題天海大僧正様

(底本裏表紙)天台智者大師御加護之所

(底　本)叡山文庫眞如藏『盧談』三十五册の內、№2『六即義聞書』

草木成佛と合綴本

(對校本)[ロ]＝叡山文庫雙嚴院藏『盧談』三十九册の內

[ニ]＝大谷大學圖書館藏『盧談』二十四册の內

[ヘ]＝西教寺正教藏『盧談』十三册の內

[ト]＝日光天海藏『盧談』二十六册の內

六卽義　一生入妙覺事

〔六即義〕元品能治

4 元品能治事

(一三五〇) 觀應元四二 二〇三 (底本扉書) 元品能治 彌陀報應

弘云。大經云。有所斷者名有上士。無所斷者名無上士(大正藏十二、七二一下。天止四、四〇二。弘決參照)取意

玄文第五。最實位引之。有所斷者名有上士之文爲妙覺(天玄三、四〇四～五。取意)等覺。無所斷者名無上士之文爲妙覺。若妙覺智斷妙覺有有所作義。故違此文。若以此文附順別教云。約圓教可云有所斷者名無上士也

次於妙覺位斷元品無明云。惑智敵對位智惠淺。無累解脫位智惠可深。若爾者。於妙覺位可有淺深明晦不同。例如分別小乘無礙解脫道時。以無礙道名忍不名智。釋其故(大正藏二九、一三四中。俱舍論)。此聖惠中八忍非智性。自所斷疑未已斷故判。惑智敵對無礙道與疑得俱云如

次不斷能障迷者。何所障智生還可斷惑耶。

例如云不拂能障雲前所障月現前拂雲。文句四。譬如燈生闇滅(天文二、八〇〇上)不可定其前後。文出可了見之已上 道理弘(弘ⓡⓗⓛ難)

次圓家斷惑何樣耶。迷悟不二。惑智一體何可云斷惑耶

〔次元品無明相貌如何。經論中有證據耶〕

次所依文等覺智斷釋歟。妙覺智斷見歟。而引瓔珞六輪。除妙覺水精輪加鐵輪。故非妙覺智斷聞

次最實位文。何樣見耶。等覺地者。觀達無始無明(天玄三、四〇四。玄義)源底。邊際智滿畢竟清淨。然最後窮源微細無明。登中道山頂與無明父母別。是名有所斷者。名有上士矣最實位中正存等覺智斷義上。圓教實位非妙覺智斷云事分明也

次淨名玄三。(大正藏三八、五四〇上)爲定用金剛智斷無明。爲用妙覺智斷無明耶問。擧莊嚴等覺智斷。開善妙覺智斷。顯一家義時。用莊嚴等覺智斷義見。所謂會勝(大正藏十二、二二〇上)鬘經無明住地其力最大佛菩提智之所能斷文約三

教ニ分別スル時キ。若用レ別攝レ通。（大正藏三八、五四〇上。維摩玄疏）十地等覺是佛菩提智。（「回八卽）若（○カ」）
別教明レ義。從ニ初歡喜地一（地回八ナシ）卽用ニ佛菩提智一（提智回リ薩）斷ニ初品無明一。
乃至等覺後心方乃（乃回八ナシ）斷盡圓。（圓回八ナシ）若圓教義。（「回八明）卽是初發心住用ニ（得カ）
佛菩提智一（提回薩）斷ニ初品無明一。乃至等覺後心方乃（乃回八リナシ）斷盡 矣 四教
義第十同レ之。既ニ三教各別ニ釋カ故ニ不レ可レ云ニ附順一トハ。
若シ附順セハ不レ可レ分ニ別ス別圓ノ初地初住ヲ一故也。但シ。今ノ
釋ハ釋スル二別教ヲ下ノ文ト可レ會歟。若云レ爾ナリト者。淨名玄ノ四ニ
釋ニ圓教ヲ下ニ同ニク今ノ釋一ニ辨テ別圓ノ不同ヲ。然モ等覺智斷ト
釋カ故ニ。全ク附順トハ不レ可ニ了見一

次ニ等覺ノ位ト者何樣ナルソ耶。通教ニ不レ立ニ等覺ヲ一故ヲ釋トシテ。（同、五三九下）
界內習氣易レ盡故。不レ須下開ニ法雲一出中（出八地等）等覺上 矣 立ニ等
覺ノ位ヲ一事ハ。爲レ斷ニ元品ノ無明ヲ一也。（「回八位）若云ニ妙覺智斷一者。（者八云）
開ニ等覺一無ニキヲ其要一耶

（「回○）答。凡ソ於ニ斷惑一有ニ三重一。一ニハ敵對斷 權教意 二。薰除斷 圓教意 已上大乘止觀意 薰除斷惑ト者。妙覺ノ智カ薰發シテ斷惑スル也。妙覺
智薰發スレハ元品ノ無明自然ニ去カ故ニ。妙覺智發スレハ元品ノ無（見逃カ）
明ミニケニスト云也

八〔示云。此涅槃斷不レ可ニ口外一。此算ノ深祕此一事也。本文ノ
妙覺智斷ノ誠證モ此文許簡要也〕
三ニ涅槃斷。所依受レ之。（受之回八リ文云）智光圓滿不ニ復可レ增。（天止一、三八四。止觀）大涅槃斷（「名菩提果カ）
更無レ可レ斷。名ニ果果一（果果リ果）矣 此釋ノ意ハ一惑ヲモ不レ斷ルヲ名ニ圓
家ノ斷惑一ト。所謂以ニ更無可斷ノ故一名ニ大涅槃斷一ト。不斷而
斷。斷而不斷（而回八リナシ）ト云ヘル此意也。此一義ニ諸難悉可レ被レ遮也。
所以ニ。不斷ノ斷ナレハ妙覺有所作ノ難モ不レ可レ有レ之。惑智
不ニレハ敵對一セ淺深明晦ノ難モ不レ可レ有レ之。能障所障全ク一ナレハ
能障所障ノ難モ不レ可レ有レ之 已上口決 所謂能障ノ底卽チ所障ノ
智ナレハ不シテレ拂ニ能障ヲ一所障ノ智不レ可ニ現前一スト云難自ラ被レ遮
也。能障所障ノ相ハ文句第四ノ釋可レ見レ之。三周ニ聞テレ法ヲ
後ニ（「回八リ後）破セハレ惑ヲ無ニ能障ノ義一。若破レ惑聞法復無シ所障ノ義一。（所回八リ能）是ヲハ
釋シテニ他人ノ立義一ト。此釋ニ（釋回八上）成ス四性叵得ノ義一ヲ。所謂惑障自
破ルハ自生ノ破也。智惠破レ惑他生ノ破也。惑智合シテ破スルハ共
生ノ破也。惑智離シテ破スルハ無因ノ破也。離ニ四句一云テ（云回了）正ク斷
惑ノ相貌ヲ云ヘハ。必ス運ニテ智惠一破レ惑也。（天文二、八〇〇上。文句）譬如ニ（譬回八行）燈生闇滅不レ
可ニ其前後一。（「回リ定八不可定）雖レ不ニ前後一闇定是障 ○ 矣 燈ト者。妙覺ノ智。

闇ト者。元品無明也。無ニ前後一中ニ強テ論ニセハ其〔其㋺ナシ〕前後一ヲ。妙覺ノ智惠先ツ顯テ可レ破ニ元品無明一也

疏(弘カ)四云。若爾爲當三周聞法〇矣（天文二、八〇〇上）

止五云。體雖ニ不二一必先運レ智以斷ニ於惑一。豈惑自斷而方智生矣（天止三、四一二。弘決）

圓家斷惑ノ相ノ尋モ此義ニ聞了〔了㋩矣〕ヌ

次ニ所依ノ文了簡〔簡㋺㋩見〕事。以ニ大涅槃斷ノ文一爲ニ此ノ算ノ至極ノ習一。所依ノ文ノ始終モ以レ之可ニ意〔意㋩心〕得一。是則本文ノ月愛三昧ノ十五ノ智斷ノ意也。所謂釋ニ分證一時ハ。月光圓暗〔㋺㋩㋷垂ㇾ〕垂盡（闇カ）矣等（天止一、三八一。止觀）覺ノ後心ニ殘ニ元品一聞タリ。釋ニトシテ妙覺一。智光圓滿不復可增（同、三八四）（「〇カ）大涅槃斷更無可斷ト云カ故ニ。十五夜ノ月ノ圓滿スル時。十四夜ノ微闇ハ初テ被レ拂也。智光ハ十五夜ニ圓滿シテ。微闇ハ十四夜ニ斷障〔障㋺㋩㋷除〕スト不レ可レ云故也。凡ソ惣シテ六卽義ノ大綱。妙覺智斷ノ義也。所謂六卽ト者。妙法蓮華ノ次位也。妙法蓮華ト者。迷悟染淨不二ノ名也。迷ノ底ト悟ノ源ト一體ナルニ付テ還〔還㋩ナシ〕立ニ六卽ノ位一ヲ云ヘハ。自然ト妙覺智斷ノ義也。四諦四弘ノ菩提心ノ（同、三九〇。止觀）下ニ顯ニ不思議ノ迷悟ノ義一。出〔出㋺㋩於〕ニ六卽ノ位一。展轉深細方乃顯レ是矣其顯是ト者。顯ニ惑〔惑㋷ナシ〕卽チ是ナル意一也。故ニ六卽ノ義ヲ立〔立㋩六〕ヨリ妙覺智斷ノ義ニテアル也。常ニハ本文ノ證據ニハ因ニ相似觀力一（同、三八一）入ニ銅輪位一。初破ニ無明一矣是則入位斷惑ノ義ナルカ故ニ。妙覺智斷ノ證據ニ出レ之也。サテ六輪ノ文ハ別教附順ノ意也

次元品ノ無明ノ相貌ノ事。見ニルヲ迷悟ノ二法一ヲ元品ノ無明トハ云也。等覺ノ後心マテハ妙覺ノ位ヲ所期ニ置カ故ニ。存ニ迷悟ノ二法一ヲ意有レ之。此二法ノ見破ルル事ハ可レ有〔有㋺㋩㋷在〕ニ妙覺ノ位一ニ故ニ。作ニレハ元品ノ無明ノ姿一ヲ自云〔云㋺被云㋩被㋷破云〕ニ妙覺智斷一ト也

サテ元品ノ無明ノ證據ニハ。勘ニ瑜祇經ノ文一ヲ也。忽有障者不ニ（大正藏十八、二五八上）從レ空〔空㋷是〕生一。亦不下從ニ他方一而來上。亦不ニ從レ地出生一〇（「一カ）從ニ一切衆生本有ノ障ヲ無始無覺ノ中一來レリ。本有俱生〔㋺㋩㋷塵沙〕自我所生〔「㋺障〕ノ障。無始〔㋩㋷無明〕無初際〔「㋺無明〕。本有俱〔㋺㋩㋷俱ト者迷悟也〕本〔本㋺大〕輪ナリ矣彼障出現スル時。等覺菩薩如ニ醉人一不レ知レ之〔之㋩也〕說カ故ニ元品無明也。但シ等覺智斷ト見タリ。其故ハ金剛薩埵以ニ吽字ノ觀一爲ニ對治ノ觀一ト見タリ。既ニ金剛薩埵ノ所治ナルカ故ニ。等覺智斷ノ義分明也。而ヲ雖レ說ニ金剛薩埵ノ所治ノ法一。正ク受ニ佛加一見タリ。仍テ尚可レ云ニ妙覺智斷一也〔也㋩ナシ〕

示云。障ト者。現シテレ如二金剛薩埵形一金剛薩埵被二佛ノ加持一（持回八ナシ）治スル也（也八ナリ）

又眞實ニ得レハレ意。妙覺智斷ト云モ等覺智斷ト云モ不レ背也。其故ハ惑ノ當體ニテ不レハレ運二別ノ智惠ヲ一。惑ノ當體ノ處ハ等覺ノ位也。當體ナカラ斷ト云ハルルハ尚（尚回八當）等覺智斷ノ義也（也回ナシ）。サレハ金光明（明八ナシ）ノ疏ニ擧二等覺智斷・妙覺智斷ノ二義一。（大正藏三九、七二中）隨國（回八リ）隨空〔時隨人（隨人リナシ）隨情（悟カ）皆有利益矣悉檀可二隨縁一見タリ。如レ此不定（空回八リナシ）ナル事ハ底ハ一事ナルカ〕故也。可レ見レ之（見回八リ思）

又元品ノ無明ノ相貌ニハ指二度生ノ心ヲ一云事（云八ナシ）有レ之。是レモ見ルヲ二法ヲ一名二元品ノ無明ト一云ト同事也。是ニハ論家ノ中ニ後身ノ菩薩爲二無我輪一所レ縛（縛回八リ轉）矣以レ之山王院ノ大師。元品ノ無明ト被レ得。以レ之爲二元品ノ無明ノ一習ト一也

「回〇示云。四弘誓願ハ非レトモ迷ニ。等覺已還ハ猶有二迷悟自他ノ心一。度シトニ迷ノ衆生一思フ度生ノ願ヲ元品ノ無明トハ云也。後心菩薩爲無我輪所縛（縛回八リ轉）ト者。無我輪ト者。度生ノ心卽チ元品ノ無明也。彼ノ元品ノ無明ト者。〔非ニ〕（回八リ）常ノ凡夫ノ迷ニハ。無我ノ上ニ尚迷悟ヲ分別スルカ故ニ無我輪トハ云（云回ナシ）也。輪ト者。迷ト云事也。仍テ後身ノ菩薩爲無我輪所縛（縛回八轉）云ヘル。元品ノ無明ハ後身ノ菩薩所レト迷レ之（之八云）聞ルカ故ニ。可二妙覺智斷ナル一被タルレ得也。サテ佛ノ四弘ノ意ハ迷悟不二ノ上ニ可レ起レ之也

次最實位ノ文ハ會シテ二別教附順ノ意ニ一。最實位ノ下ニ出ス二妙覺智斷ノ誠證ヲ一（如レ常）

次淨名玄。四教義ノ文。猶附順ノ意ト可レ會ス也。所謂圓教ノ外ニ置キ（置八直）二別教ノ斷位ヲ一釋レ之。卽附順ト可二意（意八心）得一。圓ノ意ハ。別教（教回）卽チ圓位（八リ位）ナルカ故也

次ニ等覺ノ位ハ爲トレ斷二元品ノ無明一云ニ至テハ。斷二元品ノ無明一加行ト可二意得一也

尋云。法華經。妙覺智斷ノ誠證如何

答。壽量品云。每自作是念。以（以回ナシ）何令衆生。得入無上道。速成就佛身矣（大正藏九、四四上）所謂佛ケ令シテ下二衆生一入二無上道一成中（「速カ）就佛身上云ハ妙覺ノ佛ケ斷二衆生ノ元品ノ無明ヲ一相カ故也

淨名經上云。紹二隆三寶一能使レ不レ絕。降二伏魔怨一制二諸外道一。悉已清淨永離二蓋纏一。心常不二住（安イ）無礙解脫一矣（回八リ延文（文八リ久）元十一二相傳）（回疏ノ第一四十八（大正藏十四、五三七上））（「回八第 回五十三右（大正藏三八、五七五下））名疏一云。心常安住無礙解脫ニ釋レ歎二斷德一。無礙解脫卽

不思議異名也。故大論云。於二諸解脱中一無礙解脱最大。藏通皆云二無礙斷解脱證一。有師云。無礙伏解脱斷此但界内思議無礙道解脱。別教十地亦言二無礙道斷解脱道證一。雖レ離二界外ノ見思一猶約二定斷一。非三不思議無礙解脱一。圓教明レ義解惑相。卽皆知不レ斷レ惑不三究竟永離二二種蓋纏一。故名二無礙解脱一。故文云。不レ斷二癡愛一起二於明脱一。心常安住者。若思議照寂非二究竟安住一。若不思議寂照不二。住二大般槃一名二究竟心常安住一也。無礙解脱卽大般涅槃之異名耳 矣

仰云。此文能能可二意得一。妙覺智斷ノ明證。只此文ニテ有ル也。常ノ人モ此題目ニテ此釋ヲ出サヌ事ハ無キ也。然而釋ノ起盡ヲ能能不レ辨。太未レ盡二意得タル也。能意得伏セタラハ强タル疑モ不レ可レ有。此文ニテ可レ定二勝負一也。經ノ文ニ心常安住無礙解脱ト者。同聞衆ノ歎德也。卽チ歎二斷德涅槃ノ義一也。付レ其前三教ノ無礙解脱ハ皆思議ノ無礙解脱也。思議ト云ヘハ惑智各別ニシテ運テ二能治ノ智品ヲ一斷二所治ノ惑障一也。三惑ノ能治所治。其義皆同故ニ釋ニトシテ別教ヲ。雖離界外見思猶約定斷非思議（大正藏三八、五七五下）矣

惑智各別ナレハ無礙解脱ハ必可二異時一ナル。所以ニ。運智斷惑位ハ無礙道也。斷惑畢テ智惠獨リ朗然ナルハ解脱道也。無礙道ヲ屬ニシ因位ニ解脱道ヲ屬レスルモ果ニ思議定斷ノ意也。圓教ノ意ハ不レ爾。元品ノ微烟ノ外ニ妙覺ノ極ハ無キ也。此ノ惑智不二ノ體ヲ不斷而斷ト云ヘハ。自ラ妙覺智斷ノ體ニテ有ル也。能障所障各別シテ論二斷惑證理一時。有二有所作ノ難一モ。妙覺智ノ明晦モ出來ル也。又拂二能障ノ惑一所障ノ惑可二ト現前一ス云モ。皆惑智各別ノ日ノ事也。而ヲ圓教明レ義解脱ノ相。卽智不レ斷レ惑而究竟永離二二種蓋纏一。故名二無礙解脱一。故文云。不レ斷二癡愛一起二於明脱一ノ妙覺ノ智ハ不レ斷二一毫ノ惑一ヲモ。本來清淨ナル體ヲ而究竟永離二種蓋纏ト釋ル也。以レ要云ヘハ。元品ノ無明卽是妙覺ノ菩提ナルヲ。不斷癡愛起於明脱ト云也。如ク此〔成スレハ義ヲ ソレハ理ノコトニテコソアレ。約シテ事ニ論スル時ハ必〔ス〕可二ト惑智各別ナル一難スル也。此難カ大ニイハレヌ事ニテアル也。サテハ圓教ノ事ハ思議ノ事ニテアリケル歟。而ヲ圓教ノ意ハ事理共ニ可二不思議ナル一云事ハ我モ人モ不レ謂事也。不思議ノ斷惑ト云カ只理ノミニシテ非レ事ニ云ハハ。圓教ノ意。事ノ斷惑ハ可レ云二思議ノ惑斷一ト歟。今ノ

釋ハ然カ不レ可レ被(被[ロ][ハ][リ]云)。斥ニ別教一時(時[ハ]明)ハ。猶約ニ定斷一非ニ不思議一云ヒ。圓教ノ斷惑ヲハ解脱(脱[ロ][ハ][リ]惑)相卽智不斷惑ト云テ。不斷而斷スルヲ名ニ不思議ノ智斷一ト也。是以今ノ解釋。若不思議寂照不二。(大正藏三八、五七五下)住ニ大涅槃一名ニ究竟心常住一(「[ロ][ハ]安)。無礙解脱卽大般涅槃之異名(〔ア也カ〕)〔耳([ロ][ハ][リ])矣 若不思議寂照不二ト云ハ。妙覺ノ位不レ可レ諍。住大涅槃名〕究竟心ト云モ妙覺ノ位ト云事ハ立敵共ニ不レ可レ諍フ。如レ此釋下テ無礙解脱卽大般涅槃之異耳(「[ロ][ハ]名)ト釋スル故ニ。上ノ不思議寂照ノ妙覺ノ位ニ可レ成ニ無礙解脱ノ位一ヲ云事。目ノ前ニ分明ナルヲ人ノ思ヒトカメサル事也(也[ロ]ナレハ)。返返無念ノ事也。サテ不思議解脱ト云ハ妙覺ノ極位ナル事ハ又不レ定レ諍(定[ロ][ハ]足)。而ヲ無礙解脱卽不思議異名耳(「[ロ][ハ][リ]之)ト云故ニ。妙覺ノ智ヲ無礙解脱ノ異名ト云ルヨリ。妙覺智斷ノ證據此外ニ可レ求レ何ニカ耶。如レ此意得レハ。淨名ノ一經ハ妙覺智斷ノ誠證也。一經ハ明ニ不思議解脱一ト經也(也[ロ]者)。故ニ經ノ首題ニハ維摩詰所說經一名不可思議解脱法門云云 不思議解脱ト者。不思議ノ無礙解脱ト云事ナルカ故ニ。一經ノ惣體皆可ニ妙覺智斷一也。精義ノ專要(專要[ロ][ハ][リ]要專)可ニ此事一ナル。一家處處ノ釋ヲ。以ニ金剛心一置(置[ハ]直)ニ等覺ノ後心一依ニ經教常途ノ施設一也。

サレハ無礙道ハ居ニ等覺一ニ解脱道ハ在ニ妙覺ノ位一ニ。爾者猶於ニ妙覺ノ位一ニ斷ニ元品ノ無明一ト難レシ云(云[ハ]之)。何ノ釋ニカ正ク妙覺ノ位ニ判ニ(「」[リ][ナシ])「無礙解脱一ト耶ト可レ精フ也。今ノ釋コソ分明ニ妙覺智ヲ」無礙解脱ト名付タレ。又不思議解脱ト云カ妙覺智斷ソト云事モ人不レ可レ知事歟(歟[ロ][ハ][リ]也 釋[ロ][ハ][リ]文)。今釋殊ニ可レ留レ意「可レ祕可レ祕」(「」[リ]可レ祕レ之)若不思議寂照不(同前)二。大涅槃名究竟心ノ文(「[ロ][ハ][リ]住)。六卽義ノ本文ノ釋ニ合セテ能能可ニ了簡(簡[ロ][ハ][リ]見)一又「可レ祕可レ祕」(「」[ロ][リ]可レ祕レ之)

畢ヌ(畢[ロ][ハ][ナシ][リ]以上畢)

(底　本) 叡山文庫眞如藏『盧談』三十五册の內、No.6『四種三昧義案立』と合綴本

(對校本) ⓡ＝叡山文庫雙嚴院藏『盧談』三十九册の內、「佛土義」自受用所居事、No.5「元品能治事」と合綴本

ⓗ＝叡山文庫明德院藏『盧談』二十五册の內、「教相義」二經勝劣事、「十如是義」三諦勝劣事、「十妙義」本實成成道互四教耶事、「佛土義」自受用所居事と合綴本

ⓡ＝叡山文庫眞如藏『盧談』三十五册の內、重複『三周義案立』と合綴別本

六卽義　元品能治事

〔六郎義〕元品能治

5 元品能治事

貞治四年（一三六五）乙巳二月十四日

一。三種斷惑ノ事

敵對斷。薫除斷具サニ如レシ前ノ。此外ニ涅槃斷ト云事ヲ習フ也。阿彌陀（陀㊁七）坊抄ニハ此又出シタリシ哉覽。此邊ノ抄ニハ多ク出シテレ之ヲ了（了㊁料）簡シタリ。然而以テ二此一文ヲ一爲シ二今算ノ龜鏡ト一。爲スル二此題目ノ眉目ト一也。人未タレ知カ祕中ノ祕。要カ中ノ要也。更以テ不レ可レ爲二聊爾ト一。先師僧正以テ二此事ヲ一爲ス二得略ノ詮ト一。此事傳受ノ時キ頻ニ加ヘ二制戒ヲ一畢ヌ。尤モ可レ爲ス二祕奥ト一。此算ヲ精ル時キ。正キ妙覺智斷ノ道理ハサシツメテ何事ソト可レ責也。惑智一體ノ故ナト申ス重重聞キ畢ヌ

凡地盤ハサコソ有ルラメ。サシツメタル道理カ有ツテ（タ㊁テカカ）妙覺智斷ナラテハ「叶フ閒敷」（「」㊁カナウマシキ）樣ノ有ルカナト再三責伏セテ可キレ定ム二得略ヲ一也。又妙覺智斷ノ慥ナル證據ハ勘タル歟。章疏歟。（〔㊁大部歟）幾ノ文ヲカ勘タル。妙覺智斷ノ潤色ノ文イクラモ申シツル。其ハ有リレ難會釋モ聞キ畢ヌ。アラカイ處モ無キ證據ヤ有ル。ヤカテ此ノ釋ニテ道理ヲモ可レ極ム子細有リナト可ニ責伏一也。ソレハ前ニ出ツル止一（一㊁七）（天止一、三八四）等覺一ヒ轉シテ入ルニ于（于㊁七）妙覺ニ一。智光圓滿シテ不ルヲ二復タ可レ增ス名ク二菩提ノ果ト一。大涅槃ノ斷ニシテ更ニ無キヲレ可コトレ斷ス名ク二果果ト一。文是也。正クハ大涅槃斷等ノ八字也。以テレ之ヲ爲スル二眞實ノ龜鑑（㊁カン）ト一也。師資相傳在ニ此文ニ一也

大都ノ了（了㊁料）簡ハ前ノ重ニ皆聞ナタル事也。大經ノ月愛三昧ノ十五ノ智斷ヲ引テ。於テ二位位ニ一發シテ二其ノ位ノ智ヲ一斷スル二其位ノ惑ヲ一也。是マテハ難ノ宗（宗㊁家）モ更ニ不レ諍ソハレ之ヲ。等覺ノ位ヲハ止（天止一、三八一）光垂シレ圓マトカ（同、三八四）ナラント暗（闇カ）垂スレ盡キナムト矣殘シ二一ツノ羅縠（縠カ）ヲ一畢ヌ。至テ二妙覺ノ位ニ一。智光圓滿不復可增矣決云。（同前）智光圓滿トイハ猶是用ル二大經ノ月愛ノ中ノ意ヲ一矣釋ル二分證ヲ一時キ止（同、三八一）從ニ初日一至ルニ二十四日ニ一。月光垂シレ圓カナラント暗（闇カ）垂レ盡ナント矣是ハ月愛ノ心文（文㊁義）意分明也。究竟卽ノ下ニテハ智光圓滿不復可增ト云フ故ニ。月愛ノ文言ハ不ルカ二分明ナラ一故ニ。六祖ノ大師。猶是用月愛中意ト（〔㊁大經）釋シ顯ス也

サテ本書ノ。智光圓滿不復可增名菩提果ハ。智德也。大涅槃斷更無可斷名果果ト者。斷德也。六祖大師顯ハニシテ云（云㊁言）。

(天止一、三八四)菩提屬智德。涅槃屬斷德。故云大涅槃斷矣 智光圓滿者。妙覺智光也。大涅槃斷者。非妙覺斷道耶。所斷煩惱非指元品無明耶。妙覺智光圓滿故。妙覺能障既去畢〔畢回了〕。十五夜滿月照臨故。十五夜微闇消除畢。光生刹那闇卽滅也。闇去畢後非光獨現。世閒理既如此。出世理又如此。智者取譬意在斯。智德滿時斷德又成云者。妙覺智斷義。此理誠分明〔回也〕。故六祖大師。(同前)菩提屬智德。涅槃屬斷德。故云大涅槃斷。智斷二德更非異時。菩薩〔薩回提〕名道。宜立智名。涅槃寂滅。宜立斷名。智德滿處復具斷德。故云果及果果〔回矣〕。究竟而論。三菩提滿卽三德滿。本末解釋大綱道理。文盡理盡。(同前)智德滿處復具斷德矣 智德滿處者。妙覺智生處也。此位智德斷德卽滿。故復具斷德トイヘル〔イ回云〕意在斯釋也。次上文。(同前)智斷二德更非異時トイヘル意在斯 本書。(同。止觀)大涅槃斷更無可斷名果果。等覺不通。唯佛能通。過荼無道可說。故名究竟菩提。亦名究竟止觀矣 等覺不通唯佛能通八字。正妙覺智斷證據。自古勘來。而大涅槃斷更無可斷名果果云。此ウツリニ鈞(鉤カ)鎖相交。等覺不通唯佛能通云ヘハ。彌コマナコヲ指文有也。等覺不通者何云ハム。殘元品無明也。分證終光垂圓闇垂盡云。一分微闇留。至妙覺位智光圓滿云大涅槃斷云。智德滿又可增無〔回處〕。斷德極畢又可斷處無云畢。取返等覺妙覺アワヒヲ云時。等覺不通唯佛能通云。等覺不通不通元品微炎。唯佛能通者。但妙覺智盡此惑云也。妙覺智斷義。明證在斯。誰人又苦諍耶。摩訶止觀文如此。又圓頓止觀文〔回今文〕對勘可得意也

彼文云。究竟卽是〔回者乃是〕金剛後心妙覺智斷。智德成就無上菩提滿稱之爲觀。斷德成就更無所斷名之爲止矣 此文妙覺智斷證據文言分明也。爲依憑也。自古勘來。前出摩訶止觀文。未再治文〔文回本〕。金剛後心妙覺智斷矣 誠可爲誠證。常人思爲證據。元品無明妙覺

（㊀所斷ヲ云事ヲ妙覺智）智斷ト釋ル事ニテ證據トテ勘ルレ之故ニ。難スルレ之時キハ。妙覺ノ位智德斷德ト云事ニテコソ有レ。元品ノ無明妙覺智斷ト云文ニハ非スト精スル也。其ハ實ニ智德斷德ト云事也。妙覺智德斷德同時ト云ヘハコソ妙覺智斷ノ證據ニテハ有レ。圓頓止觀文カ故サラ前後ヲ了（㊀料）簡スルニ分明也（㊀見タル）

彼文中ニ分眞卽ノ菩薩（㊀提）ヲ釋トシテ。破一品無明斷德稱之爲止。中道智德名之爲觀。後之（㊀從此）以去分分明智斷分分明止觀矣究竟卽ノ菩薩（㊀提）ヲ云トシテ。乃是金剛後心妙覺智斷。智德成就無上菩提滿稱之爲觀。斷德成就更無所斷矣初住ノ菩提ヲ云フ時キ。破ルヲ二一品ノ無明ヲ一爲シ二斷德一ト。顯スヲ二一分ノ中道ヲ一爲ス二智德一ト。依ニ初住ノ智ニ斷スルヲ二初住ノ無明ヲ一。爲ニ智斷ノ二德一ト爲ス二止觀ノ二法一ト。爲メニ證レ證ンカ之ヲ。引ケリ二月愛三昧ノ十五ノ智斷ヲ一。究竟卽ノ菩提ヲ云トシテ。妙覺智斷。智德成就無上菩提滿稱之爲觀。斷德成就更無所斷名之爲止矣初住ノ斷德ヲ云トシテ。破一品無明斷德稱之爲止矣妙覺ノ位ノ斷德寧ロ無ム二破無明ノ義一耶。第二第三ノ本（本ノママ）相合シテ得レ處（㊀意）レ之ヲ證據倍分明也

竹林相傳ハ摩訶止觀ノ大涅槃斷更無可斷ノ文計也（天止一、三八四）。私ニ合セテ二圓頓止觀ノ文ヲ一得レ意也。圓頓止觀ノ文無シト云フトモ。摩訶止觀ノ文明鏡在ルレ掌ニ者也。是迄（㊀マテ）ハ慥ナル證據ハ何ソト尋タル。其ノ一文ノ明證ヲ勘ヘタルニテ有ル也。一文ト者。大涅槃斷更無可斷ノ文是也

サテ妙覺智斷ノ慥ナル道理ハ何事ソト云事。又此文ニテ了（㊀料）簡スル也。三惑ノ同時異時。元品ノ無明ノ能治一ツ事ニ習レフ之ヲ也。此算ニハ元品ノ無明ヲ昨日ハ不レリシヲ斷セ。今日始テ斷スヘシト思ヘハ上ノ諸ノ難義ハ出來スル也。不ルニ斷セ惑一前キニ智何トテ現前スルソト云フ難。イカニ體達斷トモ云ヘ。妙覺智ノ能ニテ斷セハ二元品ノ無明ヲ一。佛智有所作難。又正キ斷スル惑ヲ位既ニ斷シ終リ。位ヒ二一刹那ナラハ何カニ（イ）云フトモ智獨リ現前セン時キニ可キ二明了ナル一故ニ。可レト有ル二淺深明昧ノ異（㊀失）一云フ難。此等ノ難勢ハ。我等カ暗心ノ內ニ實ニ斷スルト二元品ノ無明ヲ一思タル上ノ難ニテ有ル也。然ルヲ斷ニトモ元品ノ無明ヲ一者。一惑ヲモ不ル斷ニテ有ル也。一惑ヲモ斷スト思ヒタラムハ卽元品ノ無明也。等覺ノ菩提（㊀薩）被レ轉セ二無我輪一ニイ（㊀云）ヘル此意也。故ニ不ルヲレ斷二一惑ヲ一元品ノ無明盡スト云也。此事深ク可シ二思惟ス一。其ノ證據ハ大涅槃斷更無可斷ノ意（㊀心）也。大涅槃斷ト者何ナル意ソト云事ヲ能能可キレ

知ル也。涅槃ト者。涅言ニ不生ト般ヲハ言ニ不滅ト矣（天玄三、四四三。玄義）サレハ涅槃ト者（者曰ハ）不生不滅ト云事也。又常住不變ノ義也。大涅槃（槃カ）斷ト云ヒタルヲ何トモ得レテ意。只タ斷徳ノ事ヲ云ヒタルソト思ヒ打置キタラハ返返疎想ナル事也。於テニ妙覺ノ斷道ニ名クル大涅槃斷ト何ナル故ヘ哉覽。キモツキテ可レ付レ意也

然ルニ不生不滅ノ斷ト者。一切諸法本來寂滅ノ體ニテ有ルヲ指テ大涅槃斷ト名クト得レハ意。惑智前後ノ疑。妙覺有所作ノ難悉ク被レ拂ヒ盡ク畢ヌ。何ナニ難モ不ルニ寄リ付カ事也

サテ餘處ノ釋ヲモ合セテ可キレ得レ意。始終不變常住妙身名爲妙覺矣（四十二字門下（續天全論草2、五一上。義科廬談文句參照））妙覺如來常住不變。不生王宮。不現八相（八相曰涅槃）。湛若虛空矣（同（同、五一上～下。參照））皆妙覺智斷ノ相ニテ有ル也。故ニ大涅槃斷ト云カ妙覺智斷ノ道理ヲ釋シタルニテ有ル也。故ニ以テ此一文ヲ妙覺智斷ノ明證トシ。（「曰又）妙覺智斷ノ道理トスル也。此算ノ口決只此事ニテ有ル也

一。法花勘文事

故僧正精義草心（心曰云）。元品ノ無明ノ能治ノ智誠ニ是レ迷悟ノ根源也。法花ノ中ニ可レ習也。妙覺智斷ト云義可ニ習來一（可曰所）。更非ニ聊爾ニ。（「曰云云）是ハ自リ題スルニ妙法蓮花經ト妙覺智斷ノ義ニテ有ル也。智ハ卽チ唯佛ノ極智。惑ハ卽チ法界ノ惑智也。以テ此ノ智ヲ斷ト此惑ヲ。寧ロ可レ云レ用ニ妙覺ノ智ヲ（妙曰等）耶。此義前既ニ述レ之畢ヌ。然而尙能ク可レ唇ヲク意ヲ也。正ク就テ其ノ說相ニ意得ハ。本門壽量ノ體卽チ是レ妙覺智斷ノ義也。佛悟ト者。法花經ニテ始テ說レ之ヲ也。他經ニハ不レ云レ之ヲ。法花經ノ內ニ正キ果分ノ極說ト云ハ。壽量品ニテ說レ之ヲ也。所謂ル。成佛已來甚大久遠。壽命無量阿僧祇劫常住不レ滅矣（大正藏九、四二下）佛ノ久遠（遠曰成）ノ悟ト者。生佛迷悟依正自他悉ク成リテ一佛ノ悟リト更ニ無シレ餘。如レ此一佛ノ悟ノ成リハツルヲ斷トニ元品ノ無明ヲ云也

於テニ等覺ノ位ニ入重玄門倒修凡事シテ經ト百千萬億劫ヲ者。經ニ彼ノ久成ヲ時節ナリ。經ニ其ノ時節ヲ畢テ。一法モ不レ殘妙覺ノ佛ノ悟リニ成リ極ルヲ云ニ元品ノ智斷ト故ニ。佛智圓滿スト者。妙覺ノ佛智也。此佛智ニ所レ照悉ク成テニ一佛ノ悟ニ斷カニ元品ノ無明ヲ故ニ。自ラ成スニ妙覺智斷ノ義ヲ。經云。如來。如レ實知ニ見三界之相ヲ。無レ有ニ生死若退若出ニ。亦無ニ在世及滅度者ニ矣（大正藏九、四二下）如來如實ノ知見ト者。久成ノ所證也。無有生死若退若出ト者。自ラ法界ノ惑品ノ盡タルニテ有ル也。每自作是念。以何令衆生。得入（大正藏九、四四上）

無上道。速成就佛身矣一切衆生悉成佛身者。一佛悟也。一切衆生歸佛身體斷元品無明意也。如此得意。壽量即成妙覺智斷義。壽量品疏。等覺一品（疏㊀記）（天文五、二三五一下）尚唯佛智之所能斷矣報身非滅現滅意也。始終一概可得意合也

一。算題事

此事算題破文（端カ）可習子細有。又等覺一轉何云。意。自一位至一位一轉云者。何位可有一（一㊀二）轉言也。又此算題經文ナトニ所寫有歟。可勘之。

已上先師精義草意也

等覺一轉入于妙覺云（天止一、三八四）。杉（杉㊀相）生立（竪カ）者等覺一轉讀也。其義誠宜。然而自破文（端カ）如此讀其意澆薄。只常サマニ一轉讀心中可得意（㊀如然　得意㊀意得）。妙覺佛一佛（佛㊀體）悟ノキタラハ。只同孤調解脫。此佛悟與法界衆生俱悟也。サレハ等覺一メクリスト者。如末師釋（遅）（卍續四五、一五〇丁右下。輔正記）。等覺證極玄理究竟。名爲一玄。從等覺位却漸次向於下位。次第修習藥（集カ）法。廣逗衆病又名一玄矣（㊀云云）是別教入重玄門釋文有。如此一心一念用之。圓入重玄門有也。自證極爲一玄。此自證極遍法界極ハテヌレハ。即妙覺悟等覺一轉云也。此一メクリト云事（事㊀之）也。自內證出外用。外用極又內證滿一メクリ（㊀ト）云事也。所依經文。明月神珠在九重淵內（天止一、三九〇。止觀）驪龍頷下。有志有德方乃致之矣（同、三九二）六祖釋云（㊀云云）。不窮（於カ）生死之淵。煩惱毒龍。何由可得究竟菩提矣佛悟極云（㊀云云）。生死煩惱底行付也。生死煩惱底即元品無明（㊀體）有也。等覺一轉云此意也。サレハ一轉（㊀妙覺）云妙覺智斷證據有也。是規模習也。誠可稟（稟㊀崇）重

次經文有所寫耶者。仁王經文是也。一轉妙覺常湛然矣（大正藏八、八二七下）此文寫習也。經文又專妙覺智斷見同（同前）明習相故煩惱。二諦理窮一切盡矣二諦理窮時一切煩惱盡云。其理極體妙覺極智位也。依之斷無明盡一切惑（㊀習）。是非妙覺智斷耶

又仁王經上（大正藏八、八二七下）窮源（原カ）盡性妙智存矣窮源盡性者。窮諸法相

云ヒ二窮源一ト。盡ヲ二諸法性一云フ二盡性一ト。如レ此云ヘハ、盡ス二無明ノ性相ヲ一也。盡ト二無明ノ性相ヲ一者。元品ノ無明ノ底ヲ極ルニテ有ル也。能可レ思

以上畢ヌ（以上畢[ロ][ナシ]）

（底本奥書なし）

（對校[ロ]本奥書）

明應四年（一四九五）三月二十八日。於二西東谷重輪房一以二大定房嚴覺法印寫本一書レ之了

右筆眞宣

（底　本）叡山文庫眞如藏『廬談』三十五册の內、「彌陀報應」「自受有爲」「三惑同斷」と合綴本

（對校本）[ロ]＝叡山文庫雙嚴院藏『廬談』三十九册の內、No.4「元品能治事」、「佛土義」自受用所居事と合綴本

〔六即義〕　元品能治事

N 盧談 四種三昧義

6 四種三昧義案立（案㊀安）

（㊀表紙）彌陀報應

「永亨九年」（「」㊀ナシ）（一四三七）

文云。意論止觀者念西方阿彌陀佛。（天止一、四四二。止觀）意如何（「㊀文 意如何㊀心何）

答。（答㊀ナシ）文ノ意ハ云ニトシテ常行三昧ノ意ノ止觀ヲ。（意㊀心）意ニ論セ止觀ヲ者念スヘシト西方ノ阿彌陀佛ヲ云也

爾者。西方極樂ノ阿彌陀ハ報應二身ノ中ニハ何ソ耶

答。安養世界阿彌陀如來。報應二身雖レ難レ辨ヘ。且ク任ニハ一義ノ旨ニ可ニ應身ト可ニ答申ス

（第二重）

付ニ所立ニ不レ明。夫極樂世界ト者。出過三界ノ淨土ナルカ故ニ能化ノ彌陀ハ專報身也ト可レ存也。爰以。披ルニ往生論ノ說ヲ。觀（大正藏二六、二三〇下）彼世界相勝過三界道。究竟如虛空廣大無邊際ト述タリ。（述㊀判）論判分明也。實報土也ト云事ハ。加之。龍樹大士ノ證シタマヘル（歡カ）觀喜地ヲ遂クト往ニ詣ヲ於安養世界ニ。若夫同居土ナラハ地住已上ノ菩薩。往ニ生ストハ彼ノ土ニ不レ可レ云。所居ノ土既實報土也ト（「㊀見）見タルカ。故ニ能居教主。專ラ報身也ト可レ存耶。（耶㊀ナシ）爾者所立不レ明

第三重

答。自レ元所ニ立申ス。安養淨土ノ彌陀如來可ニ應身ト云事ハ。任ル一家處處ノ解釋ニ處也。爰以所依ノ文ニハ。（天止一、四四二。止觀）去此十萬億佛刹。在寶地寶池寶樹寶臺。（寶㊀空 臺㊀堂）衆菩薩中央座說ト判リ。（座㊀坐）既ニ云カ去レ此十萬億ノ佛刹ト故ニ。非ト謂一世界接一切世界ノ報土ニハ聞タリ。（「㊀切 接㊀攝）餘處ノ解釋中ニハ。（文句）（天文五、二二一七下）壽實有量而言無量。彌陀是也ト釋リ。（謂カ）非ニ壽命無量ノ報身ニハ見タリ

但。至テハ難勢ニ。極樂世界ハ雖ニ淨土ナリト只是同居ノ堺也。未タ界外ノ土ニハ

次ニ至テハ往生論ノ文ニ者。且ク望ル穢土ニ時キ。彼土ハ淨土ニシテ莊嚴廣大ナルカ故ニ稱ニ歎ル之ヲ心也。實ニ周圓無際報土也ト非レ云ニハ。或ハ又タ約シテ證者ノ見ニ判レ之歟

次ニ至テハ龍樹大士ノ難勢ニ者。（者㊀ナシ）安養世界ハ娑婆有緣ノ佛土ナルカ故ニ。此土ノ衆生ニ爲レ令レ生ニ欣樂ノ心ヲ。乘シテ大悲方便ノ力ニ示ス往生ノ化儀ヲ也。依ルトハ初地ノ菩薩ノ自業ニ不レ可レ存。若夫

論ニセハ此等ノ意一ヲ所立無レ失 云云

第四重

尚以不レ明。夫西方極樂ノ身土ノ相貌非ニ凡慮ノ境界一。只是
可レ任ニ經論ノ施設一也。然ルニ〔披タルニ〕大乘同性經ノ說ヲ一以テ淨（大正藏十六、
六五一上～下。取意）土ノ佛一ヲ名ニ報身一見タリ。彼ノ土既ニ淨土也。應身也トハ不レ可レ
存。加之。佛地論ノ文ニハ云ニ トシテ自（チ）ナシ自受用土ノ相一ヲ。或在色界淨居（大正藏二六、二九三下～四
上）天上。或在（チ）ナシ西方處處（「（チ）等）不定ト判シ。接（チ）攝大乘論ノ中ニハ。西方極樂（大正藏三一、一二
九下。取意）清淨土佛受用身也ト宣タリ。（所カ）此等ノ經論分明也。報身報土（土（チ）ナシ）
也ト云事ヲ。應身應土ト云事。經教中ニ其證未ニ分明一
但。至テハ所依ノ文〔應身ト見タリト云ニ〕者。論（論（チ）設）去此十萬億佛刹ト（天止一、四四二。止觀）
云テ雖レ論ニ方域分限ヲ一。卽シテ有量有限ニ顯ト無量無限ノ報
土ヲ存セハ。可レ有ニ何ノ相違一耶
次至ニ壽量（量（チ）ナシ）實報（報（チ）ナシ）有量而言無量ト判ルニ。是ハ一往以ニ觀音ヲ一（謂カ）（天文五、二二二七下。文句）（ママ）
爲ニ補處ト云經教ノ施設有ルレ之故ニ如レ此判ル也。論ニ實儀一（大正
時ハ全ク不レ可レ然ル。爰以宗（唐カ）朝人師。觀音授記經ノ文ヲハ。此
藏四七、六上。安樂集）是報身現ニ隱設（設（チ）沒）ノ相一。非ニ滅度相一ニ也ト會釋スト見タリ
次ニ至テハ往生論ノ文ヲ會申スニ者。設ヒ望テ穢土ニ稱ニ歎スト彼土ヲ一

云トモ。實ニ非スハ周圓無際ノ報土ニ不レ可レ嘆ニ廣大無邊際ト一ハ。
若夫（夫（チ）又）約セハ證者ノ見ニ。此土（土（チ）ナシ）娑婆卽可ニ報土ナル。別シテ不レ可レ
指ニ安養界（界（チ）ナシ）ヲ一。爰ニ知ヌ。非ニ證者ノ見ニト云事
次至下龍樹大士往ニ生スト安養ニ云文ヲ會上ルニ者。何ソ偏ニ限テ化（大正藏十六、五六九上。入楞伽經取意）
他利生ニ非レ爲ニ自證ノ一可レ存耶（耶（チ）事）。若夫經教不ニ分明一者。會
通更ニ不レ可レ來（來（チ）成）ル
抑。可ニ應身ト雖ニ立申一勝劣兩（兩（チ）慧）應ノ中ニハ何也ト云事。未タ分
別申ニ。如何可ニ成申一耶。爾者如何

第四重

答。自レ元（元（チ）本）所ニ立申一。西方淨土ノ教主可ニ應身ト一云事ハ。披ルニ
觀無量壽經ノ（「（チ）等）說相ヲ。凡夫二乘生ト彼土ニ見タリ。所居土既ニ
凡聖同居ノ砌也。能化ノ教主爭カ非ニ應身ニ可レ云耶。爰以。
維摩ノ疏ノ中ニ判ニトシテ四種佛土ノ相ヲ。二明ニ同居淨土一者。無（大正藏三八、五六四中）
量壽國雖ニ果報殊勝難レ可ニ譬喩一。然亦染淨凡聖同居。何
者雖レ無ニ四趣一而有ニ人天一。何以知レ之。生ニ彼土一者未ニ必
悉是得道之人（人（チ）ナシ）一。故經云。犯ニ重罪一者臨終之時懺悔念レ佛。
業障便轉（轉（チ）ナシ）卽得ニ往生一。若但聖生・凡夫何得ニ往（往（チ）願）生ニ破（破（チ）彼）土一。故
知。雖レ具ニ惑染一願力持レ心亦得レ居也判セリ

末師消此文。未必悉是得道之人者。未是得三教道人也。願力持心者。行人願力及佛願力判。凡聖同居堺也云事分明也。依之能居教主即應佛所居定判。此豈非所立誠證耶

但。至大乘同性經文者。淨穢相望淨土佛惣名報身配立也。一家所立四種佛土非配立。不可招相違。或又彌陀如來本願所成自證邊述歟可存。故旁旁不可有相違。佛地論幷接(接㋠攝)大乘論等同此等義門也可存也

次至所佛(佛㋠依)文報土云(㋠)〔不〕可相違云難勢者。經教施設。一家解釋。應身應土見上。此文又既云念(天止一、四四二。止觀)西方阿彌陀佛去此十萬億佛刹。論方域分限故尚是所立誠證可存耶

次至宗(宗㋠宋)朝(唐カ)人師會觀音授記經文者。一家解釋既同居淨土定上。報身報土云。以觀音爲補處事報身隱設(「㋠現)(沒カ)相現(現㋠ナシ)也會事。全非可依用。雖然强(强㋠施)存會通。約證者見時。報身報土感見故。且約此一機見報身隱設(設㋠沒)相會歟。非彼身土常途義門非難勢限

次付往生論勝過三界道(大正藏二六、二三〇下)文會。會通不可然云難勢至。實雖非界外上品淨土故勝過三界道讚。實雖非報土莊嚴寬廣故廣大無邊際嘆事。可有何相違耶

次約證者見娑婆即可報土。何別可指安養耶云難勢至。若約其道理。何又可遮此義門(㋠以」)耶。若夫約證者見時。乍許娑婆即報土義門被遮安養即報土義門。豈非自語(語㋠悟)相違云(云㋠ナシ)耶

次至龍樹菩薩往生極樂爲化他也會申。不可然云難勢者。見九品往生階級。上品三輩往生淨土後經七日得無生法忍云故。七日已前未得無生(「㋠忍)故不可感(感㋠成)報土。何況中品三輩。下品三輩類耶。若爾者。九品往生人倶凡夫也見故。證得觀喜(歡カ)地龍樹大士。往生彼土事專爲化他可(「㋠也)存耶道(申カ)理分明非耶

次至勝劣兩應中何耶云者。既是凡夫二乘能化故劣應身也可存申也。若夫存申此等意所立無失云云

第五重

尚以不明。夫論報應二身差別事。可依相好多少也。若爾者。具三十二相名應身。八萬四千相好可號報身也。然彌陀既具八萬四千相好莊嚴巍巍。可屬報身也。設一家解釋應身應土也定判云。諸教陰設報身報土定上。末學疑滯難散。爰以。前如出難大乘同性經文。正淨土中成佛悉是報身宣。安養既淨土故報身如來云事。全不背。佛地論幷接大乘論。分明指安養號報身。雖儲會通道理尚難成。自元難勢淨土佛故可報身存故也。西天論師既屬報身報土上。（大正藏二六、二三二上）東隅淺才專可備指南者耶。就中無量壽經中。專令作願生彼。修令奢摩地寂靜三昧得入蓮華莊嚴界海（藏世カ）宣。論消此文。（大正藏八四、一二五上。安養抄參照）蓮華莊嚴者無量壽佛土判。此文非云實報土耶

或又又觀經中云彌陀身量色像相。（大正藏一二、三四四中）非凡夫心力所及云。可知。〔非〕地前凡夫所見。地上菩薩所見報身也云事。加之。大師解釋中。（天止四、三六〇。止觀取意）彌陀八萬四千相好別圓佛釋。如所判非藏通勝劣兩應。別圓教主可報身被得。此等經論誠文。一家定判。甚以難會通者耶。何況圓頓行者修常行三昧時。以安養界彌陀為所念佛故。全應身也不可存。凡圓頓行者修繫緣法界一念法界觀立四種三昧行。所期近初住眞因大果。遠妙覺無累極果也。若爾者。修因實相妙因。所感果亦實相妙果也。所緣彌陀尤可報身者耶。爰以。所依文引十住婆（天止一、四五一。止觀）娑文。念佛四十不共法心得中勢力判。（同。弘決）荊溪大師受之。四十不共應云報身消。爭背所依文本意應身也可成耶

但。至彼土凡夫二乘生故同居淨土也。能化彌陀可應身云者。犯重罪凡夫往生事唐土人師會云。

一七〇

(大正藏三七、二五一上。觀經疏)若論ニ衆生垢障一雖レ然〔(實難欣趣カ)〕正由下詫ニ佛願〔願以㋠ナシ〕一以作中强〔强㋠施〕緣上。致レ便〔(使カ)〕ニ五乘〔乘㋠方〕乘入一ト釋セリ。二乘生ニト彼土一ニ云ヘトモ。人師旣ニ又大乘聲聞ト會〔(齊カ)〕釋セリ。仍宋〔(唐カ)〕朝ノ人師。悉ク報身報土ノ義勢ヲ成ストト見タリ。此等ハ皆ナ相ニ叶經論ノ說相一。應身應土ト云事ハ誠證未ニタ分明一。就中五大院先德ハ。(大正藏七五、三八五中。教時義取意)五智如來ニ有ニ五方報土一。彌陀報土ヲハ名ニ大蓮華界一ト判タマヘリ。是豈非ニ所立ノ違文一ニ耶

次於ニモ應身一可ニ劣應身一ト立申。殊以難レ思。旣ニ觀經ノ中ニ說ニトシテ彌陀ノ身量一ヲ。(大正藏十二、三四三中)六十萬億〔億㋠ナシ〕那由他〔(「恆河沙カ)〕由旬ト宣タリ。非ニ丈六卑少〔少㋠小〕ノ劣應一ニハ。備ニフ八萬四千ノ相好一。非スニ三十二相八十種好少身一ニ。若然〔然㋠爾〕者。設ヒ屬ニ應身一ト云トモ。勝應身ト可キヲレ〔「㋠耶〕存。爰以テ道〔輔正記〕暹ノ所判〔(所耳カ)〕ニハ。(卍續四五、一五一丁右下～左上)阿彌陀此云無量壽。彼是勝應色身機息應謝。以觀音爲補處卽是實有量而〔(而㋠ナシカ)〕言無量ト判リ。加之。妙樂大師ハ釋タマヘリニ(天止一、二五五。弘決)及觀經等亦通佛收一ト。通教ノ教主勝應身也。彌陀何ソ劣應ト可レ〔「㋠也〕云耶

抑。如ナラハ所立ノ一。三輩九品ノ教主皆倶ニ應身也ト可ニ成申一歟。將又〔又㋠ナシ〕有ニト不同一可レ存歟。此事ハ妙樂一義〔義㋠處〕ノ解釋中ニ被レ判子細有レ之。楞嚴ノ先德モ被ニ評判一子細有〔有㋠在〕レ之。如何シテ見タルヲ耶。尤モ可ニ勘申一耶。所詮。安養界ノ身土ノ相貌ハ還テニ一家所立ノ三身四土ノ大綱ニ。學者相承ノ子細如何可ニ成シ申一耶。爾者如何

(第五重)答。自レ元云云安養能化ノ教主可ニ應身一云事ハ。凡案ルニ彼土ノ相貌一五乘並ヘ肩ヲ四教交レ聞故ニ凡聖同居ノ教主應身也ト見タリ。旣ニ是非ニ純諸菩薩ノ境界一。爭テカ可レ云ニ實報土一耶。亦是非レハ准〔准㋠唯〕說大乘教主一何ソ可レ號ニ報身一耶。若爾者。接〔接㋠攝〕ルニ犯重罪者具諸不善ノ輩ヲ故ニ專ラ劣應ノ身也ト存申。可レ有ル何ノ相違一耶。爰以テ。少〔少㋠小〕阿彌陀經ノ中ニハ。(大正藏十二、三四七中)聲聞弟子無量〔無量㋠ナシ〕無邊ト〔「㋠宜〕。鼓普〔普㋠音〕聲經ノ文ニハ。(大正藏十二、三五二中。取意)彌陀ニ有ニ父母一見タリ。報身報土トハ不レ可レ存。加之今經ニ。十六王子ノ八方作佛ヲ明ス。皆是應身應土ノ儀式也。西方ノ彌陀旣ニ非ニ其ノ隨一一耶。或ハ又大乘論等ノ中ニハ。皆勸メニ凡夫往生ヲ倶ニ擧クトニ彌陀ノ利益一見タリ。若夫報身報土ナラハ爭カ可レ勸ニ凡夫ノ往生一耶。何況樹林ノ音聲說キ苦空無常一。所化ノ衆生證ニ羅漢果一。報身報土ナラハ爭カ此等化違〔違㋠道〕可レ有ル耶。爰ニ知ヌ。可シト應身一ト〔「㋠以〕云事

但。至テ下具ニ八萬四千ノ相好一ヲ故ニ可ニ報身一ナル云難勢上者。設ヒ

應身也ト云トモ相好ノ多少隨二機緣一不定也。例ハ如二毘婆尸佛一雖レ具二八萬四千相好一非二報身一ニハ次ニ至二大乘同性經佛地論等一ニ者。會通不レ可レ過二已前ノ重一ニハ〔重㋠義勢〕

次至二華藏莊〔㋠嚴〕土一ト云論判一者。於二安養一〔於安養㋠ナシ〕成二實報土ノ觀一。約ル二證者ノ見一也（大正藏十二、三四四中。觀經取意）

次至下彌陀身量相好非二凡夫ノ心力所一レ及〔云經文上〕〔㋠〕者。設ヒ應身也ト云〔㋠云〕トモ。佛果ノ境界ハ非二凡夫ノ所一レ及云ハン事。何ノ相違カ可レ有ル耶

次至二八萬四千相好別圓佛ト判ルニ者。別圓ノ佛トハ釋スレトモ未タ二報身ノ相好ト〔㋠云〕云一。只是雖二應身一ナリト〔云㋠ナシ〕。異二藏通一ニハ發得ノ相好ト得レ意。別圓佛ト判ル計也

次至下圓頓行者所念彌陀ナルカ故ニ可二報身一云難勢上者。意ノ止觀ノ所觀ノ境ノ彌陀ト者。專ラ色身相好ノ劣應身也。依レ之妙樂大師。次意止觀中先念三十二相以爲觀境ト判シタマヘリ（天止一、四四二。弘決）。仍以二西方極樂ノ色相莊嚴ノ劣應身一ヲ爲シテ二觀境一。成シテ二一心三觀一顯ス二己心本有ノ彌陀一ヲ也。今此ノ己心ノ彌陀ト者。自受用本覺ノ內證也。爰以荊溪大師。故意止觀寄色身佛以成三觀ト判タマヘリ（同、四三二。弘決）。如ク下皆以三藏如來而爲境本ト釋ルカ上（天止一、二六三。弘決）。以テ二劣應ノ迹ノ彌陀一ヲ爲シテ二觀境ト一顯ス二己心ノ本ノ彌陀一ヲ可シ存。故ニ立敵終ニハ不レ可レ有二有〔有㋠ナシ〕ル相違一〔㋠歟〕

次ニ凡夫二乘往〔㋠生〕二彼土一ニ事ヲ人師會シ二通之一報身報土ノ義ヲ成スト云難勢ニ至ハ。且ク本願所成ノ淨土ト云。彌陀ノ自行圓滿ノ邊約シテ如レ此成ル也。一家ノ意ハ。接〔接㋠攝〕ルニ極惡犯重ノ類一超世悲願ノ本意ナルカ故ニ凡聖同居ノ劣應身也ト存シタマフ處也。若爾者。傳ニ華頂ノ風ヲ酌ム二王〔王㋠玉〕泉ノ流一ヲ於二一家ノ學者一。爭カ不シテレ據二天台妙樂解釋一ニ可レ用二他宗ノ人師ノ釋義一ヲ耶

次至二五大院ノ先德報身報土ト判タマフト云〔云㋠ナシ〕一者。五智如來悉報身報土ト云フ義門也。是約シテ二密教ノ所談一ニ所レ成義勢也。何況一家ノ意モ。終ニハ報身報土ト云義門ヲ不レ可レ遮子細在〔在㋠有〕レ之故ニ。違文トハ不レ可レ存

次ニ設ヒ應身也ト云トモ劣應身也トハ不レ可レ云。身量ハ六十萬億那由他由旬。相好ハ八萬四千也。勝應身ナルヘシト云至テ二難勢一者。同ク劣應身也ト云トモ淨穢既ニ異ナルカ故ニ身量ノ大少〔少㋠小〕。相

好多少何無之耶。同穢土也云隨時不同也。好世惡世。劫初劫末。又不一准。如彼釋尊同穢土教主俱劣應身也云身相勝劣遙異也。若爾者。依身量大少。相好多少強不可論勝劣兩應觀異者耶。何況六十萬億那由他由旬身量。八萬四千相好云義門安養教主常義也不。是又學者意端也。所立所依文。既念三十二相判故。三十二相八十種好彌陀彼土常儀可存也。時候現廣大身相事不可遮之

但。至〔末師勝應色身判者。淨穢相望淨土教主望穢土釋迦且勝〕應身判也。今劣應身立申意趣。雖淨土接十惡五逆具諸不善類義門約也」(天止一、二五五。弘決)

但至及觀經等亦通佛收釋義者。以四教對四土時。圓對報土。別對方便土。通教對同居淨土。三藏對穢土時。安養世界淨土故對通教時通教教主勝應身約束義門以如此判一往對當也。或又非指彌陀身量。釋尊爲韋提希所觀身相亦通佛收判歟

次至三輩九品所見彌陀悉應身也否云難勢者。九品往生皆具縛凡夫故。應彼土能化彌陀專可劣應身存申處也。凡觀經九品往生施設。源依韋提希夫人請也。專爲末世悠悠凡夫也。全何不可約深位聖者。依之惠心先德。九品共末證凡夫判。若爾。爲此等凡夫所垂應用故可劣應身云事。道理至極非耶

次至妙樂大師判子細有之云者。五百問論中。(卍續二―五、三七五丁左下～三七六丁右上)今謂他受用義。雖通報他語受用應指報身。對報辨異須云化身。故彼彌陀化分九品。上品上生既是無生。即當初地已上位也。故登地已上即見報身即他受用。地前所見即是化身。化中仍須分別於優劣。隨見異故不可雷同。是知。下之三生須同劣教。以初生彼在小果故。故知。此等始起出須見父母生身故也。豈上三品見父母身。故應須知。化佛土有淨有穢。穢即娑婆。淨即安養。淨中有穢復應多品。以由乘戒不

等故也ト判リ。釋義ノ意趣ハ上品上生得無生忍ノ所見ハ報身。未得無生忍ノ位ハ化身也。於ニ此ノ化身ニ優劣可レ有ル被レル判。故ニ下品三生ノ所見ハ專ラ劣應身ト云事分明也

次ニ楞嚴德ノ御釋ノ意ハ。上品三生得無生忍ノ所見ハ彌陀報土。中品三生開災漢ノ所見ハ有餘土。下品三生ノ所見ハ同居淨穢ト判タマヘリ。大旨不レ異ナラ二妙樂ノ解釋ニ。上品三生ノ所見ハ報身報土ト釋タマヘトモ既ニ約ル二得無生忍ノ所見ニ。故ニ得無生忍已前ノ最初往生ノ時ハ未タレ見ニ報身ヲ聞タリ。仍九品往生ノ輩ノ皆ナ薄地ノ凡夫ト釋タル。故ニ先ツ可レ見ニ應身ヲ也。其ノ中ニ佛ノ機緣ノ淺勝劣不得可レ有レ之。雖レ然極重惡人懺悔念佛ノ生ニ彼土ニ事。彌陀超敎ノ悲願ノ本意也。此等輩ラ專ラ可レ見ニ劣應ヲ也。九品往生ノ人何レモ得無生忍ノ後ニハ可レ感ニ見報身ノ彌陀ヲ云事ヲハ非レ可ニ遮シ申ス

次安養界ノ身土ノ相貌還テ二一家所立ノ三身四土ノ大綱ニ可ニ立申ス。云難勢者。以テ二三身ヲ相ニ配四土ニ事ハ維摩疏ニ委悉也。有餘同居ノ二土ノ敎主ヲハ（大正藏三八、五六四中）前二是應卽應佛所居ト定ムル也。有餘同居ハ界內界外雲泥スルカ故ニ。以ニ有餘土ノ敎主ヲ定メ勝應ト。同居淨見ヲハ同ク劣應身ト可レ存云事分明也。同ク劣應身也ト云ヘトモ。淨穢相望シテ又論ニ勝劣ヲ事ヲハ強ニ非レ可ニ遮シ申ス。若夫存セ二此等義門ヲ所立有レ失 云云

初重。精云。彌陀報應○ノ事。經論ノ異說大多ク。人師ノ所判區ニ分タリ。（續天全、論草2、四五六下～四七一上）慈恩ハ存ニ報身報土ヲ。天台ハ存ニ應身應土ノ義ヲ。迦才ハ正ク存ニ報身報土ノ義ヲ。兼テ不レ妨ニ報化二身ノ義ヲ。善導ハ又一向ニ報身報土ノ義定判セリ。何レカ是何レカ非。阡陌縱橫ニシテ末學所レ難レ定也。何ナレハカカル異說ハ起リケルソ。自紛（紛カ）諍之源。尤モ可レ明旨趣也。付レ其報身報土歟。應身應土歟。先依ニ國土ノ相貌ニモ可レ依ニ化身ノ形量ニモ也。如ニ問者ノ自リ最初ノ難申生論ノ文。（大正藏二六、二三〇下）誠以テ爲レ固。觀ニ彼世界相ヲ勝ニ過三界道ヲ。究竟如ニ虛空ノ廣大無ニ邊際ノ矣 廣大無邊際ノ言。（大正藏三一、五八下。成唯識論）同ニ唯識周圓無際衆寶莊嚴ノ說ニ。究竟如虛空ノ文ノ文。似タリ亦名實報無障礙土ノ解釋ニ。（大正藏三八、五六四下。維摩略疏）廣大無邊際トノミ定判シタラハ尚可レ有ヌ會通モ。究竟如虛空ノ外カニ廣大無邊際ト云カ故ニ。實報華王ノ境。色心ノ無礙ノ土也ト云事。在レ文分明也。彼ノ往

生論ノ中ニ。就ニ依報ノ國土ニ明ニ十七種ノ莊嚴國土功德成(大正藏二六、二三一中～二三二上。取意)
就ヲ。付ニ正觀如來ニ明ニ八種ノ莊嚴ノ佛功德成就ヲ。判トシテ彼(觀㊀報)(功㊀一)(同、二三二上)
佛土ノ功德ヲ。彼無量壽佛國土莊嚴。第一義諦妙境界相。(國㋣カ)(㊀矣」)
所レ云第一義諦妙境界相ノ文。雖レ屬ニ寂光土ニ。非ニ實報
土ニ不レ可レ云。彼ノ法華論。報佛如來眞實淨土第一義諦之(大正藏二六、九下)
所接故ト云ヘル。今此往生論ト文義文ニ如ニ符契セルカ。彼文若實(接㊀攝)(文㊀更)
報寂光ノ意ナラハ。此說寧分段同居ノ儀ナラン耶。就中。雙觀經ノ
意ヲ案ルニ。法藏菩薩出ニ世自在王佛所ニ悟ニ無生忍ヲ爾ノ時ノ(意㊀宀)(大正藏四〇、八二八下。往生論註カ)(出㊀於)(「㊀法カ)
位ヲ名ニ性種姓ト。於ニ此性中ニ發ニ四十八願ヲ修在ニ此土ニ。卽(聖カ)(在㊀起)
白ニ安樂淨土ニ矣　法藏菩薩契ニ無生位ニ畢テ發ニ四十八願ヲ。(曰カ)(安㊀案)(性㊀經)
住上ノ菩薩ノ願力所成ニシテ土寧非ニ實報土ニ耶。加之無性ノ(大正藏三一、四三五下)(願カ)
接論ノ中。受用身者謂依ニ法身ニ種種諸佛衆會所欲。清淨(接㊀攝)
佛土大乘法樂爲所受故ト牒シテ。衆會所欲者。謂有ニ佛土諸(牒㊀條)(同、四三六上)
大菩薩衆所雲集ニ由レ此故名ニ所欲ト。卽是西方極樂土等。(「(了知カ))(願カ)
清淨佛土大乘法樂爲所受ト者。謂於ニ清淨佛國土中ニ受ニ(願カ)
用種種大乘法樂ニ領ニ解義ニ故ト云テ。云ニトシテ受用身ノ所居ニ(云㊀文)
清淨佛土。論ニ其ノ土ノ體ヲ時キ卽是西方極樂清淨土矣　以テ(「㊀名)(「㊀等)

安養世界ニ名ニ實報土ト事。非レ指レ掌ヲ耶。釋ニ衆會所欲ノ(願カ)(「㊀云)
文ニ。謂有佛土諸大菩薩衆所雲集矣　純諸菩薩ノ境界非ニ實(同前)(大正藏二六、二九三下～二九四上)
報ニ者如何。又佛地論ノ中ニハ。實受用身周遍法界無ニ處不レ(「㊀土)(土カ)(處㊀所)
有。不レ可ニ說言レ離ニ三界處ニ。亦不レ可レ說レ卽ニ三界處ニ。若
隨ニ菩薩所宜ニ現者。或在ニ色界淨居天上ニ。或在西方處所(現㊀觀)(在㊀宀)(「㊀等)
不レ定矣　兩論ノ所判分明也。以ニ極樂世界ニ屬ニ報身報土ニ
云事。而ヲ約ニ證者ト見ニ會申歟。還テ是難者ノ潤色。旣ニ是地(「㊀也)
住已上ノ大菩薩ノ所居也。非ニ實報土ニ者如何可レ得レ意耶」(意㊀心)
次身量相好事。先就ニ身量ニ六十萬億那由他恆沙ノ身量ト
者。更ニ成ニ無邊際ノ義ヲ被レ得タリ。是以。彼ノ觀無量壽經ノ中ニ
述トシテ雜想觀ヲ。無量壽佛量無邊シテ非ニ是凡夫心力所レ及矣(大正藏十二、三四四中)(「㊀身)
上ノ眞身觀ノ六十萬億那由他恆沙ノ化身ヲ指テ。身量無邊非
是凡夫心力所及ト云也。故ニ六十萬億ノ文ハ。雖トモ似レ論ルニ
齊限ヲ還テ而顯ニ無邊際ノ義ヲ聞タリ。如ニ彼ノ五百塵點ノ劫數ノ。(還而㊀宀)
雖レ辨ニ塵點劫數ヲ實ニハ是レ無始無終也。所以ニ。約レハ其ノ佛(實㊀更)
土ニ旣是レ第一義諦ノ妙境界ノ相也。論ニ教主ニ豈只劣應生
身卑少ノ色質ナラン耶。往生論ノ中ニ明ニ依正二報ノ莊嚴功德

成就二已テ應知。略說二入一法句一(大正藏二六、二三二中)。一法句者。論謂清淨〔句〕。清淨句者。謂眞實智惠無爲法身故。此清淨〕有二二種一(應知カ〕)。何等二種。一者器世卽清淨。二者衆生世閒清淨矣上ニ所レノ明以二十七種ノ莊嚴佛樹功德成就一(論ニハ佛樹〔チ言〕無レ之)八種莊嚴佛心功德成就シテ入二一法句ノ中一。一法句ト者。眞實ノ智惠無爲法身也。於二此一法身ノ中一所レ論ル依正ノ二報也。豈只爲二界內同居ノ應體一耶。既云二智惠無爲法身一。成二法報二身ノ功德ヲ一被レタリ得

次八萬四千相好ノ事。正是報身如來ノ證據也。應身ノ相好ト者。三十二相八十種好也。既ニ云二八萬四千ノ相好一ト。不レ可レ混二三十二相ノ色質一ニ八。是以。摩訶止觀ノ中ニ引二無量壽經觀經一ヲ(天止四、三六〇)。阿彌陀佛八萬四千ノ相好。一一相八萬四千好。薩遮華嚴皆云。相〔爲二大相〕海。好爲二小相海一。既言二相海一(同。弘決)豈局二三十二一耶矣六祖ノ大師消トシテ二此ノ文一ヲ。無量壽觀下正明二別圓法身ノ現相一ヲ。薩遮華嚴ノ文若シ許二報身ノ相好一。無量壽觀ノ說豈應化ノ色相ナラン耶。就中。於二八萬四千相一接二八萬四千ノ好一。大少相海互具圓融シテ眞實功德莊嚴ヲ成就セリ。故ニ先ツ觀無量壽ノ八萬四千ノ相好ヲ引キ。次ニ薩遮尼乾ノ大少相海ノ文ヲ擧テ。別圓兩教ノ功德莊嚴ヲ釋成ル也。約二報身如來一ニ云事。釋義ノ起盡分明也。隨釋二觀無量壽經ノ文一ヲ(大正藏十二、三四三下)。見ル眉閒ノ白毫一者ハ八萬四千相好自然ニ當レ觀。見二無量壽佛一者ハ卽見ナリ二十方無量ノ諸佛一○是ヲ爲三遍ク觀二一切ノ色身ノ相一ヲ。以レ見ヲ二無量壽佛一名ケ見ト二十方諸佛一。以レ觀二八萬四千一ヲ名二遍觀色身想一ト。是卽見二報身如來ノ無邊ノ色相一被レタリ得

但。至下報身功德不レ可レ限二八萬四千一ニ云上者。八萬四千ト者。約二其ノ表事一ニ也。以二八萬四千ノ塵勞門一成二八萬四千ノ寶聚門一。是卽以二外用ノ相好一表二內證ノ功德一也。況ヤ又心地觀經ノ中ニ(大正藏三、二九八下)。他受用身具八萬四千相好定タリ。既是如來ノ誠諦也。學者何生レ疑耶

次至三毘婆尸佛具二ト八萬四千ノ相好一者。八萬相爲菩薩說ト云カ故。爲二一類ノ機緣一論二一時ノ感見一也。不レ云二應佛常身一ト者。經文有二何失一

次同性經ノ說ヲハ何樣ニ會申耶。經ノ文ニ(大正藏十六、六五一下)。如海今見今(汝今日見カ)。我現二

諸如來清淨佛離ヲ現ニ得道スル者ノ當得道者一。如レ是一切卽是報身ト云テ。(大正藏十六、六五一中參照)列ニ其ノ報土ノ佛號一時キ列ニ阿彌陀佛等ノ名字一。是又金口ノ誠言也。輒チ不レ爲レ存ニ會通一

次彌陀佛ノ壽量ノ事。尙有ニ齊限一可レ屬ニ應佛一立申歟。此事深ク可ニ思惟一不レ可ニ聊爾一。阿彌陀佛此云ニ無量壽一ト。(卍續四五、一五一丁右下～左上。輔正記取意)壽量實ニハ有ニ齊限一云者不レ背ニ佛號一耶。是以雙觀經中ニハ。第(十)三設我得レ佛壽命有ニ能ク限量一ルコト ○ 者不レ取ニ正覺一矣(大正藏十二、二六八上)四十八願中ニハ一願也。又云。第十五設我得レ佛國中人天。壽命無ニ能ク限量一 ○ 若不レ爾者不レ取ニ正覺一矣(同前)彼國土ノ能化所倶壽命無量也。非ニ常住不變之境一耶。小阿彌陀經ニハ說ニ彼ノ願成就一文云。彼佛壽命。及其人民無量無邊阿僧祇劫。劫名阿彌陀佛矣(大正藏十二、三四七上)能化所化ノ壽命無量無邊阿僧企劫ノ故ニ號ニ阿彌陀佛一トハ也。若爾ハ。云ニハ有量有限也一ト者不レ可レ立ニ阿彌陀佛ノ名號一ヲ。又四十八願ノ體不レ可ニ成就一歟。體若不レ成者。佛身又不レ可レ成。佛身ハ雖ニ實成一ナリト願體獨リ不レ成者。不レ取ニ正覺一誓豈不レ墮ニ虛妄一耶。況又。國土ヲ名ニ第一義諦妙境界相一ト。(大正藏二六、二三二上～中。往生論參照)佛身ヲハ稱ニ眞實智惠無爲法身一ト。無爲法身ノ壽命非ニ無量無邊一ニ者耶如何。又觀無量壽經ノ中ニ。諸佛如來ハ是法界身ナリ。入ニ一切衆生ノ心惣ノ中一ニ矣(大正藏十二、三四三上)以テニ彌陀如來一名ニ法界身一ト。入一切衆生心想中法界身壽量寧有量有限ナラン耶

但。一家解釋。以ニ彌陀佛ノ壽命一屬ニ有量無量一ニ事。誠是可ニ所立潤色一ナル。然而四句分別ノ義深ク可レ留レ意ヲ也。所論。有量ノ無量ト者卽シテニ有量一無量也。無量ノ有量ト者卽シテニ無量一成ニ有量一也。不レ爾者。以ニ實ニ有量一ナルヲ能稱ニ無量一ト其詮何事ソ耶。故ニ於ニ三身一各ノ分ニ別常無常等ノ四句一ヲ。偏ニ執ニ一邊ノ約束一ヲ不レ可レ亂ニ大綱ノ道理一者歟。是以。道暹師釋ニトシテ有量無邊一ヲ疏云。彌陀是也者。(卍續四五、一五一丁右下。輔正記)仍(仍カ)阿彌陀佛(佛カ)此云無量壽。彼是勝應身機息應謝矣 勝應身ト者。指ニ他受用身一。機息應謝ト者。彌陀如來應謝シテ觀音ノ應成カ故ニ機息應謝ト釋ル也。界外ノ佛實雖ニ常住一ナリト。約ニ機息應轉ノ義一屬ル有量無量一也。雖ニ應謝一スト體是常住ナルカ故ニ。卽シテニ有量一其義尤相叶ル歟

以テニ觀音一爲ニ補處一故ニ應身應土ノ相也ト云事。其ノ故又不レ

爾。但。成二報身報土ノ義一家ニハ。廻二テ此ノ文一存二會通一也。
且ク前ニ所ノレ出末師ノ解釋。以レ之可レ備二會通一也。彌陀如來
唱レテ滅付二觀音一者。只是機息應轉之義也。故ニ道暹ノ釋其
文委悉也。阿彌陀〔陀㋠ナシ〕佛此〔此㋠ナシ〕云二無量壽一。彼是勝應身機息應（卍續四五、一五一丁右下～左上）
謝。以〔「㋠以觀音〕三觀音爲二補處一卽（「耳カ）是實量而〔「㋠有〕（而カ）言二無量一也矣 以二テ彌陀
觀音ノ傳付ヲ一名二機息應謝ト一界〔「㋠實〕外土ノ儀式也ト云事。會釋ノ意
分明ナル歟。若界內ノ實生滅ナラハ何可レ名二機息應謝一ト云テ。若
如レ此存セハ二會通一報身報土ノ義有二何相違一
次至〔「㋠至〕レ云三凡夫二乘同ク生カ故ニ非二實報土一ニ者。瑜伽論ノ中ニ
引下解深密經第三地ノ菩薩生二淨土一文上已レリ（大正藏三〇、七三六下～七三七上。取意）。若爾者（如カ」）。二
乘凡夫生〔「㋠爭〕二淨土一耶問シテ（同、七三七上。取意）。爲勵未集善根懈怠者。密意作是
說矣取レ意。彼ノ經ノ中ニ二乘凡夫生二極樂一者。被レ會二此ノ（觀經疏（大正藏三七、一九四上））
文一耶。〔㋠〕〔自宗ノ中ニハ會二乘種不生ノ文。〕或接〔接㋠攝〕引少〔少㋠小〕乘。然彼
實無矣瑜伽論ノ會通自ラ令二符合一被〔被㋠者〕歟。況復タ於二此土一縱
雖二愚惡ノ凡夫ナリト一於二彼土一託（託カ）生セン時速ニ可レ叶二無生ノ深
位一歟。往生論ノ中ニ。付二莊嚴佛樹功德成就一引〔引㋠列〕二十七種ヲ一
釋トシテ二彼第一ノ功德ヲ一（大正藏二六、二三一下）。莊嚴清淨功德成〔「㋠就〕者。偈言二觀彼世界

相勝過三界道一矣 人師釋トシテ二此ノ文一。此云何不〔不㋠ナシ〕思議有二凡（大正藏四〇、八三六下。往生論註）
夫人煩惱成就一亦得レ生二彼淨土一。三界繫業畢竟不レ牽。卽
是不レ斷二煩惱一得二涅槃子〔子㋠分〕一。焉ソ可二思議一矣 不レ斷二生死煩
惱一獲三得解脫涅槃ヲ一。以レ之名二阿〔阿㋠ナシ〕彌陀法王ノ不可思議
力ト一。已ニ得二涅槃ノ分一。豈ニ非二無生忍ノ位ニ一耶。故ニ雖二二乘
凡夫ナリト一。生二彼土ニ一已ヌレハ得二無生忍一可レ云也。是以見二雙
觀經ノ文ヲ一（大正藏十二、二七一下）。其諸聲聞菩薩天人智惠高明ナリ神通調〔調㋠洞〕達セリ。
咸ク同ク一類ニシテ刑〔刑㋠形〕無二異狀一。但。准〔「㋠因〕スルカ二餘方ニ一故有二天人之
名一。形貌（顏カ）端正ニシテ超レテ世希有ナリ。容色微妙ニシテ非レ天非レ人。
皆受タリ二自然ニ虛無ノ之身無極之體一矣 於二彼土一雖レ有二人
天二乘ノ名一。咸同一類刑〔刑㋠形〕無異狀ノ故。悉是レ一佛ノ功德ニシテ
非二實ノ人天二乘一ニ被タリレ得
抑。一家天台ノ意ハ。限〔「㋠云〕テ二應身應土ニ一不レ亙二餘土ニ一可レ云歟〔「㋠身〕。
探テ二一代佛德〔德㋠法〕根源一明テ二一家釋義ノ大旨ヲモ一能能可二思定一事
也。所依ノ本文ニハ。釋シ二凡聖同居ノ上品淨土ト一（大正藏三七、一八八中。觀經疏）。餘處ノ釋ニハ。然
亙（亦カ）染淨凡聖同居ト釋レトモ（大正藏三八、五六四中。維摩略疏）。應身應土ト立申歟〔歟㋠ナシ〕。一往誠ニ可レ
爾。サレハ出〔出㋠今〕算ノ題ノ意趣〔趣㋠ナシ〕ハ。廣ク擧テ二經教ノ施設一疑二一家解

釋一也。今別而所ハ發。歸ニ一家ノ解釋一又互ニ餘方餘土一事モ有リナンヤト疑テ申也。而ルヲ今ノ經ノ中ニ說トシテ法華流通シテ。若有女人。聞是經典如說修行。於此命終。卽往安樂世界阿彌陀佛矣六祖釋トシテ此ノ文ヲ。此中只云得テ聞ニ是ノ經ヲ如レ說ノ修行スル卽淨土因ナリト○問。如何修行スル。答。既云ニ如說修行トー卽依レ經ニ立ルナリ行。具如ニ分別功德品ノ中一ノ。直觀ルニ此土ニ四土具足セリ。故此佛身卽三身也矣依テ如說修行ノ因一感ニ淨土菩提ノ果ヲ。如說修行ノ所感豈只同居ノ果報ノミナラン耶。所以ニ。直觀此土四土具足ルト云。豈不レ備ニ實報寂光ノ功德ヲ耶。述タリニ故ニ此佛身卽三身也ト。不レ可レ限ル劣應生身佛體ニ。一處ノ解釋ノ中ニ。日從レ東出テ設ニ於西ニ。表ス東土トシテ釋迦能ク生ニ物ノ善ヲ西土ノ彌陀除中タマフコトヲ衆生ノ惑上ヲ云云世界國土ノ建立天地日月ノ行度。皆歸ス西方ヘ法爾トシテ如レ此。解脫ノ根源既ニ在ニ西方一。佛國ノ莊嚴寧ロ非ニ界別一耶。御廟大師製シテ一卷ノ私證一贈ニ後昆ニ。楞嚴先德撰シテ三卷ノ要集一送ル巨唐一。師資二代御釋ハ限ニ應身應土ニ見タル。互ルトヤ報身報土ニ見ヘタル。宜レ任ニ師資ノ御釋一者歟。宜ク彼ノ雲集ノ中ニ。

(發㊀尋)(ナンヤ㊀耶)(申㊀事)(大正藏九、五四中～下)(「㊀大師)(天文五、二五九四下)(○㊀㊁)(云㊀㊁)(同前)(「㊀說)(天止一、五一二。弘決)(設㊀沒)(「而カ)(界㊀開)(源㊀元)(在㊀㊁)(別㊀外)(證㊀記)(宜㊀㊁)(雲㊀要)

同性經ニハ云ニ報身一。受記經ニハ云ニ入滅トー。二經ノ相違。諸師何ニ會ルト問シテ。答レ之綽禪師會シテ受記經ヲハ。云下此ハ是レ報身ノ現ニ隱ルナリ設ノ相ヲ非中滅度上也。迦才會シテ同性經一云。淨土ノ中ノ成佛ヲ判爲ルコトハ報ト者是レ受用事身ナリ。非ニ實報身一ニ也矣重ニ問シテ之云。何者爲レ正耶ト。答レ之。迦才云ク。衆生起スニ行既ニ有レハ千殊一往生シテ見レ土ヲ亦萬別也。若作レハ此ノ解ヲ一者。諸經論ノ中ニ。或ハ判シテ爲レ報。或ハ判シテ爲レ化。皆無ニ妨難一也。但シ知ルヘシ。諸佛ノ修行具ニ感ル報ノ二土ヲ一也。如ニ接論ニ加行ハ感スレ化ヲ正體ハ感ルカ報ヲ。若報若化ノ皆欲スレ成ニ就ントー衆生ヲ。此卽土不ニ虛ク設ケ一行不ニ空スー修。但信ニ佛語コトー依レ經專ニセル念卽得ニ往生ルヲ。亦不レ須ス圖ニ度報之與ク他レ已上此ノ釋善矣須レ專ニ稱念ヲ。勿ニ勞シク分別一矣先德ノ今ノ御釋ハ。引テ下迦才互ルトニ報化二身一云釋上此ノ釋善ト矣稱嘆シタマヘリ。可レ互ニ報化二身ニ云事。誠是分明也。若限ニ他身ニ者。非レ有ニ先德ノ釋義ニ耶

次大僧正ノ御釋ハ何カカ見タル。彼ノ一卷ノ私記ノ中ニハ。若ニ阿彌陀雙觀經等ニ。說レ有ニ聲聞一。四千八大願ノ中。第十四願亦

(大正藏八四、七九上～中)(授カ)(沒カ)(同、七九中)(同前)(「㊀有)(作㊀非)(「㊀化)(接㊀攝)(他㊀化)(ヨシ)(㊀云」)(有㊀背)(佛全24、二四九上。九品往生義)(若㊀如)(觀㊀卷)(千㊀十)

云。若我成佛。國中聲聞。無レ有ニ能知ニ其數量一者。此卽應ニ是中ノ三類接一。其能化生應化身ノ佛。其所化者是同居土。或處說レ無ト。如ニ彼華嚴等一。故彼經云。今我世界無レ有ニ聲聞辟支佛乘一所有大衆純諸菩薩。此意卽依ニ報身如來報土一而觀。彼淨土唯有ニ地上菩薩一。故往生論意亦復如レ是。故彼此文無ニ相違一矣。如レ此料簡者。於ニ九品ノ中ニ中下ノ土ハ應身應土。上品ノ土ハ報身報土ト定判ル歟。約ニ證知ノ見ニ云事更ニ不レ可レ然ル。若約ニ證者ノ內證一者。於ニ此ノ娑婆世界ニ何ッ不レ立ニ報身報土名一耶。所以ニ大僧正ノ御釋幷楞嚴先德ハ。互ニ報應二身ニ云事。釋義既ニ分明也。所立ノ趣ハ賢ク限ニ應身應土一立申。師資兩代ノ御釋甚以不レ忽セ。所立何似タル違背ルニ耶

依ニ願力ニ生ニ安養ニ者。何ナル道理ソ耶。凡ソ感應道交利生ヲ得ル時事。一化ノ大旨諸教常談也。限テ淨土往生一事新ク依ニ佛力ニ不レ可レ云。衆生ヲ爲レ因。佛ヲ爲レ緣。感應相交ル外ニハ別而依ニ願力一生ト極樂ニ云事。其ノ意尤モオホツカナシ。或ハ因ニトシ於聖ヲ緣ニスル於凡ヲ。或ハ因ニトシ於凡一緣ニ於聖一。非シテ自他共離ニ不レ離ニ自他共離一。以レ之名ニ不思議法性ノ感應ト也。若爾者。偏不レ可レ云ニ衆生。偏ニ不レ可レ云レ佛ト。離テ此ノ不思議ノ感應ヲ外ニ依ニ佛力一云事。所レ依ル何ル道理ニ耶。凡ソ依ニ佛力ニ云事。經論ノ中ニハ何カ見タル。一家ノ釋義ハ又何カ釋成ルソ耶。眞言教ノ中ニハ。以我功德力如來加持力及以法界力ト（大正藏十八、四八中。大日經）云テ。三力和合ルカ故ニ成ニ無上ノ悉地一也。於ニ此三身一若屬ニト一邊ニ云者。只是屬ニ性計ノ失一。恐クハ非ニ佛法正意一歟。而今依ニ願力一生ニ安養一立申。付ニ顯密ノ大旨一始終義ヲ可レ成レ「之云」

答。一家ノ意ハ。身土相望シテ報應無レ隔ルコト。（六重（六重カ））一身之中ニ接ニ一切ノ身一。一土之中ニ收ニ一切土一。一一ノ塵刹一切刹。一一塵身一切身ナリ。（天玄四、三五三。釋籤）廣狹勝劣難ニ思議一ルコト。淨穢方所無ニ窮盡一ルコト。以ニ管見一不レ可レ測ル大虛一。以テ凡情ヲ不レ可レ窺ニ聖境一者也。然而以テ安養世界一屬ニ應身應土一事ハ。遠ク問ニ經教ノ施設。近ク任ニ師資ノ定判ニ也。且ク尋ネ國土ノ相貌一任ニ佛身ノ形量ニ可レ定ニ報應二身一云事。所立ノ大旨如レ此。所以ニ極樂世界ト者。對ニ此ノ娑婆方域ニ說ニ從是西方ト一（大正藏十二、三四六下。阿彌陀經）。故ニ約ニ此忍

界辨遠近。說過十萬億(大正藏十二、三四六下)教也。既辨遠近方域量。豈非分段同居之境耶。就中。雙觀經中。世自在王(同、二六七下。無量壽經)佛。卽爲寶藏比丘廣說二百一十住諸佛刹土天人之善惡國土麁妙。應其心願悉現與之。時彼比丘聞佛所說嚴淨國土。皆悉觀見超發無上殊勝之願。○具足五劫思惟接取莊嚴佛國清淨之行矣。若是實報土不可背封疆界畔別。何可辨二百十二億土耶。又果位報土。比丘於因位不可覩見之。又對二百一十住佛刹天人善惡國土麁妙此等說明。凡聖共居境云事。又以四十八願莊嚴佛國。非以觀實相發眞無漏土(大正藏三八、五六四下。維摩略疏)。其第一願云。(大正藏十二、二六七下。無量壽經)設我得佛。國有地獄餓鬼畜生者。不取正覺矣。雖削三惡名。未妨人天道。是非同居如何可存耶。第二願云。國中人天。壽終之後復更三惡道者。不取正覺矣(同前)。實報清淨果報中自元無三惡之可還。何可發不更惡趣之願耶。既依佛願力不還。非凡聖同居耶。又云人天壽終(同前)。非

常住不變土也。又云。設我得佛(同、二六八上)。國中聲聞有能計量。○知其數者。不取正覺。既列無數聲聞。豈純諸菩薩境界耶。一一願文其說如此。可約同居淨土云事。文誠分明者歟。但。至觀彼世界勝過三界(大正藏二六、二三〇下。往生論)文者。對娑婆雜染三界論淨土安養功德也。非云別出三界外(同前)。究竟如虛空廣大無邊際者(大正藏四〇、八二八中。往生論註)。人師釋此文云。十方衆生往(生カ)者若已生若今生若當生。雖無量無邊。畢竟常如虛空。廣大無邊際。終無滿時。是故言究竟如虛空廣大無邊際矣。縱雖同居淨土。豈不論此義耶。次至第一義諦妙境界相(大正藏二六、二三二上。往生論)文。幷眞實智惠無爲法身論(同、二三二中)判者。是且約內證智見也。若約內證邊。雖同居雜染境。卽是實報寂光國土也。若卽事而眞(天玄四、二七三。玄義)不必在近等解釋意在於此歟。何況今論判。若不約內證邊。又可難勢旨也。所以者何。若任第一義諦妙境界相文。是常寂光土境界也。或第一義諦之所接故云。或云常寂光土第一諦。第一義諦言皆約寂光

土一也。所以ニ依ラハ二此ノ文一。安養淨土ハ可レ云二寂光土ト一歟。若事相果報ノ土ナラハ。不レ可レ云二第一義諦妙境界相一存（存㊀故）也。若又許サハ二内證ノ義邊ナリト一。雖二凡聖同居ノ境ナリト一何ソ不レ云二第一義諦ト一耶。如二彼ノ常在靈鷲山及餘諸住處ト一（大正藏九、四三下。壽量品）。是レ（是㊀㊁）豈離伽耶別求常寂。非寂光外別有娑婆ト云非耶（天文五、一二九一下。文句記）（┌㊀光）

次ニ眞實智惠無爲法身等者（大正藏二六、二三二中。往生論）。是又約二彌陀ノ内證一也。眞實智惠ト者。指二自受用報身一歟。所以ニ眞實智惠ノ言。不レ可レ關二他受用報身一八。他受用ハ尚ヲ隨機感見ナルカ故也。無爲法身ノ言。明（┌㊀指）指二内證ノ法身一也。若他受用身ナラハ豈ニ可レ稱二無爲法身ト一耶。故ニ依正二報ノ文同ク約二内證一云事。論判更ニ分明也。就中今ノ往生論ノ文。判ルニ二淨土ノ大旨一事。不レ約二實報土一（土㊀㊁）歟。所以ニ釋二（釋㊀見）論文一。即見二彼佛一未證淨心菩薩。畢竟得レ證二（證㊁カ）平等法身一。與二淨心菩薩一（┌無異。淨心菩薩カ）與二上地諸菩薩一。畢竟同得二寂滅平等一故矣（大正藏二六、二三二上～中）　生シ二淨土一已テ拜シ二彌陀佛一時キ。未證淨心ノ菩薩畢竟シテ證二平等法身ヲ一云ヘリ。生シ二淨土二一已ル人尚在二未證淨心ノ位一。寧實報華王ノ土ナラン耶。是以。人師ノ釋二此ノ文一（大正藏四〇、八三六上。往生論註）。亦得レ生二彼淨土一即見二阿彌陀佛一（┌㊀佛）。未證淨心菩薩畢竟

得レ證二平等法身一矣　生シ二淨土一已テ後初テ獲二得ス平等法身一。可ニ同居ノ淨土ナル一云事。其ノ證分明ナル歟。加之。重テ勘二論文一。復有二五種門一（┌㊀門）。漸次成二就五種功德一。應レ知。何者五。一者近門。二大會衆門。三者宅門。四者屋門。五者薗林遊戲地門。此五種門。初四種門成二就入功德一。第五門成二就出功德一矣（大正藏二六、二三三上）（┌者カ）　自リ二第一一至二第四一。是自證ノ功德也。故ニ云二成就入功德ト一。第五門ハ化他功德也。故ニ云二成就（┌㊀出）功德ト一也。自證ノ上ニ（┌㊀可）論ヘキ二化他一也（也㊀㊁）。故ニ是レ其漸次成就ノ義也。又付二（付㊀就）自證ノ功德一。第一ノ門ト者。以下禮二拜（拜㊀解）阿彌陀佛一爲ヒ生二彼國一故。得レ生二安樂世界一。是名二第一門一矣（同前）（┌入カ）（云入㊀文）　詫二（託カ）生ル彼土一最初ノ位ナルカ故ニ此名二近門一也。又論云。入第二門者。以下讚二嘆（歎カ）阿彌陀一（┌佛カ）隨二順名義一稱二如來名一依二如來光明智相一（知カ）修行上故。入二會衆數一。是名二入第二門一（同前）（┌矣カ）。論ノ意ハ。生二彼ノ佛土一（┌㊀得）已テ初テ交二極樂界會一故。此ヲ名二大會（┌㊀大）衆門一也。又論文云。入第三門者（同前）。以下一心專念作二願生一彼修中奢摩地（地㊀他）寂靜三昧行上故。說レ（說㊀得）入二蓮華藏世界一。是名二入第三門一矣（以㊀㊁）　論ノ意ハ。居二凡位一生二安養一已テ列二大衆會一。次修シテ二奢摩他一入二蓮

華藏世界一見タリ。故ニ生二安養一已テ後ニ入二實報土一判ル也。淨土ノ本質ハ可二同居ノ淨土ナル一云事分明也。人師ノ所釋ノ中ニ。釋トシテ二此ノ五念門ノ漸次成就義一。此五種示二現一出次第相一（「相カ）入中初至二淨土一是近相。謂入二大乘正定聚一近二阿耨多羅三藐三菩提。入二淨土一已便（「入カ）如來大會衆數。入レ數（シュ　㋠衆」）已當レ至二修行安心之宅一（宅カ）。入レ定（地カ）已當レ至二修行所居屋宇一（寓カ）。修行成就已當レ至二教化他一（地カ）。卽是菩薩自娯樂他（「教化地カ）。是故出門稱二薗林遊戲地門一矣（大正藏四〇、八四三上。往生論註）故五念門ノ功德不レ亂二次第生起一。以二凡身一生シ二淨土一已テ（「㋠生）。以二凡身一交リ二大會衆一。次離テ二凡身一入二蓮華藏世界一（世㋠㋟　「㋠也）。以レ之云レ之。入リ二淨土一已テ後尚住二凡身一（「㋠住）云事（云㋠㋟）。論文ノ解釋分明ナル歟。第一第二門ハ約二凡身一。至二第三門一初入二實報土一見タリ（土㋠㋟）。所以ニ論文ノ大綱ハ約二同居ノ淨土一云事分明也。如レ此宣說レハ（宣說㋠意得）。第一義諦妙境界相ト云ヒ（大正藏二六、二三二上。往生論）。眞實智惠無爲法身ト者（同、二三二中）。皆約二內證ノ邊一被タリレ得。次寶藏菩薩叶二住上一。彼ノ願力所成ノ土ナルカ故ニ可二實報土ナル一云ニ至テハ。四土不二ナルカ故ニ實報土ノ邊ヲモ不レ可レ遮レ之。依テ二凡夫所生邊一同居ノ土トハ云也

次至二地接（接㋠攝）兩論ノ文一者。隨ハ二證者ノ見一者（㋠所」）。約二一類ノ菩薩一（居カ）歟。所以佛地論ノ文ハ。若隨菩薩所宜現者（者㋠㋟）。或在色界淨土天上。或西方土（土㋠㋟）等。處（處㋠所）處不定矣（大正藏二六、二九三下～四上）或在色界等者。約二同居本質（質㋠賢）一事分明也。而モ屬二實（實㋠㋟）報一事ハ約二菩薩內證ノ所見一也（「㋠其）。故。或西方等處處（處㋠所）不定ト者。是又指二同居ノ本質ヲ一也。屬二實報土一事又可レ隨二內證ノ邊一也。如レ此意得レハ。此ノ論判ハ還卽（卽㋠而）同居ノ淨土ノ證據也（上カ）。若隨菩薩所宜功（功㋠現）者ト標シテ。或在色界淨居天主等云ハ。指二同居土一云事不レ可二論（論㋠㋟）諍一。故ニ所證（證㋠詮）ノ邊ハ是實報土（土㋠㋟）也。此ノ一具ノ文ニ。或西方等處所不定ト（同前）（等㋠㋟）（「㋠西方等處所定云）云テ。西方等者可二同居ノ本質ナル一云事。其ノ義更ニ不レ可レ疑。次接（接㋠攝）論ノ文。准レ之可レ得レ意（得意㋠意得）。卽是西方極樂。清淨佛土大乘法樂ト者（大正藏三一、四三六上。攝大乘論釋）（「㋠等（土等カ））。西方極樂ノ稱。不レ可レ違二佛論一（㋠地」）。故ニ可レ指二同居ノ本質一也。故（故㋠而）ニ屬二實報一事ハ約二大菩薩ノ所證ノ邊一也

一。次至二六十萬億ノ身量一者。猶是化身ノ化土ノ證據（證據㋠誠證）也。若報身圓滿ノ相好（好㋠海）ナラハ。竹杖（杖㋠林）モ不レ測二其ノ頂（頂㋠項）一。目連無レ窮コト二其ノ聲ヲ一。既云二無邊無際ノ色質ヲ一（大正藏四七、八五上。淨土論）。何限二六十萬億ノ身量一耶。隨而唐土ノ人師。或爲他（㋠判」）（他㋠化）皆無妨難也矣所以ニ應身ノ佛ト者。隨

機ノ所見也。若自彼於我無爲(大正藏三五、三二上。捜玄記)矣身量ノ大少〔少㋠小〕。命〔「㋠壽〕ノ長短。皆逗ニ機縁一ニ無ニ定准一。六十萬億ノ身量又可レ化ニ所宜ノ機縁一ニ也。何ソ只タ執ニシテ丈六卑少ノ身〔㋠强」本ノママ〕ヲ可レ抑ニ六十萬億ノ身一耶

但。至ニ非是凡夫所成(大正藏十二、三四四中)(及カ)ト云一ニ者。非ニ穢土ノ凡所〔「㋠夫之〕ニ及云也。全ク不レ可レ闕ニ深妙〔深妙㋠淨土〕ノ凡夫〔「㋠心力〕一ニハ。何況ヤ案ルニ此ノ文大旨一。凡〔凡㋠ナシ〕テ是レ所立ノ證誠〔證誠㋠誠證〕也。所以。眞身觀ノ中ニ。云ニ六十萬億那由他恆河(同、三四三中)沙ノ身一ノ下ノ雜想觀ノ中ニ。云カニ無量壽佛身量無邊。非是凡夫(同、三四四中)心力所及一ト故ニ。指ニ六十萬億ノ身一名ルニ身量無邊一ト事。現文更ニ分明也。指ニ有量之〔之㋠云〕無量一〔云㋠ナシ〕云事。其ノ意不レ可レ疑。故ニ或ハ約ニ身量一。或ハ約ルニ壽量一。皆是〔「㋠也〕可ニ有量ノ〔「㋠無量〕義一ナル。以テニ應身應土ノ義一ニ可レ爲ニ誠證一ト也

一。次ニ至ニ八萬四千ノ相好〔好㋠妨〕一ニ者。猶是可レ約ニ應身一ニ也。別〔別㋠若〕約ニレハ報身ノ佛一ニ有ニ十蓮華藏界〔界㋠ナシ〕微塵數ノ相好一。觀佛三昧經。(大正藏十五、六八七中。取意)八萬相爲菩薩說之。佛實相好如龍華〔龍㋠雜〕矣八萬相爲菩薩說ト者。於ニ應身ノ相好ノ中一ニ且ク爲ニ菩薩一ノ示レ之云歟。佛實相好如龍華〔龍㋠雜〕ト者。於ニ報身如來ノ相好一ニ別而指ニ華嚴一見タリ。八萬四千如報身ノ相好ナラハ。何ソ別ニ可レ指ニ龍華〔龍㋠雜〕經一ヲ耶。加之。對ニシテ應身ノ相好一。以ニ報身ノ相海一佛ノ實ノ相好ト云歟。文〔文㋠ナシ〕相ノ起〔起㋠ナシ〕盡分明也。八萬四千ノ相好ハ但シ可レ約ニ應身如來一ニ云〔㋠耶」〕事。又彼ノ觀佛三昧經ノ中ニ。(同、六九三上。取意)毘婆尸佛具ニ八萬四千ノ相好一ヲ云リ。凡ソ過去ノ七佛ト者。娑婆忍界ノ教主也。而ヲ毘婆尸佛者。七佛最初ノ佛也。具ニト八萬四千ノ相好一云カ故應身ノ相好也ト云事。經文更ニ無ニ異端一歟。但。心地觀經ノ中ニ。(大正藏三、二九八下。取意)以ニ八萬四千ノ相好一屬ニ他受用報身一ニ事ハ。是又約ニ內證ノ邊一ニ也。以ニ八萬四千ノ塵勞〔塵勞㋠玄義〕〔㋠玄身歟〕門一成ニ八萬四千ノ寶聚門一ヲ事。皆是可ニ內證眞身ノ智〔智㋠知〕見一ナル。是以人師(如湛法師カ)會ニ此文一。且ク寄ニ內證ノ八萬四千ノ法門一ニ。若不〔不㋠ナシ〕レ爾者。與ニ報身微塵相好一不ニ相違一耶〔矣㋠ナシ〕矣故寄ニ內證功德法門一ニ。經〔經㋠詮〕雖ニ報身如來一約ニ事相相好莊嚴一猶是應身ノ色相也。若爾者。報身如來ノ微塵數ノ相好ト忽ニ可ニ相違一見〔見㋠釋〕成タマヘリ。人師會通妙ヘニ叶ニ文ノ意一者歟〔歟㋠也〕

次ニ至ニ摩訶止觀第七一(天止四、三六〇)者。准ニ彼ノ人師ノ釋一其ノ文ヲ可ニ會通一也。六祖大師。正ク明ニス別圓ノ法身現相一ヲ矣若不レ約ニ內證ノ邊一ニ者〔者㋠也〕。法身ノ現相トハ「不レ可レ云」〔「」㋠ナシ〕〔「㋠不可云〕

一。次至ニ同性經ノ文一者。(大正藏十六、六五一下。取意)淨土中成佛悉〔「㋠是〕報身。穢土中成

佛ハ悉是化ノ身矣今此經ノ文ハ異ナリ二一家常途ノ所判一ニハ。所以ニ今家ノ意ハ。於ニ淨土ノ名言一有ニ四種佛土ノ不同一。若約ニ同居方便ノ淨土ニ一。不レ可レ云ニ悉是報身一ト故也。以レ之推レ之。淨土中成佛ト者。於ニ實報土ニ一出ニ淨土ノ名言一歟

但。於ニ淨土中ニ一列ニ彌陀佛一事ハ。付ニ上品生ノ人ニ一顯ニ證者ノ所見ヲ一歟。御廟ノ御釋中ニ。以ニ上輩人一屬ニ實報土一故也。

但。雖ニ上品上生ナリト一若約ハ二初生ノ時一尚是レ凡夫未證ノ位也。其故ハ。阿彌陀如來ト者。觀音大勢至無數ノ化佛百千ノ比丘。乘シテ二宮殿ニ一影現シ。觀音ハ執テ二金臺ヲ一迎接スト見タリ。（大正藏十二、三四四下。觀經取意）直ニ生ニ實報土ニ一人豈ニ具ニ此等相一耶。應レ知ル。未證ノ凡類乘ニ佛願力ニ一生ニ安養ノ淨刹ニ一云事。況ヤ又タ。生ニ彼ノ國ニ一已テ見ニ佛ノ色身ノ衆相具足シタマフナル一（大正藏十二、三四四下～五上。無量壽經）○演ニ說妙法一聞已卽悟ニ無生法忍一矣詫（託カ）ニ生シテ上品一聽ニ受シ妙法ヲ一已テ後ニ悟ニ無生德忍ヲ一出ニ初生ノ位ニ一也。可ニ未證ノ凡位ナル一云事。經ノ文更分明ナル歟。若分ハ。既ニ凡夫所感ノ國土也。實報無漏ノ界ニハ非ス。化身又不レ可レ云ニ報身如來一。故ニ實報土ノ佛ノ中ニハ列ニ阿彌陀佛一事ハ。上品生ノ人證ニ無生法忍一已テ所ニ感見ル一報身ナルヘシ

次至ニ佛壽量一者。不レ可レ廻ニ弘ノ會通一。併所レ任ニ大師判釋一也。壽量品疏云。謂實有量而言ニ無量一。彌陀是也。實無量而言ニ有量一。如ニ此品金光明一是也矣（天文五、二二一七下）既云ニ謂實有量一ト。何云ニ實是無量一ト耶。惣而論レ之時キハ。量而無量雖レ可ニ不二平等ナル一。付ニ今文一云ヘハ之。不レ約ニ相望融通ノ義一者。阿彌陀ノ壽量。同居ノ化身ナルカ故ニ。論レハ其ノ實一雖レ可レ有ニ齊限一。若約レハ二衆生ノ機緣一ニ非ニ心識之所一レ測ル。故ニ名ニ無量一ト。謂實有量而言無量者。其ノ意如レ此。是以見ニ雙觀經ノ文一。設我得佛。壽命有ニ能限量一。下至ニ百千億那由他劫一者。不レ取ニ正覺一矣（大正藏十二、二六八上）如下界外常住ノ報身ナラハ別シテ依ニ願力一所レ感取ニ長遠ノ壽命ヲ一不レモ可レ云。既是中道法界ノ壽命也寧可レ用ニ事相ノ願力ヲ一耶。何況ヤ。下至百千萬億那由他劫者不取正覺矣（同前）若シ過キハ二此ノ百千億ノ劫數ヲ一可レ許ニ其ノ齊限一聞タリ。云ニ有量ノ無量一誠ニ叶ルニ本願ノ文一者歟

但。至レ云下ニ彌陀佛ノ壽命〔有ニラハ一〕齊限。本願ノ「文可レモ虛ル者。既ニ無量壽ノ言ハ實ニ雖レ似レ無キニ齊限。指ニ有量一名ニ無量一ト。縱雖レ論ニ實ノ齊限一。違トハ二本願ニ一不レ可レ云。所以ニ第十五願ニ。

（大正藏十二、二六八上）國中人无〔无⊕天〕。壽命無ニ能ク限量一ルコト。除ニク其本願修短自在ナランヲハ。若爾者〔「⊕不〕不レ取ニ正覺一矣 人天壽命無能限量ト云カ（同、二六七下）故ニ人天ノ壽量又雖レ可ニ無量一ナル。第一願ニハ。國中人天。壽〔修⊕亡〕修終之後ト云カ故ニ。人天壽命實ニ可レ有ニル齊限一被タリレ得。況又。（同、二六八上）除其本願修短自在ト云カ故ニ。實報常住ノ境界實ニ無邊際ナラン。縦雖レ約ニ本願ニ何ソ可レ辨ニ長短不同一ヲ耶。以レ之推レニ之。能化所化共實ニ雖ニ有量一ナリト且ク名ニ無量一被タリレ得

一。次以ニ觀音一爲ニ補處一ト。誠是應佛傳付ノ儀式也。更ニ非ニ（ママ）實報報身ノ境界ニ耶。所以勘タルニ悲華經ノ說一。西方極樂世界佛今〔今⊕佛〕相續シテ出世成道スト見。卽チ彼土ノ敎主ノ壽命正法ノ住世等ヲ明ニシテ。正法滅盡劫數〔「⊕後〕已テ餘佛又相續シテ出世成道シタマフ也（大正藏三、一八五下～六上。悲華經取意）。謂ク。過ニ一恆河沙阿僧企劫一（「⊕始カ）入ニ第二恆河沙等ノ阿僧企一時キ。轉シテ世界ヲ名ニ安樂一。無量壽佛出興出世。無量壽佛又般涅槃已テ第二恆河沙阿僧企ヲ（「⊕劫後分カ）。初夜分中正法滅盡シ。後夜分ノ初轉ニ彼土一。名ニ一切珍寶所成就世界一。所有種種莊嚴無量無邊。安樂世界所レ不レ能レ及也。爾時觀音成道。名ニ邊〔邊⊕遍〕（出カ）於一切光明功德山王如來一矣 佛佛相對シテ出世成道ス。其ノ中閒於〔於⊕亡〕又隔ニ多劫ノ數一ヲ其ノ數〔「⊕劫〕六十一〔一⊕中〕劫ト云云 若約ニセハ界外微細ノ土〔「⊕於〕〔土⊕等〕ニ不レ可レ辨ニ劫數ノ多少一ヲ。不レ可レ論ニ正法滅盡一ヲ。又前佛入滅シテ彼〔彼⊕後〕ノ經ニ多クノ劫數一ヲ。正法滅盡シ已テ方〔「⊕方〕ニ有ニ後佛出世一。全ク非ニ界外ノ儀式一。又非ニ機息應轉ノ義〔義⊕亡〕一耶。機息應轉者。此ノ機若息メレハ後〔後⊕彼〕（「○カ）ノ應卽至。機應ノ因緣刹那不レ可ニ相隔一。而ヲ辨ヘ事相ノ劫數ヲ論ニ入滅ノ時分一ヲ。送リ中閒ノ多劫一得〔得⊕說〕ニ後佛ノ出世一。案ルニ此等ノ義相一全非ニ界外報身一ニハ。但。至ニ末師ノ所判一者〔者⊕亡〕。雖レ有ニ機息應謝ノ言一未タレ云〔云⊕亡〕ニ云界外常住ノ佛一ナリトモ。況ヤ又法〔法⊕結〕ニ此意一。卽是實有量言ニ無量一也矣（卍續四五、一五一丁右下～左上。輔正記） 實ニ是有可〔可⊕亡〕量ノ壽命ナラハ全ク不レ可レ關ニ界外佛一ニハ

一。凡夫二乘ノ所感ノ土カ故ニ非ニ實報土一云事。經文解釋既ニ分明也。以ニ前ノ所立一其義粗顯レ已ヌ。瑜伽論ノ所判ハ不レ定〔定⊕足〕。可シ料ニ簡一。但約シテ敎門一妄會ニ經文一故也

但。至ニ一家ノ解釋一者〔者⊕也〕。彼具文云。論明ニ小乘〔小乘⊕實〕不生一者。決定不レ生。此中明レ生。退菩提心得レ生。處〔處⊕至〕ニ彼處一無漏道熟。卽證ニ第四果一。大論亦然。或接〔接⊕攝〕ニ引少〔少⊕小〕乘一。然彼實無。今〔「⊕文〕ノ（大正藏三七、一九四上。觀經疏）

解釋ハ會ニ經論ノ異說ヲ。論ニ二乘種不生ト立ル事ハ約ニ決定性ノ二乘ニ。經ノ文得レ生事ハ約ニ退菩提心ニ也。於ニ彼ノ淨刹ニ無漏ノ道熟ルカ故ニ證ニ阿羅漢ヲ云云大論又許ニ此義ヲ。可ニ同居ノ淨土ナルト云事其義分明也。或接引小乘等者。且ク論ニ其一義ヲ也。非ニ再往ノ意ニ。解釋ノ上ノ文ニ同ク會ルニ經論ノ異說ヲ時キ。依ニ往生論ニ二乘不レ得レ生。此經中輩少乘得レ生問シテ答レ之。正處少行不レ生。要ス由ニ乘レ終ナラン發ニ大乘ノ種ヲ爾モ乃得レ生。經說ニ現今ニ。論擧タリニ本始ニ矣重問レ之。何故復說ニ小乘ニ矣答レ之。雖下復タ乘レルニ終ル發トニ大心ヲ上。先キニ多ク學レ少至レ彼聞ニ苦空無常ヲ。發ニ其本解ヲ先證ニ少果ヲ。得ニ少果ヲ已レハ於レ少不レ住必還入レ大文釋義ノ起盡分明也。生シニ安養ニ已テ證ニ阿羅漢ヲ云事。所以經ノ文解釋ノ始終無レ所レ有。正ク是可トニ同居ノ淨土ナルト云事

（會(チ)餘）（立(チ)云）（「(チ)論）（接(チ)攝）（異(チ)ナシ）（大正藏三七、一九三中）（少(チ)小）（同前）（少(チ)小）（チ以」）（垂カ）（發(チ)ナシ）（同前）（證カ）（乘(チ)果）（同前）（垂カ）（少(チ)小）（少(チ)小）（少(チ)小）（少(チ)小）（文(チ)云）（有(チ)背）

但。至ニ往生論ノ文ニ者。約ニ文ノ大旨ニ者。皆隨ニ證者ノ見ニ也。如ニ先キニ立申ニ。至ニ今ノ難勢ノ文ニ者。還テ是レ所立ノ誠證也。所以者何。彼具ナル文云。有ニ凡夫人煩惱成就ニ亦得レ生ニ彼淨土ニ。三界繫業畢竟不レ牽。卽是不レ斷ニ煩惱ヲ得ニ涅槃分ヲ矣。於ニ凡夫ノ位ニ。雖レ生ニ淨土ニ不レ牽カレニ三界ノ繫業ニ不レ所レ汚ニ煩惱ノ所類ニ。永ク生ニ安養界ニ終ニ可レ證ニ無生忍ヲ。故ニ不斷煩惱得涅槃分焉可思議ト云也。若離ニ凡位ニ詫ニ生セハ淨土ニ有ラン何ノ不思議カ。離ニ凡夫ノ位ニ生ニ彼ノ淨刹ニ故云ニ不斷煩惱得涅槃分ト也。有凡夫人煩惱成就亦得生彼淨土ト云ヘル。卽チ此ノ意也

（先(チ)前）（大正藏四〇、八三六下。往生論註）（「(チ)去）（汚(チ)許）（所(チ)品）（託カ）（「(チ)不）

次ニ至ニ非天人ノ經ノ文ニ者。人師會ニ此文ニ云。彼土凡夫是人是天ナランコト於レ義何ソ廢セン。經文ニ但言ニ無三惡趣。何妨レン得レンコトヲ有ニコト人天趣ニ耶。而經云ニ非天非人ト者。此レ說ク大菩薩等非天非人ナレトモ因ニ准餘方ニ故ニ有コトヲ中人天之名上。非レ據ルニハ下凡夫得タルニ往生ヲ者上ノニ。凡夫生レシ彼。或是人趣或是天趣ンコト。於レ理無レ妨矣此釋ノ意ハ。於ニ彼ノ淨土ニ非ニ實ニ無ニ人天趣ニ。所以ニ經ノ文ニ云ニ四十八願ノ中ニ第一願ヲ。無トニ三惡趣ニ云。故ニ可レ有ルト實ノ人天ニ云事。其ノ意分明也。但。非天非人ト者。彼ノ大菩薩等ハ雖ニ非天非人ニ。於ニ大菩薩ノ身ニ立ニ人天ノ名ニ事ハ。且ク因ニ准カ餘方ニ假リニ有ニ人天ノ名ニ云也。約ニ生ノ凡夫ニ時ハ。論ニ實ノ人天ニ事其ノ理無レ妨云云或ハ又

（「(チ)非）（大正藏四七、三二下。群疑論）（三(チ)ナシ）（順カ）（大正藏十二、二六七下。無量壽經取意）（順カ）（「(チ)初）

准ルニ本願文ニ。人天皆眞金色也(第三願)。人天刑色無レ有ニ好醜一(第四願)(刑㋠形)(好㋠妬)。人天同ク得ニ五神通ヲ一(第五～九願)。故ニ下文ニ顯ス此ノ願成就ノ時(同、二七一下)。智惠高明ナリ神通調達セリ(調㋠洞)。咸ク同ク一類ニシテ形無シ異狀一。但因ニ順ルカ餘方ニ故ニ有ニ人天之名一。顏貌端正ニシテ超テ世希有ナリ。容色微妙ニシテ非レ天非レ人矣。是卽彼世界人天水(水㋠[ナシ])永ク異ニ穢土ノ人天ニ也。故ニ非天非人ノ言ハ。對ニ娑婆ノ天人ニ(天人㋠人天)可レ得レ意也(得意㋠意得)。若爾者。設ヒ雖レ異ト娑婆ノ(㋠天」)人ニ猶猶(猶㋠[ナシ])是實ノ凡夫也。豈實報華王ノ境ナランヤ耶

抑。至下一家天台ノ意ハ但限ニ應身應土ニ不レ亙ニ餘身餘土一歟ト云フ尋(「㋠御)上ニ者。所立ノ大旨如ニ前立申スカ。誠ニ亙トハ餘身ニ不レ可レ云。但。或言道場爲ニ虛空一爲レ坐(爲㋠以)(坐㋠座)。一成一切成。毘盧遮那遍一切處。舍那釋迦亦遍ニ一切處一(天玄四、四〇九～一〇。玄義)。三佛具足無レ有ニ闕減一矣(同、三五三。釋籤)(「成カ)。又云。故淨穢之土。勝劣之身。塵(「㋠塵)身與ニ法身一量同。塵國與ニ寂光一無レ異。是卽一一塵刹一切刹。刹(刹㋠一)塵身一切身矣。別(別㋠若)擧レハ二一身一。迷悟皆赴レ之。若據レハニ一土一四土皆窮レ節。雖レ約ト二應身ノ一佛一實是三佛也。雖レ約ニ同居ノ一刹一ニ。豈異ニ法身一ニ耶(身㋠界)。娑婆卽寂光ノ砌也。極樂何ゾ非ニ涅槃界一ニ。

縱雖レ約ニ化身化土一。不レ可レ止ルニ(止㋠留)凡夫ノ隔情一ニ。直觀此土四土具足ノ文(天文五、二五九四下。文句記)。卽是此ノ意也。所レ云四土具足ト者(同前)。卽同居ノ體是也。是以テ。今ノ釋ノ次下。以テ二惑未レ斷故一ニ(故カ)。云ニ安樂行ハ是同居ノ淨土之氣分也(「行カ)。故ニ不レ離ニ同居ノ穢ヲ一見ニ同居ノ淨ヲ一矣。上ニ所レ云(云㋠立)。直觀此土(土㋠者)四土具足ノ體ヲ結釋シテ。不レ離ニ同居ノ穢ヲ一見ニ同居淨一釋ル也。今ノ解釋ニ所レ引。分別功德品ノ文。卽是深信觀成ノ位也。豈指(「㋠非)ニ凡位ヲ一耶。故於ニ自身常寂光中一(同、二四二四下。文句記)(心カ)遍見ニ十方一切身土一矣。於ニ凡夫ノ一念ニ一見ニ三身四土ヲ一。是卽直觀此土ノ意也。所以ニ安養界者妙法蓮華ノ正體也。不レ離ニ凡夫ノ當體一開ク佛知見一故也。釋ニ往生論ヲ一。不斷煩惱得涅槃分ト者。意卽在レ此歟。若如レ此意得レハ。同居卽寂光也。應身卽法身也。於ニ凡夫ノ隔情一ニ局トハ一身一念ニ不レ可レ云。所以ニ三世ノ佛法ハ皆會ニ一佛乘一ニ。一代ノ諸說(說㋠[ナシ])ハ同歸ニ安養國一ニ也。法華正體卽彌陀佛國也ト云事。有ニ經文ノ誠證一ニ。有ニ釋義ノ指南一。更不レ可レ疑レ之

次至下西土彌陀ハ表ニ斷惑證理一。故ニ可ニ實報土ナル一云(「㋠云)上ニ者。直觀此土四土具足ナレハ同居卽實報寂光ナルカ故ニ。雖レ云ニ同居一ト

實報土ト云意モ可レ有レ之

次ニ至下楞嚴先德引ニ迦才釋一可レ亙ニ報化二身一云上者。深ク顯ニ前來ノ義勢ニ已ヌレハ。亙ニ兩身ニ云義又不レ可レ妨レ之。往生論ノ意ハ自令ニ符合一歟。應身卽報身ナルカ故。名ニ眞實智惠無爲法身一ト。（大正藏二六、二三二中）同居卽寂光カ故ニ。稱ル第一義諦妙境界相一ト也（同、二三二上）

次御廟ノ御釋至ハ。寄ニ上品生ニ顯ニ報身報土一。約シテ中下品一顯ニ化身化土一。然ニ同居ハ是安養ノ本質也。上品ノ報土ハ卽中下ノ同居也ト可レ得レ意也。凡ソ三身卽一。四土不二ノ體ヲ應身應土トハ得レ意也。是卽本迹二門ノ沖微。釋尊一代ノ終極也。淨土佛ハ。謂ル不レ隔ニ穢濁ヲ一故也。彌陀佛ナル佛ハ。不ニ凡夫一故也。不ルニ此凡夫一名ニ應身ノ佛一。不レ隔ニ彼ノ穢濁ヲ一稱ニ同居土ト一也。生佛不レ隔故ニ三身在ニ其ノ中一。淨穢不二ナルカ故ニ「四土更ニ無レ外也。瑜伽唯識ノ意ハ存ニ報身報土ノ義一故ニ」隔タリ凡夫ノ詫（託カ）生ヲ一。圓頓ノ意ハ成ニ應身應土ノ義一故。接ルニ極惡ノ衆生ヲ一也。敎彌ヨ實ナレハ位彌ヨ下レリ。敎彌ヨ權ナレハ位彌ヨ高矣（天止四、一〇六。弘決）蓋シ此ノ意也

次至下依ニ願力一安養生ル道理上ニ者。既散心念佛者許スニ極樂（以上、續天全、論草2、九品往生義22彌陀報應參照）生一ストo 此レ豈非下依テ願力ニ生スル中安養界上ニ耶。若爾者。所立無レ失。「可レ意レ之」

第二重。精答云。安養能化ノ彌陀可ニ應身ナル一云所立ノ義勢。無ニ覺束一處也。凡ソ修シニ淨土ノ行一生トニ淨土ニ云事。源ト起レリニ淨名經說ヨリ。深心是菩薩淨土行。直心是菩薩淨土行。「大悲心是菩薩淨土行」（大正十四、五三八中。佛國品）ト說ク。此等依テ淨土ノ行ニ所ノ感得ル淨土ノ果「也。修因ノ淨土ノ行既ニ甚深也。所ノ感得ル淨土ノ果。」應身應土トハ不レ可レ存。專ラ以ニ實報土一名ル淨土一事。其ノ義尤モ便リ也。依レ之他宗ノ人師等。悉ク彼土ヲ名ニ報土一彌陀ヲ號ニ報身一。全ク非レ無キニ其ノ謂一。何ソ偏ニ捨テテ彼義一可レ成ニ應身應土ノ儀ヲ耶。以前ヨリ如レ難ル。經論ノ施設報身ト云事散在セリ。雖レ設ニ會通一頗以テ理不盡也。何況ヤ天台所立ノ常行三昧ノ方軌ヲ見ルニ。身ノ開遮。口ノ說默。意ノ止觀。何レモ皆以ニ彌陀一爲シテレ本。身業ハ以ニ常判一爲レ儀。口業ハ常ニ唱ニ彌陀ノ名號一。意業ハ專念ニ彌陀相好一見タリ。（天止一、四四一～二。止觀）爰以。若唱ニ彌陀一卽是唱ニ十方佛一功德正（正㋣カ）等。但專以ニ彌陀一爲ニ法門主一。擧レ要

言レ之。步步聲聲念念唯在ニ阿彌陀佛ニ。意論ニ止說ニ者念ニ西方阿彌陀佛ニ。去レ此十萬億佛刹。在ニ寶地寶池寶樹寶臺ニ。衆菩薩中央座說ト判タマヘリ。釋義意趣ハ既ニ唱ニ彌陀一佛名號ヲ功德。唱ニ十方ノ諸佛ノ名號ノ功德ト正等ナル心ヲ釋シテ。但專以彌陀爲法門主ト云テ。以ニ彌陀ノ法門主ト釋ル意趣ハ。阿彌陀ノ三字卽空卽假卽中ノ三諦。法身般若解脫ノ三德。法報應ノ三身ナルカ故ニ。千經萬論併三諦三觀ヲ不レ出。不レ過ニ三德三身ニ。八萬諸聖教皆是阿彌陀トモ說。一念彌陀佛○罪トモ談ル深旨ハ。一心三觀ノ體ナルカ故也。一心三觀ナルカ故德門ノ中ノ主ト定ル也。一心三觀成就ル處ニ自受用本覺ノ智體顯ルル故ニ。專一家ノ本意ハ自受用報身ト可レ存耶。爰以。慈覺大師安ニ置シ寶冠ノ阿彌陀ヲタマヒケル意趣ハ。密教ノ意ニ彌陀卽金剛界ノ大日ト云顯ス也。一家所立ノ三身ノ中ニハ自受用身ト云義門也。今所立ノ劣應身ト成申條大ニ以難レ成。論ノ施設。人師所判并覺大師常行堂安置ノ御本尊ノ尊形意趣テ悉ク報身ト釋タルカ故ニ。所立ノ義勢ニハ相應ル也。如何可レ會レ之耶。但。可ニ劣應身ニ立申意趣ハ。彼土ニ五乘ノ行人生ルコト有レ之。三藏淺近ノ教ヲ說ク故ヲ以テ成申ス一端似タルトモ有ニ其ノ謂ニ。此事ハ人師モ如レ存ルカ會通ニ。彌陀ノ本願難思ノ力用ヲ以テ被レ引ニ接五乘衆生ニ故ニ。依ニ衆生ノ業感ニ不レ可ニ往生ニ彌陀「不思議ノ」願力ナリト存ハ。報身報土也ト云トモ有ニ五乘ニ事不レ可レ有ニ相違ニ。若爾ハ。且ク有ル五乘ノ不同ニ故ニ雖レ說ト三藏ニ（大正藏三七、一九三中。觀經疏）只是以藏助通也。大乘善根界ナルカ故ニ。於小不住必還入大ト判ルニ非耶

凡ソ一家意ハ。三身相卽四土不二ノ義門ヲ論ルカ故ニ。安養界ハ本體實報土報身如來ノ境界也ト云ヘトモ。卽ニ報身報土ニ示ス應身應土ノ儀式ヲ事ヲハ不レ可レ遮レ之。例ハ如下娑婆ハ穢土ニシテ釋迦ハ劣應身也ト云ヘトモ。華嚴ノ時ハ現ニ報身報土ヲ。方等般若ノ時ヨリ示ニ現シ報身ニ。淨名ノ足指案地四土。法華ノ三身卽所土不二ノ說不中ルカ一准上ナラ。雖レ然娑婆ハ終ニハ穢土也。釋迦ハ終ニハ劣應身也。若爾ハ。安養世界ノ化儀隨レ時現シ應身ニ說ク三藏淺近ノ法ヲ云トモ。報身報土ノ儀式ヲ彼土ノ常ノ成ト得レ意者。可レ有ニ何ノ相違ニ耶。如レ此存ル日ハ諸文更ニ非ニ相違ニ。如ナラハ所立ノ。淨穢ノ報盡混亂シテ文義相違〔難レ會シ

次至十惡五逆具諸不善輩往生故可劣應云（┐㋠身）所立。設彼土惡人往生云。只是彌陀難思願力也。依之改報身報身（┐㋠之　報身㋠ナシ）報土報土（報土㋠ナシ）本質。一概劣應身不可存。若夫應彼機佛身劣應身也云。報身上暫時示現存可有何相違耶

次至鼓音聲經彌陀有父母說云者。或約法門父母。或成道已前穢土也云。成道已後淨妙報土顯得意（意㋠心）無失者耶。是又人師存此旨見。何況五大院先德所判中。彌陀有穢如釋迦。釋迦有淨土如彌陀判（大正藏七五、三八五中。教時義取意カ）。又一人先德（惠心）。彼佛所化為准（唯カ）極樂（大正藏八四、八〇中。往生要集）為亦有餘問。大論云。阿彌陀佛前（前㋠亦）有嚴淨不嚴淨土。如釋迦文答。重何等是耶問答之時。極樂世界即是淨土也。然其穢土未知何處（「彼穢土」。如ニカ）。但道綽等諸師。以鼓音聲經所說國土為彼經云阿彌陀與（與㋠ナシ）聲聞俱。其國號清泰○阿彌陀佛○父名月上轉輪聖王其母曰殊勝妙顏○判。彌陀所現穢土。示有父母相計也。正安養世界本願（願㋠ナシ）體云穢土有父母說文非

次至至（至至㋠至）十六王子八方作佛皆應身應土也云義者。自元四土具足安養。三身相即彌陀得意（意㋠心）前。應身云義門更非可遮之。雖然論彼身土本質時。報身報土云義門可存者耶

次大乘論等勸凡夫往生事。彌陀悲願本意故也。然云彼本身本土應身也不可存。樹林音聲說苦空無常。所化雖證羅漢果。於小不住必還入大故大乘善根界云事分明也。若爾者。設示現劣應色相云只是暫時所變也。非常住（住㋠儀）身イカテカ（イカテ㋠爭）劣應身可成耶

次依具八萬四千相好土（土㋠必）報身不可存云所立。其理尚難成。若依相好多少報應不同不論。依何可辨二身差異耶

次圓頓行者所顯（顯㋠觀）彌陀故可報身難勢（┐㋠云）會。以西方彌陀為所觀境故可色相莊嚴劣應身立申會通更難成。一家觀門者。境觀不二向故。離所

觀境別無能觀智。若爾者。能觀既一心三觀也。所觀彌陀何非自受用報身耶。一心三觀一念三千同異子細雖有之。大旨是同故一心三觀成就即一念三千妙觀可成就。若三千妙觀成就。即自受用智體可顯現也。爰以山家大師。一念三千即自受用身判非耶。如所立。爲所觀境西方彌陀外。別於己心成一心三觀本有己心彌陀可顯立申條。大一家觀行大綱相違處也。(天止一、九六。弘決)中道即法界。法界即止觀。止觀不二。境智冥一。談故。既云境智冥一。所觀境外別不可求能觀智。抑如所立。常行三昧意止觀舉西方彌陀事。只是境爲境計也可成申歟。將爲行者所期義門可有土歟。慥此度「可申也。會」可申開也

次五大院先德。報身釋密教意也會申事不可然。山家既顯密一致義門成。若爾者。彼御釋。非所立違文耶

六十萬億那由他由旬身量非彼土常儀。三十二相八十種好劣應身常儀身也立申證據未分明。觀無量壽經并心地觀經既云身量六十萬億那由他由旬。(大正藏十二、三四三中。取意。同三、二九八下。取意)相好八萬四千。彼土常儀身相見。全三十二相劣應身相常儀云事不見者也

次九品往生中以何彌陀建立淨土本意可存耶。如所立〔下〕品三生彌陀超世悲願本意立申歟。此事難治定。誠十惡五逆行接彌陀超世悲願也立。本願所成淨土建立上品上生砌見。然故深心。至誠心。廻向發願三心具足遂上品上生素懷事。可相叶彌陀本願耶云事。觀經說相分明也。如何可落居耶

抑。以阿彌陀爲本尊法門中主定事限常行三昧可成申歟。若互四種三昧云。見所依文。依常座三昧文殊問文殊說兩經。故依依經以文殊可爲本尊歟。半行半座依方等法華兩經。故依法華三昧時以普賢可爲本尊歟見。必四種三昧共以阿彌陀爲本尊云事。所依文不分明。若

俱以二阿彌陀一可レ爲二本尊一ト立申サハ。所依ノ文ニ勘ヘ證據ヲ委ニ（「㊀細）義勢ヲ可レ被（被㊀ナシ）二成申一也。此事學者相承ル子細有レ之。如何相承ル耶

次釋尊五百塵點劫ノ昔。本行菩薩道ノ前キニハ隨テ二何ナル佛ニ一發心シタマフトカ可レ存。經ノ文ニハ。（大正九、四二下。壽量品）我本行（「㊀菩薩）道時（時㊀カ）所成壽命今此（此㊀猶）未盡トハ被レタレトモ説。全ク本行菩薩道ノ時ノ發心ノ時。所從ノ本佛誰レトモ不レ説レ之。如何相承ル耶。此ノ事ハ本朝ノ大師（山王院）御釋中ニ。彼ノ時ノ佛ノ名號ニ付タル事（付事㊀ナシ）被レタル出事有レ之也（也㊀ナシ）。此度可ニ立申一也

次ニ於ニ當山一四種三昧ノ本堂別別ニ被ニ建立一。法華三昧堂常行三昧堂ハ于レ今現在セリ。常座（座㊀坐）三昧堂隨自意三昧（三昧㊀ナシ）堂ト云フ在所（所㊀處）何レ也トモ可レ存耶。雖レ無ニ指事一次手ニ四種三昧ノ行相。本堂ノ事。爲ニ才覺（覺㊀學）ノ一端令レ尋處也。此レ程ノ事ハ事相淺近ノ事ナレハ。非レトモ可キ尋次手ニ可ニ成申（成申㊀申成）スー也

次ニ四種三昧ニ各有ニ十（十㊀懺）法一可レ存歟。法華三昧ノ懺法ハ當時流布ノ南岳ノ懺法也。常行三昧ニ懺法有レ之歟如何

抑。安養世界ヲ號ルニ西方淨土一事ハ。此ノ東方ヨリ指シテレ彼云ニ西方ト歟。將タ彼安養ノ西方北方等（等㊀ナシ）ヨリモ。同ク可レ名ニクニ西方一ト歟（「㊀耶）。此事ハ先德被ルニ評判（「㊀世）一子細（㊀事」）有レ之。尤可ニ勘ヘ申一

次安養界ハ去ルニ此ノ土ヲ或ハ過ト二十萬億一説キ（大正藏十二、三四六下。阿彌陀經）。或ハ百千俱億（億㊀胝）那由他ト云テ（同、三二二下。無量壽莊嚴經）。兩説「相違セリ。如何可ニ會申一耶。此事先德御釋ノ中ニ」（「」㊀ナシ）見（見㊀釋）タル子細有レ之。勘ヘ可レ申（勘可㊀可勘）（「㊀耶）

次云此十萬億佛刹云ヘルハ（大正藏十二、二七〇上。無量壽經）。只タ是常途ノ一世界建立ノ佛土ヲ數ヘリ（云㊀去）。事相ニ過キ二十萬億佛土ヲ一安養有ト之可レ存歟。約シテ二行者ノ己心ニ一十萬億土ト云義門ニ成ル子細モ可レ有レ之歟。此ノ事宗（宗㊀宋）朝ノ人師ノ見（「㊀釋）タル子細有レ之。寶幢院ノ中古ノ明匠被レ成義勢モ有レ之。尤モ可ニ勘申一者ヤ（ヤ㊀耶）

次ニ觀經所説ノ安養ト。今經ノ如説修行之（之㊀行）人ノ相ヲ説ク時キ卽往安樂世界ト云。二經ノ所説ノ安養界全ク同レト之可レ存歟。將タ異也ト可ニ成申一歟

次ニ同居ノ淨土無邊也。何ソ必モ今經ノ如（如㊀ナシ）説修行ノ行人往ニ生ル安養界ニ耶。此事ハ尤モ無ニ覺束一處ニ。妙樂大師。同居類（天文五、二五九四下）多何必極樂ト問シテ以テ二六故ヲ一答タマフト見タリ。此度彼ノ六ノ故ヲ出シテ一一ニ其義勢ヲ可ニ了簡申一（「㊀也）

次現身往生命終往生ノ不同。如何可ㇾ成申ㇾ耶。五大院ノ先德付ニテ現身往生命終往生ニ傍正ヲ被ㇾ判事有ㇾ之。如何カ見タル耶（見㊀釋）。専ラ可ニ勘申一（⌐㊀耶）。惠心ノ先德ハ如說修行ノ行人ノ相貌ヲ付テニ卽往安樂ノ經ノ文ニ（大正藏九、五四下。藥王品）釋タマフ子細有ㇾ之。如何カ釋タル耶（釋㊀見）

次如說修行ノ行人往生淨土ノ時キ。可ㇾ有ル彌陀觀音ノ來迎ノ儀式一歟。憶ニ可ヲ申定一耶。三身ノ來迎ト云事有ㇾ之。其ノ相貌如何。所詮。常行三昧ノ意ノ止觀ノ所念ノ彌陀劣應ニシテ（㊀身⌐）。而モ（而㊀九）一家圓頓ノ觀門可ㇾ爲ニ要樞一ト子細何事ソヤ（⌐㊀耶）。又何ソ以テ報身彌陀ヲ不ㇾル爲ニ所觀ノ境一ト。意趣何事也ヤ可ㇾ存耶如何

答。自ㇾ元云云可ニ劣應身ナル一云事ハ（云㊀九）。對シテ娑婆ノ東土ニ安養ヲ名ニ西方一。望メニ此土ノ極苦ニ彼ノ土ヲ號シテ（號㊀九）號ス極樂一ト。東西相對シ（對㊀九）苦樂相對ノ望ル義門ハ（只㊀九）只是同ク界內同居ノ境界。俱ニ分段劣應ノ所居ナルカ故也。爰以前キニ如ニ出申一。經論ノ施設。彼土ニ有ニ凡夫二乘一見タリ。就中。大論ノ中ニ云トシテ安養世界ノ相一。菩（大正藏二五、三一一下）薩僧多聲聞僧少ト判リ。天台ノ解釋ニハ（大正藏三七、一八八中。觀經疏）凡聖同居ノ上品淨土ト釋タマヘリ。應身ト云事（⌐㊀應土）分明也。對シテ娑婆ニ過十萬億佛土說ク。故ニ非ニ周圓無際ノ佛土ニ（佛㊀報）聞タリ。經論ノ施設。一家ノ解釋。無ㇾ所ㇾ諍可ニ劣應身ナル一見タリ。爭カ可ㇾ存ニ報土（土㊀身）報土一耶。既ニ是十惡五逆ノ輩。依テニ懺悔念佛ルニ往生スト見タリ（⌐㊀彼土）。應ルニ此等ノ所化ニ佛身可ニ劣應身ナル一云事。道理極成スルニ非耶

但。至下修ルニ淨土ノ行ヲ所ニ感得ル佛果可ニト報身報土一云御精上者。八相成道ノ佛儀（佛㊀化）ハ依ルカニ與物結緣ノ淨土ノ行一故ニ。設ヒ劣應身也ト云トモ不ㇾストハ依ニ淨土ノ行ニ不ㇾ可ㇾ存。三周ノ聲聞八相ノ記莂未來無數ノ劫ト記ル事ハ。無ニ淨土ノ行一故ニ。蒙記已（天文三、一一〇三下。文句記）後與物結緣。物機不同致劫多少ト判シテ。同ク分段同居ノ出世俱ニ八相化儀也。土雖ㇾ通ニ淨穢一俱劣應成道ト釋タリ（釋㊀見）。准知ルニ。安養雖ニ淨土也（也㊀九）一教主ハ劣應身也ト云（也云㊀知）ハン事。可ㇾ有ル何ノ相違一耶

次至テニ人師等悉ク報身ト判ト云御精一者。宗（宗㊀宋（唐カ））朝人師等モ義勢不ニ一准一。爰以楞嚴ノ先德（大正藏八四、七九上。往生要集）。阿彌陀佛ト極樂淨土トハ是何身何土ソ耶ト問シテ答ㇾ之時キ。天台云（同前）。應身佛同居土。遠法師云。是應身應土。綽法師云。是報佛報土。古舊等相傳皆云化土化身ト判タマヘリ。加之。淨土論幷ニ群疑論各作ルト二三ノ釋一（⌐㊂何況設ヒ彼等ノ人師報身報土トモ不ㇾ定）釋タリ（釋㊀見）。一概報身報土トモ不ㇾ定。何況ヤ設ヒ彼等ノ人師報身報

土一定云。乍酌玉泉流不據一家解釋強可用人師釋義非。報身報土釋經論文已前如會申。或約證者見。或約阿彌陀本願所感。自行自證邊義門存可有何相違耶

次至圓頓行者所修常行三昧方軌。身開遮。口說默。意止觀。何皆以彌陀爲本故劣應身不可存云御精者。誠圓頓行者本意一心三觀立行故。所期佛果自受用報身也可存故。所居土實報寂光也可存也。唯心彌陀。己心淨土可向也。此等義門所立（天止一、四四二。弘決）不可遮申。雖然今可劣應身立申意趣。先念三十二相以爲觀境判。爲所觀境彌陀西方極樂劣應色相佛也存申處也。以彼劣應爲觀境。所顯己心彌陀自受用報身也可成申也。仍於彌陀本迹阿彌陀有之。於安養本迹安養有之存故。爲觀境阿彌陀西方教主劣應身。迹阿彌陀也。卽觀境迹彌陀所顯己心阿彌陀〔本彌陀。自受用報身也可成申也

次至常行堂本尊阿彌陀〕著五智寶冠故所立義勢相違云御精者。圓頓行者本意爲所觀境。應卽迹彌陀顯己心本覺自受用阿彌陀爲所期故。此等義門以寶冠彌陀常行堂本尊歟。是卽寶冠彌陀者金剛界大日也。顯教意自受用身也。心地觀經中自受用身著寶見。若爾者。本迹雖殊本迹終可一體。故迹彌陀雖劣應身也本彌陀自受用身故不可有相違

但。至所觀境劣應身也云所顯己心自受用彌陀云義不可然。一家意境智不二談〔故也云御精。誠一家觀心成就處〕境智不二妙觀也云。且初心行者立觀初對所觀境用能觀智事。是又一家觀門大綱也。以十境爲所觀。以十乘如爲能觀。以色相莊嚴劣應爲所觀境成三諦卽是妙觀事。可有何相違耶。爰以前如立申。妙樂大師。寄色身佛以成三觀（天止一、四三二）判非耶

次至以西方彌陀爲所觀境。顯己心本有彌

陀ヲ云事不レ可レ然ト云御精ニ者。自レ元一家ノ本意ハ全ク心外ニ不レ論二一法ヲモ一。只心是一切法。一切法是心ト談ルカ故。（天止三、二九〇。止觀）西方劣應身彌陀ニ即シテ己心本有ノ彌陀ト可カ顯故ニ不レ可レ招二相違一

次至下常行三昧ノ時擧ル西方ノ彌陀ヲ事ハ。只是爲ニ觀境ト歟將タ爲ル行者ノ所期ト義門モ可レ有ル歟ト云御精ニ者。凡ソ於テ四種行儀ニ當分跨節ノ二義。附文行相ノ不同ヲ習フ子細有レ之。付ニ此等ノ義門ニ行者ノ所期ト被レ云義門モ有レ之。將タ爲ル所觀ノ境ト計也ト被レ云次卽可レ有ト可ニ存申一也。仍以テ西方ノ彌陀ヲ世界悉檀ノ阿彌陀。迹ノ阿彌陀ト定メテ。以テ行者ノ己心本源ノ第一義悉檀ノ阿彌陀。本ノ阿彌陀ト約束ル謂ハ。只是爲ニシテ所觀ノ境ノ。別シテ非ニ行者ノ本期ニハ。顯ニ己心ノ本ノ彌陀。第〔一〕義悉檀ノ阿彌陀ヲ。是行者ノ所期也ト可レ存也。於テ己心ニ論ル本ノ安養本ノ彌陀ヲ時ハ。西方ト者。菩提果熟方ナルカ故。己心ノ實智顯現ルヲ西方ト名ル也。西方ノ五行ノ中ニハ主ル全ニ。全ニ有ル斷決ノ用一故ニ一心三觀智用。約ル煩惱ノ義門也。十萬億ノ佛土ト者。十界隔歴ノ義門也。迷時ハ十界界隔差別。生佛ノ二見雖ニ賢執スト。悟ル時ハ十界一念ニシテ凡聖更ニ無ニ差別一。故ニ過ト八十萬億ノ佛土ヲ談ル也。（大正藏十二、三四六下。阿彌陀經）但。如レ此本迹ノ論シ不同ヲ。辨ヘテ四悉檀ノ差異ヲ論ル己心本有ノ彌陀ヲ事ハ。尚是當分ノ所談。附文ノ次第歟。以テ跨節ノ本意。圓頓行者ノ行相ヲ談セン時ハ。卽迹而本。卽本而迹ニシテ本迹全一體也。仍テ常途ノ經教ニ如ク談ルカ。隔ル十萬億佛ヲ以テ安養ノ身土ヲ。不レ改ニ其ノ當體ヲ行者ノ一心本具ノ彌陀ト唯心ノ淨土ト可カ存故ニ。以テ西方ノ方ノ劣應色身ノ彌陀ヲ全體行者本期ト可レ存子細モ有リ之。萬法是眞如。由不變故。眞如是萬法。由隨緣故ト（大正藏四六、七八二下。金錍論）談ルカ故ニ。雖レ隔ニ十萬億ノ煙霞ヲ非ストハ己心ニ不レ可レ存

次至ニ五大院ノ先德。報身ト判タマフ密教ノ意ト會申ス事不レ可レ然。顯密一致ト談ル日ハ所立ノ違文也ト云御精ニ者。自レ元不ニ遮申一處也。於テ西方ノ彌陀ニ報身ト云義門有ンレ之事ハ。所立トシテハ三身ノ彌陀。四土ノ安養ト傳ル子細有レ之。雖レ然引ニ接ル具諸不善ノ願ヲ處ヲ彌陀超世ノ悲願ノ本意ト存ル故ニ。應ル彼土ニ處ハ可ニ劣應身ナル存申計リ也

次至下六十萬億那由他由旬ノ身量ハ非ト彼土ノ常儀ニ。三十

二相ノ劣應可ニ常儀身一ナルト云事不レ可レ然ル。劣應ノ相好彼土ノ常儀ト云事經教ニ無ニ其證一云御精上者。妙樂既ニ。(天止一、四四二)先念三十二相以爲觀境ト判タマヘリ。定テ檢ニ誠證ヲ一タマフ歟。何況常行三昧ハ專依テニ般舟三昧經ニ一判タマフカ故ニ。經教無ニ其證一トハ不レ可レ存

次至下九品往生ノ中ニ下品三生彌陀建本意ト立申ス條不レ可レ然ル。上品生可ニ本意一ナルト云御精上者。約セハニ本願所感。能化ノ自證ノ本意ニ一上品上生可ニ本意一ナルト云ヘトモ。彌陀超世ノ悲願。化他利生ノ本意ハ專ラ下品三生也可ニ存申一也。仍我建(大正藏十二、二六九中。無量壽經)超世願必至無上道ト云超世ノ願ノ本意ト者。極重惡人。最下凡夫。具諸不善ノ輩。在俗ノ男女。一文不通ノ類。餘ノ漏レテニ諸佛菩薩ノ化道ニ一難化ノ群類ヲ引接スルヲ爲ニ本意一ト也。爰以。極(大正藏八四、七七上。往生要集)重惡人無他方便。唯稱彌陀得生極樂ト非レ定ルニ耶。此是於ニ西方一九品三輩ノ不同雖レ有レ之。遇大乘ノ機。讀誦大乘解第一義ノ器ナルカ故ニ。設不レ預ニ彌陀ノ引攝ニ一云ヘトモ。出離生死未タ爲スレ難シト。中品三生遇少乘ノ人モ學シテニ戒定惠ノ三學一ヲ。修ニ行ス四諦因緣等一ヲ。此等ハ少乘淺近ノ行ナレトモ皆是出離得脫ノ修因也。仍テ彌陀ノ別願超ニ過シ自餘ノ佛菩薩ニ一タマフ處ハ。偏ニ背下品三生遇惡業ノ流類以テレ被ニ引接一セ可レ爲ニ本意一ト。故ニ應ルニ此等ノ劣機ニ一佛身可ニ劣應身一ナルト云事。何ノ疑カ可レ有ル耶。爰以前ニモ如ニ出申一維摩ノ疏ノ中ニ。(大正藏三八、五六四中。維摩略疏)無量壽國果報殊勝難可譬喩。然亦染淨凡聖同居。何者雖無四趣而有人天。何以知之。生彼國者未必是得道之人。故云犯重罪者臨終之時。懺悔念佛業生便轉卽得往生。若但聖生凡夫何得往生彼土。故知雖具惑染願力持心亦得居也ト判タマヘリ。是下品生ノ土ニシテ爲ニスト本意一ト見タリ

次以テニ阿彌陀一法門中主ト云テ爲ルニ本尊一ト事。可レ限ニ常行三昧ニ一歟。將タ亙ルニ四種三昧ニ一歟ト云御精ニ至テハ。此事ハ約シテニ附文行相ノ二義ニ一習子細有リレ之。附文ノ配立ハ常座三昧ハ文殊ヲ爲ニ本尊一ト。半行半座三昧ハ依ルニ方等法華ニ一。故ニ方等三昧ハ請ニ二十四ノ尊像一ヲ。法華三昧ハ普賢ヲ爲ニ本尊一ト。非行非座ハ觀音爲ニ本尊一ト見タリ。以テニ阿彌陀一爲ニ本尊一事。可レ限ニ常行三昧ニ一見タレトモ。約ルニ元意ノ行相ニ一日ハ。四種三昧倶ニ以テニ彌陀一可レ爲ニ本尊一存ル也。違以テ常座三昧ノ中ニ。(天止一、四〇六。止觀)專稱一佛名字ト

云ヘルヲハ妙樂大師。障起令専稱一佛。(同、四〇四。弘決)諸教所讃多在彌陀。故以(「チ既)西方而爲一准ト判シテ。常座(座チ坐)三昧モ向ニヒ西方ニ可レ唱ニ彼ノ名號ヲ由ヲ判タマフ故ニ可レ爲ニ本尊ト云事分明也。法華三昧ノ普賢也ト云ヘトモ。從ハ理普賢。從レ智(「チ也)阿彌陀也。理智不二ナレハ一體也。彌陀觀音又(「チ一)體也。非行非座(座チ坐)豈ニ以テ彌陀ヲ不レ爲ニ本尊ト耶

次ニ至ニ釋尊ノ本行菩薩道ノ初發心ノ時キ所從ノ本佛證(證チ誰)シタマフ耶(耶チ无)ト云ニ者。山王院ノ大師ノ釋ノ中ニ。無量壽決定王如來トモ云。又ハ普賢トモ釋シ。又ハ大日トモ判タマヘリ。此外御廟ノ大師御釋ノ中ニモ如レ此判タマフト釋(釋チ見)リ。但。釋迦久遠ノ時ノ所從ノ本佛ノ事ハ。學者ノ義勢不同也。有云義ハ如レ上。又不レ可レ有レ之云一(心賀)義有レ之

次至下於ニ當山ニ四種三昧ノ本堂各別ニ被ニ建立一畢。而ルニ法華三昧常行三昧ノ兩堂ハ于レ今現在セリ。常座三昧堂隨自意三昧堂ト云右(右チ在)處何ソヤト云上者。於テ常座(座チ坐)三昧堂ニ異儀有(儀有チ義在)レ之歟。雖レ然(然チ爾)一義ノ傳ヘハ文殊樓此レ也。其故ハ此ノ文殊樓(樓チ无)ノ乘タマヘル獅子ノ前ノ足。(「チ一)古クハ前キニススミタリ。此レヲ慈覺(覺チ惠)大師御覽シテ。當堂ハ常座三昧堂也。所乘ノ獅子ノ足進タル不相應也トテ。直クニ成(成チ義)タマヘリ。其ヨリ已來タ四足均等也ト傳ル也。非行非(「チ次)座三昧堂ハ異成也。一義(一義チ无)ニハ古ヘハ法華堂ノ後ニ在レ之。本尊ハ十一面ニテ座シケリ。破壞シテ今ハ空地也。其ノ行儀ハ論談也云云

自餘ノ兩堂ハ現形顯著也

次至下安養界ヲ號(「チ世)ニ西方ト事ハ。此ノ東方ヨリ指レ彼云ニ西方ト云(云チ无)計歟。又安養ヨリ西方ノ佛土ヨリハ東方ト可レ云歟云事上。五大院ノ先德。安養ヨリ西方ノ世(「チ界)ヨリモ安養ヲハ阿彌陀如來ノ所居ナル故ニ可レ云ニ西方ト旨ヲ判タマヘリ。仍テ何レノ方ヨリモ可レ云ニ西方ト子細有レ之歟

次至下付ニ安養世界ニ去ニ娑婆ノ分齊ヲ。少(少チ小)阿彌陀經ニハ(大正藏十二、三四六下)十萬億土ヲ(「チ佛)過ト云。觀經ニハ(同、三四一下)去此不遠ト云ヒ。又一經ノ中ニハ(同、三四八下。稱讃淨土經)隔ト百千倶胝那廣(廣チ度)多佛土ヲ云異說如何ト云上ニ者。少(少チ小)阿彌陀經ニ過ニクト十萬億佛(佛チ无)土ヲ云說ト。觀經ニ去此不遠ト云ヘル相違ヲハ大師判レシテ之。(大正藏三七、一九一中。觀經疏)去此不遠ト者。安樂國土去此十萬億佛刹。一一刹恆沙世界。何言不遠。解云。以佛力故欲見卽見。又光中現土顯於佛頌(頌チ頂)力イ。一念法界(法界チ能)縁言不近(近チ遠)也ト判タマヘリ。〔以(チ)ニ二義ヲ會シ

合ヒタマフト見ヘタリ。」次十萬億ノ佛土ト云ヒキ百千倶胝那廣（廣㋠庚）多ト云ヘル不同ヲハ。楞嚴先德。極樂世界去レルコト此ノ幾イクハクノ處ソト問シテ。（小經）經云。從レ此西方過ニ十萬億ノ佛土ヲ一有リニ極樂世界一。（大正藏八四、八〇上。往生要集）有ル經云ク。（同前）於是ヨリ西方ニ去リニ此ノ世界ヲ一過ニ百千倶胝那廣（廣㋠庚）多佛土一有リ佛ノ世界一名テ曰ニ極樂一意タマヘリ。（意㋠答）重テ。二經何カ故ソ不同ナルト問シテ。（同前）答レ之時キ。論ノ智光ノ疏云。（同、八〇上～中）（「㋠意）言フトニ倶胝ト一者。此ニハ爲レ億也。那廣（廣㋠庚）多ト者ハ。當レリニ此閒ノ姟ノ數一也。世俗ニ言ク。十ノ千ヲ曰レ萬ト。十ノ萬ヲ曰レ億ト。十ノ億ヲ曰レ兆ト。十ノ地（地㋠兆）ヲ曰レ經ト。十ノ經ヲ曰レ姟カイ。姟ハ猶是大數也。百千倶胝ハ卽十萬億ナリ。億ニ有リニ四ノ億一。（位カ）一ニハ者十萬。二者百萬。三者千萬。四者萬萬ナリ。今言レ億者卽是萬萬ナリ。爲ニ顯ンカニ此義一擧クニ那廣（廣㋠庚）多ヲ一已上。此釋可レ思判タマヘリ。小阿彌陀經ノ十萬億。稱讚經ノ百千倶胝那廣（廣㋠庚）多全ク同シト判セリ。他釋ナリト（「㋠也）云ヘトモ破シレ之タマフ事不レ見。別ニ自義ヲ不レ釋タマハ故ニ依用ノ條勿論也

次至ニ今經ノ中ニ如說修行ノ釋（釋㋠行人）相ヲ云トシテ。（大正藏九、五四下）卽往安樂世界等ト說クハ。觀經ノ所說安養世界ト同歟ト云ニ者。終ニ同意モ（「㋠其）雖レ可レ（㋠云」）有レ之。如ニハ解釋ノ既ニ。（天文五、二五九四下。文句記）經云若有女人等者。此中只云得聞是經。如說修行卽淨土因。不須更指觀經等也ト釋タマフカ故ニ可レ異（タ㋠ナ）釋タリ。此レ卽如說修行ノ釋（釋㋠行人）ト者。修ルニ一心三觀ノ妙行一故ニ。所見ノ佛ハ三身相卽ノ如來。所見ノ土ハ四土不二ノ淨土也ト判ル也。依レ之次下ニ。（同前）問。如何修行。答。既云如說修行。卽依經立行。具如（如㋠㋥）分別功德品中直觀此土四土（四土㋠㋥）具足。故此佛身卽三身。故此（「㋠也）大衆卽一切衆。以惑未斷故ニ。故安樂行（「行カ）是同居淨土之氣分也。故不離同居穢見同居淨ト判タマヘリ。四土具足シテ寂光ノ氣分顯ルル處卽得（得㋠往）安樂ト說ク也。所詮本迹ノ安養。本迹ノ阿彌陀可レ有レ之。故ニ如說修行ノ行人ノ得報ヲ卽往安樂ト說クハ。本安養。本ノ阿彌陀ノ相貌（相貌㋠㋥）也。若約ニセハ迹ノ安養迹ノ彌陀ニ可レ同ニ觀經ノ所說ニ也

次至ニ同居ノ淨土無量也。如說修行ノ行人何ソ必シモ往ニ生スト（同前）安養淨土一耶ト云上者。妙樂大師。同居類多何必極樂ト問シテ。答ルレ之時。敎說多故。由物機故。是接（接㋠攝）生故。令專注故。宿緣厚故。約多分故。下文都率其例不同。但在機感ト判タマフ。敎說多故ト云ヘルハ。釋尊一代ノ〔（㋠）敎法多ク十方淨土（土㋠等）ノ中ニハ被ルル稱ニ讚西方淨土一故也。由物機故ト云ヘルハ」此ノ土ノ

衆生機繫望於安養世界故也。是接生故云阿彌陀有接取不捨別願故也。令專注故云衆生信彌陀本願專有得益故也。宿緣厚故云阿彌陀因位。無諍念王昔爲此娑婆世界王故。土衆生彼阿彌〔陀〕如來宿緣深厚故也。又此外成子細有之。次約多分故云生人處行人雖有之。多分可往生安養界云意也。如此六故有之故。如說修行行人往生極樂爲所期答成也（佛全24、二〇九上。即身成佛義私記取意カ）

次至五大院先德付現身往生命終往生傍正被判事有之云者。勘子細有之。所以五大院先德。命終往生現身往生二義判中。現身往生正意判見

次至惠心先德釋事有之云者。惠心先德一卷書中云。藥王等說如說修行人云。於此命終。即往安樂世界。生蓮華中（佛全31、一六二上。觀心略要集）（「乃至カ」）。於此命終者。修行法華惡業命終也。即往安樂世界者。住安樂行也。即住者。即生轉惑業心成極樂淨土衆生心也。生蓮華中者。生理解入妙法蓮華法門中也判。是又如說修行行者現身往生姿也。加之傳記中。多現身往生人有之見

次至如說修行釋往生淨土時。有彌陀觀音來迎耶云者。如說修行行人專萬法一心體達故。本安養可往生故。必彌陀觀音來迎儀式不可有之云。行者意樂萬差故其儀式有之事不可遮。

但。天台大師。臨終乃云觀音來迎云（天止一、六四。弘決）。同迹安養儀式意也。當知隨機順緣設化不可一准（同前）（「軌物カ」）判此意也

次至常行三昧意止觀所念彌陀劣應身。而一家圓頓觀門可爲要樞子細彌陀云者。所立深旨只有此事執存故不能顯申。爾者所立無失

第三重。精云。西方彌陀實三身相即佛體也云。以劣應身爲本意故顯。常行三昧意止觀所觀彌陀。必應身道理此度可申顯也

次。但專以彌陀爲法門主（天止一、四四一。止觀）理分明可成申也。付此事杉生法橋。因所依本末甚深義勢成。有相

承可立申

次付テ釋尊ノ菩提樹下ノ正覺ニ。依彌陀ノ功用ニ唱正覺タマフト云習在之。如何

次於彌陀五重ノ習ト云事在之。如何(如何㊉ナシ)。如何ト稟承有ル耶

次常行三昧ノ行人ハ觀實相ノ理可感實報ノ果(「㊉之)。若爾者。所見佛尤モ可報身ナル。何ソ應身ノ彌陀ヲ念ト云耶

抑。常行三昧ノ所念ノ西方ノ彌陀應身ナラハ。當山ノ常行堂ノ本尊モ應身ノ彌陀ヲ可安置ス。何ソ五智寶冠ノ彌陀ヲ安置スルヤ(ヤ㊉耶)。サレハ心地觀經ノ中ニハ。自受用身著寶冠ヲ說ケリ。報身ト聞タリ如何。又五智ノ如來ト者。獨リ眞言ノ沙汰也。顯宗ノ本尊ニ何ソ眞言ノ佛ヲ安置シタマフ耶

次常行三昧ノ本尊ハ著タマフ寶冠故ニ中央歟ト覺タリ。然ルニ法利因悟(語カ)ノ四菩薩ヲ爲教王(王㊉士)。是ハ西方ト見タリ。四方十六大菩薩ノ四(四㊉中)ノ西方ノ四菩薩ナルカ故也。何ソ參差スル耶。又(又㊉次)常行三昧ノ本尊何髮形ノ上ニ著タマフ寶冠耶。寶冠ノ彌陀ナラハ螺髮形不可有之。如何

抑。常行三昧ノ本尊。祕教ナラハ胎藏界ノ大日ナルヘシ。胎藏界ハ本有也金剛界ハ修上也。卽從因至果也。何本ノ彌陀ナラン耶。何又自受用ナラン(「㊉耶)。爰以テ。自受用身ト者出尊形佛ト云ヒ。注釋ニハ。唯有一人修顯得體乃至自受法樂。無閒斷故(傳全三、五八二～五八三。註無量義經)。胎藏諸尊卽其義也矣 止觀ニハ本佛行因ノ相ト釋シテ。本有ノ大日ナルヘシ 如何。抑。又寶冠彌陀。己心彌陀。三十二相ノ彌陀一體也ト可存歟。將タ各別也ト可申歟。如何

次(「㊉付)阿彌陀ヲ名ハ無量壽ト。根本大師判タマフ旨有(有㊉在)之。如何見タル(見㊉釋)耶

次根本大師。阿彌陀與法華一體ナル旨ヲ判タマフ。勘ヘ及處在之可出申(㊉)也

次彌陀如來ハ或ハ法身。或ハ報身云云 於(於㊉ナシ)報身ノ內ニ自他受用ノ兩說相分タリ。或ハ應身云云 又於應身。應化ノ兩儀勝劣兩應(應㊉異)應ノ說在之。此ノ諸經論(論㊉ナシ)。自他宗ノ人師ノ釋ヲハ如何可和會耶

次生極樂直因ハ限口稱念佛ノ功德歟。將タ依テ心地修行幷讀誦大乘等ノ行往生ル歟。如何

次釋迦・藥師・彌陀ノ三佛ハ一體異名也(也㊉ナシ)ト可存也(也㊉歟)

次八萬四千ノ相好。三十二相ノ相好共ニ上中下輩感ニ見之一可レ申歟

次三十二相ノ色相莊嚴ノ佛ヲ爲ニ極樂ノ教主一ト事。配テハ二心地一可ニ申定一也

次天台ノ決定往生ノ念佛。眞言ノ決定往生ノ印明。一致ニ可ニ申披一也（天止二、七九。止觀取意）

抑。行順ニ中道一得ニ勝妙ノ果報一ヲ。行違ニ中道一得ニ二邊ノ果報一ヲ定タリ。而西方淨土ニ生スルハ違ルニ中道一分歟。將順ニ中道一歟。付レ此レニ最要ノ習在レ之。如何此等ヲ可ニ立申一（「㋠也）

答。安養世界能化ノ教主。報應二身何モ無ニ相違一云ヘトモ可ニ劣應身ナル一云事ハ。凡ソ於テニ淨土往生ノ機類ニ三輩九品ノ不同有レ之。然ルニ上品上生卽悟無生ノ機緣ハ報身報土ト雖ニ感（㋠爲」）見一。未斷未證愚鈍下劣ノ機緣（機緣㋠根機）ハ劣應身土ト可ニ感見一故也。（天止二、四七一。弘決）此卽九品三輩ノ所見ハ雖ニ不同也一（等㋠[ナシ]）。諸佛ノ化儀ハ。是故說教○（○㋠多附下）根ノ道理ナル故ニ。卽悟無生ノ上根等ノ所見ハ必モ非ニ化道ノ本意一。十惡五逆具諸不善下根ヲ攝取不捨タマフハ（取不捨㋠之）。此諸佛超世ノ深重ノ悲願也。仍テ是故說教多雖（雖㋠附）下根ノ道理ト云。能所相對ノ說法教化ノ儀式ト云（云㋠[ナシ]）。旁旁（旁旁㋠旁）以テ其ノ所見（見㋠現）ノ本身ハ劣應身也。覺源源（源源㋠深）理論ノ諸法在用同名不二是名彌陀ノ文ヲ（大正藏七六、六一五中。溪嵐拾葉集參照）。一家ノ釋ニハ（天玄四、三二四九。釋籤）。三千不改無明卽明ト移シ釋タマヘリ。祕教ノ意ハ。同名不二ト者善惡不二ノ教主ト云意也。一家ノ無明卽明ト判ル又善惡不二ノ彌陀也ト云事分明也。十惡五逆ノ罪人ヲ導ク本意ナル故ニ。本身ハ劣應身也ト傳ル也。雖レ然（然㋠爾）約ニ卽悟無生ノ見一付テ本ノ彌陀ニ論レ之。可ニ自受用身一子細（子細㋠條）勿論也。今ハ且ク約シテニ多附下根ノ機緣ニ劣應身也ト存ル處（處㋠[ナシ]）也

次。但專爲（爲㋠[ナシ]）以彌陀爲法門主ト釋ル（釋㋠云）（天止一、四四一。止觀）法門主ノ體如何ト云至者。先約ルニ法門ニ時キハ三諦卽是也。其ノ三諦ト者。三世ノ諸佛所緣ノ境也。約ルニ能觀ノ智一時キハ一心三觀也。其ノ一心三觀ト者。因位ノ時ノ斷惑智也。以ニ其ノ智ヲ所レ顯三身也。仍三觀ハ因。三身ハ果也。阿彌陀ト者。三諦三觀。三身卽一ノ功德ヲ此ノ阿彌陀ノ三字ニツヽメタリ（ツヽメ㋠縮）。故ニ爲法門主ト釋ル也。此ノ阿彌陀迹門ノ時キ所緣ノ三諦ト說キ。本門時ハ此ノ三諦卽三身卽一ノ久遠實成ノ無量壽（壽㋠[ナシ]）佛ト顯ス也。壽量ノ顯本ト者。自受用身ヲ爲レ正。正在報身ト云（天文五、二二七一下。文句）此ノ意也。以テニ四智ヲ配ルニ四方一時モ。

大圓境（鏡カ）智ハ東方。平等性智ハ南方。妙觀察智ハ西方。常所作（成カ）智ハ北方也。仍妙觀察智ハ自受用也。又發心・修行・涅槃以テ配ニ四方ニ時モ。發心東。修行南。菩提西。涅槃北也。「此時モ彌陀ハ自受用身也。其ノ故ハ煩惱卽菩提云フ菩提」卽自受用身ノ實智也。又以テ五大ヲ配ル四方ニ時モ。地ハ中央。水ハ北方。火ハ南方。風ハ西。空ハ東也。彌陀自受用身ト云證據也。其ノ故ハ風ノ雲塵ヲ拂ウハ自受用ノ智惠ノ煩惱ヲ斷滅ル意也。又以ニ五行ニ配ル四方ニ時モ。木東。火南。土中央。金西。水北也。是又タ彌陀ヲ自受用身ト云義門也。金ノ物ヲ切ル事ハ。自受用ノ智ノ斷惑ノ義ニ配レリ。故ニ釋迦彌勒乃至十方三世ノ諸佛如來ノ大少ノ敎法。皆自受用身ト云道理アレハ。其ノ自受用身ト者彌陀如來ナレハ。彌陀ノ自受用ノ法門主ト釋スル尤モ有ニ其ノ理一習ト。（天玄三、六三一。釋籤）其證據者ハ。玄文ノ第五引ニ唯識論ヲ云。大圓境智成法身。平等性智成報身。常所作（成カ）智成化身。妙觀察智遍於三身矣。妙觀察智ノ自受用ニハ上冥下契ノ義有リ。上ニハ法身。下應身ニ兼ル邊ヲ三身ト釋ル也。以ニ此等ノ意ヲ釋迦彌陀「虫」等ノ一切ノ諸佛ハ皆ナ依ニ阿彌陀ノ智ニ成佛スト習也。斷惑證理ノ本體彌陀自受用身ノ故也ト成處也

次ニ爲法門主ノ文ニ杉生ノ法橋被レ成〔義勢如何ト云至者。法門主ト云ヘルハ非常ノ應化〕起ニ用ノ阿彌陀ニハ。此卽指ニ本地ノ阿彌陀ヲ也。（天止一、四四一）其ノ故ハ〔如何トナレハ本書ニハ。若唱彌陀卽是唱十方（同。弘決）佛〕功德等。但專以彌陀爲法門主ト云テ。妙樂受レ之。次若唱下釋レ疑也。具如ニ前釋一。此中又加ニ法門主一也ト云ヘルハ前ノ常座三昧ノ下ニ。（同、四〇四。弘決）諸敎諸讚多在彌陀等云ヘハ。皆付テ垂迹ノ阿彌陀ニ歎釋也。具如前說（釋カ）ト云ヘルハ卽其ノ分也。此外ニ此中又加法門主也ト云ヘル加ノ言ハ前ノ迹ノ阿彌陀歎釋上ニ。此中ニハ又加ニ本地法門ノ主ノ彌陀ヲタルソト云ヘル解釋ノ意也ト料簡シタマヘリ

次ニ至下釋尊ノ菩提樹下ノ正覺ハ依ニ彌陀ノ智惠一成ルト云事證據在レ之見タリ云上者。釋迦菩提樹テ唱タマフ正覺一時キ。天魔外道作スニ障礙一時キ。菩提樹下神現ニ老翁ノ形ヲ擧ニ金函ヲ奉テ釋尊ニ申テ云ク。擧ニ風指一觀セヨト鼻端ヲ云ヘル其ノ證據也。止一ニ。（天止一、三三二）擧ニ一指ヲ降レ魔云ヘル此ノ意也。若密敎ノ意ナラハ是怖魔ノ印也。凡怖魔ノ印云ニ二箇ノ習在レ之。一義ハ。擧クルニ風指ヲ名ニ怖

魔ノ印一云云一義ニハ。三古ノ印ヲ名ニ怖魔ノ印一也。擧クニ一指一〔云ヘルモ。三古ノ印ノ三指相ヒ付ケ並ヘ立タル故ニ擧クトモ二一指ヲ一〕被レ釋セ也。尋レハ二實體ヲ一三古ノ印也。法華ニハ以説實相印ト云ヘル（大正藏九、八中。方便品）實相ノ印ハ三古ノ印。三指相付ケ並ヘ立タル形也。仍密教ニハ名ク二怖魔ノ印一。顯教ニハ實相ノ印ト傳ル也。次金函者。迦葉佛ノ華ト袈裟ト心經トヲ入タル函也。釋迦此ノ袈裟ヲ著シテ天魔ヲ降伏シテ唱ヘタマヘリ二正覺一。金函ト者彌陀也。心經ト者般若ノ智惠也。其ノ智惠ハ阿彌陀也。風指ト云ヘルモ彌陀也。鼻端ト云ヘルモ彌陀也。其ノ故ニ以テ二六根一方ニ配ル時キ。眼ハ東。耳ハ南。鼻ハ西。舌北。身意中央也。仍テ配ル二順逆一時モ西方ハ鼻根ニ配ルナリ。老翁ト者不動尊也。其ノ故ハ不動ノ三摩耶形ニ劍ヲ持セリ。三摩耶ト者本地ヲ顯ス也。不動卽彌陀。彌陀卽老翁也。爰知ヌ。釋迦ノ成道ノ時ノ依ルト二彌陀ノ智惠一云事ヲ。淨土宗ニハ彌陀來迎時ノ二十五菩薩ノ中ニハ。金色ノ不動無クハ魔ノ來迎ト知レト云事有リ。彌陀變シテ成タマヘリ二不動尊ト一也。於二不動ニ一百種也。世流布ノ青黃ノ不動ト者其ノ隨一也。金色ノ不動モ有レ之也。利劍卽是彌陀號。（大正藏四七、四四八下。般舟讚）一聲稱念罪皆除文淨土論ノ文殊勝也。彌陀宗ノ意。彌陀稱念ノ功德如レ此。一家ノ意ハ自受用身彌陀也。彌陀卽法華經也。故ニ壽量ノ顯本ト者。三世ノ諸佛ノ無量壽ヲ詮量スル也。爰知ヌ。阿彌陀佛ハ久遠實成ノ釋迦也ト

次ニ至下於二彌陀一二五重ノ習ト云事如何上ト者。一重淨土門。三重ハ天台ノ心。一重ハ眞言也。一淨土門ノ心ニ有二二重一。本願所成ノ彌陀。教門通慢也。元來不動ノ彌陀。實證ノ彌陀也。其義分序題下ニ。元來不動等云云（大正藏三七、二四六上。觀經疏）此ノ文ハ可レ見。此ハ一念妙覺分ノ義也云云天台意ハ三重在レ之。二ニ爾前面ハ無上念王ノ凡夫ニテ始テ發心修行シテ別願所成依正也。未レ免ニ無常一佛也。三ニ迹門意ハ。阿彌陀ノ三字ハ三諦也。三諦實相又ハ十六王子其一也。故始覺也。又今ノ止觀ノ中ニ常行三昧無相ノ彌陀是也。是迹門ノ實相。本來無一物心也云云四本門ノ本有常住ノ自受用彌陀也。久遠實成非ニ好覺一也。無量壽ト云ハ久遠ノ異名也。今常行三昧ノ有相ノ彌陀是也。本門ノ意ハ三身共ニ常住也。サレハ應身ハ三十二相ノ形本來不變ナルヲ本門常住ノ佛ト云也。問。然何ソ疏ノ九ニ。有量ノ無量ハ西方ノ彌陀ト云云（天文五、二二一七下。取意）答。二ノ意アリ。此釋一ニハ淨土偏執ノ人ヲ破ル釋也。

二ニハ大師ノ實儀(儀㋠義)ヲ述ル也。有量カ有量ニシテ有處ヲ。無量トソ云也。
今品ノ無量ノ有量トモ云モ心同事也(也㋠歟)。本有ノ報身ヲ釋ルニ金剛前有(天文五、二二六三上。文句)
量等一釋ハ可レ得レ意事也。生滅ノ外ニ無生ハ無故也云云觀
心ノ重ヲ不レ立事ハ有相一無相一アリ。本迹ニ取レ之故ニ不レ取
也。又觀心之時ハ今五重皆存ス。存亡無シテ存ル故ニ無ニ別釋一
也。[五ニ](㋠)祕教(教㋠密)。金剛界本門ノ彌陀也。胎藏界迹門ノ彌陀
也。二佛二明王ト云祕事在レ之。可レ知レ之云云又一印二
明ト云事(事㋠ナシ)祕事有(有㋠在)レ之
次至下常行三昧ノ行人ハ觀シテ二實相ノ理一可レ感ニ見實報之果一
也。何應身ノ彌陀ヲ念ルヤ(ヤ㋠耶)ト云上者。西方應身彌陀ヲ爲ニ觀境一
可レ顯ニ己身(心カ)ノ彌陀一ヲ也。己身(心カ)ノ彌陀ト者。三身卽一ノ彌陀卽
自受用身如來也。爰以引(引㋠弘)レ決云(天止一、四四二)。次意止觀者(者㋠ナシ)先念三十二(中カ)
相以爲觀境ト判リ
次至テハ下常行三昧ノ(㋠)[所念ノ西方ノ彌陀應身ナラハ。當山常行堂ノ
本尊モ應]身ノ彌陀ヲ可ニ安置一。五智寶冠ノ彌陀ヲ安置ル耶(ㄱ㋠何)云上
者。常行三昧ノ本尊ノ事。止觀ノ見(見㋠釋)ノ如ナラハ實ニ可ニ應身ナル一
云ヘトモ(ㄱ㋠也)。常行ノ本尊ニ於。別ノ子細アテ教(教㋠安)ルニ寶冠ノ彌陀一也。所
以ニ(ㄱ㋠御)。覺大師唐土ニテ引聲ヲ有ニ相傳一。御歸朝ノ時キ成就如是
功德莊嚴ノハカセヲ御ワスレ有リケル時キ。極樂ノ彌陀海上ニ
ウカンテ此ノハカセヲ(㋠)[教ヘ被レ申サ。此時大師喜テ波上ニ入テ所
現ノ彌陀ヲ]取タマフ。夫ヲ本ニシテ作リタマヘル常行堂ノ本尊也。而ニ彼ノ
彌陀ハ五智ノ寶冠ノ彌陀也。但。五智ノ佛者雖レ限ニ眞言一ト。慈
覺ハ兼學大師ニテマシマセハ。五智ノ如來ヲ現タマヒケル歟。凡ソ三身
卽一ノ彌陀。四土不二ノ安養ナレハ。一家ノ心ニテ報(報㋠何)ノ身土約スレトモ
不レ可レ有(可有㋠ニ)ニ相違一。圓頓行者ノ己證ノ彌陀。自受用ニモ約シ。密
教ノ大日如來ニモ約セシニ。終不レ可レ有ニ相違一事歟(歟㋠也)
次至下常行三昧ノ本尊ハ著ニ寶冠一故ニ可ニ中央ナル一。何西方ノ
教主著ニ寶冠一ヤ(ヤ㋠耶)ト云ニ上者。念西方阿彌陀佛ナレハ四菩薩無ニ子
細一。落居ル處ハ自受用報身ナレハ寶冠彌陀無ニ子細一。色身ノ佛
不レ改レ體ヲ三身卽一ノ己心ノ彌陀ト得(ヘ)。西方卽唯心ノ淨土ト
得ルカ故ニ。爲レ顯ニ此ノ意一事相ニ五佛ヲ安置ル也
次ニ至下常行三昧ノ佛(佛㋠本尊何)螺髮形ノ上ニ著ル寶冠一耶ト云上者。是卽
應身卽報身ナル形ヲ顯ス意也
次至(至㋠ナシ)ニ常行三昧本尊祕教(教㋠密)意ナラハ胎居(居㋠藏)界ノ大日ナルヘシト云一

者。胎藏界理界也。金剛界智界故自受用身習也。本有修上分別不可苦歟。一往配立可得意也。强云之兩部大日可互也。違以本理大綱集釋。約兩部釋之也。仍金剛界大日智擧印也。今安置本尊定印佛也。似相違云。金剛界九會之中羯磨會大日也。全非相違

次至寶冠彌陀。己心彌陀。三十二相彌陀一體歟云（天止三、二三五。弘決取意）者。以必議不思議佛界可得意也。離思議求不思議遠矣。三十二相彌陀本文去此十萬億佛（大正藏十二、二七〇上。無量壽經）云故思議境佛界樣見。繫緣法界。一念法界觀前。三十二相色身彌陀全體違法界故己心彌陀也。此己心彌陀者。本尊寶冠彌陀在行者當念也。眞言教意。三密相應中意密本意故。三業相應止觀修行意業本尊在也。教主顯〔名寶冠彌陀〕。此本尊彌陀有行者當念己心彌陀號。止觀卽身成佛云也。步步聲聲念念唯在○佛（天止一、四四一。止觀）文可默之。所詮。一心三觀佛顯名彌陀。一心三觀顯法門寶冠己心彌陀。三觀佛顯全體一佛異名也。止觀又三佛一體也云云（同、一四七。止觀）當知止觀諸佛之師等釋可思之

次至阿彌陀付名無量違根本大師判事義云者。本理大綱集。阿彌陀者無量壽佛。大日宗菩提義名無佛。（傳全五、二一三）金剛頂云受用智惠初門義名阿彌陀。況以五智名本不生不可得阿字。是顯本佛一心阿彌陀。五智阿戒鑁定藍惠含解脫欠解脫知見阿者。本不生不可得。阿字是顯本佛一心阿字。鑁字言說不可得阿字。藍字染淨不可得阿字。含字因果不可說阿字。欠字等虛空不可得阿字也。雖有五字於一心無二。本佛以阿字一心名本佛。十方遍法界迹界從一心流出。一心曰時。論一佛無在多佛。是故曰一佛卽一切佛一切佛卽一佛矣云云

次至阿彌陀與法華經一體事。根本大師判事有之云者。本曰大綱集云。（同、二一三〜二一四）今謹案曰。今案法華經者。是斷三乘・五乘・七方便・九法界等輩疑令生一乘信也。

況定性耶。案西方妙觀察智者。說法斷疑智超八葉方所。尋一心鍐界性顯密門名大日毘盧遮那。言說無出八葉說。東西南北以阿字一心說。如此言說不他心只說阿彌陀如來觀察智說法斷疑事也。況十方遍法界諸佛耶。諸佛卽法華時說我分身。法華經者。以阿字一心名法華經。從法華經實教三乘・二乘・四教・五時・大少・半滿從此流出。雖然法華時說一佛乘。法華卽阿字。阿字卽法華。能說只曰阿彌陀。所說曰法華經也。開時名垂迹。會時歸本源也。是故阿彌陀卽名法華經。其理在疑耶矣

次至阿彌陀如來或云法身或云報身應身異說如何可和會耶云者。此事尤肝要也。諸經論幷諸宗人師。皆就一機一機感見法身報身應身宣故。執一邊一邊諍論故。執計彌堅氷。理水未解。而一家意。三身四土五時八教分別諸經論異說。諸宗人師異釋。阿義門判屬其教其土教主故。何義不可捨只破偏執也。所詮。安養者。四土不二淨刹也。彌陀者。三身卽一彌陀如來也。說教者。四教一念法輪也。機緣者。界內界外衆機故。於彌陀如來三身四土利生方便暫不可廢之。仍隨機所感劣應勝應報身法身現事。何不可遮之。依之今釋。常行三昧意止觀相釋時。引十住婆娑論文。色身報身法身感見判也。常行三昧行人界外妙機故。色身佛取寄報身感見也。常行堂本尊五智寶冠彌陀也。眞言教意寶冠大日付爲部分之。胎藏界理界故法身也。金剛界智惠故自受用報身也。寶冠彌陀可互法身自受用也。是常行三昧行人本朝阿彌陀也。初色身之彌陀感見。次第次第心地深感報身見也。界內機劣應色身彌陀可見也。極樂同居也。聞劣應開一筋可有之也云云。此算落居只此事也。又法身自受用本彌陀也。他受用勝劣兩應迹彌陀也。寶冠己心彌陀本也。三十二相八十種好迹彌陀也。三身門計難〔會〕。三身本迹

被ニ和會一也云云

次至下生ニ極樂一直因ハ限ニ口稱念佛ノ功德一歟云上。淨土家ニモ「彌陀ノ之」諸行本願ノ義成ル輩モ有レ之。所謂ル取ニ讀誦大乘ノ行一ヲ也。雖レ然任ニテ彌陀ノ本願ニ依ニテ口稱念佛ノ功德一往生ストス云ヘトモ義ヲ爲レ本。不レ可レ限ニル口稱念佛一ニハ。止觀行ト者一心三觀ノ修行也。如說修行ノ意ト「釋也。一家ノ心ハ」誦持・解脫・書寫ノ行ヲ爲ニル直因一也。サレハ妙樂大師ハ。此中只云ニ得聞是經如說修行一。卽淨土因。不レ須ニ更指ニ觀經等一也（天文五、二五九四下）。問。如何修行。答。旣云ニ如說修行一。卽依レ經立レ行等判リ。仍此ノ受持・讀誦等云モ。法界法爾受持・讀誦ナルカ故ニ。周遍法界修行也。法界只是〇名去是モ一心三觀ノ修行也。口稱念佛ト云トモ。法界ナレハ只止觀修行也。ナニトシテモ一心三觀ノ修行カ直因ニテ有ル之也

次至ニ釋迦・彌陀・藥師ノ三佛ハ一體異名也ト可レ得レ意歟ト云一者。此ノ尋尤モ可レ觀也。先ツ光明廣大功德巍巍ノ文幷亦（大正藏十四、四〇五上。藥師本願經）如西方極樂世界。功德莊嚴等無差別ト云ヘルハ（同、四〇五下）符文ノ日ハ迹ノ淨瑠璃世界〔極樂世界〕等同ル也。本ノ釋迦・彌陀・藥師ハ全分無作ノ覺體ニテ一佛也。壽〔量〕品ノ醫師譬ノ下ニテ見レハ。久遠實成ノ釋迦如來ト者。無壽量決定王也。壽命無量阿僧企等（大正藏九、四二下）說ク是也。又釋尊利生方便ヲ說ク時キ。譬如良醫智惠聰達。明練方藥善治衆病ト云ヘル（同、四三上）是藥師也。所詮釋迦正法利益ノ事訖［　］藥師ハ像ノ衆生ノ利益也。依レ之山家大師云。釋迦牟尼佛。像法轉時教衆生故號瑠璃光如來矣（傳全五、三八七。三佛禮誦文取意カ）又彌陀ハ釋迦末法ノ十惡五逆ノ惡人マテ不レ漏レ之濟度タマヘル形也。迹ノ三佛ニテ〔正像末利益不同ナルニ似タリト〕云ヘトモ。本ノ三佛ニテ見レハ之正像末モ一念全體ニシテ。釋迦・藥師・彌陀ノ三佛一體ニシテ。全體我等當念ニ在レ之。壽量品ノ一體三佛ノ決可レ見レ之。是深祕ノ決也。不レ可ニ口外一

次至下八萬四千相相好三十二相相好共ニ上中下輩感ニ見之一耶ト云上者（天文一、三八二上。文句取意）。惣シテハ諸道ノ昇治ハ依ニ戒ノ持毀一ニ見佛不見佛ハ任ニ乘ノ緩急一ニ。至シテハ極樂ノ事ハ。他佛土有レ淨有レ穢。穢卽娑婆淨卽安養。淨中有レ穢ニ微應ニ多品一ニ。以レ由ミ乘戒ニ不ニ定等一也文（卍續二-五、三七六丁右上。五百問論）戒緩ノ故ニ下品ニ生ト云ヘトモ。乘急ノ機有ラン者ハ。其ノ土ノ教主ト定ハ八萬四千ノ相好モ可ニ感見一也。又戒急シテ故ニ

雖二上生一スト。乘緩ナラハ劣應ノ三十二相ヲ感見スル機可レ有レ之也

所詮。三十二相八萬四千相好共ニ西方教主ト定メテ。如レ此ノ不同可レ有也。必モ證者ノ見トハ不レ可〔レ云〕也

次至下三十二相ノ莊嚴佛ヲ爲二極樂ノ教主一ト配二心地一〔委〕細可二成申一也ト云上者。界內同居ノ衆生ハ墮ルニ有ノ法塵ニ也。仍百年作ナスニ百年之計一ヲ。而爲ニ同居衆生一設テ二極樂淨土一ヲ。壽モ無量。快樂モ不レ遮也。衆寶莊嚴ノ砌也ト治定タル事。尙其有ノ法塵ノ域ハモヌケサル也。有ノ法塵ト者。見思ノ所爲也。見思ノ惑ヲハ有ノ迷ト名ル也。破ニ此ノ有一ヲ。破有法王涌閒トハ說ク也。（大正藏九、十九下。藥草品）法王ハ三十二相ノ莊嚴ノ佛也。約スレハ觀空智也。皆爲二三藏如來（以カ）而爲境本ト云ヘル是也。（天止一、二六三。弘決）如レ此云時ハ。八萬四千ノ相好モ尙其有ノ法塵ノ分域也。又思議境ノ佛界也。摩訶止觀ノ不思議境ノ佛界ト者。三十二相不レ改レ體周遍法界也。萬八四千違スルニ法界ニ故ニ。何トシテモ不レ可レ有ルニ勝劣淺深一也。此レ卽周遍法界ノ邊ハ己心ノ彌陀。自受用智ト同事也。寶冠ノ彌陀ト者。自受用智也

次至ニ決定往生ノ念佛ト眞言ノ決定往生ノ印明ノ相如何ト云一者。隨身集ノ第六書レ之。引テ可レ見レ之。但。眞言ノ決定往生ノ印明者。阿彌陀ノ印眞言也。意密ハ本尊ナルカ故ニ寶冠ノ彌陀也。大日也。法華ノ行法本尊ヲハ祕レ之申セトモ。大旨ハ普賢也。是ハ符文ノ本尊也。元意ノ本尊ハ阿彌陀ト習也。決定往生ノ印明ト者。印ハ身密也。明ハ口密也。意密寶冠ノ彌陀也。是ヲ三密相應行法トハ云也。天台ノ三業相應ノ念佛ト一致也。法華ト者。一心三觀ノ文字言口ニ顯レタルヲ妙法ト名ル也。圓融三諦妙法也ト云ヘル此ノ意也。一心三觀ノ全體顯タルハ阿彌陀〔也。法華ノ行法ノ本尊ハ尤彌陀ナルヘシ。此阿彌陀〕ト者。「釋迦ノ外ニ非レ有ルニ之。」釋迦全ク彌陀。彌陀全釋迦也。隨テ二德義ニ一名ニ彌陀一義門也

次至下行順ニ中道一者得ニ勝妙ノ果報一。行違ニ中道一得ニ二邊ノ果報一定リ。而ニ西方淨土ニ生ルハ違タル分歟順タル分歟ト云上者。四土各論ノ日ハ。以テ二實報寂光一勝妙果報ノ土ト定ル時ハ。西方安養同居有邊ノ淨土ナルカ故ニ。抑中道違スト被レ云分可レ有レ之ト云ヘトモ。彼ノ淨土ハ行順シテ二中道一而モ未斷惑ノ凡夫ナルカ故ニ。安養華報ノ土ニ生スト習也。深祕深祕。爾者所立無レ失

第四重。精云。抑。往二生ル極樂一修因一念歟十念歟。此事
前唐院御判〔給ヘリ。如何カ見タル耶
抑。付テ二此題目一ニ二字ノ習ト〕云事ニ在レ之。稟承在レ之歟
次善無畏三藏祕密ノ釋ノ中ニ。觀心無作念ト云事在レ之。此
卽山家御在唐ノ傳也。是ヲ名ニ三密內無作念佛一ト相承在レ之
可ニ立申一
次山家於テ二修善寺一對シテ二遂和尚一ニ。付テ二四種三昧一ニ四種ノ阿
彌陀ト云事ヲハ決タマヘリ。如何見タルヤ
次根本大師御在唐ノ時キ。於テ二佛立寺一玄文等ノ三大部ノ御
相承有ト レ之見リ。其ノ中ノ文句御相傳ノ時キ。出離生死證大菩
提ノ要心ト云事傳タマヘリ。有ラハ二伺フ旨一可ニ立申一
次天台ノ祕釋ノ中ニ。極樂三輩九品卽法華三周九周ナル相ヲ
判タマヘリ。被ニ勘及一事有ハ粗可ニ立申一
次玄朗大師ノ祕釋ノ中ニ。付テ二無量壽佛ノ種子一ニ斷惑證理ノ旨
決タマヘリ。勘ル事在レ之耶
次同御釋中。衣裏珠。王頂ノ明珠。龍女所獻ノ寶珠。觀音所

獻ノ玉。大威德ノ牛玉。此等ノ珠ノ法體ヲ被レ出事在レ之。可ニ
勘申一也。付テ二此ノ法體一ニ可レ顯子細在レ之
次妙樂大師ノ源ノ中ニ安養ノ依正ノ相ヲ決タマヘリ。此ノ算ノ詮要只
在リレ之。面影計リ可ニ立申一
次祕教ノ〔意付二〕本迹彌陀一ニ。本ノ彌陀ノ種子。迹ノ彌陀ノ種
子ト云習在レ之。尤種子ノ體可ニ出申一。抑。如ク二本迹ノ彌陀ヲ
論一ルカ。本迹ノ安養ト云事在レヤ之。此ノ本迹ノ依正ノ相ヲ分別シテ。
而モ我等凡身ノ當念ニ本迹ノ彌陀。本迹ノ安養ノ相貌ヲ可ニ申
披一也。得略ノ實否只タ在レ之。如何（已上十一箇條）
答。一念往生ノ旨。覺大師「一念頌決」御釋見タリ所レ云一念ト者。繫緣
法界一念法界ノ一念也。此ノ一念ハ一念ト云ヘトモ十念具足ノ
一念也。十界三千具足一念ナルカ故也。凡十念ト云ヘルハ表ル二十
界一也。併皆是佛法ト信解ル。此ノ菩提心ノ妙解卽往生淨土ノ
正業ト見ヘタリ。覺大師ノ御釋此意釋タマヘリ。若非ハ二繫緣法界ノ一
念一ニ輒ク不レ可ニ往生一ト判タマフト見タリ
次至下付ニ此算一ニ二字ノ習ト云事有レ之云上者。華報ノ二字ト習
也。華報ト者。實報寂光ヘ可レ至華報ニ設クル土ナルカ故ニ不ニ一

准ナラ云云

次至ニ三諦[諦㋠密]無作ノ念佛ノ習如何トイ云ニ者。是ヨリ已後ノ九箇條ノ尋ハ悉ク隨身抄ノ第六有[有㋠在]レ之。引テ可レ見レ之也云云

本云　永享九年（一四三七）六月十七日亥剋ニ書レ之而已

右此案[案㋠安]立類聚次第者。問答ノ重ハ重師ノ筆也。精義第一。廬山寺明道上人筆也。次ノ第二ノ精[㋠重]ハ。重師筆也。第三ノ精[㋠重]ハ。横川ノ禪定坊盛憲法印筆也。第四重ノ精[㋠義重]義得略ノ重ハ。隨身集[集㋠抄]第六ノ中ノ書[㋠義]載タリ。絶門[絶門㋠後日]以ニ此ノ意ヲ可レ見レ之[㋠也]

〔延海[㋠]　生年五十六〕

於ニ十善坊ニ首尾四十日調レ之畢ヌ。隨分ノ案[案㋠安]立也。不レ可レ出ニ室内ニ。附弟外不レ可レ及ニ他見ニ。相構相構不レ可レ處ニ聊爾ニ。皆[㋠共]皆深奧義勢也。可レ祕可レ祕

一。常行三昧ノ行人以ニ西方淨土ヲ爲ニ本期ニ歟事

示[示㋠予]云。本期ハ實報寂光ナルヘシ。然[然㋠ナシ]ニ聲聲[㋠歩歩]念念唯在阿彌陀佛（天文一、三七三下。文句記）ナルカ故。修因既ニ三業相應ノ一心三觀也。一心三觀常住寂光ナレハ。唯佛ノ報土常寂光土ヲ可レ爲ニ本期ト也。雖レ然止觀行者未レ斷ニ一毫惑ヲモ。故ニ不レ及レ力往ニ詣ル西方ニ也。未斷惑ノ行人觀力ナルカ故ニ生ル西方ニ。是ヲ見色身佛。雖非本期觀力使爾トハ判ル[㋠也]（天止一、四一六。弘決）也。如ニ隨身[身㋠見]抄第五ニ　私云　此抄ハ改[改㋠政]海法印筆記也

一。但專以ニ彌陀ヲ爲ニ法門主ト也事[事㋠ナシ]（天止一、四四一。止觀）

示云。以ニ空假中ノ三字ヲ阿彌陀ノ三字ト云。阿彌陀ノ三字ヲ以テ成佛ル也。是故ニ我等カ有緣ノ如來也。我等カ心中ノ三因三諦是ヲ名ニ阿彌陀ト。諸佛出世ノ本懷ナル法華經以テ作[作㋠非]レハ佛ト也。爲ニ法門ノ主ト有ニ其ノ謂ニ。仍五大院ノ祖師。圓頓行者ノ生處自然法爾ノ道理トシテ生ニ安養ニ也。我等聞ニ於一文一句ニ卽成ニ阿彌陀佛ニ矣　祖師傳云。若依圓頓行人生於西方是法爾故ト云云　如レ此重重ノ謂有也。尤可レ爲ニ法門ノ主ト云云　今五大院祖師傳ヲ以[以㋠モ]テ此ノ算ノ祕曲ト申[申㋠スル]也。探抄ニモ此算ハ爰迄[爰迄㋠ココマテ]ト注[注㋠住]セリ

尋云。止觀行人於ニ觀行ニ依ニ本覺無作ノ觀力ニ所レ見ル教主。山家ノ云。一念三千卽自受用[用㋠ナシ]身○[○㋠自受用身者出尊]形佛ト云故ニ（天文五、二五九四下。文句記）。直觀此土四土具足ノ行人ノ教主ハ。胎藏界ハ大日。此卽五智寶冠ヲ

戴ク自受用報身勿論也。何感ニ見劣應一耶。卽於ニ觀行一斷惑ス。ユイマカイナキ劣應ヲ不レ可レ見。凡所依土〇法也。爭有ノ法塵對治ノ劣應ノ可ニ感見一耶

禪定房盛憲法印云。此ノ算ノ大事也。得略モ可ニ此重ナル一歟。所詮。見ニ劣應一云ヘルハ。從本垂迹シテ三土ノフルマイヲスル時キ劣應トハ云也。垂迹ノ三土ノ日事也。此時ハ未斷惑者用ノ三惑也。仍觀行外凡未斷惑ノ位ナルカ故ニ迹ノ安養。迹ノ彌陀ヲ解ル時キハ。未斷惑ノ人ナルカ故ニ劣應最下品ノ身ヲ可ニ感見一也。甚深甚深。是法印隨見抄ノ五卷可レ見レ之也

一。此算一算也。但。隨テニ探題ノ意樂一ニ五算ニ下ノ事有レ之。但大律師末ハ大宮權現ノ御詫宣ニヨリ一算ニ可レ下云云 彼御詫宣ニ云。佛果ノ廣海無レ窮。娑婆穢惡ノ閒ニハ彌陀如來有緣佛也ト。然ハ先一算ニ下シテ此事ヲ可レ定事也云云 此［惠光房初度ノ題者ノ時キ蒙テ宣旨ヲ悅申ニ。］山王ヘ參リタリケレハ。小童ニ詫シテ如レ此被ケリ仰。而ニ惠光房五算ニ下サント被レ思也。次代代探題此事ハ山王權現ノ算題ヲ教ヘタマヘル事有。誠無ニ止事一事也。不レ可レ爲ニ忽爾一也。委ク立申セト精ハ此事也

（底本奧書）

御本云（一四三九）

永享十一年八月三日

二一二

（對校ⓘ本奧書）

此物更不レ可レ出ニ坊外一。當流只事悉有レ之。自他立義共大略有レ之

松林房

嘉吉二年（一四四二）六月八日。於ニ無動寺松林坊一令ニ書寫一。雖レ有ニ無雙之惡筆後見憚一。偏爲ニ佛法弘通一如レ形染筆畢

此本有ニ大教房一云云

右筆賴承

西塔南尾經藏院立義開白用意

精義法音院永成法印　問者橫川觀音房

立者深海

（以下對校ⓘ本卷頭）

或人云。應身ト云ヘル應ノ言。彌陀ノ慈悲廣大シテ衆機ヲ不レ漏事ヲ可レ顯云相承云云

或人云。三身ノ彌陀。四土ノ極樂ト云習如レ常。三身彌陀ヲ一

身ニ縮メテ習時キハ自受用ノ下界物機(契カ)ノ邊 云云

尋云。意論止觀ト云ヘル所念ノ彌陀ハ八識歟(天止一、四四二。止觀)

私云。此事止觀一部ノ大事也。能能可ニ思擇一

(以上對校㋠本卷頭)

(以下對校㋠本卷末)

榮賢云。觀佛觀心ト云事。人師釋ニ有レ之。意ハ所依文ニ。共爲(天止一、四四八。弘決)一境ノ釋ノ意歟。自心三昧ノ佛ト從因感果ノ佛ト終ニハ一致ナラン意歟。私了簡ニハ所念ノ西方ノ應身終自心三昧ノ佛體ト一致ニ可レ開也。己心所具ノ三身。從本垂迹シテ寂光ニ引入シヌレハ始本不二也ト云ヘル意也。但應身ト云ヘルモ。自受用身下契物機ノ邊ト可レ得レ意也

一。諸法在用名彌陀ト云ヘルヲ。一家ノ釋レニ經ヲ起用爲應身ト云(天止四、一三一。止觀)故ニ。應身ト示ヲ彌陀ノ本誓ト見リ

一。所依ノ文ニ付テ。四十八願ヲ檢ル事有レ之 云云

一。六十願ト云ヘルハ十二願ヲ藥師ニ分テ奉リ。四十八願ヲハ彌陀ニ具ト云姿在レ之

一。臨終ノ一念ニ十界羅刹云ヘル事有レ之

義云。此人苦逼ト云ヘル處ニ六道ノ苦有也。此ヲ默離スレハ二乘也。而レハ慈非(悲カ)モ有レ之。成佛スレハ佛界也 云云

一。阿彌陀佛ノ四字ニ付テ。十義ヲ成ル子細有レ之。可レ尋レ之

一。追修追善ニハ必彌陀ヲ本尊トスル子細何事ソヤ

一。藥王品ノ記ニハ具如分別功德品云云ヘリ。(天文五、二二五九四下)仍彼品ニ付テ彌陀ノ樣ヲ檢ル事有レ之 云云

一。往生論ニ應身ト見ル檢文有レ之

切音

夫娑婆界ノ空ニハ三明ノ覺月五重ノ雲陰。釋尊五百ノ大願遙後五百才ノ末ニ隔。雖レ然安養界ノ臺ニハ肉團八葉ノ心蓮開。彌陀六八ノ弘誓ニハ十惡五逆ヲ無漏盡。修三福ノ因緣ニ依テ五乘齊ク遂ニ往生一。三心十念ノ運□行ニ於凡心一三尊聖衆ノ來迎預ル。依レ之一生造惡ノ類モ依ニ善友告語一勝ニ過三界淨刹一。七反還俗ノ沙門モ。十王判斷ノ遁ニ苦域一。故ニ妙樂大師。一念成就風○或一念惡起○既ニ具縛凡迷ノ得生ヲ彌陀善逝本懷トシ。造惡不善ノ迎攝ヲ本願所成ノ素懷トス。生人既ニ凡惡ナレハ教主必ス可レ爲ニ

應化一。何況彌陀釋迦ノ二佛ハ共大通佛ノ王子トシテ互ニ行化助。教主釋尊ハ卜二東土ノ穢國一ヲ生二物善一。彌陀善逝ハ住二西方ノ淨刹一示二物語一。（天文三、一二三五七下。文句記取意）彌陀釋迦二佛。宿昔緣別化道不同ト釋ス。併就二同居淨穢ノ二土一顯二衆生開悟ノ始末一。何東西ノ化道可レ有二界內界外ノ不同一耶

（以上對校㋠本卷末）

（底　本）叡山文庫眞如藏『盧談』三十五册の內、No.4『六即義』元品能治と合綴本

（對校本）㋠＝叡山天海藏『盧談』三册の內

四種三昧義案立　彌陀報應

7 四種三昧義精髓抄

貞和二年(一三四六)十一月六日注レ之

彌陀報應事　問答如ニ案立一

精云。所詮。何ニモ往生論ノ文。極難不退也。勝過三界道ト云ヘル。非ニ界外ニ有ニ得益事一耶

答。往生論云。(大正藏二六、二三三上。取意)未證淨心地者。於ニ彼土一修ニ奢摩多一始入ニ蓮花世界一。是名ニ第三門一矣 既於ニ彼土ニ始テ入ニ淨心地一ニ云。又始入ニ花藏世界一ニ云リ。知ヌ。彼土ハ界內也ト云事。可レ祕レ之

尋精云。今西方阿彌陀者迹佛歟　祖師尋

答。私云。本佛ト可レ成也。深意有レ之

尋云。五百塵點前有ニ阿彌陀一耶　祖

答。私云。有レ之。經云。(大正藏九、四二中)我成佛已來○又云。(同、四三下)惠光照無量。壽命無數劫矣 已上兩條ノ御尋。祖師ノ御草也。深祕傳在レ之。收心專耶

尋云。一經云。(大正藏八四、九下。器朴論參照)八萬說(諸カ)聖教皆是阿彌陀ト云者。西方彌陀歟

祖　答(缺文)

尋云。專以彌陀爲法門主云ハ。問。西方佛歟　祖　答(缺文)

尋云。祕教ノ意又彌陀一佛ノ名號卽同ニ諸尊ノ祕號一云事在レ之耶

答。爾也。大日經云。(大正藏十八、五三下)觀世蓮花眼。卽同ニ一切佛一。(「○カ)隨取ニ一名號一。作ニ本性加持一

止觀云。(天止一、四四一)若唱ニ彌陀一卽是唱ニ一切一(十方佛カ)功德 (而[?]カ)而等 乃至 專以ニ彌陀一爲ニ法門主一。深可レ思レ之

尋云。四種三昧本尊如何

答。問答如ニ別紙一。當流ノ習通修ノ本尊彌陀一佛ト習也。其一佛ト云報佛也。大和庄法印(俊範)抄云。四種三昧行者所レ緣彌陀可ニ報身一得レ心。修大行ハ是感大果ノ因也。感大果。遠ハ是妙覺朗然大果。近ハ初發心住位也。爲レ得ニ此果一ヲ所修妙行ノ時。所レ緣彌陀尤可ニ報身如來一被レ得。加之。(天止一、四〇〇。弘決)四行莫不皆緣實相ト述タリ。實相觀ハ是報土ノ修因也。所以釋云。(名疏)(大正藏三八、五六四下)以觀ニ實相一發ニ眞無漏一所レ得果報上。故名爲レ實 云云 感ニ報身報土ノ大果一ヲ妙行之閒。所レ緣本佛豈應身應土ノ色身耶。夫(大正藏七五、三八五中)於彌陀有報身報土ノ化儀。教時義一云。然此五佛於ニ此世

界五方ニ各有ニ他受用土一。謂妙衆胎藏界。(華カ)金剛界。(威カ」)寶莊嚴界。大蓮花界。羯磨轉界。(輪カ)各有ニ變化界國一。(國土カ)謂釋迦娑婆國。(「○カ)彌陀極樂類(「等カ) 云云

彌陀既有ニ報身報土ノ化儀一。四種三昧ノ行人所期尤可ニ報身報土ノ化儀一也

難云。此義尚未レ詳。若夫高ク止觀行者ノ所緣ヲ法身ト可レ云也。謂ヘハ二初緣實相ノ觀一。論レハ身ヲ實相法身也。依レ之弘云。(天止一、四五一)實相卽是法身○諸佛是法身○ 云云 又云。(同、四一三)次觀ニ法身一。此卽前所觀之境(「擧カ) 矣

私加 慈覺大師云。(隨意觀法集)卽我一念理體法身 矣

答。此身者境智冥合ノ報身也。見ニ所依文一(天止一、四一三)弘云。與ニ法界一等。(亦識カ)卽法身如來十號。(之口カ)之何ノ者。乘ニ無二智一來契ニ正境一。故名ニ如來一 矣 擧ニ法身一本意ハ故ラ顯妙智ナリ。來テ契正觀也。通云レ之者三身卽一佛也。(天文五、二二七一下。文句)云ニ法身一雖レ無ニ其失一。上冥下契。(天止一、四四八。弘決)三身宛足ト云テ三身卽一佛ヲハ報身ト云也。說本期佛ヲハ。(報身口カ)二兩方(西カ)從因感果報身佛云事。不レ可ニ異論一歟 已上御抄

能運私案云。此御義ニ付テ案云。彌陀ノ本願ニハ如何見ユルト云ニ。(大正藏十二、二六八上。無量壽經)設我得レ佛。十方衆生至心信樂○ 乃至 不レ取ニ正覺一 矣 四十八願共ニ設我得佛ト云ニ不レ取ニ正覺一述リ。其得佛ト者發心所期ノ報佛 云云

尋云。以ニ彌陀ノ土一名ニ大蓮花世界一事如何　答(缺文)

或祕文云。(佛全70、八九下。祕密念佛鈔參照)一切衆生ニ皆有ニ本淨ノ心蓮一。令ニ其開敷一是ヲ云ニ蓮花三昧一也。大日經疏云。(續天全、密敎1、一一五上。義釋參照)卽觀ニ自心一作ニ八葉ノ蓮花一ト。凡夫ノ(人カ)隔栗駄(汗カ)カリタ心狀猶如ニ蓮花含而未レ敷之像一有テ筋脈。約レ之以成ニ八分一。男子ハ上ニ向ヒ女人ハ下向フ。先觀ニ此蓮一令ニ其開敷一爲ニ八葉白蓮花一(「座カ) 矣 此爾(所カ)觀ノ蓮花者卽彌陀ノ法身也。又能開ノ方便者卽チ彌陀ノ本誓也。所詮。彌陀ハ是第六識轉得ノ妙觀察智ノ佛也。三世十方如來。皆悉以ニ此智一開ニ本地心蓮一成ニ藏臺(華カ)ノ果德一也。所以者何。眞言敎ノ九識五智ノ廢立者。九八七ノ三義(識カ)ノ中。東西南ノ三智ハ心內ノ性淨圓明三點毘盧遮那本有ノ三身也。卽自性自受用內證智ノ境界也。六五識西北ノ二智ハ心外ノ佛卽他受用 彌陀 變化 釋迦 二身也。開ニ六義(識カ)一以レ之爲レ蓮 云云 以ニ此意一可レ思レ之

尋云。法花部以二阿彌陀一成事ヤ有アル 祖

答。爾也 祖

尋云。南岳天台ハ出レ自二𑖀字一 大空 𑖀字法花ニ說レ之

答。爾也

尋云。本願彌陀如何

答。上ノ愚推可レ思レ之歟

精云。既云二去十萬億刹一ト。又云。西方可レ知二應身應土一ト云事

抑。以二西方一爲二所表一故如何。又方域不レ告樣有レ之耶

答。凡定二方域一事ハ强不レ告歟。依レ之先德。胎金ヲ東西ニ配ル事ヲ云ニハ。（大正藏七五、三八五中。敎時義）此是隨レ方布レ敎標攙（幟カ）。非レ謂三眞如法界方（定カ）（方面カ）有二東西一云云可レ准二知之一。何況西方ヲトル事ハ。以二祕敎ノ意一深ク可レ成レ之。彌陀者是卽證菩提門ノ佛也。故在二果ノ方一ニ

大日經疏二十云。（續天全、密敎1、六五五五下。義釋參照）次暗字ハ三（萬カ）菩提也。以二方行一故正（「成カ）等覺。其佛名二阿彌陀一。卽西方（「卽𑖀カ）也 矣

所詮。第六妙觀察智在二西方一。以レ之可レ案レ之

次十萬億ト云事。深子細在レ之歟

金沙論云（佛全70、九七下。祕密念佛鈔參照） 智證大師將來 問云。西方ニ有二極樂國世界一。佛土過ニ十萬億一。答。西方ト者汝身ナル是。爲レ有二十萬億ノ煩惱一爲ナスレ纏。衆善莊嚴シテ得レ見二コトヲ妙體明心一ト。故名二極樂世界一 矣 十萬億ノ煩惱ト者根本十煩惱ニ各具二十一（萬カ）億ノ隨煩惱一歟。約ニ覺悟一云レ之者。一智ニ擧二萬億ノ智印一ヲ。故如レ此表ル歟 云云」

精云。付二無量壽ノ名言一重重沙ニ汰之一。只有量ノ無量ノ可レ止歟。又タ可レ有二甚深義一歟。所詮付二無量壽ノ名言一三身ノ分別可レ有レ之。此事付二祕敎一ニ成レ義子細有レ之。出二自宗震旦ノ人師一成ニルノ子細一在レ之。如何可レ成耶。況又於二本門壽量ノ重一ニ。無量壽ノ名言假說歟實義歟。可レ勘二子細在レ之

答（缺文）

或祕文云。（佛全70、八五下～六上。祕密念佛鈔參照）阿彌陀ノ翻名ニ略有二三種一。一云ク。無量壽。法身常命也。二云。無量光。是報身智明也。三。耳露（甘露王カ）五。是應身法藥也。又無量壽ニ可レ有二三身一。如二壽量品疏ノ釋一。眞言宗ノ意有二內證外用ノ義一。大日經疏云。（續天全、密敎1、一一四下。義釋參照）出二（於カ）西方一觀二無量（「大悲カ）壽一。（「佛カ）此是如來方便智。以二衆生界無盡一故。諸佛方便亦無ニ

終盡一。故名二無量壽一矣(此約カ)其佛化他方便究竟云二無量壽一也。大日經開題云 弘法大師 (大正藏五八、六下) 無量壽者。法身常恆不壞德是(「之カ)(也カ」)。身遍二虛空法界一。心亙二性相理事一矣 是約二自證一云二無量壽一也

妙宗抄(鈔カ)云 知禮 (大正藏三七、二〇七中) 長是報佛。短是衆生。能延能捉(促カ)卽是應身。非二此等量一爲レ成レ觀故。强指三法壽同二虛空量一矣 以二此等一可レ思二合之一

精云。所詮。一切衆生ノ當體。六道向(四カ)生ノ證聲(語カ)。迷悟十界ノ言音。皆是彌陀ト習フ子細。深異義在レ之傳レ之耶

答。此事甚深ノ祕傳在レ之 輒難レ申

心(聽)云法務仰云。(佛全70、八六上。祕密念佛鈔參照) 以二一切衆生ノ壽命一名二無量壽一。謂ク彌陀蓮花語密ノ體故。六道向(四カ)生ノ證聲(語カ)。迷悟十界ノ言音。皆是彌陀法界ノ體也。此ノ言音ハ六大ノ中ノ息風ナリ。一切衆生出入息也。此ノ息風ヲ爲二衆生ノ命根一。大日經說二命亦所謂(者カ)風一。相應經宣二根本命金剛一。是皆以二息風一ヲ爲二命根一也。是故彌陀ハ卽衆生壽命也。以二衆生界無量一故名二無量壽一。是卽同體大悲之極理。音聲解脫之實相也。深可レ祕レ之

私云。此旨祕教ニモ談也。更不レ可二口外一云云

精云。所詮。彌陀如來ト者行者ノ三觀ノ果ニ顯ルル義也。付レ之。三觀三身三因佛性ナル樣。慈覺大師惠心先德幷四明智(知カ)禮等甚深ニ成ル子細在レ之。可レ出レ申

答。各甚深ノ義有レ之。隨意觀法集云 慈覺大師 我念西方彌陀如來卽我一念。理體法身具二足相好一。一一相好卽是實相。實相法界具足無レ減。不生不滅無來無去矣 有爲無爲一切功德。依二此身(「法カ)一常恆清淨○故知。彌陀相好光明三身相卽相好光明。諸佛同體相好光明○色卽是空報身如來。空卽是色應身如來。一色一香無非中道(法身カ)○我心所レ具煩惱業苦○與二阿彌陀法報應佛一。本來空寂一體無礙。願我得レ佛齊二聖法王一矣

三身彌陀ノ相

又云。(隨意觀法集)(念カ) 我今觀二察西方彌陀一○所餘八萬四千相好自然當レ見。若見二彌陀一卽見二諸佛一。見二諸佛(「故佛カ)一現授記○我心體內諸法性相隨レ緣自現二體外法一故。極樂世界彌陀依正皆有レ二我心一圓融無相(「阿カ)。彌陀佛無量光明。無量壽命唯在二我

心一刹那中一矣
又云。（隨意觀法集）阿彌陀佛無量光空。無量壽假。無量淨中。卽我一心三身三諦。從本已來與（彼カ）二得佛一同矣
又云。（隨意觀法集）阿無卽空。彌量卽假。陀壽卽中。亦心三諦。觀二我心空一卽念二彌陀報身如來一。觀二我心假一卽念二彌陀應身如來一。觀二我心中一卽念二彌陀法身如來一矣
惠心先德祕讚云。阿字（不明）ハ卽空。此了因四住ノ障ヲ隱タル第一空般若理解レハ報身顯レヌ。彌字ハ卽假。是緣因塵沙惑ヲウツミチル（ケか）不思議解脱首楞嚴修レハ應身顯ヌ。陀字ハ（「卽中カ）是正因無明ノ雲コソヲホヒケレ中道實相月スメハ法身如來顯ハレヌ矣
三諦三觀卽彌陀ノ全體ナル樣殊勝也
（「」底本重複記載）「妙宗抄（鈔カ）云 知禮 乃以（大正藏三七、二〇六中）二三德一而爲二三諦一。般若是眞。解脱（「」カ）（「是カ）俗。法身是中。」德既不レ縱不レ橫。諦乃絕レ思絕レ識（議カ）。「此是佛之識。」此是佛之所諦。今以二此諦一而爲二所觀一。諦既卽レ一而三。觀豈前後而照（「修カ）○卽於二一心一而三觀。觀法（能所カ）然爾雙（「此觀カ）絕。況無量壽佛。本修二此觀一成二就三身一。法報泯然眞應融卽。非二茲妙觀一寧顯二妙身一。化主若レ斯徒衆亦爾。正報既妙依報豈僞（是歟）。故十六境皆（以下缺文）
彌陀因位ニ修二三觀一果位ニ顯二三身一事神明（ママ）也
精云。所詮。四種三昧ノ本尊ハ可二報佛一云云事相ニ思合ル子細カ有ル。顯祕二敎ノ所談ニ合セテ可レ成樣ヤ有ル可二立申一
答。當山常行堂本尊五佛寶冠報佛ノ體也。合二顯密一可レ成申也。竹內前座主大僧正仰云。祕敎ニハ報佛ト成也。其證據ハ禮贊（懺カ）云。受用智惠ノ身阿彌陀佛云云已上
大日經疏云。（續天全、密教1、六五九下。義釋參照）次テ花開敷ニ云二阿彌陀佛一（「何カ）也。此是受用佛也（也「」カ）。卽是成二大果實一受二用其果一無量（佛「」カ）。不思議現法之樂カ故皆得レ名也矣
上ニ所レ擧俊範ノ口傳。五方ノ報土等ノ事可二思合一也
尋云。一ノ先德ノ釋中。正彌陀ヲ自受用身ト成ル事在レ之。出テ可二會申一
答。約二四種三昧ノ本尊一歟
妙行心要集云。（佛全33、一〇三上〜四上）若觀二自受用報身境智（法カ）相應彌陀白毫一。文云。以二如如智一契二如如境一（「○カ）○經云。我智力如是。久修業所得。惠光（光カ）照無量。壽命無數劫云云故白毫相。有二無量無

邊(遍カ)法界海㆒。猶如㆓虚空㆒。一一相好。皆互無盡。互遍互入。無㆑非㆓法界㆒。前佛後佛。體皆同(「是カ)。(「○カ)自受用(用□カ)法樂。無間斷身。正是修因感果ノ佛也。亦是發心所期佛也

精云。所詮。彌陀ハ己心ノ本佛一心ノ三諦ト云事。本朝大師先德ノ釋ニ聞タリ。抑。約㆓行者ノ三觀ノ本源㆒ニ云時。一念不起ノ重ニ有㆓彌陀相傳乃至十萬億刹寶樹寶地等ノ形㆒(天止一、四四一。止觀)耶(「阿カ)。又是ハ起念ノ重ノ事ト可㆑申歟。又步步聲聲念念唯在彌陀ト云重ハ。可㆑叶事在㆑之是此算落居ナルト存ル歟。稟承ノ旨ヤ有ル

答。惠師仰。如㆓別紙㆒

精云。三身ノ彌陀四土ノ極樂ト云ハ一流ノ傳在㆑之。其相如何」

答(缺文)

俊範法印傳云。於㆓彌陀㆒有㆓三身ノ彌陀㆒。於㆓極樂㆒有㆓四種ノ極樂㆒。維摩疏判㆓シテ極樂㆒ヲ爲㆓シ同居淨土㆒。輔正記判㆓彌陀㆒ヲ爲㆓勝應身㆒ト事ハ。只是亦如㆔安養相望シテ彼土ヲ爲㆓淨土㆒ト。釋迦彌陀相對シテ彼佛ヲ爲㆓勝應㆒(大正藏九、三九二下)一途耳。實ニハ釋迦モ有㆓三身化儀㆒。普賢觀云。釋迦牟尼名㆓毘盧遮那遍一切處㆒云云花嚴屬㆓報身報土化儀㆒。梵網ハ。名㆓千花臺上ノ佛㆒ト。

例㆑シテ身ニ可㆑思㆑之云云彌陀又如㆑此。彌陀論云ク。究竟如㆓虚空㆒云云論家ノ多ク報身報土義云云

彌陀有㆓穢土㆒如㆓娑婆㆒。釋迦有㆓淨土㆒如㆓安養㆒云云五大院云。(大正藏七五、三八五中。教時義參照)五智如來ニ有リ㆓五方ノ報土㆒。彌陀ノ報土ヲハ名㆓大蓮花界㆒ト耶。(云云カ)惠心義意。准テ㆓安養九品往生㆒推㆓知ルニ彌陀ノ三土ノ化儀㆒ヲ。上品三生ノ得無生ノ所見ハ彌陀ノ報土テ。中品三生人開羅漢之所見ハ有餘土。(卍續二—五、三七五丁左下〜六丁右上)下品三生ハ同居淨穢(旣カ)云云其據ハ五百問論中云。故彼彌陀分(「化カ)㆓九品㆒。上品上生觀是無生卽當㆓初地已上位㆒也(「化カ)。故登地已上卽見㆓報身㆒卽他受用。地前(雷カ)所見卽(「知カ)是化身。中(「仍カ)須㆑分㆓別於優劣㆒隨㆑見(彼カ)異故不㆑可(「故カ)㆓當同㆒。是下(從㆑華カ)ノ三生須㆑聞㆓劣教㆒。以㆔初生故在(豈カ)上イ㆓小果㆒故ニ。知(穢□カ)此等始終尤出。須㆑見㆓父母生身㆒故也。是止三品ノ見(「穢カ)㆓穢父母(養カ)身㆒。故應(「有㆑穢カ)㆓須知㆒。化佛化土有(生□カ)㆑淨有㆑穢(我□カ)。卽娑婆淨卽安(「故カ)心。淨中穢(喜カ)輒耶。復應(對カ)㆓多品㆒。以㆔生(土□カ)由㆓業(乘カ)我戒不㆑等也。亦(且カ)如㆓妙者阿閦㆒以判㆓安養㆒(大正藏四七、八四中〜下)卽淨土不㆑同娑婆○云云迦(也カ)才淨土論上。問云(日カ)。土旣有㆑三者。未㆑知西方是何土耶。答云(日カ)。亦具㆓三種㆒。若入㆓初地已去㆒菩薩正體智見者。是(「卽カ)法身

淨土。若加行後得智見者。卽是報淨(〻身カ)土。若是地前菩薩二乘凡夫見者。卽是化淨(〻身カ)土也。如二龍樹菩薩(菩薩㊀カ)等往生(〻菩薩カ)一ノ。具二見二法報化ノ三種土一。(〻淨カ)由レ上得レ見レ下故。由二此義一故。諸經論。(〻中カ)或判爲レ報。或判爲レ化。皆不レ失レ旨也云云 已上

私云。三身彌陀。上ノ慈覺ノ御釋可レ思二合之一。四土ノ極樂ハ人師ノ釋二見タリ。又觀經疏云。(大正藏三七、一八八中)四種佛(淨カ)土(〻〇カ)各有二淨穢一

云云

妙宗抄(鈔カ)上云。(同、一九五下～六上)見思輕重。則感二同居樂邦苦域一。體析巧拙。卽(〻感カ)方便樂邦苦域。次第頓入。則感二實報樂邦苦域一。分證究竟。則感二寂光樂邦苦域一。以例二金寶泥沙。胎獄花池。棘林瓊樹一。亦復如レ是矣 此釋分明歟。可レ思二合之一

精云。所詮。妙樂慈惠共二上品上生ノ所見ヲハ報佛ト許サレタリ。サテハ於レ土二可レ有二不同一歟如何。此段ハ能能可二思擇一子細有レ之。付レ之。人師ノ釋ニモ思合旨在レ之如何

答。口傳云○如二聞書一

私入 妙宗抄(鈔カ)下云 智禮 問。(知カ)(大正藏三七、二二五上～下)今所レ觀佛高六十萬億那由他由旬。雖レ云二高大一只是淨土常所レ見身。何以知レ然。如二法花中一。淨光莊嚴國妙音菩薩欲レ來二娑婆一。彼佛誡(云カ)言。汝身四萬二千由旬。我身六百八十萬由旬。汝生(往カ)二彼土一於二佛菩薩一勿レ生二劣想一。故知淨土常身高大。安以二常身一便爲二尊特一。答。於二同居中一淨光莊嚴土唯演レ頓。如二淨名中衆香之土一。以二其所衆(被カ)純菩薩一故。所以但現二高大之身一。佛知下妙音所持(將カ)之衆。不レ知二娑婆開權之妙一於レ佛輒起中定小譏上。(〻之カ)故奇(寄カ)二妙音一規二未レ達 如本 者一。遠念(意令カ)得レ悟二卽レ劣之勝祕妙之權一。議(旣誡カ)勿レ生二下劣之想一。乃令(〻是カ)レ起二尊特之心一。若謂レ不レ然。安得三皆獲二普現三昧一。若安養土「證俱諸」(〻」漸頓俱談カ)聲聞菩薩共爲レ僧故。故便示(使佛カ)二生身法身二種之相一。三十二相通二於生法一。大小共見。若八萬相局在二法身一。大乘賢聖方得レ見也。是故衆經多說二彌陀生身常相一。今當二略出一。小彌陀經云。彼土蓮花大如二車輪一。大彌陀經說。彌陀浴池廣四萬八千里。以レ依驗レ正身未二極大一。般舟經說。阿彌陀佛三十二相。此經中說慣二習小一者。生レ彼卽得三見レ佛聞レ法便證二小果一。更有二丈六八尺之身一。此等豈非二常身常相一耶。若今所レ觀八萬相好。別圓眞似方得レ見レ之。故上品下生疏判三

已登二習種性佛一（位カ）也。生レ彼七日見二佛衆相一。心不二明了一。三
七日後乃了了見。及聞三衆聲皆說二妙法一。唯上品五（上カ）生道種
性位。生レ彼卽見二衆相具足一。光明寶林皆說二妙法一。卽悟二
無生一。三賢菩薩。依二業議（識カ）一故。知二心現一レ佛。乃就二尊特一端（以歟）（論歟）
「云（ㇾ平明昧。若カ）。明珠子」ノ慣二習小一者。及諸凡夫依二事議（識カ）一故。不下出（於カ）二
尊（順カ）特一而論中明珠（昧カ）上。卽以丙此等雖下因二臨終廻向一得上レ生佛
唯二本習一。故且用レ小（良カ）念乙（令カ）其證甲果。既說二無常苦空之法一。
須下以二生身相好一應上レ之。浴池之身三十二相。正對二此機一
云云
精云。彼土ノ常身常相應佛也ト云事。證據如何
答。證據在レ之。上ノ人師ノ釋所レ判可レ出レ之
精云。義勢ハ人師モ神明也。抑。於二安養ノ本佛一隨レ機現二尊
特應相一云事。經文ニ所レカ見有ル可二勘申一
答。私ニ勘ル事有レ之（大正藏十二、三四四下）
觀經云。阿彌陀佛神通如意。於二十方國一及（變カ）現自在。或現二
大身一滿二虛空中一。或現二小身一丈六八尺。所レ現之形皆眞
金色。圓光化佛及寶蓮花。如二上所一レ說矣

師仰云。此文神妙。殊勝殊勝
精云。山家釋中。三乘教ハ無二二乘一。法花玄ハ有二二乘一矣　如
何
答。界章下之上（傳全二、五四二）云。「爲瑜伽論二（ㇾ又瑜伽カ）」約二三乘敎一說二異生聲聞（淨妙カ）不歟
所レ生二淨界一。智論約二法花一（ㇾ說カ）必滅聲聞生二妙淨土一矣
精云。正ク法花ノ文ニ應身ト見タル事ヤアル可二勘申一
答。化城喩品之意。十六王子ノ作佛皆是應佛也。阿彌陀モ
應佛聞タリ
精云。應土ト見タル事ヤアル可二勘申一
答。引二如說修行ノ文ヲ一以二深信觀成ヲ一見（釋カ）シテ（天文五、二五九四下。文句記）。故不レ離二同居
穢一見二同居淨一矣　深祕深祕
（奧書なし）

（底　本）叡山文庫眞如藏『盧談』三十五册の內、「元品能治」「自受有爲」「三惑同斷」と合綴本
（對校本なし）

四種三昧義精髓抄　彌陀報應事

８　四種三昧義　二界增減　目次

問答如常

（精難）

（答）

（以上目次新作）

「四種三昧義 盧談文和三」 「生佛増減」 〔盧山〕

（以上表紙・扉）

8 四種三昧義 〔二界増減〕

佛界有情界不増不減者約事理倶論之歟 〔盧談〕

盧談 文和三・十一・十五相傳 （一三五四）

問答如常

精

(1)一。生界佛界無量無邊故無増減事

精云。衆生ハ節節ニ修習シテ永ク歸シ佛界ニ。佛界ハ念念ニ圓滿シテ還テ不レ成ラ衆生ト。現量ノ道理更ニ以テ分明也。就中。過去遠遠現在漫漫未來永永也。於テ此中ニ一一ノ如來遍シ塵數ノ國土ニ。彼彼ノ諸佛度ス無邊ノ群類ヲ。其ノ益不レ可レ測ル。其ノ量不レ可レ辨フ。於テ生界佛界ニ設ヒ雖トモ無邊無際ナリト於テ其ノ無邊ノ生佛ニ可キ論ス無邊ノ増減ヲ也。就中雖トモ無邊ノ法ナリト偏ニ無窮盡ト不レ可レ云。雖ニ煩惱無邊ナリト誓テ斷シ無邊ノ煩惱ヲ。雖ニ法門無盡ナリト誓テ達スル無盡ノ法門ヲ也。衆生設ヒ雖トモ無邊ナリト何ソ無ン窮盡ノ義。又不レ辨ヘ増減ヲ耶。乍ラ許シ盡ト無盡法界ノ法門ヲ法界無邊ノ衆生ヲ不ト度シ盡サ云事。道理甚タ參差セリ。何況ヤ三界無邊如虚空量ト者。小乘一途ノ性相也。何ソ以レ之ヲ成ス圓家ノ實義ヲ耶

(2)一。生佛二界倶ニ本有ノ法カ故ニ不レ可レ有ニ増減ニ事

精云。十界本有ノ故ニ不トレ可レ有ニ増減一立申ス所立。雖レ似タリト甚深ナルニ道理未タ分明ナラ。十界本有ノ故ニ無ト増減ト云者。佛界ハ化シ九界ヲ。九界ハ入ル佛界ニ道理惣而不レ可レ在之歟。若如ナラハ所立ノ十如ノ因果忽壞。六卽ノ階級成ス空ク設クニ。佛若シ不ハ化セ九界ヲ應佛爲ニカ誰ノ成道セン。衆生永ク不ハ成セ佛因果ノ道理忽ニ可レ壞ル也。雖レ云ニ十界本有ト許ハ九界鎭ニ入ルコトヲ佛界ニ。豈不レ成セ増減ノ義ヲ耶。依レ之。五大院ノ和尚雖レ被レ成セ本有ノ十界ノ義ヲ。寄セテ之ニ不レ立セ不増不減ノ義ヲ。山家ノ大師又雖レ述タマフト不増不減ノ義ヲ。不レ寄セ事於本有ノ十界ニ。本有ノ十界ノ名義雖ニ甚深ナリト。所立ノ趣キ還而可レ云ニ淺近ト耶

(3)一。十界互具故不増不減事　二

精云。難勢大旨大略如云前本有十界。但。十界互具故無増減者。何様云事耶。改九界迷情雖本付佛界内證。所入佛界中還而具足十界故無増減云歟。若爾。先捨九界迷情入佛界述。其九界邊定滅佛界邊必可増也。不爾者。從九界歸佛界云事。有言無其實。惣而九界不歸佛界云者。如難前本有十界。佛法道理大可相違也

(4)一。諸經本說事　四

精云。凡諸大乘經中說生佛二界不増不減事。皆約理性見。正約事相說不増不減義事。何經所說耶

就中文殊說經文。專事不増不減義申歟。經文云。(大正藏八、七二六下)一一諸佛說法敎化。各度無量恆沙衆生。皆入涅槃。於衆生界亦不増減矣　誠約事所欲得意。次下文述其不増減故時。衆生定相不可得故矣　但約理性論不増減云事。經文始終尤分明也

次不増不減經文云首題名言。云山家所引。定可備所立誠證歟。彼經說相具可料簡申。粗見彼經文。(大正藏十六、四六七上。取意)愚癡凡夫。不知一法界故。謂衆生増減。此甚深義聲聞緣覺不能知見。唯佛能見。甚深義者卽第一義諦。第一義諦者卽衆生界。衆生界者卽是如來藏。如來藏卽是法身矣　彼不増不減心卽法界法身義也。故不増不減義但雖理性一如云事。誠不定可諍。此外何處經文述事相不増不減耶。若有所勘及可出申

(5)一。所依文事　五

精云。所依本文生佛二界不増不減誠證申歟如何。於之學者存異端。或惣而非不増不減義云料簡在之。或又可不増不減證據申。立者所立申可依何義耶。先可定約束也。且案經文。如先出難。說二界不増不減義畢。次下云。何以故。(大正藏八、七二六下)衆生定相不可得故。是故衆生不増不減矣　此文下敎主

釋尊問之。文殊大士答之。於此中有多番問答見。所依今文。觀衆生相如諸佛相衆生界量如諸佛界量矣ト者。（天止一、四一八。止觀）一一寫彼經文也。釋義前後正約理性論不增不減義見。六祖大師受今文。觀生如佛者三德理等。（同。弘決）是故云如。言生佛量等者。生之與佛無復界別數量之異。以理等故種（數カ）類亦等。勿〔執〕事義而互相妨。言生佛界量不思議者。複釋前文。前言如者以生如佛。今不思議以佛如生。又前約數量及以相等約理不二故爲如。今歎前如云不思議矣消釋起盡分明也。皆約理性一如判不增不減義也。何況勿執事義而互相妨者。以事相增減不可疑理性平等云也。經文本説。師資所判。皆約理性論不增不減相也

(6)一。餘處釋義證據事　六

精云。一家解釋中。何處正述不增不減義耶。於所依文。惣而非不增不減義云學者有之。實又釋常坐三昧意止觀故。以不增不減義不可爲釋義所詮。此外一家師資所判中。何文可勘申耶。六祖大師所判中。（淨名妙記）九道常投而佛界（卍續二八、三八〇丁右下）不增。種智常煎而生界不減矣事不增不減證據申歟。更似不勘本説。所以者何。維摩經方便品中歎淨名大士德。住佛威儀心如大海矣（大正藏十四、五三九上）（心大如海カ）大師消此文。（淨名疏三）心如大海者○菩薩無緣大慈含容一（大正藏三八、五九九上）切心無取相。是故不增。雖觀諸法畢竟空寂而不捨衆生。故名不減矣是於菩薩心中功德論不增不減義也。何可關事相不增不減耶。六祖大師（卍續二八、三八〇丁右下）消此文。九道常投而佛界不增等者。釋本書不增不減義故猶是於菩薩心中無取捨顯也。爰以次下轉釋上文心。九道雖投而由心無（卍續二八、三八〇丁右下）取故不增。種知雖觀而由心無捨故不減矣非事不增不減云事。經文釋義更以分明也

(7)一。法華皆成道理事　七

精云。法華皆成佛道文。涅槃悉皆當得説。出世本懷

既達一期化導斯究。衆生界終無窮盡云者。二經仲微號忽壞。一代終極似徒施。所以者何。雖一切衆生皆成佛道實無窮盡云者。皆成說。當得文。皆是非再往實義。或云少分一切。或可云理性一如歟。若爾。併叶五性各別義門。全非一家終窮極說耶。於此事山家大師有重重所判。有往往料簡。楞嚴先德設一箇譬喩被述皆成義門。文理雖繁其義未辨。立者勘申分明可料簡申

(8)一。始起有情事　八

精云。可許始起有情耶否事。古來學者所存異端也。此算綱要尤在斯事歟。今夜所立何樣可立申耶。若許此義者。始起有情小乘化地部所許也。瑜伽第百卷盛破之。智論第十一又破之。凡一代諸經中未見誠文。兩朝大師又無定判。還道理案之。又以所難思也。恐生界窮盡有始起有情云者。其始起有情從何處來。又無因無緣衆生歟。其心甚暗。何況一衆生成佛時一衆生代可出來歟。道理甚不暗。若不立之云者。五大院先德苦被釋成之。道理綿綿證據重重也。彼和尚佛法淵源。教門棟梁。中古先德猶以貴之。後代晩進誰不仰之。所詮。許始起有情歟不許歟。定此兩邊其上可設委細料簡

(9)一。前佛後佛戒體增減事　九

精云。或大乘經中於前佛後佛戒體有增減異見。所謂於一切有情上成不殺等戒體故。於迦葉佛所度衆生不可成釋迦文佛戒體。所度有情既歸無餘涅槃故。倶舍・婆娑兩論所判。其證宛同。彼倶舍論中。若爾前佛及所度生已涅槃者。後佛於彼既不發得別解律儀。如何尸羅無減前過矣問答之。以一切佛別解律儀從一切有情處得故後尸羅無減前過矣光法師受之。以三世佛別解脫律儀皆從一切有情處○故後尸羅無減「前過前過」。境雖有減戒體無虧矣既云境雖有減。戒體所緣有情境

界ニ有ニ增減一云事。經論所說其ノ文分明也

⑽一。義勢取捨事　十

精云。抑。生佛二界無邊無際ノ故ニ無ニ增減一云ヒ。十界本有ノ故ニ無ニ增減一申シ。又立ニ始起ノ有情ヲ一故ニ無ニ增減一立申ス。此ノ兩三箇條ノ義ハ一義ノ始終歟。又(又(ホ)(ト)ナシ)三ノ道理各別ニシテ無量無邊ノ故ニモ無ク增減。乃至始起ノ有情ノ故ニモ無ニ增減一申ス歟

⑾一。三諦ノ不增不減事　十一

精云。三諦玄微ニシテ唯智ノ所照也。於テ此ノ理ニ有ニ增減一云(就(ト)付)ヒ。無ニ增減一云フ。兩端ノ義勢俱ニ以テ難シ決定シ。就中。算題ハ約シテモ事ニ論ニ不增不減ヲ歟 云云 若シ約シテ三諦ニ成ハ不增不減ノ義ヲ只是理性ノ不增不減也。全ク不レ可レ關ル事相ノ不增不減ニハ。三諦ノ妙理非ハ理性ノ談ニ如何。不レ約セ十界ニ收ルコト（決五（天止三、二五二））事ニ不レ遍カラ。不ハ約ニ三諦ニ攝スルコト理ニ不レ周カラ矣(不(ロ)ナシ) 故ニ約シテ三諦問(問(ロ)(ニ)(ホ)(ト)門)ニ成ハ義勢ヲ。只是理性ノ不增不減ノ故ニ不レ叶(叶(ト)可)ニ算題ノ元意ニ歟。次又付テ三諦ノ理ニ一一ニ案レ之ヲ。道理又不レ明。卽空ノ時ハ亡泯三千ノ故ニ惣而不レ見ニ三千ノ性相ヲ。於テ此ノ卽空ノ中ニ誠ニ不レ可レ論ニ增減ヲ。又不レ可レ云ニ不增減ト。以テ何物ヲ可レ云ニ不增減ト耶。假諦ノ時トキハ三千歷歷也。因果ノ道理秋毫モ不レ可レ亂。既談スニ三千ノ諸法ヲ。豈可レ失ニ因果ノ道理ヲ耶。若許ハ因果ノ道理ヲ九界ノ因鎖ニ歸スニ佛界ノ果ニ。豈不レ論ムニ增減ヲ耶。凡ソ於テ假諦ノ中ニ辨フ知病・識藥・授藥ヲ。出假利生ノ法門正ク攝ニ盡ス俗(俗(ト)假)諦ノ中ニ。若許ハ出假利生ノ義ヲ。豈無ムニ轉迷開悟ノ義耶。若許ハ轉迷開悟ノ義ヲ。九界豈漸ク不ム減セ耶。次ニ中道法界ノ理ハ絕待不思議也。此ノ中ニ不レ可レ云レ有リト增減。不レ可レ云レ無シト增減。若墮セハ一邊ニ不レ可レ立ツニ中道ノ名稱ヲ。故ニ分ニ別スレハ三諦ノ妙理ヲ不增不減ノ義俱ニ以テ不レ可レ成ス

答

生佛二界不增不減ハ一代聖教ノ難義也。中古ノ先德送ニ決（惠心(ロ)(ニ)(ホ)(ト)問 知禮決）於異域之霞ニ期スニ悟於三會之曉ニ（隨意行願）。何ニ況ヤ末代ノ凡夫ヲ耶。何ニ況ヤ短才ノ淺見ヲ耶。然而。任セ佛敎ノ大旨ニ仰テ大師(大師(ト)ナシ)ノ判釋ヲ。生佛二界俱ニ不增不減「成ニ所立ヲ一申」(「」(ロ)(ニ)(ホ)(ト)也所立申)也

(1)一。生界佛界無量無邊ノ故ニ無二増減一事一

凡ソ滅ノ法ハ必ス有リ二齊限一。衆生悉ク盡テ但シ有ム二佛法界一ノミ耶。増ノ法ハ定メテ有二滿ノ期一。唯佛獨リ居シテ全ク無二所度ノ人一耶。若シ無ハ二所度ノ人一能度ノ佛又如何ン。生界若シ窮盡スト云ハハ。佛界又可キレ有ル二滅盡ノ時一耶。若シ生界佛界俱ニ許ハ二無邊無際ノ義ヲ一。何可キレ疑二不盡増減ノ義ヲ一耶。爰以テ。漢土人師ノ釋ノ中ニ。設テ二一ノ譬ヲ一此ノ事ヲ釋成セリ。譬如三飛鳥翔二虛空一。虛空本無二齊限一。故縱經二百千歲一雖二自レ東到レ西於二東西一虛空終無二近遠一矣（大正蔵四四、二四四上。取意） 法譬既ニ相叶ヘリ。疑難自ラ被ムレ遮セ者歟。東西ノ虛空實ニ無クハ二齊限一。飛鳥寧論二近遠ヲ一耶。生佛實ニ無クハ二齊限一。對シテカ誰ニ論ム二増減一耶。但シ至テハ二四弘ノ例難一ニ。雖トモ二煩惱無邊ナリト一只是一人ノ始終也。衆生無邊ト者實ニ等シ二虛空界一ニ。以テ二盡虛空ノ衆生ヲ一可ムレ例ス二一人ノ煩惱ニ一耶

(2)一。生佛二界俱ニ本有ノ法カ故ニ不レ可レ有二増減一事二

何況ヤ一家天台ノ心ハ。十界三千本有本來ニシテ迷悟因果無始無終也。所以ニ三千ノ因果常住不滅ニシテ十界ノ依正不レ出テ二一念ヲ一。五大院ノ先德引テ二覺大師ノ御釋ヲ一（教時義一）。生界佛界二俱本有。然涅槃界中本來常有ニ自然覺了之佛一矣（大正蔵七五、三七六下） 既ニ云フ二生佛本有ト一何ソ可キレ生ス二増減ノ執ヲ一耶。或又。今謂。生死涅槃同是法性。法性同體互非二前後一亦無二増減一。動名二生死一靜名二涅槃一。迷名二衆生一覺名二諸佛一矣（教時義一）（同前） 生死涅槃同ク是一法性也。法性若シ無クハ二増減一生佛又不レ可レ有二増減一

本有ノ十界ノ故ニ無ト二増減一云義。相生邊專ラ執スル二此ノ義ヲ一歟。但シ本有ト云樣。學者所存事異ナル歟。本有ト云ヘハトテ十界カハタトコワリテ地獄ハ地獄。佛ハ佛ニテ。地獄ハ「三世ノ地獄。佛ハ無始ノ佛ニテ有ル本」有ノ十界ナト得タルハ意。無下ニ淺近ノ事也。又可キレ混ス二外道ノ見ニモ一也。能能可キ二思解ク一事也。地獄ハ本來ノ地獄。佛ハ本來ノ佛ト云モ片ツラハ無キ二相違一也。今マ片ツラノ闕タル也。五大院釋云（教時義一）。佛界之中本有十界。其菩薩界常修常證無始無終。故有二報身常滿常顯一無始無終矣（同前） 本有ノ十界ト云ヘハ十界三千無始無終ニテ並ヒ居タリ。而モ又其ノ中ノ衆生界ハ鎭ニ入リ二佛界一ニ。其ノ中ノ佛界ハ常ニ滿シ常ニ成スル也。如ク此不レ動セ二本有ノ道理ヲモ一。不レ妨タケ二衆生顯得ノ始終ヲモ一。此ノ兩邊ヲ少シモ片ツリナラサルハ佛法ノ

源底ニテ有ル也

(3)一。十界互具ノ故ニ不增不減事　三

一念三千ノ法門ハ法華圓極ノ仲(仲ト中)(沖カ)微也。圓融ノ十界ハ居シテ一念ニ微妙ナリ。妙法ノ十如ハ卽シテ一心ニ難解ナリ云云(守護章(傳全二、三五三))若シ佛界ハ增シ生界ハ減スト云者。於テ三千ノ妙法ニ忽ニ可レ有ニ闕(闕ホト缺)減ノ義一也。三千ノ妙法若シ闕(闕ト缺)減セハ。如來ノ內證豈常住ナラム耶。若シ三千ノ性相ハ但シ如來內證ニシテ於テハ修ノ十界ニ有ト增減一云者。事理不齊ノ失全ク不レ可レ遁ル之ヲ(「ロ云)

示(示ト永)云。此ハ一流隨分祕藏ノ義勢也。不レ可ニ口外一ス(竹林院)

(4)一。諸經ノ本說事　四

不增不減經云。舍利弗。愚癡凡夫無ニ聞惠一故聞ニ如來涅(涅槃)槃(ロナシ)ヲ起ニ斷見(「滅見カ)一以レ起ニ斷想及滅(減ロ滅)(ホ滅イ)想一故謂ニ衆生界減(大正藏十六、四六六中)一成ニ大邪見極重惡業一矣　於テ衆生界ニ生スル斷想滅(滅ホト滅)(ホ滅イ)想ヲ。既ニ是レ外道凡夫ノ邪見也。豈非(非ホナシ)(「ホ非)ニ如來ノ誠諦ニ耶。又云。一切愚癡凡夫。不ニ如實知ニ彼一界一故。「不ニ如實見ニ彼一界一故。」(「」ロナシ)(同、四六七上)起ニ於極惡大邪見心一。謂ニ衆生界增一。謂ニ衆生界減一矣　於テ生界ニ生ル增減(減ロ滅)ノ見ヲ既ニ是大邪見ノ心(心ロ意)也。此等ノ經文ハ皆ナ約シテ

事可シト不增不減ナル聞タリ。文殊說經云。假使一佛住世。若(「ト)(大正藏八、七二六下)一劫若遇(ニ過歟)一劫。如レ此一佛世界。應(復カ)有ニ無量無邊恆沙(「河カ)諸佛一。如レ是一一佛若一劫若遇(ニ過歟)一劫。晝夜說法心不ニ暫息一。(若一劫無量無邊恆沙諸佛如是一一佛)各各度ニ於無量恆沙(「河カ)衆生一。皆入ニ涅槃一。而衆生界亦不增減。乃至十方諸佛世界。亦復如レ是(「不カ)○何以故。衆生定相不可得故。是故衆生界不增不減　矣

大般若經云。諸有情界無增不(不ホ無)減(大正藏七、九六四下)。假使於ニ此一佛世界(土カ)中一。有ニ如恆河(殑伽カ)沙數諸佛(「ホト佛ホ傍イニナシ)(ホ不イ)一。一一皆住ニ爾前(前ナシカ)所(所ト前)大劫一。晝夜常說ニ爾前(所カ)法門(「法門カ)一。一一名(名ロニホト各)能度ニ脫爾所佛土諸有情(有情カ)類一。悉皆令レ入ニ無餘涅槃一○何以故。以ニ諸衆生類自性離一故。無邊際故無(無ロニホトナシ)不レ可ニ增減一(以故トナシ)矣

彼ノ文殊說經・大般若經。同本異譯ノ說也。文言相ヒ同ク義理相順セリ。而モ上ノ文ニ。恆沙衆生皆入涅槃而衆生界亦不增減等者。正ク說ニ事ノ不增不減ヲ一也。衆生定相不可得故等者。理ノ不增不減也。事理同ク不增不減ト云事。在レ文ニ分明也。誰カ可キレ生スレ諍ヲ耶。而ヲ御難ノ趣ハ。諸經ノ說(說トナシ)相猶ヲ理性(性ロ證)ノ不增不減也云云　而ヲ如ニ立申一。經文ノ說相ハ全ク單ニ無シレ

約スルコト理性ニ。恆沙ノ諸佛一劫乃至過スキテ多劫ヲ說キ爾前ノ法門ヲ度スニ爾處ノ衆生ヲ。而モ於テ生界ニ無ト增減云ル。是豈非ス事相ノ不增減ニ耶。經文ノ說相ハ。事相ノ不增不減ハ卽チ依リ理性ノ不增不減ニ。理性ノ不增不減ハ還而依ト事相ノ不增不減ニ見タリ。何況ヤ大般若經ノ「自性離故無邊際故ト者。」自性離故ト云ル此ハ當レリ理ノ不增不減ニ。無邊際故ト者。叶ヘリ事相ノ不增不減ニ。文言既ニ分明也。不可廻ス私料簡ヲ

示云。竹林院流。自性離故無邊際故ノ文ヲ。當ツル事相ノ不增減ニ事ハ隨分ノ習事也。經文ニ正ク約シテ事ニ說ク不增不減ヲ文有リ耶ト責ル時キ。可出此文ヲ也。常ノ人モ如此申ス歟。然而以之ヲ爲スル習ト也

證契大乘經云。衆生無始無終。虛空界法界亦復如是。是故楞伽王。當知衆生界不可說增不可說減。此三有ノ廣大ノ生死深海衆生。已度當度無量無邊。而衆生界不增不減。如是楞伽王。衆生界若初若中若後皆不可得。如證契聖法。卽衆生界終而無盡滅。然有後度。衆生界法爾如是無始無終矣（大正藏十六、六五五下）於テ生死海ノ中ニ三世ニ無ク止ムコト已度當度無量無邊ナレトモ終ニ不增不減也ト云リ。而モ論スルニ其ノ故ヲ時キハ。法爾如是無始無終矣法爾ノ言ノ中ニ可キ具足ス事理ノ不增不減ヲ也。如來ノ誠諦非ス學者ノ指南ニ耶

此文ハ寶地房勘文云此ノ法爾如是ト云ルヲ打任テハ自然ニカカル理ノ有ルト思タリ。性相ニハ法爾ノ故ヘナト云テ分別ノ道理ハ無ケレトモ。松青ク花ノ紅ナル樣ニ自然ノ事ト思フ也。性相ノ中ノ法爾ノ道理ハ誠ニ如然ノ可シ得意。大乘ノ實義以テ圓家ノ法門ヲ云者。如然ノ未盡ノ義ハ努努不ル可有ル事也。法性自天而然ト矣（止五（天止三、二〇六））云ヒ。法性自爾。非作所成ト云ル（止一（天止一、二四六））至極ノ法門可收ル此ノ句ニ也。サレハ證契經ニ。法爾如是無始無終ト云ル。意遠ク義幽ハルカ也。如ク小乘ノ如ク外道ノ法爾ノ兩字ヲ不可得意

示云。小宗等ノ心ハ事ニ法爾ナリト談スル也。一家ノ心ハ自爾ト者法爾ノ理ト云事也

(5)一。所依ノ文事　五

先哲ノ料簡區ニシテ後學ノ異端非ス一ニ。或ハ爲シ生佛二界ノ不增不減ノ依憑ト。或又非ス不增不減ノ事ニ云云

兩端異義雖有之。强又非鉾楯歟。今此文常坐三昧意止觀也。文本意迷悟平等。生佛一如義也。强非釋二界不增不減。而自本經說二界不增不減論其道理事。自是生佛一如義門也。今文雖說生佛一如義。還成不增不減義事有何妨。本書文云。觀衆生相如諸佛相。衆生界量如諸佛界量。諸佛界量不可思議。衆生界量亦不可思議。衆生界住如虛空住。以不住法以無相法住般若中。不見凡法。云何捨。不見聖法。云何取（三止二ノ二十一丁（天止一、四一八））。六祖消此文云。觀衆生下觀三道明。初觀衆生即是苦道。初言觀生如佛者三德理等。是故云如。言生佛量等者。生之與佛無復界別數量之異。以理等故種類（數カ）亦等。勿執事義而互相妨矣（同前）。本書觀衆相如諸佛相等。專約理性也。故六祖大師初觀衆生即是苦道等云。三德理等是故云如矣釋也。次衆生界量如諸佛界量者。顯理上事歟。故六祖大師生之與佛

無復界別數量之異釋也。以理等故種類（數カ）亦等矣者。牒上兩句也。以理等故者。指觀衆生相如諸佛相等文。種類（數カ）等者。指次句衆生界量如諸佛界量文也。故理平等故事又齊等也。以理等故種類（數カ）亦等解釋。生佛事理同是可不增不減被得。次勿執事義而互相妨云。再往御精在此文歟。學者料簡之。又蘭菊不同也。一義心。上以理等故種類（數カ）亦等者。悟上事理也。次勿執事義而互相妨者。以迷情事不可妨佛知見云也。或又。勿執事義而互相妨者。以事增減不可妨事不增不減云非。理性平等生佛一如也。而事相必有捨凡入聖義。以事捨凡入聖義不可妨理一如平等云也。故本書（天止一、四一八）。不見凡法。云何捨。不見聖法。云何取矣。六祖大師（同。弘決）。生如佛故無凡可捨。佛如生故無聖可取矣。約事雖有轉迷開悟義。猶不可違不增不減義。終日雖捨凡入聖。終日不增不減也可得心也

(6)一。餘處釋義證據事　六

一家大部章疏釋中釋不增不減義事。其文不幾歟。一兩處勘文事有之歟。且淨名疏文。學者常所勘來也。海有八不思議。佛法亦爾。菩薩無緣大慈含容一切心無取相。是故不增。雖觀諸法畢竟空寂而不捨衆生。故名不減。猶如大海衆流常入而不增。沃焦常煎而不減。故言心大如海矣（名疏第三（大正藏三八、五九九上））六祖大師消此文。今且用不增減一。衆流等者九道常投而佛界不增。種智常煎而生界不減。應具以前二句合之。九道雖投而由心無取故不增。種智雖觀而由心無捨故不減。此則具於事理二釋矣（卍續二八、三八〇丁右下。維摩疏記）此本末文。事理不增不減明文也。更不可招疑端。所以妙樂釋。消本書猶如大海衆流常入而不增等文。九道常投而佛界不增。種智常煎而生界不減釋也。是正釋事相不增不減也。應具以前二句合之等者。可合本書次上無緣大慈含容一切心無取相等文云也。故難勢所來。顯出菩薩心中無取捨者。上二句文也。本書文先約菩薩心中功德。專以理爲本也。次猶如大海下事相譬喩故。六祖大師約事不增不減消之畢。以此不增不減文可合上兩句云也。正合之樣釋時。九道雖投而由心無取故不增不減。種智雖觀而由心無捨故不減矣（同前）是釋合事理不增不減也。次此則具於事理二釋者。結成上諸釋也。如難勢但菩薩心中功德。非事相不增不減。此則具於事理二釋文何樣可心得耶。事釋者。正指九道雖投等文也。論事不增不減云事。非指掌耶

(7)一。法華皆成道理事〔七〕

奥州德溢以此事爲難勢前。若立皆成道理可終盡云云。難勢雖繁不可過德溢所破。所立雖迷易只任山家御釋處也。彼德溢破云。汝說衆生與涅槃界不增不減。爲據眞如平等觀中不見增減。爲據世諦說無增減。若據理觀說無增減即汝還許世諦事中有其增減。有增減故（傳全三、二三〇）

還有下衆生界盡諸佛願滿復有三盡入二涅槃一之盡上。〔盡㋺㋥㋭㋣過〕若據二世諦一卽〔卽㋭說〕レ無二增不減〔不㋭㋠〕一卽〔卽㋭則〕於二世諦一亦應レ無レ有二斷レ惑〔(惡カ)〕修レ善捨レ凡〔凡㋣取〕得レ聖矣。山家ノ大師救云。若眞如觀中雖レ無二增減一〔(傳全三、二三〇～一)〕而世諦中不レ無二增減一者。世諦之中衆生有二增減一。亦可三世諦之中世界有二寬〔(廣カ)〕狹一〔㋭㋣者」〕。若爾。四種姓〔(性カ)〕人既已無後無性種〔(衆生カ)〕性獨留レ之時。世界分齊其量如何。復無性種其數幾許〔「㋺㋥㋭㋣性〕〔(衆生カ)〕○引二テ不增不減經一ヲ云。舍利弗。甚深義者卽是第一義諦。〔(同、二三二～三)〕第一義諦者卽是衆生界。衆生界者卽是如來藏。如來藏者卽是法身。依レ此〔此㋣之〕言レ之衆生界者非二差シャ別法一。故知。衆生界中〔(界㋠カ)〕無三一衆生終不二成佛一。亦無二一衆生滅盡一而已。言下衆生界與〔與㋣云〕二涅槃界一平等無二。衆生未二成佛一時。衆生界不レ增涅槃界不レ減。衆生成佛時。衆生亦不レ減涅槃亦不レ增矣

解釋ノ心〔心㋺意〕ハ。生死涅槃平等無二ノ故ニ。一衆生トシテ留ル二生死一ニ人無ク一衆生トシテ徒ニ無シ二滅盡スルコト一云云故ニ立ル二皆成佛ノ義ヲ一時キ。還而可レキ成ス二不增不減ノ義ヲ一也。所以ニ皆成佛ト者。故成道時〔決五(天止三、二七〇)㋭文」〕稱此本理ト矣〔矣㋭㋠〕云ヒ三千果成減〔(咸カ)〕稱常樂ト矣〔矣㋭㋠〕云カ故ニ。〔籤六(天玄四、三四九)〕一家天台ノ心〔心㋺意〕。成佛ト者顯スニ三千ノ本理ヲ一也。顯ニトニ三千ノ本理ヲ〔理㋺㋥㋭㋣㋠〕一云者。

豈非ニス十界不增減ノ義ニ耶

次ニ至テ下可レ出二先德ノ御釋ヲ一云御尋上ニ者。一乘要決〔惠心〕下云。問。〔(大正藏七四、三五九上)〕法華方便品云。如二我昔所願一。今者已滿足。化二一切衆生一〔皆令レ入二佛道一云云〕〔「㋺經〕衆生無盡爲〔爲㋺而〕言二一切皆入佛道一。豈〔「」㋺㋠〕非三了義說二小分〔一切〕一〔「㋺經〕答〔答㋣㋠〕。若望二他師一此文難レ「消。若〔(今カ)〕依二圓宗一未レ足レ爲レ難。」謂五乘中聲聞緣覺。如二高原陸地一成佛甚爲レ難。今二乘會餘性〔(姓カ)〕非レ難。一座既〔既㋺㋠〕開十方亦然。〔故言二〕一切一。非二豈〔豈㋺㋥㋭㋣是〕小分一。如下栴檀屈王達〔達㋥造〕二一拳〔拳㋥麥〕粒金一〔而言中我今マ已ニ造上ニ金山一〕矣〔㋭一段下テアリ〕示云。栴檀屈王ノ取テ二一土ヲ一作スハレ金ト皆成ノ理リ也。而諸土不ハレ失セ九界存スル理也

(8)一。始起有情事　八〔八㋣㋠〕

許シニ不ハレ許三始起ノ有情ヲ一。是又學者ノ異端也。〔己心中記〕中古已來多ク不レ許二此ノ義ヲ一歟。但シ。慈覺・五大院ノ釋義。專ラ立ト二此義ヲ一見タリ。〔菩提心義三〕五大院釋義云。問。若如レ所レ言二三世衆生新新出生一。〔(大正藏七五、四九七上～中)〕此則化地部義。瑜伽第百卷盛破〔「㋭㋣得㋭傍イナシ〕二此義一。答〔(「何今立レ之カ)〕。瑜伽是通教論。不レ許二新成衆生一。今依二勝鬘一。依二如來藏一故有二生死

涅槃。起信論云。眞如薫變成八識。瓔珞經云。使無法起故名無始云云故佛性論中。皆成佛家盛立眞如變作衆生之義。是圓「別意。但。化地部立此義者是盜大乘之義。例如分別部」盜大乘義立一切皆成佛義也矣化地部中立始起有情。是非小乘當分心故餘部中不許之。瑜伽論又破之也。今依勝鬘・起信・佛地論等心立始起有情。所以始起有情者。眞如緣起十界也（大正藏七五、四九七上）。眞如緣起故三世無止（同前）。三世無窮盡也。依如來藏故有生死涅槃云。使無法起故名無始矣皆是隨緣眞如緣起常住心也。若約此等義邊專立始起有情可成不增不減義也

(9)一。前佛後佛戒體增減事　九

俱舍論十五云。若爾前佛及所度生已涅槃者（大正藏二九、七八中）。後佛於後旣不發得別解律儀。如何尸羅無減前過難以一切佛別解律儀皆從一切有情所得。設彼有情今猶在者。後佛從彼亦得律儀（大正藏四一、二二三中）。故後尸羅無減前過矣光法師釋之云。若如迦葉佛等所度衆生已涅槃者。後釋迦佛等於前佛等旣不發得別律儀。如何尸羅無減前佛過上○以三世佛別解脫律儀皆從一切有情境處惣發得戒。設過有情今猶在者。後佛從彼亦得惣發別解律儀。故後尸羅無減前過。境雖有減戒體無虧矣

大乘經（報恩經第六）文及婆娑論文。其心如今俱舍論等。而就境雖有減文生界可有增減云難。誠以似難思。然而。境雖有減者。於衆生界更有增減云非。迦葉所度衆生旣入涅槃故。釋迦文出世時於彼衆生不發戒體。隨此義邊境雖有減云也。惣而論之於生界無增減故。故後尸羅無減前過云也。所以論第八卷中（大正藏二九、四二上）。三界無邊如虚空量。故雖無有始起有情。無量無邊佛出於一一化度無數有情。令證無餘般若涅槃界而不窮盡。猶如虚空矣當論文旣有情界無量無邊如虚空量云。兩處施設更以不可參差。故雖境雖有減。非有衆生齊限。一一化度無數有情令證無餘而不窮盡云故。於事相衆生無增減云事在文分明也

報恩經第六云。（大正藏三、一六〇下）問。三世諸佛得戒等不。答曰。不ㇾ等。凡（ホ凡歟）得（卜取）ㇾ戒者。於二衆生類非衆生類上一（ア曰カ）得ㇾ戒。而一佛出世度二無數阿僧祇衆生一入二無餘泥洹一。界（而カ）後佛出世於二此衆生一盡不ㇾ得ㇾ戒。如ㇾ是諸佛。先後得戒各各不ㇾ等。如下迦葉佛度（數カ）二無量阿僧祇衆生一入中無餘泥洹上。而迦葉佛於二衆生（「此カ）一盡皆得ㇾ戒。釋迦文佛。於二此衆生一盡不ㇾ得ㇾ戒○矣

⑽一。義勢取捨事　十

衆生界不增不減ト云事。或ハ寄セ二無邊ノ道理一二。或ハ約シ二本有本來一二。或又約ス二始起ノ有情一二。以テ二何ノ義ヲ一爲スル二眞實ト一耶（耶卜歟）。此ノ事常ニ不二沙汰一事歟（事卜ナシ）。或題者近來尋ヌ二此ノ義ヲ一。立者立テ云。此ノ兩三ノ義終ニ可ㇾ成ス二一義ヲ一云云　題者處ト未判ニ云云

又前キノ精ノ中ニ。衆生界無邊ノ故ニ無ト二增減一云事。小乘ノ所談也。何ツ可ㇾ成ス二大乘深微ノ義ヲ一耶　云云（云云卜ナシ）

康永三年（一三四四）六月會（年ロ稔）

川（「ホト私註）　暹榮所立　盧師扶作

尊勝院法印　慈能精（「私注」「ロホトナシ）

此等ノ法門能能可キ二案シ解ク一事也。小乘ニテハ雖ㇾ云ト二三界無邊如虛空量一ト。不ㇾ云ル二如虛空ノ道理ヲ一也。生佛二界無量無邊ト者。其ノ心（心ロ意）ハ卽チ本有本來ト云フ心也。本有ト云モ常ノ人ノ約束ハ。只常見ノ樣ニ此ノ生佛二界ハタトシテ自二昔シノ昔一有ㇾト之（之卜意）思フ也。此ハ無キㇾ樣（無ㇾ樣ロホトヤウモナキ）常見也。非ス二其ノ常見ニシテ一本有ナル形ハ眞如實相ノ體也。眞如實相ト者必ス緣起ノ法體ナルカ故ニ。始起ノ有情ト云ト同事也。去レハ（去ロホトサ）五大院ノ釋ニハ。（大正藏七五、三七七上。教時義）二倶ニ本有ニシテ二互ニ迷覺スト云リ。本有ト云ト迷覺ト云ト只一法ノ始終也。此ノ事能能可シㇾ思フ。不ㇾ可二率爾ニス一

⑾一。三諦ノ不增不減事　十一

此ノ事。椙生坊（坊ロ房）流此ノ名目ヲ好ミ存スル歟。擬宜シテ云ハㇾ之ヲ。他流ノ義モ非スㇾ可キ二遮スㇾ之ヲ一。三千卽空ノ故ニ卽空ノ不增不減也。亡泯三千ノ上ニ有ム二何ノ增減一カ。三千卽假ノ故ニ假諦ノ不增不減也。雖ㇾ亡而存。假立二假號一也。既ニ云フ二三千ノ妙假ト一豈於テ二生佛ニ一可ム二見ル二增減ヲ一耶。若シ佛界獨リ殘リ生界永ク盡ハ不ㇾ可ㇾ立ス二三千ノ妙假一。假諦ノ理永可キㇾ失ス也。三千卽中ノ故ニ中寧可ム二增減ス一耶。法性同體其（其ㇶ互）非前後亦無增減ト云フ（教時義一（大正藏七五、三七六下））（「ロホト矣）。卽チ此ノ心也。又云フ二心性不動假立中名ト一。一念ノ心性本來不動ノ

處ニ全ク不レ可レ生二スル增減ノ執一ヲ

一校畢（一校畢[ロ][チ][ホ]以上畢）

（底本、對校[ニ][ト]本奥書）

予昔在二盧山修練之砌一。預二聞此御抄之名一久成二戀慕之思一。今訪二叡嶽（嶽[ニ][ト]岳）實藏之門下一忽入二自身手一。歡喜雨涙渴仰徹骨。偏再二興報恩講（講[ト]謁）一欲レ謝二列祖無限之慈德一。後生知レ之（知之[ト][チ]）。唯須二十念之心一

南無阿彌陀佛

（底本、對校[ニ][ホ][ト]本奥書）

永享四年（一四三二）霜月十八日　臨空

「天台大師加護之所」（「」[ニ][ホ][ト][チ]）

（對校[ニ]本追記奥書）

于時寬永十一年（一六三五）夷則（七月）五日書寫畢

山門横川解脫谷南樂坊覺賢

（對校[ト]本追記奥書）

于時寬永十五年（一六三九）九月日遂寫功并加二一交一了

右筆金山坊祐存

（對校[ロ]本奥書）

進上　大僧正樣

寬永拾六（一六四〇）己卯歲卯月吉辰江戶在留之刻　實承書之

（底　本）叡山文庫眞如藏『盧談』三十五冊の內

（對校本）[ロ]＝叡山文庫雙嚴院藏『盧談』三十九冊の內

[ニ]＝大谷大學圖書館藏『盧談』二十四冊の內

[ホ]＝叡山文庫生源寺藏『盧談』十七冊の內

[ト]＝日光天海藏『盧談』二十六冊の內

四種三昧義〔二界增減〕

9〔四種三昧義〕 二界增減　盧談

生佛二界不增不減之事（重難・重答）

難云。生佛二界不增不減事。圓家ノ宗旨佛法ノ大綱ニ反テ己證仰樣ニハ候カ。指當テ俗難猶難盡樣ニ候。自本所ニ難申者。分別シテ事理理ノ不增不減ハ不及左右。事ニモ無增減歟ト所爲也。一如ノ邊ハ凡聖異モ無ク迷悟ノ別モ無ク。眞如界ノ中ニ生佛ノ假名ヲ絕ル（絕〈へ〉給）。別ノ事ハ非疑也（「〈へ〉譯）。此時ハ迷悟ノ別ナケレハ轉迷開悟トモ不可談。惑智ノ差異（悟カ）ニモ不可論之。故ニ斷惑證理トモ不可爲（爲〈へ〉向）。迷ノ轉シテ轉ヲ開キ轉シテ凡ヲ聖ヲ得ルニコソ。生佛二界ノ增減ノ背（背〈へ〉有）トヤ無ヤノ沙汰モアランスレ。其分カ無ン時ハ。增減ノ不增減ノ沙汰ニ不可及事也。然ルニ何ナル實教意。「圓極ノ所談ニモアレ。」（「」底本重複記載）義相（義〈へ〉事）ノ分別無カルヘキニ非ニ。理ハ平等ヲ爲體事ハ差別ノ爲義事。處處解釋ノ所定一家宗旨大綱也。理體無差差約事用トモ釋（天玄一、四九八。釋籤）。約理云卽約事須理（離カ）トモ云ヘル（天止二、五六〇。弘決）。豈ニ非實義定判耶。若爾ハ。事相隔異ノ日。猶無生佛增減被成事ハ太所難思歟。理ハ生佛一如ナレトモ事ニモ轉迷開悟・捨凡入聖ノ義ハ有トコソ被成スラン。縱無邊ノ生界中ニ一人無始ノ迷ノ翻テ佛界ニ入事有之者。生界ハ一分減也。佛界ハ增ト可被云也。生佛二界共界量モ數量モ齊ト者（者〈へ〉云ハ）。決定可背（背〈へ〉有）增滅（滅〈へ〉減）也。齊等ナル生佛二界カ出生界入佛界類有之許ハ。增減ノ條勿論事也。數量ハ齊處カ還テ可有增滅（減カ）「道理（「」底本重複記載）ニテ有ル也。縱生死界ノ中ニ一人入佛界類有之云トモ名（名〈へ〉ハヤ）增滅（減カ）ハ」必然上ニ。佛ト者一佛トシテ三身ノ功德不ル名（名〈へ〉具）之佛ハ不可有名也（名也〈へ〉若レ）。應身功德ノ具之スト云ハハ。一一ノ佛八相成道轉轉（轉轉〈へ〉轉）妙法輪ノ六道衆生ノ可利體ニシテ有之。サレハ無邊ノ佛界。無邊ノ生界ヲ度セハ增減ノ位ハ「猶論ノ譯ハ」（「」底本重複記載）非ス。生界ハ悉可窮盡者也。況ヤ一佛出世シテ無量ノ衆生ヲ度ス。諸佛各各如此。一番成道ニ若干ノ有情ヲ利ス。三世化導番番利益。是算數譬喩所及耶。於此條者講答定テ六（如本）共許歟。此モ理性平等ノ所談ノ前ニハ衆生ノ無可減。諸佛ノ應スヘキモ無也。諸佛モ不出世衆生モ不可得益可云ケレハ。增減ノ事疑ノ所及非ス。ナ（ナ〈へ〉サ）レハトテ事ノ理性融通ニ寄テ。サテハツル樣不可有。法華本迹二門ノ法門ト申モ。迹門ニハ三周聲聞大通以來ノ種熟脱ノ因縁ヲ沙汰シ。本門ニモ本成已來ノ番番化導惠利無レ極樣ニヨリ談。與ニ轉迷開悟一法門一向無ントハヨモ被レ成得（得〈候ハジ）。轉迷開悟ノ分ハ可レ有ナラハ。扨ハ生佛二界不增不減ノ義勢ノ「不レ可レ爲成セシメ」（「」〈事可成セシメハ）生佛二界相對スト。佛界ハ悟リ也。悟ハ平等ノ理ノ證得也。本有ノ眞如ニ契當スル謂ナレハ。於ニ佛界ニ者不增減ト云ハン事一分ハ有ニ其謂ニ（〈可）事也。生界ト云ハ迷云（云〈也）。迷ハ殊差別ノ結也。質礙ノ凡身境界之各別ニシテ彼此異也。サレハ〔妙樂ハ〈〕（大止一、九六。弘決）從因「迷趣」（「迷趣」〈從迷執カ）異成隔。從果從悟佛性自（自〈恆同）トモ釋。者（者〈先）德釋中ニハ。在因地中雖有前後。至果海中會成一體トモ釋（大正藏七五、三七四中。教時義）。此執異成隔モ雖レ有ニ前後一スル生界ニ於テ事相隔異。前ニモ惣テ不增不減。イツモ數量齊等ナルヘシト云講答ハ道理イカニモ難レ成者也。可レ寄ニ事於理性一如。慥ニ事ニモ無ハ增減ニ云道理ヲ分明ニ可ニハ成（〈被カ）シ。サレハ諸大乘經中ニ。生佛二界ノ不增不減ヲ說事多シ。一理一文（〈文）トシテ約レ事不增不減ノ義ノ論ル事無。殊說經ニクレクレ云生佛二界共ニ不增不減ナル旨ヲ說ク（大正藏八、七二六下）。其不增不減ナル謂ニハ。衆生定相不可得故ト說。大品經ニ云（同、三〇九中）。是衆生性亦（「亦カ）不增（減カ）不減（增カ）。何以故。故（故〈也）衆生無所有故。衆生離故ト說。同本異譯ノ大般若經ニハ（大正藏七、九六四下）。自性離故。無邊際故不レ可ニ增減一說キ（「以諸有情カ）。不增不減經ニハ生佛二界不增不減ノ體ヲ甚深ノ義云フ（大正藏十六、四六七上。取意）。其甚深ノ義トハ第一義諦（「卽是カ）（「〇カ）。如來藏ト說ケリ。此等ノ諸經離テ何論ノ文（〈經）勘テ。不增不減ノ義ヲ可レ被レ成耶。今所ニ出申一諸經文。專說ニク不增不減ノ旨一也。此ハ皆約レ理說レ之事在レ文分明也。不レ及ニ料簡一耶

至ニ一家ノ釋一者。四種ノ三昧義カ。是ハ常座（坐カ）三昧ノ意ノ止觀ヲ釋トシテ。引ニ文殊說經ノ文ヲ也。本經ノ文如ニ前出申一。不增不減ノ義專約ニ理性一說レ之。此經文ヲ被レ寫釋義。觀ニ衆生相一如ニ諸佛相一（天止一、四一八。止觀）〇矣約ニ生佛一如理一就衆生定相不可得故ノ義ニシテ無ニ界別數量ノ異一旨ヲ論ル條。釋義本意無レ疑上ニ。荊溪委細ノ消釋ハ末學始テ不レ可レ致ニ共勞一。觀衆生相釋ハ專約ニ三德不思議ノ一理一釋レ之

次ニ釋ルニ（同前）（界カ）衆生壽量如諸佛諸佛（諸佛〈也）界量ノ文（同。弘決）。生也與佛無從（從〈復）界別（數カ）教量之異。以理等故數類亦等。匆（執カ）趣（之カ）事義而互相妨ト云ヘル。此正ク不增不減ノ義ノ釋義スル也。而ニ生佛ノ數量ト理ノ等キ謂ノ以ノ數（數〈教）類等トハ云也。事ニ增減アルヲ以テ理ノ不增不減義ノ

妨ル事ナカレト釋ル條。判溪ノ消釋盡理ノ釋義ニ非耶。加之。諸佛（天止一、四一八。止觀）界量不可思議。衆生界亦不可思議（「〈量）トイヘルハ。約ニ理不二ニ故（同。弘決）名爲レ如〇釋シ。衆生界住（住カ）如常空假（同。止觀）（虛カ）如本トイヘルヲハ。如約無相故（同。弘決）（體カ）譬虛空ト判ス。釋義始終一一ニ約ニ理性ノ融通生佛不二ノ旨ニ料簡タマヘリ。此ノ向（向〈勿）趣事分ト云ハ事ニ有ニ增減ニ云ニハ非ス。事ハ以レ（勿執事義カ）背（背〈有）ニ捨凡入聖ノ義ニ。生佛一如ノ理ニ妨ン事勿ト釋ルゾト云料簡也。全分ニ本末釋義ヲ不レ叶ニ本經ノ施設ニモ背ケリ。既ニ文殊說經ノ文ヲ被レ寫上ハ。本經既不增不減義ノ論ハ。釋義引用豈可レ違ニ害經ノ意ニ耶。妙樂得ニ本意ニ。生之與佛經（經〈?）無復與別（同。弘決）（界カ）數量之異ト矣（矣〈?カ）以ニ理等ニ故數類約等（亦カ）トイヘルハ。生佛二界不增不減ノ義ニ非耶。就中本書ニ。不捨不取但住實際（同。止觀）ト云ヘルヲ。妙樂ハ。生如レ佛故無ニ凡可レ捨。佛如レ生故無レ可レ取清（「聖カ）（清〈消）セリ（同。弘決）。此不捨不取ト云ハ卽不增不減ノ義也ト云事。一處釋義分明也講答モ定テ彼釋義ヲハ御己證ト被レ存歟。此上ハ今ノ本末ノ釋義就ニ不增不減ノ義ニ事理相對シテ非レ盡（盡〈釋レ之）云事。旁背ニ釋義本意ニ者耶。何況事ニハ背（背〈有）ニ捨凡入聖ノ義ニ云事ヲハ共ニ許歟。此（「」底本重複記載）上ハ」捨凡入聖ト云ハ卽增減也。以ニ前難勢ニ一一難廢者也

所詮。不レ寄ニ事於理性一如ニ。正ク事相ニ無ニ增減ニ分明可レ被レ成。經論釋義ニ付テ一一ニ約レ理條分明也。上釋義既ニ盡理シテ勿趣事義ト遮ス。付レ之。經論中ニモアレ一家釋ニモアレ。理性ノ一如生佛不二ノ譯ニハ非ス。事ニ正ク無ニ增減ニ見タル證據可レ被レ出。此度此等ノ文理ヲ委細可レ被レ成也

答。生佛二界不增不減ノ事ハ。迷悟釋（釋〈根）元佛法ノ至極也。凡慮輒難レ測。但。於ニ此事ニ者猶圓實ノ宗旨ヲ不レ義。於ニ佛法ノ中ニ者惣シテ生死ノ際泥（泥〈限）。生界ノ窮盡ヲ論ル事也。若生佛二界有ニ增減ニ者。於ニ生死界ニ寧無ニ窮盡ノ義ニ耶。若有ニ衆盡ニ云ハハ。大小有（「無カ）ニ佛法大道ニ也。サレハ倶舍ノ佛法ノ約（約〈初）門ナル。三（大正藏二九、四二上）界無邊如虛空量乃至而不窮盡猶如（若カ）虛空ト判セシヨリ。大小權實ノ佛法ノ義雖レ有ニ淺深ニ。何（「〈何）經論ニカ輒ク有レ許コトニ生佛二界增減ニ耶。去ハ出ニハ一箇條ニ者。諸宗ノ事ニモ不レ生ニ異見ニ。一家學者又無レ存ニ異論ニ。此上者生佛迷悟ノ本源ニ還テハ。其義甚深シテ雖レ難レ窺。諸教一同之大道事可レ存ニ異義ニ耶。但。事可ニ增減ニ云事。眞如平等ノ理ノ所無ニ生佛增減ニ云ハン事ハ。諸宗所談メツラシカラヌ事也。以レ之爲ニ圓家規模ニ之條

可レ譯(談カ)○但。一家ノ意ハ。萬法是眞如ナルヲ云レ理故離レ事無レ理。眞如「是萬法ナルヲ(「」底本重複記載)云レ事故ニ理外ニ無レ事。理ニ若無ニ增減一者。事」更不レ可ニ增減一。種(諸カ)教ノ心ハ雖レ論ニ不增不減ノ義一未レ盡ニ其源底一。俗(「〈種)難可レ有ニ難遮之處一也。是則未レ明ニ隨緣眞如ノ義ヲ一。未レ談ニ法性緣起ノ旨一故也。所難ノ旨ハ何度モ凡情ノ本初也。所ニ存申一者圓實大綱也。不レ寄ニ事於理ノ融通一偏以可ニ分別一。事ハ全分○實相必諸法。諸法○ナルカ故ニ(大正藏四六、七八五下。金錍論)一家意離ニ理性一如ノ道理一無レ論ニルコト十界十如ノ性相一。若離レ理論レ事者。卽是迷輒(輒〈情)ノ妄趣ノ除諸法實相餘皆魔事故ニ(大正藏三七、一八八上。觀經疏)更非ニ圓實ノ所談一ニ。圓教ノ意ハ雖レ云レ理非ニ性德不變理一ニ。雖レ云レ事トモ非ニ凡情妄有ノ事一。事理共ニ於ニ法性事一論也。此ヲ名ニ隨眞如ト一モ稱ニスル事法性ト一也。若夫眞如緣起ノ生佛二界ナラハ生佛共ニ本有常住ノ法ナルヘシ。迷悟共ニ法界生佛共ニ本有ナラハ。出ニ(出〈於)法界ノ中一爭可レ起ニ增減ノ見一耶。此ハ皆約レ理論ストハ云。圓教事ハ法界ニ非ス。法性ニ非ストモ可レ被レ云歟。性相二宗ノ所談ノ不同モ源此事ヨリ起レリ。諸法ヲ八識能生ノ依地ノ法中ニ付テ分別スルハ權大乘ノ心。諸法理內ニ於テ分別ルハ實大乘今

家ノ意也。サレハ弘決五ニハ。一家觀門永異ニ諸說一○良由レ觀レ具(天止三、二〇六〜七)云(名〈具)其ノ名ト云ハ卽是性具ノ法門。一念三千己心中所行ノ法門ト云ハ是也。此所談ニ向テ。理ニユク(ユク〈コソ)增減ハナクトモ。事ニハ增減スヘシト云難勢不レ可レ來事也。諸ノ假難惣ヘテ不レ可ニ寄付一。生佛迷悟本源ニハ心ヲ不レ置。我等カ眼前境界ニ對シテ一人ノ衆生ノ轉迷開悟スル處一ヲ趣シテ。此定ニ法界ノ衆生モ一一ニ捨凡入聖セハ生界減。生死モ可レ有ニ窮盡一ナレハ。三藏生滅ノ道理ニタニモ及。迷悟ノ妄執(執〈趣)ノ一ツ固メテ生佛ノ增減可レ有ニ同(同〈向)事一ハ。管見ヲ以テ大虛ノ測カ如クナルヘシ。問答重テ運ト云ヘトモ。此分ニテハ難勢ノ趣惣不レ可レ有ニ盡期一也。轉迷開悟ノ義也ト云ハハ尙(者歟)(尙〈卽 如本)增減ノ義也ト云難勢頻シキリニ來歟。轉迷開悟ノ樣ニ可レ依也。迷ト云ハ。三千在理同名無明ノ迷也。(天玄四、三四九。釋籤)悟ト云ハ。三千果成減(咸カ)稱常(同前)樂ノ悟也。三千無レ改無明卽明ナレハ(同前)迷悟共ニ三千ヲ不レ出。若(「〈等)三千ノ悉ク轉シテ三千ノ悟リ開ナラハ永ク九界ノ迷ヲ捨テ前ニ佛界ノ悟ヲ得ル樣ニハ不レ可ニ意得一。九界ノ末ニ別ナル處ノ佛界ハ猶是思議境界ニシテ圓融不思議佛界ニハ非ル故ニ。轉迷開悟事又圓家ノ所談遙ニ別(別〈前)難勢之成事也。此處ニ於テ轉迷開悟ストモ云ヘハ終日ニ

悉ク轉ス。法界本有ノ悉一分モ無レ所レ減。終日ニ佛界ニ入レトモ法性平等ノ果海更無レ所レ增者也。事ニ增滅(減カ)ノ道理何度モ不レ可レ過ニ此趣一者也。此上ハ文殊說ノ。衆生定相辨(大正藏八、七二六下)得(不可カ)故。如大(同、三〇九中。參照)品經○其餘ノ大般若・不增不減經等。約ニ理具一文一一所答ノ潤色也。事ニ無ニ增減一之道理カ源眞如法界ノ理ヨリ緣起ル處ノ十界ノ諸法ナリケル故ニ。事ニモ無邊際シテ曾リ有トハ二增減一不レ被レ云。故ニ事ニ無增減之道理トハ衆生定相不可得故トモ衆生所有故ニ尤可レ說者也

但。不可得意(意〈言ハ)。何必偏シテ(「〈約)理意得耶。圓心ハ事理共ニ不可得故(「〈事)ナルヘシ。所詮圓教ノ事理ト云ハ。法性寂照故ニ寂而常照(「可カ)ノ故ニハ則不可得。照而常寂ノ故ニハ理則不得也。無有ト說キ自性離故ト說ク。又以同レ上。就中大般若(「〈經)ノ說自性離故ト云ヘルヲ。雖レ可レ通ニ事理一自性ノ言尚似レ理。無邊際故ト云ヘル又雖レ可レ互(互〈並)ニ事理一自性離故ノ道理ニ互テ無邊際故ト云ヘルハ。事ノ無邊際以テ不增不減ノ義ハ成スト見タリ。此經正ク事無ク二增減一旨ヲ說ト見タリ

次四種三昧義本文猶如ニ前存申一。誠常座(坐出カ)文殊向(問カ)・文殊說兩般若ノ故ニ。以ニ文殊說一被レ爲ニ常坐三昧ヲ本說一條勿論也。(天止一、四一九。私記參照)殊ニ二ノ意止觀下ノ文。被レ寫ニ彼經說一也。然披ニ文殊說(「ニ非スか)經ノ文一出ニ不增不減ノ處一也者。經上說ヤ耶

次佛界文殊問答重重有也。今所レ云。觀ニ衆生相一如ニ諸佛(天止一、四一八。止觀。同、四一九。私記參照)相一等已下ノ文ハ。已下ノ問答ノ文也。於ニ此中一全不レ說ニ不增不減ノ義一ヲ。故ニ今ノ釋義又明シテニ生佛一如旨一顯ニ共道郎(同、四一八。弘決)法身ノ義一計也。如レ約ニ不增不減ノ義一非レ論レ之歟。故ニ。勿執事義而互相妨ト云モ。事理相對ル同事ニハ且ク九界佛界ノ差異モ論シ凡聖迷悟ノ不同ノミ辨ル故偏ニ執ニ此ノ一邊一ヲ。理性平等三德理等ノ義ノ妨ル事勿釋ル也。必シモ不增不減ノ義ニ付テ事ニハ有增減。理無增減ト分別スルハ非也。假使此本末釋不增不減義ヲ釋ト云トモ强無ニ子細一歟。以理等故數類(同前)不等(亦カ)ト云ハ(「〈等)。法性ノ一理本凡聖一如ナル故ニ。事ノ種類(數カ)又無ト增減一判歟(歟〈也)。若如レ此不レ得レ意者以理等故ト云。種類(數カ)亦等云ヘルハ二乘ノ釋義如何可ニ意得一哉。種類(數カ)言所レ顯ニ一如ノ旨一被レ得タリ。此則。觀衆生相如諸佛相(同。止觀)ト云ハ。三德果等是故云如ト(同。弘決)釋ル故ニ。是ハ以ニ理(理カ)性平等義一生佛ノ相ノ不二ナル事ノ明也

次ニ。衆生界量如諸界量ト云ハ。(天止一、四一八。止觀)(「佛カ) 無若數量異トモ釋シ。(同。弘決)(「〇之) 以理故(等カ」)
種類亦等トモ釋ル。(數カ) 故ニ專約レ事生佛ノ數量ノ齊等ナル事路ナル也(復界別カ)(路ナル〇論ル)
次。勿執事義而互相妨ト云ハ。(同。弘決) 此事理共ニ不増不減ナル事ハ。
圓融至極ノ法門。佛知顯見境界ナルヲ(顯〇佛)混淆シテ以ニ凡情實有ノ
事一此ノ大道ヲ妨ル事莫レト釋ルナルヘシ。既ニ勿執事義ト云執言所レ
顯尤約ニ凡情一論レ之見リ。以ニ迷執ノ事一豈ニ爲ニ隨緣眞如緣
起常住ノ事一也。若此釋義ノ約ニ不増不減義一(同。止觀)論レ之ナラハ。
釋義ノ旨趣誠ニ又相ニ叶講答所存一者也。不捨不取但ノ住實(今〇之)
際ノ本末釋。一處ノ釋義被ニ了簡一。今今條同事問者了簡也。(大悲歎)(卍續
是則淨名疏第三本末釋見ニ具文一置ト云云 妙樂受レ之。九(二八、三八〇丁右下。維摩疏記)(「投カ)(界カ)
道常投而佛界不レ増等 云云 九界常雖入佛果不取者佛界。
故佛界不レ増。佛眼種智ノ前ニハ三界之相有生死ト(三〇上)(「〇無)知見スレトモ
不レ捨ニ生死之相一。故生界不減旨也。(旨〇者) 故ニ不レ捨レ迷ヲモ。此(天止
名ニ圓教開悟得脱ノ相一也。(一、四一八。弘決) 今ノ不捨不取但住實際ノ文。(「」底本重複記載) 生
如レ佛故無ニ凡可レ捨。佛如レ生「故無ニ生」(聖カ)可レ取云釋此意
也
次下釋一一ニ約レ理事又不レ可ニ論申一。約シテレ理生佛一如ノ義

至極ナルヌレハ事必不レ可レ有ニ増減一也。相事理互不レ可ニ妨
礙一。偏ニ不レ可レ執ニ一端一事也。正ク事ニ不増不減見ル。又可ニ
知申一事今ノ淨名疏・妙記見分明也。不増不減ノ義ヲ釋畢テ。
此則具ニ於理二釋一(卍續二八、三八〇丁右下。維摩疏記) 云云 釋義專顯レ之。又理ノ等故稱類亦等(天止一、四一八。弘決)
釋專約レ事無ニ増減一釋。(「事カ)(數カ) 此等者釋義ノ外何可レ尋ニ前ノ證
文一耶。若夫存ニ申此等ノ意一者有ニ何相違一可ニ答申一
文殊説經上云。(大正藏八、七二六下) 縱使一佛種世。(假カ)(住カ) 若一劫若過一劫。如レ此一
佛世界。復有ニ無量無邊恆沙諸佛一。(説カ)(「河カ) 如レ是一一佛若一劫若(度カ)(「河カ)
過一劫。晝夜諸法心不ニ暫息一。各各被ニ別無量恆沙衆生一。(別〇於)
皆入ニ涅槃一。而衆生界亦不増不減。(「佛カ)(衆生〇カ) 乃至十方諸佛世界。(「河カ)(「皆カ) 亦
復如レ是。(於カ) 一一諸説教化。(「法カ) 各度ニ衆生無量恆沙衆生一。入ニ涅
槃一。出ニ衆生界一亦不増不減。(「故カ)(「矣カ) 何以故。衆生定相不可得故。
是衆生界不増不減
大品經云。(同、三〇九中)(心〇カ)(世尊カ」) 菩薩爲レ度下如ニ虛空一等衆生上故。(「〇カ)(「〇カ)(「若カ)(説カ) 發ニ菩提心一。(「〇カ)
心何以故。若三千界滿レ中諸佛。(「大千世カ)(「世尊カ) 若一劫減一劫諸法。一一
佛度ニ無量衆生一令レ入ニ涅槃一。(「無邊阿僧祇カ)(其〇是) 其衆生亦「不レ増不レ減。」(「〇性)(「」不レ減亦不レ増カ) 何
以故。衆生無ニ所有一故。衆生離故 矣

（底本奥書なし）

（對校㋬本奥書）

江州栗太郡

蘆浦観音寺　舜興藏

寛永二十一（一六四四）甲申孟秋七夕日　書寫畢ヌ

四種三昧義　二界增減

（底　本）叡山文庫眞如藏『盧談』三十五册の內、表紙『盧談』五題〔權乘下種・俗諦常住・二界增減・本地四教・五逆謗法〕合綴本

（對校本）㋬＝西教寺正教藏『盧談』十三册の內、『二諦義俗諦常住盧談』〔法華會宗業案立草〕合綴本

○盧談　三觀義

「三觀義 盧談　三惑同時異時事」（以上表紙）

10　三觀義案立

延文二年六月會安居院良憲（一三五七）
所立　盧山寺　御案立

〔三惑同時異時事〕

何名圓頓觀耶（天止二、二一八。止觀）文云。以觀觀於境。卽一境而三境。以境發於觀。卽一觀而三觀矣云。是其圓頓觀相也

爾者。見思塵沙無明三惑爲同時斷。將異時斷歟

答。三惑同時斷異時斷。古來異義雖區。且任一傳同時斷也可立申

付立申不明。夫三惑麁細相分四住五住各別也。除淺深惑不可云同時。若爾。初心觀惠治見思麁惑。後心觀惠斷無明細惑可云也。是以。一家處處解釋中云圓教斷位。初心斷見自二信至七信盡思。乃至初住以上斷無明判者耶

答。自元所立申。三惑同時可破云事。且任先德一義兼存圓宗大綱也。所以。始自觀行之初心。終至極果之終心。三觀一心起。三諦俱時觀也。若爾。能治三觀既相並。所治三惑何前後耶。是以。或云圓教一向初後不二（卍續二八、四一九丁右上）（浄名妙記下）。或述發心所治三障。究竟所治三障（天止二、九五）（止二）。

但。至初信斷見等解釋者。只是附別教次第斷歟可立申

第四重難云。所立猶以不明。夫依煩惱麁細論斷惑淺深也。縱雖三觀一心修。何必三惑同時可斷耶。所以。見思麁淺惑故。爲初心觀惠被破。無明深細惑故。以後心觀惠斷除之可云也。若爾者。寄事於三觀一心。强不可成三惑同時斷義。是以。或云觀法雖圓。銅輪已前麁惑前去矣（天止二、三三八～九）（決三）。或從初已來三諦圓修。與次第義永不相關（天止三、六四七）（決六）。此論麁惑任運斷處與次第齊。是故不須云不相關矣。加之。宗師一處解釋中。橫塞塞豎通。豎

塞ハ塞ニ横ノ通ヲ。横ノ通ハ通ニ竪ノ塞ヲ。竪ノ通ハ通ニ横ノ塞ヲ否ト問シテ。答レ之。一往ハ然カナリ。二往ハ不レ然スヲ矣既云ニ二往不然ニト。是非レ成ニ異時斷之義ヲ耶。但。至ニ能治三觀已ニ相並。所治三惑倶時可レ斷云ニ者。煩惱有ニ麁細一。如ニ浣衣之譬ノ。同雖レ修ニ三觀ヲ麁ナル者先去ト云ハンニ更有ラン何ノ失カ

次至レ會ニ申初信斷見等之文ニ者。一家處處解釋中判スルコト圓家斷位。既是一徹ナリ。更無ニ異途一。若下附ニ次第斷ニ會申上。何處ニカ正ク明ニ圓斷之義ヲ耶。若夫有ラハ所レ見出可レ成ニ申所立ヲ（卍續二八、四一九丁右上。維摩疏記）

次圓教一向初後不二之文者。只是消ニ理性之邊ヲ也。至ニ發心所治三障等釋ニ者。顯ニ住上同時斷ノ意ヲ許歟。爾所立尚不レ明ナラ

答。一家天台道場開悟之後。始開ニ四教門戸一之時。教理智斷圓融セル名ニ之圓教ト。教理智斷次第セル稱ニ之別教一也。智既圓ナルカ故三觀一心並起ス。斷又圓ナルカ故ニ三惑同時可レ破也。若夫三惑前後シテ斷セハ。斷圓義可ニ有テ名ノミ無カルレ實。權實ノ教門已相分タリ。修觀斷惑敢不レ可ニ混亂一。圓融實教寧同ニ別教次第之意ニ耶。既許スニ能治三觀一心ニ融スルコトヲ。所治三惑前後ニ去ルトハ不レ可レ云。若又雖ニ三觀一心ニ修スト。所治只限ニ見思一云者。用ルニ二乘偏眞ノ觀ヲ可レ足ヌ。圓家ノ一心三觀似レ無ニ其詮一歟。是以或。復次ニ三藏ノ中ノ後身ノ菩薩及超果ノ二乘ハ。見思同ク斷シ。亦先斷レ思。通教ニ亦有リ超不超ノ二義一。別教前後斷。圓教同斷ト矣云ヒ。（淨名妙記下（卍續二八、四一九右上））或。若依ニ別教一界内界外見思除處皆有ニ前後一。易レ可ニ相例一。登地同體理非ニ前後一。於ニ別教中一雖ニ復入レ地。仍分ニ見修前後之別一。圓教一向初後不二矣加之。或云。（止六（大止四、四八～五〇））見思破スルハ即是レ無明破スルナリ。無明破スルハ即是レ見ルナリ法性ヲ。入ルヲ實相ノ空ニ方ニ名ク破法遍トモ也○擧テ要ヲ言ハハ之ヲ。次第ニ破スルヲ者即不レ名レ遍ト。不次第ニ破スルヲ乃チ名テ爲レ遍ト矣六祖大師受レ之。（決六（同、五一））見思尚乃卽是レ法性ナリ。豈ニ有ラン塵沙在ルコト見思ノ外ニ。豈有ラン無明在ルコト二觀ノ後ニ。三惑既ニ卽三觀必ス融ス矣消給ヘリ。此等解釋分明也。三惑同時可レ斷云事

但。至下三惑有ニ麁細一之故前後可レ斷レ之云疑難上者。無明設雖ニ微細惑ナリト一中道ノ觀恵隨而又深細也。若猶中道觀恵

不齊ナリト云者。可レ有二能治所治不相順之失一歟如何

次至二觀法雖圓等文一者。（天止二、三八～九）麁惑先去ト雖レ云。未レ云三見思名二麁惑一ト。誰知指二三惑麁分ヲ一麁惑先去ト云ニモ有ラン

次至二從初已來三諦圓修ノ解釋一ニ者。（天止三、六四七。弘決）三惑同時斷ト雖二立申一ストモ。非レ云二麁細惑一時破一ストモ。（同前）麁惑分分ニ去ムコト與二次第斷一ト齊。故ニ此論麁惑任運斷處與二次第齊一ト釋也。其所レ云麁分ノ惑中。別教ハ但擧二塵沙一惑一。圓家ハ兼テ除二三惑麁分一云。故此邊ハ似レ異ナルニ。麁細惑豎ニ前後シテ斷レ之邊ハ。別圓無二其不同一。故ニ云二是故不須云不相關一ト也。（同前）況委見二解釋前後一。妙樂大師有レ所二「消給一歟。」殆雖レ成二同時斷之誠證一更難レ備二次第斷之潤色一ニハ者歟

次至二一往然二往不然文一者。（天止四、一九五。止觀）一往者三惑三觀融卽故ニ。（同、一九六～七。弘決參照）以二空觀一斷二塵沙無明ヲ一。以二中觀一可レ斷二見思塵沙一云故。以レ之爲二一往之意一ト。二往云者。以レ空治二見思一。以レ中破二無明一云故。以レ之爲二二往之義一也。二往之日ハ非レ云二三惑異時斷一ト

次至二初信斷見等之文一者。粗聞二疑難之旨一。偏以二此文一欲レ成二次第斷之義一歟。若强如二文言一得レ意者。住上ニハ但斷二無明一惑一可レ定歟。若夫初住以上斷二無明一雖レ云フトモ。於二三惑細分一立テ二無明名一ヲ。實有ト二三惑一云者。初信斷レ見云ヘルモ。於二三惑麁分一立テテ二見思名一ヲ。實ハ三惑共有ト可二意得一也。一具之文言相連シテ前後不レ可二參差一故也。爰知。五十二位ハ元名別義圓ノ次位故ニ。且附二次第斷一初信斷レ見乃至初住斷二無明一釋也ト云事

次發心所治三障等云ヘル。（天止二、九五。止觀）未三正云二初發心住一トモ

次圓教一向初後不二之文者。望二別教斷位一ニ圓教一向初後ト釋スル故。全不レ可レ云レ約二理性邊一ニ。若夫「存二申此等意一」者。所立有二何失一可二立申一ス

精云。三惑同時斷異時斷。上古先德之諍也。文理相二分テ兩方一ニ是非所レ未二一決一也。今可二同時斷一定申ス明證有二何處一ニカ。道理有二何據一カ。凡圓教ノ意者。寂滅眞如無ケレトモ二次位。約二五十二位一ニ明二觀解一ヲ。妄想ノ因緣絕タレトモ二名字一ヲ。立二三惑五住ヲ一論二斷伏一也。雖レ云二初後相在一ト。佛ハ佛。凡夫ハ

凡夫也。雖ニ麁細體一ナリト。見思ハ見思。無明ハ無明也。若爾者。住前未證ノ位ニ不レ可レ觀ニ破無明一ヲ。住上眞因之位ニ焉ソ又有レ斷ニ見思一ヲ。況又案スルニ三惑ノ相貌一ヲ。無明是無始最初ノ煩惱也。稱ニ之根本一ト。見思是流來生死纒縛也。譬ニ之枝條一也。根本與ニ枝末一爭又同時ナラム。最初與ニ終末一不レ可ニ混亂一ス。於ニ三惑一若許ニ麁細之義一者。前後斷之旨何可レ疑レ之耶。中道觀門誡雖ニ微細一ナリト。以ニ住前未證ノ觀惠一ヲ難レ拂ニ無明根本之惑障一ヲ者歟

就中。辨ニ四住五住煩惱一ヲ事。源出ニ勝鬘經說一ニ。（大正藏十二、二一九下～。參照）往而撿ニ彼經一ヲ。以ニ見思ノ四住一ヲ感ニ分段生死一ヲ。以ニ無明住地一ヲ感ニ變易生死一ヲ也。若爾者。分段同居ノ中ニ不レ可レ論ニ無明ノ惑障一ヲ。變易生死中ニ不レ可レ辨ニ見思ノ煩惱一ヲ。若成ニ同時斷ノ義一ヲ者。相似卽ノ人離ニ實報ノ生死一又叶ニ等覺位一ニ。位後離ニ分段生死一可レ云歟。又三惑若同時斷ナラハ。同時離ニ三土果報一ヲ可レ云耶

何況論ニ迷眞之初一ヲ事。經論施設。一家所判只是一念無明心也。以レ之稱ニ元初一念一也。從ニ彼一念之心一次第相續シテ生ニ後後ノ無明ノ心一ヲ。乃至起ニ界內麁淺煩惱一ヲ也。起信論中所レ明ス。業轉現ノ三細ハ與ニ無明一相應シ。智相相續等ノ六麁ハ見思ト相應スル也。一家解釋中ニハ。巧安止觀初ニ（止五）云トシテ（天止三、三三七）所安之境一ヲ。無明癡惑ハ本是レ法性ナリ。以ニ癡迷一ヲ故ニ法性變シテ作レリ無明一ト。起スニ諸ノ顚倒善不善等一ヲ矣　彼ノ變作無明等者。最初微細ノ無明及後後無明等也。起諸顚倒等者。見思等煩惱也。起惑ノ次第。已自レ細赴レ麁ニ。斷惑之時。必自レ麁可レ至レ細也。前後斷義何可レ疑レ之耶

六祖大師釋シテ（決四（天止二、五八二））順流十心一ヲ。順流十心ハ從レ細至レリ麁ニ。初由リ一念ノ無始ノ無明ニ乃至成ニ就ス一闡提ノ罪一ヲ矣　論ルニ迷出次第一ヲ。先起シ界外無明一ヲ。後ニ生ニ界內ノ見思等一ヲ也。次釋トシテ逆流十心一ヲ。（同前）逆流ノ十心ハ則從レ麁至レ細ニ。故先翻ニ破シ一闡提ノ罪一ヲ乃至方ニ達ス無明ノ性空一ナリト矣　翻破一闡提罪者。見思ノ上ニ所レ論業煩惱也。乃至方達無明性空ト者。彼界外無明也。若同時斷レ之云者。界內界外業因忽參差シテ分段變易果報可ニ雜亂一ス也

又於ニ住前一斷ニ無明一者。卽是可レ證故也。何至テ初住ニ始テ

可レ與ニ眞因ノ名一耶

次三觀一心修故ニ三惑同時可レ斷云事。道理何必可レ然耶。能治ノ觀門ハ自レ元融卽セリ。一心ニ現前セムコト敢テ無ニ妨礙一。所治ノ煩惱ハ其體隔歷セリ。三惑前後セムコト更ニ非レ可レ疑フ。見思ハ麁惑ナル故先除コリ。無明ハ細惑ナル故ニ後可レ斷也。「別教十住位ハ傍修ニ假中一ヲ。全不レ破ニ塵沙無明一ヲ。圓教十信可レ准ニ據之一耶。」縱雖レ並ニ三觀一ヲ何必破ニ三惑一ヲ。每レ用ニ能治一ヲ定有ニ所治一云ハハ。別十住乃至廻向何不レ破ニ無明一ヲ耶。「卽不卽雖レ異。」同用ニ中觀一故也。何況能治所治等可ニ相例一ス云事ハ。似レ忘ニ解釋ノ本說一ヲ。所以問者所レ出レ難。摩訶止觀第二釋。（天止二、三八）太所立違文也。彼具ナル文云。進入テ銅輪ニ破ス蔽ノ根本一ヲ。本トイハ謂ハク無明ナリ。本傾枝折ヲレヌ。顯ニ出ス佛性一ヲ。是レ分證眞實ノ位ナリ矣。六祖大師受レ之。決二（二ト三）（同前）破蔽根本ト者。觀法ハ雖レ圓ナリト銅輪已前ニ麁惑前キニ去ル。故ニ至テニ此ノ位一ニ方ニ破スニ根本一ヲ矣圓教ノ心ハ始從ニ觀行初心一三諦三觀自在雖レ用レ之。斷惑ノ次第ハ法爾故ニ自レ麁至レ細。與ニ別教斷惑一更無レ所レ背。所以住前相似ノ位ニ但破ニ見思麁惑一ヲ。住上眞實位ニ初斷ニ無明細惑一ヲ也。能治所治其義異故ニ。觀法雖圓銅輪已前麁惑前去ト云也。若如ニ所立一。依ニ能治ノ一心一ナルニ所治又同時斷ナラハ。觀法雖圓ノ釋太可ニ無要一ナル。雖ノ言ノ所レ顯ス。能治所治可ニ各別一云事。誰更可レ生レ諍ヲ耶

加之。一處解釋中。決六（六ト五）（天止三、六四七）從レ初已來三諦圓修與ニ次第義一永不ニ相關一。此論下麁惑任運斷處與ニ次第一齊上。是故不レ須レ云レ不ニ相關一矣 能治邊ハ三諦圓修ノ故永別教ト不ニ相關一。所治邊ハ見思ノ麁惑先斷故。與ニ別教一其義宛同シ。是故不須云不相關ト釋ル意正在レ斯歟。而如ニ立者會申スル者。「此論麁惑ト者。可ニ三惑麁分一云云 此義頗不レ伺ニ釋義大旨一歟。於ニ能治三觀一者。」次不次異故ニ永不相關ト釋畢ヌ。所治煩惱者。同見思麁惑故ニ。是故不須云不相關ト釋也。如ニ能治三觀一心一ナルカ所治三惑ノ又同時斷ナラハ。何可レ釋ニ是故不須ト一耶。六祖解釋ハ正簡ニ別能治所治一ヲ也。所立之趣ト强ニ欲レ齊レ之。豈非ニ鉾楯了見一耶。而今解釋還而所立誠證立申歟。幽旨未レ顯。其意如何

或又。決五（天止四、四〇〇）五品已ニ能ク圓ニ伏ニ五住一ヲ。豈至ニ此位一別シテ斷ニセムヤ見

思。但是圓修麁惑先斷。猶如治鐵麁垢先除。豈至此位別「斷見思者。」是問端之言也。但是圓修等者。答文也。自問難家十信但斷見思事許問其次第斷義也。答意修觀是雖一心。斷惑次第必自麁至細。故擧彼治鐵之譬顯此次第之義也。但言所顯。能治所治「可各別」云事分明也

次識通塞文何樣了見申耶。（止七（天止四、一九四））橫塞塞竪通否。「竪塞塞橫通否。橫通通」竪塞否。竪通通橫塞否問。（同、一九五）一往然。二往不然答。如六祖消釋者。（一九四～八。弘決取意）橫塞專約見思。橫通意卽空觀也。竪塞者無明惑。竪通者中道觀也。問意三觀三惑圓融相卽故。三惑互塞三觀。三觀各通三惑歟疑也。答中。一往然二往不然者。一往日依圓融無礙義。三惑三觀互成通塞也。二往之時能治所治其體各別故。三觀三惑不亂次第故云不然也。「如所立者。」三觀圓融。三惑相卽故可同時斷中歟。今以相卽義屬一往。以差別義爲再往。不成異時斷義耶

次以三惑麁分名見思。以細分可名無明云事。立同時斷家古來雖存此義。異文甚多證據未詳。若無誠證者。更不足信用耶。此論麁惑之文。觀法雖圓之釋。皆背三惑麁分云義○也。三惑麁分名見思證據今度「可勘申」

次玄文最實位釋。如何可了簡申耶。今順忍中斷（玄五（天玄三、四五〇～三））除見思。如水上油虛妄易吹。無明見思同體之惑如水內乳。唯登住已去菩薩鵝王能唼無明乳淸法性水矣此釋述今經最實事也。更權敎意也不可申。以見思類水上油。不可會三惑麁分。以無明譬水內乳。全不可云三惑細分哉。類水內乳事。無明惑是附體煩惱故也。以三惑細分惣名無明者。全不可順今譬哉

次破法遍釋。同時斷證據之由立申歟。付一章大綱尤可加了簡也。本書。（止六（天止四、四八））見思卽是無明。無明卽是法性。見思破卽是無明破。無明破卽是見法性。入實相空方名破法遍也矣於圓敎十信位

破ニ見思惑ヲ一時。此見思卽是法性故ニ法性又不レ隔ニ無明ニ一。事相ノ斷惑ハ見思ニテアルヲ寄ニ法性ニ論レ之時キ。見思破スレハ卽是無明ヲ破ルナリ。無明ヲ破スレハ卽是見ト法性ト云也。故ニ事ノ斷惑ハ只見思ノ一惑而已ナリ。並テ非レ云ニハ「斷スト無明ヲ一」耶。是以六祖大師受ニ今文ヲ一二。(天止四、五一。弘決)見思尚乃卽是レ法性ナリ。豈ニ有ランヤ塵沙在ルコト二見思ノ外。豈有ムヤ無明在ルコト二觀ノ後ニ。三惑既ニ卽三觀必融スト矣釋スル也。見思卽法性故ニ法性之外ニ不レ論ニ塵沙無明ヲ一。是消ニ本書ノ見思破卽是無明破ノ意ヲ一也。(同、四八。止觀)若爾者。相卽一如ノ前一惑一切惑・一斷一切斷ト云ハン事。更非ニ今ノ所論ニ耶。既寄ニ法性一理ニ成ニ同斷ノ義ヲ一。相卽圓融一途也。於ニ事相ノ斷惑ニ非レ云ニ三惑同時斷ト之耶

次至ニ別教前後斷・圓教同斷ノ釋ニ。(玄五(天玄三、四六八))一往誠ニ可レ謂ニ所立潤色ト。再論スルハ釋義前後ヲ全非ニ三惑同斷之義ニハ。(同、四六八～八三)所以見ニ彼具文ヲ。復次ニ三藏ノ中ノ後身菩薩及超果ノ二乘ハ見思同ク斷シ。亦先ニ斷レ思ヲ ○ 通教ニ亦有リ超不超ノ二義。別教ニハ前後ニ斷ス。圓教ニハ同ク斷ス。前後之問ハ但見タル一途ヲ耳矣釋義起盡ハ只約ニ界內見思ニ論ニ同時異時ヲ也。全非ニ三惑對論スルニ耶。約セリ三藏後身ノ菩薩及超果ノ二乘ニ。非ニ界內見思ニ者如何。或又藏通ハ約ニ界內見思ニ。別圓ハ約ニ界外見思ニ歟。縱雖レ約ニ此義ニ只是住上同時斷ノ證據也。非ニ住前同時斷ノ依憑ニハ

次圓教一向初後不二ノ釋。(卍續二八、四一九丁右上。維摩疏記)是又約ニ理性一邊ニ也。初後不二言誠非ニ事相差別義門ニ故也。或又約ニ住上ニ論ニ同體見思ヲ歟。所以今文次上。(同前)登地同體理非ニ前後ニ。於ニ別教中ニ雖ニ復入レ地仍分ニト「見修前後之別ト」釋畢テ。次下。(同前)圓教一向初後不二ト釋スル故ニ。別教地上ノ見修各別ナルニ對シテ。圓教一向初後不二ト云ヘル。無レ諍約ニ住上見思ニ也。全於ニ住前ニ非レ成ニ同斷之義ヲ。此等文證之外ニ慥同時斷ト見タル誠證有レ之者。出テ可レ申レ成ニ所立ヲ。

答。自レ元所ニ立申ス。三惑同時斷異時斷文義難レ明。旨趣太暗シ。上古先德各存ニ一義ヲ。後代學者所迷兩端也。然而任ニ一家圓宗大綱ニ可ニ同時斷ヲ立申者。以ニ六卽階級ヲ案ニ三惑斷位ヲ。理卽備ニ三諦之理ヲ。名字聞ニ三諦之名ヲ。觀行卽位三諦觀惠徐ク進ミ。相似卽中三諦似解忽ニ發ス。於ニ分眞

即分證三諦之理。至究竟即究達三諦之源也。於觀行相似之中許三諦觀惠增進。所治三惑若分分不去者。能治三觀豈漸漸增進耶

就中。圓融實教意。從本談惑智不二旨。以其體達之義且與斷惑之名也。故煩惱之外無智惠。智惠外無煩惱。智惠既令增進。惑障何又不傾。如彼明來暗自去。以智用增進知惑障隨去。能治三觀已相並故所治三惑可同斷云事。其理蓋如斯

是以宗家一處解釋中。（大乘止觀上）（大正藏四六、六四三中）應知。一念創始發修之時。無明住地即分滅也。以其分分滅故。所起智惠分分增明。氷水不二故水來即是氷融也。惑智一體故。智生即是惑滅也。法譬如此。疑難自遮。若爾者。相似三諦顯時。麁分三惑自斷事。豈非理在絕言耶。依之前出申摩訶止觀文。其意尤分明歟。就文字論。乃遍當如此。意則不然。（止六（天止四、四八））○見思破即是無明破。無明破即是見法性。入實相空方名破法遍也。（同、五〇）○擧要言之。次第破者則不名遍。不次第破乃名爲遍矣。六祖大師受之。（同、四八。弘決）若從文說。見思障眞無明障中。若從意說。見思之外無別無明。無明體性既即法性。當知見思亦即法性。（同、五〇。弘決）○擧要下更惣明文旨。謂不次第具如前文。即觀見思即見法性。不復更論三惑三觀前後次第矣。云能治三智具足。何智不融。論所治三惑相即。何惑不遍。三觀三惑既居一心。能治所治寧可前後耶（同。止觀）

次至破遍大旨者。次第破者即不名遍。不次第破乃名爲遍矣。同時斷義非一章大綱耶。若如御難只限理性一邊云者。破遍義但限理性不互事可云事。六祖大師釋（決五（天止三、三九一））彼破法遍來意。約不思議理之與惑不當一異破不破等。隨迷妄故事須設破矣。若但約理不當破與不破。今既云破遍。專非約事耶

次至三惑有麁細故可前後斷云御精者。如前立申。無明誠雖微細中觀又非甚妙耶。以微細

觀一治ニ微細ノ惑ヲ一云ハハ。能所尤可ニ相應一也。況又於ニ三惑一各有ニ麁細ノ不同一。於ニ三觀一又辨ニ初後ノ階級一ヲ。以ニ住前三觀ヲ一破ニ麁分三惑ヲ一。於ニ住上三觀一可レ破ニ細分三惑ヲ一也

次至ニ五住二死廢立ニ一者。勝鬘經說者如ニ御精一。（大正藏十二、二二九下～。參照）依ニ五住煩惑ニ感ニ二死果報ヲ一也。其說既在ニ爾前一。其義自附ニ次第一也。若論スルニ實義ヲ一時者。分段ノ中ニ有ニ無明一。變易中可レ有ニ見思一也。前後斷ノ家猶許ニ住上見思ヲ一歟。偏ニ執ニ彼經ノ說ヲ一者。何不レ遮ニ住上ノ見思ヲ一耶

次至ニ起惑次第一者。元初一念ヲ雖レ名ニ無始無明一ト。探ニ其實義ヲ一者。又可レ具ニ足三惑ヲ一也。所迷之理其體何物ソ。眞如實相。如如法界之理也。彼實相法界之體非ニ不思議三諦一ニ耶。所迷之體若是三諦者。能迷之心寧非ニ三惑一耶。若爾者。元初一念中必可レ備ニ三惑ヲ一也。三惑麁分名ニ見思一ト。細分名ニ無明一事。其意自然アラハナリ

次至下能治觀雖ニ一心ナリト一。所治惑可ニ前後斷一云御精上者。所立之趣不レ可レ過ニ前重一ニ。別教ノ意ハ。三觀次第スル故三惑隨而前後斷也。圓教ノ意者。以ニ彼次第三觀ヲ一即ニ一心一ニ。所治三惑寧不ニ同時一耶。雖レ觀ニ圓融三諦ヲ一。但斷ニ見思一惑ヲ一云者。圓頓觀門豈非ニ空施スル一耶。何況於ニ十信ノ位一。空假兩觀有ニ斷惑之功一。中道ノ觀門無ニ能治之力一云ハハ。非ニ只三惑次第スルノミニ一。可レ成ニ三諦隔歷ヲ一也。若許ニ相似一心三觀ヲ一者。可レ斷ニ麁分三惑一云事。道理尤分明也

次至下於ニ住前一斷ニ無明一者。凡聖之位可ニ混亂一云御難上者。住前斷ニ麁三惑ヲ一。住上斷ニ細三惑ヲ一故ニ。縱雖ニ同時斷ナリト一。麁細ノ無明已各別也。凡聖階位不レ可レ亂

次至下三惑麁分名ニ見思一證據上者。學者所レ撿處處有レ文歟。凡一家處處解釋。多附ニ次第義一故ニ。住前但斷ニ見思一。住上偏斷ニ無明ヲ一判スル也。住上無明中可レ具ニ足見思ヲ一云事。立敵之家共不レ諍レ之歟。以レ之言レ之。住前但雖レ云レ「斷ニ見思ヲ一」。此中又斷ニ無明ヲ一云ハン事。准例更可レ同

次至ニ觀法雖圓等文一者。此文尤爲レ難。學者所ニ苦勞來ル一也。然而麁惑前去文相。尚可レ屬ニ三惑麁分ニ一也。但。至ニ雖圓之言一ニ者。見ニ搜要記釋ヲ一。（卍續二一四、一二三六丁右下）觀法雖レ頓惑未ニ頓除一。初住方始分破ニ根本一矣。圓頓行者ノ觀門ハ。初後不二ヲ爲レ意ト。縱

雖二初心ノ行人一ナリト。志在二無上佛果一ニ。然而於二住前相似ノ位一ニ。三惑ノ麁垢先除リ。至二住上眞因ノ位一ニ。三惑ノ細分始斷ス。今爲レ顯二此義一ヲ。觀法雖レ頓惑未二頓除一等釋スル也

次至二從初已來三諦圓修等文一者（天止三、六四七。弘決）。還是同時斷誠證也。所立始終專以二此文一所レ爲二依憑一ト也。所以摩訶止觀中ニ（第六）釋二トシテ思假入空ノ破遍一ヲ。初メ標章中ニ但擧二藏通兩教一ヲ。後ニ廣釋中具列二別圓二教一ヲ。釋二トシテ彼ノ別十行一ヲ（同、六四六。止觀）。十行ハ是正ク出レ假ニ位。不ニ復關カラ前キニ也矣藏通ハ但シ入空而已ノミナリ。今論スル二出假ヲ一故。不復關前ト釋スル也

次釋二圓十信位一ヲ（同、六四七）。八信ヨリ至マテハ二十信ニ一斷シ二正習一ヲ盡ス矣荆溪受レ之。次ニ圓位ノ中ニ（同。弘決）但云下八信ヨリ至マテ二第十信一ニ斷シ習ヲ盡上セリト者。習ハ通ス二界外ノ塵沙無明一ニ。例テ亦應シレ云フ二不復關前一ト。此ニ不レ云コト者。從レ初已來タ二三諦圓ニ修ルコト與ニ次第ノ義一永ク不ニ相ヒ關一ナリ。此ハ論下ス麁惑任運ニ斷スル處ロ與二次第一齊上コトヲ。是ノ故ニ不レ須レ云フ不ニ相ヒ關一ラ矣於二十信所斷習氣中ニ既云レ有二塵沙無明兩惑一。同時斷誠證可レ求二于外一耶。若依二此義邊一ニ者。對二別十行一ニ雖レ可レ云二不復關前一ト。附二シテ次第斷一斷二麁惑一ヲ云義邊ハ同二別教一ニ故ニ。此論麁惑任運斷處與次第齊。是故不須云不相關ト釋ル也。若如レ此不ニ心得一者。前所レ云（同前）。習通界外塵沙無明。例亦應云不復關前之文。如何可二了簡一ス耶。故同時斷明證在二ト今釋義前後一所二立申一也

次至二五品已能圓伏五住豈至此位別斷見思ノ解釋一者（天止四、四〇〇。弘決）。是又所立潤色也。所以。伏斷ト者。必一雙法門也其義全不レ可二參差一ス。若云二圓伏一者。必可二圓斷一也。解釋已准例セリ。道理又無二異途一耶。今釋義全非レ作二問答一ヲ。直述二其意一也。是以都率先德。以二今此ノ圓伏五住等文一證二同時斷義一ヲ見タリ（同前）。可レ知。但是圓修麁惑先斷ト者。正指ナルヘシ二三惑麁分一ヲ

次至二橫竪ノ通塞一者。所立猶如レ前。一往之日ハ。一空一切空ノ觀除二無明惑障一ヲ。一中一切中ノ觀可レ斷二見思煩惱一ヲ也。再往之時ハ。三觀三惑正相對シテ。能治所治無二相亂スルコト一。若爾者。還是所立潤色也。住前三觀ハ破二麁分三惑一ヲ。住上三觀可レ斷二細分三惑一也。此豈非レ云二再往ノ義一ヲ

耶。若存異時斷義者。相似三觀但治見思惑障。眞位三觀治無明一惑。能治所治已以相亂。可叶二往不然義耶

次至玄文第五者。（天玄三、四五〇～三。參照）住前三惑麁分故。寄見思惑障云如水上油。住上三惑微細故。寄無明惑障釋如水內乳也。（同、四六八）附次第斷云事。付此文始而非可驚耶。所以。別教前後斷圓教同斷者。此章所判也。釋義始終不可參差。但。至或約住前見思。或可約住上見思云御難者。解釋次上。玄五（同、四六六）界內必先斷見。次思。後無知。界外何意不爾 矣 問。（同、四六七）界內爲三途苦重先斷見。次思。後及無知。界外苦輕故先枝後本 矣 答。（同、四六八～八二）是廣約界內界外煩惱。分別前後次第意也。次下。復次三藏中後身菩薩及超果二乘。見思同斷。亦先斷思○通教亦有超不超二義。別教前後斷。圓教同斷。前後之問但見一途耳 矣 藏通誠雖約見思兩惑。（同、四八四。釋籤）別圓廣可約三惑始終也。六祖大師消今文。前後之問但見一途者。上設問云。前斷見惑後斷思惑。但是一途之次第之意。非是諸教超果之義。亦非通方圓頓之道 矣 通方圓頓之道云。豈只限見思兩惑不互塵沙無明耶。又釋義旨趣圓頓之道故。根本枝末煩惱同時斷之云也。圓頓之旨但限見思兩惑不互餘惑可云耶。同時斷明文蓋可在此文也

次至圓教一向初後不二文者。（卍續二八、四一九丁右上。維摩疏記）但約理性一邊不可云。又不可云住上見思。解釋具文云。（同前）若依別教界內界外見思除處皆有前後。易可相例。登地同體理非前後。於別教中雖復入地仍分見修前後之別。圓教一向初後不二 矣 若依別教界內界外見思除處皆有前後云對。圓教一向初後不二述。一向之言所顯。界內外始終共可同時斷被得。又對別教次第斷成圓教不次第。豈只可約理性一邊耶。若夫存此等意所立無失可立申

重精云。可同時斷立申文理尚不詳。凡三惑麁細各

別ニシテ。三土果報遙分タリ。見思則凡夫常常ノ所起也。終感ニス瓦礫荊棘之報一ヲ。無明則聖人位位所發也。正成衆寶莊嚴之砌也。若爾者。煩惱ノ麁細天地相分レ。果報ノ優劣雲泥事殊ナリ。以レ此麁細煩惱同時斷レ之ヲ云ハム事。道理太不レ明。但。至下無明雖レ細中觀又妙ナルカ故ニ。能治所治可ニ相順一云上者。相似中道雖レ妙未レ到ニ證位一。以ニ未證觀惠一可レ治ニ無明ノ細惑一耶。例如下別教十廻向是雖ニ中道正觀之位一未レハ到ニ初地證位一。但有ニ伏惑之功一更無中斷惑之義上。眞位似位ノ不同理而如レ此。縱雖ニ圓意ナリト一不レ亂ニ階級淺深一者。乍レ許ニ似位名一ヲ爭可レ論ニ斷惑之義一耶

次元初一念可レ亙ニ三惑一云事。證據在ニ何處一。道理又如何。元初一念者。無始ノ無明也ト云事。經論明文一家所レ定也。若約レ理言レ之。一念之中雖レ具ニ三惑一。若約レ事論レ之。一心之中不レ可レ竝ニ諸惑一ヲ。於ニ理性之談一者。非ニ今所論一耶

次至下能治三觀一心故。所治三惑可ニ同時斷一云上者。難勢前顯畢ヌ。道理未レ詳耶。觀門ハ本約レ理故三千三諦一心ニ雖ニ具足一ストモ。斷惑ハ正約レ事ニ故ニ。麁惑細惑同時難レ斷レ之。況又於ニ十信相似位一ニ者。三觀實雖ニ一心一。中觀未レ到ニ證位一ニ。未證觀惠全不レ可レ有ニ斷惑義一

次惑智不二故可ニ同時斷一立申歟。此事如何。惑智一體ノ意ナラハ惣而不レ可レ論ニ斷惑證理義一ヲ。若論ニ斷惑ノ義一ヲ有ニ何同時異時一耶。圓融實教中。自レ元有ニ不二而二一ノ義門一。惑智一體ト者。只是不二之一邊也。强若執ニ此意一ヲ者。而二差別時者。可レ許ニ異時斷義一ヲ歟

次至ニ大乘止觀文一者。一念創始發修之時。無明住地卽分滅也矣ト者（大正藏四六、六四三中）。以ニ伏惑一名ニ分滅ト一歟。全非ニ斷ノ義一ヲ耶。所以。一念創始發修之時ト者。約ニ觀行之位一ニ歟。一念創始之言。專指ニ觀行初心一ヲ被レ得タリ。況又今大乘止觀南岳所出ト云事。古來學者所レ不ニ一決一也。釋義ノ文勢異ニ大師ノ筆體一ニ。又南岳傳中。全不レ載ニ大乘止觀一ヲ耶

次破遍一章同時斷證據立申歟。橫豎一心配立具可ニ了簡申一ス。豎破遍ト者。十住ニ破ニ見思一ヲ。十行ニ斷ニ塵沙一ヲ。初地以上ニ始斷ニ無明一ヲ也。橫破遍ト者。八不中道ノ觀門也。一一ノ

門中破レ惑除レ執ヲ。以ニ此横竪諸門一ヲ入ニ行者ノ一心一ニ名ニ之一心破法遍一ト也。約ニ此一心ノ破遍一ニ論ニ同時斷義一者。只是可ニ理性平等ノ一邊一ナル。凡一心破遍ト者。絶ニ能所已階級一ヲ。非ニ理性一者。如何可ニ心得一耶。出申止觀文ハ釋ニ六處元意一ヲ文也（天止三、四五二～三。弘決參照）。元意ト者。於ニ竪破法遍中一預示ニ文旨一默撮（點カ）ニ一心元意一ヲ也。一心破遍若約ニ理性一者。元意諸文其意可レ同」（同、六四七。弘決）次從初已來三諦圓修等釋。會通未レ詳。能治觀門ハ永與ニ次第一不ニ相關一。所治麁惑ハ與ニ次第一其義齊ト釋成セル異時斷明據何事如レ之。而以ニ習通界外塵沙無明釋一（同。止觀）備ニ同時斷潤色一ニ歟。此文除可ニ思（思カ」）惟一。不レ可ニ卒爾一。本書ニ。若就ニ圓（正カ）教ニ破レ假ヲ位ノ者ハハ ○ 八信ヨリ至マテニ十信一ニ斷シニ正習ヲ盡ス矣六祖大師受レ之。次圓位中但云下八信至ニ第十信一「斷レ習盡上者。習通ニ界外塵沙無明一矣（同。弘決）界外ノ無明若十信」所斷也ト云者。豈可レ云ニ習盡一ト耶。以レ之案レ之。習通界外塵沙無明ト者。且消ニ習ノ言一ヲ也。十信ノ當位ニ非レ云レ斷レ之歟。況又如ニ所立一者。別ニ立ニ界內麁分無明一ヲ。成ニ十信所斷一歟。六祖今所判ハ正云ニ界外無明一ト。所立與ニ文證一不レ招ニ相違之失一耶

次觀法雖圓ノ文甚以爲レ難（天止二、三八～九。弘決）。能治無レ所レ背者。雖圓之言猶成ニ無要一ニ。但。至ニ搜要記釋一ニ者。文云雖レ異義理全同シ。觀法ハ雖ニ圓頓一所治ハ自次第セリ。十信ハ正斷ニ見思麁分一ヲ。初住始斷ニ無明根本一也。觀法雖レ頓惑未ニ頓除一。初住方始分破ニ根本一矣（卍續二ノ一四、一三六丁右下）ト云ヘル。正顯ニ此意一ヲ也。輔行・搜要兩記敢無レ所レ背。同成ニ異時斷ノ義一也。凡處處解釋中ニ或云ニ麁惑先去一ト。或述ニ麁垢先除一ト。皆ニ三惑麁分立申歟。道理モ不レ可レ然。證據モ未ニ撿申一サ。宗師所判中。見思本ヨリ起レルヲ名ニ已生ノ惡一ト（止七（天止四、二二三））○ 塵沙無明ヲ名ニ未生ノ惡一ト矣「判溪受レ之。麁（疎カ）惑ハ浮麁ナリ。細惑ハ沈隱ナリ。故分ニツ已生未生之相一ヲ矣」（同、二二三～四）本書。見思本起名已生惡ノ文消ストシテ。麁（疎カ）惑浮麁等釋スル故ニ。指ニ見思惑一ヲ須レ名ニ麁分一云事。此釋尤分明也。麁惑之言指ニトハ三惑麁分一ヲ不レ可レ云

所詮如ニ立申一者。住前立ニ麁分三惑一ヲ。「爲ニ相似所斷一。住上立ニ細分三惑一」爲ニ眞位所斷一歟。經論釋義中。何處正有ニ其依憑一耶。若不ハレ撿ニ誠證一ヲ。太難レ生ニ信心一ヲ。一家解

釋雖レ廣。於二住前一破二無明一云事。學者未レ得二誠文一歟。竪者有レ所二撿及一者。今度憶可二立申一ス

次住前無明者。其相貌如何。引二界內生一ヲ歟不レ引歟。若引レ生ヲ者。二乘未レ斷二麁分無明一ヲ。何離二界內ノ生一ヲ可レ感二界外報一耶。若不レ引レ生ヲ云者。道理不レ可レ然。細分無明已感二界外之有一ヲ。麁分無明何不レ引二界內之生一ヲ耶。界外見思又如何無明之外別有二其體一歟。又引二界外生一歟不レ引歟

次圓人於二住前一斷二無明一ヲ云者。於二方便土一與二五人一斷二通惑一。其不同如何

次鹿苑證果聲聞。來二法華一時。於二前ノ所レ斷煩惱一重有二斷惑義一耶。此事學者存二異端一歟。竪者若有レ所二稟承一耶。今度分明可二立申一

答。三惑同時可レ斷レ之云事。道理大旨只如二前立申一スカ。能治三觀正是一心也。所治三惑寧可二前後一耶。若猶存二異時斷ノ義一者。能所忽二參差シテ。觀境永不ルヲ融セ耶。就中。觀行三觀同伏二五住煩惱一ヲ。相似三觀何不レ斷二三惑麁分一ヲ。於二此十信相似中一ニ。空假兩觀ハ雖レ破二見思塵沙一。中道一觀ハ云レ無二斷惑之功一者。非二三惑ノ異時斷一ナルノミニ。三觀又可レ成二隔歷一ヲ也

凡圓家ノ斷惑者。惑智不二ヲ爲レ意ト故ニ。體二達スレハ三惑ノ本源一ニ。還是三諦妙理也。若不レ了二無明ノ體性一ヲ。焉ゾ得レ顯二相似中道一ヲ耶。但至下依二惑智不二之意一者。不レ可レ有二斷惑之義一云上者。圓實ノ意ハ斷而不斷。不斷而斷也。惑智不二ノ上ニ專存二斷惑之義一ヲ也。次第破者卽不レ名レ遍。不次第破乃名爲レ遍矣（天止四、五〇。止觀）圓頓不次第之中非レ論二破遍ノ義一耶。爰以宗師ノ解釋中釋二十信相似位一ヲ。取相淨「塵沙淨無明淨」（四念處四）（大正藏四六、五七六中）矣 住前斷無明之證據可レ在二此文一也。加之。四住惑ハ與二無明一合。四住若盡レハ無明亦盡。若無明盡四住亦盡。是則圓伏圓斷圓盡矣（四教義十一）（大正藏四六、七六〇下）三惑「可二同時斷一」云事。解釋非二分明一耶。五品已能圓伏二五住一。豈至二此位一別斷二見思一ト矣（天止四、四〇〇。弘決）述タル兩處釋義。敢無レ所レ背。三惑斷位何可レ殘レ疑ヲ耶。圓二伏スル事ハ元是一心三觀之力也。圓斷セム事豈無二一心三觀之功一耶。圓伏圓斷不レ可二參差一云事。解釋在レ眼。道理

指レ掌者歟

但。至下相似中道未レ到ニ證位一之故。不レ可レ有ニ斷惑義一云御精上者。誠以爲レ固。於ニ此事一者。學者稟承各有ニ異端一歟。凡圓教ノ位者。不次而論ニ次位一。朱紫雖レ不レ謬。凡聖尚無レ隔。別教意。次第隔歷シテ非レ如ニ藕糸ヲ懸一レ山ニ。然而以レ破スルヲニ麁分三惑一且屬ニ伏位一ニ。以レ斷ニ細分三惑一强テ名ニ斷位一ト也。若爾者。相似中道尚有ニ斷惑之功一可レ云也。但。至下麁分三惑無ニ道理一無ニ證據一云御精上者。於ニ能治觀門一已有ニ淺深之差降一。於ニ所治三惑一何無ニ麁細不同一耶。就中。見思塵沙只有ニ麁分一無ニ細分一耶。然諸ノ煩惱輕重雖レ殊ナリト尚至ニ等覺一ニ矣（記五（天文三、一三〇一上））見思寧不レ至ニ等覺位一ニ耶。無明只有ニ細分一無ニ麁分一耶。謂ク一一ノ有ニ各有ニ三惑及以業相一矣（籤四（天玄三、一一六））無明豈非レ遍ニ界內諸有一ニ耶。初自ニ凡夫之一念一終至ニ等覺之終心一ニ。三惑三諦暫不レ可ニ相離一。其中ノ麁分ノ三惑ハ住前除レ之。細分三惑ハ住上可レ盡レ之也。文理已分明也。所立有ニ何過一

次至ニ大乘止觀文一者。一念創始之言。觀行相似兩位誠以所レ難レ定也。然而古來學者以ニ今釋一ヲ爲ニ住前斷無明之誠證一ト。定有ニ其意一歟。就中。見ニ解釋前後一。如ニ迷事ノ無明滅後ノ既ニ有ニ此義一故。（大正藏四六、六四三中）應レ知シ。一念創始メテ發修之時。無明住地卽分滅也。以ニ其分分滅一故ニ。所レ起智「惠分分」增明ナリ矣 迷事無明ト者。似識似塵等故ニ正指ニ見思「惑一ヲ被レ得タリ。」（示云。似識似塵ト者。住前ノ識塵ハ非ニ實ノ識塵ニ。六七識分ハ見ガ故ニ見思ノ惑ト云也。）彼迷事無明滅後分ニ滅無明住地一ヲ云故ニ。全不レ可レ云レ指ニトハ觀行之位一ヲ

次至ニ三大乘止觀非ニ南岳所釋一ニ者。先哲誠雖レ疑レ之ヲ。山王院大師引而稱ニ南岳ノ釋一ト。後學仰而可レ生レ信ヲ者也

次至ニ破遍一章一ニ者。横竪一心廢立已顯ニ御難之旨一ニ。十住是從假入空之位。十行是從空出「假之位也。」十廻向ニ始修ニ中觀一ヲ。至ニ于初地一正證ニ中道理一ヲ也。三觀次第修故ニ三惑異時斷也。竪破法遍其義如レ此。横破遍ト者。八不中道ノ觀門也。門門並入ルル故ニ稱ニ之横破遍一ト也。一心破法遍ト者。（止六）結ニ束シテ上來横竪ノ諸門一ヲ還テ收ニ凡夫一念心性一ニ也。三諦具足シテ只在リニ一心一ニ。分ニ別セハ相貌一ヲ如シニ次第ニ說一カ。若論セハニ（天止四、一二八）道理一ヲ只在リニ一心一ニ。卽空卽假卽中ナリ矣 上來ノ能治悉在ニ行

者一念ノ心中一ニ。是以三觀已卽ニ一心一ニ。三惑寧非ニ同時一耶。一章大意可ニ同時斷一云事。意在レ斯（天止二、三八〜九。弘決）次觀法雖圓ノ釋會通只如レ前。圓頓觀意ハ始終理一凡聖無レ隔。然而（而㊦ナシ）斷惑次第法爾シテ。麁三惑先去リ。細三惑後除コル。爲レ顯ニ此義ヲ一云ニ觀法雖頓一ト。釋ニ觀法雖圓一ト也（天止三、六四七。弘決）（同前）次從初已來三諦圓修ノ文。是又如ニ前會（書㊦疏）中一スカ。習通界外塵沙無明之文。猶所立誠證也。本書文ニ。（同、六四七〜八。止觀）八信ヨリ至マテニ十信ニ一○（○㊦ナシ）正習一時ニ倶ニ盡矣 正使者指ニ見思一ヲ。習氣ハ塵沙無明也。而云ニ一時倶盡一ト。非ニ同時斷明文ニ耶。六祖大師受レ之。（同、六四七。弘決）習通ニ界外塵沙無明一。例亦應レ云レ不ニ復關レ前矣 於ニ十信所斷煩惱一可レ有ニ塵沙無明一云事。本末解釋分明也。若惣シテ爲レ消セムニ習氣之言一習通界外塵沙無明ト釋セハ。不復關前ノ釋如何可ニ意得（意得㊦得意）一耶。別教十住十行位ニ望メテ但破ニ見思塵沙ヲ一。圓教十信以ニ三惑一時盡一ヌルヲ。例亦（亦㊦ナシ）應云不復關前ト釋スル也。圓十信又同ニ別住行ニ一斷ニ見思塵沙ヲ一者。不復關前（關前㊦前後）之義。更以不レ可レ成。但。界外塵沙無明ト云ヘル界外之言。誠似レ難レ思（難思㊦重難見思）。若是約ニ塵沙惑一歟。於ニ十信位ニ一正可レ

盡ニ界外塵沙一故也

次至ニ界内無明證據ニ一者。前所ニ出申一ス。取相淨塵沙淨無明淨文是也。凡以ニ三惑麁分ヲ一名ニ見思一ト。中分名ニ塵沙一ト。細分名ニ無明一ト。以レ之言レ之。處處釋義無ニ文トシテ而不レ會。三惑各有ニ三惑一云事ハ。一處解釋中。（決五㊥ノ三ノ三十五丁）（天止三、四四九）三惑各遍セルヲ名ケ爲ニ橫周一シト。通シテ至ニ實相ヲ一名テ爲ニ深ク窮レリト矣 或（或㊦惑）又釋ニ十信相似位ヲ。（籤五㊥ノ十四丁）（天玄三、三八四）破シテニ於ニ三惑ヲ一妙惠方ニ遍シ矣（以上31行㋻ナシ）於ニ相似位ニ一斷ニ無明一云事。誠證尤分明歟（歟㋻也）

次至ニ圓相似卽人與ニ五人斷通惑之類ニ一有ニ勝劣一歟云御尋ニ者。圓人已橫斷ニ三惑一。於ニ破惑不同一更有ニ何疑一。斷惑淺深已如レ此。方便果報自可レ判。妙樂一處解釋ノ中。釋（釋㋻ナシ）ニ（籤五㊥ノ二四丁）案位開二乘ヲ。（天玄三、五三八）久ク聞テ觀轉シ惑破シ行成スレハ還テ同シヌ舊（舊㋻同）位ノ行（伍カ）位之限一矣 約シテニ相似卽ノ當位ニ一既云ニ惑破行成一ト。可レ破ニ塵沙無明ヲ一云事分明也。案位開之時。以ニ二乘人ヲ一雖レ案ニ六（同。釋籤參照）根位ニ。未レ立ニ假中觀門一ヲ。不レハ破ニ塵沙無明一名ニ限外空位ノ菩薩一也。久居ニ此位ニ一觀轉（轉㋻ナシ）惑破スレハ還如ニ相似卽ノ本（伍カ）位一ノ。故還同舊位行位之限ト釋スル也。相似位（位㋻ナシ）ニ斷ニ無明一云

事。誠證在二此一文一歟

次至二界內無明相貌一者。潤二界內生一歟否。更以所レ難レ測也。任二一義一者。引レ生ヲ可レ云也。二乘者。見思當分ニ盡シテ。空理當分ニ顯ハス故。雖レ不レ斷二麁分無明ヲ一早離二界內生死ヲ一也。例如下見思兩惑同雖レ引二惡趣之生ヲ一。見惑若盡畢ヌレハ。思惑獨不レ生二惡趣一ニ。於二界外見思一者。無明之外可レ論二別體一也

次至下鹿苑證果聲聞到二法華之席一ニ。於二前所斷見思一重有二斷惑義一耶云上者。學者云云誠以不同也。雖レ有レ所レ可レ思。且前所斷見思之上不レ可レ有二斷惑義一。鹿苑之昔以二空智一分ヲ一斷二見思兩惑ヲ一故也。但。云二能治觀門ヲ一。一空一切空也。論スレハ二所治惑障一者。一斷一切斷也。重斷レ惑耶否。兩義強不レ可二定執一。若存二申此等意一者。所立無レ過可二立申一ス

第三重

精云。能治三觀相並故所治三惑同時斷也ト立申ス往覆雖レ及二數遍一ニ。文理更不二一決一。所詮。以二相似三觀ヲ一斷ストニ見思一惑ヲ一云者。可レ有二何ナル難義一カ耶。空觀定斷二見思ヲ一。中觀必斷二無明ヲ一云事。次第分張之義。還混二別教隔歷之旨一ニ耶。又相似卽位雖レ「修ストニ三觀一心ニ一」。中觀未レ到二證位一ニ。故不レ可レ有二斷惑之義一云道理既決定セリ。此事何樣會申哉。若圓教十信但雖レ名二相似卽一實是證位也ト可レ申歟。又雖レ非二證位一ニ可レ論二斷惑一子細有レ之歟。乍レ許二伏位名ヲ一云ハハ有二斷惑ノ義一。名義モ忽相違シ。凡聖モ可二混亂一也

又別教十廻向例難未二會申一歟。每レ用二中觀ヲ一非レ破二無明ヲ一。別ノ廻向中ニ雖レ修二中觀ヲ一。不レ別二證位一ニ故二不レ破二無明ヲ一。圓十信位雖レ修二三觀ヲ一。猶是伏位故不レ可レ論二斷惑之義ヲ一。次不次雖レ異ナリト。伏斷廢立不レ可二參差ス一。凡案二處處解釋一。異時斷文甚多。同時斷釋尤稀ナリ。適雖レ似レ撿申スニ言暗意幽ナリ。就中。破法遍章ハ雖レ勘二諸文一理觀一意也。未レ叶二所立旨趣一ニハ。圓家仲微。若同時斷爲レ要セハ。憚二何事一ニ不レ述二此義一耶。最實位所判。六卽義本文等。每レ述二圓家正意ヲ一多是異時斷義也。悉附二次第斷一云事不レ疑レ之者如何

觀心十二部經義（續天全圓戒1、三四八上～下）

一處解釋中。或圓教初品弟子名外凡。十信名內凡。皆圓伏無明。而界內見思自然前盡。如火燒鐵鐵雖不融垢在邊去。正惠觀無明。無明未除。見思前盡矣相似中觀雖觀無明。見思先除云事。解釋已分明也。何可生異端耶。加之。今雖次第。即是圓教。二惑先除。除非本意。意在初心圓修三觀釋。決六（天止四、五二）若圓教十信。斷界內見思。圓伏界外見思無明。發趣初心。圓斷界外見思無明。終至等覺方盡釋給。四教義十一（大正藏四六、七六〇中）此等解釋分明也。三惑異時斷也云事。非盡理耶

次至無明淨等釋者。（大正藏四六、五七六中。四念處）上文。無明圓伏等釋畢。次下。取相淨塵沙淨無明淨釋故。消六根淨義時。以伏無明名無明淨歟

次三惑麁分名見思事。正何處解釋耶。如前出難受見思本起名已生惡等文。（天止四、二二三。止觀）麁惑浮麁等釋故。指見思名麁惑事。解釋已分明也。以三惑麁分名見思事證據未顯耶

示云。此釋見思雖名麁惑雖麁細浮沈異三惑同時

三惑各有三惑云事。一兩處所判皆非誠證。三惑各遍者。只是顯相即意也。見思分位有塵沙無明云事。此文全不見耶。破於三惑妙惠方遍釋。（天玄三、三八四。釋籤）彌又不詳。三惑麁分名見思事。此釋何處有其意耶

次界內無明事。凡付此算。文理雖繁論其要須。只在此事歟。出申釋義頗以髣髴也。取相淨塵沙淨無明淨釋。難勢如前。凡一家解釋中判圓家斷位時。一文而界內許三惑同時可斷之云事。所未曾撿及也。此度付文理兩邊可成分明所立。惣同時斷證據少少雖勘申。未聞誠文。眞實證據可依何文耶

次久聞觀轉惑破行成釋。（天玄三、五三八。釋籤）十信斷無明證據也立申歟。北谷學者尚所存異端也。還同舊位行位之限云（同前）舊位之言。指相似即云爲斷無明之證歟。小國大臣來朝大國失本位次矣（伍カ）其本位者。阿羅漢地住等名也。故還同舊位行位之限者。復大臣本位。故當初住分證之位也。若爾者。惑破行成者。指初住分無明可意得也。全非住前同時斷證據耶

次五人斷通惑者生ス二方便土一二。十信相似卽人又生二方便土一二。若爾者。圓人三惑同時斷故勝二權人一處。故似レ無二起盡一

次三惑麁分名二見思一ト。中分名二塵沙一者。塵沙惑潤生スト可レ云耶

次鹿苑證果聲聞到二法華一時。於二前所斷見思一重有二斷惑之義一否事。或ハ無二重斷惑之義一申シ。或又重斷惑之義有レ之。兩邊不二妨礙一申歟。付二何ナル義門一無二別ノ斷惑一云ヒ。付二何義門一重有二斷惑一可レ云耶。兩邊不相妨之樣又如何

抑。又所依本文同時斷トヤ見タル。將又異時斷歟。付二本文大綱一可レ成二申所立一ヲ。凡聞二所立始終一ヲ。雖二文廣言繁一シト如二水濁珠暗一キカ。未レ辨二澄淨之源一ヲ。正可二同時斷一立申ス眞實道理何事哉。今度取レ要抽レ詮ヲ分明可二立申一　私云。別注レ之

答。三惑同時斷異時斷非二行人實證一者。誰敢得レ測乎。今可二同時斷一立申ス纔雖レ任二師資之稟承一ニ。（天止一、三七二）更不レ辨二文理之根源一ヲ。但。一家圓宗大綱者。一念心卽如來藏理ナリ。如故ニ卽空。藏故卽假ナリ。理ノ故ニ卽中ト矣談スルカ故ニ。介爾一念ニ備ニ本理ノ三千一ヲ。刹那ノ心性ニ具スル妙法ノ三諦ヲ也。指ス二此心一ヲ元本モトヨリ三諦也。點スル二此心一ヲ卽是三惑也。迷ニ三千卽空一ニ名ニ見思一ト。迷ニ三千卽假一ニ名ニ塵沙一ト。迷ニ三千卽中一名ニ無明一ト也。了スレハ二此ノ三惑ノ體性一ヲ。卽是三諦ノ妙理也。是以解釋中。今ハ從テレ圓ニ說ク。一心ノ三ノ幻破スニ一心ノ三ノ惑ヲ理惑體一ニシテ境智如如ナリ矣（天玄一、二八五）三諦三惑同在ニ一心一。一心之中寧辨ニ前後一耶。三惑「可ニ同時一」云事。一家教觀之大體也。所以三諦妙理者。自ニ理卽一至ニ究竟一。無明惑障者。自ニ凡夫一至ニ等覺一也。已是一心能所也。始終正クレ不レ可ニ相離一。凡圓教意ハ顯ニ空理一之時。三諦同顯。一空一切空故也。斷ニ見思一之時。三惑俱斷。一惑一切惑故也。見思破卽是無明破。無明破卽是見法性ト矣（天止四、四八。止觀）釋スル。非レ述ニ此義一耶。處處ノ解釋述ニ異時斷義一事ハ。五十二位配立者。名別義圓階級也。故斷惑ノ奢促又附ニ別教次第ノ義一也。若論ニ圓ノ實義一ヲ時ハ。釋ニ成スル同時斷ノ旨一事如ニ前立申一スカ。但。至下以ニ未證中道一不レ可レ〔斷ニ〕難斷ノ無明一云御難上者。此事誠無レ所レ可ニ會申一ス。一往了見如ニ前立申一スカ。不レ

到初住眞因故且與相似之稱。不破界外無明故且屬伏惑之位也。於十信當位當智斷分齊時。可斷麁分三惑云事。所立道理前已顯畢。相似中道豈無能障煩惱耶。以智惠分分增可知煩惱漸漸滅也。猶明與暗定不倶生。如秤兩頭低昂時等。諸相違法理必應然矣 論家所判其意分明歟（唯識論（大正藏三一、五二中））

次至別十廻向雖修中觀未破無明。圓相似卽准例可同云御難者。別圓二教所談。次不次遙異。斷不斷何同。圓教意者。如前立申。緣卽空時必到卽中。不然是隔歷三諦也。破見思時卽破無明。不然又次第三惑也。三惑既卽三觀必融云。非述此義耶。別教意。雖證空假中道未顯。別圓相例天地事殊也。其義自分明歟

次至同時斷證據者。前出申。取相淨塵沙淨等文猶可誠證。見思塵沙既以斷名淨。無明一惑何以伏可稱淨耶。（大正藏四六、五七六中。四念處）一處解中。別教四門次第斷五住。斯乃豎遍横不遍。並〔非〕所用。今不思議一境一切境。一心一切心。横豎諸法悉趣於心。破心故一切皆破。故言遍也矣（止五（㊂三、三丁）（天止三、三九四））荊溪大師受之。言横不遍者。如初觀見思。具攝諸惑。能觀之智接一切智。位位皆然。故云横遍。別教不爾。故須簡之矣（同。弘決）簡別教四門時。次第斷五住。斯乃豎遍横不遍矣（同。止觀）圓教又次第斷五住者不云横不遍耶。能治觀門獨非融卽。所治三惑又可同時云事。此釋正分明也。既云破心故一切皆破。但。云斷見思一惑者。一切皆破之言更可指何物耶。六祖大師。初觀見思。具接諸惑。能觀之智。接一切智位位皆然矣（天止三、三九四）於十信相似之位。所觀則雖寄見思一境。一境一切境故三惑同具足。能觀又雖寄卽空一邊。一智一切智故三觀倶圓融。能治三觀一心故所治三惑可同時斷云事。此釋尤分明也。一境一切境爲只約理性一邊故。約事但限見思一惑云者。一智一切智又可約理觀故。約事但限卽空一觀可云歟。加之。一處解釋中釋通相三觀。雖然此是信解虛通。就觀除疾（淨名疏七（大正藏三八、六六二上））

不無前後矣六祖大師消今文。三空但破見思之惑。(卍續二八、四一一丁左下。維摩疏記)三假但破塵沙之惑。虛解疎通未成實益矣本末釋義所顯其意尤分明也。通相三觀信解虛通不成實益事。三惑斷位前後次第故也。一心三觀實益可同時斷云事。非理在絶言耶

六祖大師釋本書通相一心的屬圓教文。(卍續二八、四一〇丁左上～下)通相一心的屬圓者。那云斷惑終成前後耶問答之。行相無殊。從教「前後。故」前文云。恐是方等中意也。當知猶是方便之說矣問意。通相一心兩種三觀付同屬圓教云。既云圓教斷惑何前後耶云也。圓意可同時斷定問難異時斷義也。答之。行相無殊從教前後者。一空一切空等行相通相一心觀門雖無不同。帶權圓教中有前後斷義云也。故次下。(同前)故前文云恐是方等中意也。當知猶是方便之說矣意方便教中有前後斷義云也。以之言之。圓教意可同時斷云事。誰可生異端耶。釋義已如仰文。後學寧不信敬耶。山家大師於六卽位各立三身如來。相似三身不斷麁分三惑

耶。或又。圓融五住一切惑。我今誓願必斷除矣法華長講(傳全四、二四八)既云圓融五住。寧又可異時斷耶。荊溪大師。(天止四、五一)三惑既卽三觀必融釋。兩朝所判隔海宛同之。後生指南誠在斯歟

次至界內無明證據者。凡案一家宗意辨界內無明事。更非論難之限耶。其義如前立申。決五一家圓義。言法界者。須云十界卽空假中。(天止三、二七一)初後不二方異諸教矣三諦之理遍凡聖事。立敵所未諍也。所障之理既以如此。能障之惑何可生疑耶。六祖大師解釋中。籤六豈有地獄無明究竟名爲了了。(天玄四、五一)餘有未盡名不了耶矣加之。於二十五三昧各明諸有過患。皆是見思塵沙無明三惑也。籤四(同、二一六)荊溪大師。過患者何。謂一一有各有三惑及以業相矣玄四(天玄三、一一五～。參照)又一處解釋中論界內無明事。顯名目釋成事有之。速證佛位集七又覺大師御釋中。於同居土論麁分三惑。於方便實報辨細分三惑。文顯義盡。不及廻意。以三惑麁分名見思事。誠證文在茲歟

（天玄三、五三八。釋籤）次至二久聞觀轉惑破行成之文一者。可レ約二勝進入一云事。一流存二此義一歟（歟㋻也）。然而於二ハ相傳一義一其義全不レ然。文相起盡釋ニ成案位開一也。小國ノ大臣來ニ朝スル大國一ニ時キニ已ニ（已㋭无）失二本位次一ヲ。雖レ預二大國位次一ニ（雖預㋣除雖）猶是限外空官也。所謂鹿苑證果人來二法華席一ニ時キ雖レ案二相似位一ニ（相㋻无）。未レ修二一心三觀一ヲ。不レ破二一心三惑一ヲ。望二本ノ圓人一ニ時キ名二限外空位菩薩一ト也。（籤五）（天玄三、五三八）是以六祖大師。如二阿羅漢ノ案シテレ位ヲ入一レカ圓ニ。雖レ預ルト二六根ノ行伍ノ位次一ニ。比下スレハ於本從二圓一隨喜上來レルニ乃チ成二限ノ外ノ空位ノ菩薩一ト故云二空官一ト（成㋭无）。此ハ據テ二初入一ニ作二如レ此說一ヲ。久ク聞テ觀轉シ惑破シ行成スレハ還テ同シヌ二舊位ノ行位之限一ニ（イ伍　示云。行伍ナル者。隨レ官ニ烈チ立ツ事也）矣。破シ二三惑一ヲ成シ二三觀一ヲ畢ヌレハ。還テ同スト二相似ノ行伍一ニ云也（云㋻无　位㋻信　伍㋭位　伍㋭㋻位）。對二限外空位之言一ニ云二還同舊位行伍之限一ト故。約二相似即一云事全不レ可レ及二異端一ニ耶。若爾者。於二住前一斷二三惑一ヲ云事。誠證不レ可レ過二此文一ニ

次至二五人斷通惑ノ御例難一ニ者。於二相似內凡位一ニ斷二塵沙無明一ヲ事。所立前顯畢ヌ。雖三同生二方便土一ニ果報勝劣何（何㋣无）又等同ナラム。解釋存二此義一ヲ。不レ可レ及二私苦勞一ニ（及㋻无）

次塵沙潤生ノ有無。題目在レ別。雖レ非二今所立一（示云。可レ用二此義ヲ也）以二三惑中分ヲ名二塵沙一ト意ナラハ潤生ノ義有二何憚一。或又雖レ約二塵沙當分一ニ可レ有二潤生義一。是一傳也（示云。見思塵沙無明如レ次麁中細ト云事　當分ニモ論レ之也。若爾。麁細潤生ス。中分何不二潤生一耶）

次鹿苑證果聲聞法華時重斷二前所レ斷煩惱一ヲ哉（哉㋭㋻耶）否事。學者所レ存二異義一也。如二前立申一スカ。但。三百由旬化城已是寶處中路也（處㋣所）。由旬之路不レ可二再進一。故重不レ用二斷惑一所二立申一也。然而義門非レ一。了簡區分タリ（了㋭料）。仍具難二申披一。抑。至二所依文一ニ者。是又學者有レ所二稟承一歟（稟㋣无　歟㋻也）。且案二文大旨ヲ可二同時斷一見タリ。次第三觀之時ハ。三觀分張シテ三惑邐迤也。（止（天止二、二一八））圓頓觀之時ハ。以レ觀ヲ觀スレハ二於境一ヲ。則一境ニシテ而三境ナリ。以テレ境ヲ發スレハ二於觀一ヲ。則一觀ニシテ而三觀ナリ矣 文終二ハ。（同、二三一）何但三一一三ノミナラム。惣シテ二前ノ諸ノ義ヲ皆在リ二一心一ニ矣 彼次第ニハ三惑三觀前後次第セリ。今會二諸次第ヲ惣シテ入二一心中一ニ。（止　示云。本文正證也（也㋭无））豈非二同時斷大綱一ニ耶。加之。體眞之時キ。五住盤石砂礫。一念ニ休息スルヲ。名二止息ノ義一ト矣（體㋻止（同、二二二）　盤㋭磐　休㋭體　名㋻无　矣㋭无）彼次第ノ中ノ體眞ハ是遍眞ノ觀ニシテ但息二見思煩惱一ヲ（思㋻无）。今云二五住盤石一念休息一ト（止（同、二二二～三）　盤㋭磐）。非二同時斷一者如何。或又。又此ノ一念能ク穿二五住一ヲ。達ス二於（又又㋻又）

實相ヲ。實相ハ非レ觀ニ。亦非ニ不觀ニ（不[ワ]所）。如レ「此等ノ（ニ[ト][チ]）義。但在リ一念ノ心ノ中ニ。不レ動ニ眞際（際[ワ]除）ヲ矣」此等（等[ト][チ]）解釋分明也。於ニ一念一時之中ニ盡ニ三觀三惑之源ヲ云事。若夫存ニ此等意ヲ所立無レ失可ニ立申ス一（[ホ]畢）

〔一交畢〕（[ニ][ト]）〔墨付二十四丁〕（[ニ][ホ][ワ]　四[ホ]九[ワ]七）

〔神宮〕（[ワ]）

（以下奥書、對校[ワ]本なし）

本云（云[ホ][ト][チ]）延文二年（一三五七）丁酉八月二十五日。賜ニ盧山寺御案立ニ書ニ寫之一（一校[ホ][チ]）

校畢

權少僧都顯幸 年五十八 戒四十三春

（底本追記奥書）

于時寛永十五（一六三八）戊寅年二月三日未刻畢

本主淨教坊祐憲　筆者　俊海助筆

當年正月晦日ヨリ西塔正觀院ヘ所化ニ被レ出御留主ニ書レ之云云

墨付十九丁

（對校[ニ]本追記奥書）

于時寛永七年（一六三〇）十二月十七日書ニ寫之ニ畢

覺賢

（對校[ホ]本追記奥書）

于時延寶四年（一六七六）七月二十六日遂ニ書寫ニ畢。再以ニ嵯峨二尊院本ニ遂ニ校合ニ訖

西塔　東谷沙門　智光院快磐

（對校[ト]本追記奥書）

寛永十六（一六三九）正月吉日寫功畢。幷以ニ御本ニ加ニ一交ニ云云

右筆　金山坊

進上　大僧正樣

（底　本）叡山文庫眞如藏『盧談』三十五册の內、№11『三惑同時異時事』と合綴本

（對校本）[ニ]＝大谷大學圖書館藏『盧談』二十四册の內

[ホ]＝叡山文庫生源寺藏『盧談』十七册の內

[ト]＝日光天海藏『盧談』二十六册の內

＊參考 [ワ]＝日光天海藏『盧談』二十六册の內、重複別本

三觀義案立　三惑同時異時事

11 三觀義　三惑同時異時事　目次

（精問六）

(1) 住前圓伏二無明一。住上圓斷二五住一云事（是一）
(2) 住前伏二五住一。住上斷二五住一依憑可二申定一事（是二）
(3) 仁王云長別三界。法花云無漏意根事（是三）
(4) 十信位不レ斷二見思塵沙一道理事（是四）
(5) 十信相似位斷二見思塵沙一見處處所レ判會申事 弘決六處文事（是五）
(6) 住前無二斷惑義一事（是六）

（答申八）

(1) 以二賢位一名二伏惑位一。以二聖位一名二斷惑位一事（是一。難四）
(2) 住前住上共斷云事（是二。難一）
(3) 摩訶止觀云三障三德相事（是三。難二）
(4) 住前但伏初住俱斷。諸教無レ文方成二邪說一事（是四。難二內）
(5) 天台引二仁王經文一論二十信斷惑義一事（是五。難三）
(6) 藏通二乘斷二見思兩惑一云事（是六。難四內）
(7) 能治三觀所治三惑事（是七。難五）
(8) 住前伏二五住一住上可レ斷二五住一云事（是八。難六）

得略

（問七）

(1) 斷惑被レ云形事（是一）
(2) 破法遍斷惑事（是二）
(3) 一心三觀相承事（是三）
(4) 惑障本來隔礙。然而何非二異時斷一爲二同時斷一耶（是四）
(5) 以二何文一同時斷證據可レ申事（是五）
(6) 三惑麁細分事（是六）
(7) 六根清淨位惣不斷惑位也見證據有レ之耶（是七）

（私言六）

(1) 圓家斷惑者不斷惑義事（是一）
(2) 三惑三觀融卽對當事（是二。難四）
(3) 同時斷證據事（是三。難五）
(4) 止觀一部同時斷事（是四。難二・三）
(5) 於二住上一但斷二五住一事（是五。難六）
(6) 法花一部同時斷云事（是六。難七）

（以上目次新作）

三觀義　廬談　三惑同時異時事　（以上扉）

11 三惑同時異時事

（一三六六）
貞治五年十一月十五。瑠璃堂立義精義用意。題者極樂房法印顯幸。立者維清。一問宗惠

常住院抄云。於二住上一三惑同時モ斷ルレ之也。住前ニ斷二無明ヲ一云釋ハ更ニ不レ可レ有レ之。所以ニ附文ノ時ハ。住前ニ斷シ二見思塵沙ヲ一。住上ニ分分ニ斷二無明一也。元意ノ日ハ。住前ニハ圓ニ伏シ二五住ヲ一。住上ニハ圓ニ斷二三惑ヲ一云云　此ノ二ノ配立ノ外ニ何ツ云三住前ニ斷二無明一耶

已上佛眼院抄ニ書二載之一。但シ。一兩字取意書レ之。維清所立可レ在二今ノ義趣一云云　御說ノ分全分如レ此。大上ノ義勢西塔ノ立者誠ニ可レ如レ此歟。付レ之可レ加二精義一

（精問六）

(1)〔住前圓伏二無明一。住上圓斷二五住一云事〕

精云。所立ノ始終可ト二同時斷ナル一申ス。住前ニ斷二麁分ノ三惑ヲ一。住上ニ斷ト二細分ノ三惑ヲ一申歟ト聽聞スル處ニ聞ケハ二委細ノ所立ヲ一。住前ニハ惣シテ伏二五住ノ煩惱ヲ一。住上ニハ共ニ可レ斷二五住ノ煩惱ヲ一。住前ニ斷二見思塵沙一者。是附文ノ斷惑也。於二住上一惣シテ斷二五住煩惱一者。元意ノ斷惑ノ義也云云　所立太所レ難レ思也。寶幢院ノ相傳則有二此義一所二承及一也。義勢ノ約束ノ分ハ佛眼院ノ相承又此義邊也。旁題者稟承ノ分モ相似タル處有レ之歟。珠玉ハ依テレ瑩ニ增二光澤一。故ラニ加テ二難勢一可レ顯二深旨一也

先ツ住前ニ圓ニ伏二無明一。住上ニ圓ニ斷二五住一云事ハ。トコニ見エタル事ソ。經教・論家施設歟。天台・妙樂ノ所判歟。是程ノ重事ニハ先ツ大段ノ證據カアルヘキ也。依レ何申事ソ。慥ニ誠證ヲ勘定ムヘキ也。五品ノ位ニ圓伏二五住一。初信ニ斷レ見。自二二信一至二七信一斷レ思。八信已上斷二塵沙一。初住已上ニ分分ニ斷二無明一云事ハ。毎コトニレ判二圓位ノ斷伏ヲ一處處ノ所判皆以如レ此。此釋ヲ悉ク削リ改メテ。住前ハ三惑皆伏ニシテ非レ斷申ン事。太以テ有レ疑。住前ニ斷二見思塵沙一事ヲハ治定シテ成二異時斷一人ハ。以レ之爲二依憑一ト。成二同時斷一人ハ約レ之成二會通一事ニテコソアルニ。住前ノ斷惑ハ一向非二實義一云ン事。殆似レ驚レ耳義例ハ雖レ顯二止觀一部ノ骨髓ヲ一都ヘテ是今家所釋ノ精要也。

題下注シテ云。破スニ迷者一請コフ改メヨ云云(大正藏四六、四四七上。止觀義例)彼立タリニ七箇ノ例一ヲ。第七ノ喩疑顯正ノ例。破シテニ澄觀法師ノ僻謬一ヲ苦ネンコロニ顯トニ一家教説ノ根源一ヲ見タリ。此中ノ初ノ問答ハ花嚴ヲ爲ニ頓頓一(同、四五三中。取意)。法花ヲ爲トニ漸頓一ト云義ヲ破スト見タリ(同、四五三下)。文太廣シ。往而可レ檢。次ノ問云。此二位者斷惑何殊。答。二位不同。若漸頓者。初住以(已カ)前四住前(先カ)除。若頓頓者。初住已前圓伏ニ五住一。登住已去圓破ニ五住一矣(矣ナシカ)喩サトシテ云(曰カ)。初住已前四住前(先カ)除。引證屬レ圓。處處皆爾。故圓教四念處云。如ニ治レ鐵作ヒ器。本爲レ成レ器非レ爲レ除レ垢。麁垢先除非レ關ニ漸次一。頓頓既云ニ登住圓破一。則顯ニ住前五住全ク在一。當レ知ニ此義非別非圓一。圓則初住唯破ニ無明一。不レ應ニ入住五住倶斷一。別須下住前五住全在。住破ニ四住一。行破ニ塵沙一。登地方破中一品無明上。故知レ非レ別。離レ二別立無ニ教可一レ憑 矣 如ニ所立一者。住前ニ五住共ニ伏シ。住上ニ五住共ニ破云歟。全ク如ニ清涼ノ所立一。六祖大師强ニ破シテレ之貽スニ筆墨於後昆一。寧以ニ六祖所破一猥ク可レ成ニ所立一耶

別教ハ十住ニ斷ニ見思一。十行ニ破ニ塵沙一。初地ニ破ニ一品ノ無明一。圓教ハ。住前ニ斷ニ見思塵沙一。住上ニ破ニ根本無明一ヲ。清涼所立ハ住前ニ圓伏ニ五住一。住上ニ共ニ斷ニ五住一。故ニ非別非圓ト破シ給フ也。乍レ破ニ此文一今夜ノ所立全ク墮スニ六祖ノ所破一。太非レ斷(難カ)レ思耶。六祖大師此書ノ題下ニ注シテ。破迷者請改ト云云 所立何ソ不レ改レ之耶。若住前ニ伏ニ五住一ヲ住上ニ斷ニ五住一約束ハ雖レ似タリトレ同キニ他師一。其義勢事異ナリト可レ申歟。爾者。其義勢ノ不同ヲ慥ニ可ニ申披一也 是一

(2)〔住前伏ニ五住一。住上斷ニ五住一依憑可ニ申定一事〕

凡ソ如レ此住前ヲ五住惣シテ約シレ伏。住上ヲ五住惣シテ屬レ斷。如ニ前ニ尋一經論釋義ノ依憑ヲ可ニ申定一也。圓教眞實ノ斷伏ノ階位。任セニ後學ノ私情一事ハ太忽セ也。更ニ所レ難レ生ニ信心一也。六祖破文云。若レ云ニ住前但伏初住倶斷一(大正藏四六、四五三下。止觀義例)。諸教無レ文方成ニ邪説一 矣 如ニ今解釋一者。澄觀法師ノ所立。經論ニ無ニ證據一。故ニ方ニ成ニ邪説一 云云 若不レ撿ニ分明ノ證據一者。不レ墮ニ方成邪説ノ難ニ耶。設又有ニ撿申事一者。背ケンニ六祖ノ所判一ニハ。進退ノ兩(邊カ)進共ニ有レ難。云何カ欲ルレ遁レレ申(レ耶カ) 是二

(3)〔仁王云長別三界。法花云無漏意根事〕

次ニ十信斷惑ハ圓家ノ沖微也。他人所レ未レ辨也。一家不共ノ

談得二證據於仁王般若一。（大正藏八、八二七中）十善菩薩。發二大心一。長別二三界苦輪海一矣。是則於二十信位一斷二見修ノ兩惑一明文也。如二所立一者。是又非二實ノ斷惑一可レ申歟。六祖大師破二澄觀師一（大正藏四六、四五四下。止觀義例）云。此一家義。前後皆引二仁王一以證二法花一。法花云二無漏意根一。仁王云二長別三界一。兩經皆是四住先落。且於二界內一得二無漏名一。有漏業除故云二長別一。當レ知二處文義本同。如何分ワカチサク礙以證二兩頓一矣。澄觀師ノ意ハ。以二仁王ノ長別苦輪文一約二漸頓一。引二法花ノ六根清淨一證二頓頓一見タリ。六祖大師破二此義一。一家處處ノ解釋ノ意。引二仁王ノ長別三界文一證二法花ノ六根清淨一。所謂仁王ノ意ハ。長ク別二三界一者。法花ノ六根清淨ノ意也。現二離二三界ノ苦輪一故ニ。忽ニ成二六根清淨一也。同是破二見思ノ四住一故ニ。忽ニ顯二六根清淨ノ功用一也。二經ノ意全ク同。若於二相似十信位一不レ斷二見思ノ四住一者。只非レ背ノミニ二仁王經ノ文一ニ。失ラン二法花六根清淨ノ功用一。只非レ失ノミニ二二經ノ勝用一。又非レ背二六祖所判一ニ耶。澄觀法師。仁王ヲ約二漸頓一法花ヲ約二頓頓一事ヲ破シテ。當レ知二處文義本同。如何分擗以證二兩頓一矣。仁王・法花其意全一ニシテ共ニ成二十信斷惑ノ義一ヲ。而ヲ一ヲハ云二漸頓一。一ヲハ云二頓頓一故ニ。如何分擗以證兩頓ト釋シタマフ也 是三

(4)〔十信位不レ斷二見思塵沙一道理事〕

次以二何ナル道理一十信ノ位ニ都テ不レ斷二見思塵沙一申ソ耶。別圓二教ノ所談雖二權實各別ナリト一。分二別賢聖ノ階位一事ハ。道理必ス可二齊等ナル一。隨而解釋ノ配立モ全ク是同也。所謂別教ノ意ハ以二住行向一名二三賢一。以二十地一名二十聖ノ位ト一。於二賢位ノ中一。十住ニ斷二見思一。十行ニ斷二塵沙一。十廻向ニ伏二無明一。初地已上ニ斷二無明一判スル也。是則於二賢位一斷二見思塵沙一。於二聖位一分分ニ斷スト（レ二無明一カ）判也。圓教意ハ以二十信一爲二賢位一故ニ初信ニ斷レ見。二信已上ニ斷レ思。八信已上斷二塵沙一。初住已上ニ斷二無明一也。別教ノ三賢ハ位長シ。亙二住行向ノ三位一。圓教ノ賢位ハ位促レリ。但シ十信ノ位而已ナリ。賢位ノ奢促不定ナル事ハ權實各別ノ故也。然而別圓二教共ニ於二賢位一斷二見思塵沙ノ兩惑一ヲ。於二聖位一斷二無明一惑一判スル也。處處ノ定判皆如レ此。全ク所レ無二異端一也。而ヲ圓教ノ十信實ニ無二斷惑ノ義一云ハハ別教ノ賢位ヨリモ劣也ト可レ云歟。於二別ノ三十心一斷ニ

見思塵沙ノ事ハ。處處ノ釋義ノ定判也。學者又無レ所レ諍。至ニ圓教ノ十信ニ但シ伏ニ五住一不レ斷ニ見思塵沙一云ハハ。論ニ賢位ノ功用一忽ニ別教ハ勝レ圓教ハ劣也ト可レ云歟。其義寧不ニ反倒一耶。若圓教ノ十信内凡ノ位。但シ伏位ニシテ非ニ斷位一見タル慥ナル經文釋義カアル。若有リレ之云ハハ。シキ（ヿ正カ）所立ノ可ニ誠證ナル一撿得タル事アラハ申セ。如レ今所立ノ時ハ詮要ノ題目ニテ有。卽只大様ノ尋ナントトハ不レ可レ存也。於ハレ是更ニ無ニ異會一歟。而ヲ二乘ノ人ハ斷ニ見思ノ四住一。圓教ノ十信ハ不レ斷ニ見思一云ハハ。是又折滅（ママ）ノ二乘ハ勝レ。圓教ノ六根ハ劣也ト可レ云歟。二乘ノ極位圓教ノ相似分別スル時。有ニ有齊有劣ノ義一。有齊ト者。共ニ斷ニ界内ノ見思一故也。有劣ト云ハハ。但是偏眞ナルカ故也。圓教ノ六根若不レ斷ニ四住ノ迷謬一者。還而以ニ圓教一可レ屬ニ有劣一也。玄五云（天玄三、四九四）。若三藏佛位斷ニ見思一盡。望ニ六根清淨位一有レ齊有レ劣。同住（除カ）ニ四住一。此處爲レ齊。若伏ニ無明一三藏卽劣。佛則（尚カ）爲レ劣。二乘可レ知矣。二乘既ニ伏ニ煩惱一未レ斷レ之見タル經論釋義ノ證據ヤアル。付ニ經文一イクラモ撿ル事ノアルコサメレ

凡勝鬘經ノ中ニ有ニ五住二死ノ廢立一。四住ハ是分段生死ノ煩惱道也。無明住地ハ是變易生死ノ煩惱道也。二乘及ヒ別三十心。圓教ノ十信同斷ニ界內煩惱一故ニ。生ニ方便土一判也。五住二死ノ廢立蓋如レ此。圓十信若不レ斷ニ界內見思一者。不レ生ニ變易土一可レ云歟。是又大ニ可レ破ニ一家性相一也。若爲レ會レ之雖レ不レ斷ニ煩惱一ヲ生ニ變易土一可レ云歟。是又永ク所レ背ニ道理一也

五住二死ノ配立ハ以ニ界內ノ煩惱一感ニ界內ノ果報一。以ニ界外ノ煩惱道一感ニ界外ノ果報一也。若不シテレ斷ニ界內ノ煩惱一忽ニ感ニ界外生死一云ハハ。因果ノ道理一時ニ可レ破歟。爲レ成ニ圓教ノ十信不斷義一。別教ノ三十心モ實ニ不レ斷ニ見思塵沙一。聲聞・緣覺ノ人モ實ニ不レ斷ニ見思一云ハハ。經論ノ誠言皆壞レ一家ノ所判皆可レ亂也。四果支佛不レ生ニ方便土一者。五人斷通惑生處又垂レ壞ナントト。彼五人若シ不レ斷ニ見思一生ニ方便一云ハハ。因果ノ道理又モ壞ナン。勝鬘ノ誠諦又可レ失。故ニ於ニ十信一但シ伏ニ五住一云ハハ。一家宗義垂レ壞ナントト。一代ノ誠文寧全カランヤ耶

是四

(5)〔十信相似位斷ニ見思塵沙一見處處所レ判會申事〔弘決六處文事〕〕

次ニ十信相似ノ位ニ斷ニ見思塵沙一見タル處處ノ所判ヲ會シ申スヤラン。附文ノ時ハ住前ニ斷ニ見思塵沙一。住上ニ分分ニ斷ニ無明一。元意ノ斷惑ノ日ハ。住前ニハ圓ニ伏ニ五住一。住上ニ斷ニ三惑ヲ云云而ヲ附文・元意ノ名目ハ何クヨリ出來シタル事ト存シタルソ。只言ハノハシニ或云ニ附文一。或ハ元意ト云タル事ハ處處ノ解釋ニ散在シタルト覺ル也。附文・元意ト結構シテ釋シタルハ弘決ノ第五第六ノ文也。コトサラ付ニ斷惑證理ノ廢立一論ニ附文・元意一事。正ク可レ有ニ止觀・弘決ノ文一也。其又太廣シ。不レ遑アラ可ニ頌レ之。且ク摩訶止觀ノ第五ニ。(天止三、四五二)從假入空・從空入假・入中道觀ノ破法遍ヲ云トシテ。今欲三借レ別顯レ惣。擧レ次而論ニ不次一。故前(先カ)三義ヲモテ解釋也矣(同、四五二〜三。弘決)六祖大師受ニ此文一。今欲下ハ顯ニ文ノ元意一ヲ。諸教旣ニ爾ナリ。今モ亦依ルレ之ニ。故ニ示スニ讀ン者一ニ。預メ於テニ文ノ前一ニ遙(逆カ)ニ點シテニ六處一結ニ撮スル要意一ヲ。一ニハ。破見ノ位ノ後チ。二。破思ノ位ノ後。三。四門了見(料簡カ)ノ中。四。出假利益ノ位。五。結ニ破法遍一文ノ後チ。六。修ニ中觀一初(ヿ文カ)ナリ。頻リニ此ノ六ノ文(處カ)慇懃ニ思擇(指的カ)セリ。顯露彰灼ナル。讀ン者ノ尚昏。儻ナラクラシ沈モシチン密隱映インエイナラハ。如何ソ取ン解ヲ。故ニ逆サカサマニ提ヒサケテ綱領カウレイヲ至テレ文重テ示スヘシ矣所以ニ。次第ノ破法遍ト者。

寄セテニ別ノ次第一顯ニ圓ノ不次第一也。破法遍ノ中ニ明ニ横竪一心一。横竪ハ尚是次第也。一心ハ是不次第也。竪ノ破法遍ト者。從假入空・從空入假・入中道觀如レ前。此ノ次第ノ破法遍ト者。稱スニ之ヲ附文一。未レ至ニ一心ノ破法遍一。前ニ於ニ次第中一粗顯ニ不次第一名ニ之元意ト也。文ノ次第ヲ名ニ附文一。次第中ノ意ヲ稱ニ元意ト也。本書ノ文ニ自示ニ元意一其文尚沈密隱映也。故ニ六祖大師點ニ出シテ其ノ六處ノ文一結ニ撮元意ノ旨一也。指ニ其六處一事具ニ如レ文。一一ニ六處ノ文ヲ校シ出ン事。太有レ煩。如ニ立申一者。附文ノ時住前ニ斷ニシ見思塵沙一。元意ノ時住前ニ圓ニ伏ニ五住一云云是ハ六處ノ元意ノ中ニ何レノ元意ノ文ニ爾ハ釋シタルソ。慥ニ可レ勘ニ申之一。如レ此約束スル事。今夜ノ立者初テ立申ニ非ス。寶幢院ノ名哲慥ニ被レ述ニ此了見一見タリ。今夜ノ所立摸スニ名匠ノ言一。誠是美談也。付ハレ其。先哲モ定テ被ンニ勘置一。六處ノ元意ノ中ニ何レノ文ト可ニ了見申一也

但シ。常ニ所ニ披見ル粗違レ文也。未レ窺ニ合文一ヲ。此算ニ常ニ誦來レリ。今夜モ數返聞ツルヤラン。(天止三、六四七。弘決)從初已來三諦圓修ノ文ハ。六處ノ元意ノ中ノ第二ノ元意ト覺ユル。此文ノ前後ハイカカ見タル。具ニ本

末ノ釋ヲ誦シ申セ。若就テニ別教一明サハ(天止三、六四六～八。止觀)破假(「思カ)位一者。初メ破シテ見正ク入ニ初住ニ一。從ニ二住一至マテニ七住一破スニ於思假一。欲ハ下細ク分テニ品帙(秩カ)一判中諸住ノ位上ヲ。准レ前可レ知。從ニ八九十住一正ク是侵レ習。十行ハ是レ正ク出レ假位ナリ。不ニ復タ關レ前也云云 若シ就テニ圓教一破假位(「明ニカ)一者。初破ニ見假一正是レ初信。從ニ第二信一至ニ第七信一是破ニ思假(「思カ)一。欲下細ク分ニ品帙(秩カ)一以對中諸信上。准レ前可レ知矣(矣從ヒカ)從ニ八信一至テハニ十信一斷ニ正習(正ヒカ)一盡ス。花嚴ニ云。初發心ノ時正習一時ニ倶ニ盡ス。無シレ有コトレ餘。界外ノ正習ハ未レ盡。此乃チ界內ノ習盡(「正カ)耳ナラクノミ。決云。(同、六四六～七。弘決)言ニ十行出假不復關前一(「矣カ)者。此中宗(豎カ)意。從レ假入レ空。故別十行不レ關ニ前空一。但列ニ藏通一。意在ニ於此一。故顯體中云。若論ニ三人(「則有諸カ)一說(說ヒカ)ニ位大少(小カ)一。次圓位中但云下八信至ニ第十信一斷レ習盡上者。習通ニ界外塵沙無明一。例亦應レ云レ不ニ復關一レ前。此不レ云者。從レ初已來三諦圓修與ニ次第義一永不ニ相關一。此論下麁惑任運斷處與ニ次第一齊上。是故不レ須レ云レ不ニ相關一矣 今此ノ文ハ第二ノ元意也。故ニ此文ノ下ニ。(同、六四八)此是第二番示ニ文圓旨一矣

サテ此本末ノ解釋ヲ案ニ。今此ノ大段ノ文ハ從假入空ノ位ノ中ニ先ツ擧ニ藏通一次於ニ別圓一。藏通ハ專從假入空ノ位也。今別教中ノ十行位ヲ云トシテ。本書ニ。(天止三、六四六。止觀)十行是正出假位。不ニ復關一レ前也矣 十行ハ是正出假ノ位ナルカ故ニ。不レ關ニ前入空ノ位一云也。六祖大師。(同。弘決)十行出假不復關前者。此中宗(豎カ)意。從假入空故別十行不關前空トイヘル此意也。次ニ本書文ニ釋トシテニ圓教ノ位一。八信至ニ十信一。(同、六四七。止觀)斷ニ正習(正ヒカ)一盡トイヘルヲ。六祖大師受釋ストシテ。次(同。弘決)圓位中。但云下八信至ニ第十信一斷レ習盡上者。習通ニ界外塵沙無明一。例亦應レ云レ不ニ復關一レ前矣 前ノ別教ノ下ニ出假位ヲ入空ノ位ニ簡異シテ。不復關前矣 圓教ノ八信已上ニ正習一時倶盡トイヘル。是又所ノレ云正習ト者。習通界外塵沙無明ノ故ニ。假中ノ意ヲ可シニ具足一ス。前ノ別教ノ入假ヲ入空ニ簡異シテ不復關前トイヘル相例セハ。今此ノ圓教ノ正習倶盡ノ義ヲ以テ前ノ入空出假ニ相望シテ可レ云ニ不復關前一也。六祖大師。習通界外塵沙(十六日。遍照光院入室)無明。例亦應云不復關前トイヘル可ニ此意一ナル。六祖ノ次下ノ釋(同前)云。此不レ云者。從レ初已來三諦圓修與ニ次第義一永不ニ相關一。此論下麁惑任運斷處與ニ次第一齊上。是故不レ須レ云レ不ニ相關一矣 解釋ノ意ハ。本書ニ以ニ別教ノ十行出假ノ位一對ニ藏

通ノ入空ニ不復關前ト釋スルカ如ク。圓教ノ後ノ三信ヲ以テ對シテニ別
教ノ十住十行一雖レ可レト云ニ不復關前。不レ云レ爾事ハ。從レ初
已來三諦圓修ノ故ニ。三觀圓修ノ邊ハ不レ足レ可キニ云下與ニ別
教一同異上ヲ。與次第義永不相關ノ意也。然モ於ニ十信ノ位一斷ニ
見思等ノ麁惑一事。任運トシテ與ニ別教一同シ。故不レ須レ云レ不ニト
相關一。是故不須等ノ釋此意也

以ニ今此本末解釋一案レ之。別教ハ於ニ地前ニ斷ニ見思等ノ麁
惑一。圓教ハ於ニ住前一斷ニ見思等ノ煩惱一事モ義全同シ故ニ。是
故不須云不相關矣 於ニ地前住前一斷ニ見思塵沙等煩惱一
云事。本末ノ釋義ノ定判也。所立ハ住前ニ斷ニ見思塵沙一者。
附文次第意也ト立申。今解釋ハ明ニ第二元意一文也。寧非ニ
所立ノ違文一耶。元意ノ斷惑ノ日ハ住前ニ三惑ヲ伏シ。住上ニ斷ニ
三惑一云云 今此解釋ハ正ク雖レ論ニ元意ノ斷惑一。於ニ住前一正ク
斷ニ麁惑一定判セリ。所立ノ依憑頗以參差セリ。加之六處ノ元意
悉ク許ニ住前斷惑一見タリ。住前ハ但シ伏ニシテ非レ斷云事。更ニ以テ
所レ不レ見也。此等ノ解釋ヲハ。何ニト了見シテ元意ノ日。於ニ住前一
無ニ斷惑ノ義一立申耶 是五

(6)〔住前無ニ斷惑義一事〕

惣而於ニ住前一不レ斷ニ見思塵沙一者。一家法門悉ク可レ壞事
也。大概如ニ前ニ難一カ。此等ノ難義ヲハ。ナニト會通シテ忽ニ住前ニ
無ニ斷惑ノ義一申ソ耶。指シ當リテ於ニ十信位一不レ可レ有ニ斷惑ノ
義一申道理ハナニ事ソ。道理ノ源カ披テノ上ニ一切ノ文モ理モ可ニ相
助一也。於ニ住前相似ノ位一論ニ六根清淨ノ功德一成ニ神通示
現ノ八相一。此等豈非ニ斷惑ノ功用一耶。スヘテ一家處處ノ解釋
所レ定。相似十信ノ位ニ斷ニ見思塵沙一云事ハツクリ定タル約束
也。此ハ皆ナ僞リタル事歟。如レ此假令ノ釋ヲ設テハ何ノ詮ソ。如シレ
轉スルカニ聖意一似タリレ欺クニ後生一。如何可ニ會申一耶 是六

（答申八）

(1)〔以ニ賢位一名ニ伏惑位一。以ニ聖位一名ニ斷惑位一事〕

十七日 答。住前ニ但シ伏ニ五住一住上ハ正ク斷ニ五住一云事。所レ任ニ相
承ノ一義一也。凡ソ諸教ノ大旨以ニ賢位一名ニ伏惑ノ位ニ。以ニ聖
位一名ニ斷惑ノ位ニ。賢聖ノ名言專ラ依テ此所ニ施設一也。以ニ別
教ノ三十心一雖レ名ニ三賢一。十住ニ斷ニ見思一。十行ニ斷ニ塵沙一
事ハ。別教ノ意以ニ斷無明ノ位一爲ニ聖位一。故ニ見思塵沙ノ兩惑

尚是㆑屬㆓伏位ニ㆒也。付㆓見思塵沙ノ當位㆒論レハ㆑之。雖㆑立㆓斷惑ノ名㆒。望㆓初地證中ノ位㆒。尚是賢位ナルカ故ニ。以㆑之屬㆓伏位ニ㆒也。圓教ノ意又如㆑此。十信ノ位ハ是賢位也。惣シテ可㆑名ク㆓伏惑ノ位ト㆒。初住已上ハ是聖位也。以㆑之稱㆓斷惑ノ位ト㆒也。別教ノ意ハ三觀邐迤シテ三惑各別也。故ニ入空出假條然各別也。入空ノ位ニ實ニ斷㆓見思㆒。出假位ニ實ニ斷㆓塵沙㆒施設スル也。約㆓空假ノ當體ニ㆒雖㆓是レ斷位ナリト㆒。望レハ㆓入中道ノ位ニ㆒空假尚方便ノ位ナルカ故ニ。以㆑之名㆓賢位㆒稱㆓伏位ト㆒也。圓教ノ意ハ三觀圓融シテ三惑體一也。故ニ十信相似ノ位ニハ三觀同ク相似ニ顯ル故ニ。名ケ㆓之伏位ト㆒稱㆓賢位ト㆒也。三諦ノ妙理相似ニ顯ルト云ヘハ。三惑必ス伏㆑之可㆑云也。至㆓初住㆒證㆓三諦妙理㆒時。實ニ三惑ヲ可㆓斷除㆒也。於㆓初住㆒但シ證㆓中道ノ理㆒者。附順次第觀ノ意也。不次議(第カ)ノ三諦ハ不縱不橫。不一不異也。證㆓中道ノ妙理㆒時。寧不㆑證㆓空假ノ二諦㆒耶。若空假ノ二諦ハ住前ニ顯㆑之。中道ノ正觀ハ初住ニ初テ顯ト云ハハ。與㆓隔歷三諦㆒有㆓何別㆒カ。縱雖㆓御難意ナリト㆒。於㆓初住證位ニ㆒三諦俱時ニ證㆑之云事ハ不㆑可㆑及㆑諍歟。何況ヤ三諦ト者三德也。三德ノ縱橫豈非㆓次第意ニ㆒耶。不縱不橫ノ三德。不縱不橫三諦。更ニ不㆑可㆑有㆓異端㆒。三諦妙理同時ニ證㆑之云ハハ。三惑是ヲ同時ニ可㆑斷。若同時ニ斷スル事ヲ許サハ。同時ニ伏スル事ヲ可㆑疑耶。若シ爾者。於㆓十信ノ賢位ニ㆒三惑ヲ伏シ。於㆓初住ノ眞位ニ㆒斷㆓三惑㆒云ン事。更ニ有ン㆓何ノ疑㆒カ是一難四

(2)〔住前住上共斷云事〕

此篇目ハ竹林房殊ニ執存スル事也。如㆑此言ヲ顯ハニセン事有㆑憚。言ヲ滑ニシテ不㆑可㆑具ニス㆑之。廣略可㆑隨㆑時也。竹林房ニハ此題目ヲ精ルニ可㆑有㆓用意㆒也。假令住前住上共ニ同時斷ト云常ノ所立也。安居院代代ノ案立等ニモ。住前住上共ニ同時斷ト云也。先師僧正精義草ニ得略ナントノ邊。住前皆ナ伏スト云定ニテ精タルコトモ見タリ。凡ソ此篇目ノ出來スル事ハ。住前住上共ニ同時斷ト云定ニテ。初住ニ但シ斷㆓無明㆒云ヘハコソ。初住已上ヲ證位ト云事ハイハレタレ。自㆓十信㆒斷㆓無明㆒云ハハ。十信ヲモ證位ト可㆑云也。同ク斷無明證中道ノ位ニテアラハ。何ニトテ十信ヲハ賢位ト名ケ。初住已上ヲハ名㆓聖位㆒。號㆓證位ト㆒耶ト云事ヲ取リツメテ可㆑精也。住前住上共ニ同時斷ト云義ニテハ。此難ハスヘテ

不レ遁事也。ナニト會釋ストモ追ヒマワシテ賢聖ノ起盡不レ顯云事ヲ可ニ責伏一也。會ニ此難一時。サレハ十信ハ實ニ伏而非レ斷。初住ハ正ク三諦一時ニ證カ故ニ。三惑一時ニ斷ト云カ故ニ。斷證ノ位方サニ如レ向ニ明鏡一。此時巨難自被レ遮了。此義ノ約束ハ佛眼院ニモ落居ト存歟。龍禪院述ニ此義一見タリ。根源ハ一體事歟。西塔法師又存ニ此義一歟。於ニ眞實ノ己證一者。定テ有ニ魚魯ノ不同一歟

次義例釋者固シ。但シ。處處ノ釋皆一概ニ可ニ意得一。附ニシテ次第門一云時。別教ノ三賢ノ位ニ如レ斷ニ見思塵沙一。圓教ノ十信同ク除ニ兩惑一可レ云也。三惑三觀次第施設スル時ハ。別圓ノ賢位更ニ相同シ。必ス於ニ地住已前一可レ斷ニ見思塵沙ノ麁垢一也。非別澄觀ノ師更ニ不レ呵ニ此義一。故ニ所レ招ニ種種ノ巨難一也。非圓ト云ヘル職而在レ此也。一家處處ノ解釋。每レ判ニ斷伏ノ次位一ヲ。於ニ十信一斷ニ見思塵沙一云事。是約ニ思議一爲レ顯ンカニ不思議一義也。若約ニ不思議眞實ノ斷惑一者。其意在レ暗ニ。恐ハ非レ所レ疑耶 是二難一

(3)〔摩訶止觀云三障三德相事〕

次至下住前ニ但伏ニ五住一。住上ニ共ニ斷ニ五住一云證據上。處處ノ圓融相卽ノ文是也。正クハ可レ依ニ附文元意ノ證ニ一也。又依テ教相ニ判スル時ハ。於ニ十信ノ位一斷ニ見思塵沙一云ヒ。約ニ觀門ニ云レ之時ハ。住前ニ但シ伏シ住上ニ但斷スト云也。所以摩訶止觀中ニ判ニストシテ三障三德ノ相一（天止二、九五）。三障則三德。三障非レ故。三德卽三障。三德非レ新。非レ新而新。卽有ニ發心所得之三德乃至究竟所得之三德一。非レ故而故。則有ニ發心所治之三障乃至究竟所治之三障一矣 三德非新而新ト者約ニ修德一。非故而故ト者約ニ性德一也。非新而新則有發心之所得之三德ト者。指ニ初發心住一也。乃至究竟所得之三德ト者。約ニ妙覺ノ位一ニ也。非故而故則有發心所治之三障乃至究竟所治之三障ト者。發心所治ノ三障ハ初住ノ位也。究竟所治之三障ト者約ニ妙覺一也。故ニ發心ノ位ノ能治所治ハ約ニ初住位一ニ。究竟ノ位ノ能治所治ハ約ニ妙覺一也。如レ此意得レハ。三惑三觀ノ能治所治初在ニリ初住一。終極ルニ妙覺一也。圓教ノ實義斷ニ三惑一顯ニ三德一事。初約ニ初住一見タリ。以レ之論レ之。於ニ住前一但シ伏ニ五住一云事。其義誠ニ分明也。一家解釋誠證在レ之。仰而可レ

取レ信也（是三難二）

安居院ノ說トテ昔シ聞置ク中ニハ何ナル證據ヲ出ストハ不レ覺。佛眼院以ニ此文一爲ニ指南一。其意相叶者歟

(4)〔住前但伏初住俱斷。諸敎無レ文方成ニ邪說一事〕

（大正藏四六、四五三下。止觀義例）

次ニ。住前但伏初住俱斷。諸敎無文方成邪說ノ釋。是又似レ難レ會。然而經敎施設ハ。自レ元是附文義也。論ニ其ノ文旨一事ハ。全ク非ニ常途ノ經論ノ施設一ニハ也。今對ニ他人一設ニ立破一時。專ラ可レ任ニ經論常途ノ說一ニ也。他人不レ辨ニ此旨一。妄リニ住前ニ但シ伏シ。住上ニ但シ斷ストト云カ故ニ。云ニ諸敎無文方成邪說一ト也。其義尤可レ然歟（是四難二內）

(5)〔天台引ニ仁王經文一論ニ十信斷惑義一事〕

次ニ至ニ仁王經ノ文一者。會通之趣大旨如ニ前云一。經論釋義ノ中ニ非レ無ニ住前斷惑ノ義一。自レ元是所ニ存申一也。但。皆約ニ次第門ノ意一故ニ。非ニ圓頓實義一所ニ立申一也。常途經論ノ意。十信ノ位ニ全ク不レ許ニ斷惑ノ義一。十信ハ是外凡。三十心ハ是內凡也。故ニ十信輕毛ノ位ニ全ク所レ不レ許ニ斷惑證理ノ義一（大正藏四六、四五七下。止觀義例取意カ）也。而ヲ一家。引ニ仁王經文一論ニ十信斷惑ノ義一。是今家ノ規模。他人之所レ未レ簡也。故ニ處處ニ引ニ此文一成ニ十信斷惑ノ義一也。雖レ然再ヒ論ニ其實義一時ハ。又是非ニ實ノ斷惑一ニ。尙附ニ次第門一所ニ存申一也。三觀實ニ卽シ。三惑實ニ不レ融之前キハ實ニ不レ可レ有ニ斷惑ノ義一。論レハ其ノ實ノ斷證一專可レ在ニ初住無生ノ位一ニ也。一家ノ大旨既ニ如レ此。不レ可レ拘ニ常途次第ノ法相一ニハ（是五難三）

(6)〔藏通二乘斷ニ見思兩惑一云事〕

次ニ藏通ノ二乘斷ニ見思兩惑一云事ハ。誠是一代ノ經論ノ所レ定也。別敎ノ十住。圓ノ十信又同レ之。故ニ住前但伏ノ義不レ可レ然云御難。是又雖レ似レ固ニ會通ノ旨一槪也。付ニ此一邊ニ不レ可レ通ニ別ノ料簡ヲ。凡ソ論ニ異生ノ五部合斷一事ハ。毘曇論家ノ所レ定也。若約レハ此義門一。外道異生實ニ斷ニ下八地ノ煩惱一證ニ擇滅無爲ノ法一也。若依ニ大乘論家施設一。異生ノ斷惑ハ實伏而非レ斷。雖レ非ニ實斷一ニ伏惑得禪ノ故ニ。離シテニ下地ノ生一滅ニ上地ノ報一也。雖レ然實ニ非レ斷ニハ五部ノ煩惱一ヲ。是則智論等ノ所レ定也。例レ之云レ之。二乘智斷ハ約シニ當部ノ所說一ニ。准レハ權門ノ施設一實ニ是斷惑也。離ニ三界ノ迷謬一歸ニ

灰斷ノ涅槃一也。若約レハ二圓家ノ實義一。實是レ斷惑ニ非ス。只是折セツ二伏三界結使一而已ナリ。依テ二其眞實ノ道理一云ヘハ之。以二偏眞ノ空理一不レ可レ斷二煩惱ノ實體一。以二一空一切空一可レ斷二法界見思一故也。二乘ノ所斷非二實義一云事ハ。雖レ可二法花圓頓ノ意ナル一。諸經ノ中ニ粗有二其證一。虚空藏經ニ云。復次善（大正藏十三、六五三上～中）男子。初發心菩薩語二餘人一言。汝今不レ應四聽二受讀三誦聲聞經典一。汝當レ覆二蔽聲聞經典一。聲聞法中無二大果報一。不レ能レ斷二除結使煩惱一矣　二乘不レ斷二一切煩惱一云文　彌勒問經云。（大正藏四五、四九三下）（〔所カ〕）（〔論カ〕）一切聲聞辟支佛。不レ能三如レ實修二四無量一。不レ能三究竟斷二諸煩惱一。但能折二伏一切煩惱一矣　法藏五教章上引二此文一。二乘但伏二煩惱一不レ能レ斷云云（大正藏一六、二六五中）　彌勒問論五云。聲聞不レ能三如レ實修二四無量一。（〔○カ〕）不レ能三究竟斷二諸煩惱一。唯能折二伏一切煩惱一矣

次ニ二乘實ニ不レ斷レ惑者。不レ可レ生二方便土一云御難ニ至テハ。外道異生實ニ雖レ不レ斷二下地煩惱一。依二伏惑得禪一感二非想地ノ生一見タリ。例レ之二乘實ニ雖レ不レ斷二除見思一ヲ。生二方便土一（〔至ヤカ〕）云ンニ有二何失一

次ニ相似卽ノ人○不レ盡二實ニ三界結使一者。不レ可レ生二方便土一云御難上者。二乘尚有レ生二方便一。意（何カ）況ヤ於二六根清淨ノ人一耶。況又圓人ハ不レ生二方便土一云事。一流ノ稟承也。今古ノ先哲以レ之爲二美談一ト。所以ニ生二方便土一者。皆是一途教門ノ約束也。以二常途教門ノ施設一不レ可レ難二圓融ノ實義一圓人不レ可レ生二方便土一云事ハ。龍禪院ノ僧正太所ニ執存一也。圓人ハ初自二名字ノ發心一終至二究竟大覺一。皆住二常寂光一也。故ニ。（天文三、一三五九下。文句記）本結二大緣一寂光爲レ土。期心所レ契法界爲レ機矣　故ニ次第分帳シテ六根淨ノ人斷二見思塵沙一。故ニ生二方便土一不レ可レ云。凡ソ二乘ノ斷惑尚是伏惑也。所謂惑ノ實體ハ。自レ元圓融セリ。如レ云二三惑既卽一。若爾者。以二偏眞ノ理一不レ可レ斷二圓融ノ惑體一。今斷惑スト者。以二偏眞觀一且ク伏二見思麁分一可レ云也

次ニ至二五住二死ノ廢立一者。其義前ニ顯了。不レ可レ費レ言。凡於二五住二死廢立一者。權門次第ノ意ニシテ非二圓融實義一。是則先哲ノ所レ會也。全非二私了見一。但。明シ二二乘生處一論スル實報ノ果報一。全不レ可レ約二權門一云難可レ有レ之歟。然而明ニ實教ヲ一故ニ。論二二乘生處等一。斷伏ノ次位各別ナルカ故ニ。尚是レ

存ニ次第一可レ云也。彼レ此非ニ一准一。全ク不レ可レ守ニ方隅一者歟（是六難四内）

(7)〔能治三觀所治三惑事〕

次附文ノ斷惑ノ時ハ。地前ニ斷ニ見思塵沙一地上ニ斷ニ無明一。圓教ノ次位又附ニ順別教一故ニ。十信内凡ニ斷ニ見思塵沙ノ兩惑一。初住已上ニ斷ニ無明一。次第分帳ノ義ナルカ（天止四、五一。弘決）故ニ。同ク可レ名ニ附文ノ斷惑一ニ也。元意ノ斷惑ノ時ニハ。見思尙乃卽是法性。既（豈カ）有三塵沙在ニ見思外一。既（豈カ）有三無明在ニ二觀後一。三惑既卽三觀必融矣。三惑自レ元相卽シ。三觀終日融卽セリ。故ニ所證ノ日ハ。三諦圓融シテ不縱不橫也。獨リ證ニ中道一不レ可レ云。所斷ノ時ハ。三惑自無ニ前後差別一。獨リ斷ニ無明一不レ可レ云。故ニ至ニ初住ノ眞因位一時。能治・所治同ク圓融相卽シテ不縱不橫・不一不異ナルカ故ニ。更ニ不レ可レ有ニ前後斷ノ義一。於ニ初住ノ位一正ク斷ニ三惑一云ハハ。於ニ相似位一同ク可レ伏ニ五住一云事有ニ何疑一カ。云ニ三惑既卽一故ニ。三惑ノ體性可ニ圓融相卽一云事更非レ可レ疑。其體若圓融スト云ハハ。於ニ相似位一ニ但シ斷ニ見思一ヲ。於ニ初住一但斷ニ無明一不レ可レ云。其ノ道理必然ナルニ非ス耶。但斷ニ見思塵沙一云ハハ。體性豈不ニ隔歷一耶。所治ノ三惑道理尙如レ此。能治三觀彌不レ然耶。於ニ住前一ニ空假二觀獨リ斷ニ惑障一。中道正觀ハ空無ニ所治一云ハハ。三觀ノ體性圓融相卽スト可レ云耶。能治ノ三觀ハ融卽シテ所治三惑ハ隔歷スト云ハハ。能治・所治忽ニ可ニ參差一。三惑既卽三觀必融ノ釋。寧不レ招ニ相違一耶。故ニ附文ノ時ハ。住前ニ斷ニ兩惑一。住上ニ斷ニ無明一。元意ノ斷惑ノ時ハ。住前ニ伏ニ五住一住上ニ斷ニ五住一云事。道理如レ指レ掌。但。六處元意ノ中ニ何レノ釋ニ於テ顯ニ此義一耶ト云御尋ニ至テハ。六處元意悉ク可レ顯ニ此義一也。獨不レ可レ勘ニ一文一。所以者何。次第ト者是約ニ文字一義也。皆存ニ次第斷惑一也。元意ト者。於ニ次第一顯ニ不次第一也。顯ニ文字ノ中ノ意一故也。元意ハ則不次第也。豈非ニ同時斷ノ義一耶。若同時ニ斷レ之云ハハ。同時ニ伏レ之義。誰將サニ疑キレ之耶

但。至乙此論下麁惑任運斷處（天止三、六四七。弘決）與ニ次第一齊上。是故不レ須レ云レ不ニ相關一解釋甲者。從初已來三諦圓修。與次第義永不相關ト者。是顯ニ不次第ノ意一。第二ノ元意在レ此。此論麁惑任運斷處與次第齊ト者。是附文ノ義也。故ニ此論（同前）下麁惑任運斷處

與二次第一齊上。是故不レ須レ云レ不二相關一矣 圓教ノ斷惑ヲ別教次第ニ附シテ釋二成之一故ニ。與次第齊ト釋スル也。若不思議ノ斷惑ナラハ。寧與二次第一齊ラン耶。是以テ第五ノ元意ノ中ニハ本書ニ結トシテ二破遍ノ文一。擧レ要言レ之。（天止四、五〇。止觀）次第破者則不レ名レ遍。不次第破乃名爲レ遍 矣 六祖大師釋二此文一。（同。弘決）故擧要下更惣明二文旨一。謂不次第具如二前文一。則觀二見思一即見二法性一。不三復更論二三惑三觀前後次第一。如レ此結要乃名レ遍耳 矣 次下ニ重テ述トシテ二其意一。（同、五一）見思尚乃則是法性 乃至 三惑既即三觀必融 矣 若約二元意一論レ之時ハ。三惑三觀全是一念ノ心性ニシテ不レ論二前後次第一ヲ定判セリ。非三三觀之即スルノミニ二一心一。三惑モ又居二一念一ニ也。本書ニハ不次第破乃名爲遍ト云ヒ。六祖大師。不三復更論二三惑三觀前後次第一。如レ此結要乃名レ遍耳 矣 何況ヤ惑智共ニ成二不次第ノ義一中ニ。惑障ノ一心ナルヲ以テ可レ爲二此章ノ本意一ト也。所謂破法遍ト者。約二斷惑ノ義一成二破遍ノ義一。故ニ不次第破乃名爲遍ノ義。意在二於此一ニ也。而ヲ從（天止三、六四七。弘決）初已來三諦圓修。與次第義永不相關ト云テ。能治ノ觀門ノ邊ヲハ與二次第一異也ト云ヒ。（同前）此論麁惑任運斷處與次第齊ト云テ。所治ノ惑障ノ邊ハ與二次第一不レ異云ハハ。背キ二章段ノ大旨一ニ可レ違ス二解釋前後一ニ也。以レ之云レ之ニ。從初已來三諦圓修ト者。寄テ二觀門ノ大體一顯シ二元意ノ旨一。此論麁惑任運斷處ト者。約シテ二所治ノ惑障一顯二附文ノ義一歟。能治ハ不次第ニシテ所治ハ前後隔歷スト云ハハ。違シ二不次第破乃名爲遍ノ釋一。可レ背二三惑既即三觀必融ノ釋一ニ也。若如レ此意得レハ六處元意ノ大旨。三惑同時ニ伏シ。三惑同時ニ斷スト可レ云也。文相指レ掌。學者寧疑ハム耶 是七難五

(8)〔住前伏二五住一住上可レ斷二五住一云事〕

住前伏二五住一住上ニ可レ斷二五住一云事。所立ノ大旨如レ此。若如クレ此不二成立一者。圓門ノ智斷皆壞レ。破遍ノ大旨忽ニ可レ失也。同時ニ伏二三惑一云義決定セハ。一心ニ斷二三惑一事有二何ノ疑一カ。同時ニ斷ト二三惑一許サハ。一心ニ伏二三惑一事又不レ可レ疑。所以者何ハ。惑智ノ相貌更ニ不レ可レ亂。伏斷ノ義門全ク不レ可二參差一。道理自所二決定一也。所謂能治ノ觀門一心ナラハ。所治ノ惑障定可二同時斷一ナル。同時ニ伏二五住一云ハハ。同時ニ必ス可レ斷二三惑一也。彼此ノ道理分明也。若不レ爾云ハハ。

無レケン有二是ノ處一

次至下住前伏二三惑一住上ニ斷二三惑一證據上者。發心所治三障。究竟所治ノ三障ノ文是也。初發心住ノ時初テ斷二三惑一云フ。若爾者。住前ニ可レ伏二三惑一條道理分明也

次ニ不次第破乃名爲遍ノ文幷ニ六處ノ元意同ク可レ爲二其證一ト也

先師精義ノ草ニ。六根清淨ノ位但伏ニシテ非二斷位一見タル慥ナル證據ヤアルト尋タリ。仍テ此草ニモ此ノ事ヲ一言尋了。未レ出二其文一。是ハ先師草ノ中ニ此事ヲ尋テ即注テ云。觀經云。（大正藏九、三八九下）不レ斷二煩惱一不レ離二五欲一。得下淨二諸根一滅中除諸罪上。父母所生清淨常眼。不レ斷二五欲一而能得レ見二諸障礙事一（外カ）矣　一家處處ノ解釋引二此文一證二六根清淨位一見タリ。不斷煩惱不離五欲ト云故ニ。相似六根ノ位惣シテ不レ斷二三惑一明證也

次ニ相似位ニ於テ正ク不レ可レ斷二見思塵沙一道理。前前歷テ篇目一顯シ了。然而以レ要重テ云レ之ヲ。證二三諦理一時ハ。必ス可二一心一ナル。ソレヲハ難ノ家モ可二共許一。於二不縱不橫ノ三諦一獨證二中理一不レ可レ云。偏ニ證二空假一不レ可レ云。其道理決定シ了。證ト者。破レ惑顯レ理時也。若於二相似卽一前ニ破二見思塵沙一云ハハ。定テ先ツ可レ證二空假二諦一也。爲ニテモ難勢一空假ノ二觀所治ノ見思塵沙ヲ破シ了テ空假ノ二諦ハ不レ顯云ハハ。斷惑ノ義不レ成。拂レ雲已テ月不ルカレ顯如シ。空假前ニ顯ト云ハハ。一空一切空ノ義不レ成。一中一切中ノ義不レ顯事。此道理將シニ思擇ス一。更ニ不レ可レ及二異端一（是八。難六カ）

二八四

得　略

(問七)

(1)〔斷惑被レ云形事〕

可ニ同時斷ナル一申ニ付テ重重ノ難勢粗顯レ了。細細ノ所立又委悉也。付レ其可ニ同時斷一申ス正キ道理ハトコソ。眞實ノ落居ノ源未レ顯歟。所詮圓家ノ斷惑トハナニトシツラヒタル事ソ。其ノ斷惑ト被レ云形ヲ申セ。誠是生佛根源。解脫ノ正體ナルヘシ。斷惑ト被レ云形カ顯レタラハ同時ニ斷スヘキ事歟。將又異時ニ可レ斷事歟。慥ニ可レ聞事也。斷惑ノ正體ハ不シテレ顯暗ラニ異時斷歟同時斷歟ト諍ヒヰタルハ。虛空ヲ控掣クウセイスルニ似タリ。寧不レ同ニ戲論ニ耶

是一　仰云。此事ハカリ得略要トスヘキ也

(2)〔破法遍斷惑事〕

篇目涉レハ廣。能所俱ニ混亂之基也。於レ今者一言ノ約束ハカリ詮要ナレトモ。止觀一部ノ斷惑ノ大旨トリワキテハ破法遍ノ斷惑ヲ摧タル樣。此事一言申セ。六處ノ元意ノ始終粗精義モ所立モ聞エツレトモ。一切ノ事理ニ涉テ有リ根源一有リ枝條一。圓家ノ破法遍ト云物ノ體ハカカル物ナレハ可ニ同時斷ナル一異時斷ナルヘシトモ指シツメテ可レ申也　是二

(3)〔一心三觀相承事〕

一心三觀ノ相承事。法門骨髓諸流ノ眼目也。イカカ相承シタル。此篇目ハ故ラ於ニ今ノ題一可シレ備ニ其根元一。相承姿於ニ決擇ノ砌一ヨモ申サシ。サレトモ遂ニ大菩提ノ席ニ於テ不ニ述懷一者。又何レノ時ソ。具ニコソ不レトモ聞エ其ノ大體ヲモ申セ。和尚有テ(上カ)慈悲一一心三觀傳ニ於一言一云云(傳全一、三三五。顯戒論)慈悲トハナニソ。今事新キ樣ニ覺ユル傳ニ一言一云ヘル一言ハ何ナル言ヲ指シタルソ。タタ一口チニ述タリト云事歟。又付テハニ此一心三觀ノ法門一慥ニ同時斷ニテアルヘキ樣ヤ聞エタル。惣而一心三觀ヲ稟承スル樣ヲハ誠ニ難シレ顯ニ言語一。向テニ今題一口決ノ大旨ヲ思ヒ合セテ。可レ云ニ同時斷一事歟。若可レ被レ云ニ異時斷一事歟。一心三觀ト者。成佛得道ノ根元ニテコソアルラメ。同時斷・異時斷ノ實義。於テレ此ココニ可レ顯事也。不レ可レ爲ニ自他ノ偏黨一。其ノカタハシニテモ可レ申ス。與ニ此題目一可ニ一概一事ナレトモ。鏡像圓融ノ法門。根本大師。非ニ口決一者不レ知。師資之相承有ニ所以一哉ト稱嘆シ給ヘリ。(傳全二、二六六。守護章取意)付ニ此

法門ニ慥ニ同時斷ト可レ被レ云子細ヤアル　是三

(4)〔惑障本來隔礙。然而何非ニ異時斷一爲ニ同時斷一耶〕

返テ所立ノ最初ノ道理ニ。能治ノ三觀カ一心ナレハ所治三惑同時ニ可トレ去ル申ス。大概ハ有ニ道理一樣ニ聞ユ。再三スレハ尚以不レ盡。悟ト云物ハ自レ元融卽スレハ。能治ノ三觀ノ相卽スル事ハ本來リ可レ然。惑障ハ本來リ隔礙セリ。斷除ノ時又可ニ異時一云難難レ遁。ソレヲ難ノ家モ意開ケ言盡ル樣ニ同時斷ナラテハ叶マシキ樣ニ可ニ意得一子細ヤアル　是四

(5)〔以ニ何文一同時斷證據可レ申事〕

付ニ證據一可ニ同時斷一申證據再三歟聞エ了。慥ニハ以ニ何レノ文一同時斷ノ證據ト可ソレ申。指シツメテ依ニ此文一云樣ナル明證ハ無レ之歟　是五

(6)〔三惑麁細分事〕

次ニ付レ云ニ同時斷一ト住前住上共ニ同時斷ト云常ノ所傳也。此義ニ付テハ住前ニ斷ニ見思一云ヲ三惑ノ麁分也ト會スル也。ソレニハ三ノ惑ノ麁分ヲ見思ト云證據ヲ撿ルカ此算ノ習事ニテアル也。今ノ所立ハ住前ニハ伏ニ三惑一住上ニ斷ニ三惑一申ス。常ニ所レ云同時斷ノ義ニハ織ハタモノ違ヒ了。此義ノ定ニテハ住前ニ有トハニ三惑麁分一可レ申歟。不レ可レ申歟。無ニ麁分一申サハ引ニ同居土ノ生一見思ハ麁分。住上ノ無明ニソヒタル見思ハ細分トハ申スマシキ歟。ソレハ麁細ニテコソアルラメ。麁細ト云ハテハナニト可ソレ云。サテ牽ニ界內住前ノ生一煩惱カ見思ノ麁分ニテアラハ。於ニ見思ノ惑一論ニ麁細一事ハ決定了。三惑ノ中ノ見思ニハ麁細アリテ。無明ノ重惑ニハ無トハニ麁細一ヨモ申サシ。三惑ノ麁細カカタチカヒニ可レ成故也。無明ニモ可レ有ニ麁分一申サハ。其ノ住前無明ハ牽ニ界內ノ生一歟。牽ニ界外生一歟。界內生云定ニテハ百千ノ難カアル也。ソレモ今ハ往覆難盡キ界內住前ニ三惑ノ麁分並ヒテ有ハレ之。二乘幷ニ別教十住ノ人。圓教十信ノ人斷レ之可レ云歟。不ハレ斷レ之爭カ與ニ二乘一同ク離ニ界內生死一事得ン耶。斷セハレ之住前ニ但シ伏ニ三惑一云義可ニ相違一也。此篇目ニ向テハ所立モ粗聞ツレトモ。麁分ノ無明ト云事ハ有歟無歟。コレハカリ今ノ尋ノ要也。界內ニ分帳シテ三惑ノ麁分ト云物カアルニ治定セハ。住前ニテ可レ斷レ之ニテコソアレ。不シテハレ斷ナニトテ越テニ界內住前生一可レ感ニ界外微細生一耶。此事一箇疑ナルヘシ。此事一言可レ申　是六

(7)〔六根清淨位惣不斷惑位也見證據有レ之耶〕

前ニモ尋ツルヤラン。六根清淨ノ位カ惣シテ不斷惑ノ位也ト見タル證據有レ之耶。法花一部ノ文悉ク可ニ同時斷ナル一料簡スル子細ヤアル。若習傳タル事アラハ申セ 是七

此條條皆先師僧正判ニ得略一篇目也。以ニ後古草一少少所レ加ニ私ノ言一也

(私言六)

(1)〔圓家斷惑者不斷惑義事〕

可ニ同時斷一云道理往覆事舊了。所レ畜ル理趣既ニ所レ盡レ志也。但。正キ同時斷ノ道理深旨所レ習。所詮圓家ノ斷惑ト者。不斷惑ノ義是也。抑モ有レ所レ可レ斷思フハ是非ニ佛意一。故ニ不ルレ斷ニ一惑一モ是云ニ斷惑ト也。以ニ不斷惑一云ハ斷惑。自同時斷ニテアル也。此事祕中之祕也。更ニ不レ可レ有ニ發言一。同時斷ノ口決只此一事ニテアル也。此言不レ可レ墮レ地ニ所レ奉ニ獻大師山王一也

此事ヲハ元品ノ能治ニ習合スル也。元品ノ能治モ此義ニテ習也。元初一念與ニ元品無明一一物也。迷眞ノ初ヲ云ニヒ元初一念一ト。斷惑ノ終ヲ云ニ元品無明一。始終雖レ異其體一也。元初一念ト者。迷悟ノ二法ヲ見出ス初也。元品無明ト者。二法ト思ヒツル見ノ如ニシテ微烟一相殘ル處也。妙覺ノ智ノ顯ルト者。一法ノ隔ノ破ルル處也。其斷ト者。更ニ無所斷ノ義也。此算ヲ習フ時。六卽義ノ本文ニ。(天止一、三八四)智光圓滿不ニ復可レ增。(「名ニ菩提果一カ」)大涅槃斷更無レ可レ斷(名ニ果果一カ」)等ノ意也。涅槃斷ト者。無ニ一法ノ可レ斷義也。故ニ云ニ更無可斷ト一也。如レ此以ニ無所斷ノ義一妙覺智斷ト云ヘハ。妙覺有所作ノ義モナク。無ニ淺深明晦ノ失一モ也。故ニ此算ハ兩題ヲクッシアワセテ習也。此事ハ純一ニ竹林坊ニ習傳タル事也。殊ニ所ニ祕藏一也

是一

(2)〔三惑三觀融卽對當事〕

次ニ能治ハ融卽スレハ雖ニ三觀一心ナリト一。所治ノ惑障ハ差別セリ。不レ可ニ同時斷ナル一云難尤モ難シ。付ニ此難ニ深キ習有レ之。是又甚深甚深也。能ク六識ニ落伏スヘキ也。能治ノ三觀ト者ナニ物ソ。其體ヲ深ク可レ探ル也。所謂指ニ三惑一云ニ三觀ト一也。深キ習此事ニテアル也。三惑三觀次第分張セルハ反テ似タリニ隔歷不融ノ說一ナト難スル事ニテアレトモ。指ニ三惑一三觀ト云ヘハ。自對當スルニテア

ル也。如レ此三惑即三観ナリト云ヘハ。三観一心ナリト云處ニヤカテ同時斷ノ義ニテアル也。如レ此云時。同時斷ト云義勢ノ初ヨリ能治ノ三観既ニ融即ス。所治ノ三惑何ソ可ニ前後一耶ト云道理カトホリテ得略ノ重ニ可レ至也。妙覺ノ極智ト云モ只此事ニテアル也。三惑ノ外ニ三智有レ之云ハハ。無レ有ニ是處一。圓ノ智斷惑智不二義也。先師顯ニ得略ノ重一三惑三観對當事云云ニ此ノ篇目一也。コレニハ出シテ二一兩ノ釋一習ヒ合スル也。一ニハ。(天玄二、四七一。釋籤)今家依ニ大品大論一開ニ爲三惑一○障ニ事智一者是塵沙惑。障ニ理智一者是無明矣ハ是ハ塵沙ノ證據ヲ釋スル文也。大品大論ニハ更ニ無下説ニ塵沙惑一文上。而ヲ今家依大品大論ト云意ハ。大品大論ニ説ニ三智三観一故ニ。悟ニ有レハ三迷モ可レ有レ三ヲトシフセテ。以レ説ヲ三観一爲タマヘル三惑證ト也。サレハ三惑與ハ三観一只一物ニテアル也。今一ノ釋ハ。(天止四、五一。弘決)見思尚乃即是法性。既(豈カ)有ニ塵沙在ニ見思外一。既(豈カ)有ニ無明在ニ二観後一。三惑既即三観必融云云三惑既即ト者。三惑ノ自レ元三諦ニテアル様也。惑智全ク一概ナル意ヲ。三惑既即三観必融ト云也。見思尚乃即是法性ト標スル意是也。決六第五ノ元意(天止四、五〇)又即観見思則見法性。不復更論三惑三観前後次第ト云モ此事ニテアル也(「是二。難四カ)

(3)〔同時斷證據事〕

次ニ同時斷ノ證據最實位。六即義。三観義止五同決破法遍。識通塞。修道品。玄一。玄五。同籤。名疏七。慈覺是三難五

(4)〔止観一部同時斷事〕

次止観一部ノ同時斷事。一部ノ前後ヲ可ニ意得一事也。十章ノ始終難ニ率爾一ニシ。付ニ大意ノ章一五略ノ中ノ發大心。四諦四弘六即文文同時斷ト可ニ意得一也。發大心ト者。無明即明ノ體也。惑智一心ノ義也。六即顯是ノ菩提心可レ思。大涅槃斷ト者。初後不二ノ至極ヲ云也。初後不二ト者。同時斷ノ義也。釋名ノ章ノ絶待止観。獨一法界豈非ニ同時斷一耶。體相ノ章ニ教相眼智境界得失アリ。教相ノ文ノ下ニ立ニ三観義ノ本文。始終同時斷ノ義也。境界ノ章ノ下ニ有ニ唯智ノ三諦一。不可得不可思議也。寧論ニ前後次第一耶。攝法ノ章ハ明ニ體所攝ノ法一。三惑即攝法ノ體也。於ニ止観體一理惑智行位教有レ之。攝法ノ六義是也。迷悟染淨ノ諸法悉ク具コ足スル此中ニ一也。成ニ上來ノ妙解一了テ。依ニ妙解一立ニ妙行一。妙行ト者。不思議境ノ一念三千

也。此三千ハ是在二一念心一ニ。卽空假中ニシテ不可思議言語道斷セリ。非レ縱非レ横非レ一非レ異。卽境而觀卽觀而境也。是名二不思議境一ト。境智ノ一言ト云ヘル。則是此不思議境ノ體也。同時斷ノ義只此一事也。付二行者ノ觀心一正ク同時斷義ヲ申セト可レ責也。此精義ノ骨髓也。能思解テ心ニモ浮ヒタラハ可レ備二精義ノ要一。不レ然者不レ可レ及二精義一。止觀一部大旨ナト精シハ此事也。杉生ノ流ニ止觀ノ大旨ト云テ爲二一箇決一ト也

山家傳法頌ノ中ニ有二其ノ證一。甚深ノ子細有レ之。同時斷ノ義在二此事一也「是四難二」（「難二・三カ）

傳法頌曰（傳全五、二八）。自二十一月一起至二二十四年春二月盡日一。稟二止觀大旨一學二法花深義一云云

山家大師從二道邃和尚一大唐貞元二十一（八〇五）年春二月晦日。學タマフ二止觀大旨・法花深義一見タリ

(5)〔於二住上一但斷二五住一事〕

次ニ於二住上一但ニ斷ト二五住一者。三諦ノ妙理ヲ證スル位ナルカ故ニ證スレハレ理自ラ惑斷スル也。於二住前一此三諦ノ妙理ヲ觀行スル故ニ伏二三惑一云也。若不レ伏レ惑者。其行不レ可レ成故也。住前ニ俱ニ伏シ住上ニ俱ニ斷スト云フ意是也。於二住前一所レ伏セ處ノ三惑ノ體ナレハ。名二三惑麁分一事有二何ノ妨一カ。故ニ有二三惑麁分一可レ云也。然而於二一惑體一ニ有二伏惑時一有二斷惑ノ時一。所以ニ住前ノ所伏ノ三惑ト。住上所斷三惑ト各別也トハ不レ可レ云。可レ思レ之（「是五。難六カ）

(6)〔法花一部同時斷云事〕

次ニ法花一部同時斷ト云事。一箇ノ相承也。弘仁三箇ノ口決ノ中カ深旨置レ之。蓮花因果ト者。本來本有。自性淸淨ノ義也。本迹二門ノ大旨此事也。同時斷ノ義仰而可レ取レ信（是六。難七カ」）

應永八年（一四〇一）辛巳三月八日。於二洛北廬山寺一誂二同業一寫レ之了。則手自一校了

明空 六十二才 四十五夏

于時寛永十六（一六三九）暦殘契盡日

叡山止觀院南谷淨教房 祐憲 二十一才

右所二書寫一雖レ爲二退心千萬一。爲二初心勸學一之不レ顧二惡筆一

損落慉下ㇾ筆如ㇾ件。唯願後見之學者。紀ニ是非ㇾ添削奉ㇾ頼
外無ニ他事ㇾ者歟

願以此功德　師匠乃慈父
六親與法界　等同於大空

一花開天下皆春
一人成佛十界皆成佛

僧はたゝ　道理はかりの　道に入る
出にし家に　おもひ歸るな

（底本裏表紙見返し）
慈惠大僧正加護處

三観義　三惑同時異時事

（底　本）叡山文庫眞如藏『廬談』三十五册の內、№10『三観義案立』と合綴本

（對校本なし）

12　三觀義聞書　目次

〔(ホ)扉書)
盧談　三觀義 祕　天 (坤)　本覺院知事智光院釋快磐〕

一。別教雙非雙照
二。爾前一心三觀
三。隨情二諦別次位
四。地上三觀
五。三惑同時斷
六。別教入空位經二劫數一
七。十行出假圓無作
八。十住菩薩惠眼見故別圓中何耶
九。初觀破用合受名等事
十。十住入空位空(互カ)二九界一ヲ耶
十一。次第觀中道　且別圓
十二。十住位定多何ソ耶
十三。初心凡夫修二一心三觀一耶
十界互事　奥二加

(以上、底本目次)

別教中道有二雙非雙照一耶
爾前明二一心三觀一耶
隨情智二諦有二別位一耶
一算 別教地上三觀現前耶　宗也
一算 三惑同時斷異時斷事　宗也
別教入空位經二劫數一耶
一算 十行出假圓無作事
穿鑿高原譬。約二五時一方何　無二沙汰一
(ホ)〔下卷二七題アリ〕
十住菩薩惠眼見故而不了了文互二別圓一耶
初觀破用合受名等事
十住入空位(ㇾ空カ)九界耶
次第觀中道互二別圓一耶
十住位定多惠多中何耶
初心凡夫修二一心三觀一耶
摩醯首羅天事　無二御(ヘ)(ヲ)(ち)沙汰一

(以上、對校(ホ)(ヘ)(ヲ)本目次＊(ホ)本目次は原本では後出三〇九頁下段)

12 三觀義聞書

延文元年(一三五六)丙申十一月二十四日

盧山寺天台大師講　盧談

初日十一月二十四日　講師理照　問者澄空

一。別教中道有二雙照用一耶　答。有二雙照用一

盧御難云。此題目ハ極テ冥邈ナル法門也。有トモ云無トモ云如レク論二タルカ虛空ヲ一也。東谷邊ノ義ハ無二雙照用一義也。〔祖師上人弘通ノ一邊モ爾也。北谷邊ノ義ハ有二トモ雙照用一云也。〕東谷ニハ地上ニ空假現前ストモ云テ無二雙照ノ用一云ヒ。北谷ニハ地上ニ無二空假一中道ニ〔有ト〕雙照ノ用一云也。就レ其別教ノ中道ニ有ト雙照ノ用一云樣未レ聞ヘ也。既ニ隔歷不融ノ故ニ。入空ノ時ハ不レ觀二假中ヲ一。入假ノ時ハ不レ觀二空中ヲ一也。若然者。中道ノ時モ捨テ二空假ヲ一。取ト二中道ヲ一可レ云也。捨劣得勝ノ故也。若夫有ト雙照ノ用一云者。具カ二空假ヲ一故ニ可キ二雙照スルナル一。若然者。中道ノ處ニ有ラハ二空假一可シ二三諦相卽ノ義ナル一。中道ノ上ニ卽スル二空假ヲ一義有レ之者。豈不ン二相卽セ一耶。非ル二空假ヲ上ニ一還テ照サ二空假ヲ一者。豈不ン相卽セ一耶。是先德ノ難ノ意也。其ヲ以テ二地前ノ異時ノ雙遮雙照ノ方便ヲ一。得ト二地上任運ノ雙亡雙照ヲ一云者。是實義ナルカ故ニ證道同圓ノ意也。別教ノ教門ノ上ニ有ル二雙非雙照ノ義一歟ト云時ハ。無ト二雙照ノ義一可レ云也。地體ノ離邊ノ中ト云事ハ何ナル事ソト先德疑タマフ也。初メ自レ色至マテ二一切ノ法ニ一無非中道ト云ヘハ。照セハ二非有非無一卽一切ノ事法ノ上ニ有カ二中道一故ニ相卽ノ意也。何云二離邊一耶ト疑也。有二法能覆所覆一ト云テ論スレハ二中道ヲ一。是モ相卽ノ意也。佛性亦有亦無ト云ヘハ。是モ相卽ノ意也疑タマフ歟

次ニ。如來常者○出常無常。卽是〔非常〕非無常。直常而已矣(大正藏三八、八一上。涅槃疏)出常無常ト云ヒ。直常而已ト云事〔如何〕行滿末師ハ。別登(到カ)地時。單明非常非無常未有雙用(卍續五七、四〇四丁左下。涅槃疏私記)ト釋スルハ。何ト可二意得一耶。既ニ遮スル二未有照用一ト上ヘハ無ト二雙照ノ義一云歟。雖レ消スト二本事ヲ一本事(マヽ)ハ何トモ無トハ二雙照一釋スル也。三藏ハ無シ二照用一。通教ニ有ト二照用一云ニ對シテ。別教ヲハ無ト二雙照一釋スル故ニ盡理ノ釋也。何ソ設ケン二會通ヲ一耶。若爾者。無ト二雙照ノ用一云テ。處處ノ釋ヲハ證道同圓ト會スルニ無レ失也。サレハ地上ニ無ト二空假一云義ニテハ處處ノ文ヲハ皆會スル二證道同圓ト一具ニ可二意得一耶

御義云。〔此事〕兜率先德有雙照用釋給也。相傳義合先德御義也。釋三種三觀時。別教三觀時。入中道時亦雙照二諦釋故。非證道同圓義也。其上有起盡事。入空時尚不觀假況中耶云。入假時觀假不觀中況於空耶云。中道觀時異空假有雙照用釋也。サレハ瓔珞經文（大正藏二四、一〇一四中。取意）。因是二空觀爲方便。得入中道雙照等云故。自本說其分云明也。依異時雙遮方便。得任運雙亡中事。實義依雙存方便。得任運雙照事何非實義耶。先德御釋云。雙遮雙照之上有中容之義等釋也。中者一切中也。雙照雙非云事有此上有中義。有空假云事。其中可有中義也。故中者可遮一切也有雙照云上。相即混亂云事不爾也。雙非云非外物。雙照云可照外物也。何雙照云ヘハトモ空空假相即意云耶。圓教意偏中相即也。別教心中處可有雙非雙照意也。中道遮偏空假即圓意也。中道非有非空云其上具足亦有亦空義

事中道上可此義也。故非相即意也

次。非常非無常釋尤難得意也。三藏意無照遮。通教意有照遮者常無常相即意也。別教出常無常者出過藏通意也。直常而已者圓教雙非謂即可雙照。「無照遮。通教意有照遮者常無常相即意也。別教出常無常者出過藏通意也。直常而已者圓教雙非謂即可雙照」也。通教意如幻即空如也。別教意雙非雙照可異。直道者雙非處不具雙照故。直道云未有照用云。故無相即義可云也。尤宜也

文云（天止二、一八四。止觀）。雙照二諦。心心寂滅。自然流入薩婆若海矣意何

文意云次第觀中道相。雙照二諦。心心寂滅。自然流入薩婆若海云也。爾者。別教中道有雙照用耶

〔廬談〕

二。爾前明一心三觀耶　答。不可明

御難云。爾前一心三觀明不明事。古今學者存異義

也。祖師上人述二東谷ノ義一ヲ時ハ。以二約部約教ノ與奪ノ意一ヲ他經ニ可レ明シトモ被レ述也。北谷ノ義ハ一心三觀ヲ不レ明二他經一ニ云也。就レ其法華已前ニ不レ明二一心三觀一ヲ云約束未二分明一ナラ。五時八教ノ大綱。於二爾前一ニ明二圓教一ヲ事ヲハ立敵共許スル歟。（ホ(へ)也イ（イ(へ)ナシ））雖レ明二圓教一ヲ不レ明二一心三觀一ヲ云事。尤難レ得レ意也。別圓二教ノ不同ト云フハ只卽不卽ノ異也。次第卽已方成今卽ナルカ（天玄二、一九二。釋籤）故ニ。別教ノ三觀次第シ圓教ノ三觀融卽スル也。若夫明ハ二圓教一ヲ何不レ明二一心三觀一耶。圓教ト者能詮。一心三觀ト者所詮也。能詮ヲハ乍レ明二融卽ノ旨一。所詮ハ明ト二隔歷不融一ヲ（明(ヲ)ナシ）可レ云歟。不レ明二一心三觀一ヲ者不レ明二能詮一ヲモ云歟。若爾者。不レ明二圓教一ヲモ可レ云歟。圓教ヲハ明ストヒ云一心三觀ヲハ不レ明云事。大參差ノ事也

付レ之。淨名疏ニ辨ルニ三種ノ三觀一ヲ時。明スヲ二別想（想(ホ)(へ)(ヲ)相）通相（相(ヲ)ナシ）一心一ヲ。此兩三觀既並是圓等問イフナリ。（大正藏三八、六六二上）「(へ)(ヲ)云（同前）此是方等帶方便圓不同法華ト云ヘハ。爾前ノ圓教ヲハ通相ノ三觀ニ明スソト云ル約束モ尤モ聞ル也。若爾者。通相ノ三觀ト一心三觀トノ不同ヲ可レ辨也。通相ト者。一空一切空乃至一中一切中ト云也。此分ハ不思議境ノ中ノ惣相ノ三觀ニ文言曾テ不レ替也。其不同ノ義只通相ト云フ名目〔聞〕（ホ(へ)）（聞(ヲ)由）レトモ。義理ノ不同ハ不レ聞也。其ヲ通相ノ三觀ト者。一空一切空ト云ヘハ三觀カ皆成リ空ト。乃至成リ假成レ中ト故ニ。一切ノ處ニ三諦宛然ノ義未レ聞ヘ故ニ異ナリト二一心三觀一ニ會スルカ。大キニ不審也。處處ノ釋義ハ辨ルニ一心三觀一ヲ時キ。皆ナ一空一切空等云フハ。假中カ入リ空ニ乃至空假カ入ル中ニテコソアレ（ニテ(へ)(ヲ)ナシ）。非ニ一心三觀ノ義ニ云事。大ニ難レ思也

次ニ。明サハ二一心三觀一ヲ。二乘成佛可カレ顯ル云義〔如何。其義〕（ホ(へ)(ヲ)）未レ顯「疑未レ開ケ也。何トテ明セハトテ二一心三觀一ヲ」（「」(ヲ)ナシ）二乘成佛ハ顯ルル哉覽

次。通相ノ三觀ト者何ナル事耶。別ニ有二其機一歟。信解虛通ト（大正藏三八、六六二上）者。無礙名虛無權名通ト（天文四、一八八六下。文句記）（籤曰カ）（ホ擁イ　權(へ)(ヲ)擁）云故ニ。只（只(ヲ)ナシ）是圓融不思議ノ義也。何ト云タル哉覽甚不審也。始自二華嚴一至マテ二方等般若一ニ。一一ノ法ノ圓融不思議ノ義ヲコソ明セ。三諦許リカ不ニト融卽セ可ニ意（大正藏三八、六六二上）得一歟。若爾者。別教ノ法門ト無二不同一也。次ニ。今室內六品正藏（藏(ホ)(へ)(ヲ)是）通相哉（哉(ホ)(へ)(ヲ)或）用一心ノ釋ハ。既ニ辨ニ傍正一ヲ上ハ尚機ノ上ニ辨ニ傍正一ヲ也。若約ニセハ佛意一ニ何物カ非ニ一心一ニ耶。前唐院ノ御釋ハ。帶

權ノ席カ故ニ一會(一會ヲナシ)ニ非ス普ク設ルニハ。以テ唯嗅苫蔔(薝カ)ノ文ヲ一心三觀ソト釋ル故ニ。或用一心ノ文ハ於ニ一會一機ニ可レト明ニ一心三觀ヲ釋ル也。都率ノ先德ハ往往ト釋シテ。(ホヘヲ是ヨリ二十四字イニ無(無ヘナシ))一會一章ニハ可レ明ニ一心三觀ヲ被レ釋也。サレハ不思議品等說ヲ爲ニ其證ト見タリ。豈非ニ爾前ニ明レ之耶

抑。玄文ノ。(天玄一、八六)圓融三諦妙法也ノ文ヲ。妙樂ハ。(同。釋籤)但爲次第三諦所攝ト釋スルハ自華嚴般若ニテモ。雖多(名カ)不同ト云上ハ取ニ圓教ヲ也。其ヲ但爲次第三諦所攝ト云上ハ明ニトモ一心三觀ヲ攝ニスト次第ニ釋ストモ可ニ意得(意得ヲ得意)一也。明ニセトモ圓教ヲ以ニ何ナル義門ヲ被レ攝ルル攝セ次第ニ哉ラン。可レ明ス其起盡ヲ也

次ニ。一心三觀ノ相貌ハ諸流ノ相傳不同歟。然者何ナル法門ナルカ故ニ。他經ニハ不レ明云事ヲ委細ニ可レ成事也。强又一心三觀ノ證據ヲハ何ト引キタルソ耶。釋ルニ一心三觀ヲ時ハ。(大正藏三八、六六二上。維摩略疏)不可說(得カ)不可得(說カ)。而能圓觀三諦等釋シテ。其相貌ヲハ具ニハ不レ釋セ。引クハ一念知一切法是爲坐(坐ヘ時)道場ノ(大正藏十四、五四三上)文ヲ何ト成ルソニ一心三觀ノ證ト耶。何所カ空假中ト聞耶。三觀義(ヘ釋)ト者。(卍續二一四、四三丁右上參照)上下兩卷ノ書依ニ淨名經ノ文ニ見ル(見ヲ釋)也。見ル(見ヲ釋)ニ彼ヲ。一念說一切法(ホヘ知 說ヲ知)等文。一切種智知一切法等

文ヲ引也。是ヲハ皆法〔華〕(ヲ)(「ホ花イヘ花歟)ノ意ソト云ヘトモ。若夫法華ノ意ナラハ爾前ノ一切ノ說皆可ニシ證據ナル。何ソ簡フ此等ノ大乘經ヲ耶。所詮所引ノ文一心三觀ノ義ハ何ト聞(ヘ判歟)(聞ヲ判)耶。顯サハ引證ノ本意ヲ一心三觀ノ相モ可レ顯歟

御義云。他經ニ不レ明ニ一心三觀ヲ云事。一家(ホ流)ノ學者トシテハサコソ存スヘケレトモ覺ル也。只明サハ圓教ヲ可レ明ニ一心三觀ヲ云事ハ無念也。凡佛法ノ根源ハ一心三觀也。此ヲ明ト他經ニ云者。法華ニハ何事ヲ可レ明ス耶。明サハ圓教。可レ明ス三諦圓融ノ義ヲ云事ハ誠ニ要樞ノ事也。其ヲハ釋義カ分別スル也。藏通ハ明セトモ偏眞ヲ不レ明ニ三觀ヲ。三觀ハ自ニ別圓ニ明ス也

付レ之ニ。辨ヘテ別相通相一心ノ不同ヲ。通相一心的屬圓教ト(大正藏三八、六六二上)云故ニ。於ニ圓教ノ中ニ既ニ有ニ兩種ノ不同一故ニ。通教(教ホヲ相)(ヘ相)ハ爾前ノ圓。一心〔三〕(ヲ)(「ホ三イ)觀ハ法華ノ圓ト云(云ヘヲ可)得レ意也。サレハ何以爲ニ兩ノ(同前)問ヲ擧テ答レ之ニ。恐是方等帶方便圓不同法華ト云上ニ。明サハ圓教ヲ圓融三諦ヲコソ說クヘケレト云不審ハ於レ此ニ散(ホヘヲ分別スルイ)スル也。通相ハ約シ爾前ノ當分ニ。一心三觀ハ法華ノ圓教ト云事ヲハ誰カ可レ許(ホヘヲ諍歟)レ立(立ホヘヲ之)耶

先年於ニ大塔〔塔㊁㋾堂〕一行ニ法華講一時。先師僧正勤ニ講師一ヲ。其時可レ有ニ約部約教ノ意一答タルヲ。或人聞レテ之。北谷流ノ學者トシテハ無下也ト難シケルヲ。僧正渡シ用テ〔渡用㊅後聞㋾後後聞所〕〔㊁後後ニ聞〕。存尤ノ事ナレトモ。不レ明答テハ〔「㊁所歟〕卽ツマル事ナルカ故ニ〔㊅故イ〕。順シテ常途ニ答タリト云レシ〔云㊅㊁㋾被〕申也。何事ニツマル事アルヘキソト覺ル也

通相ト一心ノ不同事

通相ノ三觀ト一心三觀トノ不同ハ〔「㊁通相者カ〕。三諦ヲ成シテ皆空ニ攝テ成シ皆假ト成スヲ皆中トハ。信解虛通ストハ云也。故ニ異ト二一心三觀一可ニ意得〔意得〕〔㋾得意〕一也。一心三觀ト無ニ不同一云難ヲハ。三諦ノ宛然ト羅烈〔烈㊁㋾列〕シテ皆空ト云ヒ皆假ト云ヒ皆中ト云フヲ。一心三觀トハ可ニ意得一也。サレハ通相三觀ヲハ。此空雖卽不空於空ト釋スル故ニ〔卍續二八、四一丁右上。維摩疏記〕。三諦ヲ成セトモ空ト。空シテ空ヲ成ニ假中ト事無レ之故ニ。異ニ一心三觀ニハ也。末師釋〔釋㊅㋣〕云。其實不空涅槃之空ト云故ニ異ニ一心三觀ニハ也。「末〔「」㊁㋾㋣〕師釋云。其言〔言㊅實〕不空涅槃之空ト云故ニ」實ノ空ヲハ不レ空セト云也。一心三觀ト者。空ノ處ヲ成シ假ト成レ中ト也。信解虛通ト者。假中ヲモ會シ成シ空ニ假空ヲモ會シ成ス中ニ故ニ。一心三觀ノ乍ラ空假中乃至中ナカラ空假ナルニハ異也。サレハ。就觀除〔除㊁深〕疾不無前後ト云〔大正藏三八、六六二上〕故ニ。三諦カ融レトモ成ル空ニ故ニ。只除キ二見思許リヲ一。三諦カ融スレトモ成ル中ニ故ニ。除クニ無明許リヲ一也。故ニ信解虛通ト云也

次ニ。受ル二通相ヲ一機ノ事ハ。可トレ有レ之阿彌陀坊ニハ云也。然者北谷ノ相傳ニハ。通相ノ三觀ニハ無トレ機存スル也。是ヲハ且置レ之。先ツ爾前ノ圓人ナレハ有トレ機可レ云歟。此是方等教機未純〔㊅能イ㊁純イ〕〔純㊁㋾熟〕故有〔㊅〕[二]分機緣〔「㊁㋾一イ〕ト云也。此文ニ卽無トレ機料簡スル樣有ル也

次ニハ。一心三觀ト者何ナル物ソト云事ハ。其相貌尤難ニ意得一。法門ノ淵源也不レ可ニ聊爾一ニハ。然ニ大樣〔樣㊁㋾略〕〔㊁㋾樣イ〕ノ約束ニ可レ申也。凡一心三觀ト者佛法ノ骨髓也。サレハ四教者起レ自ニ一心三觀一〔大正藏四六、七二四上。四教義參照〕。一心三觀者起レ自ニ四教一。教觀ハ起レ自ニ一心一矣爲ニ所詮一ノ能詮ハ起リ。依ニ能詮一所詮ハ起也。能所不思議ノ故ニ因緣所生法卽空假中ト述ル也。此ノ四句ノ偈ハ一心ノ全體也。サレハ。一期縱橫不出一念○中ト釋スル故ニ〔天玄四、三三二。釋籤〕。一期ノ佛法ノ骨髓ハ只一心三觀也。此ヲハ全爾前ニハ不レ可レ存〔存㊅明〕レ之〔之㊁㋾也〕〔㊁明也〕。故ニ二乘成佛モ此一心三觀ニテ有也。具ニ得レ意〔意㊁㋾心〕者。一心三觀ト者佛智也。佛智ノ至極ハ何ソト云ヘハ。境智不二ノ體〔㊁下〕也。一心三觀智〔觀智㋾諦境〕〔㊁上〕。一心三諦境〔諦境㋾觀智〕○〔○㋾㋣〕三昧ナルカ故ニ。境智不二ノ至極ヲ一心三觀トハ云也。此

等ハ皆是相傳ノ法門ノ趣也。非レ任タルニ胸臆一ニ。サレハ一心三觀ノ證據ヲハ何トト引タルソト云ニ。一念卽一切法是爲坐道場成就（大正藏十四、五四三上。維摩經）（爲坐㋣カ）一切智ト者。佛智ノ至極カ凡夫ノ上ニ極成スル意也。一念ト者卽（卽㋭㋾知㋬知　「㋾法　坐㋬時）空。知一切ト者卽假。是爲坐道場ト者卽中トモ可レ得レ意也。以レ要ヲ云ヘハ。只凡夫ノ一念カ佛智ト云事也。サレハ一切種智以一切法ト者。卽チ一切法ト者迷ノ法也。是カ佛ノ一切種智ノ體ト云也。仍引テニ法華ノ唯以一大事因緣開佛智見ノ文一ヲ（大正藏九、七上）（「○カ）（智㋭㋬㋾知）。凡夫ノ上ニ開クニ佛ノ智見一ヲ（智㋬㋾知）一心三觀トハ云也。故ニ引クニ大經ノ發心（大正藏十二、五九〇上）畢竟二不別ノ文一ヲ（竟㋬境）。故ニ凡夫ノ體カ卽チ佛ナル意ヲ一心三觀トハ云也。如レ此得レ意者。法華ノ法門ノ至極ナルカ故ニ。不レ可レ通スニ他經一ニ也（㋭經イ）。二乘成佛ノ顯ルル樣ニモ能能可レ得レ意也。二乘成佛コソ凡夫ノ佛ナル義ナルカ故也。其上ニ寄セテニ教相一ニ習フ樣北谷ニハ有也

二十五日　講師惠命　問者增海　龍象坊（坊㋬房）

（三㋭㋬㋾㋣）三。隨情智二諦別次位一耶（「有ニカ）　答。無ニ別次位一

御難云。可レ有トニ別ノ次位一云義モ有歟。或ハ縱容ノ義モ有歟。釋義モ兩端ナレハサモヤ云ヘカルラン（「㋾ア）（ママ）。無ニ別トノ次位一云事ハ尤不審也。凡ソ教行人ト云物ハ可ニ一具ナル一也。既ニ立テニ隨情二諦ヲ一者。受レ之クル人モ有リ行モ可レ有也。如クレ其ノ立テニ情智ノ二諦ヲ一者（者㋬㋣）。受ルレ之ヲ人モ有リ行モ有。位ヒ尤可レ有レ之也。何無レ之耶

サレハ付ニ四教一ニ。教行證ノ位既ニ各別也。今釋ハ三種ノ二諦ヲ教行證ニ分別スル上ハ。何無トニ別ノ次位一云耶

次ニ。初觀之功雖未契眞。得有隨教隨行論二諦觀ト云ハ（天止二、一八八。止觀）（㋭謂イ　論㋾謂）何ナル事ヤラン。初觀ト者。從假入空ノ觀ナラハ何云ニ雖未契眞一ト耶。得有隨教修行ト云テ（修㋾隨）何ソ不レ云ニ隨證一ト耶。既云フレ有トニ三種ノ二諦一（㋭㋬㋾）。最返テ何云ニ隨教〔隨〕行一ト耶（㋭最歟イ㋬㋾最イ㋬隨）（最㋭㋬㋾取）

次ニ。隨情智ト者。隨情ト隨智トヲ取合スル也。無ニ隨智一者何立ニ情智一ヲ耶

次。餘處ノ釋ニハ有テニ情智隨智一無ニ隨情一矣。今釋ト相反ス如何可ニ意得一耶（意得㋬得意）

次。世人ト聖人トヲ取合スル故ニ。無ニ別ノ次位一云約束ハ聞レトモ。約スルヲハニ教行證一ニ一往ノ會シテ取合スルヲ爲トニ再往一得レ意事不審也

御難云。無ニ別ノ次位一云事ハ。大概ハ有ニ其謂一也。三種ノ二

諦ト者。起レ自ニ大經ノ本說一也。今文ハ以ニ大經ノ文ヲ釋ニストレ瓔（天止二、一八八。弘決參照）珞經ヲ云也。釋スルニ瓔珞經ノ三觀ノ文ヲ。二諦觀ノ下ニ釋シテ三種ノ二諦ヲ例レ餘ニ也

其三種ノ二諦ノ本說ハ大經也。五百比丘各說身因ノ文ハ隨智ノ說也。長者ノ佛ヲ稱スル幻人ト付テ。述ルヲハ如幻ノ法門ヲ隨情ト云也。此兩種ハ指ス五百人ト巴吒羅長者トヲ。故ニ出ス人ヲ也。世人ノ所見ト聖人ノ所見トヲ取合テ二諦ト云。故ニ別ニ無ク其人モ無ト位モ自ニ本說ニ見スル也。故ニ無ト別ノ次位一云也。隨情ト者。世人之上ニモ有ト眞諦一云ヒ。聖人之上ニモ有ヲ世諦一立ツ隨智ノ二諦トハ。世人ノ二諦ヲハ皆屬シ俗ニ。聖人ノ所見皆屬シテ眞ニ立ル情智ノ二諦一也。故ニ別ニ無ニ其體一也

故ニ約スルハ教行證ニ一往ノ分別ト被レ得レ意也

凡隨情ト者。自ニ述ノ中一開テレ證ヲ隨情ノ二諦ト云ヒ。隨智ト者。自ニ證ノ中一開クレ迷也。故ニ隨情智ト者。迷悟不二ノ體ヲ分別スル故ニ無ニ別ノ次位一云也

七重二諦ト者。取意存略ノ二諦ヲハ甚深ニ得レ意。大經ノ惣標ノ（玄義境妙段參照）二諦ヲハ淺近ナル樣ニ存スレトモ。以レ實ヲ得レハ意其體可ニト一物ナル可ニ意得一也

初觀之功等者。初觀ト者非レ指ニハ二諦觀ヲ一也。於テ二諦觀ノ中ニ隨情情智隨智ヲ立ル故ニ。隨情ノ分ヲ初觀トハ云故ニ雖未契眞トハ云也。故ニ先德ハ聞兩ノ位ト釋タマフ故ニ雖未契眞トハ云也

有ニ情智一者可レ有ニ隨智一云フ難ニ至テハ。隨教隨行ト云ヘハ約スル位ニ故ニ闕ニ隨智ヲ云也。或又雖ニ情智ト指ニトモ俗諦ノ邊ヲ被レ釋也

次。餘所ノ釋ハ。情智隨智ト云事ハ。情智隨智淨無垢稱之義缺スル故也。意ハ約ニ所觀一故ニ有ニ隨情一云也

四。別教地上三觀現前耶　（答缺）

御難云。此事者中古之先哲相論之題目也。竹林坊ハ空假不ニ現前セ一云ヒ。寶地坊ハ空假可ニ現前ス存シケル也。各有ニ文理ノ據一歟。安居院邊ノ義ハ皆難レ測義ヲ抄物等ニハ載レ之也。彌其意難レ辨也。付レ之。別教地上ニ空假不ニ現前一云道理ハ何ナル處ヤラン。別教ハ捨劣得勝ノ教ナルカ故ニ。麁淺ノ二觀不レ可レ至ニ地上ニ存歟。然而大概ナルヤウナレトモ。上ハ兼レ下勝ハ兼ト劣ヲ云事ハ通漫ノ道理也。若爾者。下位ノ功德ヲ上位ニ具足スト

云者。何ソ地前ノ空假ヲ不レ備耶

サレハ佛果圓滿ノ位ニハ一切ノ萬德ヲ具足スル也。此事ヲハ講答モ亡（云カ）テ可ニ成（成ホヘヲ共）許一也。而ニ地上ノ空假具足ノ事ヲノミ遮スル事何ナル義門耶。若爾者。至ニ地上ニ深細ノ觀門可ニ具足ス可レ得レ意也

（中道觀ノ事）

惣而可レ明ラムニ中道ノ觀門ノ相ヲ一也。中道ト者非ニ空假ヲ照ニ空假ヲ一也。證ニ中道ヲ一云者。無ニ空假一者何處可レ立耶。惣而中ト云義ヲ就テニ內外權實ニ可レ明ム也。離邊トモ云獨拔トモ云事ハ三諦隔歷ノ故也。中道ノ體ハ不レ及（及ホヘヲ具）ニ空假ヲ一者不レ可レ成云ハ。（天玄二、三八九。玄義）何地上ニ無ニ空假一耶。惣而三觀ノ修證ノ相ヲ意得ルニ既ニ十住正修空ト云ヘトモ（同前）傍修假中トモ云ヒ。「（「」ヲ本）十行正修假ト云ヘトモ（同前）傍修中トモ云也。」（同前）十廻向始正修中ト云モ出假ノ位ニ修レ中ヲ也

若然者。於ニ地前一既ニ空假中ヲ具足スト云者。於ニ地上ニ何ソ中道ノミ獨立テ不レ具ニ空假ヲ一耶。不具諸法トモ云ヒ離邊中トモ云事ハ三觀不相卽ノ故也。中道ノ上ニ空假ヲ具足セン事ヲハ不レ可レ遮也

（天止二、一八三～四。止觀・弘決參照）

次。所依文ニ釋スルニ三觀ヲ。空觀ヲ名ルニ二諦觀ト事ヲハ能所合論（論ヲ謂）。約（ホヘ得イ）證況修。破用合論（論ヲ謂）。三重ノ分別ニテ名ルニ二諦觀トハ也。空觀ナレトモ既ニ假ヲ爲シテニ能詮ト空ヲ爲ルニ所詮ト。約證況修（ホヲ說イヘ觀イ）ト者。上顯下明ト云テ空カ顯レハ假カ彌ヨ顯ルル故ニ約證況修ト云也。故ニ空觀ト云ヘトモ假觀ヲモ具足スル故ニ二諦觀ト云也

（平等觀事）

第二ノ從空出假ノ觀ヲハ名ルニ平等觀ト事ハ。空ノ上ニ修ル假ヲ故ニ（云ヘヲ本）。空假中ヲ（ママ）平等ニ用ル故ニ平等觀トハ云也。出假ト云空ノ證ノ上ニ分ニ別スルニ一切ノ種種ノ病藥ヲ假諦トハ云也。故ニ空假ヲ相帶スル故ニ名ルニ平等觀トハ也。如レ此空假ノ不同ナル猶並用スル故ニ。二諦觀トモ平等觀トモ云也。若然者。中道ノ上ニ空假ヲ具足セム事可レ有（有ホ疑）ニ何疑カ耶。是ヲハ有ト別ノ意趣一聞レトモ其義猶未レ明ナラ也

（空心出假事）

見（ホ有イ）ニ一處初（止〔ヘヲ觀〕二〔二ヘ本〕）釋ヲ。釋シニ通教入空ノ六度ヲ了テ別教ノ出假ヲ釋ルニ。（同。弘決）如此住檀（檀ヘ標）攝成一切恆沙佛法ト云ヘルヲ（天止一、五五八）。妙樂ハ。空心入レ假故云ニ如此一矣（初ホヘヲ解）如此ト者。入空ノ上ニ出假スル故ニ如此トハ云ヒ。攝成ト等〔云〕フハ（ホヘヲ）。攝空成就（就ホヘヲ假）故云恆沙ト云故ニ（同前）。取テ空ヲ成スニ假（云ヲ本）諦ト。故ニ攝成一切恆沙佛法ト云也

（同、二八四。弘決）

加之餘處ノ解釋ニモ。以卽空心而出假故。是故病藥（藥病カ）無不卽（ホヘヲ尙イ）（「〇カ）空トモ釋成スル也。如レ此空假ノ各別ナル猶相帶セリ。以ニ中道ノ體ヲ何云ニ不レ具ニ空假ヲ一耶

其ヲ地上ハ中道念不退ノ故ニ。（付ニ中道念不（不㋬[ナシ]）退一設レ難事）不レ可レ交ニ空假一ヲ云事ハ大ニ不審ノ事也。小乘ノ意猶ヲ況一刹那倶時而有ト云也。（大正藏二九、十九上。倶舍論）至ニ地上一ニ時。三觀カ隔歷不融ナリト云ハハ何不ニ並起一耶ト云難未レ免也。念不退ナルカ故ニ。空假モ現前スト云者念退スヘシト云事ハ。餘ニ淺近ノ會通也

其上ニ。五地習學在法トモ云ヒ。（天止二、三三五。弘決）（在㋭㋬㋾世）入重玄門倒修凡事ト云ハ勿論（五地習ニ學此（此㋬㋾[ナシ]）世法一入ニ重玄門一事）（天文五、二二〇三下。文句）（〔丫夫カ〕）也。其ヲハ地上ニ非レ有ルニ假出ニト地前ノ假ニ云者。念不退ノ義ハ破ルル也。若然者。出ニレトモ地前之假ニ（之㋭㋬㋾[ナシ]）不退動ノ故ニ被レハ云ニ念不退一ト。地上ニ空假現前ストモ云。（云㋭㋬㋾[ナシ]）何非ニ念不退ニ耶。禪門章ノ釋。淨名疏第十。尤難ニ會通一釋也。何ソ此等ヲ皆證道同圓トモ得レ意耶

（天玄四、五八。釋籤）約亦證道同故合說ノ文ハ。（同。玄義）初地初住三觀現前ト云故ニ證道同圓トハ云也。（亦約カ）（同㋭㋬㋾[ナシ]）藏通ヲ爲レ麁ト別圓ヲ爲レ妙ト處ヲ證道同故トハ云也。全ク不レ指ニサ三觀現前一ヲハ可ニ意得一也。（〔丫不レカ〕）惣而何ナル道理カ（而㋭㋬㋾[ナシ]）有テ三觀不ニ現前一可ニ意得一耶。分明ニ可レ被レ成也。（被㋭[ナシ]）禪門章ノ釋モ尤モ難也。既ニ初地已上ニ三觀具足スル上者。（卍續二一四、十六丁左上。取意）（者㋭㋬㋾[ナシ]）何トテ七地ニ治空（治㋭㋬㋾沈）ストハ云ソト同スル也。（同㋭㋬㋾問）是ハ別教當分ノ意三觀現前スル故ニ。

云何七地治空（治㋭㋬㋾沈）トハ問スル也。答レ之。初入圓時三觀現前。（同、十六丁左下）（得カ）空理甚深等釋ル故ニ。初入圓ト者。三觀現前ノ意也。空理甚深ト者。云何七地治空（治㋭㋬㋾沈）ノ問ヲ答スル也。空理甚深ナルカ故ニ。或時偏就（同前）（熟カ）此理トモ偏以化人トモ釋スル也。此文コソ地上ニ有ニト微細ノ空假一見タル證ニテハ有レ。既ニ空理甚深トト云フ故也

寶地坊ノ不審ニハ。地上ニ空假不ニ具足一者。別教ノ佛ハ三智五眼ヲモ不レ可ニ具足一歟（可㋬[ナシ]）（歟㋾也）云云　此難尤難レ會也。別圓ノ不同ハ。縱横並別ノ不同ハ有レトモ。三德モ三身モ皆悉ク可ニ具足一也。三智者卽三德三諦也。何云レ不ニ具足一耶。五眼ト云モ。等覺ノ入重玄門ト者決法眼ト云故ニ。五眼モ三諦不ニ具足一者不レ可レ成ス也。尤難レ得レ意事也。此等ノ難ヲハ何ト竹林房（房㋭㋬㋾院）ノ義ニテハ被レ會セケルヤラン。尤不審也

凡十住入空ノ位ニ被レ破也。（㋭㋬云イ）（㋾實イ）（〔丫假カ〕）假ハ六道賴緣ノ假トモ云ヒ。隨事三（三㋭）假トモ（㋬㋾之）云也。此假ヲハ入空ノ位ニ破スルヲ。十行出假ノ時ニ〔出ニト〕（㋭㋬㋾）恆沙ノ〔假ニ〕（㋭㋬㋾）云フ。假法トハ何ナル法體ヤラン。尤難レ得レ意也

次。十行出假ノ位ニ。知眞非眞方便出假シテ。（天止二、一九五。止觀）空ヲ取通シテ非レスト（返カ）空ニハ思ヒ通スラン（返カ）道理ハ何ナル事ヤラン。尤難レ思也。此等ハ不レ得レ

意事共也。能能可レ明ムレ之也

二十六日　講師永仙　問者理照

〔五ホヘヲナシ〕五。三惑同時斷異時斷事　答。同時斷

御難云。此事ハ先德モ存ニ異端一末學ノ評論モ未息也。文理廣博ナルカ故ニ輒ク難ニ落居一歟。而ニ見思塵沙無明ト者迷ノ麁細ナル事ハ經論ノ約束也。若然者。麁强ノ惑ハ先ニ去リ〔去ヲ太〕微細ノ惑ハ後ニ可レ去也。以レ譬ヲ得レ意ニ。初ノ三ノ月光ハ除ニ麁分ノ暗一ヲ。十五夜ノ月光ハ拂ニ微細ノ暗一ヲ也。若然者。斷惑證理ノ道理。法爾法然トシテ麁細前後シテ可レ斷レ之ヲ也。尋ニ〔ホヘヲ〕（迷悟ノ根元一ヲ。無明（天止三、三三七。止觀）癡惑本是法性○作無明等釋タル故ニ。」迷悟ノ根源ハ一法ナレトモ法性ノ迷テ成ル無明一ト。其無明カ展轉シテ麁强ノ見思トモ成ル也。一法性ノ上ニ有ル體用一故ニ。其ノ體分ヲハ名ケニ中道一ト用分ヲハ名ニ空假一ト也。故ニ微細ナルヲ無明ト云ヒ麁强ナルヲ塵沙見思ト云也。若爾者。見思塵沙ハ先ニ被レ斷セ。微細ノ無明ハ後可レ被レ斷セ也。サレハ三惑カ麁中細ナル事ハ可シニ勿論一ナル。（天玄四、三四八。釋籤）迷厚薄故强分三惑ナルカ故也。無明ハ根源ナルカ故ニ是ハ至テ微細也。三細六麁ト次第ニ起ル故ニ。自リニ界外一界內ヘ起ル也。流轉ノ始終ハ。始ヲハ〔始ヲナシ〕初由一念無始無明ト云ヒ（天止二、五八二。弘決）。終ヲハ。乃至成就一闡提非〔非ホヘヲ罪〕ト云也（同前）　虫クイ〔虫クイホヘヲナシ〕論家ノ說ニ引〔無始ホヘヲナシ〕合ル也。是ヲ還滅スル時ハ。自ニ麁强ノ煩惱一根源迷ヘ斷シ行ヘキ也。此ノ麁細ノ一度斷スト云者。前後可ニ雜亂一ス也

次ニ。無明住地ハ變易生死ノ煩惱道也。四住地惑ト者分段生死ノ煩惱也。是ヲ初心ニ卽斷セハ無明ヲ住前ノ凡夫カ可レ生ニ界外一ニ歟。後心ニ見思ヲ斷スト云者。等覺ノ菩薩モ不レ離ニ界內一ヲ可レ云歟。若夫〔夫ホヘヲ又〕同時ニ斷スト云者。界內外ヲ一時ニ可レ離歟如何

次ニ。三諦ノ證位可ニ雜亂一ス也。圓人ハ自ニ初心一修スレトモ三觀ヲ有リニ修スル位一モ有ニ證ル位一モ也。故ニ未レ證ニ中道一ヲ位ヲ凡位ト云ヒ相似ト云也。故ニ證スルヲハ空假一ヲ相似ト云也。證スニ中道一ヲ位ヲ聖位トモ云ヒ證位トモ立ル也。而ニ三惑ヲ同時ニ斷セハ住前ニ卽可レ證ニ中道一ヲ歟。又聖位ニモ未レ究メ空假一ヲ可レ云歟。如レ此ノ分別一家ノ釋ニハ何處ニ有レ之耶。凡位ト云約束ハ未レ證ニ中道一ヲ不レ斷ニ無明一ヲ故也。既ニ斷〔斷ヲナシ〕無明證中道セハ何トテ凡位トハ名ケケルヤラン。只論〔論ヲ謂〕ニ淺深一ヲセハ四十二重ノ不同モ有ル故ニ。證位ノ不同トコソ可ケレ

意得。凡位トハ何トテ約束スル耶。尤難思也
相似ト云ヘハ。眞位ニ斷カ三惑ヲ故ニ。相似ニモ可斷ス三惑ヲ云義
勢ハ（「ホヘヲ分）全不得意也。自小乘ノ四善根ノ相似ト云事ハ。眞位ノ
前相カ顯ルル故ニ立相似ノ名ヲ也。如ク（如ホヘヲ若）其ノ初住證位ノ氣分カ
顯ルルヲ相似ト云也。只見テ月ノ光ヲ未見自體ヲ。其ヲ斷無明證
中道スト云者。既ニ見ル月ノ體ヲ也。何ソ智火前相ト意得ン耶。（能治三觀一心ヵ故ニ（故ヲナシ）所治ノ惑同時可去云（云ヲ之）事）
其ヲ能治所治可カ一概ナル故ニ。能治既ニ自初心約カ一心ニ
故ニ。所治ノ惑同時ニ可去ル云道理ハ誠ニ可キ始終ノ落居ナル也。（虫クイホヘヲナシ）
雖然此事ハ先違スル釋義ニ（虫クイ）
（天止三、六四七。弘決）從初已來三諦圓修（修ヲ作）等釋スルハ六處ノ元意ノ中ノ文也。元意ヲ
釋スル故ニ顯ス能治所治ノ元意ヲ也。而ニ能治ノ三觀ハ一心ニ
修スレトモ。所治（所治ヲナシ）ノ三惑ハ異時ニ去ル故ニ。能所ハ不同ナリト結釋スル（「ホヘヲ也）
也。何ソ強テ能所可シト一概ナル云耶（云ホヘヲナシ）
（天止二、三八～九。弘決）觀法雖圓銅輪已前等釋。又一概也。其麁惑先去（同、三九）ト云コトヲ（前カ）
指ト三惑ノ麁分ヲ云事ハ。先今ノ釋ニテハ不被謂ハレ事也。觀法
雖圓ト云故ニ。背テ能觀ノ圓ナルニハ麁惑ハ先ツ去ト云也。若夫三
惑ノ麁分ナラハ（「ホヘヲ云）能所可一概ナル。何ソ可置雖言（言ナシカ）之言ヲ耶。故ニ

至テ初住ニ始テ破トハ根本ノ無明ヲ云也（五住ヲナシ）
次。（天止四、四〇〇。弘決）五品已能圓伏五住ト者。五住ヲ共ニ伏セハ共ニ圓ニ斷スヘケ
レトモ。（同前）但是圓修麁惑斷（「先カ）ト云故ニ。簡異スル圓伏五住ニハ故ニ
置ク但ノ言ヲハ也。故ニ麁惑先斷ト者。但シ見思ノミ去ト云也。サレ
ハ一處ノ釋義ニ麁惑ト者分明ニ見思ト釋スル也。五品六根皆圓（大正藏四六、五七三中～下。）
（四念處取意）伏無明。而界內見思自然而盡ト云テ。界內ノ見思ヲ（「治鐵事」（「」ヘナシ））先ニ斷スト
云也。譬ルニ之。（觀心十二部經ノ文也。天台大師述（續天全圓戒1、三四八下。大正藏四六、五七三下參照））如火燒鐵鐵雖不融垢在先去。正惠觀無明
無明未除（除ホヘヲ際）見思先盡（前カ）ト云故ニ。治鐵ノ譬ヲハ（前カ）以見思ヲ譬ト麁垢ニ
（ホヘヲ釋歟）見ル故也。凡三惑ノ同時斷異時斷ハ圓頓行者ノ要須（ホ路歟）（須ヘヲ路）也。同
時ニ可除歟。（「ヘヲ也）異時ニ可除歟。自發心ノ始可キ用心ス事也。
故ニ以破法遍ノ文ヲ可知其義ヲ也。此論（天止三、六四七。弘決）麁惑任運斷處ノ
文ヲ異時斷ト見ル也。是ハ破法變（變ホヘヲ遍）ノ元意ノ文ナルカ（論ヲ謂）故也
次ニ。就文ノ字ニ論。（天止四、四八。弘決）見思障眞。無明障中ト云テ約ストハ元意ニ。
（同。止觀）見思破卽是無明破。無明破卽是見法性。入實相空方名破
法遍ト云也。是卽斷スル見思ヲ程ニ其ノ見思カ（ホヘヲ）〔卽無明也〕卽法
性也ト云フハ約スレハ理ニ。三諦三惑一體ノ義也。誰カ可許之
耶。斷惑證理ト者約シテ事ニ論スル事也。何如此可混亂耶。

サレハ三惑既即三觀必融ト云故ニ。(天止四、五一。弘決)惑智相即意ト見ル事ハ不レ可レ隔(隔ホヘヲ許)レ之也。是ハ都率先德分ニ別シタマフ三義ヲ中ニ。約レ理ニ論ス二同時斷ヲ中カニ引ニタマフ此等ノ文ヲ也。約レ事ニ中ニハ不レ出レ之也。

凡案ルニ一章ノ大綱ヲ竪ノ破法遍横破法遍一心破法遍ヲ立タマヘリ。竪ノ破法遍ノ法門ハ重沓スル故ニ。元意ヲ點ニ撮シテ六處ニ釋レ之也。故ニ元意ト者。次第ノ破法遍ハ前後各別ナルヲ。示シテニ元意ヲ即ニ(ヘヲ即歟)シテ一心ニ不二ナルソト釋也。故ニ界内界外ヲ同時ニ斷スト云故ニ。(即ホヘヲ而)只是初後一心ノ義也。若爾者。如ニ講答ノ住前ニモ離レ二三惑ノ細分ヲ云義ニハ相違スル也。故ニ始終理一。界内外一體。四土三身一體ノ義カ故ニ非ニ講答ノ潤色ニ一。只是理性ノ融即ノ分也。何ソ同時斷ノ義耶

抑。經論ノ文ニハ何處ニカ住前ニ有ニ無明ニ住上ニ有ニト見思ニ見タル耶。一家釋又何處ニカ有レ之耶。住前ノ無明ト者。引ニ界内ノ生ニ歟(歟ホヘヲ也)。若爾者。二乘ハ何離ニ界内ノ生死ヲ耶。若不ニ引生ニ者。無明既ニ住地ノ煩惱ニシテ引レ生ヲ根本也。住前ノ無明何ソ不ニ引生セ耶

次。界外ノ見思ト云事ヲハ何處ニ釋タル耶。所所ノ釋ヲ皆地上同體ノ見思ハ違理感報ノ義也。此外ニ界外ノ見思ト云事ハ經論ノ文モ不ニ分明ナラ。一家ノ釋義モ不レ見耶

次ニ。三惑ノ麁分ヲ名ニ見思ト。三惑ノ細分ヲ名ルニ無明ト事ハ經論ノ文歟。一家ノ釋歟。無ニ分明ノ證據ニ者。學者胸臆ノ料簡。誰カ可レ信ニ用之ニ耶

抑。圓教ノ斷惑ト者何ナル事耶(耶ヲセ)。悟ノ根源ト者一心三觀ノ悟也。迷ノ根源ト者三惑也。是ヲ斷惑證理ト沙汰スルニ付テハ。同時ニ斷歟(歟ホヘヲ也)。異時斷歟ト云事ハ。斷惑ノ義門顯レテ其義不(不ホヘヲ可)レ成也。付ニ一家ノ大綱ニ尤モ可レ成ニ其義ニ也

御義云。都率先德。能治ノ三觀同時ナラハ所治ノ三惑可ニ同時ナル歟ト問シテ。答レ之有ニ二義ニ。一同時斷。二異時斷ト答フ。各據一義置(並カ)不相違云云 何ナル處カ無ニ相違ニ事ヤラン。既ニ同時斷ト異時斷トハ相違ノ事也。何ソ無ニ相違ニ可レ云耶

凡同時斷ト者。可レ依ニ圓教ノ法門ノ大綱ニ也。依ニ迷ノ厚薄ニ辨ニ三惑ヲ。依ニ智惠ノ淺深ニ辨ニ六即ヲ也。其ノ六即ト者。一念(天止一、三七一。止觀)心即如來藏理等云フ。六即ト者。只是理即也。一念ノ上ニ三諦具足シテ不可思議ナル外ニハ無ニ佛法ニ也。三諦ト者。天然性

德之妙理也。此ノ三諦不思議ノ理ヲ一心ニ具足スルヲ理卽ト云也。此理ヲ從ニ知識經卷ニ聞ヲ名字ト云ヒ。行スルヲレ之觀行ト云也。此理カ凡位ニ顯ルルヲ相似ト云ヒ。聖位ニ始テ顯ルルヲ分證ノ初住ト云ヒ。究竟スルヲ妙覺トハ云也。故ニ一心三諦ノ理カ究竟スルヲ妙覺ノ菩提ソト名クル故ニ。妙覺ノ立ニ還テ理卽ニ究竟スルヲ妙覺ノ菩提トハ云也。明月ノ神珠ハ在ニ九重ノ淵底ニ等云フ此事也。(天止一、三九〇。止觀)以レ迷ヲ此三諦ノ妙理ニ三惑トハ云也。是ニ最初ハ無明。次第ニ塵沙見思ヲ起スト者。別教ノ次第分帳ノ法門也。故ニ元初ノ無明ト云處ニ無ク塵沙見思ニ者。只迷テ中道ノミニ不レ迷ニ空假ニハ可レ云歟

爰知ヌ。迷ニト天然法性ノ諦理ニ云ヘハ。自ニ最初ニ三惑ヲ具足スル也。故ニ別教ノ意ハ。次第分帳シテ顯ス故ニ。界內界外トハ分別スル也。圓教ノ意ハ。本來三惑具足スル故ニ。一心ニ修スト三諦ノ理ヲ云ヘハ。自ラ三惑ハ同時ニ可レ除レ之ヲ道理也。理性無體全依無明。之無體全依法性ナルカ故ニ。(天玄一、二六二。釋籤)實ニハ修スト三觀ヲ者卽修ニ三惑ヲ也。「惑智一體ノ」道理ナルカ故也。故ニ三觀ヲ同時ニ修ト云カ卽三惑ヲ同時ニ斷ル義也。實不レ可レ疑レ之

付ニ四教ニ得レ意ニ。教理智斷行位因果ノ八法カ可ニ一概ナル也。(天玄五、七六。釋籤)

別教ハ教理智斷皆次第。圓教ハ教理智斷皆同時也。教理智マテヲ一心ナル斷惑ハ前後スト不レ可レ得レ意也。サレハ四教義中ニ。〔圓伏〕圓斷等云故也。(大正藏四六、七六〇下)斷惑既ニ不思議ノ斷也。何ソ非ニ一心ニ耶。若夫前後斷スト云ハハ。圓教ノ斷惑卽是思議ノ斷惑ト可レ云也

サレハ十乘ト者。不思議境ハ天然ノ妙法也。此上ニ任運拔苦自然與樂ノ義ヲ起慈悲心ト云也。(天止三、三三三。止觀)此上ニ三千ノ妙法カ不思議ノ定惠ナルヲ巧安止觀トハ云也。此上ニ破法遍ト者。三惑カ一心ニ遍スルヲ橫竪一心ノ不思議ノ破遍トハ云也。此ヲ其車高廣ノ妙法ノ大車トハ意得也。如レ此意得者。破遍ノ一章ノ大綱カ皆同時斷ニシテ有ン。仍一念ノ心カ卽空假中ナル處ヲ破法遍トハ得レ意也。故ニ法門重沓スル故ニ元意ヲ點撮スト者。一一ノ文皆同時斷ト成スル意也。是ヲ約レ理ニニテコソ有レト難スレトモ。圓ノ意ハ理ニ一心ナルカ事ニ同時ナル義ナルヘシ。一見一思無非法界ナルカ故ニ。(天止四、四八。弘決)三惑ト三觀トカ一法ナルヲ同時斷トハ意得也

次ニ。觀法性圓等文尤難キ事也。(天止二、三八。弘決)圓教ノ意ヲ觀法圓ト云ヘハ實ニ初後カ一心ナル也。止三。又一念能穿五住達於實相ナルカ故ニ。(天止二、二二一)

初心ニ卽元品マテ可レ斷キス也。然而初心後心ノ不同カ宛然トシテ事殊ナルカ故ニ。麁惑ハ先キニ不レ斷。細惑ハ後ニ被レ斷セ歟。觀法雖頓惑未頓除ノ文ヲ合テ得レ意事也（卍續二一四、一二六丁右下。捜要記）（不ホヘヲ被）

次。從初已來等文事如レ上得レ意也。（天止三、六四七。弘決）觀法ハ一心ニ卽スルニ或（惑カ）ハ前後シテ拂コトヲ云ソト得レ意也。是ハ常ノ義也。但。大原ノ義ニハ。能治ノ觀門ヲハ約シ二一心ニ一。所治ノ惑ヲハ前後シテ分別スル事ハ。所治ヲハ寄セテ二次第ニ一分別スル意ハ。自ニ次第一不次第ナル義ヲ顯ス也。寄テ二所治ノ惑ニ一顯シテ「次第ノ義ヲ」（「」ヲヒ）次第カ卽不次第ナル義ヲ顯スト得レ意也

次。一往然（然ヲヒ）。二往不然ノ釋ハ（天止四、一九五。止觀）同時斷ノ證據也。爲スルニ違文ト一事無ニ其謂一也。一往ト者。見思（見ホ實）卽（卽ヲヒ）無明。空觀卽中道ナル意也。（ホ見歟）再往ト者。空假中ノ能治所治相配ノ意ナルカ故ニ。其言ヲ同時ニ可レ斷故ニ再往ノ義也。故ニ不レ可レ爲ニ違文ト一也。妙樂大師。若依（依ホヘヲ伏）別教乃至圓教一向初後不二矣（卍續二八、四一九丁右上。維摩疏記）於ニ別教ニ一界（「ヘ界）內外見思ノ除處皆ナ前後スル也。登地ノ同體其性前後スル也。故ニ界內外共ニ前後スル也。簡ニ異シテ之ニ一圓教一向初後不二ト者。一向ト云ハ界內外皆可ニ同時斷ナルト一云也

次。圓教ノ斷惑ト云事ハ何ナル事ソト云事ハ。先師僧正每度ニ被ニ精義セ一也（也ホヘヲヒ）。是則圓教斷惑ノ義ニ依テ。同時斷ノ義可レ顯キ故也。其故ハ圓ノ斷惑ト者。只是惑智不二ノ意也。一念三千ト者。惑智不二ノ意ナルカ故也。大都ハ。前之四法。用無前後等云ヘルハ。（天止三、二二九。弘決）破法遍ト者只是惑智不二ノ意ナルカ故ニ。同時斷ノ義ト可レ得レ意也

六（六ホヘヲヒ）。別教入空位經（經ヘ强）ニ劫數一耶　答。經ニ劫數一也

御難云。十住入空ノ位ニ可レ經ニ多劫ヲ一道理未レ聞也。諸教通漫ノ道理自行ノ位ハ速疾也。化他位ハ長遠也。所謂三藏教ニハ自行ノ三十四度ニ斷結成道シ化他ニハ經ニ三祇ノ位一也。（大正藏三九、八〇中。金光明文句）通教ハ入空ハ。非止一世作（一ヲヒ）（修カ）行也。（同前）化他ハ。動逾塵劫也。大乘甚深之故ニ入空カ長遠ナラハ通教ノ入空尤雖レ可ニ長遠ナル一。只一世作（修カ）行ト云テ不レ經ニ劫數一也。別教ノ意ハ。一行動經無量阿僧祇劫（同前）ト者出假ノ位也。入空ノ位ニ爲レ何ノ可レ經ニ時節ヲ一耶。正出假ノ教ナレハ尤出假ノ位ニハ可レ經レ劫ヲ也。何ノ料ニ入空ニ可レ經ニ多劫ヲ一耶。其上ニ十住入空ノ斷惑ハ。所治ハ見思。能治ハ偏眞ノ分也。依レ何ニ可レ送ニ劫數一耶。大乘ト云フ官途カ成レハトテ何ト經ニ劫數一ヲハ耶

大乘甚妙等ノ文ハ自レ何起ルソト云ニ引ニ大論ノ説ヲ也。佛法無（大正藏三八、七〇八上。維摩略疏）量豈是三祇所學能遍等云フ故ニ指ニ化他ノ位ヲ也。故ニ乃經（同前）無量（億カ）阿僧祇習塵沙佛法ト云故ニ所破ハ三僧祇也。能破ト集ト塵沙佛法ヲ云フ故ニ十行出假ト云也。サレハ大論ノ文ハ爲ニ出假利物ノ可ト經ニ劫數ヲ覺ル也。何自行ノ位ニ可レ送ニ劫數ヲ耶

御難（難ホヘヲ義）云。此事者別而無ニ承旨ト也。瓔珞經ニハ十住ニ經ニト六十劫ヲ云ヒ。仁王經ニハ十住經ニ一僧祇ヲ云也。其ヲ後三住ニテヤ有ルラント難スレトモ。瓔珞經ハ十住ヲハ皆ナ生空ノ位トシテ其後始入法空（空ヲ界）トハ云故也。故ニ不レ約ニ後三住ニ也。一家ノ釋ハ。別除兩惑（天止四、五六。止觀）歷三十心ノ文カ尤分明也。其外餘處釋モ分明也

サテ可レ經ニ劫數ヲ道理ハ。（大正藏三八、七〇八上。維摩略疏）（ホ是）大乘甚（甚ヲカ）深（深ホヘヲナシ）妙覺（覺ヘヲ是）故學劫亦多ト云故ニ。大乘甚深ノ道理ハ何ソ限テ出假ニ不レ亙ニ入空ニ耶。故ニ深キ法門トト云フモ入空ノ位ト可レ得レ意也

次。至ニ教教ノ斷證ニ者。三藏教ハ三十四心（ホヘヲ度イ）ナルヲ。通教ハ經ニ七地ヲ故ニ斷證ハ同ケレトモ。通教ハ大乘ナルカ故ニ入空ノ時分久キ也。別教モ又斷惑證ノ分齊ハ雖レ同ニ通教ニ。別教ハ法門深ク成行ク故ニ。於ニ劫數ニ者自ニ通教ニ可レ久カル也。（「」ヲ重複記載）「其上三藏ノ中ニモ支佛ハ四生百劫也。聲聞ハ三生六十劫也。同ク入空ナレトモ利根ナルカ故ニ劫數ヲ久ク經ル也。若然者。別教ハ彌可レ久カル也」

但。通別ハ斷證同キ故ニ別教入空ノ劫數不レ可レ久カル。利根ナルニ依テ劫數ヲ久ク經トト云事道理猶不レ明ナラ云ニ至テハ。利根ナレハ不レ痛ニ生死ヲ也。鈍根ノ者ハ猒ニ生死ヲ事惡（惡ホヘヲ急）也。故ニ利根ノ者經ニ劫數ヲ事ハ不レ怖ニ生死ヲ故也。是ハ三藏ノ二乘ノ修行ノ長短ノ意也。以ニ跨節ヲ得レハ意。入空ノ時分ニ經ニ劫數ヲ事ハ。入空ノ位ニ出假カ具足スル故ニ。入空ノ位ニ所學ノ法門多キ也。故ニ學劫亦多トト云ソト可レ得レ意耶（耶ホヘヲ也）

二十七日　講師圓俊　問者證空

七（七ホヘヲナシ）。十行出假圓無作事　（「」ホヘヲナシ）「答。不レ習ニ圓無作ニ」

御義云。十行出假ノ圓ノ無作。古來ノ學者相承不同也。不レ學ニ圓ノ無作ヲ云フハ竹林院ノ相傳也。尤所ニ執存ト也。惠光房（房ホ）（ヘヲ坊）大律師マテノ相傳ハ。皆學（皆學ホヘヲ習）ニ圓ノ無作ヲ云相傳也。乘明坊ノ長曜（耀カ）法橋。依ニ一文ニ不レ學ニ圓ノ無作ヲ云義ヲ成シテ惠光房（房ヘ坊）ノ相傳ヲ改ル也。故ニ北谷ノ一流ニハ乘明坊（坊ヲ房）已來不レ學ニ圓無作ヲ申ス。

故ニ惠光房相傳ニハ今モ學ニト圓ノ無作一ヲ存シテ竹林院ノ義ヲ嘲ケル也。乘明坊遂業ノ之時。對ニシテ弁覺法印一ニ可レ被レ除ニ此題一ヲ旨ヲ自ニ兼日一約束スル故ニ。得テレ意不リレ被レ下ニ此算一ヲケル也。所望ノ旨趣ハ受テニ此題一ヲ學ストニ圓ノ無作一ヲ云ハハ違スルニ一文一ニ故ニ非ニ所存一ニ。不トレ學云ハハ可レ背ニ相傳一ニ故也。尊宗法印精義之時。古來ハ學ストニ圓ノ無作一ヲ存スレトモ。兩三代已來不トレ學存スト申ケル故ニ。當流ニハ殊ニ不レ學云義ヲ存シ成ル也。不レ學ニ圓ノ無作一ヲ云義ハ。時ノ法門ト者。不退諸菩薩。（大正藏九、六上。法華經）亦復不能知ナルカ故ニ。別教ノ行位不退ノ菩薩モ不トレ知ニ圓ノ法門一ヲハ定ル也。若然ハ。別教トシテ何可レ知ニ圓ノ法門一ヲ耶。權教ノ菩薩ナルカ故ニ隔ルニ實教一ヲ事ハ雲泥也。上ハ雖レ兼レ下ヲ下ハ不レ兼レ上ヲ也。別教下劣ノ人何ソ可レ知ニ勝タル圓教一ヲ耶

其別教四教ト云事ハ。何ナル事ソト云事ハ誠ニ不審ノ事ナレトモ。其約束ヲコソ可ニケレ意得一。サレハ權教ノ人カ可トハレ知ニ實教一ヲ不レ可レ得レ意也。方等四教涅槃四教ハ實ノ四教ナルニ。別教ノ四教ノミ法四人一トト云ヘトモ。非ニト實ノ四教一ニ得ルレ意事ハ不トレ可レ然難スレトモ。自レ元三種ノ四教ト分別スル事ハ。三種ノ四教ノ殊ナル義門ヲ分別スル

也。若然者。何必モ可ニ一概一ナル耶。付レ此ニ別教四教ト者。有リニ橫竪ノ不同一。其ノ中ノ竪ノ四教ト者。十住ノ生無生ハ藏教通教也。十行ハ尚別教也。初地ノ無作ト者有リニ二義一。但中ヲ無作ト云フト。證同道圓ノ時聞ヲ無作ト云ト也。橫四教ト者。於ニ十行ノ位一ニ分ニ別スル四四十六門一ヲ也。此時無作四諦ト云カ實ノ圓教歟ト云疑也。而ニ別教菩薩卽此自行而用化他。（天玄三、六四。釋籤）故十行中橫菩薩此四　釋スルハ。取テニ竪ノ四教一ヲ橫ニ爲ニ化他一ノ用ル故ニ。卽此自行而用化他ト云也。其ヲ難スルニ爲ニハ化他一廣可トレ學ニ圓教一ヲモ難スレトモ。卽此自行而用化他ト者。證道ノ無作ヲ十行ノ位ニ學ストハ不レ可レ得レ意。十行ノ位ニハ不レ可レ知ニ此證道ノ無作一ヲハ。於ニ十行一ニ用ル事ヲ而用化他トハ云也。サレハ。各附彼教而（同前）〔爲〕相狀ト者。只學スルニ中道一ヲ名テニ無作一ト分別スル故ニ。各附彼教トハ云也。故ニ非ニト實ノ圓教一ニ可レ得レ意也

次ニ。無量ト云ヘハ盡スニ一切法門一ヲ故ニ。圓ノ法門ヲモ可トニ具足一ス云フ（同前）難者。苦有無量相ト者。（天玄二、一〇三。玄義）十法界隔歷ノ相ヲ分別シ。集有無量者。無量ノ煩惱ヲ分別シ。道有無量ト者。（同前）隔歷不融ノ恆沙ノ佛法也。不レ可レ分ニ別ス圓教ノ法門一ヲ也。滅度若干ト者。是モ隔

歴不融ノ滅諦也

但。正出假ノ教ナレハ圓教ヲモ可レ教フト云ヘトモ。正假ト者。依テ亦名ニ爲假（假㋾似）名ノ句ニ別教ヲ分別スル故也。亦是（是㋾有）中道義ニハ不レ可レ及也。大醫王ト云ヘトモ望ルニ藏通ニ也。不レ可レ及ニ圓人ニ也。故ニ雖ニ正出假ノ教ナリト。受ニ隔歴不融長遠之教ヲ權人不レ可レ知ニ圓融相卽ノ旨ヲ也。其ヲ解知ノ分ニテ其ノ名字ヲ可シト知難ル事ハ不レ可レ爾ル。知病（病㋾痛）識藥授藥ト者。識ルニ病藥之根源ヲ也。但至テ名字ニ不ニ斷惑證理セ云ヘル義ハ不レ可レ有也。以ニ般若ノ轉教ヲ爲ス例證ト事ハ尤難キ事也。然而トモ不レ假（假㋭㋬㋾似）事也。般若轉教ト者。加ストニ聲聞ニ者實ニハ受ニ佛加ヲ非ニ聲聞ノ自身（身㋬㋾力）ニハ也。（天玄五、三六五。釋籤）故ニ十行出假ノ菩薩ノ相ニハ不ニ相似ニ事也。其ヲ別教地前謂爲別俗ト云故ニ。圓教ノ法門ヲ爲スト別教恆沙ノ俗諦ト見タリト難スレトモ。四教ノ機カ四教ノ法門ヲ互ニ聞テ己カ情ニ聞入ルト云者不定教也。（天玄五、三六五。釋籤取意）定教ト者。其ノ法門ノ定ニテ有ル事ヲ釋シカ爲ニ。般若ノ時聞テ盡淨虛融（融㋭空、㋭融歟）ヲ。二乘ハ無心悕取シ。鈍根ハ推功上人シ。別教ノ菩薩ハ恆沙ノ佛法ノ中ニ如レ此ノ法門有ト仰信シタル分也。取テレ之ヲ不レ可ル爲ス知病識藥授藥トハ也

次ニ。所所ノ釋義一十六門ヲ學スト云事ハ。皆假令ノ事ト云難ハ尤難ケレトモ。釋義カ旣ニ。若全不兼文之元意。（天止四、十五。弘決）如何次第等釋スル故ニ。別教ノ中ニ學ストニ圓ノ法門ヲ者。次第ノ中ノ不次第ノ元意ソト釋ル也。其ヲ攝州先德。作論（論㋾謂）弘經ノ出假ノ元意ト釋タマフ事ハ。大ニ先德ノ御釋ナレトモ難ニ意得一事也。旣ニ。若不（㋐全カ）兼文之元意。（同前）如何次第出假之位等釋スル故ニ。附文ノ中ノ元意ト云事ナルカ故ニ文之元意トハ云也。作論（論㋾謂）弘經ナラハ出假ノ爾ルヘキ義相ニテコソ有ヘケレ。如何次第出假之位等不レ可レ釋ス也

次ニ。證道同圓ト者。初地初住也。何ソ地前十行ノ位ニ學スルヲ圓ノ法門ヲ證道同圓ト云ン耶ト云難ハ。若入證道卽是初住。地前卽成住前諸位ノ釋ニ被レ會也。（天止一、三二九。弘決）正ク不レ學ニ圓無作ヲ云文ハ處處ニ有レトモ。通別入空但照（照㋬惑）ニ六界ニ。兩教出假長短不レ同。（天止四、三八。弘決）尙未レ能レ入ニ佛（出カ）法界化（假カ）一。豈能九界見ニ卽中一耶ノ釋也。出假ノ長短ト者。別教ハ亘リ界外ニ。通教ハ限ニ界內ニ故也。釋スルニハ別圓ノ不同ヲ。尙未能入〔佛〕（㋭㋬）法界假等釋スル故ニ。佛法界ノ化ト者不レ及ト圓ノ化導ニ云釋也

淨名疏ノ本末ハ尤難也。本書ノ文ニハ。（大正藏三八、六六四上。維摩略疏）若入レ假受ニ圓教四門一

者何須用(用た力)第三觀耶者。三觀中假中釋圓教故。若爾者。用第三觀耶云。第三觀者別相通相一(別ヘ若)心三觀中一心三觀指也(也ホヘヲ歟)。第三觀者指中道觀意得也(也ホヘヲ歟)。假觀中用圓教者。卽是中道觀故。サテハ用第三觀無詮疑也。答之。觀此經意必須用〔通相入假釋也(ホヘヲ)(大正藏三八、六六四上)矣通相三觀云假觀別相中兼中道觀圓教也。故顯〕通相三觀意觀此經意云也。故必須用通相入假釋也者。通相三觀中圓教具足答也。是末師。雖是十行菩薩爲化衆生卽用通相(天止四、九。止觀私記參照)以釋(「三觀カ」)釋尤難也。本書文出假中用圓教云故。其義約元意十行菩薩學圓無作事釋也。此事松井法橋大律師相承義。十行出假菩薩學圓無作云義相傳。不學義被改何事耶。又依一文相傳義改其一文者何文耶。此事習事也(其ホヘヲた)

次。惣別教四教云事何事耶。約竪四教云。約横(横ホた)四教分別事何料耶。四教者。對各各機說各各法。別教中又有四教分別事何事耶。此等義可習事大律師。松井師資相傳不可異。而改相傳義不學成。源不習云顯習謂。二義一義(一義ホヘヲた)意顯可意得也。定有深旨也

穿鑿高原譬。約五時方如何　無沙汰

〔校合畢〕(ホ)

〔盧談(ホ扉書)　三觀義 祕　地乾　本覺院知事智光院釋快磐〕(對校ホ本目次この位置)

二十八日　講師志玉　問者賢揄

八(八ホヘヲた)。十住菩薩惠眼見故而不了了者(天止二、二〇九。止觀)。別圓二教中何耶

答。可亙別圓也

御難云。十住菩薩惠眼見故而不了了文。限圓歟亙別圓歟(教ホヘヲ圓)事。付經文者誠幽玄也。但。亙別教云料簡違經歟覺也。一家釋義亙別教云事不見也。學者存異義。正向經文時亙別圓云事旁多不審也。何亙別意得耶。師子吼(吼ホヘヲ孔)品初(大正藏十二、七七二中。取意)。十住菩薩以何眼故。雖見佛性而不了了。佛何眼見故見卽了了(眼ホヘヲた)問。答。十住菩薩。惠眼見故而不了了(同前。天玄二、六九。玄義參照)。佛以佛眼

見卽了了矣。付見佛性。不了了何了了問。惠眼故不了了也。佛眼故了了也云也。卽今釋引也。十住菩薩定多惠少故不見佛性。十行菩薩惠多定少故不見佛性答故。問之。十住菩薩惠眼見故而不了文引。見佛性云疑擧。答。其名乃同實是圓教十住之位釋。(天止二、二〇九。止觀)惠眼見故等者。其名別教同。實是十住者圓教菩薩答也。其上十住菩薩非阿耨菩提故不明了。住十住故不明了云故。分證究竟相對十住不明了云也。全別圓相對分別非也。故實是圓教十住之位文惠眼云實圓教十住云也

加之章安釋。(大正藏三八、一八一上。涅槃疏)蓋是圓位得作此釋。餘位不得等釋故。圓教位外遮也。(同。取意)サレハ。地前十住全不見故所以不論了不了見云故。別教地前也。十住全分不見佛性故。不論了不了云也。如此釋云。蓋是圓位得作此釋結成也。(天止二、二一〇。弘決)其何惠眼云覺備別明圓釋也

サレハ。願得如世尊惠眼第一淨文引。(大正藏九、二六下。法華經)佛果名惠眼事見第一義空故。立惠眼名云也。故圓教十住惠眼云意得無子細也。(天玄二、六九。玄義)其餘處釋。昔惠眼但見於空不見不空者。(同前)所開別教相也。此上今開惠眼卽見不空者能開也。證之引十住菩薩惠眼見故而不了了文事。擧能開分證見。佛以佛眼見卽了了者。證能開極果邊也。惠眼見者擧所開體。而不了了者。顯能開分證見可意得也

妙樂釋。(天玄二、六九。釋籤)此是別教十住惠眼之位。全未見性。名爲不了等釋事。經限圓教見也。其故經文。惠眼見故而不了了云。全未見性名爲不了云。不了了一字略意。〔爲〕顯所開邊惠眼見故云惠眼邊釋也。故所開云邊全不見佛性故不了了云釋也。以能開邊不了了云釋成也。サレハ。又若約實道卽是相似見性不得名爲見不了了云迄。(天玄二、六九。釋籤)別教十住證道邊云。地前卽成住前諸位故。(天止一、三二九。弘決)若約實道卽是相似見性釋也。サテ立還。今皆開之令見不空釋也。(天玄二、六九。釋籤)

此義趣御廟大師講肆（[ホ][ヘ][ヲ]四）砌被述義取（取[ホ][ヘ][ヲ]記）置故甚不聊爾義也。故限圓云可合實義歟覺也

抑。又付經文。別教十住位而不了了云事有歟。全未見性邊不了了云事慥有別教意可得意歟。一品始終可勘合事有之歟。强互別教云何料耶。尤不審事也

御義云。楞嚴先德。作一文多（多[ホ][ヘ][ヲ]兩）義集云書。集一文多（多[ホ]）義（[ヘ][ヲ]兩）文中。以此文爲其隨一也。故互別圓可得意歟。隨而都率先德。此文互別圓被述也。經文多含學人苦勞是一非一〔釋〕（[ホ][ヘ][ヲ]）故限圓云（[ホ][ヘ][ヲ]者」）。非一義可墮也

經文。十住菩薩以何眼故等（大正藏十二、七七二中。南本涅槃經）問稱歎此義種種分別也。此文終（終[ヘ]趣）答時。惠眼見故而不了了等云。故答大綱覺文也

付之。十住菩薩以何眼故見不了了問。以十住惠眼見故不了了答故。只圓教借十住名名惠眼分。以惠眼故不了了不可云也。以入空故成不了了異故尤別教意見（見[ホ][ヘ][ヲ]釋）也

サテ見付不了了云。得即可圓教十住故。以此義云（云[ホ][ヘ][ヲ]イ）。尤圓教可意得處互兩教可存也。

サテコソ一文多義證被云。備（備[ホ][ヘ][ヲ]借）別名圓云。備（備[ホ][ヘ][ヲ]借）別名即含容意可云也。其上大經意共部含容故。一文皆互權實顯四教倶智（智[ホ][ヘ][ヲ]知）常住義。成權實不二旨可得意也。五果「迴向迴向」（「」[ホ][ヘ][ヲ]廻心、廻心）方圓意。經劫數邊別教意云如也（天玄二、六九）

サテ玄二餘處釋既。惠眼見故而不了了者牒（同。釋籤）。全未見性名爲不了云故。指不了了文全未見性云歟。此是別教云惠眼見故（故[ヘ][ヲ][ナシ]）文牒釋故。顯所開義云事分明也。サテ餘（餘[ホ][ヘ][ヲ]全）未見性名爲不了者。不了了云見付可云歟混亂故。其義全未見性義不了了（了[ナシ]カ）云釋成故。所開別教義釋成也

「盧師御勘文也」（「」[ホ][ヘ][ヲ][ナシ]）

抑。經文何處不了了見云不審。經文有其證也。（大正藏十二、五二四中。北本涅槃經取意）下智觀故不見（見[ヘ][ナシ]）佛性。以不見故彼（得カ）聲聞道。中智觀故不見佛性。以不見故得緣覺道。上智觀故見不了

了。「不了了」故住二十住地一。上上智故見二卽了了一。以二了了一故。得二阿耨菩提一矣。四教ノ證據分明ノ文ニハ。勘ニ文此文一ヲ也。釋ルニ別教ヲ付テ見ルニ佛性ヲ不了了ト云テ住十〔住〕地ト云フ住ト因位ニ云也。圓教ヲハ分明ニ見不了了ト云テ得ト阿耨菩提ヲ云也。菩提（薩カ）ノ眼ヲハ而不了了ト云ヒ。上上智ノ佛眼ヲハ見卽了了ト云フ故ニ。附ニ合スル今ノ文ニ〔事ハ〕分明也。（同、五二七下。七七二中。涅槃經）十住菩薩以何眼故ノ問ヲ答ル時キ如レ此分別ル故ニ。指シテ別教ヲ不了了ト云事ハ分明也。其上ニ。十住菩薩。（同、五二八上。七七二中）不知一切衆生悉有佛性ト云故ニ。別教ト見タル事又不レ可レ諍レ之。別教ヲハ一分說ルニ佛性ヲ上ニ不了了ト云意モ可レ有事ハ。自ニ初心一知ニ中道ヲ故ニ聞見ノ分ヲ以テ見不了了ト云ト可レ得レ意也。望テハ圓教ニ全未見性ト可レ云事モ又勿論也

サテ經文互ニ別教ニ云意趣カ。指テ別教ノ當體ヲ乍ニ當體ニ見ル佛性ヲ義ヲ可ニ意得一故也。四乘觀智ノ證據ハ私ノ勘文也。尤可レ爲ニ高名ト也

長慶私云。此算竹林房義限ニ圓教ニ存ル由。極樂坊常光坊被レ申也。而實導上人盧山寺住持之時。被レ行ニ天台大師講ヲ之時。圓俊講師長慶問者也。佛性義被レ下ニ此算ヲ之時。依ニ極樂坊常光坊兩師之仰ニ圓俊可レ限レ圓所レ被レ成也。實導上人御精談限レ圓ト云云雖レ然盧師度度御談可レ互ニ別圓ニ旨所レ被レ成也。兩義可レ任レ意歟。佛性義十二因緣義等御精談之時者互ニ別圓ニ云云

（天止二、一九一。止觀）

〔九〕初觀破用合受名等ノ事

仰云。此事ハ有ニ檀那ノ御釋一。有ニ都率ノ御釋一。有ル兩先德ノ釋義一也。今ノ講答ノ趣ハ。一ニハ。以前初觀第二釋意。難第二觀ト云云第三釋ト可ヲ云。一點ノ脫薄ト會スル事ハ無念也ト云ヘトモサル事ノミコソ多ケレトモ可レ云歟

【傍註】長慶私云。千觀ノ御釋ニ有云恐是字謬也。應云第三釋ヨリ云。是儲ニ三釋ヲ中ノ第一ノ說也。可レ依レ之

但。都率先德モ檀那ノ先德モ一點ノ脫落ノ義ヲハ不レ可レ述也。檀那ノ御釋ノ意ハ第二ノ釋ヲ破用合論ト云ヘリト云ヒ。都率ノ釋ハ第一第二カ一ナルカ故ニ第三ヲ第二ト云ト被レ會也。其ヲ五番ノ釋ト取置ク上其ト云難ヲハ文段コソ五番ナレトモ。其義カ第一違一同カレ之故ニ。義者破用カ第二ソト會タマフ也。何トテ第一第二ハ一ナルソト云ヒ。第一者能所合論。第三ハ破用合論ト云ヘトモ。第二ノ釋ハ不レ

立ニ名目ヲ一也。以レ之知ヌ。第一第二ハ其意同シト云事。サレトモ强テ立レ名ヲ時ハ名ニ約證況修ト也(天止三、一八六。弘決)。凡ソ入空ノ觀ヲ何トテ二諦觀トハ名ルソト云ニ。第一ノ釋ハ觀假爲入空之詮ト空由詮會等(同。止觀)釋ル(同前)(觀〈ヲ〉勸)故ニ。觀レハ假ヲ空ヲ顯ンカ爲メ也ト云也。是則チ能所ヲ合論スト者體空無生ノ意ナルカ故ニ。依テ假ニ顯スト空ヲ者假卽チ空ナルカ故也。色卽是空。非色滅色ト云カ故也

第二ノ釋ノ意ヲ約證況修ト者。約證者第二ノ釋意。況修者第一ノ釋意也。證スル空ヲ位ニ修シ況スト者。會スル空ニ之日。非ニ但見ノミニ空ヲ。亦復識(識〈ヲ〉殘)ル假ヲ。上顯ルレハ下明ナリ等釋セリ(同、一八六～七。止觀)。見空ヲ假カ(一〇カ)顯ルルソト云也。見ルハ空ヲ上顯也。假顯レハ下明也。由眞假空ト(同、一八七。止觀)(顯カ)者。眞諦カ顯ルル時ニ假諦ハ顯ルル故也(故也〈ヲ〉ナシ)。今由レ假ニ會ス眞ニ。何意(同前)非ニ二諦觀ニ矣 證ル空ヲ時ニ假カ顯ルルヲ二諦觀ト云故ニ。依レ假ニ會スルヲ眞ニ何ソ不ンレ名ニ二諦觀ト耶ト云故ニ。今由假已下ハ第一ノ能所合論況出スル也。故ニ約〔證〕(ホ〈ヲ〉)修トハ云ケル也。空ノ處ニ假カ顯ソト云フハ。空ハ卽色ナリケルカ故也。故ニ體空ノ謂ヲ以テ第一第二ノ釋ヲ顯ス故ニ。破用合論ト者第二ノ釋ト云也

都率先德ハ猶疑云。何ソ第二ノ釋ニ不レ立ニ其名ヲ耶ト不審シテ。自レ本第二ノ釋ハ證スル空ヲ故ニ。修ル位ニ其名ヲハ立ル故ニ。證ノ位ニハ不レ立ニ其名ヲ〔云〕(ホ〈ヲ〉)也。故ニ約證況修トハ云也。如レ此意得レハ空假ハ相並ヘトモ。只是體空ノ一法也。故ニ破用合論ト者。成シテ能破所破ヲ立ルニ其名ヲ故ニ。顯ス初觀二觀ノ一法ナル意ヲ。故ニ第二釋意トハ云ソト被レ釋セ也。殊勝ノ御釋也

檀那ノ御釋ノ意ハ。第二第三ノ釋カ同ク破用合論ト被レ釋セ意ハ。會空之日非但見空亦復識假ト(天止三、一八六。止觀)(空之〈ヘ〉具足)者。空ハ能破也。假ハ所破ナルカ故ニ述テ此意ヲ。第二ニハ破用合論トハ云故ニ。其意ハ一概ナリト被レ述也。故ニ第二ノ釋ヲ破用トハ云ソト被レ得也

二十九日　講師惠證(證ホ〈ヲ〉澄)　問者惠並

〔十〕十住入空位空ニ九界ヲ耶　答。但空ニ六界ヲ也

御難云。十住入空ノ位ニ但空ニ六道ノ妄有ヲ不レ亙ニ九界ニ云事。猶難ニ意得(意得ホ〈ヘ〉ヲ得意)一也。藏通二教ハ遠ク無下期ニ寶所ヲ事上モ。以ニ佛界ヲ爲ニ所期ト事モ無レ之故ニ。不レ空ニ十法界ヲ事モ尤有ニ其謂。別教ノ意ハ既ニ期ニ寶所(所ホ〈ヘ〉ヲ處)ヲ佛果ヲ爲ニ所期ト故ニ。九界ヲハ皆屬ニ妄法ニ。故ニ九界悉ク可レ空ス也。サレハ破シテ化城(城〈ヘ〉誠)ヲハ至ニ寶

所ニ(所ホヘヲ處)故ニ。可キレ空スニ九界ヲ一事勿論也。別教ノ意モ空ニモ六道ヲ一事縁生ノ法カ故ニ觀スルレ空ト也。若爾者。九界ハ皆妄法因縁ノ故ニ立ルナラハ何不レ觀セレ空ト耶

不レ空ニ九界ヲ一者。六道ハ卽空也二乘〔菩薩〕(ホヘヲ)界ハ實有也トレ可レ觀ス也(也ホヘヲ歟)。若爾ハ空觀既ニ不レ變セ(ホヘヲ空イ)。六道モ觀スルレ空ト義還テ而難レ立也。殘ニシテ不レ觀セレ空ト法ノ有レ之故也。其ヲ次第三觀ト者。十住ニハ空ニ六道ノ生死ヲ。出假ノ時破ト二乘ヲ一云事ハ。約束ハ聞レトモ空假ハ可キレ等カル也。空ト觀時ハ空シニ九界ヲモ。照スレ假ト時ハ九界ヲ悉ク可レ照レ有ト也。照スレ空ト事ハ短ク照レ假ト事ハ長シト云事大ニ不審也

別圓ノ不同ヲ得心ニモ(得ホヘ後)。圓教ノ意テハ空ト云時ハ空シニ一切ヲ。假ト云時ハ又可レ照スニ一切ヲ一也。若爾者次不次ノ不同ハ有トモ。別教モ空ト云時空シニ一切ヲ。假ト云時ハ一切ヲ可レ照レ有ト也。前(前ヲ爾)觀假空是空生死ト者(天止二、一九七。止觀)。何只六道ノ生死ト可ニ意得一耶。九界ノ生死ヲ皆ナ悉ク觀スレ空ト可レ云也。空ト者亡泯ノ意也。十住ノ時一切ヲ亡泯シテ十行出假ノ時還テ九界建立ストレ可レ得レ意也

十住入空ノ時ハ空ヲ爲スルニ所證ト一云故ニ。不レ空セ者十行出假ノ時假ヲモ不レ空セレ可レ云歟。若然者。九界既空ト云ヘトモ終ニ不レ空セニ菩薩界ヲハ一可レ得レ意歟如何

次先德御釋中ニ(都率)。十住入空之時不レ空ニ二乘界ヲ一云事ハ。二乘成佛可レ顯故也ト云(云ホヘヲ云云)。サテハ十行出假ノ時モ不レ可レ空也。其故ハ破シテレ空ヲ出テハレ假ニ彌二乘成佛可レ顯ル故也。先德御釋ノ意尤不審也

次。九界既空。空卽九界等文ノ會通未レ聞也(天止一、五五八。弘決)。古キ義ニハ(決二)九界既空ト者指ニ通教ヲ一也。空卽九界ト者指ニ別教ニ云歟。此事(事ヲ中)大ニ難レ思也。別教ニタニモ不ルレ空セ九界ヲハ何トテ通教ニハ空ル耶。別教トハ與ニ通教一界內界外ノ淺深不同也。通教ノ空ト別教ノ空ト同ト云事タニモ可キニ不審ス。通教ハ空ナル九界ヲ別教ハ不トレ空セ云事大ニ難ニ意得一也。其上講答自語相違スル事ハ。十住入空ハ通教ノ空ト同シト云也。若然者。何ソ通教ハ空シニ九界ヲ別教ハ不トレ空云ンレ耶。惣而今釋ハ。隨自意三昧ノ中ニ約ニ十界ニ分ニ別スル六受六作ヲ一也(同。止觀)。九界ヲ分別シテ成スルニ卽空ノ謂ヲ一時キ。亡スルニ能所ノ義ヲ分別シテ。如此位(位ホヘヲ住)檀攝成一切恆沙佛法ト云ヲ(同。弘決)。空心入假故云如此等釋セリ。九界既空ト者空心ノ體也。空卽九界ト

者入假ヲ釋スル也。故ニ別教ノ入空出假ト見ル也（見㋭㋬㋾釋）
次ニ。（天止一、五五八。弘決）又別教人指前九界故云如此ト者別ノ釋也。既ニ又別教人ト云故ニ別教ト聞ル也。指前九界故云如此ト云テ。（同前）九界既空等云故ニ。指シテ二九界ヲ一空ト云故ニ。指シテレ之ヲ如此ト云ソト聞リ。如レ此兩重ニ釋ル意ハ。釋シ二下テ卽空ヲ一如此ト云フハ上ノ空ノ謂ヲ顯ス。故ニ如此ト云也。又別教人ト云事ハ。上ニ九界ヲ列ルヲ指レテ空ト觀ル（天止四、三八。弘決）（者㋭㋬㋾云）義ヲ顯ンカ爲ニ。又別教人等云也。通別入空但照六界ト者。但ノ字ハ限ト二通教ニ一可ニ意得一也。舉ル二別教ヲ一事ハ見思ノ所斷ト等シキ故ニ如レ此釋スト可レ得レ意也
御義云。次〔第〕（㋭㋬㋾）三諦ノ義ヲ得レ意ニ。十住入空ノ位ニ空スト二二乘界ヲ一云者。空レタルニテ空ヲ可レ有故ニ入空ノ位トハ不レ可レ云也。就レテ云ニ二二諦觀ト一三重ヲ分別スル也。初ノ釋ハ。觀假爲入空之詮。（天止二、一八六。止觀）空由詮會ト釋ル故ニ。觀シテレ假ヲ會ルレ空ニ也。空レトハ空ヲ不レ可レ云也。次ノ釋ハ。由レ空ニ假顯ト云故ニ又不レ空レセ空ヲ也。第三ノ釋ハ。俗ト者所破也。空ト者所用ナルカ故ニ空ニトハ所用ヲ一不レ可レ得也。（可得㋭㋬㋾得意）空ヲ所詮ト者。空ヲ爲スルニ所用ト一故ニ。空セハ二二乘界ヲ一空ヲ爲ストニ所破ト一可レ云也。凡十住入空ノ位ハ空スルニ六道賴緣ノ假ヲ一故ニ。只空ルニ生死ノ妄法ヲ一故ニ不レ空セ二涅槃之眞證ヲ一

サテ二乘菩薩ト界ヲハ何ト可ソレ思ニ實有ト一歟ト云難ハ。二乘菩薩ト者。非ルニ十住ノ所觀ニハ一也。界外ノ法ナルカ故ニ界內ノ所觀トハ不レ可レ成ル也。其上二乘界ト者。空スルニ六道ヲ一能空（空㋭㋬㋾觀）（㋬㋾空イ）ナルカ故ニ。不レ出ニ別ノ觀ヲ一者空ストニ能觀ヲ一云事ハ不レ可レ有レ之也。是空生死ト者。（天止二、一九七。止觀）指スニ九界ヲ一ヤラムト不審スレトモ。既ニ後觀空空。（同前）是空涅槃ト云故ニ。涅槃ノ體是二乘ナルカ故ニ。上ノ生死ト者六道ト聞ル也。惣而空ストニ二乘法界ヲ一云者。可レ空ニ涅槃ノ眞證ヲ一故ニ。後觀空空ノ位ニ可レ空ス也。二乘ノ分聖ノ依身トテ空セハ。只是六道ヲ空ル分也」

圓教ノ意ハ。空ト假トハ等クテ九界カ空ナルカ故ニ。九界ヲ假ト照シテ空假ヲ等ク成レハ其中カニ具足スルヲ中道ト云ヒ佛界トハ得レ意也。是卽三諦相卽ノ故也。通別ハ次第隔歷ノ故ニ。如レ此空假ハ不レ可レ爾カル也。明禪法印ノ精義ニ。空ストニ二乘界ヲ一云テハ可レ有ト二指合一精ケルハ。先德ノ二乘成佛可レト顯被レ述義歟。慥ニ不レ空ニ二乘法界ヲ一見タル有旨ト精ケル也。先德ノ御義ノ趣ハ。不レ空ニ二乘法界ヲ一者。十行出假ニモ不レトセ空可レ得レ意也。其故ハ不レ空ニ菩薩界ヲモ一自界ノ體カ故ニ被レ釋也。二乘菩薩ト者。空假ナルカ故ニ入

中ノ時ニ可レ空レ之ヲ故也
不ルレ空ニ二乘菩薩ヲ證據ハ。先破界內斷常樂云釋也（天文一、二四七下。文句記）。爲レニ顯ンカ離ニ斷常ノ中道ヲ皆約ニ斷常ニ也。先破界內斷常ト者（同前）。六道賴緣ノ假ノ分也。次破空有斷常ト者。十行出假ノ平等觀ト者異時ノ平等也。入空ノ時ハ破シテレ假ヲ入レ空ニ。出假ノ時ハ破シテレ空ヲ入レ假ニ故ニ異時ノ平等也。故ニ次破空有ト者。異時ニ相望シテ云也。十住入空ノ能破所破ヲ空有トハ云也。後破空假斷常ト者（同前）。入中ノ時ニ破ルニ空假ヲ故也。故ニ十住入空ノ時ハ不レ空ニ二乘菩薩ヲ見ル也

次。至ニ九界既空空卽九界ノ文ニ者尤難レ會也。指ニ通敎ノ意ヲ云モ有ニ一分ノ謂レ也。文ニ擧テニ九界ヲ亡スルニ能所ヲ空ヲ明ス事ハ。擧テニ通敎ノ空ヲ讀テニ別敎ノ出假ニ故也。故ニ九界既空ト者通敎ト可レ得レ意也。其ヲ別敎ニタニモ不ルレ空セニ九界ヲハ。何トテ通敎ニハ九界ヲハ空ルソト云難ハ。通敎ノ意ニテ空ストニ九界ヲ云モ。所空ハ可シニ六道ナル。別敎ニテ九界既空ト者。通敎ノ能空所空ヲ取合シテ九界既空トハ云ト可ニ意得一也。先德ハ九界既空ヲハ筏喩ノ意ト釋スル事ハ性自覺ノ〔空ノ〕意也。能空所空ヲ取合シテ九界既空トハ可ニ意得一也。若以ニ筏喩ノ意ヲ云者。十住ニテモアレ能空所空之義ヲハ可キレ論ス故也

私云。九界既空ト者。於ニ十住位ニ所空ハ六道也。能空ハ十行出假ナル故聲聞菩薩也。今此能空所空ヲ取合シテ九界既空ト云也。先德筏喩ノ意ト釋タマフ此意也

摩醯首羅事　無ニ沙汰一

二十日　講師惠命　問者志玉

〔十一〕次第觀中道事　答。互ニ別圓一

御難云。此事誠ニ先德ノ異端不同也。只先德ノ異義ト云ヲモ。上古モ近代モ相分タル事ヲ異義ト申サンスルニハ何トカ可ニ意得一ソトモ可レトモ申ス。御廟大師ノ相承ノ惠心檀那ノ兩先德ノ異義ナルカ故ニ。源ハ自レ此起テ流レハ至ルニ于今ニ也。定テ共ニ有ニ文理一歟。源ハ難レ知事也。惠心ハ限リニ別敎ニ。檀那ハ互ニト別圓ニ被ルレ存。寛印都率ハ惠心ノ御義ニ被レ同セ之間限ニト別敎ニ被レ成也。可ニト互ニ別圓ニ云義委細ニ聞ツレトモ猶付ニ文理ニ不審カ殘ル也。次

第観ノ中道観カ可キレ互二別圓一根源ノ道理ハ何ソ耶。此事ハ宜レ依二本文ノ施設一也。何レノ文カ正ク互ルト二別圓一見タル耶。有レトモ二會通ハ限ルト一二別教一云文分明ニ多キ也。大方止観一部ノ廢立ハ。専以二次第ヲ一顕ス二不次第ヲ一也。本文幷ニ破法遍ノ章皆以二次第ヲ一顕ストニ不次第ヲ一者。以二別教ヲ一顕ス二圓教ヲ一事也。惣而前三教ハ共ニ顕セトモ二圓頓之妙観ヲ一。巧度ノ止観ハ次第能詮ノ別教。不次第所顕ノ圓教也。所顕ノ圓教ヲ能詮ノ中ニ雑入ハ能所可キ二雑亂ス一也。若然者。能詮能顕ノ所ニ有ラハ二圓教一。所詮所顕ノ處ニモ有ト二別教一可レ云歟。正ハ不次第也。是ノ竪ノ破法遍ノ中ニモ有二圓教一可レ云也。尤可レ有二約束一也。其ヲ義勢ニハ次第三観ノ中ト廣收テ二爾前ノ諸經ヲ一攝ル二大小権實ヲ一。其中ニ可レ有二圓教一聞ル也。此道理ハ何ナルヘシトモ不レ得レ意也。〔詮スル二教相ヲ一約束ノ時ハ辨ル二帯権純圓ヲ一也。止観ハ〕詮スルカ二観門ヲ一故ニ。辨ル二能帯ノ別ヲ一事甚無要也

サレハ先德一宗辨二教相ヲ一有二三ノ意一。一ニハ横ノ四教判也。此時ハ於二四教ノ上ニ一不レ分二別セ淺深ヲ一也。約教ノ意也。二ニハ竪ノ約二五時ニ一。三ニハ以レ横ヲ織レ竪ヲ立也。付二五時ニ一二教三教四教等ヲ分別スル事也。而ニ今ノ摩訶止観ハ専ラ詮カ二観心ヲ一故ニ。分二別スル五時八教ヲ一事ヲハ不レ論セ也。第一ノ横ニ分二別スル四教ヲ一意ヲ論スル止観ノ意也。故ニ次第不次第ト者。以レ別ヲ顕レ圓ヲ故ニ曾テ不レ論セ二能帯ノ別ヲ一ハ也。先德ノ御義ノ趣也。若夫能帯ノ圓教ヲ分別スト云者。玄文ノ約ル二教相ニ一立也

都率先德ノ限ト二別教ニ一云義ヲ被レ成セ上ノ事ナレトモ。始テ止観一部ノ教相ヲハ不レ可レ云レ定メ也。既ニ一部ノ文ヲハ四教判ノ意ト得タマヘル也。其ヲ依テ二還借教味以顕妙圓等ノ文ニ一（天止二、一〇六。弘決）（圓妙カ）可トレ有二教相分別ノ立成一スレトモ。誠ニ一向非スレ不ルニハ論セ二教相ヲ一。然而論スレハ二部ノ大綱ヲ一如レ此云也。何可レ論ス二能帯ノ不同ヲ一耶

次ニ。共部含容ノ説ナルカ故ニ。任テ二本説ニ一可レ互ニ云教ニ云事ハ誠ニ聞レトモ。本經ノ説ク共部含容モセヨ（天止一、四〇七。弘決）以テ二別教ヲ一為スト二能詮ノ次第観ト一得レ意。可レ有二何ノ子細カ一耶。經部雖卽義通三乘。今意在圓ト云カ如ク。得レハ意不レ可レ有二相違一。本説カ在ソト二別圓ニ一云者。何ソ今意在圓不通通別ト云耶（同前）

又依テハ二共部含容ノ本説ニ一三観倶ニ可キレ互二別圓ニ一也。空假ハ限リ中道ハ互ラハ二圓教ニ一モ。何ソ互ト二別圓ニ一可二意得一耶。本説ハ互ト二

別圓ニ云道理ハ。爾前ノ圓教ヲ可レト攝ニス次第ニ云道理モ大ニ不レ被レ得レ意也
(天止三、二三八。弘決)
次。釋名四段。顯體四科。攝法六義。偏圓五門。次與不次意亦如是ト云事ハ。誠ニ分別スレトモ自ニ餘章一見レハ。相待ハ待詮次第也。其ヲ相待止觀ノ下ノ第三ノ止ヲ無明卽法性ト云故ニ有ニ圓教一。思議境ノ中ニモ有カニ佛界一故ニ。在九界後亦云思議ト云ヘハ。有ニ圓教一故ニ次第ノ中ニモ可レト有ニ圓教一得レ意事ハ聞ルニ似レトモ。可キレ同ス處モ有リ不ルレ可レ同ス處モ有リ。相例スレハトモ何ノ所モ同シト云者又可レ偏ナル也。其故ハ相待ノ中ニモ有ニ藏通別一。今ノ次第ノ中ニモ除ニ三藏ヲ也。一分モ不レ違者可レ取ニ三藏ヲモ也。若然者。相待ノ中ニ有レトモニ三藏一除レ之ヲ。次第ノ中ニ除ト圓ヲ云者可レ有ニ何ノ子細カ一耶。其上ヘ無明卽法性等ノ義ヲハ相待歟絕待歟ト云事ハ疑事也。實ニ無明法性ノ一體ナルハ絕待也。無明法性不二ナルヲ。無明ヲ爲シニ不止一ト法性ヲ爲ルヲレ止トコソ相待トハ云ヘ。何ソ相卽ヲ相待ト〔云〕ン耶

次ニ。思議ノ中ノ佛界ト者。實ニモ思議ノ十界ノ中ニ可レ有ニ佛界一也。其佛界ト者。實ニ不可思議トコソ可レ意得ニ。サレハ次第ノ中道ト云カ實ニハ不次第ノ中道ト云カ如クナルヘシ。何必モ圓ノ佛界ヲ列スニ思議ノ後ニ可ニ意得一耶

惣而今ノ本文ノ中ニ有リニ拙度一有リニ巧度一。拙度〔者〕三藏也。巧度ト者通教也。既ニ若大論中引喜根等名巧度者卽指三教ト
(天止二、一七八。弘決)
者。通別圓也。是則次第不次第俱名爲巧等者。三藏ヲ次第不次第ト云故ニ是則トハ云也。故ニ通別ヲ次第ト云ヒ。圓教ヲハ不次第ト云也。今從初說故亦名巧ト云故ニ。初說ト者次第也。指ト通別ヲ見タル事ハ分明也。爾前ノ圓ヲ惣而次第ノ三諦ノ所攝ト云事ノ有事ヲハ不レ可レ遮ス也。今次第ト者。指スニ通別ヲ一事ハ勿論也

若論三觀卽有權實淺深ト云フヲ。實ヲ卽圓教ト被レ成セ事ハ講答ニ相違ル事ハ。權ト者空假也。實ト者中道也。若然者。次第觀ノ中道ハ限レ圓ニ可レ云歟。故知ヌ。二觀爲方便道ヲ權ト云ヒ。得入中道ヲ實ト云意ヲ。卽有權實淺深トハ云也
(天止二、二一五。止觀)(天止二、一九八。弘決)(同。弘決)

次ニ。卽有諸位大小ト云フハ。既ニ。一切諸位悉入其中ト云ヘハ。攝ストニ所有之位ヲ一云故ニ。若有ニ圓位一者可レ出レ之也。而ニ通含二教故云諸位ト云。故ニ不レ出レ圓ヲ事ハ分明也。次第ト
(天止二、二一五。止觀)(同前)

云フハ別教ナレトモ通教ヲハ攝ル故ニ擧ケハ之。圓教ヲモ攝セハ何ソ不レ擧レ之耶。先德ハ此文ヲ限ル別教ニツメクキニ被レ出云故也

次ニ。次第觀中道等ノ文ヲモ限ル別ニ文ト出タマフ也。次第觀中中道ト云フ中道ノ言。可レシトハ有ニ別圓二教ノ中ニ更不レ見也。二行不列ト云ト釋スル者。可レレトモ云ニ二行不列一ト。次第ノ中道カ證道同圓ノ故ニ二行不列ト云ト釋スル故ニ尤難キ也

且從次第故亦置圓ノ文至テ難也。先德又此文ヲ出給也。古ヲモ以ニ此文ヲ可レト爲ス勝負ヲ一云也。置圓ヲハ置ト圓頓ヲ一云事ハ。曾テ不レ被レ云事也。次第觀ノ中ニ於テ論スル時。論ル權門ヲ邊ヲハ除テニ三藏ヲハ一論ニ次第ヲ一邊ニハ不レ取レ圓ヲハ云也。次第觀ノ中ニ有ラハ二別圓一何ソ可レ置レ之耶

惠先德被レ設ニ異端ヲ之上者。限ニ別教ニ云ヒ互ニ別圓ニ云ヘル兩義共ニ定有ニ子細一歟。不レ可レ有ニ是非一擅ニスル蘭菊ノ美ヲ義ナルヘシ。何ナル邊ニテ互ニルト別圓ニ存ル義ヲヤルヤラン。大ニ難ニ意得一也

御義云。寬印供奉ハ限ニ別教ニ立タマフ。檀那ノ先德爲ニ探題ト被レ略レ之。故ニ失ニ面目ヲ。立義已後參ニ惠心ノ所ニ申ニ此趣ヲ。則立者ヲ爲レ使ト被レ申ニ檀那ニ云。限ニ別教ニ云義ヲ被レ略事ハ思合渡歟ト云。檀那ノ御返答云。本文ヲ能能可レ被ニ御覽一云。是ヲ惠心聞給テ大ニ慙愧給ケル由古人所ニ記置一也。サレトモ被レ遣ニ都率ニ御消息ノ趣ハ懺悔シテ被レ改レ義ヲ不レ見也

其時檀那ノ本文ヲ能能可レ被ニ御覽一之由被レ申事ハ。正ク何處ヲ指タマフソト云事尤可ニ意得一事也。本書文ニハ。此依大品摩訶衍門。明三止三觀之相ノ文。妙樂釋ニハ。此依大品摩訶衍門。釋三觀相。既未被會。但成次第ノ文也云云。既ニ。以義隨相條然各別ト云故ニ。以義ト者。何ナル事ヲ隨相ト云カ故ニ。隨テ次第ノ相ヲ聞ヲモ攝スト次第ニ被レ得レ意也

若如ニ都率ノ御釋ノ。既未被會但成次第ノ文ヲ未レ至ラ會宗品ニ故ニ云事ハ大ニ可ニ不審ナル也。本別教ナラハ未レ被レ會セ故ニ屬ニトハ次第ニ不レ可レ云也。但成次第ノ言モ自レ元別教ナルヲハ何トテ成ニトハ次第ヲ可レ云耶。其上ニ此依大品摩訶衍門ト云モ。會宗品已前ト云者何ソ大品摩訶衍ト云耶。指ニト大品一部ヲ見ル也。會宗已後ヲハ不レ可レ云ニ大品摩訶衍ト歟。其上ニ如ニ古モ云カ

以二三惠品ノ文ヲ一次第三觀ト可レ得レ意也。無レトモ二分明ノ證據一。處處ノ釋カ皆引テ二三惠品ノ說ヲ一。釋スル二次第ノ三觀ヲ一故ニ。依二三惠品ノ文ニ一成ルニ二次第三觀ヲ一得レ意。會宗品ノ後ニ有二三惠品一故ニ。指シテ二會宗品已前ヲ一旣未被會ト云事。全分不レ成セ事也

(天玄一、八六。玄義)其上ハ。隔歷三諦麁法也。圓融三諦妙法也ト云フハ。一代ノ諸經ヲ皆隔歷三諦ト云フハ。說㋭㋬㋾取 說テ二別教ノ邊ヲ一ノミ隔歷ト云歟トモ覺ルヲ。(同。釋籤)妙樂ハ。始自華嚴終至般若「雖多不同。但爲次第三諦所」「」㋭㋬㋾〇(名カ)攝ト云故ニ。惣シテ以テ二爾前ノ說ヲ一爲ストニ次第ノ三諦ノ所攝ト一釋ル也。故ニ以テ二爾前ノ圓教ヲ一爲ストニ次第ノ三諦ノ所攝ト一事ハ此文分明ナル(天止二、二二五。弘決)故ニ。旣未被會但成次第ノ文ト全ク同事也(天玄二、一八八。玄義)

サレハ釋スルニ二横竪ノ通塞ヲ一。(同前)初發心與薩婆若相應ト云ヒ。(同前)初發心遊戲神通ト云。初發心卽坐道場ト云ヲ横別ト云也。(天止四、一八五。弘決)是ハ以二後三教ヲ一列㋭㋬㋾別 列ト云也。妙樂釋レ之。彼般若部帶ニ二教權一猶未ニ開顯一。是故斥云三法各別矣故ニ今ノ旣未被會但成次第ノ文ト全分同也。如レ此得レハ意。爾前ノ圓教ヲ攝スルニ二次第ノ三觀一事ハ分明也

付レ之。互ニ別圓ニ大段ノ道理ハ何事ソト云ニ。(天玄一、八六。釋籤)但爲次第三諦所攝ノ文ヨリ聞スル也。止觀ノ一部ノ意カ初メ自二凡小ノ止觀一次第巧度ノ止觀カ悉ク顯ルルニ二圓頓ノ體ト一故ニ。成ルニ二大師己心中ノ妙法ト一事ヲ顯ス也。故ニ爾前四教ノ三教悉成テニ法華ノ方便ト一。成ストニ開權ノ妙法ノ摩訶止觀ヲ一云者。爾前ノ圓教ヲモ屬シテ二次第ニ一。法華ノ方便ト可レ得レ意事ハ勿論也。一代ノ佛法カ旣ニ摩訶止觀也。(天玄四、三三二。釋籤)一期縱横〇卽空假中ナルカ故ニ。一代ノ佛法カ皆摩訶止觀ト成ラハ。爾前ノ圓教カ皆成ストニ圓頓止觀ノ體ヲ一可ニ意得一事ハ不レ可レ能ニ右花㋭㋬㋾左右 右花ニ一

サモアレ爾前ノ圓カ正ク成ルニ法華ノ方便ニ樣。幷ニ爾前ノ圓教カ不ハレ攝セ二次第ノ三觀ニ一不ルレ可レ叶道理コソ。互ニルト別圓ニ云フ根源ノ道理テハアルヘケレ。以ニ常途ノ教相ヲ能能可ニ意得一事也。無クハ二爾前ノ圓教一者。法華ノ體不ルレ可レ顯ル事。大綱不レ可レ有ニ子細一事也。前三教カ成テニ法華ノ方便ト一。圓教カ成ルニ法華ノ方便ト一事ハ無トハ不レ可レ云也

北谷ノ法門テハ。一代ヲ爲ニ鹿苑證果ノ聲聞一得レ意也。故ニ華嚴ニ說ニ圓教一事モ爲ニ鹿苑證果聲聞ノ也。況ヤ方等般若ニ爲ニ彈呵洮汰ノ說ニ圓教ヲ。悉爲ニ鹿苑證果聲聞ノ也。故ニ爾前ノ

圓迷可成法華方便也（迷ホヘヲ悉）

其上法華已前不說圓教者。法華體不可然也。初（天玄一、一五五。釋籤）心八教以辨昔○妙云。於爾前八教分別可顯法（顯カ）（明カ）華圓也

其故。法華經者一句（所ヘヲ不）所說是也。（私云。此一段口決也）爾前所說四教三教只一佛乘體得意也。故爾前八教外無法華也。抑爾前當體法華意得也。是超八跨節絕（絕ホヘ施）設云也。（云ヘヲナ）故無爾前圓教不可有法華也。既（天止三、七〇二。弘決）引法華開權已。（諸カ）淨名大品何權不開等矣顯法華開權義時。引爾前說也。法華能開可有。爾前權開顯即入方等般若圓教也。還入彼實者。（同前）方等般若中圓教權中實被云也。故三藏（藏ホヘヲ教）中實即爾前圓有也。故開彼權即入彼實云也。引淨名大品圓教文。顯開權義事釋意。權底實開即爾前圓教顯也。故還入彼實者。爾前圓教即法華圓故也。如此意得次第三觀中無圓教者。圓頓體不可顯故也。故互別圓二教云也

凡止觀一部者。只我等一念心性十軸止觀開也。一代佛法（法ヘヲ性）悉入己心處止觀故。一代佛法皆入止觀也。故次第三觀中有圓教得意也。如此得意兩先德御意趣不可異也。限別云義意。限云可顯今意故也

長慶私云。迹門觀心云　前唐院　（佛全24、六六下）其相待中。前一空諦止觀明靜。攝藏通意。所謂止息貫穿止觀。（ヘヲ也）次一假諦定惠寂照也。（也ナカ）屬別教義。所謂停止觀達定惠（ヘヲ也）○第三指昔圓人所用○再往（往ヲナ）論之。兼（兼ヲ遍）攝別教。約行義邊。別向圓修。無作不但中止觀。（矣カ）是以次第觀中道者別教約教義邊。初心聞（同前）中中（中ナカ）即但中。（ヘ也）教行證三。一一不融矣

相待止觀互爾前圓見。但。此御釋以相待三止三觀配空假中。雖似違決止觀弘決中又有此釋（ホヘヲ其）可得意也

後日長慶私云。相待止觀中第三通（止カ）觀本體爾前圓再論之時攝但中聞。初別向圓修。無作不但

中ト云ヒ。次ニハ初心聞中中（中カ）即但中ト云ヘル。相待止観互ニ別圓ニ云事分明也

十二月一日　結日　講師理照　問者恵證（證ホヘヲ澄）

〔十二〕十住位定多恵多中何耶　（答缺）

御難云。此事一家ノ釋義ハ。十住ノ菩薩ヲ定多恵少ノ故ニ不レ見ニ佛性ヲ云フ時。（時ホヘヲ付）大經ノ本説ニ見レハ。（大正藏十二、七九二下）十住菩薩智恵力多三昧力少。（「〇カ）以ニ是用縁（因カ）ニ不レ見ニ佛性ニ等矣（不ヘヲ小）引ニ大經ノ文ヲ（天止二、二〇八。止觀）定多（多ヲ㊥）恵多不見佛性ト問スルヲ答スルニ。以テ十住ノ菩薩ヲ屬ニ定多恵少ニ事。乍レ引キ大經ノ文ニ違スル本説ニ事尤不審也。其ヲ經文ハ聲聞縁覺ニ相對ル故。十住菩薩ヲ恵多定少ト「云ヒ。（「」ホヘヲ㊥）釋義ハ初觀二觀相望ノ故ニ。十住ヲ定多恵少ト」云ヘリト云事ハ大ニ難ニ意（ホヘヲ）〔得〕ニ也。既ニ以テ十住ノ菩薩ヲ屬セハ定多恵多ニ。何トテ可ソト有ル云者。如ク本經ノ文ノ尤可レ云ニ恵多（ホヘヲ）〔定〕少ト也。同シ十住ノ菩薩ヲ何ソ或ハ定多恵少ト云ヒ。或ハ恵多定少ト云耶

其上。相望ノ不同ト云事モ不審ナル事ハ止三（天止二、二〇八）（「〇カ）今文モ。二乘及通教（教㊥カ）菩薩。有初觀分。此屬定多恵少。（多ホヘヲ㊥）別教菩薩。有第二觀分。

此屬恵多定少ト云ヒ。（定ホヘヲ㊥）經文モ聲聞縁覺ヲハ定多恵少ト云（多ホヘヲ㊥）故ニ。釋義モ二乘通教ノ菩薩ヲハ定多恵少ト云故ニ。相望モ本經ノ文ト相同也。十住菩薩智恵力多三昧力少ト云フヲ。釋義。別教菩薩有第二觀分。此屬恵多定少ト云故ニ。別教ノ菩薩ヲハ同ク屬スト恵多定少ニ云也。何ソ相望不同ト云テ一度ハ定多恵少ト云ヒ。一度ハ恵多定少ト意得ン耶。十住ノ菩薩ノ體ハ其ノ相可レ定ル。（「ホヘヲ也）何トテ一度ハ屬シ恵多ニ。一度ハ屬スト定多ニ意得ン耶。不審也

次ニ。涅槃疏ノ釋モ。引テ一師ノ義ヲ十住ノ菩薩ヲハ。進求上地ト（大正藏三八、一九〇下）（勝カ）云ヒ。莊嚴師ハ。化人力用。（化ホヘヲ他）偏智恵等云ヘリ。（「ホヘヲ用）（偏ヘ倫）是ヲ末師ノ釋ヲハ。十行菩薩。偏用智恵。出假化物ト釋ル故ニ。既ニ十行ノ菩薩ト釋ル故ニ。十住ト云ヘトモ十行ト釋ル故ニ。屬スト智恵力多ニ釋ル也。本書ノ文ハ兩義ヲ引ケトモ不ル取捨セ故ニ各用ニ一義ヲ也。是ヲ末師ハ十行菩薩ト釋シテ約ルニ出假ノ菩薩ニ故ニ。屬ルニ兩（兩ホヘヲ恵）多定少ニ事經文ト不ニ相違一也（也ホヘヲ耶）

抑。又古キ義ノ意テ經文ノ十住菩薩ト云フ。末師ハ何トテ十行菩（菩薩）薩ト釋ル耶。尤不審也。次ニ。（次ヘヲ㊥）定恵多ノ（恵ホ㊨多歟少歟）（多ヘヲ㊨少歟）故ニ。不レ見ニ佛性ヲ事ハ

爾也。而ニ惠多ヲハ出假ト云ヒ。定惠（惠[ホ][ヘ][ヲ]多）ヲハ入空ト云事ハ何ナル事耶。
定多共（惠カ）ニ可レ通ス二入空出假（空[ヘ][ヲ]定）一ニ也。何ソ定ヲハ入空ト云ヒ。惠ヲハ出
假ト可二意得（意[ホ][ヘ][ヲ]心）一耶。其上今ノ本文ニ三止〔三〕（[ホ][ヘ]）觀ト分別スル故ニ。
入空ニモ三止三觀（三[ヲ][ナシ]）ヲ具足シ。出假ニモ三止三觀（三[ヲ][ナシ]）ヲ可二具足一也。
何ソ定ハ限リ二入空一ニ惠ハ限二出假一ニ耶。此等ノ分尤不審ノ事也
御義云。此事ハ古義勢モ不二分明一歟。何ト可二意得一事哉。況
此文ハ大經ノ二十八師子吼品ノ說也。十住菩薩ヲ智惠力多（大正藏十二、七九二下）
三昧（味[ホ][ヘ][ヲ]時）力少ト云フハ實（實[ホ][ヘ][ヲ][ナシ]）ニ十住入空ノ菩薩ヤラン「出假菩薩ヤラン」（「」[ホ][ヘ][ヲ][ナシ]）難レ
知事也
如二講答一者。隨義轉用ト可二意得一歟（歟[ホ][ヘ][ヲ]也）。被レ引二經文一ヲ十住菩
薩ト云ヲ屬ルニ定〔多〕（[ホ][ヘ][ヲ]）惠少ニ一釋義尤難二意得（意[ホ]心）一也。サレハ經文ハ。（大正藏十二、七七二中。取意）（「21行」[底]本重複記載）
十住菩薩惠眼見故而不了ト云故ニ。「十住ヲハ入空ノ定ニ取
置ク故ニ名ル二惠眼一ト也。今モ十住菩薩智惠力多ト云モ。同ク十住
入空ノ假テコソ有ルヲ。是（是[ヲ][ナシ]）ヲ智惠力多ノ出假ニ可キレ屬ス事。大ニ難キ二意（意[ホ]）
得（[ヘ][ヲ]心）一也。而ヲ末師ノ釋カ十住ヲ釋ルニ十行一ト事尤難レ得レ意（意[ホ][ヘ][ヲ]心）也。ケニ
モ自二經文一（十住菩薩者（者[ヲ][ナシ]）十行ノ位ノ事）十住菩薩ト云ヘトモ。出假ノ菩薩トモ見ヘ。十行ノ菩
薩トモ見ル文カ有ル歟ト被（被[ヲ]云）二推量一事ハ。大經ノ文ニ十住菩薩一分

見性ト云テ釋義カ十住ト者十地也。一分見佛性者。是別教
也。故ニ別教ヲ十住ノ見佛性ノ文ヲ消ル時ハ。十住ノ言カ有レトモ十
地トモ可ト二意得（意[ホ][ヘ][ヲ]心）一見ル也。故ニ十住菩薩ト云ヘトモ定テ入空トハ不レ
可二取置一（[ホ][ヘ][ヲ]定歟）覺（覺[ホ][ヘ][ヲ]是）ル也。故ニ十住菩薩ト云ヘトモ十行出假トモ可二意得（意[ホ][ヘ][ヲ]心）一
義有ル故ニ。末師ハ十行ト釋ストモ可二意得（意[ホ][ヘ][ヲ]心）一也。其上ニ本經文ハ
旣ニ。聲聞緣覺智惠力少三昧力多ト云故ニ。（大正藏十二、七九二下）入空ノ故ニ見佛
性ト云也。對シテレ之ニ十住菩薩智惠力多ト云ヘハ出假ノ故ニ。智惠
力多ト云ト覺ル也
其上ニ經文ニ。若取二色相一不レ能レ見二常無常一。（大正藏十二、七九二中。取意）若觀二色相一
卽能見二常無常一（「是名慧相カ）等云也。不レ見二色ノ常無常一ヲ者入空ノ意。
觀トニ色ノ常無常一者出假ノ意也。（同前）捨相ト者。定惠均等ナル意ト
見ル也。故ニ入空出假ト被レ得レ意（意[ホ][ヘ][ヲ]心）也
一家（[ホ][ヘ][ヲ]見イ）釋モ。二乘及通教（教[ナシ]カ）菩薩ヲ有初觀分ト者。聲聞緣覺ト云ヲ
定〔多〕（[ホ][ヘ][ヲ]）惠少ト云也。（天止二、二〇八）十住菩薩ト云ヲハ。別教ノ菩薩惠多定少ト
云故ニ。」十住ノ言不審ナレトモ入空ハ屬シ二定多惠少一ニ。出假ヲハ
屬スル二惠多定少一ニ事ハ分明也。故ニ十住ト者指ス二十行一ヲ也。住スル二
十行出假一ニ故ニ十住ト云ト可二意得（意[ホ][ヘ][ヲ]心）一也。檀那ノ御釋義トテ古ノ

(申カ)中シタルハ十住ト云ヘトモ約(ホ初)ニ後三住ニ歟云云如レ此得レ意(意ホヘヲ心)者。經文釋義不レ可レ有ニ相違一也

〔十三〕初心凡夫修ニ一心三觀一歟　（答缺）

御難云。此事ハ名物ニテ有也。安居院ニハ初心ニ不レ修レ之云也云云常ノ定ニテハトコノ程ヲ疑トハシタル哉ラン。不審ノ事也。大方ノ法門ノ題目ハ可ニ要樞一ナル。立破ノ邊ニテ初心ニ修ト一心三觀ヲ云事。何トカ可レ修スヤラン。尤難ニ意得一也。何トシテモ初心ノ凡夫ハ念念ノ心可レ居ニ一異定相ノ中ニ也。故ニ於ハ凡夫念念ニ空假中ノ三觀可ニ各別ナル一也。此一心ニ三觀カ有ル樣ヲ可レ得レ意也(得意ヲ心得)

就中一家(家ヘヲ宗)ノ觀門ト者。去丈就尺。去尺就寸シテ觀スル第五ノ識陰ヲ故ニ。(天止三、二二一。止觀)心王心所(所ホヘ處)ノ約束ヲハ不レ可(不可ホヘヲ可不)レ審也。此第五ノ識陰ノ上ニ觀ルニ一心三觀ヲ相貌ハ何トカ可レ觀スヤラン。既ニ凡夫ノ初心ニ觀スト云上ハ。只今ノ一念ニ觀スル義ヲ可ニ意得一也。サレハ。創(先カ)心修觀(天文三、二一九四)莫不以第六王數。縱使觀境圓融不二。其如尠(惑カ)淺尚未前(「〇カ)落(「ヲ前)。故皆仍屬第六王數ト釋ル故ニ。(下。文句記)於テ第六王數ノ位ニ修ン一心三觀ヲ事ハ何ナル哉ラン。二心ノ不ニ並起一也。何ソ第六識ノ上ニ三觀現前ン耶。而圓融不二ノ三觀ナルカ故ニ。一心ナレトモ宛然トシテ不レ可ニ混亂一也云云若然者。何トカ可レ觀ニ三觀ヲ耶。其ヲ一心カ本來本有ノ性德不思議ノ理ナルソト可ニ意得一歟。其分ハ只是可ニ本有性德ノ分一ナル。事相ニ一心ニ(ホヘヲ)〔修ニ得スル〕三觀ヲ相ヲ何ト可ニ意得一耶。サテ一心三觀ト者。一心ト者境ニテ三(ホヘヲ)〔觀ト者〕觀ソト可レ得レ意歟。三觀ノ一心ナルヲ一心三觀ト云者。能觀ノ邊ニ可レ論ニ一心三觀ヲ歟

抑。一心三觀ト云フ(ホヘヲ)〔一心ト者〕妄心カ眞心歟(「ホヘヲ歟)。此事ハ唐土ノ人師ノ體論(ホヘヲ諍イ)ナレトモ。正ク只今起ル一心ヲ以ニ三觀ヲ觀スト云者。眞心トハ難レ云也。妄心ト可ニ意得(意得ホヘヲ得意)一歟如何

御義云。凡夫修ニ一心三觀ヲ歟ノ事。誠ニ可ニ觀心ノ要樞一ナル也。佛法ノ大綱ナルカ故ニ尤可レ明ム之也。幽遠ノ法門ナルカ故ニ。於テ文字語言ノ中ニ不レ可レ明レ之事歟。於テ教相ノ中ニ推シテ而可ニ擬宜ス一分ナルヘシ。然而止觀一部ノ大綱ハ一心三觀コソ有也。改テ圓頓ノ名ヲ稱スル摩訶ト事ハ。爲レ顯ンカ一心ノ三止三觀ヲ也。(天止三、七四。弘決)故ニ凡夫修ルニ三止三觀ヲ歟ト者。凡夫ハ修ル止觀ヲ歟疑ナルヘシ。然圓頓教本被凡夫ナルカ故ニ。只爲ニ凡夫ノ分別スル法門併ラ可キ一心三觀ナル也。故ニ一心三觀ト者。爲ニ凡夫ノ修ル相ヲ名ル一心

三觀ト可ニ意得一也。サレハ。（天止四、一二九。止觀）心起三毒卽名衆生○中ナルカ故ニ。凡夫ノ貪瞋癡ノ上ニ開ニ示スルヲ佛智佛見ヲ名ニ一心三觀ト一也。故ニ凡夫カ不レ修レ之ヲ者非ニ一心ニ。（「㋭㋬㋾也）貪瞋癡ノ體カ卽空假中ナルヲ一心三觀ノ開佛智見ノ體トハ云也

名字觀行ノ位ナルカ故ニ。開許開通之義（之㋭㋬㋾无）ト云也。正クハ觀行ヲハ證位ト定ル故ニ。於ニ名字ノ初心ニ修ニ一心三觀ヲ可ニ意得一三條ハ（三㋭㋬云㋾之）勿論也

サテ何トシテモ凡夫ノ第六ノ心ノ分ハ一異定相ノ分也。此位ニ三觀ヲ一心ニ修スト者。何ナル事ソト云事ヲ可レ得レ意也。祖師上人モ（㋭㋬㋾但イ）此事ヲハ被レ申サ也。如レ此分別シテ不審スルヲ更ニ非ニ圓教ノ法（用カ）門ニハ也。「權教ノ分也。サレハ以ニ第六王數ノ分ヲ簡境要觀スト者。思議境ノ分也。是ヲハ」（「」㋾別シテ不審スルハ更ニ以第六王數ノ分ス）皆ナ非今所用ト云也。不思議境ト云フ時ハ更ニ如ノ此不審ハ不レ可ニ寄付ク也。以ニ思議ヲ不レ可レ疑ニ不思議ヲ也。其不思議境ト者。一念三千ノ法門也。夫一（天止三、二七〇。弘決）（成㋾緣）心下結成理境。如前所釋。本在一心圓融三諦。旣已開釋。恐（恐㋭㋬㋾況）人生迷。故重結之念（念㋾令）入一念（念㋬心）ナルカ故ニ。一部ノ始終カ皆以レ入ルヲ二一心ニ。不思議ノ三觀トハ得レ意ニ一心三觀トハ也。サレハ。

縱亦不可（天止三、二九〇。止觀）○（○㋭是㋬㋾者）是心ナルカ故ニ。一心ニ何トテ三觀ハ並フト云方（方㋭㋬㋾分）ハ。縱橫思議ノ分別ニテ有也。サレハ一心三觀ト者。初後不二ノ體ニテ。近地之空與ニ萬刃（仞カ）之空一體不二ナルヲ一心三觀トハ意得ル故ニ。始終理一ノ體ヲ一心三觀トハ云也。是又以ニ凡聖始終不思議ナルヲ名ニ一心三觀一也。就レ其（其㋭已）ニ六卽ト者初後不二體ニシテ。非（天止一、三六七。止觀）初不離初○後ノ謂ナルヲ一心三觀トハ得レ意也。故ニ一分以レ成ニ絕待不思議之體一ト一心三觀トハ云也

サテ一心三觀ト者。所觀ノ境歟能觀ノ心歟ト云事ハ。或ハ境トモ觀トモ可ニ意得一也。其故ハ觀不思議境ト者。境智ノ一心（「㋭三智）ナルヲ不思議境トハ云故也。故ニ〔一心カ〕（㋭㋬㋾イニナシ）或ハ境トモ觀トモ得レ意也。是卽境智不二ノ體也。破法遍ノ中ニハ（天止四、一二六。止觀參照）觀無明ノ一念ト云テ惣明一心歷餘一心（一㋾无）等者。皆是所觀ノ境ト云也。是則思議ノ一念也。此ノ思議外ニハ一分モ無ニ不思議ノ體一ハ也。離テ思議ヲ求ルハ不思議ヲ避テ此文（文㋭㋬㋾空）ヲ如ク尋ルカ彼空ヲ也。故ニ一心カ卽智也。一心カ卽境也。（傳全四、二五八。長講法華）一心三諦境。一心三觀智○三昧ト云故ニ。一心ヲ境トモ一心ヲ智トモ云事ハ分明也。故ニ境智不思議體也

一心三觀ノ口決ニハ。以テ（天止一、三七六。止觀）止觀明了理惠相應（止㋭㋬㋾心）ノ文ヲ一心三觀ノ

體トハ口決スルハ。只是境智不二ノ意ヵ故也。理惠相應ト云故也」
覺大師ノ御釋ニ。（佛全24、一〇一上。一心三觀文取意）一心三觀ト者。以レ何ヲ爲レ境以レ何ヲ爲ソトレ
觀ト問シテ。前念爲境。後念爲智ト云也。是ハヲメヲメト被レ釋
樣ナレトモ。前念爲境後念爲智ト者。如レ是境智一體ノ意。不思
議ノ能所ノ意ヲ一心三觀ト立ル故也
今ノ所依文ニモ何但三一不思議等云ヘリ。以テ三一不思議ノ
體ヲ一心三觀トハ可ニ意得一耶（耶[ホ][ヘ][ヲ]也）。以レ要ヲ云ヘハ妙法蓮華經ヵ一
心三觀ノ體ニテ有也。三世諸佛出世（出世[ヘ][ナシ]）ト云ヘハ只爲レ此也。大師ノ
止觀ヲ說ニモ只此心也。一文一句モ聞ク外ニハ不レ可レ有ニ一心
三觀ノ體一也。又復學者○（三[ホ][ヘ][ヲ]二）三無差別ノ體ヵ一心三觀ナルカ故ニ。
可レ明ニ凡夫ノ一念ニ事ハ勿論ノ事也　以上（以[ヘ]已）

惠達上人聞事（事[ホ][ヘ][ヲ]書）

應永三年（一三九六）丙子十一月九日書ニ寫之一畢　長慶三十二臘去（去[ホ][ヘ][ヲ][ナシ]）四十六才
同十日。講堂成物之初。被レ遂ニ行六月會一畢
講答（答[ホ][ヘ][ヲ]堂）願主前大政大臣道義
座主靑蓮院一品親王尊道　執當法印尊能

勅使日野頭辨資家　講師道賢
六月會。十一月十日始行。同十六日結願。同十六日續ニ于
六月會結願一霜月會開白。二十二（二[ホ][ナシ]傍二イ）三日（[ヘ][ヲ]三イ　三[ヘ][ヲ][ナシ]）兩日重行。於ニ二十
三日一結願
勅使資家。六月會結願之後。霜月會開白兼帶之而（而[ヘ][ヲ][ナシ]）出洛也」
文明十八年（一四八六）丙午十月七日。誂ニ存成大德一令ニ書寫一了
〔台沙門證覺〕（[ホ][ヘ][ヲ]）
〔校合畢〕（[ホ][ヘ][ヲ]　畢[ヲ]了）

（對校[ホ]本追記奧書）
寬文十一年（一六七一）辛亥十一月二十五日。於ニ燈下一遂ニ書寫一畢
寶幢院東谷　本覺院知事　智光院快磐

三觀義聞書

（底　本）叡山文庫眞如藏『盧談』三十五册の內、『十如是義得略』十界互具事と合綴本

（對校本）[ホ]＝叡山文庫生源寺藏『盧談』十七册の內、二巻合綴本

[ヘ]＝西敎寺正敎藏『盧談』十三册の內

[ヲ]＝西敎寺正敎藏『盧談』十三册の內、重複別本

廬談（談㋺山） 四題（四題㋺㋩[ナシ]） 「元品能治 自受有爲」（「」㋺㋩[ナシ]） 彌陀報應 三惑同〔㋩時〕斷 （以上表紙）

13　三觀義案立

賜淨盛案立

何名二圓頓觀一耶 （天止二、二一八）

文云。以レ觀觀二於境一卽一境而三境。以レ境昔（發カ）二於觀一卽一觀而三觀ト云ヘル。是其圓頓觀ノ相也

爾者。見思塵沙無明三惑爲二同時斷一將異時斷歟

答。三惑同時斷異時斷異時斷（異時斷㋺㋩[ナシ]）。古來異義不同ナレトモ且存二一意一同時斷也ト可二立申一

付二立申一不レ明。夫三惑二麁細相分テ四住五住各別也。除ムコト二淺深ノ惑ヲ一不レ可レ云二同時斷也一（斷㋺㋩[ナシ]）トハ（㋩者」）。若爾。約（約㋺㋩初）心ノ觀惠ハ治二見思ノ麁惑ヲ一。後心ノ觀惠ハ斷二無明ノ細惑ヲ一可レ云也。爰以。一家處處ノ解釋中云トシテ二圓教ノ斷位一。初信（信㋩住）斷レ見自二二信（信㋩住）一至二七信（信㋩住）一盡レ思ヲ○乃至初住以上斷二無明一判者耶

答。自レ本所二立申一。三惑同時ニ可レ破云事且ク任二先德一義一二。兼存二圓宗之大綱一也。所以。始自二觀行之初心一終至二極果之終心一。三觀一心ニ起テ三諦俱時觀也。如レ爾能治三觀既ニ相並。所治三惑何前後斷耶。爰以。或云二圓教一（淨名抄（抄㋺㋩妙）記下（卍續二八、四一九丁右上））向初後不二一トモ。或有（有㋺㋩[ナシ]）二發心所治三有障。究竟所治三障一文（止二（天止二、九五。取意））

但。至二初信（信㋩住）斷見等云（云㋩[ナシ]）解釋一者（者㋺㋩共）。只是附二別教次第斷一意也（意也㋺意）可二立申一（歟㋩歟）

第四重難云。所立猶以不レ明。夫依テ二煩惱ノ麁細一論二斷位ノ淺深ヲ一。徒（徒㋺㋩縱）ニ雖二三觀一心ニ修一トモ何必ス三惑同時ニ可レ斷耶。所以。見思ハ麁淺ノ惑ナルカ故ニ爲二初心觀惠ノ一被レ破。無明ハ深細ノ惑ナルカ故ニ以二後心ノ觀惠ヲ一斷レ之可レ云也。若爾。寄二事（「㋩者）於三觀一心ニナルニ一强ニ不レ可レ成二三惑同時斷ノ義ヲ一耶。是以。或云二（決二（二㋩三）（天止二、三八～九））觀法雖圓銅輪以前（前カ）麁惑先去一トモ。或從レ初以來三諦（決六（天止三、六四七））圓修與二次第義一永不二相開（開㋺㋩關）一。此論下麁惑任運斷處與二次第一齊上。是故不レ須レ云レ不二相開（開㋺㋩關）一文 加之。宗師一處解釋（止七（天止四、一九四～五。取意））中ニ。横ノ塞塞シ竪通ヲ。竪塞塞二横通一ヲ。横通〔通二〕（㋺㋩）竪ノ塞ヲ。竪通通二横塞一ルヤ否ヤト問ルニ。一往然二往不然ト答セリ。既ニ云（云㋺立）二二往不然一ト。是豈非レ云二異時斷一ナリト耶。但。至二能治三觀既ニ相並所治三惑俱時可レ斷云一二者。煩惱ニ有二麁細一如二浣衣譬一。同雖レ修二三觀一麁ナル者ノハ先ニ去ト云ハンニ有二何失一

次至レ會ニ中初信斷見之文一者。一家處處解釋中。判ニ圓宗
斷位一既一徹也。是ヲ附ニ次第斷ニ云者。何處ニカ正ク明ニ圓斷
之相一耶。如夫有レ所レ見者出可レ成ニ所立一
次圓教一向〔初〕後不二文者。可レ銷ニ理性之邊一。有發心所
治三障云者。顯ニ住上同時斷意一許歟。爾所立猶以不レ明
答。一家天台道場開悟之後。始開ニ四教ノ門戸一之時。教理
智斷圓融セル名ニ之圓教一ト。教理智斷次第セル稱ニ之別教一ト也。
智既圓ナルカ故ニ三觀一心ニ並題ス。斷又圓カ故ニ三惑同時ニ可レ
破也。若夫三惑前後斷セハ。斷圓可ニ有レ名ノミ無カルレ實。權實
教門相分タリ。修觀斷敢テ不レ可ニ混亂一。圓融實敎之談寧圓ニ
別教次第之意一耶。既能治ノ三觀一心ニ融。所治ノ三惑前
後ニ去トハ不レ可レ云。若又雖ニ三觀一心ニ修スト一所治只限ニ見
思一云者。用ルニ二乘偏眞觀ヲ可レ足ヌ。圓家ノ一心三觀似タルレ
無ニ其詮一歟。爰以或ハ。復次三藏中後心菩薩及超果二乘
見思同斷シ。亦先斷レ思云云釋不超果者前後斷耳。斷亦
〔有ニ〕超不超二義一。別「教ニハ前後ニ斷ス。圓教ニハ同斷。前後
云問。但」見一途耳トモ云。或云。若依ニ別教一界内界外見思

除處皆有ニ前後一。易レ可ニ相例一登地同體理非ニ前後一。於ニ別
教中一雖ニ後入レ地。何〔分ニ〕見修前後之別一。圓教一向初後
不二トモ文 加之或ハ。見思破スレハ卽是レ無明破スルナリ。無明
破ストハ「卽是レ見ルナリニ法性一ヲ。入ルヲニ」實相ノ空ニ方ニ名ク破法遍ト一
也。擧テレ要言ハハ之次第破スルヲハ者卽不レ名レ遍ト。不次第ニ
破スルヲ乃チ名テ爲レ遍トモ判シ。六祖大師受。見思尚乃卽是レ
法法性ナリ。豈ニ有ラン塵沙在ルコトニ見思ノ外一ニ。豈有ラン無明在トニ
二觀ノ後一。三惑既ニ卽三觀必ス融トモ消セリ。此等ノ解釋ハ分明
也。三惑同時可レ斷云事
但。至下三惑ニ有ニ麁細一故ニ前後可レ斷レ之云疑難上者。無明
從雖ニ微細惑一ナリト中道觀惠隨テ深細也。若猶中道觀惠不
齊ナリト云者。可レ有ニ能治所治不相順之失一歟如何
次至ニ觀法雖圓等文一者。麁惑先去トハ云ヘトモ。未レ云ニ見思ヲ
名トニ麁惑一ト。誰知指テニ三惑ノ麁分一ヲ麁惑前去ト云ニモ有ラン
次至ニ從初已來三諦圓修等解釋一者。三惑同時斷トハ立
申セトモ非レ云ニ麁細惑一時破スト一。麁惑分分ニ去ムコト與ニ次第一
齊シキカ故ニ。云ニ此論麁惑任運斷與次第齊ト一也。其所レ去麁

分惑中ニ別教唯擧ニ塵沙一惑一。圓家〔家㊐㋩宗〕ニハ兼テ除ニ三麁分一〔「㊐㋩惑〕云故。此邊ハ似レトモ異ナルニ。麁細惑竪ニ前後斷レ之〔之㊐釋〕云邊ハ別圓無ニ其不同一故ニ。云ニ是故不レ須レ云レ〔云㋩之〕不ニ相開〔（闕カ）〕一也。況委見ニ前後一。妙樂大師有レ所ニ消給〔給㋩ナシ〕一歟。殆雖レ成ニ同斷之誠證一トハ〔「㊐㋩時〕更難レ備ニ次第斷之潤色一ニハ者也

次至ニ一往然二往不然文一者。一往者。三惑三觀融即スレハ以レ空斷ニ塵沙無明一ヲ。以レ中可レ斷ニ見思塵沙一云故ニ。以レ之爲ニ一往意〔意㋩義〕一ト。二往云者。以レ空治ニ見思一。以レ中治ニ無明一云故ニ以レ之爲ニ二往義一ト也。二往之日非レ云ニハ三惑異時斷一ト。況於ニ此文〔之㊐也㋩ナシ〕一別料簡モ有レ之歟

次初信斷見等之文者。粗聞ニ疑難之〔之㊐也〕旨一。偏以ニ此文一欲レ成ニ次第之義一ヲ〔「㊐㋩斷〕歟。若強如〔若㋩如〕ニ文言一得レ意者。住上ニハ但斷ニ無明一惑一可レ定〔之㊐也〕歟如何。若夫初住已上斷ニ無明一ヲ云〔定㋩云〕ヘトモ〔云㊐釋〕。於ニ三惑細分ニ立ニ無明名一ヲ。實ニハ有ニ三惑一云者。初信斷レ見等云ヘルモ於ニ三惑麁分一立テテ見思名一。實ニハ三惑共有ト可ニ意得一也。一具之文言相連シテ前後不レ可ニ參差一故也。是以テ五十二位ハ元名別義圓ノ次位故ニ。且附ニ次第斷一初信斷シレ見乃至初住斷ニ無明一釋也ト者申〔者申㊐㋩云事〕

次ニ發心所治三障等云ヘル。未レ云ニ正〔云正㊐正云㋩正〕初發心住一トモ

次圓教一向初後不二之文者〔者㋩ナシ〕。望ニ別教ノ斷位一云ニ圓教一向初後不二一ト故。全不レ可〔可㊐二〕レ云レ約ニ理性邊一ニ。若〔若㋩如〕夫存ニ申此等文〔文㊐㋩ナシ〕意一者。所立有ニ何失一可ニ立申一

精云。三惑同時斷異時斷上古先德之諍也。文理相ニ分テ兩〔兩㊐多〕方ニ末學敢不レ可レ定レ之。定〔定㋩但〕同時斷也立申文理有ニ何憑〔如本（如本㊐㋩ナシ）〕一。所以圓教意ハ。寂滅眞如無ニトモ次位一約ニ五十二位一明ニ觀解一。妄想ノ因緣絕ニトモ名字一立ニ三惑五住一論ニ斷伏一。初後相在トハ云ヘトモ佛ハ佛。凡夫ハ凡夫也。前後不二〔㊐宋麁細雖體一〕トハ談トモ見思ハ見思。無明ハ無明也。若爾。住前未證破ニ無明一相似內凡位ニ顯トハ眞理一不レ可レ云也。若十信位破ニ無明一ヲ顯ニ中道一ヲ云者。凡聖次位雜亂シ三土果報難レ辨耶。是以〔以㋩心〕問者カ令レ出レ難處處解釋。三惑異時斷云事分明也

但。三觀一心起故三惑同時可レ破云事何忽可レ爾哉。能治觀自レ元融即スルカ故。一心ニ現前無ニ前後一。所治迷ハ麁細途〔途㊐〕

三三〇

〈㋩遙〉異ナリ。見思ノ麁惑先去トヒフニ無ニ相違一。別教十住位ニ傍修假
中云フ。全不レ破ニ塵沙無明一ヲ耶。無明ノ細惑ハ住上ノ所斷ト意
得時。何ソ住前輒斷レ之義有ラン。爰以或。但是圓修麁惑先〈決七（天止四、四〇〇）〉
斷トモ云ヒ。或觀雖圓銅輪以前麁惑先去トモ云ヘルハ。〈（天止二、三八～九）〉〈（前カ）〉觀法ハ雖レ
圓ナリト所治ハ限ニ見思一〈「㋺㋩法〉會釋ストモ聞タリ。是既盡理再往解釋也。
專足レリレ爲ニ誠證一ト也。以ニ三惑麁分一麁惑ト云也ト會セハ。雖言
非ニ無用一ナルニ耶

次從初已來三諦等釋〈「㋺㋩圓修〉還テ備ニ申ス同時斷之誠證一ニ。頗不レ
辨ニ釋ノ前後一歟。所以。〈「㋺㋩以〉三諦圓修義消ニ永不相開一〈開㋺㋩關〉ト。以ニ麁
惑斷處ノ邊一與次第齊ト述タル文相分明也。同ニ別教一ニ但斷ニ
見思一ニ云事。明ニテ釋義ノ幽旨一可レ備ニ所立誠證一ニ耶

次橫豎通塞文。能能可ニ料簡申一也。案ニ文前後一斥ニ同時
斷義一存ニテ異時斷實義一二往不然ト云ト〈云聞㋺㋩ナシ〉聞ト云ト聞タリ。有ニト別ノ
料簡一立申ス尤可ニ出申一也。破法遍等文ハ只是約ニ理性邊一ニ
也

次三惑麁分ニ立ニ見思名一事證據可レ出ニ申之一〈之㋩ナシ〉。若無ニ證據一〈證據㋺誠證〉
者不レ足ニ信用一者耶

次別教前後斷等文〈（天玄三、四六八）〉ハ只是指ニ別圓ノ地住已上一ヲ也。若〈若㋩如〉夫非ニ
住前ノ斷惑一ニ者難勢ノ旨ニモ不レ可ニ相違一。或又望ニ別教一時以
連〈連㋺㋩速〉疾同時斷ト〔云歟。〕〈㋺㋩〉發心所治三障等述タル彼又〈（文カ）〉指ニ住上一ヲ
也。圓教一向初後不二等文ハ猶是〔約ニ〕〈㋺㋩〉理融卽邊一也。非ニ
〔事〕〈㋺㋩〉相隔異義一不レ可レ備ニ所立誠證一耶。此等文證ノ外ニ
慥ニ同時斷ト見タル文有ラハ出シテ可レ成ニ申所立一

答。三惑斷位同時異時文理共難レ思。依レ之上古先德存ニ
異義一。末代學者未ニ一徹一。然而任ニ一家所立ノ宗〈「㋺㋩圓〉ノ大綱一ニ。三
惑同時ニ可レ斷ト存申者〈「㋺㋩事〉。以ニ六卽ノ施設一案ニ三惑之斷位一。理
卽備ニ三諦理一ヲ。名字卽聞ニ三諦之〈之㋩ナシ〉名一ヲ。觀行卽三諦觀行漸
增進。相似卽三諦妙理相似シテ顯レ之。分〔證〕〈㋺㋩〉ノ位ニ證ニ三〈「㋺㋩分〉
理一〈「㋺㋩諦〉。究竟卽斷共ニ〈「㋺㋩證〉究竟スル也。既於ニ觀行相似ノ位一許ス三諦
觀惠之增進一。所治三惑若分分不ハレ者〈者㋺㋩去〉。能治ノ三觀豈漸漸ニ
增進耶。所以圓實之〈之㋩ナシ〉意ハ。元談ニシテ惑智體一一ナリト以ニ體達一
名レ斷ト也。若爾。煩惱之外ニ無ニ智惠一。智惠外ニ無ニ煩惱一。智
惠既增進ルカ故ニ。惑障隨テ可レ去云事理在絕言ナル者歟。如シ下
氷外ニ無レ水。水〈水㋺㋩氷〉漸ク銷カ故水隨テ增スルカ上。以ニ智用ノ增進一思ニ

惑障隨テ分分ニ可レ滅事分明也。是以宗家解釋ノ中ニハ。應知〔大乘止觀上(大正藏四六、六四三中)〕一念創始メテ發修スル之時。無明住地卽チ分ニ滅ス。是以ニ〔是㋺㋩之〕其分〔(也カ)〕分滅スルヲ一故所起ノ智惠分分增明ナリ等。消スルニ非耶。若爾。三諦相似ニ顯ルル時三諦ノ麁障ノ分寧不レ去耶。見思塵沙既障ニ住前空假ヲ一無明必可レ障ニ住前中〔中㋩申〕一也。相似三觀一心起テ只破ニ空假〔空假㋩塵沙〕障ヲ一不レ可レ云也。唐土ノ人師釋。五大院先德解釋可ニ思合一。依レ之一處解釋中ニハ。釋ニ不次第ノ從假入空ノ所破一ヲ〔決六(天止四、四八)〕。若從レ〔「㋩之〕文〔從㋺㋩經〕說。見思障レ眞。無明障レ中。若從レ意說〔說㋩語〕。見思ノ外無ニ別無明一ト云〔(同、五〇)〕。或惣明ニ文旨一〔(謂カ)〕。限ニ不次第一具如ニ前文一〔如本(如本㋺㋩乙)〕。卽觀ニ見思一見見ニ法性一〔見㋺㋩卽　法㋩此〕。不三復更論ニ三觀前後次第一〔「㋺㋩三惑　後㋩前〕 文 住前既三觀一心也。三惑前後不レ可レ去

但。至下住前ニ破ニ無明一凡聖可ニ雜亂一御難上者〔御難㋩云至難勢〕。住前所破是麁分無明也。故雖レ斷レ之不レ可レ顯ニ眞理一

次至下三觀一心ナリトモ所治可レ限ニ一惑一云御難上ニ者〔「㋺㋩惑〕。別敎ハ三觀現故ニ〔「㋺㋩次第〕三諦次第ニ顯ル。三諦次第シテ顯故三次第斷也。圓敎異レ之〔現㋩觀〕。三觀一心現前三諦一時顯。三觀相似起三諦相似顯時。所治惑障寧同時不レ斷耶。但。至ニ別敎十住傍修假中御難ニ者。別敎ハ三觀各別論ニ三諦前後顯故。傍ニ學ニ修後位觀一。觀未ニ成就一故ニ以ニ彼文一〔文㋺㋩更〕不レ可レ例ニ同圓ノ一心三觀一ニハ也

次至ニ但是圓修等文一者。還テ欲レ備ニ三惑同斷之證一。所以上ニ。五品已能圓伏ニ五住一〔(天止四、四〇〇)〕。豈至ニ此位一別ニ斷ニ見思一 文 五品ノ〔品㋺六〕位ニ圓伏ニ五住一故。至ニマテハ相似ノ位ニ不レ可レ限ニ見思一惑一。但是圓ニ修〔修㋩ナシ〕斷ニ三惑之麁分ヲ一也ト釋ト聞タリ。都率先德解釋中。卽引ニ此文一爲ニ同時斷ノ證一也。可レ思レ之

次至ニ觀法雖圓等文一者。麁惑先去ト云其〔其㋺㋩者〕。又是可レ指ニ三惑之〔之㋺惑也㋩ナシ〕麁分一。但。至ニ雖圓之言一者。見ニ捜要記文一ヲ〔(卍續二-四、一三六丁右下)〕。觀法雖レ規〔規㋺㋩頓〕惑未ニ頓除一。初住方始分破ニ根本一 文 是則觀法ハ速ニ欲レ斷ニ住上無明一ヲモ。惑頓ニ不レ除ソコラ斷〔斷㋺ナシ〕ニ麁分ノ惑一ヲ云也

次至ニ從初已來三諦圓修等文一者。又還テ同時斷之〔之㋩ナシ〕證ナリト立申〔「㋺㋩也〕。所以本書ニ〔(天止二、六四七。止觀)〕。八信ヨリ至ニ十信一斷正習盡ト云ヘルヲ。妙樂大師消レ之トシテ〔(同。弘決)〕。但云下八信至ニ第十信一斷レ習盡上者。習通ニ界外塵沙無明一等 文 八信已上所斷習氣中ニ既ニ云レ有ニ界外無明一。三惑同時〔時㋩ナシ〕斷之誠證更不レ可レ過ニ此文一。此論麁惑

等者三惑麁分也。其麁分先去ルト云邊ハ與二別敎一其義同故ニ。是故不須云不相開ト云也

次橫竪通塞文會通大旨如二前重一。或又二往不然ノ釋。所立旨不レ成二桙楯一也。所以ニ三觀ヲ竪論シ三惑ヲ竪判シテ。望二當位一爲レ橫約二餘位一云レ竪。卽指二高遠中道一方望二界內見思一且以二微細無明一更約二眞諦之緣一此卽妙樂釋意也。若爾ハ。豈圓敎實以二住前空觀一可レ破二微細無明一ヲ耶。「寧住前住上ノ中觀現前シテ方可レ破二界內見思一耶。」破者只是通意也。障ト者亦是相卽ノ意也。故二往不然トハ釋也。存中處住前麁分ニモ實有二三惑麁分一。住上細分ニモ實有二三惑細分一。名爲二當位之一心三觀一被レ治云也

（鉾カ）（天止四、一九四～七。弘決參照）（諦カ）

次至下破法遍文約二理性一令レ會拾上者。慈覺大師解釋中。見思破卽是無明麁彼破ト釋セリ。可レ思レ之

次至下以二三惑麁分名一見思一事不レ見云御難上者。一家處處解釋多附二次第斷一。故ニ住上ニハ但斷二無明一釋スレトモ。實ニハ有二三惑一云事立敵共所レ許也。若爾。初信ニ斷レ見等モ實ニハ可レ有二塵沙無明一也。若夫斷ニト見思ヲ云中ニ有二麁分塵沙無明一云者。於二三惑之麁分一立二見思之名一云事自以聞歟

次至下令レ專二玄文第五卷文一給上者。圓敎同斷文ハ猶是三惑同時ニ可レ斷見タリ。所以上起レ問正擧二界內見思無知前後斷一問ヘリ二界外塵沙無明前後一ヲ。答。於二界內正習一ニ諸敎斷惑不同ナルコトヲ云トシテ。復次三藏中後身菩薩及起果二乘見思同斷。通敎亦有二超不超二義一。別敎前後斷。圓敎同斷。前後之問但見二一途一耳 文 故此文正約二界內一論二同時異時一也。住上所斷同時異時者。問答共所レ不レ論也。況妙樂大師釋トシテ二此文一。前後之問但見一途者。上設レ問者前斷二見惑一後斷二思惑一。但見一途次第之意。非二是諸敎超果之義一。亦非二通方圓頓之道一 文 住前同時斷之證據不レ可レ過二此文一。或以三連疾云二同時斷一申大相三違後之文一歟

（天玄三、四六八～八三。玄義）（籤五（同、四八四））

次圓敎一向初後不二文。全約二理性邊一不レ聞耶。只是望望二別敎次第斷一顯二圓家不次第斷惑一分也。若爾。所立無レ失可二立申一

第二重

精云。三惑可二異時斷一云事。道理大旨如レ前。見思猶是

「麁麁分」也。何與㆓無明㆒同時斷耶。是以宗師解釋中。見（止七（天止四、一二三））思本起〔名〕已生惑。塵沙無明名未生惑ト云ヘルヲ。妙樂大師稟㆑之。麁〔惑〕浮麁。細惑沈隱。故分已生未生之相ト判タマヘリ。見思三㆓麁惑㆒ト事ハ一家解釋之定談也。指㆓麁分三惑㆒云㆓麁惑㆒ト云事ハ未㆑撿㆑之。若爾。觀法雖〔圓〕等文モ麁惑者指㆓見思㆒可㆑得㆑意也

次至㆑會㆓雖圓言㆒者。圓云者猶是三觀相并云義也。或云㆓圓伏五住㆒モ或云㆓但是圓修㆒トモ。文言全無㆓異途㆒義門更不㆑可㆓相違㆒。至㆓搜要記㆒之。何必同㆓弘決㆒耶。況宗家解釋（涅槃疏十四（大正藏三八、二二六下））中。依圓教界內外正習一時同斷ト云ヘルヲ。末師受㆑之。至初住位分破名爲一時同斷ト消セリ（天玄三、四七八。私記參照）。既㆓依圓教界內外正習一時同斷ト云ヘル初㆓初住位㆒釋㆑之故㆓。住前ハ可㆓異時斷㆒ナル申在㆓此文㆒分明也。但。至㆘以㆑云㆓惑智一體㆒ト可シ㆓同時斷㆒ナル立申㆖者。圓教ノ意者。元有㆓不二・而二之二意㆒。惑智一體者。只是不二之一邊也。若强執㆓此邊㆒者。而二之時ハ欲㆑謂㆓異時斷㆒歟如何。隨㆓能治智之增進㆓所治惑障之去事從顯㆓不二理㆒之位專可㆑論㆓此義㆒也。住前未㆑顯㆓此理㆒ヲ其義頗不齊ナルヲ耶。宗家解釋ハ只是可㆓一往義立㆑之意㆒ナル。何況是又非㆓南岳所出㆒㆓。文勢不㆑似㆓大師筆㆒㆓故也。依㆑之南岳傳中㆓全不㆑載㆓大乘止觀㆒（天止四、五〇。弘決）

次惣明文旨。又只是消㆓相卽義邊㆒也

次至㆓三觀一心起故三惑同時可㆑斷云㆒者。以㆓三觀㆒對㆓三惑㆒事還「非㆓圓門㆒」非㆓圓門ノ義相㆒㆓也。圓教意ハ元是一觀。觀力通シテ治㆓三惑ヲ㆒也。能治所治相對ハ別教次第意也。若爾三觀一心起トモ。論㆓次第淺深義門ヲ㆒時ハ。見思麁惑先去ムコト全不㆑可㆑相㆓違圓實意㆒㆓モ

次至㆓從初已來三諦圓修等文㆒㆓者。習通界外塵沙無明者惣シテ惣シテ顯㆘習氣互㆓塵沙無明㆒云意㆖也。非㆑釋㆓三惑同時斷義㆒歟。二往不然釋會通猶不㆑明。圓教橫竪不二也。橫具㆓三惑ヲ㆒述タル又不㆑可㆑離㆑竪ヲ。竪ノ無明ヲ橫㆓具ト云ヲ一往云故。尚二往時三惑互不㆑具聞也

次三惑麁分立㆓見思名㆒三惑各有㆓三三惑㆒釋ル文可㆓出申㆒

次圓教同斷文ハ。上㆓復次別教ノ下㆓地上之三惑ノ樣ヲ釋セリ。故立還テ可㆑指㆓此文ヲ㆒也。或ハ問㆓菩薩問㆓界外㆒故。藏通ハ

答二界內邊一別圓答二界外邊一歟。更非二盡證一也。三惑同時ニ可レ斷云事可レ出二申分明ノ誠證ヲ一也。凡所立ハ必可レ依二聖教明文一也。一家解釋中釋申有レ之歟。撿タラハ者可レ出二申之一

次界內有二無明一立申文理有二何憑一哉。設雖レ有レ之。見思同時可レ斷レ之事又以所レ難レ知也。一家解釋雖レ廣ト住前破二無明一ヲ云文無レ之歟。有二勘及一者出可レ成二申所立一

次圓人於二住前一斷二無明一哉云者。與二五人斷通惑之類一於二斷惑相一有二勝劣一哉如何

次鹿苑證果聲聞來二法華一之時。於二前所斷惑一有二斷惑義一耶如何

次住前所斷無明云者。引二界內ノ生一歟。若引二界內ノ生ヲ云者。二乘等不レ斷レ之。何有レ生二界外一耶。明二此等文理一此度分明可二立申一

答。三惑同時ニ可レ斷云事。道理大旨如二前重立申一。能治ノ三觀既ニ〔一〕心也。所治ノ三惑全不レ可二前後一ナル。況惑智又一體也。惑障分分不レ去者。智品漸漸不レ可二增進一。能障不レ去所障現（證カ）ト云事道理全不レ叶耶。加之。三惑同自二初住位一至二等覺位一。而「見思見思」塵沙既有テ二麁分一爲ナル二住前障一ト。無明獨何無二麁分一。云ハム不レ爲二住前障一ト。見思若麁者不レ可レ至二等覺位一ニ。無明若細者不レ可レ云二見思ト同斷一スト。故麁分ノ三惑者住前ニ破レ之ヲ。細分ノ三惑ハ住上ニ可レ斷レ之立申也。爰以。宗師解釋ニハ云二トシテ相似位一ヲ（大正藏四六、七六〇下。四教義）。有二取相淨塵沙淨無明淨一云ハハ。或四住惑與二無明一合。四住若盡無明亦盡。若無明盡四住亦盡。是卽圓伏圓斷圓盡 文（大正藏四六、五七六中。取意）三惑同時ニ可レ破云事解釋更不レ可レ諍レ之

但。至二麁惑浮（疎カ）麁等文一者。以二三惑麁分ヲ一名二見思一意也

次至二觀法雖圓文一者。論二圓義一。橫竪俱無礙也。彼約レ竪可二意得一。忽望二所治一惑一一心三觀ヲ圓ト云トハ不レ可レ得レ意歟

次至二行滿解釋一者。彼未レ云二住前異時斷一。本書既ニ。若（大正藏三八、一二六下。涅槃疏）依二別教一先斷二界內正習一。次斷二界外正一。次斷二界外習一。依二圓教一界內外正習一時圓（同カ）斷 文 本書ニ既界內界外同斷義ハ聞ヌ。釋レ之。且約圓人信於名字乃至似位麁者先落（天玄三、四七八。私記參照）。至

初住位分破名爲一時同斷ト云ヘルハ。本書文ニ界内外一時斷ト云故ニ。界内ハ麁惑ノ故ニ先去リ。界外ハ至二初住一一時ニ斷スト釋也。全存シテ二住前異時義ヲ一非レ消。至二初住位一分破名爲二一時同斷ト一耶

次破法遍文。正立二次第不次第破一故ニ。不次第破法遍者。正圓家斷惑也。偏約二相卽一不レ可レ論レ之

次從初已來等文。猶是三惑同時斷ノ誠證也。於二習通界外（外ロ解）塵沙無明等文一其旨分明ナル故也。若顯三習氣互二塵沙無明一。委スル二釋義前後一論レ之無用也。二往不然釋會通。大旨前重ニ以二二意一如レ會二申之（之ハナシ）一。彼ハ付レ竪三觀三惑論レ之。故一往二往倶申旨永異也

次至下三惑ニ各有二三惑一云釋上者。宗師一所（所ハ處）解釋中云二圓家破惑ヲ一。（ロハ決五（天止三、四四九））三惑各遍名爲横周。通至實相名爲深窮ト述タリ。（籤五（天玄三、二八四））或破於三惑妙惠方遍トモ釋タマヘリ。三惑分位ニ各有二三惑一云事此等解釋分明也

次至二界内無明一者。述二取相淨塵沙無明淨一ト。無明淨言豈非二界内無明一耶

次至下圓（圓ハナシ）相似人。與二五人斷通惑之疑（疑ロハ類）一於二斷惑之相（「ハ障）一有二勝劣一歟云御尋上者。圓人既横斷二三惑一。於二破惑淺深一有二何疑一耶。爰以。妙樂大師解釋中ニ釋二案位開二乘一ヲ。久聞（天玄三、五三八）觀轉惑破行成。還同二舊位行位（伍カ）之限一文既惑（惑ハ我）破行成シテ還猶同二舊位一云フ豈非二其意一耶

次鹿苑證果聲聞於二前所斷見思一斷スヤト云御尋者。學者云云（云云ロ學者）不同ナレトモ前所斷見思ヲ不レ可レ斷也。已鹿苑昔以二空智一分一斷二見思兩惑一ヲ故也

次至下界内潤生惑未盡不レ可レ生二界外一云イフ御（云御ロ御ハ至）難上者。麁分無明引二界内生一ヲ。見思當分ニ盡テ空理（空理ハ而起）當分ニ窮故ニ。雖レ有二一分潤生惑一更不レ受二界内生（「ハ生）一ヲ。若爾（「ハ者）。所立無レ失（失ロハ咎）可二立申一

（第三重）

精云。所立尚以不レ明。兩方。道理重重既（「ハ既）窮ル。所詮。三惑同時斷異時斷可レ依二一家解釋一見樣也。所以見二一家解（「觀十二部經〔ロ義〕」（「」ハナシ））釋一。或圓敎初品弟子名二外凡一。十信名二内凡一。皆圓伏二無明一。（續天全圓戒1、三四八上～下）而界内見思自然前（而カ）盡。如下火燒レ鐵鐵雖レ不レ融垢在レ

前者。正惠觀無明。無明未除。見思前盡云。或六根淨位雖觀三諦倶名二諦。若入初住且名三諦云。加之。或今雖次第即是圓教二惑先除。除非本意。意在初心圓修三觀判。或圓教十信斷界內見思。圓伏界外見思無明。發趣初心。圓斷界外見思無明。終至等覺方盡消。此等解釋分明也。三惑異時斷也云事

次至取相淨塵沙淨等文者。次上無明圓伏等云。伏無明斷見思之義云畢取相淨塵沙淨等故。只是消六根共淨義之時約伏無明之邊邊釋無明淨之義許歟

次四住若盡無明亦盡等文者。消釋「相即相」意也

次以三惑麁分名見思云事何處解釋耶。受見思本起名已生惡文麁惑浮麁消。本末文相明。但限見思非三惑麁分云事。觀法雖圓料簡大旨如前重。圓者指三觀。雖者亦所治如觀無聞也

次前出難。行滿釋猶以難消處也。移本書一時同斷分破名爲一時同斷云故。本末相合得意約住上云事分明也

次二往不然釋。今度委可料簡申也。妙樂解釋見事有之。出可備所立誠證也。三惑各有三惑申解釋未分明。三惑各遍述。只是顯相即意也。正見思分位有塵沙無明云事。全此文不聞耶

次界內有無明云事其意如何。所詮問答雖運重。入眼只有界內無明有無歟。然一家解釋判圓家斷位時。一文界內許三惑同時可斷云事不見。若夫如所立三惑同時斷。何一處不述其義耶。爰以。於住前斷同次第斷。但。見思二惑斷云事。無明淨文又分明證據非歟。只是云六根淨義於伏立無明淨名也。所詮界內有無明事文理兩方此度分明可立申

次至惑破行成等文者。於此文學者料簡不同也。一邊不可成義勢歟。或惑破行成云者。指塵沙云惑破歟。或又還同舊位者。指住上大臣位歟。非住前相似位意得者。難備所立誠證者也。依之妙樂

大師解釋中。決六（天止三、六五〇）圓斷見思而智名異云。決九（天止五、一六一）或通惑斷智。是故云同。若別惑一向不同判。此等解釋分明也。住前惑云同二乘事。若爾。何處分明住前三惑共斷見耶

次五人斷通惑者生方便土。如本（如本）圓十信人生方便土。若爾。圓人三惑同時斷勝權人。處甚似無其詮耶

次以三麁分名見思。以中分名塵沙申。塵沙惑潤生可云耶。抑。又三惑同時斷立申。界內三界見思惑同時斷可申歟

答。自元所立申三惑同時斷云事。文理已前重窮令出難タマフ諸文者。只是附次第斷意也。五十二位元是名別義圓次位故。斷惑又附權門益可有之歟。若爾論圓教實義時。一法不具三諦理無之。若爾者。隨能障三惑所障三惑可有云事。理在絶言者歟。相似中道無能障無明可背圓家實義者也。存此等道理三惑同時可破所立申也

次至文證者前所出申。所相淨塵沙無明淨文卽分明也。尤爲證。一旦雖似有御難。云六根清淨義取相淨塵沙淨述。同無明淨云伏義非。或別教四門止五（天止三、三九四）次第斷五住。斯乃竪遍橫不遍幷非所用云。妙樂大師受之決五（同前）言橫不遍者。如初觀見思具攝諸惑。能觀之智攝一切智。位位皆然。故云橫遍。別教不爾故須也消給。或明三種三觀中云通相三觀相。淨名疏（大正藏三八、六六二上）雖然只是信解虛通。就觀除疾不無前後云。妙樂大師消此文タマフニ。妙記（卍續二八、四一一丁左下）驗知。卽是本修圓人前之二觀成。既前後雖復亦云三空三假。三空但破見思之惑。三假但破塵沙之惑。虛解疎通未成實益文。既三空三假云。三惑倶不破故不成實益宣。明。（大正藏三八、六六二上）一心三觀住前卽三惑倶破云事。加之妙樂大師受本書。通相「一心的屬」圓教文。名疏七妙記（卍續二八、四一〇丁左上～下）通相一心的圓者。問那云斷惑終成前後耶問。行相無殊。從教前後。故前文云。恐是方等中意也。當知猶是方便之說答。通相三觀在圓者。何一空一切空位唯破見思。一假一切假位唯破塵沙。三惑斷位前後耶問。通相一心行相云。通相且

附テ二權門一斷惑前後也（「㋩成）。故猶是方便ノ說（說㋩記）文明。一心三觀三惑同時可レ破云事。是以道暹師受二從教前後文一。一屬衍門（如本（如本㋺㋩[ナシ]））故二順別教ト（教㋩故）釋也。此等解釋分明也。圓教意三惑同時二可レ斷云事。何況山家大師解釋中ニハ六卽ニ有ト二三身一釋セリ。理卽ハ指二理性邊一ヲ云。觀行相似已去ハ分ニ斷二無明一ヲ云邊有レハ顯二三身一ヲ釋也。此等文證有故ニ（「㋺㋩有）（有㋺㋩[ナシ]）。三惑同時可レ斷立申也

次至下麁惑限二見思一ニ可レ非二三惑ノ麁分一云御難上者。見思本起等文ハ前ニモ如二會申一ス。於二三惑ノ麁分一ニ名二見思一ト意也。（答歟（答歟㋺㋩[ナシ]））凡一家立二麁細二惑一ヲ判タマフ證據。唐決二遂和尚決可レ思レ之（「㋺㋩合）

次觀法雖圓等釋料簡。大旨如二前重一。搜要記中。觀法雖頓ト述タル豎ニ可レ指二住上一ヲ聞タリ。若爾。何捨二要記文一ヲ暗儲二難勢一耶（如本（如本㋺㋩[ナシ]））

次至下付二二住不然ノ釋一者令レ尋二妙樂釋一給上者。妙樂大師判タマヘル事有レ之。以二彼釋一ヲ思ニ。今論談ニハ其意異ル歟

次至下三惑各有二三惑一云事不レ見云御難上者。前ニモ所二出申一。決五。三惑各遍等文。止五。別教四門等文。又山家釋（山家㋩漢界）可レ思レ之

次至二界内無明有無一ニ者。凡案ニ二一家圓宗意一。界内ニ可レ有二無明一之條非二論限一。一家圓義言二法界一者。須レ云二十界卽空假中一。初後不二方異二諸教一ト釋シテ。（天止三、二七一。弘決）初後相在ト談日。尤界内ニ可レ有二無明一也。空假中三諦ヲ離ルル法無ケレハ。隨テ能障ノ煩惱可レ有也。通テ（通㋩取）二能障煩惱一顯二所障三諦一ヲ故也。無明淨之（之㋩[ナシ]）文其意分明也。界内ニ可レ有二無明惑一云事。加之妙樂大師一處解釋中ニ。（天玄四、五一）豈有地獄無明究竟名爲了了逑タリ。豈非二界内ノ無明一耶

次至二久聞觀轉惑破行成解釋一者。尚是於二住前一ニ破シテ二塵沙無明麁分一ヲ。惑破行成ト云也。但。至下還同舊位之文可二住上大臣位一云上者。既是案位入者也。不レ可レ云レ至二住上一ニ歟。至二同斷見思而智各異等文一者。且附二次第斷一論二斷惑智（「證カ）ノ義一ヲ也

次至二五人斷通惑准望御難一者。彼又斷二見思一雖レ生二方便土一ニ登二住上眞因位一ニ時ハ。於二相似內凡位一ニ可レ斷二塵沙

無明麁分ヲ也。惑破行成釋准レ之可レ思レ彼ヲ者歟〔歟㊁㊇云〕。故設雖三同生二方便土一二。圓人ニ可レ勝二權教人一ニ歟
次至二塵沙潤生惑「歟〔㊁㊇㊁〕トハ云御尋一者。以二三惑中分一ヲ名二塵沙一意ナラハトハ可二潤生惑一ナル。」若令〔令㊇金〕レ同二當體潤生一ヲ給者。非二潤生惑一ニハ歟〔歟㊁觀〕。又傍任二一傳一二。當體卽潤生ノ惑ト云意モ可レ有也」
次至二三界見思惑同時斷異時斷御尋一者。六根淨受生義有故ニ可レ申二異時斷一ト也。若存二此等意一所立無レ失可二立申一〔㊁㊇夫〕〔㊇也〕

（底本奧書なし）

（對校㊁本奧書）
應永八年〔一四〇一〕六月二十六日。誂二同業一寫レ之了。此御案立當初奉レ對二先師一令二口筆一了。此寫本文字散散ニシテ不レ足二指南一。追可レ遂二交合一矣
明空

（對校㊇本奧書）
于時延寶九〔一六八一〕辛酉歲五月二十三日。山門無動寺於二什善坊一書レ之。此本就中文字損落而不レ見後學改二正之一云云
沙門珍順　春秋二十三

（底　本）叡山文庫眞如藏『盧談』三十五册の內、「元品能治」「彌陀報應」「自受有爲」と合綴本
（對校本）㊁＝叡山文庫雙嚴院藏『盧談』三十九册の內
㊇＝叡山文庫明德院藏『盧談』二十五册の內

三觀義案立〔三惑同斷〕

P 盧談　被接義

14 被攝義聞抄　目次

被接　上

被接　下

14 被攝義聞抄

〔(表題)被接　上〕

〔一本敎惑盡不盡事〕

問。中上二根攝者盡ニ本敎惑一耶

答。任ニ一義一不レ可レ盡レ之　付レ之　答

重難云。中上二根ノ攝者。本敎ノ惑盡シ不レ盡サ。先德ノ異義ニシテ後學未ニ一決一事也。被攝ノ根元ヲ明メテ本敎ノ惑ヲハ可レ盡ス者歟。不レ盡事歟ヲハ(天止二、一九七。止觀)可レ被レ定也。其カ中道ノ妙理ヲハ何トシテ顯ス物ソト云フニ。本敎ノ意カ。前觀假空是空生死。後觀空空是空涅槃ナルカ故ニ。十住入空十行出假ノ位ニ。空假ノ二觀成就シテ後コソ十廻向ニ始中トモ云ヒ。地上ニ得入中道スル義モ成レ。故ニ本別教ノ意カ空假ノ二觀モ不ニ成就一前ニ顯ニ中道一事無レ之。仍被攝ノ人ト云モ通教ニ於テ空假ノ二觀成就シ。見思ノ惑障盡テ後。後教ノ中道ヲハ可レ悟也。是則別教ハ一教ノ始終ニテ空假ノ究竟スル上ニ顯ニトス中道一沙汰スルヲ。被攝ハ自レ元二教含容ノ施設ナルカ故ニ。空假ノ觀門ハ於ニ本教一成就シテ後教ノ中道ヲハ可レ悟者ナルヲ。二觀モ不ニ成就一。見思モ不レ盡前ニ後教ノ中道ヲ顯ト云事カ太難レ思。只被攝ハ宿習ナレハト云ヒ。中上二根ハ利根ナレハト云約束ハ。雖聞宿習ト云モ亂ニハ無キ事也。悟ニ中道一事カ必ス空假ノ二觀ノ成ル上ニ顯ス事カ本別教ノ人ニテ定ル上ニハ。イカニ被攝ノ機カ宿習モ開發シ利根也トモ。本敎ノ斷證モ不レ(同、四七〇。弘決)極已前ニ悟ニ後教ノ中道一云事ハ。猶難レ思也。就中被攝ヲハ。爲レ欲レ示ニ於眞內中一故。故待ニ證空一方爲ニ點示一。令ニ深觀レ空卽見ニ不空一ト。是ヲ當通教ノ斷眞諦理ノ底ニ後教ノ中道ヲ含ケル程ニ。當教ノ斷惑證理カ極テ此眞諦ノ理ヲ研ク程ニ。空ニハ不レシテ留眞諦ノ底ナル中道ノ理ヲ悟顯也。其カ見思ノ迷カ不レ盡者。眞諦ノ理カ不レ可レ極也條ハ勿論ナルカ。當教ノ卽空カ不レ極者。何トテ底ニ含ケル不空ノ體ハ可レ顯耶。卽空ヲ研ケハ底ナル不空カ顯レハコソ。(同、四六八。止觀)兩理(處カ)交際須安一攝トモ云ヒ。(同、四七〇。弘決)令深觀空卽見不空トモ被レ云物ナルニ。未當教ノ眞諦理カ不レ究前ニ底ナル後教ノ中道カ進テ先キニ顯テウ道理カ太難レ思也

付レ之。所依文ヲ可レ被ニ料簡一。先ツ。(同、三〇二。止觀)云何以別攝通ノ問ヲ承テ。(同、三〇三)初空假二觀。破ニ眞俗上惑一盡方聞ニ中道一。仍須下修レ觀破ニ

無明一。能八相作佛上。此佛是果。仍前二觀爲レ因。故言二以レ別攝レ通ト答タルハ。初空假二觀ト標シテ必ス空假ノ二觀ヲ用ル意ヲ顯シテ。破眞俗上惑盡方聞中道ト云テ。以二二觀一破二眞俗惑一盡テ後聞二中道一定テ。重テ此佛是果。仍前二觀爲因ト釋シテ。被攝ノ果ノ證ル佛果ハ前ノ通教ノ空假ヲ爲レシテ因。斷無明證中道ノ果ヲ取ト聞タリ。實ニモ是コソ兩教含容ノ教ナルカ故ニ。空假ノ二觀ハ在ヲ二通教一成就シテ是ヲ因トシテ顯二後教ノ中道一沙汰カ故。專被攝ノ大綱ヲ述ル也。是ヲ妙樂大師重テ消ル時。(同、三〇三。弘決)雖レ見二中道一必假二通教空假二觀一爲二前方便一。必待二別理攝レ之方聞ト釋シテ。必ノ詞ヲ並テ二兩重一ニ。必ス通教ノ空假觀ヲ方便トシ。必ス攝二別理一悟二中道ヲ一定判リ。其ヲ約二下根攝者一云會通太難レ思。今ノ本文ハ顯體ノ章中ニ體(諦カ)智合辨ノ章ニテ約シテ二別攝通一ニ。(同、二九九。止觀)眞(俗カ)諦發一眼一智。俗(眞カ)諦發一眼一智。開眞出中發一眼一智ト釋ハ。是ハ全ク不レ可レ限二下根ノ攝者一ニ。惣シテ一切ノ被攝ヲ釋ニテハ勿論也。是ヲハ立敵共許ヘキ也。云何以別攝通ノ問ハ。此諦智合辨ノ別攝通ヲ問カ故ニ。問ノ意カ互二三根ノ攝者一ニ。惣シテ別攝通ノ大綱ヲ顯サムトシテ問ニテハ勿論ナルカ故ニ。是ヲハ不レ可レ諍共許スヘキ也。

其カ既ニ問ニハ惣シテ被攝ノ事ヲ問ルテ有ニ。答カ只下根攝者ノ事計ヲ答テウ道理ハ何事ソ耶。問テモ不レ問ハ下根ノ攝者ノ事計ヲ答ケル意趣カ却(所カ)以サル道理可レトモ有不レ覺。故本文ヲ約二下根ノ一類一條カ先以背二釋義ノ大旨一ニ也。只六祖ノ釋カ。(同、三〇三。弘決)復有一人破二惑盡。至第八地方聞中道ト云カ故ニ。八地聞中ノ者トハ聞タレハ約二下根一云樣ニ聞歟。是ハ不レ可レ然事ハ。釋義ヲ料簡ルトハ。先本書ノ意趣ヲ料簡シスエテ。其上ニ以二本書ノ意一妙樂ノ釋ヲモ意得ル事テコソアレ。其カ本書ハ無二子細一三根ノ攝者ニ互テ別シテ不レ約二下根ノ一類一事ハ必定ナルヲ。只妙樂ノ至第八地方聞中道ノ釋カ有レハトテ。ヤカテ屬ソト二下根ノ攝者一了簡事ハ未盡ノ義勢ト覺也。サレハ妙樂釋ヲコソ會通ヲモ廻スヘケレ。其故ハ。空假ノ二觀成就シ見思ノ惑障盡ト釋シテ。故下根ノ攝者ノ斷證究竟スルニ約シテ消カ則便カ有ル故ニ。一往只文ノ面カ八地聞中ノ者ニ便ナル程ニ。至第八地方聞中道トテ。一往屬二下根攝者一可二意得一也。其ヲ(天止四、九五。弘決)前爲消(鎖カ)經故說(從カ)下說ト云カ故。指二第三卷ノ被攝一約二下根一云樣ニ聞也。此條又未盡事ハ。前段ノ被攝ハ問答ノ起盡ヨリシテ限トハ二下根一ニ不レ見。後段ノ被攝ハ本末共以下根ノ被攝ノ旨ヲ釋カ故。第六卷ノ釋ハ指ニ後段ノ文一也。サレハ經從下者トハ(天止二、四六九。止觀)大品經ノ十地菩薩爲如佛ノ文ヲ指カ後段ノ文ニテコソ。九地伏無明。十地破無明。卽名爲佛トテ。十地如佛ノ義ヲハ分別故指レ之。(天止四、九五。弘決)前爲消(鎖カ)經故從下說ト云段ハ不レ可レ疑事也

但。道理ト聞趣ハ諸經ノ意依ニ斷惑ノ多少一定ニ次位ノ高下一。故四地六地ノ攝者ト云程テ不レ可レ盡ニ界內ノ惑一云樣ニ成歟。此條未盡也。其故ハ。通教ヲハ異ニ餘教一逗ニ多途ノ根性一斷惑縱容不定トハ一教ノ大綱也。サレハ乾惠斷惑ノ事ハ一箇ノ重事ナルカ故。今ハ雖レ不レ可ニ理盡一古來付ニ此算一難答ニ申出ス事ナルカ故ニ。既於ニ乾惠地一ニ論シテ初炎一斷惑不定ノ旨ヲ明ス上ニハ。中上二根ノ機入ニ後教一時。於ニ四地六地一可レ盡ニ見思一之段一(天玄三、三二一〜二。玄義)教ノ大旨ニ叶ヘキ也。サレハ。別圓各逗ニ一種根性一。故用ニ發眞一爲ニ初炎(焰カ)一。通教爲レ逗ニ多種根性一。所以(謂カ)別圓入通。故含容取ニ乾惠一耳ト定テ。別圓ハ逗ニ一種根機一故判ニ初炎一位カ定リ。通教ハ逗ニ多途ノ根性一故判ニ初炎一位不定ニシテ。或乾惠地ヨリ斷惑スト施設ル上ニハ。餘教ノ意カ斷惑ノ位カ定レハ通教モ同カルヘシト被レ成條ハ。太可レ背ニ通教ノ大意一也。既異ニシテ餘教ニ一斷惑縱容不定ト定ル物ヲ。以ニ餘教ノ位一被レ定ニ通家ノ斷惑一(天止二、三九〇。止觀)事ハ。太未盡ノ義勢也。但。通位縱(從カ)容具如後簡(天止三、六一三。弘決)ト釋シテ。指ニ六地齊羅漢(二乘カ)等ノ義一故。名別義通ノ意ソト被レ成歟。是又未盡ノ事也。名別義通ト申モ通教ノ意トシテ全ク分無キ事ヲハ不レ可ニ配立一ス。名別ニハ不レ限義通ニモ互ル事ヲコソ名別義通トハ配立シ。若一向通教ノ邊ニ無キ事ナラハ何トテ可レ云ニ義通一ト耶。只名別計ニテ義通ノ謂カ不レ可レ成云故。事ヲ寄ニ名別義通一被レ會趣太難レ思也

次。本教ノ惑不レ盡シテ移ニ後教一。以ニ何レノ智一殘惑ヲハ可レ斷耶。此事カ今ノ算ノ肝要也。就レ之學者存ニ異義一。以ニ空假智一斷ト云義勢有歟。是ハ太難レ思事ハ。本ハ通教偏眞ノ理ヲ學セン者カ。適悟ヲニ後教ノ中道一開眞出中シテ。須ク中道ノ觀門ヲ修カ故ニ。イカ程モ中道ノ觀惠ニ任シテ此外ニハ無ニ餘念一偏修也。以ニ此中智一殘惑ヲモ可レ斷有ルニ。又歸テ劣ナル偏空偏假ヲ再ヒ修シテ殘惑ヲ斷ス等ラ道理カ太難レ思也

次。用ニ中道觀一云事又不レ明。圓教ノ意猶三觀三惑ハ敵對相翻ノ法ニテ能治所治カ不レ亂也。サレハ一往然二往不然ト云

時ニハ。一往ノ意ハ。能治所治カ不ニ相局一互ニ能治ト成リ所治ト成也。其ヲ二往不然ノ意ハ。再往實義ニハ能所カ不レ亂。三觀三惑ヲ相對シテ明也。何況別攝通ノ人カ雖ニ開眞出中一ストワツカニ修中ノ位ナルニ。能治所治ノ約束ヲ破テ以ニ中道觀一破テウニ界內ノ見思塵沙一事カ太難レ思也。證據ト聞ル釋ハ淨名疏釋歟。是ハ釋ニ通相ノ三觀一故。(大正藏三八、六六二上)通相一心的屬圓教ナレハ屬ニ爾前圓一故。圓教ノ意テハ何ナル故ニ依カ以ニ中道一破ニ見思一釋タルテウ。圓ノ意ハ何樣不レ可レ例ニ別攝通ノ人一。故更非ニ誠證一也

次。不レ盡ニ本教ノ惑一人ハ後教ノ何ノ位ニ可ニ攝入一耶。其位カ此算ノ重事落居ノ源也。本教ノ惑ヲ不レ盡思惑カ殘ル程ハ。別教ノ十住ノ位ニ可レ入也。此位ヲハ不レ可レ過ク。若爾ハ。別ノ題ナレトモ此ノ重ニハ住行ノ攝者有ト定テ可レ被レ成歟。本教ノ惑ヲ不レ盡程テハ進テ十廻向ニモ十地ニモ不レ可レ至ル。斷惑ノ分齊カ不レ可レ亂故十住ニ可レ入。若爾ハ。難レ思事ハ十住ハ入空ノ位也。然ニ開眞出中カ後教ノ中道ノ理ヲ悟リ顯ス人カ入空ノ位ニ移ル道理カ太難レ思也。何トシテ顯ニ中道一人ハ可レ居ニ入空位一耶。若又進テ至ニト十廻向一云者。不レ盡ニ本教ノ惑一者ハ必ス十住入空ノ分齊ニ當也。殘惑ヲ持ナカラ何トテ可レ至ニ廻向之位一耶。サシモ依ニ斷惑ノ多少一次位ノ高下カ不レ可レ亂トコソ被レ成事ナルニ。若本教ノ惑未レ盡人廻向ノ位ニ移ト云樣ナラハ。依ニ斷惑ノ分齊一定ニ次位一事カ可レ破ラル故。忽ニ講(語カ)答ノ趣カ自證相違也。所詮攝入ノ次位ヲ可レ被ニ治定一也

次。御廟大師ハ妙樂ノ。(被接義私記、五七丁右以下。取意)中(上カ)歟入者此則不定ノ釋ニ付テ設クニ二ノ傳一。第一ヲ地前ノ不定トハ。中上二根人於ニ地前一攝入ノ位不定ナト云ヒ。次ノ傳ニハ於ニ地上一辨ニ不定一。自レ元利根者ナルカ故。斷ニ二品三品ノ無明一者有ト定メテ。引ニ大經ノ一生實相・二生法界ノ文一釋リ。第三ノ傳ニハ中上二根攝者。或ハ入ニ地前一。或入ニ地上一云ヘリ。是カ難レ思事ハ。本教ノ惑ヲ盡歟不レ盡歟ト疑ツル程ニ。答ハ盡不盡ノ二義カ一人ノ上ニ有ル樣聞テ。故太難レ思。兩義カ相雙テ立ル樣カ何ト可レ有耶ト覺リ。是ヲ三ノ傳ノ中ニ何レカ勝耶ト自被レ問。隨意可ニ用捨一云テ。然モ第三ノ傳文相頗勝タリト釋リ。第三ノ地前地上ノ不定カ何ナル故ナレハ文相ノ勝タリトハ可レ被レ云耶。可レ聞事也(同、五五丁左。取意)

次。御廟大師。但前二根眞空尚淺ノ釋ヲハ。一義ニハ盡ニト本教ノ

惑一定メテ。經歷ノ次位カ中上二根人ハ少キ程ニ眞空尚淺ト釋ト云ヘリ。一義ニハ不レ盡レ惑故眞空尚淺ト云フト辨二兩義一。是カ難レ思事ハ。御廟御意ハ。一邊ニ盡トモ不レ盡トモ難ク計思食テ被レ述二兩義一歟。又落居ノ上ニ始終二義カトヲリテ可レ有歟。二義ヲ被レ述意趣難レ思。先德ノ異義ナリト云ハ。人人ノ義ノ不同ナル事ハ常ノ事也。是ハ於二一師ノ內一忽ニ異義カ出來シテ被レ述事ハ何ナル故ソ耶。一邊ニ不レ定意趣カ難レ思事也

次。被攝名別ハ大師己證ト申傳リ。四教五時ナトハ配立ノ面影モ他師釋ノ中ニ存ル事雖レ有ト。被攝名別ハ獨リ一家ノ秀句ニ限レリ。付レ之。被攝トハ正ク何ナル義門耶。只令深觀空卽見不空ナト(天止二、四七〇。弘決)釋タレハ。カカル事ヲ被攝ト名トハ思付タレトモ。正ク猶被攝ト被レ云。是カ大師己證道場妙解テ有トハ。何ナル事テ有ル程ニサハ被レ申ソカシト云趣カ可レ聞也

又被攝トハ眞中合論ト沙汰シテ眞諦理ヨリ後教ノ中道ヲ續ク。サレハ兩理交際須安一攝(處カ)(同、四六八。止觀)トモ釋シ。令深觀空卽見不空(同、四七〇。弘決)トモ釋シテ。理ヨリ續レ理ヲ見タル故。全ク假觀ハ不レ可レ入。然。初空假二觀(同、三〇三。止觀)トモ釋。必假通教空假二觀(同。弘決)トモ釋シテ。假觀ヲ用ト見タルハサシモ理ニ續レ理云ニ。何トテトコノ程ニ假觀カ用ニ立チ被攝ノ手筋トハ可レ成耶ト不審也。故假諦ノ用ニ立ツ處カ可レ聞也

答。此事都難ニ申拔一事也。凡被攝ノ法門トハ事事一一ニ作リ立テテ則佛法根元カ顯ルル樣ナル故。常ノ法門ニハ替テ難ニ申拔一事也。付レ之。約束共ヲ可ニ申置一ク。先ノ難ニ如レ加ルカ。御廟大師ノ一師下ニテ盡不盡ノ二義ヲ被レ述タルヨリシテ本意カ可レ顯子細有リ。遠クハ御廟大師被レ述ニ兩義一。近ハ龍禪院座主顯眞隨分ノ己證ヲ被レ述之時。又盡不盡ノ二義ヲ存ス。仍兩義ハ各別ノ事ニハ非ス。始終トヲリテ二義ヲ存シテ然無ニ相違一處カ可レ有也。然而竹林坊ノ相承ニハ本教ノ惑ヲ不レ盡申ス也。其モ精義ノ尋ニハ。御廟ノ一師ノ下ニテ異義ヲ被レ述何ル事ソトテ。始終二義ノ無ニ相違一樣ヲ意得フル子細モ有。サレトモ先ツ約束ハ不レ盡申也。其ノ大綱ハ。通教ヲ正通實相ノ教ト名ケテ立ニヨリ通教ノ名一以來。一一ノ位ヨリ後教ニ攝入スト建立カ通教ノ根元也。當教ニ留ル事ハ殆非ニ一教ノ本意一。悉ク入ニ後教一作リ立タルカ大綱テ可レ有也。サレハ自ニ未斷惑ノ位一後教ニ移ヲハ名ニ二入通一ト。自ニ斷惑位一入ヲハ稱ニ被攝一ト。其カ中上二根機斷ニシテ見惑ニ不レ斷ニ思惑一。思惑ノ

一分ヲ改テ習氣ノ不レ侵位ヨリ必ス可レ移二後教一之時ハ勿論ナルヲ。是ハ界內ノ惑カ未レ盡ト云テ。徒ニ不レ移二後教一留ル樣ニ可レ有歟。サテハ爭正通實相教トテ一二ノ位ヨリ攝二入スト後教位一作リ立タル教トハ可レ被レ云耶。サレハ教理智斷行位因果ノ八法悉ク入二後教一樣ヲ建立也。其カ既ニ未斷惑ノ位ヨリタタ移二後教一事ナルニ。マシテ一分ノ惑ヲ斷テ眞諦顯ルル位ヨリ可レ入者カ。被二惑ノ斷盡スヘキ期一不レ攝二入後教一道理カ更不レ可レ有也

但。難勢トシテ聞趣ハ。眞諦理底ニ含ル中道ヲハ。當教ノ斷證究テ後可レ顯云樣ニ來歟。是ハ何ニモ未盡ノ難勢也。其故ハ。本教ノ斷惑證理カ極テ後。眞諦ノ底ナル中道ヲ顯ス樣ナラハ只下根ノ攝者ナルヘシ。全ク中上二根トハ不レ可レ被レ申。於二根性一利鈍カ分レテ。異ニ下根攝者一中上二根ノ利ナト被レ云處ハ。斷證カ至極シテ可レ顯二中道ノ理一ヲ(「耶カ)。一分ノ惑ヲ斷一分ノ理ヲ顯シテ斷證ノ猶未レ究時ヨリ。眞諦ノ底ナル不空ノ理ヲ顯ト云テコソ上根ノ義門ハ立スレ(下根攝者カ」)。本教ノ惑盡テ後眞諦理カ究テ上ニ可レ悟二顯中道ノ體一ヲ。惑モ不レ盡理不レ究以前ニ一分ノ理カ顯ルレハ。底ニ含中道ヲ悟リ顯テコソ中上二根ノ異シテ二下根一上根利智ノ義ハ成レ。故三根ノ異カ出來シテ利鈍ノ不同カ有ル程テハ。上中二根不レ盡二本教ノ惑一悟二後教ノ理一也。就中。通教ノ斷惑ノ次位事無(論カ)二左右一雖レ難レ定。何樣次位ノ高下ヲ論ル事ハ。必斷惑ノ多少可レ信也。故通教位ニモ一分ノ惑ヲモ不レ斷位モ有リ。又斷シテ二見惑一思惑ヲ不レ斷位モ有リ。(天止四、九五。弘決)盡シテ二思惑一不レ侵二習氣一位モ可レ有之條ハ必然也。故四地爲上。六七爲中ニテ。中上二根ノ位カ四地六地ト被レ云分カ有ル程ナラハ。必ス其ハ斷惑カ不レ可レ極也。若夫三界ノ結使ヲ盡ハ。何カ故四地六地ニ被二切留一。七地トモ八地トモ可レ被ナル云耶。雖レ盡二界內ノ見思一ヲ猶四地六地ニ可レ被レ留道理カ無故也。故四地六地攝者ト云程テハ。惑ノ未盡ナル謂ハ必然ナル程ニ。三根ノ次位カ相分レテ中上二根ノ位カ定ル前ニハ。不レ可レ盡二本教ノ惑一之條勿論也。惑ヲモ不レ盡理ヲモ不レ究レトモ入二後教一。是ヲコソ逗二多途ノ根性一申事ナレト覺也

次。假觀可レ具足一云事。凡被攝ハ眞中合論ナルカ故ニ。兩理交際シテ立二一攝一時ニハ。不レ斷二塵沙一不レトモ濟二假觀一不レ可レ有二子細一。假諦ハ用ニ不レトモ立可レ申也。但シ。又縱本教ノ惑ヲ(天止四、一二一。)雖レ不レ盡ト假諦可レ具足一。サレハ上根ノ出假ヲ釋ルニハ。初心聞

止觀）惠卽能體達見思卽空假（假㠯カ）。謂爲（已カ）衆生作依止觀（處カ）ニテ。自ニ聞惠ノ位ニ見思ヲ卽空ト達シテ爲ニ衆生ノ成ニ依止ト云カ故。初心ヨリ出假ノ觀ヲ具足也。大方宗要ノ本算ニハ何ノ位ニ被攝シ。何レノ位ニ出假耶ト被レ下タリ。是則被攝ト出假トヲハ一ニ意得テ然モ。又可ニ分別ニ處有レ之。故上根出假カ初心ニ成ニ衆生ノ依止ト謂カ有テ。假諦ヲ帶レハ被攝ノ機雖レ不レ盡レ惑。假觀可ニ具足ニ之條勿論ナレハ。本教ノ惑ヲ雖レ不レ盡。空假ノ二觀不レ可ニ成就ニ之難ハ不レ可レ來。（天止二、三〇三。止觀）初空假二觀ト釋シ。（同。弘決）必假通教空假二觀ト釋ル全非ニ違文ニ也

次。所依文ハ約ニ下根ニ之條。妙樂釋分明也。（天止四、九五。弘決）前爲レ消（銷カ）レ經故從レ下說ノ釋。不レ可レ限ニ後段ニ。（天止二、四七〇。止觀）惣シテ指ニ被攝ノ文ニ故可レ亙ニ前後ノ兩段ニ也。後段ノ被攝ハ。從初以來但觀眞中之空（已カ）。破見思惑盡到第八地。方爲說眞內之中ナルカ故。分明ニ下根ト聞リ。サレハ前後兩段ノ被攝ヲハ同シ意ト顯ス旨可レ有。故妙樂（同前）得ニ此意ニ。後段ノ文ニ。破見思惑盡到第八地ト有カ故。前段ノ被攝モ可レ同ト見テ。（同、三〇三。弘決）復有一人破二惑盡。至第八地方聞中道トテ。置ニ第八地ノ諦ニ也。兩段ノ意カ全ク一ナレハ。前爲消經故從下說トハ惣シテ指レ之也。是ニハ異義有テ。一ニハ前段亙ニ三根ニ。後段限ニ下根ニ存ル事雖レ有ト。先ツハ兩段共以約ニ下根ニ。前後ノ二段一ナルヘキ旨ヲ顯也

次。後段ノ妙樂釋ハ。（天止二、四七〇）何故須至第八方攝ト問シテ。（同前）爲欲示於眞內中故。故待證空。方爲點示。令深觀空卽見不空ト云マテハ。下根ノ攝者ノ事ヲ釋成ス。此上ニ。（同前）若爾中上二根其義云何ト問ハ。自ニシテ問ノ意ニ中上ノ二根本教ノ惑不レ盡定テ致ニ此問ニ也。其ノ故ハ。上ニ既ニ下根攝者ノ相ヲ釋トシテ。（同前）令深觀空卽見不空ナル程ニ。本教ノ斷證カ極テ卽空ノ底ナル不空ヲ顯ト釋シ取ル程ニ。サテハ中上二根人カ本教ノ惑ヲ未レ盡眞諦理不レ究者ハ。何トテ可レ顯ニ中道ヲ耶ト云意ヲ顯サムトシテ。若爾。中上二根其ノ義云何ト問ス。是ヲ答ル時。中上二根亦見眞已トハ。亦ノ言ハ斷證カ下根ト同キ意ヲ顯ト意得テ。盡ニ本教ノ惑ヲ誠證ニ雖レ備不レ可レ然。中上二根ハ斷證ノ不ニ究何トテ可レ顯ニ中道ヲ耶ト問ニ承テ。中上二根亦見眞已トハ。斷證雖レ未レ盡ト一分ノ理ヲ見ルソト云意ヲ顯トシテ。置ニ亦ノ詞ヲ亦見眞已トハ釋也。サテ下根ト不同ナル處ヲハ。（天止二、四七一。弘決）但前二根眞空尚淺トテ。斷惑證理不レ究程ニ眞諦理カ淺ト

釋リ。此ノ尚淺ト云者暗ニハ不レ釋。上ニ下根ノ人ヲ。令深觀空卽(同、四七〇)見不空ト釋シテ。本教ノ斷證カ極ル程ニ。令深觀空等釋ル意ヲ帶シテ簡ニ異之ニ。但前二根眞空尚淺トハ斷證カ不レ究故。上中二根ハ眞諦ノ理カ淺ソト釋シ取ル也。サレハ惑ノ不レ盡故眞諦理淺ト云事大師釋ニ有ニ例證一。大師又非ニ私ノ所判一。大論文ニ有ニ誠證一故釋タマフ也。仍六祖釋遠ク依ニ大論說一。近ハ任ニ大師釋一也

次。斷ニ殘惑一智ノ事。一義ニハ用ニ中道觀一觀也。淨名疏釋分明也。是ヲハ通相ノ三觀事ソト雖ニ會釋一。假令通相ノ三觀ノ事也トモ。(大正藏三八、六五五下。維摩略疏)中道正觀正治有餘果報無明。利根菩薩傍治同居見思(知カ)無義ト釋ヲ。(卍續二八、四〇九丁右上。維摩疏記)通教利根具ニ界內惑一等釋故。通教利根菩薩具ニ界內惑一。是ヲ以ニ中道觀ヲ治ト云ヘルハ。中上二根ノ攝者不レ盡ニ本教ノ惑一。移ニ後教一以ニ中道觀一斷ニ殘惑一云事不レ可レ疑。但。相承ニハ用ニ空假觀一申也。常ノ抄物ニハ。竹林坊ニハ用ニ中道觀一申タレトモ實義ハ不レ然。是則住行ノ攝者事別雖レ可レ聞。相傳ニハ必ス入ニ十廻向一申傳リ。仍殘惑ヲ破ル事モ必用ニ空假觀一申也。其趣ハ移ニ後教一中道ノ悟リ開後。中道ノ用ヲ以テ空假二智ヲ發シテ可レ破ニ殘惑一也。信承法印逐業之時。聖覺法印爲シテ題者一精ケルニ。以ニ中道觀一破ト殘惑ヲ立タルヲ。只此事許ヲ精義シテ非トテ當流義一處ニ未判一也。仍信承法印精義ノ時。立者用ニ中道觀一申ケルヲハ又略ケルト申也

次。攝入ノ次位事難儀也。但。惑ヲ不シテ盡帶ナカラ何トテ可レ至ニ十廻向一耶ト云難カ來ハ。此難ヲ承テハ先反詰セヨト承置ク也。其故ハ。本教惑ヲ可レ盡ト難スル定ヲ。攝入ノ位カ後教ニハ無也。其趣ハ見思ヲ盡タラハ十信ノ位ニ可レ入。縱又無知ヲ雖レ斷ト。界內ノ塵沙ナル故。十住ノ後三住ニ可レ入。假令塵沙ノ一分ナレハ至極十行ノ位ナトニ可レ入故。本教ノ惑ヲ盡タリトモ十住十行ノ位ニ入テ。廻向十地ニハ不レ可ニ攝入一。何況マシテ不レ盡ニ本教ノ惑一定テハ。彌此帶ニ殘惑一廻向十地ニモ難ニ攝入一。何地體時盡不盡共ニ後教ニ可ニ攝入一德カ無也。故可レ盡ニ本教ノ惑ヲ一云定テモ。如レ此反詰シテ此ノ難カ一重破レハ。自レ是一義ハ可レ成也。大方被攝ノ人。塵沙斷位カ至極ノ祕事ニテ佛法ノ根元モ顯レ。一家ノ本意モ可レ成子細有。其ノ約束カ顯テ。此上ニ攝入ノ次位可ニ落居一事也

次。御廟大師三傳ノ事。是等ヨリハ子細カ可レ有也。初ノ地前不定トモ云一向ニ惑ヲ不レ盡樣ニハ無シ。盡ト云意ヲ帶也。第三ノ傳ニテ惑ヲ盡ス者ハ至二地上一。不レ盡者ハ地前ニ至ト云テ。地前地上ヲ兼テ盡不盡ノ兩義ヲ述カ故。二義始終無云ヘル意(文カ)カ可レ有也。盡不盡ノ兩義カ一ニ成ル樣ニ聞タリ。仍第三傳亦相頗勝ト被二稱美一之意可レ爲二此意一覺ル樣也

〔三　一生破無明事〕

二
問。別攝通人一生内破二無明一耶

答。可レ然　付レ之　答

重難云。別攝通ノ人一生破二無明一事。先德決ヲ被レ造(送カ)二異朝一。故ニ遙遠ノ題目ハ專此事也。付レ之。一生破無明ノ義勢太難レ思。其故ハ。一生入住ハ圓敎ノ仲(沖カ)微。卽身成佛ハ今經ノ秀句也。圓入ナレハトテ一切ノ圓人コトニ一生入住ル事ト無ク。圓敎ナレハトテ爾前ノ圓敎ニ明ス事不レ可レ有。圓人ニ取テモ最上利根ニ限リ。圓敎ニ付テモ純圓一實ノ今經ノ所談ニ可レ限ル。サレハ一代ノ化導勝ト被レ云。速疾頓成ノ現證ト被レ申事ハ。龍女カ卽身成佛ナル故ニ。一生入地ノ義門ハ一代ノ化導勝卽身成佛ノ根元ナルカ故。偏ニ法華ノ終極也。其カ被攝トハ。攝義本在二法華經前一。(天玄二、二〇四。釋籤)於レ中仍是菩薩ナルカ故。法華已前方等般若ノ序ニテ論ル事也。其カ一生入地ノ義門今經ノ仲(沖カ)微。生身得忍ハ法華ノ終極ナルヲ。爾前ノ座ニ明ト云ハン事太難レ思。縱ヒ爾前ノ圓敎ニ雖レトモ明ト猶其ノ念(無念カ)ナルヘキニ。マシテ權敎中ニ明レ之云ハハ。何ヲ法華ノ仲(沖カ)微一代ノ化導勝トハ龍女ヲハ申ケルソヤ。一生破無明・生身得忍・卽身成佛ト云詞コソ雖レ異ト。意ハ以二生身一至二初住一。以二卽身ヲ一成佛意ナルカ故。全ク同キ程ニ。一生破無明ヲ權敎ノ中ニ許ハ明ト。生身得忍ノ卽身成佛ノ謂カ權門ノ中ニ顯レ。爾前ノ得益ニ事限ルヘキ顯(故カ)ニ。何ヲサテハ圓頓速疾ノ秀句トモ。法華開顯ノ仲(沖カ)微トハ可レ存耶ト難レ思也

其ヲ聞趣ハ。付ニ敎門一ニ分別ル時ハ。四敎ノ差促(着カ)モ別レ階級モ定レトモ。被攝人トハ論二行者ノ實證一故。不レ依二敎門ノ施設一(天止一、七九。弘決)可ミ一生破二無明一之樣ニ聞。此段太難レ思事ハ。離四(圓カ)敎外無別根性トモ定メ。所被機緣不出四敎トモ定カ故。行者ノ根性ト云(天止二、三一四。弘決)物ハ不レ可レ出二四敎ノ外一ニハ。其カ別攝通ノ人トハ。謂用二前敎一有始無終。(「〇カ)卽用二後敎一有始(終カ)無終(始カ)ナルカ故。前在ニ通敎一後移ニ

三五〇

別教ニ。能通教ト入空位ハ（大正藏三九、八〇中。金光明文句）從假入空非止一世作（修カ）行ト云カ故。非ニ一世ノ作（修カ）行ニ定タリ。（同前）從空入假動喩（踰カ）塵劫ト云故ニ。八地已上出假位ハ又經ニ動踰塵劫ノ時節ニ定程ニ。先キ在ニ通教ニ迳ニ劫數ニ之條勿論也。後移ニ別教ニ既ニ（同前）一行動經無量阿僧祇劫ノ故。迳ニ無量ノ劫數ニ定タリ。其カ別攝通ノ人トハイカニイミシキ雖フトモ被攝ノ機ニトモ。通別二教ノ域ヲハ不レ可レ違（出カ）ツ。其カ既前後兩教共以ニ長遠ノ劫數ヲ論ル上ニハ。受テ之修行スル別攝通ノ人カ何トテ離テ二教ノ方示ニ一生破無明ノ速疾ノ證ヲハ可レ取耶

其ヲ五大院先德ハ。四教ノ外ニ立ニ三攝機ニ故。四教教門ノ談ノ外ニ被攝ノ機カ可レ有云樣ニ成歟。太未盡ナル事ハ。四教カ純一ニシテ各各ニ別ニテ。三藏ノ機ト被レ云。乃至圓教ノ機トモ被レ云。一教一教ニ各各ナル樣ニハ無クテ。被攝ノ人トハ。二教交際シテ或ハ通教ヲ含容シ。或別圓ヲ相ニ對シテ二教ヲムシクイセテ成ニ一機ニ程ニ。是ヲコソ四教ノ機外ニ三攝ノ機ヲ論ル體ナレ。其カ行者ノ根性ト云物カ四教ノ外ニ不レ可レ出故。別攝通人モ通別ヲ含容ル處ハ。通別二教各各ナル機ニ雖レ異ト。終ニ落テ付ク處ハ不レ出ニ通別二教ノ機ニ。故長遠ヲ明ス教ヲ稟ナカラ。離レ之ヲ別シテ速疾ノ證ヲ可レ取之事ハ不レ可レ成也

就中。不レ依ニ教門ニ實證ノ邊ニテ可ミ一生破ニ無明ニ之樣テハアマサヘ有ル不審ナレトモ。サテハ教門トハソラ事ノ樣ナル事ヲスル事歟。行者ハ實ニ不レ經ニ事ヲ只教門トテ云テ遊フ樣ニ可レ有歟。爭サル事ハ可レ有耶。教門トハ行者ノ實證ノ始終ヲ詮カ教門ト被レ云。行者ハ教門ニ所ヲレ明取テ入ニ修行ニ經歷スルヲ實證トハ申也。故不レ依ニ教門ニ別シテ實證カ速也ト云事太難レ思。其上實證ノ速ナト被レ云實證ノ體ハ。四教ノ中ニハトノ教ノ實證テ可レ有ソ耶。只大樣ニハ不レ可レ有。何レノ教テモアレ。今ノ速疾ノ證ヲアテカウ處カ可レ有也。其カ速疾ノ實證トハ圓教ノ證テコソ有ニシテ。四教ノ中ニ詮ニ速疾ニ事ハ必定トシテ圓教ナルヘシ。サル程ニ是ハ別攝通ノ人テハ不レ可レ有。圓攝通ノ人テ可レ有故。其ハ疑ニモ不レ可レ足ル。圓意トシテ一生破無明ヤウ事ハ自レ元非レ疑也。其カ今ハ付ニコソ別攝通ノ人ニ疑有ル時ニ。別教ノ實證ナラハ必ス長遠ナルヘキ故。何トテ速疾證ヲハ可レ取耶ト猶難レ思也

次宿習事。古來種種ニ廻ニ了簡ニ事也。其カ先ツ別教ニテ宿習ト云事ハ可レ被レ云事歟。是ヲ可レ被ニ治定ニ。宿習トハ圓ノ意ニテ一

句モ染レヌレハ神ニ永劫ニ不レ朽云故ニ。宿習ト云事ハ成シ。權教ノ(ムシクイ)上歟。太難レ申事ナル程ニ。先ツ別攝通ノ人ニハ宿習ヲ可レ論事耶。是カ猶難ニ一決一事也。縦ヒ許シテ宿習ヲ論ル定也トモ。但中ノ宿習テ可レ有故ニ。長遠ノ宿習ナルヘシ。何トテ以レ之速疾ノ證ヲ取ル因ト可ソレ成耶。其カ但中ノ宿習ナレトモ速疾ノ證ヲ取様ナラハ。サテハ圓教ノ宿習テ圓攝通ノ人ナルヘシ。全別攝通ノ人依ニ但中ノ宿習ニ義ニハ非ルヘシ。其ヲ超登十地ノ宿習ノ事ニ付テ。於ニ前三教一久已修學ト云カ故ニ。(卍續五八、一七一丁左下。涅槃疏私記)權教ノ宿習ナレトモ實教ノ果ヲ證ト例證ニ被レ出歟。凡超登十地ノ宿習事。學者相承ノ子細有シ。別攝通ノ宿習又有ニ子細一事也。但。超登十地ノ宿習ニ權教ヲ取ル事ハ。今ノ意ニハ異ナル處カ可レ有レ之。其故ハ。彼ハ圓教ノ意ニテ以ニ權教ノ宿習ヲ爲ニ超登十地ノ因ト。故ニ圓ノ眼カ開テ見ル時ニハ。三權カ自レ元不レ可レ隔ニ一實一程ニ。權教ノ宿習ヲ取テ圓教ノ實證ノ因トスヘキ條勿論也。今ハ異レ之。別攝通ノ人ノ一生破無明ノ宿習ナル故。隔歷ノ所談ノ前ニ何トテ以ニ長遠ノ宿習一速疾ノ因トスル樣ニハ可レ有耶。是ハ超登十地ノ宿習ニハ不レ被レ例處カ有レ之。又聞趣ハ。宿善如ニ恆沙一中ニ不但中ノ宿習可レ有レ之之樣ニ成歟。

但中不但中ノ宿習カ相交ト被レ成本意ハ。以ニ不但中ノ宿習一一生破無明ノ因トセウ料ニ被レ成歟。サテハ其ハ圓攝通ノ人ナルヘシ。何トテ別攝通ノ人ノ宿習トハ可レ被レ云耶。依ニ不但中ノ宿習一即身ニ入ニ初住一樣ナラハ只圓人ノ事ナルヘキ故ニ。圓教人ノ一生破無明ノ段ハ有ニ何疑一耶。仍別攝通人ノ一生破無明ノ宿習取ニ不但中一云事猶難レ思

次。宿習ヲ約ニ被攝ノ人一釋ル證據事。通教菩薩由ニ根利鈍一(天玄二、一七七。釋籤)發レ習不同ノ釋也。但。是ハ必シモ被攝人ノ宿習トハ不レ聞。惣シテ通人ノ有ニ利鈍ノ不同一事カ宿習ノ故ソト云事也。其ハ四教共以權實ノ機ト各各ニ分レテ根性ノ不同ナル事ハ。皆依ニ宿習一之條。無(天玄四、三六〇。釋籤)始薰習或實或權ナレハ。四教權實ノ機ノ不同カ依ニ宿習一云事ハ必然ナルヘシ。勿論ナレハ其意ヲ釋シ顯也。必モ被攝人ノ一生破無明ノ事カ依ニ宿習一云釋トハ不レ聞也。猶付ニ釋ノ起盡一可ニ了簡一也

次。別攝通人。宿善如ニ恆沙一故。成ニ最上利根人一一生破無明聞歟。此條未レ盡ル事ハ。依ニ宿習ニ利根人ト成トハ別教ノ利根テコソ有ラハ。若爾ハ。別教ノ根性ナルヘキ故長遠ノ機

根ナルヘシ。仍利根人ト云ヘハ。付(皆カ)長遠ノ機ニシテ可三一生破ニ無明一
機ハ非ルヘシト覺ル也
次。或ハ寄ニ宿習一或寄ニ利根一成ル趣共ニ聞ル様ナレトモ。正ク別攝
通ノ人ノ一生破無明スル始終ノ様カ不レ聞程ハ。猶疑カ不レ可レ
散。付レ之。先ツ別攝通ノ人ノ一生破無明ストハ。假觀ヲハトコノ
程ニ成就シ。塵沙ヲハ何レノ位テ可レ斷耶。界外ノ塵沙斷シ處カ太
難レ思。先ツ通教ノ假觀ヲ成就シ界內ノ無知ヲ斷トモ。一生ノ義
不レ可レ成。其ノ故ハ。通教ノ意ハ入空ノ時分タニ猶非止一世作(修カ)
行ナレハ。只入空ノ位計ヲ雖レ經ト一生トハ不レ可レ被レ云。何況八
地已上動踰塵劫シテ假觀モ成就シ界內ノ無智ヲ斷ト云者。可レ
送ニ長遠ノ劫數一之條不レ可レ有レ疑。何況界內ノ塵沙ヲ斷シ
學ニ恆沙ノ法門一云者。可レ經ニ無量ノ時節一也。付レ之。塵沙ノ
斷ル處カ太難レ思。其ノ故ハ。付ニ下根ノ攝者一申トモ。八地已上
所斷無智ハ界內惑ナルヘキ故。界外ノ塵沙ニハ非ルヘシ。其カ在ニ通
教一被攝モセヌ前ニ可ニ被攝一機ナレハトテ當教ニモ不レ談不被(ノ攝カ)界外ノ
塵沙ヲ斷スヘキ歟。爭サル事ハ可レ有耶。不ニ被攝一已前ニ。在ニ通
教一移ルヘキ後教一機ナレハトテ。先ツ進テ當教ニ曾不レ明界外ノ

塵沙ヲ斷ル事ハ。不レ可レ有レ之事勿論也。是ハ治定ノ事ナルヘ
シ。サテハ移ニ別教一後ハ何位ニ可レ斷耶。於ニ別教一塵沙斷シ
處。假觀ノ成ル位カ太難レ思。縱下根ノ攝者ノ本斷證カ極テ
有レトモ。界外ノ塵沙ヲハ手フレモセス。假觀ヲハ不ニ成就一人ナルカ。
至ニ別教ニ後ハ於ニ何ノ位一此ノ斷證ハ可レ極耶。只利根人。宿
習ニ依テ自ニ通教一移ニ別教一事カ速疾ニシテ一生破無明スレハト
テ。此人ハマキラカシテ不レ斷ニ塵沙一。假觀ヲモ不ニ成就一。サテノ
ク様ナルヘキ歟。爭サル假令ノ事ハ可レ有耶。縱ヘハ何レノ位テモア
レ。不レ斷ニ塵沙一云事ハ不レ可レ有ル。是ハ必定ナルヘシ。故斷ニ
塵沙一成ニ就假觀一云者。可レ學ニ恆沙佛法一故。可レ送ニ無數
之劫數一之條勿論也。斷ニ塵沙一習ニ恆沙佛法一云程ニテ不レ
經ニ劫數一之様ニハ不レ可レ有ル。一一位中多倶胝劫ト云ヒ。一(大正
藏三九、八〇中。金光明文句)行動經無量阿僧祇劫ト定カ故。必然トシテ可レ經ニ劫數一之段(條カ)
勿論ナルカ故。一生破無明ノ義カ更以不レ可ニ成立一ス
次。一生破無明ト云一生ハ。指ニ何ナル一生ニ耶。通別二教ノ
意ニテ一生ノ義カ不レ被レ消也。其故ハ。通教ハ入空位。猶非止
一世作(修カ)行ナル故。非ニ一世ニ定ル上ハ。入空位計ヲ雖レ經ト一生トハ

不レ可レ被レ云。何況八地已上出假位ニハ動踰塵劫ノ故。是又一生ノ義不レ可レ成。就中。八地已上誓扶習生ト定ル程ニ受生スト見タリ。凡ソ誓扶習生トハ實ニハ生ニ界外一後來ニ界內一事テコソ有ラメ。故假觀成就ノ位不レ隔レ生云事ハ更不レ可レ有ル事ナルニ。入空出假ノ觀ヲ學シ通教ノ人ト被レ云ナカラ。一生ニ空假觀成就ト云事カ不レ可レ成。別教ノ意ニ入ル一行動經無量阿僧祇ト沙汰シ。一一位中多俱胝劫ト云カ故。是又經ニ假觀成就ノ位一程テハ一生ノ義カ不レ可レ成。通教二(別カ)教ノ域ヲ離テハ何ル處テ一生ニ空假ヲ成就シ無明ヲ可レ破耶。仍今ノ一生ノ義ハ何ナル指ニ一生一耶可レ聞事也

次。摩訶止觀ニ別攝通ノ一攝ヲ明シ。玄文ニ明ニ三攝一事ヲハ。若(天玄二、一五八。釋籤)止觀中爲成就觀(理カ)ト釋シテ。止觀ハ爲レ成ニ觀門一約ニ別攝通一見タリ。是則。約ニ證道一故但約レ觀故ノ意也。(天止二、三一五。弘決)是カ極テ難レ思事ハ。行者ノ實證ヲ明シ理觀ヲ成セウ料ナラハ。止觀テハ只圓攝通ヲ明セカシト覺也。玄文ニコソ說ニ教相一程ニ別攝通ヲモ明スヘケレ。止觀ハ論ニ實證一云者。專圓攝ニ限テ可レ明也。サレハ止觀ニハ何トテ明ニ別攝一耶ト覺ル處ヲハ。約證道故但約觀故ト被レ云相ハ

何ナル義門ソト云ヘハ。(同、三〇三。弘決)一者別教教隣近故。二者別理理異レ眞故ト定メテ。界內ノ教ノ終ト界外ノ教ノ始ト相隣ル程ニ立レ之。次ニハ偏眞ト但中ト理體事異ニシテ兩理交際ノ義カ成レハ明レ之云テ。落居ハ止觀ハ明ニ別攝一意趣ハ此兩義ト見リ。是コソ至極明ニ教相一時ニ可ニ分別一事ナレ。界內外ノ教カ相隣ト云ヒ。空中ノ兩理カ異ト云フ義門ハ。至極教相ヲ談ニ相叶ニ教門ノ意ニ順セリ。是カ何トテ約證道故但約觀故トテ。理觀ヲ成シ約ニ證道一止觀ノ別攝ノ義トハ可レ被レ云耶。止觀ニ明ス別攝ノ樣カ是程可レ被ニ賞翫一物トモ不レ聞也

抑。太難レ思事ハ。別攝通トハ修觀ノ位ヨリハ圓ノ不但中ト成リテ。以ニ但中觀一破ニ無明一事無キ故ニ。正ク以ニ圓ノ中一破ニ無明一。仍修觀ヨリハ成ニ圓人一程ニ。只聞中計カ聞ニ但中一故。名ニ別攝通一之樣ニ聞歟。古來ノ一義ナレトモ太難レ思。其ノ故ハ。是程宿善如ニ恆沙一。一生ニ可レ破ニ無明一中道ノ宿習カ積ル故。一生入ニ地上一以ニ不但中一破ニ無明一圓人ト成ルヘキナラハ。只聞中ニモ不但中ヲ聞カン。只則圓攝通ノ人ニテ有カシ。其カ只聞中ノ一刹那計カワツカニ聞テ但中法性一。次キ刹那ノ修觀ヨリ不但中ヲ修ン圓

人ト成テウ事カ餘假令ニ覺也。其レ程修觀ヨリ不但中ヲ用ニ。以二一心三觀一破無明ナラハ只自レ始一向ニ圓攝ヲ被レカシ。何カ故聞中ノ刹那計ニ聞ニ別教ノ但中一。マシナヒテ自ニ修觀一用ニ圓中一云ヘハ。餘假令也。其位ナラハ聞ニ但中一用ハ何事ソ耶。物ノ用ニモ不レ立物テ有カ。只聞中刹那計聞テ但中一。マシナウテ除ノク樣カ太難レ思。サシモ被攝トハ行人ノ實證ニテ教門ニハ不ニ被攝一事トコソ聞ヘシニ。是程教門氣ニ假令ナル事ハ爭カ可レ有耶。止觀ハ。明ニ證道一故但約レ觀故トテ。（天止二、三一五。弘決）（約カ）明ニ別攝通一事ハ。約ニ證道一顯ニ理觀一云フ程ノ別攝ノ體カ。只聞中ノ位計ニ聞テ別教ノ理一自ニ修觀一用ニ不但中一事カ。是程約ニ證道一程ニ別攝通ヲ明ト被レテ云。證道ノ實義ト成ル別攝通ト被レ云樣カ太難レ思也

就中。自ニ修中一用ニ一心三觀一成ニ圓人一。一生破無明ト云者。是ハ圓人ノ一生入住ノ義ナルカ故付ニ文理一今疑ヲ設ク。又義勢ヲ成シテ長遠ノ教ヲ受タル人カ。何トテ一生可レ破ニ無明一耶ト云難ヲ加ヘ。此難勢ヲ承テ寄ニ宿習一依ニ利根一被レ會テモ太無用ニ成歟。別教人ノ定テコソ此難ハ有レ。其カ圓人ノ一生破無明ハ何カ故ニ不審カ可レ有耶。故此ノ題ノ落居ノ樣テハ今疑カウツラニ成也。無レ詮事ヲ論ケルト覺也。聞中計カ但中テ別攝通ト被レ名物ナラハ。聞中シケル處カ不審ト成歟ノ論義テコソ有ルヘケレ。惣シテ別攝通ノ人カ一生破無明ノ事難レト思云歟ハ（上カ）益モ無ク成ル程ニ。サテハ先德何カ難義ナレハ異朝テモ被レケル決ヤラムト落居カ難レ思也

次。聞中トハ何ル事耶。被攝トハ。爲レ欲レ示ニ於眞內中一故。（天止二、四七〇。弘決）故待ニ證空一方爲點示等釋シテ。當教ノ眞諦理ヲ研ク程ニ後教ノ中道ヲ顯トコソ定タレ。是則行者カ自悟ミサトリ顯ス事ナルニ。今聞レ中云者佛カ神カ有テ中道ヲ説キ聞セケル歟。サテハ不レ依ニ教門ノ施設ニ。行者自見出ス中道ノ理トハ不レ可レ被レ云事也。仍聞中ノ聞ノ詞カ難レ思。若又不レ依レ説ニ眞諦ノ底ナル中道ヲ瑩キ顯ス樣ナラハ。聞中ノ聞ノ詞ヲハ何トカ可ニ意得一耶。可レ有ニ了簡一也

次。此事楞嚴ノ先德決ヲ被レ送ニ於異朝一時。所依文。（天止二、三〇三。止觀）初空假二觀。破ニ眞俗上惑一盡方聞ニ中道一。仍須下修レ觀破ニ無明一能八相作佛上ノ文ヲ進トシテ。一生破無明ノ義ヲ被リ疑。（大正藏四六、八八九上。四明教行錄取意）知禮決トシテ。文ニ一生ノ詞無ト決タルハ。實ニモ文ニ一生中ニ至トハ初地一不レ見事ナラハ。先德ハ宋地ノ人師ニシテカサレタルニ成ル也。是程分明ニ無キ文ヲ進トシテ。隔ニ萬理ノ波一被レ決事モ詞ヲ費サレタル

計ナル故ニ。無量（益）ノ決ヲ被レ設當也。先德ヨモソレ程ノ事ヲハ決セラレン。何樣文ニ見タル子細ソ有テウ。若爾可レ被ニ了簡一也。其ヲ聞中修觀破無明ノ次第相違ル程ニ。一生破無明ト聞タリト被レ成歟。是ハイカニ雖レトモ隔ニ多生曠劫一。聞中修觀破無明ノ次第可ニ相ィ次一條ハ勿論ナルカ故。依レ之必ス一生破無明ストハ不レ可レ定。故付ニ所依文一猶可レ被ニ了簡一事也

重又難云。落居ハ聞趣ハ止觀ノ別攝通ハ實ニ圓攝通也。於ニ圓攝一立ニ別攝名一也。其旨御廟大師御釋ニ有ト云樣ニ聞歟。サテハ此題ハクレクレ論ケル事ハ全分段事ヲ論ケル也。實ニ圓攝通ナラハ圓人ノ一生破無明ナルカ故。其ハ實非ニ難義一也。疑ハ別攝通ノ定テコソ難勢ヲモ構ヘ義勢ヲモ被レ成事ナルニ。實義ハ圓攝ナラハ何ソ疑ケルソ耶ト覺也。其カ別攝通ノ名ヲ立ル計ナラハ。圓攝ヲ暫ク別攝ト名ケル事カ不審ナルト云事計ナラハ。其ハ別ノ不審ナルヘシ。一生破無明ヲ疑ケル處ハ無益ノ事ニ成也。別攝通ト云〓（本ノママ）カ付タル計ニテ。實ニ圓攝ナラハ只圓人ノ一生破無明也。全ク別攝通ノ一生入地ニ非故此定ナラハ。太今ノ疑カ落居ハ無レ詮也。サテ別攝通ノ名ヲ立ケル故ニ。教隣近故。理異眞故ノ二義ヲ分別シテ一往是程假令氣ナル事ヲ配立シテ。實ニ圓攝通テ有ル物ニ別攝通ノ名ヲ立ケル用ハ何（何ニカ）何事耶ト猶難レ思也。又今義勢ノ定ナラハ。聞中モ不但中テ可レ有歟。サテハ一向ニ圓攝通ナルヘシ。若聞中計ハ猶但中ト云者。先ノ難カ猶不レ可レ散也。只聞中ノ一刹那計ニ別敎ノ但中ヲ聞ケル用カ太何事ソト覺也

次。玄文ノ三攝ハ爾前ヲ分別カ故。今前六重仍存敎道ナレハ。（天玄二、一五八。釋籤）別攝通ト云モ一生破無明無シ。止觀ノ別攝ハ圓頓行者ノ妙解ナル故。是ハ實一生破無明ノ義有ト聞也。是カ難レ思事ハ。別攝中トハ聞中ノ處ニ名テ自ニ修觀一用ニ一心三觀一成ニ圓人一。但中觀ヲ以テ不レ破ニ無明一故。以ニ不但中一破ニ無明一入ニ初住一云樣ナラハ。玄文ニ所レ明別攝通トテモ同事ナルヘシ。但中ノ力カ不レ破ニ無明一樣ナル事ハ。玄文ニ明ス被攝トテモ同事ナルヘシ。トテモ被攝ハ行者ノ實證ニテ不レ依ニ敎門一約束ナラハ。今前六重仍存敎道ト被レ云。敎門ノ中ニ明ス別攝通也トモ。不レ依ニ敎門ノ說一實證カ別ニ有テ。一生破無明スヘキ事ヲ何カ故可レ被レ遮耶

次。圓頓行者ノ妙解ナレハ。止觀ニ明ス別攝通ハ玄文ニ明ス爾前ノ別攝通ニハ異也ト云樣ニ聞歟。誠ニ大意ノ章ハ妙解ノ中ナレトモ。惣ニ

始終一故互ニ妙行一。方便章又互ニ妙解妙行ニ。釋名顯體等ハ偏妙解ノ重ナル條勿論ナレハ。其ノ中ニ明ス被攝ナレハ。圓頓行者ノ妙解ノ上ニ開條不レ可レ疑。就レ之。妙解トハ大小權實一代ノ佛法ヲ解也。前六重依修多羅以開妙解（天止三、一〇八。止觀）ナレハ。一代ノ説ヲ悉ク妙解スル程ニ。此中ニハ爾前ノ法門ヲモ解シ。法華ノ法門ヲモ解也。故ニ妙解中ニ分別ル被攝ナレハトテ。爾前被攝ノ。攝義本在法華（天玄二、二〇四。釋籤）經前ト被レ云。被攝體無トハ不レ可レ定。其上止觀中ニハ。此以（天止二、四四一。弘決）（意カ）正當別理攝之文ヲハ方等般若ニ約シテ釋シ。引ニ大品ノ十地菩薩爲レ如レ佛文一證ニ被攝一上ニハ。止觀中ニ明ス被攝ナレハトテ（天止三、六二五。止觀）。爾前ニ所レ明ノ被攝ニテ無トハ不レ可レ被レ申。是等ノ程カ猶ヲ難レ思也

〔三但中觀破無明事〕

三 問。但中觀破ニ無明一耶

答。任ニ一義一不レ可レ破　付レ之　答

重難云。權實二教事異ナレトモ斷惑證理ノ義門ハ不レ可レ有ニ異途一。仍藏通兩教ノ界內ノ事理ノ教ナル生無生ノ異雖レ有ト。共ニ見思ノ迷ヲ盡カ故。例レ之時。別圓二教ノ界外ノ事理ナル卽不卽ノ異雖レ有ト。斷惑義門可レ同之條大綱ノ道理ナルニ。別教ノ中道觀カ不レ斷ニ無明一云ハン事。惣シテ背ニ教相ノ大旨一ニ故難レ思也。サレハ於ニ別教一明ニ次第三諦一時。空假ノ二觀マテハ見思塵沙ノ迷ヲ斷ルハ。至ニ中道觀一ニ空ク不レ破ニ無明一斷惑ノ功用モ無ト云ハン事太難レ思。就中。初住證道同圓ノ配立ニ約ル日尤以ニ但中觀一破ニ無明一聞ク。其ノ故ハ。證道同圓ノ義ヲハ。例（大正藏四六、五六八。四念處取意）如三藏初修生滅至果方得無生ト云ヘリ。是則界內界外ノ教ハ必一雙ノ法ナルカ故ニ。藏通兩教ノ所證ノ同ヲ以テ。則別圓ノ證道ノ同キ意ヲ顯ス。其カ三藏教ノ意カ生滅ノ觀ヲ明ストテ。不レ斷ニ見思一云事ハ無レ之。其カ既依ニ生滅ノ觀門一證ニ偏眞ノ理一畢ヌレハ。於レ理自レ元二法無キカ故成ニ通人一ニ。サレハ初修生滅至果方得無生ナルカ故ニ。果ニ至トハ。生滅觀門ニテ斷惑證理ル程ニ三藏教ノ果ニ至ルト云也。至レハ此果一成ニ通人一ト故。是ハ全ク以ニ無觀一破ニ見思一。故成ニ通人一云樣ニハ非ス。以ニ生滅觀一破ニ見思一。至レハ三藏果一偏眞ノ理カ一ナル程ニ成ニ通人一ト定リ。例レ之證道同圓ノ義ヲハ釋カ故。分明ニ以ニ但中觀一破ニ無明一顯ニ中道一ヌレハ。於ニ中道法界ノ理一自レ元但不但無レ別顯成ニ圓人一聞ク。藏通ノ例證ヲ思フニ知リヌ。但中觀ニテ破ニ無明一聞リ

次。今難勢ヲ添フル時尤難レ思ヒ事ハ。別攝通ノ人ヲハ別教ノ宿（前カ）習カ源盡ル程ニ。眞諦理ヲ研時。但中觀ヲ顯ス者也。若爾ハ。始終但中ノ智ヲ以テ破ニ無明一申ヘキ也。止觀ニ明二トハ一攝一別攝通也。是ヲハ。約證道故但約觀故ト釋ル程ニ（天止二、三一五。弘決）。殊ニ以ニ但中一破ニ無明一行者ノ實證ヲモ顯ト申テコソ。別攝ヲ明ス本意ハ顯ルヘケレ。其カ依ニ別教ノ宿習一雖レ悟ニト但中一。只聞中計カ別教ノ中道ニテ。修觀破無明ヨリ圓ノ中道ヲ用ト云者。太失ニテ別攝通ノ本意一無念ニ成ル樣也

次。付ニ證據一先所依文可レ被ニ了簡一。初空假二觀。破眞俗上惑盡方聞中道トハ（天止二、三〇三。止觀）。此ノ聞中體ハ但中ノ條立敵共許也。其ヲ。仍須修觀破無明。能八相作佛トハ（同前）。上ノ方聞中道ヲ指テ仍須修觀ト釋シ取ル條必然ナルカ故。釋義ノ起盡ハ以ニ但中觀一破ニ無明一聞タリ。是ハ教門ノ約束ナト云フ樣ニハ不レ可レ有。被攝ハ行人ノ實證ナルカ故。實ニ用ニテ但中一破ニ無明一定ル條不レ可レ疑。是ヲ妙樂釋。應三須修レ觀進破ニ無明一。不レ分ニ但中不但中別一等釋ル故（同、三一五。弘決）。是ヲ明證ニ違歟。是太未盡ナル事ハ。應須修觀トハ不但中歟但中歟。雖レ難レ例本書釋ノ意ヲ帶テ意得レハ。但中ノ段ハ無ニ異論一。何（仍カ）應須修觀進破無明ニテ但中ノ事也。其ヲ不分但中不但中別ト釋コソ。入地自證。權門自開ニテ初地ノ證ヲ取レハ則初住ト齊ト云意ヲ顯也。サレハ。故知證（語カ）地已含於住ニテ（同前）。證レ地含レ住ト釋タル。是則入ニ初地一則初住ト ムシクイ ト聞カ故。還テ但中觀破ニ無明一誠證トハ成レトモ。不レ破ニ無明一潤色トハ不レ成也

其ヲ道理聞中事ニハ。無明ハ三諦卽是ノ迷ナルカ故。以ニ但中一不レ可レ破之樣ニ聞。是カ難レ思事ハ。三惑ハ三觀ノ所治ト定ル事ハ勿論ナルカ故。無明ハ中道ノ迷テコソアレ。是カ三諦相卽ノ迷ト被レ云事何ナル故ソ耶。サレハ一家釋義ニハ。一往然二往不然ニテ（天止四、一九五。止觀）。一往ノ日ハ卽空ニテ破ニ無明一。中道ニテ破ニ見思塵沙一樣ナレトモ。再往ノ實義ニハ中道ハ破ニ無明一。空假ノ觀ハ斷ニ見思塵沙一定タリ。仍一家實義トシテ無明ハ中道ノ迷トコソ定ル事ナレ。是カ三諦相卽ノ源ト成ルト云事カ太難レ思。是ハ則惑智ノ根元ナルカ故。尤可レ被レ定事ナルニ付テハ。無明ノ一惑カ則三諦相卽ノ源ト成ト云事ハ。證誠（誠證カ）ハ何ナル處ニ有耶。正キ道理ハ何ナル事耶。付ニ文理一聞タキ也

就中。無明ハ三諦卽是ノ迷ニテ法性ニ卽スル程ニ。但中ニテ不レ可レ

斷云ハハ。見思塵沙トテモ同事ナルヘシ。以レ實論セン時ハ。三惑モ少モ不レ可ニ相離一。ヤハヤ三惑ノ各別ナル事ハ有耶。サレハ。見思卽是無明。無明卽是法性等釋シ。三惑既卽三觀必融トモ釋タル。(天止四、四八。止觀)(同、五一。弘決)(同、四八)其上。一見一思無非法界ナレハ。見思則法界ト被レ云上ニハ。還ニ法體一論ル時。見思塵沙カ實ニ無明ノ外ニモ有リ法性ノヨソニモ可レ有物テハ不レ可レ有。サレトモ三惑ト分別シテ麁細ヲモ論シ。能治所治ヲモ辨ル時。以ニ空假二觀一斷ニ見思塵沙一上ニハ。以ニ中道觀一斷ニ無明一云ハン事有ニ何失一耶。歸ニ法體一時ニハ三惑カ相卽シ見思カ卽ニ法性一物ナレトモ。不レ依ニ法體ノ相卽一。見思塵沙ヲハ取リ離テ偏空假ノ觀門ニ斷ケル事ナルニ。無明計カ法體カ卽シタトテ取リ放テ以ニ中觀一不レ可レ被レ破道理ハ何事ソ耶。故ニ事ヲ讓ニ法體ノ相卽一之條ハ太難レ思事也

大方アマサヘアル疑ナレトモ。別圓二教相望ル時ハ。圓教ニテハ無明モ不レ被レ斷。別教テ被ト斷申タキ事也。其ノ故ハ。圓ノ意テハ惑智カ全ク相卽シテ無明ノ體ヲ不レ動法性ソト云カ故。必定トシテ不レ被レ斷云處カ可レ有。サル時ニ圓教テモ不レ被レ斷。別教テモ不レ被レ斷程ニ。地體無明ノ惑ハサテハ不レ被レ斷煩惱テ可レ止ム歟。其カ若無明ハ可斷ノ迷ナラハ。圓ノ意テハ無明ノ體ヲ不ハ動故不レ斷ト可レ被レ云故。別教ノ惑智各別ノ觀門ニテ可レ被レ斷之條ハ必然ノ道理ト覺也。

抑。無明ノ體ハ何ナル物ナレハ必以ニ一心三觀一可レ被レ破物ソ耶。可レ被レ定ニ法體一也

次。證據聞定。修中者亦寄次第ノ釋ハ。大方別教ノ十廻向ニ修ニ一心三觀一耶否耶ノ事ハ。先德被レ存ニ異義一。後學未ニ一決一故。無ニ左右一ココニ難ニ治定一事也。但。證據ニ出釋ハ非ニ潤色ニ旨。修中者亦寄次第。實而言レ之。三觀圓修ト云マテハ。一心三觀ヲ明ストイミシク聞ル程ニ。三觀圓修ノ樣ヲ釋ル處ヲ悉ク破ルル故ハ。以二觀心修於中道。是故至此卽名圓修ト釋ル故ニ。以ニ二觀心一修ヲ中道一圓修ト釋リ。若是ヲ一心三觀ト云者。空心出假故云如此ノ釋ヲモ一心三觀ノ義ソト可レ被レ成歟。是ハ如此住壇攝成一切恆沙佛法ト云フ。如此ノ詞ヲ消トシテ空心出假故云如此ト云ヘリ。是則十住入空ノ上ノ十行出假ナル程ニ。空心出假ト云フ如レ其。今釋ハ十住入空十行出假ノ上ニ修ニ中道一故。以ニ二觀心一修ニ於中道一。是故至レ此卽名圓修ト云意トハ全ク同シ。彼釋ハ入空上ノ出假ナレハ空眞出假ト釋シ。
(天止四、九九。弘決)(同前)(同前)(天止一、五五八。弘決)(同。止觀)(檀カ)(天止四、九九。弘決)(心カ)

今釋ハ。十住十行ノ空假上ノ修中ナルカ故。以二二觀心一ト云計コソ不同ナレトモ意ハ全ク同也。仍今釋ハ。更十廻向ニ修二一心三觀一誠證ニハ非也

次。前唐院大師證道同圓ノ義ヲ釋ル時。聞二實教一爲二證圓一。（圓ノ事也）不レ聞（天止二、三三五。弘決）爲二自證一耶ト云テ。共ニ付レ難時。若聞二實教一得レ證云者。入地自證。權門自開釋ニ背ク。既ニ入レ地權門自開ト云カ故。自ノ言ニ意ヲツケテ被レ難耶。若聞二實教一者自ラ開トハ不レ可レ釋。若不聞得悟者。教ト證トハ可二相違一也。其ノ故ハ。地前ニハ但中ノ説ヲ聞ン者カ。不但中ノ實證ヲ自ラ取テ不レ聞二實教ノ説一證ヲ取ハ。教ト證トカ可二相違一也。依レ教可レ開レ證處ニ。聞二但中ノ教一不但中ノ證ヲ取云事難レ思難リ。是ヲ答ル時ニハ。不レ聞二實教一入レ地自ラ權門自開ト釋リ。是則地前中道觀力ニ依テ。雖レ不レ聞二實教ヲハ入レ地自開ト判ル程ニ。此釋ノ定テハ不レ可レ有レ諍（天玄三、四五〇。玄義）。以二但中一破二無明一入二證位一。自成二圓人一聞リ

次。今順忍中斷ヲ除見思一等釋ハ。三惑麁細ヲ分別ル時。見思ヲハ類二水上油一。無明ヲハ類二水内乳一也。是則三惑麁細ヲ分別ル計也。必モ但中觀ヲ以破二無明一云誠證ニハ非也

答。以二但中觀一不レ可レ破二無明一云事。源ト前三教ヲ有教無人ト云ヒ。（果カ）過頭無人ト沙汰ル約束ヨリシテ可レ開事也。先ツ權實二教ノ不同トハ。權教ハ始終權ニテ不レシテ留終ニ歸レ實。是ヲ云二權教ト。權教ノ樣カ極リ行ケハ必歸レ實。若權カ始終トナリテハ不レ被レ云レ權トハ。サレハ。（天止二、四五七。止觀）權謂權謀（是カ）。且（暫カ）用後（還カ）可レ廢。實謂實陸（是カ）究（錄カ）竟所歸也ト云テ。（旨カ）且ク用テ後可レ廢コソ權ノ體ナレ。始終不レシテ廢有ラハ權ト不レ可レ云フ。空假二觀ヲ以テ見思塵沙ノ雖レ斷ト。但中觀テハ無明カ不レシテ被レ破。終ニ以二一心三觀一斷コソ無明一。後ニ被タル廢義門ナレ。ケニモ權教ト云物ハ本末有テ但中觀カトヲル物ナラハ。破二無明一事雖レ可レ有。自レ元權教ハ權ニテ不レ留。必ス被レ廢歸レ實物ナルカ故。但中觀カ有テハヤ斷二無明一事ハ可レ有耶。約束ノ趣ハ是等ノ意ナルヘシ。其カ斷惑證理ハ權實同キ故。以二藏通ノ例一申ス時。別教可レ斷二無明一云難カ來歟。其ハ且ク用テ後ニ可レ廢。故以二空假二觀一破二見思塵沙一事コソ且ク用タル義門ナレ。是コソ別教ノ權門ト被レ云體ナレ。不レ破二無明一事ハ。後ニ可レ廢被レ云意ナルカ故ニ。權ニ不レシテ留歸レ實體ナル程ニ不レ斷二無（思カ）明一也。サレハトテ別教ニ無二斷惑ノ義一不レ可レ云フ。破二見塵

沙ニ事コソ權教ノ且ク用タル意ナレト存也

但。無明ハ但中觀テ不レ被レ斷云者。見思塵沙モ可レ同云難カ來。是ハ無明ノ樣ニ可レ依。無明トハ自ニ法性ノ肩一起タル迷也。其カ次第ニ三細六麁ト顯レテコソ終ニ見思塵沙トハ成ナレハ。見思塵沙ハ次第ニ麁淺ニ顯タル煩惱ナル程ニ。以ニ偏空偏假一可レ被レ斷事ナレ。凡ソ迷ノ源トハ無明ノ一惑ナルカ故ニ。正ク中道法性ノ理底ニ迷ヘシ煩惱ノ體ナル程ニ。迷ノ根元ト被レ云。若爾。迷ノ根元ヲハ悟ノ根元テ可レ斷條ハ勿論ナル故。一心三觀コソ悟ノ源ナレハ必ス以レ之(可破ナシカ)可レ破可レ破ニ無明一也。迷ノ根源ヲ只權教ノ但中觀ニテ破ル道理ハ更不レ可レ有。サレハ迷ニ本覺ノ一理一是カ無明ナレハ。以ニ但中觀一不レ可レ破云事ハ。本覺ノ理トハ何ナル物ソナレハ一心三觀ソカシ。但中觀テ本覺ノ理ト云事不レ可レ有。障ヘタルニ一心三觀ノ本覺ノ理一無明ノ體ヲハ必ス以ニ圓ノ三觀一可レ破。但中觀門ニテ三觀一心ニ迷ヘル無明ヲ破ト云事不レ可レ有。此上ニハ猶無明ノ體カ正ク治定シテカカル故。但中觀ニテ不レ可レ破之樣カ可レ聞。實ニ無明ノ樣タニ落居セハ以ニ一心三觀一可レ破レ之謂ハ可レ顯。然而先約束共ニ此等ノ意ニ不レ可レ過

次。證據ハ所依文ハ本書ノ。唯得以別攝通ト云下ヲ。(天止二、三二三～四)妙樂ハ。仍(應カ)須修觀進破無明。不分但中不但中別。故知語地以含於(已カ)住ト釋シテ。(同、三二五。弘決)應須修觀破(「進カ)無明ノ處ヲ指テ。不分但中不但中別ト釋ス。不レ分ニ但不但一云意ハ一心三觀ノ體則不但中ノ意ヲ顯ス。以ニ不但中一破ケルニ無明一程ニ。故知語地以含於(已カ)住ニテ初地ト雖トモ別。圓ノ初住テ有ソト釋シ取也。凡止觀ハ明ニ一攝一被レ云。一攝トハ別攝通也。明スニ此別攝一本意ハ。不分但中不但中別ノ意ニテ可レ有也。是等ハ連日可レ聞事也

次。無明住地其力最大。佛菩提智之所ニ能斷一文誠也。(大正藏三八、五四〇上。維摩玄疏)無明其ノ力最大ナル故以ニ佛菩提智一斷ト云意ハ。以ニ一心三觀一破ト云意也。指ニ但中觀一佛菩提智ト不レ可レ云。四乘觀智ノ約束ニ任ハ。指テニ圓教一佛菩提智ト可レ云程ニ。分明ノ誠證也

次ニ。言ニ修中一者亦寄ニ次第一文事。(天止四、九九。弘決)十廻向ニ用ニ一心三觀一耶ノ事。大旨ハ修ニ圓ノ三觀一申也。釋義ハ正ク。(同前)實而言之三觀門(圓カ)修ト釋セリ。只以ニ二觀心一修ニ中道一分齊ナラハ。三觀圓修ナトニ不レ可レ釋。何樣指トニ一心三觀一聞リ。故サラ卽ニ次第ニ不次第ナル意ヲ欲レ顯シテ。次不次ノ一ナル意ヲ爲レ成也。サレハ亦寄次

第トテ。寄二ル次第一上ニ實ニ用二三觀一云意者。卽シテ二次第一顯二不次第一也。仍四念處ノ。別向圓修ノ文(大正藏四六、五七二下)ヲ引ニモ。圓修ノ詞ハ一心三觀ヲ指ス條勿論ナレハ。是又誠證ナルヘシ

重仰云。大方貞實ニ法門底タニ顯タラハ。以二但中觀一破二無明一云意モ可レ有レ之。是ハ別段ノ事ナルヘシ

〔四　別教佛盡二法界品無明一耶〕

四 問。別教佛盡二法界品ノ無明一耶

答。不レ可レ盡　　付レ之　答

重難云。別教ノ佛法界品ノ無明ヲ盡シ不レ盡。重事ナルカ故輒難レ定事也。其カ一家ノ四教ヲ被レ迷還レ之根元ニ歸テ。別教佛ハ法界品ノ無明ヲハ盡ト可レ被レ云事歟。不レ盡ト可レ被レ云事歟。宜ク可レ依二教相源一也。其カ一處釋カ何カ故ソ界內界外ノ兩理ヲ爲レ顯問レ之。何カ顯四ナルトハ四教ト分タル事ヲ爲レ顯問ス。是ヲ答ル時隨レ理故ニ二リ。應レ根故ニ四教ト成ト釋リ。是則於二界內ノ理一利鈍ノ兩機カ分タル故。是ヲ藏通二教ト立ツ。界內事理ノ二教ヲ迭二利鈍ノ機一也。於二界外ノ理一利鈍ノ機カ分タル故界外ノ事理ノ教ト立テテ。是ヲ稱二別圓二教一故。於二界內外ノ兩理一依二根性利鈍ノ異一四教ハ起ルト定タリ。其カ界內ノ事理ノ教ナル藏通兩教同ク盡シテ二見思ノ迷ヲ一斷證カ齊等ニテ全ク無二不同一也。以レ之准據ニ。界外ノ事理ノ教モ同盡シテ二法界品ノ無明ヲ一斷證カ不レ可レ有二差異一之條ハ。理齊(在カ)絕言ノ道理ト覺也

就中。教理智斷行位因果ノ八法カ四教ニ各具足ス。其カ別圓二教ハ此ノ八法ノ義ヲ付二具足ルニ一。二教ノ差異トハ只卽不卽ノ不同ニ依ル。其カ於二八法ノ中一斷計ニ限テ。次不次ノ不同ノ外ニ於二無明ノ頭數一奢促ノ異カ可レ出二來之條カ難レ思。教トハ能詮ナレハ是ハ別圓二教次不次ノ不同也。理トハ又三諦ニテレハ卽不卽ノ異カ勿論也。智トハ又三智ナレハ同前也。行ハ次第ノ五行。不次第ノ五行ナレハ。是等ハ次不次ニ約ス。位ハ同ク五十二位ナレトモ次第シテ論ル位ト。始終理一ニシテ不次第ニ論ル位トシテ不同カ可レ有。因果ハ又卽不卽ノ異カ勿論ナル故。於二八法中一餘ハ悉ク次不次卽不卽ノ異ニ依テ別圓二教ノ差異ヲハ分別ル物ナルニ。只限二斷計一次不次ノ義ノ事異ナル外ニ。又於二無明頭數一依二多少ノ不同一辨二別圓ノ異一物ナラハ。忽ニ偏頗ト成リテ。餘ハ皆約二次不次ノ別一二教ノ不同ヲ辨ヘルニ。只付二斷惑ノ義門計一不レ約二卽不卽ノ異一ニハ。依二多

少ニ一辨レ異云樣ナラハ。於ニ八法一辨ニ別圓ノ異一付テ。則偏頗カ可レ出之故太難レ思也

大方別圓ノ二教ノ意ハ何事モ法門頭數ハ同シ程ニ明ス。十界ヲモ明シ三諦ヲモ三惑ヲモ明ス事ハ。二教カ全ク齊等ニシテ。辨ニ不同一時ニハ。次不次ノ異ニ依テ分別事也。別教トハ圓教ノ法門ヲノヘテ次第カ明シ。圓教トハ別教ノ次第センヲ入ニ一心一成也。故知。今卽（天玄二、一九二。釋籤）卽彼別教次第三諦。次第卽已方成今卽シテ釋コソ。別圓二教ノ大綱ナレ。サレハ以ニ別教一界外ノ事教ト立ル事ハ。法門ノ名數ヲハ事ニ差別邐迤シテ一法モ無ニ闕減一明ス。此事數ノ次第セン體ヲ取テ入レ理成ニ一心體一カ圓教ト被レ云程ニ。事教ト立テシ本意ハ源此事也。若於ニ無明品數一二教ノ不同カ有ト云者。別教ヲ事教ト名ケル事カ自シテニ根元一難レ思事ナルヘシ。其カ只圓教ニハ四十二品ト云ヒ。別教ニ十二品斷ト云事カ有計ニハカサレテ。惣シテ教相ノ根元ヲ可レ失事ハ太難レ思事ナルヘシ。其ノ上四十二品ト施設ル事ハ。一往大分爲ニ四十二品一。然其品數。無量無邊ニテ無（天玄四、四八七。玄義）量ノ品數ナル無明ヲ一往大分シテ四十二品トスト定リ。實ニモ無明（深カ）品類甚多。實相海須無量ナル故。品類甚多ノ無明ヲ取テ四十（重數カ）二品ト定サタムル也。以レ之思フニハ。無量ノ無明ヲ取テ別教ノ意シテハ。十二品ト分別シテ一往大分スト可ニ意得フ一。十二品ト分タレハトテ下地ノ法體ヨリ無明カ限ニトハ十二品ニ不レ可レ存。故圓教ニハ四十二品ト施設ヲ。別教ノ意テハ一往大分シテ十二品ト立ト可レ被レ云。故於ニ無明ノ體一實ニ奢促有ル樣ニハ不レ可レ有ル。其ヲ約ニ權實不同一云事難レ思。若別教ニハ不レ盡ニ法界品ノ無明一者。還テ權實ノ異カ不レ可レ被レ作覺也。其故ハ。所斷所證カ全ク齊等ナルヲ卽不卽ノ異カ有テ。別教ニハ隔歷シテ法界品ノ無明ヲ盡カ故ニ權教ト（云カ）被レ云。圓教ハ卽シテ斷カ故ニ故ニ實教ト也。權實ノ不同トハ自レ元次不次ノ異ニ可レ依。故ニ同フ法界品ノ無明ヲ盡ニ付テ以ニ次第不次第ノ別一可レ辨ニ權實ノ異一ヲハ。若夫於ニ無明頭數一多少ノ不同カ有ハ。歸テ權實ノ異カ可レ難カルレ辨。大方法門ノ名數ハ二教齊等ニテ是ヲ思議不思議ニ約シ。次不次隔歷圓融ニ付テ辨ル時コソ權實ノ異ハ顯ルル故。是ハ斷ニ法界品ノ無明一云テコソ權實ノ別ハ成レト覺也

サレハ付ニ化城寶所一辨ニ紆直ノ不同一。藏通二教化城ノ體ハ一物ニシテ。紆通シテ至ラハ三藏析空ノ法門ト云ヒ。直通シテ趣ヲハ通教ノ

無生法門云也。所詣化城體全無不同。析體巧拙異依藏通不同辨也。如其別圓二教意寶處體一定次第至別教云。初後不二趣稱圓教。所詣寶處一體コソ紆直異成。若不斷法界品無明者。於寶處別忽有程。紆通直通約束可背事也。サレハ一處釋借譬時（天玄一、六四八。玄義參照）。四舟辨。私舟中州至三藏教體也。於官舟辨三不同。一舟至中州。是通教也。二官舟同到彼岸。其一舟廻曲至（直カ）。一舟意顯。彼岸中道山頂則寶所體也。別圓共一寶處到定。若所斷無明有不同者。何同彼岸到共趣寶所可被云耶覺（大正藏四六、五七三下。四念處）。但。一家釋義別教十二品斷。知（爲カ）己家（「之カ）極果不知他（是カ」）家因（「之下カ）釋事多故。被任之歟。是暫十二品斷四十二品斷數多少有程。一往付品數不同辨權實異欲一旦釋義ナルヘシ。是則四教根元教相源不可背故（天玄三、四九六。玄義參照）。且顯一往意可意得次。一處釋作與奪釋時。奪云時別教佛果圓教初行齊等也云。與論日別教佛果圓初住等云時。於別教十地一位三品無明開故。十地三十品開圓教住行向三十心不開三重無明。只三十品立是別教十地開三十品對故。別佛果圓初地當也。此釋太假令樣覺故。如此釋本意何事耶。用何意趣欲顯耶。餘相配樣假令樣覺故。旨趣聞事也

次。先前唐院大師。別教妙覺如圓佛。斷四十二品無明釋。是圓佛示現邊約云事難思。若圓佛示現約。藏通佛ナトヤ盡法界品無明不云耶。其上約內證邊偏圓佛方約。必今釋出有何不審耶。詞費用無也。若又圓佛示現程。別教佛斷四十二品之樣。其則盡法界品無明義門。只內證邊指云分。今如此釋不審更不可有程。釋用無也。サレハ釋義。如圓佛別教妙覺斷四十二品云故。別圓二教分別日。別教佛斷法界品無明釋聞。仍此釋猶堅事也

次。圓教ハ自ニ初住一斷ニ無明一四十二品斷ト沙汰シ。別教ハ自ニ初地一斷シテ十二品斷ト施設ル。此品數ノ不同ニ依テ權實ノ異カ可レ分云事ハ何ナル道理ソ耶。只斷惑位ヲ論ル事カ有ニ奢促一カ。圓教自ニ初住一斷ト云ヒ。別教ハ自ニ初地一斷ト云計テコソアレ。必依レ之教ノ權實カ可レ顯樣カ難レ思。就中。釋義ハ殊ニ此ノアハヒヲ隨分釋トシテ。教至テ權レハ位彌高シ。教至テ實レハ位彌下リト釋シテ。(天止四、一〇六。弘決取意)只自然ナル樣ニハ無テ以外ニ。圓教ノ美歎(談カ)トハ自ニ初住一證位ト立ル事ヲ指テ釋リ。其カ何トテ是程圓位ノ秀句ト被レ云處ハ有ソ耶。付ニ此算一古來疑ヒ來ル事ナルカ故。尤可レ聞事也

抑。別教ノ佛法界品ノ無明ヲ盡歟不レ盡歟ト被レ下算ノ意趣カ難レ思。其故ハ。當教ノ面ナラハ佛果ト云程テ有ニ殘惑一。佛不レ可レ有。故盡不盡ヲ論ルニ不レ可レ足ル。(天止二、三三五。弘決)若自ラ圓教意尋ハ。又別教ノ佛トテ一品ヲモ斷ル事不レ可レ有。入地自證。權門門(門〔ナシ〕カ)自開カ故。自ニ初地一成ニ圓人一。故ニ一品テモアレ別教ニテ斷事不レ可レ有上ニハ。マシテ法界品ノ無明ヲ盡歟不レ盡マテヲ論ニ不レ可レ足。何當教ノ面テ論ル事歟。後教ノ意ヨリ探テ論ル事歟。被レ下題ノ意趣カ不レ披也

抑。法界品ノ無明トハ何ナル無明耶。法界ト云ヘハ廣キ樣ナレハ。一切ノ無明ヲ取アツメタル樣ナ事ヲ云歟。又法界品ノ無明ト云處ニ體ヨリシテ可レ顯子細カ有歟。又經論一家釋中ニ。法界品ノ無明ト云名目有歟。名ノ出處ヨリシテ體ニ至マテ。法界品ノ無明ト云物ノ樣カ可レ聞事也

答。算題ノ意カ當分テ被レ下歟。後教ノ意ヨリシテ被レ下歟ト不審ナル處テハ約束カ可レ有。其故ハ。偏ニ當分ノ意ニモ非ス。偏ニ後教ノ意ニモ非ス。圓教ノ眼ヨリシテ別教ノ佛ノ斷スル十二品ノ無明ヲ探テ。是ハ圓所斷ノ四十二品ヲ束テ爲ニ十二品斷一ト歟。將タ四十二品ノ隨一ヲ十二品ト取リ放テ斷ル歟ト云意ヲ爲レ顯被レ下算題ナルヘシ

付レ之。四十二品ノ中ノ十二品ヲ斷シテ不レ盡ニ法界品ノ無明一事ハ。一家釋義カ分明ナル故ニ。全ク學者ノ私ノ料簡ニ非ス。別教ノ妙覺ハ斷ニ十二品無明一爲ニ己家極果一ト不レ知ニ他家之因一ト云カ故。分明斷ニ十二品一事ハ。圓家ノ因位ノ分齊ト定ル程ニ。四十二品ノ隨一ヲ斷ト聞リ

何況一處釋中ニハ別教佛斷ニシテ十二品一ヲ四十六(三十品カ)ヲ殘スト釋リ。就中。與奪釋ノ時。至極與ヘテ釋ル定。圓教ノ初地(住カ)ト齊等也ト釋ス。

付ニ是等ノ釋一也。凡歸ニ道理一時權實二教トハ。權教ト云程テハ不レ及處カ有リ。不足ナル重カ有テ權教トハ被レ云程ニ。不レ盡ニ法界品ノ無明一時コソ權教ノ義ハ成レ。若圓佛ノ所斷ト同ク盡サハ。更ニ權實（教）ノ謂カ不レ可レ成。何辨ニ權實ノ異一時ニハ無レ諍。不レ可レ盡之條勿論也

付レ之。同ク至ニ寶處一故。紆直ノ不同雖レ有ト。寶所ノ體同ルヘシト云難カ來也。但シ。法門ニハ相望カ不定也。故寶所トハ。別圓ハ共界外ノ教ニテ斷無明證中道ル邊ヲ暫ク同ク至ニ寶處一云也。此ノ斷無明證中道ノ體ヲ指テ云ニ彼岸一被レ云也。必モ寶處ノ體カ同ク妙覺ノ位トハ不レ可レ定

次。教理智斷等ノ八法ハ大旨約ニ次不次一辨ニ別圓不同一事ナルニ。只斷計ニ限テ事ヲ無明ノ頭數ニ多少有ト云事難レ思云フ難カ殘歟。是ハ無ニ左右一難ニ申披一。但。約束計ハ圓教ニテ四十二品ノ無明ヲ斷ト云ヘハ。則相卽ノ意カ顯レテ斷ニ不次第ノ無明一。三惑既ニ卽三觀必融ノ謂カ成也（天止四、五一。弘決）。別教ニテ十二品斷ト云者。隔歷ノ意カ顯テ不レ盡ニ法界品ノ無明一云意カ可レ有。故無明ノ頭數ノ依ニ多少一。則次不次ノ異カハタト可レ聞子細有レ之。相承ノ趣此事也。此算ノ落居此事ナルヘシ。法界品ノ無明トハ。意ハ相卽ノ理ヲ障タル無明ト云意ヲ顯也。先ツハ一切ノ無明ト云意ヲ法界品ノ無明ト云カ故ニ。此中ニハ不次第ノ無明モ次第ノ無明モ可レ有。故別教ニテ不レ盡被レ云意ハ。圓所斷ノ無明ヲ不レ可レ斷事也。サレハ一處釋カ。本書ニハ。別教四門次第斷五住（天止三、三九四。止觀）。此乃竪遍（斯カ）横不遍。非是所用（「並カ）釋ス（今カ）。此釋ハ。竪遍トハ雖ニ次第斷一ト四十二品ノ無明カ盡カ故云ニ竪遍一ト。見思卽是無明トモ（天止四、四八。止觀）。一見一思無非法界トモ不レ云シテ（同。弘決）。隔歷ル處ヲ云ニ横不遍一ト歟ト覺タル處ヲ。妙樂ハ消トシテ（天止三、三九四）。別但次第從淺至深。且寄教道（「故云竪遍カ）。故云竪遍トニ。且寄教道トハ寄ニ次第一故竪遍ト云ソト釋シテ次第斷ノ意ヲ顯シテ。依實（同前）但斷一十二品。竪尚未遍。況復横耶矣故ニ次第斷意テ四十二品ノ隨一ニ十二品ヲ斷カ故ニ。竪ニテモ猶未レ遍故。況ヤ横ヲ耶ト釋セリ。是ヲ隔歷ノ道理次第ノ義門ニ依テ不レ盡ニ法界品ノ無明一證據ト覺也。就中。竪尚未遍トハ。本書ニ横カ不遍云程ニ不レハ遍竪モ不レ可レ遍之謂カ有ル程ニ。六祖ハ得ニ本書ノ起盡一竪尚未遍ト釋リ。釋義ノ證據不レ可レ過レ之也

私（明空）云。十二品斷ト云ヘハ隔歷カ顯レ。四十二品ト云ヘハ圓融ノ

意ソト者。尤甚深也。別教隔歴ノ意ニテハ。十住ニ唯シ斷ニ見思一思ヒ。偏空ニ住スト思(〔意カ)フホトニ。圓教ノ不思議ノ三惑ノ意ハ。此見思卽是無明ノ也。此空ハ卽假中也。故ニ自ニ初心一至ニ後心一同時斷ノ意ヲ存スレハ。別教ノ斷見思ノ位ナル十住ヨリ斷無明スル故ニ四十二品也。別教ハ斷位前後スレハ十二品斷也。故ニ卽不卽ノ異トアレハ。ヤカテ無明品數ノ別トモ出ル也。是又御沙汰ノ趣也

〔五　**眞俗上惑ノ事**〕

五　問云云　爾者眞俗上惑ト云者。指ニ見思塵沙惑一耶

答。可レ然　付レ之　答

重難云。眞俗上惑ト云ヘル塵沙ニ亙リ不レ亙太付レ難レ測。亙ニ塵沙ニ云義勢付ニ文理一尙難レ思。其ノ故ハ。定テ被攝ノ大綱一塵沙惑ヲハ可レ斷事歟。不レ可レ斷事歟ハ可レ有ニ落居一。其カ本別教ノ意ハ。二觀爲方便道得入中道ナルカ故。空假二觀ヲ方便トシテ悟ニ中道一。是則次第ノ三諦ト沙汰シテ。自レ假移レ中義門也。被攝トハ異(內カ)レニシテ之當教ノ眞諦理(空カ)ヨリ後教ノ中道ニ續リ。サレハ。(天止二、四七〇。弘決)爲欲示於眞諦中故。故待證道方爲點示。令深觀空卽見不空ト云ヒ。(同、四六八。止觀)兩理(處カ)交際須安一攝トモ云テ。空中合論ト定コソ被攝ノ大綱ナレ。其カ空假二觀カ必ス成就シ。斷シテニ塵沙惑一假觀成就ル上ニ被攝ル樣ナラハ。只本別教ノ人ノ豎ニ空假中ト次第シテ。空假上ニ中道ヲ顯ト同意ナルヘシ。何トテ被攝人ノ空中ヲ相續ク相トハ可ソレ被レ中耶。就中。被攝ノ根元トハ眞諦理ト中道ト交際スル事コソ大綱ナレ。若斷ニ塵沙惑一假觀成理ト中道ト交際スル事コソ大綱ナレ。若斷ニ塵沙惑一假觀成就シテ中道ヲ顯ス樣ナラハ。假ヨリ中ヲ續タルニ當也。更ニ眞中合論ル被攝トハ不レ可レ被レ云。所詮被攝ノ大旨ハ。令深觀空卽見不空トテ。眞諦ノ理ハ中道トテ交際ル事ハ。自他更不レ可レ諍事也。其カ斷ニ塵沙一用ニ假觀一云事ハ。空中ノ交際ル事ヲハ許テ乍レ置然モ用ニ假觀一用ハ何事耶。假觀カ寄テニ被攝一自レ元移中者ノ爲ニ物ノ用ト成ル樣カ可レ聞。尤難レ思事也。假令空中交際シテ自ニ眞諦理一移ニ中道一。後ニ還テ閣ニ中道ノ觀門一修ニ假觀一樣ニ可レ有歟。其ノ道理モ太難レ思カルヘシ。顯ニ不空ノ理一後歸テ可レ修ニ偏假ノ觀一道理モサル事可トモレ有不レ覺。所詮空中合論ナル上ニ用ニ假觀一樣カ尤可レ聞事也

次。付ニ釋義一被攝ノ大綱ヲ如レ今取置ヌル上ニハ。付ニ文ノ起盡一

斷トハ二塵沙一更不レ見樣也。其故ハ。初空假二觀破眞俗上惑(天止二、三〇三。止觀)盡ト云マテハ。誠ニ空假二觀マテ見思塵沙ヲ盡テモヤ有ラウト覺ル處ニ。再案スレハ見思ノ塵沙ト云テハ。盡ノ詞カ不レ可レ成。其故ハ。通教菩薩塵沙ヲハ不レ可レ盡事也。是則至ニ佛果一以ニ一念相即ノ惠一斷ニ餘殘ノ習ヲ一沙汰カ故。佛果ノ位テコソ習氣ヲハ盡ト定タレ。故ニ於ニ因位一界內ノ塵沙タニ猶未盡ナル上ニハ。マシテ界外ノ塵沙ヲハ思カケモ無キ事テコソ有ラメ。故盡トハ更塵沙惑ヲハ不レ可レ申。指ニ見思ノ惑一眞俗上惑盡ト云事分明也。妙樂釋カ。(天止二、三〇三)復有一人。破二惑盡。至次(次□カ)第八地方聞中道ト消ル故。本書ノ眞俗上惑盡ト云ヲハ。見思ノ兩惑ト得テ。破二惑盡至次(次□カ)第八地方聞中道ト消リ。本書ノ今ノ釋ニテ意ハ至極顯ナレトモ。詞ニハ見思ノ兩惑トハ不ヲレ釋。妙樂ハ後段ノ文ノ意ヲ得テ釋セリ。地體カ釋義ヲ消ル習ハ。只其ノ釋ノ詞計ヲ消ル事ハ無シ。餘處釋ノ意ヲ以テ釋ル事常ノ約束也。其カ後段ノ被攝ニ止(同、四七〇)從初已來。但觀眞中之空。破見思惑盡到第八地。方爲說眞內之中ト釋カ故(破見思惑盡ノ文事也)。移レ之前段ノ文ヲ消ル時ニモ破二惑盡ト云也。サレハ前段ニ至第八地文雖レ無是モ後段ニ到第八地ト有カ故。以レ之移シテ前段ノ意ヲモ消セルカ故。悉前

後兩段ノ意ヲ合シテ釋成ス。仍今釋カ眞俗上惑トハ何ニヤラムト覺ル處ヲ。後段ノ文ヲ移シテ先段ノ意ヲ消トシテ。破二惑盡等云カ故。分明ニ見思ノ兩惑ト聞ヲ。サレハ是ハ聊爾ナラス了簡ソカシ。山王院大師ハ。眞俗上惑盡ト云テ見思ト釋ス。凡ソ本書計テモ云ニ大綱ト一云ニ起盡一見思ト聞ヲ。山王院ハ猶不ムカレ謬爲ノ故。正ク消ニ被攝義ノ本文ヲ一時。破眞俗上惑盡ト云處ヲハ。(佛全25、三九下。法華論記)見思也ト三(了惑カ)字ヲ施リ。

付レ之聞趣ハ。見思ノ二惑ト云事不レ可レ有云樣ニ聞歟。是ハ無ニ左右一釋義ニ約束ヲ被レ定事不レ可レ然覺也。其上ニ三惑ナト沙汰ル日ハ。誠見思塵沙ヲ二惑ト云樣ナリトモ。隨レ事不定ナルヘキ程ニ。見思ノ兩惑ノ分別シテ二惑ト云事不レ可レ有レ失。見思ヲ二惑ト不レ可レ云被レ定事ハ。太一邊ヲ被レ執樣ニ覺也

次。初空假二觀ノ破眞俗上惑盡ト云カ故。能治所治相對シテ以ニ空假二觀一破ニ見思塵沙一云樣ニ聞歟。誠ニ始終ノ落居モ此事ナルヘシ。但。是又未盡也。空假二觀ト云ヘハトテ。必從假入空・從空入假トノ二觀ト不レ可レ得レ心。(卍續二-四、三八丁左上參照)三觀義ノ本文ニ引ニ瓔珞經ノ說一。二諦觀・平等觀・第一義諦觀ト沙汰ル日。以ニ十

住入空一云二二諦觀一時ハ。能所合論ニ約シ。破用合論ニ約シ。上顯下明ニ付テ論レ之。能所合論トハ所觀ノ生死ノ有ト能觀ノ空トヲ相望シテ立レ之。上顯下明ト云モ。會空之日。非但見空亦（天止二、一八六。止觀）復識假ト云テ立ツレ之ヲ。以二是等之義門一二諦觀ヲ立カ故ニ。今モ入空觀ニ於テ從假入空ナレハ以レ之空假ノ二觀ト可レ立。必シモ從空入假ノ假觀ト不レ可レ定。眞俗惑トハ指二見思ノ兩惑一事。一家釋中ニ。毘曇ノ見惑如小雲。思惑如大雲ノ文ヲ以テ。（天玄二、一五四。釋籤）見思ノ惑ヲ分別ル時。見惑ハ迷理ノ惑ナレハ眞諦ノ惑ト名ケ。思惑ハ迷事ノ惑ナル故ニ俗諦ノ惑トセリ。故今眞俗ノ惑ト云ヘル指二見思一之條不レ可レ疑

次。證據ト聞ル圓頓止觀ノ文ノ。（天止二、三〇三。私記參照）相障法障既除ト云カ故是ヲ被レ出歟。但。圓頓止觀ノ文ハ。被攝義ノ本文カ破法遍ノ章ノ中ニ有カ故ニ。彼ハ暫ク寄テ次第ノ三諦一三惑ヲ悉ク破ル意ヲ顯ト可ニ意得一。抑。又圓頓止觀ニ被攝義ノ本文カ破法遍ノ中ニ有ル事ハ何ナル故ソ耶。尤モ事ノ次ニ可レ有ニ沙汰一事也

次。斷ニ塵沙一云者。先ツ在ニ通教一何ノ位ニテ可レ破耶。假令七地被攝ノ者ナラハ。七地ニテハ入空ノ位ナルカ故見思ヲ斷ル程ニ。更ニ塵沙ヲハ不レ可レ斷。八地以上テ可レ斷物ナルカ於ニ七地一聞中セハトコソ程ニ。用ニ假觀一可レ斷ニ塵沙一耶。斷シ處カ太難レ思

次。破眞俗上惑盡ト云カ互ニ塵沙一云者。界內ノ無知歟又互ニ界外ニ歟。若界內ノ見思ノ習氣ヲ名ニ塵沙一ト是ヲ斷ト云者。其ハ見思ノ習ナルカ故猶眞諦ノ障ト可レ被レ云。何ノ故ニカ假諦ノ障トハ可レ成ル耶覺リ。又界外ノ塵沙ナラハ。不レ被レ攝已前ニ於ニ通教一斷ニ界外ノ塵沙一云ハン事。サル事可レトモ有不レ覺。故塵沙ノ體カ難レ思事也

次。前段ノ後段ノ被攝トテ。上下ニ各別ケル意趣何事耶。被攝意ハ一望ニ可レ釋處ニ。上下兩重ニ配立ル意カ何事耶ト覺リ。此本意ヲ可レ被ニ料簡一也

次。前段ノ被攝ノ處ニハ妙樂釋ノ。（天止二、三〇三）雖見中道必假通教空假二觀爲前方便。必待別理ト釋ニ付テ。被攝人ノ必可レ用ニ空假二觀一之樣カ是ヲ可レ聞也。次ニハ文言カ聊難レ思。雖見中道必假通教空假二觀ト云ヘル。雖ノ言ハ何ト置ク事耶。見ニ中道一故空假二觀ヲ假トコソ釋スヘキニ。雖レ見ニ中道一假ニ空假一云フ。雖ノ言ノ置キ樣カ何ト釋セウト問ソ耶。可レ聞事也

答。眞俗上惑ト云ヘル見思塵沙ヲ指ト云事。本末釋起盡カ分明也。(天止二、三〇三。止觀)初空假二觀。破眞俗上惑盡方聞中道。(一仍須修カ)「聞已須」觀破無明。能八相作佛。此佛是果。仍前二觀爲因ト釋シ下タルハ。文勢趣ハ初空假二觀ト標シテ。破眞俗上惑盡ト云カ故。空假二觀ヲ能治トシテ所治ト成ル眞俗ノ惑トハ。無レ諍見思塵沙ナル條勿論也。假觀カ成就スト云程ニテ不レ斷二塵沙一事ハ不レ可レ有ル。是ヲ重テ。(同前)此佛是果。仍前二觀爲因。故言以別攝通ト釋カ故。此佛ハ前ノ二觀ヲ爲レ因ト被レ云。二觀ノ體ハ初空假二觀ト被レ云物ナレハ。實ニ從空入假ノ觀ヲ指テ因トスヘキ故ニ。分明出假ノ假觀ト聞リ。此假觀ハ必可レ破二塵沙一之條必然事也。故眞俗惑ト云カ見思計ニ不レ可レ限ル可レ亙二塵沙一也。依レ之。六祖大師消トシテ。(同。弘決)雖レ見二中道一必假二通教空假二觀一爲二前方便一。必待二別理一等釋シテ。通教ノ空假二觀ヲ方便トスト釋リ。爲二中道一方便ト成ル假觀ノ體ハ。六道賴緣ノ假ニテハ不レ可レ有ル。中道ヲ見レトモ必ス空假二觀ヲ方便トスト被レ云。中道ノ因ト成ル假諦トハ出假之謂ナル條不レ可レ疑。其ヲ二諦觀ノ意カ有レハト難ル歟。是ハ不レ可レ成二例難一ト。先ッ二諦觀トハ。能所合論トハ。所觀ノ假ハ賴緣ノ假ナルト能治ノ空トヲ取リ合テ能所合論ト立ニ。是ハ二諦ノ名ハ雖レ有ト實ニハ空假ノ二觀ヲ共ニ修ル樣ニハ非ス。所破ノ假ヲ取リ合カ故也。仍實ニハ只空觀ニ限レリ。上故下明ト云モ約シテ修證一立(顯カ)トモ終ニ歸ル處ハ能所合論ノ意ニ歸カ故。是等ハ全ク假觀ヲ修シテ用ル事無レ之。今ノ配立ハ異レ之。空假二觀ニテ破二眞俗ノ兩惑一云ヒ。仍前二觀爲因トモ名ケテ。眞俗惑ノ能治ト成リ顯ス二中道一方便トモ被レ云故ニ。專假觀ヲ修ト聞ル程ニ出假ノ假諦ナルヘシ。賴緣ノ假ノ所破ト成ル物テハ不レ可レ有

次ニ。圓頓止觀釋分明也。凡ソ彼ノ書ハ今ノ摩訶止觀ト同本異譯ノ樣ナル物テ有カ。被攝義ノ本文ノ處テ。(天止二、三〇三。私記參照)先已破二二諦上惑一取相障法障既除。今觀二中道一次破無明ト云カ故。取相障法障ノ詞ハ無レ疑見思塵沙ト聞リ。サレハ今觀中道次破無明ナル程ニ。先ニ既以二空假二觀一破二見思塵沙一故。今ハ以二中道一破二無明一定ヲ。就中。圓頓止觀釋ハ如門如化(幻カ)ニ即シテ體空ヲ論ト云者。入空ヲ聞キ起二分別ノ用一者。入空ノ上ノ用ナルカ故。從空入假ノ觀門也。是ヲ爲二方便一ト入二不空理一云テ結ル時別攝通ソト釋カ故。是ハ從假入空ノ空ト從空入假ノ假トヲ爲二方便一悟二

中道一事ヲ別攝通ソト云カ故。分明ニ空假ノ二觀ヲ修シテ斷二見思塵沙一聞リ。此ノ假諦カ入空出假ノ假ナル條不レ可レ疑證據ト聞リ」次。還二道理一眞中合論ルニ何トテ可レ用二假觀一耶ト云不審上ハ。是ハ無二左右一不レ可レ散。先ツハ悟リ二中道一云程テハ空假觀カ成就セヌ前ニハ不レ可レ顯。其上ハ既中道ト云カ故。必ス空假ノ二邊カ成シテ顯ルヘシ。既ニ中ト云體ハ實ニモ空假ノ二邊ノ中ナルヘキ故。中道ヲ顯ト云程テ假觀カ不レ成事ハ不レ可レ有ル。付レ其。正ク眞中ノ合論ノ用ニ假諦ノ立テウ樣カ難レ思。但是ニハ被攝ノ大綱カ自二下地一顯テ後ニ可レ聞。先ツ地體通教ヲハイカニ雖レ明二出假一皆卽空ノ攝ニ約意可レ有。サレハ以二四教一配二中論ノ四句一時。我說卽是空ノ句ヲハ約二通教一故。是ハ假諦カ有トモ皆卽空ノ得分ナルヘシ。（天止三、五四四。弘決）帶空出假故曰雙流トモ定カ故。通教ノ意ハ出假觀カ則卽空ノ攝ナレハ。縱假觀カ雖レ有ト。空中合論ノ空ノ爲ニ被レ隔意不レ可レ有。空ノ爲ニ物ノ用ニ不レ立云事不レ可レ有也

次ニハ又後段ノ被攝ノ文ニ。（天止二、四七〇～一。弘決）若爾。中上二根其義云何。（「答カ）中上二根亦見レ眞已。（「方宗中空カ）但前二根眞空尚淺ト云ヘルハ。實ニハ卽空ニ留テ自レ是被攝シテ假觀ヲ不二成就一處ヲ眞空尚淺ト云也。サレハ不レ經二歷次位一故眞空尚淺ト云ハハ。釋ル意趣モ位ノ不レ經者。出假ノ位ヲ不レ經故。則卽空モ猶淺キ意有也。其故ハ。卽空ノ極トハ。假觀カ成就ル時。眞實空ノ源ハ顯ルル也。假觀タニ成就レハ卽空體カ彌被レ瑩テ深ク顯ルル謂カ有也。故ニ斷シテ二塵沙一成ル二假觀一時。眞諦ノ理ノ猶深微ニ顯ル意有レハ。用二假觀一處ニ空カ深ク顯レ。（同、四七〇）後教ノ中道ヲ悟リ顯ス意カ可レ有也。仍修二假諦一謂カ一切ニ。令深觀空卽見不空ノ約束ニモ不レ可レ背。眞中合論ノ大旨ニモ不レ可レ違。假觀ノ體カ被攝ノ用ニ立ト云事此意ナルヘシ

次。前段後段ノ被攝不同ハ。前段ハ諦智合辨ノ處ヨリ起故ニ三諦三智ヲ對辨カ故。三觀ノ始終ヲ可二沙汰一程ニ。空假中ノ三諦ヲ具ニ明ス意カ可レ有。故本末共以二假諦一成就ノ義ヲ釋ス。後段文ハ權實ノ處ヨリ起シテ終ニ成二開顯ノ法體一故付二權實一擧二五ノ問一時就レ諦釋ル時。（天止二、四七〇。止觀）但觀眞中之空。破見思惑盡到第八地。方爲說眞內之中ト云テ。眞諦ヲハ權ト定メ。中道ヲハ實トシテ權實ノ理ヲ相ヒ攝ル意ヲ顯ス也。是ハ權實ノ理ニ付テ（觀カ）欲レ顯故。空中合論シテ權實ノ兩理テ交際ル意ヲ顯カ故。亂眞中相ヒ攝シテ釋レ之。

前後兩文本意如レ此也

次。塵沙斷位事。上根菩薩ハ。初心聞惠卽能體達見思卽(天止四、二一。止觀)空。已爲衆生作依止處ナレハ。自二初心一出假ト云ヘル。入空ト幷ヘテ出假ス。若出假セハ化導障ヲ可レ改故。七地已前ニ可レ斷ニ塵沙一也

次。眞俗上惑ト云フ塵沙ハ。先ツ界內ノ無知ナルヘシ。眞俗惑ノ破シテ後ニ顯二中道一之程ニ。眞俗惑トハ在二通教一破ル惑ナレハ。被攝已前爾(所カ)斷ナル故界內ノ無知ナルヘシ。此上ニ不レ限二界內ノ塵沙一界外ノ塵沙ヲモヤ攝ル歟ナト云事ハ。別シテ可レ有二沙汰一モ。先ツハ界內ノ塵沙ナルヘキ條不レ可レ疑

〔六　當通眞諦含中事〕

六　問。當通教眞諦理ニ含二中道一可レ云耶

答。任二一義一可レ含　付レ之　答

重難云。當通ノ眞諦理ニ中道ヲ含シ不レ含。東西兩塔ノ異義旨趣互ニ難レ開事也。付レ之。含二中道一云ニ付テ。正ク眞諦ノ理ニ中道ヲ含ル道理ノ樣カ未レ聞也。先ツ七重二諦ノ配立カ藏通二教ヲハ無中ノ二諦ト沙汰シテ。不レ明二中道一被レ云。此ノ通教ノ眞諦底ニ可レトハ含二中道一不レ覺也

就中。界內界外ノ兩理遙ニ異ニシテ權實ノ差異モ不同ナルニ。界內ノ偏眞理ニ界外ノ中道ヲ含スヘキ道理カ都以難レ成也。其上別教ノ中道ヲ含ト者殊難レ思事。別教ハ隔歷ノ三諦ヲ明シテ。空假ノ二邊タル中道ト談ル也。サレハ離邊ノ花トモ(天止一、二七三。弘決參照)云ヒ。出纏ノ池ノ月トモ被レ申。此中道ノ體ヲ偏眞ノ理ニ含ト被レ云條太難レ成也。三諦ハ隔歷スト被レ許。難(離歟)ル二邊一中道ト被レ云ナカラ眞諦ニ含セラルル樣カ何ト可レ有耶難レ思。次第三諦ニテ離レ邊ヲ。中道ナカラ是カ偏空ノ底ニ歸テ被レ含樣カ聞タキ也。其カ若相卽シテ眞諦底ニ中道ヲ含ト云者。サテハ不レ可レ限二通教ノ眞諦一ニハ。三藏ノ生滅ノ理テモ可レ含二中道一。汝等所行是菩薩道(大正藏九、二〇中。法華經)ナレハ。若相卽ニ事ヲ寄セハ不レ可レ隔二三藏(生滅)理一。其カ相卽ノ意ニハ非ル故三藏教ノ理ニハ不レ含ト云者。通教トテモ又可レ同カル也。所詮ハ隔歷ノ三諦ト被レ云ナカラ中道ノ理ノ卽空ノ底ニ含ル樣カ可レ聞也

但。聞趣ハ如幻卽空ト云カ故ニ。指二事法一云ニ如幻一ト。此ノ事法カ卽チ空ナル程ニ。如幻卽空トハ空假カ相雙フ程ニ含二中道一云樣被レ成歟。若此定ナラハ無ク疑モ三藏教ノ理ニモ可レ含レ中。其故ハ。析空ト云時ニ。析トハ因緣所生ノ事法ヲ指テ析ト名カ故。事法ノ義カ

析ノ處ヲ聞テ是ヲ空ト云カ故ニ。是ハ只如幻卽空ト云意ト同シ事ナル程ニ。サテハ三藏生滅ノ理モ可レ含ニ中道一也。是ヲ若如幻卽空トハ。卽ノ定ニ依テ異ニ三藏教ノ析空ト云ニ程ニ含ト云樣ナラハ。サテハ空假カ卽シタル程ニ。含ニ中道一成ルヘキ故ニ。圓教ノ中道テ可レ有。空假不二ニシテ相卽スル故ニ。論ル處ノ中ハ圓教ノ中道テコソアレ。別教隔歷ノ中道テハ不レ可レ有ル。仍含ニ別教中道一云約束ニモ背キ。二者別理理異眞故ノ配立ニモ可レ背也（天止二、二三〇三。弘決）。其上先ニ如レ難カ。空假カ卽ル中道ナラハ。圓教ノ相卽ノ中道ナルヘキ故ニ。全ク三藏教ヲ不レ可レ隔ツ。圓意カ隔ニ生滅理一事ハ更不レ可レ有。故無ニ子細一三藏教ニ含ニ中道一意カ可レ有也

次。眞諦理ニ含ル中道ハ。別教ノ中歟圓教ノ中歟。是ヲ可レ被ニ治定一。其カ含ニ別教中道一云者。自ニ最初一難如ク。隔歷ノ中道ハ隔レ空物ナルニ。何トテ三諦カ各別シナカラ以ニ中道一含ニスト眞諦一可レソ云耶。其上一家釋義ハ。通機如雜色。但眞如色變（天玄一、一二四。釋籤）。圓理如珠體ト云カ故。含中ノ體ハ分明ニ圓ノ中道ト定リ。若又含ニ圓ノ中道一云者。空中ハ各別テコソ能攝所攝ノ義ハ立レ。圓ノ中トハ不レ隔レ空卽ル故ニ。能含所含カ不レ可レ立。其上。一者別教教隣近故。二者別理理異眞故ニテ（天止二、二三〇三。弘決）。止觀ニ明ニ一攝一體ハ別攝通ト得テ。以ニ別教ノ中道一眞諦理ト交際ト定カ故ニ。含ニ中道一聞リ

就中。含ニ圓中一者。如ニ先難一無レ疑モ三藏教ノ理ニモ可レ被レ含ニ中道一。藏通雖レ異ト同ク界內偏眞ノ一理ヲ詮ル時ハ。圓ノ中道カ通教ノ理ニ遍ト云者。三藏ノ理モ可レ遍之條勿論也。圓教ト云物カ通教計ニ遍シテ歸（隔カ）ル小乘一事ハ不レ可レ有ル故。無ク疑モ生滅理ノ底ニ可レ含也。何（仍カ）別圓二教ノ中ニハ。正ク何レノ中道ヲ含ト云事ヲ可レ被レ定也

次ニハ。理ニ含ル歟說ニ含ル歟樣カ可レ聞。含ル樣カ不レ聞者。眞諦ノ理ニ含ニ中道一義勢ハ不レ可レ披ク事ナル時ニ。何トシテ眞諦ノ底ニ含ト云樣ヲ可レ被ニ落居一。若理ニモ說ニモ共含ト云者。理ニ含ル外ニ又說ニ含ト云樣カ別ニ可レ有歟。其ハ何ト可レ有耶

次。佛說ハ更ニ空ヲハ不レ設故ニ。當通ノ機モ聞ニ含中ノ理一可レ有レ益聞ル趣ハ。何ナル物ノ用ニ立ツヘキソ耶。爲ニ當通ノ機一含中ノ理カ詮ト成ル樣カ可レ聞也

次。所依文ハ。無レ疑約ニ被攝一聞リ。其故ハ。通教眞諦發二眼（天止二、二九九。止觀）

二智ト云ヲ。妙樂ハ。含中故也ト釋ルヲ（天止二、二九九。弘決）。御廟大師被ニ問答一時。約（於カ）ニ未被攝一消（被接義私記、四丁左）

次ニ。開眞出中發一眼一智ト云ヲハ約ニ也（已カ）被攝一釋リ。是ハ妙樂釋カ分明ナル事ハ（天止二、二九九〜三〇〇。止觀）。開眞出中發一眼一智ト云ヲハ。若已被攝得（同、三〇〇。弘決）入證道。乃成二（三カ）諦ト釋カ故。約ニ已被攝一ノ程ニ。上ノ。通教眞諦發二眼二智トハ約ニ未被攝一聞リ。故ニ所依文ハ分明ニ約ニ被攝ノ機一釋ト聞リ。自レ元不レ含ニ中道一申ス義ノ意モ。當通ノ眞諦トハ當教ノ機ニ逗ル眞諦不レ可レ含ニ後教ノ理一。約ニ被攝機一邊テハ。眞諦ノ底ニ含テ中道一說ト許カ故ニ。所依文ハ約ニ被攝一故。全ク當通ノ眞諦ニ含ル中道一證據ハ非ス。妙樂釋ト云ヒ。御廟ノ御釋ト申スモ其ノ意カ同也。就中。御廟ノ私記テハ當通ノ眞諦ニ含ト云モ。爲ニ被攝ノ機一含ニ中道一被レ述程ニ。是ハ分明ニ當通ノ理ニハ不レ含聞リ

答。當通眞諦ノ理ニ含ニト中道一云事。殊勝ノ題目也。只法門ノ一箇條ナル樣ナレトモ。實ニハ被攝ノ根元モ可レ顯事也。先ツ大綱ノ約束ハ。三藏教ハ觀境カ共ニ拙キ故ニ不レ含ニ中道一。是則生滅析空ト明カ故。因緣所生ノ事法ヲ析テ後ニ空也ト談ル程ニ。事法ノ體ナカラ空也トハ不レ申。仍生滅カ各別ニシテ事理カ教相隔テテ依レ明ニ析空一不レ含ニ中道一。通教ノ意カ觀境俱ニ巧也ト被レ云意ヨリシテ。含ニ後教ノ中道一意ハ顯リ。其故ハ。何トテ觀境俱巧也ト被レ云ソト云者。卽事而眞ヲ明ト云時。事法ノ體ヲ押ヘテ卽空ト明スカ故。空假カ卽ル謂カ成シテ。卽レ事ニ空ナル謂カ成也。サレハ如幻卽空トテ事法ヲハ如幻如化ト云時ニ卽シテ空ナル謂ハ成ル程ニ。諸法カ如幻如化ナレハ。如幻ノ體ヲ押ヘテ卽空ト云時。空假カ卽シテ顯ルル時。此眞諦ノ理ニ中道ヲ含ト申也。理ニモ含シ說ニモ含ト云事此意ナルヘシ

其ヲ難勢トシテハ。空假カ卽シテ含ル中道ナラハ圓ノ中ナルヘシ聞歟。是ハ約束ノ入門カ可レ有。地體中道カ成ル程ヲ。空假カ不レ卽テハ中道ハ不レ可レ立。サレハ別教ノ意モ中道ハ必空假カ卽シテ成也。其カ別圓ノ不同トハ。空假カ卽シテ此上ニ中道ノ體カ顯レヌレハ。後ニハ中道獨リ存シテ。空假ノ二觀ハ別ノ物ニ成コソ別教ノ次第中道ナレ。先ツ何樣中道カ立トハ。必ス空有カ一ニ成ラテハ不レ可レ成。サレハ雙非雙照ノ義カ中道ニ有ト云テ此事ナル故。如幻卽空ト云テ。空假卽ル處ニ中道ヲ含ト云ヘハトテ。是ヲ圓ノ中道ニ被レ混事ハ。更ニ不レ可レ

有ル也。故三藏教ニハ析空故ニ不レ含レ中ヲ。通教ハ體空ノ故ニ含也。是ハ常ニ不レ申事ナレトモ。三藏ノ生滅ノ謂カ極テ通教ノ不生不滅ノ理ハ顯レ。通教ノ無生滅ノ體空ノ謂カ極テ中道ト顯ト申子細カ有ル程ニ。此時ニハ體空故ニ含ニ中道一云ヘハ。還テ自レ是シテ三藏生滅理ニモ含レ中理カ可レ有ル也。サレトモ先ツハ析空故ニ三藏ニハ不レ含。如幻如化ト明シ體空無生ノ理ナル故ニ。通教眞諦ニハ含トニ中道一申ヘキ也

次。證據ニハ。玄第一ニ本書ニハ。(天玄一、一二四)通教人。指但空不但空共爲極。譬離(雜カ)色裏珠光隨色變。緣所見之光亡其本體。遂(逐カ)玄黄之色。墮落二乘ト釋ス。通教人カ但空不但空ヲ共ニ極トスト云意。分明ニ眞諦理ニ含ニ中道一。故ニ但空不但空共爲レ極釋リ。是ヲ妙樂ハ釋トシテ。(同前)通機如雜色。但眞如色變。圓理如珠體。機發如物裏。故通教二乘亡實相體。遂(逐カ)詮小之教墮落二乘。鈍根菩薩義同二乘ト云カ故。通教眞諦ヲハ圓理如珠體ト云テ。眞諦ニ可レ含ニ圓理一定置テ。二乘幷鈍根ノ菩薩ノ取ニ偏眞ノ證一事ヲハ。機發如物裏故ニテ珠ノ體ヲ裏ム物ニ譬ケル程ニ。偏空ノ證ニ留ル事ハ玄黄ノ色ヲ以テ珠ヲ裏タルカ如シト釋リ。分明ニ當通眞諦ニ含ニ中道一物ヲ。裏物ノ色ニ隨テ失ニ珠ノ實體一處ヲ偏眞證ニ譬ル也。(天玄二、一五七～。參照)其カ圓理ト云カ故ニ。含圓ノ中取云不審カ來歟。但。玄文ニハ依レ明ニ教相一ヲ判ニ三攝一。若三攝ヲ明セハ。圓攝通ヲ本トスル意カ可レ有故含ニ圓理一釋リ。別教ノ但中ヲ含ル事ハ不レ可レ遮

次。所依文ハ。(同、二九九)開眞出中發一眼一智ト云ハ。(天止二、二九九～三〇〇。止觀)被攝事ナレ。是以前ニ。通教眞諦發二眼二智ト者。(被接義私記、四丁左)當通ノ意ニ非ハ何テ可レ有耶。其ヲ御廟大師約ニ未(於カ)被攝一釋ルハ無ニ子細一。其故ハ。當通ノ眞諦ニ後教ノ中道ヲ含ト云事ヲハ。被攝ノ人カ見出ス也。(天止二、四七〇。弘決)サレハ眞諦ニ含ニ中道一ケル程ニコソ被攝人ハ。令深觀空卽見不空ハスレ。若不レ含ニ中道一者何ナル利根ノ人也トモ。無キ物ヲ始メテ悟リ出ス事不レ可レ有。故被攝人カ眞諦ノ底ナル中道ヲハ見出意ハ。當通ノ眞諦ニ自レ元含ニ中道一故也。仍含中ヲ見出ス事ハ。必被攝人ノ見ナルカ故。顯ニ此謂一時約ニ束(未カ)被攝一釋シ。六祖モ含ニ中道一ヲケル事ヲハ被攝機カ知ル事ナレハ約レ之釋ル　ムシクイ

次。別ノ中歟圓ノ中歟ノ事。一邊ニ圓中トモ難レ定。(同、三〇三。弘決)又別ノ中トモ不レ可レ定處カ有レ之。サレトモ先ツハ。二者別理理異眞故ナレハ含トニ別教理一可レ申也

（表題）
〔被接　下〕

〔七　九地攝者事〕

七 問。通教ノ第九地ニ被攝ノ者可レ有耶

答。任ニ一義ニ可レ有　付レ之　答

重難云。第九地ノ攝者ノ有無難レ測事ナルニ付テ。可レ有ト被レ成義勢ニ於テハ。正ク第九地ニ攝者ノ可レ有道理ノ樣カ猶不レ聞也。只通教ノ意カ逗ニ多途ノ根性一レハト云分計テ有ルカ。逗ニレハトテ多途ノ根性ニ失ニ次位ノ階級一亂ルニ斷惑分齊一事ハ無シ。故ニ事ヲ寄ニ多途ノ根性一被レ成事ハ太未盡ナルヘシ。先ツ案ルニ通教ノ法相一。八地已上ニ有教無人ト云事。源自ニ經論ノ說一起テ。一家釋義ノ定判也。諸經ノ中ニ八地已上ヲ無功用ノ位ト明ス。是ハ無功用ト云者必ス移ニ後教一有教無人ニ成也。仁王瓔珞等ノ經中ニ。七地ニ三界生盡テ八地ニ受ニ法性身一云ヘル（大正藏二四、一〇一六下。瓔珞本業經取意）。界內ノ結使ヲ斷シテ三界ノ生カ盡ニ八地ニ受ニ法性身一云ヘル（大正藏八、八二七上。仁王般若經取意）。受ニ界外生一聞リ。是ハ正ク有教無人ノ義ヲ成也。凡八地無功用ノ事ハ。經通教ノ地位ニ付テ明ス。於ニ別教教門一雖レ明ニ此義一ヲモ。根元ハ何樣付ニ乾惠等ノ十地一論カ故。通教ノ八地已上有教無人ニ明ス事ハ。源經論ノ說ヨリ事起テ。流レ及ニ一家ノ釋一也（天止二、四三六參照）。既ニ實人カ無キ上テハ。何ニカ有テ第九地ニ可ニ被攝一耶ト覺リ。大方歸ニ通教ノ行相一論ル時。第七地ニテ三界ノ煩惱カ斷盡スレハ。八地已上出假シテ誓扶習生ル也。是則當教ノ面テハ不レ明ニ界外一。故留惑潤生トモ釋シ。誓扶習生ナト申テ有レトモ。以ニ後教ノ實義一探レハ。七地ニ界內結使カ盡スレハ則生ニ方便土一。故誓扶習生シケルトハ。至極成ニ後教人一生ニ方便土一義門ヲ示ス程ニ。八地以上有教無人義ナル條勿論也（天玄一、五六七。釋籤）。サレハ支佛ハ第八地ニテ斷ニ潤生習一ヲ。然ヲ。唯不斷習不同支佛。以留此習潤餘生故。既生三界非漏所牽。故不名報ト釋シテ。菩薩ハ斷ニ化導障ノ無知一故。不同支佛所斷定リ。是則菩薩ハ。八地已上ニ必ス誓扶習生ノ出假ル程ニ。斷化導障不斷潤生ノ習也。故ニ八地已上誓扶習生ル事ハ。異論モ不レ可レ有。立敵共許スル事ナレ。若爾。後ノ誓扶習生トハ。則生テニ界外一示ス事ナルカ故。是則有教無人ノ條勿論也

但。九地ノ攝者ハ不レ經ニ第八地ノ動踰塵劫一之樣ニ聞歟。此條難レ思。七地ニ三界ノ結使斷レハ。八地ニハ出假利生ス。出假セハ

則可レ經二劫數一也。其上縱不レ經二動踰塵劫一假令一生テモアレ二生テモアレ。經生ル義カ有テハ其ヨリ則誓扶習生ル故ニ。有教無人ノ義ニハ成レ。就中。八地已上不レ經二劫數一云事。道理ハトコノ程ヲ耶。證據ハ何事耶ト覺也。其カ被攝トハ論ル二行者ノ實證一故。只教門ニ施設スル樣ニハ非ス。付二行者ノ實證一論也。其カ第九地ニ先ッ實人カ有ル謂カ治定シテコソ被攝ノ有無ヲハ可レ定之處ニ。九地ノ實人カ未ニ一決一シテ正ク實人ノ可レ有之樣カ不レ被二作リ澄スマ一之故ニ。無二實人一上ニハ何ニト被攝ヲハ可レ論耶。八地ノ初心ニテハ實人有レトモ。九地ニテノ實人可レ有之樣カ不審ナル事也。故ニ先ッ九地ニ可レ有二實人一之樣ヲ可レ被レ定也。通教ノ大綱ヨリシテ。八地已上有教無人ト定ル事ハ。教相ノ大旨ナルヲ。只末師髣髴ノ一ノ釋計テ是程大事ヲ被レ成事太難レ思也

次ニ證據ニハ。末師釋ハ有レ疑事也。先本書ニハ。一往通教八地已上二諦雙照。卽眞而說。別教初地道觀雙流。卽寂而說。並恐是有教無人ト釋ス。浄名疏四（大正藏三八、六二六上～中）付二通教ノ八地已上ニ一往ノ初（語カ）ヲ置事ハ約ニ道觀雙流一釋ス。通ノ八地ハ卽眞而說テ論ニ道觀雙流一時。有教無人ナルカ故雙流ノ文ハ有テ實ニ無ト雙流ノ理一云ヒ。別教ノ初地ニハ理雖（ㇷ有カ）レ實ニ無ニ實人一故。此ノ雙流モ一往ト釋シテ圓教ノ雙流ヲ再往ナルヘシト云意ヲ成也。天台妙樂釋ニテハ一往通教八地已上トハ付二道觀雙流一分別ル事ヲ。末師ハ。一往通教八地已上有教無人。二往唯至果方名有教無人ト云テ。（卍續九二、七丁右下。維摩經疏記鈔取意）付ニ有教無人一分別カ故。ハタト本書ノ釋ニ面カハタシテ別段ノ事ヲ釋ル程ニ。先背ニ本書ノ釋一也。仍末師釋用不レ可レ在ニ人ノ意一故。既ニ背ニ天台妙樂釋一上ニハ必モ不レ可ニ依用一。大綱ノ道理ヨリシテ。八地已上有教無人ト云カ通教ノ教相ナル故ニ。背レ之釋セハ違ニ道理ノ根元一上ニ。正ク今ニ消ル本書ニ背ク故。末師釋ヲハ不レ可ニ依用一也。本書ノ釋ヲ本トシテ末師釋ヲモ可レ廻ニ了簡ヲ一事ナルニ。是程背ニ天台妙樂釋一末師釋ヲ本トシテ。大綱ノ通教ノ配立ヲ可レ破之條太難レ思也

次。九地聞中。十地方證ノ釋又難レ思也。妙記七（卍續二八、四一一丁左下）其故ハ本書ニ。若別攝通八地修中治無明病。九地似解名爲聞見。十地發眞名爲眼見ト釋シテ。（大正藏三八、六六五上。維摩略疏）八地修中ト云カ故。七地聞中ノ人ト聞リ。サレハ九地似解名爲聞見トハ。八地修中ノ上ニ似解ノ發ル處ヲ名爲聞見ト釋也。是則七地聞中ノ人ノ始終ヲ釋シ顯也。仍妙樂ノ。（卍續七

（二八、四一一丁左下）地被攝。八地雙流。九地聞中。十地方證ト釋ルハ。八地修中シテ雙流上ニ似解ノ發ル處ヲ九地聞見ト云也。サレハ准ニ涅槃ノ疏ニ云ヘル時。彼釋ニハ九地不見ト云カ故。（大正藏三七、五四一上。涅槃經集解カ）似解ノ發シモ不明了處ヲ不見ト云カ故ニ。其不ル了ニ了ニ謂ヲ今ハ聞見ト釋リ。故ニ全ク九地ニテ始メテ非ニ聞中ニハ也

次テハ。（天止四、九五。弘決）始從四地終至九地ノ釋ハ潤色ナル樣ナレトモ。釋義ノ起盡ニ可レ任也。凡ソハ兩處釋ハ令ニ相違ニ之處ヲハ何樣ニ一方ノ釋ヲ不ハ會不レ可レ叶（〔〕十カ）。其カ正キ本書ノ釋ハ。謂用前教有始無終。決（天止二、三二一四）以（已カ）用七八不至ノ九。卽用後教有終無始。但用向地不須住行。中攝（〔〕續カ）之故得攝名ニテ。前教ニハ不レ至ニ九十ニ。後教ニハ不レ用ニ住行ニ。但用ニ向地ニ云テ。至極兩教含容シテ一義ヲ成シテ。中續攝之ノ道理ヲ以テ被攝大綱ヲ述カ故。是ヲ本トシテ第六卷釋ヲ可レ會條ハ勿論也。付レ之。後釋ハ自レ元付ニ修中ノ位ニ問答ル程ニ。第六（天止四、九五。止觀・弘決參照）擧テニ聞中修觀ヲ八九爲下ト釋ト可ニ意得ニ。九地聞中ノ義ニハ非也

次。被攝ニハ必ス聞中修觀破無明ノ位ヲ。仍從舊說スル事ナルニ（天止二、三二一四。弘決）付テ。九地ノ攝者ニハ。聞中ノ位ト破無明トハ可レ有。十地シテ定テ破無明ナルヘキ故也。仍中閒ノ修觀位カ無キハイカカスヘキト難ルヲ。三根攝者共ニ有ニ十地如佛ノ義ニ申意テハ。修觀位ヲ以外ニ云ヘル義モ有レハ。於ニ修中ニ自レ元奢促カ不定ナルヘキ故ニ。於ニ一位ニ又ツツメテ論修觀義可トレ有成歟。此條難レ思事ハ。三根攝者共有ニ十地如佛義ニ耶ノ事ハ。一箇ノ沙汰ニテ學者未ニ一決ニ事也。其ヲ共ニ有ニ如佛義ニ云私ノ義勢ヲ以テ。何トテ於ニ修觀ノ位ニ奢促可レ有。潤色ニハ可レ被レ備耶。以ニ他ノ題義ニ別ノ題ヲ被レ成事不レ可レ然也

答。九地ノ攝者可レ有云事。一流殊ニ執存事也。但シ。先ツ常情ノ約束ハ。通教ノ十地ヲ但立タル樣ニ可レ依ル。先ツ三乘共單菩薩ノ地位ト沙汰シテ。七地齊羅漢。八地支佛。九地菩薩ト施設ルハ。三乘共意也。單菩薩ノ地トハ於ニ十地ニ立ニ忍ノ名ニ爲ニ菩薩ニト。是ヲ稱ニ單菩薩地位ニト。付レ之。三乘共ノ十地ノ日ハ。第九地カ正キ菩薩位ト被レ云也。第八地ニテハ支佛地ト被レ云故。菩薩ノ正位ハ第九地ナレハ。以レ入ヲ彼地ニ菩薩ノ本意トセリ。若第九地ニ無ニ實人ニ。彼ノ位ヲ經（住カ）歷ル菩薩カ無クハ。實ニ通教ノ意トシテハ菩薩ノ正ク位ル位カ無キニ成也。就中。法門ノ建立ノ源ヲ可ニ取リ

定一也。於二通教一八地道觀雙流。九地道觀雙流ト配立タル根立ヲ可レ捜也。先ツハ通教ト云カ逗二多途ノ根性一故。第九地ニ在二實人一可レ攝二入後教一之條モ。一教ノ大旨ニ可レ順之條勿論也。付レ之。八地道觀雙流トハ非二當通ノ意一ニハ也。是則六地齊羅漢ノ時。八地道觀雙流ノ義ハ成リ。其故ハ。六地ヲ齊羅漢ト云ヘハ。七地ヲ齊支佛ナレハ八地ハ菩薩地ニテ道觀雙流ト被レ云。道觀雙流ト云者則有教無人ニ成ル程ニ。八地有教無人ハ八地道觀雙流ノ意也。其カ六地齊羅漢ハ當通ノ義歟ト云ニ付テハ。御廟(被接義私記、三七丁右參照)大師被レ述二兩向意一故。雖レ難トニ一決一。乾惠斷惑ノ意ニテ六地齊羅漢ヲハ論ル事ナレハ。當通ニハ無二乾惠斷惑一存ル義ノ前ニハ。一具ニ六地齊羅漢ハ非二當通ノ意一ニ也。是則以二十度一對二別教十地一ニ時ニ。第六般若惠ト ムシクイ 入空ニ當レリ。是カ自當二第六地一故。入空惠ニテ斷惑スレハ。通教ノ羅漢斷證ニ同カ故。六地齊羅漢ト云也。故專名別義通ノ意也。仍自レシテ是成ル八地道觀雙流ナレハ。是ハ非二當通ノ意一ニハ也。九地道觀雙流カ正キ當教ノ正意ニテ有也。第七ノ已辨地ニテ三界ノ結使ヲ斷盡シテ。第八ノ支佛地テ斷二餘殘ノ習一。支佛地猶共スレハ正ク第九地カ道觀雙流位ト

被レ云。故依二雙流一成ル二有教無人一事ナレハ。過二第八地一至二第九地一雙流スル時。始メテ有教無人ノ義ハ成セリ。仍九地ノ初心ニテ實人ノ可レ有之條勿論ナレハ。實人カ有レハ則可レ攝二入後教一也。サレハ一處釋ニ。玄四(天玄三、二七四)九菩薩地(ア位カ)者。從空出(入カ)假。道觀雙流深觀習(ア二諦。進斷カ)氣色心無知ト釋ス。九菩薩地ト云テ於二此位一道觀雙流ト明ス此事也。雙流カ第九地ニ有レハ。九地初心ニテ實人カ有也。道觀雙流レハ則有教無人スヘキ故ニ。九地ニテ實人カ有ル條必然ナレハ。實人カ有ルニ於テ可レ移二後教一之條無レ疑

付レ之。七地ニ三界煩惱ヲ盡ハ。八地ニ出假利生シテ誓扶習生セハ。則後教人ト可レ成トレ云難カ來歟。但シ。一義ノ趣ハ。第八地ニテハ猶自證ト被レ云意カ可レ有。其故ハ。支佛ト共カ故齊支佛ト被レ云レハ猶入空ノ分ニ成カ故。此位ヲハ速ニシテ不シテ二經歷一フツト至二第九地一也。故ニ第九ニ實人カ有レハ則可二被攝一存也

次。末師釋ハ本書ニ背ク樣ナレトモ。實義ハ不レ背レ之。其故ハ。本書ニ八地已上ノ道觀雙流ヲ一往ト釋レハ。自レ元道觀雙流カ則有教無人ノ義ナレハ。一往通教八地已上有教無人トテ。一往ノ義ヲ付ニ有教無人一釋リ。全ク不レ可二相違一

次。九地聞見。(中カ)十地方證ノ釋ハ。一義ニハ中下二根ヲ擧テ。七地被攝八地道觀雙流トハ擧ニ中根一。九地聞中十地方證トハ。下根ノ九地被攝ノ者ヲ擧クル也。既ニ云ニ聞中一ト故始メテ聞ニ中道一見リ。修觀トハ不レ可レ定

不至九十ノ釋如ニ常料簡一。始從四地終至九地釋ハ義勢ノ潤色ナルヘシ。聞中修觀等ノ次位事必モ非ルヘシニ一准一。隨レ應可ニ意得一

次。付ハニ此題一ニ當通ノ意ニテ。第九菩薩地カ正キ菩薩ノ正位ニテ。必ス可レ經レ之云道理ト。次テハ八地雙流ハ六地齊羅漢ノ意。名別義通ノ意ト云ヒ。九地雙流ハ當通ノ意。七地齊羅漢ノ意ソト如レ此釋タル釋義カ有ル。是ヲ勘ルカ今ノ算ノ隨分ノ事テ有レ之

次ニハ。九地被攝ストテ云用ハ何事耶。何ナル深旨カ可レ有耶。是等カ可レ有ニ沙汰一事也。雖レ然常ノ趣不レ可レ過レ之也

〔八　藏通修行長短事〕

八　問。藏通二教ノ於ニ修行一有ニ長短不同一耶

答。通教ノ修行ハ長遠ナルヘシ　　付レ之　答

重難云。藏通二教ノ修行ニ長短ノ不同可レト有云事。大旨ハ聞ル樣ナレトモ。正ク不同ノ可レ有道理ノ樣カ不レ聞也。何ナル依ニ義門一通教ノ劫數ハ長遠ナルヘキソ耶。其ノ趣カ聞キ事也。先ツ藏通二教ハ共ニ界內ノ教ナル故。所斷所證モ全ク齊等也。此條ヲハ自他共許ル事ナルニ。斷證ハ無ニ不同一限ニ修行ノ時節計ニ差異カ有テ。通教ハ長遠也ト被レ云道理カ太難レ思。就中。別圓二教ハ界外ノ事理ノ教ナルカ。別教ハ。一行動經無量阿僧祇ニテ。(大正藏三九、八〇中。金光明文句) 經ルヲニ長遠ノ劫數一。圓教テハ。取證如反掌ト(天文四、二〇〇四上。文句)明ス程ニ。以レ之界內ノ教ニ准據ル時ニハ。三藏ハ界內ノ事教ナレハ界外ノ事教ノ如レ迯ニ長遠一。三藏教ハ修行ノ時分モ遙ナルヘシ。通教ハ界內ノ理教ナレハ界外ノ理教ノ速疾ナルカ如ク。通教ハ又修行ノ時分可レト速覺也。以ニ界外事理一例ニ界內事理一時。三藏コソ猶長遠ナルヘキ時分ヲ。歸テ速ナル條太難レ思。凡ソ事理トハ長遠速疾ト云テ當レリ。其故ハ。析體巧拙不同沙汰ル時。三藏教ハ紆通化城ノ故ニ。析空ノ觀門ト被レ云。是ヲ事トモ申事也。通教ヲ直通化城ト云程ニ。是ハ體空ノ觀門。是ヲ理ト沙汰セリ。其カ三藏教ノ事教ト被レ云紆通ストハ被レ申事ハ。既ニ廻リテ至ニ化城一ニ義門ナルカ故。紆通ノ道ニ趣ト云ヘハ時分モ長遠ナルヘシ。通教ノ意カ理教ト被レ云直ニ至ニ化城一云ヘハ速疾ナルヘキ

程ニ。事理ノ二教ト云ヘハ。事教ハ長遠ニ理教ハ速疾ナルヘキ條必然ノ道理也。故ニ析體ノ不同ヲ辨ヘ。紆直ノ異ヲモ論ル程テハ。三藏教コソ猶長遠ナルヘキニ歸テ是ハ速疾ナル段。別圓ノ假證ニモ背キ事理ノ根元ニモ違ル也。先ツハ斷證カ同ノ故ニ。修行ノ時節モ不レ可レ有ニ不同一云疑モ有リ。再ハ又三藏コソ長遠ニ。通教ハ速疾ナルヘシト云難モ相ヒ殘ル事也

但シ。聞趣ハ大乘甚遠學劫亦多ノ故ト被レ成歟。先ツ大乘ナルハ學劫ノ久カルヘキ道理ノ樣カ不レ聞者。只約束計ニハ不レ可ニ落居一ス。何ナル故ニ大乘ハ必學劫久ヘキソ耶。是カ可レ聞也。其上ニ今釋ハ自ニ大論ノ本說一起テ。一家釋ノ定判ソカシ。其カ大論ノ本說ハ別教ノ法門ト聞リ。其ヲ小衍相對スルカ故。大乘トハ通教ナルヘシト成歟。小衍相對ナレハトテ。必ス限ニ通教一斥トハニ三藏一不レ可レ定。サレハ方等ノ席ニテ小乘ヲ彈呵セシ時ニハ。或以ニ通教一呵シ。或又以ニ別圓一斥レ小。是ハ釋義ノ定ル處ソカシ。故大品大論ノ中ニ小衍相對シテ斥ニ三藏一時ハ。或ハ以ニ通教一斥意モ可レ有。或又以ニ別教一斥フ意モ可レ有。サノミ一邊ニハ不レ可レ定故ニ。今ノ文ハ分明ニ以ニ別教ノ法門一斥ニ三藏一見リ。其故ハ。論文カ集塵沙佛法諸深法門等云ヘル（大正藏三八、七〇八上。維摩略疏）。專別教ノ出假ノ意。恆沙佛法ヲ集（習カ）ナト云ヘル。分明ニ別教ノ事ト聞リ。此論判ノ意ヲ取テ一家ハ。大乘甚遠學劫亦多トハ釋ル上テハ。擧ニ別教長遠ノ敎一三藏短速ノ行ヲ斥ト見リ。何歸ニ本論一ニモ一家釋ニ付テモ。今文カ通教ト見タル事ハシト有歟。縱ヒ一家釋ニ雖レ見ト。本論ニ不ニ分明一者猶難レ思カルヘキ時ニ。付ニ本論ニ尤可レ被ニ了簡一也

次。花嚴城ノ受記ノ事ハ大品經中ニ明レ之ヲ（天玄四、三九八。玄義參照）。其カ小乘ノ中ニモ明ニ燃燈ノ授記一故ニ。是ハ三藏ノ受記トモ聞リ。其ヲ大品經ノ說ヲハ既ニ大師ノ釋義カ通佛ノ行因ノ相ト釋シテ。通教ノ受記ト定タル事ニテハ勿論也。是ハ治定ノ事ナルカ故ニ。小乘中ニ以ニ燃燈ノ受記一一阿僧祇九十一劫ト記ル事ハ分明ナル上ニハ。是ハ藏通ノ修行ノ劫數ハ全ク同シ程ト聞リ。其ヲ聞趣ニハ。涌（躍カ）身虛空（同前）。得無生忍ノ邊ハ通教也。記ニ時節一邊ハ三藏教ニテ成ニ通教ノ意一樣ニ聞歟。是カ太難レ思。誠ニ共部含容ノ說ハ。一一ノ文ニ四教三教ヲ含ル事勿論ナレトモ。既ニ既ニ（既ナシカ）以ニ彼授記一屬ニ通教一時。只得無生忍ノ方ヲハ取テ屬ニ通教ノ意一。記時節邊計ヲハ通教ニ不レ取ト云ハン事太難レ思。サルヘシトモ不レ覺樣也。故ニ花散（嚴カ）城ノ受記ト云カ既ニ通

教ノ授記ニ被レ取程ニハ。不レ可レ限ニ無生忍ノ邊一ニハ。時節ノ一阿僧祇九十一劫ノ邊モ。可レ取ニ通教一之條ハ不レ可レ有レ疑。サレハ大師釋ハ。(天玄四、三九八。玄義)竝云斷惑。故知通佛行因之相也ト釋ス。竝云トハ。大小乘ノ意。十共以受記ト取ル意ニテ意ヲ竝云トハ釋リ。其上ニ燃燈佛ヨリ以來ノ時節ト云物ハ。事ニ定タル物ナル時ニ。サノミ恣ママニ不定ニ。小乘ニ云時分大乘テ申時分トテ不レ定樣ニハ爭可レ云耶。サヤウニ可レ被レ云事テハ無也。其カ時分ハ定タル物ヲ假令通教ノ人ハ動踰塵劫ト見。三藏人ハ一僧祇九十一劫ト感見ル樣ニ可レ有歟。一ノ時節ノ法體ノ上ニ小乘ニ被レ云分。大乘ニ被レ云分トテ。不定ニ可レ有之段モ太難レ思也

次ニ。今無生忍トハ四地無生歟。七地ノ無生歟。若四地ノ無生ト云者。三僧祇ノ配立ノ定テ案ルニ。燃燈佛ハ第二僧祇ノ滿ノ佛ナル也。仍三地四地ヲハ一ノ無生ノ位ト取リテ。此無生位ハ第二僧祇ノ滿ナルカ故。サテハ乾惠性地ノ二地ノ閒ニテ經ケル二僧祇一ヲ。四地以來ハ只可レ經ニ一阿僧祇九十一劫一故。初地二地ニテ可レ經ニ二僧祇一之樣カ難レ思。サル道理カ不レ可レ有也。若又七地無生ト云者。(大正藏三九、八〇中。金光明文句)從假入空非止一世作(修カ)行。從空入假動踰塵劫ナレハ。入空位ハ短速ニ。出假位ハ長遠也。其カ七地已前入空ノ閒ニ經ニ二僧祇一。八地已上出假ノ閒經ニ一僧祇九十一劫一云者。入空ノ閒ハ久ク。出假ノ程ハ短キ故ニ。忽ニ可レ背ニ通教ノ教相一也

次ニ。(同前)從假入空非止一世作(修カ)行ト云テ不レ限ニ一世一云者。サテハ二世三世ノ作(修カ)行ニテ可レ有歟。非止一世作(修カ)行ト云樣カ難レ思。又動踰塵劫ト云テヤヤモスレハ踰ニ塵劫一云事ハ。何ナル義門ソ耶。本說カ有ル。又文點ノ讀ミ樣ニ子細ノ可レ有歟。是等カ可レ聞歟

答。藏通二教修行ノ時節可レ有ニ不同一云事。三藏ハ生滅ノ觀門淺近ノ所談也。通教ハ大乘ノ法門體空無生ノ修行ナルカ故。大乘甚遠ナル前ニハ修行ノ時分可ニ長遠一條勿論也。是則大乘深遠通處則長ト定メテ。大乘トハ通處カ長也。通處トハ體空無生ノ理也。是カ則大乘ノ理ナル程ニ。太深遠ナレハ卽長ト被テ云通處卽長ト申也。此ノ通處ノ長ナル體空ノ理ニ可レ至修行カ隨テ長遠ナルヘキノ條。必然ノ道理歟

其カ藏通ハ所斷所證カ同ト云難歟。此難ヲハ可レ被ニ斟酌一。其

故ハ所斷所證ノ同トハ共ニ界內ノ教ナル邊ニ約歟。再ヒ論ル時。勝劣ノ不同可レ有レ之段ヲハ不レ可レ疑。先ツ付二所證一析體ノ不同有リ。眞是理法不可不同ナト釋ル事ハ暫ク置ク。先ツ析體ノ異ヲ辨ヘテ生滅ト云ヒ無生ト云程テ。勝劣隔二雲泥一條ハ勿論也。付二所斷一三藏教ノ意ハ不レ斷二無知一。通教ノ菩薩ハ斷レ之上ニハ。又天地ノ別カ有也。縱又所斷所證カ同トモ修行時節不同ナルヘキ事ハ。三藏教ノ中ニテ三乘相望ル時。三生六十劫四生百劫ト云テ二乘ノ修行ノ全ク同カルヘキ。猶依二根性ノ利鈍ノ不同一。聲聞ハ三生六十劫ヲ經テ短ク。支佛ハ送二四生百劫一長也。何況菩薩ハ三祇百劫ノ時分ナレハ猶長遠也。是則同シ三藏一教ノ中テ。猶依二根性ノ不同一修行ノ長短ハ相分タル事ナル上ニハ。大小乘相望シ析體ノ不同ノ事異ナル日。通教修行カ自二三藏教一長遠ナルヘキ條勿論也。サレハ大乘甚遠學劫亦多ト□テ。何トテ大乘ハ學劫ハ多ナルソト云難ハ有レトモ上來ノ義カ顯ナル。其コソ大乘甚遠ノ故學劫多ナル義ノ樣ナレ。其上大乘ノ法門ト申セハ功德法門カ甚無量ナルヘシ。サレハ無量百千三昧ヲモ得。波羅蜜ヲモ得ト定タルカ故。所得ノ功德法門カ多ナレハ。大乘甚妙ト被レ云。此ノ多ナル功德ヲ證レハ

通處卽長ニシテ。修行ノ時分カ長遠ナルヘキ也。サレハ三藏教ノ意テ三乘相望ル時。支佛ノ修行ノ聲聞ニ勝レテ長ナトハ功德法門(劫カ)ヲ證カ故ニ。依レ之修行ノ時分モ長云也。菩薩ノ經ニ三祇百一云モ。福德智惠資糧ニテ。大福德智等ノ功德ヲ證カ故也。マシテ大乘ハ。所得ノ功德無量ナレハ。學劫カ長遠ナルヘキ條勿論也

付レ之。大論文カ別教事ト見タリト難歟。但。大品大論ノ意カ小衍相對ル時ニハ。皆以二通教一斥二三藏一事ナルニ。只此ノ一事計カ斥二小乘一時。用二別教一事不レ可レ有。背二大品大論ノ大意一也。其上一家釋(嚴カ)カ約シテ通教一釋リ。證據不レ可レ意レ之次。花散城ノ受記事ハ。文ヲ分テ意得ル事餘リ淺近歟。一義ニハ得無生忍ノ邊ハ限二通教一。一阿僧祇九十一劫トハ可レ亙二藏通一。付レ之通教テハ。一阿僧祇トハ雖トモ三藏ノ一阿僧祇ヨリハ長遠ナルヘシ。無量ノ劫ヲ取テ一阿僧祇ニ攝スヘシ。其證據ニハ論家中ニ於二大小乘二辨二三祇一。守章中之上(傳全二、三八九。取意)山家大師。大小乘ノ三祇ヲ分別シテ。性宗ノ意ニ約シテ明二三祇一。相宗ノ意ニ約シテ三祇ヲ論ス。加之一家記三釋ノ中ニ。則大小乘ノ三僧祇校量ノ多少ヲ分別ス。末師承レ之。輔三(卍續四五、四〇丁左下。輔正記取意)小乘ニハ單ノ三祇ヲ明シ。大乘ニテハ取二無量劫一三祇ニ疊ミ入ルヘキ

様ヲ釋リ。故ニ一阿僧祇九十一劫ト云詞ニハ不レ可レ依。此詞中ニ藏通ノ時分事異ナルヘキ也。此上ニハ一ノ時節ノ上テ。二教ノ時分カ分別セル様カ難レ思也。是ハ且ク閣レ之。先ツ大乘ノ三祇ノ可レ有故。雖レ云ニ一阿僧祇九十一劫一ト。其ニハ不レ可レ依ル。大乘ノ一(〔阿カ〕)僧祇九十一劫カ可レ有也

次ニ。今ノ無生トハ七地無生ナルヘシ。付レ之。出假ノ時分カ短也ト云フ有レ疑歟。其ハ釋迦菩薩程ニ利根ノ菩薩不レ可レ有ル。然ニ上根出假ヲハ。(天止四、二二。止觀)初心聞惠卽(〔見カ〕)能體達思卽空。已爲衆生作依止處ニテ。自ニ初心一爲ニ衆生一成ニ依止一ト故ニ。入空ト并ヘテ出假シテ七地已前ニ經ニ劫數一。仍出假位カ短也トハ不レ可レ被レ云也。凡自ニシテ是等一本意カ可レ顯事也。其故ハ。大乘トハ何ナル處ヲ云ソナレハ。起ニカ化他一大乘也。小乘トハ何ナル故ソナレハ。自調自度ノ中ニ被レ攝故ニ。縱雖ニ三藏教ノ菩薩一ト大小乘ト分別ル日。小乘トハ以ニ自度ノ心一爲レ行ト也。大乘トハ化他ヲ本トスル意ナレハ。（私云。小ノ菩薩モ以他爲己故云ヘリ。可ニ思合一歟）自行化他カ一ニ成リ。入空出假カ一致ニ成ル意也。故ニ學功亦多ナトモ被レ云出假ノ邊也。サレハ別教カ。一行動經無量阿僧祇スルト云モ。正出假ノ教ナル故ニ長遠ノ劫數ヲ送ル也。仍大乘修行ノ人トハ難ニ化他義一也。化他ヲ本トスト云者。自行化他カ一ニ成リ空假カ卽ル意也。是ヲ大乘甚遠トモ云ヒ學劫亦多トモ云也。此算ノ本意自ニ是等一可レ顯。故花(嚴カ)散城ノ受記ノ事カ今題ノ肝要ト云事此意ナルヘシ

次。界外ノ事理ノ教ノ例難也。但。大乘甚遠ナレハ學劫久ト云意ナレハ。實ニ長遠ノ至極トハ圓教ニ明也。別教ノ動經無量阿僧祇セシ時分一箇ノ無量トシテ。此ノ無量ヲ取テ一ノ時分トシテ重重ニ疊ミアケタルカ圓ノ意也。サレハ圓教ノ長遠ノ源ヲコソ迹門ノ三千塵點。本門ノ五百塵點トモ沙汰シ。是則圓意テハ三世ニ不レ止マ遍ル修行カ故ニ。遍ニル三世一程ニ長遠ノ至極カ不レ可レ有。是ヲ圓ノ得分トハ。長遠ノ源カ極レハ取レ之一念體ト被レ云コソ圓教ノ速疾ノ意ナレ。故ニ圓意トシテ長遠ノ極カ可レ成之程ニ。實ニハ圓教ノ意テモ明ニヘキ長遠一之條ハ勿論也

餘疏一止云。（大正藏六一、二二三上。金剛頂疏）一刹那中具ニ無量劫一。無量劫只是刹那。可ニ思食一

一處釋。一念非ニ一念一卽是無量劫 云云

〔九　**通教二乘被攝事**〕

問。通教二乘被攝ト可レ云耶

答。不レ可二被攝一　付レ之　答

重難云。通教ノ二乘不レ可二被攝一云事。誠ニ攝義本在法華(天玄二、二〇四。釋籤)經前。於中仍是菩薩ト定カ故。一旦釋義ノ約束ニ叶様ナレトモ。正ク歸二道理一ニ不二被攝一之様カ難レ思也。先ツ被攝大綱トハ。當通ノ眞諦ノ底ニ含二後教ノ中道一。竟ヒニ此眞諦ノ理ヲ研ケハ底ニ含セシ不空ノ理カ顯ルル也。是ヲ名二被攝一ト也。カカル約束ナラハ通教ノ二乘カ此ノ含中法性ノ理ヲ證ル條ハ。全ヲ菩薩ト同キ時ニ被攝スヘキ(「不可カ)條ハ勿論ナルヲ。同ク體空無生ノ理ヲ證ト被レ云トモ。被レ仰二被攝一之段ハ。何ナル故トモ不レ覺也。就中。爲欲示於眞內中故。(天止二、四七〇。弘決)故待證空。方爲點示ト云ハ。被攝ノ大綱テハ有カ故。眞諦ノ理ヲ顯ス時。其ノ理ノママニ極ムレハ。底ナル中道カ顯ルル也。故ニ二乘ノ證トレ空ヲ云モ。如二ニコソ空理一ノ極ムラメ。是ハ不レ可レ有二異論一。若爾ハ。空理ノ如クニ成レハ中道カ可レ顯故可二被攝一之條ハ無二子細一也。其ヲ講答ニ聞趣ハ。二乘ハ鈍根ナルカ故ニ不レ可二被攝一之様ニ聞ユ。此條一旦聞ル様ナレトモ未盡ナルヘシ。其故ハ。住空聲聞未必鈍根。(天止三、七一二。止觀)入假菩薩未必利根ナルカ故。菩薩ナレハトテ必モ皆非二利根一。住空ノ聲聞ナレハトテ必モ偏ニ鈍根也トモ不レ可レ定。於二二乘一利根ナル者カ有テ。眞諦ノ理ノ上ニ不空ノ理ヲ見出サン事何無レ之耶。二乘トテ偏ニ鈍根ノ者トモ不レ可レ定。就中。被攝トハ依二宿習一云事大綱也。故ニ於二二乘一大乘ノ宿習モ有リ。後教ノ修因モ可レ續レ之段ハ不レ可レ疑フ。今コソ二乘也トモ無始以來大乘ノ宿習モ無ク。後教ノ修因ト成ル宿善ノ無キ事ハヨモアラシ。故ニ今眞諦ノ理ヲ研ク時。後教ノ宿習カ忽ニ發シテ悟ルヘキ二中道一條有二何疑一カ耶。其カ二乘ニハ地體宿習カ不レ發ト可レ被レ定歟。サル道理ハ爭可レ有耶。十界ノ果報雖レ異ト皆宿習發ヲハ論ス。無始薰習或實或權ナルカ故。於二二乘一宿習ノ發スト云事無トハ不レ可レ云。若然ハ。宿習モ發シ根性モ利ナル二乘カ含中ノ眞諦ヲ證ル上ハ。後教ノ中道ヲ顯ス事有二何ノ不審一カ耶ト覺也。其ヲ爾前ニ二乘成佛可レ(不カ)顯故ニ。不レ論二被攝一被レ成歟。此條太未盡也。其故ハ。被攝トハ行人ノ實證ナル故ニ。教門ニハ不レ被レ約處カ有也。其カ爾前ニ不レ明二二乘成佛一云モ。皆教相上ニ論ル事ナル時ニ。行人ノ實證ハ更ニ不レ可レ依二說教一ニハ。衆生ノ開悟得脫ハ不定ニ。不レ被レ時ヲ事ナル程ニ。宿習モ發シ根性モ利根ナル者カ。中道ノ理ヲ可レ悟ニテ有ルカ。今ハ爾前ナレハトテ後ニ閣テ不レ悟様ニ可レ有歟。宿

習モ今ハ法華已前ナレハトテ。抑ヘテ不レ發樣ハ可レ有ル歟。是等カ太難レ思也

次ニ。今疑ハ先ツ顯露ニ被攝ル上(歟カ)ト云疑ノ定ヲ。又祕密ニモ被レ攝耶ト不審カ有也。其カ今ハ祕密ニモ不レ可ニ被攝一云事カ聞ル程ニ。彌增レ疑也。其故ハ。誠ニ顯露ニ明サハ。二乘成佛カ可レ顯程ニナト云義ノ聞ル程ニ。顯露ニ不レ論事コサムナレ。祕密ニハ二乘成佛ヲモ他經ニ明ス事ソカシ。他經ニ二乘成佛スト見タル文ヲハ皆約ニ祕密一會釋カ故ニ。正ク法華經ノ悟リ開顯ノ源ナル二乘成佛タニ。祕密ニハ明スコソ爾前ノ化儀ナルニ。不レ明ニ被攝一諍也。道理ハ何ナル故ソ耶。法華開顯ノ得益タニ明ス祕密ノ化儀ナルニ。二乘ノ自レ通移レ別云事カ猶不レ可レ明レ之道理カ何事トモ不レ覺也。其上背ニ釋義一事ハ。化城喩品ノ記ニ引ニ大品ノ三種發心一。皆云初(天文四、一七四二下。文句記)發卽是被攝。若二乘人顯無此事ト釋ス。是ハ三種發心ヲハ卽是被攝ト定メテ。若二乘人ニハ顯ニ無ニ此事一云カ故ニ。密ニハ被攝ト聞リ。是ハ引攝ノ攝トハ不レ可レ被レ申事ハ。三種ノ菩薩ヲ。皆云初發卽是被攝トハ。實ニ交際ノ攝ナル條ハ勿論ナルヲ。此被攝ノ體ヲ指テ。是ハ二乘ニ顯ニ無ト云カ故ニ。分明ニ祕密ニ交際ノ攝ヲハ明ト聞リ。サレハ。故知從此密蒙被攝(同前)トテ。從レ此云者交際ノ義也。明レ之密ニ蒙ニ被攝一釋リ。終ニ結ル時ニハ。二乘密得無處不得(同前)(通カ)ト云カ故。密ニ二乘被攝ト云事盡理再往セリ

次ニハ。處處釋義カ猶難レ思。先ツ今經ノ。與大比丘衆(天文一、一四二上。文句參照)。與ノ字ヲ釋トシテ。引ニ大論ノ說一(大正藏二五、七九中)。聲聞ノ七一ヲ判ス。其カ別教ニハ聲聞不レ可レ有ル故ニ。別無聲聞但(丆云カ)シ藏通ト釋シツ(天文一、一四三下。文句記)。サテ准(若カ)通含別亦可論(同前)之トハ。別教テハ聲聞ハ無レトモ。以レ別含ル通程。通教聲聞ハ移ニ別ル教一程ニ。別教ニモ論ト二聲聞ノ七一ヲ一釋リ(卍續四五、十五丁左上。輔正記參照)。是ヲ末師消トシテ。別攝通也ト釋リ。是ヲ講答テハ何ト被レ會ヤラム。只以レ別含レ通意カ有ル程ニ如レ此釋ソト聞ヤラム。太難レ思事ハ。妙樂釋ノ報ハ(若カ)別教ニハ聲聞ノ七一カ不レ可レ有事ナルカ。然モ論ルレ之故ヲ釋トシテ。准通含別亦可論之トテ。以レ別含レ通故ニ。聲聞ノ七一カ別教ニ有ソト云事ハ。分明ニ交際ノ攝ノ意テ通ノ二乘カ至ニ別教一程ニ。通教ノ二乘ヲ別教ニ帶ル意カ有レハ聲聞ノ七一ヲ論ト釋スレトモ。猶移カカスカテ顯ハニ被攝ノ義トハ不レ釋處ヲ。末師ハ詞ヲ顯ニシテ別攝通也ト釋リ。是ヲ非ニ被攝義一ト(天文四、一七四三上。私記參照)被レ會事太難レ思也

次。仁王私記文。是ヲハ本經ヨリシテ菩薩ノ事ソ說カ故ニ。菩薩ノ

事ナルヘシ。對レ之ニ於ニ通教菩薩一立ニ二乘名一之樣ニ聞歟。是又難レ思事ハ。通教菩薩ニ立ニ二乘名一事カ先以難レ思。四乘觀智ノ日。以ニ緣覺一對ニ通教一事ナトコソ有レ。只於ニ通教菩薩一立ニ二乘ノ名ヲ一云事ハ何ナル道理ソ耶。釋義ハ何例モ難レ思。又意趣ハ何事ソ耶。其上今釋ノ難キ處也。別教ノ初地ニ廻向五分法身日也ト釋タルカ故。何トテ別教ノ位ニハ可レ論ヤラン。五分法身ヲハ付ニテコソ聲聞ニ五分法身ヲハ論ル事ナレト覺ル處ヲ釋トシテ。別教初地攝通教二乘ト云カ故。五分法身トハ付ニ聲聞ニ論ナル事ナル程ニ。通教ノ二乘ヲ別ノ初地ニ攝ル程ニ。於ニ別教ノ地上ニ攝ルニ通教ノ二乘ヲ一故ニ五分法身ヲ論ト釋リ。是則被攝シテ二乘カ移レハ別教猶二乘ヲ帶ト被レ云程ニ。於ニ初地一五分法身具足ト釋リ。故ニ非ニ菩薩ノ事ニ故ハ。既ニ別ノ初地ニ五分法身ヲ具足ル道理ヲ付タル時ニ。攝ニ通教二乘一釋カ故ニ。分明ニ約ト二乘被攝ニ見リ

次ニハ。摩訶止觀第三ニ釋ニ漸頓一下ニ。開通漸法。悉令得入。(天止二、四四一)以別理攝之ト釋ス。是ヲ妙樂大師消トシテ。別理ト者。(同。弘決)通別(ㇷ是カ)別ニシテ(ㇷ之カ)。非ニ別圓(圓別カ)之別一釋ル意ハ。法華開顯ノ意ト得タルカ故。惣別ナト云フ別ノ義ニテ。通別二教ノ別理ニハ非ト釋テ。此上ニ重又以ニ

二乘一分別ル時キ。一者法華已前彈呵(斥カ)洮汰。(同、四四一～二)此以(意カ)正當別理攝之。二者(ㇷ○カ)至法華會。名會爲攝。此是攝引之攝。非交際之攝ト釋シテ。分ニ別二義一故。此以(意カ)正當別理攝之トハ。無レ諍方等般若座テ。彰ニ彈呵洮汰益一時被攝ノ義有ト釋リ。是ヲ分攝ノ攝ナト不レ可レ被レ云事ハ。二者至法華會等ノ釋カ引攝ノ攝ナル時ニ。第一ノ釋ハ此以(意カ)正當別理攝之トテ交際ノ攝ナルヘシ。同シ引攝ノ義ヲ兩重ニハ不レ可レ釋道理(ㇷ度ャか)カ分明也

凡ソ事ノ次ニ本末釋ノ意趣カ聞キ也。其故ハ。本書テハ開顯ノ意カ見リ。サレハ引キニ汝等所行是菩薩道ノ文一。(同、四四一。止觀取意)合テニ決了聲聞法是諸經之王文一。(同前)開通漸法悉令得入以別理攝之ト云カ故ニ。法華開顯ノ意ト聞リ。其カ別理攝之ノ詞コソ本書テモ難レ思事ナレトモ。何樣ニ先ツ開顯ノ意トハ聞ク。サレハ妙樂モ(同。弘決)非ニ通別ノ別一釋ル(意カ)。顯ニ此意一聞リ。其ヲ重テ以ニ兩義一分別ル時。彈呵洮汰此以正當別理攝之ト釋シテ。約ニ方等般若ノ化儀一釋ル事ハ。何ト顯サムト問タル釋ソ耶。只本書ノ別理攝之ノ詞カ難レ消程ニ。一邊ニ難シテ一定一。或ハ約ニ開顯ノ意一釋シ。或ハ又約ニ方等般若ノ彈呵洮汰一釋ヲ。一往トカウアテヒタル樣ニ可レ有歟。此釋ハ何ト顯サムト

問タルヲ耶。意趣ヲ可ニ思披一事也

抑。被攝トハ法門ノ奥旨。大師所行ノ法門也。行者ノ實證專此事ナルニ付テハ。一代ノ閒被攝機トハ誰レ人テ可レ有耶。知其證人カ可レ有事ナルニ付テ。正ク被攝ノ機ト被レ云人カ可レ有ル也。其ハ誰人テ有ル耶。此事カ可レ聞事也

答。通教二乘不ニ被攝一事。先ツ此論義ハ付テニ顯露一疑フテ。祕密ニ被攝ノ有無ハ學者存ニ異義一事也。サレトモ顯露ニ不レ可ニ被攝一之條勿論ナルニ付ニ。祕密ニモ又不レ可ニ被攝一也ト存ル也。付レ之。先ハ於ニ通教一三乘相望シテ辨ニ利鈍一時ニ。菩薩ハ利根ニ。二乘ハ鈍根ナル條勿論也。付ニ其ノ菩薩一。最上利根ノ類コソ不レシテ留ニ當教理一ニ移ニ後教一ニ顯ニ中道一故。鈍根ノ二乘ニハ不レ可レ有ニ此義一也。(天玄二、一七七。釋籤)菩薩タニ鈍同二乘。直至法華方乃被會ニテ。鈍根ナレハ二乘ニ同シテ不ニ被攝一也定ル上ニハ。マシテ二乘カ不レ可ニ被攝一之段必然ノ道理也。其ヲ。(天止三、七一二。止觀)住空聲聞未必鈍根。入假菩薩未必利根ナレハ。聲聞可レ有ニ利鈍一云樣ニ難來歟。但。是ハ惣シテ聲聞ノ中ニモ有ニ利鈍一。菩薩ノ中ニモ有ニ利鈍一云釋計也。必モ聲聞ノ利根ナルカ。則チ勝テニ菩薩一ニ被攝スヘシトハ不レ可ニ意得一。大綱ノ下地カ二乘ハ鈍根ニ。菩薩利根ナルニ付テ。於ニ此上一ニ辨ニ利鈍一程ニ。聲聞ノ利根ナト云モ不レ可レ及ニ菩薩一ニハ條勿論也

付レ之。同ク證ニ眞諦理一程テハ。二乘モ可ニ被攝一云難カ來歟。是ハ堅キ事ナルヘシ。但。先ハ鈍根ナレハ。於モニ眞諦理一如クニレ理ノ不ニ悟顯一意可レ有。故理ノママニ不レ悟者。眞諦ノ底ナル中道ヲハ不レ顯ト云意モ可レ有ル。サレハ。(天玄一、一二四。釋籤)通機如雜色。但眞如色(遂カ)變。圓理如珠體。機發如物裏。(同。玄義)故通教二乘亡實相體。遂經(詮カ)小之教隨(墮カ)落二乘ト釋カ故ニ。二乘カ遂(逐カ)テニ玄黃ノ色一ニ墮ニ落ト二乘地一被レ云意者。眞諦ノ理ヲハ含ニ中道一有ルヲ。二乘ハツツミ紙ニ隨テ底ナル珠ノ體ヲ不レ見故ニ。是ハ眞諦ノ底ニ含ニ中道一物ヲ。上ノ眞諦ノ裏紙ニ隨テツツマレタル中道ノ珠ノ體ヲハ不レ顯也。是ハ二乘ノ不ニ被攝一正シキ證據ト覺也

次ニハ。二乘不ニ被攝一之道理ハ。付ニ被攝一空中合論シテ自レ空移レ中云意ハ。又空假二觀ヲ爲ニ方便一。顯ニ中道一意ハ此兩邊カ可レ有也。サレハ。(天止二、三〇三。弘決)雖見中道。必假通教空假二觀爲前方便。必待別理ト釋シテ。見ニ中道一事ハ。必ス空假二觀ヲ爲ニ方便一

定ル程ニ。此約束タニ成ムハ。二乘ハ不レ可二被攝一之條カ治定ル也。其故ハ。二乘トハ偏ニ住空ノ者ニテ全出假ノ觀門カ不レ可レ有程ニ。被攝義カ不レ可レ成也

次ニハ。爾前ニハ祕密ニ明二二乘成佛一タニ。密ニ何不レ論二被攝一耶ト云不審歟。但。是ニハ惣シテ一代佛法大綱幷被攝ノ樣ナトカ顯タル上ニ可二落居一事也。何樣一代ノシツラウ樣カ二乘ヲハ必至二法華一被二開會一者ト沙汰スヘキ也。故ニ機カ發レト祕密ニモ開顯シテ二乘成佛スト雖レ談ト。被攝トハ不レ可レ申。二乘カ必ス。直至法華(天玄二、一七七。釋籤)方乃被會ノ故ニ。可レ得二法華ノ益一定ル也。利根菩薩ハ不レ待二法華一被二後教ノ攝一約束スヘキ事カ有レ之。自レシテ是一代ノ佛法ノ始終カ可レ被二意得一子細カ有也

次。至二釋義一者。故知從此密蒙被攝ノ釋カ。(天文四、一七四二下。文句記)分明ニ二乘被攝スト見タル釋也。是ヲ會ル意ニテ一具ニ處處釋ヲハ可二意得合一。其カ今釋ノ意ハ正ク非二被攝一スルニハ。釋義カ。既ニ擧テ二彈呵洮汰ノ化儀一密蒙被攝ト云カ故。方等般若ニ被二彈呵洮汰。冥成通人冥成別人一。冥機カ自レ通移レ別謂ノ有ル處カ被攝人ノ入二後教一意ニ相似タルカ故ニ。一往例シテ顯也。實ニ是カ兩理交際シテ被攝ル義ニ成(非カ)也。(同前)二乘密得無處不至(通カ)ト云フ同意也。サレハ。此以正當別(天止二、四四一。弘決)理攝之ノ釋モ此意ナルヘシ。仍此以(意カ)正當別理攝之ト(意カ)釋シテ正ク當ト二被攝一釋ル意ハ。實ノ被攝ノ義ニ非ト聞。冥成別人セン處カ被攝ノ上ニ聊似タルカ故。以二別理一攝スルニ當トハ釋也。實ニ兩理交際ノ被攝ナラハ。正當トハ不レ可レ釋。只義門ノ相似タルニ付テ正當トハ釋ナリ

〔次。〕聲聞ノ七一ノ釋。是ハ以レ通含レ別兩教含容ル意カ有レハ。且ク聲聞ノ七一ヲ別教ニ論ト釋リ。二教含ノ意カ出來スレハ別攝通ト末師釋モ不レ可レ背ク

〔次。〕仁王私記釋ハ。經文ヨリシテ菩薩ノ事ハ見タルカ故ニ。非二二乘一ニハ。是則通教ノ菩薩ノ五分法身ヲ攝ル二別教ノ初地一意ナルヘシ。於レ之立二二乘ノ名一事ハ。且ク付二入空ノ義門一菩薩ナレトモ立二二乘名一也。通教菩薩ナレハ五分法身可二具足一之條不レ可レ有レ疑。故ニ是ハ無二子細一事也

〔十三根攝者共有二十地如佛義一耶〕

十 問。三根ノ攝者。共ニ有二十地如佛ノ義一耶

答。可レ然　付レ之　答

重難云。三根攝ノ者共ニ十地如佛ノ義可レ有云。道理ノ樣カ猶不レ聞也。證據モ不レ聞也。道理モトコノ程ト云。證據ハ何ノ處耶ト云事カ可ニ治定一也。先ハ。八地地(地⃝カ)聞中。九地伏無明。十地破無明ナルカ故ニ。（天止四、九五。弘決）（﹇道カ）是ハ次第カツツキタル程ニ十地如佛義ハ成レハ。付ニ下根ノ攝者一誠ニ有レ便。四地聞中。六地聞中ノ人ハ。何トテ第十地ヲマタケテ如佛義ヲハ可レ論耶ト不審也。其ヲ修觀位ヲノヘテ至ルヘキ樣ニ聞歟。是カ難レ思事ハ。修觀ノ位ヲノヘテ必ス十地ニ破無明シテ。（天止二、三一四。弘決）是程於ニ十地一論ニ如佛ノ義一用ハ何事ソ耶ト覺也。其ヲ。仍從舊說ル程ニハ。聞ル事カ又難レ思。是程。仍從舊說シテノ用ハ又何事耶ト不審也

其上ニ。釋義カ既ニ遮タル事テ有ル也。其故ハ。妙樂釋カ。弘六（天止四、九五）問。第三卷明ニ別攝通一中。（天止二、四六九。止觀參照）何故乃云下八地聞ニ中（﹇道カ）道一。九地伏ニ無明。十地破ニ無明一。亦得モ名レ爲レ佛。以ニ何義一故。與レ此不同ト（方カ）問ス。是ハ後段ノ被攝ニテ。（天止四、九五。止觀）八地聞中。九地伏無明。十地如佛ト釋ヲ擧テ。今ノ本書ニ。七地論修。八地論證ト。釋ル不同ナル故ヲ問セリ。是ヲ答ル時。（同。弘決）四地爲上。六七爲中。八九爲下トテ。擧ニテ三根ノ次位一。文從中說故ニ七地トテ。今ノ釋ハ約ニ中根一故ニ云ニ七地一釋テ。（同、九五～六。弘決）前爲レ消（銷カ）レ經故從レ下說。故大品云。十地菩薩爲レ如レ佛。經從レ下者其位定故トテ。後段ノ文ハ。消ニ經文一故付テニ所依經ニ約スニ下根一。其ノ所依ノ經ハ何ニヤラムト覺ル處ニ。引ニ大品經ノ十地菩薩爲如佛文一消シ。經ハ何トテ依ニ下根一耶ト覺ル處ヲ。其位定故ト釋リ。故十地如佛ノ義ハ限ニ下根ニ聞リ。其ヲ亙ニ三根一中ニ且ク下根ノ一類ノ邊ヲ釋ト云樣ニ聞歟。是カ難レ思事ハ。經文ハ亙ヲ三根一釋義カ約セハニ下根ノ一類一。背テニ經文ニ釋ヲ作ナルヘシ。故ニ消テハニ經文一不レ可レ有。今釋ノ意カ（天止二、四六九。參照）後段ノ被攝ト今ノ（天止四、九五。參照）釋ノ不同ヲ問ル時ニ。後段ノ文ハ消ニ經文一故。經カ十地如佛、云カ故。此ノ本說トシテ消ル故約ニ下根一釋ル也。今ノ釋ハ必モ所依經ヲ不レ消故經ト（約カ）中根一釋ル事ハ分明ニ。經文ヨリ十地如佛ノ義ハ限ニ下根一聞リ。若夫背ニ經文一約ニ下根ノ一類一者違テレ經消ニ當カ故。消經ニハ不レ可レ有ル也

次。證據ト聞ハ。止觀第三ノ。（天止二、三九〇）六地齊二乘。七地修（爲カ）方便マテヲハ條條ニ釋成セリ。十地如佛ノ義ヲモ委ク可レ釋處ニ。文ヲ簡略シテ不レ釋レ之。仍中下ノ二根ヲ影略シテ顯ト可ニ意得一也。所詮六七成佛ノ義モ通教ニ有カ故。中上二根雖レ不レ至ニ至ニ第十地一

八相作佛ノ意モ可レ有ル。又八地已上誓扶習生ル時。八相成道ト見タル事モ有ルカ故。八地九地ニテ作佛ル事モ可レ有ソカシ。其カ必ス第十ノ佛地ニ至テ八相作佛スト定テ。必ス仍從舊說シテ十地如佛ト云テ用ハ何事耶。是カ可レ聞事也

答。此事被攝ノ本意カ可レ顯事也。家家ノ相承モ付レ之有歟。是ニハ約第(東カ)カ一ツ可レ有。先ツ。(天止二、三〇三。止觀)初空假二觀破眞俗上惑盡。方聞中道。仍須修觀破無明。能八相作佛。此佛是果。仍前二觀爲因。故言以別攝通ト釋シテ。仍須修觀破無明。能八相作佛ト云フ。佛果ノ體ハ通教ノ十地佛果ノ定ニ釋義ハ得リ。此佛是果トハ上ノ八相作佛ヲ指カ故ニ。通教ノ十地佛果ヲ指ス條勿論也。大方カ被攝至テ二別教ノ初地一斷無明證中道シテ別教ノ初地ノ八相ノ佛ト成ルヲ。本ノ劣教ノ佛果ニ歸リテ。仍從舊說シケル用ハ何事耶。八地聞中ノ者ハ聞中ヨリ後教人ト成タルヲ。何ノ故ニ附ニ本教ニ八地聞中。九地伏無明。十地破無明ナトハ釋ルヤラム。是等カ大段トシテ難レ思事ナレトモ。何様被攝ノ約第(東カ)トシテ後教ニ移テ初地ノ八相作佛スルヲ。仍從舊說シテ通教ノ佛地ト施設ル意カ有也。是ヲ眞實被攝ノ本意カ自レ是可レ開事也。依レ之。被攝シテ初地ノ八相成道ヲ唱ヲ。必ス仍從舊說シテ十地如佛トハ沙汰ス。サレハ。決六(天止四、九六。弘決)被攝之人能破無明。無明破已。如彼佛地同得八相。故名爲如ト釋。故初地八相ヲ得タルカ通教ノ佛地ト同クシテ。同得八相ノ謂カ有ル程ニ。如ニ通教ノ佛地一被レ云也。故ニ中上二根ノ人モ後教ニテハ初地ノ八相ヲコソ得レ。是カ初地ノ八相ノ體カ如彼佛地同得八相ニテ。通ノ佛地ノ八相ト同ト被レ云邊カ有レハ。則十地如佛ノ義カ亙ニ中上二根一也。如ニ佛地一被レ云。通ノ佛地ノ如ト云事カ無ニ子細一程ニテ。十地如佛ト云事計カ可キ被レ遮之道理カ無キ故ニ。必ス至テ二後教ノ初地一八相作佛スルカ。如彼佛地同得八相ト被テレ云。通ノ佛地ト同キ意カ有レハ則十地ト同クシテ十地如佛ノ義カ可レ成也

但。前爲消經故從下說ノ釋ハ。實ニ難レ思。但。一義趣ハ。後段ノ被攝カ必ス大品經ノ十地如佛ノ文ヲ不レ引。仍八地聞中。九地伏無明。十地破無明ト云ヘル。仁王經カ八地已上ニ受ニ法性身一說カ故依ニ此等ノ說一申也。但シ。此義勢カ極テ難レ思事ハ。後段ノ被攝依ニ仁王經一云事不レ見レ之。彼ノ處ニ十地如佛ノ義ノ有ヲ。釋ハ今ノ七地論修ト云ト合テ問ニ其不同一時。

答トシテ。前爲消經故從下說トテ引二大品經ノ十地如佛文一。故ニ分明ニ此文ヲ消ト聞リ。雖レ然古キ一義ナレハ可レ申レ之。但シ。大品經ノ說ヨリシテ。十地如佛ノ義雖レ亙ト二三根一ニ。文ノ面カ先ツ附二下根一說トク可二意得一。是則八地聞中。九地伏無明。十地破無明ト次第シテ。付二下根一十地如佛ノ義カ親シケレハ。約シテ二下根一說ク也。然モ約二下根一說ヲ歸テ亙ト二中上二根一可二意得一也。大方前段後段何カ故約二下根ノ一類一耶ト云不審ニ可レ有ル。其カ被攝ト云ヲハ寄二下根一顯タキ意カ有レ之。下根ニ約スルヲ取テ中上二根ニモ亙ス時本意カ可レ顯程ニ。付二下根攝ノ者ニ顯トシテ。前爲消經故從下說（天止二、三九〇。止觀）ト釋ル。更非二違文一也

次。六地齊二二乘一等ノ文。分明ノ誠證ナルヘシ。其ヲ七地修方便マテハ中根。十地如佛ハ下根ソト文ヲ分テ了簡ル條大不レ叶レ文也。サル事爭可レ有耶。故ニ擧二中根ノ始終一見リ。就中妙樂大師。（天止二、三九一）今言七地此據中根ト云カ故。約二中根一之條勿論也

〔十一　**佛地邊菩薩被攝耶**〕

十一 問。佛地邊菩薩被攝ト可レ云耶

答。可レ然　付レ之　答

重難云。佛地邊菩薩被攝スト云事極テ難レ思事也。先ツ被攝トハ行人ノ實證。大師已證ノ法門ナルカ故。イカ程モ實義ヲ可レ談事テ有ルニ付テ。通教ノ意カ八地已上有教無人ト沙汰シテ。既ニ無二實人一於二佛地邊ニ菩薩ヲ立ラレ。是カ被攝スト云事太假令ナル程ニ談ル二實義一被攝ノ大旨ニ背ク也。サレハ九地ノ攝者猶學者不ニ一決一。一箇ノ重事ナルニ。結句越ヘテ第十地ニ菩薩カ有テ被攝スト云事太難レ思。講答トシテモ假令佛地邊ニ菩薩有ハ何トカ不ニ被攝一耶ト聞ル。故ニ非ニ實義一樣ハ聞。若爾。是程無レ實ニ事ヲ成シテノ用ハ何事耶ト覺也。其カ（卍續九二、七丁右下。淨名疏記鈔參照）一往通教八地已上有教無人。二往唯至果方名有教無人ノ釋カ出來ルテ有カ。此釋ヲコソイカ程モ了簡シテ可レ廻事ナレ。只依ニ此一文ニ一教ノ大旨ヲ可レ破之條カ未盡ノ道理ナルヘシ。就中。佛地邊菩薩トハ何ナル事ヨリ出來ルソト云ヘハ。自ニ名別義通ノ意一起ル也。サレハ。決六（天止三、六四二）言ニ隣極一者。以ニ別教（敎カ）佛（過カ）地邊ニ十地一故。今借ニ別名一乃云ニ十地隣極一故也ニテ。自レ是始リ。若爾ハ。當通ノ意テ佛地邊ノ菩薩ト云事カ可レ成也。先此段カ難レ思。其ヲ義通ノ邊ニテ可ト二被攝一云ヘキ歟。此道理モ太不ニ落居一樣ニ覺也。其上佛地邊ノ菩薩ノ樣ヲ可レ定。其カ一

義ニハ八相中ノ前五相ト申歟。是ハ難レ思事ハ。坐道場以來ヨリ佛地ニ有レ。前五相ハ第九地ニ可レ有。若爾。九地菩薩被攝ニ成也。全ク非ニ佛地邊ノ被攝一ニハ

次。御廟大師ハ約シテニ斷習ノ無閒道ニ釋。是カ餘リ假令ナル樣ニ覺也。其故ハ。無礙解脱ノ二刹那ナルニ無閒道ノ一刹那ヨリシテ被攝ト（天止二、四七〇。弘決）云者。於ニ此ノ一刹那一令深觀空卽見不空ノ義カ可レ有歟。太難レ思樣也

次。至ニ證據一。末師一處釋非ニ誠證一ニ。是ハ今經ノ同聞ノ無學ヲ釋トシテ。（疏二（天文一、一八三下。文句））通教五地皆名學。六地名無學。又通教九地名爲學。佛地名無學ト釋ス。（爲カ）妙樂承レ之。（同。文句記）前約二乘。後約菩薩。又前約三乘共位。後約獨菩薩位ト釋ル。此ノ後約獨菩薩位ト云處ニ。末師釋トシテ。（卍續四五、二九丁左下。輔正記）此專約下十地邊始終別爲ニ菩薩一立中忍位上爲釋別是被別圓攝菩薩也ト釋ル。（以カ）（則カ）意ハ十地ノ始終ニ爲レ安ニ菩薩ヲ立ニ忍ノ名一。（判カ）其カ被ニ別圓ノ攝一菩薩ソト云者。九地皆名學云フ九地菩薩ヲ指テ被攝スト云也。全ク佛地邊ノ菩薩ノ被攝ストハ不レ釋。凡ソカ今ノ樣ニ不レ釋者可レ背ニ釋義一事ハ。九地皆名學。佛地名無學ト本書カ定ル程ニ。是ヲ消ル釋ナル時ニ。九地學人ニテカ被攝スト釋ト意得テコソ本書釋ニハ相順スレ。若佛地ニ論シテニ菩薩一是カ被攝スト云テハ。十地名無學ノ處ニ可レ背之故也。仍後約獨菩薩位トハ十地ノ始終ヲ菩薩ト建立シテ。其中ノ第九地菩薩ニテ被攝スト見リ。但。山家大師在唐時。（卍續二ー五、四〇四丁右下。天台宗未決參照）被レ決ニ遂（邃カ）和尚一事ハ。全ク非ニ誠證一。是則至ルニ十地一菩薩入ニ證ノ何位一耶ト云ヲ。答トシテ。斷ニ塵沙一菩薩ハ可レ至ニ十信一ニ。斷ニ無明一菩薩可レ至ニ初住一釋テ有カ。通教佛地邊ノ菩薩ノ可トハレ至ニ圓ノ十信ニ不レ足也。サテハ何トテ至ニ十地一菩薩ト云フ耶ト雖ニ不審一トニ。是ハ十地ニ至ラウスル菩薩ソト云カ故ニ。第九地菩薩ニ當レリ也

答。此事ハ九地ノ攝者ノ落居ニ可レ依。終至九地ト云ト不審九（至カ）十ト申ト事異テ別モ。不ニ參差一之樣ニ意得ヘハ。又佛地邊ノ菩薩ノ被攝ル樣モ可レ聞。先ツ約束トハ。通教ハ正通實相ノ教ニテ自ニ一一ノ位一攝ニ入ト後教一ニ沙汰カ故ニ。若限ニ佛地邊ノ菩薩一不レ入ニ後教一者。通教ノ第十地ノ菩薩ヲハ不レ可レ有ル。大方佛地邊ノ菩薩ノ源ハ。大品經ノ十地如佛ノ說ヨリ起ル。被攝ノ證據トハ又十地如佛ノ文也。是等ヨリシテ殊勝ノ約第（東カ）モ可レ顯事ハ。佛地邊ノ菩薩ノ被攝ト云時。通教ノ第十地ト別教ノ初地ト一ニ成ルヘキ故ニ。

被攝ノ本意トハ佛地邊菩薩ノ被攝時可レ成事也。凡ソ八地已上有教無人ト云ヘハトテ全分ソラ事ノ樣ニ不レ可レ有。法華ノ意カ開テ見レハ。通教ノ始終カ有教無人ト沙汰セシ處ニ歸テ皆行者ノ有ル樣カ可レ成也。八地已上ニ實人ノ羅烈(列カ)ル意カ必定トシテ可レ有。故佛地邊ノ菩薩被攝スト云カ實ニ行者ノ實證テ有ル謂カ可レ顯也。至テハ二證據ニ一末師釋分明也。十地邊ニ爲二菩薩一立二忍名ヲ一時。是カ則被二別圓攝一云事。佛地邊菩薩ノ被攝ノ義也

〔十二　大經被攝事〕

十二

問。大經座ニ有二被攝ノ益一耶

答。任二一義一可レ有　付レ之　答

重難云。大經座ニ可レ有二被攝益一樣カ猶未レ聞也。其故ハ。涅槃經ノ四教ヲハ。(天止二、四〇一。弘決)彼經四教皆知常住。故本意在圓ト釋カ故。四教共ニ不レ歸(隔カ)二常住佛性ノ理一。四教ハ各各ニ不同ナレトモ同ク不レ妨二常住ノ解一。以レ之大經ノ四教トハ云也。其カ被攝トハ。(天止二、三一四。弘決)謂用前教有始無終。(「〇カ)卽用後教有終無始ナルカ故ニ。於二通教一有始無終被レ云意ハ。初ハ不レ知二中道一者ナルカ後悟二後教ノ中道一。(天止二、四七〇。弘決)令深觀空卽見不空スルカ被攝ノ大綱ナルニ。自レ初知二佛性中道理一常住ノ解カツラソウテ有ラハ。何トテ初テ開眞出中モシ令深觀空卽見不空ヲモスヘキソ耶。通教ニハ不レ知二中道一者カ當教ノ眞諦理ヲ研テ居ヌレハ。元ハ不レ知リラツル後教ノ中道ノ體カ始メテ顯ルルコソ被攝人ナルカ。自レ初通人カ知二佛性中道ノ理一者。都ヘテ開眞出中ノ道理カ不レ可レ成也。其ヲ只明二四教ノ得益一上ヲハ可レ有二三攝一云樣ニ聞レトモ。自レ元大經ノ四教カ倶知常住ニテ。四教ハ有レトモ不レ妨二佛性圓常一物ナルカ故。イカニ四教ノ益ヲ雖レ得ト。常住理ヲ不レ歸(隔カ)知ルカ故。始メテ開眞出中スト云事カ不レ可レ立ス。說二四教一程ヲハ被攝可レ有ナト云義ハ。爾前ノ四教ナトコソサハ可レ被ケレ云。大經ノ四教ハ異レ彼。倶知常住ノ故ニ。更ニ於二眞諦上一始メテ顯二後教ノ中道一云被攝ノ約束ニハ不レ可レ叶フ

次。付二證據一。七重二諦ヲ明カ故可レ有二被攝一聞歟。是カ大難レ思事也。先ツ一家四教ノ源ハ自レ何起ソト云ヘハ。今經ノ藥草喩品ノ三草二木ノ說ヨリ始マル。四教ノ證據ハ經論ニ引ク事雖レ多ト。今經ノ三草二木ノ次位ヲ源トスル條ハ勿論也。若說カ有ルニ依テ則論二其益一。其經ノ說相ノ得益ト定ル樣ナラハ。法華經ニ明シ二四教一得タルニ二四教ノ益一可レ成也。若夫カ雖レ有ト說。依レ其則一

經ニ說キタル事ハ不レ定事カ有ラハ。大經ニ七重二諦ヲ雖レ明ト。依レ其ヤカテ大經ニ明ニ被攝益一不レ可レ定也

次ニ。一生實相・二生法界ノ文ヲ妙樂約ニ被攝一釋カ誠證ト聞（天止二、二八二。弘決・私記參照）歟。其カ實ニモ此文カ被攝ト見タル子細カ有ハ勿論ナルヘキカ。十千菩（大正藏十二、八五二上。南本涅槃經）薩得一生實相。萬五千菩薩得二生法界ト云カ。何トテ被攝ノ意トハ可レ被レ申耶。是カ先ツ被攝ノ意テ有ラウ樣カ難レ思。其上ニ妙樂釋カ不審ナル事ハ。章安大師ハ今文ヲ消トシテ。卽法華經損生義（大正藏三八、一三〇上。涅槃疏）說トテ。一生二生ト云ハ。增道損生ノ一品二品ノ破無明ニ約シテ消リ。是コソ當レ文聞タルヲ。妙樂ハ背ニ章安釋一約ニ被攝一事ハ。何ナル得ニ起盡一得ニ何ナル大綱一耶。何此文カ正ク被攝ノ證據ト（天止二、二八二。弘決）成ル樣カ可レ聞。其上。二（三カ）乘同觀第一義諦。智解不同等釋シテ難レ思。三乘カ同ク觀ニ第一義一智解ノ不同ノ有レハトテ。是カ被攝ノ相貌ナルヘキ道理ハ何事耶。其上實相ト云。法界ト云ハ異名ナルヘシ。只一理ノ上ニ實相法界ノ處ヲ立テ有ルヲ。是ヲ實相ト云ヲハ約ニ別教一。法界ト云者約レ圓。故例事耶。再論セハ法界ノ名ハ諸經ニ出ヌレハ約ニ別教一ニ。實相トハ限ニ今經ノ說一故ニ。是コソ圓教トモ可レ云處ニ今釋ノ相配太難レ思。又一生者。一品ノ破無明カ別教ト被レ定。二生法界トテ二品ノ破無明カ圓教テ可レ有之道理ハ何事耶。付ニ六祖釋一旁難レ思

答。大經ノ被攝ノ益事。許ス四教ノ得益一上ニハ三攝モ可ト有存也。其カ倶知常住ノ故ニ不レ可レ有ニ被攝ノ益一云定ナラハ。說ニ四教一事ヲ不レ可レ許。倶知常住ノ旨ヲコハラカス程テハ。四教ノ益有ル事カ難レ思成ヌヘキ程ニ無レ力。雖レ不レ妨ニ常住ノ理一四教カ並ト云者。又雖レ知ニ常住一三攝益モ可レ有レ之。就中釋（天止二、四〇一。弘決）義ハ。麁心若息還依頓觀ト釋ル程ニ。麁心トハ三權證ヲ取ル程ナレハ。於ニ其麁心ノ閒ニ別圓攝通モ可レ有レ之。其上取ニ三教ノ果一時。常住ノ解ヲ廢シ不レ廢學者存ニ異義一。廢ストモ一向全分ニ廢シ失ナフ樣ニハヨモアラシ。可レ有ニ子細一事也。但。當流相承ハ。何樣廢ト常住ノ解一存ル上ニハ。此時。令深觀空卽卽見（卽空カ）不空シテ。通教ノ眞諦ノ理ヲ研ク程ニ。可レ悟ニ後教ノ中道一之條無ニ異論一。凡ソ被攝ト云事ヲ可ニ意得一。他宗ノ人師モ藏通別圓トハ雖レ不レ烈（列カ）ト。四教ヲ五時ヲナト云樣ナル事ヲハ存セリ。一代ノ佛法ヲ得ル程テハ其レ程ノ事ヲハ立也。サレトモ被攝名別ノ配立ハ不レ存故。偏ニ一家ノ獨リ立ル處ノ法門ナレハ。大師ノ己證トモ申付リ。

付レ之。隨分ノ事テ有ル趣ハ。被攝トハ落居ハ四教ノ一ニ成タル意ヲ顯也。故ニ四教三教ノ法門タニ有ル程ヲハ。必ス三攝カツラソウテ可レ有レ之。故大經ニ說ニ四教一程ニ。必ス被攝可レ有云事源此意ナルヘシ

至ニ證據一者。（天玄二、四七〇。玄義）聲聞之人但見於空不見不空。智者見空及與不空ノ文カ。專被攝ノ意ト聞リ。付レ之。一生實相・二生法界ノ文カ尤被攝ノ證據ト成也。先ツ聲聞之人但見於空不見不空。智者見空及與不空ノ文カ被攝ノ誠證也。此旨ヲ說ク文ニテ一生實相等ノ文ハ有ル條分明ナル程ニ。一家釋義以レ之證トセリ。此意カ治定スレハ以ニ此謂一被攝ノ義ヲ證ル時。章安ノ釋ノ三乘同觀第一義諦。智解不同文ヲ引ク意者。三乘同ク觀ニ第一義諦一智解不同ニシテ。利根菩薩ハ進テ顯ニ後教ノ中道一程ニ。是ハ專依ニ三乘同觀等ノ釋一被攝ノ誠證トハ存リ。是則依ニ智者見空及與不空ノ文一證ニ被攝一意ト全ク同キ故ニ。引ニ章安釋一證モ尤有ニ其謂一也。因レ之一生實相・二生法界ト云カ故利根菩薩ノ被ニ別圓攝一意ト聞リ

次。實相トハ猶約レ事程ニ別教ニ攝シ。法界トハ約レ理故屬ニ圓教一也。或又一生ト云ヲ猶屬シ別教一。二生ト云ヲ猶約ニ圓教一意モ有レ之。凡經文モ全分實相ト法界ト異名ナラハ。一生實相・二生實相トモ可レ云詞ヲ。アヘテ一生實相・二生法界ト云ケルハ。各別ニ可レ顯意趣ノ有ル條勿論ナレハ。被攝ノ別圓攝通ニ約ル不レ可レ有ニ子細一也

又難云。今聞趣ハ常住ノ解ヲ廢ル閒ニ。（天止二、四〇一。弘決）權用三教以爲麁（蘇カ）息ノ時分ニ。開眞出中スルト云事難レ思。大方常住ノ解ヲ廢シ不レ廢。古來ノ異義也。縱廢スト申義ノ分テモ爭テカ被攝ノ益ハ可レ有耶。其故ハ。被攝トハ。（天止二、三〇三。取意）聞中修觀破無明ノ次第カ可レ有。其カ麁（蘇カ）息ノ閒ニハ何トシテ此等ノ次第ハ可レ有耶。麁（蘇カ）息已前ニ聞ヲ常住一可レ爲ニ聞中ノ時分トカ歟。又別シテ可レ有歟。是等カ難レ思也

次テハ。自ニ爾前一來ル者ニ付テ可レ有云義又難レ思。若自ニ他經一來テ以聞ニ別圓一被攝ト申サハ。華嚴經ニモ可レ有歟。本通人カ來テ華嚴ヲ聞カハ。即空ニ中道ヲ聞續テ有ル程ニ。是ヲモ被攝ト可レ申ス。乃至法華ニモ被攝益有ト可レ申歟

次。後來ノ者ニ付テ論モ不審也。大段カ大經ト申ハ皆知常住ノ謂ヲ知ル上ニ。常住解ヲ廢歟不廢歟ノ不審也。皆知常住ト申ハ

一經ノ大綱也。イカニモ先來ノ者計ハ知リ二常住一。後來者ハ不レ知ト可レ申耶。カカル義門大經座ニ有ト可二意得一歟如何

答。大經座可レ有二被攝益一云事。北谷ノ義勢也。付レ之。常住ノ解ヲ廢スト申ス也。先ハ既ニ皆知常住トハ雖レ申ト。證ル二四教ノ果一上ニハ何無二被攝ノ益一耶。地體カ大經ノ權教ト申ハ宿習開發シテ證二權果一也。サル間ニ權用三教ノ位ニ被攝ヲ可レ論也。其カ知二常住一時ニ。何トテ被攝ノ權果ヲハ可レ取耶ト云不審ノ定メヲ。サテハ知二常住一時ニ。何トテ四教ヲハ並說ソ耶ト云不審カ可レ來也。說二四教一程テハ可レ有二被攝一條勿論也。凡ハ常住解ヲ廢シ不レ廢兩義ナレトモ。實ニハ各別ノ事テハ不レ可レ有ル。サレトモ廢ト申テ被攝ノ義ヲハ可レ顯也。サレハ七重二諦ヲ立ル事依二大經一也。是ヲハ只一往ノ事ナムトハ不レ可レ申。實ニハ四教ノ外ニ三攝ノ論ル上ニハ。イカニト一往ノ事トハ可二意得一ソ耶

次。一生二生事ハ。是ハ惣シテ付二被攝一ニ可レ申事有リ。不レ限二此事一ニ。付テ二被攝名別ノ形一可二意得一也。惣シテ被攝ト申カヤカテ至ルト二九地十地一可二意得一也。令深觀空卽見不空ノ時ニ。則至トニ九地十地一被レ申義門カ可レ有也。仍章安釋ト妙樂釋トハ顯二其意一也。サレハ章安釋ニ。三乘同觀第一義諦(空カ)ト申(大正藏三八、二二九下。涅槃疏)閒ニ。三乘同觀ヲハ通教ノ意也。サレハ三獸渡河ノ譬ヲ以テ釋ニ此謂一也。妙樂釋ニ章安云ト申ス。依二此等ノ說一也。惣シテ被攝ノ樣ヲ可二意得一文也

次。惣シテ涅槃經ト申物ヲ可二意得一也。大方ハ人ハ雖二共許一大經ノ大旨ヲ可レ申也。惣シテ大經ノ四教ト申物カ。爾前ノ四教ニ不レ異意カ必定トシテ可レ有也。爾前四教・涅槃ノ四教ノ不同モ無ト被レ申樣カ可レ有。常住ヲ皆知ルト申ケル方ハ。法華ノ謂更ニ無ニ不同一被レ申也。涅槃經ト申ハ。爾前・法華ヲ重テ顯カ大經ノ大旨テハ有ル也。爾前法華ノ正ク一ニ成ル處ヲ涅槃經トハ名ル也。故ニ大經ノ四教カ爾前ノ四教ト無二不同一被レ申邊ニテ。被攝ヲハ可レ論也。攝義本在法華經前釋ハ(天玄二、二〇四。釋籤)。問者ノ潤色ト成ル樣ナレトモ。歸テ以レ之大經ノ被攝ノ證據ト可レ存也

次。被攝ノ機トテ別ニ一類カカル者有ル樣ニハ不レ可レ申。四教機外ニ別ニ不レ可レ有。地體四教ノ一ナル意ヲ被攝ノ意テ可レ顯。四教カ全ク一ナル處ヲ。以テ二被攝一イサリアハセテ成ル也。故ニ四教タニ有ト申セハ則被攝ハ可レ有也

次。聞中修觀次第ハ。還依頓觀ノ時分ヲ爲二聞中一ト。以テハ二甦(蘇カ)息已前一不レ可レ爲二聞中一ト也。頓觀ノ處ハ無テハ二聞中一イカニト可二意得一耶

後仰云。大經トハ法華ト爾前ノ一ナル意ヲ顯ス也。サル間ニ皆知常住ト申方ハ法華也。四教ト申方ハ爾前也。法華ト爾前トノ事相二一ニ成ル意ヲ顯ス間ニ。四教ノ方テ被攝有トハ存也

次ニ。一生實相・二生法界文ノ事ハ。自レ本爾前法華ノ一ナル意ヲ大經テ顯ス間ニ。章安ノ約モ二法華一又被攝ニ約ルモ不レ可レ有二相違一事也。故以二一文一法華ト云ヒ被攝ト云フ釋義ハ。深ク得二經文ノ大旨一也。只一意ヲ可レ顯也

次。一流相承ニ被攝不レ可レ有申也。是ハ非二北谷ノ相傳一別ノ相承也。惠光坊流ニハ無ト申也。通人カ別人トハ成レトモ被攝有トハ不レ申也

〔十三　住行攝者耶(事カ)〕

十三
問。住行ノ攝者有ト可レ云耶

答。任二一義一可レ有　付レ之　答

重難云。住行攝者ノ有無。學者大ニ存二異義一。付レ之。可レ有云趣背二被攝ノ大綱一也。其故ニ宿習カ忽ニ發シテ適タマ悟リ出タル中道ノ妙理一人ナルカ故。尤中道正觀位ニ可レ移處ニ。空出假位ニ至ル條太難レ思。サレハ被攝トハ。令深觀空卽見不空ニテ。空中ノ兩理交際ト被レ云テ。既ニ自二眞諦ノ理一中道ヲ悟リ出スト被レ云上ニハ。只中道ノ正觀ノ位ニ可レ移事ナルヲ。十住十行ハ傍修假中ノ義ハワツカニ雖レ有ト。正ク入空出假ノ位マテ非二中道正觀ノ位一ニハ。十廻向始正修中ナルカ故(天玄二、三八九。玄義)。中道ノ正觀位ハ十廻向ナレハ後ノ位ニ可レ移處ニ。入空出假ノ位ニ至ル條大ニ背二被攝ノ大綱一ニ也。就中。兩理交際トハ空中合論ト談ルニ。今ノ定ナラハ空空、交際シ空ト假ト交際スル樣ニ可レ有歟。サテハ兩理交際須安一攝ノ被攝ノ義ニハ非ルヘシ。其ヲ聞趣ハ空假ノ二觀カ中道ノ方便ナルカ故可レ修レ之樣ニ聞歟。サテハ於二眞諦理上一ニ研キ二中道一出テ後。此人ハ又中道ノ觀門ヲハ閣ニ。空假二觀ヲ修ル樣ナルヘキ歟。太可レ背二被攝ノ本意一覺也。サレハ釋義カ(天止二、三二四。弘決)。謂用二先(前カ)教一有レ始無レ終。謂用二七八一不レ至二九十一。卽(已カ)用二後教一有レ終無レ始。但用二向地一不レ須二住行一。中續二攝之一。故得攝(接カ)名ナルカ故。在二通教一有始無終被レ云意ハ。至二七八一不レ至二九十一處ヲ無終

云ヒ。在ニ後教一無始無終トハ。但シ至ニ向地一ニ不レ至ニ住行一故也。是ハ約ニ下根ノ攝者一云事太背ニ文ノ大旨一ニ。既ニ述トシテニ被攝ノ大綱一。前教ニ有レ始無レ終。後教ニハ無レ始有レ終云テ。是ヲ中續攝之ノ道理ニテ眞諦ノ理ヨリ後教ノ中道ノ理ニ交際スルカ故ニ。中道ノ正觀ノ位トハ十向十地ナレハ至ニト後位一釋リ。是ハ不レ可レ限ニ下根ノ一類一。惣シテ三根ノ攝者ニ可レ亙之條勿論也。至ニ後段ノ被攝ニ者。(同、四六七。止觀)爲レ權爲レ實耶ト云問ヲ承テ。(同、四六八。止觀)攝得入教。此則屬權。攝得入實(證カ)。此則屬實トテ。教證二道ニ付ニ判ニ權實一。然ニ教道證道ノ攝者ノ次位ヲハ妙樂大師。(同、三一四。弘決)若攝入教道在廻向中。若攝入證道卽在初地ト釋リ。教道ノ攝者ハ入ニ廻向位一ニ定リ。其カ被攝機トハ教證二道ノ外ニハ不レ可レ有ル。此外ニハ又イカナル機カ有テ入ニ住行一類ハ可ソレ有ル耶

但。可レ入ニ住行一云不勢(義カ)ニハ寄ニ斷惑ノ分齊一聞也。是ハ聊難レ思事ハ。八地被攝ノ人也トモ界內ノ無知ヲコソ斷スレ。界外ノ塵沙ニハ手フレモセス。故ニ此人ハ十行位ニ難レ至リ。縱又十行ヲ初心ナトニ至ル事雖レ有ト。十廻向ニハ更不レ可レ至ル。界外ノ塵沙ヲ斷テ可レ至事ナル時ニ。此人ハ全分界外ノ塵沙ヲハ少分モ不レ斷程ニ。十廻向ノ位ニハ不レ可レ來。サル時ニ地體斷惑ノ分齊ニ約セハ。被攝者ノ十廻向ニ來ル事不レ可レ有。マシテ初地ニ至ル事不レ可レ有程ニ。サテハ證道ノ攝者モ終ニ無キニ成也。其ヲ。(同、三五四。弘決)七地已前入別十住。八地以(已カ)去攝入十行ト釋ル事カ有歟。是ハ正ク被攝ノ事トハ不レ聞。既ニ三種ノ意生身ヲ釋カ故。正ク被攝ノ人トハ不レ覺也。縱又被攝ノ事也トモ是ヲ物ノ一往ト云事ハカヤウノ事ナルヘシ。其故ハ。被攝ハ如レ前教證二道ノ外ニ機カ不レ可レ有程ニ。此釋ハ(此釋ナシカ)。此釋ハ一往ノ事ト聞リ。一往ハ全分寄モ無事ヲハ不レ釋。是ハ斷惑分齊ニ約シテ。且ク七地已前ニ入ル者ヲハ入ニ十住一云ヒ。八地已上ノ攝者ヲハ入ニ十行一云テ。斷惑ノ分齊ヲ相配ル釋ナルカ故ニ。是ヨリ一旦ノ事トハ聞タレ

是ハ所存ニハ無ニ住行ノ攝者一承傳リ。阿彌陀房抄ニハ。北谷ノ正義ヲ粗不レ載事モ有リ。了因抄ナトコソ純一ノ谷ノ義勢ナルヘキカ。其ニモ正義ヲ不レ書事共モ有リ。今題阿抄ニ有ニ住行ノ攝者一云ヘハ。練磨ノ義ト覺也。谷ノ正義ニハ。無ニ住行攝者一定メテ。教道ノ攝者ハ在ニ廻向ノ位一申也。付レ之。釋義カ料簡ヲ一往事ト雖レ會太無念ノ事ナルヘシ。實ニハ被攝人ハ。定メテ教道ノ攝者ハ入ニ

廻向ニ云テ。住行ニ移ル人不レ可レ有ル。此約束カ治定シテ後。還テ十廻向ニ定メテ入ル意ヨリ開ケテ。十住十行ヘモ實ニ移ト被レ云意カ可レ有。是ハ入ニ十廻向一義ノ外ニハ不レ可レ有。ココカ必定シテ此意カ顯テ。還テ又カカル義門カ可レ有。サレハ御廟ノ三ノ傳中ニ。地前不定トハ。十住十行十廻向ニ付テ不定ノ義ヲ釋シ。中上入者此則不定ノ意ノ可レ有。有故住行ニ入ルト云意可レ有。サレハ此釋下ニ案位勝進ノ被攝ヲ釋カ故。付レ之住行攝者有ト可レ申子細モ有リ。是ハ十廻向ニ定メテ至ル事カ必定シテ此意カ顯テ。又十住十行ニ入ト云テ可レ顯子細モ有レ之。一往假難ナル樣ナレトモ。義勢ト可レ存也

重難云。水落法印傳。先師僧正法門ノ中ニ。此事限ニ十廻向一無ニ住行攝者一分明ニ申立タリ

〔十四　別攝通超入二地以上事〕

十四 問。別攝通人超ニ入二地已上一耶

答。可レ然　　付レ之　　答

重難云。此事極ニ難レ思事也。先ツ別攝通人トハワツカニ後教中道ヲ悟リ出シテ。令深觀空卽見不空スルニテコソアレ。越テ二地已上ニ超入ル事太難レ思。付レ之證據ニ可レ有歟。是ヲ委可レ顧ニ了簡一事也。其カ御廟大師。（被接義私記、五七丁右～五八丁左參照）付ニ中上入者此則不定ノ文ニ被レ述ニ三ノ傳一時。第三ノ地上ノ不定ニ付テ釋義ヲ被レ設時。證據ニ末師一處ノ釋ト。妙樂ノ一生實相・二生法界ヲ消ル釋トヲ引リ。是カ今ノ妙樂釋ハ。別攝通ノ二地已上ニ不ニ超入一證據ト成レトモ。超入ノ誠證トハ不レ成也。先ツ此文カ被攝ノ證據ナル事カ自レシテ源難レ思事ハ。本經ニハ。十數（大正藏十二、八五二上。南本涅槃經）五千菩薩得一生實相。萬五千菩薩得二生法界ト云カ故。只得益ヲ結ル文ニテ必ス被攝相トハ不レ聞。サレハ章安大師消トシテ。（大正藏三八、二三〇二。涅槃疏）卽如法華經損生義說ニテ。九地ヲ二生トシ十地ヲ一生ト得カ故。今經ノ增道損生ノ益カ意ト同ト釋リ。是ヲ上ニ三人同聞取解不同ノ文カ有レハトテ。ヤカテ此文ヲ被攝ノ證據トハ難レ備。是則各別ノ文ナル上ニハ。依ニ上文ニ則是ヲモ被攝ノ相トハ難レ定事也。故以ニ此文一妙樂ノ被攝誠證トスル。歸ニ根源一先難レ思也。又正クハ別攝通ノ超入ノ證據ニ非ス。其故ハ。（天止二、二八二。弘決）乃是破無明一品二品。實相是別理。法界是圓理ト釋。實相是別理トハ。經文ニ一生實相ト云ヲ指ス。法界是圓理トハ。經ノ二生法界ノ文ヲ指カ故。二生法界ノ二品ノ無明ヲ斷ルヲハ。法界是圓

理ニテ約ニ圓攝通ニ。一生實相ノ一品斷ヲ實相是別理ト云。約ニ別攝通故ニ。是ハ別攝通ノ人ノ斷シテ二品ノ無明超入ル二地已上ニ證據ニハ非ス。歸テ別攝通不超入證ト成ナリ。以テ此釋超入ノ證據ト成ル事太難思歟

答。今文カ被攝ノ證據ト成ル事。大經被攝ノ事ニ付テ聞キ。付之文ノ本意カ猶可聞也。先ツ大經ノ意カ四教倶不妨常住。只一ツ圓常ノ體ト見ル方ヲハ法經〔華カ〕ノ益ト存ス。是則後番ノ醍醐ト被云意也。三權カ全ク一實ノ體ト被云意ニテ。四教カ共ニ常住ヲ不妨一理ナル意ナレハ。是ハ法華經ノ益ト可意得也。サレハ常住ノ上ノ三權ハ。少モ不シテ相亂權教ノ得益ヲ論セシカ故ニ。權實ノ益カ相雙テ於一法ノ上ニ義カ備ル也。何章安大師。卽如法華經損生義說トテ（大正藏三八、二三〇上。涅槃疏）。法華ノ得益ノ定ニ釋ル意ハ。四教カ共ニ常住ノ一理ト見ル方ヲ法華ノ益ト意得ル故。顯ニ此意也。妙樂文約ニ被攝消ル意者。一實上ニ不妨三權ト被ニ分別意ヲ顯ス。故悉ク取テ圓教ノ益ト云者。四教共常住ノ一理ト見ル方也。悉ク取テ三權ノ益ト釋ル邊ハ。又常住ノ上ニ不妨三權ノ羅烈〔列カ〕ル邊也。只於二法ニ辨ニ權實ノ得益故。章安ト妙樂トノ釋ヲ合テ顯ヘキ一ノ意也。

凡大經ノ意カ通分別・通泯ト云テ。通泯ノ時ニ三權カ悉ク一實ト成リテ顯ニ法華ノ意。通分別ノ時。一實ノ理ノ上ニ三權カ不妨也。付之。今ノ法界是圓理ト云ヲ約ニ別攝通事ハ。如前悉ク約ニ圓教ニ皆約ニ權教ノ意カ一法ノ上ニ立ル事ナレハ。法界是圓理ト被云。約ニ圓教ノ體ヲ還テ取テ約權意カ可有程ニ。別攝通ノ超入ノ證トセリ。就中。別攝通ト圓攝通トカ又非ニ別事ニ子細有レハ。彌圓攝通ヲ證ル文ヲ別攝通ノ證トスル意可有。止觀ニ明ニ一攝本意此事ナルヘシ。御廟大師御本意此事也。凡中上入者此則不定ノ文ニ付テ被述ニ三ノ傳時。第三ノ地上ノ不定トハ或ハ至リ初地。或又斷シテ二品ノ無明至二地者モ有ル時ニ。則不定ノ義ハ成也。末師一處釋付四句ノ成道。初地ニ具ニ二句。二地以上具ニ四句。故超入ノ義ト聞リ。大ムシクイ此等ノ趣ナルヘシ

〔十五　**乾惠被攝事**〕

問。於乾惠地被攝ノ義有耶

答。不可有　付之　答

重難云。今ノ題ハ委キ沙汰ハ可闕。其故ハ。問者ノ難ハ乾惠地ニ

有ル断惑義定テ可被ト摂疑フ。講答ハ乾恵ニ不被摂云道理ハ。不断惑時ニ何トテ可被摂耶ト成ル程ニ。落居ハ乾恵断惑ノ道無カ(有カ)治定シテ此題ハ可聞事也。其ハ乾恵断惑ノ有無ハ。名別義通ノ一算重事ナルカ故。ムシクイ不可盡キ事ナルカ故。今題ハ可閣之。付之有沙汰タキ事ハ。サテハ先哲ハ何トテ此題ヲハ被下ケルヤラン難思。但。其ハ先徳釋モ有リ。一家釋モ粗乾恵被摂ノ事カ見タル故。(天止二、三一九～二〇。私記参照)付之被下此題也。付之難思事ハ。五大院先徳九根ノ摂者ヲ立テ。四地為上。(天止四、九五。弘決)六七為中。八九為下トハ。付下根分別ル三根也。上品ノ三根ハ於乾恵地分別シ。中根ノ三根ヲハ性地以来ニ立之。上根ノ三品トハ。情入空・似入空・眞入空ニ付テ論ス。是ハ不聊爾先徳ソカシ。偏ニ不可捨。縦練磨ノ一義ヲ被ト述雖トモ。全分枝葉ナル事ヲハヨモ被釋事ハ有ラシ。イカヒ　ムシクイ　故カ可有付テハ。是ハ既ニ於乾恵性地可有摂者定リ。其上五大院計也トモ難被捨事ナル上ニ。五大院已後ノ先徳ハ。(被接義私記、九丁右～十一丁右参照)此義用否ヤ不定ナリケルヲ。御廟大師重テ五大院ノ義ヲ依用シテ釋ス。是ハ九根摂者有ト云ニ付テ。難カ有ヲ會釋シテ可有之旨ヲ釋リ。是等ハ専被六卽置事不可有也

次ニハ。釋義カ乾恵被摂ト見リ。其故ハ。乾恵断惑義ハ乾恵被摂ノ義カ源ニテ。依之乾恵断惑ノ義ハ成ト聞リ。所以。別圓各(天玄三、三一一～二。玄義)逗ニ一種根性。故用發眞為初炎(焔カ)。通教為逗多種根性。所謂別圓入通。故含容取乾恵耳ト釋リ。既ニ所謂別圓入通故含容取乾恵耳ト釋シテ。別圓入通ノ謂レニテ二教ヲ含容ル程ニ。取乾恵成ト断惑ノ義定リ定リ(定リナシカ)。故ニ是ハ乾恵被摂カ源ト成リテ乾恵断惑ノ義ハ成ケリト聞リ。乾恵非断道。而為初炎(大正藏四六、五六三下。四念處)者。乃是論主申含容別ト釋モ(引カ)。含容別教故ニ。論ニ乾恵初炎云意ハ。乾恵被摂カ定リテ。依意断惑ノ義ヲハ論ト聞リ。是ノ釋玄文ノ第四ト全ク同也。講答ハ依乾恵断惑ノ有無ニ。被摂ノ義モ可治定之様ニ聞レトモ。釋義カ先ツ乾恵被摂カ本ト成リ源ニテ。依之乾恵断惑ノ義ハ成ケリト聞リ

次。五大院先徳辨ニ上根ノ三品時。(被接義私記、十三丁右～左参照)情眞入・似眞入ト云フ三賢四善根位ト定リ。此定ナラハ三賢四善根ハ不可断惑時ニ。サテハ不レトモ断惑被摂ル様ニ可有歟。此定ナラハ(ヿレ成カ)断惑ノ義カ無キ故ニ。不可有被摂云講答ノ義勢可被也如何

〔十六　權法未熟是故經遊事〕（天止二、三二五。弘決・同、三三一。私記參照）

問　答　付レ之　答

重難云。香積佛土ヲ界外定テ。自二界外一來二界內一樣ニ問答カ共ニ聞歟。是ハ一決。香積佛土ヲ如二界外一申釋ハ雖レ有ト。偏ニ界外トハ不レ定也。其カ若界外定テ。方便土ニテハ於二彼土一說二通教一上ニハ。權法未熟ト不レ可レ云フ。若實報土ナラハ法身菩薩ナルヘシ。若爾。法身菩薩權法ニ暗キ樣テハ不レ可レ有。故界外ノ上ノ定ニハ。猶權法未熟トハ不レ可レ被レ云。故先ツ香積土ハ界內ノ淨土ノ定ニ釋ト覺也。凡モ彼土菩薩往來ル相自ニ同居淨土ニ往來ル意ナルカ故。界內ノ條ハ勿論也。付レ之。縱同居ノ淨土也トモ。彼世界菩薩權法未熟ト可レトハ被レ云不レ覺歟。既ニ一切功德藏三昧ヲ證ト云フ。此中ニ權法ノ可レ有之條勿論也。其ヲ雖レ有二權教一未二修行一故ハ聞歟。是ハ未盡也。既以二一切功德三昧ヲ證ト云上ニハ。三昧トハ專付テニ修行一論ルカ故ニ。證ニ此三昧ニ云程テハ。修行シテ權法ヲ得ト聞リ。就中。一切法門悉現前トモ云ヘリ。一切詞ハ經論釋義ノ意カ皆約二權教一事ナル程ニ。一切法ノ現前スト云コソ至極權法ヲ修行シテ證タル義門ナレ。是ヲ權法未熟ト云カ太難レ思。但シ。願賜小法ト云ヘハ。自レ元來テ大小ノ法門ヲ請シ中ニ小乘ノ法ヲ請也。サレハトテ於二本土一權法カ未レ熟程來二穢土一爲二修行一請ニトハ小乘法一不レ可二意得一

答。此事彼土菩薩來二穢土一請二佛ノ說法一時。願賜小法ト云カ故。專權法未熟ノ故ニ來ト見リ。就中。此事ハ一代ノ佛法ノ始終カ被二意得一事也。其故ハ。小乘ノ法門トハ穢土カ源ト成ル也。香積世界ハ界內界外ハ雖レ難レ測。先ツ淨土ノ段ハ勿論ナレハ。於二彼土一猶權法ノ源カ不レ可レ極。於二穢土一必ス權教ノ根元ハ顯ル也。サレハ五濁障重故分別說三ニテ。五濁ノ重ノ故ニ。於二一佛乘一分ニ別三乘ヲ也。仍穢土カ小乘ノ法ヲ說ク源テ可レ有也。サレハ前三後一ノ始終カ必ス穢土ノ化儀ニテ顯ト云。其於二一佛乘一分ニ別三乘一事カ五濁障重ノ故ニ施設カ故。穢土カ必ス不（小カ）乘ノ權法ヲ顯ス源ナレハ。香積佛土ノ菩薩爲レ熟ニ權法一來二此土一事有二其謂一。權法ノ源ヲ尋ヌト云者。則實教ノ源ヲ求タルニ成也。於二穢土一必ス小乘ヲ說ク源ト成ル事ハ。隨分ニ執シ存ル子細有カ故。權法未熟ノ故來二此土ニ一ト可レ有二子細一覺也

〔十七　大品三種菩薩被攝證據事〕

十七 問。引ニ大品ノ三種菩薩一證ニ被攝一耶（問題云。引ニ大品ノ三種菩薩一證ニ被攝一有ニ何故一耶）

答。可レ然　付レ之　答

重難云。引ニ大品ノ三種菩薩一證ニ被攝一有ニ何故一耶ト云ニ付テ。（天文四、一七四二下。文句記）皆云初發卽是被攝トテ。初發ト云程ニ。被攝ノ誠證ト成ト釋ル處カ今ノ疑テ有レ之。其故ハ。初發心ト云ヘハトテ。何カ故ニ被攝トハ可ニ意得一耶。若被攝テ無トモ初發トヤ云タル質ヲ。初發ト云ヘハトテ被攝ノ誠證テ有ル樣カ聞キ也。今ノ疑ノ本意トハ只此事ナルヘシ。就中。引ニ證據一事ハ。求レ疑爲ニ今無ニ異趣一也。其カ既ニ今文ヲハ約ニ後三教ノ菩薩一故ニ。既ニ異趣カ有テ一邊ニハ無レ之時キニ。何トテ是カ被攝ト誠證トハ可ソレ成耶。其上今釋ハ。皆云初發卽是被攝ト云カ故。初發心ト云程ニ。定メテ限ト被攝意一見リ。全ク餘ノ義門ニ亙ル事ヲ且ク取テ證ル樣ニハ非ル也。大方今三種菩薩後三教ノ初發心ト聞リ。サレハ横別通塞（天止四、一八四。止觀・弘決參照）ノ下ニ引ニ此文一。約ニシテ空假中ニ屬セリニ後三教一。是コソ其謂ハ有レ。其ヲ今被攝證據ニ備ル謂カ難レ思。何一處釋ハ。初發心者薩婆若相應ト云ヲハ約ニ乾恵一當通ノ意ト釋シテ。餘ノ兩種ヲハ約ニシテ被攝一釋リ。所詮初發心ト云カ正ク被攝ノ證據ト成ル樣カ可レ聞

重難云。是ハ小事ナレトモ面白キ題也。被攝ノ樣ナルカ可レ顯題ニテ殊勝ノ疑ト覺也

〔十八　文中初義卽此第一不可攝故事〕（「答カ）

十八 問　付レ之　答

重難云。付ニ被攝一辨ニ四義一事ハ非ニ妙樂ノ私釋一ニモ。自ニ本書一ムシクイ意カ見タル故ニ。是ヲ消ル時ニハ如ニ本書一消セヨカシ。其カ（天止二、三二四）先ツ背ニ本書一事カ不レ可レ然也。付レ之今ノ疑ハ。妙樂釋カ。文中初義。卽此第一不可攝（同前）故ト釋ルニ付テ疑フ事ハ。妙樂ノ分別セル四義ノ中ノ第一トハ。攝於可攝。三藏同拙（因カ）不可攝故ノ文ナルカ故ニ。（天止二、三〇三）三藏教ヲ不レ攝意也。是ヲ第一ノ義ナル本書（被接義私記、十八丁右以下參照）ノ四義ノ初トハ。初空假二觀ノ文ナルカ故ニ。今。文中初義ト指スハ。無レ疑指ニ本書一故。初空假二觀ノ文ヲ指ト聞タリ。文中ト云者分明ニ本書文ヲ指ス也。其ノ文ノ中ノ初トハ。初空假二觀ナレハ分明指ニ彼文一ヲ。文中初義ト云ニ。卽此第一トハ妙樂ノ釋ノ第一ノ義ヲ釋ト聞タリ。サレハ初義ト云フ初字ハ。初空假二觀ノ初ヲ指ト聞タルカ故ニ分明事也。其ヲ妙樂ノ第一ノ義ニハ三藏同拙（因カ）不可攝故ト云カ故。是ハ本

書ノ。不以此果(了佛カ)攝三阿僧祇等ノ第二ノ義ニ當ルカ故。(天止二、三一三。止観)不レ可レ指ニ初空假二觀ノ文ニ云事ハ。誠ニ聞ル様ナレトモ。又相(文カ)ノ起盡ハ。不レ知。先妙樂ノ意趣ハ。指テモヤ初空假二觀ノ文ヲ有ラウ。凡カ六祖ノ釋義カ極テ甚微ナレハ。不レ知。指テ初空假二觀文ニ第一ノ三藏同拙(因カ)ノ不可攝故ノ意ト得ル子細モヤ有ラウ。サ様ニ意得タラハ。有ニ何子細ニ耶ト歸テ大綱ニ難レ思也。其ヲ聞趣ハ初義ト云ヘルハ付ニ不攝ノ類ニ辨ニ三人ニ中ニ。不攝三藏ト云カ則初ナレハ。指レ之初義ト云様ニ聞歟。御廟御義ナレハ仰信ハ雖ニ勿論ニ。是カ難レ思事ハ。文中トハ惣シテ今付ニ別攝通ニ辨ニ四義ニ。惣相ノ文ヲ指テコソ文中ト釋シテヨハ必然ナルヘシ。其ノ惣相ノ文ノ中ニテ初義ト云ヘルハ。初空假二觀ノ文ナルヘシ。然ニ文中ト云ニテハ。惣ノ文ヲ指テ有ルカ初義ト云計カ。不攝三藏以來ニ初(約シャカ)メ初義ト云フヘシトハ不レ覺様也又文中ト云文ト云。以來皆出ニ不攝ヲ文ニテ。此中ニハ除ニ初空假二觀ヲハ様ニ可ニ意得ニ歟。ヤカウ(カヤウか)ニ釋シテノ用ハ何事耶。本意カ難レ思也。本書ノ第二ノ義ヲ妙樂ハ第一トセハ。サテハ本書ノ初義ヲハ妙樂ハ不ニ消釋ニ歟ト云疑ヲ承テ。御廟ハ妙樂ノ第二ノ義コソ本書ノ初義ナレト被レ釋事カ太難レ思キハ。本書ニハ初空假二觀ヲ初トシテ。自レ元次第ニ四ノ義ヲ分別カ故。不攝三藏ノ義ハ第二義テ有ルヲ。妙樂ノ被ニ消釋ニ時。背ニ本書ニ本書ノ第二ノ義ヲ第一トシ。本書ノ初ノ義ヲ第二ノ義トシテ。得受攝名方可用攝ト釋ル(天止二、三一四。弘決)事カ難レ思何ノ方ソ耶。只任ニ本書ニ消シテ有ラハ有ニ何失ニ耶ヲ。是程句背シテ釋シテノ用ハ何事ソト不審也。其ヲ妙樂釋ハ四教ノ次第ヲ爲レ顯云様ニ聞。是カ大難レ思事ハ。事新シク四教ノ次第ヲ只今不レ云者何事カ可レ有ソ耶。只藏通別圓ト烈(列カ)ル事計ヲ爲レ知センカ背ニ本書ニ。如レ此釋ル歟。太難レ思也

次第三義ノ下ニハ。別圓二教ヲ不ニ被攝ニ兩義ヲ一トシテ。唯得以(同、三一三～四。止観)別攝通。其義如此ノ文ヲ四義ノ隨一トセル事難レ思。第三ノ義中ニ攝ル別圓ヲコソ別攝通ヲ結ル文ナルカ故。是ハ必モ別シテ一義ト可レ立不レ覺事ナルニ。可レ開別圓ヲハ合テ成シテ一義ニ。上來ヲ結ル文ノ別ノ一義トモ不レ可レ被レ云體ヲ取テ。第四ノ義トスル事太難レ思。就中第三(二カ)義ヲハ。得受攝名。方可用攝ト釋シ(同、三一四。弘決)。第四ノ義ヲハ。得受(同前)攝名謂約教分齊ムシクイ方可用攝ト云ヒ。約教分齊ト云コソ替タレトモ。得受攝名詞ハ兩義カ全ク同キ程ニ。何ト可ニ分別ニ耶難レ思也。其ヲ聞趣ハ第四義ハ別圓カ一ナル意ヲ顯ト云様ニ聞歟。是ハ

何トテ別圓ノ一ナル意ハ聞ソ耶。妙樂ノ釋モ約教分齊トコソ釋タレ。是コソ取二文段一顯二意趣一時。只約教分齊ト云カ故ニ。更別圓ノ一ナル意トハ不レ聞。約教分齊ト云カ別圓ノ一ナル意トハ何トテ可二意得一耶。縱妙樂釋ニ見ヘタリトモ。又御廟ノ釋ニ見タリトモ。本書ニ起盡カ無クハ不審ナルヘシカ。本書ニハ。唯得以別攝通。(天止二、三一三～四)其義如此ト釋シテ。ムシクイ來ノ被攝ノ樣ヲ結シテ釋セリ。イツ別圓ノ一ナル意ヲハ見タルソ耶太難レ思也。是等ノ閒カ可レ聞事也

答。此事御廟大師(被接義私記、二四丁右以下參照)付二一一ノ文言一擧レ疑被レ述二義勢一。(天止二、三〇二。止觀)故始テ後學カ問答ニ非ス。大師御問答ノ趣ナルヘシ。(同。弘決)付レ之先。云何以別攝通ノ問ニ付テ。妙樂ハ消ル時。何獨攝通而不云藏。何獨攝(別攝カ)別而不云圓ト釋ス。其故ハ。何獨攝通而不云藏トハ。所攝ハ何トテ限二通教一不レ約二三藏一耶ト覺ル處ヲ疑カ故。是ハ疑二所攝ノ邊一。何獨攝(別攝カ)別而不云圓トハ。能攝ハ何トテ限二別教一不レ約二圓教一耶ト覺ル處ヲ疑フ程ニ。是ハ顯二能攝ノ邊一也。仍今ノ一ノ問ニ則三ノ意カ有レ之。云何以別攝通トハ。正ノ本疑也。是ヲ疑意ニ兩義ヲ具足ル程ニ。本書ニ含クム(┐佛カ)意ヲ六祖ハ顯レ詞消テ。無レ之時有二四ノ義一也。其ニ不以此果攝三阿僧祇。以來故不攝圓ト云マテハ。何獨攝通而不云藏問ヲ答フ。問テ但シ三藏ヲ不レ攝事ヲ疑フ樣ナレトモ。惣シテ所攝ノ通教ニ限ル事ヲ疑フナレハ。答ル時ニハ。三教共以所攝ト不レ可レ成義ヲ釋リ。唯得以別攝通。(天止二、三一三～四。止觀)其義ハ如レ此トハ。何獨攝(別接カ)別而不云圓ノ問ヲ答フ。何今文ニ四義ヲ分別ル中ニハ。第四義カ答ノ本意ト成リ。四義ヲ分別ル源ト成也

付レ之。唯得以別攝通ノ文ハ惣シテ結ニ上來一文ナルカ。何トテ別シテ一義トハ可ニ意得一耶ト云不審ナルカ。(同、三一五)此文ハ尤別圓ノ一ナル意ヲ顯ス。妙樂釋カ消シテ二此釋一。故今文意應須修觀進破無明。不分但中(┐不但中カ)別。故知證(語カ)地以(已カ)含於住ト釋カ故ニ。必然トシテ別圓ノ一ナル意ヲ釋リ。其カ本書テハ。何トテ別攝通カ則圓攝通ト一ナル意トシテ知ルソト云者。御廟大師此事ヲ問シテ被レ答時ニハ。釋義ノ起盡ヲ可レ説ニテ有ト釋カ。唯得以別攝通ト云フ唯ノ言ヲ顯セリ。其故ハ。若別攝通ノ外ニ又圓攝通カ有ラハ。唯得以別攝通トハ不レ可レ釋。其故ハ。別攝通ノ外ニハ全ク圓攝通ハ無クシテ。此別攝ト云カ則(置カ)圓攝ナレハ。此別攝通ノ外ニハ無ニ圓攝ノ體一意ヲ顯トシテ其ニ唯ノ詞一也。唯ノ言ハ此一法ヲ外ニ又法カ有ル樣ナラハ。不レ可レ置ニ唯ノ言一事也。釋義ノ起盡ヲ得ル事ハ實ニカカルヘキト覺也。サレハ。カ

様ニ不ニシテ意得一實ニ不レ可レ叶。其故ハ。問ヲハ何得(獨カ)攝通而不云藏。何獨攝(別攝カ)別而不云圓トテ。兩重ニ問テ有ルニ。答ル時ニ。所攝ニ三藏教ノ不レ成事ヲハ答ヘ釋ルニ。能攝ニ不レ用ニ圓教一故不レシテハ答不レ可レ有ル。仍義分必定ヲ可レテ答有也。其ニ取テ唯得以別攝通ト云カ能攝ニ不レ取レ圓事ヲ答タル文テ可レ有也。其カ何ト答タフテ有レハ。別攝通ト云カ則圓攝通ニテ。不(則カ)攝ノ外圓攝カ無キ謂ナレハ。唯シ以レ別攝レスト通言タタ也。付レ之。今文ハ上來ヲ結ル文テ有ルニ。何トテ第四ノ義トハスル耶ト云處ヲハ。御廟大師被レ疑。是ヲハ不レ諍上來ヲ結ル。次ニ。唯得以別攝通トテ。以ニ唯ノ詞一顯ニ別圓ノ一ナル意一釋リ。是モ只文ノ面ノ様テハ不レ可ニ意得一。太無念ナルヘシ。上來別攝通ノ様ヲ結ル。仍唯得以別攝通トテ。置ニ唯ノ詞一事ハ。實ニハ別攝通ノ外ニハ圓攝トテ無キ故ニ。結ルニ別攝通一ヲ文ニ則置ニ唯言一。顯ニ圓攝通一ヲ事ハ。別攝通ノ様ヲ上來釋成セシ體カ則圓攝通ノ意ナルカ故。別攝ヲ結ル處テ則圓攝ナル意ヲ顯也。詞ノ便ニ論ル様ニハ不レ可レ有ル故ニ。唯得以別攝通文ヲ四義中ノ隨一トスト事ハ此意也。大略分ニ別四義一中ニハ。是カ根本ト成リ本意ト可レ成也

次。還テハ二論義一ニ妙樂釋四義中ノ第一トハ。三藏同拙(因カ)不可攝故ナレハ。是ハ本書ノ。(天止二、三一三)不以此(「佛カ)果攝三阿僧祇等ノ文ヲ指カ故。於ニ本書一第二義カ妙樂ノ第一ノ義ニ當レリ。妙樂ノ第二ノ義ハ。得受攝名方可用攝ト云ヘル。本書ノ。(同、三〇三)初空假二觀ノ文ニ當レリ。即此(同、三一四。弘決)二(「第カ)義正當通教可攝者是ト釋ル此意也。付レ之。本末釋ノ次第相亂ト云ニ至ラハ。自レ元消ニ本書一時。必モ文相次第可レ同ト云事不レ可レ有ル。其ハ餘偏ナル失可レ有也。若只少モ不レ違同様ナラハ。其ハ本書ヲ釋タラハ不レ可レ有也。本書ノ意ヲ得テ消カ。自レ元釋義ヲ消釋タル事ニ有カ故。則本書ノ第一義ヲ妙樂ノ第二義トムシクイ可レ有ニ子細一。先ツ本書ニハ。(同、三〇二)云何以別攝通ノ問ヲ答ル時。(同、三〇三)初空假二觀破眞俗上惑盡。乃至此佛是果。仍前二觀爲因。故言(「以カ)別攝通トテ。別攝通ノ大旨ヲ顯シテ。次ニ。(同、三一三)不以此(「佛カ)果攝三阿僧祇等云テ。擧ニ意(不カ)攝類一也。妙樂釋ハ。付ニ不攝類一先擧ニ三藏一。第二義ニ初空假二觀ノ文ヲ消シテ次第ニ顯也。意ハ本書ハ承レ問先ツ顯ニ別攝通ノ大旨一。後ニ擧ニ不攝ノ類一。妙樂ハ約ニ四教ノ次第一先擧ニ三藏教一。次ニ通教可ニ被攝一者ヲ釋リ。是ハ一旦ハ約ニ四教ノ次第一事難勢雖レ來ト。是ハ惣シテ被攝ノ大綱ニ

歸テ。四教ト次第シテ可レ顯ニ本意一子細カ有也。仍此料簡不レ可レ有ニ相違一

十九〔十九　攝與不攝何者爲最事〕（天止二、三二五。弘決）

問。攝ト不攝ト何レノ人勝タリトカ可レ云耶

答　付レ之　答

重難云。此事御廟大師重重釋義ヲ被レ設。付レ之。互ニ可レ有ニ勝劣一云事一ノ傳也。不攝人勝ト云事又一ノ傳ナルカ故。以ニ一義一疑ニ一義一當也。付レ之。先ツ不攝ノ人ハ自レ初知ニ中道理一。始中終中道ノ深理ヲ知ル。被攝ノ機トハワツカニ令深觀空卽見不空シテ後ニ知ル中道一也。サレハ是ヲハ土石ヲ爲シテレ基金寶ヲ累タルニ類ル。不攝人ヲハ自レ下至レ上純ニ如レ績（積カ）ニ金剛寶一云カ故ニ。勝劣隔ニ雲泥一程ニ被攝人ヲ以テ望ニ本別教ノ人一時ハ。同ク論ナルヘシトモ不レ覺樣也。其ヲ諸法先熟藏理易明ノ故ニ。勝ト云事難レ思。其故ハ。始終別教ノ人ニテ十信十住ノ位ヲ經ヘ。十行十廻向ニ至ル人ハ。サレハ於ニ權法（暗カ）一略キ樣ニ可レ有歟。十行出假位ニ。一行動經無量阿僧祇劫ナレハ。（天止一、二三一。弘決）知病識藥授（「及カ）藥ニシテ。界內界外ノ恆沙ノ法門ヲ知リ盡ス人カ。サレハ權法ニ略（暗カ）シテ。被攝人ヨリ劣ナルヘキ道理ハ何事耶。イカニ被攝人ノ。雖見中道必假通（天止二、三〇三。弘決）教空假二觀ト釋シ。（同、三〇三。止觀）初空假二觀破眞俗上惑盡ト云モ。皆通教ノ空假ノ二觀テコソ有レ。此空假ノ二觀ヲ修行シタルカ。本別教人ノ界內界外ノ恆沙法門ヲ知リ盡スニ。可レ勝道理カ太難レ思。サレハ釋義ノ起盡カ分明ナル事ハ。授（攝カ）與不攝何者爲最ノ問ニ承テ。初ハ不攝類勝ト釋シテ。（同、三二五。弘決）若賢位中諸菩薩等從漸來者。其功尙强（彊カ）ト云者。是ハ不攝類勝ト釋リ。先ツ若賢位中ト云カ故ニ被攝人ニハ非ス。被攝者ハ自ニ通教ノ聖位一移ル程ニ。自ニ賢位一來トハ不レ可レ云。仍不攝ノ類勝ト釋ト聞リ。サレハ御廟大師引ニ古師ノ（被接義私記、二七丁左上下參照）說一此文ヲ被攝ノ者勝ト云義ヲ被テレ述後。私謂トテ。私御義ニハ於ニ不攝ノ者一辨ニ三類一。約シテハ頓悟ノ者一。華嚴ヲ悟ル類。法華ノ龍女等。是ハ頓悟ノ本也。次ニ法華已前方等般若等。般若ノ座ヲ受。通教人ノ乾惠性地位ヨリ入ニ別教ノ十信一。次第ニ一教ノ始終ヲ經タル人也。第三ニハ身子等カ攝。一代ノ始終入法華。是ハ四教ヲ悉ク經歷シテ悟レ圓故。此後ノ二類ハ全ク非ニ被攝人一。指ニ此二類一從漸來者。其功尙强（彊カ）ト釋也。故只任ニ此釋一不攝人ノ勝タル釋トムシクイ　カト覺也。抑。攝ト不攝ト互ニムシクイ

終ニ不ニシテ一決一。或ハ被攝ノ者勝ト被レ云。或又不攝者カ勝ト被レ云テ。兩邊カトモ被レ申。カウ　ムシクイ　様ニハ可レ有ト云フヘキ。サル未盡ノ事ハ可レ有耶。本別教人カ勝タラハ其カ長ク勝タルテ可レ有ル。被攝人カ勝タラハ長ク勝タルテ可レ有。勝劣程事異ニシテ各別ナル事カ不ニカ一決一。相並フ様ナラン條太難レ思是カ可レ聞

答。互ニ可レ有ニ勝劣一云事（被接義私記、三三丁右～左）。五大院先徳御義ヲ御廟大師具ニ引用シテ被レ註時ニハ。此傳本是レ（然カ）勝和尚御意也。當時義宗（家カ）多依ニ此傳一。尤可ニ依憑一云ヘリ。故可レ依之條勿論也。私ノ御義ヲ被レ述不攝人ノ勝タル定ニ。此釋ヲ被ニ料簡一後モ。是又不レ如ニ初ノ傳一。取捨隨ニ人ノ意一耳ト云フ故。私御義ハ練磨ノ義勢ヲ被ト述聞リ。サレハ先ノ五大院ノ傳ニハ不トレ及釋カ故。御廟御意モ偏可レ有ニ互ニ勝劣一義ヲ用ト聞リ

サテ付ニ釋義一問モ攝與ニ不攝一何レカ勝耶ト云ニ付ニ。先依ニ金寶ノ譬ニ不攝ノ勝タル様ヲ釋シヌ。若賢位中等云者。只同シ様ニ本別教ノ人ノ勝タル事ヲ重テ可トハレ釋不レ覺故。打チカヘテ互ニ勝ル意ヲ顯ト聞リ。サテハ何カ故若賢位中トハ云耶ト覺ル（ママ）ヲハ。先德存ニ兩三義勢一。一ニハ擧レ劣顯レ勝也。意ハ賢位ヨリ　者タニ。猶其功ハ强キ上ニハマシテ自ニ證位一被攝スル　ムシクイ　功ノ可レ勝事　ムシクイ　强言シテ分明ナルソト云事ヲ可レ顯也。如レ此不レ云　虫クイ（缺文）

（奥書なし）

（底　本）叡山文庫眞如藏『盧談』三十五册の內、上下二册

（對校本なし）

被攝義聞抄

15 被接義聞書　本教惑盡不盡事　目　次

問答如レ常

（精難十七）

(1) 精云。被攝名別大師己證。三諦一諦道場妙悟也…（是一）

(2) 凡被攝者。當教眞諦理究盡畢。此眞諦底中道不思議理見顯也…（是二）

同十五日

(3) 次所依本文可レ盡二本教惑一云事。難勢前顯畢…（是三）

(4) 次依二斷惑分齊一定二次位階級一故…（是四）

(5) 抑。如二所立一。中上二根攝者不レ盡二本教惑一歟…（是五）

(6) 次中上二根人。殘思及塵沙惑。以二何觀一可レ破レ之耶…（是六）

同十六日

(7) 次可レ盡二本教惑一云難付。勘二多證據一畢…（是七）

(8) 次搜要記中。證已方示見斷粗通矣今此文被攝者云…（是八）

同十七日

(9) 次就二六祖。中上入者此卽不定釋一。御廟大師作二三釋一…（是九）

(10) 次辨二三根攝者一事。正出二六祖所判一…（是十）

(11) 次以二止觀別攝通一約二證道一約二觀門一云事。尤所レ難レ思也…（是十一）

(12) サテ被攝云事地盤就可二得レ意定一也…（是十二）

(13) 次聞中修觀破無明云。被攝初必聞中約束事何云事耶…（是十三）

(14) 次本文。初空假二觀破二眞俗上惑一盡乃至能八相作佛等云…（是十四）

(15) 次被攝名別大師己證也云事。世以爲二口實一…（是十五）

(16) 次就二本文廢立一。六祖大師作二四重義一消二一段文一見…（是十六）

(17) 次就二同本文配立一。玄文三攝。止觀一攝前尋畢…（是十七）

（答申十七）

(1) 答。自レ本所二立申一。不レ可レ盡二本教惑一云事。仰二先德一義一任二學者一傳一也…（是一）

(2) 次至レ云下不レ盡二卽空理源一者不レ可レ顯中眞內中上者…（是二）

(3) 次至二本文配立一者。釋義料簡又前顯畢…（是三）

(4) 次依二斷惑分齊一可レ定二次位高下一云事。是決定道理始終

在レ斯…(是四)

(5)次至下不レ盡二本教惑一人。至二後教位一時可レ住二何位一耶云御尋上者…(是五)

(6)次中上二根人不レ盡二本教惑一者。移二後教一後以二何觀一可レ除二彼殘惑一耶云事…(是六)

(7)次至下不レ盡二本教惑一證據上者。前段後段被攝同可レ備二誠證一…

(8)次搜要記釋御難尤爲レ固。但。如二御難御會通一見斷粗通云…(是七　八)

(9)貞治四年三月六日
次就二中上入者此卽不定釋一。御廟大師作二三釋一…(是九)

(10)同七日
次至下天台釋有二三根攝者分別一耶云上。中根下根攝者解釋中其證分明也…(是十)

(11)次至下玄文立二三攝一。止觀立二一攝一兩部配立上者。六祖大師釋籤及弘決中問二答之一…(是十一)

(12)同八日
次至二兩理交際配立一。凡被攝者。專是行人實證也…(是十二)

(13)次至下聞中修觀破無明云。被攝初必稱二聞中一道理何事耶云御尋上者…(是十三)

---

(14)次至二此佛是果。仍前二觀爲因文一者。釋義起盡誠以難レ思…(是十四)

(15)次被攝名別大師己證也云事。誠在二學者口一。定有二深旨一歟…(是十五)

(16)次至下就二本文配立一六祖大師設二四重義一消中一段文上者…(是十六)

(17)次至二所依本文一。玄文中具立二三攝一。是專約二教道一也…(是十七)

(以上目次新作)

被接義　二帖內　本敎惑盡不盡事　(底本扉)

15 被接義聞書

(一三六四)
貞治三年九月十四日始レ之　盧談

(＊接と攝の對校註記は省略)

文云。(天止二、三〇三。止觀)初メ空假ノ二觀ヲモテ破シ二眞俗ノ上ヘノ惑ヲ一盡シテ。方ニ聞ク二中道ヲ一矣 如何(如㊁心)

文ノ意ハ。云トシテ二別攝通ノ相ヲ一〇云也

爾者。中上二根ノ攝者。盡テ二本敎ノ惑ヲ一被ルニ二後(㊁後)敎ノ攝ヲ一歟

答。中上二根ノ攝者。盡シ不レ盡サ三本敎ノ惑ヲ一輒ク雖トモレ難シトレ定メ。且ク任テ二一ノ傳ニ一不レ盡サ二本敎ノ惑ヲ一可ニ立申ス一

問答如レ常

(精難十七)

(1)精云。被攝名別ハ大師ノ己證。三諦一諦ハ道場ノ妙悟也。就テレ其ニ別攝通ノ人盡シ二不レ盡サ三本敎ノ惑ヲ一。先德ノ御義不二一准ナラ一。後學ノ異端又相分タリ。所ハ二立申スル一不レ盡サ二本敎ノ惑ヲ一中ス。誠ニ雖トモ二一義ノ趣ナリト一文理共ニ所ロレ難キレ思ヒ也。凡ソ顯ス二中道ノ妙理ヲ一事。必ス可キレ依ル二空假ノ方便ニ一也。所以ニ本別敎(別敎㊂敎別)ノ人ハ於テ二十住ノ位ニ一修シテ二生無生ノ觀ヲ一。斷シ二見思ノ兩惑ヲ一證ス二偏眞ノ空理ヲ一。至テ二十行ノ位ニ一學シテ二恆沙ノ佛法ヲ一趣ク(趣㊁㊂㊃赴)ヲモム二出假ノ觀門ニ一。以テ二十住ノ位ヲ一稱シ二從假入空ト一。以テ二十行ノ位ヲ一名ク二從空出假ト一。依テ二此ノ異時ノ雙亡雙照ノ方便ニ一。地上任運ノ雙非雙照ノ位ニ入ル也。依テ二地前ノ空假ノ方便ニ一地上ノ中道ノ眞證ヲ成スル事。其ノ理自ヲ如レ斯ノ。所以ニ中道ノ理ト云ヘハ。定メテ踏フテ二空假ノ位ヲ一可キレ至ル二眞實ノ證ニ一者也。其ノ理任運トシテ如レ此ノ。依テレ人ニ不レ可ニ改轉ス一。若爾ハ。縱ヒ雖トモレ約スト二被攝ノ人ニ一。不レ可ルレ壞ル二此ノ大綱ノ道理ヲハ一。故ニ於テ二通敎ノ位ニ一空假ノ方便純熟シ畢(畢㊁了)テ。新ニ可シレ顯ス二別敎ノ中道ヲ一。自リハレ非スレ窮ルニ二當敎ノ眞理ヲ一。輒ク中道法性ヲ不レ可レ顯ス

爰以テ所依ノ文ニハ。初メ空假二觀破シ二眞俗ノ上ノ惑ヲ一盡シテ。方ニ(天止二、三〇三)聞ク二中道ヲ一矣 初メ依テ二空假ノ方便ニ一後ニ顯ト二中道ノ眞理ヲ一云事。文義非ス二炳(炳㊁㊂㊃灼)然ナルニ一耶。解釋次下ニハ。(同前)此ノ佛是レ果ナリ。仍ホ前(前㊁㊃內)ノ二觀ヲ爲スレ因ト。故ニ言フ二以テレ別ヲ攝スト一レ通ヲ耳矣 此佛是果ト者。斷

無明證中道上所論指果地八相也。仍前二觀爲因者。此中道佛果必依空假二觀云也。六祖大師。（天止二、三〇三。弘決）雖見中道必假通教空假二觀爲前方便。必待別理攝之方聞矣。被攝別人依宿習雖見後教中。此理顯事必通教中空假方便假云也。必假通教空假二觀等云必字顯所。三根同開空假方便云事。此文但約下根一類云者。必字頗成無要。三根攝入雖異同用空假方便故。以必字顯其心也。次下句。必待別理接之方聞云。深可思之。於方便中必用空假二觀。於眞實上又必待別理攝之正可聞之云。兩處必字。誠可有深心也。是卽雖被攝人。若顯中道理云。必可依空假方便云事。其心誠分明也。本別教人。於一教內地前空假爲方便。證入地上中道。被攝人跨兩教。於通教盡空假方便。於後教可顯中道眞實也。若如此得意畢。於當教中成就空假二觀事。專依盡本教惑也。本教惑若不盡之。依何正可成二觀方便耶　是一

如此難本意。中道者有空假中間。並遮空假並照方便。故此理方便必空假可有也。空假理顯畢中道理可成也。去本別教一教內論方便眞實。被攝人跨二教論方便眞實也。其理可顯形。被攝本別教不可替云處眼ヒシト留可難也。可難ツボノウカウカト成リヌレハ。難勢徒聞也

(2)凡被攝者。當教眞諦理究盡畢。此眞諦底中道不思議理見顯也。如此眞諦法性理究事必依盡本教惑也。本教惑若不盡之。偏眞理更不可極。不極偏眞理。爭可顯眞諦中耶。盡惑云窮理者。只言前後有也。惑盡云理究也。理究云惑必去也。道理誠必然也。當教理極コソ。底中理可顯。不除玄黃色。不可顯法性理珠。爰以六祖大師。（天止二、四七〇）爲欲示於眞內

中故。待證空方爲點示。令深觀空卽見不空矣欲顯眞內中。必證空觀畢時可待也。不究卽空源。誠難顯不空理。若爾。設雖中上攝者若顯眞內中云者。寧不極偏眞理耶。若究此理云者。卽是可盡本敎惑也。何況前所出本文始終。六祖解釋。眞俗上惑盡畢可證入後敎中云事。非解釋炳然耶　是二

(同十五日)

(3)次所依本文可盡本敎惑云事。難勢前顯畢。然如所立。本文配立偏約下根攝者故。二觀成就畢後可被後敎攝義釋成云　此事披本文始終。殊可生決智也。於摩訶止觀顯體章。敎相・眼智・境界・得失四科有。境界章終論諦智合辨義。先藏通二敎約諦智合辨義釋畢。若作(天止二、二九九～三〇〇)別接通者。俗諦發一眼一智。眞諦發一眼一智。開眞出中發一眼一智矣　次約別圓二敎釋諦智合辨義。於通別二敎中開別攝通義釋故。(同、三〇二)云何以別接通問。上文別攝通義徵問也。爰以六祖大師。此問上來開眞出中故也矣(同。弘決)所以案一段文相。更限下根攝者不可云。藏通後別圓前。若作別接通者。俗諦發一眼一智矣云。廣可互三根攝者。寧可約下根耶。次云何以別接通問。前所云別攝通義徵問故。又不可約下根之條。理在絶言可云。問家廣問三根攝者。答家寧但下根攝者而已耶。故破眞俗上惑盡。方聞中道矣三根攝者同眞俗上惑破盡可被後敎攝云事。問答起盡更不可諍。徵問意更無所謂。此條立敵不可諍歟。請取此問答時。但限下根云者。問答頗乖角。前後豈不參差耶。退案其大綱。於攝入都有三根不同。所依本文何必約下根一類。可闕中上二根耶。都案文理大綱。可互三根攝者云事。其義尤分明也。但。六祖大師。復有一人。破一惑盡至第八(天止二、三〇三)地方聞中道。聞已修觀進破無明矣釋。雖似約下根攝者。惣論時雖可約三

根ニ。今且ク寄テ二下根ノ一類ニ一至第八地ト云ナルヘシ。但シ。弘決第六ノ。(天止四、九五)前為消(鈔カ)經故從下說等者。是ハ別シテ(「㊁㊂㊃而)指ス二後段ノ被攝ノ文ヲ一也。故ニ本書ニ。(天止二、四七〇。止觀)破シ二見思ノ惑一盡シテ到(到㊁至)ル二第八地一ニ。方ニ為ニ說ク二眞內之中一ト云ヒ。(同、四六九)九地ニ伏シ二無明一ヲ。十地ニ破ニ無明ヲ一等 矣 六祖ノ大師ハ。(同。弘決)八地ニシテ方ニ接ラル。此ハ據レリ二下根一ニ 矣 所以ニ妙樂餘處ノ解釋ニ。今此ノ後段ノ被攝ヲ釋トシテ。前為消(鈔カ)經故從下說ト云ル。全ク不レ可レ闕ル二前段ノ被攝一ニハ。今此ノ被攝義ノ本文ハ。初空假二觀破眞俗上惑盡等云テ。盡スト二眞俗ノ惑ヲ一云ル。中上二根ノ攝者。不ト盡サ二本教ノ惑ヲ一云フニ。甚タ鉾楯スル故ニ。抑ヘテ此文ヲ約ストニ下根ノ攝者ニ一會申ス歟。廻テ文ヲ非ス付クニ義ニ耶。所詮前段ノ被攝ノ文カ慥ニ下根ノ攝者ト見タル證據如何

又就テ二文相ノ起盡ニ一探ル二大綱ノ道理ヲ一。三根並テ可キ釋ス之ヲ條ハ難勢事舊畢(畢㊁㊂㊃了)ヌ。其ヲ別シテ(「㊁㊂㊃而)可シト約ス二下根ニ一云事。道理甚タ所レ難キ思ヒ也。但シ。此ノ難ヲハ。決六(天止四、九五)前為ノ消(鈔カ)セムカ經ヲ故ニ從テ下ニ說ク 矣 云ヒ。同(同前)經ノ從ヘタルコト下ニ者其ノ位ニ定マルカ故ナリ 矣 文ナント ニテソ會シ申サンスラン(ン㊁㊃ム)。其ハ後段ノ被攝ノ文ニ。破見思惑盡到第八地ト釋スル故ニ。會スル二此ノ文ヲ一時キ。惣(「㊁㊂㊃而)シテハ可レ約ニテ二三根ニ一有ルヲ。到第八地等云テ約スル二下根ニ一事ハ。依ト二大品ノ文ニ一云フ計也。一切ノ被攝カ皆約ニト下根ニ一云フニ非ス。能能可キ二了(了㊁㊃料)簡ス一也 是三

(4) 次依テ二斷惑ノ分齊ニ一定カ二次位ノ階級ヲ一故ニ。居スル二第四地一ニ人進テ盡シ二見思ヲ一斷スト二塵沙ヲ一云者。早ク可レ進ム二七地八地ニ一也。乍ラレ斷シ二見思塵沙ノ惑ヲ一不トレ可カラ云二第四地ノ人一ト。立申ス諸教通漫(漫㊃慢)ノ道理誠ニ似タリレ可キニ然ル。還テ(「㊁㊂㊃而)又通教ノ大段ノ約束ヲ忘ルニ似タリ。其ノ趣ハ如シ二問者難申一カ。既ニ云フ二斷惑ノ縱容不定一ト。斷位若シ如ク二餘教ノ決定セハ。縱容不定ノ義ハ於テカ二何ノ處ニ一可キレ論スレ之ヲ耶(者㊁㊂㊃乃)。爾者。縱容不定ト者。非ス二當通ノ義一ニハ。名別義通ノ意也ト立申ス舊キ會釋ニテ有レトモ。道理太タ不レ可レ然ル。如クハ二立申ス一當通ニモ不レ可レ有ル二縱容不定ノ義一。當別ニモ又不レ可レ有ル二縱容不定ノ義一歟。若爾ハ。二教取リ合セタリトモ何ニトテ不定ノ義ハ可ソ有ル。只對當ノ義縱容不定也ト可レ云歟。去(去㊁㊃サ)ラハ對當縱容不定トコソ可ケレ云。何トテ斷惑縱容不定トハ釋シケルソ

就中名別義通ト者。以テ二別ノ名ヲ一名ク二通教ノ位義ニ一也。於テ二當通ニハ無クハ二斷惑ノ義一。爭カ可レ成ス二義通ノ義ヲ一耶。故ニ約シテ二名別義通ニ一。可シト作ル二縱容ノ義ヲ一雖トモ二遁レ申スト一。會通更ニ不ル申ヒ也。

若シ如ニナラハ所立ノ。通教ノ未斷惑ノ位ニ假ルヲ別教ノ斷惑ノ位ヲ。斷惑縱容不定トカ可レ云歟。若爾ハ。只名別ニシテ無シ義通。二教含容ノ義既ニ以テ破レ畢ヌ。餘處ノ解釋ノ中ニ。斷惑縱容不定ノ義ヲ釋成スル也。所以ニ。別圓ハ各逗ス一種ノ根性ニ。故ニ用テ發眞ヲ爲ニ初炎ト。通教ハ爲レ逗スルコトヲ多種ノ根性ニ矣於テ通教ノ位ニ斷惑ノ奢促不同ナル事ハ。源逗カ多種ノ根性ニ故也。若爾ハ。於テ當通ノ分齊ニ可レ有ニ縱容不定ノ義一云事。其ノ意誠ニ分明也。若シ於テ通教ノ中ニ無ト縱容不定ノ義一云者。替ヘテ餘教ニ逗スト多種ノ根性ニ云フ起盡ハ。終ヒニ不レ可レ有レ之 是四

(5)抑モ。如ハ所立ノ。中上二根ノ攝者不ル盡サ本教ノ惑ヲ歟。若爾ハ此人。令深觀空卽見不空シテ成リ後教ノ人ト畢ヌ。若シ上根ノ人ナラハ纔ニ雖トモ斷ト見惑ヲ。思惑併ラ在リ之。此ノ人移テ別教ニ後チ。居スルソ別教ノ何ノ位ニ耶。住行ノ攝ト者別ノ題目也。雖トモ不レ可レ犯ス傍題ヲ。於テハ此事ニ此ノ難不レ得レ止ムコトヲ。還テ實義ニ可キ有ニ落居一也。若ハ任テ但用ニ向テ地ヲ不レ須イ住行一矣解釋上ニ。至ト十廻向十地ニ云者。所立ノ趣ハ。サシモ依テ斷惑ノ分齊ニ可レ定ム次位ノ階級ヲ申シハル事ニテ有ルカ。不ル盡サ本教ノ惑ヲ人。至テ廻向ノ位ニ登ト初地ニ云者。思惑幷ニ塵沙ヲ具足スル人。至ト十向十地ノ位ニ可レ云歟。若爾ハ。所立ノ趣キ忽ニ自語相違シ畢ヌ。依テ斷惑ノ分齊ニ定ト次位ノ階級ヲ云フ道理ハ壞レ畢ヌ。若シ至ト十住ノ位ニ云者。住行ノ攝者ノ有ト可キ定ム歟。是又依テ今ノ題ニ定ルニ別ノ題ヲ可キ成ル也。依テ無始ノ宿習ニ適タマ開ニ發スル中道ノ妙理ヲ人。不シテ至ラ修中ノ位ニ還テ住スト入空ノ位ニ云事。道理寧可ム爾ル耶 是五

(6)次ニ中上二根ノ人。殘思及ヒ塵沙ノ惑。以テ何レノ觀ヲ可キ破レス之ヲ耶。若シ以ニ中道觀ヲ破ト之ヲ云者。本別教ノ人。「三惑三觀」次第分張セリ。被攝ノ行人爭カ以テ中道觀ヲ忽ニ可レ破ス見思塵沙ヲ耶。能治所治忽ニ相亂スルカ故也。如ハ一往ハ然カナリ二往ハ不レ然ラ矣解釋ノ。三惑三觀任運ニ相ニ對スル之ヲ。一往然二往不然ト云テ。再往ノ實義ノ前ニハ。以テ三觀ヲ必ス可キ對ス三惑ニ見タリ。圓融ノ實義尚以テ如レ此。何ニ況ヤ別教ノ隔歷ノ所談。能治所治忽ニ不レ可ニ相亂ス。別攝通ノ人。移テ別教ノ位ニ後全ク本別教ノ所談ヲ不レ可レ背ク。道理頗ル炳然也。若又以テ空假ノ二觀ヲ斷レストテ之ヲ云者。被攝ノ行人適タマ顯シ中道不空ノ理ヲ畢テ。

新ニ至ニ別教ノ位一畢テ後チ。所レ得ル中道ノ觀門ヲ閣テ。還テ又或ハ住シ偏眞ノ觀ニ。或ハ趣クト偏假ノ行ニ云事。道理寧ロ可ム然ル耶。就中被攝ノ行人ハ。聞中修觀破無明繼テ踵スヲ更ニ無レ絕コト。爲メニ斷ンカ本教ノ惑ヲ中道ノ觀ヲ拋テ。用ト空假ノ兩觀ヲ云ム事。道理頗ル不レ可レ然ル。證據又所レ不ル勘ヘ也。此ノ算ノ精要併ラ在リ此事ニ。分明ニ可シ了簡シ中ス　是六

(7) 同十六日　次ニ可レ盡ス本教ノ惑ヲ云フ難ニ付テ。勘ヘ多ノ證據ヲ畢ヌ。自ラ雖トモレ有ト會シ申ス旨。處處ノ了簡未タスレ詳ナラ。不レ盡サ本教ノ惑ヲ立申ス。尤トモ可キレ勘フ誠文ヲ也。以テ何ノ處ノ解釋ヲ爲シテ依憑ト。此ノ義ヲ立申ス耶。但前二根眞空尚淺ノ文（天止二、四七一。弘決）。所立ノ誠證也ト立申ス歟。是ハ不レ可レ及フ後學ノ苦勞ニ。御廟ノ大師於テ被攝ノ法門ニ被ル製セ一卷ノ私記ヲ。本教ノ惑ノ盡不盡ノ題目ニ就テ。於テ兩處ニ設ク重重ノ問答ヲ。其ノ一箇ノ問答ニ云ク（被接義私記、五五丁左～六丁右。取意）。問。若言下上中二根亦斷ニ二惑一盡方乃被接上者。口決文云。中上二根眞空尚淺矣斷ニ二惑一盡。何因眞空不レ深耶。答○一云四地已去雖ニ見思盡一。所レ經位少故不レ同下下根歷ニ一一位一眞空深熟上。故云ニ眞空尚淺一矣於テ此ノ書ノ終ニ重テ又被ル設ケ問答ヲ。旨趣又如シレ今ノ。御廟ノ大師既ニ被レ設ケレ難ヲ。又被レ成セ會通ヲ。其ノ文今マ在リ學者ノ眼ニ。若爾ハ。今此ノ眞空尚淺ノ文ヲ依憑トシテ。不トレ盡サ本教ノ惑ヲ云事。更以テ不ル成セ處也。例セハ如シ二道所成ノ思法種性ノ。同是レ雖トモ思法種性ナリト。經ニ二道ヲ畢ヌレハ無シ有ルコト退失。以テレ之ヲ思ニレ之ヲ。同ク雖トモレ盡ト見思ノ兩惑ヲ。經歷ノ位ヒ少キ人ハ眞空尚ヲ淺シ。多位ヲ經歷スル人ハ眞空誠ニ可レ深カル也　是七

(8) 次ニ搜要記ノ中ニ（第三(ニ)ノ四十八丁）（卍續二一四、一五二丁左下）。證已方示見斷粗通矣今此ノ文被攝ノ者ヲ云トシテ。但シ斷テ見惑ヲノミ通スト後教ニ云カ故ニ。中上二根ノ攝者。不ル盡サ本教ノ惑ヲ誠證也ト立申ス歟。此ノ文具サニ可シ了簡ス。先ツ弘決・搜要記ノ兩書起盡ヲ可キレ知ル也。弘決ハ辨ヘ二本書ノ科段ヲ畢テ。具サニ句句文文ヲ消ス。或ハ盡シ本說ノ始終ヲ。或ハ列ヌ諸師ノ異義ヲ。要記ハ具サニ雖トモレ牒スト本書ノ科文ヲ。多ク削テ其ノ枝條ヲ偏ヘニ盡ス精要ヲ。於テ諸句中ニ減シ多ノ句ヲ。於テ一句ノ中ニ又削ル多ノ文ヲ。如レ此ノ廣略シテ互ニ顯ス其心ヲ也。就テ今此ノ見斷粗通ノ文ニ對シ判スルニ弘決ノ文ニ（天止二、四七〇）。所ノ云見斷粗通ト者但シ非ス見斷ノミニ。所以者何ナラハ決云。問。何故ソ須ク至テ第八ニ方ニ

接。答。爲欲示於眞內中故。故待證空方爲默示。令深觀空卽見不空。矣搜要記云。（卍續二・四、一五二丁左下）問。何須至八。答。示眞內中故須眞極。證已方示見斷粗通矣示眞內中故須眞極證已方示等者。同爲欲示於○方爲點示文。見斷粗通等者。同令深觀空卽見不空文。弘決幷要記文。約下根攝者問答故。見斷粗通文同可約下根攝者云事。解釋起盡分明也。若爾可約見思斷盡者。中上二根人。不盡本敎惑事可云耶。故見斷粗通云見字。見眞空事云也。卽決文卽見不空見心也。斷者斷盡見思事云也。粗通者通後敎云也。決重問之云。（天止二、四七〇～一）若爾。中上二根其義云何。答。中上二根亦見眞已方示中空。但前二根眞空尚淺也矣要記云。（卍續二・四、一五二丁左下）若爾中上云何。答。且從敎觀故異於下矣兩文相對勘之文相宛同。故要記見斷粗通下根攝者有。次下若爾中上云何問。答之。且從敎觀故異於下者。中上二根攝者。空理不極約敎觀論攝故。異下根攝者答也。弘決中上二根亦見眞已方示中空者。要記且從敎觀文是也。敎者通別二敎心也。亦見眞已指通敎。方示中空可約別敎也。觀者約眞中兩理也。約敎觀可論攝義故。且從敎觀云也。弘決但前二根眞空尚淺者。要記故異於下文也。中上二根攝者眞空尚淺故。下根位高理深異也云也　是八

搜要記見斷粗通文。不盡本敎惑爲祕文也。常不可出之。龍禪院流。以難此文爲最極祕事也。常途執此證據也。龍禪院甚執此難也。哀出此證據待マウケテ。如此難所爲奇模（規カ）也。中山僧正雲快殊執此難云云

(9)（同十七日）次就六祖。中上入者此卽不定釋。決（天止二、四六九）御廟大師作三釋。彼釋云。（被接義私記、五七丁右）先德傳（傳㊂カ）云云不同。有人云。入地前不定言也。有（有カ）人云。入地上不定言也。或人云。中上二根。或入初地。或入地前。故云不定云云矣其中第三傳釋云。（同、五八丁左）中上二根中斷盡惑被接人入初地。眞

空尚淺之人入二地前一。故不定言也 矣 今此ノ所判ハ。中上二根ノ人盡二本教ノ惑ヲ一類有リト聞タリ。重テ起シテ問ヲ云。此三傳中（被接義私記、五九丁右）可レ依二何傳一。答。隨レ意取捨 云云 但第三傳文相頗勝 矣 三ノ傳ト者。初ノ傳ノ心ハ一向地前ノ不定ナルカ故ニ。不レ可レ盡ス二本教ノ惑ヲ一聞タリ。次ノ傳ノ心ハ。一向地上ノ不定ナルカ故ニ。定メテ可レ盡ト二本教ノ惑ヲ一聞タリ。第三ノ傳ノ心ハ。或ハ盡シ或ハ不レ盡サ 云云 若爾ハ。盡ス二本教ノ惑ヲ一類ハ不レ可レ遮ス。爾ルヲ三ノ傳雖トモレ不レ可レ遮ス强テ云フレ之ヲ。第三ノ傳文相頗ル勝タリト 云云 大師ノ御意ハ盡ス二本教ノ惑ヲ一類有トレ之云事。尤可キ二相叶フ一歟。以テレ之ヲ案ルニレ之ヲ。本敎ノ惑ノ盡不盡兩向ノ義門雖トモレ無ト二取捨一。盡ト二本教ノ惑ヲ一云フ尤モ可キレ叶フ二大師ノ御本意ニ一歟

凡ソ御廟ノ大師忝ク爲メニ二末代ノ一被レ述ヘ二兩向ノ義ヲ一畢ヌ（畢回三ホ了）。未タスレ及ニ取捨ニ一。後學受テレ膚ヘニ或ハ捨テ或ハ取ル。非レス無キニ二其ノ恐一耶。盡シ不ノレ盡兩義文理。俱ニ被レ載タリ二彼ノ御釋ニ一。此外ニ有リテ二何ナル子細カ一。盡ストニ本教ノ惑ヲ一云フ義ヲ捨テ。不トレ盡云フ義ヲ取ルソ耶。只此ノ一門（門回廉）可シ二要カ中ノ要ナル一。慥ニ可ニ立申一。況又大師兩樣ノ御（天止四、九五。弘決）義。雖トモレ無ト二取捨ノ言一再ヒ見ルニ二問答ノ起盡ヲ一。上ノ文ニ引キ二四地爲上六七爲中八九爲下等ノ文ヲ一畢テ（畢回ホ了）問スルニレ之ヲ。凡論接者破二惑盡。方乃被接四地五地中思惑未盡。云何此中忽立被接早ヌ（「耶矣歟」（一「回三ホ才」）早回三ホ耶文）。自リ二問ノ家一被接ノ人ハ定メテ可シトレ破二盡ス二惑ヲ一定メテ四地五地ノ被接ヲ問スル也。答ルニレ之ヲ。四地未斷思。至六地七地思方斷盡者。約下根人作如此說。中上二根其根利故。四五六地斷二類（類回惑）盡不同下根。至第七地方乃斷盡 矣 此ノ一箇ノ問答ハ。慥カニ可トレ盡ス二本教ノ惑ヲ一定タリ。問答ノ起盡尤モ可シレ留ムレ意ヲ。如レ此ノ一箇ノ問答畢テ重テ擧ル二問難ヲ一時キ。若言上中二根亦斷二惑盡。方乃被接者。何決文云。中上二根眞空尚淺 矣 斷二惑盡。何因眞空不深耶。答云。之二義 矣 云云 就テレ會スルニ二此文ヲ一。初メテ論スル二盡不盡ノ二義ヲ一也。故ニ御廟ノ御本意ハ。以テレ盡スヲ二本教ノ惑ヲ一爲トニ正意ト一被レタリ得。前ニ如クレ難ルカ。釋スル二此卽不定ノ文ヲ一時モ。盡ス二本教ノ惑ヲ一類有ルヲ以テ文相頗ル勝タリト云リ。了（了回ホ料）ニ簡スルニ二御釋ノ始終ヲ一。以テレ盡スヲ二本教ノ惑ヲ一爲ニ二大師ノ御本意ト一被レ得タリ。雖トモレ不トレ被レ定メ二兩義ヲ一。後學可シレ恐ル。可レ憚ル。況ヤ文相起盡盡ストニ本教ノ惑ヲ一云フハ。大師ノ御意ニ近シ。捨テ二此ノ御義ヲ一不レ可レ盡ス云フ。頗ル以テ難シレ生シ二信心ヲ一 是九

(10)次辨三根攝者事。正出六祖所判。天台御釋又有誠證耶。中根下根粗有其證。於上根攝者常學者未勘之歟。就四地五地攝者。若有證據可勘申之 是十

抑。玄文立三攝。止觀立一攝。何樣可得意耶。六祖大師釋籤解之。弘決釋之。其釋雖委悉。其意未詳。此題目被攝大綱可顯事コサヌレ。五大院先德。金龍寺先德。被製被攝義私記時。最初此事被問起。御廟大師不幾御記中。兩處被問答覺。此等先德被決意趣。何程爲落居耶。如此見定事有立申之。又若此事具了簡。本教惑盡不盡被思合。盡不盡可落居子細有之耶。且就兩部配立。御廟御釋。若言今文約教所詮理邊但立一接者。玄文之中具明三接者約何義耶。答。玄文約教道具明三接也。故決云。玄文具明以圓接通以圓接別。彼約教道。於教道中。或以權教接權。或以實教接權 矣

（被接義私記、五二丁左）

玄文立三攝事約教道義。止觀立一攝事依證道云歟。釋籤弘決兩處釋。大概如此。玄文立三攝中。圓攝通及圓攝別。所攝體權教（天止二、四六八。弘決）能攝中可實證。何必可屬教道耶。爾。玄文具明以圓接通以圓接別。被約教道云。以圓攝通圓攝別二屬教道云。不云別攝事何意耶。惣以此二約教道云意難思。況深別攝道理甚不審也

(11)次以止觀別攝通約證道約觀門云事。尤所難思也。別攝通證道云事。非所攝邊。非能攝邊。此義更不明。若只分別三攝處約教道。獨約一攝屬證道歟。爾案玄文止觀大旨。明彼教道中分別四教三教事誠爾也。此證道辨中。又非不論四教三教。只依部大旨爲教相辨四教三教。爲觀心又分別之計也。必論四教三教義門。何定約教道可云耶。四教

分別スル中ニ前三教ハ但シ教道也。圓教ハ定テ證道也。摩訶止觀ノ中ニ約シ證道ニ約スルカ觀心ニ本意ニテ有ラハ。獨リ立ヨカシ圓攝通ヲ。建ニ立シテ別攝通ヲ約ニ證道ニ云者。言ハ與レ心相違スル也。（天玄二、一五八）六祖ノ餘處ノ解釋ノ中ニ。實道ハ只應ニ圓ノ理ヲモテ攝スレ權ヲ矣若シ約スニ實證ニ時ハ。以テ圓中ノ理ヲ爲シテ能攝ト。以テ權教ヲ可レ爲ト所攝ト聞タリ。若如レ此云者。圓攝通コソ證道ノ實義ニテ有ルヘケレ。摩訶止觀ノ中ニ。立テ一攝ヲ可キニテ成ス證道ノ實義ヲ有ラハ。可キレ立ツ圓攝ノ一ツヲ也。何ソ煩ク立ル別攝通ヲ耶。御廟ノ私記ノ中ニ。（被接義私記、十六丁右）本文ニ所ノ立ル別攝通ノ義ヲ問スレトモ。所レ言別攝通者。爲ニ以レ教接スレ教。以テ理接スレ理耶。答。二義並有。故決文云。今言ニ別接ト者。應レ具ニ二義ニ。一者別教教〔教教㊀別〕隣近故。二者別理理異レ眞故矣故一者別教教隣近故ト者。以テ教ヲ攝ル教ヲ意也。別攝通ノ義。寧非スルニ約ニ教道ニ耶。以テ此ノ御釋ノ起盡ヲ見ルニ。別攝通ノ義偏ヘニ約シ證道ニ約ト觀門ニ云事。甚タ所レ難レ思ヒ也。所詮。乍レ云レ約ト證道ニ不シテレ約セ圓攝ニハ約シタルカ別攝ニ。被レ云ニ證道ト覽樣ヲ可〔㊁㊅能能〕レ申ス也　是十一

⑿サテ被攝ト云事ノ地盤ニ就テ可キニ得レ意定ムニ也。本文ノ初メニ。（天止二、三〇三）初空假二觀破ニ眞俗上惑ニ盡矣六祖大師。（同。弘決）必ス假テ通教ノ空假ノ二觀ヲ爲ニ前方便ト。必ス待テ別ノ理ノ接スルヲ之ニ方ニ聞ク矣本書ノ空假二觀ト云ル上ヘニ。加テ必ノ一字ヲ顯ニ消釋ノ魂ヲ見タリ。必ス經テ空假ノ二觀ヲ可レ顯スト中ノ理ヲ云事。本末ノ釋義決定シ畢〔畢㊀㊁㊅了〕ヌ。如レ此得ムト意スル〔スル㊀去〕程ニ。（處カ）籤（止カ）三取意歟（天止二、四六八）二教明ニ界內理ニ。二教明ニ界外理ニ。（同、四七〇。弘決）兩理交際須レ安〔安㊀案〕ニ一接ニ云リ。加之。令ニ深觀レ空即見ニ不空ヲ矣空ノ證ヲ盡〔性歟（性歟㊀㊁㊅匕）〕シ畢〔畢㊀㊅了〕テ顯ト後教ノ中道ヲ云事。解釋如レ此。如レ此空中ノ兩理相ヒ攝クト云者。何ソ必ス假觀ヲ爲ストニ方便ト云耶。假觀カ成リテニ方便ト顯ニ中ノ理ヲ云事。更ニ不レ聞ヘ。爰〔爰㊀㊁㊅ココ〕ココニハ學者頗ル存スニ異端ヲ。被攝ノ行人ト兩理交際ト者。假中ノ兩理相ヒ攝クト申ス相傳モ有シ哉覽。正ク被攝ノ行人ノ通別相攝入スル姿タヲ作テ。慥ニ可ニ成申ス

就中。中上二根ノ攝者ハ假觀ヲハ不ニ寄セ付ケ。自ニ入空ノ初メ攝ニ入ストニ後教ニ云者。此ノ人ノ前ニハ都テ假觀ヲハ不レ立ト要ニハ可レ云歟。此事ハ今ノ算。盡不盡ノ題ニ付モ可キレ明ム事也　是十二

⒀次ニ聞中修觀破無明ト云テ。被攝ノ初ヲハ必ス聞中ト約束スル事ハ何カニ云事ソ耶。被攝ノ行人カ繩床ニ結テレ趺アナウラヲ。深ク如幻卽

空ノ理ヲ瑩キイタル〔イ㊁㊂㊅ヰ〕程ニ。無始ノ宿習カ廓然ト開發シテ。此ノ空ノ底ナル不空ヲ見出ス也。此ノ宿習ト云ヒ。觀念〔念㊁㊂㊅心〕ト云事。更ニ不可依知識〔知㊁本〕ニモ。不可依ル經卷ニモ。爲欲示於眞內中故。決（天止二、四七〇）故待證空方爲點示。令深觀空卽見不空矣只證スル眞內ノ空理ヲ時キ。自ラ見顯ス中道ノ理ヲ也。其ヲ聞中ト云ヒケルハ何事ソ。證スル此ノ空理ヲ時キ。誰レ人ノ來テ說ク中理ヲ耶。爾ヲ事定リテ被攝ノ初ヲ聞中ト約束スル事。處處ノ釋義ノ所定ル也。何樣ニ可心得〔心得㊁㊅得意〕耶　是十三

此ノ兩三箇條ハ。專ラ一生破無明ノ算ナトニ可キ有ル沙汰也。當通教ノ眞諦ニ含ル中道ヲ耶ト云フ末ノ算在リ之。此ハ名物ニテ東西塔ノ兩義在リ之。東塔ニハ當通ノ眞諦ニ含ト中ノ理ヲ云フ。五大院・御廟ノ御釋。分明ニ理ニ含スト釋〔釋㊅見〕タリシト覺ル也。西塔ニハ說ニ含スト云　大品經　云　四諦清淨故眞如清淨ト云カ如シト。（私注。五大院私記云。言四諦清淨故眞如清淨者。通教無生四諦清淨故幻空眞如清淨。別教無量四諦清淨故但中眞如清淨。圓教無作四諦清淨故不但中眞如清淨矣）是ハ說ニ含ル也。サレハ宿習可キ開發ス行人ノ前ヘニ。諸佛菩薩來テ可カ說法シタマフ故ニ名クト聞中ト云　是ハ聞中ノ義ニ相叶タレトモ。大方ノ被攝ノ義門ニハ可然ルシトモ不覺ヘ。爲欲示於眞內中故ナトノ釋ニハ皆ナ違タリ。誠シクモ不覺ヘ也。サテハ聞中ト云覽名目。何事ヲ云ヒケルソト云事。尤モ所難キ思ヒ也

⒁　次ニ本文ニ。初メ空假二觀破シ眞俗ノ上ノ惑ヲ盡　乃至　能八相作佛ス等云テ。（天止二、三〇三）此佛ノ是レ果ナリ。仍ホ前ノ二觀ヲ爲ス因ト等結釋セリ。此ノ文ニテモ事新ク此佛是果ナト云ヒタル文ノケスライ難シ得意。又本書ノ次下ニ不ル攝セ三藏ヲ相ヲ云トシテ。（同、三一三）不スシテ以テ此佛果ヲ攝セ三阿僧祇等矣　六祖ノ大師釋トシテ此文ヲ。（同、三一四）若被接ノ者ノ破シテ一品ノ無明ヲ亦得ウ八相ヲ。仍ホ從ヘテ舊ニ說ク故ニ亦名ク果ト矣　此文甚〔文甚㊁釋太㊅釋甚〕タ難キ思ヒ也。別教ノ心ニテモ地前ヲ爲シ因ト初地ヲ爲スル果ト事。有ン何疑カ。本書ノ。（同、三〇三）仍ホ須ク修シテ觀ヲ破シ無明ヲ。能ク八相作佛ス。此ノ佛是果ナリ等云ル。只初地ノ八相ヲ爲ト果ト云ムニ有ン何ノ相違カ。爾ヲ六祖ノ大師。（同、三一四）若初地初住ハ雖有ト八相。不スシテ受果ノ名ヲト云テ。下文ニ。（同前）仍從舊說故亦名果ト云テ。其ノ實體〔㊁㊅文〕ハ初地ノ八相ニテ有レトモ立ル果ノ名ヲ事ハ。本トシテ通教〔教㊁ナシ〕ノ佛果ニ從ヘテ立ツル名〔㊁舊名〕ヲ心ヲ。仍從舊說故亦名果ト消釋セリ。甚タ所難キ思ヒ也。初地初住ノ八相ヲ果ノ名ヲ不トケ受云ヒタルモ不審也。仍從舊說シテ。强イテ通教ノ佛果ノ定ニシツライケル所詮モ甚タ難キ思ヒ事也。何樣ニ可キ得意耶　是十四

⒂次被攝名別大師己證也云事。世以為口實。(天玄二、二〇四。釋籤)接義本在法華經前於中仍是菩薩矣法華已前方(示云。出靈應傳)等般若菩薩。聞中宿習開發證入別圓位計也。是約一機一緣論此宿習計也。是大師御己證有事何事。此事非一旦綺語。(語曰證)眞實御己證有覺樣可立申。被攝名別大師御己證申事指證據無事。學者皆所申傳也。立者定如此可申歟。爾其心具申立可備此科詮要也是十五

⒃次就本文廢立。六祖大師作四重義消一段文見。所謂。決(天止二、三一四)一者接於可接。三藏因拙不可接故。二者得受接名。方可用接。三者不須接故亦不名接。四者得受接名。謂約教分齊矣爾本書初空假二觀破眞俗上惑盡。(上曰な)方聞中道者。於六祖釋何釋攝也可云耶。(「曰四　釋曰な)聞所立雖可疑釋義起盡。往復事繁。問答有煩。六祖釋文中初義即此第一。(同前)不可接故矣此釋甚難思也。文中初義者。本書初空假二觀等文指。此決定也。即此第一不可攝故云第一者。指何文耶。即此第一云。妙樂自文段指條勿論也。爾四文段中第一。一者接於可接。三藏因拙不可攝故文是也。本書初空假二觀等文。即被攝正文也。寧可云即此第一不可攝故耶。若又指二者得受接名方可用接文云者。此第二義也。何可云即此第一耶。何況六祖以四義作四釋事。本書又有四義故也。然妙樂第一釋標本書初文。妙樂第二釋可消本書次文也。即此第一不可攝故文。妙樂第二釋標本書初文云者。本末消釋次第混亂。何樣可得意耶。此事御廟大師問答子細在之。立者有卷舒之功歟。彼御釋如何見。具可立申。惣分四釋大段如何見。(「曰ニホ而)第四得受攝名謂約教分齊矣此本書。(「曰云ヘル)唯得以別接通其義如此(曰等ホ文」)文指也。本書文被攝一段文惣結見。爾得受攝名約教分齊釋。(「曰謂)別釋成一箇意見。本書文

相違スルニ似タリ。此ハ六祖ノ釋モ委悉也。御廟ノ大師モ殊ニ入テ眼ヲ被ル釋成セ子細在リ之。就テ此算ニ古來未タ尋ネ歟。然而就テ御廟ノ御釋ニ。若シ可キ思合ス子細有ル之耶。大綱ノ相承ニモ可ニ心得合ス子細有ラハ。具ニ可ニ立申ス　是十六

⒄次ニ就テ同キ本文ノ配立ニ。玄文ノ三攝。止觀ノ一攝前キニ尋ネ畢ヌ。被攝ノ相貌ヲ具スル事。不過キ三攝ノ委悉ナルニカ。而ニ定ル被攝義ノ本文ヲ事。不依ラ玄文ニ依ル止觀ニ事有ル何意カ耶。本文ニ纔ニ百餘字也。文省カレニシテ義幽カナリ。此ノ取テ省略ノ文ヲ定ル被攝ノ義ノ本文ヲ事。先德有ル何ノ意趣カ。就テ摩訶止觀ニ。諦智合辨ノ章ノ中ニ於テ。云何以別接通等問スル以來五六行也。諦智合辨ニハ何ナニト生起シテ被攝ノ義ヲ建立スルソ耶。後段ノ被攝ハ起レリ自ニ權實ノ章。是又自ニ權實ノ章被接ノ生起スル相貌可ニ了簡シ申レ之ヲ。見ルニ此ノ前段後段ノ被攝ノ文ヲ。後段ハ尚ヲ被攝ノ義具サ也。何ソ以テ此文ヲ不爲セ本文ト耶。被攝ノ法門カ教觀ノ中ニ。若シ可キ依ル觀ニ子細有リトモ。依テ後段ノ被攝ニ建立ント之ヲ有ン何ノ相違カ

次ニ此ノ被攝ノ法門ハ大師布揚シタマヘシ時モ。諦智合辨及ヒ權實ノ章。兩處ニ置タマヒケル之歟。爾ハ不ル覺ヘ所以者何ナラハ。止觀ハ三度ヒ被ル添削セ書也。第一ノ本ハ隱レテ不見ヘ。第二ノ本ハ圓頓止觀。第三ノ本ハ卽チ今ノ治定ノ本是也。第三ノ本ハ再治ノ事ヲ誠ニ雖トモ可シト貴フ。未再治ノ本ハ近シト大師ノ眞觀ニ可云歟。爾ルヲ見ルニ第二ノ本ヲ。被攝ノ兩段共ニ在リ權實ノ章ノ初ニ。以テ之ヲ思レ之ヲ。大師ノ說キタマヒシ時ハ同ク在リ權實ノ章ニ。若爾ハ。以テ權實ノ章ヲ可爲ニ被攝義ノ基ヒト也。第三ノ本ノ中ニ文亦委悉也。以テ之ヲ可爲ニ本文ト耶。章安大師ハ以テ何ナル意趣ヲ。此ノ文ヲ分節シテ置キタマフ顯諦ノ章ニ耶。前段ノ被攝ハ在リ顯體ノ章ニ。後段ノ被攝ハ在リ權實ノ章ニ。科段遙カニ相隔タテ。文旨更ニ可シ異ナル。大師ノ御宣說ハ。權實章ニ屬ス一箇ノ文ニシテ不分タ兩科ヲ。章安大師分テ之ヲ爲シテ兩段ト。一ツヲハ屬シ顯體ノ章ニ。一ツヲハ留テ置ク權實ノ章ニ。有トカ何ナル意趣可云耶。本文ノ建立ノ源ヲ落シ居スヘテ。算題ノ旨趣ヲモ可キ了簡ス也　是十七

（答申十七）

⑴答。自本所ニ立申ス。不可盡ス本教ノ惑ヲ云事。仰キ先

德一義任學者一傳也。凡通教者大乘初門。調機入頓教也。教理智斷中收中道不空理。行位因果內含後教深遠義。玄八(天玄五、八五)正通實相傍通眞諦云故。位位通後教爲宗。地地入實相爲意也。乾惠性地移後教未名攝者。未顯當教理故。以經別圓始終不得攝者名處也。四地已上攝入別教名被攝者。既顯本教理。斷本教惑後攝入後教故。於後教中不云經歷其始終。前後二教相攝故名被攝者也。以之思之。於通教地地悉可通後教被得。如御難。但斷見思初證眞理人。更不通後教可云歟。若爾。正通實相大旨忽壞。調機入頓教門空施可云歟。乾惠性地但居凡位。不遮通別圓位。四地五地正至聖位。豈不被後教攝耶。就中被攝者。無始宿習忽開發。中道妙理爰顯現也。其宿習開發云事。更無待時。必盡本教惑空假理極畢。後發其宿習不可云。盡本教惑畢後論被攝義云者。一分理顯一分惑斷時。空押宿習開發覆中道妙理可云歟。道理寧可然耶。乾惠性地伏惑進後教許ナカラ。四地五地斷位留當教可云耶。位位移後教事許。不盡見思位不進別圓云者。豈非自語相違耶」

凡於被攝者有三根。上根利智輩宿習深厚類故。顯一分眞理畢忽發不空妙理也。下根淺智人宿習微薄故。見思兩惑盡畢悟眞內中也。三根攝者不同。正自此可分歟。一切攝者悉見思斷盡云者。三根不同頗以難辨。爾攝入後教人必可經空假方便云事。是又可勘定處也。籤三(天玄二、一五八)藏通兩教明界內理。別圓二教明界外理。通別兩教是明兩理之交際。是故但明別接通耳矣隨顯一分眞理可被後教攝。必不可待假觀成就時。卽空理設雖不極。證一分空理云者。於其證位分齊何不被後教攝。若令被鈍根人。極入空證互出假位經重重次位盡品品煩

惱ヲ畢テ。適被ルル後教ノ攝ヲ也。中上ノ人ハ不レ然ラ。快馬ノ見ル鞭ノ影ヲ可レ待ム徹ルコトヲ骨ニ耶 玄三(天玄二、一二二)（㊀寧」（俟カ））

但。至テ初空假二觀破シ眞俗ノ上ノ惑ヲ盡等云ヒ。必ス假テ通教ノ空假二觀ノ等云上ニ者。是ハ約カ下根ノ攝者ニ故ニ。更ニ不レ可レ招ク相違ヲ。必假ニ通教空假二觀ニ爲ス前方便ノ等者。正ク約ル下根ノ攝者ニ也。以テ互ルヲ三根ノ攝者ニ非ス云ニハ必假ト。本書ニハ雖レ云ト初空假二觀ト。未タスレ云ニ被攝ノ地位ヲ。六祖大師。破シ二惑ヲ盡シテ至テ第八地ニ方ニ聞ク中道ヲ等云テ。正ク約ニ下根ノ人ニ云トシテ今此人攝入ノ相ヲ。雖レ見ト中道ヲ必假テ通教ノ空假二觀ヲ等 矣 云也。雖レ見ト後教ノ中道ヲ非ス暗ニ見ルニ之ヲ。必ス假ルト通教ノ空假ノ方便ヲ云也。是則云ニ下根ノ攝者ノ相貌ヲ也。非ス云フニ中上二根ノ攝者ヲ。又空假ハ縦雖レ不ト究竟セ。若約セハ上根ノ人ニ具ニ足スル假觀ノ義可レ有也。如レ云下上根者。初心聞惠卽能ク體ニ達シ見思卽空ニ。已爲ニ衆生ノ作ル依止處ト 矣 安然和尚判スル九根ノ攝者ヲ中ニ。引テ今此ノ文ヲ判ト初地ノ攝者ヲ見タリ。今所ニ立申ス者。不レ依ニ彼九根ノ攝者ノ義ニハ。以レ例ヲ思レ之ヲ。上根人ハ雖レ不レ窮ニ卽空ノ理ヲ。自ニ聞惠ノ位ニ有リ出假利生ノ意。況ヤ分ニ斷シテ見思ヲ入ンニ三地四地ニ人。寧無ニ出假ノ義耶。如レ此得ハ意レ之。雖レ不レ盡ニ本教ノ惑ヲ。何ソ不レ具ン足セ空假ノ兩觀ヲ。爾者。初空假二觀ト云ヒ。必假通教空假二觀ト云ル。於ニ中上二根ノ人ニ更ニ不レ可レ招ニ相違ヲ 是一

（㊀同十九日　止（止㊀㊉㊁）（天止二、三〇三）　決（決㊀㊉㊁）（同前）　（同前）　（同前）　矣（矣㊀㊁）　觀歟（觀歟㊀㊁㊉㊁）　假㊀㊁㊉觀　上㊀三　止六（天止 四、二二）　中　「示云。最上利根ノ故ニ初地ニ入ル也」（「㊀㊉㊁）　不㊀㊁）

(2) 次至レ云フニ下不レ盡ニ卽空ノ理ノ源ヲ者不トレ可レ顯ス眞內ノ中ヲ上者。所立ノ大旨前段ニ顯レ畢ヌ。下根ノ攝者ハ盡シ卽空ノ理ヲ畢テ。可レ顯ス後教ノ中理ヲ也。上根ノ人ハ隨テ證スルニ空理ヲ可レ顯ス眞內ノ中ヲ也。故ニ故待證空方爲點示等ノ釋。專可シレ約ニ下根ノ攝者ニ也。何況ヤ就テ云ニ眞俗ノ上ノ惑ト雖レ有リト各別ノ題ニ。或ハ以テ見思ヲ眞俗ノ惑ト云ヒ。或ハ以テ見思塵沙ヲ眞俗ノ惑ト云フ。兩義自レ本相ヒ分レタリ。於テ彼ノ異論ニ者非ス今所ニ云ヒ。然而以テ見惑ヲ正ク名ル眞諦ノ惑ト事。藏通二教同ク可レ有ニ其ノ意也。若然者。於テ第四地ニ被攝セム人。極ト空理ヲ云意可レ有也。若如レ此云者。上根被攝ノ人雖トモレ不トレ盡サ思惟ノ惑ヲ。顯シテ一分ノ空理ヲ見ト中道ノ理ヲ云ンニ有ム何ノ相違カ。凡ソ空理ノ底ニ含トレ中ヲ者。豎ニ盡シ品品ノ惑ヲ畢テ顯ストニ後教ノ中道ヲ

（決（天止二、四七〇）　有㊀㊁㊉在　今㊀㊁　者㊁㊁）

云非。只卽空卽不空理也。通教鈍根人。遂玄黃之色墮落二乘地也。若利根人。證一分空理。證畢卽中也。以之顯眞內中可云也。其意誠分明歟 是二

(3)次至本文配立者。釋義料簡又前顯畢。重不可費言。本書文。初空假二觀破眞俗上惑(天止二、三〇三)盡。方聞中道。仍須修觀破無明。能八相作佛云。論其位中未顯言。六祖大師消今此文時。(同前)復有一人破二惑盡至第八地方聞中道。聞已修觀進破無明。得法身本八相作佛 六祖大師以何本書文約八地被攝者耶。是依本書破眞俗上惑盡文設此消釋也。故破二惑盡至第八地方聞中道云。文相起盡誠顯也。(天止四、九五)問難家雖會之。其義未申。何況餘處解釋。止六 若別接通。(同。弘決)七地論修八地論證 六祖大師消此文。問。第三卷明別接通中。何故乃云八地聞中道。九地伏無明。十地破無明。方得名爲佛 答此問。(同、九五～六)始從四地終至九地咸受接名。三根不同。故位不等。四地爲上。六七爲中。八九爲下。文從中說。故云七地。前爲消經故從下說。故大品云十地菩薩爲如佛。經從下者其位定故 前爲消經故從下說者。惣而指第三卷被攝文也。別指後段被攝云事。全所不見釋義起盡也。何況如前御尋來。第三卷前段後段被攝者。准圓頓止觀只屬一處文。若然者。指後段被攝云者。卽是可指前段被攝。所以。初空假二觀破眞俗上惑盡等者。卽是。八地聞中道。九地伏無明。十地破無明。方得名爲佛 意也。文相是同義理相等。故六祖大師釋前段被攝。(天止二、三〇三)破二惑盡至第八地方聞中道釋也。限消後段文云事。更所背文義也

但。至云何以別接通問廣可亙三根攝者也。限不可約下根者。答此問初空假二觀等文。又不可約下根云御難者。問意惣問別攝通義。故。亙三根限下根不可云。只問別攝通義計

也。答レ之事別シテ約二下根一云ンニ有二何ノ相違一カ。約ルニ二其ノ下根一ニ意ハ如ク二御精ニ來一ルカ。六祖既ニ判二セリ其故一ヲ。學者寧可レ致二私ノ苦勞一ヲ耶。文ハ從テレ中ニ說ク故ニ云フ二七地一ト。決六(決六[ロ][ナシ])前ハ爲ノレ消(鎖カ)セムカレ經ヲ故ニ從テレ下ニ說ク。(天止四、九五)故ニ大品ニ云ヘリ。十地ノ菩薩ヲ爲ストレ如レ佛ノ(矣)第十地ハ是レ八相作佛ノ位ナルカ故ニ。爲ニレ對ンカ二此義一ニ八地聞中。九地修觀。十地破無明。八相作佛ノ義ヲ論ル也。經ハ又以テレ何ヲ約ルニ二下根一ニ耶。爲ニレ顯ンカ二此ノ義一ヲ。(同、九五～六)經從下者其位定故ト釋ル也。再往ノ消釋更ニ以テ不レ可レ過レ之ニ。況ヤ復タ本文ノ起盡約ルニ二下根ノ者一ニ有レ便リ。止(天止二、二九九～三〇〇)所以者何ハ。諦智合辨章ノ中ニ。若作ラ二別接通一ヲ者。俗諦ハ發ス二一眼一智一ヲ。眞諦ハ發ス二一眼一智一ヲ。開イテレ眞ヲ出スレ中ヲ發ス二一眼一智一ト云フ。「[ホ]文所ノレ云フ俗諦ト者是諦也。發一眼一智ト者智也。眞諦發一眼一智又如シレ此。開眞出中發一眼一智ト者。開眞出中ハ顯スレ諦ヲ。發一眼一智ハ顯スレ智ヲ。或ハ兩諦發ト二三智一ヲ可シレ云。或ハ三諦發ト二三智一ヲ可シレ云。故ニ空假兩諦發シ二二智一ヲ畢テ。後チ開眞出中發一眼一智スル也。今論スルカ二諦智合辨一ヲ故ニ。通教所有ノ二諦ヲ論シ畢テ。此ノ二諦ノ上ニ開眞出中スルヲ。云何以別接通ト問スル也。故ニ自ニ問ノ意一別

而雖レトモ不レト問二下根ノ攝者一ヲ。其ノ義自ラ當レリ問フニ二下根ノ攝者一ヲ。答ノ文又(又[ロ][ナシ])發スル二二諦智一ヲ上ニ所レ論ル開眞出中ナル故ニ。破眞俗上惑盡。方聞中道ト云ヘル問答。同ク相應シテ相二叶下根ノ攝者一ニ也。上中ノ攝者不レ拘二次位一ニ。不レ依シテ二惑盡一ニ。進テ攝入スル事ヲハ不レ云也。決六經從下者其位定故ト云ヘル。其ノ義自ラ相叶也。決(天止二、四七一)是故說教多附下根ト云ヘル。其ノ理又所ニ相順一スル也。被攝ノ文專約二下根一ニ事ハ。其儀(儀[ロ]義)誠ニ分明ナル歟。前爲消經故從下說ト云ヘルヲ指トハ二第三卷一ヲ許シナカラ。約シテ二後段ノ被攝一ニ不レ約二前段一ニハ云事。非ス二廻文就義一ニ耶　是三

(4) 次ニ依テ二斷惑ノ分齊一ニ可シト定ム二次位ノ高下一ヲ云事。是レ決定ノ道理始終在リレ斯ニ。如ク二御難一ノ。於テ二四地五地一ニ發シテ二斷惑ノ智一ヲ。既ニ盡シ二見思一ヲ斷ト二塵沙一ヲ云者。進テ可レ至ル二七地八地一ニ。雖レ斷ト二見思塵沙一ヲ尚在ト云フ二四地五地一ニ者。「[ロ][ニ][ホ]云依テ二何ナル障一ニ不トハレ進マ二後位一ニ可ソレ云。若雖レ無トレ障リ留ト二四地五地一ニ云者。更ニ是可レ墮ス二無要之過一ニ也。若有トレ障云者何ナル障ソ耶。爲ム二見惑一トヤ爲ム二思惑一トヤ。若非ス二兩惑一ニ者。是レ爲ム二何ノ障一トカ。故ニ於テ二四地五地一ニ雖レ盡ト二見思一ヲ不レ至ト二七地八地一ニ云者。御難有テ二其ノ言一(言[ロ]答)ノミ道

理頗無其實

但。至斷惑縱容不定道理者。且閣此約束。難家先可會前道理也。故雖有縱容不定義。盡見思人不至七地八地事。有障故不至歟。雖無障不至歟。先此道理可治定也。次縱容不定「(回)(三)(ホ)會會(回)(三)(ホ)(乙)事。如前(前(回)先)御難端聞。六祖(決六)大師釋通教地位。(天止三、六一三)問。七地思盡。何故六地名共聲聞。八地名(地(乙)カ)支佛地。何故七地名共支佛。答。通位縱容。具如(如(回)(乙))後簡矣縱容不定義。名別義通意也云事。六祖自所釋成也。非學者初會通。是則當通下云六地七地斷思。通位縱容具如後簡云。名別義通中。以三地四地斷見。六地七地斷見(見(回)(三)(ホ)思)成二教含容義。具(具(回)故定)如後簡云。則指此文(同。弘決)也。又消或以菩薩地後心等文。止六(止六(回)(乙))(天止三、六二五)六祖大師。縱容不定。故有或言矣約名別義通釋縱容不定義。六祖釋義分明也

但。至云縱雖名別義通意於當教無斷惑義云者不成義通義者。是別題意也。乾惠斷惑幷六地齊羅漢名別所論也。非今立敵之限。次至云通教逗多途根性故。則(則(回)(乙))可有斷惑奢促者。以云有多途根性則可斷惑縱容云道理如何。而解釋意。通教為逗多種根性。所謂別圓入通。玄四(天玄三、三二一～二)故含容取乾惠耳矣是於通教地地帶含容後教機事云也。於當教中獨非有斷惑奢促　是四」

(5)　次至不盡本教惑人。至後教位時可住何位耶云御尋者。住行攝者有無既以難測。付此題可申定之耶。何況縱如御難雖盡見思兩惑限(限(回)約)斷惑分齊云者。是別教第七住人也。尙是有住行攝者可定歟。縱又雖斷界內塵沙。只可至第十住難至十行耶。故縱如御難斷見思雖侵無知。更不可至十行十廻向。仍於此御尋者。於今算難被盡理者歟　是五

如此答事常抄物不載之歟。不盡本教惑者。至後教何位耶云事。起自御廟御難。學者常所煩來也。然而如此反詰畢。問難家重

難シ出シ難ノ言ヲ。故僧正殊ニ執シ存スル題目也。常ノ論場ナントニテハ餘ヲ白クハ不可言ヒ定ム。サテ如ク此反詰シテモ。ツヰノ落居ハ何ナランソト云事ノ申事ニテ有ル也

(6)次ニ中上二根ノ人不盡ニ本教ノ惑ヲ者。移テ後教ニ後以テ何ノ觀ヲ可除ク彼ノ殘惑ヲ耶ト云事。是又學者ノ異端也。若用ト中道觀ヲ云者。有リ能治所治相亂ノ失。都テ難遁其失ヲ。若用ト空假ノ二觀ヲ云者。開眞出中ノ人不可ト閤中道觀ヲ云難。誠ニ以テ爲固ト。進退共ニ有疑。是非所未タ決セ也。若依ラ一義ノ意ニ者。且ク可任ス釋義ノ定判ニ也。名疏第七云。(大正藏三八、六五五下～六上)㊂二丁 一從假入空正治同居見思之疾。二從空入假正治有餘恆沙。傍治同居無知。三中道正觀正治有餘果報無明。利根菩薩傍治同居見思無知。亦傍治有餘無知 矣(卍續二八、四〇九丁右上) 妙記云。言利根至傍治者。通教利根具界內惑。但修中觀細惑未破麁雖前除。亦非正意。故云傍也。又非正障中故亦云傍 矣(天止一、二七七。私記參照) 暹記云。傍治同居其[其㋺㋭無]知者。且約於同居土中修假觀人。以於十行位中專破界外塵沙界內任運自除。故云傍也。(天玄三、四七八。私記參照) 傍治同居見思等者。一但觀ニ中道ニ麁惑前除。二唯觀ニ見思卽是中道ニ並名ニ傍治ニ 矣 師資ノ所判ハ分明也。以テ中道ノ正觀ヲ除クト見思塵沙ヲ云事。本書ニハ云トシテ中道ノ正觀ヲ。(大正藏三八、六五五下～六上)利根菩薩傍治同居見思無知。亦傍治有餘無知 矣(卍續二八、四〇九丁右上) 六祖大師受之。通教ノ利根具シテ界內ノ惑ヲ。但シ修シテ中觀ヲ細惑未タ破ルニ麁雖前[前㋺先]ツ除ト。亦非正意ニ 矣 通教利根人[人㋺ナシ]具界內惑ヲ者。是利根ノ攝者不盡ニ本教ノ惑ヲ云事分明也。次下ニ。但修シテ中觀細惑未ルニ破麁雖前[前㋺先]ニ除ルト者。移後教ニ畢テ修ル中道觀ヲ人。無明ノ細惑未破位ニ破ト見思塵沙ノ麁惑ヲ云事。解釋誠ニ分明歟。末師ハ。本書ノ利根菩薩傍治同居見思無知ノ解釋ヲ牒シテ。傍治同居見思等者。一但觀中道麁惑前[前㋺先]除ト云フ。以中道觀ヲ破ト見思ノ麁惑ヲ云事。解釋誠ニ分明也。二唯觀見思卽是中道ト云ヘル。卽シテ見思ニ卽チ中道也ト達ルカ故ニ。見思卽チ成ト所治ト云事。又以分明也。本末ノ釋鉤鎖相連シテ。以テ中道觀ノ力ヲ斷ストニ見思塵沙ヲ云事。誠以テ不可諍。自本書於テ中道ノ正觀ニ論スル其ノ所治ノ煩惱ヲ時。分別シテ傍正ヲ。正ク斷シ果報ノ土ノ無明ヲ。傍ニハ斷シ同居ノ見思無知ヲ。又斷ト有餘ノ無知ヲ

又見（又㊁它）。其能治人則名利根菩薩。是約何教利根耶。本書文似難見。而六祖大師受此文。利根至傍治者牒。通教利根具界内惑但修中觀等釋故。約被攝者云事分明也。本書就中道觀所治分別傍正。若當通教人不可論中道觀。今約被攝者故。通教利根具界内惑但修中觀云也。乍具界内惑修中觀細惑未破前麁惑先除者。是非上根被攝人者更可指誰人耶。釋其傍治義。麁雖先除（先㊁㊄前）。亦非正意故云傍也（矣）。中道觀正意。雖可破無明麁惑自除。以之云傍治。又非正障中故亦云傍者。是自惑障方云之。見思非中道能障。故云非正障中。雖然治之故名傍治也。六祖釋既以理盡者歟。末師又。但觀中道麁惑前除云。中道觀力斷見思麁惑云事。天台妙樂釋既以分明也。同約上根攝者見。誠足爲指南。但。至能治所治相亂云御難者。是又似難會申。然而前出申解釋既分明也。以此等所判先可遮今御難也。就中餘處解釋中。分別横竪通塞（止七（止七㊁它））中。（天止四、一九六）中智治一切何不通横塞云（㊁文）。中道觀力治一切故可斷界内見思云事。釋義所定也。四教淺深雖異上能兼下事。道理終不可改。彼金剛喩定唯雖斷有頂一品。若論其功可治一切惑見。中智治一切惑事以可類之。三惑三觀對當時次第分帳義雖爾。再論功能廣辨傍正時。以中道觀斷見思塵沙事。道理更不可疑。何況釋義既許傍斷見思。煩不可及難勢。縱雖談隔歷旨廣論中道觀功用時。何又不斷二惑耶　是六

此事信承法印遂業時。探題聖覺法印也。立者以中道觀治二惑云云　題者精云。此事深有可習之子細。輒用中道觀云事太不可然云云　依此一事終處未判畢。信承法印登探題之日。定祐立者立此算。又用中道觀（道㊁它）云云　題者精云。予幼年時臨大乘（乘㊁業）席。以中道觀可治二惑由立之。如今夜所

立。題者先師聖覺法印也。深有習子細云。慥被處未判畢。往事尚在耳底。仍任先師例處未判云云居探題位判得略粧。以此風情可爲指南。誠後學軌範也。尤足仰信者歟。凡被攝名別法門當流習傳之由。自古所申置也。世以知之人以推之歟。而被攝算題雖繁。以習此算爲當流規模。聖覺法印有習子細云云誠可尋先聞。尤可研後學者歟

(7)次至不盡本教惑證據者。前段後段被攝同可備誠證。所以者何。前段被攝中(天止二、三〇三)。破眞俗上惑盡。方聞中道釋。六祖大師。破二惑盡至第八地(同。弘決)方聞中道矣既以惑盡爲其故屬下根攝者。可知。於中上二根攝者者不可盡本教惑云事。誠以分明歟。後段被攝中云被攝位。破見思(天止二、四七〇)惑盡到第八地。方爲說眞內之中。故云智者見空及與不空矣(同。弘決)六祖大師受此文。何故須至第八方接矣問(同前)。答此問。爲欲示於眞內中故。故待證空方爲點示。令深觀空卽見不空矣是卽至第八地攝入後教故釋也。誠是證眞內中故。正於眞空究竟論後教攝入也(天止二、四七〇。弘決)。重問云。若爾。中上二根其義云何矣是至第八地盡眞空源畢攝入後教云故。中上二根其義云何問難也。時。中上二根亦見眞已方示中空(同、四七〇〜一)。但前二根眞空尚淺。是故說教多附下根矣中上二根攝者又顯一分眞理故。亦見眞已方示中空云也。但前二根眞空尚淺者。同雖證空理。位有高下。理有淺深故。眞空尚淺釋也。中上二根攝者若盡本教惑云者。眞空理依何可淺耶。而御廟大師會此事。誠如御精。大師自元被述盡不盡兩義(被接義私記、五五丁左)。不盡本教惑云證據正被出此文。四五地中被攝者未斷見思故。所見空理未是窮(極カ)。故眞空尚淺云云就盡本教惑云義。不可有不會此難。故釋云(同前)。一(二カ)云雖盡見思不具歷地地故。眞空尚淺云云取意既被設兩向

義故。以此御會通不可爲定量。强可尋釋義本意也。如一段文相者。如前會申斷盡見思窮眞理畢。被後教攝云故。若爾中上二根其義云何問也。答此問時。但前二根眞空尚淺釋成。眞空雖不窮被後教攝云。寧非云不盡本教惑耶。盡本教惑者令深觀空云。對之眞空尚淺云。非云不盡本教惑耶（〔是七カ〕）

(8)次搜要記釋御難尤爲固。但。如御難御會通見斷粗通云。見者卽見不空義。斷者見思斷盡意云云　分見斷兩字意得事。文相尚有疑。粗通字又難思。窮眞理盡惑障畢速可通後教。何以云粗通耶。以之云之。見斷粗通者論攝入人相時。斷見惑畢（畢㊀㊁㊅了）粗達眞理通後教云。於今文者如此料簡誠有便也。（卍續二・四、一五二丁左下）但。若爾中上云何文御難又難遁。然而上答文。示眞內中須眞極證已方示云。極眞空理畢（畢㊀㊁㊅了）方顯後教理云故（〔㊀㊁㊅故）。約大綱文相重（〔㊅而）中上云何問也。答之。且從教觀故異於（同前）下者。中上二根人同教移觀轉故雖被後教攝異下根人云也。弘決文（天止二、四七〇～一）。搜要記釋相合見之。其理自如此。弘決。亦見眞已方示中空者。要記（〔㊀搜）且從教觀也。但前二根眞空尚淺者。故異於下文是也。不盡本教惑故異下根云非耶。加之前所立申淨名疏本末。誠以爲誠證。本書。中道正觀○傍治同居（大正藏三八、六五五下）見思無知云。六祖大師。通教利根具界內惑但修中觀矣（卍續二八、四〇九丁右上。維摩疏記）通教利根人。乍具界內惑修中觀云事。非云上根攝者。今是（今㊀㊁㊅者）可云約誰人耶。本末解釋文盡義盡。不盡本教惑云事。證據誠在今文。仰云所任（云所㊀而所㊅而）大師所判也是（七八）

（同二十日）見斷粗通文。古來不盡本教惑誠證備。以難此文。龍禪院座主。爲隨分相傳云云　難勢深叶解釋起盡。以見斷粗通一句爲不盡本教惑證據事。實僻事覺也。去（去㊀㊅サ）此釋好不可爲誠證。只自古出來文出之事雖爾。更不可執之。大方文相弘決・要記相同故。不盡本教惑誠證

也。別而以テ二見斷粗通ノ一句ヲ一為ル二誠證ト一事ハ僻事也。見斷粗通ノ文カ定テ下根ノ攝者ノ事ナレハコソ。若爾中上云何トハ問ハレタレ。中上二根ノ攝者不レ盡二本教ノ惑ヲ一事ヲ。見斷粗通ト云ヒタラハ。次ノ句ニ若爾中上云何トハ不レ可レ問ハル。是ハ決定ノ道理也。見斷粗通ノ文下根ノ攝者ノ定ニ意得テコソ。叶ヒ二今ノ問答ノ起盡ニモ一被タレ對ニ勘セ弘決ノ一段ノ文ニモ。而ニ見斷ノ二字ヲ分タルモ不レ似ニ常ノ釋義ノ風情ニモ一。粗通ト云タルハ粗通ストモ云タレハ。見惑計(㊀㊁㊅ハカ)リ斷シテ漸ク通ストコソ聞タレ。粗ノ字略ノ義也。ホホト云ヲハ且(「㊅且)ト云様ニ思ヒ付ケタリ。爾者。盡シニ空理ヲ一盡セシ二見思ノ惑ヲ一人ノ事ナラハ。粗ノ字不レ被レ消云事如法(㊀此)固キ也。世間ノ人ハヨロツ未盡ニシテ置タレトモ。取リツメテ如レ此不審シタラハ更ニ不レ可レ會ス。然シテ此(「㊀㊁㊅而)ノ粗通ノ字ハ小事ニテアレトモ。人ハ夢ニモ不レ可レ得レ意。是ハ文字サバクリノ得分也。爰ニ粗通ト書タルハ被接ノ様ヲ能ク顯シテ。粗ノ一字ヲ置タル也

粗 說文疏也。徐曰。疏則麁也。故爾雅ノ註ニ多ク謂テレ麁為レ粗。廣韻略也。樂記粗以テレ厲ヲ

疏 説文通也。禮記疏通特達。一曰二(知)遠一也。又曰麁也。又門戸疏窓也。或作レ疎。今疎密疎也。書禹疏ス二九河ヲ一

字訓具ニ可レ見レ之ヲ。於テ二粗ノ字ニ一有二略ノ訓一。常ノ人粗讀ハ此義也。今於二粗ノ字ニ一說文ハ疏ノ字ニ訓ス。疏字ハ說文疏通文。又尚書文ハ禹疏九河云云是ハ皆導キ通スル義也。付テレ通スルニ殊更具體ウツケテ通スル也。用ルニ疏密ノ疏ヲ一意是也。字訓如レ此意得ヌレハ。見斷粗通ト者イミシク被タリレ書。不レ留ニ即空ノ理ニ一。即空ノ理ノウツケテ即中ニトホリタルヲ見斷粗通トハ書タル也。大方ヲ云者。粗通ト者粗即チ通也。去(㊀㊅サ)レハ下根攝者ノ空ノ理窮リテ中道ニトホリタル意ヲ粗通ノ兩字テ能ク顯セル也

貞治四年三月六日(一三六五)

(9)次ニ就テ二中上入者此即不定ノ釋ニ一(決(天止二、四六九))。御廟ノ大師作タマヘリ二三ノ釋ヲ一。三ノ釋雖トモレ無ト二取捨一。第三ノ傳文相頗勝タリト云リ。其ノ第三ノ釋ノ心ハ。中上二根ノ攝者。或ハ盡シ二本教ノ惑ヲ一。或ハ不レ盡ニ本教ノ惑ヲ一故ニ。未盡ノ者ハ至ル二地前ニ一。斷盡ノ者ハ至カ二地上ニ一故ニ。地前地上ノ不定ト云也。故ニ斷惑盡スト云フ邊ハ可シト二所立ノ違文ナル一云事。御難ノ趣キ尤トモ固シ。然而御廟ノ御釋ノ心。自レ本被ルレ述ニ盡不盡ノ兩義ヲ。更ニ不レ存シタマハ二取捨ノ義ヲ一。只可トレ聞ク二口傳ヲ一註シタマヘリ。今マ就テ二此即不定ノ釋ニ一(被接義私記、五七丁左)三ノ傳ヘヲ述シタマヘリ。其(「或カ)ノ初ノ傳ノ意ハ。本教ノ惑ヲ不レ盡サ故ニ。上中二類根性利故。雖レ未レ盡レ惑進聞ニ中理ヲ一於(㊀㊅故)(於㋣カ)入ニ別教住行等位ニ一矣第二ノ傳ノ

意ハ。但シ是レ地上ノ不定也。中上二根ノ人。或ハ入カ二初二三地一故ニ此卽不定ト云（被接義私記、五八丁左）中上二根ノ人盡ト二本敎ノ惑ヲ一云フ意也。第三ノ傳ノ意ハ。中上二根中斷二盡惑一被レ接人入二初地一。眞空尙淺之人入二地前一。故不定言也 矣 是ハ就テ二中上二根ノ攝者ニ一。或ハ盡シ二本敎ノ惑ヲ一。或ハ不レ盡二本敎ノ惑ヲ一云 上ノ二ノ傳ハ盡不盡ノ義各別也。第三ノ傳ノ意ハ。於テ二中上二根ニ一相二兼タリ盡不盡ノ義ヲ一。似タリレ融二會スルニ上ノ兩義ヲ一。本末ノ解釋或ハ盡ト見ヘ。或ハ不レ盡ト見タリ。故ニ三ノ傳ノ中ニ。第三ノ傳ハ文相頗勝ルト云也。尙是レ一往ノ義門也。以テレ之ヲ爲シテ二定量一ト。可トハレ盡スニ本敎ノ惑ヲ一不レ可レ云 是九

本敎ノ惑ノ盡不盡ノ事。御廟御記於テ二兩處ニ一有リ二再往ノ問答一。初ノ問答ノ中ニ。（被接義私記、九丁右）處處說被攝人破二見思一盡方聞二中道一。如何此中云二不レ盡而聞一耶ト問シテ。答ルニレ之ヲ。可レ聞二口傳ヲ一云リ。初ニ雖モレ答ストニ兩義ヲ一。終ニ以テ二不盡ノ義ヲ一爲スルニ決定ト一歟。故ニ難ニ二問シテ之ヲ一。如何此中云二不レ盡而聞一耶ト問難スル也。答ルレ之ヲ時キ。可トレ聞ニ二口傳ヲ一述ヘタリ。御廟ノ御本意ハ。以テ二不盡ノ義ヲ一爲スルニ二已證ト一歟。所以ニ不盡ノ義讓テ二口傳ニ一。不レ被レ載セ二紙墨ニ一可シト有ル二其ノ意一被レ得タリ。龍禪院ノ座主。兩義共ニ可ニシト相ヒ會ス云 又北谷ノ意。兩義終ニ不ニ相違セ云 古抄ノ文言如レ此ノ。此事爲シテ二一箇ノ尋ト一可キレ爲ニ精義ニ也。御廟大師。於テ二盡不盡ノ兩義ニ有リ二再往ノ問答一。於テ二兩處ニ雖トモレ作ルト二往覆ノ解釋ヲ一。未タスレ見二決判ノ言ヲ一。此ノ兩義ハ終ヒニ鉾楯シテ可キレ止ム事歟。將又得レ意合セテ可キ二落居ス一事歟。了二簡セヨト之ヲ一可キレ尋ヌ也。尤トモ可レ爲ニ一箇ノ篇目一ト。若シ盡不盡兩義無キ二妨礙一意ヲ成セハ。此卽不定ノ三ノ釋尤トモ可レ爲ニ潤色一ト。初ノ二ノ傳ハ盡不盡ノ二義各別也。第三ノ傳ハ於テ二中上二根ノ類ニ一。或ハ不盡ト云ヒ或ハ盡ト云フ。尤トモ融會シテ可レ得レ意也。尤可レ爲ニ奇模（規カ）ノ一事ト也

同七日

⑽ 次至ハ下天台ノ釋ニ有リ中三根ノ攝者ノ分別上耶ト云フニ。中根下根ノ攝者ハ解釋ノ中ニ其ノ證分明也。於ハ二上根ノ攝者ニ一。以テ二道理ヲ一推スルニレ之ヲ其ノ義又炳焉也。且ク中根ノ攝者ト者。如シレ云下六地ニ斷シテレ惑ヲ與二羅漢一齊シ。〔七〕地ニ修スニ方便道ヲ一。八地ニ道觀雙流シテ。破テ二無明ヲ一成ヒ佛ニ 矣（天玄二、四六三～四）又云。不レ待タ下位登テ二七地一爾シテ乃チ修習スルコトヲ上。何ソ暇歡喜始テ入ル二雙流ニ一 矣（天止四、一〇五）又云。若別

接通。七地論修。八地論證。別教十廻向論修。登地論證。或七地論修云。或七地修方便云故。其心自當六地聞中。六祖大師七地論修等文釋。問。第三卷明別接通中。何故乃云八地聞中道。九地伏無明。十地破無明。方得名爲佛。以何義故與此不同答之。始從四地終至九地咸受接名。三根不同故位不等。四地爲上。六七爲中。八九爲下。文從中說。故云七地。前爲消經故從下說。故大品云。十地菩薩爲如佛案六祖解釋意。以見惑斷位屬上根被接。以思惑斷盡位屬中根人。斷塵沙人付論下根被攝也。故本書七地論修文以屬中根被攝見。是見思斷盡位故也。於上根被攝不勘大師御釋。然通教眞諦空中合論。從初今來但觀眞中之空案今此解釋。被攝者正觀眞內中也。若然云者。上根人斷見惑畢證即空眞諦時。隨而可觀眞內中也。道理指掌故。六祖大師

得文意。四地爲上等釋成也。或明三種意生身。三昧樂意生身。三四五地心寂不動覺法自性意生身。即八地中普入佛刹種類俱生無作意生身。謂了佛證法或又。若接入別七地已前入別十住。八地已去接入十行。知佛證法是入廻向三種意生身即是被攝人歟。別雖可有了簡。如六祖所判其文分明歟。若爾者。以三昧樂意生身三四五地自約上根被攝人聞。又三根出假判。五大院先德以之成九根被攝見。以此一兩文了簡。就天台御釋論上根被攝事。自非得明證耶

⑾次至玄文立三攝。止觀立一攝兩部配立者。六祖大師釋籤及弘決中問答之。安然和尚・御廟大師・攝州先德。引彼六祖解釋重重問答決疑見。文言廣博旨趣難明。御精趣重重深細也。更以所迷旨趣也

但粗擧御廟御釋條條御難可會也。御廟私記云。

（「36」行。被接義私記「五二丁右～四丁右。取意）

「問。第三問答如何。答。文云。何意但言ㇾ接ㇾ通問。諸教皆校㊀三接校亦應ㇾ有ㇾ之。此義不ㇾ用者。二教明二界內理一。二教明二界外理一。兩處交際須ㇾ安二一攝一。故但以ㇾ別攝ㇾ通答。問。彼問答意如何。答。問意者。何意但云二以ㇾ別攝ㇾ通。不ㇾ云三以（以カ）ㇾ圓接二通別一言也。答意者。圓接別圓接通亦應ㇾ有二此義一。而今不ㇾ立者。約二證道邊一。界內界外兩理之中。但立二一接一其義具足言也。故決文云。今但約二教所詮理邊一。但以二權理一被二實理接一於ㇾ義略足。是故但云二內外交際須立一接一矣問。若言下今文約二教所詮理邊一。但立中一接上者。玄文之中具明二三接一者。約二何義一耶。答。玄文約二教道一具明二三接一也。故決云。玄文具明文㊀又二以ㇾ圓接ㇾ通以ㇾ圓接ㇾ別。彼約二教道一。於二教道中一或以二權教一接ㇾ權。或以二實教一接ㇾ權已上問。玄文之意。三接皆約二教道一立歟。爲將將㊀當如何。答。爾也。玄文三接皆約二教道一立也。問。若云二玄文別接通一約二教道一立者。文中唯云下玄文具明二以ㇾ圓接ㇾ通以ㇾ圓接ㇾ別。彼約中教道上。不ㇾ云三以ㇾ別接ㇾ通約二教道一。而云下玄文乍ナカラ二三接一約二教道一立上耶。答。文中。唯擧二圓接通圓接別一云。彼約二教道一者。擧二止觀（「文カ）一不ㇾ立之限（三接カ）云也。非ㇾ謂下玄文別接通不中約ㇾ教立（「道カ）上。故決文云。於二教道中一或以二權教一接ㇾ權。或以二實教一接ㇾ權矣其言下以二權教一接ㇾ權者。即是別接通也。問。爾其或以二權教一接ㇾ權。或以二實教一接ㇾ權文。相二配玄文三接一方何。答。或以二權教一接ㇾ權者。別接通也。或以二實教一接ㇾ權者云㊀者。圓接通圓接別也。問。何故於二同別接通一約二玄文意一云下以二權教一接ㇾ權。約二止觀云㊀者意一云下但以二權理一被中實理接上耶。答。玄文約二教道一明二別接通一故。能接中道即是但中。故入二初地一不ㇾ入二圓初住一。乃至妙覺皆但知二但中一。故云二權教接權一。止觀約二證道一明二別接通一故。能接中理即是不但中。故入二初住住㊀地一即入二初地地㊀住一。故云下但以二權理一被中實理接上也。問。若爾。別接通云ㇾ約二教道一可ㇾ爾。以二權理一接ㇾ權故。圓接通圓接別既是以二實理一接二權理一。應ㇾ云下約二證道一立上。何云㊀乞云三彼約二教道一耶。答。可ㇾ思ㇾ之。問。釋籤說二此義一云。今前六重仍存二教道一。於二法華前一逗二彼權機一。故有二圓接通別二義一。實道只應二圓理接ㇾ權。故釋二今文一應ㇾ順二教道一。復以二圓中一接於但中矣。此文意如何。答云。可思之。先德云云不同。可聞口傳(決カ)矣。就兩處配立雖難繁。玄文立三攝中。圓攝通及圓攝別其所攝體是雖權教。於能攝中正是可實證。何屬教道耶是一次六祖大師。玄文中約教道相云。以圓接別以圓接通云。不列別攝通事是二就玄文配立有此兩條御難歟。然御廟問答中。以圓攝通圓攝別屬教道云事。是一問答篇目也。問中雖盡旨趣。答中只。可思之云。其義不被述。攝州(州回抄)先德。就此事有問答。私記云。問。若爾三接之中。既有入教道者入證道者。何云玄文約教道義具立三接耶。答。記七云。教道者化(化カ)道也。教爲教道故云教道也矣。故知三接之中雖有入教入證差別。同是聞佛赴教之說。別接通人發但中理接入地前教道向位。圓接通人雖發不但中理仍暫接入住前教道十信。圓接別人能發不但中理接入住上證道也。所以望於理觀成就中知但中即不但中理蒙於一接發。而以別人圓人初入階位各別爲教道也矣。千觀問答其義如此

次玄文約教道文付。不云別攝通事。是又御廟問答中隨一也。舉圓攝通圓攝別不云別攝通事。止觀中不立之限云也云云玄文中非除別接通。即述其證據時引決文云。於教道中或以權教接權。或以實教接權矣所云權教攝權者。即是別攝通也。實教攝權圓攝通及圓攝別故。權教攝權正當別攝通義也

次就止觀立一攝。若約證道約觀門意。獨可立圓攝通。何可立別攝通耶云御難至。(被接義私記、五三丁右～左)又是御廟問答心也。何故於同別攝通。約玄文意云以權教接權。約止觀意云但以權理被實理接耶(乎カ)矣問難意具在炳文。於一別攝通。約玄文意時以權教攝權云。約止觀意時以實理攝權理云耶問難也。答之。(同、五三丁左)玄文約教道明別接通故。能接中道即是但中。故入初地不入圓初住

○故云權教接權。止觀約證道明別接通故。能接中

理卽是不但中。故入二初地一卽入二初住一。故云下但以二權理一被中實理接上也矣答ノ意又如シレ文ノ。玄文ハ專ラ約カ二教道一ニ故ニ。三攝ノ體自レ本各別也。故ニ止觀ニ同ク雖レトモ名クト二別攝通一ト。能攝ノ中道ハ是レ但中法性ノ理也。遙ニ出タリ二空假ノ二邊一ヲ。所以ニ以テ二但中ノ理一ヲ攝スルカ二偏眞ノ理一ヲ故ニ。以テ二權教一ヲ攝スト二權教一ヲ被レ云也。止觀ノ別攝通ハ正ク是レ證道ノ實義也。能攝ノ中理ハ定テ是レ不但中也。故ニ雖レトモ入ト二初地一ニ卽是レ攝二入スル初住一ニ也。玄文中ニ雖レトモ立ツト二圓攝通一ヲ。猶是レ屬スル二教道一ニ事ハ。分ツカ二於教證決（天止二、三一五）位行ノ別一ニ故ナリト云テ。約ル二玄文一ニ時ハ。必ス辨ヘ二教證二道一ヲ可レ論ス二地位ノ高下一ヲ也。所謂ル別攝通ノ外ニ有リ二圓攝通一有ル二圓攝別一也。圓攝通及ヒ圓攝別ハ能攝ノ中卽チ是レ不但中ナルカ故ニ。專ラ雖レトモ可レト約ス二證道一ニ。別攝圓攝各別ニシテ能攝所攝事殊也。故ニ雖レトモ云ト二圓攝一ト尚ヲ屬ル二教道一ニ也。摩訶止觀ハ不レ爾ラ。卽シテ二但中一ニ卽チ不但中也。雖レ入ト二初地一ニ卽是レ入ル二初住一ニ也。無ト二教證位行ノ別一云ル意正ク在レ斯ニ也。被攝義ノ本文ニ分二別スト四ノ義一ヲ見タリ。（天止二、三一三～四）其ノ第四ノ義ハ。唯得ニ以レ別ヲ接スルコトヲレ通ヲ。其ノ義如レ此矣是ハ但立テ二別攝通一ヲ不レ立テ二圓攝通一ヲ意也。卽チ何獨別攝而不云圓ノ問ヲ答ル也。是ハ不レ立テ二圓攝通一ヲ意ヲ云也。（被接義私記、二四丁左～五丁右）御廟ノ大師。其ノ所レ立意如何ト問シテ。今止觀意明ニ修觀一故。別圓二教中理是同。以ニ別初地一爲ニ能接一。既有下以ニ圓初住一爲ニ能接一之義上。約ニ證道邊一但不但中其理一故。何勞分ニ別圓攝通一耶。故決云。第四ノ義者。卽文ノ中ニ云ヘル唯得以別接通ト。卽是レ別ノ理ヲモテ攝スルナリ二於通ノ理一ヲ。故ニ今ノ文ノ意應ミ須ク修シテレ觀進テ破ス二無明一ヲ。不レ分タ二但中不但中ノ別一ヲ。故ニ知ヌ。語スルニレ地ヲ已ニ含セリ二於住一ヲ。豈有ランヤ二初住一矣問答ノ始終甚タ委悉也。不レ可レ費ス二私ノ言一ヲ。雖レ云ト二別攝通一ト卽是レ圓攝通也。但中不但中本ト是一理ナルカ故也。如ク此釋成シ給ヘリト云トモ。尚ヲ可レト立ツ二一ノ圓攝通一ヲ云フ難可キレ有レ之歟。然而此難勢尚不レ當ラ二解釋ノ意一ニ也。所以者何ナラハ。問ノ中ニ。何ソ獨リ別ノミ攝シテ而不ルトレ云ハレ圓ヲ云テ。答ルニレ之ヲ。唯得以別接通矣若シ並ヘテ立ト二別攝圓攝一ヲ云者。更ニ同シ二玄文ノ教道一ニ。若但シ立ト二圓攝通一ヲ云者。猶ヲ可レ同ス二教道ノ義一ニ也。別攝ノ外ニ立ル二圓攝一ヲ義門ナルヘキカ故也。今マ約ル二證道ノ實義一ニ時キ。立テ二一ノ別攝一ヲ而モ顯ス二圓攝一ヲ。是卽チ約ルカ二證道一ニ故ニ。但約ルカレ觀ニ故ナリト云フ意

也。若約證道不約觀心。寧可成但中卽不但中義耶。本書。唯得以別攝通矣唯言可思之。如(天止二、三二二〜四)云唯有一乘。別攝通外理無可存。故唯得云也。若但詮圓攝通。依何可成但中卽不但中義耶。(同、三二五)六祖大師。不分但中不但中別。故知語地已含於住豈有初住云。此意也。初地云卽初住也。豈別論初住耶云也。若但論圓攝通別論初住可有也　是十一

此事祕中祕也。玄文立三攝。止觀立一攝事。相傳至極在此也。就精義篇目事無止故。出御廟御釋雖加私料簡。於講論莚不可述此義。只得此大旨隨應可會釋也。更不可及盡理。此事殆被攝義精髓也。不可出口外。故雲禪僧都。法勝寺御講初聽衆時疑此事。問題慥不覺。摩訶止觀中但立別攝通事。有何故可云尋哉覽。是先師僧正諷諫也。己證此事有也

⑿　同八（八回十八）日

次至兩理交際配立。凡被攝者。專是行人實證也。短淺文義中更非可辨之。但。顯中道法性理事。必依空假方便也。別教次第行人。依地前空假方便顯地上中道眞實。其理蓋如斯。被攝行人。不經住行階位不迭無量劫數故。雖異別教人用空假方便顯中道妙理事。其理自決定。故必假通教空假二觀爲前方便。必待(決(天止二、三〇三))別理攝之方聞云也。必字所顯誠如御精來。必經空假方便事。中理令然故。但。二教明界內理。二教明界外理。兩理交際須安一攝(籤三(三回二)(天玄二、一五八。取意))(天止二、四六八。止觀)云。令深觀空卽見不空等云。專論空中合論義故。(決(天止二、四七〇))約被攝行人云之。只自空底顯中也。不可(同、四七〇〜一)用假觀方便云御精。誠以爲固。但本書。破見思惑盡到第八地。方爲說眞內之中。故云智者見空及與不空。被接方聞。聞已見理。見理卽是入別位也矣(同、四七〇。弘決)六祖大師。何故須至第八方接上問。爲欲示於眞內中故。故待證空

方為點示。令深觀空卽見不空矣。依空假方便顯中道云。悟眞內中顯後教中道云。其義雖似相違。論其實義其意終所不背也。空底中道顯者。空卽假見空假不二也悟。卽是中道也。故本書ニハ。方為說眞內之中。故云智者見空及與不空矣。空卽不空也見。空卽假也。假卽中也達有也。都悟中者。空假不二悟有也。離假諦中悟云事不可有。六祖大師。何故須至第八方攝問。被攝行人待到第八地攝入後教故問也。答之時。為欲示於眞內中故。故待證空方為點示。令深觀空卽見不空矣深觀空者深字可思。卽空證究畢(畢㋺㊁㋭了)住卽假位時。空理再極故令深觀空云也。空理深成者卽假也。卽假卽中也。故令深觀空卽見不空云也。若如此得意。必用空假二觀為方便云。令深觀空卽見不空云只一事也。其義互兩端不可得意(得意㊁心得)是十二

此事相傳義勢也。又自思解所決定也。常論場可伺他人義勢。上來了(了㋺㋭料)簡更不可口外。被攝大綱トホリテ可得意(意㊁心)事也。通教入空教故。始終皆不可出卽空義門。故通教內云。入空出假位各別。其出假云卽空上出假(㋺㊁㋭空」)有也。其被攝行人卽空證究出卽假時。卽假悟顯後教中道也。八地被攝意在斯。前尋中。中上二根攝者出假位不行付。自入空位攝入後教云者。為此人彌假觀不寄付故。不可用空假方便云云而中上二根攝者成。於入空中帶出假也。如判三根出假。止六(天止四、二二)初心聞惠卽能體達見思卽空已。為衆生作依止所(所㋺㊁㋭處)云(云㋺文㋭文云)。故雖中上二根攝者。都非無假觀分。若約下根攝者入空出假位決定故。約此人顯被攝相貌也。六祖大師。決六(決六㋺[ナシ])(天止四、九五～六)前為消(銷カ)經故從下說○(○㋺[ナシ])經從下者其位定故也(也㋺[ナシ])矣卽此心也

⑬次ニ至テ下聞中修觀破無明ト云テ。被攝ノ初ヲ必ス稱ル二聞中一ト道理何事ソ耶ト云フ御尋上ニ者。其ノ意誠ニ難レシ思ヒ。天台妙樂ノ御釋ノ中ニ未タスレ見二誠文一ヲ。暗ニ以テ所レ難キレ測也。若シ存ハ二一ノ心一ヲ論ル二相似ノ三陀羅尼一ヲ時キ。旋陀羅尼。百千萬億旋陀羅尼。法音方便陀羅尼 矣（勸發品（大正藏九、六一中））初旋陀羅尼ト者。旋シテレ假ヲ入ルレ空ニ。百千旋陀羅尼ト者。旋シテレ空ヲ入ルレ假ニ。法音方便ト者。二觀ヲ爲シテ二方便道一ト。得二入コトヲ中道第一義諦一ニ 取意（疏〔㊁㋭第〕十（天文五、二六九二下。取意））空假ノ兩種ノ陀羅尼其ノ義分明也。法音方便陀羅尼ト云タル其義難レシ思。然ルヲ指テ二空假ノ兩觀一ヲ法音方便ト云也。如クレ此ノ云フ心ハ。空假ノ兩觀ハ中道ノ能詮也。以テ二能詮ノ義一ヲ名ク二法音方便一ト故ニ。依テ二其ノ法音一ニ顯ス二中道一ヲ心ヲ稱スル二聞中一ト歟。其ノ義尤トモ所二相順一スル也。若存ハ二一義ノ心一ヲ佛ケ說タマフ二如幻卽空ノ旨一ヲ。若シ約スレハ二佛ノ本意一ニ。卽チ是レ中道不空ノ妙理也。二乘鈍根菩薩ハ逐テ二玄黃之色一ニ墮二落スル二乘ノ地一ニ也。菩薩ノ人ハ非但見空亦見不空ノ故ニ。卽レシテ空ニ見ル二不空ノ理一ヲ也。以テレ之ヲ名ル二聞中ノ位一ト也。正ク就テ二被攝ノ人一ニ云フレニ之ヲ。不ルレ極メ二卽空ノ理一ヲ樣ハ（樣㋺程）尙ヲ（尙㋺㋭猶）住ス二偏眞一ニ。極ル二其ノ卽空ノ理一ヲ時キ顯ス二不空ノ理一ヲ故ニ。如幻卽空ト聞シ處卽チ是レ中道ノ妙理也ト體達スルカ故ニ。聞ク二卽空一ヲ處ニ還テ成スルヲ二不空ノ理一ヲ名ル二聞中一ト也。處處ノ釋義ノ所レ定ル。聞中修觀破無明ト云テ三ノ位ヲ分別セリ。故ニ令深觀空卽見不空スル。初メヲ必ス名ル二聞中ノ位一ト也。不シテレ改メ二卽空一ヲ顯ス二不空ノ體一ヲ也。一義ノ心如シレ此 是

十三

此事慥ニ非ス二竹林坊ノ相傳一ニハ。雖レトモ爾リト後ノ一義ハ古キ了簡（了㋺㋭料）趣キ也。惠光房ニハ如クレ此云ヲ以テ爲ス二隨分ノ祕曲一ト也。竹林坊（坊㋺㋭ナシ）ノ相傳其ノ義强チニモ不二違害一セ。聞中ト云ル趣（趣㋺起）盡有ル二其ノ故一歟。當通教ノ眞諦ニ含ス二中道一ヲ耶否ヤ云云 西塔ノ義ハ當通ノ眞諦ニハ不レ含セ。只含ストレ說ニ云歟。故ニ被攝ノ行人宿習開發ノ時。諸佛菩薩來テ可レ開二示ス中道ノ理一ヲ（┐㋺理）。故ニ名二聞中一ト云云 西塔義ニテハ聞中ト云事好ミタル事也。東塔義ノ心ハ含ストレ理ニ云カ故ニ。聞中ノ義似タリレ難キレ思ヒ。雖レトモ爾（爾㋺等）ト繩上（上㋺床）ニ結テレ趺ヲ見ミ二出ス不空ノ理一ヲ處ヲ名ル二聞中一ト事ハ。如幻卽空ノ體卽チ是レ中道不空ノ理ナル事ヲ顯ス也（┐㋺㋭云云）

⑭次ニ至テ二此佛是果。仍前二觀爲因ノ文一ニ者（天止二、三〇三）。釋義ノ起盡誠以難レシ思。本書ニハ。仍ホ（同前）須ク下修シテレ觀ヲ破シ二無明一ヲ。能ク八相作

佛上ス。此ノ佛是レ果ナリ。仍ホ前ノ二觀ヲ爲ス因ト。故ニ言ニ以テレ別攝レス通ヲ耳矣。六祖ノ大師釋トシテニ此ノ文ヲ一。（天止二、三一四。弘決）通ノ中ノ九地二觀ヲ爲レス因ト。至テニ第十地ニ一八相ヲ爲スレ果ト。若被攝ノ者ノ破シテニ一品ノ無明ヲ一亦得ハニ八相ヲ一。仍ホ從ヘテレ舊ニ說ク。故ニ亦名クレ果ト。是ノ故ニ唯得テニ此ノ果ヲ一接スレ通ヲ矣。本書ニハ。此佛是果。仍前二觀爲因ト云カ故ニ。此佛是果ト者直ニ約シニ別敎ニ一。仍前二觀爲因ト者約ニ通敎ニ一聞タリ。故ニ結シテレ之ヲ。故言以別攝通耳矣。六祖ノ大師消スルニ此文ヲ一時キ標スニ當通ノ因果ノ位ヲ一故ニ。通中九地二觀爲レ因。至ニ第十地ニ一八相爲レ果矣。次ニ正ク約シテニ被攝ニ一釋ル時キ。若被攝者。破ニ一品無明ヲ一亦得ニ八相ヲ一。仍從レ舊說故亦名レ果矣。如ハニ六祖ノ消釋ノ一。當別敎ノ初地ナラハ此佛是果トス不レ可レ云。附シテニ通敎ノ第十地ニ一此佛是果ト稱スト見タリ。故ニ仍從舊說故亦名果ト釋スル也。然ラハ仍從舊說シテ以テニ此ノ佛ヲ一名ルレ果ト道理所レ難キレ思ヒ也。於ハニ此ノ事ニ一學者了簡スル子細有リレ之　是十四

此ノ題目ハ古キ抄物ニ不レ見ニ及之ヲ一。雖トモレ然リト本末ノ解釋ノ魂尤トモ可キニ尋ネ明ム事也。本書ニモ此佛是果ナト云タルケスライ可シレ有ルニ子細一定タリ。然而。故言以別接通耳ト結スル故ニ。通別二敎ヲクサリ合セテ以テニ別敎ヲ一爲シレ果ト以テニ通敎ヲ一爲スレ因ト故ニ。可トレ名クニ別攝通ト一釋成スル歟。文ノ起盡ハ暫ク如レ此ノ。然ルヲ六祖ノ大師。仍從舊說故亦名果ト釋カ故ニ。直ニ別敎ノ初地ナラハ不レ可レ云ニ此佛是果ト一。仍從舊說シテ名トニ此佛是果ト一云云。仍テ此ノ釋殊ニ難シレ思ヒ。北谷ノ了簡ハイカナリシトモ不レ覺ヘ。大原ノ相傳ノ義ハ尤トモ以テニ此ノ釋ヲ一爲ルニ奇模（規カ）ト一事也。私云。卽空自ラ卽中ノ心也通敎ノ卽空ノ心ニテ云ヘハ。何マテモ通敎ノ心ニテトホルヘキ也。故ニ以テニ別敎ノ初地ヲ一爲スルニ通敎ノ卽空ノ果ト一事。誠ニ可キレ爲ニ奇（規カ）模ト一也。被攝ノ法門自レ此可キレ顯ル也。乍ラニ卽空ノ體ニ一成スル卽中ノ義ヲ事。可シニ被攝ノ大綱ナル一。此事常ノ問答ニハ無キレ之歟。隨テニ早晚ニ一可シニ斟酌ス一。尋ナトニハ釋義ノ起盡何ナル心ソヤト可ニ尋ネ試ム一也

⒂　次ニ被攝名別ハ大師ノ己證也ト云事。誠ニ在リニ學者ノ口ニ一。定テ有ルニ深旨一歟　是十五

此ノ兩三箇條。一生破無明ノ算ニ可キレ有ニ沙汰一事也。然而乘シテレ次テニ所レ出スニ其ノ篇目ヲ一也。精義ノ時ニ可キレ驚スレ之ヲ也

⒃　次至テ下就テニ本文ノ配立ニ一六祖ノ大師設テニ四重ノ義ヲ一消中スルニ一

段文者。文相起盡具如御精來。一者接於可決（天止二、三一四）接。三藏因拙不可接故。二者得受接名。方可用接○三者不須接故亦不名接○四者得受接名。謂約教分齊矣本書初空假二觀破眞俗上惑盡云。至云唯得以別攝通其義如此。分文爲四義也。御廟御釋。問。（被接義私記、七丁右～左。取意）以此答文相配弘決所言四義不。答。可相配之。卽云初空假二觀乃至故言以別接通耳文者。當於弘決第二義也。不以此佛果攝三阿僧祇百劫種相之因。故不接三藏者。當於第一義。不將此果接十地之因。故不接別。不將此果接十住斷無明。故不接圓者。當第三義。唯得以別接通其義如此者。當第四義矣以一段文相配四義事。具如御廟分文。凡於文文句句有委細御了簡。率爾所難立申也。但至第一第二文本末相違云。卽是御廟御釋問答也。彼文云。（被接義私記、十八丁右～九丁右）問。止觀文中云初空假二觀等之文。卽是初義。此義既是明被攝人。而何以云文中初義等之文。證故不接三藏等文當於四義之中初義耶。答。決文云。文中初義者。指不以此佛果乃至故不接三藏文云初義也。然止觀中。此義雖成第二之義初文正明別接通故。此義之中無多種故。不可分云初義次義。唯不接教簡有三類。其中三藏當於初義。弘決依之云初義也。問。弘決作四義依止觀中自有四義。然則止觀四義中正當第二。何云初義耶。答。如實所難。當於第二。然此中意當不接之義之初故也矣

次至第四得受攝名謂約教分齊者。當本書唯得以別接通其義如此文。本書文心惣結被攝一段文見。何別第四義釋成名耶云御難。此事又御廟問答也。彼問文云。（被接義私記、二四丁右～左）此文意見結上諸文。何更云明不云圓接通意等耶。答。文相一往雖似結文。問中既有何獨別接而不云圓之意。爲答此問置於唯言。結中兼明不立圓接通之意也矣本書

唯得以別攝通文不云圓攝通意明云事。尚不明。然此文定有其意云事。御廟大師決判之。所謂本書文。云何以別接通云。六祖大師問(天止二、三〇二)者。何獨接通而不云藏。何獨別接而不(意カ)云圓矣於問中有何獨別攝而不云圓心定畢。答中必可答其義有也。然本書答文攝。唯得以別攝通其義如此云。但斷別攝通不云圓攝通義當也。今此唯得以別攝通文除。此外何獨別攝而不云圓問答文無之也。故唯得以別攝通文。當第四義事決定也。御廟大師。問中既有何獨別攝而不云圓之意云心是也。次還本書文。唯得以別接通云結文。不立圓攝通意明。以何可得意耶可疑事有。以唯言顯之也。所謂別攝通外無餘事顯爲。唯得以別攝通釋也。唯一字入魂。故御廟大師。爲答此問置於唯言。結中兼明不立圓攝通之意也矣　是十六

此一箇條於會堂未及沙汰歟。然而六祖大師了簡本文始終。御廟大師又往覆問答互數丁。要中要可云。又別攝通大綱可成事也。尤留意可研精也。何獨別攝而不云圓云一段文所詮有。結成惣文段次兼顯其義歟。文意甚似緩。尤難思事也。其意可甚深。一段文肝要故。惣結文中兼言之也。但別攝通不云圓攝通義以一段文惣結故也。サテ唯字所顯。別攝通圓攝通分別。其中取別攝通云非。別攝通外無圓攝通義顯(天止二、三二五)時。唯得以別攝通釋也。六祖大師。第四義者。即文中云唯得以別攝通。則是別理攝於通理。故今文意應須修觀進破無明。不分但中不但中別。故知。語地已含於住。豈有初住。故今文意云意字。又深可心得也。凡唯言字訓家。唯者訓獨。孟子(孔カ)。唯天爲大云即以唯字獨訓也。如云十方佛土中唯有一乘法。此一乘外更無餘乘也。但此天外

不見カ別ノ天ヲ如シ。故ニ唯得以別攝通ト者。一ツノ別攝通ノ外ニ更ニ不見餘ノ法ヲ。所以ニ別攝卽チ圓攝也。不分但中不但中別ト云ル心是レ也。故今文意又在ル此ニ也

上來ノ兩三箇條。專ラ一生破無明ノ題ニ可キ尋ヌ之ヲ事也。就テ此算ニ能能思ヒ解ヒテ可キ落居ス也。此等ノ趣キ令ハ落居セ衆難自ラ可キ息ス也

⒄次ニ至ハ所依ノ本文ニ。玄文ノ中ニ具サニ立ツ三攝ヲ。是ハ專ラ約ル教道ニ也。故ニ。今前ノ六重ハ仍存セリ教道ヲ。於法華ノ前ニ逗ス彼ノ權機ニ。故有リ圓ヲモテ攝通別ノ二義。矣（玄（籤カ）三（天玄二、一五八））是ハ三攝具サニ明カ故ニ約ト教道ニ云ヒ。逗スト權機ニ云也。（「㊐彼）摩訶止觀ニハ。但シ立ツ別攝通ヲ故ニ。約ルカ證道ニ故但約スルカ觀ニ故ナリ矣（決（天止二、三二一五））證道ノ實義ト者。正ク依ルニ法華ニ意也。所以ニ。實道ハ只應ニ圓ノ理ヲモテ攝スレ權ヲ（玄（天玄二、一五八。釋籤））釋ル也。（矣㊐㋭）故ニ六祖ノ大師。玄文ノ三攝ヲハ於法華前逗彼權機ト云ヒ。止觀ノ一攝ヲハ實道只應圓理攝權ト釋ル也。釋義ノ起盡誠ニ分明ナル也。（也㊐㊁㋭歟）凡ソ被攝者詮スル行者ノ實證ヲ。實證ハ專ラ可キ依ル法華ニ也。玄文ノ三攝ハ依カ教道ニ故ニ。以ハ之ヲ不爲セ本文ト。止觀ノ一章（章㊐㊁㋭攝）ハ正ク是レ證道ノ實義ナルカ故ニ。以テ之ヲ爲スル所依ノ本文ト也。先德ノ所定ル其ノ意誠ニ詳カ也

次ニ就テ摩訶止觀ニ兩處ニ明ス被攝ヲ。初ハ是レ顯體ノ章ノ中ノ諦智合辨ノ文是レ也。終ニ卽チ偏圓ノ章ノ中ノ權實ノ文是レ也。約（決）（天止二、二九九）諦智合辨ト者。諦智雙ヘテ論ス。故ニ合ト（合云㊐云合）云也。四教ニ兼テ攝ヲ惣（爲㋭而）爲ニ五段ト。一一（㊐一）ノ段ノ中ニ皆先ツ明シ境ノ發スルコトヲ智ヲ。次ニ明ス智ノ緣スルコトヲ諦ヲ。緣ト之與發俱ニ「是レ合シテ明スナリ」（「」㊐乙）矣此ハ明ス止觀ノ體相ノ中ニ。三諦ノ境發ス三智ニ三眼ヲ。三智三眼緣スル三諦ヲ相ヲ判ル也。緣之與發俱是合明ト云テ。境智冥合ノ義正ク在ル此ノ章ニ也。文ノ中ニ先ツ約シテ藏通二教ニ判シ諦智合辨ノ相ヲ畢テ（畢㊐㊂㋭了）。次ニ若作別接通ヲ者（㊐㋭止同、二九九～三〇〇）。俗諦ハ發ス一眼一智ヲ。眞諦ハ發ス一眼一智ヲ。開ケテ眞ヲ出ス中ヲ發ス一眼一智ヲ。智緣スルコト諦ヲ亦如是矣是卽チ約シテ被攝ノ行人ニ諦智合辨ノ義ヲ判スル也。俗諦發一眼一智ト者。於テ假諦ノ中ニ發スル法眼道種智ヲ也。眞諦發一眼一智ト者。自リ卽空ノ理發スル惠眼一切智ヲ也。開眞出中發一眼一智ト者。被攝ノ行人開眞出中ノ故ニ發スル佛眼一切種智ヲ也。智緣諦亦如是云云故ニ開眞出中ト者。正ク在リ諦智合辨ノ章ニ。以テ此ノ章ヲ爲ス被攝義ノ本文ト

事（事回ナシ）。誠以分明也。境發智智照境云。正是開眞出中源非耶。本書次下。別圓二教諦智明畢（畢回二ホ了）。次云何以別攝通問（天止二、三〇二）。立一章本意只在別攝通也。此文段終。次是顯體章中得失文段有。得失者。正約境智判得失也。都於顯體章有四科。所謂教相・眼智・境界・得失也。四科中以境界章爲文意。境界章中諦智合辨一意耳。諦智合辨又在別攝通一心（心回二ホ意）。以之爲被攝義本文。先德示云。〔回定〕意趣非指掌耶。以此章以爲本文（被攝義本文定〔定回ナシ〕事也）。還別攝通（「回二ホ而）意料簡也。前段被攝大意如此

次偏圓章在五門。其中第五章。先明四種止觀。次了（了回ホ料）簡被攝義見。此中約教約諦有兩箇意見。初問中（天止二、四六七）。爲一實施三權。唯有四種止觀。若以別攝通止觀者。爲權爲實。復何意不預四數。何意但言攝通。何位（同。弘決）被攝。攝入何位。六祖大師。從初至攝入何位二八（二八回ナシ）惣有五問。案今此問答大旨。顯體章中判別攝通相畢（畢回ホ了）。此章中判權實時。前所云別攝通止觀者爲權爲實等問起也。故前所云諦智合辨章爲本說。此權實章中重別攝通義料簡也。若爾。前段後段中。以前段文爲被攝義本文事。其義誠炳焉也。約教約諦雖答五重問。猶是了（了回ホ料）簡前章意也。文段大旨如此。本文廢立可知者也（也回歟）

次至就被攝義本文第二第三文其說不同者（同十日）。再治未再治分別。後學了（了回ホ料）簡更以所不及也。然第三本諦智合辨章及權（「回實）章也。諦智合辨章約境智離合釋之。權實章能詮教及所詮諦付。兩重分別之見。圓頓止觀文相對摩訶止觀其文猶不具。摩訶止觀中。問中自有五義。答中約教約諦各又答五義見。圓頓止（又回ナシ）觀。問中五義不具備。又前段被攝心其文又不鮮歟（導歟〔導歟回二ホナシ〕）。彼問云。若三觀是權。一觀是實。何意復得（得回二ホ道）別接通耶 已上（摩訶止観第一問 爲權爲實） 將不五觀（摩訶止観第二問）

不預四教(教㊀㊁數)既ニ得ウ以テレ別ヲ攝ルコトヲ通ヲ。何ソ不レ接セ二三藏別等ヲ一耶。若シ如ナラハレ是ノ(是㊁此)卽チ無量ノ教ナルヘシ矣(摩訶止觀ノ第三問何意但言接通)仍テ對二勘スル摩訶止觀ノ問ノ文ニ一第四第五ノ問ヲ闕(闕㊅欠)セリ。然モ此ノ問ノ中ニ有ル二前段ノ被攝ノ意一歟。何意復導(導㊀道)別攝通耶ト者。當ニレ云フ二何以別接通ノ問ニ一。然モ此ノ問ノ中ニ有リ二何獨攝通而不云藏ノ義一(決(天止二、三〇二))。圓頓止觀ノ中ノ何不攝三藏ノ文ニ當レリ。摩訶止觀ニ。以テレ別ヲ爲シテ二所攝ト一以テレ圓ヲ不ルレ爲二所攝ト一意有リレ之。圓頓止觀ニ。不攝三藏別等耶ト云フ。別等耶ノ三字自ラ相叶ヘリ。又タ何意復導利(導利㊀道別)攝通耶ノ問ノ中ニ。自ラ何獨別攝而不云圓ノ(決(同前))意可レ有(有㊁在)レ之也。問ノ中ニ自ラ有リ二前段ノ被攝ノ意一。答ノ文自ヲ可シレ知ヌ。第二ノ本ニハ顯體ノ章ノ中ニ。惣而無キ二別攝通ノ文一也。添削ノ意趣自リハレ非ス二章安ノ昔ノ聞ニ(聞㊅問)一。後學寧得ムレ測ルコトヲ耶。如クハ二常途ノ添削ノ削テレ誤レルヲ添ヘレ正キヲ。是レ筆削(削㊀作)ノ大體也。文文句句皆ナ以テ二第三ノ治定ノ本ヲ一可レ爲レ正ト。何ソ以テ二未再治ノ本ヲ一可キレ疑フ二再治ノ說ヲ一耶。大師ノ正說ノ時キ兩處ニ說タマフレ之ヲ歟。一處ニ合說シタマフ(タマフ㊀㊅給)歟。玉泉ノ布揚誰カ正ニ得ムレ知ルコトヲ。第二ノ本ノ中ニ顯體章ヲ以テ不ルヲレ云ハレ之ヲ。正說ノ時ニハ但シ有ト二權實ノ章ニ一不レ可レ云。又科段ヲ節目スル事。章安大師在リテレ得ルニ二文ノ意ヲ一。大師正說ノ時ハ縱ヒ於テ二一處ニ一雖トモレ說タマフトレ之ヲ。得テ二文旨ヲ一兩處ニ施二設センヲ之一事。仰而可キレ取ルレ信ヲ也。章安ノ自ノ意トハ不レ可レ云。惣而於テ二兩章ニ一別攝通ノ義ヲ分別スル事。文相起盡如シ二前キニ立申スカ一(是十七)

「一校畢」(「」㊀㊅㊆㊁交了畢)

本云(本云㊀㊅㊆)
貞治四年(一三六五)乙巳三月十日終功畢
同學志玉　法印權大僧都顯幸 年六十六 戒五十(㊀㊅一)春
「永亨四年(一四三二)十一月十一日令ニ書寫一畢　臨空」(「」㊀㊆)
「墨付四十二丁」(「」㊀㊅㊆)(丁㊁㊆)(「㊁書寫畢)

(底本奧書)
于時寛永十四年(一六三七)極月十一日。夜半ニ於テ二止觀院ニ一。南谷吉祥院居閒書寫講レ之折節令レ書二寫之一畢。爲レ令下願者以二書寫一過父現母悉地成就乃至法界普利上耳
筆者　本院明星尾　寶乘院俊海助筆
本主　同院南谷　淨教坊祐憲

（對校㋺本奧書）

應永七年（一四〇〇）庚辰八月二十五日。誂二同業一寫レ之了。則手自校二合之一了

明空 六十一才 四十五夛

（對校㊁本奧書）

于時寛永七天（一六三〇）極月二日

右寫本嵯峨二尊院雖レ爲二住寶一。以二不思議緣一令三借用書二寫之一者也。山王大師冥感輒不レ可レ思レ之者歟

横川解脫谷 筆者南樂坊覺賢 年三十

（底　本）叡山文庫眞如藏『廬談』三十五册の內、№16『被接義聞書』

一生破無明と合綴本

（對校本）㋺＝叡山文庫雙嚴院藏『廬談』三十九册の內

㊁＝大谷大學圖書館藏『廬談』二十四册の內

㋭＝叡山文庫生源寺藏『廬談』十七册の內

被接義聞書　本教惑盡不盡事

16 被接義聞書　一生破無明　目次

問答如レ常

（精難二十一）

(1) 精云。別接通人一生内破二無明惑一耶否耶…（是一）

(2) 次被接人最上利根故。可レ有二一生破無明義一申。此利根名對二誰人一所レ論耶…（是二）

(3) 次依二宿習一云事。旁以有レ疑。先宿習云事。別接通可レ云事歟。不レ可レ云事歟…（是三）

(4) 解釋中。若別接通。七地論レ修八地論レ證…（是四）〔止六〕

(5) 所詮能接所接兩教及別接通人可レ經二長遠劫數一云事。釋義所判如レ此。道理又必然歟…（是五）

(6) 次付レ云二聞中修觀一。所レ云聞中者。佛令レ說二聞中道一歟。將又行人悟二出中道一云二聞中一歟…（是六）

(7) 次付二一生破無明證據一。所レ出諸文皆以有レ疑…（是七）

(8) 次大經一生實相二生法界文以證二一生破無明一事。其意未レ明…（是八）

(9) 次。借使一生兩惑先除。雖不經歷亦成次第。或圓接別。或別圓接通。或解圓行漸等文。一生破無明證據備歟…（是九）

(10) 次六祖大師。以下通菩薩過二二乘地一。或潤二生身一或不レ經レ生而成中正覺上矣〔記七〕同爲二所立誠證一歟…（是十）

(11) 抑今此題長保年中。楞嚴先德遣唐疑問也…（是十一）

(12) 次止觀別接通實圓接通故。有二一生破無明義一申歟。頗所二惑耳驚心一也…（是十二）

(13) 所詮付二一生破無明道理一立二申餘多故一。或前教中二觀成就云。或被接最上利根故有二一生卽入義一申…（是十三）

(14) 次一生破無明證據兩三解釋。前勘申。皆以不レ詳。故粗加二難勢一畢…（是十四）

(15) 次被接正論二行者實證一。一代五時閒正指二誰人一可レ云二被接行人一耶…（是十五）

(16) 次。接義本在二法華經前一。於レ中仍是菩薩云。故被接根機可レ有二法華前一歟。法華前可レ指二何時一耶…（是十六）

(17) 次本文中但別接通釋事云…（是十七）

(18) 次止觀別接通。偏約二證道一約二觀門一申釋義誠如レ爾。サテ止

觀都約二教道一云事無歟…（是十八）

⒆ 次被接名別大師己證云事。學者所レ在レ口歟…（是十九）

⒇ 次就二被接義本文一。玄文具有二三接不同一…（是二十）

㉑ 抑別接通人一生破二無明一者。有二何意趣一可レ云…（是二十一）

（答申二十一）

⑴ 答。別接通一生破無明義。和漢異義古來諍論也…（是一）

⑵ 次以二被接機一名二最上利根人一事。自レ本異二餘教利鈍一。餘教於二當教內一判二利鈍一…（是二）

⑶ 次一生破無明義依二宿習開發一云事。遠尋二經論施設一。近任二一家解釋一…（是三）

⑷ 次至二宿習證據一。大論中釋二三種菩提一列二羊乘馬乘神通乘不同一見…（是四。難十四）

⑸ 次至下修中位不レ可レ觀二不但中一云御難上者…（是五。難五）

⑹ 次被接聞中義。學者異端太多。蘭菊縱橫故。是非尤所レ難レ測也…（是六。難六）

⑺ 次至二一生破無明證據一者。證道接者尙是卽身入地誠證也…（是七。難七）

⑻ 次至二大經一生實相。二生法界等文一者。是又所立潤色也…（是八。難八）

⑼ 次至下借使一生兩惑先除等解釋。一生斷二兩惑一事雖レ可レ然。一生破無明義不レ見云御難上…（是九。難九）

⑽ 次藥草喩品六祖解釋。猶是可二所立誠證一…（是十。難十）

⑾ 次至二楞嚴先德唐決疑問一…（是十一。難十一）

⑿ 次至二如此修證高遠迢遞解釋一…（是十二。難四）

⒀ 次止觀別接通實圓接通也云事。任二六祖大師所判一仰二先德釋義一計也…（是十三。難十二）

⒁ 次就二一生破無明道理一立三申多故。正以二何義一可レ成三申眞實落居一耶云御尋至…（是十四。難十三）

⒂ 次至下被接正行人實證也。指二誰人一可レ云二被接行人一耶云御尋上…（是十五。難十五）

⒃ 次被接者。一代五時開可レ約二何時一耶云御尋至…（是十六）

⒄ 次本文中但釋二別接通一事云。不以此佛果接三阿僧企百劫種相之因。故不接三藏云。但斥二菩薩因時未斷義一故。已斷

見思二乘人可レ接歟云御尋至…(是十七)
(18) 次至下止觀別接通雖レ約ニ證道及觀門一。終約ニ教道一義無レ之歟云御尋上…(是十八)
(19) 被接名別大師己證事 具如ニ本教惑沙汰一…(是十九)
(20) 次被接義本文事 具如ニ彼算一…(是二十)
(21) 次至下一生破無明者。所レ云一生者聞中已來一生破ニ無明一歟。將又以ニ凡身一速破ニ二惑一卽斷ニ無明一歟云御尋上者…(是二十一)
(以上目次新作)

被接義　二帖內 (以上[底]㋩㋥扉書)

被接義聞書 (對校㋺本表紙)　一生破無明 (對校㋺㋩本表紙)

(＊攝と接の對校註記は省略)

16 被攝義聞書

貞治四年(一三六五)乙巳三月二十四日 治㋺㋥始 盧談治レ之 盧談㋺[ナ]

文云。(天止二、三〇三。止觀)仍スナハチ須クシ下修レ觀ヲ破シテニ無明一ヲ。能ク八相作佛上ス矣　心何

文意ハ。云トシテニ別攝通ノ人ノ相一ヲ〇ト云也

爾者。別攝通ノ人。一生ニ破ニ無明一ヲト可レ云耶

答。別攝通ノ人。一生ノ內ニ破ニ不レ破三無明一ヲ文理雖レ難レ定メ。且任ハニ解釋ノ大旨一ニ一生ニ可レ破スニ無明ノ惑一ヲ也

問答如レ常

(精難二十一)

(1) 精云。別攝通ノ人一生ノ內ニ破スニ無明ノ惑一ヲ耶否耶。惠心先德。爲シテニ難義一ト送ルニ決於異域之浪一ニ貽スニ志ノコ於後學ノ窓マト一ニ。於テハニ知禮 東土ノ人師ノ決判一ニ。除ニ伏スル無明ノ惑一ヲ事。必ス可レシト經ニ歷ス多 (㋩唐歟)

劫定。於本朝學者。專一生可破無明云歟。其就云一生破無明種種異端相分。立申趣一邊約束無相違歟。然而難斷無明除之誠固。難顯法性證之不輒。若不積久遠劫行不可登斷無明位。而在本教二觀成就云事。甚所難思也。在通教纔經七地已前入空位。未積八地已上出假行於何處可論二觀成就義耶。凡於本教位三根攝者不同也。於中上二根無假觀成就義云事。置而不可論。所謂卽空證未具。況復於出假利生位耶。下根攝者。八九爲下（天止四、九五。弘決）云。八地聞中人未及當地經歷。入此位卽可聞中故也。九地攝者一科篇目也。諍論未休故。雖下根攝者猶無假觀成就時分也。何於前教中假觀方便既熟故。於後教中速登斷無明證中道位可云耶。凡通教二觀者。只斷界內見思塵沙未涉界外塵沙。雖經入空出假位。惣而約教門所詮只是如幻無生一理而已。於被攝人彼出假位猶非具經歷。爭二觀成就可云耶。於修行時分望別教猶是如信宿。別教人十信位經十千劫。十住位送一阿僧祇劫。仁王經心於十行位。一行動經無量阿僧祇劫（大正藏三九、八〇中。金光明文句）云。十信習生無生。十住證無生理。於十行位互界內界外普學一十六門。通別二教相望。所學法門云。修行時分云。雲泥遙隔天地事殊。若爾者。在通教雖經歷始終位。移別教後重猶不修難二觀。難至破無明位者歟

況在前教未經歷八地已上。既不成就假觀。何忽可至斷無明位耶。所詮。於本教正二觀成就形作可成所立也。尋一生破無明道理時。於本教中二觀既成就故。不經時節一生可破無明申。而二觀成就義若不成。所立趣更不可立　是一

(2) 一。次被攝人最上利根故。可有一生破無明義申。此利根名對誰人所論耶。只是於通教三

乘ノ中ニ所レ辨ル利根也。全不レ可レ及フ二本別教ノ人一ニハ。解釋（玄一(一八ナシ)）中ニ證シテ被攝ノ人ヲ引ニ大經ヲ一云。聲聞之人ハ但見テ於空ヲ一不レス見ニ不空ヲ一。（天玄一、一二四）菩薩之人ハ非ス但見レ空ヲ亦見ニ不空ヲ一矣。六祖ノ大師。（同。釋籤）次ニ引テ二大經ヲ一明ス二利根ノ菩薩ヲ一。一教之内ニ利鈍不同ナリ矣通教ノ三乘相對シテ於テ二一教ノ内ニ一辨トニ利鈍ヲ一云事。本末ノ解釋誠ニ分明也。何勝（勝曰對）テ二本別教ノ人ニ一一生ノ内ニ破トニ無明ヲ一可レ云耶。如クハ二立申スー。所ノレ云利鈍ノ名ハ對シテ二別人ニ一利根トニ云歟。是何處ノ解釋耶。更以テ所立（立曰ナシ）ノ據也。故ニ利根ノ名ヲ對ストニ誰人ニ一云事。猶治定シテ可レ申ス也。通人ノ中ノ利根トニ云者。不ルコトレ及ニ別教ニ一其ノ機許リ故ニ。卽生ニ斷ニ無明ヲ一不レ可レ云。若對シテニ別教ニ一立トニ利根（曰利イ）ノ名ヲ一云者。道理不レ可レ然ル。此ノ人（人曰ナシ）初ハ是通人也。終ニ是レ別人也。初メ爲タルニ通人一人。寧可レ（「勝歟」(一曰二ナシ)）然ル（然曰勝）ニ別教ノ始終ニ一耶。又如レ此對シテニ別教ニ一名ニ利根ノ菩薩トニ云事。處處ノ解釋殆似タリレ削ルニレ跡ヲ。若又被攝ノ三根相對シテ利根云歟。是又不レ可レ然ル。如ハニ所立ノ一。下根ノ攝者可トレ有ニ一生破無明ノ義ー立申ス歟。故ニ被攝ノ三根相對セハ。鈍根ノ人有トニ一生破無明ノ義ー可レ云耶。鈍根トレ云ヒ下根トレ名ル。言ハ異心（心曰意）同キ故也

抑。又三根相對スル時キ。上根ノ人有トニ一生破無明ノ義ー可レ云。下根ノ人卽生ニ可レ破ニ無明ヲ一云事。利鈍ノ義非スニ反倒スルニ耶。寄テレ事（事八ナシ）於ニ最上利根ニ一可レ有トルニ一生破無明ノ義ー申ス。正ク被レ云ニ利根トー樣ヲ作テ可レ立ツ申之ー　是ニ

(3)一。次依トニ宿習ニ云事。旁以テ有レ疑。先宿習トニ云事ヲハ。別攝通ニテハ可レ云事歟。不レ可レ云事歟。凡宿習ト者。圓教甚深ノ法門也。一句モ染ヌレハ神ニ微劫ニ不トレ朽云心ニテコソ宿習ヲハ論ル事ニテ有レ。其ノ微劫ニ不レ朽道理ヲハ可キニ思ヒ解ク也。更ニ所レ（如本(如本曰ナシ)）不ルレ及ニ權乘ノ也。爾前ノ行ニハ退スレハ卽要失ス。故ニ不レ可レ論ス宿習ノ薰習ヲハ。而四教ニ皆有トニ超證ノ者ノ者。是約ルニ圓ノ毒發ニ也。過去世ニ含メル實相ノ毒ヲ人。今生ニ聞クニ釋迦ノ聲教ヲ時キ。忽ニ發ルニ昔ノ實相毒ヲ也。今日所聞ノ教ハ設ヒ小乘權門ニテ有レトモ。所發ノ毒ハ必ス限カニ實相ノ毒ニ故ニ圓ノ宿習ヲ發ル也。發ル但中ノ毒ヲ義ハ不レ可レ有レ之。頗（頗曰縱）又雖レ許トニ但中ノ毒ヲ。別教但中ノ宿習ハ猶是レ可ニ動經劫數ノ宿習ナル。寧可レ取ルニ速疾證ヲ耶

若依ニ圓ノ宿習ニ一一生ニ破トニ無明ヲ一云者。今所ニ論談スル（「曰者）別攝

通ノ人一生ノ破無明ノ事也。能攝所攝共ニ可レ約ニ權教ニ也。若依ニ圓ノ宿善ノ力ニ發ニ圓ノ中道ヲ云者。是則可ニ圓攝通ナル。寧可レ云ニ別攝通ト耶。若依ニ圓ノ宿習ニ發ニ歴別ノ中ヲ云者。能發所發相違ヲ耶（耶㊁畢）。道理寧可レ然耶

凡別攝通ト者。能攝ト者別教也。直行一行。動經無量阿僧祇劫ト談ス（金光明疏下（大正藏三九、八十中））。非ニ無量僧祇行ニ者。不レ可レ云レ發ニ中道ノ證ヲ。所攝ハ通教也。從假入空非止一世作行（金光明疏下（同前））（修カ）。從空入假動逾塵劫矣（「㊁卽）是又可レ違ニ塵點劫ノ修行ヲ見タリ。能攝卽云ニ動經劫數ト。所攝又云ニ動逾塵劫ト。能攝所攝共ニ可レ迯ルニ（迯カ）無量億劫ノ時節ヲ。此兩教ヲキリツキタル別攝通。依ニ何ナル道理ニ可レ有ニ一生破無明ノ義耶。問者自ニ最初難申ス文理ノ大旨在レ之ニ。所立ノ趣更不レ拂ニ此ノ大綱ノ難ヲ耶。能攝所攝ノ長遠ナル事ハ釋義ノ約束ナレハ。ヨモ（ヨモ㊇㊄）不ニ諍カニ申サ（詳歟（詳歟㊁㊄））。被攝ト云時可レ超ニ斷ス無明ヲ道理有ル歟。是ヲハ（是㊁ココ）イカニ可レ申ス（可㊁㊄）　是三

⑷一。解釋ノ中ニ（「㊁之）。若別接通。七地論シ修ヲ八地論ス證ヲ（止六（㊁三ノ三十二）（天止四、九五〜九））。別教（「㊁者）十廻向論シ修登地 ○ 證。如レ此修證高遠迢遰（タカヒニ　トヲシ）。初心衆生尚不レ得レ修スルコトヲ乾惠ニ（修㊁㊄　○㊁㊄㊁論「一字可レ有歟不審」（「」㊁㊄））。云何ソ能ク證セムニ（證㊁㊄）八地ニ耶。此中道觀於レ凡無レ益矣一生ニ若證セハレ之寧可レ云ニ高遠迢遰ト耶。生⬚（⬚㊁八㊁身）（虫損）ニ若シ顯サハレ之豈可レ簡フニ凡夫無益ト耶。如ニ今ノ解釋ノ者。被攝ノ者獨リ可レ得ニ一生ノ頓悟ヲ云事。其ノ義自ラ破レ畢（「㊁者）。別教十廻向論修登地論證ト云ニ對シテ。若別攝通七地論修八地論證ト云カ故。長遠ノ義正ク可ト等シカルニ別教ニ聞タリ。所以ニ上別攝通ノ修證（證㊁觀）及別教ノ修證ヲ擧ケ畢テトリフサネテ結ルレ之時キ。如レ此修證高遠迢遰。初心衆生尚不レ得レ修ニ乾惠ニ。云何能證ニ八地ニ耶。此中道觀（道㊁通）於レ凡無レ益矣別攝及別教（「㊁通）ノ二人ヲ取合テ釋レトモ。被攝ノ人ヲ爲シテレ面ト云ニ高遠迢遰トモ。判スルニ凡夫無益トモ也。故ニ許シテニ能攝所攝ノ長遠ヲハ被攝ノ一人ヲ取出シテ可ニ速疾ナル云者。永背クニ今ノ解釋ニ耶

加之末師一處解釋中（化城喩品遝記）。攝ニ入別教十行。更無量劫學ニ恆沙佛法。經レ時更長。何啻二十二僧祇耶矣（卍續四五、一二一丁右上。輔正記）此等ノ釋皆斥ニ一生入地ノ義ヲ見タリ。別攝通ノ人及ヒ別十行ヲ擧テ。更無量劫學ニ恆沙佛法矣別攝ノ人同ク可レ經ニ無量劫ト云事。師資ノ所判ノ所レ定ニ非ス耶　是四

⑸一。所詮。能攝所攝ノ兩教及別攝通ノ人可ト經ニ長遠ノ劫

數云事。釋義所判如此。道理又必然歟。此外有何深道理。別攝通人一生中可破無明立申耶。而如所立者。別攝圓攝不同只（㊁僅イ）是聞中位而已。至修觀位時必修不但中故得速疾證。一生破無明立申歟。此義勢趣學者常習來事歟。道理尤所難思也。本別教意。入地自證權門自開矣（天止二、二三五。弘決）（㊁決）云故。入初地位開中道證時。但不但正成一理故權門自開云也。別攝通人背能攝中道何自修中位修不但中可云耶。別教意。廻向位修不但中耶否。別所疑來也。縱雖有別向圓修義修中位純熟至廻向後心時。自向圓修可云耶。自修中初向圓修不可云。若爾者。別攝通人。以何自修中初赴圓觀可云耶。又自修中位修不但中云者。一切別攝通人皆如此可云歟。又付根性不同也可云歟。況又聞中修觀必可一概。聞中位正聞離邊中道。修觀時改修相即中道云者。教行忽參差。道理寧可然耶。依解立行事佛教大旨也。權實道不可改。限被攝人稟教與修習忽可相違耶。眼見東足向西云如。發心與修途寧可參差耶。可背大小權實道也（㊁耶）是

五

(6) 一。次付云聞中修觀（㊁圓イ）。所云聞中者。佛令說聞中道歟。將又行人悟出中道云聞中歟。若佛說之云者道理不可然。如幻卽空眞諦底含中道。令深觀空卽見不空（天止二、四七〇。弘決）。空理能能研時中理（理㊁道）研出。開眞出中云也（同、二九九。止觀）。爾者偏在行者實證。何可待佛說法耶。若非聞佛說云者。聞中修觀破無明位自元是定。既云聞中。寧非聞佛說耶（同、三〇三。止觀）。被攝義本文云。破眞俗上惑盡。方聞中道矣（同、四七〇）云（云㊁ナシ）。後段被攝。破見思惑盡到第八地。方爲說眞內之中云（「㊁文　止（同、四七〇～一））。被接方聞。聞已見理。見理（見理㊁カ）卽是入別位也矣上句。方爲說眞內之中云。次句。被攝方聞。聞已見理矣正聞佛說有修觀破無明義見。何不聞佛說可云耶

又付前題目。聞佛說時。聞但中。聞畢修行時觀不但中可云歟。既違背佛說。非機教相違耶。所立大綱聞中與修觀相違事大「無覺」（「㊀オホツカナシ）又（「㊁束歟）被云聞中相貌太難思事也。此等約束下地定可成所立始終也　是六

(7)一。次付一生破無明證據。所（「㊀者）出諸文皆以有疑。若接入證道即在初地矣（決（天止二、三二四））釋。從下根來多至初地矣（矣㊀㊁）（同、四六九）文（「㊀文）未云一生入地。生身得忍義更所不聞也。至教道證道攝者。只是約一人竪入也。以移迴向名教道。終以入初地名證道也。一生中非云至初地。或又教道入者。直叶別教地前故名教道入。證道入者。雖聞中道未叶初地。久修行後叶初地名證道入歟。如限外空官菩薩也。案位入勝進入義。又可唯知之（之歟（之歟㊀㊁㊂））（唯㊀㊁㊂准）　是七

(8)一。次大經一生實相二生法界文以證一生破無明事。其意未明。凡大經被攝者。上古大諍也。彼經皆知常住席也。被攝益頗以難有者歟。是以章

安大師釋此文。文云。得一生實相二生法界者。謂（涅槃疏十五（㊀三十七丁））十地補處大士以為一生。九地則是二生云。（大正藏三八、一二三〇上）若具論者則（云㊀㊁㊂○）如法華經損生義說矣今此釋。以九地十地得益名一生二生也。是則增道損生益也。故如法華經損生義說云也。全不可闕別攝圓攝。而六祖大師。一生（㊀㊁決三（㊀二ノ三十七））（天止二、二八二）二生乃是破無明一品二品。實相是別理。法界是圓理。即是利根攝入別圓釋（「㊀文）事。且借文證義可云。全可非經正意。經文并章安解釋。十千菩薩得一生實相者。十地補處唯殘無明一生故云一生實（大正藏十二、八五二上。南本涅槃經）相。如法華經餘有一生在。（大正藏九、四四中）萬五千菩薩得二生法界者。是九地菩薩也。隔十地等覺故云二生法界也。（天止二、二八二）六祖今解釋。乃是破無明一品二品云故。斷（「㊀云）初地一品云一生。第二地二品無明斷二生法界云（云㊀㊁）故。異章安解釋。是（「㊀也○）。三乘同觀第一義（決（決㊀㊁））諦上（「㊀文）（同前）論破無明義故。且借文成被攝義可心得（心得㊀得意）也

抑。以此一生二生文成一生破無明義云者。別攝通人必一生破無明。圓攝通人定二生破無明

可レ云也。（也曰歟）道理頗難レ思。若別圓相對セハ。圓教ヲ云ヒ二一生ト一。別教ヲ可レ云二二生等ヲ一耶。又實相是別理。法界是圓理ト云意如何。實相法界ノ名同ク約二圓頓ニ一可レ云耶。再論セハレ之。實相是可二圓理ナル一。如シ二法華ノ諸法實相ノ一。法界ハ可レ通二別教ニ一。如シ二華嚴ノ入法界ノ一。（〔曰如）六祖消釋其義似タリ二反倒セル一。如何可二心得一耶（心得曰得意）　是八

(9)一。次。借使一生兩惑先詮。（天止四、五六、弘決）（除歟（除歟曰ナシ））雖不經歷亦成次第。或圓攝別。或別圓攝通。或解圓行漸等ノ文。（詮曰除）一生破無明ノ證據ニ備ル歟。而ヲ除ク二兩惑ヲ一事ハ文中ニ見タリト云ヘトモ。未レ見レ破スト二無明ヲ一。況又借使一生等云カ歟。故ニ尚是非ニ定判ノ釋ニハ耶　是九

(10)一。次六祖大師。（記七（天文四、一六一六上））以下通菩薩過ニ二乘地ヲ一。或潤シ二生身ヲ一或不レ經レ生而成ス中正覺ヲ上　矣　同爲ニ所立ノ誠證ト一歟。而ルヲ見ルニ二文始終ヲ一全ク不レ約ニ被攝ノ人ニ一ハ。縱又雖レ約スト二被攝ニ一未レ云二別攝通ヲ一耶。旁以（以曰ナシ）難レ備ニ所立ノ誠證ニ一者歟　是十

(11)一。抑。今此ノ題ハ長保年中。（九九九～一〇〇四）楞嚴先德遣唐ノ疑問也。其第二十一。問云。（佛全32、四二八下）止觀第三。說ニ別攝人ヲ一云。（〔曰通）初空假二觀破ニ眞俗上惑ヲ一盡。（云曰ナシカ）方聞ニ中道ヲ一。仍須下修レ觀（〔曰修カ）破ニ無明ヲ一。能八相作佛上　云云（云云曰ナシカ）意云。卽身登ニ十地ニ一耳。（〔曰近代カ）疑者云。本別教人。（且カ）尚無ニ肉身登ニ十地一。云何從ニ前教一來者。（〔者カ）（劣カ）（者曰ナシカ）（便能カ）忽超登耶。答曰（曰曰ナシカ）○仍修ニ中觀ヲ一。除伏ニ無明ヲ一。（深カ）必ス合ヘシ三經テ生ヲ歷フ二於多劫ヲ一。未レ知。（判歟（判歟曰八曰ナシ））何處定云ニ卽身ト一　矣（〔曰應現カ）楞嚴ノ決問意ハ。以テ二初空假二觀等ノ文ヲ一爲シテ二卽生入地ノ證據ト一。以テ二今此文ヲ一爲シテレ進ト被レ疑二一生入地ノ義ヲ一。知禮ノ決ハ楞嚴ノ問ヲ詰難セリ。未レ知何處定云ニ卽身ト一　云云　未知何處ト者。不レ限ラ二今文ニ一惣而何レノ處カ被攝ノ人卽身入地ノ文有ルト反難スト見タリ。誠ニ就テ二今ノ本入（入曰文）ニ一見レ之ヲ。（文歟（文歟曰ナシ））以テ二何レノ句ヲ一可レ備トモ二一生破無明ノ證ニ一不レ覺。知禮ノ反難頗以テ有レ謂歟。若爾者。可レ謂ニ本朝ノ恥辱ト一。又是楞嚴ノ違失也。此文正ク成ル二一生破無明ノ證據ト一樣ヲ料簡シテ。可レ雪キヨムシ二本朝ノ恥辱ヲ一　是十一

(12)一。次止觀ノ別攝通ハ實ニハ圓攝通ナルカ故ニ。有ト二一生破無明ノ義一申歟。頗ル所ニ惑耳驚心スル一也。三攝ノ廢立義門各別ニシテ。但不但ノ中道其體更異ナリ。止觀ノ別攝通何ツ忽ニ圓攝通ナラム。凡下スニ二此ノ算ヲ（〔曰題）所詮ハ。就テ二別攝通ノ人ニ一能攝所攝共ニ受ク二長遠ノ教ヲ一。被攝ノ別人何ソ取ムト二卽身ノ證ヲ一云事。是レ算題ノ

意趣也。楞嚴ノ先徳分ケテ萬理ノ浪ヲ決シ異域ノ朝ニ問難ノ言既ニ如此。是ハ就テ別攝通ノ人ニ有ル此疑ハ也。去ハ重重ノ往覆皆付テ此ノ篇目ニ致ス諍論ヲ也。自元圓攝通ニテアラハ。一生入證更ニ有ム何ノ疑カ。實ニハ圓攝通ニテ有ルヲ別攝通ト云フ名字ヲ付タルコサンナレ。就テ其ノ假名ニ問答往覆更以テ費シ言陳ヲ了ヌ。更ニ圓攝通ニテアラハ。只一度ニ折テ可キ入ル事也。一生入住者別ノ題ニテ有レトモ。其ハ圓教ノ内ニテノ問答也。別攝通ノ定ニテ問答シケル事ハ頗ル戲論ニテ有リケリ。太タ非ス答益ニ耶。所詮止觀ノ別攝通ハ實ニ圓攝通也ト申ハ。自聞中ノ位聞キケル圓中ヲ歟。扨ハ只始終圓攝通也。若如然者。一生入地有ン何ノ難カ。上來聞中ノ時ハ有リ別攝圓攝ノ不同。至テ修觀ノ時ニ可ト修圓中ヲ申シツルハ。教門ノ約束ニテアリケル歟。經論釋義ニコソ教門實義ト云事ハアレ。一夜ノ供葉(養カ)五重ノ往覆ノ間ニ交ム教門實義ヲ事。太有リ其ノ煩。頗所難キ決ケツ定シ所立ヲ也。初ハ自修觀修ト圓中ヲ云。後ニハ自聞中可聞圓中ヲ申サハ。前後太錯亂セリ。若又止觀別攝通ハ可圓攝通ナル申ハ。可約修觀已後ニ歟。若爾者。玄文所立ノ三攝ノ隨一ナル別攝通モ。自リハ修觀ノ時圓中ヲコソ修スラメ。其カ止觀ノ別攝通ト云時ハ。自修觀學シ圓中ヲ。玄文別攝通ト云時ハ。修觀ノ時モ可修但中ヲ子細有之歟。若爾者。止觀ノ別攝ノ人。玄文ノ別攝通ノ人。其ノ體各別也ト可云歟。サル事ハヨモアラシ。止觀ノ別攝通ハ自聞中位圓中ナルヘシトソ申サムスラン。是ハ以外ノ參差ト覺ル事也。實ニハ圓攝通ニテアルニ。立ケル別攝通ノ名ヲ所詮ハ何事ソ。本書ニ。(天止二、三〇二。止觀)云何以別攝通ト問セルヲ。六祖大師受見ル時キ。(同。弘決)問者。何ソ獨リ攝シテ通ヲ而不云ハ藏ト。何ソ獨リ別ノミ攝シテ而不ルト云ハ圓ヲ矣所攝ノ中ニハ何ソ除藏ヲ攝スル通。能攝ノ中ニハ何ソ獨リ別攝ノミニシテ不ルト云ハ圓攝ヲ問起スル也。是ハ正ク本書ノ問ノ意ヲ料簡スル也。是ハ四教相並ル時キ。所攝中ニハ永不云三藏ヲ。能攝ノ中ニハ全ク不云圓ヲ。分別スル藏通ヲ中ニ。唯取通教ヲ爲所攝ト。分別スル別圓ヲ中ニ。唯シ取テ別教ヲ爲ル能攝ト也。故ニ自問ノ意ハ永除テ圓攝通ヲ獨リ別攝通ヲ問起スル也。止觀ノ別攝通實ニ圓攝通ナラハ。所依ノ本文皆欲壞ナムト。何獨別攝而不云圓ノ問成ヌ虛ク設タルニ。

但。至所依ノ文ノ妙樂ノ解釋ニ者。全非所立ノ趣ニ。彼釋云。

（決（天止二、三〇三））今言二別攝一者。應レ具二二ノ義一ヲ。一者別教ハ教隣近スルカ故ニ。二者別理理異ナルカレ眞ニ故ナリト矣　是ハ於二三攝ノ中一ニ。但擧テ二別攝通ノ一種一ヲ不レ擧ケ二餘ノ二種一ヲ事ヲ釋シ取ル也。一者別教教隣近故ト者。不レ擧二圓攝通一ヲ事ヲ釋シ。二者別理理異眞故ト者。不レ擧二圓攝別一ヲ義ヲ釋スル也。此二ノ釋ハ卽チ通スル二二ノ伏難一ヲ。二觀爲方便道得入中道ノ義。別攝圓攝ノ意共ニ可レ具レ之。於二中道一ニ但不但異ナルカ故也。何但擧二別攝通一耶。爲レ通カ二此伏難一ヲ。一者別教教隣近故ト云也。次又有テ二伏難一云。若爾者。別圓二教者隣近セリ。可レ擧二圓攝別一也。爲レ通シカ二此ノ難一ヲ。二者別理理異眞故ト云也。兩重ノ伏難ノ意。正斥二圓攝通一ヲ及遮スル二圓攝別一ヲ也。何以テ二此ノ釋一ヲ還テ止觀ノ別攝卽チ圓攝通ノ義ヲ可レ成ス耶。此等解釋重重ノ了簡具ニ御廟大師ノ御私記ニ見タリ。擧テレ之可ス二了簡一

（同二十七日）止觀ノ別攝通實ニ圓攝通ト云事。約束ノ下地ヲ能能可ス二治定一也。止觀ノ心。縱雖トモレ約スト二觀門一ニ指ニ非スレ不ルニレ辨ヘ二四教ノ不同一ヲ。重重ノ文如レ此。竪者モ定テ不ルレ諍ハ歟。若爾者約ルニ二觀心一ニ日。論ルニ二四教不同一ヲ事既ニ是釋義ノ所レ定ムル也。四教ノ不同ヲハ許シ不ルレ辨ヘ二三攝ノ差異一ヲ事。有トカ二何ノ故一ヘ可レ云。同論トモ二四教一ヲ。以テ二教相一ヲ施設スル事モ有ルヘシ。以テ二觀心一ヲ分別スル事モ有ヘシ。四教ノ觀心寧無ムニ二其ノ不同一耶。其カ定テモ付ニ二三攝一ニ。約スル二教相一ニ心モ有ヘシ。約ル二觀心一ニ義モ可レ有也。觀心ナレハトテ惣而無ト二三攝ノ不同一云事。大ニ難レ思也。又約シテ二觀門ノ一義一ニ論レ之ヲ日。開眞出中セム人。或ハ見テ二出但中ヲ移リ二別教一ニ。或ハ開二發シテ卽中ニ成ム二圓人一ト事ハ。惣而不レ可レ有レ之歟。若無ニ二此ノ義一云者。道理甚難レ思。於テ二本別教一ニ自ニ起心一聞キ二但中法性ノ理一ヲ。至テ二入空出假ノ位一ニ傍ニ又修スニ中觀一ヲ。至テ二廻向ノ位一ニ正ク觀ル二中道一ヲ也。被攝ノ行人開眞出中セム時キ。何不ムレ見ニ二如レ此次第ノ中一ヲ。至ニ二證位一ニ時ニコソ。權門自開ノ義有トモ云。聞中及ヒ修中ノ位ニ何不レ論二其ノ實人一ヲ。本別教ノ中ニ實ニ有リ二其ノ人一。被攝ノ人何ソ又但中觀ノ不ニ開發一セ。故ニ縱雖レ約ト二觀門一ニ約セン二機緣ノ不同一ニ時ハ。尤モ可レ辨二別圓攝通義一ヲ。若爾ハ。止觀ノ別攝通實ニハ圓攝通ニシテ無ト二別教ノ人一云ム事。道理甚難シレ思。止觀ノ別攝通實ニ圓攝通ト云義ニ付テ。惣而別攝通ノ人ハ無キ故ニ。但シ圓攝通也ト云也。「若又惣而論レハ別攝通ノ人ハ無

故ニ。但圓攝通也ト云歟。」若又惣而論スレハ。別攝通ノ人ハ有レトモ。止觀ノ中ニハ除テレ之只取ニ圓攝通ヲノミ一可レ云歟。若如レ此（之㋺三云）之者。只實義ノ定ニ可レ云ニ圓攝通一ト。借テニ別攝通ノ假名ヲ一種種ニ分別シケル事歟（歟㋺二カ）。甚無益ノ事ニテ有也。六祖ノ大師料ニ簡スル本文ヲ一事（事㋺時）。以テニ四教（教㋺義）ヲ一分ニ別シタマヘリ文ノ意ヲ一。其ノ心ト者。但立ルニ別攝通ノ一ツヲ一心也トテモ圓攝通ニテ有リケルヲ。煩ク寄セテニ別攝ニ一釋成スル事甚似タリレ無キニレ所レ表。玄文ニテ立テニ三攝ヲ一。止觀ニ立ルニ一攝ヲ一事。六祖ノ大師消スルニ玄文ヲ一時キ（天玄二、一五八。釋籤參照）。有リニ委細ノ了（了㋺料）簡一。摩訶止觀ヲ釋スル中ニ有リニ再往ノ釋義一（㋺又）。然而立テニ其ノ三攝ヲ一論ルニ一攝ヲ一道理甚難レ思。上來ノ重重ノ不審卽チ此ノ事ニ有ル也。於テニ機緣一實（實㋺ナシ）ニ有トニ三攝ノ不同一云者。縱ヒ雖トモレ約トニ觀門ニ一何ソ不レ辨ヘニ其ノ不同ヲ一。於テニ機緣ニ一實ニ不レ論ニ其ノ別ヲ一。雖トモレ約トニ教相ニ一煩ク不レ可レ分ニ別ス之ヲ一。論ルニ四教ヲ一事ハ。教相ニモ明シレ之ヲ觀心ニモ論スレ之ヲ。限テニ三攝ニ一教相ニハ分ニ別シ之ヲ一。觀心ニハ不トレ辨レ之ヲ云ム事。決（決㋺ナシ）道理頗ルカタチカヒ也。六祖大師判ニ玄文止觀ノ不同ヲ一時キ。（天止二、三一五）玄文ニ以テレ圓ヲ攝スルコトニ通別ヲ一云ハ（云㋺者）。分ツカニ於教證位行ノ別ヲ一故ナリ。今不レ云（㋺決）者。約スルニ證道ニ一故ニ。但約ルカレ觀ニ故ナリト矣（㋺籤三）餘處ノ釋。若（天玄二、一五八）止觀ノ中ニハ爲レ成ニ理觀ヲ一矣約證道故但約觀故ノ二ノ道理倶ニ難レ思也。約トニ證道ニ一云者。叶テニ初地ノ實證ニ一後チ入地自證權門自開スル故ニ。別攝通ノ人。至リニ初地ノ證ニ一了テ後無トニ別圓ノ不同一云歟。若爾者。但擧テニ別教ヲ一不レ可レ列ヌニ圓教ヲ一。別人又至リニ證道ニ一畢（畢㋺了）ヌレハ可キニ權門自開一スト故ニ。凡ソ權門自開ト云事ハ本別教ニコソ云ヒ出シタル事ニテ有レ。讓テニ所證ノ後ニ一別ニ不トレ論ニ圓攝ヲ一云者。別圓二教ノ約束又可レ同カル。聞中修觀ノ時ハ離邊ノ中道ニテ有テハ。證道ノ後ハ何ニモ有レ別攝圓攝ノ不同ヲ可レ辨也

次但約觀故ノ道理難レ思。縱雖トモレ約トニ觀心ニ一何無ムニ但中不但中ノ不同一。就テニ觀心ノ人ニ一。觀スルニ但中ヲ一人有リ。觀スルニ不但中ヲ一人可レ有ル故也。若約ルニ圓頓行者ニ一時キ。無トニ但中不但中ノ不同一云歟。若爾ハ。四教ノ不同モ不レ可レ有ル。修ルニ一心三觀ヲ一人。寧可レ有ルニ三諦三觀ノ不同一耶。四教三觀同ク可レ居カニ一心ニ一故（天止二、三一五。弘決）也。何ソ只別攝圓攝ノ一義（義㋺體）ナルノミ而已ナラム。故ニ。約證道故但約觀故ト云ル二ノ道理共以テ難レ思（止（天止二、三一三～四））

次唯得以別攝通ノ文ヲ釋トシテ。應ニ須ク修シレ觀ヲ進テ破ニ無明ヲ一。（同、三一五）不レ分タニ但中不但中ノ別ヲ一。故知ヌ證スルニレ地ヲ已ニ含セリニ於住ヲ一（證㋺三語）。豈

有ニランヤ初住一矣。此ノ釋ノ心ハ（心㊀意）。入地自證ノ後無ニカ別圓ノ不同一故ニ。但立テ二別攝ノ一ヲ攝ニスト圓攝ノ義一ニ云歟。所謂進破無明ノ後無二ト但中不但中ノ別一云カ故ニ。又故知語（證カ）地已含於住。豈有初住ト云カ故ニ（「㊀文）。正ク入地後無ニト別圓ノ不同一云歟（歟㊀三也）。若爾ハ。前ノ疑猶ヲ有レ之。入地ノ後所證一ツナル事ハ。四教ノ門ニテ云時其ノ心又同シ。何ソ就テ二被攝ノ行人ニ一初テ可レ論ス二此義ヲ一耶　是十二

⒀一。所詮（破㊀ヒ）。付テ二一生破無明ノ道理ニ一立ニ申ス餘多ノ故ヲ一。或ハ前教ノ中ニ二觀成就スト云ヒ。或ハ被攝最上利根ノ故ニ有ト二一生卽入ノ義一申ス。或又依テ二無始ノ宿習ニ一有ト二卽入ノ義一云云　又止觀ノ別攝通ハ圓攝通ト故ト云云　此中ニ以テ二何ノ義ヲ一可レ爲ニ眞實ノ落居ト一耶。慥カニ可ニ申定ム一也。〔（㊀）正ク有ニ何ル故一一生ノ內ニ可トレ破ニ無明ヲ二云事。慥カニ可ニ申定一也〕是十三

⒁一。次一生破無明ノ證據兩三ノ解釋（破㊀ヒ）。前ニ勘ヘ申ス。皆以テ不レ詳ナラ。故ニ粗加ヘ二難勢ヲ一畢ヌ。是慥ニ一生破無明スト云フ。又經（經㊀注）文釋義ノ中ニ正可レ勘事有レ之耶。可シ二此算ノ要項ナル一。若有ラハ二勘申事一分明ニ可ニ立申一ス。依テ二宿習ニ一可レ有ル二一生破無明ノ義一立申ス。是又就ニ此算ニ古來所ニ料簡スル一也。付テレ其ニ分明ニ證據有レ之歟。經論ノ中ニモ正施設シタル事有ラハ勘ニ申セ之一。一家ノ釋義ニモ依ニ宿習ニ有ト二一生破無明ノ義一見タル事有ラハレ之。尤モ可ニ勘申一ス　是十四

⒂一。次被攝ハ正ク論ス二行者ノ實證ヲ一。一代五時ノ間正ク指テ二誰人ヲ一可レ云フ二被攝ノ行人ト一耶。於テハ二四教根機ニ一一代經教ノ中ニ具ニ明スレ之。一家ノ解釋又論ス二之（之㊀ヒ）ニ其ノ人ヲ一。於テ二被攝ノ行人ニ一釋義未タスレ校セ二其人ヲ一歟。尤難レ思ナリ。若シ可レ勘子細有ラハ（「㊀具）可レ立ニ申ス之ヲ一　是十五

⒃一。次。攝ノ義ハ本在ニ法華經ノ前キニ一（天玄二、二〇四。釋籤）（㊀籤三）於レ中仍是菩薩ト云フ（「㊀文）。故ニ被攝ノ根機ハ可レ有ニ法華ノ前キニ一歟。法華ノ前ニハ可レ指ス二何ノ時ヲ一耶。阿含ハ唯小ノ席ナレハヨモ被攝ノ人アラシ。華嚴方等般若ノ時節ニテコソ有ルラメ（「㊀又）。此中ニハ正ク約ス二何レノ時ニ一（「㊀可）耶。釋義見タル事ハ無歟。可ニ勘申一ス　是十六

⒄一。次本文ノ中ニ但別攝通ヲ釋ル事ヲ云トシテ。不下以ニ此ノ佛（止（天止二、三二一三））果ヲ攝中セ三阿僧祇百劫種相之因上ヲ。故ニ不レ攝ニ三藏ヲ一矣（同、三二四。弘決）　六祖ノ大師。三藏因拙ニシテ不レ可レ攝ス故ニ（㊀決）矣　斥フ二三藏ヲ一中ニ但斥テ二菩薩ヲ一不レ付セ二（付㊀三斥）一乘ヲ一。三藏因拙ト者。三藏ノ菩薩ノ因時未斷ノ

義ヲ斥也。若爾者。三藏ノ二乘ニ見思已（已㊁也）斷ノ人ナルヲ可レ攝スル歟。本末解釋不レ斥ニ二乘ヲ一有トカ何ナル意一可レ云。是ハ御廟ノ大師釋シタマフ事有レ之。解釋モ見（見㊁㊂㊆）及フ事有ハ之可レ申ス（㊂解釋見モ歟）　是十七

⒅一。次止觀ノ別攝通ヲハ。偏ニ約ニシ證道ニ一約ニトシ觀門ニ一申ス釋義誠ニ如レシ爾ノ。サテ止觀ニハ都テ約ニト教道ニ一云事ハ無歟。將又約スルニ教道ニ一心（心㊁意）モ可レ有ル歟。釋義ニ見タル事カ有ル　是十八

⒆一。次被攝名別ハ大師ノ己證ト云事。學者ノ所レ在ル口ニ歟（歟㊁㊂也）。立者モ申シコソスラメ。此ハ何ナル事ソ。四教五時モ皆道場證得ノ妙法也。爾ニ取分テ此被攝ノ法門カ大師ノ御己證ニテ有ラム程ハ何事ソ。是習（「㊁又）ヒ傳ル事有ラハ了（有了㊁料）簡シ申セ　是十九

⒇一。次就テ被攝義ノ本文ニ一。玄文ニハ具サニ有リ三攝ノ不同一。止觀ニハ但シ立ツ二一攝ヲ一。何ソ隨ヘテ具ナル文ニ一以ニ玄文ヲ一不レ爲ニ本文ト一耶。其ヲハ約證道故但約觀故ノ故ニテソ申サムスラム。（天止二、二二五。弘決）誠ニ可レ然ル。但。教相觀心各有リ其ノ心一。就テ被攝義ノ本文ニ一。何ソ捨ニ教相ヲ一就（就㊁付）ニ觀心ニ一耶。又就ニテ止觀ノ第三ニ一。有ニリ前段ノ被攝一有ニリ後段ノ被攝一。前段ノ被攝ハ其ノ文甚簡カン略セリ。纔ニ百十餘字也。後段ノ被攝ハ文廣ク心普シ。何ソ不シテレ依ニ後ノ具ナル文ニ一初ノ略說ニ隨（隨㊁極）ル耶　是二十

㉑一。抑。別攝通ノ人一生ニ破ニト無明ヲ一者。有トカニ何ナル意趣一可レ云。從ニ聞中一已來タノ一生ニ破ニト無明ヲ一云歟。將又以テニ凡身ヲ一速カニ二惑ヲ破（「㊁破）シ（破㊁㊆）卽チ斷ニト無明ヲ一可レ云歟。聞中ノ一生ニ破スルニ無明ヲ一歟。斷惑ノ一生ニ破スルニ無明ヲ一歟。自レ古料簡シ來ル事也。何樣ニ可レ申ス耶　是二十一

（答申二十一）

⑴答。（㊁同二十九日）別攝通ノ一生破無明ノ義。和漢ノ異義古來ノ諍論也。先德誠ニ送ルニ決於異域之雲ニ一後生レ難セリ也（也㊁㊆）。拂ニ疑於學山之霧ニ一。但シ當通當別ノ機ハ必ス經ニカ教門ノ次位ヲ一故ニ。通人ハ送リニ動逾塵劫ノ行ヲ一。別人ハ泥ニ動經劫數ノ道ニ一。而ヲ被攝ノ者ハ更ニ離レテ二教ノ根性ヲ所レ論スル一類ノ利根ヲ也。在テハ前教ニ根性ヲ練シ空假ニ一。移テハ後教ニ悟リ開クニ中道ニ一。二觀ノ方便在テ通教ニ既ニ熟スルカ故ニ。諸法先ニ熟シテ藏理易カ明メ故ニ。移テ後教ニ後チ更不レ修セ（修カ）空假ヲ一但觀スル中道ヲ一也。凡ソ通教ノ意。從假入空非止一世作行。從空入假動逾（入㊁出）塵劫ト云テ。（金光明玄（玄㊁疏）下（大正藏三九、八〇中。））七地已前入空ノ位ニ未タスレ及ハ經ルニ劫數ヲ一。八地已上出假ノ時キ。誓扶習生シテ積ム塵（金光明文句）

劫ノ行ヲ。別教ノ心。又一行動經無量阿僧祇劫ト者。十行出（「金光明疏下」）假位也。別攝通人ハ別教ニハ有始無終ノ故ニ。具ニ不レ經ニ八地（大正藏三九、八〇中）已上ノ位ヲ。後教ニハ有終無始ノ故ニ。速カニ入テ向地ニ不レ用ニ住行ヲ故ニ。前後ノ兩教倶ニ自ラ免ルニ劫數ヲ迻ル位ヲ。若爾者。前後二教ノ長遠ニ寄テ不レ可レ疑フ一生入地ノ義ヲ者也

但。至テ下在テ前教ニ不レ可レ成ニ假觀ヲ云御難上ニ者。所依文ニ。初空假二觀破ニ眞俗上惑一盡。方聞ニ中道ヲ矣（天止二、二三〇三。止觀）寧非ニ二觀成就ノ義ニ耶。凡ソ被攝ト者一類利根ノ輩也。於テ入空ノ位ニ兼テ成ニ就スル假觀ヲ也。如シ云カ下後ノ初心聞惠卽能ク體ニ達シ見思卽空ニ。已爲ニ衆生ノ作ル中依止處上ト矣（止六（天止四、二一））雖トモ不レ經ニ八地已上ノ塵劫ノ行ヲ。猶ヲ帶シテ假觀ヲ可キレ破ニ塵沙ノ惑ヲ也。下根ノ攝者ハ既ニ至ル八地ニ故ニ。雖トモ不レ積ニ塵劫ノ行ヲ。既ニ是赴クニ出假ノ位ニ也。是一類利根ノ人ナルカ故ニ可レ有ニ假觀成就ノ義一也（「是ョリ(已下)小書歟」）是一被攝ノ人於テ通教ニ不レ可レ成ニ就ス假觀ヲ云難。一往雖トモ似タリト可レ然ル。能能被攝ノ行人ノ始終ヲ可ニ心得一也。被攝ノ行人ト云フ程ニテハ。必ス於テ前教ニ空假ノ兩觀可キニ成就ス也。若不ニ成就セ爭カ可レ顯ス後教ノ中ヲ耶。去レハ本書ニハ。初（天止二、二三〇三。止觀）空假二觀破ニ眞假俗上惑一盡。方聞ニ中道一矣（「本ノママ」）弘決ニハ。雖レ見トニ中道ヲ必ス假ニ通教空假二觀ヲ爲ニ前方便一。必待ニ別理ノ攝スルヲ之ヲ方ニ聞ク矣（同前）於テ前教ニ必ス可トレ成ニ就ス空假ノ二觀ヲ云事。本末解釋更ニ分明也。若シ空假ノ二觀成就スル事ヲ難セハ。惣而聞中修觀ノ義ヲモ可レ難也。許ハ聞中修觀ノ義ヲ不レ可レ疑ニ空假ノ成就ヲモ。中道ト者必ス依テ空假ノ方便ニ可キレ顯ス體ナルカ故也。於テ本教ニ空假若シ不レ成セ。更ニ發スル中智ヲ事不レ可レ有レ之。此ノ事能能可キニ思解ヲ也。故ニ被攝ノ始終落シ伏セタラム。本教ノ中ニ空假二觀成就スル事ハ。更ニ不レ可レ疑レ之ヲ（「是マテ小書歟」）

(2)一。次以テ被攝ノ機ヲ名ニ最上利根ノ人ト事。自レ本異ナリ餘教ノ利鈍ニハ。餘教ハ於テ當教ノ内チニ判ス利鈍ヲ。所以ニ縱ヒ雖レ云ト利根ト只進ム當教ノ極位ニ而已ノミナリ。如レ云カ別圓各逗一種根性ト（天玄三、三一一）。是ハ一種根性ノ中ニ上中下根ヲ可キニ分別ス也。通教爲逗多種根性ト云カ故ニ（同前）。於テ一教ノ中ニ非ス作ルニハ利鈍ヲ。早ク以テ進ムニ後教ニ名ルニ利根ノ人ト也。以テ此ノ被攝ノ人ヲ名ルニ上根ト事ハ。宿習開發シテ速カニ開ニ發スルカ中道ノ理ヲ故ニ。雖トモ相ニ對ト

本別教人猶可成利根義也。所謂別教人立動經劫數行初至廻向位也。被攝人不然。縱雖下根人於七地空觀成就了。纔至第八地速被後教攝時。即至別教廻向也。望本別教人。既不經動經劫數位。誠是可云信宿時節。是非自別教人利耶。一生破無明今所諍也。至廻向位事。立敵所苦許也。若許此義勝本別教人云事。全不足可諍。若爾。別人雖無一生破無明義。被攝行人即身破無明云事。有何相違耶。若如此得心以被攝人名最上利根事。且於通教三乘中雖似論之。又勝別人云事道理非指掌。故望當通當別機最上利根名一生破無明義。何有所疑

次於三根攝者。上根人不論一生破無明義。下根攝者即身破無明云者。三根約束其義反倒云御難至。惣而論宿習開發事。三根共可有一生破無明義也。然而專可約下根人立申事。既盡本教惑至出假位。快觀成就藏理易明義爰立故。專可約下根人所立申也。廣論之時互中上二根事不可遮。中上入者此即不定矣（天止二、四六九。弘決）下根人定至地上。中上二根人地前地上不定也。且約此義。就下根攝者可有一生入地義所立申也　是二

(3)　一。次一生破無明義依宿習開發云事。遠尋經論施設。近任一家解釋。廣論之權實得益。利鈍差降各各無非宿習。籤六（天玄四、三六〇）物理本來性具權實。始薰習或實或權矣　權實淺深利益專可依無始薰習云事。佛教大途釋義所定也。但空偏假尚無不體內權。況但中法性宿習何不成一生入地義。爰以釋超登十地因。於前三教久已修學。權門純熟。今值釋迦聞圓常極教矣　㊀朱書 還記九。涅槃疏十五處（卍續五八、一七一丁左下。涅槃疏私記）久積權門行了。正可成實教因也。況復中道理自本無別。但中理是不但中也。作權門方便說時。雖明迴出二邊中道。約宿習開發時即可成不但中一

理也。況雖別攝通人。非無不但中宿習。衆生最初下種限圓乘云者。定圓宿習可有也。若爾。一生入地義。何可致疑耶。但。至於別攝通人不可有宿習義云者。道理如前。權實不同依何耶。皆是宿習不同也。凡論四教三攝事。永非爾前教相。一家得法華綱格耶。還而分別爾前教相故。論四教三攝宿習事。皆法華眼開畢搜爾前心也。縱於爾前顯露雖有其人。依無始宿習不可云。若論其實義時。世智三乘解心猶是成了因佛性種子。一毫一末善種悉非赴佛果菩提耶。故久積三教善根人。或顯超登十地益。或可顯一生入地證也。況復別教生身得忍教門中雖不談之。若論行人實證非無其人耶。教道無超證道亦有。是故四教皆有漸頓不定等矣（籤十（三ノ四十二丁）（天玄五、五九九））。或又。登地登住爲生身得忍釋（天玄一、一四九。釋籤）。班足聞法空平等地益（同。私記參照）。於別教中正有超證義見。次至依圓宿習者。可名圓攝通云御難者。論宿習大旨事。專可在前三教也。如云於前三教久已修學。久積權門宿習速叶中道妙理可云也。若經諸法前熟位云。寧不至藏理易明證耶。縱又雖有許圓宿習。意不可隔別攝通義。今既別攝通異玄文配立。既不辨但中不但中之別。別攝圓攝義非相離。況又別圓攝通不同且在聞中位。至修觀位已必歸不但中觀也。若爾者。縱雖約圓宿習不可隔別攝通一生破無明。

次至前後二教共經長遠道云御難者。即一生破無明者最上利根人宿習深厚輩也。以常途教相更不可設疑。於本別教中尚許證道亦有義。況於被攝一類耶。被攝正在行者實證。實證更不可拘教門。若爾者。如難自被遮。

(4) 一。次至宿習證據。大論中釋三種菩提。列羊乘馬乘神通乘不同見。云此神通乘菩提相。利根心堅未發心。前久來集諸無量福德智惠。是人遇佛聞是大乘法。發阿耨多羅三藐三菩提心。即時行六（大正藏二五、三四二中～下）

波羅蜜一。入ニ菩薩位一得ニ阿鞞跋致地一。所以者何。先集ニ無量福德一。利根心堅從レ佛聞レ法故矣第三神通乘ノ人。久劫ヨリ已來タ集トニ無量ノ福德智惠ヲ一云事分明也。福（論歟（論歟[ロ][二][ナシ]））ムニ速疾ノ神通乘ヲ一事。正依トニ無量僧祇（祇[ロ]企）ノ宿習ニ一見タリ。福（福[ロ][ハ][二]論）（福[ロ][二]論）ノ初文ニ引テニ大品經ノ文ヲ一（論歟（論歟[ロ][二][ナシ][ハ]福イ歟））。（天玄二、一八八。玄義）有菩薩從（從[ナシ]カ）初發心與薩婆若相應等云リ。一家處處ノ釋引テニ此等ノ經文ヲ一。或ハ約シニ後三教ニ一。或ハ約スニ三種ノ被攝ニ一。論ニ所ノレ明神通乘ト者。經ニ所ノレ明三種菩提ノ速疾ノ義ニ當レリ。專論トニ被攝ノ宿習ヲ一可レ云也。六祖（籤三）一處解釋中。又通教ノ菩（天玄二、一七七）薩由テニ根ノ利鈍ニ一發レコト習ヲ不同ナリ。故ニ鈍ハ同シテニ二乘ニ一直至テニ法華ニ一方ニ乃被レ會セ。利者ハ爾前ニ攝ニ入ス中道ニ一。故使シム下同ク觀シテニ幻有之俗ヲ一。而契レコト眞ニ各異ナラ上矣通教菩薩由根利鈍發習不同トカ故ニ。最上利根ノ人。依テニ宿習ノ因緣ニ一被ニ後教ノ攝ヲ一云事分明也。鈍同二乘直至法華トフ。是ハ一生入住ノ人也。鹿苑證果ノ人。於テニ法華ニ一開クニ佛ノ知見ヲ一故也。對シテニ此ノ人ニ一利者爾前攝入中道トカ故ニ。一生破無明ノ人也ト云事。其意誠ニ分明也。但利者爾前攝入中道ト云ヘル。正雖レ不レトニ指別攝通ノ人ヲ一。又不レ簡ニ別攝通ノ人ヲ一也。何況見ニ本書ノ一段ノ文ヲ一。本書ニ。何故三人同ク聞テニ二諦ヲ一（玄三（天玄二、一八五〜八））。而取ルコトレ解ヲ各異ナル者ハ。此ハ是不共般若與ニ二乘一共說ス。則チ淺深之殊耳。大品ニ云。有ル菩薩ハ初發心ニ與ニ薩婆若一相應ス。有菩薩ハ初發心ニ遊ニ戲シ神通ニ一淨ムニ佛ノ國土ヲ一。有菩薩ハ初發心ニ卽坐ニ道場ニ一矣今此ノ引證ノ意ハ。有菩薩初發心與薩婆若相應（「[ロ][二]相）ト者。通教鈍根ノ人也。遊戲神通ト者。是レ別攝也。卽坐道場ト者圓攝也。六祖大師（籤三）。所以ニ別圓ノ機發ルヲ（同、一七七）對シテニ鈍ノ住スルニレ空ニ致スレ成コトヲニ三ノ別ヲ一。是以テ釋ルニ後ノ二ノ攝ヲ一須ク下對シテニ通ノ鈍ニ一共ニ成ス中三人ト上同聞異聽矣上ニ。通教菩薩由根利鈍發習不同者。鈍ハ是留ルニ當通ニ一人也。故ニ。鈍同二乘直至法華ト云也。利ト者指スニ別圓攝通ヲ一。故ニ。利者爾前攝入中道ト釋スル也。結レ之時。別圓機發對鈍住空ト判スル也。利者爾前攝入中道ノ文。更如レ向カニ明鏡ニ一。豈ニ只可レ云ニ圓攝通ト一耶。況又不分但中不但中別ノ意ナラハ。發習不同ノ文。寧可レ謂ニ別攝通ト一耶。但玄文ノ三攝本來リ各別也。今利鈍相對スル時キ。鈍根ノ人屬シニ通教ニ一。利根ノ人ハ是別圓攝通也（天止二、三二五。弘決）。利者爾前攝入中道ノ文。正指トニ二類ヲ一可レ云也。又諸法前（先カ）熟藏理易明ノ文。

顯ニ宿習ノ義ヲ可レ云也。今ノ文ハ正ク判スルカニ攝不攝ノ勝劣ヲ故ニ。從ニ空假一來ル人ヲ以テ諸法先熟ト云ヒ。以下開ニ發スル中道ヲ人ヲ上釋スルニ藏理易明ト也。故ニ諸法前熟ト者。非レ指ニ先世ノ因縁ヲ一可レ指ニ今世ノ空假ヲ一云事。解釋ノ一旦如レ然。若賢位ノ中ノ諸ノ菩薩等ノ從レ漸來ル者ノハ。其ノ功尚強シ。何ナラハ者諸法先ニ熟シテ藏理易レ明スシメ矣從漸來者ト者。指下從リ通教一來人上也。然而諸法先熟ノ義。其意廣遠ク可レ亙ルニ過去ノ空有ノ宿習一也

是四。難十四

(5)一。次至下修中ノ位ニ不レ可レ觀ニ不但中ヲ一云御難上ニ者。被攝ハ正「顯スニ行人ノ實證ヲ一。修中證中ノ位幽玄ニシテ不レ可レ測ル。但。」任セニ一ノ傳ニ者。別攝圓攝ノ不同ハ只是聞中ノ初而已ナリ。於ハニ修觀ノ位ニ一自ラ可レ成スニ不但中ノ義ヲ一也。中道ノ正體ハ但不但ノ理自レ元不レ可レ隔レ之。辨ムニ但不但ノ異ヲ事ハ。只是教門ノ施設計リ也。故ニ聞中ノ初ハ且ク雖レ從トニ但中ニ一。至ヌレハ修觀破無明ノ位ニ一必ス依トニ不但中ニ一可レ云也。但シ聞中修觀ノ義不レ可ニ相違ス一云ニ至テハ。若如ナラハニ御難ノ破無明ノ位。又依トニ但中ニ一可レ云歟。以テニ但中觀ヲ一不レ可レ破ニ無明ヲ一云事。學者通慢ノ義勢也。教行證ハ雖レ可トニ一概ナル一。至ニ證位ニ一可レ依ルニ不但中ニ一云事。既ニ不レ及ニ異論ニ一歟。若爾者。自ニ修觀位一依トニ圓ノ中道ニ一云ムニ有ニ何ノ相違カ一。所以ニ以テニ教相ヲ一分別スル時ハ。即不即ノ理不同也。正ク論ムニ行人ノ實證ヲ一時ハ。中道ノ實體ニ可キカニ本ト付ク一故ニ。修トニ不次第ノ中ヲ一云有ムニ何ノ相違カ一。爰以テ。應ニシ須ク修レ觀ヲ進テ破スニ無明ヲ一。不レ分ニ但中不但中ノ別ヲ一。故ニ知ヌ。語スルニ地ヲ已ニ含セリニ於住ヲ一矣自ニ修觀位一至マテニ破無明ノ時ニ一無トニ但中不但中ノ別一云事。釋義ノ約束文言太分明也

次ニ別向圓修ノ義可レ約スニ修中ノ終ニ一云事。解釋ノ中ニ所レ未レ見也。見ルニ六祖ノ解釋ヲ一。言ニ修中一者亦寄タリニ次第ニ一。實ヲモテ而言ヘハ之三觀圓修ス。以ニ二觀心ヲ一修スニ於中道ヲ一。是故至レ此即名ニ圓修ト一。故四念處云。別向圓修。即此意也矣言修中者亦寄次第ト者。今此ノ中道觀者附トニ別教ノ次第ニ一云也。實而言之三觀圓修ト者。是用トニ圓觀ヲ一云也。上ニ寄トニ次第ニ一云ヒ。次實而言之ト云ヘル。正指テニ圓融ノ觀ヲ一云トニ三觀圓修ヲ一聞タリ。以ニ二觀心ヲ一修ニ於中道ニ一。是故至レ此即名ニ圓修ト一矣上ニハ云ヒニ三觀圓修ト一。下ニハ云ルニ即名圓修ト一。圓修體更ニ不同不レ可レ有ル。若

如レ此云者。自二向ノ修中ノ始一可レ用二圓觀一聞タリ。故四念處云。則（則㊀八㊂別）向圓修卽此意也矣是非レ指二廻向ノ初一耶。何況ヤ。以二觀心修於中道。是故至此卽名圓修矣所レ云以二觀心ト者。指二十住入空十行出假ノ位一也。以テ此ノ二觀ノ心ヲ修二中道ヲ一云ヘル。專約二廻向ノ初一聞タリ。於テ別教次第ノ中一尚以如レ此。今所レ云被攝人ト者。宿習深厚ノ機。最上利根ノ輩也。自二修觀ノ初一用二不次第觀一云者（者㊀六）。更有ム二何疑一カ

次至テ下被攝ノ一切ノ人至ル二修觀ノ位一時キ。皆用ル二不但中ノ觀ヲ一歟ト云上者。其ノ義誠ニ可レ爾也。約ル二教門ノ位一時ハ。且ク雖トモレ有ト二但不但之異一。約ニ其ノ實義一時ハ。同可レ用二不但中ノ觀ヲ一也。但中自レ元無ナリ二實體一。何ソ可レ有二修觀ノ義一耶。故ニ被攝ノ一切ノ人。同ク修ム二不但中ヲ一有ニ何ノ相違一カ　是五。難五

(6)一。次被攝ノ聞中ノ義。學者ノ異端太多。蘭菊縱橫ノ故ニ。是非尤所レ難レ測リ也。一義云。被攝ト者本來ヨリ是行人ノ實證也。全ク聞トハ二佛說ヲ一不レ可レ云（㊀私云。釋可レ尋レ之）。但シ。立ル二聞中ノ名ヲ一事ハ。以テレ見ルヲ二中理ヲ一云レ聞ト也。如レ云二聞見等ヲ一。故ニ籤第六ニ（天玄四、二九三）。八人已去爲ニ小樹一。八地已去入リ二利（利㊀別）ノ教道一（㊂別歟）及別教ノ本人ヲ爲ニ大樹一。被レ攝見レ中及圓教本人ヲ爲ニ實事一矣先德引二タマヘリ（㊀私云。可レ勘レ之）今此ノ文一ヲ。卽チ聞中者云何ト問シテ。答ニ此問一時。出シ二今籤ノ釋ヲ一タマヘリ（タマ㊀給）。以テレ之ヲ云フレニ之ヲ。聞中ト者只指ス二見中ヲ一也。令三深（天止二、四七〇。弘決）觀レ空卽見ニ不空一矣則チ可ニ此ノ意一ナル

一義云。佛必ス可レ令ム レ說キレ聞カ中道ヲ一也。通教利根ノ人。於テ二如幻卽空ノ理一ニ欲スルレ研キ二出ムト中道法性ノ理ヲ一時キ。機緣既ニ純熟スルニ依テ。佛爲ニレ之可レ令レ說二聞中道ヲ一（同、三〇三。止觀）也。依レ之本文ノ（「方歟」（ㇼ）㊀㊂ち）（㊂止三ノ三。）中ニ。破眞俗上惑盡 ○ 聞中道ト云ヒ。後段ノ被攝ニハ。方（㊀㊂方）爲說（六十七丁）眞內之中ト云ヘリ（同、四七〇。止觀）。或ハ。被攝方聞。聞已見レ理矣（同、四七〇～一。止觀）六祖大師。決（同。弘決）爲レ欲レ示ニ於眞內ノ中ヲ一故。云（云㊀㊂故）ニ待テ證レ空ヲ方ニ爲スニ點示スルコトヲ一矣本末ノ解釋皆可レ聞ニ佛說ヲ一判スル也

（「是ヨリ已下小書歟」（ㇼ）㊀㊂ち）聞中ノ義異義不同也。就テ二本教ノ惑ノ盡（盡㊀釋）不盡一題ニ此事ヲ問答シ了（了㊀畢）ヌ。其ノ義與レ今殊ナリ。必ス可ト聞ニ佛說ヲ一云事。阿抄ニ裁（載カ）スレ之ヲ。注ニ加フ二夏ノ字ヲ一是竹林院相承歟。行人ノ實證ナルカ故ニ繩床ニ結フレ趺ヲ時キ。自可レ發ニ得スレ之ヲ。不レ可レ依ニ佛說ニ一云事。一往雖レ似タリトレ可レ然ル。中道ノ妙理ト者諸佛ノ內證也。此悟ヲ成（成㊀來）ニラム行人ノ心中ニ一時キ佛說トレ之ヲ云事。誠ニ有ニル其ノ

理歟。行人實證不可依他云事。是一往義勢也。再云之時感應道交不可思議也。行人將取證時。來〔ロ佛〕可示之也。雖未至證中位。卽空證中有卽中理。此理顯時佛示之。尤可有此義也。處處釋定聞中云事。誠可有意〔意ハ之〕。只指見中名聞中云事。殆可云未盡歟〔「」ロニナシ「是マテ小書歟」〕

但依佛說聞但中法性理人。至修觀位修不但中云者。有違背佛說之失云御難至者〔者ロナシ〕。所立大旨如前。若約其實事時。但中不但中更無隔。佛說時亦雖寄但中。觀其中道實義時用不但中事。更〔ロ有〕何相違有〔有ロナシ〕。若修不但中時。觀佛說但中可〔ロ卽〕進不但中。但不但既無隔。依何違背佛說可云耶　是六。難六

(7)一。次至一生破無明證據者。證道攝者尚是卽身入地誠證也。(天止二、四六七)所以後段被攝中有問答。於問有五義。初問。若〔ロ云〕以別攝通止觀云〔云ロ二者〕。爲權爲實〔矣〕答此問云。(同、四六八)攝得入教此則屬權。攝得入證此則屬實〔ニ也〕教道入者在迴向位。故以之屬權。證道入者在初地。故以之屬實也。是不可云一人豎入。卽是可二類不同。故六祖大師消今文。決(天止二、四六八)初問者。被別攝人不必盡證。是故則有權實不同〔矣〕〔ロ時ニ答〕是以教道入證道入爲各別人誠證。若一人始終可云不必盡證耶。或至迴向位。或至初地。故云不必盡證也。若約一類誰人不至初地證位。故不可云被攝〔ロ別〕人不必盡證。既分別二類故。一類教道攝者故卽生圖迴向位〔ニ留歟〕。一類證道攝者故進可至初地也。如此意得。於證道攝者一生破無明證據。誠是分明歟

次。決(決ハナシ)(天止二、四六九)從下根來多至初地。中上入者此卽不定(同。止觀)〔矣〕是又可一生入地證據。本書。九地伏無明。十地破無明卽名爲佛。但一品破。那得是極。故知。攝入別也〔矣〕(同、四六七)是第五。攝入何位問

答也。是卽八地聞中。九地修觀。十地破無明以答前問也。六祖大師釋今文(天止二、四六九)。九地下。答第五問。從下根來多至初地。中上入者此則不定矣。本書以至初地位答攝入何位問。約下根攝者故也。六祖大師再分別其意時。從下根來多至初地。中上入者此則不定矣。下根攝者於本敎空假方便久熟故。直至初地也。若夫指終可入之位多至初地釋云者。中上入者終可不至初地耶。此則不定文。更以所不消〔回被〕也。中上攝者終定可入初地。何以云此則不定耶。下根人被攝三根相對時。且雖鈍根類。既盡本敎惑故速至初地。中上入者雖根利。本敎惑未斷。眞空理未深故其信〔信回位〕未定。付云不定。或地前或地上或地前地上。雖三義不同。下根多至初地者。定至初地云也。是約一生入也。若約多生後。中上入者何不至初地。以之云之。一生斷無明云事。誠證在此文歟　是七。難七

(8)一。次至大經一生實相二生法界等文者。是又所立潤色也。六祖所引分明故也。大經座被攝誠是古來所不一決〔回也〕。然而六祖所判。章安料簡。現文既分明故所備一生破無明誠證也。御廟又引之爲一生入地證見。經文大經第四十(大正藏十二、六〇三下。北本涅槃經)。善男子。是相法界畢竟智。第一義諦第一義空。下智觀故得聲聞菩提。中智觀故得緣覺菩提。上智觀故得無上菩提。說是法時十千菩薩得一生實相。萬五千菩薩得二生法界矣。三乘同觀第一諦〔回二義〕云。寧非通敎耶。上智觀故得無上菩提云。專可約被攝義也。經次下文。說是法時十千菩薩得一生實相。萬五千菩薩得二生法界矣。上文若約被攝云者。說是法時等云下出其得益。專約被攝者可云也。章安大師釋此文(回涅槃疏第十五)(大正藏三八、二二九下〜二三〇上)。今此文中明。三乘同觀第一義空。但智有下中成三乘別。例如三獸度河得水深淺〔深淺回淺深〕。三乘同觀中道。深智卽得無上菩提。淺智但得群〔群回二辟〕支〔辟歟(辟歟回二ナシ)〕與聲聞菩提矣。「三乘同觀中道深〔「」回ナシ〕智」者。同觀含中法性理。故云「三乘同觀」。中道深智

卽得無上菩提ト者。是非ニ被攝ノ類ニ耶。淺智但得辟支與聲聞菩提ト者。鈍根ノ人留ルニ當通ニ約ル也。次釋トシテ時衆ノ得益ヲ。文云。得ニ一生實相二生法界ヲ者。（涅槃疏十五（大正藏三八、二三〇上））謂下十地補處大士以爲ニ一生ト。九地則是二生ト上。若具論者則如ニ法華經損生義說ヲ矣　今釋ルニ時衆ノ得益ヲ時キ。以テ一生實相二生法界ノ文ヲ成ルニ九地十地ノ得益ヲ。是レ約ルカ地上ノ增道ニ故ニ非ス被攝ノ一生破無明等ニ。然而經ノ上下ノ文相合テ意得ル時キ。上ノ文約スニ被攝ニ。次下ノ得益寧無ムニ其ノ意ロ耶。六祖大師。如ニ大經ノ三十六ノ文ノ末ノ。（天止二、二八二。弘決）佛說タマフ下觀スル因緣ヲ四種不同ニシテ。得コト菩提ヲ異ナリト上。說タマフ是ノ語ヲ時ニ十千ノ菩薩得タリ一生實相ヲ。五千ノ菩薩得タリ二生法界ヲ。章安ノ云。三乘同ク觀シテ第一義諦ヲ智解不同ナリ。一生二生トイハ乃チ是レ破ルナリ無明ノ一品二品ヲ。實相ハ是別ノ理ナリ。法界ハ是レ圓ノ理ナリ。卽是利根ノ攝コ入シテ別圓ニ。破シ無明ヲ已テ八相作佛スルナリ矣　三乘同觀第一義諦智解不同ト者。如ク前ニ料簡シ申ス分コ別ス通教ノ利鈍ヲ。中道深智卽（語カ）得無上菩提矣　非ニ被攝ノ者ニ者如何カ可レ云耶。說是法時十千菩薩得一生實相等云カ故ニ。上ニ所レ云ノ利鈍ノ根性ノ上ニ列ニト一生二生ノ得益ヲ云事分明也。故ニ六祖大師。一生二生乃是破無明一品二品ト釋タマヘリ也。但。章安ノ釋ハ相違セリト云フ難ニ至テハ。經文奄含シテ意廣ク旨深シ。或是レ地上ノ增進也。或是別圓攝通ノ類也。各可レ有ニ其ノ意ロ。共可レ押フ佛智ノ窮源ヲ耶。六祖大師ハ引タマヘルカ章安ノ解釋ヲ故ニ。涅槃疏又可レ有ト其ノ意ロ被レ得タリ。三乘同觀第一義諦智解不同ト云カ故ニ約ニ被攝ノ者ニ云事。其ノ義既ニ定レリ。以テ此ノ意ヲ消セリ下文ヲ。可レ約ニ被攝ノ類ニ云事誠ニ分明也。一生二生乃是破無明一品二品。實相是別理。法界是圓理。卽是利根攝入別圓ト云ヘリ。其意誠ニ分明也。但シ。今此ノ六祖ノ解釋ハ非レ釋スルニ權實ノ義ヲ。借テ文成スト義ヲ云事。頗ル不レ叶ニ六祖ノ解釋ノ旨趣ニ歟。章安ノ消釋。六祖ノ解釋共ニ釋ス被攝ノ義ヲ。非レ會ルニ經ノ實義ニ耶。一生二生ノ文師資ノ所判且雖レ似タリト異ナルニ。如ニ前ニ料簡シ申ス上ノ文既ニ被攝ノ義分明也。次下ノ得益豈可レ背ク之ニ耶。全不レ可レ云レ借トハ文ヲ。縱又雖トモ借レ文ヲ顯ス義ヲ。其所ノ顯レ義ハ正是レ一生破無明ノ義也。此ノ釋非レ可キニ空ク施ス。爾者一生入地ノ誠證ニ備ル事。誠ニ可シ盡理再往ノ意ナルニ

(曰)同二日

次至以一生實相文爲一生破無明證據。以二生法界文二生可破無明歟云御尋。六祖大師。（天止二、二八二）一生二生乃是破無明一品二品。實相是別理。法界是圓理釋故。（二生(曰)ナシ）被攝行人斷一品無明入初地爲一生。二生法界者。斷二品無明至圓第二住云也。是則圓攝通也。別攝猶有次第意故但斷一品入初地。圓人不次第故超越至二地已上也。御廟大師。中上入者此卽不定文消作三釋。其第二釋。中上二根人初地及二三地入云云（被接義私記、五八丁右）其二地已上至以屬超斷人。卽六祖釋被引用見。如若此御釋。（如若(曰)若如）一生實相二生法界同是可一生破無明證據。

次至實相是別理等釋者。以實相屬別理。以法界屬圓理事。其意誠不祥。（祥(曰)詳）六祖分別定有其意歟。（其意㊇ナシ）經文。大經第四十（大正藏十二、六〇三下。北本涅槃經）一切諸法皆是虛假。（曰）〔隨〕其滅處是名爲實是名實相。是名法界。名畢竟智。名第一義諦第一義空矣（「名カ」）如經文。實相法界者。只是列異名也。

別圓不同誠難思。然而經文結時衆得益時。（同前）說是法時十千菩薩得一生實相。萬五千菩薩得二生法界矣結其得益不同時。一生實相二生法界云故。實相云法界云誠可有其不同歟。以斷一品無明屬別教。二品超斷屬圓攝故。實相是別圓。（圓(曰)理）法界是圓理矣尤叶經文者歟　是八。難八

(9)一。次至借使一生兩惑先除等解釋。（(曰)弘六）（天止四、五六）一生斷兩惑事雖可然。一生破無明義不見云御難。凡今此文。次第破法遍中明中道正觀文也。就「此本書文釋別圓中道。（「」(曰)ナシ）（(曰)止六ノ三ノ四丁）（天止四、五六）圓教初知中道今前」（今(曰)亦）（亦カ）破兩惑。奢促有異。何以故。別除兩惑歷三十心。動經劫數。然後始破無明。圓教不爾。只於是身卽破兩惑。卽入中道。一生可辨矣別教心。爲除兩惑久經三十心遙逕塵劫然後破無明。其始破無明者。卽顯大歷別中也。（大(曰)ナシ）圓教心不如此。（心(曰)意）於此身破兩惑。卽證入中道故。於一生獲得始終云也。是卽別圓中道不同也。別圓二教

下同雖有破兩惑文。解釋本意正在斷無明。分別二教中道故也。若依本書心。別教經多塵劫至初地。圓教一生內至初住。是別圓二敎中道不同。凡別教經劫數者。正在三十心位也。經彼劫數了。雖別教長遠敎。卽至斷無明位也。故。別除兩惑歷三十心。動經劫數。然後始破無明釋也。六祖大師釋此文。決六(三三ノ四丁)次第行者。借使(天止四、五六)一生兩惑先除。雖不經歷亦成次第。或圓攝別。或別圓攝通。或解圓行漸。幷兩惑先除。俱非今意。今意一向專在於圓一生破無明證據專在今本末釋也。次第行者。借使一生兩惑先除者。本書次第行人動經劫數後始破無明。圓教一生內破無明釋了。卽入中道一生可辨文是也。六祖大師受此文。次第行人。縱一生內兩惑先除。雖不經歷諸位。猶成次第云。是本書寫一生可辨文。別教次第行人上。縱一生內斷兩惑雖破無明。猶成次第行人非不次第行人云也。斷無明不云事。自本書文都經歷事正在三十心故。爲成一生可辨義。借使一生兩惑先除云也。或圓攝別或別圓攝通或解圓行漸等者。各擧頓證類也。若不爾者。本別教人可擧。而不云之擧三攝及解圓行漸人事。雖一生得入人。猶是經空假位始入中道。除兩惑了後斷無明故也。圓人不然。三觀一心修三惑一時斷故也。故幷兩惑先除俱非今意。專在於圓〔文〕圓教意三惑三觀俱在一心故。今意一向專在於圓云也。本書文就今釋在法行合文見。前所誦申法說也。譬說中說三重譬。合譬文中。(三止ノ六。三ノ五)(天止四、五八)圓教初心卽修三觀。不待一觀成故別攝圓攝等類一生雖破無明。前修空假後證中道故。屬次第行人非不次第證入釋也。若如此得意。別攝通人一生破無明云事。誠在此文歟。但。一生內破見思塵沙兩惑不破無明惑云者。更可背本末起盡也。何況案御難始終。別攝通人一生不可破無明事。於通教中。

(大正藏三九、八〇中。金光明文句)動逾塵劫矣。別教中。動經劫數矣(天止四、五六。止觀)別攝通人。不經此等劫數。不可至初地實證。所令難也。而今解釋。次第行者。借使一生兩惑先除云故。通教動逾塵劫。別教一行動經既一生內具足了。若爾前御難既壞了。仍斷見思塵沙兩惑許。斷無明證中道義又以非可遮之。但。借使一生等云故。猶是縱容義。非定判釋云御難至。釋義意趣全不然。其旨如前料簡中。所以者何。本書論別圓次不次時。別教塵劫後斷無明。圓教一生斷無明云。顯次不次中道故。本書塵劫云釋。還次第行人云。縱即生雖至斷無明位。前修空假後證中道。猶是成次第云也。故借使言本書就多劫行成次第釋。加意釋成時。段一生閒雖證中道。空假前修兩惑前斷。次第成云也。故借使言成。縱容心不可云　是九。難九

⑽一。次藥草喩品六祖解釋。猶是可所立誠證。(天文四、一六一六上)以通菩薩過二乘地。或潤生身或不經生而成正覺矣。以通菩薩過二乘地至第七地至第八地聞。或潤生身者。是顯誓扶習生義也。或不經生而成正覺者。非被攝一生破無明約誰人可意得耶。不改見思斷惑生至華王佛果。除被攝人更不可辨其類。但。可約圓攝通云御難至。但或不經生云。以何只限圓攝除別攝可云耶。何況弘決六文合。得意之。借使一生兩惑先除云(天止四、五六。弘決)。(同前)或圓攝別。或別圓攝通。或解圓行漸。並兩惑先除矣。別圓攝通同無得生義見。所云或不經生文。寧限圓攝可云耶。山王院大師此文意釋。當(論記六(七カ)二〇七下)(佛全25、)知。延身入變諸如斯言。此通教義。捨命入灰。捨身入變。多約三教聲聞緣覺。得此達莫迷岐路。又菩薩以誓故留有根身。至第八地方斷隨眠。亦約通教下根被攝矣。山王院大師引六祖今釋了述其心時。亦約通教下根被攝矣。釋故。或不經士文可約被攝者云事。仰而取信足者歟　是十。難十

⑾次至楞嚴先德唐決疑問。彼第二十一問。初空假(佛全32、四二)

（八下）二觀乃至能八相作佛云云意云。即身登十地耳矣是現文中不云一生破無明。釋意即身登十地云也。（同前）一邊疑。本別教人。尚無肉身登十地。云何從（者カ）前教（八別歟）（劣カ）來者（便能カ）。忽超登耶（且カ）矣先德意趣。別攝通一生破無明定其義尋疑也。仍尋捜先德意趣時。一生破無明義更不可疑之。但。初空假二觀等文。（「曰至）一生破無明義不聞云御難至（至曰之）者。誠於現文中其言雖不詳。捜文勢大旨其心（心曰意）尤分明也。初空假二觀。（天止二、三〇三。止觀）破眞俗上惑盡方聞中道云故〔於〕（曰二）（八別歟）前教中既斷見思塵沙兩惑畢。正聞中道不經劫數云事分明也。（「曰誠）（同前）仍須修觀破無明。能八相作佛者。於仍字訓自古相承多。且有即訓。仍須修觀破無明。能八相作佛者。即字訓。文勢所趣可至破無明句故。一生破無明義自分明歟。若爾。一生破無明義尤分明歟。縱雖本別教心（心曰意）。於修中位經劫數不云。空假位純熟了（了曰畢）即可入初地眞證也。況被攝者既二觀成就盡眞俗上惑了（了曰畢）。聞中道妙理

即立中道妙行。於即生破無明可入初地也。本文起盡既以如此。況被攝者。正以初地中道（「曰復）攝本發（發曰教）中空假也。故。雖見中道（同。弘決）必假通教空假二觀爲前方便。必待別理攝之方聞矣（同、四六九。弘決）仍下根攝者爲本。專可約一生破無明也。從下根來多至初地矣心（心曰意）在斯歟。本朝先德。初空假二觀等文爲進致遺（遺曰三遺）唐疑問。心專在斯。知禮決。（佛全32、四二八下）未知何處定云即身者。未盡本文心（心曰意）故也　是十一。難十一

⑿　一。次至（天止四、九九。止觀）如此修證高遠迢遞解釋。至（「曰者）通教第七地論修。於第八地論（八云問歟）證。論其修證事。在七地八地聖位。遠隔凡夫位。故如此修證高遠迢遞云（「曰此）。中道觀於凡無益判也。於別攝通無一生入地義云非也。（同前）釋義前後正顯此義事。斥別教中道觀。又初心尚未入十信至迴向。若無迴向豈（同前）得修中。無修則無證。此中道觀於凡夫人望岸（岸曰崖）無益矣別教心（心曰意）迴向位始（始曰初）修中。初地位新證中故。此中道觀爲凡夫人遙望岸更無益

云也。是卽凡聖遙隔。修證更遠云也。次明圓教。今明圓教五品之初只是凡地。(天止四、一〇三。止觀)卽是圓觀三諦矣(能カ)。是於凡夫當位觀圓融三諦云。辨權實不同事如此。所以別攝通人。通教七地八地於論修觀破無明故。去凡位事甚遠云也。非論一生破無明有無。何況如今釋至通教七地八地事。高遠迢遞云故。如此釋一生內斷兩惑義不可有。而借(天止四、五六。弘決)使一生兩惑先除。雖不經歷亦成次第。或圓攝別。或別圓攝通。或解圓行漸。並兩惑先除釋也。一生內(內曰中)至七地八地兩惑斷證入後教事既許之了(了曰畢)。解釋所定也。若爾。以此釋會如此修證高遠迢遞釋。縱雖云高遠迢遞一生內(內曰中)至七地八地事不可遮(曰者」)(記續四五、一二一丁右上。輔正記)次至化城喩品末師釋。既。攝入別教十行云故。是引攝攝也。非被攝攝歟。縱雖約被攝者。此上中二根者攝入十行位故。經多劫云歟(歟曰三也)。今約下根直入初地故。論一生破無明義也。凡住行攝者既爲別題。無(無曰所)稟習。無住行攝者可存申

故。攝入十行文(「曰文)別可有其意也。以之不可爲一生破無明違(「曰三」)。是十二。難四

⒀次止觀別攝通實圓攝通也云事。任六祖大師所判仰先德釋義計也。未辨深旨未究前後云。只任後(後曰三彼)釋義所稱其名目也。決云。玄文(天止二、四六八)具明以圓攝通以圓攝別。彼約教道。於教道中或以權教攝權。或以實教攝權。今但(曰異イ歟)約教所詮理邊。但以權理被實理攝。於義略足。是故但云內外交際須立一攝矣。籤(天玄二、一五八)三云。若止觀中爲成理觀但以界外理以攝界內理。〔故藏通兩教明界內理。別圓二教明界外(曰三)理。〕通別兩教是明兩理之交際。是故但明別通(「曰接)耳。今前六重仍存教道。於法華前通(通曰逗)後(後曰三彼)權機。故有圓攝通別二義。實道只應圓理攝權。故釋今文應順教道。復以圓中攝於但中矣兩處(處曰所)所判其旨尤一概也。分別三攝事偏依教道。但立一攝事專約證道也。約其證道時。但

不但寧各別耶。故今文意（決（天止二、三一五））應須修觀還破無明。不分但中不但中別。故知。語地已含於住。豈有初住矣約證道約觀門時無但不但不同。以之名止觀別攝通故。止觀別攝通卽圓攝通也立申。所立大旨如此　是十三。難十二

御廟御釋甚委悉也。就本教惑盡不盡重重御釋書出之了。又以止觀別攝通名圓攝通義。相傳趣書裁之了。但立破時不可述己證。「是ヨリ已下小書歟」

得彼大綱了隨應可構會釋也「是マテ小書歟」

⒁ 一。次就一生破無明道理立申多故。正以何義可成申眞實落居耶云御尋至。古來料簡趣各各出申先聞計也。道理所趣未辨旨歸處也。但內薰中道宿習最上利根人故。外於本教中速成就二觀也。仍圓攝中二觀成就事依最上利根人。最上利根事依無始宿習事也。宿習開發一生破無明人。於所證無但不但別。故止觀別攝通卽圓攝通云意可有也。條道理雖立申。所究竟更非別途。共可成一生破無明義也　是十四。難十三（ㄱ。十四カ）

⒂ 次至被攝正行人實證也。指誰人可云被攝行人耶云御尋云云　就本教惑盡不盡算注之了　是十五。難十五

⒃ 一。次被攝者。一代五時間可約何時耶云御尋至。法華是引入攝非交際攝深可約他經也。爰以。攝義本在法華經前矣（天玄二、二〇四。釋籤）於爾前座分別之事。具如御精。於華嚴座被攝學者存異端。若約教相大旨不可有被攝者。專可約方等般若時也。於其中強分別之正可在般若時也。爰以玄文中分別三攝義了。玄三（天玄二、一八五～八）何故三人同聞二諦。而取解各異者。此是不共般若與二乘共說。則淺深之殊耳。大品云。有菩薩初發心與薩婆若相應。有菩薩初發心遊戲神通淨佛國土。（同、一八六）有菩薩初發心卽坐道場爲如佛矣　六祖大師。此是不共般若與二乘共說者。諸部般若以但不但

二種ノ中道不共之法ヲ與ニ二乘一共說ス。如レ云カニ四諦清淨ナルカ故眞如淸淨也トラ等一。（也日三ナシ）例スルニ二方等部一ニ非レ無キニ此ノ義一。以三方等經ハ多ク順ルニ彈呵ニ共ノ義稍ヤヤ疎ナリ。故ニ判シテ在リト二般若ニ一。般若ハ於テ二菩薩一則成ニ共說一ト矣被攝ノ義專ラ可トレ約スニ般若ノ時一ニ云事。誠ニ是レ分明也　是十六

⒄一。次ニ本文ノ中ニ但シ（「日至）釋スルニ別攝通ヲ一事ヲ云トシテ（天止二、三二一三。止觀）。不以此佛果攝三阿僧企（企日祇）百劫種相之因。故不攝三藏ト云テ。但シ斥カニ菩薩ノ因時未斷ノ義ヲ一故ニ。已斷見思ノ二乘ノ人ヲ可レ攝スト歟ト云フ御尋ニ至テハ（至日者）。誠是御廟ノ大師一箇ノ問答也　是十七

御廟私記云（被接義私記、十九丁右～二十丁右）。問。三藏教中具有ニ三乘一皆不レ攝耶。爲レ當ニ云何一（「耶カ）。答。設爾何失。問。二倶有レ過。若皆三乘不レ攝者。何故止觀只云ニ不以此佛果攝三阿僧祇百劫種相之因一（天止二、三二一三參照）。具不レ云ニ三乘一耶。若シ依ニ止觀文一唯不レ攝ニ菩薩一者。何故弘決云ニ三藏不可攝故一（「日惣）（「因拙カ）（同、三二一四參照）耶。又二乘人置ニ被攝一（豈カ）耶。答。三乘倶不ニ被攝一。問。若爾後難雖レ通前難猶有。答。凡論ニ被攝一唯約ニ菩薩一。二乘之人理在レ不レ疑。故ニ釋籤云。攝義本在法華經前於中仍是菩薩矣菩薩之人有ニ其四教一。是故

問云。何獨攝レ通而不レ云レ藏。今通レ之云。不下以ニ此佛果一攝中三阿僧祇（祇日企）百劫之因上。故不レ攝ニ三藏一云云　故止觀文不下身（身日八三㑹）具擧ニ三乘一答ヒ之。問。若爾何故玄文第三。約ニ二乘一簡ニ三藏教一耶。故彼文云。問。故（故日何）不レ攝ニ三藏一。答。三藏是界內不ニ相卽一。小乘取レ證根敗之士故不レ論レ攝　已上　答。止觀玄文所望各別。是故爾耳。何以故論ニ攝不攝一。惣有ニ二別一。一者斷惑不斷惑別。二者二乘菩薩乘別。卽是約ニ菩薩斷惑一而論レ攝者。若不レ斷レ惑菩薩而（「日雖）不ニ被攝一。若二乘人雖レ斷レ惑不レ攝。玄文約ニ初義一問ニ答之一。止觀約ニ次義一問ニ答之一（也日云三之）。故不ニ相違一。重意也。玄文意。若三藏教二乘之人已斷ニ見思一問（問日三同）（同カ）ニ通菩薩一。何不レ攝耶。此答意（「論カ）云。二乘雖（雖日ナシ）レ斷ニ見思二惑一不ニ相卽一故及根敗故。故不レ論レ攝。攝義必ス依テニ相卽一立ルカ故可（可日ナシ）レ云也　矣

御廟ノ問答再往盡理也。其ノ義尤モ具ナル歟。初ノ問答ノ大旨ハ斥トシテ二三藏教一ヲ。不以此佛果攝三阿僧企百劫種相之因ト云テ。但斥キラフニ菩薩ヲ事ハ。被攝ト者自レ本約シテニ菩薩一ニ論スレ之。二乘ハ都ヘテ〔所レ不ルレ〕（日二）云也。故ニ但シ於テニ菩薩ノ中一ニ但斥（斥八ナシ）ニ三藏ノ因

時未斷ノ義ヲ也。惣シテ論レ之ヲ時ハ。於テ二三藏ノ中ニ一三乘同ク不レ攝セレ之ヲ也。重テ問スルニレ之ヲ。玄文ノ中ニ不ルレ攝二三藏ヲ一義ヲ云トシテ。（天玄二、一九八）三藏是界內不相卽。小乘取レ證根敗之士矣是ハ正ク於テ二三藏ノ中ニ一斥カ二二乘ヲ一故ニ。所依ノ文ト其ノ義遙ニ異也。答スルニレ之ヲ。止觀玄文所望各別矣其ノ所望各別ノ意ヲ云トシテ。都テ論スルニ二攝不攝ヲ一更ニ有リ二二ノ別一。一ニハ斷惑不斷惑ノ別也。斷惑ノ者ハ被ルニ二後教ノ攝ヲ一。不斷惑ノ者ハ不レ被レ攝ヲ。二ニハ二乘菩薩ノ異。菩薩ハ被ルレ攝ヲ。二乘ハ不レ被レ攝ヲ。而モ菩薩ノ人ハ雖トモレ被レ攝ヲ。未斷惑時ハ不レ論セレ攝ヲ。又斷惑ノ人ハ雖トモレ被レ攝ヲ。二乘ノ人ハ不ルレ攝セ也。故ニ於テ二攝不攝ニ一有ル二二ノ別一也。摩訶止觀ノ中ニハ。惣而約スレハ二菩薩ニ一雖トモレ可トレ論二被攝ヲ一。三藏ノ菩薩未斷惑ノ故ニ不レ攝セレ之。玄文ハ「（日）意已斷見思ノ人雖トレ可トレ被ニ後教ノ攝ヲ一。二乘ハ不相卽ノ故ヘ及ヒ根敗ノ故ニ不トレ論セレ攝ヲ云也。止觀玄文所望各別ト意在ルレ斯ニ也。故ニ兩處ノ釋義各有リレ意。俱ニ三藏ノ三乘俱ニ不ルレ攝事ヲ顯ス也

此ノ御廟ノ御釋ノ問答。能能可キ二研精ス一也。於テ二攝不攝ノ中ニ一取テ二菩薩乘ヲ一斥フ二二乘ヲ一事ハ。非スンハ二空假ノ方便ニ一不カレ可レ顯ス二中道ヲ一故也。二乘ハ根敗ノ故ニ永ク壞ル二出假ノ根ヲ一也。又約ル二斷惑不斷惑ニ一事ハ。非ス二二觀ノ成就ニ一者不カレ可レ顯ス二中觀ヲ一故也。若シ不レ斷セ二見思ヲ一不レ可レ成ス二空觀ヲ一。不レ成ニ二空觀ヲ一不レ可レ成ス二假觀ヲ一。不ハレ成セ二空假ヲ一中道不カレ可レ顯ル故也。又御廟ノ私記ニ。重意ト云テ。「（日）云（被接義私記、二十丁右）此答意云。二乘雖レ斷二見思二惑一。不ニ二相卽一故及根敗故ニ。故不レ論レ攝。攝義必依二相卽一立故云也矣二乘雖トモレ斷トニ見思ヲ一不レ論セ二被攝ヲ一。釋ルニ二其ノ故ヲ一。不相卽ノ故ヘ根敗ノ故ヘ。設クル二二ノ故ヲ一也。然ヲ下ノ文ニ結釋ル時キ。攝義必依ニ相卽一立故矣相卽ト云事カ被攝ノ根源ニテ有ル故也。此事深ク可レ留レ意ヲ。〔（日）如幻卽空ノ理ニ含スト二中道ヲ一云ヘル意是也。〕如幻卽空ト者。空假不二ノ故ニ卽チ明タルニテ二中道ヲ一有ル也。卽シテ二幻化ニ一論ストニ二眞空ヲ一云ヘトモ。但シ成スルカ二偏眞ヲ一故ニ成ル二通教ノ眞諦ト一也。然而此ノ空ハ本ト卽レ俗而眞ノ故ニ。眞諦ノ底ニ含スト二中道ヲ一云也。別（大正藏十二、七六七下。南本涅槃經參照）人ハ顯カ二此ノ中ヲ一故ニ。智者見空及與不空ト云也。攝義必依相卽立故ト云ル此心（日）意也

⒅一。（日）同四日次至ハ下止觀ノ別攝通ハ雖トモレ約ト二證道及ヒ觀門ニ一。終ニ約ル二教道ニ一義無レ之歟ト云御尋上ニ。教證自レ本不カ二相隔テ一故ニ。玄

文約教相雖辨三攝。於此中非無證道義。止觀雖約證道。又不可失教相義。

御廟私記云。問。所云別攝通者。爲以教攝教。爲理籍理耶。答。二義並有。故決文云。今言別攝者。應具二義。一者別教教隣近故。二者別理理異眞故矣同此二義差別意何。答。如云不共般若與二乘共說。三人同聞取解不同玄三意此意初義也。如云二教明界內理。二教明界外理。兩處交際須安一攝止三文此後義意也。問。約理攝之義立別攝通其義可然。云何約教攝立別攝通耶。若爾。應立三攝。但不可立一攝。答。實如所難。止觀意者。但理觀立一別攝。而言別教教隣近故立別攝者。兼依教道明。不立餘攝云意也。意云。通教別教教隣近故。以別攝通。其卽便。若立餘攝者。非隣近故攝義非便矣又云。問。若約教分齊既有初地初住之別。實異止觀之意。何云第四義者。卽文中云唯得以別攝耶。答。約教分齊雖地住別。約理所詮地住還同。凡論理性事在絕言。顯此理觀必應用教。故約教立一別攝通。理不異故自有圓攝。是故後此雖似相違。細尋義旨其意還同云云(被接義私記、十六丁右～左)

御廟兩處御釋。殊可留意。止觀心但立一攝事。約證道約觀門也。御廟御釋。止觀意者。但理觀立一別攝云而立一別攝通事。兼依教道耶。正立別攝通名言事。約教道意也。彼御釋云。而言別教教隣近故立別攝者。兼依教道明。不立餘攝之意也矣(同、二五丁右～左)所以止觀立別攝事。一約證道。一約教道可云也。世人更不可知之。尤可祕之

又本文列四義中第四義者。得受攝名。謂約教分齊矣(天止二、三一四)其約教分齊者。別教以初地爲能攝。斷一品無明是教分齊也。圓教以初住爲能攝。斷一品無明約教分齊也。若二教分齊不同也云者。但立別攝一意相違。故御廟大師。何云第四義者。卽又中云唯得以別攝通耶問。答之。約教分齊雖地住別。約理所詮所地住咸同。凡論理性事在絕言。顯此理觀必應用教。故約教立一別攝通。

理不レ異故自有二圓攝一矣。此ハ就テレ云フニ謂約教分齊ト。必ス雖レトモ可レト有二地住ノ分齊一。約ニスレハ其ノ證道ニ地住全ク同シ。爲メニレ顯ンカ二此ノ理觀ヲ一必ス可レ用フ二教道ヲ一。其ノ約教ノ意ト者。一別攝通也云云。如レ此得レ意。爲ニ其ノ證道ノ〔立テ二一ノ別接通ヲ一爲シ二教道ノ一立ルニ一ノ別接ヲ一也。爲ニ證道ノ一〕立テ二一ノ別攝「通ヲ一」者。御廟ノ大師。但理觀立一別攝云云爲メニ教道ノ立ト二一ノ別攝ヲ一」者。同ニ私記ニ一故ニ。約教立一別攝通云云釋義誠ニ分明也。退イテ案ニ道理ヲ一時モ。玄文ハ三攝也。上觀ハ一攝也。一攝ナル事ハ誠ニ證道也。而モ又非ス二圓攝通ニ一非ス二圓攝別ニ一。一ノ別攝通ナル事ハ。故約教立一別攝通ノ意ナルヘシ。深ク可レ思レ之ヲ。是十八

⒆一。被攝名別大師ノ己證事　具如シ二本教ノ惑ノ沙汰ノ一是十九

⒇一。次被攝義ノ本文事　具如二彼算ノ一是二十

(21)一。次至テ下一生破無明ト者。所ノレ云一生ト者聞中已來ノ一生ニ破ニ無明ヲ一歟。將又以テ二凡身ヲ一速カニ破コト二二惑ヲ一即斷スル二無明ヲ一歟ト云御尋ニ上者。此事學者ノ料簡區也。若聞中ノ一生ノ生者其ノ義可レ輒カル。於テ二別教ニ一入空出假ノ閒。多生及ヒ迭リ二塵劫ヲ一了テ。初テ聞中スル生ニ破シ二無明ヲ一證ト二中道ヲ一云者。一生ノ義甚タ非スレ固キニ。今所ハ二存申ス一自ニ凡夫ノ即生ニ破スル二見思ノ兩惑ヲ一。乃至可キレ破ニ二無明ノ細惑ヲ一也。所謂ル先德ノ唐決ノ意。第二十一ノ問ニ。止觀第三ノ。（佛全32、四二八下）說別攝通人云。初空假二觀。破眞俗上惑盡。方聞中道。仍須修觀破無明。能八相作佛云云意云。即身登十地耳文是ハ初自リ盡ニ眞俗ノ惑ヲ一至ルマテ二破無明作佛ニ一爲ト二即身入地證ト一見タリ。又決六云。（天止四、五六）借使一生兩惑先除。雖レ不二經歷一亦成二次第ヲ一。或圓攝レ別。或別圓攝レ通矣（天文四、一六一六上。文句記）此ノ釋正ク取テ二斷惑ノ生ヲ一借使一生トハ云也。又觀第七。發心已後邊際定ノ力ヲモテ。令ミ二分段身ヲ延ヘテ至ラ二變易ニ一。不シテ二復改メレ報ヲ成ニ無上ノ果ヲ者。此多ク屬ニ通ノ義ニ等云了テ。以テ下通ノ菩薩過テ二二乘地ヲ一。或潤シテ二生身ヲ一或不シテレ經レ生モ而成ルヲ中正覺ヲ上矣分段ノ生身ノ上ヘニ不シテレ用レ經ヲ成スト二正覺ヲ一云ヘリ。是斷惑ノ一生ニ至ト二八相作佛ノ位ニ一云非ス耶。故ニ一生破無明ト者。凡夫ノ一生ニ破無明作佛スト云也。此義彌ヨ難シト云トモ。別攝通ノ一生破無明意在ルレ斯ニ也　是二十一

「寫本云　先如レ本一校畢」

〔墨付四十七〕

（底本奥書なし）

（對校㋺本奥書）

貞治四年（一三六五）乙巳四月四日終功畢

同學快運僧都　志玉

法印權大僧都顯幸 年六十六 戒五十一春

應永八年（一四〇一）辛巳後正月十九日。誂二同業一書寫畢。則手自一校

了

明空 六十二歳 四十五夏

（對校㋩本奥書）

慶安四年（一六五一）卯ノ六月二十四日

書寫畢ヌ

（對校㋥本奥書）

寛永十一年（一六三四）極月一日　夜半ニ書寫畢

南樂坊覺賢（花押）

（底本裏表紙）

天台智者大師加護所

（底　本）叡山文庫眞如藏『盧談』三十五册の內、No.15『被接義聞書』

本教惑盡不盡事と合綴本

（對校本）㋺＝叡山文庫雙嚴院藏『盧談』三十九册の內

㋩＝叡山文庫明德院藏『盧談』二十五册の內

㋥＝大谷大學圖書館藏『盧談』二十四册の內

被接義　一生破無明事

17　天台大師講聞書　目　次

初日　講師仙圓　問者惠導

第二日　講師永仙　問者增海

(以上目次新作)

17　天台大師講聞書

延文二丁酉十一月二十四日(一三五七)
於盧山寺

初日　講師仙圓　問者惠導

(1)〔當通含中〕

御難云。當通眞諦ニ含レ中ヲ故ヲ云トシテ。通教トイヘハ本ヨリ正通實相。傍通眞諦トモ。通通。通別。通圓之義ノ故ニ。位位ニ通ルヲ二後教一ニ意ナレハ可レ含云云此義不レ可レ然。若權ハ通ル實ニ方便ノ故ナラハ。前三教ハ共ニ一實ノ方便ナルカ故ニ三藏ノ生滅ノ空ニモ含ストニ中道一ヲ可レ云歟。爲蓮故花ノ謂ナラハ權ハ必ス通レ實ヲ以テ爲レ意ト故也。若又一實ノ理カ一切ニ卽スル故ナラハ是又通ノ理ニ不レ可レ限ル

次如幻卽空ノ故ニ含レ中ヲ云事不審也。如幻ト者俗也。此俗ヲ卽偏空ト見ンスルハ非有非無ノ中ノ謂ニハ大ニ其ノ義相背ケリ。何ソ可レ含レ之耶。若惣シテ偏眞トハイヘトモ後教ノ意ヲ探テ云レヘハ之中ヲ含ストハ云ハハ。又三藏析空ノ理モ含レ中ヲ可レ云也。何ソ獨リ可レ限ニ通ノ理ニ一耶。凡ソ被攝ト者。聞中修觀等施設ス。(天止二、三〇三。止觀取意)若シ如レ義ノ

元ヨリ通ノ理ニ含レセハ中ヲ何ソ可レ云ニ聞中一耶。是則被攝ヲハ宿習發ト談ス。中道宿習深厚ナル者。聞ニ卽空一ヲ上ニ宿習忽ニ開發シテ。可レ聞ニ中道一ヲ時節到來スレハ佛鑒レ之ヲ說レ中ヲ給フ故ニ聞中トハ可レ云ナル。サレハ方爲說眞內之中等イヘル（天止二、四七〇。止觀）。正ク佛爲ニ被攝人一ノ始テ說ニ眞內ノ中一ヲ給也。全本ヨリ含レ之ヲ不レ可レ得レ心

抑。又含レ中ヲ者。理ニ含スル歟。說ニ含スル歟。若理ニ含スト云ニ付テハ相卽ノ故ニ含スト云歟。若爾者。三藏ノ析空ノ理何不レ含耶。又別教ノ中道ハ離邊ノ中也。通教ノ理何相卽ノ故ニ含スト可レ云耶。若非ニ相卽一ニ者空中ハ大ニ各別也。何可レ含レ之耶

凡被攝名別ハ大師已證歟。古モ疑アリ。義科トイヘハ一一ノ題目悉ク不レ可ニ聊爾一。其中ニ殊ニ被攝ノ法門ハ一一ノ題目皆可レ留レ意事也。付レ之ニ今此ノ通ノ眞理ニ含レ中ヲ歟不レ含歟ヲ治定セハ。自大少（小カ）ノ算題悉ク以レ此爲□□（所含カ）ト云意ハ可レ開事也。サレハ含スト云付テモ能能其姿ヲ可ニ申立一事也

又所レ含中道ハ次第ノ歟。不次第歟。其レト圓理如珠體（天玄一、一二四。釋籤）ノ釋ノ定ナラハ。圓ノ中ハ聞タリ。若爾ハ。相卽ノ故ニ含スト云歟。已前ノ難イヨイヨ難レ遁也

又前唐院御釋ニ付ニ今ノ釋ノ含中ト云一ニ問答ノ釋ヲ作ル時。含中ト有リニ二義一。一ニハ眞實中。二ニハ假立ノ中也。今ハ卽假立ノ中也ト云云此釋如ナラハ藏通ノ當教ノ佛果ノ位ニ空假ヲ雙テ照スル謂ヲ以テ假立シテ與ルニ中ノ名一ヲ含中ト云フヲ釋故ニ。實ニ含ニ後教ノ中一ヲ事ハ不レ可レ有レ之也如何

又御廟大師御釋問答　如ニ別攝一（抄カ）　是ハ約ニ被攝ノ機一ニ詮ニ含中一ヲ云カ故ニ當通ノ意ニテ含レトハ之ヲ不レ可レ云云事分明也

御義云。通教ト名ル事ハ。正通實相。傍通眞諦ノ謂ナルカ故ニ。教（天玄五、七六。釋籤）理智斷等ノ八法。一一ニ後教ニ造リ入ル意ニ約トレハ得心。ケニモ體空ノ理ト云物ト含ニ後教ノ理一ヲ者。大綱ノ約束ハ無ニ相違一事ハ。通教ヲハ色卽是空非色滅空ト云テ。眞俗相卽スト者。三藏ハ生滅析空ノ謂ヲ談レハ。然レハ眞俗ノ體カ大ニ異也。然ニ通教ハ卽俗而眞ト明ス。此卽俗而眞ノ說ハ卽遠ク含ニ後教ノ中一ヲ也。而モ二乘鈍根ノ菩薩ハ聞ニトモ此ノ如幻卽空ノ謂一ヲ但シ偏眞トノミ知テ。此體空ノ謂ハ卽源ト中道ノ實理ニテ有リト云事ヲハ不レ知也。其ヲ利根ノ菩薩聞。此ノ但空ノ謂カ處處ニ顯ニ其中道ノ實理一ヲ（天玄一、一二四。玄義）時。蒙ニ後教ノ攝一ヲ也。例之講答ニモ聞スル樣ニ。通教人。始（指カ）ニ但

空不但空一共為レ極。譬ニ雜色裹レ珠光隨レ色變一。緣ニ所見之光ニ亡ニ其本體一。遂(逐カ)ニ玄黃之色一。墮三落二乘一矣　妙樂消レ之時キ。(天玄一、一二四。釋籤)通機如ニ雜色一。但眞如ニ色變一。圓理如ニ珠體一。機發如ニ物裹一。故通教二乘亡ニ實相體一。遂(逐カ)ニ詮小之教一墮三落二乘一矣　本末ノ釋分明也。但眞如色變トイヘル偏眞理ト者。雜色ヲ以テ裹メルニ珠ヲ玉ノ光隨ニ衆色一變ルカ如ク。偏眞ノ理ヲ色色(色ヵ)卽是空ノ故ニ體空ト說ケルハ。此相卽ノ本性ハ中道ノ理ナルカ故ニ偏眞ナレトモ色卽是空トハ說ケル也。然ヲ其色卽是空ト說ク本性ノ中道ノ謂トハ不レシテ知。當教ノ機ハ墮三落二乘地一ニハ也。故ニ今釋。含中ノ義分明者也

其上。付ニハ今ノ釋ニ殊ニ可レ留レ意ヲ子細カ有也。其故ハ通教人指ニ(但カ)空不但空一共為レ極ト云ヘル深可レ有レ意也。先ツハ通人以ニ但空不但空一為レ極ト云ヘルハ。下引ニ證文一。(天玄二、一八二。玄義)聲聞之人但見於空不見不空。智者見空及與不空ト云カ故ニ。聲聞ハ以ニ但空一ヲ為レ極トス。菩薩ハ以ニ不但空一為レ極ト云樣ナレトモ。實ニハ不レ可レ爾。以ニ但空不但空ヲ共ニ為レ極ト云ヘルハ。共ト者。但空不但空ノ體カ一ナル故ニ。意ハ通教ノ眞諦ト云ヘハ實體ハ中道ナルカ故ニ共為レ極ト云也。中道ト者理ノ極ナルカ故也

私云。妙樂消レ之。(天玄一、一二四)通教理通故名為共ト云ヘリ。共ト云ヘルハ。聲聞ハ以ニ但空ヲ一為レ極。菩薩以ニ不但空ヲ一為レ極ト云ヘル故トハ不レ見云事。妙樂釋分明也。共ト云ヘルハ。通教眞諦ト者地體後教ノ實理ト一ナル意カ有ル故。共トハ云ケル也。サレハ此妙樂釋ニテ今釋カ含中ノ意ヲ至極釋シケリトハ得心ヲシタル也。其上卽テレ下ニ(同前)故通教二乘亡實相體ト云ヘルハ。當通ノ眞諦ノ理ト云フ物ノ本體ハ地體後教ノ中道ニテ有ケルヲ。二乘等ハ不レシテ知レ之ヲハ。只妙幻(如カ)卽空ト說ケハ卽空ノ邊許ヲ執シテ不レ知ニ本性ノ中道ヲハ一故ニ。本性亡其本體トモ。妙樂。亡實體トモ云ケリト云事。其意分明也。其趣可レ尋

如レ此云ヘハ。二乘鈍根ノ菩薩モ含中故ヲハ從ニ最初一聞モレ之不レ立レ用ニ也。聞ニ此謂ヲ一云條ハ勿論ナル者也。是ヲハナニトテ如レ此得レ心云ヘハ。後段ノ被攝ノ文ヲ見ニ。就レ諦ニ論ニ被攝ヲ一相ヲ釋ストシテ。(天止二、四七〇。止觀)通教從初以來。但觀眞中之空ト云ヘリ。既ニ云ニ從初以來(已カ)ト。乾惠初心ヨリ觀ストニ含中ノ謂ヲ云事分明也。若宿習開發シテ可レ被ニ後教攝ヲ一時節到來スル時始テ得レ之ヲ者。何從ニ初

心一觀レ之云ハン。若從レ初觀スト云ハハ。三乘共ニ觀レ之云事不レ可レ疑レ之

サテ此眞中之空トモ云ヘルヲハナニトテ含中トハ得レソ心ナレハ。御廟（被攝私記）御釋。（四十九丁(右)）眞中之空ト云ヘルヲハ。眞諦ニ含レスル中ヲ故ニ眞ノ中ナカノ之空トハ云ソト釋タマヘリ。空ト云ヘル卽中道第一義空ノ謂也。付レ其ニ今此別攝通ノ止觀ヲハ名ニ亦權亦實ノ止觀一ト云ヘルハ。全ク空中前後シテ本ハ但空ノ止觀ナリツルカ。被攝スレハ不但空ノ止觀ナル故ニ亦權亦實ト云ニハアラス。本ヨリ通教ノ意ハ但不但カ一法ノ體ナル故ニ。亦權亦實ノ止觀トハ名ケルソト可レ得レ心也。加之圓頓止觀ノ文ハ。分明ニ可レ含ニ中道一ヲ云事分明也云云 如ニ別抄一

次理ニ含歟。說ニ含歟ノ事。理ニ可レ含云事如ニ上ニ聞一カ云云（天玄二、一八五。玄義）含ストモ云ハハ說ニ可レ含云事不レ可ニ分明一。不共般若與二乘共說ト云テ。不共般若ヲ以テ共ニ說スト二乘一ト云ヘルハ。卽以ニ中道一ヲ眞諦含シテ說ク故ト可レ得レ心也。（同、一八六。釋籤）又四諦淸淨故般若淸淨ト（眞如カ）云ヘル。以レ之爲ニ被攝ノ證一ト。四諦ト者當教ノ眞諦也。四諦淸淨ノ故ニ眞如淸淨ト云ヘルハ。眞如佛性ノ理ヲ含スル故也

次前唐院御釋。重重可ニ了簡一子細雖レ有レ之。先ツハ實ニハ雖レ含ニ後教中道一ヲ。今假立ノ中ト釋スル意ハ。佛性中道ヲ含ストモ云フハ實ニハ以テ後教ノ意一探テ如レ此施設スル也。一向付ニ當教ノ面一ニ含スト佛性中道一ヲ云事ヲハ不レ可レ談レ之。故ニ今一向於ニ當教面一ニ。（天止二、二九九。止觀）眞諦發二眼二智等云テ眞諦カ發ニ佛眼一切種智一ヲ云ヘルハ假立ノ中ソト釋シタマフ也

私云。三藏ノ下ニ。（同前）佛眼一切種智ハ共緣眞俗兩諦等云ヘリ。當通ノ下ノ意ハ全可レ同レ之故ニ如レ此釋シタマフ歟。文相旣如レ此見タル上。道理モ亦可レ然。故ニ如レ此釋タマフ也

私尋申云。圓理如珠體ト者。約ニ別攝通一ニ時。云何可ニ得レ心合一耶 是一 次含中說ハ爲ニハ二乘鈍根ノ菩薩一ノ無用ナリト云難ニ付テ。古義ノ趣大概如ニ別抄一。然而眞實ニ不レ得レ知レ之心。如何可レ同レ心耶 是二 次御廟二重問答ノ釋。如何可レ得レ心耶 是三

御廟被攝私記云。（四九丁右～左）約レ諦答中。此爲レ權爲レ實問。如何答耶。答文云。若就レ諦論レ攝者。通教眞諦空中合論。從レ初已來但觀ニ眞中之空一云云 是其答也。（也カ）問。此答意何。答。被攝之人含ニ別教中一。又通教眞故也。通教眞諦空中合論。此

中約ニ空爲レ權。中理爲レ實言也。故決云。初答ニ第一問一者。空中合論。空卽是權。中卽是實 文 從レ初已來但觀ニ眞中之空一者。從ニ八人地一但觀ニ眞諦中幻空一言也。意眞中含ニ中道一故云ニ眞中之空一也。問。此答意言レ屬レ權歟。言レ(了矣カ)屬レ實歟。答。其眞諦中含ニ權實二理一。故亦權亦實言也

(2)ニ別教佛斷ニ法界品ノ無明一盡耶

難云。別教佛盡ニ法界品ノ無明一歟不ヤノ事。惣シテ此算題ノ樣不ン被レ得レ心者也。講答ニモ聞ユル樣ニ。若一向當教ノ面ニ約シテ云ハン時ハ惑トシテ不レ盡云事不レ可レ有レ之。理トシテ不レ窮云事不レ可レ有レ之。若又以ニ後教ノ意一ヲ云ハンレ之ヲ時ハ。初地初住證道同圓ナルカ故ニ。卽ニ初地一ニ時實ニハ成ニ圓人一。但中觀力破ニ無明一ヲ事無レ之。實ニハ以ニ不但中一ヲ斷レ之ヲ故ニ。別教ノ意ニテハ惣シテ一品ノ無明ヲモ不レ斷ト可レ云也。故ニ付ニ此題一ニ。當教ノ意歟。後教ノ意歟ノ兩邊ヲ明ラメテ。其上ニ義勢ヲモ可レ成也。付レテ其ニ今講答不レ可レ盡ニ四十二品一ヲ故ニ。別圓ハ事理ノ不同也。又卽不卽ノ別有ニ依ルト被レ成。大ニ不審ニ覺ル也。先付ニ事理ノ不同一ニ不審ナル事ハ。中ト理トハ暫クモ不レ可ニ相離一ス。サレハ事理ノ二法ハカタミシカニハ不レ可レ有ル。必其體可ニ齊等一ナル者也。所謂別圓二教ノ意。同ク明ニ十界一ヲ論ニ三諦一ヲ。事ト者十界性相究然トシテ。阿鼻ノ依正ト極聖ノ自心トノ相秋毫モ無ニ亂事一謂ハレニ約ス。理ト者今此十界始終ト一法ニシテ。(大正藏四六、七八一上。金錍論)阿鼻ノ依正ハ全縁(處カ)ニ了極聖ノ自心一ニ。毘盧ノ身土ハ不レ逾ニ凡下(下凡カ)ノ一念一ヲ意ニテコソ有レ。其事理ノハタハリハ全可ニ齊等一者也。三諦又可レ然也。三諦理ノ顯ハルル事ハ誠ニ雖レ有ニ次不次ノ不同一ト別圓共ニ斷ニ無明一ヲ事ハ依ニ中道ノ觀一ニ也。若爾ハ。三諦ハ雖ニ次第一スト斷ニ無明一ヲ事何强ニ可レ有ニ多少一耶。能斷智品ニ於テ卽不卽不同ハ雖レ有レ之。無明ノ品數四十二品ナラハ何不レ盡レ之耶。只是四十二品ヲ卽シテ斷スルト。隔歷シテ斷スルトノ不同ナルヘシ。何儀卽不卽ノ不同。所斷無明ニ有ニ多少一可レ云耶

次藏通何難。古義ノ趣ハ誠ニ一チカヒハチカハレタレトモ。藏通ト大小不同ナレトモ。不レ依ニ卽不卽ノ不同一ニハ同斷ニ四種一ヲ。別圓ハ權實ノ不同レハ卽不卽ノ不同ハ有ト云トモ。不レ盡ニ五住煩惱一ヲ耶。其ヲ盡サハ無明ヲ圓佛所證ト可レ同故ニ。權教ノ意。不須(卍續二八、三七六丁左上。維摩疏記)苦窮ノ謂ニモ背ク故ニト聞ユルカ。不須苦窮ト云ヘルハ必シモ斷證ノ不レ窮

云事ニハ非ス。圓實ノ意。相卽ノ斷惑ナルヲ隔歷シテ斷スト云ヘハ。不レ窮二圓實義一ヲ云事ニテ可レ有ル也。何斷惑ノ不レ極謂ト可レ存耶

前唐院御釋ノ中ニ別妙覺斷二四十二品一ヲ釋タマヘリ。次證道同圓ノ故ナントトハシ可レ被レ成歟。若爾ハ實ニハ圓教ノ斷惑ナルカ故ニ。別佛トテ事新ク盡ストハ四十二品ヲ不レ可レ云。故ニ十二品トハイヘトモ。四十二品疊テ如ハ此施設ストハ可レ得レ心也。抑。今法界品トハ云ッ耶

次玄五ニ與奪二釋ヲ作テ與而是之時。(天玄三、四九五～六。取意)別教十地無明ノ十品ヲ始中終三心ニ分別シテ三十品トシテ。圓住行向ノ三十品ノ無明ニ對シテ。圓ノ初地ヲ以テ別教妙覺ト齊ヒトシト云ヒ。奪テ而是之時。十地十品無明ヲ以テ對ニ十住ニ也。如レ此與奪ノ二義ヲ作テ強ニ別圓相對シテ。別佛ヲ以テ圓教ノ因位ニ齊シムル意如何。尤可レ有ニ了見一事也。所謂卽不卽ヲ一法ノ上ニ於テ論レ之ヲ也。然ヲ相卽ト云ヘハ盡ニ無明一ヲ。不相卽ト云ヘハ不レ盡レ之云樣カ可レ聞ユルニテアル也

御義云。此事當教ノ意歟後教意歟ト云事ハ。故阿彌陀坊宗嚴法印ノ不審也。如レ此不審シテ卽成ニ義勢一ヲ見タリ。是ハ必シモ相使(傳カ)ノ義トモ不レントモ見。定テ檀智房法印ニ面授シケル歟。此不審規模ノ事ニテ有ル也。如レ此題ヲハ皆此尋ヲ不審スル樣ヲ以テ才覺トシテ可ニ得レ心合一故大切ノ事ニテ有也。所詮ハ後教ノ意ニテ云ヘハ。但中ノ觀實ニ不レ破ニ其明(無カ)一ヲ故ニ不レ斷ニ一品一ヲモ可レ云。又當教テ云ヘハ。佛ト云程テハ不レ極ニ斷證一云事不レ可レ有レ之。盡ストモ可レ云故ニ此尋ノ趣カ何分ニモ不レ當也。斷ヲ圓ノ意ヲ以テ當教ノ意ヲ探レハ。別教カ斷ニ十二品ノ無明一ヲ云フハ。品(品カ)四十二品ノ中ノ十二品ヲ斷スト云歟。ハタ實ニハ四十二品ヲ疊テ十二品トシテ斷レ之云歟ト云フ尋ニテ有ル也。若如レ此得テ心見レハ。十二品トハイヘトモ實ニハ四十二品ヲ疊テ斷盡スルソト云テハ。ケニモ權實ノ佛ノ斷證全等ト云事不レ可レ有レ之。又別教ノ意ニテ如レ此十二品斷ト施設スル意ハ。住行ニハ修ニ空假一ヲ斷ニ見思塵沙一ヲ。十廻向位ニハ修ニスト中道觀一ヲ定カ故ニ。至ニ十地一ニ始テ斷ニ無明一ヲ施設スレハ。自斷ニ十二品一ヲ可レ云也。是則別教ハ三觀前後シテ三惑ノ斷位次第スルカ故ニ。自(然カ)不相卽教ノ意ハ三觀次第隔歷スルニヨテ但斷ニ十二品一ヲ也。圓教ノ意ハ不レ斷。三觀相卽シテ三惑不次第ニ斷スル故ニ四十二位ニ互テ斷ニ無明一ヲ云ヘハ。自斷ニ四十二品ノ無明一ヲ云ハルル

也。如㆑此云カ眞實ノ義ヲ述フルニテ有レハ。別教ニ十二品斷スト云ケルハ。自不㆑述㆓法體ノ實義ヲ㆒故。不㆑盡㆓無明ヲ㆒可㆑云ニテ有也。(天玄三、四九七。玄義取意)サレハ別教ハ判コト㆑佛卽高レトモ望レハ㆑實ニ卽下ルト云ヘルハ。別教ノ意ハ次第隔歷シテ無明斷位ヲ高ク置テ。證理ノ位ヲハ如㆔藕糸ヲ懸㆓太山ニ㆒遙ニ地上ニ期スル故ニ。佛果ノ位ヲ論スル事ハ高ケレ。是レ實ニハ所斷所證ノ分齊返テ等キカ㆓圓教ノ初行ニ㆒故ニ。望㆑實ニ其ノ下レリトハ釋スル也。依㆑之止六本末釋云云

次前唐院御釋ノ意ハ甚深了見モ可㆑有㆑之也。雖㆑然先一ノ了見ヲ加ヘハ。四十二品斷ト云ヘルハ相卽ノ意ナル故也。サレハ十二品ヲ斷スト云ヘルハ。ハヤ四十二品ノ相卽ノ斷惑ヲ隔歷スル故也。如㆑此云ヘハ隔歷ノ意ニテモ斷スト㆓四十二品ヲ㆒云意カ可㆑有也。是則隔歷次第ノ斷惑トハ云。全ク相卽隔歷シケルソト云ヘハ。斷惑ノ分齊ハ卽不卽ノ不同ヨリ有レトモ可㆑等云フ意ヲ釋スル也。是又圓教跨節ノ意カ顯ハレテ見レハ。別圓ハ卽不卽ノ不同ニテ有ル意ヲ以テ與ヘテ如㆑此釋ストモ可㆑得㆑心也

第二日　講師永仙　問者增海

(3) 本敎惑盡事

御難云。中上二根攝者盡㆓本教惑ヲ㆒耶不ヤノ事。(天止二、四六八。止觀)文理ニ付テ趣大旨如㆓難勢ノ重㆒ノ云云付㆑之。今ノ被攝ト者。二教明㆓界內理㆒。二教明㆓界外理㆒。兩理交際(處カ)須㆑安㆓一攝㆒ト云テ。如幻卽空ノ理ノ底ニ具㆓中道不空ノ理ヲ㆒也。然ヲ此眞內ノ中理ヲミカキアラハスヲ被攝トハ云也。如㆑此眞諦底ナル中理ヲ見出サス事ハ深クミ㆓カ㆒キ眞諦ノ理ヲ㆒窮ヘキ也。若深見㆓眞理ヲ㆒云ハハ。見思(惑カ)二義ヲ斷盡シテ後コソ當教ノ理ノ極マル道理ハ可㆑有ルケレ。サレハ中上二根ナレトモ。眞理ヲ見極メテ後可㆑顯㆓中道ヲ㆒云道理ハ。更非㆓異論限ニモ㆒也。大方義科ト者。本文ノ起盡ニ可㆑依ル也。今被攝ト云モ可㆑依㆓前段後段ノ本文ニ㆒。本文ノ意ハ。初空假二觀破(同、三〇三。止觀)眞俗上惑盡ト云ヒ。此佛是果。(同前)□(仍カ)前二觀爲因等云テ。(同。弘決)通教ノ二觀ヲ爲㆑因。顯㆓後教中道ヲ㆒云ヘリ。妙樂受㆑之。必假㆓通教空假二觀㆒爲㆓前方便㆒。必待㆓別理攝㆑之方聞。(ㇾ矣カ)必ノ字ノ所㆑顯。被攝ト云樣テハ必ス可㆑借㆓空假ノ二觀ヲ㆒云事分明也。必ト者無㆓途異㆒謂也。如㆑此釋シテ必待別理攝之方聞ト云ヘリ。重

置二必字一ヲ。被攝意證二入後教ノ中道一ニ事ハ必ス可レ依二通教ノ二觀ノ方便一ニ定ムル也。凡付二一切法一ニ方便眞實ノ約束。其法體更不レ可レ改。付レ其中道ハ眞實ノ理也。此眞實ノ中道ノ妙理テハナニトシテ證入スルソト云ヘハ。當別教ニテ云ヘハ必ス依二空假方便一ニ顯ハス二地上ノ中道ヲ一定タリ(假カ)。所謂十住入空ノ位空ニ賴緣假ヲ。十行ノ位ハ非二十住入空ノ二一ヲ。以二此地前異時雙亡雙照ノ方便ヲ一得二地上任運ノ雙非雙照ノ中道ヲ一也。今此次第ハ軌トシテ不レ可レ有レ所レ改。別教ハ如レ此一教中ニテ於二三諦一ニ空假ヲ爲二方便ト一證二中道眞實ノ妙理ヲ一也。前後二教ヲ取合セテ空假ヲ爲二方便ト一中道ヲ爲二證入ト一。當別教ハ約二一教ニ一被攝ハ合二二教ヲ一不同コソ有レト(是歟)。其空假ヲ爲二方便一入二中道ニ一云約束ハ更ニ不レ可レ有二異途一者也。付レ其ニ。講答ハ付二本文ニ一前後被攝共ニ備細色云條甚以不レ可レ然。付二後段ノ文ニ一約レ教就レ諦ニ問答ノ釋義ヲ儲タリ。其中就レ諦ニ作二五番一(天止二、四七〇。止觀)。第四ノ問答ノ釋ヲ見ルニ。於二何位一ニ被攝耶ト問シテ答レ之時(同。弘決)。破見思惑盡到第八地等云ヘリ(同前)。妙樂消レ之。問。何故須下至二第八一方攝上ト問シテ。爲レ欲レ示二於眞內中一故。故待二證空一方爲二點示一。

令三深觀レ空卽見二不空一矣。空理ノ證已ニ極テ深クミニカキ所證眞空一ヲ時(天止二、四七〇。弘決)。眞諦ノ底ナル中ヲミカキ顯ハスト云事分明也。然ヲ講答。如爾(若カ)中上二根其義云何ノ。問答已下ヲ以テ中上二根ハ不レ盡二本教ノ惑ヲ一云フ誠證ニ出サルカ(同、四七一。弘決)。眞實(空カ)尚淺ノ言ニ付テハ。誠ニ一旦カコタレタル樣ナレトモ。眞空尚淺ト者(被接義私記、五五丁左參照)。全眞空理不レ極故淺シト云トハ不レ可レ得レ心。是ハ既ニ御廟大師會レ之時。雖レ盡二本教惑ヲ一四(五カ)六地等類ハ不レ經二歷後教ヲ一故眞空淺ト云ソト釋タマヘリ(天止二、四七〇～一。弘決)。如レ此得心スレハ今ノ文相ニ付テモ全不レトハ極ニ眞空ヲ不レ見也。其故ハ有(亦カ)見眞已等云ヘル有ノ言ハ必ス待シテ物ニ並ヘル言也。意ハ上ニ所レ釋八地被攝ノ下根ノ類已ニ見ル二眞空ヲ一故ニ顯ニ眞內ノ中ヲ一。中上亦然也ト云フ意也。既ニ例ニ下根ニ。同ニ下根ニ眞空ヲ極ムル故ニ顯ニ後教ノ中ヲ一云事ヲ。後段ノ文既ニ三根共窮ニ眞理ヲ一盡二本教惑ヲ一云事分明也。前段ノ文ニ付テハ。誠ニ文言ハ互ニ三根ニ不トハ見イヘトモ。付テハ釋義ノ起盡ニ三根共ニ破二惑ノ義可レ有見ユル也。故水落法印。法城寺ノ立義ノ時ノ精義ニ於仙算僧都爲ニ立者一。本文ノ意ハ妙樂既ニ(同、三〇三)。品(至カ)第八地方聞中道ト云カ故ニ。約二下根ノ一類ニ故破二二惑ヲ盡ト云ソト立タリシヲ。

付ニ釋義一云レ義ヲ事ハ。先本書ノ文ヲヒシト了見シ。スヘテ妙樂ノ釋モ如レ此コソ見ヘタレト可レ云也。然ヲ本書ヲハウカウカトシテ打置テ。妙樂ノ釋カ如レ此見タレハ。本書モカウコソ有ランスレト了見スルハ逆次ナル者也。所詮本書ノ起盡ト云ハ。諦智合辨ノ章ニ上約ニ四教一各於ニ諦理一ニ發スル眼智ヲ相ヲ釋シ畢テ。此外ニ以（天止二、二九九～三〇〇。止觀取意）別攝通○開眞出中發一眼一智ト釋セリ。四教ニ付テ各發スト眼智ヲ云フ。更不レ可レ簡ニ上中下根ヲ。被攝又發ト眼智ヲ云フ。不レ簡ニ利鈍ヲ一云條更ニ不レ可レ疑レ之。然レハ至レ下ニ重問レ（同、三〇二。止觀）之ヲ。云何以別攝通ト問セル。又可レ互ニ三根ニ云條勿論也。（同、三〇三。止觀）答レ之時。初空假二觀○上惑盡ト云ヘル。以ニ問ノ意ヲ探ニ答ノ意ヲ。三根共ニ破ニ眞俗上惑一盡ノ義可レ有云フ事。誰可レ諍レ之耶。如レ此本書ノ起盡ヲ得レ心定ヌレハ。妙樂ノ釋可ニ了見一事ニテ有ルニ付テハ。中上二根モ斷ニ盡本教ノ惑ヲ事ハ勿論ナレトモ。四五地ニ於見思ヲ斷盡スト云ハ。別段ノクセ事カ出來シタルニテコソ有。更非ニ通教常途ノ義門一ニ。サレハ斷ニ盡スト本教惑ヲ云フハ。八地被攝ノ類ニ約シテ云ハ。順シテニ常途義相ニ其義可レ易レ成故ニ。約ニスト下根ニ消スト可ニ心得一也。何妙樂釋ヲ爲レ本。可レ限ニ下根ノ類ニ可レ云耶

付ニ其講答一。四地爲上等釋ヲ爲レ證ニ。（天止四、九五。弘決）四六（五カ）地等云。如斷ニ盡セハ惑ヲ即可レ云ニ入地一。其故ハ依ニ斷惑ノ多少ニ定ニ次位ノ高下ヲ一也云云　一亙（旦カ）ハ限ル樣ナレトモ通教ハ本ヨリ○惑斷（斷惑カ）縱容不定ト定タリ云云　如ニ別抄一　六地齊羅漢ハ名別義通ノ意ナルカ故ニ非ニ當通ノ意ニ云事不レ可レ爾。名別ノ邊ニテ論スル事ハ義通邊ニ一向無ニ其義一トハ不レ可レ成。殊更義ハ通教ニ約ス。何一向名別ノ意ト云ヘキ耶。義通邊ニモ其義有ト云ヘハ。六地斷盡義可レ有耶

次中上二根類入ニ後教一時可レ至ニ何位一耶ノ事。御廟大師即問ニ答ストシテ之ヲ。中上二根不レ盡ニ本教惑一者可レ至ニ後教ノ何位ニ耶ト問シテ。若不レ盡ニ本教惑ヲ者不レ可レ至ニ廻向ノ初地ニモ可レ入ニ住行ニ也。爭未レ斷ニ盡思惑ヲ至ニ別廻向初地ニ耶等判タマヘリ。大方住行ノ攝者有無ハ學者異義也。其中ニ北谷義無ニ住行攝者一ヲ云。今義勢若如レ此被レ成。御廟ノ問難ヲハ如何可レ會耶

凡講答ハサシモ依ニ斷惑ノ高下ニ定ニ次位階級一。既云ニ四五地ト。斷ニ盡トハ本教ノ惑ヲ不レ可レ云被レ成也。而モ又定ニ後教

攝入ノ位ヲ一時ハ必ス可レ至ニ地向ノ開ニ被ラレハレ成。依ト斷惑ノ高下ニ
云フ約束ハクチツカイ(二カ)可レ破也。如何。故ニ必ス可レ攝ニ入地向一ニ
治定セハ。斷ニ盡スト可惑一云ハンスルハ尤可レ相ニ叶文ノ義一者也
次不レ盡ニ本教惑ヲ一云ハハ。至ニ後教ニ後用ニ何レノ觀ヲ可レ斷ニ殘
惑ヲハ一耶。若用ニ中觀ヲ一云ハハ。圓ノ不次第ノ觀ナル故。三觀三惑能
治所治混亂スル事無レ之。現別教ノ意ハ三惑三觀ノ位遙分
張ス。本別教既如レ此。被攝ノ類ナリト云トモ何可レ疏(亂カ)ニ三惑ノ
斷伏次第一耶。若用ニ空假ノ觀ヲ一云アリ。於ニ本教ニ令深觀空ノ
之通。無始宿習開發シテ中道妙理ヲ顯シ得タル者カ此中道觀ヲハ
閣テ。通テ本ノ空假ノ觀ヲ修シテ斷ニ殘惑ヲ一云ハン事。甚不レ叶ニ行
者本意ニ。無念至極ナル者也。如何
御義云。此事ハ大段被攝ノ法門ト云物ヲ。宗ノ被レ立本意ヲ可レ
得レ心也。其レカ通教ト云物ヲ建立セラレタル樣ヲ得レ心フセタラハ。
自今ノ算ノ意ハ可レ顯也。付レ其ニ昨夜モ聞シ樣ニ。通教ト云ハ正
通實相ノ謂ニ名ク。サレハ教理智斷等八法ニ付テ一一ニ可レ攝ニ
入後教ニ意ヲ以テ。一教始終ヲ建立セラレタル也。サレハ約レ理ニ
云ヘハ。眞諦理本來含ニ中道ヲ一。約レ位ニ云ヘハ。初メ自ニ乾惠初
心一一一ニ可レ入ニ後教ニ定タリ。今乾惠性地ノ類ヲハ一二入通名クル
也。通教ト者。通スルヲ後教ニ以テ爲ニ正體ト。故ニ未斷惑ノ位ヨリ尚
入ニ後教ニ也。況一分ノ惑トモ斷シ一分ノ理ヲモ證スル位ヨリ。何攝
入ノ義無レ之耶。サレハ因果俱通。因通果非通ト云フ。四五
地ヨリ入ラン後教ニ者。尤因通果非通ノ類ニ可レ攝耶。如レ此一
一ノ位ヨリ移ニ後教ニ云ハン時。雖レ云ニ四五地等實ニハ斷ニ盡スト
二惑ヲ云ハハ。以ニ實義ヲ云ヘハ已ニ至ニ第八地ニ故。一一ノ位カ
通スルト後教ニ云道理可レ破也。サレハ還テ眞實道理ニ云時ハ。
四五地ニ於テ斷ニ盡二惑ヲ云難ハ言ノミ有テ無ニ其實一者也
次至ニ斷惑縱容ノ難ニ者。指ス名別義通ヲ事ヲ如ニ古義ノ。名別
義邊ハ六地故ニ雖ニ六地ト名。義通ノ邊ハ七地齊羅漢ニテ可レ有
也云云

私云。名別義通ノ地位ト者。大旨ハ通別二教ノ地位不[定カ]
也。三乘ノ下ニハ以ニ初地ヲ對ニ八人見。菩薩下ニハ分テ八人
見地ノ二地ヲ三地トシテ對ニ初二三地ニ。或分ニ四地ト對ニ別ノ
初四地ニ等也云云
次ニ依ニ空假方便ニ顯ニ中道ヲ故可レ盡ニ一惑ヲ云難ハ。尤堅所

也。但。付レ之二會通有レ之。一義ノ意ハ。被攝ト者兩理交際ノ故ニ空中合論シテ論ニ攝入ヲ故ニ。於ニ假觀ニ者强ニ非ニ肝要ニ。下根ノ攝者ハ。義ニ空假二觀成就ノ上ニ攝入スレハ。以ニ二觀ヲ爲ニ方便ニ釋スル也。約ニ中上二根ニ時。强ニ不レ可レ爾云云是モ不ニ聊爾ニ一義也

又一義云。於ニ通教ニ出假位ヲ論スルト被攝位ヲ論スルトハ同事ニテ可レ有也。付レ其ニ。中上二根ハ利人故ニ入空ノ位ニ並ヘテ修ニ出假ヲ也。サレハ縱利根ナル故ニ於ニ四五地ニ被攝スト云フトモ。空假ノ二觀ヲ並修スルカ故ニ二觀爲ニ方便ニ云約束ニモ不レ背也。必假通教空假方便ノ釋。不ハレ盡ニ二惑ニ云フトモ全不レ可レ有レ痛者也。是ハ隨分相承ノ義勢也

次本文ノ意ハ約ニ下根ニ云事ハ誠ニ本書文相ハ不ニ分明ニ故ニ雖ニ不定ナリト。本書ノ文ノ不ニ分明ニ處ヲハ妙樂釋義ヲ以テ可レ令レ治ニ定其義ヲ也。然ニ妙樂消シ下復有ニ一人ニ破ニ二惑ニ盡至ニ第八地ニ方聞ト中中道上事ハ。(天止二、三〇三)引ニ後段ノ被攝ノ文ヲ如レ此釋ル也。所謂。(同、四七〇。止觀)從レ初已來但觀ニ眞中之空ニ。破ニ見思惑ニ盡○眞內之中ト云ヘルヲ引カ故ニ。(同、三〇三。止觀)本文ノ意。破眞俗上惑盡ト云ヘルハ。後段ノ文ニ破見思惑盡ト云ヘルト其意全同也。(天止二、四七〇。止觀)而モ到第八地ト云カ故ニ。(同前)下根ノ攝者ナル條勿論也。既引ニ合之ニ釋ス。本文ノ意モ約ニ下根ニケリト云事。本書文ヨリシテ其意分明者ナリ。

付ハレ其ニ。今前後ノ文共問ノ意ハ惣シテ被攝ノ相ヲ問也。全獨リ下根類ヲ問ニ非ス。然ヲ答レ之ヲ時。何約ニ下根ノ相ニ釋レ之ヲ耶ト不定ナルカ。妙樂消レ之トシテ。(同、四七一)今ハ是故說教多附下根ト云。弘六ニハ指ニ今ノ文ヲ。(天止四、九五)前爲消(銷カ)經故從下說ト云ヘリ。依ニ經說ニ正ク約ニ下根ニ釋スル事ハ雖レ在ニ後段中ニ。前段ニモ約ニ下根ニ釋スル意ハ依ニ經ノ本說ニ故ニ。前爲消經ト指意ハ上下文共ニ指レ之ヲ也。サテ經ニナニトテ約ニ下根ニ釋スルソト云ヘハ。妙樂釋レ之。故大品云。(同、九五～九六)十地菩薩爲レ如レ佛。經從レ下者其位定故。故諸經論多從レ下說矣其位定故ト云ヘルハ若約スレハ中上二根ニ依ニ十地如佛ノ文ニ判レ之ニ。仍從ニ並得ノ聞中ニ已下ノ始中終ヲ約ニ通教ノ位ニ分ニ張スルニ其位ヲ長短難レ定也。然ヲ約スレハ下根ニ八地聞中。九地修觀。十地破無明八相作佛ト次第シテヒシト其位定故ニ約シテハ下根ニ判スル也。是則被攝名別ノ法門共ニ源依ニ十地如佛ノ文ニ建ニ立之ニ故也

次後段ノ文ニ（天止二、四七〇～四七一。弘決）。中上二根亦見眞已ト云フ。亦（言カ）ノ定ハ。上ニ所レ云如ニ下根ノ見一極眞理ヲ可レ云云ニ至テハ。亦ノ言ハ必モ斷惑盡ノ故ニハ非。只中上二根モ一分眞理ヲ見ル故ニ此理ノ底ナル顯レトヲ中ヲ云ハンカ爲ニ。所證理ニ雖レ有ニ淺深一。三根共ニ見レ理ヲ方ノ同キ事ヲ顯ストシテ亦ノ言ヲハ置也

次不レ盡ニ本教ノ惑一云者可レ攝ニ入後教ノ何位ニ耶ト云ニ至テハ。可レ入ニ何位一云事。故僧正殊ニ祕藏セン事也。此算詮要在レ之。得略トモ以レ之可レ專也。此事可レ有ニ重重義勢一モ也。雖レ爾。先ツ斷惑ノ分齊ニヨラハ可レ入ニ住行一ニ云難ヲ一チカヒチカフニ。如ナラハニ今ノ難一ノ。下根ノ攝者モ入ニ十廻向一ニモ入ニ初地一ニモ道理ハ不レ可レ有レ之。其故ハ八地被攝ノ者モ當教ニテ所レ斷スル塵沙ト者。ハツカニ界内無知也。然ヲ本別教ニテハ十住ノ中ノ後三住ニテ斷レ之也。若爾ハ下根人モ只至ニ十住後心一。十行ノ位ニ尚不レ可レ入ル故ニ。不レ至ニ十廻向一ニ可レ云歟。然ラハ不シテレ依レ之ニ。下根ノ人ハ過ニ十行一ヲモ至ニ十廻向一モ至ニ初地一ニモ云カ故ニ。中上二根ノ人モ雖レ不レ盡ニ本教ノ惑一ヲ入ランニ廻向初地位一ニ事可レ有ニ何失一耶。如レ此反詰シタレハスヘテ前難ハオハサル也。如レ此事モ隨分祕曲ニテ有也。不レ可ニ聊爾一ニ

次攝入後以ニ何觀一ヲ可レ治ニ殘惑一ヲ耶ト云ニ至テハ。一義ノ意ハ。以ニ中道正觀一而治ニ有餘果報無明一。傍治ニ同居見思無知一（大正藏三八、六五五下。維摩略疏取意）等本末釋ヲ合セテ。中道觀カ發シタレハ見思ハ自見ニケニスルナリト云也 西谷義 此義ノ意モ三觀三惑無ニ亂事一云難ヲ爲レ遁カ。正ク斷ストハ不レ云ハシテ如レ此也

一義ニハ以ニ空假觀一ヲ斷レ之ヲ也。但。中道觀發シテ後不レ可レ修レ之。劣教ノ空假ヲ不レ可レ修云事。住行ハ既ニ傍修中ノ位ナルカ故ニ無ニ相違一也 東谷義

一義ニハ攝ニ入十廻向ノ位一ニ而修ニ空假一ヲ云意カ可レ有也。是ハ北谷義也。付レ之ニ。重重義勢可レ有也。被攝ノ大綱ハ依レ之ニ可レ顯故ニ。無ニ左樣一不レ可ニ申披一事也 云云

抑。御廟大師付ニ前段文一ニ本教ノ惑盡不盡一箇問答トシテ無レ之云フ也。盡不盡ノ兩邊ヲ述テ。可レ聞ニ口決一（被接義私記、九丁右） 云云 後段文又兩邊ノ義ヲ述タマヘリ。又付下從ニ下根一來多至ニ初地一等ノ釋上ニ（同、五七丁右～五九丁右參照）。擧ニ三傳（傳カ）一ヲ。地前ノ不定ハ。地上不定。地前地上ノ不定 云云 此等ハ皆兩邊ノ意可レ有判タマフ也。頻ニ如レ此兩邊ノ義ヲ述タマヘルハ兩

邊ト始終無ニ相違ニ子細ハシ有レ之歟。尤可レ探ニ釋義ノ意ヲ也云云

釋云。入ニ廻向ノ位ニ而以ニ空假ノ觀ヲ可レ破レ之事如何。又御廟兩邊ノ義ヲ述タマフ意趣事如何

（奥書なし）

（表紙表題）當通含中

（底　本）叡山文庫雙嚴院藏『盧談』三十九册の內

（對校本なし）

〔被接義〕　天台大師講聞書

18 （題簽）被接義 十一題　盧山

天台大師講　被接義　十一題　〔目　次〕

天台大師講問者　（一三四七）貞和三年十一月一日於二盧山寺一始二行之一

18 被接義

(1) 以二但中觀一破二無明一事

初日講師　問者承祥阿闍梨

師難云。四教教門不同ニシテ智行ニ雖レ有ニ權實ノ差別一智ハ必可ニキ斷惑一功用有レ之。爾ル閒藏通ノ偏空觀雖レ有ニ析體不同一俱ニ斷ニ見思一之條勿論也。於ニ別教ニ又以ニ空觀ヲ斷ニ見思塵沙一ヲ云事。是又立敵不レ可レ有レ諍コト之。爾ヲ偏空偏假ト施設スル事ヲハ許レ之ヲ。或ハ云ニ但中觀ト斷惑ト云事ハ實義ニアラスト云ハン事。甚不レ可レ爾 是一

其上今ノ題ハ別攝通人ト被レ尋ネ。依テ但中觀ノ宿習多ク積レルニ。今偏眞ノ觀ノ上ニ開眞出中ス。爾ヲ至ハ斷惑ノ位ニ移ニ不但中ニ云ハハ。多クノ宿習カ思聞中一位ニ盡テ不レ至ニ修觀破無明ノ位一ニハ云ハン事。甚無念ノ事也 是二

次別教ノ意。修ニ但中觀一破ニ無明一ヲ云事ハ（天止二、三三五。弘決）。一家所所ノ釋義也。道理モ尤モ可レ爾也。爾ヲ或ハ。入地自證權門自開ト云ヒ。

或ハ。如破無明初地時卽是圓家初住等云（天止二、四三九。止觀取意）トモ。皆以二但中觀ヲ一破シテ二無明一ヲ。破シ畢テ入二初地一ニ卽成ルト二圓人一ニ可レ云也。サレハ一所ノ釋ニハ。例如二三藏一ノ初修二生滅一ヲ至レ果得二無生一矣（大正藏四六、五六八上。四念處取意）三藏ノ人隨智證ノ時成リ。不レ成二通人一ト且置意。先釋義ノシツラヘル趣キハ。初修スレトモ二生滅ノ觀一ヲ至レ果ニ成ト二無生一ヲ云云例ルニ之別教又破スルマテハ二初地ノ無明一ヲ但中觀ナレトモ。至二初地一ニ畢ヌレハ成ニ不但中ト一被レ得タリ　是三

次本文料簡ノ事不審也。先本書（同、三〇二）ノ文ニハ。初空假二觀。破眞（天止二、三〇三。止觀）俗上惑盡方聞中道ト者。依（以カ）ニ云何謂別攝通ノ問一ニ如レ此答スルカ故ニ別攝通ナル條ハ勿論也。若爾ハ。所レ云聞中可ト二但中ナル一云事ハ。不レ可レ有二異論一。本末ノ釋。分明ノ釋。講答ノ義勢又如レ此被ニ成シ申一者也。爾ヲ因テ二此聞中一ニ何（仍カ）須修觀破無（同、三〇三）明等云フ文ノ起盡。以ニ但中觀一ヲ破ニ無明一ヲ申ハ。本書ノ文更不レ可レ諍レ之。其ヲ今講答。合シテ二妙樂ノ釋一ヲ本書ノ明ナル文ヲイ（了見歟）見セラルルハ。今ノ止觀立ル二一種ノ別攝通一ヲ意趣ヲ判シ。又不レ攝ニ三藏ヲ一立ニ四義一ヲ。其中ノ第四ノ意ヲ釋トシテ。唯得以別攝通。則是（天止二、三一五。弘決）別理攝於通理。故今文意應修（須修カ）須觀進破無明ト云テ。不レ取ニ聞中ヲハ一修觀ノ位ヨリ釋レ之。而モ是ノ修觀破無明ノ相ヲ云トシテ。不（天止二、三一五。弘決）分但中不但中別ト云カ故ニ。修觀ノ位ヨリ修ストニ不但中一ヲ云事。今ノ釋分明也云云此了見不レ可レ爾。其ノ故ハ。今應修須觀（須修カ）等者。消ニ本書ノ仍須修觀ノ文一ヲ也。是ハ方聞中道スル所ノ但中ヲ修スルカ故ニ。妙樂釋モ修觀破無明ト云ヘルハ。以ニ本書ノ文一ヲ校スレハ但中觀ナル條勿論也。此上ニ不分但中不但中別ト釋スルハ。全ク非レ釋ニハ上ノ應須修觀等ヲ一。其故ハ次下ニ。故知語（同前）地已含於住ト者。證道同圓ノ故ニ地住全同ナリト云也。爾ルニ故知ト者。押ヘテニ上ノ不分但中不但中別ノ文ヲ釋カ故ニ。上ニ不分但中等云ヘルハ證道同圓ノ意ニテ釋ストト可レ得レ意也。所詮。上ニ進破無明ト云フ上ニ。不分但中不但中別ト云ヘルハ。以ニ但中ヲ一破スレハ二初地無明一ヲ。卽但中卽不但中ト開クル意ヲ釋スト得レハ意。全不レ成ニ義勢證據一トハ也。入地自證權門自開ト（同、三三五）云ヘル卽此意也。故所所ノ釋。以ニ此意一ヲ見レハ。一所トシテモ以ニ但中觀一ヲ不レト破ニ無明一ヲ云事ハ無レ之者也　是四

次。言（言カ）修中者亦寄次第。實（天止四、九九。弘決）而是之三觀圓修ト云ヘル。講答證據ト云。此釋ハ既ニ云ニ三觀圓修一ト。一旦ハ無ニ子細一。十廻向ノ

後心ニハ修ニ圓無作一云フ釋義聞タリ。古來以レ之ヲ爲レ證。是ハ又先德異義有ル事ナレトモ。是一義ノ趣キハ如レ此。今題目ハ終ノ落居ハ可レ同歟。付レ其彼釋全不レ成ニ證據一トハ也。其故ハ上ニ（天止四、九九。弘決）云ヘルニ三觀圓修一ト其圓修相ヲ釋ストシテ。以ニ二觀心修於中道ト云ヘリ。文意ハ只空假二觀成就ノ上ニ修ニ中道ヲ一如レ此釋スト聞タリ。凡次第觀ハ捨劣得勝シテ自ニ下位一昇ニ上位ニ一故ニ。空假ノ方便成シテ修セハレ中ヲ。可レ捨ニ前ノ空假ヲハ一歟ト覺ル所ニ。不シテレ爾ラ空假ノ心ノ上ニ修レハレ中ヲ。云ニテ圓修ト一有也。例如ニ空心出假（入カ）決二（天止一、五五八）故云如此ト云カ一。是ハ本書ノ文ニ。通教ノ入空ノ上ニ別教ノ出假ノ觀ノ成スル相ヲ釋ストシテ。如レ此住レ檀攝ニ成一切恆沙佛法一矣（同。止觀）（假二カ）消トシテレ之ヲ以ニ空心ヲ一出假スト云也。然而空二假相卽ストハ不レ云也。今モ可ニ此意ナル一　是五

次慈覺御釋。止觀私記。（天全三、一五八上〜下。天台直雜參照）入地證實時。爲聞實證。爲當不聞自證。若聞云者如何。記云。入地自證權門自開。若不聞者。地前但觀離邊中道。入地可證離邊中道。何得證實。答。雖不聞實教。但是地前。觀中道力入地現前權門自開證實中道也。別人入地圓人入住。觀於中道雖巧拙殊。入住俱證一實也。中道理無二故。例如藏通二教。論觀巧拙不同。而去（其カ）所證並是但空之理。無二故三藏拙證但空時。不須聞幻空幻歟。問。若其三藏人證空時。不須聞幻空者。如何方便土中爲三藏人更說須通。答。所以證後更須說者。正其觀智故今亦爾也。別人入地證實中道。後更須實教。雖實理而先習難改。是故須更聞實。是故別人證前不聞。證後方聞。故雖違教先證改觀。故正其地前不融觀心矣此ノ釋ノ意。不レ聞ニ實教ヲ一依ニ地前修觀ノ力ニ一入地スレハ。自得ニ融通ノ理ヲ一也　是六

抑。無明ノ體相ハ何ナル物ナレハ以テニ但中ヲ一不トハレ斷云ツ耶。尤先治ニ定其體相ヲ一。此上ニ斷トモ不斷トモ可キレ云者也　是七

爾ヲ講答トシテ以下今順忍中斷ニ除見思一。（天玄三、四五〇〜三。玄義）如ニ水上油虛妄易レ吹。無明是同體之惑。如ニ水內乳一。唯能地（登住カ）已去菩薩我（鵝カ）王。能唼無明乳淸法性水ノ釋ヲ上。無明ハ附體難斷ノ惑ナリ。見思ハ（天止四、五一。弘決）麁惑易斷ナルカ故ニ。見思ヲハ以ニ偏空等ヲ一斷レ之云云　或ハ。見思尙乃卽是法性。豈有ニ塵沙在ニ見思外一。是（豈カ）有ニ無明在ニ二觀後ニ。三惑既卽三觀必融ト云ヘリ。（同、四八。止觀取意）惑ハ。見思卽是無明破（ママ）。無明

破卽是顯(見カ)法性等云ヘリ。如レ此云時。三惑共ニ迷二法性ノ理一ニ者也。又斷二スレハ一惑一ヲ斷二諸惑一ヲ者也。所詮。三惑モ本來障二タリ法性ノ一理一ヲ者也。法性又三諦一體非三非一ノ法體ニシテ。全不レ可レ取二放之一。是ハ其ノ法體ニ付テ誠ニ如レ此。然而强テ付二行人ノ實證一ニ論二其淺深明晦一ヲモ。所斷ノ惑障ニ付テ辨二其性主(ママ)麁細一ヲモ時。三惑三觀ハ必ス敵對相除スト云段ハ。自他更ニ不レ可レ諍レ之。圓融ノ斷惑ノ相全爾也。然ヲ以レ之次第三觀ト分別スル時。既ニ以二圓融ノ空假一ヲ偏空偏假ト施設スレハ斷二ストハ見思塵沙一ヲ許ナカラ。一一オナシヤウニ圓融ノ中道ト云ハレタル以レ物ヲ。但中ト云ヘハ不二ト斷惑一云道理ハ返返不審也。講答ニ今被レ出釋ハ。彌難勢ヲ招ニ似タルカ故ニ。指南セラレタリトモ不レ覺也。或障(惑カ)ニ辨二麁細一ヲ云義ヲハ。登地菩薩カ斷スルソト云ハンスルハ。但中觀モサコソ可レケレ云。若爾者。今釋全非二證據一ニ者也

次ニ是ハ有レ剩事ナレトモ以テ二實義一ヲ云ヘハレ之ヲ。不但中ハ不斷惑。不レ見二惑ノ相一ヲ故ニ。但中ハ可二斷惑一ス。別教ノ意。惑智敵對スト談シテ。智ノ外ニ論レ惑ヲ故ニ。若如レ此不レ云ハ。此無明ハ終ニ被レ斷云事モ無レ之可レ云歟。不但中ハ不レ見二惑ノ相一ヲ故ニ。不二ト斷惑一云也。但中ハ無二實體一故ニ不二斷惑一云カ故也。若シ終ニ不レ斷云ハハ。迷ト云フ物カ不レ被レ斷道理ハ全不レ可レ有ルレ之故也 是八

師答云。此事先教ノ權實ト云樣ヲ能能可レ得レ意事也。權是(天止二、四五七。止觀)權謀。暫用還廢。實是實錄究竟指歸矣。權カ窮レハ必ス實カ顯ルル也。究竟ノ所歸ト云ヘルハ。卽諸教諸乘カ至極シテハ歸二スト一實ノ理一ニ云也。爾ニ別教ノ地前地上ト分別シテ。空假中ト次第シテ在二空假ノ外一ニ離邊ノ中ト者。以二正キ法性ノ實理一ヲ權法ト施設シタル也。爾ルニ正修レ之必ス不但中ト可レ成也。權法ト云程ニテ不レ成レ實ト法體ハ不レ可レ有レ之故也。若但中ニ有二實體一云ハハ。誠ニ可二斷惑一ス也。爾ヲ云レ無二ト實體一不二斷惑一云事。道理顯然也

後日尋申云。古來難シ來レルハ同ク偏空偏假ト云。但中ト云ニ取テ空假ハ斷惑スト許ス。無明ハ三諦相卽ノ謂ナラテハ。不レ斷云云若爾ハ。圓人所修コソ法ノ本體ニテハ有レ。三諦共ニ相卽スト見テ修スルカ故ニ。然ヲ所障ノ三觀(諦カ)既ニ三觀(諦カ)融卽ノ法體ナラハ。能障ノ三惑モ三惑融卽ノ法體ナルカ故ニ。實ニハ不レ斷二見思一ヲモ可レ云也。

然ヲ何見思塵沙ヲハ斷スト云ヒ。無明ヲハ不レ斷スト云歟

仰云。同ク於一佛乘分別說三カ空假中ト次第シテ皆名ニ權法一ト取テ。空假ハ斷惑シ中道ハ不ニ斷惑一云事ハ。可レ有ニ重重ノ意一也。先權實ト相對シテ。權ハ必歸レ實ニ云フ時ハ。權ノ始ハ藏。通ノ權ノ終リハ別教也。於ニ別教ノ中ニ一又於テニ地上ニ一證レスト中ヲ云フ。其ノ中道ハ權ノ終ニテ有也。權ノ終ト者。權ノ極リ也。權カ極ソト云ヘハ。權ト云物ノ實體ハ無レ之也。但中ニ無ニ實體一云此意也。此ノ權ノ實體ハナニトテ無ソト云ヘハ。此權ノ源ハ本來一實ノ謂ニテ有ルカ故ニ。權トテ別ニ無ニ實體一ハ也。故ニ但中觀ト云ハ。機ノ未熟ノ程假ニ施設シタルヲ。初心ノ故ニ實ニ有ト思テ實ニ修レスト之ヲ但中道許ナル。實體ハ無カ故ニ三諦相卽ノ謂ニテ有リソト知也。サレハ聞中ノ所マテハ但中ヲハ許スト。機未熟ナレハ但中ト聞シ也。其ヲ修中ニ成テ中道實體ヲミカケハ。前ニ但中ト聞ツル體カ全ク不但中ナルカ故ニ。修中ヨリ不但中ニテ有ルナリト云也。サレハ今ノ妙樂消釋カ至極ノ義勢誠證ニテ有ル也。釋ノ了見ハ如レ上。(天止二、三二五。弘決)不分但中不但中別ト者。指ニ上ノ應須修觀等ノ文ヲ一云ニ無ニ子細一也。(同前)故ニ知語地ト者。故ト者押レ上ヲ之條勿論也。上ニ修觀破無明カ已ニ不但中ナレハ。語レ地卽住ニテ有リト云フ得レ心無ニ相違一也。本文如レ此。惣ノ道理ハ如レ此云ヘハ。前ノ空假ノ位ハ權カ未レ極。權ノ體カ尚存スルカ故ニ。此位ニテハ斷惑ストモ可レ云也。若此空假ノ方便不レ成者。不レ可レ覺ニ中道一ヲ。若其ノ空假ノ體ヲ成スト云ハハ。其ノ能障ノ惑ヲ不レシテハ斷其智ノ成スル事。不レ可レ有レ之故也

(天止一、一六二。止觀)サテ無明體相ト者。無量劫來癡惑所覆。不知無明卽是明トモ云ヒ。(天止三、三三七。止觀)無明癡惑本是法性。以癡迷故法性變作無明ト云テ。其明ノ體法性ノ謂ハ。卽三諦相卽非三非一。平等法界一實中道。絕待不思議ノ妙理也。迷トレ之ニ云ヘハ。附ニシテ法性ノ體ニ一起ルト云ルル也。既ニ所迷ノ理ヲ三諦相卽ノ一理ト云フ上ニ斷レスト之ヲ云ハハ。必ス以ニ三諦相卽ノ智ヲ一可レ斷レ之也。爰以テ妙樂ハ。非ニ一心三觀一者不レ可レ破ニ無明繫惑一ヲ釋タマヘリ。是正ク遮ニスル但中觀ヲ一文也。然ニ見思塵沙ハ此法性ノ體ニ附シテ所レ起無明ノ上ニ。(天止三、三三七。止觀)起諸顛倒善不善等矣所レ起ル惑ニシテ。事相隔異シテ別別ニ成テ所ノレ起ル惑也。是ヲ論家ニハ廢立スル時キ。業轉觀(現カ)ノ三細ト云テ置ニ第八識ノ重ニ一也。是ヲ迷ニ本覺ニ一惑ト云也。是則今ノ。(同前)無明癡惑本是法性ノ重也。此三細ノ上ニ。執謂現相・我知・我見・我

愛・我慢等ノ六麁ト云フ。即今ノ起諸顛倒善不善ノ重也。如レ此各別ノ惑ト成テ極ヌレハ。偏空偏假ノ歴別ノ觀ニテモ斷スト可レ云也。無明ハ不レ爾ラ。附體ノ惑ト云ヘハ體ハ必ス空假ヲ圓融シテ體ヲハ可レ成故ニ。迷フレ之ニ惑ナレハ相即ノ觀ニテ斷スト云也

サテ最實事ハ。北谷邊ニ殊ニ執シ存スル義勢ハ。以ハ二權教觀ヲ一見思塵沙ヲモ不レ斷ト可レ云也。其故ハ如レ此三諦相即ノ謂カ顯ハレヌレハ。空ト云モ假ト云モ三諦相即ナルカ故ニ。障スルレ之惑ヲハ爭以テ偏空偏假以テ可レ斷スレ之云云 尚於ニ此重ニ者可レ有ニ委細ノ義一也。次上ニ一端シ難シツル以テ二實義ヲ一云ハハ。返テ不但中ハ不ニ斷惑一。但中ニテ斷惑ハスルソト云意カ可レ有也。是ハ今ノ論談ノ意趣ニハアラス。圓ノ實義ニテ立返テ云ハハ。カカル一トホリノ義モ可レ有事也。是ハ一定也

私云。是ハ圓教ニハ何體ニ云ヒタル分ヲ但中トハ施設シタルソ。其樣ハ隨テ可レ云事也

(2) 大經被攝之事

師難云。如ニ問者難一ノ。(大正藏四六、七七三中)大經(涅槃カ)ハ四教俱知常(ㄱ住カ)ト云フ。爾ヲ有ニ四教ノ益一故ニ可レ有ニ被攝ノ益一モ也云云 大方ハカコタレタル樣ナレトモ其義ハ未レ顯故ニ不審ハ本ノ重ニテ有ル也。凡被攝ト云ハ。謂用前教有始無始(終カ) ○ 即用後教有終無始ト云テ。(天止二、三二四。弘決)初ハ在ニ通教ニ不シテレ知ニ但不但ノ實理一令深觀空即見不空(同、四七〇。弘決)シテ藏(蒙カ)カウムルニ後教ノ攝ヲ一也。爾ヲ本ヨリ知ニハ常住佛性ノ理ヲ一何可レ有ニ開眞出中ノ義一耶 是一

次ニ引ニ七重二諦并智者見空等ノ文ヲ一事。借テレ文ヲ引證スル事多レ之。不レ可レ依レ引ニハ證文ヲ。若以ニ文ヲ引ヲ一即チ其樣ニ說クトレ之云ハハ。一家ハ引ケソ法華ノ藥草喩品ノ說ヲ一證タレ二四教ノ次位ヲモ一。若如レ義ノ者。於ニ法華ニ有ニ四教ノ人教一可レ云歟 是二

次引ニ一生實相。二生法界ノ文ヲ一(天止二、二八二。弘決參照)證ルハ二被攝ヲ一誠證ニテ有也。然而經文モ不レ見ニ被攝一トモ。何ヲ以テカ妙樂如レ此引證スル歟。經ニハ只タ佛說ヲ觀下ル因緣ヲ一(大正藏十二、八五二上。南本涅槃經取意)智ニ有トニ四種ノ不同上聞キ。十千菩薩得(ㄱ一カ)生實相。萬五千ノ菩薩得ニ二生法界一云ヘル。更ニ被攝ノ義不レ聞。又章安ハ以レ之ヲ。如此華(法カ)中(經カ)損生義說 矣(大正藏三八、二三〇上。涅槃疏)是ハ尤相ニ叶ヘリ道理ニ。何背レ之如レ此判スル耶。又實相ト云ヒ法界ト云ハ。只一法ノ異名也。サレハ。是名實相是名法界ト說ヲ(大正藏十二、八五二上。南本涅槃經)異名ト云事分明也。何以レ之ヲ別圓ニ分別シテ而判ニ被攝ヲ一耶。其上實相ト

法界トヲ相對スルニ。實相ト者。今經ノ所詮ノ名也。若爾ハ。以レ之可レ屬レ圓ニ耶。法界ノ名ハ諸經ニ多說レ之也。與ヘテ云ハハ可レ屬レ別ニ耶 是三

師答云。此事ハ大旨講答無ニ子細一也。既ニ說ニ四教ヲ一云上ニ。可レ有ニ被攝一條勿論也。但。知ニ佛性一事ハ證ニ權果ヲ一時廢スト圓解ヲ一云ハハ。何其還依頓觀時被攝スル者無レ之耶。又四教ト云事ヲハ。三藏通教ナントト正キ名目コソ無ケレトモ。他師モ自モ一分ヲ明事ハ有レ之也。獨一家己證ニテ有ル也。深於ニ智觀二門ニ一窮メ法門ノ源ヲ一。正ク盡ニ佛意ノ奧旨ヲモ一事ハ。殊ニ在ト此等ニ一可レ申事也。所詮。被攝ト者從ニ前教一續クトモ云ヒ。空理ニ合ナンハ中理ヲ云ヘハ。權實ノ教理カ一體ナル意ナルカ故ニ。四教ハ必ス一教始終ナル意カ權教ナカラ顯ハルルハ被攝ナルカ故ニ。說クト四教ヲ一云ハハ被攝無テハ四教ノ始終モ不レ可レ顯故ニ。大經ニモ已ニ說ト四教ヲ一云ヘハ。被攝可レ有レ之云也

次引ニ一生實相等ノ文ヲ一尤誠證トレ可レ云也。凡ソ先一生實相二生法界ト云ヲ引テ被攝ヲ證スル事ハ。經ノ文ノ鈎(鉤カ)鎖カ爾カ見タル也。其故ハ見ニ今ノ具文ヲ一(天止二、二八二。弘決)。且如ニ大經三十六文末一。佛說下觀ニ因緣一智四種不同菩提異(了得カ)上說ニ是語一時。十千菩薩得ニ一生實相一。五千菩薩得ニ二生法界一。章安云。三乘同觀ニ第一義諦一。智解不同。一生二生乃是破ニ無明一品二品一。實相是別理。法界是圓理。即是利根攝ニ入別圓一。破ニ無明一已八相作佛○但觀ニ諸經會末得道一。即識ニ所說共別之意一矣 是ヲ可レ得レ意之樣ハ。今引下ケル章安大師釋トシテ一經ノ觀因緣智四種不同等ノ文ヲ一。三乘同觀第一義諦。智解不同等云ヘル文上ヲ。此文ノ意カ分クニ同彼聲聞三人但見於空不見不空。智者見空及與不空ノ文ノ意ニ也(大正藏十二、七六七下。南本涅槃經取意)。爾ニ彼ノ聲聞見空ノ空ノ體ヲ。智者ハ即チ不空ト被攝スル也。今モ三乘同觀第一義諦等云ヘル即チ空ヲ云也。此ノ二乘所見ノ第一義ノ偏空ヲ。菩薩ハ智解不同ノ故ニ見ニ中道第一義諦ト一也。サレハ開眞出中ノ義ニテ有也。此上ニ一生二生ト云ヘルカ即チ別圓攝通ナル意ハ。二乘所見ノ偏空ヲ中道ト見ルハ。智解不同ノ故ナレハ。又別圓ノ覺ノ不同ナル相ヲ云トシテ。云ニ一生二生トハ一也。若此實相ト法界トカ只一教ノ內ノ所詮ノ理ノ異名ナラハ。智解不同ノ得益ノ相ニハ不レ可レ論レ之。爾ヲ智解不同ノ故ニ出スハ。教教ノ不同ニテ可レ有云事分明也。若爾者。被攝ノ人ノ

智解不同別圓差降不可叶。故一生二生云以證二(至カ)攝也

次意章安大師以此一生二生等文。如法華中(經カ)損生義(大正藏三八、二三〇上。涅槃疏)說釋。今引章安云等。法華損生云大經被攝云。其義相違不思。ケニチ(モカ)引合事不可爾者。是法華大經下地能能可得心分事也。彼。攝義(天玄二、二〇四。釋籤)本在法華經前云。常義爾前法華相對論之故。非大經被攝有無云云然而爾前法華相對釋故。大經有被攝可云也。先爾前有被攝云何故云。說四教故也。只ナニト云事無被攝云物有不可云。爾閒。先大經說四教故有被攝可云也

凡大經云。爾前法華取合說教也。其故四教俱知常住云(「」衍字カ)「常住云」常住者。法華一實體也。爾今釋一生實相等云被攝釋。彼疏法華損生益釋。兩所釋一旦相違似。只一事可有也。其故爾前說教得益即法華一實得益有云。四教三攝等得益。只法華增道損生體有也

凡妙樂引今此文證被攝畢(天止二、二八二。弘決)。但觀諸經會末得道。即識所說共別之意云。今引證文被攝相治定釋者也。此等了見アラスハ。妙樂釋强ワキヲカキテ釋ヘシトモ不覺也

次慈覺大師釋大經被攝事未審云云常義此故彌難測云云然而今未審云。大經被攝難測故アラス。殊顯意有可得意也

五大院被攝私記云。雖四教已足而宿習發不定。故云於四中實論被攝矣

私云。此釋今義四教一體謂必可有被攝勘之畢。尤可指南。(一三五〇)觀應元九十六日。攝云少異歟。終可同意歟

玄七云(天玄四、四五八)。十釋本利益妙者。文云。皆令得歡喜。歡喜即利益相。若迹中三乘共十地別十地。開權顯實。案(按カ)位妙。入位妙。如是等益。乃云(至カ)聞壽命增道損生皆是中益也。乃(「迹カ)至中閒權實之益亦是迹益。以迹望本。本亦應有偏圓

利益。所ヨ以下方菩薩皆住ニ虚空一者。皆居ニ寂光一本益也

私云。爾前迹門ノ諸益カ。本門ノ意顯ハレテ見レハ。權實大小ノ益ノ當體不レ動。本門增道損生。常寂光等ノ益ト云事。釋分明也

第二日

(3)別教佛盡ニ法界品無明一事

御難云。此事ハ一家教門ノ源ヨリ可レ開事也。先四教ト云ヒ權實ト云事ヲハ。一所ノ釋ニ何故二何四ト門(問カ)シテ答スルニ之。辨ニ理ノ權實ヲ故二ナリ云云是ハ於ニ界內界外ノ所迷ノ理ニ有ニ空中ノ異一事ヲ分別スル也。四教ハ於テニ此理ニ惑ニ有ルニ厚薄一故ニ。根ニ有ニ利頓(鈍カ)ニ事ヲ顯ハス也。爾ヲ付テレ逗スルニ利鈍ノ二機ニ。於ニ界內界外ノ教ニ立ニ卽不卽ノ異ヲ分ヨ別四教ヲ也。故ニ依ニ所詮ノ理ニ有ニ卽不卽ノ不同一。能詮ノ教ニ次第不次第ノ差別カ出來スル也。爾ヲ別教ハ詮ニ不相卽ノ理ヲ故。歷テヘ地前ノ梯橙ヲ。至テ初地ニ初テ斷ニ無明ヲ證レ理ヲ。圓教ハ詮ニ相卽ノ理ヲ故ニ。初住ヨリ斷ニ無明ヲ證ストレ理ヲ談ス。兩教ノ差異ハ只此分ニテコソ有レ。其外ノ差別ハ全ク不レ可レ依ニ卽不卽ノ異ニ。共ニ斷ニ四十二品ノ無明ヲ可レ云也。サレハ藏通ハ於レ至ニ化城ニ分ヨ別行道直道(紆カ)ヲ。別圓ハ付レ至ニ寶所ニ雖レ辨ニ行道直道(紆カ)ヲ。共ニ至ニ一所ニ也。藏通ハ既ニ雖レ辨ニ行(紆カ)直ノ不同ヲ。所至ノ化城ハ全同シ。別圓更ニ有トハ不同ヲ不レ可レ云。又一所ノ釋ニ立ニ四船ヲ(天玄一、六四八。玄義參照)。其中ニ私船ト者小乘也。官船ト者大乘也。於ニ此大乘ノ官家船ニ。又有ニ小船ニ有ニ大船一。小船ハ同ニ私船ニ至ニ中州ニ云ヒ。兩大船ハ共至ニ彼岸ニ云云是豈ニ所證理同ク所斷ノ惑等ニ非歟

次講答ニモ聞ユル樣ハ。別圓ハ有ルナト權實ノ不同ニテ云事ハ不レ可レ有ニ子細一。爾ヲ其權實ノ不同ト者。餘教ニ置テ別圓只以ニ卽不卽ヲ可レ爲ニ權實ノ不同トモ也。爾ニ於ニ四教ニ同有リニ教理智斷等ノ八法一。其ノ中別圓ノ八法ノ不同。卽不卽ノ差別ニテコソ有ルラメ。爾ヲ講答ハ八法ノ中ニ。七ハ只卽不卽ノ異ノミ也。斷法許卽不卽ノ上ニ長短ノ不同カ可レ有云云是カ大ニ不審事ニテ有也。八法ノ不同ヲ存セン事ハ可ニ一准ナル一。何只於ニ斷法許ニ。今一重ノ不同ヲ可レ存耶。若斷法ノ一種ニハ殊ナル子細ハシ有テ如レ此分別スル歟。凡別圓二教ハ法門頭數ハ全同キ也。殊更

私云。後日尋申云。常義權爲實方便也。若盡法界品惑者。不可云權。卽可實故不盡之成。是誠不盡故成。サラハ三十品四十品斷。今一品二品不盡云。成方便義成。故只權實不同許不足也如何。又若爲方便故。不斷一品云コソ尚方便故聞。如何

示云。尤可爾也。如此可難也。七夜所述義勢難不遁也云云好頭數同。其所談法門。只卽不卽異權實不同可有也。サレハ十界思議不思議不同。三諦次第不次第差別許有。所斷惑同之。只四十二品卽不卽不同相違也。又別教爲圓方便。依地前方便入地上中云。實入圓也。是必不依所斷惑十二品。若爾者四十二品云。登斷無明位實成圓人施設可有何相違耶。又法界品無明者。障佛界惑也。爾別教已明十界。思議中佛界。佛界體不思議也。若爾者。何此佛界不斷能障惑耶。若不斷之云。佛界不明可云歟。若爾者。明十界コトハ一家所所釋分明也。如何

次覺大師御釋。全圓佛示現不見。若圓佛示現故。藏通又可爾也。爾講答。藏通不明斷無明。別圓權實不同同斷無明云上沙汰如此釋也云云是彌不審事有也。別教十二品斷云圓佛示現有。若圓四十二品斷佛自證ママニ示現云。只別教明四十二品斷義有。若又圓佛方四十二品。別佛示現云。只圓佛斷有。不可關別佛。若此別佛內證探圓佛。斷四十二品〔一品歟〕藏通可同云難不可遁事也

次算題意趣不審也。若別教當分。不盡迷佛有不可云。若圓意云之。別教不斷一品可云也。其故至初地入地自證權門自開云。實圓人斷無明云故也。又法界品無明云名目。經論一家釋無之也。只取集一切惑義。必不云法界品疑名目事事シキ者也。又經釋無證據名目。

無二方樣一尋出ハ有レ憚也。イカニモ不二聊爾ナラ一事歟

次玄五ニ釋シテ二與奪ノ二義一ヲ。奪テハ齊トモ二圓第二行一トモ云ヒ。與テハ（天玄三、四九六。取意）齊トニ初地一ニ云云 是ハ片賴ヲ耶。是一分ノ義門カ（家初カ）イハレヌヘケレハナント云許ニテハ無二所表一事也。例ノ自在巧辨ノ釋義ナントニテナント可レ云事歟。如レ此大師ノ釋義ヲ申事カ甚不レ可レ爾事也。假令ニ理不盡ナル事ヲ煩ク釋シテハ可レ有二何詮一カ耶。殊ニ一往ノ釋ヲ儲給タラン所ヲハ入レ意ヲ可レ見也。妙樂一所ノ釋ノ中ニ。常人ノ以二大師釋一ヲ自在巧辨ノ釋トテ不レ可レ盡レ理云ヲハ。大師ヲ令レ墮二綺語ノ過一ニ云尤可レ有レ恐事也。如何

御答云。此事ハ肝要題目也。能能可レ留レ心ヲ事也。數箇條ノ中ニハ可二肝心一キハトス八八法（八法カ）ハ共ニ卽不卽ノ不同ト云事ニテ有也。權實ノ差異モ可レ依二卽不卽ノ不同一ニ也。斷伏ノ高下尤可レ依二次第不次第ノ差降一ニ也。（天止四、一〇六。弘決）教彌權ナレハ位彌高シ。教彌實ナレハ位彌下レリト云云 此釋（ㇾカか）ニテ此算ノ落居ヲ可レ成也

此一段ハイニモ不レ可二云ヒ披一事也。但一端約束許ヲハ可二申置一也。所詮次第斷ト云ヘハ必ス十二品斷ト云ハレ。不次第斷ト云ヘハ必ス四十二品斷ト可レ云ハル子細カ有ル也。次第斷（不カ」）ト云ハ相卽ノ故。不次第斷ト云ハ相卽ト云事ソト得レ心レハ。斷法ニ辨二十二・四十二ノ長短一ヲ。卽チ卽不卽ノ不同ニテ有ル者也。如レ此云ヘハ必ス以二斷伏ノ長短一ヲ別圓ノ不同トスルマテハ無キ也。大方ハ如二講答一ノ權實ノ不同ニテ。不レ斷三盡法界品ノ無明一ヲ云ヲハ。權ハ爲レ實ノ方便ナルカ故ニ不レ盡トニ無明一ヲ可レ云也。然而此分許マテハ尙斷惑ノ卽不卽ノ故ハ未レ聞也。故ニ八法ハ同ク卽不卽ノ故ニ別圓ハ不同ナルソト可レ云也

次弘決ノ五ノ。（天止三、三九四）別但次第從レ淺至レ深且（ㇾ〇カ）從（寄カ）二教道一故云二豎遍一等者。是ハ不レ盡二法界品ノ無明一ヲ云吉キ證據也。本書ニハ。（同。止觀）別教四門次第斷二五住一ヲ。斯乃豎ニ遍ス橫ニハ不レ遍セ。並ニ非二今ノ所用一ニ。今不思議ナラハ一境一切境。一心一切心。橫豎ノ諸法悉ク於（ㇾ趣カ）レ心ニ破レルカ心ヲ故ニ一切皆破ス故是レ（言カ）遍ト也矣 次第斷五住斯乃豎遍ト云ヘハ。豎ニハ如二圓教一ノ可レ盡二無明一ヲ聞タリ。橫ニハ見思塵沙無明カ相卽シテ一體ナリト云事ハ。別教ニ誠ニ無レ之故ニ。本書ニハ橫ニハ不レ遍ト釋スル也。對レ之ニ豎遍ト云ヘハ。無明ヲハ皆盡ト云フト聞タリ。爾ヲ妙樂會ストシテ。別教ニハ一向三惑相並テ斷スト云事ヲハ不レ明レ之故ニ。橫ニ不レ遍云也。豎ニハ遍スト云ハ。

從レ淺至レ深斷スト二三惑ヲ一初(示ヵか)故ニ云二竪ニ遍スト一也。以レ實ヲ云ヘハ無明ヲモ斷スト二十二品ヲ一初(示ヵか)故ニ可レ云ト二不遍一云也。文ノ面ハ如レ此。妙樂ハ。本書ニ横ニ不レ遍ト云ヘハ。竪ニモ不レ遍可レ云故ニ。以レ云ヲ二横ニ不レ遍ト一竪ノ不遍ヲモ釋スル也。所詮。三惑カ不二相卽一故ニ。次第分張シテハ斷スル也。若三惑三惑(三惑ヵカ)相卽セハ於二一位ニ一可レ斷二三惑ヲ一也。如レ此云ハハ。卽圓ノ斷惑ナルカ故ニ。卽チ竪ニモ遍スト可レ云也

次算題ノ意趣ハ非二偏ニ別教ノ意ニ一モ。又非シテ二偏ニ圓ノ意ニ一モ。意趣ヲ可レ得レ心事也。所詮。別教ニ十二品斷ト云ハ。圓教ノ四十二品ト云ヲ束テ十二品斷ト云歟。又四十二品ノ中ノ隨一(ㇾ二カ)ノ十二品ヲ斷スト云歟ト尋タルカ故ニ。圓教ノ四十品斷ノ意カ顯テ後。別教ノ所斷ノ分齊ヲハ可レ知ル故ニ。一邊ニ圓ノ意ニテ同クトモ。別ノ意ニ同クトモ不レ可レ云也

次法界品ト云事。尋ノ面ハ四十二品ヲ皆斷スル歟。ハタ不レ斷歟同(問カ)カ故ニ。束テ二一切煩惱ヲ一云テ二法界品ト一有ル也。眞實ノ意趣ハ。只法界品ト云ヘル相卽ノ惑ト云事也。相卽ト云ヘハ。斷スト二一位ノ惑ヲ一可レ云テ有ル也。所詮。一惑ヲ斷スト云ヘハ。法性ノ源底ヲ窮メテ斷スト云意カ有也。如レ此云時。不レ斷二法界品(品ヵカ)ノ無明ヲ一云ハ。別教次第シテ斷惑スト云ヘハ。不レ斷二一品ヲモ一云道理ハ立スル也

次行直(紆カ)ノ寶所ノ事ハ。法門ノ入門カ不同ナルカ(彼カ)故ニ。今ハ必ス非ス二斷惑門ニ一ハ。中道ノ理ヲ寶所トモ後岸トモ云ヘハ。如レ此云ヘンニテハ有二行直(紆カ)ノ不同一コソ。同到二一所ニ一可レ云也。次第斷ト云ヘハ。必可二十二品ナル一云事ハ。別教ハ次第隔歷スレハ。十住入空ニ斷二見思ヲ一。十行入假ニ斷二塵沙ヲ一。十廻向ニ修レ中ヲ。初地ヨリ斷スト二無明ヲ一云ヘハ。自成ル二十二品斷ト一也。不次第ト云時ハ。抑ヘテ二此次第ヲ一不次第トハ云也。故ニ此入空ノ所ニ卽斷スト二無明ヲ一云ヘハ。必ス四十二品ニテ有ル也。能治ノ三觀カ相卽スレハ。自所治ノ三惑モ同時ニ破セラルル故也

所詮。開會ト云ハ融スルカ二隔歷ヲ一開會ニテハ有ル也。凡聖一如ノ旨カ。相卽融通ノ至極ハ。開會ノ本意ニテ有也。是則凡夫ノ上ニ直ニ佛ノ知見ノ開ル意ヲ顯ハス時キ。別教ノ凡位カ圓ノ聖位ト成スル也。別ノ凡位ト者。藏通開悟ハ直ニ界內ノ凡夫ノ上ニ證スル也。抑(ㇾ二カ)レ之ヲ如レ此云ヘハ。尤十二品四十品ト廢立スルカ卽不卽ノ故ニテ有也。後日此由ヲ尋申候處ニ尤可レ爾也

所詮。教彌權レハ位彌高。教彌實レハ位彌下リト云釋ノ意ニテ可ニ落居一云ハ此事也。自來別圓ノ斷位ノ不同ヲ云ヒシハ。源ト此算ヨリ起ナリ。不レ可ニ聊爾一。努努後日尋ネ申候。覺大師御釋モ。名別義圓ト會スルハ此意ニテ可レ有歟如何

仰云。尤可レ爾也。舊ハ如レ此不レ可レ云。能能可レ置レ心ヲ申也

第三日　講師永仙　問者快運

(4) 中上二根攝者盡本敎惑事

師難云。此事先本別教ノ所談ニ付テ。中道ハ必ス依ニ空假ノ方便ニ顯ルル也。爾ハ別教ニハ十住ニ入空シ十行ニ出假シテ經ニ多塵劫海ヲ。空假ノ二觀具足シテ其上ニ中道觀ハ顯ハルル也。然ヲ於ニ通教ニ先立ニ修行ヲ。此上ニ聞ニ後教ノ中道ヲ云ヲ。宿習ト云テ慥惑未盡ノ位ヨリ令レ承ニ後教攝ヲ云事。甚不レ可レ爾。其宿習ノ様モ未ニ道理分明ナラ。問者ノ難ニモ被レ出候様ニ。爲欲示於眞內中(天止二、四七〇。弘決)故。故彼(待カ)證空等云カ故ニ。中道ヲ空理ノ底ニ含カ故ニ。此眞諦ヲ證シ極メテ中道ハ可レ顯也。爾ルニ當教ノ眞理ノ至極シテコソ可シレ顯ル。不ハレ爾爭可レ顯レ之耶。空理ノ底ナル中理カ眞理不ニレ極。可レ顯云道理ハ更ニ不レ可レ有レ之

次本文ノ了見大旨講答趣無ニ子細一候様ナレトモ。大ニ本末ノ釋ハ尚不レ開也。先ツ云何以別攝通(天止二、三〇二。止観)ト問シテ。初空假二觀破眞(同、三〇三)俗上惑盡ト者。空假ノ二觀カ極テ。眞假ノ上ノ惑ヲ斷盡シテ。而モ仍(同前)前二觀爲因ト云テ二觀ヲ爲レ因云也。二教含容ノ被攝ト云事ハ。當教ノ眞理窮テ後教ノ中道ヲ可レ聞故ニ。二教相合テ云時キ。仍前二觀爲因トハ云也(同。弘決)。必假通教空假二觀因(爲カ)前方便ト云テ。通教二觀ヲ踏テ至ニ後教ノ中道ニ云事。本末ノ釋分明也。

凡今被攝ハ顯體ノ章ノ中ノ諦智合辨ノ章ヨリ起レリ。爾ニ上ニ釋トシテ別攝通ノ相ヲ。俗諦發一眼一智。眞諦發一眼一智。開眞出中發一眼一智(同、二九九～三〇〇。止観)ト云ヘリ。此釋不レ可レ限ニ下根ニ云事ハ。講師モ更ニ不レ可レ諍レ之。此上。云何以別攝通ト問セリ。此問マテモ不レ限ニ下根ニ云事ハ。不レ可レ及ニ異論ニ。上ノ文モ此問モ惣シテ被攝ノ相ヲ釋スルカ故也。文ノ源ト云ヒ問ノ言ト云ヒ。亙ニ三根ニ云條ハ勿論ナルヲ。至ニ答文ニ者。但限ルトニ下根ニ云ハン事甚不レ可レ爾。爾ニ

妙樂又釋ニトシテ今ノ被攝ノ廢立ヲ。何獨攝通而不云藏。何獨別（天止二、三〇二）攝而不云圓トヘリ。是則惣シテ被攝ノ相ヲ約ニシテ能障所障ニ釋スル（同、三〇三）也。爾ヲ下根ニ限ト云事ハ甚難レ思也。其ヲ妙樂ハ。復有一人。破二惑盡。至第八地方聞中道ト云カ故ニ。本文モ可ニ下根ナル一云事。古了見ナレトモ甚難レ思也。先本書ノ文ノ意ヲ能能存テ可レ合ニ妙樂ノ釋ニ歟。爾ヲ本書ノ文ニハ何トモ不レ定。亙ニト三根ニ云トモ不レ可レ有ニ相違ト見ヘヲ。以ニ妙樂ノ釋ヲ押テ本書ノ文モ如レ此コソアラメト云事ハ不レ可レ爾。但。第八地ト釋スルハ。三根共ニ付テ盡ニ本教ノ惑ヲ。斷惑盡ノ義ハ下根カ本ナレハ。付ニ文相ニ如レ此釋スル也。文本意カ限ニ下根ニ云ニハ非也。ケニモ惣シテ被攝ノ相ヲ判スル釋ナルカ故ニ。可レ限カキルニ下根ニ云道理ハ更ニ不レ可レ有レ之（天止四、九五）

サテ弘決第六卷ニ指ニ當卷ヲ。前爲消（鎖カ）經故從下根ト云故ニ。（說歟）今ノ本文可レ限ニ下根ニ云事不レ可レ爾。後段ノ被攝ニコソ大品ノ十地如佛ノ意ヲ以テ釋スレハ。下根ニ約シテ消トハ經ヲ可ケレ云。不レ可レ指ニ前段ノ文ヲハ。若爾者。今ノ破眞俗等ノ文限トハ下根ニ不レ可レ云

第三日　講師永仙　問者快運

中上二根攝者盡本教惑事　問答如常

師難云。此事先別攝通者。依ニ通教ノ方便ニ移ニ別教ノ但中ニ也。爾者。先本別教ノ相貌ヲ明ラメテ可レ被レ成セ被攝ノ義ヲモ也。（天止二、一九七。止觀）爾ニ別教ノ中道ト者。前觀假空是空生死。後觀空空是空涅槃ト云。必依ニ空假ノ方便ニ入ニ中道觀ニ也。惣シテ中道觀ト云樣ニテハ。空假二觀不ハレ備中道觀ノ體不レ可レ成。此段ハ立敵更不レ可レ有レ諍。約ニ被攝人ニ時キ。又此法相ハ不レ可レ亂。必ス成ニ空假ノ方便ヲ。此上ニ可レ顯ニ中道ヲ也。不レ成ニ空假ヲ顯ニ中道ヲ云ハハ。次第三諦ノ相貌ニ可レ背ク者也

又法門ノ根元モ必ス空假ノ上ニ中道ノ顯ハルヘキ謂カ可レ有レ之也。爾者。寄ニ事於被攝ノ宿習ニ不レ斷ニ盡惑障ヲモ。不シテレ成ニ方便ノ二觀ヲモ顯ニ中道ノ深理ヲ云ハン事。甚不レ可レ爾

抑。被攝ノ宿習トハ何ナル事ソ。後教ノ中道ノ宿習ヲ通人カ具足シタルニテコソアルラメ。是カ本別教ノ人ニ勝レテ不シテレ具ニ足空假ノ方便ヲモ可レ顯ニ中道ヲ云道理。不レ可レ爾

凡通別二教相對スルニ。教モ勝劣雲泥也。所被ノ機又可レ爾。

爾ルニ初受タル二通教ヲ一人。本別教ノ人ニ可レ劣條勿論也。其カ勝タル本別教ノ人ハ。久苦ニ労シテ地前ノ空假ノ方便ニ後ニコソ至ニ中道ノ修觀ノ位一ニモ。劣ナル通教ヲ受タル人而不レ成ニ方便ノ行一ヲ。輒ク悟ニ中道深妙理一ヲ云ハン事。返返不審事也

其上被攝ト云ハ。令深觀空卽見不空ト定ム。（天止二、四七〇。弘決）如幻卽空ノ理ノ底ニ含中道ナルカ故ニ。此理ノ底ナル中理ヲハ當教ノ理ヲ覺リ極メテコソ悟ヘケレ。其ノ令深觀空ノ樣ハ。能障ノ惑ヲ斷シ盡シテコソ所障ノ理ハミカカルヘケレ。能含空ヲ能ク磨キテコソ所含ノ中理モ可レ顯ケレ。爾當教ノ能治所治ニ不ニ窮盡一。後教ノ中道ヲ可レ成云事。甚不審ナル者也

所詮。イカナレハ此人ハ不レ斷ニ盡當教惑一ヲ移ヲ耶。其義相尤可レ被レ成者也

抑。又中上二根攝者ハ。假觀ヲハ何所ニテ成スル耶。於ニ當教一ニ者。旣ニ未レ盡ニ思惑一タニモ。全分出假ノ位ニモ不レ至。故ニ假觀更不レ可レ成。於テハ二後教一ニ旣ニ開眞出中シテ成ニ中道觀一ヲ。返テ不レ可レ成ニ假觀一ヲ。仍假觀成就ノツホカ甚難レ辨也。如何可レ成耶

次付ニ釋義一ニ。初空假二觀破眞俗上惑盡ト云ヘル。（天止二、三〇三。止觀）三根中ニ無レ所レ簡悉ク盡ニト本教惑一ヲ見タリ。妙樂重消レ之ヲ。雖スイレ見ニ中道一（同。弘決）必假ニ通教空假二觀一爲ニ前方便一矣此釋被攝ノ人ハ必ス假ニ空假ノ方便一ヲ見ニ中道一云事分明也。置ニ必ノ言一ヲ。若用ニ二觀ノ方便一ヲ事ハ只限ニ下根一ニ云ハハ。必スト用ト事ハ不レ可レ有レ之。惑（或カ）ハ用人モ有レ之。或ハ不レ用レ之人モ有レ之云カ故歟。爾ハ會通ノ趣ハ。妙樂消レ之時。（同前）復有一人破二義盡。惑歟シン至第八地方聞中道ト云故ニ。（天止四、九五～六。取意）約ストニ下根一ニ云云實ニ古キ會通歟。然而甚不審ノ事ニテ有也。其故ハ。四教五時ノ法門ハ名義コソ有レトモニ不同一ハ。他宗ノ人師モ談レ之也。爾ニ被攝名別ノ法門ハ。獨大師ノ己證也。太（大カ）蘇妙悟モ此兩箇法門ヨリ起ルト申子細有レ之歟。自流モ他流モ執シ存スル事也

付レ其ニ委細ニ被攝ヲ分別スル事ハ今釋義也。サレハ所依ノ文ニモ當所ト被レ定。是又兩段在ルレ中ニ。以ニ今ノ釋ヲ一本文トスル甚定ル可レ有ニ子細一歟。大師ノ己證ナル上ニ。一宗ノ淵源。教觀ノ根元ニテモ有ランスルニ。定レ機ヲモ法相ヲモ談セン時。何ソ只限ニ下根一類一ニ可レ沒ニ上中二根一ヲ耶

サテ當所ニハ中上二根ヲハ不レ釋。何所ニ沙汰シテ本行ノ（教カ）惑ヲ盡不

盡ヲモ談シタルソ耶

其上今釋ハ。諦智合辨ノ章ヨリ起レリ。爾ヲ付ニ今此釋義ノ起盡ニ了ニ見スルニ之ヲ。彌可レ亙ニ三根ニ云事ハ分明也。今ノ。(天止二、三〇二。止觀)云何以別攝通ノ問ハ。上ノ。(同、二九九～三〇〇)眞(俗カ)諦發一眼一智。俗(眞カ)諦發一眼一智。開眞出中發一眼一智ノ文ヨリ起ル也。妙樂是ヲハ。(同、三〇二)此問ニ上來開レ眞出レ中故也矣。爾ニ上ノ文ハ。不レ可レ簡ニ三根ヲ云事。不レ可レ諍レ之。因レ之所レノ起問又可レ亙ニ三根ニ云事。道理必然也。爾ヲ依ニ此ノ問ニ所レ答。破眞俗上惑盡ノ文。忽簡ニ中上二根ヲ下根ノ攝者ヲノミ述ト云事。甚不レ可レ爾。所詮上ノ。(同、二九九～三〇〇。止觀)開眞出中發一眼一智等云ハ。亙ニ三根ニ歟。限ニ下根ニ歟。可レ有ニ義勢ニ事也

抑。開眞出中ト者。被攝ハ空ヨリ續レ中ト云フ。是ハ但以レ空ヲ可レ爲ニ方便ト被レ得タリ。爾ヲ二觀爲ニ方便ト云ハ。假觀ハ何所ニヨルヘキソ耶。付レ是ニ可レ有レ義事也

サテ妙樂ノ。(天止二、三〇二)至第八地方聞中道ト云ヘルハ。三根共ニ盡ニ本教惑ヲ付テ。寄テ下根ノ八地惑盡スルニ。惣シテ其斷惑盡ノ相ヲ釋シ顯ハス也。惣シテ一段ノ文カ限ルト下根ニ云ニハアラサル也。大方釋習ハ。本末ヲハ一同ニ可レ成也。爾ヲ本書ノ文ニハ。不レ云レ限ルトハ下根ニ。末書ニハ約ニ下根ニ釋ストシテ。是ヲ以テ押ヘテ本書ノ文ヲ。限ト下根ニ云ニテコソ有レト云ハン事如何。本書ノ文ハ何樣不レ限ニ下根ニ云事。不レ可レ諍レ之。若爾ハ。妙樂ノ消釋コソ不審ナレハ。所詮妙樂ノ釋ハ。本書ニ正ク約ニ下根ニ云事ヲ說釋スル歟。ハタ本書ハ不ニトモ分明ニ。妙樂ノ八地ト釋シタマフハ約ニテコソ下根ニ有レト云ハンスルハ。胸臆ナルニ似タリ。所詮。本末ヲ一概ニ可ニ得レ心合ニ也

次ニ決六ニ。(天止四、九五)前爲消(銷カ)經故從下說等云ヘルハ。指ニ當巻ヲ故ニ。所依文約ニ下根ニ云事分明也。爾ニ彼釋ハ。彼本書ニ。(同。止觀)別攝通者(ㇷ中カ)七地論修。八地論證等云テ。(同。弘決)問フトシテ。第三巻明別攝通。(同前)何故乃云八地聞中道。九地伏無明等云ヘリ。依ニ此問ニ。文從(天止二、四七〇。止觀)中說故云七地。前爲消(銷カ)經故從下說ト答カ故ニ。指ニ後段ノ到第八地正(方カ)爲說眞內之中等(天止四、九五。弘決)ノ文ヲ問答スルカ故ニ。非レ指ニ今ノ所依ノ文ヲ。就中。故大品云。十地菩薩爲レ如レ佛矣(天止二、四六九參照)此十地菩薩爲如佛ノ文ノ意ニテ消釋スル事ハ。後段ノ文ニ有レ之。旁文相無レ諍指ニ後段ヲ云事分明也

抑。此算ノ落居ハ。本教ノ殘惑ヲハ何位ニシテ何ナル觀ヲ以テ斷スルソ

耶。今ノ義勢ハ中道觀ニテ斷スト云云或ハ空假二觀ニテ斷スト云義有レ之。兩義共ニ不審也。先ツ空假ノ二觀ニテ斷スト云義ニ付テ。不審ハ開眞出中シテ中道觀得タル閣二中道觀ヲ一。本ノ方便ノ空假ノ二觀ニ還テ用レ之。能治トシテ盡スト二殘惑ヲ一云ハン事ハ甚不レ可レ爾。又用二中道ヲ一云ハンスルモ不レ可レ爾。其故ハ圓教ノ意ハ。猶以テ二一觀ヲ一破二三惑一事ヲハ。一往然二往不然ト云テ。(天止四、一一九五。止觀)三觀三惑ハ必ス相對シテ斷レ之。況別教隔歷ノ教ニ。諍以二中道觀カ一斷二見思塵沙ヲ一可レ云耶

次證據事ハ。通教利根具二界內惑一。(卍續二八、四〇九丁右上。維摩疏記)但修二中道(觀カ)一細惑未レ破。麁雖二先(前カ)除一亦非二正意一故云レ傍也ノ釋ハ。問者モ難樣ニ通相ノ三觀ト了見ス。通相三觀ナラハ。通相一心的屬圓教ト云テ。(大正藏三八、六六二上。維摩經略疏)爾前圓也ト云。諍可レ屬二被攝ニ一耶

次上中二根ノ輩ハ移二何位ニ一耶。不須住行ト云カ故ニ。移二住行ニ一事ハ全ク不レ可レ有レ之。但用向地ナレハ必ス可ト移二向地ニ一成ケレトモ。不レ盡二思惑ヲ一何ソ可レ至二向地ニ一耶。仍上中二根ノ移處不審也

次義勢ノ肝要ト聞ハ。定メン二上中下根ノ攝者ノ果ヲ一事ハ。尤依二次位ニ一也。次位ハ又可レ依二斷惑多少一。觀智淺深ニ一。サレハ四地爲上等云ヘリ云云誠ニ一旦ハ可レ斷(聞)樣ニ聞タリ。爾ヲ立還思レ之。是又未盡ノ義勢ト覺ル也。其故ハ。講答ノ趣ハ。斷伏ノ高下。內凡下(外カ)凡之位聖位ノ差降ハ教教ニ所レ定更ニ不レ可レ亂。爾ルニ自餘三教既ニ斷伏ノ淺深ニヨテ判二凡聖ノ位ヲ一事ハ階級更無レ亂。通教又於二當教分ニ一者。外凡凡聖ノ分齊ハ可レ如二常途ナル一ノ。爾ヲ或ハ。通教爲逗多種根性ト云ヒ。(天玄三、三二一。玄義)斷惑縱容トモ云ヘルハ。多約名別義通ノ意也。自レ元通教ヲ逗スト二多種ニ一云ニ。含二名別義通ノ意ニ一故也。通教ナレハトテ當教ノ分齊次位高下亂スル事ハ不レ可レ有レ之。況ヤ通教爲逗多種根性ノ釋ハ。上ニ釋名別義通ヲ云畢テ引二大論三所樵炷ノ譬ヲ一如レ此判スルカ故ニ。名別義通通條勿論也。今釋。名別義通ト云事。甚大樣事也。正ク。通教爲逗多種根性ト云釋ニ向テ。押テ名別義通ノ意ソト被レ成事。不レ可レ爾。若爾者。斷惑高下モ觀智ノ成不モ隨テレ人ニ可二不定一。若不定ナル事タニ許サハ。上根ハ四地ニシテ斷惑極リ。中根ハ六地ニシテ斷惑(盡歟)スト云ハン。更不レ可レ有二相違一。何强ニ如レ此可二治定一耶

次御廟大師付テ二從下根因(來カ)多至初地等文一ニ。(天止二、四六九。弘決參照)判シ二三ノ不定一。(被接義私記、五七丁右取意)一ニハ地前ノ不定。二ニハ二地已上不定。三ニハ地前地上ノ不定云云 地前不定ト者。地前三十心ノ不定歟。可レ成二不レ盡云フ義ノ潤色一ト歟。地上不定ト者。盡スト云義ノ證據也。地前地上取合セテ成二不定一ヲ。中上二根ノ人モ盡二本教ノ惑一ヲ被レ云義邊モ有レ之被二釋成一歟。於二一人一ニ盡シ不盡ノ兩義有レ之可レ得レ心歟如何。於二一人一ニ者爭可レ有二不同一耶。爾ヲ自設レ問ヲ。三使(傳歟)ノ中ニハ可レ依二何傳一耶。無レ之(答カ)隨意取捨耳。但第三ノ(被接義私記、五九丁右)傳ハ。文相頗勝約(諦カ)レ訪答文易レ知云云 三傳ノ中ニハ以二第三義一ヲ大師御本意ト被レ成歟如何。是又此算肝要也。尤可レ有二委細ノ分別一者也

次問者モ被レ尋レ之樣ハ。(同、五五丁左～五六丁右)御廟又依二眞空尚淺ノ文一ニ兩重ニ述二盡不盡ノ二義一タマヘリ。是ハ大師ノ御意ハ實ニハ難レ知被二覺思食一。如レ此被レ成歟。兩義ヲ一義ニ落居スル子細カ有樣ニハシ如レ此被レ釋歟如何

又大師ノ眞空尚淺ト(同、五五丁左)云ニ。雖レ盡二見思一ヲ不レ歷二地地一ヲ。故ニ云テレ盡ニト見思一ヲ見タマヘルヲ。講師ハ不レト歷二地地一ヲ云ハ。即不レ盡レ惑ヲ故不レ歷ニテ二地位一ヲ有ルト被レ成意如何。大師ハ正ク雖レ盡二見思一釋タマヘリ。只大方ニ不レ歷二地地一ヲ故ニ眞空淺ト云ソトハシ被レ成タラハ。サモ可ヲ二了見一ス。既ニ雖レ不レ盡レ惑。何如レ此可ニ了見一耶。其上兩義相對シテ如レ此成ス。何亂ニ可ニ會通一ス耶。所詮肝要ハ。不レシテ極ニ當教斷惑一ヲモ移ラン二後教一ニ事 是一 移ニ後教一位事 是二 殘惑能治事 是三 又被攝ト云樣事 是四

仰答云。此事ハ此三四箇條肝要ニテ有ル也。無ニ方樣一不レ可ニ述盡一。但大綱ノ約(東カ)第ノ一端許ヲ可レ申也。通教ト者。通通。通別。通圓ト云ヘリ。先通教ト云樣ヲ可レ得レ心也。爾ニ。(天玄五、八五。玄義)正通實相傍通眞諦ト云テ。本ヨリ通教ハ教理智斷行位因果ノ八法悉ク可レ入ニ後教一ニ樣ヲ講置タルヲ名ニ通教一トハ也。若爾ハ。於ニ位位一ニ悉ク可レ入ニ後教一ニ也。サレハ別入通。圓入通ト云ハ。自モニ乾惠性地一ヲ移ニ後教一ニ云也。既ニ自ニ未斷惑ノ位一移トニ後教一云事ノ有ラハ更ニ不レ可レ諍レ之。若爾ハ。自ニ惑未盡ノ位一可レ移ニ後教一ニ云事ハ。道理顯然也。其故上根利智ノ輩ハ。宿習忽發シテ可レ移ニ後教一ニ。全不レ可レ待ニ斷惑盡ノ位一ヲ故也。不レシテ盡レ惑ヲ移ニ後教一ニコソ上中根ト云ハルレ。盡シテ入ラハ不レ可レ云ニ上根一トハ

次。令深觀空卽見不空（天止二、四七〇。弘決）シテ成二兩理交際ノ義一故ニ。眞理不レ極位ヨリ不レ可レ移云事。其ハ已ニ判二下根攝者ヲ一云事。解釋分明也

但。空理ノ底ナル中理ハ。不レスハ極二空理一不レ可レ顯事ハ。眞理含二中道ヲ一云事歟。若一分ニモ顯ハレ之。所含ノ中理ヲ依二利根ナルニ一速ニ見テ。移二後敎ニ一事不レ可レ有二相違一

次可レ依ル二空假二觀ノ方便ニ一。爾ヲ中上ハ不レ然ト云事。是ハ殊更此算ノ肝要也。無二方樣一雖レ不レ可二申述一。先通敎ノ利根ノ菩薩ハ自二乾惠性地一立二利他行ヲ一。是豈非二假觀ニ一耶。若爾ハ。入空出假ヲ相並カ故ニ。斷無レ疑成二假觀ト一可二方便ス一也。故ニ本算ニハ。何位ニ被攝スルソ何位ニ出假スルソト尋ヌルハ。被攝ト出假ト各別ニ尋タレトモ。一致ニ可二云合一子細カ有カ故ニ。如レ此聞タル也

次ニ四地五地攝者モ可レ盡二本敎惑ヲ一云事。未盡ナル所（辟カ）カ有ル也。其故ハ。若斷惑盡セハ已辨地ナル。侵ニ習氣ヲ可二何支佛地ナル一。然ヲ依レ何ニ押テ可レ名二四地五地ト一耶。依二斷惑高下ニ一證ニ理淺深ニ判二次位ノ階級ヲ一故也。恣ニシテ義勢ヲ亂ニ次位ノ淺深ヲ事。未盡ノ事也

次前段ノ本文ヲハ。三根無レ所レ簡。爾ヲ妙樂意。第八地等釋スル。後段ノ被攝ニ至第八地ト釋スルカ故。以二此ノ意ヲ一如レ此釋スル也ト云一義モ有トモレ之。前段本文ニモ約二下根ニ一意有可レ云也

次後段ノ文ハ。本末共ニ上中二根ハ不レ盡二本敎ノ惑ヲ一云事分明也。本書ハ先ツ。從初已來但觀眞中之空。破見思惑盡至（到カ）（天止二、四七〇。止觀）第八地ト云フ。惑盡シテ至ニ八地ニ一云カ故ニ。下根ノ條勿論也。又從初已來ト云フ。已ニ辨テ二初後ヲ一第八地ニシテ見ニ中道ヲ一云カ故ニ。惑盡ノ義ハ約二下根ニ一云事分明　已上私

サテ末書ノ文ハ先。何故須至第八方攝ト者。（同。弘決）問ノ意ヨリ約二下根ニ一云事分明也。答ニ此問ヲ。爲欲示於眞內中故（同前）乃至令深觀空卽見不空ト云ヘルハ。因テ上ノ問ニ見レ之ニ。約二下根ニ一云事分明ナリ。此上ニ。若爾中上二根其義云何（同前）ト問スルハ。上ニ至二第八地ニ一故ヲ問モ。云レ之ヲ答モ。云ヘル之時キ。令深觀空卽見不空スル時。點ニ示シテ眞內ノ中ヲ一令レ見レ之ヲ。初故（示ヵか）至テ二第八地ニ一見二被攝ヲ一事ハ。當敎ノ眞理ノ極ル所ニシテ。示ニ眞內ノ中ヲ一故ニト答タルヲ。サテハ中上二根ノ攝者ハ未レ盡レ惑。眞理當レ不レ極。無二令深

觀空ノ義一。被攝ノ義ハ不レ可レ有歟ト問スル也。答レ之ルニヲ。中上二(天止二、四七〇〜一。弘決)根亦見眞已ト。依ニ亦ノ言一ニ中上二根モ盡ニスト本敎ノ惑一了見スレトモ。是ハ中上二根モ已一分見ニルカ眞理一ヲ故ニ。示レニ中ヲ無ニ相違一云也。爾ヲ此亦見眞已ノ言ハ。上ノ令深觀空ト同ク盡ニ本敎ノ惑一ヲ歟ト覺シキ所ヲ。(同、四七一)但前二根眞空尚淺トハ云也。但ト云上ニ簡異スル言也。若不レ爾ラ者。今此二句無レ所レ會者也。凡依ニテコソ能障ノ惑ノ品數ノ多少一ニ所證ノ理ノ淺深ヲハ可レ辨。能障ノ惑ヲハハヤ盡シタルニ不レ經ニ歷次位一故ト云ヒ。又速疾ニ證スル故ニ尚淺ト云ナト云事。甚未盡也。イカニ送ニ累劫一證ストモ。一刹那ノ間ニ取證ストテモ。惑障除ヲハ眞理可レ明云條勿論也。速疾カ過ニ成テ尚淺ト可レ云條不レ可レ爾。サテ上根トテハヤク證タルカヒハナンソ返テ下根ニハ不レ及過カ可レ有者也。又次位ヲ不レ經事ハ不レ可レ有レ之上ハ。不レ可レ及レ難ニモ事也。但シ是ハ御廟ノ御釋也。定有ニ子細一歟

次ニ不レ斷ニ本敎ノ惑一ヲ者不レ可レ至ニ迴向一ニ難セハ。先可レ反ニ諸問者一ヲ也。其故ハ。不レト可レ至ニ迴向一ニ云ハ。帶ニ本敎惑一ヲ故也。若爾者。上根攝者只斷ニ見惑一ヲ故ニ。十住ノ片端ニ可レ至也。不レ可レ至ニ十十(十回カ)住ノ後心乃至十行一ニモ。中根攝者盡ニトモ本敎惑一ヲ。可レ至ニ十住ノ中七位一ニ。不レ可レ至ニ後心一ニ。又下根攝者盡ニシ本敎惑一ヲ不レ可レ至ニ十行一ニモ。其故ハ。縱雖レ斷ニ界內ノ塵沙ノ惑一ヲ可レ至ニ十住ノ後心一ニ。既ニ不レ可レ至ニ迴向一ニハ。未レ斷ニ界外ノ塵沙一ヲ故ニトテ。先難・答ヲ可ニ牛角一ニハ也。此上ニ可レ至ニ迴向一故ハ云云

次能治ノ觀ノ事ハ。竹林房流ノ抄ニハ。先用ニ中道觀一ヲト云テ。實事ハ用ニ空假一ヲ云云 信承法印遂業ノ時。聖覺法印題者也。爾ルニ中ト者立ツ。背ニトテ當流ノ義一ニ未判ニ置畢。師弟ノ間ナリキ。其間事不審也。爾ルニ信承精義ノ時。惑(或カ)立者ヲ精ニ又中道ト立畢。其時予幼日ニ中道ト立テテ先師ニ略ラレ畢。往事思出トテ又置ニ未判一ニ畢。此事ハ用ニ空假一ヲト云様ヲ一端可レ申也。所詮依ニ中道ノ力一ニ引ニ起シテ空假ノ觀一ヲ用レ之斷ニ殘惑一ヲ也云云 但實事ハ。義趣ハ如ハレ此無也申ス様カ有ル也

次付ニ眞空尚淺ノ文一ニ被レ述ニ盡未盡ノ二義一畢。又龍禪院座主モ。十三帖十九帖ト云物ニ述ニラレ二義一ヲ畢。一師ノ義ニ於テ二義不ニ一徹一。先德又存ニ異端一ヲ。是ハヨモ不レ知ニ實事一者。ト

モカクモ云テ見ンナント云様ナル事ニテハアラン。イカサマニモ兩義ハ始終一義ニテ無ニ相違一子細ハシ有ル歟ト云ハルル也。此事ハ此算落居也云云

次付ニ從下根來多至初地。中上入者此卽不定ノ文一ニ。下根攝者ハ多至ニ初地一云ヘル。多ノ言可レ有ニ子細一覺タリ。彼私記對シテニ此卽不定ノ言一ニ有ニ三傳一。爾ニ此三傳ノ文相ニ付テ。盡不盡ノ一致ナル事ハ粗聞タル事ヲモ可ニ推量一也。其故ハ地上ノ不定ト者。約中上二根モ盡ニ本教ノ惑一故ニ。至ニ地上一ニ有ニ不定ノ義一云也。爾モ又惑入地前ト云テ可レ有ニ教通入一云云又地前ノ不定ト者。上中二根斷惑不レ極故ニ。入ニ地前一ニ不定也云テ。而モ多分入ニ地前一ニ小分ハ至ニ地上一ニ云云是等ハ盡ス故ニ至ニ地上一ニ。不盡故入ニ地前一ニ云テ。而モ通スル義ヲ述ル。盡不盡カ約ニ一人ノ始終一ニ論ル義分可レ有レ之云事ハ推量セラルル也

（天止二、四六九。弘決）（被接義私記、五七丁右～五九丁右參照）（ママ）（或カ）（道人カ）（少カ）

次第三傳ノ意。通ニ地前ノ地上一ニ者文相甚勝タリト者。文ノ面ニ顯ハニ上ノ兩義ヲ取合テ一義ナル相カ分明ナリ。如レ此釋スル歟。惣シテ被攝ト云物ノ樣モ依レ之可レ顯事也。故ニ盡不盡ノ事ヲハ委細ノ義ヲハ不レ可レ述レ之也

（頗カ）

皆云初發卽是被攝之事

仰難云。所詮此事ハ初發ト云ヘハ必ス被攝ト被レ云樣ハ如何可レ尋也。算題モ何故ソト云ヘリ。此題ハ故ヲ問タル也。其故ヲ出タラン時キヲ重タル難可レ有。其樣ヲ一端可キレ被レ成也

仰云。此事ハ。初發ト云ヘハ必被攝ナラテハ不レ可レ成云樣可レ有也。其上ニ約ニ三教一ニ釋ヲモ可レ會也。但。此事ハ被攝ト云樣カ可レ顯故ニ可レ略レ之也

第四日　講師快運　問者叡澄

(5) 當通教眞諦含中之事（天止二、四二六）弘二（三カ）云。卽義該深。故卽空中含於不空矣

仰云。先ツ含中ト云樣ハ萬法ヲ如幻ノ俗ト云テ。是ヲ卽空ト云ヘハ空有相並テ而相卽ストヲ云。通教ノ卽空ト云也。是ヲ只卽空トノミ聞クハ當通ノ機也。爾者。此空有卽空ノ空ノ體ハ。本來中道ノ理體ニテ有カ故ニ。云卽空ノ卽ニ含レスト中ヲ云也。如レ此云ヘハ。サテハ相卽ノ三諦ナリ。若爾者圓中ヲ含スルニテコソ有レ。非ニ但中ヲ含一ニハ云難可レ有レ之。但シ。是ハ不レ可レ有ニ相違一。其故ハ。別教ノ中モ空有不二ノ體ニテハ有ル也。其カ空有不二ト云ヘハ。非レ空ニモ非レ

（云カ）

有ニモ。永ク離タリト空有ヲ云也。故ニ此義ナラハ通教ノ眞諦ノ卽空ノ體ニ含ストト云ハン事。不レ可レ有ニ相違一

次證據ハ玄籤一ノ釋也。但。此釋ハ。(天玄一、一二四)圓理如珠體ト云ヘリ。圓ノ中ト云ヘリ。非レ含ニ但中一ヲ事如何。是ハ玄文ハ分ニ別教相一ヲ故ニ立ツ三三攝一ヲ。三攝ヲ明セハ圓ノ中ヲ可レ云レ含スト也。止觀ハ立ニ別攝通ノ一種一ヲ故ニ。(天止二、三〇三。弘決)理異眞故。教隣近故等義ニテ。含ニ但中一ヲ可レ云也。兩處ノ釋ノ相違ヲハ如レ此可レ得也

次本文ノ釋ハ本書ニ。(同、二九九。止觀)通教眞諦發二眼二智等云ルヲ。(同。弘決)含中故也釋セリ。被攝ハ在レ下ニ釋。今文當通教ト云事。不レ可レ有レ疑。爾ヲ難ニハ妙樂消ストシテ次下ニ(同。止觀)若作別攝通者。乃至開眞出中發一眼一智ノ文一ヲ。(同、三〇〇。弘決)次攝中云開眞出中者。若已被攝得入證道。乃成三諦ト云テ。被攝ノ開眞出中ノ文ヲハ約ニ已被攝一ニ釋レ之ヲ。應レ知上ニ約ニ當教ノ被攝ニ釋スト云事。若爾者。只是爲ニ被攝ノ機ノ說レ之得レ心者。非ニ當通ノ意ニハ也。是以御廟引ニ此文一ヲ。(被接義私記、四丁左～五丁右取意)當被攝已被攝ニ分別シテ釋タマヘリ如何。但。此事ハ自ニ未被攝ノ時一含ストト云ハハ。卽當通教眞諦ニ含中ストト云ニテ有也。又通教ノ卽空ノ謂レカ

私云。難云。通教ノ空ト別教ノ十住入空ノ空トハ其體已ニ同ト定タリ。爾ルニ別教ハ隔歷スト云ヒ。通教ニハ含スト云事不定也。又若卽ノ故ニ具スト云ハハ。十住入空ハ全ク同ニ通教ノ空ニ一云ハハ。通ニ明理ノ相卽ヲハ可レ明。何不(可カ)レ云ニ含中一スト耶。又當通ノ意。空有相卽ト云フトモ。此卽ヲハ暗室ノ瓶盆ニ譬タリ。若爾者。卽ト云トイヘトモ空有ハ不レ並。若爾ハ。含レ中ヲ義不レ可レ成。若又如レ前ノ空有相並ト云テ含スト云ハハ。只其ハ圓歟別歟ニテコソ有レ。何含スル義可レ成耶　ムシクイ　思也。又此算ノ題カ不審ニテ有ル也。若約ニ當通ノ意一ニ者。不レ知レ中ヲ教也。含ストモ不レ含トモ沙汰外ノ事也。若又約ニ後教ノ意一ニ者。非ニ當通教ノ眞諦ニ含スルニハ耶ト可レ尋也

三藏ノ析空ノ上ニ成スルソト云ヘハ。析空ノ體カ全ク體空ノ體ニ有也。其故ハ無常ノ理カ至極スレハ必ス成ニ無生一ト也。如レ此云フ意ハ。俗諦ノ諸法カ無常ニシテ刹那モ不ニ停住一事ハ。諸法ノ體カ本來無生體ニテ有ル故ソト云ヘハ。無常ノ理ハ全無生ノ理ニテ有也。如レ此云時ハ。通教ノ眞諦ニ含スト中ヲ云ヘハ返テ析空ニモ含レ中ヲ可レ云也

私云。相卽ノ故ニ含レ中ヲ云ヒ。又含中ノ様ヲ分別スル様ナラハ。

含二圓中一聞タリ。其上。圓眞(理カ)如珠體ノ釋モ亦爾也(天玄一、一二四。釋籤)。若圓ノ中ナラハ不レ隔レ法ヲ析空ニモ含スト可レ云歟被レ難爲レ顯二此意一歟。是ヲハ仰ニハ如レハ此難スレトモ。中道ハ只相卽ト云事ナレハ。空相卽ノ言モ卽空ノ理ニモ可レ含ス也。析(度カ)空ハ卽ノ義カ所談ノ面ニ無レ之。不レ含レ中云也。拙所ト云モ不レ明二相貌ヲ一故也。故ニ不レ含云也

後日尋申云。上ニ如レ難カ別教十住入空モ同通教ノ卽空ニ含中スト可レ云歟。又通ハ卽空ナレトモ譬フ二暗室ノ瓶盆一ニ云云返テ卽義不レ成也如何

仰云。此尋尤可レ有二用意一事也。十住入空ト云。誠通教入空ノ分齊ナレトモ。先含中トハ不レ可レ云事ハ。自二初心一空假ノ外ニ有トレ中知カ故也。其ノ上殊ニ含中ノ義ノ不レ成事ハ。十住入空ト云ハ如幻卽空ノ理ニ住スレトモ。十行出假スル時此空ノ外ニ假ノ實體有ト見テ。非シテ二前ノ空ヲ一ハテテ出假カ故ニ。空ノ上正ク假カ相並フ也。然而モ是モ。空心出假故云(天止一、四四七。弘決)如此ト云カ故ニ。空ト假トカ全ク別ノ物トハ不レ見也。別ノ物トハ不レトモ見ヘ。空假相卽トハ不レ云也。不レ云二相卽一故ニ非二空心ヲ出假スル也。如レ此云ヘハ。空假カ有二別體一也。別體有リト云ヘハ。返テ空假カ相並フ也。空假カ相並ハ。必ス中道ハ顯ルル也。如レ此空假ノ實體ト顯ニテ相並ト云ヘハ。中道法體ハ空假ノ外ニ顯ハルルカ故ニ。不ルレ云ハレ含中一トハ也。釋トシテ二此旨ヲ一。前(天止二、一九七～八。止觀)觀假空是空ニ生死一。後觀空空是空ニ涅槃一。雙照(照〔〕カ)遮ニ二邊一。是名下二義觀(空歟)爲ニ方便一得レ會中中(〔道カ)道上。故言三心心寂滅流ニ入薩婆若海一。又初觀用レ空。後觀用レ假。是爲ニ雙存之方便一。入ニ中道一時雙ニ照二諦一故(〔能カ)。決消レ之云(〔矣カ)。言ニ二空一者空假空(同、一九八。弘決)空。空卽是遮。遮卽是亡。由ニ前異時以亡(雙カ)方便一。今入ニ中道任運雙亡一。亡卽是中等云ヘリ。空假ノ上ニ中ノ顯ハルル故ニ。如レ此通教ノ卽空ニ含レスト中ヲ云姿タハ殊更雖レ云ニ卽空一ト。假カ如ニ別教ノ不ニ相並一カ故ニ。云ニ含ノ中一トハ也。其故ハ通教ノ出假ト云ハ。道(天止三、五四四。弘決)謂化道。觀謂空觀。帶空出假。故曰雙流ト云テ。雖ニ出假一スト只空ニテ有ル也。故ニ雖レ云レ假ト假ノ實體無レ之也。故ニ雖ニ空假相卽一スト空カ面ニテ假ト云ハ空ノ體ニテ有ルソト云ヘハ。假訪(諦歟)實ニ不レ顯。卽空ノ名ハ雖レ有レ之。假諦カ如ニ別教ノ空ニナラフ義無レ之故ニ。中道カ面ニアラハレタル義カ無レ之也。空假カ正ク相並フ時。中道ノ正體ハ顯ルル也。爾ニ只卽空ト云テ假諦正不レ顯レ。

中カ正ク不レ顯故ニ。卽ノ所ニ中ハ陰レテ有リト云フ意ヲ云レ含トハ也。是ハ含中ト云樣也。可レ祕可レ祕。努努

サテ此上ニ含中ヲ悟出スト者。卽空ト云フ卽ノ字ハ。本來空假カ相並テ卽義ハ成タルヲ卽空トハ云フト。只空ノミニシテ假ノ實體ノ「(「」ナシカ)サテ此上ニ含中ヲ悟出スト者。卽空ト云ヲ卽ノ字ハ。本來空假カ相並テ卽義ハ成タルヲ卽空トハイヘトモ。只空ノミニシテ假ノ實體」相並フ事ヲ不レ知故ニ。但空ノ理トハ被レ云タリシヲ。於ニ此卽ノ字ニ一假諦カ相並テ相卽シタル時。自ノ中道ヲ顯ハス也。サレハ得ニ中道ヲ一事必ス依ニ空假ノ方便ニ一云事ハ此意也。隨分祕藏事也。穴賢穴賢

因私云。圓ノ意ニテ依ニ空假ノ方便ニ一入レ中ニト云事モ。是ニテ可レ得レ心歟。依ニ空假方便ニ一返テ入ヲ二三諦相卽ノ平等法界ノ理ニ一入ニトハ中道ニ一云也。又無ニ直行圓人ト一云事モ。圓ノ中道ノ顯ハルルモ必ス依ニ空假ノ方便ニ一云ハ同事也。必ス如ニ別教ノ空假中ト一次第スルニハ非ス。於ニ一念ノ上ニ一必ス中道カ顯ハルレハ。必ス依テ空假ニ一アラハルルト可レ云フ故也。又有ト云モ空ノ故ニ有ル也。空ト云モ有ノ故ニ空也ト云ヘハ。有空不ニ相離セ一而空假カ相卽圓融スルソト云フ意ハ。空有共ニ中道法界ノ故ニテ有リト云也。其故ハ。空カ卽レスルヲソト有ニ云ヲ平等ノ謂ニテ有ル也。有カ不レ離ルモ空ヲ又爾也。故ニ中道ト云ヘハ三諦ノ謂ナラテハ中道體モ不レ成也。空ト云モ三諦ノ謂ナラテハ不レ成也。假又爾也云云

後日云。含中ト者。權法ノ底ニ實理ノ遍シタル義ニテ有ル也。權法ニ中道ノ實理カ遍シタル故ニ卽空トハ云也。是ヲ行者カ卽ノ道理ノママニ覺トリ出ス時。昔シ聞シ卽空ノ相卽ノ謂ハ。中道ノ謂ニテ相卽トハ說タマヒケリト得レ心也。空ノ權ノ底ニ含ニタル中ノ相卽ノ理ヲ一物ニテ有リトハ云也。此ノ權ノ底ニ實理ノ遍シテ權實ノ不二ナル事ハ。本來ノ法體ニテ有ルヲ權カ面ト成リテモ。其ノ權ノ底ニ遍シタル實ヲ初メハ偏空ノ許リ得レ心タリシヲ。能能ク此卽空ヲ觀スレハ。假空カ平等ナリケルソト得レ心出スヲ聞中ト云也。如レ此云ヘハ。本ヨリ含スルト不レシテハ云大ニ道理ニ背ク也。是ヲ機カ自ラ覺ニリ出スヲ此ノ卽空ノ相卽ノ義ハ中道相卽ノ謂ニテ有リケリト一被攝ト云也

尋難云。若シ權ノ底ニ實ノ遍シタルヲ含中ト云ハハ。三藏ノ空理ニモ可レ遍故ニ含中ト可レ云歟如何

答。搜テハ二其ノ實體ヲ一可レ爾也。可ヲレ云レ含スト卽空不レ云故ニ。含中ノ道理カ不レ立也。相卽ヲ不レ談故機モ不レ覺レ之也。所詮析

空ノ上。體空ノ道理ガ立ンヌレハ。析空ノ底ナル中道ヲ覺リ出ト可レ得レ心也。權教ノ至極ハ小乘ニテ有ル也。權ハ隔歷ヲ爲レ體ト。中道ハ不二ヲ以テ爲レ體ト。爾ルニ三藏ハ權教ノ至極ナル故ニ。所詮理ニ中道實理ノ遍シタル事ヲモ冥ニモ不レ知也。爾ニ通教ハ大乘ノ初門ト云事ハ。所詮ノ理ヲ相卽ト云ガ故ニ。含ニスト中道ヲ一云也。卽空ノ卽ノ字ハ。空ヲ爲レスレハトモ面ト實義ハ中道ノ謂ニテ有ル也。然而猶ヲ教ノ面ニ不レ明レ之ヲ。故ニ界內ノ教ト云也。爾ニ三藏ノ二乘ニ必令レ習ニ通教ヲ一事ハ。所詮ノ空理ノ底ナル中道ヲ示サンカタメニテ有ル也。方等ニテ卽空ト教フルハ鹿苑ニテ所レ證析空ヲ其ガ卽空ニテ有ト教ル也。卽空ト習ヒヌレハ。實ニ析滅スト思ヒシ俗諦ガ假諦ノ恆沙佛法ニテ有リケリト教フルヲ。般若ノ洮汰トハ云也。如レ此空假ガ平等ニ成レハ中道ニテ有ルヲ法華トハ云也。是ヲ開會ト云ハ。昔析空トテ隔歷シタリシ所ニ中道ガ本來遍シテ有リト云ハ。相卽ノ謂レニテ有ル也。是ヲ二乘ハ鈍根ナル故ニ。卽タル權ニ實ヲ覺リモ不レハ出サ不レ論ニ被攝ヲ一也。如レ此機カ鈍ニテ自ラ不レ覺ヲ佛ノ示タマフハ開會ト云也。機カ覺ラハ云ニ被攝一ト也。機カ覺ラハ有ル二別圓一カ上ニ。爾前ノ面ニ得益ヲハ得レトモ二何ナル圓益ヲ一不レ云二開會トハ一也。一機ガ權教ノ座ノ中ニ獨リ覺リテ大會ハ不レ知。故ニ不レ名ニ開會ト一。尤有ニ其謂一也

私云。二乘ニ不レ論ニ被攝ヲ一云事。先年了見書ニ不レ足也。通教ノ二乘モ不ニ被攝セ一云ハ。二乘ノ面ニテ地體不レ可レ論ニ被攝ヲ一。至ニ法華ニ一預ニ開會ノ益ニ一云也。權卽實ノ益ヲ以テ法華一實ノ益ト云也。而モ此二乘ガ被攝ヲ得ト云ハ。卽法華一實ノ益ノ上ニ於テ論レ之ヲ也。被攝ノ聞中ト云ハ。權ノ底ナル中道ノ實理ヲ卽空ノ底ヨリ覺リ出スト云モ。權卽實ナレハ法華ノ益ナルヲ。權ノ當體ナカラ實ヲ覺リ出スト云ヘハ。權ガ面ト成レハ空中ガ隔異スト云テ。權ノ當體ナカラ實ナル事ヲ顯ハス也。如レ此權ヲ面トシテ實ヲ覺ソト云ヘハ。爾前益ト云也。サテ是ヲ菩薩ノ益ト云事ハ。顯ニ中道ヲ一必ス依ニ空假ニ一故菩薩ト云也。如レ此云ヘハ。實ハ法華顯實ノ益ナルカ故ニ。別攝通ノ人一生ニ破ニ無明ヲ一云モ(ママ)云歟

(6)三根攝者十地如佛事

仰云。竹林房ニハ亙ト云也。付テハレ其ニ。前爲消(銷カ)經故從下說ノ(天止四、九五。弘決)釋ト修觀ノ位ヲ述タマフ事無ニ證據一云。上道理モ餘ニ假令ナルニ似タリ。必ス十地ノ如佛ノ義此程ニ大切ニテ如レ此修觀ノ位ヲ宣タリナントセンコト甚不審也。所詮。十地如佛ノ義無テハ不レ成ニ

被攝義一モ。子細カ可レ有歟。仍從舊說シテノ(天止二、三一四。弘決)用ハ何事ソ。成二後教ノ人一何直不レシテ約二後教一ニ立歸テ本教ノ地位ノ名言ノ上ニ。判ニル聞中修觀等ノ次第一ヲ何要耶云云 此事ハ仍從舊說シテノ用ハ何事トヲ云事云ヒ立テテ。自被攝ノ大綱モ顯ヘキ故也。又十地如佛ノ義ノ可レ亙二三根一ニ云フ道理ハ。被攝シテ入二後教一ニホトノ者ノ。至二初地初住一ニ不レト得二法身本八相作佛一云事ハ。更不レ可レ有レ之。是ヲ本教ノ地位ニ仍從シテ說カン時。八相作佛スルト云ハントスル位ハ。當通ノ中ニハ第十地ノ(「佛歟)外ニハ可カラス有レ之條更不レ可レ諍レ之。サラウ上ハ。十地如佛ノ義ハ可レ亙二三根一ニ云フ道理分明也。サレハ本門(書カ)ニハ。(天止二、三〇三。止觀)方聞二中道一。仍須下修レ觀破二無明一。能八(定カ)相作佛上。此佛是果。仍前二觀爲レ因矣 此佛是果ノ言言指二當通第十佛果一ヲ也。依レ之妙樂消レ之。(同、三一四。弘決)初明レ不レ攝二三藏一中。云二不以此佛果一者。若初地初住。雖レ有二八相一(「至第カ)(相カ)不レ受二果名一。通中九地。二觀爲レ因。十地八地爲レ果。若攝者(「被カ)。破二一品無明一。亦得二八相一。仍從レ舊說。故亦名レ果。是故唯將二此果一攝レ通。不下以二此果一攝中三藏上矣 此釋前後。此佛是果ト云ハ。仍從舊說シテ置テ得二當教ノ佛地一爲レ果云事ヲ釋ストシテ。重重釋レ之也。應レ知。仍從舊說セハ必ス可レ得二第十地一ヲ云事ヲ。又必得二第十地一ヲ事ハ。當教ノ中ニ八相成道スル事ハ在二第十地一ニ故也。故ニ本文モ以二大品ノ十地如佛ノ文ノ意一ヲ立レ之云事。依レ之決六ニ。(天止四、九五)前爲レ消(銷カ)レ經故從レ下說。故大品云。十地菩薩爲レ如レ佛等云ヘルハ。所レ指文ハ雖二後段ノ被攝一ナリト。意ハ可レ指二本文ノ下一ヲモ也。但シ。今亙二三根一ニ云云 彼ノ文ハ下根ニ約スト云カ故ニ。相似二相違一ニ也。然而無相違之樣ハ。以二十地如佛ノ文一ヲ立二被攝一ヲ故ニ。云ヘハ二十地如佛一ト八地聞中。九地修中。十地破無明ノ者ナルヘシト聞タルカ故ニ。寄二下根攝者一ニ釋レ之也。惣シテ此義ノ證據ニテ有ル也。文カ分明ナル上ニ。全約二二類一ニナント切レ文ヲ不レ可レ儲二會通一ヲハ也

次前爲消經ノ文指二ト後段ノ被攝一ヲ云事ハ。彼ノ第六ノ本書ニ。七(同。止觀)地論レ修八地論レ證等云ヘルヲ。疑レ之時。第三卷明二(同。弘決)別攝通一(「聞カ)中。何故乃云下八地中道。九地伏二無明一。十地破二無明一。方得レ名レ爲レ佛。以二何義一故與レ此不同ト問セリ。爾ニ此問ハ指二(天止二、四六九。止觀)八地名支佛地。從此被攝。知有中道。九地伏無明。十地破(卽明□カ)無明。卽明卽名爲佛ノ文一ヲ也。答レ之時。(天止四、九五。弘決)指從二四地一終至二(始カ)

九地一乃至文從レ中說。(故云七地カ」)前爲レ消(銷カ)レ經故從レ下說矣是ハ先兩
所ノ不同ヲ答スル也。次下ニ。(同、九五～六。弘決)故大品云。十地菩薩爲レ如レ佛。
經從レ下者其位定故。故云(云ナシカ)諸經論多說。(「從下カ)是ハ我釋ニ消レ經ヲ
釋シツレハ。彼釋ニハ消ニソト何經ヲ覺キ所ヲ。消ニソト(「矣カ)大品ノ十地如佛ノ
文ヲ釋スル也。此ハ。八地無明(天止二、四六九。止觀取意)乃至十地破無明卽名爲佛ノ文ハ。
十地菩薩爲如佛(文カ)ノ意釋レスルソト之(意カ)ヲ云フ釋也。是ノ名(文カ)如レ此得レ心
事ハ。彼ノ釋問言ハニ擧ニテ今ノ十地破無明卽名爲佛一ヲ問レキ之。
爾ルニ消經ノ樣ヲ云時。擧ニ十地如佛一ヲ故ニ。問ニ所レ出文カ十地
如佛ノ文ノ意ニテ釋スト云事。分明ナル者也。如レ此云ヘハ。此算モ被
攝大綱カ可レ顯事也。サナクテハ終ニ義勢ノ始終不レ可レ顯故
也。凡名別被攝一文一句不ニ聊爾一。算ノ一ツニテモ不ニト大事一云
事ハ無レ之也。皆口傳モ相承モ有ル事也
私云。修中ノ位ヲ延テ。第十地ヲ如佛ノ位ニ取レハ無ニ相違一云
事。大旨ハ爾也。所詮聞中ノ後。修中ノ位ニ斷ルカ二本教殘惑一ヲ
故カ。此殘惑斷位ハ本教ノ人ニ不レ可レ替ル故ニ。以レ之云ヘハ。
自修中ノ位カ延テ不レ涉ニ地位一ヲ不レ可レ叶故ニ。如レ此十地
如佛ノ義互ニトハ三根ニ云歟。此由尋申候處ニ。サモ可レ云事
也。雖レ然自レ本未レ聞義也
後日尋申云。一家立ニ被攝ノ法門一事ハ。依ニ十地如佛ノ文一ニ
者。此文カ說ニ被攝ノ樣一ヲ。惣シテ證スト云歟。又以ニ此文一ヲ被攝ノ
正キ證據トスト云歟
示云。此文ナラテハ被攝ハ不レト可レ立ツ可レ得レ心也。所詮。仍從(天止二、
三一四。弘決)舊說スト云カ被攝大綱可レ成事ト云ヒシハ。有ニ子細一事也。仍從
舊說スト云ハ。十地如佛ノ義ナラテハ。仍從舊說ノ義モ不レ可レ成。十
地如佛ト云テ。八相成道ノ姿ヲ擧タルハ被攝ノ者ノ成リ立タル樣ヲ
明タルカ故ニ。必ス可レ有ニ十地如佛ノ義一也
又尋云。此佛是果。(天止二、三〇三。止觀)仍前二觀爲レ因等云カ故ニ。本文ハ必ス
可レ互ニ三根一云云　然ニ本文ハ釋ニストシテ下根一ヲ云云　相違有耶
示云。如レ會ニカ(天止四、九五。弘決)前爲消(銷カ)經故從下說ノ釋一ヲ可レ得レ心也
尋云。約ニセハ四五地攝者一ニ。修中ニ可レ涉ニ多位一ニ云事不レ可レ
爾云フ難ヲハ如何可レ會耶
仰云。是更不レ可レ苦。九地聞中ノ者。於ニ一地一ニ論ニ聞中修
觀一ヲ也。奢促依中不定ナラン。可レ有ニ仍相違一耶　云云

第五日　講師嚴性　問者惠達

(7)權法未熟是故經遊事

仰難云。講問共。自ニ界外土一來ル定ニテ有ニ問答一事。不レ被レ得レ心。自ニ界外土一來ラン者ニハ。不レ可レ有ニ權法未熟ノ義一。既ニ實報土ノ菩薩ハ住上ニ叶ヘリ。方便土モ雖ニ未證ナリト一不レ可レ有ニ此義一。所詮今香積土ヨリ來ト云フ。同居土ニテ有ル條勿論也。ケニモ自ニ同居一來ル未證ノ菩薩ニコソ可レケレ有ニ權法未熟ノ義一ハ。爾ニ彼ノ菩薩ハ。於ニ本土一ニ已ニ一切佛法功德藏三昧ヲ得云云一切佛法ト云フ權小等ノ諸法ニテ可レ有レ之條勿論也。殊ニ一家意ハ。一切法ト云ヘハ必ス權法ニテ可レ有也。其マテ無クトモ。一切ト云フ内ニ權教ハ自可レ收云事ハ勿論也。若爾ハ。權法未熟ト云道理ハ不レ可レ立。若解了ノ分齊ニテ未ニ修行一故ニ未熟ト云ト被レ成歟。是ハ又只解了ノ分齊ニテ未ニ修行一故ニ。未熟ト云ト被レ成歟。是ハ又只解了ノ分ニハアラス。既ニ云ニ三昧一ト修行ノ上ニ修分ノ證得ト見タリ。未レ行故トハ不レ可レ云。所詮此事權法ト云フ樣ヲ能能可レ得レ心也。權法ヲ成ト云事ハ。於ニ娑婆世界ニ可レ有也。意ハ權法ト云フ。體ハ娑婆世界ニテ有ル也。權法ト云ハル源ハ娑婆世界ナレハ。十方菩薩皆於ニ此土一ニ成スト二權法ヲ一可レ云也。凡。五濁障重故。分別說三ト云ハ。此土カ衆生五濁深重ナルホトニ一乘ヲ難レハ覺。先分別說三シテ後顯ニ一實ヲ一云カ故ニト。先ハ云フ意モ可レ有也。爾ルニ五濁障重ノ體カ權法ノ至極ニテ有ル也。此相ヲ分別シテ說ヲ前三ノ化儀ト云フ也。此前三ノ體卽一實ソト云ヘハ。五濁體カ卽一佛乘ニテ有ル也。如レ此云ヘハ。權法ノ源ハ娑婆也。其權法ノ極ルハ卽法華也。故ニ一切佛法大土(ママ)皆說ニ一乘ヲ一イヘトモ。法華ト云程ニテハ。前三後一ノ他(化カ)儀ナラテハ。法華ノ體ニテハ不レ可レ有レ之。サレハ權法ヲ成熟スト云ヘハ。卽法華カ成スルニテ有ル故ニ。來コトハ此土ニ權法未熟ノ故ト云也

後日尋云。一切法ト云ヘハ必ス權法ト云意如何

仰云。一家所所釋皆如レ此。意ハ諸法ノ相貌ヲ分別スルヲハ云レ權ト也。分別スレハ必ス因果階級深(淺カ)權實ノ不同等有レ之。況ヤ殊ニ分ニ別スレハ因果相ヲ一必ス從因至果ノ義門ナレハ。必ス權法ト云ルルニテ有也

私云。今釋モ。(天止二、三二五。弘決)諸法先熟。藏理易明ト。(同前)權法未熟。是故經遊シ。諸法ト者。權法ト見タリ

第六　講師（〻日カ）　問者

(8) 藏通修行習等事

仰難云。大乘深妙。是故學劫亦多ノ故ニ。（大正藏三八、七〇八上。維摩略疏）通教ハ劫數可ニ長遠ナル一事不レ可レ爾。此故ナラハ彌可ニ短促ナル一。析體巧拙ノ不同ハ迂道直道ノ義ト同也。若爾者。云ハハ二迂道一ト彌三藏ハ可ニ長遠ナル一耶。其上今此大段ノ文。釋ニトハ通教ヲ何ヲ以テカ可レ有耶。惣シテ大段ハ。小衍相對シテ以レ大ヲ破スト小ヲ者。一部始終以レ通破スト小ヲ云ヘハ。此文モ可レ然ト云歟。若爾者不レ可レ爾。小衍相對ノ義何必シモ一向以レ通ヲ破ストノミ小ヲ可レ定耶。以ニ別圓一ヲ破レ之可レ云耶。方等彈呵ノ言モ。大旨ハ以レ通ヲ爲ニレトモ能呵トー。（同前）又用ニ別圓ノ言一モ耶。則今文ハ殊ニ別教ト見事ハ。乃經無量阿僧（億カ）祇劫集（習カ）塵沙佛法諸深法門ト云カ故也

次ニ。（大正藏三九、八〇中。金光明文句）從假入空非止一世作（修カ）行。從空入假動逾塵劫ト者。何ト釋スルソ耶。只不レ限ニ一世ニ一云事歟。ヤヤモスレハ塵劫ヲコユトハ何ニ事耶

仰答云。大乘甚（深カ）妙ノ故ニ尤可レ久事也。其故ハ八萬四千ノ波羅蜜等ヲ學シ。又析體巧拙ノ故ニモ尤可ニ長遠ナル一也。（大正藏二九、六三下。俱舍論）無上菩提甚難レ可レ得 云云 所證理タニモ深妙ナレハ難思ニシテ得コトノ彌難キ故也

私云。無常ノ理ト者。生死ノ當體。凡夫ハ眼前ノ作法ヲ其ノママニ語カ故ニ。覺レ之事ハヤスキ也。此生死ノ體ヲ無生トイヘハ。難レ覺故ニ修行シ得事モ可レ難。故ニ先約ニ所證ノ理ニ如レ此可レ云歟

次大乘甚（深カ）妙等文ハ通教ト云事ハ。惣シテ一部ノ大綱小衍相對スト者。以レ通ヲ斥ニ三藏ヲ一也。故ニ此文許カ可ニ別教ナル一云ハン事ハ不レ可レ爾。其上今文ヲハ一處ノ釋。正通教ト釋ル也。能詮ノ語ヲモ通教ト勘合子細有レ之也

次花散城受記事ハ。上根ハ自行入空ノ位ニ並ニ化他ヲ。故ニ於ニ入空ノ時分ニ送ニ劫數ヲ一也。（天止四、二一。止觀）初心聞惠◯見思即空等云テ。利根菩薩ハ自ニ乾惠性地一成ニ人天ノ依正一ト條勿論也。故ニ釋迦菩薩最上利根ニシテ於ニ自行位ニ兼ニ出假ヲ故ニ送ニ劫數一也。凡先ツ大乘小乘ト者。意ハ小乘ト云ハ己調ノ行爲レ本。故ニ云ニ小乘一ト也。若爾ハ。小乘ナル故ニ修行劫數カ短促ナルニテ有ル也。大

乘云利他爲正意。利他本意尤可長遠也。別教長遠事。利他教故也。又別圓相對時。圓尚可長遠也。其故別教。一行動經阿僧企劫云。（大正藏三九、八〇中。金光明文句）（「無量カ）（祇カ）修一行從一佛國至一佛國無量劫數送也。此無量無邊位位無量劫束爲一無量劫。又成無量劫也。迹門三千塵點。本門五百塵點。皆束無量劫立之也。要以云。圓長遠者。三世不止利益菩薩行云（天文五、二一四四下。文句）也。是則。三世化導惠利無陰（彊カ）無始無終。圓教修行劫數可長遠云事分明也。如此云。圓教長遠至極明也。法華本迹施設即此意也。長遠至極又返不出一刹那。即一念非一念即是無量劫。無量非無量即是一刹那云此意也（大正藏三四、八八五下～六上）

觀音玄云。釋論破云。又復（「〇カ）無量（「菩薩カ）劫修行。何但三阿僧祇。如是（「等カ）種種破三藏失。以顯摩訶衍中通教意也矣

攝大乘經。修習氣第八云　釋曰惣舉

七地無此事
大經二十七云。雜譬喩經云。動逾無量阿僧祇劫矣動逾云證也

(9)住行攝者事

仰云。阿彌陀坊抄可背云云是練磨義也。了因抄難測云云實義不可有之。付之教道入。證道入樣可得心也。教道入者。在十廻向位也（天止二、四六九。弘決）。サテ教道入云住行ヒロク意可有也（被接義私記、五七丁右～五九丁右参照）。從下根來多至初地。中上入者此即不定者。付之御廟三傳中地前不定意。可通住行云歟。第二傳又限地上云歟。上如云二義意生可通見。第三傳意見之即地前地上可通云。只第三傳意。上二傳意如此云有也。付之教道入云必先至十廻向。但。再立還云。通住行云意可有之也。通云ヘハトテサル類有實至住行アラスモ。意以又案位入者即在地前（天止二、四六九。弘決）。勝進入者（者ナシカ）（同、三五四。弘決）即至初地（前入カ）人可得心也。又講師以若攝入別。七地已去（去カ）攝別十住。〔八地〕已上攝入十行。知佛證法是入廻向。並非證道。故名意生釋爲證。是正一往釋有。誠一往云一向非無其義分。是其所斷分齊アテカウテ如此釋也。是案位入者等釋合可得

心也

一往當(ママ)ト得レ心。是ハ先ツ釋ヲ餘(會カ)スル日ハ如レ此モ可レ云也。實義ヲ以テ論時。十住ノ位ト云ハルル義分カ可レ有也。全非レ在ニハ廻向入ノ者ノ外一ニ。其故ハ。通教ニテ空假ノ上ニ覺ニ出ハ中ヲ。宿習深厚ニシテ既ニ顯レ之ヲ畢。傍修中正修空等位ニ入ト不レ可レ云。可レ至ニ正修中位一ニ之條ハ勿論也。故ニ三根攝者共至ニ十廻向ニ也。然ヲ入ニ住行ニ云意ハ。以ニ案位勝進ノ樣ヲ可レ得レ心也

第七日　講師增海　問者叡澄

⑽眞俗上惑者見思塵沙事

仰難云。先初空假二觀ト云ヘル空假ノ二觀ト云事不レ可レ生。只是空ト者。空ニ六道賴緣ノ妄假ヲ成レ之故ニ。取ニ合能觀所觀ヲ云ト二觀ト可レ得レ心也。如レ此得レ心レハ次下ニ所レ云眞俗上惑ト云ヘルモ。但シ空觀所治ノ見思ノ惑ナルヘシ。但。空假二觀ト云ヘルヲ如レ此了見スル事ハ。見ニ三觀義ノ本文ヲ。次第三觀ノ中ノ初ノ空觀ヲハ名ニ二諦觀一ト。是ハ全非ニ空觀假觀ニハ。從假入空ヲ名ニ二諦觀一ト云テ。釋ニ其相ヲ擧ニ三義ヲ其中ニ。觀レ假爲ニ入空ノ之詮。空ハ望(由カ)テ詮會ス。能所合論故言ニ二諦觀一。又會レ空之日。非ニ但見レ空亦復識レ假。如雲除發レ障。上顯レハ下明ナリ。由レ眞ニ假顯ル。得ニ是ノ二諦觀ヲ矣(天止二、一八六～七。止觀) 此又取ニ合能所ヲ名ニ二諦觀ト故ニ。今釋ナリ如レ此。更ニ非ニ相違ニ 破二惑盡ト(天止二、四七〇。止觀)云ヘル以ニ下ノ破見思惑盡到第八地等ノ文ヲ也。今。破二惑盡(同、三〇三。弘決)至第八地ト云カ故也。此外重重ノ難略レ之

仰云。先今ノ本文ハ無レ所レ諍。見思塵沙ト見事ハ文ノ起盡分明也。其故ハ上釋下ストシテ依ニ三諦ニ發ニ三眼三智ノ相ヲ上。若作ニ別(同、二九九～三〇〇。止觀)攝通一者。俗諦發ニ一眼一智。眞諦發ニ一眼一智。開レ眞出レ中發ニ一眼一智一矣 此釋ハ分明ナリ。依ニ空假方便ニ得レ中ヲ云(同、三〇二)事。至テ下ニ問レストシテ之ヲ。云何以別攝通ト問ナルヲ。初空假二觀ト(同、三〇三)云ヘル。上ノ眞俗二諦所レ發二眼二智ト云事分明也。二眼二智ヲ發スト者。斷ニ能障ノ見思塵沙ヲ故也。此上ニ。破眞俗上惑(同前)盡ト云ヘル上ニ所ノ擧空假ノ二觀ノ能障ノ二惑ト云事分明也

サテ此上。此被攝ノ果成ノ相ヲ釋ストシテ。此佛是果。仍前二觀(同前)爲因等云ヘル前二觀ト者。上ニ所レ擧空假ノ二觀ナリ。若上ニ所ノ擧空假ノ中ノ假ト者。六道ノ妄有ノ假ナリト云ハハ。何可レ云レ成ニ佛

果ノ因ト二耶。故ニ今ノ文ノ起盡更不レ可レ云レ限トハ二見思一ニ。故ニ妙樂ノ破二惑盡ト云ヘル（天止二、三〇三。弘決）非レ爲（尋歟）ニハ二下ノ文一ヲ。正消二今ノ文一ヲ也。則至二次下一ニ。政（雖カ）見中道必假通教空假二觀爲前方便等云ヘル。方便ノ言非二妄有假一ニ云事分明也

次兩段被攝ハ尤可二一准ナル一。然ニ後段ニ。破見思惑盡ト云ヘルハ（同、四七〇。止觀）兩段ノ意趣カ少シ可レ異ナル也。今ノ本文ハ諦智合辨ノ章ヨリ起レリ。是ハ止觀所顯ノ體ト云ヘハ必ス三諦ノ謂ニテ有ル也。顯二此三諦ヲ一發二三智三眼ヲ一也。如レ此三智三諦ニ依テ二空假方便ニ一必可レ顯二中道ニ一旨ヲ分別スル時三諦三觀ト立カ故ニ。所治ノ惑又ハ可二三惑ナル一之條ハ勿論也。下ノ文ノ意ハ。權實ノ章ヨリ起レリ。是ハ開眞（天止二、二九九）出中スト云ヘハ。空中合論ノ面ヲモテニ付テ分二別權實ヲ一也。如レ此空中合論スト云ヘハ。所レノ成空觀ノ所治ハ但シ可レ云二見思ト一。（「」衍文カ）「但云二見思ト一」也。即被攝ト者。自レ空續レ中ヲ初故ニ。必不レ云レ借トモ二二觀ノ方便一云ヘハ。被攝ノ機ハ依二宿習ニ一橫覺二出スカ中ヲ一故ニ必シモ不トレ可レ云レ用二二觀ノ方便一云事ハ。誠ニ似タリレ難レ思ヒ。然而常ノ義ノ分ニテ會セハレ之ヲ。先大綱ハ。通教ハ四句ノ中ノ我說即是空ノ體ナレハ。縱雖レ明二假諦ノ法門ヲ一皆空ノ上ニ立レ之ヲ也。出假ノ（假カ）云ニ帶空出假トモ空心出假トモ云カ故ニ。爲二利生一出假シテ修二學スレハ諸ノ事法ヲ一彌空觀カ明ニ成ル也。如レ此歷テ二諸ノ事ニ一磨ケハ二空觀ヲ一眞諦ノ理カ彌明ニ成テ。理ノ底ニ所レノ合中道ヲ覺出ス也。如レ此云ヘハ。入空ノ上ニ出假スルヲ令深觀空ト云ニテ有也。以レ之思レニ之ヲ。中上二根攝者ヲ眞空尚淺ト云ハ。入空ノ上ニ不レ至二出假位ニ一故ニ云二尚淺ト一也。如レ此得レハ心。被攝ハ開眞出中ノ故ニ。但以レ空續トレ中ニ云ニモ不二相違一。又必借二假諦ヲ一中道ハ顯ハルルソト云ニモ不二相違一也。又被攝モ如二太別教ノ一借二二觀ノ方便一云事ハ。中道ノ成リセテ空假ノ二觀カ不シテハレ並其體カ不レ可レ顯ハ故也

次斷二塵沙ヲ一者。但斷二界內塵沙ヲ一歟。不審也。先ハ界內塵沙ト可レ云也。又收ムト二界外ノ塵沙ヲ一可レ云也。付テ二被攝ノ塵沙等ノ斷位ニ一。西塔ノ古料簡ニハ世俗ノ名目ヲツカヒテ。中道カ發スレハ見思塵沙カ見逃ニシテ去也云云即有二深旨モ一歟。前二ノ傳モ有歟。尤可レ有二沙汰一事也

次ニ證據ハ圓頓止觀ニ正ク釋ストシテ二被攝ノ相ヲ一。從假入空。從空入假ト次第シテ上ニ二中道ヲ一見タルカ故ニ。更ニ不レ可レ有レ疑也。抑。

前後被攝其義相全同意。兩段トスル意如何。前後共ニ欲レ顯ニ何事ヲ一耶

尋云。上惑盡ノ盡ハ可レ限ニ見思ニ歟。ハタ盡ストニ塵沙ヲモ一歟。又中上根不レ至ニ出假ニ一ハトテ眞空尙淺トナラハ。上中二根無ニ被攝一可レ云樣ニ見タリ。又後段ノ被攝ニ開眞出中ストト云ヘハ。假觀ハ依リ處無レクレ之。假觀ハ開眞出中處ニ可レ備ニ云。若爾ハ。所治惑モ可レ云ニ見思塵沙ト一。何云ニ見思トノミ一耶。若能治觀モ雖レ云レ空ト空假備ルト云カ故ニ。所治ノ惑モ面ハ見思ト見レトモ塵沙ヲ收可レ得レ心歟

仰云。盡ノ字ノ事ハ有レ義事也。塵沙ヲモ盡スト云フ意カ可レ有也

尋云。唐決ニ。（卍續二―五、四〇四丁右下。天台宗未決）發此心時若破塵沙位在十住（信カ）ト云ヘリ。是ハ聞中ナントノ位ニ卽破ニスト塵沙ヲ。故ニ至ニトハ十住（信カ）ニ云歟

仰云。是ハ一段可レ有ニ沙汰一事也。塵沙斷位ハ無ニ左右一不レ可レ有ニ沙汰一事也云云

次ニ眞空尙淺事ハ。阿抄ナントニハ。中上二根ハ不レ假ニ假觀ヲ一。下根ハトテモ至ニレハ出假ニ借ニト二觀ヲ一釋スル也云云 然而上中二根モ顯ニト中道ヲ一云程テハ。必用ニ空假ヲ一可レ云也。眞空尙淺ト云ヘハ不レノミ至ニ出假ノ正位ニアラス。空モ尙淺ト可レ得レ心也。利根モ空假ヲナラフル事ハ。自行位ニ兼ニ化他ヲ一故也。自行ニ兼ニ化他一故ニ速ニ覺ニトモ中道ヲ一可レ云也。次ノ尋ハ尤可レ爾也。不レ能ニ方樣ニ見思ト釋スレ兼ニ塵沙ヲ一可レ得レ心也

因仰云。古傳ノ義ニハ前段ニハ不レ明ニ教道入一ヲ。故ニ此被攝ハ諦智合辨ノ章ヨリ起リ。直ニ付ニ諦理ニ一分別スレハ證道入ニ約シテ不レ論ニ教道入ヲ一云也。後段被攝ハ體所攝ノ法ニ於テ。分ニ別權實ヲ一上ニ所レ論被攝ナルカ故ニ。分ニ別スル教證ヲ一也

又仰云。雖見中道必假通教（天止二、三〇三。弘決）ト云雖ノ言ハ。見ニト別教ノ中ヲ一云ヘハ。雖レ不レ可レ借ニ通教ノ方便ヲ一。宿習發ノ故ニ依ニ通教ノ方便ニ一也。宿習發ナレトモ必中道ヲ顯セハ。必ス假ニト空假ノ方便ヲ一云也

⑾　休（佛カ）地邊菩薩被攝事

仰或云。輔正記ノ釋ハ全非ニ佛地邊ノ菩薩ノ被攝ニ一ハ也。其故ハ文句二釋ニストシテ今經ノ同聞衆ノ中ノ有學無學ノ文ヲ一。五地皆名レ（天文一、一二八三下。）學。（文句）六地名ニ無學一。又通教九地皆名（名爲カ）レ學。十地名（佛カ）ニ無學一矣（同。文句記）皆ノ字。前九地悉名レ學意ヲ釋スル也。妙樂消レ之時。前約ニ二乘一後約ニ菩薩一。又前約ニ二乘共位一。後約ニ獨菩薩位一矣　其

意分明也。道暹重消レ之時。後約獨菩薩位者。(卍續四五、二九丁左下。輔正記)此專約下十地邊始終。別爲二菩薩一立中忍位上以釋ト者。獨菩薩トハ云フ意ハ。十地ノ始終カ悉單菩薩ノ位ニシテ不レ共ル二二乘一意ヲ釋ストシテ。十地ノ始終ニ悉ク立二菩薩ノ忍ノ名一釋スル也。十地邊ト云ヘルハ單菩薩ノ地位ノ時キ。第十地マテ立二菩薩ノ名一故ニ云二十地邊一トハ也。惣シテ十地始終ニ立二菩薩ノ名ヲ一事ヲ釋スルカ故ニ云二始終一トハ也。全但シ限ニ佛地邊菩薩ニ不レ可レ云。但。今佛地邊菩薩ノ事ヲ云出セハトテ。於レ之ニ被攝スト云ニハアラス。佛地邊有二菩薩一者。十地如佛ノ意也。依二十地如佛ノ文ニ被攝ヲ立レハ。十地始終ニ有ト二菩薩一云ヘルハ別圓攝通ノ意ニテ有ソト云也

次唐決云云仰云。先通教ト者。正通實相ノ教也。故ニ教理智斷等八法悉ク通スルヲ二後教一爲二本意一ト。其中。位法ト者。十地ノ始終悉通二後教一意ニテ立タル者也。若一位ニテモ不レ通ル二後教一位有レ之云ハハ。位通ノ義不レ可レ成。大綱ハ先依二此義一有トハ。佛地邊ニ有二被攝一云也。卽立二被攝一事ハ依二十地如佛ノ文一也。此十地如佛ト者。被攝後仍從舊說スルニ通十地卽別教ノ初地ナルカ故ニ。通佛果ト別教初地菩薩ト一位ト施設スルカ故ニ。十地ト云ハ通也。菩薩ト者別也。是ヲ云時。十地菩薩爲如佛トハ云也。依二此文一互ニ一教ノ始終ニ立二被攝ヲ一也。若依二此義一者。佛地ノ邊ニ有二被攝一不レシテハ云。被攝ノ惣體不レ可レ成故ニ。第十地ニ有トハ二被攝一云也。付ハレ之ニ。已用七八不至九十トモ(天止二、三二四。弘決)云ヒ。終至九地トモ(天止四、九五。弘決)云ヘルハ。第十地ニ有ト二被攝一云其ノ意不二相違一云樣ニ可二申合一也。又九地ノ攝者ト云事ハ。一流ノ一箇ノ重事也。是モ已用七八ト云テ九地ニ無二被攝一云ヘルト。終至九地ト云ヘルト其義不二相違一云樣カ可レ顯也。此義顯ナハ二第十地ニ有ト二被攝一云事モ自立ツヘキ事也

次末師。(道暹)一往通教八地已上有教無人。二往唯至果方名有教無人ト云ヘリ。(卍續九二、七丁右下。維摩經疏取意)此一往二往ノ分別モナニト云ハフトスルヤラウ。此釋義ナントヲ正ク九地ナントニテ可レ有二實人一釋シタル也。此釋ヲハ古モ疑事ナレトモ。九地ニ有ト二被攝一云義ニハ潤色ノ釋也。惣シテ果頭ニハ無二實人一ナント云ヘハ。佛地邊ニ不レ可レ有二被攝一難スルハ。先常ノ釋義ノ約束ニテハ尤被レ難タル也。惣シテ果頭無人トモ有教無人トモ云事ハ。圓實ノ意ニテ談スル事也。是ハ權實ノ界畔ヲ分別スル時ハ。先如レ此可レ云也。再タヒ以二開權顯實ノ意一ヲ

云時ハ。前三教ノ果頭カ其ノ當體ニテ卽圓實ノ佛果ソト云也。所詮三教ノ果頭ノ體ト云內ニテハ。卽權迹トテカリナル物ニハアラテ。實ニ其佛體カ有ル也。此意ニテ云ヘハ。正ク四時三教ノ席ニテ爲二四教三乘ノ一說教スル權教ノ果頭ノ佛カ實人ニテ有ソト云ヘハ。實ニ果頭ニ有トレ人云ルルニテ有ル也。如レ此云ヘハ。通教ノ第十地モ實ニ有トレ人云ルル也。有トレ人云ハ。卽權ノ體ニテ有ル也。サテ此權ハ必ス可レ歸レ實ニ道理ニテ有レハ。不シテレ出二當教ヲ一攝二入後教ニ一云ハルル也

私云。三藏ノ果頭ハ權ナカラ實人有ト云ヘハ。此權ノ底ハ實ニテ有レハ。此實ヲアラハセハ被攝ト云ハルルト可レ得レ心歟

仰云。可レ然ル事也。卽如レ此云事ハ。當世云常ノ人ノ義勢ナント惣シテ如レ此趣ヲハ不レ談。無人云事也。殊更有教無人ナント云事カ可レ爾ノ釋ニテハ規模ヲ談シタル事也。意ハ有教無人ト云テ無トハ二實人一談シナカラ。然モ有レ人相ヲ釋シナントスルハ返テ實義ノ至極ヲ談シタル事也。其意ハ。四時三教五乘三乘等云テ。權教ト云フ物ノ體カ圓實ノ意ニテハ本有眞實ノ妙體ニテ有ルヲ。一ツ一ツトリ出シテ施レ機ニ云二權教一トハ也。一一ニ分別スレトモ全ク一實ノ體ニテ有ソト云ヘハ。四教ノ一一ノ位因モ果モ悉ク實義ニテ有ケル也。如レ此於二其當體一實義ソト云ヘハ。無トレ人云ハルル果頭ノ體カ實人カ有ニテ有也。而モ三教トモ三知(ママ)トモ分レハ權ニテアル也。面ハ權ナレトモ其ノ權ノ實體ハ實佛トモ實人トモ云ハルレハ。權ナカラ實ニテ有ル也。若爾ハ。通教ノ果頭ニ有二實人一云時不レ及二子細ニ一。此權ノ底カ實ナレハ。開二此權一出レ實ヲ時。卽開眞出中ノ被攝ノ義カ可レ成也

（奥書なし）

（底　本）叡山文庫雙嚴院藏『廬談』三十九冊の內

（對校本なし）

被接義　十一題

Q盧　談　名別義通義

19 名別義通義案立　目　次

問答如レ常

（精難二十四）

(1) 別教ノ第十地ハ因位極際也。稱ヨ歎セム此ノ功德ヲ時キ如レシト佛ノ云ハンレ事。甚タ所レ叶二道理一也…（是一）

(2) 何況ヤ於テ二別教ノ第十地ニ一論スル二授職灌頂ヲ一事…（是二）

(3) 而ヲ爲メレ成ンカ二名別義通ノ義趣ヲ一。自ラ種種ノ煩ヒヲ作リ出シテ不レ叶二當別教ノ心ニモ一。不レ順セ二當通教ノ意ニモ一。但シ是レ二教含容ノ名稱也ト申ス…（是三）

(4) 所詮十地爲如佛ノ文カ正ク名別義通ノ證據ニテ有ル樣ヲ慥カニ可レシ申ス…（是四）

(5) 次ニ共地・單菩薩トハ何カニシツラヒタル事ソ…（是五）

(6) 次ニ就テ二本文ノ廢立ニ一。三乘共ノ名別義通トハ約シ二何ナル起盡ニ一。單菩薩ノ名別義通トハ依ル二何ナル廢立ニ一耶…（是六）

(7) 次ニ付テ二本文ノ廢立ニ一。上ニ判シ二共地・單菩薩ノ名別義通ヲ一了テ。次ニ釋レ疑ヲ中ニ有リ二三ノ問答一…（是七）

(8) 次ニ十地菩薩爲如佛ノ文ハ。單菩薩ノ名別義通ノ證據歟。共地ノ名別義通ノ證據歟…（是八）

(9) 又一家處處ノ解釋ハ當通ノ下タニ多ク引ケリ二十地如佛ノ文ヲ一…（是九）

(10) 次ニ付テ二通別兩教ノ對當ニ一…（是十）

(11) 名別義通ノ法門ヲ建立スル大綱ノ約束ニ付テ…（是十一）

(12) 次ニ名別義通ハ大師ノ己證ト云事…（是十二）

(13) 次ニ被攝名別ハ一雙ノ法門也…（是十三）

(14) 次丹後ノ先德謁シテ二楞嚴ノ先德ニ一。名別義通ノ正キ證據ハ何レノ文耶ト尋ネ申サレケリ…（是十四）

(15) 次ニ名別義通往生極樂ノ修因ニテ有ル覽樣。甚タ難レ思…（是十五）

(16) 次ニ付テ二六祖ノ今ノ所引ニ一…（是十六）

(17) 抑。佛地邊菩薩ノ事。以前條條ノ內チ事ノ端既ニ尋ネレ之ヲ畢ヌ…（是十七）

(18) 次一處ノ解釋ノ中ニ…（是十八）

(19) 次ニ玄文止觀ノ配立如何カ可ニ料簡一ス耶…（是十九）

(20) 又十地如佛ト者。二教含容ノ義ナリト申ス所立ノ大綱也…(是二十)

(21) 次ニ摩訶止觀ノ中ニハ。借テ別ノ名ヲ名クニ通位ニ云云…(是二十一)

(22) 次ニ如ク此事ハ雖トモ不ト可好ミ用フ。就テ此ノ算題ニ幾字ノ口決ナト云事有リシ哉覽…(是二十二)

(23) 次ニ付テ云フニ十地如佛ト前前會堂ニテモ沙汰有ケル哉覽…(是二十三)

(24) 抑。有テ各別ノ根性爲メニ此機ノ立ツ名別義通ノ法門ヲ耶…(是二十四)

(答申二十五)

(1) 答。自本所立申ス名別義通ハ是大師已證法門。十地如佛ハ即二教含容ノ根源也…(是一。難三內)

(2) 次ニ智論ノ中ニ以テ授職灌頂ノ義ヲ釋ト十地如佛ノ文ヲ云ニ至テハ…(是二。難二)

(3) 次ニ大品經ノ意。或ハ歎トシテ般若修行ノ德ヲ如佛ト云ヒ。或ハ歎トシテ畢竟空ノ德ヲ稱ル如佛ト事…(是三。難一內)

(4) 次ニ同本異譯ノ大般若經ノ文。表シテ修治地業ノ位ヲ立ニ歡喜等ノ十地ノ名言ヲ畢テ…(是四。難一內)

(5) 次至ハ經文次比三義宛然ノ文ニ…(是五。難三內)

(6) 次以テ十地如佛ノ文ヲ對シ名別ニ約ル義通ニ事…(是六。難四)

(7) 次ニ至ハ共地・單菩薩ノ廢立ニ…(是七。難五)

(8) 次ニ就テ本文ノ廢立ニ共地・單菩薩トハ何樣ニシツライタル事ソ…(是八。難六)

(9) 次ニ釋ル本文ノ疑ヲ中ニ。三乘共斷其義已顯。用何爲據更獨開菩薩地耶ト云テ…(是九。難七)

(10) 次ニ十地菩薩爲如佛ノ文ハ。但菩薩ノ名別義通ノ證據也…(是十。難八)

(11) 次至ハ十地如佛ノ文可ト當通教ノ意ナル云ニ…(是十一。難九)

(12) 次至ハ六祖ノ大師。故以別教法雲佛地。以名ト通教九地十地判カ故ニ。但シ以テ別教ノ佛地ヲ可名ト通ノ佛地ト云フ御難ニ…(是十二。難十)

(13) 次ニ至ハ名別ノ如佛。被攝ノ如佛ノ文ニ…(是十三。難十八)

(14) 次至ハ玄文止觀ノ名別義通ノ廢立ニ…(是十四。難十九)

(15) 次ニ至ハ於テ當通當別ノ中ニ有リ如佛ノ義耶ト云ニ…(是十五。難二

十)

(16) 佛地邊ノ事。誠ニ是レ上古ノ異端也…(是十六。難十七)

(17) 次ニ付テ二名別義通ノ大段一ニ名義ハ相順ノ法ナルカ故ニ以テ二別教深遠ノ名ヲ一不レ可トレ詮ス二通教淺近ノ義ヲ一云ニ至テハ…(是十七。難十一)

(18) 次ニ名別義通ハ大師ノ御己證ト云事…(是十八。難十二)

(19) 次ニ兩先德ノ問答事…(是十九。難十四・十六)

(20) 丹後先德問ヒ二名別義通ノ證據ヲ一タマヒケルニ。惠心先德出シ二遠行善惠ノ文ヲ一タマヒケル事…(是二十。難十五)

(21) 妙解ノ中ニ論ニ被攝ヲ一。妙行ノ中ニ論ル二名別ヲ一事…(是二十一。難十三)

(22) 名別義通ノ所被ノ機緣ノ有無ニ至テ者…(是二十二。難二十四)

(23) 至ハ二四字乃至一字ノ口決一ニ…(是二十三。難二十二)

(24) 如ノ字ノ字訓。一字ノ決ノ中ニ其ノ心顯レ了ヌ…(是二十四。難二十三)

(25) 次ニ至ハ下付テ二名別義通ノ法門一ニ。摩訶止觀ニハ皆ナ借ト二別ノ名ヲ一云ヒ。玄文ニハ皆用ト二別ノ名ヲ一云ル。兩處ノ不同上ニ…(是二十五。難二十一)

(雜雜三)

(1) 付テ二佛地邊ノ菩薩一ニ…

---

(2) 此算以テ二證據ヲ一爲シテ二規模ト一作リ二算ノ題ヲ一…

(3) 如クレ云カ二名別義通ト一。名通義別ノ法門在リレ之耶…

(以上目次新作)

「名別義通證據事」（「㊀ナシ、事㊦ナシ）

名別義通義（義㊁ナシ）　盧談（談㊀山）

（以上表紙・扉）

19　名別義通義案立

貞治二（二㊀三(三カ)）年甲辰十一月三十日始之（貞治三年の場合、一三六四）　盧御談

何ナルヲカ名クルニ名別義通ノ地位ト一耶

答。借テ二別教ノ地位ノ名ヲ一名クルニ通家ノ義ニ一。是レ名別義通ノ地位ノ相也ト可ニ立申一（立㊀答）

爾者。引テ二大品經ノ何ナル文ヲ一證スル二名別義通ノ地位ヲ一耶（證㊁ナシ、「㊁證）

答。文云（云㊀ナシ）。大品云。十地菩薩爲スレ如トレ佛。得ウレ作クルコト二此釋一也（天止三、六二五。止觀）　矣

或云（或云㊀ナシ）。引ク二大品經ノ十地菩薩爲如佛ノ文ヲ一也（大正藏八、二五七下。發趣品第二十取意）。問答如レ常（如㊀ナシ、㊀ノコトシ」）

（精難二十四）

(1)精云（「十二月朔(朔㊁一)日」（「㊀ナシ））。名別義通ノ廢立ハ大師己證ノ法門。一家不共ノ所談也。欲スレハレ伺ントニ其ノ大綱ヲ一。旨趣甚タ遠ク。欲スレハレ明ントニ其ノ網（「㊀正）目ヲ一。文義忽ニ暗シ。凡ソ披クニ四教ノ門戸ヲ一事ハ。出タリレ自ニ自解佛乘ノ觀解ニ一。以レ之ヲ披（披㊀被）クニ二一代ノ教（教㊀經）論ヲ一處トシテ而無（無㊀ナシ）レ不トイフコトレ收マラ。

而ヲ名別義通ト者。不レ被（被㊀得）レ收メ二當通ノ中ニモ一。不レ被レ攝セ二當別ノ義ニモ一（「㊀教）。獨リ有リト二二教含容ノ次位ニ一立申ス歟。凡引證言理其異（無カ）趣。此有ニ異趣一爲レ證不トレ成者。所レ定ニ判スル世親論主ノ也（㊀㊦倶舍（大正藏二九、四五中〜下））。而ヲ大品經ノ十地菩薩（「㊁菩薩）爲如佛ノ文。約シテニ一教ノ始終ニ一校ンレ之ヲ事更ニ無クハレ所レ背ク。二教兼含ノ證據トハ不レ可ニ決定ス一。所以（所以㊀ナシ）ニ成シニ一教ノ始終ヲモ一顯スト二二教ノ階位ヲモ一云者。是既ニ成スニ異趣ヲ一。可ムレ遁ルニ爲證不成ノ失ヲ一也（也㊀㊦耶）。蹔（蹔㊁暫）ク以テ二別教ノ十地ノ始終ヲ一大品ノ今ノ文ヲ可レ得レ意也

一。別教ノ第十地ハ因位極際也。稱シ二歎セム此ノ功德ヲ一時キ如シトレ佛ノ云ハン事。甚タ所レ叶ニ道理ニ一也。所以ニ大品經ノ中ニ歎スルニ般若修行ノ德（「㊀功）ヲ。善男子善女人當レ知是人爲トレ如レ佛云ヒ（大正藏八、二八八下。取意）。畢竟空ノ德ヲ歎スルニ。當レ知是菩薩爲レ如（如㊀ナシ）レ佛矣（同、三七七中。取意カ）彼ノ般若修行ノ法ヲ歎スルハ是約スル二初心ノ菩薩ニ一也。歎スルハ二畢竟空ノ功德ヲ一。專ラ可レ約スニ證位ニ一故。約スト二後身ノ位ニ一可レ云也。大論中ニ。行者若聞（大正藏二五、四七一上〜中。取意）般若波羅蜜乃至正憶念（〇カ」）。何等（我カ）觀トニ是（觀是㊀是觀）人如レ佛云フ（視カ）。是ハ約ル二初心ノ菩薩ニ一也（「受カ）。或ハ。不レ離二薩婆若心一。當レ知是人爲レ如レ佛矣（大正藏八、二八八。大品般若）是ハ約スト二後身（身㊦心）ノ菩薩ニ一見タリ。十地ノ菩薩ハ是因位ノ極際ナル

故ニ專ラ佛地ノ功德ヲ可ニ仰學一ス。此ノ菩薩ヲ稱歎セン時キ。十地菩薩ハ爲如佛ト云ン事。專ラ叶ヘリニ經文ノ始終一ニ。又所レ順スルニ龍樹ノ消釋一ニ也。付〔付曰就〕中明ムニ經論ノ文相ヲ一時ハ。彼ノ譯者ノ文體ヲ可レ伺也。大品大論ハ羅什ノ反〔翻カ〕譯也。如佛ノ言互テニ經論ノ始終一ニ。專ラ成スト二稱歎ノ義ヲ一見タリ。隨〔隨曰卜限〕テ二十地爲如佛ノ一文ニ非レ稱スルニ歎ニハ法雲地ノ功德ヲ。別ニ顯スト二二教含容ノ義ヲ一云事。更以テ難レ生シ信心ヲ一。歎シ二般若修行ノ德ヲ一證スル二畢竟空ノ德ヲ一歎スルニハ。當知菩薩爲如佛ト云ル。一教ノ意〔意曰心〕ニテ云フニ更ニ無シ所レ違スル。隨〔隨曰卜限〕テレ云フニ十地菩薩爲如佛ト。一教ニテハ不レ被レ消〔消云事曰□□〕セ云事。殆似タリレ有ルニ偏頗一

惣而案ルニ二修治地業ノ十地ヲ一。專ラ約スト二別教ノ十地一ニ可レ得レ意也。爰以同本異譯ノ經文ニハ〔大（大㊅）般若四百九十一〕。修治地業ノ位ヲ云トシテ。正ク約スト二歡〔歡曰觀〕喜等ノ十地ニ一見タリ。至テ二第十地ノ終一ニ〔大正藏七、四九七中〕。與ニ諸如來一應レ言レ無レ異矣論スル二其ノ故ヲ一時ハ。一切ノ佛法ヲ具足スト見タリ。專ラ相ニ叶ヘリ第十法雲地一ニ。經文自ラ標シ二地位ノ名言ヲ一。功德又叶ヘリニ十地ノ階級一ニ是一

(2)一。何況ヤ於テ二別教ノ第十地一ニ論スル二授識〔識卜職〕灌頂ヲ一事。餘經ノ准例モ不レ能ニ左右一ニ。卽是花嚴經等ニ明ス二授識〔識卜職〕灌頂ヲ一。正ク是レ其ノ文也。付〔付曰就〕中消ニ大品經ノ文ヲ一事。更ニ不レ可レ過ク二智度論ノ說一ニハ。而ヲ論ノ中ニ正ク約スト二授識〔識卜職〕灌頂ニ一見タリ。問者重重ニ所ニ難申一也。其ヲ如クハニ立申一ス。論ノ文ハ非ニ授識〔識卜職〕灌頂ニハ。會ニ申之ヲ一歟。付〔付曰就〕テレ其ニ案ルニ論ノ具ナル文ヲ〔大正藏二五、四一九中～下〕。十方諸佛慶ニ其功勳一。皆放ニ眉閒光一從ニ菩薩頂一入。是時十地所得功德變爲ニ佛法一乃至菩薩坐〔坐曰座〕ニ於道場一成ニ具佛樹〔事カ〕一。是其光明。是名ニ十地當知如佛一矣約スト二授識〔識卜職〕灌頂ニ一云事ハ。論ノ現文既ニ如シレ指カ掌ヲ。所レ不レ可レ諍也。所以ニ付〔付曰就〕テ二當別教ニ一會シンニ此文ヲ一時キ。指テ二第十地ノ授識〔識卜職〕灌頂ヲ一名クト二十地菩薩爲如佛ト一云ム事。任スル二智論ノ明文ニ一也〔ㇾ是二カ〕

(3)一〔一卜七〕。而ヲ爲メレ成ンカ二名別義通ノ義趣〔趣卜勢〕ヲ一。自ラ種種ノ煩ヒヲ作リ出シテ不レ叶ニ當別教ノ心ニモ一。不レ順セ二當通〔通曰別〕教ノ意〔意曰心〕ニモ一。但シ是レ二教含容ノ名稱也ト申ス。雖レ可ト仰ク二大師ノ所判ヲ一。所立ノ料簡ハ甚タ以テ不レ明ナラ。其ノ非ト二當通當別ニ一立申ス起盡ハ。發趣品ノ修治地業ノ十地ハ。自ニ初地一至ルマテハ二第九地一ニ〔大正藏八、二五七下〕是通教ノ十地ノ次第也。至テ二第十地一ニ論ル二其ノ地業ヲ一時キ。十地菩薩當知如佛ト

云フ故ニ。當通ノ第十地ハ是レ佛果也。不レ可レ云ニ十地菩薩一ト。別教ノ第十地ハ又隔ニタリ等覺ノ一地一ヲ。故ニ不レ可レ成ニス如佛ノ義一ヲ。故ニ是可シト二教含容ノ意ナル一立申。雖ニ所立甚タ繁一シト。肝要只在レ斯ニ歟。古來ノ料簡大旨又如レ此。然而具ニ案ルニ此事一ヲ。其ノ義未タレ成セ處也

先ツ修治地業ノ十地ノ大段ヲ。通教ノ十地ナルヘシトハ誰カ所レ定タル耶。玄文ノ第五ノ本末ノ釋。指當テ大キニ相違スル事也。所以ニ引テニ四念處品ノ四十二字門一ヲ。與ニ圓位一甚自分明ト矣判シ。（天玄三、四一八）引テニ發趣品ノ修治地業ノ文一ヲ。此是顯ニ別教方便之次位一也（同前）釋シ。引テニ出到品ノ乾惠等ノ十地一ヲ。此顯ニ通教方便之位一也（同前）矣ト釋シ了テ結ニ釋スル之ヲ時キ。經文次比三義宛然矣六祖ノ大師消トシテニ此等ノ文一ヲ。（同。釋籤）次ニ第六卷ノ發趣品ノ中ニ明シテニ菩薩摩訶薩ノ發趣一者。從ニ初歡喜地一乃至法雲地。地地中明レ修ニ治地業。次發趣後出到品中須菩提問。是業從ニ何處一出到ニ何處一住。佛言。無ニ人乘一（乘カ）而到ニ乾惠等地。是故結云ニ經文次比一矣發趣品ノ修治地業ノ十地ハ正ク是レ別教ノ十地也ト云事。本末ノ解釋定判誠ニ分明也。本書ノ文ニハ。經文次比三義宛然ト云テ。證ルニ後三教ノ地位一ヲ事。（天玄三、四一八）其義甚タ宛然也ト云フ。六祖ノ大師ハ重テ。是故結云ニ經文次比一矣以テニ今此ノ三品説一ヲ爲スニ後三教ノ明證一ト。以テニ修治地業ノ文一ヲ正ク證セリニ別教ノ十地一ヲ。如クハニ所立ノ以テニ今此ノ發趣品ノ文一ヲ從ニ初地一至マテニ九地一ニ通教ノ十地也ト定テ。至テニ第十地一ニ十地菩薩ト云カ故ニ二教含容ノ義也ト立申ス。不レ背カニ今此ノ本末ノ解釋一ニ耶。乍ラレ向ヒニ三義宛然ノ文一ニ。改テ以テニ發趣品ノ文一ヲ可トレ屬ニ「名別義通」一ニ立申ス。豈非スニ參差一ニ耶

同一日（同二日㊀ト）與ヘテ云ンレ之ヲ時キ。如クニ所立ノ從ニ初地一至マテニ第九地一ニ約シテニ通教一ニ云フトモ。至ハニ第十地一ニ獨リ約ムニ別教一ニ事。强チニ有ンニ何ノ相違一カ。共部含容ノ説蓋シ如レ此。句句ノ間ニ權實淺深相交ン事。至テニ今ノ文一ニ必ス非スレ可キレ驚ニ。所以ニ如シレ云カ決七（決七㊀ト）（天止四、二四六）下初住雖ミ即略明ニ圓義一ニ。二住已去乃至十地多明中別義上矣初住二住。別圓交ヘ説ク事。既以如レ此。九地十地。通別互ニ説事。更ニ有ムニ何ノ難義一カ。初住二住。別圓相ヒ帶ル事ハ。全無レ所レ妨ル。九地十地。通別相交ム事。以レ何カ爲ムニ難義一ト

但シ。經ノ次下ノ文ニ。「大品經第六發趣品」（「」㊀ト）（大正藏八、二五九下）菩薩摩訶薩住ニ是十地中一。以ニ方便力一

故行ニ六波羅蜜一乃至過ニ乾慧地性地(地㊁忘)一乃至過ニ是九地一住ニ於佛地一等云カ故ニ。住是十地ノ言。指ニ上ノ修治地業ノ十地ヲ一過乾惠地等云カ故ニ。上ニ所レノ列ル十地ト者。即是レ乾惠等ノ十地也ト立申ス經文ノ料(料㊂了)簡在レ斯ニ歟。今此ノ料(料㊂了)簡ハ殆經文ニ反(翻カ)倒セリ。上ニ所レノ列ル修治地業ノ十地即チ乾惠等ノ十地ナラハ。經文ニ何ソ重テ過乾惠地性地(地㊁忘)八人地見地等可レ云耶。大論ノ中ニハ受ケテ今此ノ經文ヲ。復次佛此中更説ニ第十地相一。所謂菩薩行ニ六波羅蜜一以ニ方便力一故過ニ乾惠地一等矣(第五十)(相㊁十九)(大正藏二五、四一九下)上下同ク乾惠等ノ十地ナラハ經文不レ可ニ重説一ス。論文又。復次佛此中更説ニ第十地一乃至過ニ乾惠地乃至菩薩地一住ニ於佛地一矣(同前)論文既ニ有リ復次ノ言一。上下ノ十地可ニシト各別一ナル被レタリ得。故ニ修治地業ノ十地ハ約シ別教ノ十地ニ。復次佛此中ト云フ下モハ約ニ通教ノ十地一聞タリ。如ニクハ所立ノ一上下同ク乾惠等ノ十地也。若(㊁者)爾ハ。如レク此重説セン事。所詮何事ソ耶。然ルヲ兩重ニ説キタル經文ヲ會ルニ。上ノ文ハ論シ修治地業ノ功德ヲ一。次ノ文ハ別ニ論シ進趣ノ義ヲ一會申シツル哉覽。頗ル假令ノ會通ニ覺ル也。今品ノ題ヲ名リ發趣品ト一。地地ノ功德ヲ分別スルハ皆次第進入ノ義ニテコソ有レ。何ソ事新ク以テ進趣ノ義ヲ爲テ別ノ章段ト可キ分ニ別ス之ヲ耶。但シ。住是十地中ト云カ故ニ。上ノ十地ヲ可レト指ス立申ス歟。强チ非ス所立ノ潤色ニ。惣而論ルハ之ヲ共部含容ノ席也。十地ノ言ノ中ニ通別二教ヲ可キ含容ス故ニ。上ノ修治地業ノ十地ハ別教ノ十地ニシテ首尾ヲ説キ畢ルト云トモ。十地ノ言ノ中カニ通教ヲモ含容スレハ。住是十地中ト云ン事。有ニ何ノ相違カ。或又所ニ後(後列㊂列後)ニ列ル乾惠等ノ十地ヲ先ツ標シ。並(並㊁還)ニ住是十地中ト云歟。經論ノ中ニ非レス無キニ其例一。

付(付㊁就)テ此兩重ノ文ニ五大院先德釋タマフ事有リ。龍禪院座主又被ル料簡一子細有レ之。以テ五大院ノ釋ヲ爲スル指南ト歟。此等ノ料簡ノ趣ハ叶ヘル所立ノ趣ニハ歟。背ケル歟。勘テ之ヲ具ニ可ニ立申ス

是三

(4)一(同三日(同二日㊁忘))。所詮十地爲如佛ノ文カ正ク名別義通ノ證據ニテ有ル樣ヲ慥カニ可レシ申ス。如ニクハ所立ノ一十地菩薩ハ別教ノ名。爲如佛ハ通教ノ義ナルヘシト申ス歟。先ツ此ノ約束ハ天台・妙樂ノ釋ニ見タル歟。大(大㊁相)師先德ノ料簡シタマ(タマ㊁給)ヒケル事歟。別教ノ第十地ノ名ヲ。通教ノ佛地ニ對スルヲ如佛ト可レトモ説ク不(不㊁有)レル覺事也。於テ第十法雲地ニ有ニカ授

識(識㋣職)灌頂ノ義一故ニ如佛ト云ヒタル事。叶ニヒ龍樹ノ論判一ニモ。順スルニ大方ノ道理一ニモ事ニテコソ有レ。十地菩薩ハ別教。爲如佛ハ通教ト云ン事。文理倶ニ不レ穩ラ。別教ノ第十地ヲ對セハニ通教ノ佛地一ニ。十地ノ菩薩ヲ對ムニ佛地一ニナトソ云ヘキ(キ㋺リ)。何ソ(何㋺[ナシ])云フニ如佛一ト耶。凡ソ如ト云者。相似ノ言也。別教ノ法雲地ノ菩薩ハ何トテ通教ノ佛果ニハ可ニ相ヒ似一タル耶

一處ノ解釋ノ中ニ。「仁王〔經〕私記中」(「」㋺[ナシ])(大正藏三三、二七一上)故大品云。十地菩薩當知如佛。如(如㋺等)者未是義矣 別教ノ十地。佛果ヲ相對セム時キ。十地ハ不レ及ルニ佛果一ニ故ニ未是ノ義ナルヘシ。別教ノ法雲地ヲ對シテニ通教ノ第十地一ニ如者未是ノ義ト云ン事。誠ニ以難レ思。如佛ノ二字ヲ切テ對ハニ通教一ニ。未是ノ義更ニ不レ得ニ其心(心㋺意)一ヲ。又借テニ別教(教㋺[ナシ])ノ十地ノ名一ヲ名トニ通ノ佛地一ニ者。實ニハ是通ノ佛地邊ノ菩薩ニ對ルニ別教ノ法雲一ヲ也。若爾(爾㋺[ナシ])ハ。別菩薩ヲ對スルニテコソ通ノ菩薩ニ有レ。何ソ云フニ如佛一ト耶。所詮本文ニ。十地菩薩爲如佛得(天止三、六二五。止觀)作此釋也ト云ルハ。正ク說テニ何ナル義門一ヲ成スト名別義通一ヲ云事。慥ニ可レ申シス。此ノ算ハ雖トモニ文義繁一ト撰フニ要ノ中ノ要一ヲ。只此ノ一事也。尤モ可ニ申披一ク　是四

(5)　一。次ニ共地・單菩薩(菩薩㋺地)トハ何カニシツラヒタル事ソ。委ク可ニシ料(料㋥了)簡シ申一ス。此兩種ノ對當ノ中ニハ(天止三、六一六〜四五。止觀參照)。正ク以テ何レノ配立ヲ一爲ルニ名別義通ノ本意一ト耶。又無ニク傍正一モ。本末モ有ルマシキ(マシキ㋺㋥閒敷)事歟。兩重ニ配立シタル所詮ハ何事ソ。凡ソ借テニ別教ノ始終ノ名一ヲ名クトニ通教ノ地位一ニ云者。通教ハ自レ本(本㋣元)三乘共行ノ地位也。サレ(サ㋥去)ハ共地ノ名別義通トコソ正キ名別義通ノ本體ニテ有ルラメ。別ニ又單菩薩ノ名別義通ト云事ヲ建立シ出シタル事。何ノ所表有トモ覺ヘヌ也。所詮。此ノ單菩薩ノ地位ト云フ物ハ。三乘共行ノ菩薩ニテ有ルヲ。別ニ取リ離テ單菩薩ノ地位ト作リ立タル事歟。將又單菩薩ノ地位ト云物ハ。下地ヨリ三乘共行ノ隨一ノ菩薩ニテハ無ク。種性(性㋺㋣姓)各別ノ者ニテ有ルヘキ(「㋺可)歟。此ノ兩邊ハ先ツ本文ノシツラヒハ何ナニトカ見タル。若有トニ各(各㋺名)別ノ一類一云者。通教トハ三乘共學ノ教ニテコソ有レ。其ノ三乘共位ヲ離レテ別ニ論ハニ菩薩ノ階位一ヲ無キレ様モ。別教ノ菩薩コサンナレ何ヲ以テカ可レ名クニ通家ノ菩薩一ト耶。若又三乘共學(學㋺行)ノ隨一ノ菩薩ニテ有ラハ。三乘共ノ對當ニテ其ノ義既ニ顯レ了ヌ(了㋺㋣畢)。別ニ設テハニ單菩薩ノ對當一ヲ有ルニ何ノ所表一耶。先ツ共地・單菩薩トシツラヒタル地盤ヨリ何カニ約束シタル事ソ。先ツ下地ヲ作リ定テ。其ノ上ニ本文ノ始終ヲ可ニ料簡シ申一ス　是五

(6)一。次ニ就ニ本文ノ廢立ニ。三乘共ノ名別義通トハ約シ何ナルニ起盡ニ。單菩薩ノ名別義通トハ依ルニ何ナル廢立ニ耶。然ヲ見ルニ現文ヲ。以テ乾惠性地ヲ對ルニ十信三十心ニ事ハ。共地・單菩薩倶ニ相ヒ同シ。然レハ付テハ内外凡ノ廢立ニ。不レ可レ分ニ別ス兩種ノ名別義通ヲ歟。八人見地ヲ爲シテ須陀洹ノ向果ト對ルハ初歡喜地ニ三乘共ノ名別義通也。付テ單菩薩ノ地位ニ有リ三地斷見四地斷見ノ約束。付テ八人地ニ。八忍十五心ヲ對シ別教ノ初地二地ニ。以テ見地ノ第十六心ヲ對ス別教ノ第三地ニ。是ハ三地斷見ノ廢立也。八人見地ノ法忍法智。「法忍法智」ヲ以テ如ク次ノ對ルハ別教ノ初ノ四地ニ。四地斷見ノ廢立也。是ハ以テ別教ノ名言ヲ名クル通教ノ地位ニ約束ノ不同計也。八人見地ヲ合シテ對ルハ初地ニ。何ナル道理ニテ名ケ三乘共ノ名別義通ト。八人見地ヲ離開シテ對ルハ別教ノ三地四地ニ。何ナル道理ニテ名ケルソ單菩薩ノ地位トハ。名別ノ邊ニ付テ。對ルハ初歡喜ノ一地ニ名ケ共地ノ名別義通ト。三地四地ニ離開シタルヲハ名クル單菩薩ト約束ノ所詮カ無キレ覺也。本文ニ見タル樣ハ無キ歟　是六

(7)一。次ニ付テ本文ノ廢立ニ。上ニ判シ共地・單菩薩ノ名別義

通ヲ了テ。次ニ釋シ疑ヲ中ニ有リ三ノ問答。初ニ問テ云ク。三乘共斷其義已顯。用何爲據更獨開菩薩地耶矣（天止三、六三八。止觀） 問ノ言スルスルトモ不レ被レ得レ意。三乘共斷其義已顯ト云テ。三乘共ノ名別義通ハ其ノ義顯レ了ヌ。單菩薩ノ名別義通ハ何ナル義ソトコソ可キニテ問フ有ルヲ。爾カハ不レ云。下モノ句ニ。用何爲據更獨開菩薩地耶ト云テ（同前）。單菩薩ノ名別義通ノ證據ヲ問起スト見タリ。上ノ句ハ許シテ三乘共ノ名別義通ノ道理ヲ。下ノ句ハ單菩薩ノ名別義通ノ證據ヲ問起セリ。上ニ對セハ云フニ三乘共斷其義已顯ト。更ニ開シテ獨菩薩ノ位ヲ顯スソト何ナル義ヲコソ可キニテ問フ有ルヲ。闇ニテ道理ヲハ證據ヲ問難スル事。上下ノ兩句カケモアハス。此事ヲハ如何カ可ニ料簡ス耶。今此ノ問答スル時キ。大論ノ三處ノ樵炷。大品ノ十地如佛及ヒ發趣品ノ修治地業ノ文。又大論ノ伏順無生ノ三忍ノ文ヲ引ト見タリ。六祖ノ大師釋トシテ此等ノ文ヲ。經論各有ニ兩處明文ニ（天止三、六三八）意幷獨語ニ菩薩智斷ニ矣 問答ノ起盡。本末ノ解釋。只單菩薩ノ地位ヲ開立スル證據ノミ也。借テ別教ノ名ヲ名クル單菩薩ノ地位ニ對當ノ意趣ヲハ所レ未タレ顯サ也。如ク此ノ單菩薩ノ地位ヲ建立スル證據ヲノミ取リツメテ問答シタル所詮ハ何事ニテ有ルソ。此ノ問答ノ

起盡ニテ共地・單菩薩ノアワヒ分明ニ可ニ料簡ス子細有レ之耶 是七

(8) 一。次ニ十地菩薩爲如佛ノ文ハ（天止三、六二五。止觀）。單菩薩ノ名別義通ノ證據歟。共地ノ名別義通ノ證據歟。此尋ハ於ニテ會堂（座カ）ニ事舊タル篇目也。然而文理幷ニ所レ難キ一決シ也。若但シ單菩薩ノ地位ノ證據ナリト云者。共地ノ名別義通ヲ釋畢テ。大品云。十地菩薩爲レ如レ佛。得レ作ニ此釋一也矣（同前）得作此釋ト者。共地ノ名別義通誰カ可レ諍レ之ヲ耶。此共地ノ名別義通ノ釋ヲ設クル事ハ。依ニトト十地如佛ノ文ニ定タリ。共地ノ證據也ト云事ハ明ナル事如レ鏡ノ。若云レ爾ト者。用何爲據更獨開菩薩地耶ト問シテ（同、六三八。止觀）。答レ之時キ。大品明ニ十地菩薩爲レ如レ佛。既明ニ後地隣レ極。豈得下無ニ中地一無中初地上耶矣（同、六四二。止觀）單菩薩ノ證據也ト云事。又非レ指スニ掌ヲ耶。或ハ引テ成ス共地ノ證據ヲ。或ハ擧テ爲ス單菩薩ノ依憑ト。前後ノ文段不レ幾ナラ。兩端ノ釋義殆以テ參差セリ。義勢ノ落居可ニナルソ何樣ナル耶 是八

此ノ尋ハ連連所ニ出來スル也。然而付ニテ此ノ尋ニ立テスマシタル義勢未スレタ聞レ之ヲ。誠ニ可レシ云ニ要須ノ題目ト。此ノ科ノ下ニハ一ノ算兩三條歟。然而以テ證據ノ算ヲ所レ爲ル寄模ト也。十地如佛ハ算ノ題也。共地ノ證據歟。單菩薩ノ證據歟ト云事。可レ尋ニ先聞ヲ。可レ明ニ旨趣ヲ事也。望テ時ニウカウカトシタル無念ノ事也。常ノ義勢ハ或ハ互ニト共地・單菩薩ニ云ヒ。或ハ限ト單菩薩ニ云フ。互ト云フハ誠ニ無念也。何樣ニモ限ト單菩薩ニ云フハ可レ叶ニ文ノ起盡ニ也。爾ハ何トテ共地ノ證據ニハ引キケルソト云事ヲ可キ責ム也。又此ノ事限ラハ單菩薩ノ地位ノ證據ニ。共地ノ名別義通ハ證據モ無クテ暗ラニ被ケルカ釋セ。如ナラハ然ノ共地ノ文ノ下ニ引テ此文ヲ被レケルカ釋セ得作此釋也ト。尤モ太卑ノ事ニテ有也。又十地菩薩爲如佛ト云ヒタルカ共地ノ證據ニテハ無キ道理ヲハ何カニ可レソト得レ意可キ責ム也

(9) 一。又一家處處ノ解釋ハ。當通ノ下タニ多ク引ケリ十地如佛ノ文ヲ。所謂ル淨名疏・涅槃疏・請觀音經疏等解釋既ニ往往也。皆是證スル佛地邊ノ菩薩ヲ也。故ニ今ノ所判。單菩薩ノ地位ヲ證スル時キ。既明ニ後地隣レ極。豈得下無ニ中地一無中初地上耶矣（天止三、六四二。止觀）皆ナ當通ノ地位ノ上ヘニ單菩薩ノ名言ヲ建立スル也。然ハ引テ此文ヲ爲ニ名別義通ノ證據ト事。自ニ根源一所レ難レ思也 是九

⑽一。次ニ付テ通別兩教ノ對當ニ。以ニ菩薩地ヲ爲シ善惠地ト。以ニ佛地ヲ爲ル法雲地ト。故ニ引テ十地如佛ノ文ヲ證ト此義ヲ云歟。然ヲ六祖ノ大師消シテ本書ノ文ヲ。通教地後亦無ニ復位一。故以ニ別教法雲佛地一。以名ニ通教九地十地一矣（天止三、六二五）以テ今此ノ釋ヲ案ルニ二教ノ對當ノ義ヲ。以テ別教ノ法雲地ヲ對ス通ノ菩薩地ニ。以テ別教ノ佛地ヲ名ル通ノ佛地ト也。若爾ハ。十地如佛ノ義。其證難シ成シ。如何　是十

⑾一。名別義通ノ法門ヲ建立スル大綱ノ約束ニ付テ。甚タ有リ所レ難レ思。所以ニ大小權實ノ法門。麁妙淺深雖トモ異ナリト。名義ハ必ス相順ノ法ニテ有ル也。權教ノ名言ハ詮シ權教ノ義理ヲ。實教ノ名言ハ顯ス實教ノ義理ヲ也。名詮自性ノ道理ハ佛法ノ大旨。蓋以如レ此。爾ハ名別義通ノ法門ト者。其ノ義甚タ參差セリ。能詮ノ名字ハ別教界外ノ法門也。所詮ノ諦理ハ通教界內ノ義門也。以テ別教深遠ノ名字ヲ詮ス通教淺近ノ義理ヲ事。名義甚タ相違シテ。能所忽ニ乖角セリ。カカル參差ノ法門ヲハ何ニトテ大師ハ作リ出シタマヒケル哉覽。名言ハ悉ク界外微細ノ法門ニシテ。義理ハ併ラ界內淺近ノ義門ニテ有ラハ。呼フ體ヲ名ニ非ス。應スル名ニ體ニ非ス。惣而名別ノ約束カ可レ破ル也。爰ノ程ヲ何ニトカ可ソ得レ意。立者ハ如何カ立申ス覽。常ノ學者ハ。通教ト者正ク通ハ實相ノ教ナル故ニ。後ニ可キ移ル別教ニ人ノ爲メニ爲テ轉入ノ方便シト。暫ク借テ後教ノ名ヲ名クト通教ノ地位ニ云歟。一旦ハサモト覺ル樣ナレトモ。實義ハ更ニ難レ思事也。通教ノ內外凡ニ借リ別教ノ內外凡ノ名ヲ。通教ノ聖位ニ借テ別教ノ聖位ノ名ヲ爲ル後教ノ方便ト詮要ス。只別教ノ名目ヲ聞キ習セン爲メ歟。サル淺近ニヲサナヲサナシキ事十有リケル名別義通ノ大事ト云フハ。名目ヲ聞キ習セン爲メ計ニテ有ル歟。無下ノ約束ト覺ル也。縱ヒ如レ此會通ストモ名義ノ相違背クト佛教ノ大旨ニ云難ハ未タ遁ルレ處也。又後教ニ可キレ行クナラシニ。今ハ通教ノ人ニテ有レトモ。借テ別教ノ名目ヲ爲スト攝入ノ方便ト云者。此ノ通教ノ人可ニテレ移ル圓教ニ有ラハ。名圓義通ノ法門ヲモ可レ立也。所以ニ對シテ別教宿習ノ人ニ借ト別教ノ名ヲ云者。爲メニ圓ノ宿習ノ借ム圓ノ名言ヲ事。誰カ可レ疑レ之耶　是十一

⑿一。次ニ名別義通ハ大師ノ己證ト云事。學者ノ稟承自ラ在ル人ノ口ニ歟。立者ハ如何カ相傳シタル。正ク被ルレ云ニ己證ノ法門ト處ハ何クソ。大蘇ノ法花道場ニテ三昧ヲ開發シタマヒシ時キ。照ニ了スルコト法（靈應傳章安作）（傳全四、一七六）

花如高暉之臨幽谷。達諸法相似長風遊太虚矣サレハ高暉所臨無不照。長風所及無不扇。其時何治生産業大師御己證中備ツラメ。況四教五時。被攝名別皆自解佛乘御胸底出事。置而不可論。其條我等人不可及異端事。更名別義通法門自被建立顯大師御己證。我等依怙成可貴子細在之歟。借別教名言名通教次位時。共地・單菩薩。位位相配。「地地前後。風鼓波揚水濁珠暗而已。何」程內證眞實法門有覽更不覺事也。其眞實大師御己證有覽樣分明可申。只亦如此亂易難暗事共釋集被惱後學釋義所詮ヨモアラシ。若有所習可申之　是十二

⒀一。次被攝名別一雙法門也。被攝行人實證可有正修止觀內。名別教相施設也。專可屬妙解中。然所依本文相反。何子細在之耶。只自然事可申歟。若又被攝必被屬妙解。名別必可約妙行道理在之歟。文段下地明時。此事誠一箇料簡　是十三

⒁一。次丹後先德謁楞嚴先德。名別義通正證據何文耶尋申。惠心先德。遠行善惠。法雲佛地。是佛種性。餘者悉是二乘種性文誦。誦アヱス落涙シタマヒケレハ。寬印同垂頭被拭感涙。サテ惠心先德。名別義通往生極樂修因也被仰。其後兩先德同無餘言止。名別義通往生極樂因云事。昔會堂有沙汰貴事有。近來餘同名目事舊。成輕易題目歟。然而兩先德御意趣誠可仰。更可貴。付之若有習傳子細耶。如所立十地如佛文目出證據有。閣此文今楞伽經文被出事。甚所難思也。先楞伽今文名別義通證據有覽樣可料簡申。經文說下樣難得意。遠行善惠。法雲佛地。是佛種性矣第七遠行地佛種性有。第八不動地彌佛種性位ニテコソ有ヘキニ。越不動地遠行善惠列事。有何深旨耶。此事御

（24、二一八下～九上。名別義通私記參照）廟ノ大師料簡シタマフ子細有リシレ之哉覽ト覺ユ。出シテ所立ヲ可ニ成申一ス　是十四

⒂一。次ニ名別義通往生極樂ノ修因ニテ有ル覽樣。甚タ難レ思。大師ノ御己證ニテ有ル覽事コソ甚タ不審ニテ有ルニ。往生極樂ノ因トハ（㊁者」）又何カニ可キレ云事哉覽。甚タ不ニ思ヒ懸一ケ。先德ノ意趣。若所ニ稟ケ習一有ラハ可レ申ス　是十五

⒃一。次ニ付テ二六祖ノ今ノ所引一ニ（付㊁就）。大品既云フ二十地如佛一（天止三、六二五）。當レ知即是別名名レ通。故楞伽第七偈頌品云。遠行善惠。法雲佛地。是佛種性。餘者悉是二乘種性（性㊦姓）。此亦別名名ニ通位一也。若是別位。豈遠行已前屬ニ二乘一耶矣　六祖ノ所引ノ意ハ。引ニテ（引㊁判）楞伽經ノ今文一ヲ大品ノ十地如佛ヲ助ケ釋スル歟。然ラハ（然㊁爾）其ノ助釋ノ樣ヲ可シレ申ス。大品經ハ通教ノ佛地ニ借ニ立タリ別ノ法雲ノ名一ヲ。楞伽經ノ文ハ遠行已前ヲ屬スニ二乘種性一ニ（性㊦姓）。二經ノ施設彼レ此事異也。何ソ以テ二遠行善惠等ノ文一十地如佛ノ文ヲ助ケ釋ト可レ云耶　是十六

⒄一。抑。佛地邊菩薩ノ事。以前條條ノ內チ事ノ端既ニ尋ネレ之ヲ畢ヌ。然而正ク其ノ相貌ヲ可ニ申定一ム。御廟ノ御釋ノ被ニ釋成一セル事（「㊁㊦中）在リレ之。又或先德八相ノ中ノ前五相ト云フ料簡在リレ之。此等ハ先德ノ異端ニテ有リ。立者ハ如何カ相傳シタル。可キレ隨フニ何レノ先德ノ御義ニカ。又佛地邊ノ菩薩ノ本說ハ可レ依ニ何レノ文ニ耶。釋義ハ慥ニ如何カ見タル。可ニ勘申一ス　是十七（七㊂五）

⒅一。次一處ノ解釋ノ中ニ（決三（決三㊁㊄））。言ニ爲如佛一者。此亦二義（天止二、三九一）。若別爲ニ菩薩一立ニ忍位一者。則第十佛地ノ邊有ニ菩薩位一。故云ニ如佛一。若被攝者。至レ此既破ニ一品無明一。亦能八相。如ニ彼八相一。故云ニ如佛一矣　今此ノ解釋ハ付テニ十地如佛ノ文一ニ。名別義通ノ如佛有リ。被攝ノ如佛有リト云也。然ヲ（然㊁而）初ノ名別義通ノ如佛ト者。於テ二三乘共位ノ中一ニ別ニ立テ二忍ノ名一ヲ名クルニ菩薩ノ位一ニ而已ミ也。借テニ別教ノ名一ヲ非スレ名ルニ通教一ニ。若爾ハ。付テニ十地如佛ノ文一ニ雖トモレ作ト二二ノ釋一ヲ。倶ニ借テニ別教ノ名一ヲ名トニ通教ノ共位一ニ不レ可レ云歟。此ノ二ノ釋ヲハ御廟ノ大師具サニ擧ケレ之（被接義私記、四一丁左～四丁右參照）。設ケタマフト重重ノ料簡一ヲ（料㊂了）見タリ。出シテレ之可ニ料簡シ申一ス。二ノ釋ト者。名別ノ如佛。被攝ノ如佛ニテ有ルカ。名別ノ如佛ト云フモ於テ當教ノ共位ニ立ルニ菩薩ノ名一ヲ（名㊁位）計也。非スレ借ルニハ別教ノ名一ヲ。縱又借テニ別教ノ名一ヲ雖トモレ名トニ通家ノ地位一ニ。文義多含ノ中ノ一ノ意ナラク耳ノミ。非ニ文ノ正意一ニハ歟。

如云凡引證言理無異趣。既有被攝名別異趣。非決定誠證可云歟。又初義名別如佛也。付此釋通第十地自本是佛地也。何如佛云耶。若約佛地邊菩薩因果事異也。以何如佛云耶。後義者。被攝如佛也。別圓意。自初地初住八相作唱。何云十地如佛耶。此事御廟大師釋事在之。出之料簡申 是十八

⒆一。次玄文止觀配立如何可料簡耶。本文配立破思假入空位明付有四文段。一三藏家破思位。二通家破思位。三別名名通共位。四別名名通家菩薩位 矣云云 (天止三、六〇四。止觀) 第一是三藏位。第二當通位。第三借別教名名通共位。第四借別教名名通家菩薩位也。玄文第四廢立。就釋三草二木位。小樹位中有二文段。先明三乘共十地位。(天玄三、二七三) 次簡名別義通云云 矣 又簡名別義通中有二文段。初就三乘共位中菩薩別立忍名。而義通。二用別教名。名別義通。初文於當通位中別立菩薩位名。次文借別教名名通家共位。」所以摩訶止觀當通位中名義同通家共位也。名別義通者。雖在共地・單菩薩不同。同借別名名通家位也。玄文第四於當通中初名義同通教也。是常途三乘共位也。次於當通中建立名別義通。別而於菩薩位立忍名。義三乘共位同。是名名別義通。當通教名別義通是也

次又借別教名名通家共位。同是名名別義通也。故摩訶止觀中不立當通教名別義通。玄文中無單菩薩名別義通。兩部廢立何如此不同出來耶。如玄文廢立。(天玄三、二九一～五) 菩薩位者九地十地。是則十地菩薩。當知如佛。齊此習氣未盡。過菩薩地則入佛地 矣 (天止三、六二五。止觀) 今解釋當通教十地立菩薩名證之。十地菩薩爲如佛 矣 正於當通中有十地如佛義定判也。所依本文引十地如佛文以別教名名通教共位誠證。兩處文何相違耶。此事具可料簡申 是十九

⒇一。又十地如佛ト者。二教含容ノ義ナリト申ス所立ノ大綱也。若シ約シテ二當通當別ノ意ニ一論レムレ之ヲ時。十地如佛ノ義有レ之耶。既ニ以テ二此ノ文ヲ一二教含容ノ誠證ト立申ス上ハ。於ハ二當通當別ニ一フツト無ニ此ノ義一可レ申歟。於ハ二此ノ事ニ一就テ二當流ニ一殊ニ有リ二習フ子細一。只以テ二一言ヲ一可シ二定申ス一。所立ノ始終カ慥ニ可レ聞フ也 是二十

㉑一。次ニ摩訶止觀ノ中ニハ。借テ二別ノ名ヲ一名クニ通位ニ一云云（天止三、六一五）玄文ノ中ニハ或ハ。別爲ニ菩薩一立ニ伏忍・柔順忍・無生忍一 矣 等 云云 玄四（天玄三、二八三）或ハ。卽是取ニ別教之名一准ニ望スル通教ノ菩薩ノ位ニ一等 云云（同、三〇三）止觀ニハ事更用ル二借ノ字ヲ一。玄文ニハ不レ用二借ノ字ヲ一。是ハ雖トモレ非ニ大事ニ一唐土ノ人師付テレ意ヲ料簡シタル事ノ有ルト覺ユ。見及フ事有ラハ可シレ申ス 是二十一

㉒一。次ニ如ノレ此事ハ雖トモレ不トレ可ニ好ミ用フ一。就テ二此ノ算題ニ一幾イク字モシノ口決ナト云事有リシ哉覽。必シモ雖トモレ不トレ可レ云ニ大綱ト一。是ハ習ニ此算ヲ一劵契也。不レ可レ忽カセナル。又此ノ算ヲ習フ大綱ニモ合セテ可レ得レ意也 是二十二

㉓一。次ニ付テレ云フニ二十地如佛ト一前前會堂（座カ）ニテモ沙汰有ケル哉覽。如字ハ字訓何樣ニ可レ用耶。前ニモ尋ツル哉覽。以テ二別教法雲ノ名ヲ一通教ノ第十ノ佛地ニ對シタルニテコソ有レ。如レクナラハ爾ノ如ノ字カシトシトトモ不レ被レ得ニ意居スヱ一也。何ニト讀ミ居スヱテ名別義通ノ意ニハ可ニ相叶一耶 是二十三

㉔一。抑。有テ二各別ノ根性一爲メニ二此機ノ一立ツニ名別義通ノ法門ヲ一耶。若有ト二各別ノ機一云者。兩種ノ四教所被不レ出ニ四緣ヲ一。四緣只是藏等ノ四教ナリ 矣 籤六（天玄四、一四一）五時八教雖ニ法門異ナリト一所被ノ機緣ハ不レ過キ二藏通別圓ノ根性ヲ一。若爾ハ。單通單別ノ機ノ外ニ有テカ二何ナル人ノ一可レ受ニ名別義通ノ教ヲ一耶。本ト通教ノ人ナラハ可レ聞ク二通教ノ法門ヲ一。本ト別教ノ人ナラハ可レ受ク二別教ノ法門ヲ一也。通別ノ根性ノ外ニカ全ク不レ可レ有ニ名別義通ノ根性一。若別ニ無ト二其ノ機一云者。單通單別ノ教門ノ外ニ別ニ名別義通ノ法門有リ。寧ロ受クレ之ヲ人無ム耶。別ニ無ト二其ノ機一云者。別ニ不レ可レ有ル二其ノ法一。非ス二道理決定スルニ一耶。於ハ二此事ニ一御廟ノ大師釋成シタマフ旨有リレ之（佛全24、二二六下～七上。名別義通私記參照）是二十四

條條ノ篇目雖トモレ似タリトレ繁キニ。若取ルニ二其ノ要ヲ一意更ニ不レ幾ナラ。十地菩薩爲如佛ノ文不シテハレ相ニ對二教ノ名義一不レ可レ叶二道理。共地・單菩薩トシツライタル本意。此等ヲアサアサト申披イタラ

ハ。衆難自ヲ可レ通ス歟（通㊐逗）

（答申二十五）

同五日（同五日㊐无）

(1)答。自レ本所ニ立申ニ名別義通ハ是大師己證ノ法門。十地如佛ハ卽二教含容ノ根源也。義理遙遠也。非ニ淺識ノ所ニ測ル。然而今此ノ十地如佛ノ文（文㊐无）。但以ニ別教ヲ不レ可レ云フ之（「㊐之）。但以ニ通教ヲ不レ可レ云フ。所立ノ大概前ニ既（既㊐无）ニ顯レ了（了㊐卜畢）ヌ。凡ソ發趣品（大品經（大品經㊐末品）第六　地㊐无）ノ修治地業ノ文。論スルニ其ノ大旨ヲ專ラ是レ界內通教ノ十地而已ナラクノミ。所以ニ進テ不レ論セ等妙二覺ノ位ヲ。退テ不レ立テ地前三十心ノ位ヲ。成道ハ卽チ應佛ノ八相ノ儀式。階級ハ卽チ一箇ノ十地ノ始終也。論ンニ其ノ大體ヲ時キ。非ハ通教ニ是レ如何カ可レ得レ意耶。況ヤ見ニ經ノ現文ヲ付テ第九地ノ地業ニ論ス十二ノ功德ヲ。彼ノ第四ハ胎生成就（「示云。諸根具足歟」（「」㊐无））。第六ハ所生成就。第八ハ眷屬成就。第九ハ出生成就。「第十ハ出家成就。第十一ハ莊嚴佛樹成就。」（「」㊐无）第十二ハ諸善功德成滿具足也。以テ第四已下ノ功德ヲ案ルニ文ノ大旨ヲ。八相ノ中ノ前五相也。託胎・出託（託㊐胎）等非ニ界內同居ノ儀式ニ耶。第十一ヲハ莊嚴佛樹成就ト云ヒ。第十二ヲ諸善功德成滿足ト云ル見ルニ文ノ大綱ヲ。以テ第九地ヲ爲ト因位ノ極際ト云事。在レ文ニ分明也。彼ノ莊嚴佛樹成就ノ中ニ黃金ヲ爲レ根ト七寶ヲ爲レ莖ト云ル。彌ヨ是二經ノ含容ノ名稱也。眷屬成就ノ中ニ純諸菩薩ト云ル其ノ意亦同シ。大段（段㊐師）ノ文相ハ定テ是レ通教也。於テ第九地ニ論カ因位ノ極際ヲ故也（「㊐於是通教教）。其中ノ一文一句交（交㊐更）タル別教ノ義門ヲ。快ク顯ス含容ノ義門ヲ也。故ニ從ニ初地ニ至マテ第九地ニ正ク是通教ノ義相也。佛樹ヲ莊嚴シ功德ヲ成滿スル。寧非ス因位ノ極際ニ耶。其ノ第十地ハ正ク是可ニ佛地ナル。然（然㊐爾）ヲ第十地ノ地業ヲ云トシテ。云何菩薩住十地中當知如佛ト云リ（大正藏八、二五九下。大品般若）。以テ第十地ヲ猶ヲ名ク菩薩ノ所住ト。借テ別教法雲地ノ名ヲ名クト通教第十地ノ位ニ云事。文相起盡誠以分明也。誰カ正可レ生ス異（異㊐疑）端ヲ耶

加之。上ニ列ネ修治地業ノ十地ヲ了（了㊐卜畢）テ。次下ニ。（同前）菩薩摩訶薩住ニ是十地中。以ニ方便力ニ故行ニ六波羅蜜。行ニ四念處乃至十八不共法。過ニ乾惠地・性地・八人地・見地・薄地・離欲地・已作（作㊐卜辨）地・辟支佛地・菩薩地。過ニ是九地ニ住ニ於佛地。是爲ニ菩薩十地。如レ是須菩提。是名ニ菩薩摩訶薩大乘發趣（「㊐矣）。菩

薩住是十地中云。上所列修治地業十地指云事。文相誠炳然也。若爾（「曰二者）。修治地業十地乾惠等十地也云事。非如來金言耶。住是十地文預表後文云事。雖有難勢言所背經文實也。然（然曰而）兩段施設事。上文論地地功德。下文於地地中明（大正藏八、二五六下～七下參照）進趣義也。上文雖論修治地業。「未云進趣（同、二五七下～九下參照）意。又不列地位名。」下文列位位名言正顯發趣大乘義也。故。住是十地中以方便力故行六（同、二五九下）波羅蜜○乃至十八不共法。過乾惠地・性地・八人地等（曰見地」）矣過乾惠等言。正是顯進趣相貌也。以方便力故（力曰ナシ）者。成進趣心也。故結之時。是名菩薩摩訶薩大（同前）乘發趣矣況復上下兩重文有先德料簡（料曰了）。有明匠所傳。定有其心歟。智論中消經文時。當知如佛（第五十（五十曰十五））（大正藏二五、四一九中）者。菩薩坐（坐曰座）如是樹下入第十地。名爲法雲地（「曰十）矣菩薩坐（坐曰座）如是樹下者。是指通教第九地。第九地地業故（第曰十）也。入第十地者。可通教第十佛地。然（然曰而）。入第十地名爲法雲云故。名別義通義分明也。爰以山家大師。（守護章上（曰卜之）中）

洗除通教疑垢中。乾惠等十地者。大品經等說。大（傳全二、二五四～五）論等所釋。三乘共行地。漢地諸宗皆共許。此聞（聞カ）會津（南都德溢奧州會津郡人也。仍會津者德溢事也）。何不許哉。又其第十地。亦名法雲。明知含別。是以。依附智論。寄別教位。何（何曰佛）無據處。何（何曰卜ナシ）無據處哉（無曰ナシ）矣

本論入第十地名爲法雲地文寫。其第十地亦名法雲釋。名別義通本說故明知含別釋成。經論釋義分明也。如指掌。後學寧不仰之耶。其第十地亦名法雲云其字可思。上來九地通教第十地是法雲地故。明知含別釋也

「（「曰ナシ）一。次大論中。釋菩薩摩訶薩住是十地中文。復（大正藏二五、四一九下）次此中更」（「佛カ）說第十地相。所謂菩薩行六波羅蜜。以（以曰ナシ）方便力故。過乾惠地乃至菩薩地（菩薩曰カ）住於佛地。佛地卽是第十地菩薩。菩薩能如是行十地。是名大乘發趣（發趣大乘カ）矣更說第十地相者。前說十地了（了曰畢）。重又說彼十地相故更說云也。以修治地業十地名乾惠等十地事。論判稍分明歟。若如御難修治地業十地外別說乾惠等十地云者（者曰卜ナシ）。更說言全不被消者歟。再說

之更說云故也。摩訶止觀第一。（天止一、一一四）今依經更明圓頓矣云六祖大師受釋時。（同前）前已廣略三重解釋。今復引證。故曰更明矣一家解釋其例甚多。皆以更說更明云也

次至五大院御釋。（「菩提心義三」）智度論云。（大正藏七五、五〇三下）地有二種。一但菩薩地。二共菩薩地。天台以爲通教二種。論云。菩薩入法雲地已爲利他故。更入乾惠地等云云是名別義通意故有別地名義而已矣此御釋意。上所明修治地業十地是明自證始終。以第十地稱法雲地。是可自證極。過乾惠等九地入第十佛地名法雲地。即是名別義通意也。住彼第十地了。爲利他重過乾惠等十地。別菩薩過通十地。又是名別義通心也。即是入重玄門心ナルヘシ。論文。（大正藏二五、四一九下。大智度論）復次佛此中更說第十地相矣說第十地相時過乾惠等十地云。誠叶重玄門心。龍禪院座主和尚。以經第二重文約入重玄門設料簡タマヘリ。專依先德釋歟　是一。難三內

(2)一。次智論中以授職灌頂義釋十地如佛文云至。彼論前後見。强非授職灌頂歟。菩薩放眉間光明掩弊欲界魔宮時。十方諸佛慶降魔功勳放其光明照菩薩頂見。是只菩薩降魔始終也。非授職灌頂相歟。若是別佛果成ナラハ專可界外成道。今降欲界魔王。非報佛義相歟。縱又雖約授職灌頂義相。是約名別義門歟。論文大旨時。不可妨二教含容義　是二。難二

(3)一。次大品經意。或歎般若修行德如佛云。或歎畢竟空德稱如佛事。經文誠如然。又非大品說。諸經准例其說幾。然而。十地如佛文其意甚可異。於地地明修治地業功德。以第十地地業云何菩薩住十地中當知如佛云。顯第十地地業。故異歎位位功德。故經文意趣別有其意云事。誠以炳焉也　是三。難一內

(4)一。次同本異譯大般若經文。（「四百九十一」）（大正藏七、四九七上。善現品第三）表修治地業位立歡喜等十地名言畢。云何菩薩摩訶薩住第十地已。於

前所修諸地勝法。皆得圓滿與諸如來應言無異說故。新舊兩經相合見時。大品修治地業文正可約別教十地御難有之歟。新舊譯者。意樂自本事異也。彼此不可一概。於修治地業十地。共地・單菩薩二意在之。新譯意專約但菩薩義門。是卽名別邊約也。舊譯意專約共地義門。故自初地至第九地專在當通意。專於其第十地。十地菩薩當知爲如佛云故。正顯名別義通意也。什師反(翻カ)譯。文富意巧也。所不及自餘譯者也。今所存在大品說文。以他經說不可爲難。(大品經第六羅什(羅什㊁什師)譯)付中。修治地業十地當通爲本事。經文大旨如前立申。初地立十種地業。二地明八種地業。專約凡位見。至第四地初得無生法忍見。叶通教四地斷見心。於第五地遠離嗔恚述。欲惑斷盡義相也。當通教時雖斷六品煩惱。名別義通時於薄地論離欲淸淨義。其義尤相叶。於第七地云何菩薩不著三界。三界性無故矣(大正藏八、二五九上。大品般若)尤相順七地沈空義。若別教第七地寧可論三界性無義耶。於第八地論遊戲神通淨佛國土義。寧非道觀雙流意耶。於第九地十二法具足見。第一功德。(同、二五九中)無邊國土所度之分○如諸佛法所應度者而度脫之矣第二功德。得如所願。得六波羅蜜具足故矣(同前)是卽顯利衆生極也。通教第九地是正出假位故此義快相叶。第四是胎生成就也。正顯最後身。(同、二五九中～下。取意)第五菩薩家成就。第六菩薩所生成就。第七菩薩性(姓カ)成就。第八眷屬成就。第九出生成就。第十出家成就。第十一莊嚴佛樹成就。第十二一切諸善功德成滿具足矣若別教意於第九地可明因位極際耶。修治地業十地約當通云事。此文在指掌。其理似向鏡。寧可爭之耶。然諸善功德成滿具足者。第九地仰學十地功德云事。叶本經說否。宜在經現文而已。以成滿具文雖論仰學十地義。莊嚴佛樹。眷屬成就。寧仰學可云耶。出生成就。出家成就。又如何可會之耶。羅什反(翻カ)譯意。第九地十二法者。

論ト二因位ノ極際ヲ一云事ハ。置テ不レ可レ論スレ之。若シ然者約ニ當通ノ地位ニ云事。其ノ義決定シ了ヌ。玄奘所譯ノ意ハ。於テ彼ノ十二ノ法ニ約ト二第十地ニ一見タリ。是ハ以テ別教ヲ爲ルレ意ト事。又以分明也。若爾ハ。修治地業ノ十地約ルニ歡喜等ノ十地ニ事。始終ノ義相叶ヘル處也。兩譯相合セテ得レハ意レ之ヲ。新譯ノ家ハ存シ名別ノ意ヲ。舊譯ノ心ハ約スルニ義通ノ邊ニ也。彼レ此レ依ルニ一ノ義ニ。更ニ有ン何ノ相違カ。　是四。難一內

(5)　一。次。至ハ經文次比三義宛然ノ文ニ。會會ノ旨粗如シ前ニ（天玄三、四一八。玄義）立申カ。於テ今此ノ修治地業ノ十地ニ有ト二教含容ノ心一云事。自レ本所ニ存申也。若依テ名別ノ義門ニ云ハレ之。修治地業ノ十地卽チ可キレ屬ス別教ニ也。一家ノ解釋稍異ナリ今古ニ。得レハ文ノ大旨ヲ不レ曹クラカラ元由ニ。所以ニ以テ發趣品ノ文ヲ。退テ對ニ四念處品ノ四十二字ニ。進テ望レハ出到品ノ乾惠等ノ十地ニ。中閒ニ所レ明ス發趣品ノ文ハ自ラ成スル別教ノ十地ヲ也。其ノ單菩薩ノ意ハ專ラ可カレ成ニ別教ノ十地ヲ故ニ。經文次比三義宛然ノ解釋意。專ラ在レ斯ニ。獨リ於テ發趣品ノ中ニ搜ルニ十地ノ始終ヲ時ハ。名別ノ旨在リ。在リ義通ノ意ニ。相望不同ニシテ義門事異也。寧以テ一孔ノ匙ヲ可ムレ披クニ衆戶ノ鎰ヲ耶　是五。難三內

(6)　一。次以テ十地如佛ノ文ヲ對シ名別ニ約ルニ義通ニ事。大概如ニ前ニ立申カ。所以ニ十地菩薩ト者。顯ス名別ノ旨ヲ。爲如佛ト者。成スル義通ノ意ヲ也。本文ノ所說ヲ爲シテレ初ト。處處ノ解釋蓋如シレ斯。本朝ノ大師・先德ノ所釋皆以一概也。其義殆分明也。就中御廟ノ大師。問答往復シテ具サニ成ニ此義ヲタマヘリ。彼文云。

問　被攝義私記　十地爲如佛者意何。答。決文亦出ニ二義一。故文云。爲如佛者此亦二義。若別爲ニ菩薩一立レ忍者則第十佛地邊有ニ菩薩位一故云ニ如佛一。若被攝者至レ此既破ニ一品無明一亦能八相如ニ彼八相一故云ニ如佛一矣（四一丁左。取意）　問。且約ニ初義一釋ニ如佛義一方何。答。此約ニ名別義通之義一釋也○問。以ニ通佛地一爲ニ法雲一故云ニ如佛一意何。「答。今此義意以ニ通菩薩地一立爲ニ善惠地一。以ニ佛地一爲ニ法雲地一故」法雲地如ニ通教佛地一言也矣（同、四二丁右。取意）　重重問答ノ起盡。其ノ意自ラ分明ナル歟。以テ別ノ法雲地ヲ對カニ通教ノ佛地ニ故ニ十地如佛ト云事。大師ノ御料簡。其ノ義尤分明也。重テ問トシテレ之。通教第十地卽是佛地。何名ニ法雲地一以云ニ如佛一耶矣（同、四二丁左）　答ルニレ之ヲ。欲下借ニ（同、四二丁右〜左）

別名一以名中通教上故作二是釋一。別教之意過二第十地一乃有二佛地一故以二法雲一名二菩薩地一。此法雲地當二於佛地一故。大品云。(六カ)十地如佛矣條條ノ御精雖レ繁ト。御廟ノ問答ノ釋義自ラ盡スニ其ノ旨趣一ヲ者歟。以テ二別ノ法雲一ヲ對シテ二通ノ佛地一ニ不レ可レ云二如佛一ト云フ御難。彼ノ御釋ノ中ニ一箇ノ問答也。欲下借二別名一以名中通教上故作二是釋一矣仰テ可レ信レ之也。別教ノ第十地ハ過レテ之別ニ有カ二佛地一故ニ。以テ二第十法雲一ヲ名ク二菩薩一ト。以テ二此ノ法雲地一ヲ自ラ對カ二通教ノ佛地一ニ故ニ十地如佛ト云也

次ニ至ハ下一處ノ解釋。如者未是義ト云カ故ニ。以テ二別ノ十地一ヲ非レト名ルニ二通教ノ佛地一ニ云フ御難上ニ。餘處ノ解釋別ニ在ルレ意歟。但シ。以テ二別ノ菩薩ノ位一ヲ對カ二佛地一ニ故ニ。以レ因ヲ望レ果ニ時キ。自ラ可レ成スルナル二未是ノ義一ヲ。爰以彼解釋ノ始終ヲ見ルニ。大品云。十地菩薩當知如佛。如其未是義。大經亦云。十地菩薩見性未了。此皆通教意也矣「仁王私記中」(大正藏三三、二七一上。仁王疏)御難ノ趣ハ但可ト二別教ノ意一ナル云云 解釋ハ。今般若附通ト云ヒ。此皆通教意也。(同)(同前)自是顯ス二二教含容ノ義一ヲ歟

次ニ以テ二別教ノ法雲一ヲ對ム二通教ノ佛地邊一ニ故ニ。猶是以テ二菩薩地一ヲ「對スト二菩薩地一ニ」云ヘシ。以テ二菩薩地一不レ可レ對ス二佛地一ニ云フ御難ニ至テハ。是又御廟ノ大師一箇ノ問答也。不レ可レ廻ス二私ノ料簡一ヲ。彼御釋云。問。今決文云。第十佛地邊有二菩薩位一故云二如佛一矣今以二此文一見者。通佛地邊立二菩薩地一以レ此名爲レ佛。何云下以二法雲一名中佛地上爲二如佛一耶。答。今此文意雖三法雲地名二佛地一。別教妙覺亦含二通教佛地一攝レ之。依二此義一故云二佛地邊一故不二相違一矣「被攝義私記」(四三丁右。取意)御廟ノ問答ノ中ニ篇目既ニ委悉也。不レ可レ及二私ノ會通一ニ。何況ヤ既云二佛地邊一ト。何ソ可キレ遮ス二佛地ノ言一ヲ耶。況復タ佛地邊ト者。以テ二別ノ法雲一ヲ對ス二通ノ佛地一ニ。通教ハ佛地ノ外ニ更ニ不レ論セ二餘地一ヲ。以テ二別教ノ妙覺一ヲ同ク借カ二通ノ佛地一ヲ故ニ以テ二別ノ兩位一ヲ對スル二通ノ一地一ニ時キ。「以テ二其ノ法雲地一ヲ借ト二佛地邊ノ菩薩一ニ云也。」(重複記載)惣而論レハ之。法雲地同ク雖レ借ト二通ノ佛地一ヲ。再ヒ存スル二義通ノ旨一ヲ時ハ對ト二佛地邊ノ菩薩一ニ云也 是六。難四

此ノ事先師僧正殊ニ吐カル二獨歩ノ言一ヲ。日本一州ノ内ニ只一人習ヒ二傳ヘタリ此事一ヲ。餘人更ニ不レ可レ知レ之。「再三及テ二述懷一ニ剩ヘ所レ及二冥證一也。」御廟ノ御記ノ一面旨趣皆ナ顯レ了ヌ。然テ而以テ二別ノ法雲一ヲ對ト二通ノ佛地一ニ云事。其ノ道理猶

難レ思ヒ。精義ノ時ハ爰ノ程ヲ取リツメテ可レキ令ニ落居一セ也

(7) 一。次ニ至ニハ共地・單菩薩ノ廢立一ニ。其ノ文雖レ在レト眼ニ。其ノ義尤モ意ニ暗シ。共地・單菩薩ノ兩段ノ廢立。常途ノ義勢或ハ不レ可レ有ニ傍正一云云。今所ニハ立申一。共地・單菩薩ノ中ニ以テ單菩薩ニ可レキ爲ニ正宗一ト也。解釋ノ起盡モ如レク然ノ見ル也。前キニ釋シ三乘共・單菩薩ノ名別義通一了テ。(天止三、六三八。止觀)三乘共斷其義已顯。用レ何爲レ據更獨開ニ菩薩地一耶矣ト問起セリ。具ニ如ニシ御精一ノ。但。至ニ下通教ハ自レ本共教也。借ニテ別教ノ名一ヲ名ニム通家ノ位一ニ時キ正ク三乘共ヲ可レト爲レ本ト云フ御難上ニ者。御精ノ趣キ誠ニ以テ似タリレ難キニ遁。獨菩薩ノ別教ノ名ヲ借テ名ニシ通教ノ地位一ニ時キ。專ラ以テ菩薩一ヲ可レト爲レ本ト云事。二教對當ノ義。其ノ意自ラ爾ル也

次ニ至ニ下ハ三乘共行ノ隨一ノ菩薩歟。將又不レル共セ二乘ニ各別ノ菩薩歟ト云フ御尋上ニ。同ク可レキ約ニス三乘共行ノ菩薩一ニ也。別種性ノ菩薩トハ不レ可レ云。然而別ニ單菩薩ノ次位ヲ建立スル事ハ。起テレ自ニ大品大論ノ說一。或ハ十地同ク稱シ菩薩一ト。或ハ地地ニ有リ二若干ノ法門一。或ハ十地同ク稱ニス無生一ト。雖トモ二三乘ノ共教ナリト一。或ハ共スル邊有リ。或ハ不レル共セ意有リ。以テ二其ノ不共ノ邊一名ニク單菩薩ノ地位一ト也。借テ二別ノ菩薩ノ位ヲ一名クル二通教ノ位一ニ時キ。共地・單菩薩同ク雖レ相二對スト之一。以テ二單菩薩ノ邊ヲ一爲ルニ正意一ト其意分明也 是

七。難五

共地・單菩薩ノ廢立。世人更ニ不レル知事也。共地ノ名別義通ト者。向果離開ノ廢立。單菩薩ノ名別義通ト者。三地四地ノ斷見ナト計リ思ヒ付タリ。是ハ見タル二王文一ヲ計ニテコソ有レ。如レシ此廢立シケル意趣ハ何事ソト云事。人更ニ不レ知ラ。此ノ事ヲハ先師僧正殊以テ執セリ。爲ニル北谷ノ口傳一ト也。先通教ニ無ニト生立二乘一云事ハ。北谷ノ祕藏ノ事也。今ハ皆ナ在リ二人口一ニ。然而師師習ヒ傳ヘテ爲ニル隨分ノ口決一ト也。サテ通教ニテ聲聞ト云フ物カヲイタチタル人カ無キ様ニ。菩薩ニモ又ヲイタチノ菩薩有ル歟。無キ歟。能能可ニキ習ヒ知一事也。凡ソ四教ト者。一教ノ始終也。三藏ノ生滅ノ理カ至果方得無生ノ故ニ成ニル通教ノ卽空一ト。此ノ卽空ノ理カ轉ニル別教ノ卽假一ト也。通教ヲ正通實相ノ教ト云フハ。底ハ可ニシ此事一ナル。彼ノ卽空ノ卽假ハ圓教ノ卽中ヲ成スル也。證道同圓ト云フハ爰ヲ思ハヘタル也。四教ヲ一教ト申ス意ハ。因緣所生法卽空卽假卽中ノ一心三觀ノ體ニテ有カ故也。サレ

ハ三藏ノ析空ヲ證シタル人。通教ノ無生ノ人ト轉スル外ニ。別ニ通教ノ二乘ト云フ物ハ不レ可レ有レ之。一代聖教ノ中ニ。身子目連等ノ聲聞衆ノ外ニ別ニ通教ノ二乘ト云フ物ヲ說ク事ハ無キ也。通教ノヲイタチノ二乘無ト申スハ此ノ事也。サテ三乘共ト者。體空無生ノ二乘ヲ爲ル本ト筋ニテ。是ヲ並タル上ニ同ク三乘共行スレトモ。二乘ハ留リ二七地八地一ニ。菩薩ハ進ムト二九地十地一ニシツラフタル也。三乘隨一ノ菩薩ト者是也。單菩薩ト者。一ツノ無生ノ理ニ成リカヘリテ全ク三乘ノ異無シレ之。此ノ無生ノ理ハ自レ本不レ隔テ二卽假ノ邊ヲ一故ニ。卽空卽假一ツニシテ單菩薩ノ地位ヲ建立スル也。地體通教ト云フ物ノ下地ヲ可レ得レ意也。三藏教ノ意。三乘ノ菴。遙ニ異ニシテ水火事殊也。而ヲ通教ト云フ時ハ三乘ヲ爲シテレ一ト名クル二共學ノ教一ト也。カカル事ヲ世人ハ何ニトモ不ルニ思ヒ入レ一也。佛法ノナユキタル始終ヲ何ニトモ不レ留メレ意ヲ故也。三乘通教ト云フカ二乘成佛ノ初ニテ有ル也。「大乘ノ初門ト云ルモ此ノ事ニテ有也。」故ニ三乘共ノ名別義通ト云テ。三乘ヒトマロカシナル物ニ借リ二別教ノ名ヲ一。次ニ此ノ中ニ菩薩ヲ撰ヒ立テ對ニ別教ニ一云フハ。三乘ノ一ツニ成リタル本意ハ成ニタル無生ノ菩提ヲ一體也。

如レ此ノ菩薩ノ無生ヲ成シ了ヌレハヤカテ別教ノ卽假ノ體ヲ成スルヲ名別義通ノ廢立ト名ル也。如レ此得レハ意。ヲイタチノ菩薩モ無キ也。サラハヲイタチノ三乘無トモ云ハテ。ヲイタチノ二乘無ト計リ申シ傳タル事ハ其モ被レタル云也。先ツ三藏ノ二乘カ成テ二通ノ二乘一ト。此ノ通ノ二乘ノ分齊カ通菩薩ト成リ。自レ此後教ニ移ルトシツラフ也。サレハ菩薩ハ成ニ二乘一ト故ニ先ツヲイタチノ二乘無ト被レ云也。如レ此得レハ意共地・單菩薩トシツライタル約束モ被レタリ云。此ノ二ノ配立ノ上ニ單菩薩ヲ爲ニ本意一ト云モ。誠ニ極成スル也。如レ此共地・單菩薩ノ據ヲ落シ伏セテ。對シテ二世人ニ一共地・單菩薩トハイカニシツライタル事ソト問ヒタラハ。如レ此廢立シタル意趣ハ何ナル事ソト云事ヲハ都テ不レ可レ知ル。對シテ二人人ニ一可キ二尋ネ知ル一也。不シテレ得ニ此ノ意趣ヲ一單菩薩ノ名別義通コソ本意ナレト云者。何事カ本意ナルソト可レ責ム也

(8)

一。次ニ就テ二本文ノ廢立ニ一共地・單菩薩トハ何樣ニシツライタル事ソ。以テ二何ナル起盡ヲ一共地ノ廢立ト云ヒ。以テ二何ナル起盡ヲ一名クル二單菩薩一ト耶。誠ニ以テ所レ難レ思也。但。本文ノ廢立具サニ如シ二御精ノ一。以テ二八人見地ヲ一對ルハ二初歡喜地ニ一。三乘共ノ廢立。法忍法

智ヲ分別シテ三地四地ニ對當スルハ。單菩薩ノ心也。但。八人見地ノ向果ヲ合シテ對ルヲ二初歡喜地一ニ名ル二共地ノ名別義通一ト事ハ。通（決）雖二二地一斷時仍促。三乘共故。雖レ促復長。是故須レ分二三（天止三、六二二）地四地一。或時借レ別。別見更長仍有二二意一。若約レ理説通至二佛地一。若約二教道一云二三四地一矣 於テ二斷見ノ義ニ長短ノ二邊有リレ之。短ナル邊ハ當通ノ意也。（意㊁心）故ニ八人見地ヲ促テ對ハ二初歡喜一二三乘共ノ意也。（㊁地）通雖二地斷時仍促三乘共故ノ心也。斷見ノ位ヲノヘテ別教ノ三地四地ニ配當スルハ正ク名別義通ノ義ヲ成スル也。法忍法智ヲ開ク心在リレ斯ニ。雖促復長是故須分三地四地。或時借別別見更長仍有二意等釋スル其ノ心。准例シテ可レ知 是八。難六

(9) 一。次ニ釋ニ本文ノ疑ヲ中ニ。（天止三、六二八。止觀）三乘共斷其義已顯。用レ何爲レ據更獨開ニ菩薩地一耶ト云テ。不レ問ハ單菩薩ノ對當ヲ。但問ニ證據ヲ事ハ誠ニ以テ難レ思。六祖ノ大師釋スル答ノ文ノ意ヲ時キ。（同。弘決）經論各有ニ兩處明文一。意並（並㊦之）獨語ニ菩薩智斷一矣 問答ノ旨趣無シレ違。同ク顯スニ但菩薩ノ證據ヲ也。如レ此釋スル意ハ。通教ト者。自レ本是三乘共學ノ敎也。於テニ此敎ノ中ニ不レ可レ開クニ但菩薩ノ地位ヲ。然モ立ルニ此位ヲ事ハ。別教ノ地位ニ配當センカ爲也。故ニ通教ノ位ノ（位㊁之）上ニ單菩薩ノ位ヲ分別シ了（了㊁畢）ヌレハ。不レ俟タレ言名別義通ノ意可キレ成ス故ニ。別ニ不レ問ニ對當ノ義ヲ。只開ニレハ獨菩薩ノ位ヲ自ラ可カレ成ニ名別義通ノ意ヲ故ニ。用何爲據更獨開菩薩位ト問スル也。（大正藏二五、四一一上）大論ノ中ニ問トシテ二修治地業ノ位ヲ。（菩薩㊁カ）此中明（是カ）何等十地ト問シテ。（同前）一者但菩薩地。二者共菩薩地ト云テ。但菩薩ト者列ヌニ歡喜等ノ十地ヲ。共菩薩地ト者列ヌニ乾惠等ノ十地ヲ。五大院先德。（菩提心義三）（大正藏七五、五〇三下參照）智度論云。地有ニ二種一。一但菩薩地。二共菩薩地。天台以爲ニ通教二種一矣 論ニハ歡喜等ノ十地ト云フ。先德ハ引テ通教ノ二種ト云リ。但菩薩ヲ立テ了（了㊁畢）ヌレハ即是名別義通ノ意也ト云事。其ノ義明カ也（㊁分）

此ノ問答ヲハ先師ハ祕藏セシ也。如レ此料（料㊁了）簡シヌレハ。共地・單（單㊁但）菩薩ノ中ニハ但菩薩ヲ爲ルニ本意ト事自ラ顯ル也。共地ノ中ニ取出ス意ヲ可レ知ル也。是ハ卽空無生ノ底ニ卽假ノ道理ヲ含タル心也。サ（サ㊁去）レハ卽空カヤカ（ヤカ㊁頓）テ卽假ニテ有レハ。名別義通ノ義ハ指スレ掌ヲ事也。深ク可シレ留ムレ意ヲ。世人ノ所レ不レ知也。更ニ不レ可レ出スニ言ノ外一ニ 是九。難七

⑽一。次ニ十地菩薩爲如佛ノ文ハ。但菩薩ノ名別義通ノ證據也。其旨如ニ御精ノ一邊ノ。受テ用ニ何爲據更獨開菩薩地ノ問一。(天止三、六四二。止觀)大品明ニ十地菩薩爲レ如レ佛。既明ニ後地隣レ極。豈得ニ中地無ニ初地一耶(「無カ)矣 六祖云。(同。弘決)第十佛地尚名ニ菩薩一。況前諸位無ニ菩薩一耶(耶㊐ナシ)矣 以テ二十地如佛ノ文ヲ一單菩薩ノ名別義通ノ證據トスル事。問答ノ起盡更ニ不レ可レ諍フ。但。至下共地ノ名別義通ノ下ニ引テレ之ヲ。(同、六二五。止觀)十地菩薩爲如佛得作此此釋也(此㊐㊁㊦ナシ)ト判カ故ニ。可シト二共地ノ證據ナル一云フ御難ニ。誠以難レ遁。古來疑來ル兩樣(樣㊐精)ノ問端誠ニ有レ此ニ歟。然ヲ再ヒ見ニ本文ヲ一。(同前)或以ニ菩薩地後心一爲ニ法雲地一。或以ニ佛地一爲ニ法雲地一。大品云。十地菩薩爲レ如レ佛。得レ作ニ此釋一也 矣 或以菩薩地後心爲法雲地ト者。共地ノ名別義通ノ對當也。或以佛地爲法雲地ト者。但菩薩ノ名別義通ノ心也。爲レ證ニ第二ノ釋(釋㊦ナシ)ノ但菩薩ノ地位ヲ一。大品云十地菩薩爲如佛得作此釋也ト判シタマフ也。此事非ニ私ノ料(料㊁了)簡ニ。(被接義私記、四一丁左~二丁右)御廟私記中ニ云。借ニ別地位一名ニ通十地一時。至ニ法雲地一有ニ二義一。故止觀第六云。或以ニ菩薩地後心一爲(爲㊐ナシ)ニ法雲地一。「或以ニ佛地一爲(爲㊐ナシ)ニ法雲地」(「」㊦ナシ)矣 後義是約ニ十地爲如(如㊐ナシ)佛義一出來也。故次文云。大品云。十地菩薩爲レ如レ佛。得レ作ニ此釋一也 矣 故ニ文段ハ且ク共地ノ下ニ雖レ引クト之。正キ所引ハ證ルニ但菩薩ノ地位ヲ也。仍テ兩處ノ引用全ク無キ相違一也 是十。難

八

此ノ事モ能思ハヘタル(「トヒ)處可レ有也。惣ノ共地ノ下ニハ引キタレトモ。(天止三、六二五。止觀)或以ニ菩薩地後心一爲ニ法雲地一。或以ニ佛地一爲ニ法雲地一 矣 其上ノ句ハ共地ノ對當ヲ云ヒ。下ノ句ハ但菩薩ノ對當ノ心ヲ云カ故ニ。十地菩薩爲如佛ハ後句ノ單(單㊐但)菩薩ノ地位ノ證據也ト云事。御廟ノ御釋顯ハ也。仰而所レ可レ信也。サモアレ共地・單(單㊐但)菩薩廢(廢㊁配)立事。殊ニ文段各別也。共地ノ下ニ被レタル引ニ加ヘ此ノ文ヲ一。釋義ノ立チ處似レタリ亂シキニ。其ノ意趣猶ヲ難レ思。是ハ本書ニ。(同、六四二。止觀)既明ニ後地隣レ極。豈得下無ニ中地一無中初(「㊐生)地上耶 矣 六祖釋レ之。(同。弘決)第十佛地尚名ニ菩薩一。況前諸位無ニ菩薩一耶 矣 是卽卽チ卽空ノ極位ハ卽チ出假ノ位ナルカ故ニ。卽空ノ始終ニ替テ卽假ノ始終ヲ成ル故ニ。況前諸位無菩薩耶トハ釋也。如レ此得レ心(心㊐意)時キ。名別義通ノ位ハ正ク但菩薩ノ地位也ト成スル也。故ニ三乘共ノ名別義通ハ。單菩薩ノ名別義通ノ

下地ニテ有ル也。所以ニ共地・單(單㊀但)菩薩名別義通ト云ハトテ。名別義通ニ兩重ノ對當ヲ作リテ止ム樣ヲハ不レ可レ得レ心(心㊀㊦意)。共地ノ名別義通ノ本意。ヤカテ單菩薩ノ名別義通ノ體也(也㊀歟)。前ニ申ツル樣ニ。三乘通教ト云ヒタルカ三乘ノ一ツニ成リタル樣ニテ有ル也。彼ノ一ツニ成リタル本意ハ。但菩薩ノ體ニテ有ル也。三乘共ト云ヒタルカ二乘成佛ノ體ナレハ。卽チ被レ云ニ但(但㊁單)菩薩ト一也(也㊀㊦)。但化諸菩薩無聲聞弟子ト云カ如シ(大正藏九、十中。方便品取意)。若如レ此得ハ意(得意㊦意得)。三乘共ノ體カ自ラ但菩薩ノ義ヲ可レ成ス。故ニ共地ノ名別義通ノ下タニ引ニク但菩薩ノ證據ヲ一也。尤深(深㊁㊦)可レ思事也

九日

⑾「一。次至下ハ十地如佛ノ文可ニト當通教ノ意一ナル云上ニ。會申ス趣キ(「」13行㊀㊦)前前既ニ事舊了ヌ(了㊁㊦畢)。所依ノ文既ニ於ニ通教ノ十地ノ中一ニ辨フニ共地・單菩薩ノ兩地一。十地菩薩爲如佛ト者。但菩薩ノ十地ノ證據也。其旨如ニ前ニ立申一カ。涅槃淨名及ヒ請觀音ノ疏等皆以同レ之(天止三、六二五。止觀)。驚テ非ス可キ二會申一ス。何況ヤ所依ノ文ニ。十地菩薩爲レ如レ佛。得レ作ニ此釋一也矣(同。弘決)六祖大師受テレ之。大品既云ニ十地如佛一。當レ知卽是別名名レ通矣十地如佛ト云ヒ了(了㊁㊦畢)ヌレハ。以テニ別ノ名ヲ一名クル二通家ノ地位ニ一事。其ノ義既ニ決定セリ。大品既云十地如佛等云フ文勢起盡。誠以分明也。然ヲ於テニ通教ノ十地ノ中一ニ辨ルニ共地・單菩薩ヲ一上ヘハ。非トレ可キレ借ルニ別教ノ名ヲ一云フ御難有レル之歟。就テニ此ノ邊ニ一料(料㊁了)簡前キニ事舊了ヌ(了㊁㊦畢)。於テニ共地ノ中一ニ辨フニ但菩薩ノ名言ヲ一。是卽名別義通ノ義門ナルヘシ。雖レ及トニ御難再三ニ一。料簡不レ可レ過クレ之 是十一。難九」

⑿一。次至下ハ六祖ノ大師。故以ニ別教法雲佛地一。以名トニ通教九地十地一判カ故ニ(天止三、六二五)。但シ(「但カ)。以テニ別教ノ佛地ヲ一可レ名トニ通ノ佛地一ニ云フ御難上ニ。御廟ノ大師此事ヲ問答シタマフニ(被接義私記、四二丁左～三丁右。取意)。問。若云(云㊀㊦)下以ニ菩薩地一爲ニ善惠地一以ニ佛地一爲中法雲地(地㊀㊦)上故云ニ十地爲如佛一者何故。決云。通教地後亦無ニ後位一。故以ニ別教法雲佛地一以名ニ通教九地十地一。故今以ニ此文一見者。以ニ別教(「教カ)法雲地一名ニ通菩薩地一以ニ別教(教㊀㊦)佛地一以名ニ通教地一也(「佛カ)。若爾。如佛之義如何。答。此釋二義之中初義。故次文云。縱容不定故有ニ或言一。大品既云ニ十地如佛一。當レ知則是(則是㊀㊦)別名名レ通矣依ニ此文一可レ知ニ第二如佛義一也矣(天止三、六二五。止觀)御廟ノ御料簡。文義既ニ委悉也。不レ可レ交フニ私ノ言ヲ一。所以ニ本書ニ。或以ニ菩薩地後心一爲ニ法雲地一。或以ニ佛地一爲ニ法雲地一。大品云。十地菩

薩爲如佛。得作此釋也矣六祖大師。(天止三、六二五。弘決)(ア但カ)故以別教法雲佛地以名通教九地十地者。本書有兩重釋中初文釋也。所謂。(同。止觀)或以菩薩地後心爲法雲地文也。通教菩薩地後心對別教法雲。自以別佛地可對通佛地也。以名通教九地十地釋其心如此。御廟大師。此釋二義之中初義釋卽此意也。本書第二重釋。或以佛地爲法雲地文也。證之時。十地菩薩爲如佛文引也。縱容不定故有或言者。本書第二重釋消也。以一法雲地或對通教菩薩地後心。或對通教佛地故。縱容不定。故有或言矣云也。決(同、六二五)(從カ)御廟大師。(被接義私記、四二丁左～三丁右)次文。縱容不定故有或言。大品既云十地如佛。當知卽是別名名通矣依此文可知第二如佛義也矣是十二。難十

(13)一。次至名別如佛。被攝如佛文。決第三文如御精來。至御廟御釋。名言互數丁。具難勘申被攝義私記(私記㊀ナシ)(四一丁左～三丁右。取意)處也。彼御釋中。文云。十地菩薩爲如佛者意何。答。決文亦出二義。故文云。爲如佛者此亦二義○故云如佛矣

問。且約初義釋如佛義方何。答。此約名別義通之義釋也。意云。借別地位名通十地時至法雲地有二義。故止觀第六云。或以菩薩地後心爲法雲地或以佛地爲法雲地矣後義是約十地爲如佛義出來也。故次下云。大品云。十地菩薩爲如佛。作此釋也。今弘決文云依此義意作初釋也。問。以通佛地爲法雲故云如佛意何。答。今此義意以通菩薩地立爲善惠地以佛地爲法雲地故。法雲地如通教佛地言也。問。通教第十地自是佛地。何名法雲地以云如佛耶。答。欲借別名以名通教故作是釋。別教之意過於佛地。故大品云。十地如佛。然於通教佛地之後更無後位。故以妙覺合在佛地亦云如佛也○問。今決文云。第十佛地邊菩薩位故云如佛矣今以此文見者。通佛地邊立有菩薩地。以此名如佛。何云以法雲名佛地云如佛乎。答。今此文意以法雲地名佛地別教妙覺亦含通教佛地攝之。依此義故云佛地

邊ニ。故不ニ相違一矣。御尋ノ篇目大師ノ問答ニ當レリ。此事又不レ可レ廻ニ私ノ料簡一ヲ。六祖ノ大師。於ニテ如佛一ニ名別ノ如佛。被攝ノ如佛。兩義ヲ被タリ建立一セ。其ノ名別ノ如佛ヲ釋トシテ。(天止二、三九一)則第十佛地邊有ニ菩薩位一。故云ニ如佛一矣。御廟ノ大師此ノ事ヲ徴難シテ。今(被接義私記、四三丁右。取意)以ニ此文一見者。通佛地邊立有ニ菩薩地一。以レ此名ニ如佛一。何云下以ニ法雲一「名中佛地上」云ニ如佛一乎矣。今ノ御尋ハ全當ニレリ此ノ問ニ。只於ニテ當通ノ中ニ論スニ如佛ノ義ヲ一而已ノミナリ。全ク不レ關カラニ別教ノ名一ニハ。御廟ノ大師此ノ問ヲ答ルニ。(同前)今此文意以ニ法雲地一名ニ佛地一別教妙覺亦含ニ通教佛地一攝レ之。依ニ此義一故云ニ佛地邊一。故不ニ相違一矣。別教ノ法雲地自レ本攝ニ在セリ通教ノ佛地一ニ。故ニ以ニテ佛地邊ノ菩薩一ヲ名クルニ如佛一ト。卽チ以ニテ別教ノ法雲一ヲ借ルニ佛地一ニ意也。御廟ノ御釋。旨趣甚深也。足レリ可キレ取ルレ信ヲ。何事モ不ルレ留メレ意ヲ時ハ。思レトモ如シレ不カレ見。此ノ釋ハ奇(規カ)模ノ釋也。深ク可キレ留レ心ヲ也。第十佛地邊有菩薩位故云如佛ト云ルハ。只當教ノ事ニテコソ有レ。何ルカ借リタルト別教ノ名ヲ徴難シテ釋義ノ基ヒヲ作リ堅メントシタル也。答スルレ之時キ。以法雲地名佛地ト云テ。借テニ法雲地ノ名一ヲ雖レ名クト通ノ佛地一ニ。別教ノ妙覺自レ本又攝スニ通教ノ佛地一ニ。故ニ佛地邊ノ菩薩ト云也。此釋ニハ重重可レシ有ル深細ノ意一。可レ云ニ祕カ中ノ祕一ト也。打任セテ前ノ問答ノ邊ニテ云者。以法雲地名佛地。別教法雲本在通教佛地攝之故云佛地邊ナトソ釋シヌヘキ事ニテ有ル。爾ハ不シテレ云指シ越テ。(同前)別教妙覺亦含通教佛地攝之ト釋シタルハ。別教妙覺亦含ト云ヒタル亦ノ字ニテ別教ノ法雲ヲ攝シタルニ通教一ニ事ヲハ必定シテ置テ。別教ノ妙覺ヲモ又攝カニ佛地一ニ故ニ。別教妙覺亦含通教佛地トハ釋ル也。如レク此ノ云ヘハ別教ノ法雲如シニ別教ノ妙覺一ノ云フ意モ有レリ之。又通教ノ佛地邊ノ菩薩如シトニ通教ノ佛地一ノ云フ意モ可レ有也。下ノ尋ニテ可レ決ニ定之一ヲ。今ノ釋ハ不思議ノ釋ニテ有ル也。人ノ不ニ思ヒ籠一メ意ヲ不レ留メ釋也。文ノ大旨ヲ云者。當通ノ中ニテ論ニレハ佛地邊ノ菩薩一ヲ。其カヤカテ名別義通ノ意ニテ有也。執スルハニ當通ノ名別義通一ヲ只此ノ事ニテ有ル也

如佛ノ兩義ノ中ノ初ノ釋ノ意。御釋ニ顯レ了ヌ。

次ニ付テニ被攝ノ如佛一ニ。誠ニ自ニ初地初住一雖トモレ可レト有ルニ如佛ノ義一。決三(天止二、三九一)通別二教含容ルニ付テ。通教ノ佛地ヲ相ニ對スルカ別教ノ法雲ヲ一故ニ。至此既破一品無明。亦能八相如彼八相。故云如佛ト

釋也。或又十地如佛者。別第十地法雲地如通第十地佛地云非。被攝人至初地初住斷一品無明。如通第十地佛。故至此既破一品無明。(同前)亦能八相。如彼八相。故云如佛矣(天止四、九六)。六祖大師。言如佛者。通第十地名爲佛地。被攝之人能破無明。無明破已如彼佛地同得八相。故名如佛矣(爲如カ)。御廟御釋心。被攝如佛者。初地初住八相如通教佛地云也。重重問答。旨趣如斯

次至凡引證言理異趣故證據不可互兩端。然言(天止二、三九一。弘決)爲如佛者此亦二義云。互被攝・名別二途。故非理無異趣誠證云。大小意異也。小乘論家心以不可疑一家行證元旨。被攝・名別二門終各別義疑難誠在其意。被攝・名別其體實同。言爲如佛者(被接義私記、四二丁左～三丁右參照)此亦二義云。終可成一義也。此事又御廟御釋中在之。往可穿鑿之也 是十三。難十八

⑭一。次至玄文止觀名別義通廢立。兩處所判具(天止三、六二五以下參照)如御精。摩訶止觀中先明通家十地。次別名名通共位。三別名名通菩薩。(同、六三三以下參照)是以別教名名通教共位付共地・單菩薩兩位分別也。玄文中先(天玄三、二七三～七)明三乘共十地。次簡名別義通。簡名別義通中更爲二。初付三乘共位中菩薩。別忍名立而義通。二用別教名。名別義通 云云 摩訶止觀廢立以別名名通家地付分別共地・單菩薩兩位。玄文中以別教名名通家位付。但此三乘共名別義通而已。然於三乘共位中別立忍名然義通。所謂於乾惠地立伏忍名。於性地立順忍名。於見地中受無生忍名等是也。三忍同雖伏斷見惑。於菩薩別立伏忍名。是卽別立忍名義通。意在斯也。兩處廢立雖事殊彼此廢立終可同。所以玄文中雖不立但菩薩名別義通。於三乘共位中別立忍名。其義全同。摩訶止觀中不立當通名別義通。然而辨但菩薩名別義通。意全同。一旦雖似有不同。兩處全無差異也。玄文中。菩薩位者九地(天玄三、二九一～五)

十地。是則十地菩薩。當レ知爲レ如レ佛矣(爲㊀㊅)。玄文ハ以テ二十地如佛ノ文ヲ一約シテ二當通ニ一引ツレ之。摩訶止觀ハ擧テ二此ノ文ヲ一爲ニ二名別義通ノ誠證ト一。兩處ノ文相違スト云御難有レ之歟。會通ノ旨上來ノ料(料㊁了)簡ノ中ニ顯レ畢ヌ。御廟ノ大師又釋タマヘリ。（佛全24、二一七上、名別義通私記參照）有(有㊀㊅)ニ此事ヲ一。於テ二共地ノ中ニ一別シテ立ツ二菩薩ノ位ヲ一。卽是名別義通ノ意ナルカ故ニ。彼此互ニ顯シテ共ニ成ス二一ノ意(意㊀心)ヲ一也　是十四。難ノ十九

⒂一。次ニ至ハ下於テ二當通當別(當㊀㊅)ノ中ニ一有リ二如佛ノ義一耶(耶㊦乎)ト云上ニ。約スル二文ノ大旨ニ一時ハ。十地菩薩ハ約シ二別敎ニ一。如佛(如此㊀㊅)ハ對スル二通ノ佛地ニ一心也。如レ此今ノ文ヲ決定シ了(了㊀㊦畢)テ後チ再ヒ料(料㊁了)二簡レハ之ヲ一。指テ二別敎ノ十地佛果ヲ一。十地如佛ト云ヒ。又通敎ノ佛地邊ノ菩薩及ヒ無上ノ佛果ヲ相對シテ。可レ云二十地如佛ト一也。相承ノ大旨在レ斯ニ也

是十五。難ニ二十

十地菩薩ト云ヒ爲如佛ト云ハ。互ニ名別ノ邊。義「(「㊀㊅)通ノ邊ニ一云事モ。所立ノ時ハ更ニ不レ可レ云レ之ヲ。」打チ任テ如レ此ノ云ヒタラハ。題者ハタタキ籠テ。サ(サ㊁去)レハコソ十地如佛ト云事。當通ニテモ被レ云。當別ニテモ被ルレ云事ナラハ。以レ何ヲカ可キレ云二一教含容ノ證據ト一耶ト可キ二責メ伏ス一也。サ(サ㊁去)レハ此ノ尋出來ノ時ハ。此ノ篇「(「㊀就㊦付)目ニ付(付㊀㊦㊅)テハ習傳ル子細有トレ之云テ可キレ止ム也。他流ノ題者ナト不レ知ニ案内一ノ仁ナラハ何トモ云ヒソラシテ可キレ足ヌ事也。（マヽ）憲實法印對シテ二尊家法印ニ一錄ル二口決ヲ一物有リレ之。鮇鮇此算ノ祕事ト者。所詮爰計也。十地菩薩ト云ヒ。爲如佛ト云(云㊀㊅)ヒ。互ニ名別義通ニ習フ也。所以ニ。義通ノ方ニテハ十地ヲ菩薩ト云ル。佛地邊ノ菩薩也。名別ノ方ニテハ爲如佛ト云ル。授職(職㊀識)灌頂ノ儀式也。故ニ名別ノ方ニモ義通ノ方ニモ倶ニ可トレ互ル相傳ノ義ニハ習也。深ク可レ祕ス。努努不レ可ニ口外一ス　已(已㊀□)上　如クレ此ノ習レ之。下地ヲ猶能能可キレ盡ス也。深祕ノ子細可キレ有レ之也

私云。如ニ口決一

⒃一(同十日)。佛地邊ノ事。誠ニ是レ上古ノ異端也。然而八相ノ中ノ前五相ト者(者㊀云)。源範專ラ存ス二此ノ義ヲ一。斷習ノ無閒ト者。五大院幷ニ三井ノ御廟ノ大師ノ御釋也。叡山ノ學者仰而足レリレ取ルニレ信ヲ。若以テ二前五相ヲ一名ニ二佛地邊ノ菩薩ト一云者。本經及ヒ智論ノ說ニ可(可㊀所)キレ背ク也。所以者何ナラハ。修治地業ノ中ノ第九地ノ功德ニ八相ノ中ノ前五相ノ大旨ヲ具足セリ。（大正藏八、二五九中～下。大品般若取意）所謂ル。第四ノ功德ハ胎生成就。第九ハ出生成就。第十ハ出家成就。第十一ハ莊嚴佛樹成就。第十

二ハ一切諸善功德成滿矣。如ハ本經ノ文ノ降魔ノ功德猶ヲ在リト此ノ中ニ可レ云歟。智度論ノ文ハ如ク本經ノ終リ至ル莊嚴佛樹ニ。於テ第十法雲地ノ中ニ先列タリ降魔ノ功德ヲ。若是レ隨ル名別ノ義門ニ歟。縱ヒ雖レ任ト論說ニ。生天・下天・託胎・出胎・出家・莊嚴佛樹成就。可レ屬ス第九地ニ也。何ソ以テ十地ノ菩薩ヲ可キ約ス前五相ノ位ニ耶。經文ハ。第九地ノ事業ノ中ニ一切諸善功德成滿ト云カ故ニ。論ト因位ノ極際ヲ見タリ。第十地ノ地業ハ是レ。十地菩薩當知爲如佛也。正ク指ス佛果ノ功德ヲ也。此ノ中ニ有リ菩薩ノ言。此ノ第十地ノ菩薩ヲ云時キ。其體何物耶ト可キ決ス定之ヲ也。然ヲ前五相ト者是レ九地ノ菩薩也。何ソ可レ云十地菩薩ト耶。玄第四云。（天玄三、二九一～六）菩薩位者九地十地。是則十地菩薩。當レ知如レ佛。齊レ此習氣未レ盡。過ニ菩薩地ヲ則入ニ佛地ニ○樹下得ニ一念相應惠ヲ與ニ無生四諦理ニ相應斷ニ一切煩惱習ヲ盡矣籤四云。（同、二九五）是則下略釋。十地猶受ニ菩薩之名ヲ。復名ニ佛地ト者。以ニ佛地邊有ニ菩薩地名。故知始終皆有ニ菩薩位ヲ故云ヲ別爲ニ菩薩ヲ。四齊此下辨ニ盡不盡ヲ矣本書ニハ。菩薩位者九地十地ト云テ。其ノ第十地ノ菩薩是卽十地菩薩當知爲如佛ト云ヒ了テ釋ニル此ノ十地菩薩ノ體ヲ時キ。齊レ此習氣未レ盡矣誠是斷盡ク無閒ナル故ニ。齊此習氣未盡ト云也。已盡ト者可ニ解脫道ナル。惣而未盡ヲ云者。可レ互ニ八地九地ニ。齊此ノ言可レ思フ。齊テ此ノ刹那ニ習氣未盡ノ位ナルカ故ニ。齊此習氣ト云也。本書ノ文明カニ指テ斷習ノ無閒ヲ名ニ十地菩薩ト聞タリ。六祖ノ大師ハ並ヒ入テ意ヲ。齊此下菩薩盡不盡ト矣盡不盡ノ際ハ無礙解脫ニテ有也。五大院被攝義云。問。縱雖ニ借レ別名ヲ通而何故於ニ佛地邊ニ有ニ菩薩地ニ。答。佛地初心有下斷ニ殘習ヲ之義上故且名ニ菩薩ト。具如ニ玄四ノ矣五大院ノ先德。以テ斷習無閒ヲ十地菩薩ト釋シ了テ。引テ玄文ノ第四ヲ爲シタマヘリ其誠證ト。前ニ所ニ料簡シ申ス尤モ叶ヘリ先德ノ御料簡ニ。御廟ノ御釋云。（被接義私記、四三丁右。取意）問。法雲地佛地師弟位「異。何云ニ佛地邊有ニ菩薩ト耶。答。佛地初心有下」斷ニ殘習ヲ之義上。依ニ此義ニ立ニ法雲地ヲ也矣以テ斷習ノ無閒ヲ名ル佛地邊ノ菩薩ト事。天台妙樂ノ御釋炳然也。五大院幷御廟ノ御釋既以テ決定セリ。誠ニ是分明ナル者歟　是十六。難十七

佛地邊ノ菩薩指ト斷習ノ無閒ヲ云事。如法近來マテモ祕藏シ

來レル事也。又勘ニ大論ノ文一ヲ「回卜一」云云 追可レ詮レ之。(追回進)(之卜也)所立ノ時。御廟五大院御釋不レ可レ出ニ全文一ヲ

裏書(裏書回ナシ)「回裏書」以ニ斷習無礙一(礙卜閡)名ニ佛地邊菩薩一本說ノ事。大品發趣品云。斷ニ一切煩惱及習一是爲下菩薩摩訶薩住ニ十地中一(大正藏八、二五九下)當レ知如レ佛上矣 大論云。斷ニ一切煩惱習一得ニ無礙解脫一(大正藏二五、四一九下)矣 佛頂坊(坊回房)云。佛地邊ノ菩薩ト云名モ。論ニ有ル其ノ據一也。大品云。菩薩十地具足而成道 云云(大正藏八、三四六中。取意) 大論釋云。雖レ未ニ具足一以ニ修習近レ佛故 云云(大正藏二五、五八六中)「回矣

「卜已上」顯幸私以ニ佛眼院抄一書ニ出之一

⒄ 一。次ニ付(付回就)テ名別義通ノ大段ニ名義ハ相順ノ法ナルカ故ニ以テ別教深遠ノ名ヲ不レ可レ詮ス通教淺近ノ義ヲ云ニ至テハ。名義相應ノ義。經論ノ大旨誠ニ雖レ可レ然ル。一名ノ中ニ說キ無量ノ名ヲ。一義ノ中ニ攝ス無量ノ義ヲ。四辯八音ノ說。四悉隨宜ノ法門。以テ凡夫ノ情意ヲ不レ可ニ定量一ス。名通義圓。名別義圓無レ所抑(抑回仰)ル。名義ノ淺深互ニ以論ル事。釋義ノ約束誠ニ不レ可レ諍。若爾ハ論ニム名別義通一事。有ン何ノ遮難カ。五大院一處ノ解釋(菩提心義)ノ中ニ。名別義通ノ法門ヲ釋テ了(了回卜畢)出ス其ノ准例ヲ時キ。(大正藏七五、五二三中～下)自有ニ名別義通・「名通義」(「」回ナシ)別・名別義圓・名圓義別・名通義圓・名圓義圓一。於ニ此六中一若釋ニ名相一互得ニ引用一(回第五所)私註。涅槃還云。卽當ニ名通義別一也文(卍續五八、五一丁左下) 矣 名義互ニ可ト「回立」用云事。先德ノ所判如レ此。付(付回就)中爲ニ被攝ノ機ノ建ル名別義通ノ法門一也。雖ト一箇ノ御尋ナリト。其心(心卜意)自ラ如レ此。彼ノ可キレ至ル別教ニ人ノ爲ニ。借テ別教ノ名言ヲ以テ顯ス通教ノ地位ノ名ヲ。終ニ爲ム入地ノ方便ト事。有ム何ノ相違カ 是十七。難十一

⒅ 一。次ニ名別義通ハ大師ノ御己證ト云事。未タ見ニ釋義ノ明據ヲ。不レ伺ニ先德ノ所判ヲ。學者自ラ以テ爲ル口實ト處也。未タスレ及ニ稟承ニ。然而四教三觀ハ道場ノ己證也。御精ニ所レ來ル學者以テ不レ爲レ疑ト。名別義通ハ又彼ノ四教三觀ノ不思議ヲ顯ス。諸宗ノ所レ談ル或ハ立ニ三教ヲ。或ハ辨フ五教ヲ。諸宗ノ所談雖ニ不同ナリト。合シテ二教ヲ爲ル一教ト事。他宗未タ存セ處也。故ニ四教三觀。大師ノ御己證ナル義。以テ名別義通ヲ可レ顯ス其ノ根源ヲ也。其義自ラ符契セリ。其ノ意誠ニ彰灼ナル歟 是十八。難十二

已前兩條ノ篇目。始終一概ニ可キレ得レ意事也。大師ノ御己證ト者。昔シ普賢道場ニシテ法花三昧ヲ開發シタマヘリシ。所謂ル法花ト者。開權顯實ノ法門也。開權顯實ト者。四教不二ノ

體有也。四教不二者。權底實體開顯名顯實法門故也。爾前當機益物教。偏圓隔異權實事殊也。如來本懷未暢。說教元旨爰隱。機情前如此隔云。論其實句句文文無非妙法。名別義通者。於彼權教莚預顯法花元意也。所謂爾前權實永各別。乍各別一クサリ合名別義通法門有也。其一成姿。名別教義通教有也。約爾前意云。三乘永事殊也。三諦又隔歷。此能詮所詮一打合稱名別義通。是名不待時法花習事。北谷不共相承也。此算相傳專在此事。深可收賴耶藏者也

名義各別也云事。其意又可一概。通教者。體空無生義也。卽空理是也。別教者。從空出假教也。彼卽空位建立卽假名。卽空卽假一體成。自成卽中義也。不待時法花體。自又可顯也。所以爾前帶權莚開權正意作顯。故以名別

義通法門習不待時法花也。乍權教當體スコシモ不改其體。通教常通教也。別教常別教ナカラ。開權正意漸顯滿法花本願。所以乍權實心爾前遣作顯不待時法花云也。乍權卽實也。妙法體爰成。乍空卽假也。三諦爰滿。是卽。十界十如三千妙觀故。大師己心所行法門於此中可究竟也。如此得意。名義相違難自可開也。卽空底諸法緣起。諸法緣起還而卽空正體也。如云以畢竟空不思議假相對。以成圓融三諦矣。名別義通者。正可此意。通教佛地者。卽空至極也。此卽空佛地借立卽空法雲。空假成一體圓理究竟故顯。又借妙覺位云也。卽空一位上卽假卽中體成故。又。借故名隣矣釋也。名義相違已下。北谷相承義首尾無相違事也。然而如此法門申傳事無之。大原本覺上人。願蓮上人此三諦法門サハクリ被得意。兩義自符契深妙可云也。此事名別義

通大段也。是體可申事世人不知事也。尤可備了因佛種耳。

⑲一。次兩先德問答事。非末學可測處。仰取信而已。但。於所引現文更無所背歟。楞伽第七偈頌品「示云。品偈頌云事也」。遠行善惠。法雲佛地。是佛種姓。(餘者悉是二乘種性カ」)此亦別名通位也。若是別位。豈遠行已前屬二乘耶。近代釋位。地前伏惑。正是斯例矣 遠行善惠等名別教十地名言故名別心明也。餘者悉是二乘種姓者。六地已前屬二乘故義通旨詳也。若是別位豈遠行已前屬二乘耶云意。正在斯歟。今以六地已前屬二乘種姓事。可六地齊羅漢心。遠行善惠云除不動地事。誠是難思。學者種種料簡具難申披。但。御廟「名別義通私記」(佛全24、二二九上)御料簡。此影略顯二義也。即以遠行地爲佛種性者。依六地齊二乘義。顯七地以去唯佛種姓義也。除不動地者。顯第八地支佛名共義也。例前後依七地齊二乘義者。第八地以去可爲唯佛種性也。故經具文。云自內證無垢。遠離於因相。八地及佛地。如來性所成。遠行與善惠。法雲及佛地皆是佛種性。餘悉二乘攝(大正藏十六、六三二上。入楞伽經)矣 或取不動地。「或除不動地。」有兩邊意故。經文自存影略互顯義云云 御廟御釋其意既以分明也。凡十地如佛等文約橫顯含容義。誠地地可相對故。十地始終在橫可辨名義不同也。今此遠行善惠等文約竪顯二教含容心。遠行已前約義通邊以遠行已後顯名別心也。若約一教以遠行已前誠不可屬二乘種性。遠行已前云事專依六地齊二乘義。除不動地事。第八地支佛地故顯二乘共意。然第八支佛地共二乘故除之云者。第七地專共聲聞故除遠行地可云。然。善惠法雲佛地是佛種姓說其義尤可相叶耶。受此難御廟大師影略顯二義述。以遠行地爲佛種姓。六地齊二乘義依。七地已去顯唯佛種性義。除不動地事顯第八支佛地名共義也。例前後。依七地齊二乘義。第八地已去可爲唯佛種姓也。彼經文既。八地及佛地如來性所成云故。以八

地ヲ属スル佛種性ニ義誠ニ分明也。御廟ノ御釋ノ意。大略如レ此次ニ。十地如佛ノ文ハ名別義通ノ誠證也。一科ノ大旨在リ此ノ一文ニ。六祖ノ大師消シテ本文ノ今ノ文ヲ。大品既云十地如佛。當レ知卽是別名名レ通。故楞伽第七偈頌品云。遠行善惠。法雲佛地。是佛種姓○此亦別名通位也矣是ハ先ツ引テ大品經ノ文ヲ正ク證名別義通ノ義ヲ了テ。重テ引テ楞伽經ノ文ヲ助ケ釋スル大品經ノ文ヲ也。楞伽經ノ文。二教含容ノ義其ノ義專ラ顯ル也。故ニ助クルニ十地如佛ノ文ヲ誠ニ便リ也。何況ヤ名別義通ノ文ハ專ラ可シレ在ル大品經ニ。大品ニ顯シテ其ノ意ヲ了ヌレハ其ノ義普ク可カレ亙ル一代ニ故ニ。以テ方等部ノ心ヲ釋スル成スル之ヲ也。近代釋レ位地前伏レ惑。正是此例矣唯識等又名別義通ノ意也ト釋顯也 是十九。難十四・十六

⑳丹後先德問ヒ名別義通ノ證據ヲタマヒケルニ。惠心先德知シ遠行善惠ノ文ヲタマヒケル事。未タレ聞カ先哲ノ口決ヲ。誠ニ難レ思。正證ニテ有レハ十地如佛ノ文ヲコソ出シタマフヘキニ。助證ニテ有ル遠行善惠ノ文ヲ出シタマフ事。有リケム何ナル意樂カ。先德ノ意趣誠ニ不レ可レ測ル。但シ。名別義通ノ法門ノ大旨ヲ案ルニ。被ケルレ出此文ヲ事尤モ無シ此事。十地如佛ハ正證ニテ。遠行善惠ノ文カ助證ニテ有リケル。其ノ助證トハ何イカニ助タルソト云事ヲ可ニ思ヒ解ク也。然ヲ名別義通ノ法門ト者不待時ノ法花ノ體ナリト云事。前ノ題目ニ顯レ了ヌ。只此流ニ計リ云事也。他人ハ不レ知ラ。法花經ノ體ニテ有ラハ二乘成佛ノ義ニテ可レ有ル也。十地如佛ノ文ハ三乘一ツニ成テ皆成ノ道理顯ルル事ヲ成レトモ。只十地菩薩爲如佛ト云テ。別教法雲ヲ對セル通教ノ十地ニ而已ノミ也。二乘成佛ト云事ハ不レ聞ヘ。而ヲ今ノ遠行善惠法雲佛地ノ文ハ。二乘種姓ト佛種姓トヲ合セテ顯シ含容ノ心ヲ了ヌレハ。二乘成佛ノ義正ク指レ掌ヲ也。故ニ法花經ノ意ヲ顯ンカ爲ニ出シタマヘリ楞伽經ノ文ヲ。誠ニ可レ貴事也

名別義通。往生極樂ノ修因ト云事。先德ノ意趣誠ニ難レ測。大師ノ己證又迷ヒ易シ。只致ス仰信ヲ而已ナリ。難キレ盡シ旨趣ヲ者歟。但シ。法花經ト者往生極樂ノ經也。其ノ往生極樂ノ體ト者。博地底下ノ凡夫ノ位ニ佛知見ヲ開示悟入スル也。先德名別義通ハ往生極樂ノ修因ト者。名別義通ハ法花ノ正體也ト云事也。付中名別義通ト者。乍ラレ權實ナル旨ヲ顯ス。權卽實ト云者。不シテレ改ニ

凡法ヲ一直ニ示ス二佛法ヲ一。往生極樂ノ根源誠是爲スレ足ト。深可レ思レ之ヲ　是二十。難十五

(21) 一。妙解ノ中ニ論ニ二被攝ヲ一。妙行ノ中ニ論ル二名別ヲ一事。本文ノ起盡誠以テ難レ思。但。次位ト者。必ス衆行ノ上ニ所レ立ル也。妙行ノ後如レ論カ二位妙ヲ一。止二(止二一曰ナシ)(天止一、三九六) 欲レ登ニ二妙位一非レ行不レ揩(揩曰階)矣(矣曰ナシ)故ニ名別義通ノ次位專ラ妙行ノ中ニ可レ論レ之也。也曰ナシ　(天止四、三六六參照) 十乘中ノ知次位又可レ思レ之。次ニ被攝ハ行人ノ實證ナルカ故ニ妙行ノ中ニ可トレ(可曰不)論レ之云フ御難誠ニ難レ遁レ。然而義門事殊也。攝屬非レ一ニ。止觀ノ(止二一)一攝ト者別攝通也。其ノ別攝ト者。決三(天止二、三〇三) 一者別教教隣近故。二者別理理異レ眞故矣教隣近故ト云ヲ以テ二教ヲ(二教曰ナシ)分別スル上ニ隣近ノ義ハ成スル也。次第ヒタタケテ非スレ合ルニ二二教ヲ一。次ニ理異眞故ト者。眞中ノ兩理各別ニ並テレ之ヲ。然モ論ル二交(交曰更)際ノ義ヲ一也。此ノ二ノ故ハ妙解ノ中ニ可レ成ス事也。妙行ノ時ハ權實本ト成テ二一體ト一不レ成セ二理異眞故ノ義ヲ一也。故ニ被攝名別ノ本文。誠ニ得タル二其ノ據ヲ一者歟

此事ハ非ス二古キ北谷ノ相承ニ一。昔シ小僧ノ時キ故僧正ニ相二尋ヌ之ヲ一。彼ノ僧正料簡如レ此。誠ニ有ニ二其謂一歟。又妙解妙行ノ起盡。學者ノ意樂相分レテ稟承ノ義勢甚異也。更ニ執シテ二一隅ヲ一非レ可キニ二定量ス一者歟。今ニ所ニ二稟習フ一。膏明相賴。止五(天止三、二一四) 目足本ト相成カ故ニ解行實(實曰更)ニ無シレ所レ隔ル。所以ニ妙解ノ中ニ有リ二妙行ノ意一。妙行ノ中ニ存ス二妙解ノ旨ヲ一。更ニ非ス二次第分張ノ義一ニ。何ソ致ム二前後各別ノ難ヲ一。釋名ノ下ニ有リ二通三德ノ章一。顯體ノ中ニ有リ二教相ノ文一。名體相卽解行無レ隔ルコト。若如レ此云者妙解ノ中ニ立(立卜ナシ)テ二被攝ヲ一。「卜立 妙行ノ中ニ成ム二名別ヲ一事有ムレ所カレ憚ルレ何ノ(憚何曰何憚)

是二十一。難十三

(22) 一。名別義通ノ所被ノ機緣ノ有無ニ至テ者。於テ二此事一ニ御廟大師設タマヘリ二一箇ノ問答ヲ一。首尾委悉ナル歟。彼文云。「卜者「名別義通ノ私記」(「」曰ナシ)「問。若有ニ二別根性一故。立ニ二名別義通一耶。答。設爾何失。」(佛全24、二二六下～七上) 問。若有ニ二別根性一故。立ニ二別名(別名曰名別)義通一者不レ可レ然。何者。凡隨ニ二四教四門根性一定ニ二四教一也。故若別根性者。聞ニ二「(明カ)(「」曰ナシ)別教四門一」可レ悟レ別。若通教根性者。聞ニ二」(開カ)(之カ)通教教門一可(可曰所)レ得ニ二通教悟一(之カ」)。故別教次位上。可レ無下得ニ二通悟一之者上。所以四教根性之外。可レ無ニ二名別義通根性一。若言レ無者又(亦カ)不レ可レ然。何者。

四教之上。別釋名別義通故。必可有別根性。此進退疑。何可遮耶。答云。此有二意。一者有別根性。即如二入通根性也。是別教爲初門。次發通悟。後還發別中道者也。若依此道理可有別根性。二云。可無別根性。其意者。如來說五時教門中。方等說四教。般若說三教。且如般若說後三教。如來對三教機各別雖說三教教門。或結集者。或譯者爲省繁。一別教之次位上。交說後三教道理。即如仁王經別教次位之上有後三教道理。釋如此之經時。隨義。或是名別義通也。或是名別義圓也。或是別義俱圓也。於御廟問難全如今日御精。答中被設兩問義。一可有名別機。即二入通人。准之被攝人又可同。若約被攝可有名通義圓云難。可競來歟。止觀自本別攝通義也。不可招此難。或又別無其根緣事顯。在世化儀以四教逗四緣。結集人削繁省文。〔頭省略意也〕故通別交雖立一文。實尚可兩教。故不可有名別一機云云 然而無名別機緣者。尚是練磨一心也。惣而論時於名別機更可有有無二心也 是二十二。難二十四

⑵③ 一。至四字乃至一字口決。學者所習傳有之歟

如此事似田舍邊口決。雖不可好用。於此事親所口決先師也。不可忽。既。大品既云（天止三、六二五。弘決）十地如佛。當知即是別名名通者。是四字口決本說也。十地如佛云ツレハ。雖無菩薩字一教含容義自分明也。當通教不可云如佛。即是佛地故也。當別又不可云如佛。隔等覺一位故。言（天止二、三九一。弘決）爲如佛者此亦二義者。二字口決證據也。十地兩字除云。如佛二字又顯含容義也。一字口決者。如一字也。四字口決。二字口決。同以如字爲魂也。所謂以如字顯含容義。如名不異故乍異物然一之如云也。異名別也。異一義通也。如此得意。經論中說如字皆名別義通意也。サレハ眞如說如如說皆名別義通心 是二十三。難二十二

一字二字ノ口決。先師殊ニ執シ存ル事也。付レ其ニ四字二字ノ口決ハ為レ成ンカ二一字ノ口決ヲ一也。一代ノ經教ノ中ニ眞如ト説キ如如ト説タル。名別義通ト得レ意事ハ。餘ノ事ト覺ユル樣ナレトモ。大原ノ本覺上人被ルニ料簡一子細有レリ之。彼上人ノ抄ニハ。名別義通ハ説教ノ大旨也。即チ開三顯一ノ意也。開三ハ名異也。顯一ハ義同也。故ニ名別義通ト者。爾前ニ居テ説ニ法花ヲ可レ知ル也。圓融ノ法門目出キ事ト申スハ。知一切法皆是佛法ノ義也（天止一、三七四。止觀）。一切法ト者名別也。皆是佛法ト者義通也。又繫縁法界ハ名別。一念法界ハ義通也云云

以テレ要ヲ云ヘハ之ヲ。一代ノ佛法ノ中ニ論ハ二差別ヲ一名別ノ心也。論ハ二平等ヲ一義通ノ心也。開三顯一ト云ヒツル名別義通ノ心ナレハ。一代ノ佛法皆名別義通也。本覺上人佛教ノ大旨ト被レタル得此事也。通教ノ即空。別教ノ即假。成ヌレハ二空假不二ニ一。法界中道ノ義顯テ至ル二開權顯實ノ席ニ一也。不縱不横不一不異也。其ノ體爰ニ顯ル。一乘ノ妙理爰ニ極ル。一代ノ教理何レノ處ニカ不レ遍セム。深ク可レ思レ之

(24) 一。如ノ字ノ字訓。一字ノ決ノ中ニ其ノ心顯レ了ヌ。訓ニ讀ミテモ言ニ讀ミテモ其ノ心不レ可レ背ク。如名不異ノ心相同カ故ニ。如シト讀モ令レ等ニ一法ヲ一也。如名ニ不異。又相同シ。不レ可レ執ス二一邊ヲ一（玄二（天玄一、五〇八））

是二十四。難二十三

(25) 一。次ニ至ハ下付テ二名別義通ノ法門ニ上。摩訶止觀ニハ皆借ナト別ノ名ヲ一云ヒ。玄文ニハ皆用ト二別ノ名ヲ一云ル。兩處ノ不同ニ。用ル二名目ヲ一事隨フ二事ノ便リニ一。强チ皆ナ不レ可ニ穿鑿ス一歟。但唐土ノ人師。五揀（北峯教義七）借名。止觀三皆名「止觀三皆名」借。妙玄仍不名借。但云名別義通。答。止觀明斷思位故説不當。今判是借別名通斷位故直稱借。妙覺（玄カ）正釋通位名相。但示通有三乘共位。有「別爲菩薩」別立忍名。有名別義通位。所以不稱借也矣

是二十五。難二十一

唐土人師。止觀ニハ必ス用ニ借ヒ二ノ字ヲ。玄文ニハ不レ用ニ借ノ字ヲ一。此事ヲ見ミトカメタル。先ツ珍重。付テレ其ニ止觀ニ必ス用ルニ借ノ字ヲ一事ハ。破思假入空ノ位ナルカ故ニ。惣而當レリ二藏通ノ斷位ニ一。此ノ中ニ用ルカ二別ノ名ヲ一故ニ。殊更ニ用タリ二借ノ字ヲ一。別ノ位ハ不ニ相ヒ當ラ一故也。玄文ハ釋ル二通ノ位ヲ一中ニ。先ツ三乘共位。次ニ於テ二共位ノ中ニ一。於テ二菩薩ニ一別シテ立ツ二忍ノ名ヲ一。於テ二通教ノ中ニ一立ツ二忍ノ

名。名菩薩位故不用借字云云 付之當通名別義通誠爾也。以別教名名通位時。事更用借字カシト覺難有之。人師何可會。其名別義通有二云。初付三乘共位中菩薩別立忍名義通。二用別教名。名別義通也云云 故隨初於菩薩立忍名事。非他名故不用借字云歟

(1)　**雜雜** 示云。隨思出可出之

一。付佛地邊菩薩。經文釋義中猶可勘文有耶

答。維摩玄三云。大品經云。菩薩從初歡喜地至菩薩地。皆行皆學而不得證佛地亦學亦證。故言三乘通位也 矣(大正藏三八、五三七中)

同第五云。十地是思議。佛地能思於佛地還成是思議解脫 矣(同、五五一中)

暹記云。佛地能思於佛地者。此義當於大品經中十地菩薩爲如佛之文。以彼經中十地菩薩亦學亦證故也 矣(新日藏十四、一六三上。維摩玄略鈔參照)

末師。十地菩薩爲如佛文及十地菩薩亦學亦證文。相含得心故。彼亦學亦證者。佛地邊菩薩證事。更不可疑之。菩薩地皆行皆學而不取證云。若行若學不取證云。佛地却皆行言亦學亦證云。斷習無閒故亦學也。斷習解脫故亦證云也。以斷習無閒名佛地邊菩薩明證在斯。亦學言廣互前五相哉覽定。九地皆行皆學而不取證云。用行學兩字。佛地皆行不云。行容預可互多時故也。學可約一剎那。故亦學亦證相並無礙解脫二剎那當也。小乘等意。非想第九無礙屬有學位。是以無礙道稱學證據也。亦學亦證云此心也。又付佛地邊菩薩偏在勘文 云云 追而可勘之

私注 佛頂房云。佛地邊菩薩云者。論有據也。大品云。十地具足而成道 云云(大正藏八、三四六上～中。取意) 大論釋云。雖未具足已修習近佛故 云云(大正藏二五、五八六中) 此文佛地邊明文也

(2)　一。此算以證據爲奇模作算題。詮要何事耶。

昔シ少年ノ時キ先師僧正ニ尋レヌ之。答云。其ハ有リ二四教ノ證據一モ有リ二九識ノ證據一モ。證據ヲ爲シテレ本ト作レ題ヲ事常ノ事也。何ソ限テ二此算一ニ有ル二此不審一耶。予重テ云。惣而證據ヲ論談セム事。誠ニ常ノ事也。然而名別義通ノ法門ハ。以テ二證據ノ算ヲ一爲ルス二此科ノ精要ト一歟。如レ仰ノ四教ノ證據。九識ノ證據ナトノ樣ニ常ノ事トテ可キレ闕（闕[ロ][ト]閣）事歟

示云。此事實ニ深ク有リ二子細一。可レ思レ之ヲ。名別義通ノ法門。大旨如シ二前前一ノ。法花ハ會シテ二九法界ヲ一成スル二一佛乘ヲ一也。法花以（以[ロ]已）前ニハ四教三乘各別ナルヲ。法花ノ眼開ケテ還テ見（見[ロ]釋）ルニ二爾前ヲ一。四教三乘乍ラ二各別一皆ナ法花ノ正體也。爾前ニヤカテ（ヤカ[二]頓）此ノ謂レヲ顯シ說ケリ。是ヲ名ク二不待時ノ法花一ト。所（所[ロ]可）謂ル名別義通也。通別一ツニ成レハヤカテ一乘ノ體也。サレハ（サ[二]去）其上ニハ法花已（已[ロ]以）前ニ如ク此說キタル證據カ可キニテ二大切ナル一有ルヲ。十地菩薩爲如佛ト說キタルカ。正ク法花以前（以[二]已）ニ說キタル二法花ヲ一誠（誠[ロ]成）證ニテ有ル也。大品ハ是冥成別人ノ時也。於テ二此時一ニ通人カ可キレ成ル二別人一ニ樣ヲ說キ顯シタル文也。大品經ヲ引ケル意在リレ之。引ク二大品ヲ一意。通別一ツニ成リ畢ヌレハ。爾前ハ皆法花ノ體ナリト（「[ロ][ト]也）云事ヲ顯シテ。引ト二楞伽經ノ文ヲ一可レ得レ意也。證據ヲ賞翫スル深キ（「[ロ]時）意在レ斯ニ也

(3)一。如ク云カ二名別義通一ト。名通義別ノ法門在リレ之耶。此事深ク可ニ思惟ス一。先哲又疑レ之。如ク二前ニ勘カ一。於テ二四教ニ一約シテ二名義ニ一分別セリ二六句ヲ一（「菩提心義四」（「」[ロ][ナシ]））。所謂ル名別義通。名通（名通[ロ][ナシ]）義別等也。誠ニ然ル意可レ有（有[ロ]在）也。名義無礙ナルカ故ニ隨テレ機ニ說クレ法ヲ。何ソ必ス一概ナラム。名通義別ハ別教教門ノ法門ニシテ相ヒ叶ヘル。名通義圓ハ釋義ノ所レ定ル也。名通義別又可レ准フレ之ニ。然而一義ノ意（意[ロ]心）。二教含容ノ心ハイツモ名別義通ト可（可[ロ]不）レ云也。名字ト者分別ノ義也。分別ノ義ハ當（「[ロ]當）レリ二別門一ニ。即是出假ノ心（心[ロ][ナシ]）也。義ト者正ク平等ノ心也。是レ卽空ノ心ニ當（當[ロ][ナシ]）レリ。如レ此云ヘハ名（名[ロ][ナシ]）ハ必ス別門也。義ハ必ス通教也ト可レ云也。此ノ名義一體ニ成リヌレハ。差無差無レ隔ルコト成ル二中道ノ體一ニ也。如レ云ニ二一法一切法ハ假諦也。一切法一法ハ空諦也。非一（非一[ロ][ナシ]）非一切ハ中諦也一ト。本覺ノ上人ノ料簡可レ思二合ス之ヲ一。

私注 止五云。若一切一切（切[ロ][ト]法）法ナルハ卽是因緣所生法ナリ。是ヲ爲ニ假名ト假觀ナリ。若一切法卽一法ナルハ我說卽是空ナリ。空觀也。若非一非一切ナルハ者卽是中道觀ナリ矣（天止三、三一四）

貞治三年（一三六四）甲辰十二月十一日　終功畢
同學　快運已講
志玉
仙圓阿闍梨
法印權大僧都顯幸
奥書如二餘卷一云云　〔墨付三十七丁〕（三十七㋣五十五）
「惡魔退散諸神加護」（「」㋺㋥㋣ナシ）
（對校㋺本追記奥書）
爾今寛永年號[ ]
（對校㋥本追記奥書）
于レ時寛永十六年（一六三九）六月四日書寫畢　南樂坊算榮
（對校㋣本追記奥書）
寛永十五年（一六三八）七月吉日遂寫功畢
幷以二寫本一加二一交一
右筆　祐存　山門金山坊
進上
大僧正樣

（底　本）叡山文庫眞如藏『盧談』三十五册の内
（對校本）㋺＝叡山文庫雙嚴院藏『盧談』三十九册の内
㋥＝大谷大學圖書館藏『盧談』二十四册の内
㋣＝日光天海藏『盧談』二十六册の内

名別義通義案立

＊底本及び對校本の書誌は、卷頭の「底本　對校本一覽」を參照。

（校訂者　清原惠光）

義科 盧　談　摩訶止觀　終

論草　3

校訂者：天台宗典編纂所　編纂委員：清 原 惠 光

解題担当者：編 纂 委 員　末廣照純

編纂研究員　弘海高顯・大久保良詮

〈編輯員〉　一色皓湛

天台宗典編纂所

（初版）〈編輯長〉藤平寛田

〈編輯員〉一色皓湛・小川晃洋・弓場苗生子

〈嘱託編輯員〉那波良晃

〈編 纂 委 員〉荒槇純隆（前編輯長）

〈編纂研究員〉成田教道（元編輯員）

天台宗開宗一千二百年記念

續天台宗全書　論草3　義科　廬談　摩訶止観

平成二十九年（二〇一七）一月二十六日　第一刷発行

編纂　天台宗典編纂所
滋賀県大津市坂本四―六―二（〒五二〇―〇一一三）
電話〇七七―五七八―五一九〇

刊行代表者　理事長　木ノ下寂俊
天台宗教学振興事業団©
滋賀県大津市坂本四―六―二（〒五二〇―〇一一三）

発行者　澤畑吉和

発行所　株式会社　春秋社
東京都千代田区外神田二―十八―六（〒一〇一―〇〇二一）
電話〇三―三二五五―九六一一

印刷所　図書印刷株式会社
東京都北区東十条三―十―三十六

製本所　株式会社　三水舎
東京都文京区白山二―十八―十

装丁者　河合博一

定価：函等に表示

本文組版：電算写植　本文用紙：中性紙

ISBN978-4-393-17130-1　第10回配本（第Ⅱ期全10巻）

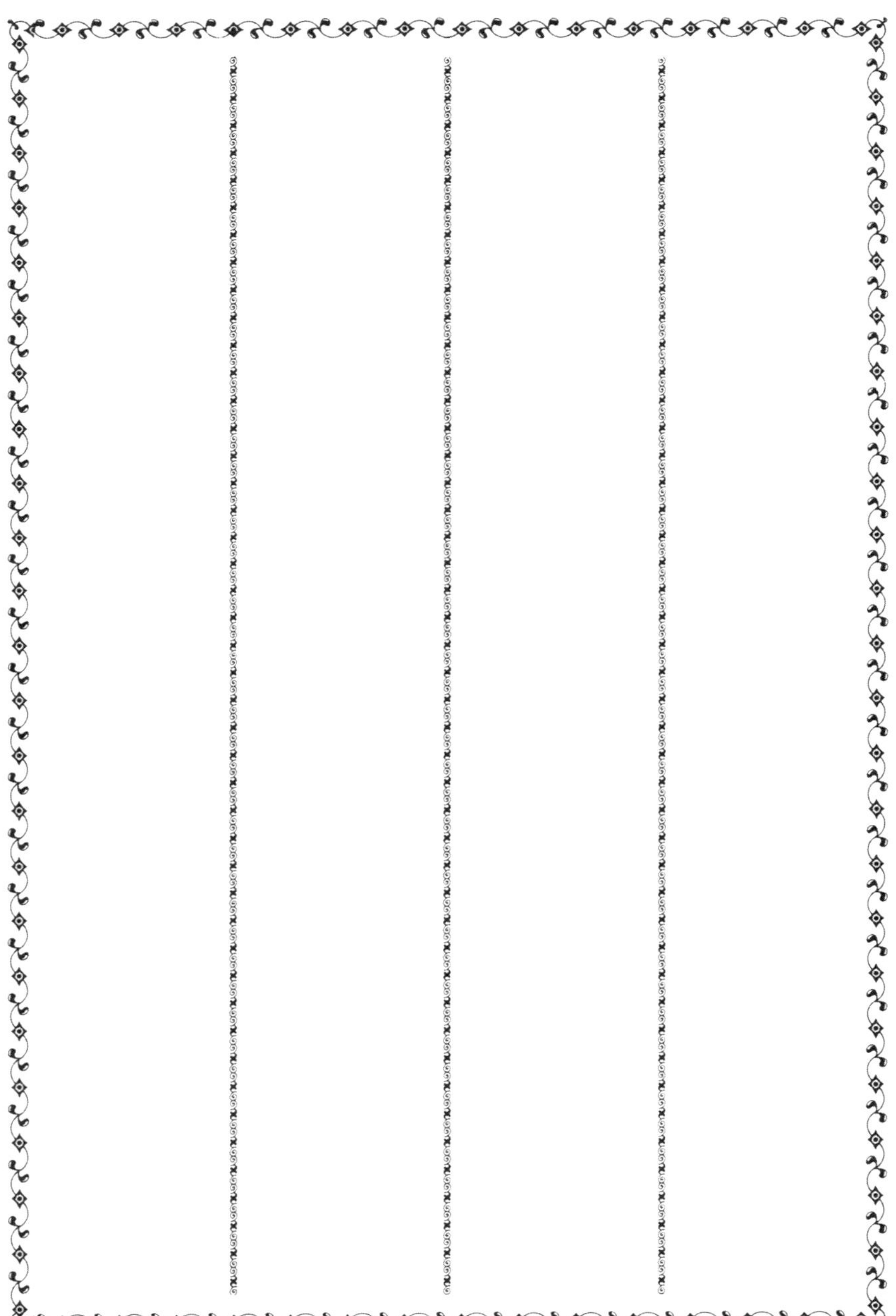